**Bericht zur gesundheitlichen Situation
von Frauen in Deutschland**

Eine Bestandsaufnahme unter Berücksichtigung
der unterschiedlichen Entwicklung
in West- und Ostdeutschland

Bericht zur gesundheitlichen Situation von Frauen in Deutschland

Kurztitel: Verbundprojekt- Frauengesundheit in Deutschland

durchgeführt in wissenschaftlicher Kooperation der folgenden Institutionen:

Humboldt-Universität zu Berlin
Universitätsklinikum Charité
Institut für Arbeits-, Sozialmedizin und Epidemiologie
Dr. Jutta Begenau
Dr. Daphne Hahn

Technische Universität Berlin
Institut für Gesundheitswissenschaften
Prof. Dr. Ulrike Maschewsky-Schneider
Dr. Antje Ducki
Dipl. Soz. Wiss. Birgit Babitsch, MPH

Sozialwissenschaftliches Frauenforschungsinstitut
an der Kontaktstelle für praxisorientierte Forschung
der Evangelischen Fachhochschule Freiburg
Prof. Dr. Cornelia Helfferich
Dipl. Soz. Anneliese Hendel-Kramer

Medizinische Fakultät der
Otto von Guericke Universität Magdeburg
Institut für Sozialmedizin
Doz. Dr. Liselotte Hinze
Dipl. Soz. Kathleen Tomaszewski

Forschungsinstitut Frau und Gesellschaft- IFG
Hannover
Prof. Dr. Carol Hagemann-White
Dipl. Soz. Brigitte Hantsche

Band 209
Schriftenreihe des Bundesministeriums
für Familie, Senioren, Frauen
und Jugend

Verlag W. Kohlhammer

In der Schriftenreihe des Bundesministeriums für Familie, Senioren, Frauen und Jugend werden Forschungsergebnisse, Untersuchungen, Umfragen usw. als Diskussionsgrundlage veröffentlicht. Die Verantwortung für den Inhalt obliegt der jeweiligen Autorin bzw. dem jeweiligen Autor.

Alle Rechte vorbehalten. Auch fotomechanische Vervielfältigung des Werkes (Fotokopie/Mikrokopie) oder von Teilen daraus bedarf der vorherigen Zustimmung des Bundesministeriums für Familie, Senioren, Frauen und Jugend.

Die Deutsche Bibiliothek - CIP-Einheitsaufnahme

Verbundprojekt zur gesundheitlichen Situation von Frauen in Deutschland

Untersuchung zur gesundheitlichen Situation von Frauen in Deutschland. Eine Bestandsaufnahme unter Berücksichtigung der unterschiedlichen Entwicklung in West- und Ostdeutschland

[Hrsgb.: Bundesministerium für Familie, Senioren, Frauen und Jugend]
1. Aufl. - Berlin; Kohlhammer, 2001

(Schriftenreihe des Bundesministeriums für Familie, Senioren, Frauen und Jugend; Bd. 209)
ISBN 3-17-071755-0

Das Verbundprojekt zur gesundheitlichen Situation von Frauen in Deutschland und diese Publikation wurden aus Mitteln des Bundesministerium für Familie, Senioren, Frauen und Jugend gefördert.

Herausgeber:	Bundesministerium für Familie, Senioren, Frauen und Jugend 11018 Berlin
Titelgestaltung:	4 D Design Agentur, 51427 Bergisch-Gladbach
Gesamtherstellung:	DCM • Druckcenter Meckenheim, 53340 Meckenheim
Verlag:	W. Kohlhammer GmbH Mai 2001
Verlagsort:	Stuttgart Printed in Germany

Gedruckt auf chlorfrei holzfrei weiß Offset

Vorwort

Frauen und Männer unterscheiden sich hinsichtlich ihrer Krankheiten und gesundheitlichen Einschränkungen, ihrer Arbeits- und Lebensbedingungen, die Gesundheit und Krankheit beeinflussen, ihres Umgangs mit gesundheitlichen Belastungen sowie in der Inanspruchnahme von gesundheitlichen Versorgungsleistungen. Die Gesundheitsprobleme und Ressourcen von Frauen sind bisher nur unzureichend untersucht worden, und es fehlt ein Überblick über die gesundheitliche Situation von Frauen in Deutschland.

Aus diesem Grund hat das Bundesministerium für Familie, Senioren, Frauen und Jugend einen Bericht in Auftrag gegeben, der die geschlechtsspezifischen Besonderheiten und Entwicklungstrends der gesundheitlichen Lage von Frauen in der Bundesrepublik untersucht und dabei auch die Entwicklungen in Ost- und Westdeutschland berücksichtigt.

Der vorliegende Bericht enthält eine Beschreibung und Analyse geschlechts- und schichtspezifischer Unterschiede in Gesundheit und Krankheit. Er umfasst eine Bestandsaufnahme von Untersuchungsergebnissen zum Zusammenhang von Erwerbs- bzw. Familienarbeit und Gesundheit bei Frauen sowie zu Forschungsergebnissen zur reproduktiven Gesundheit von Frauen im Lebensverlauf. Er zeigt außerdem den Versorgungsbedarf für Frauen mit chronischen Krankheiten und Behinderungen auf. Basierend auf einer empirischen Analyse werden Ziele für eine frauengerechte Versorgung formuliert.

Erstmalig liegen mit diesem Bericht Daten und umfassende wissenschaftliche Erkenntnisse zur Gesundheit von Frauen auf Bundesebene vor. Doch er bietet noch mehr: Über die Darstellung wissenschaftlicher Ergebnisse hinaus ist der Bericht ein Nachschlagewerk zu verschiedenen theoretischen Erklärungsansätzen in der Frauengesundheit.

Ich bedanke mich bei den Wissenschaftlerinnen, die in einem disziplinenübergreifenden Projekt mit viel Engagement und Fachwissen an der Erstellung des Berichts gearbeitet haben. Damit stehen uns nun Materialien zur Verfügung, die als Grundlage für weiterführende Diskussionen dienen können. Die formulierten Empfehlungen für eine frauenspezifische Gesundheitspolitik geben wichtige, in die praktische Politik umzusetzende Impulse.

Dr. Christine Bergmann
Bundesministerin für Familie, Senioren, Frauen und Jugend

Dieser Bericht wurde erstellt unter Mitarbeit von:

Dipl.-Inform. Bammann, Karin	Bremer Institut für Präventionsforschung und Sozialmedizin
Dr. Berg, Giselind	TU-Berlin, Institut für Ökologie und Biologie
Dr. Enders-Dragässer, Uta	Gesellschaft für Sozialwissenschaftliche Frauenforschung e.V. (GSF e.V.), Frankfurt
Dr. Franke, Ursula	Martin-Luther-Universitaet Halle-Wittenberg, Medizinische Fakultaet, Sektion Medizinische Soziologie am Institut fuer Medizinische Epidemiologie, Biometrie und Medizinische Informatik
Dr. Häußler-Sczepan, Monika	Gesellschaft für Sozialwissenschaftliche Frauenforschung e.V. (GSF e.V.), Frankfurt
Dipl. Ing. Hundertmark, Andreas	TU-Berlin, Institut für Gesundheitswissenschaften
MSP Kandt, Ingrid	Hamburg
Dipl. Päd. Krah, Karin	Fachhochschule Frankfurt/Main, Fachbereich Sozialarbeit
Dr. Kühner, Helga	Sozialpsychiatrischer Dienst der Stadt Frankfurt/Main, Psychotherapeutin in eigener Praxis
Dr. Lasch, Vera	Institut Frau und Gesellschaft gGmbH, Hannover
Dipl. Soz. Leopold, Beate	Universität Osnabrück, Fachbereich 03
Dr. Löwel, Hannelore	Forschungszentrum Umwelt und Gesundheit, München
Dr. Merfert, Antje Sabine	Klinik für Psychiatrie, Psychotherapie und Psychosomatische Medizin, der Medizinischen Fakultaet der Otto-von-Guericke-Universitaet Magdeburg
Dr. Ndouma, Marguerite-Marie	Medizinische Fakultät der Otto von Guericke Universität Magdeburg, Institut für Sozialmedizin
Dr. Rieder, Kerstin	TU-Berlin, Arbeitspsychologie und Arbeitspädagogik
Dr. Sellach, Brigitte	Gesellschaft für Sozialwissenschaftliche Frauenforschung e.V. (GSF e.V.), Frankfurt
Prof. Dr. Tietze, Konrad	Berlin
Prof. Dr. Vogt, Irmgard	Fachhochschule Frankfurt/Main, Fachbereich Sozialarbeit

Inhaltsverzeichnis

1	**Der Bericht im Überblick**	7
1.1	Leitgedanken für die Berichterstattung zur Frauengesundheit	7
1.2	Perspektiven einer frauenfreundlichen Gesundheitspolitik und Gesundheitsversorgung	14
1.3	Zusammenfassung der Ergebnisse	21
1.3.1	Einleitung	21
1.3.2	Ausgewählte soziodemographische und sozioökonomische Indikatoren	22
1.3.3	Gesundheitsstatus	25
1.3.4	Gesundheitsbezogene Lebensweisen	30
1.3.5	Gewalt im Geschlechterverhältnis	33
1.3.6	Reproduktive Biographien - Reproduktive Gesundheit	36
1.3.7	Arbeit und Gesundheit	40
1.3.8	Gesundheit im mittleren Lebensalter	43
1.3.9	Frauen in besonderen Lebenslagen	47
1.3.10	Frauenzentrierte Ansätze in der Gesundheitsförderung und der gesundheitlichen Versorgung	51
2	**Ausgewählte soziodemographische und sozioökonomische Indikatoren**	55
2.1	Demographische Strukturdaten	56
2.2	**Partnerschaft und Familie**	58
2.2.1	Heirats- und Scheidungsverhalten	59
2.2.2	Formen des Zusammenlebens	61
2.2.3	Kinder oder keine	66
2.2.4	Leben mit Kindern	68
2.3	**Soziale Lage**	73
2.3.1	Ausbildung und Qualifikation	74
2.3.2	Erwerbsarbeit	76
2.3.3	Familienarbeit	81
2.3.4	Einkommen - Armut	85
2.3.5	Wohnen	90
3	**Gesundheitsstatus**	93
3.1	**Lebenserwartung und Mortalität im Geschlechtervergleich**	95
3.1.1	Lebenserwartung und Sterblichkeit	95
3.1.2	Sterblichkeit nach ausgewählten Todesursachen	99
3.1.3	Mütter- und Säuglingssterblichkeit	104
3.2	**Herz-Kreislauf-Erkrankungen**	109
3.2.1	Bedeutung der Herz-Kreislauf-Erkrankungen für die Frauengesundheit	109
3.2.2	Situation in Deutschland	113
3.2.3	Zusammenfassung und Schlußfolgerungen	121
3.3	**Brustkrebs**	123
3.3.1	Bedeutung des Brustkrebses für die Frauengesundheit	123
3.3.2	Stand der Forschung: Einflußfaktoren auf die Krankheit bei Frauen	123
3.3.3	Datenlage zum Brustkrebs in der Bundesrepublik Deutschland	127
3.3.4	Situation in Deutschland	128
3.3.5	Zusammenfassung	131
3.3.6	Schlußfolgerungen	131

3.4	**Gynäkologische Erkrankungen**	133
3.4.1	Einleitung	133
3.4.2	Gynäkologische Krankheiten im Arbeitsunfähigkeitsgeschehen und in der Krankenhausbehandlung	136
3.4.3	Gynäkologische Beschwerdearten	145
3.4.4	Gynäkologische Operationen	148
3.4.5	Zusammenfassung und Schlußfolgerungen	152
3.5	**Mundgesundheit**	155
3.5.1	Bedeutung der Mundgesundheit	155
3.5.2	Stand der Forschung	155
3.5.3	Epidemiologische Daten zur Mundgesundheit der Frauen in Deutschland	159
3.6	**Sexuell übertragbare Krankheiten außer HIV**	169
3.6.1	Bedeutung der sexuell übertragbaren Krankheiten	169
3.6.2	Datenlage	170
3.6.3	Aktuelle Daten zu meldepflichtigen STD	170
3.6.4	Aktuelle Daten zu nicht meldepflichtigen STD	171
3.6.5	Zusammenfassung	171
3.7	**Suizid und Suizidversuch**	173
3.7.1	Bedeutung von Suizid und Suizidversuch	173
3.7.2	Stand der Forschung	173
3.7.3	Datenlage	174
3.7.4	Aktuelle Daten zum Suizid	174
3.7.5	Aktuelle Daten zum Suizidversuch	179
3.7.6	Zusammenfassung und Schlußfolgerungen	182
4	**Gesundheitsbezogene Lebensweisen**	185
4.1	**Gesundheitskonzepte und Gesundheitshandeln**	188
4.1.1	Einleitung	188
4.1.2	Subjektive Gesundheitskonzepte	188
4.1.3	Wohlbefinden	190
4.1.4	Gesundheitshandeln und Gesundheitsorientierungen	195
4.1.5	Zusammenfassung und Ausblick	198
4.2	**Alkoholkonsum**	199
4.2.1	Einleitung	199
4.2.2	Aktuelle Konsummuster	200
4.3	**Rauchen**	210
4.3.1	Frauen und Rauchen	210
4.3.2	Entwicklung des Rauchens bei Frauen in Deutschland	211
4.3.3	Determinanten des Rauchens	215
4.3.4	Soziale Lage	216
4.3.5	Soziales Umfeld, Lebenszufriedenheit und Gesundheit	217
4.3.6	Warum Frauen rauchen	217
4.3.7	Prävention und Gesundheitsförderung	218
4.3.8	Zusammenfassung und Schlußfolgerungen	219
4.4	**Gebrauch, Mißbrauch und Abhängigkeit von psychotropen Medikamenten bei Frauen**	221
4.4.1	Einführung	221
4.4.2	Begriffsklärungen und Besonderheiten des Mißbrauchs und der Abhängigkeit von psychotropen Medikamenten	221
4.4.3	Ausmaß von Abhängigkeit und Mißbrauch psychotroper Medikamente bei Frauen	223
4.4.4	Untersuchungsergebnisse zum Gebrauch psychotroper Medikamente bei Frauen	224
4.4.5	Geschlechtsunterschiede im Gebrauch von psychotropen Medikamenten in der Kindheit und Jugend	232
4.4.6	Zusammenfassung	233

4.5	**Riskantes Verkehrsverhalten, häusliche Unfälle und Stürze**	235
4.5.1	Einleitung	235
4.5.2	Datenlage	235
4.5.3	Aktuelle Daten zu Verkehrsunfällen	236
4.5.4	Heim- und Freizeitunfälle	239
4.5.5	Stürze	241
4.5.6	Zusammenfassung	243

5 Gewalt im Geschlechterverhältnis — 245

5.1	**Einleitung**	245
5.2	**Datenlage und Datenqualität**	250
5.3	**Vorkommen und Formen von Gewalt im Geschlechterverhältnis**	252
5.3.1	Gewalt im Geschlechterverhältnis: Erwachsene Frauen als Opfer	252
5.3.2	Gewalt im Geschlechter- und Generationenverhältnis	256
5.4	**Dynamik der Gewalt**	259
5.4.1	Auswirkungen auf die Gesundheit	259
5.4.2	Auswirkungen auf Hilfesuche und Anzeigebereitschaft	263
5.5	**Unterstützung und Hilfe**	265
5.6	**Schwierigkeiten der spezialisierten Hilfe professionalisierter „Gewaltarbeit"**	268
5.7	**Neue Ansätze zu interdisziplinärem Vorgehen und kommunale Strategien**	270
5.8	**Das Geschlechterverhältnis als Ort der Gewalt - Problematik der Polarisierung und Perspektiven**	272
5.9	**Forschungsbedarf**	273

6 Reproduktive Biographien und Reproduktive Gesundheit — 275

6.1	**Erste Regelblutung und erster Geschlechtsverkehr**	276
6.1.1	Einleitung	276
6.1.2	Die erste Regelblutung: Alter und Erleben	278
6.1.3	Alter beim ersten Geschlechtsverkehr	279
6.1.4	Zusammenfassung	280
6.2	**Familienplanung und Kontrazeption**	281
6.2.1	Einleitung	281
6.2.2	Verhütung bei der Kohabitarche	282
6.2.3	Verhütung im Lebenslauf	287
6.2.4	Verfügbarkeit von Kontrazeptiva in Ost und West	291
6.2.5	Verträglichkeit und Nebenwirkungen von Kontrazeption	294
6.2.6	Sterilisation	296
6.2.7	„Planung" von Kindern, Partnerschaften und Lebensformen	300
6.2.8	Zusammenfassung	312
6.3	**Schwangerschaftsabbruch**	314
6.3.1	Einleitung	314
6.3.2	Verbreitung und Hintergründe des Schwangerschaftsabbruches	315
6.3.3	Versorgung, Komplikationen und Verarbeitung	322
6.3.4	Rechtliche Regelungen und Kosten eines Schwangerschaftsabbruchs	322
6.3.5	Zusammenfassung	324
6.4	**Fruchtbarkeitsstörungen**	326
6.4.1	Einleitung	326
6.4.2	Verbreitung und Ursachen von Fruchtbarkeitsstörungen	328
6.4.3	Versorgungsangebote	330
6.4.4	Inanspruchnahme und ihre Ergebnisse	334
6.4.5	Zusammenfassung	336

6.5	**Schwangerschaft und Geburt**	338
6.5.1	Einleitung	338
6.5.2	Schwangerschaft	339
6.5.3	Geburt	352
6.5.4	Komplikationen in der Schwangerschaft, der Geburt und des Wochenbettes	357
6.5.5	Zusammenfassung	361

7 Arbeit und Gesundheit _____ 365

7.1	**Spezifik weiblicher Arbeitsbelastungen und -ressourcen**	365
7.1.1	Theoretische Erklärungsmodelle	366
7.1.2	Inhaltlicher Aufbau des Kapitels und verwendete Daten	368
7.2	**Frauenerwerbsarbeit und Gesundheit**	370
7.2.1	Belastungen und Ressourcen der Erwerbsarbeit	370
7.2.2	Erwerbsarbeitsbezogene Gesundheitsindikatoren	374
7.2.3	Zusammenfassung	384
7.3	**Belastungs- und Ressourcenkonstellationen in beispielhaften frauentypischen Berufsgruppen**	386
7.3.1	Einleitung	386
7.3.2	Büroarbeitskräfte	388
7.3.3	Reinigungsberufe	393
7.3.4	Warenkauffrauen/Verkauf	399
7.3.5	Sozialpflegerische Berufe	407
7.3.6	Gesundheitsdienste	414
7.3.7	Frauentypische Berufe im Vergleich	422
7.4	**Frauenarbeitslosigkeit und Gesundheit**	428
7.4.1	Gesundheitliche Belastungen durch Arbeitslosigkeit	428
7.4.2	Die gesundheitliche Situation arbeitsloser Frauen	429
7.4.3	Gesundheit arbeitsloser Frauen im Vergleich zu erwerbstätigen Frauen	430
7.4.4	Gesundheit arbeitsloser Frauen im Vergleich zu arbeitslosen Männern	430
7.4.5	Auswirkungen der Arbeitslosigkeit von Frauen auf die Familie	432
7.4.6	Zusammenfassung und Schlußfolgerungen	433
7.5	**Haus- und Familienarbeit und ihre Auswirkungen auf Gesundheit**	435
7.5.1	Belastungen und Ressourcen der Haus- und Familienarbeit	436
7.5.2	Gesundheitliche Auswirkungen der Haus- und Familienarbeit	441
7.5.3	Zusammenfassung und Schlußfolgerung	445

8 Gesundheit im mittleren Lebensalter _____ 447

8.1	**Einleitung**	447
8.2	**Stand der Forschung zur Gesundheit im mittleren Lebensalter**	448
8.2.1	Bestimmungsmerkmale des mittleren Lebensalters	448
8.2.2	Das mittlere Lebensalter aus der Perspektive der Frauengesundheitsforschung	448
8.2.3	Das mittlere Lebensalter aus psychosozialer Perspektive	449
8.2.4	Die psychosoziale Situation der Frauen in den neuen Bundesländern	450
8.2.5	Das mittlere Lebensalter aus medizinischer Perspektive	451
8.3	**Begründung und Struktur der empirischen Kapitel**	454
8.4	**Datenbasis**	455
8.5	**Gesundheit der ostdeutschen Frauen im mittleren Lebensalter in den achtziger Jahren**	457
8.5.1	Demographische und sozioökonomische Situation	457
8.5.2	Beschreibung der gesundheitlichen Lage	463
8.5.3	Gesundheitsbezogene Risiken und Ressourcen	474
8.5.4	Gesundheit im Klimakterium	476
8.5.5	Zusammenfassung	478

8.6   Gesundheit der ostdeutschen Frauen im mittleren Lebensalter in den neunziger Jahren ___480
8.6.1   Demographische und sozioökonomische Situation ___481
8.6.2   Beschreibung der gesundheitlichen Lage ___484
8.6.3   Gesundheitsbezogene Risiken und Ressourcen ___488
8.6.4   Zusammenfassung ___500

9   Frauen in besonderen sozialen und gesundheitlichen Lebenslagen 503
9.1   Frauen in besonderen sozialen Lebenslagen ___506
9.1.1   Wohnungs-/obdachlose Frauen ___506
9.1.2   Prostituierte ___510
9.2   Frauen in besonderen gesundheitlichen Lebenslagen ___515
9.2.1   Frauen mit Behinderung ___515
9.2.2   Frauen mit riskantem Alkoholkonsum und alkoholkranke Frauen ___531
9.2.3   Frauen, die illegale Drogen konsumieren ___547
9.2.4   HIV-infizierte und AIDS-kranke Frauen ___562
9.2.5   Frauen in stationärer psychiatrischer Behandlung ___571

10   Frauenzentrierte Ansätze in der Gesundheitsförderung und in der gesundheitlichen Versorgung ___579
10.1   Zur Entwicklung der Diskussion um eine bessere Prävention und Versorgung für Frauen ___579
10.1.1   Zur Begriffsklärung ___580
10.1.2   Frauengesundheitsbewegungen als Hintergrund einer neuen Versorgungsdiskussion ___581
10.2   Die empirische Erhebung ___586
10.2.1   Zielsetzung und Methode ___586
10.2.2   Spektrum der erfaßten Praxisansätze ___590
10.2.3   Methodischer Zugang zur Identifizierung von „guter Praxis" ___592
10.3   Problemlagen und Praxiskonzepte ___596
10.3.1   Folgen sexueller Gewalt ___599
10.3.2   Eßstörungen ___604
10.3.3   Gynäkologische Beschwerden und Erkrankungen ___612
10.4   Ausgewählte Beispiele frauenzentrierter Praxis ___619
10.4.1   Praxisbeispiel: Die psychosomatische Station einer Klinik in Bielefeld ___619
10.4.2   Praxisbeispiel: Die Frauenabteilung einer psychosomatischen Klinik ___621
10.4.3   Praxisbeispiel: Ein therapeutisches Zentrum für Eßstörungen ___624
10.4.4   Praxisbeispiel: Beratungsstelle mit Selbsthilfegruppen in Hannover ___627
10.4.5   Praxisbeispiel: Frauenstation einer Rehabilitationsklinik in Bad Salzuflen ___629
10.4.6   Praxisbeispiel: Angeleitete Gruppe über Wechseljahre ___635
10.5   Erträge der empirischen Studie zu den Maßstäben für gute Praxis in der Gesundheitsförderung und Versorgung von Frauen ___638
10.5.1   Kriterien und Erfahrungswerte der Nutzerinnen ___638
10.5.2   Leitgedanken einer frauenzentrierten Versorgung ___646
10.5.3   Fazit ___648

Bibliograpie ___651
Übersicht über die Autorinnen der Teilkapitel ___

1 Der Bericht im Überblick

1.1 Leitgedanken für die Berichterstattung zur Frauengesundheit

Im Herbst 1996 wurde eine Gruppe von Wissenschaftlerinnen vom Bundesministerium für Familie, Senioren, Frauen und Jugend beauftragt, eine „Untersuchung zur gesundheitlichen Situation von Frauen in Deutschland" durchzuführen und darüber einen Bericht zu erstellen. Dem vorausgegangen war die Initiative des Regionalbüros Europa der Weltgesundheitsorganisation, die gesundheitliche Situation der Frauen in Europa zu verbessern. Die Mitgliedsländer wurden aufgefordert, zur gesundheitlichen Lage von Frauen Bericht zu erstatten, um den jeweils besonderen Versorgungsbedarf der Frauen bestimmen zu können.

Der Bedarf für eine systematische Frauengesundheitsberichterstattung war durch Übersichten und Expertisen bereits dokumentiert (Helfferich et al. 1995; Agenda „Frauen und Gesundheitswissenschaften„ 1994; Begenau et al. 1996) und mit der Antwort der Bundesregierung auf die Große Anfrage der SPD im Deutschen Bundestag (Deutscher Bundestag 1997) bekräftigt worden. Mit dem vorliegenden Bericht wird für die Bundesrepublik Deutschland ein wichtiger Schritt zur Entwicklung einer Berichterstattung zur Gesundheit von Frauen in Deutschland getan. Auch kann hiermit der Anschluß an Initiativen im europäischen und außereuropäischen Ausland hergestellt werden, wo bereits vergleichbare Berichte erstellt wurden.

Die Bedeutung einer frauenspezifischen Gesundheitsberichterstattung ergibt sich aus der spezifischen Situation von Frauen. Sie ist notwendig, weil:

- Frauen und Männer sich hinsichtlich der Krankheiten und gesundheitlichen Einschränkungen, unter denen sie leiden, unterscheiden;

- in den Arbeits- und Lebensbedingungen von Frauen und Männern unterschiedliche Faktoren wirksam sind, die ihre Gesundheit und ihre gesundheitsbezogene Lebensweise bestimmen; hierzu zählen die unterschiedliche Einbindung in Beruf und Familie und die Tätigkeit in unterschiedlichen Berufsfeldern;

- beide Geschlechter sich hinsichtlich körperlich-biologischer Bedingungen unterscheiden, die die Gesundheit beeinflussen; das umfaßt zum einen die reproduktive Gesundheit von Frauen, wie die Bereiche Schwangerschaft, Geburt, Klimakterium, aber auch Zusammenhänge zwischen z. B. hormonellen Faktoren und chronischen Erkrankungen wie Herz-Kreislauf-Erkrankungen oder Brustkrebs;

- Frauen und Männer auf dem Hintergrund unterschiedlicher Sozialisationserfahrungen und Lebensbedingungen in verschiedener Weise mit Gesundheit, Krankheit und Belastungen umgehen; Frauen scheinen z. B. sensibler auf körperliche und psychische Beeinträchtigungen zu reagieren und haben ein ausgeprägteres Vorsorgedenken als Männer;

- Frauen und Männer im Gesundheitswesen unterschiedliche Versorgungsbereiche in Anspruch nehmen, und sie in der Versorgung von den Professionellen unterschiedlich wahrgenommen und behandelt werden; hier sei nur das Beispiel genannt, daß Frauen mehr psychotrope Medikamente verschrieben bekommen als Männer.

Mit dieser Sichtweise auf die Gesundheit von Frauen und Männern ergibt sich die Aufgabe, Gesundheitsberichterstattung neu zu überdenken und Leitgedanken für eine geschlechtersensible Gesundheitsberichterstattung zu entwickeln. Das bezieht sich zunächst einmal auf den Gesundheitsbegriff selbst. Der hier vorliegende Bericht orientiert sich nicht primär an einem medizinischen Krankheitskonzept, sondern an einem lebensweltbezogenen Verständnis von Gesundheit und Krankheit. Dieses beinhaltet, die enge Beziehung zwischen den Arbeits- und Lebensbedingungen der Frauen, ihrem Gesundheitszustand und ihrem Versorgungsbedarf zum Kern der Untersuchung zu machen. Im Sinne der Ottawa Charta (WHO 1986) stehen Gesundheitsberichterstattung und Gesundheitsförderung in sozialer Verantwortung. Es sollen die Stärken der Frauen und ihre Fähigkeiten, sich für ihre Gesundheitsbelange einzusetzen, im Mittelpunkt stehen. Ressourcen und Belastungen von Frauen bestimmen gemeinsam ihr Wohlbefinden, ihren Gesundheitszustand und ihre Gestaltungsfähigkeit.

Ein weiterer wichtiger Leitgedanke ist, daß bei der Darstellung von Daten und Ergebnissen zu spezifischen Krankheiten, die Bedeutung und Aussagefähigkeit der im Gesundheitswesen gestellten Diagnosen kritisch in Hinblick darauf zu betrachten sind, welche impliziten Vorurteile über Krankheiten bei Frauen dahinter stehen könnten. So wird z. B. in dem Kapitel zum Herzinfarkt diskutiert, ob die bei Frauen und Männern unterschiedlichen Krankheitssymptome beim Herzinfarkt eine mögliche Ursache für eine unzureichende Diagnostik des Herzinfarkts bei Frauen sein könnten. Die Praxis, Frauen gehäuft psychotrope Medikamente zu verschreiben, wird als geschlechtsspezifischer Zuschreibeprozeß bzgl. psychischer Erkrankungen problematisiert. Gynäkologische Erkrankungen bei jungen Frauen können auch Ausdruck psychischer und sozialer Problemkonstellationen sein und sind deshalb in einem solchen Kontext zu untersuchen. Der gesundheitliche Versorgungsbedarf der Frauen ist deshalb unter Berücksichtigung solcher die Diagnosen und Behandlung beeinflussenden sozial und kulturell geformter Bedingungsfaktoren zu bestimmen.

Die heute geforderte Neuorientierung stellt dem Gesundheitswesen eine doppelte Aufgabe: Sie muß den schädlichen Auswirkungen noch unzureichender Gleichstellung zwischen den Geschlechtern auf die Gesundheit und das Wohlbefinden von Frauen gezielt begegnen und dabei erhöhte Aufmerksamkeit für frauenspezifische Benachteiligung und Bedürfnisse entwickeln; und sie muß lernen, die Bedeutung des Geschlechts systematisch für Frauen und für Männer zu berücksichtigen. Dabei geht es nicht in erster Linie um eine Ausweitung der Versorgungsleistungen, sondern es geht um ihren wirksamen und zielgerechten Einsatz. Gesundheitsgefährdungen der Arbeits- und Lebensbedingungen von Frauen müssen identifiziert und die objektiven und subjektiven Ressourcen für Gesundheit durch gesundheitsförderliche Maßnahmen in Prävention, Therapie und Rehabilitation gestärkt werden. Frauengesundheitsberichterstattung ist damit eine originäre Aufgabe von Public Health.

Einen besonderen Schwerpunkt bilden in diesem Bericht die Darstellung der Lebensumstände der Frauen in den neuen Bundesländern sowie die Unterschiede und die Gemeinsamkeiten der gesundheitlichen Lage von Frauen in Ost- und Westdeutschland. An vielen Stellen dieses Berichtes wird dargestellt, mit welchen gesundheitlichen Vor- und Nachteilen der gesellschaftliche Wandel für die Frauen in Ostdeutschland verbunden war.

Ein weiterer wichtiger Gesichtspunkt für die Berichterstattung war die Frage, inwieweit verschiedene Sozial- und Lebenslagen von Frauen mit einem unterschiedlichen Gesundheitszustand und Gesundheitshandeln verbunden sind. Ein Zusammenhang von Armut und Gesundheit ist auch für Frauen erkennbar und eng mit den Belastungen und Ressourcen der jeweiligen Lebenswelt der Frauen verknüpft.

Die im Bericht aufgegriffenen Themen beziehen sich auf die spezifischen gesundheitlichen Bedingungen von Frauen. Dabei bilden diese Leitgedanken den theoretischen Hintergrund für die Darstellung. Es wurde der Stand des Wissens aufgearbeitet, und die Ergebnisse werden mit besonderem Bezug auf die Bundesrepublik Deutschland berichtet. Der daraus abzuleitende Handlungsbedarf wird beschrieben und wo nötig Forschungsdefizite und weiterer Forschungsbedarf aufgezeigt.

Für diesen Bericht wurden folgende Themenbereiche ausgewählt:

- soziodemographische und sozioökonomische Indikatoren der Arbeits- und Lebensbedingungen von Frauen in Familie und Beruf (Kapitel 2);

- Unterschiede im Gesundheitszustand von Frauen und Männern, bezogen auf das jeweils spezifische Todesursachenspektrum und in Hinblick auf für Frauen besonders relevante Erkrankungen (Kapitel 3);

- die gesundheitsbezogenen Lebensweisen von Frauen, ihre Vorstellungen von Gesundheit und ihr Gesundheitshandeln (Kapitel 4);

- Gewalt gegen Frauen (Kapitel 5);

- die reproduktive Gesundheit von Frauen im Lebensverlauf, wie z. B. Familienplanung, Kontrazeption, Schwangerschaft und Geburt (Kapitel 6);

- Frauenarbeit in Beruf und Familie und gesundheitliche Auswirkungen (Kapitel 7);

- Gesundheit von Frauen im mittleren Lebensalter (Kapitel 8);

- Frauen in besonderen Lebenslagen, wie etwa Frauen mit Behinderungen oder drogenabhängige Frauen (Kapitel 9);

- frauenzentrierte Ansätze in der Gesundheitsförderung und der gesundheitlichen Versorgung (Kapitel 10).

Für die Auswahl dieser Bereiche wurde eine Reihe von Kriterien zugrunde gelegt. Der von der WHO 1994 herausgegebene Indikatorenkatalog für die Frauengesundheitsberichterstattung gab eine wichtige Orientierung, um internationale Vergleichbarkeit im europäischen Raum möglich zu machen. Diese Indikatoren waren jedoch für die lebensweltbezogene Ausrichtung des Berichts nicht ausreichend, so daß weiterhin querschnittliche Zugänge wie die Orientierung am Lebenslauf oder die Fokussierung auf die Ressourcen im Umgang mit einer Behinderung oder Krankheit gewählt wurden.

Entsprechend den WHO-Indikatoren werden in Kapitel 2 soziodemographische Indikatoren zu Partnerschaft und Familie, zur sozialen Lage von Frauen, zu Ausbildung und Beruf behandelt. Die hier präsentierten Daten beschreiben den Hintergrund der Lebensbedingungen von Frauen und bilden damit die Basis für alle folgenden Kapitel des Berichts. Ein Bezug zu Gesundheit wird in diesem Abschnitt noch nicht hergestellt.

In Kapitel 3 werden in enger Anknüpfung an den Gesundheitsbericht für Deutschland (StBA 1998a) Daten zur Lebenserwartung und Sterblichkeit im Geschlechter- und Ost-West-Vergleich dargestellt. Beispielhaft wurden einige Krankheiten ausgewählt, die für die Frauen von besonderer Bedeutung sind oder wo die Forschungslage auf einen besonderen Bedarf hinweist. Berichtet wird über Herz-Kreislauf-Krankheiten, Brustkrebs, erstmals auch über gynäkologische Erkrankungen, des weiteren über sexuell übertragbare Krankheiten, Mundgesundheit sowie Suizid und Suizidversuch. Die Abschnitte in Kapitel 3 konzentrieren sich auf die epidemiologische Datenlage, wobei auch sozialepidemiologische Daten mit berücksichtigt werden. In diesem Kapitel geht es also nicht um die Frage der medizinischen Behandlung, der Versorgung oder der Bewältigung von Krankheit, sondern um die Verbreitung dieser Krankheiten in der weiblichen Bevölkerung und die Bedingungsfaktoren sowie Risiken für diese Krankheiten.

Mit dieser Auswahl wird in keiner Weise der Anspruch auf Vollständigkeit im Hinblick auf die für Frauen relevanten Krankheiten erhoben. Von mindestens ebenso großer Bedeutung sind psychiatrische oder rheumatische Erkrankungen. Im Rahmen der für diesen Bericht zur Verfügung stehenden Kapazitäten mußte hier jedoch eine Einschränkung vorgenommen werden. Die Darstellung der beispielhaft für diesen Bericht ausgewählten Krankheiten kann jedoch zeigen, wie die Berichterstattung über für Frauen relevante Krankheiten gestaltet werden kann.

In Kapitel 4 wird die Frage aufgegriffen, welche besonderen Vorstellungen von Gesundheit, Krankheit und gesunder Lebensweise Frauen haben, welche Körper- und Selbstkonzepte dahinter stehen und wie diese in der Lebensgeschichte der Frauen entstanden sind. In einem ersten Schritt werden theoretische Modelle und Forschungsergebnisse zu geschlechtsspezifischen Gesundheitskonzepten und zum Gesundheitshandeln vorgestellt; im zweiten Schritt werden einzelne gesundheitsbezogene Verhaltensweisen und Konsumgewohnheiten (Alkoholkonsum, Rauchen, Gebrauch, Mißbrauch und Abhängigkeit von psychotropen Medikamenten sowie riskantes Verkehrsverhalten, häusliche Unfälle und Stürze) dargestellt, wobei die epidemiologische Datenlage berichtet und in ihrem Bezug zu den zuvor dargestellten Gesundheitskonzepten bewertet wird.

Das Thema „Gewalt im Geschlechterverhältnis" (Kapitel 5) gehört zentral in eine Gesundheitsberichterstattung über Frauen. Es wird die epidemiologische Datenlage berichtet, die körperlichen und vor allem psychosozialen Folgen von Gewalterfahrungen beschrieben und die Versorgungssituation dargelegt.

Das Kapitel 6 ist ein wesentliches Kernstück eines auf Frauengesundheit orientierten Berichts. Es befaßt sich mit der reproduktiven Gesundheit von Frauen im Lebensverlauf. Die Darstellung folgt der Entwicklung weiblicher Fruchtbarkeit und behandelt wichtige Themen wie den Eintritt der ersten Regelblutung, das Familienplanungverhalten und die Kontrazeption, Schwangerschaft und Geburt. Das Kapitel schließt das Thema Fruchtbarkeitsstörungen und eine kritische Diskussion der entsprechenden Versorgungsangebote ebenso ein wie Untersuchungen zum Kinderwunsch und die Darstellung der stationären Morbidität bei den Komplikationen der Schwangerschaft, der Geburt und des Wochenbettes.

Am lebensweltlichen Bezug des Berichtes orientiert sich auch das Kapitel 7 „Frauenarbeit und Gesundheit". Dieses Thema wird erstmalig in einem europäischen Frauengesundheitsbericht umfassend dargestellt. Die doppelte Einbindung von Frauen in Beruf und Familie bildet den theoretischen Ausgangspunkt des Kapitels. Studienergebnisse zu den gesundheitlichen Auswirkungen von Frauenarbeit in Beruf und Familie werden aufgegriffen und Indikatoren der berufsbezogenen Gesundheitsberichterstattung (Arbeitsunfähigkeit, Arbeitsunfälle, Berufskrankheiten, Frühverrentung) sowohl im Geschlechtervergleich als auch für die fünf Berufe dargestellt, bei denen Frauen den höchsten Anteil einnehmen. Es wird untersucht, ob Arbeitslosigkeit auch bei Frauen mit einem höheren Gesundheitsrisiko verbunden ist. In einer umfassenden Bewertung des Stands der Forschung werden Zusammenhänge zwischen Haus- und Familienarbeit und Gesundheit von Frauen berichtet.

Im Kapitel 8 „Frauen im mittleren Lebensalter" wird die Perspektive des Lebensverlaufs von Frauen mit der Sicht auf ihre spezifischen Arbeits- und Lebensbedingungen in dieser Phase miteinander verknüpft. Dabei stehen die Veränderungen der Situation von Frauen in den neuen Bundesländern nach der Wiedervereinigung und deren psychosoziale Auswirkungen im Vordergrund. Es kann aufgezeigt werden, wie in dieser Lebensphase Belastungen durch körperliche und hormonelle Veränderungen einerseits und durch veränderte Anforderungen aus der äußeren Lebensumwelt andererseits eng miteinander verbunden sind und wie diese mit der Gesundheit von Frauen zusammenhängen.

In Kapitel 9 „Frauen in besonderen sozialen und gesundheitlichen Lebenslagen" wird beschrieben, welche Auswirkungen besondere soziale und gesundheitliche Lebenssituationen auf Gesundheit und Krankheit haben. Für den Teil „Frauen in besonderen sozialen Lebenslagen" wurden exemplarisch zwei Gruppen von Frauen ausgewählt: obdachlose Frauen und Prostituierte, die im Gesundheitswesen schlecht versorgt sind und unter sehr ungünstigen Lebensbedingungen leben. Der zweite Teil „Frauen in besonderen gesundheitlichen Lebenslagen" zeigt, welche Auswirkungen Krankheit und Behinderung auf die Lebenssituation von Frauen haben, wie diese Frauen mit ihren gesundheitlichen Einschränkungen umgehen und welche Versorgungssituation für sie gegeben ist bzw. wo Defizite in der Versorgung liegen. Berichtet wird über Frauen mit Behinderungen, Frauen mit riskantem Alkoholkonsum,

Frauen, die illegale Drogen konsumieren, AIDS kranke Frauen und Frauen in stationärer psychiatrischer Behandlung.

In Kapitel 10 „Frauenzentrierte Ansätze in der Gesundheitsförderung und gesundheitlichen Versorgung" werden Ergebnisse einer zum Zweck dieser Berichterstattung durchgeführten empirischen Erhebung dargestellt. Ziel dieser Erhebung war es, herauszufinden, in welchen Gesundheitsfeldern es Praxisansätze gibt, die den besonderen Versorgungsbedarf von Frauen explizit zum Gegenstand haben. In ausgewählten Bereichen wurde untersucht, nach welchen Konzepten diese Einrichtungen arbeiten und welche Erfahrungen sie mit dieser Arbeit gemacht haben. Diese Studie hat insoweit exemplarischen Charakter, als es hier nicht darum gehen konnte, alle für die Frauen wichtigen Versorgungsbereiche umfassend, d. h. in Hinblick auf Prozeß-, Struktur- und Ergebnisqualität zu evaluieren. Vielmehr sollte gezeigt werden, daß derartige Ansätze bereits bestehen und nach welchen Kriterien solche Angebote zu strukturieren sind.

Der Bericht zur gesundheitlichen Lage der Frauen in Deutschland umfaßt sehr viele Themenbereiche - aber er ist nicht umfassend. Zunächst einmal gab es die Vorgabe, daß dieser Bericht sich auf die erwachsenen Frauen, nicht auf Kinder und Jugendliche und nicht auf die alten Frauen konzentrieren sollte. Ein wichtiger Grund für die Aussparung einer Reihe von Themen war, daß in vielen Bereichen eine geschlechtsspezifische Forschung fehlt und deshalb nur unzureichend Daten und Forschungsergebnisse zur gesundheitlichen Situation von Frauen vorliegen. Das gilt besonders für einige Krankheitsbilder, für den Bereich der medizinischen Versorgung, für die Rehabilitation und für die Kosten und Leistungen im Gesundheitswesen. Weiterhin konnten wichtige Themen nicht aufgegriffen werden, weil sie im Rahmen der zur Verfügung stehenden Kapazitäten nicht zu bearbeiten waren. Ein dringender Bedarf zur Gesundheitsberichterstattung unter Berücksichtigung der Frauen, der hier nicht gedeckt werden konnte, besteht z. B. für die Migrantinnen oder zum Thema soziale und gesundheitliche Ungleichheit.

Trotz der Lückenhaftigkeit des vorliegenden Berichts kann jedoch anhand der ausgewählten Themen deutlich gemacht werden, mit welchen Konzepten und Herangehensweisen eine Berichterstattung zur gesundheitlichen Situation von Frauen zu arbeiten hat. Er hat damit Orientierungsfunktion für die Etablierung einer geschlechtersensiblen Gesundheitsberichterstattung. Des weiteren kann der Bericht für die dargestellten Themen aufzeigen, welche z. T. erheblichen Forschungsdefizite in Hinblick auf die Gesundheit der Frauen noch bestehen.

Der im Jahre 1998 erschienene Gesundheitsbericht für Deutschland (StBA 1998a) gibt einen umfassenden Überblick über den Gesundheitszustand und die Versorgung der Bevölkerung und über die Kosten und Leistungen im Gesundheitswesen. Über frauenspezifische Besonderheiten wurde dort jedoch nicht im Einzelnen berichtet. Der hier vorliegende Bericht zur gesundheitlichen Situation der Frauen in Deutschland ist deshalb als eine wichtige Ergänzung zu der bereits bestehenden Berichterstattung zu verstehen. Er erlaubt die vertiefende Bearbeitung solcher Themen, die für die Gesundheit von Frauen besonders wichtig sind. Es gibt aber auch einige enge Schnittstellen zum Gesundheitsbericht für Deutschland, nämlich da, wo

Basisdaten zur gesundheitlichen Situation von Frauen und Männern präsentiert werden. Diese Schnittstellen sollen es den Leserinnen und Lesern erleichtern, die Bezüge zwischen den verschiedenen Berichten zu erkennen und die Ergebnisse aus beiden Berichten für ihre Arbeit nutzbar zu machen.

Zu der Entstehung dieses Berichts haben viele beigetragen: Sie haben Daten zur Verfügung gestellt, beratend zur Seite gestanden oder als Expertinnen Teilkapitel verfaßt. Für diese Unterstützung möchten wir uns an dieser Stelle bedanken. Unser Dank geht auch an das Statistische Bundesamt, die Berufsgenossenschaften und viele andere, die die Erstellung des Berichts unterstützt und durch Datenzugänge und geschlechtsspezifische Sonderauswertungen für einige Kapitel eine wichtige Datengrundlage geschaffen haben. Ein Dankeschön auch an die Expertinnen und Experten, die ihr Wissen und ihre Erfahrungen für die Erhebung des frauenspezifischen Versorgungsangebots (Kapitel 10) zur Verfügung gestellt haben. Wir möchten uns ganz herzlich bei dem wissenschaftlichen Beirat des Projekts bedanken, mit dessen Unterstützung dieser Bericht ermöglicht wurde.

Unser ganz besonderer Dank aber gilt dem Bundesministerium für Familie, Senioren, Frauen und Jugend, das uns über drei Projektjahre hinweg gestützt und gefördert hat.

Wir möchten mit diesem Bericht die für die Gesundheitspolitik und Gesundheitsversorgung und die für die Frauenpolitik Verantwortlichen motivieren und dafür begeistern, ihre Aufgabenbereiche konsequent unter der Frage nach der Besonderheit und Unterschiedlichkeit von Frauen und Männern in der Entstehung, Bewältigung und Behandlung von Krankheit und Gesundheit zu betrachten. In diesem Sinne wünschen wir uns die bestmögliche Versorgung von Frauen und Arbeits- und Lebensbedingungen, die ihrer Gesundheit dienlich sind.

1.2 Perspektiven einer frauenfreundlichen Gesundheitspolitik und Gesundheitsversorgung

Aus den Ergebnissen des vorliegenden Berichts sind Schlußfolgerungen für die Umsetzung in Politik, die Gesundheitsförderung und Krankheitsverhütung und die gesundheitliche Versorgung zu ziehen. Aufgaben für die zukünftige Forschung und Gesundheitsberichterstattung sind aufzuzeigen. Die aus den Ergebnissen der Berichterstattung von den Wissenschaftlerinnen formulierten verbundenen Forderungen sind im Sinne eines Anstoßes zu einer breiten frauen- und gesundheitspolitischen Diskussion in Deutschland zu verstehen. Es werden öffentliche Kontroversen aufgegriffen und aus der Sicht einer engagierten Frauengesundheitspolitik Stellung bezogen - dabei stellen die Interessen, Bedürfnisse und der Bedarf von Frauen den Orientierungsmaßstab dar.

Die Ergebnisse des hier vorliegenden Berichts sollen eine öffentliche Diskussion zur Gesundheit von Frauen in Deutschland initiieren. Dazu sind Vorstellungen nötig, mittels welcher Zielvorgaben und mit welchen strukturellen und organisatorischen Mechanismen eine solche Diskussion geführt und eine Umsetzung gewährleistet werden kann.

Chancengleichheit und Gender Mainstreaming in der gesundheitlichen Versorgung

Eine bessere, d. h. zielgerichtete, wirksame, qualitativ hochwertige und effiziente gesundheitliche Versorgung hat sich am Ziel der vollen Verwirklichung der Gleichberechtigung zu orientieren. „Gender Equality" bedeutet, daß beide Geschlechter in allen Lebensbereichen gleiche Rechte, gleiche aktive Teilhabe und gleiche Entfaltung ihrer persönlichen Möglichkeiten erfahren. In der europäischen Diskussion wird heute erkannt, daß dieser Anspruch nur durch ein zweigleisiges Vorgehen eingelöst werden kann. Spezifische Maßnahmen und Programme, die einen Nachteilsausgleich für Frauen anstreben, müssen gestärkt und kontinuierlich weiterentwickelt werden, da nur so der strukturellen und historisch verankerten Ungleichheit entgegen gewirkt und ein ausreichendes Verständnis für geschlechtsspezifische Problemlagen erreicht werden kann. Darüber hinaus müssen jedoch die Erfahrungen und Erkenntnisse aus dieser Arbeit ins Zentrum der allgemeinen Gesundheitspolitik und gesundheitlichen Versorgung gelangen (gender mainstreaming). Als wichtiger Nebenerfolg solcher systematischen Berücksichtigung des Geschlechts in allen Versorgungs- und Lebensbereichen zeigte sich, daß auch geschlechtsspezifische, aber bislang eher vernachlässigte Belastungen und Ressourcen von Männern erkennbar werden.

Die umfassende Durchsetzung der Gleichberechtigung von Frauen hat weiterhin zu berücksichtigen, daß soziale Ungleichheit ebenso wie ein Migrationsstatus Auswirkungen auf Gesundheit und Krankheit, auf die Lebenserwartung und auf die Inanspruchnahme von Hilfen hat. Deshalb ist eine gerechte und gleiche Verteilung der Chancen auf Gesundheit unter Frauen und eine Ausrichtung der Gesundheitsangebote auf unterschiedliche Interessen, Belastungen und Ressourcen von Frauen zu fordern. Die Barrieren, die in unterschiedlichsten Formen einem Zugang zu angemessener Versorgung entgegen stehen, sind zu beseitigen.

Für die Forschung, die Berichterstattung und die Versorgung heißt das, zu untersuchen, welche unterschiedlichen, sozialen und biologischen Bedingungszusammenhänge bei Frauen und Männern wirksam sind, und welche Konsequenzen daraus zu ziehen sind. So ist danach zu fragen:

- in welcher Weise sozial-, familien- und arbeitsmarktpolitische Steuerungsmechanismen unterschiedliche Auswirkungen auf die Gesundheit von Frauen und Männern haben,

- in welcher Weise Programme zur Krankheitsprävention und zur lebensweltbezogenen Gesundheitsförderung Frauen und Männer in unterschiedlicher Weise erreichen bzw. bei ihnen wirksam sind,

- ob diagnostische und therapeutische Verfahren in der Medizin geeignet sind, den Gesundheitszustand von Frauen und Männern in gleicher Weise und Qualität zu untersuchen und zu verbessern und ob bei der Entwicklung von Behandlungsleitlinien in der Medizin solche Erkenntnisse systematisch berücksichtigt werden,

- ob Versorgungsmodelle in der ambulanten, stationären oder rehabilitativen Versorgung dem spezifischen Bedarf von Frauen und Männern angemessen sind,

- ob in der Planung, dem Management und der Finanzierung von Versorgung der spezifische Bedarf von Frauen und Männern mit zum Entscheidungskriterium für die Allokation von Ressourcen herangezogen wird.

Es sind Leitfragen und Methoden zu entwickeln, nach denen politische Steuerungsmechanismen und gesundheitliche Versorgungskonzepte auf allen Ebenen der Planung, Entwicklung, Evaluierung und Implementation in Hinblick auf ihre geschlechtsspezifischen Wirkungen bewertet werden können. International entwickelte und erprobte Konzepte sollten dabei übernommen und eingesetzt werden.

Zielvorgaben für die Frauengesundheitspolitik und -versorgung

Auf der Basis wissenschaftlicher Erkenntnisse zum Gesundheitszustand der Bevölkerung, insbesondere unter Berücksichtigung des Frauengesundheitsberichts, sind Prioritäten und Ziele für eine Frauengesundheitspolitik und -versorgung zu formulieren. Dies kann nur in einem diskursiven Prozeß jeweils auf Bund-, Länder- und kommunaler Ebene geschehen. Im Ergebnis sollten Aufgaben auf allen Ebenen formuliert und durch eine konzertierte Gesamtpolitik - im Sinne des gender mainstreaming - verfolgt werden.

Um eine koordinierte Frauengesundheitspolitik in Deutschland zu entwickeln, müssen Instrumentarien geschaffen werden, die in der Lage sind, die wichtigen Akteure für die Gestaltung dieses Prozeß zu gewinnen und zu vernetzen. Entscheidungsträger sowie Expertinnen und Experten, u. a. aus den Bereichen: Politik, Leistungsträger, Leistungserbringer, Verbände, Selbsthilfe, Wissenschaft sind in diesen Prozeß einzubeziehen.

Bildung von regionalen Netzwerken

In einzelnen Bundesländern haben sich bereits professionelle Netzwerke zur Frauengesundheit konstituiert, deren Ziel es ist, Gesundheitsförderungs- und Versorgungsangebote für Frauen abzustimmen, Defizite aufzuzeigen und eine Verbesserung der Situation zu erreichen. Die Arbeit erfolgt nach prioritären Zielen, die gemeinsam erarbeitet werden. Derartige Netzwerke sollten zum Vorbild für andere Bundesländer genommen und dort - angepaßt an die jeweiligen regionalen Gegebenheiten - angeregt und unterstützt werden.

Gesundheitsförderung und Prävention

Vorrangiges Ziel gesundheitlicher Versorgung ist die Verhütung von Krankheit und Förderung der Gesundheit. Dazu sind im Sinne der Verhältnisprävention strukturelle Rahmenbedingungen in den Arbeits- und Lebensbedingungen zu schaffen, die dem Erhalt der Gesundheit förderlich sind. Die subjektiven Ressourcen von Frauen sind zu stärken und ihr Gesundheitshandeln in einem ganzheitlich-salutogenetischen Verständnis zu befördern. Für beide Geschlechter gilt, daß sozialen Benachteiligungen in Gesundheit und Krankheit entgegen zu wirken ist.

Folgt man diesem salutogenetischen Ansatz, sind Gesundheit und Krankheit nicht ein striktes Gegensatzpaar und Gesundheitsförderung ist auch für ein erfülltes Leben von erkrankten Frauen wichtig. Für sie sind die äußeren Möglichkeiten zu schaffen und die Fähigkeiten zu stärken, Krankheit mitsamt ihren Folgen zu verarbeiten.

In der Gesundheitsförderung sind bereits Ansätze entstanden, die auf den spezifischen Bedarf von Frauen ausgerichtet sind und eine Orientierung für die nach dem § 20 SGB V zu entwickelnden Maßnahmen und Programme darstellen. Sie können Modellcharakter gewinnen, wo ihre Impulse auf breiter Ebene übernommen werden. Handlungsfelder, Leitlinien und Qualitätskriterien für Prävention und Gesundheitsförderung müssen künftig die Geschlechterperspektive systematisch mit berücksichtigen.

Reproduktive Gesundheit

Gesundheitsförderung im salutogenetischen Sinne erstreckt sich auch auf den Bereich der reproduktiven Gesundheit. Dort bedeutet sie Schaffung von äußeren Rahmenbedingungen, Befähigung von Frauen und Zugang zu unabhängiger Information, Beratung und - wo notwendig kostenloser - Versorgung als Voraussetzung, die reproduktiven Rechte zu realisieren, Risiken zu minimieren und gewünschte Ereignisse zu erreichen. Eine unangemessene Medikalisierung der reproduktiven Gesundheit widerspricht dem Gedanken der Gesundheitsförderung in diesem Bereich.

Qualität in der Versorgung

In den letzten Jahren haben sich in der Bundesrepublik vielfältige Praxisansätze zu einer bedürfnisgerechten Versorgung entwickelt, die bewußt auf die Lebenssituationen, die spezifischen Risiken und die Ressourcen von Frauen eingehen. Dies erfordert die Herstellung einer engeren Verknüpfung von medizinischer Versorgung und psychosozialer Beratung und Betreuung mit dem Ziel einer Verbesserung der gesundheitlichen und der sozialen Lage und der Herstellung von Schutz und Sicherheit für die Frauen. Dazu gehören u. a. Versorgungsangebote in Frauenräumen und durch Frauen (z. B. in der Pflege, Beratung oder Psychotherapie). Dies respektiert die Bedürfnisse der Frauen und ermöglicht, Erfahrungen anzusprechen, die einem betreuenden Mann gegenüber nicht angesprochen werden. Wo immer Gruppen von Frauen nicht von Regelangeboten der Versorgung erreicht werden, sind besondere, Vertrauen schaffende, akzeptierende und aufsuchende Angebote zu entwickeln.

Die Ansätze der bedürfnisgerechten Versorgung von Frauen sind jedoch oft vereinzelt und haben zu wenig Gelegenheit zum Erfahrungsaustausch. Die Erträge ihrer Arbeit – ihre professionellen Methoden, ihre Erfahrungswerte und ihre innovativen Impulse – werden nur unzureichend im Gesundheitssystem zur Kenntnis genommen, fließen nicht in die Aus- und Fortbildung der medizinischen und gesundheitlichen Fachkräfte ein.

Es sollten Vernetzungsstellen geschaffen werden, um systematisch Informationen über diese Entwicklungen in der Praxis zu sammeln und zugänglich zu machen, Austausch und Weiterbildung zu fördern, Erträge der Praxis in der Fach- und gesundheitspolitischen Öffentlichkeit bekannt zu machen und Kooperation mit ausbildenden Institutionen – medizinische Fakultäten, Kliniken, psychotherapeutische Ausbildungsstätten, Krankenpflege- und Hebammenschulen u. a. m. – aufzubauen. Solche Stellen sollten in enger Zusammenarbeit mit engagierten Verbänden und Vereinen arbeiten. Sie können zudem initiativ werden, um erfolgreiche Ansätze und deren Erkenntnisse an den Universitäten und in den Fachgesellschaften bekannt zu machen oder unterstützend eine Art „Börse" für innovative Ideen zu schaffen.

Selbsthilfe und Laienkompetenz

Niedrigschwellige, aber professionell unterstützte Beratung und Selbsthilfe, präventive und Ressourcen mobilisierende Angebote sind für den Erhalt und die Förderung von Gesundheit, für die Krankheitsbewältigung und die Rehabilitation von großer Bedeutung. Ein Ausbau solcher Angebote könnte vielfach Patientinnenkarrieren vermeiden, die im doppelten Sinne – für die Patientin wie für die Solidargemeinschaft – hohe Kosten haben. Selbsthilfe und Laienkompetenz sind zudem wichtige Ressourcen bei dem Umgang mit Krankheitssymptomen und für das Leben mit gesundheitlichen Einschränkungen. Die Förderung solcher Ansätze kommt den Gesundheitsbedürfnissen von Frauen entgegen, wenn sie geschlechtsspezifische Aspekte bewußt integrieren, statt sie – wie bislang oft der Fall - vom Geschlecht abzusehen. Dabei muß differenziert auf die unterschiedlichen Situationen von Frauen eingegangen werden. Es ist davon auszugehen, daß die Entwicklung zu geschlechtssensibleren, lebenslagengerechten Angeboten in der gesundheitsförderlichen Versorgung auch Männern helfen wird, die mit ihrem Geschlecht zusammenhängenden Risiken und Belastungen besser zu erkennen und zu bewältigen.

Besonders dringend wäre es erforderlich, eine Klärung mit den Krankenkassen und Kostenträgern herbeizuführen, damit geschlechtsspezifisch sensible Angebote im eher präventiven Bereich, in der Therapie und in der Selbsthilfe anerkannt werden und Sorge zu tragen, daß diese Angebote allen Versicherten zugänglich sind. Es darf nicht dabei bleiben, daß wegweisende, weithin anerkannte Praxisansätze - etwa in der ambulanten Behandlung und der therapeutisch gestützten Selbsthilfe bei Eßstörungen - nur solchen Betroffenen zugänglich sind, die sich den Luxus der Selbstzahler leisten können. Es ist dies auch wirtschaftlich nicht vertretbar, da die stationäre Behandlung nach einer Chronifizierung sehr viel teurer ist.

Allgemein muß die Bedeutung des Geschlechts für die Gesundheit institutionell anerkannt werden, indem die Versorgung mit Hilfen, die den Lebenskontext wahren und eine Reflexion geschlechtsrollenspezifischer Zwänge und Konflikte einbeziehen, finanziell gesichert wird.

Patientinnenrechte

Die aktuelle Diskussion in der Versorgung erkennt zunehmend die Notwendigkeit genuiner informierter Zustimmung bei allen Behandlungsentscheidungen. Noch fehlt es dabei an einer ausreichenden Berücksichtigung geschlechtstypischer Lebensbedingungen, Belastungen und Ressourcen für die Informationsaufnahme und Entscheidungsfähigkeit. Zudem ist zu prüfen, welche Folgerungen aus einer geschlechtsdifferenzierenden Gesundheitsforschung für die Verankerung und Gewährleistung von Patientinnenrechten zu ziehen sind.

Verbesserung der Situation von chronisch kranken und behinderten Frauen

Frauen mit chronischen Erkrankungen und Behinderungen, suchtkranke und HIV-infizierte oder AIDS-kranke Frauen sind mit Diskriminierungen und Vorurteilen konfrontiert, die ihnen wichtige Lebenschancen – z. B. Mutterschaft – absprechen und sie sind doppelt - als Frau und als einschränkt und abhängig aufgrund der gesundheitlichen Situation - betroffen. Hier ist in einem umfassenderen Sinn an der Verbesserung der Situation zu arbeiten (z. B. mit Öffentlichkeitsarbeit) und dadurch Krankheitsbewältigung und Gesundheitsentwicklung zu fördern.

Bekämpfung von Gewalt im Geschlechterverhältnis

Gewalt im Geschlechterverhältnis – ein wesentlicher Risikofaktor für die Gesundheit von Frauen – zu überwinden und deren Folgen zu heilen, muß als originäre Aufgabe von Public Health anerkannt werden. Spezialisierte Einrichtungen mit besonderen Kenntnissen der Problemkreise von Gewalt im Geschlechterverhältnis und sexueller Traumatisierung sind im Spektrum von offenen Beratungsstellen über geschützte Unterkünfte bis hin zur stationären Behandlung notwendig. Die dort tätigen Mitarbeiterinnen und Mitarbeiter benötigen Wertschätzung ihrer Arbeit, Anerkennung ihrer Expertise und ökonomische Entlastung durch die Mitverantwortung des Gemeinwesens. Gleichzeitig ist die Regelversorgung – in Aus-, Fort- und Weiterbildung und Praxis - für das Gewaltproblem und das Problemfeld geschlechtsspezifischer Diskriminierung und Gewalt zu sensibilisieren; es sind Richtlinien für einen entsprechenden Umgang zu vermitteln.

Gleichberechtigung in der professionellen Arbeit

Zur Verwirklichung der Gleichberechtigung im Gesundheitswesen gehört unabdingbar eine deutliche Stärkung der beruflichen Position von Frauen. Dies betrifft sowohl die Anerkennung der Leistungen der vorwiegend von Frauen getragenen Berufsgruppen und ihres Beitrags zur Förderung der Gesundheit, als auch die gleichberechtigte Teilhabe an Leitungs- und Entscheidungsfunktionen, die noch immer vorwiegend mit Männern besetzt sind. Eine gleichberechtigte Partnerschaft der Geschlechter in der beruflichen Arbeit im Gesundheitswesen vermag am ehesten eine Atmosphäre zu schaffen, die der geschlechtssensiblen Versorgung auf breiter Ebene förderlich ist.

Ausbildung in den Gesundheitsberufen

Um eine dem Bedarf von Frauen angemessene gesundheitliche Versorgung zu gewährleisten, sind die Beschäftigten im Gesundheitswesen für die Thematik zu sensibilisieren und zu qualifizieren. In die medizinische Aus- und Weiterbildung, die Ausbildung in der Pflege und aller anderen, in der Versorgung tätigen Berufsgruppen, sind Themen zur Frauengesundheit und zu einer geschlechtssensiblen Gesundheitsforschung und -versorgung mit einzubeziehen. Auch Beschäftigten in der Planung, dem Management und der Verwaltung im Gesundheitswesen sind Ausbildungsinhalte zu vermitteln, die auf den spezifischen Versorgungsbedarf von Frauen und auf Methoden einer geschlechtssensiblen Versorgungsplanung im Sinne des gender mainstreaming zielen.

Frauen- und geschlechtsspezifische Gesundheitsberichterstattung

Die frauen- und geschlechtsspezifische Gesundheitsberichterstattung des Bundes, der Länder und der Kommunen sollte intensiviert werden. Auf Bundesebene ist die Gesundheitsberichterstattung fortzuschreiben, in dem in der Routineberichterstattung frauenspezifische Themen integriert und der Geschlechtervergleich systematisch verfolgt wird. Zu wichtigen Themen sind Spezialberichte zu erstellen. Wichtige Themen dafür sind: Gesundheit von Migrantinnen, soziale Ungleichheit und Gesundheit von Frauen, Frauen und Beruf, insbesondere in Gesundheitsberufen und der Pflege, gesundheitliche Belastungen und Ressourcen von Müttern, Muskel- und Skeletterkrankungen. Auf Länder- und kommunaler Ebene sollten Frauengesundheitsberichte bzw. Gesundheitsberichte im Geschlechtervergleich erstellt werden, die sich thematisch an einem jeweils vor Ort zu bestimmenden gesundheitspolitischen Bedarf orientieren.

Forschungsbedarf

Um die im Frauengesundheitsbericht aufgezeigten Forschungsdefizite zu bearbeiten, sind strukturelle Rahmenbedingungen zu schaffen, die eine effektive Umsetzung gewährleisten. Dazu gehören die Förderung von Studien zur Frauengesundheit, um die im Bericht zu den einzelnen Themenfeldern aufgeführten Forschungsdefizite zu beheben. Die Einrichtungen der Forschungsförderung sind aufgefordert, hierzu relevante Beiträge zu leisten.

Im Sinne einer geschlechtssensiblen Forschungsmethodik ist die Überprüfung aller gesundheitsrelevanten Wissenschaftsbereiche unter dem Gesichtspunkt geboten, ob die Geschlechterperspektive konsequent umgesetzt wurde. In Gesundheitsforschungsprogrammen ist die Geschlechterperspektive thematisch, konzeptionell und methodisch zu berücksichtigen. Forschungsverbünde haben zukünftig darzustellen, in welcher Weise sie die Berücksichtigung der Geschlechterperspektive organisatorisch umsetzen. Standards einer geschlechtssensiblen Gesundheitsforschung sollten Begutachtungskritrium für die Bewilligung von Forschungsgeldern sein.

Um eine geschlechtssensible Forschung und Wissenschaft langfristig durchzusetzen, ist bei Stellen für Hochschullehrende an den Universitäten und Universitätskliniken und in leitenden Funktionen der Forschung der Anteil an Frauen zu erhöhen. Zentrale Begutachtungs- und Beratungsgremien sind paritätisch mit Frauen zu besetzen. Über die Ergebnisse der Umsetzung dieser Forderungen ist Bericht zu erstatten.

1.3 Zusammenfassung der Ergebnisse

1.3.1 Einleitung

Im folgenden werden die wichtigsten Ergebnisse des Berichts für jedes Kapitel zusammenfassend dargestellt. Dazu wird das theoretische Konzept, das dem jeweiligen Kapitel zugrunde lag, skizziert, die bearbeiteten Themen aufgelistet und für jeden Themenbereich eine kurze Zusammenfassung gegeben. Wichtige Versorgungsdefizite werden aufgezeigt und gegebenenfalls Empfehlungen für eine Verbesserung der Situation ausgesprochen. Um den Rahmen der Zusammenfassungen nicht zu sprengen, werden der Stand der Forschung, die bei der Bearbeitung zugrunde gelegten Datenquellen, die Begründung des Versorgungsbedarfs und die aus dem Stand der Wissenschaft erkennbaren Forschungsdefizite hier nicht berichtet. Diese Informationen finden sich jedoch alle in den ausführlichen Berichtskapiteln.

Mit der vorliegenden Zusammenfassung soll das Interesse der Leserinnen und Leser geweckt werden, sich genauer mit den Einzelthemen des Berichts zu befassen, dort nachzulesen und sich mit den Konzepten und berichteten Studienergebnissen vertraut zu machen. Für diejenigen, die einen ersten Einstieg in die Frauengesundheitsberichterstattung finden möchten, gibt sie einen knappen und informativen Überblick.

1.3.2 Ausgewählte soziodemographische und sozioökonomische Indikatoren

In Kapitel 2.1 wird zunächst ein Überblick über Umfang und Struktur der Bevölkerung in Deutschland gegeben. Danach werden, ausgehend von der bekannten Tatsache, daß Gesundheit, Morbidität und Mortalität in vielfachen Zusammenhängen mit Indikatoren der sozialen Lage stehen, in den Kapiteln 2.2 und 2.3 soziodemographische Grundlagen dargestellt, auf die in anderen Teilen dieses Berichtes unter gesundheitlichen Aspekten zurückgegriffen wird. Besonderes Augenmerk wird zum einen auf geschlechtsspezifische Unterschiede in Bezug auf die soziale Lage gelegt, zum anderen auf immer noch bestehende Unterschiede in der Lebenssituation und im Verhalten der Frauen in den alten und in den neuen Bundesländern. Die Auswahl der dargestellten Indikatoren orientiert sich an einem frauenspezifischen Ansatz der Gesundheitsberichterstattung, der berücksichtigt, daß die Gesundheit von Frauen im Alltag entsteht, dieser vielfach durch familiäre und berufliche Aufgaben geprägt ist und daß Gesundheit und Lebensbedingungen nach sozialen Gruppen und nach einzelnen Lebensphasen differieren. Lebensentwürfe und Handlungsoptionen von Frauen waren in den letzten Jahrzehnten entscheidenden Veränderungen unterworfen, daher werden bei einigen Indikatoren Betrachtungen im Zeittrend angestellt.

Präsentiert werden überwiegend Daten der amtlichen Statistik, die über den jährlichen Mikrozensus und über andere in regelmäßigen Abständen durchgeführte Repräsentativerhebungen gewonnen werden.

Die Bevölkerung - dies ist ein Charakteristikum aller westlichen Industrienationen - wird immer älter. Ältere Menschen und insbesonders ältere Frauen, die zahlenmäßig die älteren Männer übertreffen, stellen einen beachtlichen Teil der Bevölkerung dar. 1950 betrug der Anteil der über 60jährigen Frauen an der Gesamtbevölkerung 15,2 %, bis 1999* war er auf 26,4 % gestiegen, d. h. 1999 war jede vierte Person in Deutschland 60 Jahre alt oder älter und weiblich. Der demographische Alterungsprozeß der Bevölkerung hat Auswirkungen auf die Inanspruchnahme von Leistungen des Gesundheitswesens.

Das andere auffallende Phänomen ist, daß insgesamt weniger Frauen Mütter werden und daß sie die Kinder in höherem Alter bekommen. Frauen, die sich für die Mutterschaft entscheiden, favorisieren jedoch nach wie vor ein Familienmodell mit zwei Kindern. Die Geburtenziffern sind seit 1960 sowohl in den alten als auch in den neuen Bundesländern gesunken, wobei sie in letzteren nach der Wende mit 5,1 Geburten je 1.000 Personen einen dramatischen Tiefstand erreichten. 1999 lagen die Geburtenziffern in Westdeutschland bei 9,9 je 1.000 Personen, in Ostdeutschland bei 7,0. Es wird ein weiterer Anstieg der Zahl kinderloser Frauen prognostiziert. Für die Geburtskohorte von 1965 werden 32,1 % kinderlose Frauen geschätzt.

Die genannten demographischen Entwicklungen beeinflussen die Struktur der Privathaushalte und damit das Vorhandensein von primären sozialen Netzwerken. Die Häufigkeit von Privathaushalten mit zwei und mehr Generationen nimmt ab, die der

---

* Für die Kurzfassung wurden im Gegensatz zum Hauptteil Daten von 1999 verwendet.

Privathaushalte mit einer Generation (Ehepaare ohne Kinder) und der Einpersonenhaushalte nimmt zu. Einpersonenhaushalte sind zu 58 % Frauenhaushalte. Die Situation alleinlebender Frauen und Männer unterscheidet sich. 1999 waren 48,6 % der alleinlebenden Frauen verwitwet und älter als 55 Jahre - diese Kombination traf nur auf 12,6 % der alleinlebenden Männer zu; 34,6 % der alleinlebenden Männer waren ledig und unter 35 Jahren - diese Kombination traf nur auf 17 % der Frauenhaushalte zu.

Trotz der Pluralisierung von Lebensformen, der sinkenden Heiratsneigung und der steigenden Ehescheidungsziffern ist in Deutschland die Ehe noch immer die häufigste Form des Zusammenlebens. 1999 lebten 56,8 % der erwachsenen Frauen in ehelichen, 5,9 % in nichtehelichen Lebensgemeinschaften, 5,7 % waren alleinerziehend und 22,6 % lebten in Einpersonenhaushalten. Lebensphasenspezifisch betrachtet zeigen sich Unterschiede zwischen den alten und den neuen Bundesländern. Im Westen bleiben die jungen Frauen länger im elterlichen Haushalt und wechseln anschließend, bevor sie heiraten, häufiger in Einpersonenhaushalte. Im Osten leben die Frauen häufiger in nichtehelichen Lebensgemeinschaften, Eheschließung und Familiengründung erfolgt in jüngerem Alter und damit korrespondierend setzt die nachelterliche Phase früher ein.

1999 gab es in Deutschland 9,3 Millionen Familien mit minderjährigen Kindern. Davon waren 79,1 % Ehepaare mit minderjährigen Kindern, 5,9 % nichteheliche Lebensgemeinschaften und 15,0 % Familien von überwiegend weiblichen Alleinerziehenden. Die Anteile der nichtehelichen Lebensgemeinschaften und der Alleinerziehenden sind im Osten bedeutend höher als im Westen. Einer der wesentlichsten Unterschiede im generativen Verhalten der Frauen in den beiden Landesteilen liegt in der mit 49,9 % dreimal so hohen Quote der nichtehelich geborenen Kinder im Osten.

Weibliche Lebensverläufe sind häufig durch Brüche gekennzeichnet: So ist das Aufgeben oder die zeitweilige Unterbrechung der eigenen Berufstätigkeit zugunsten der Kinderbetreuung charakteristisch für die Erwerbsbiographien von Frauen. Optionen stehen häufig in Konkurrenz zueinander und getroffene Entscheidungen haben weitreichende Konsequenzen auf andere Lebensbereiche. Für die Bewältigung der Probleme der Vereinbarkeit von Beruf und Familie sind familienpolitische Maßnahmen wie Erziehungsurlaub und die Bereitstellung von öffentlichen Einrichtungen zur Kinderbetreuung von Bedeutung. Untersuchungsergebnisse zeigen jedoch, daß weibliche Erwerbsverläufe nach einem Erziehungsurlaub oft nicht erfolgreich und nur mit erheblichen Nachteilen fortgesetzt werden können.

Die Biographien von Frauen werden in nahezu allen Lebensphasen von den Erwartungen der Partner, der Kinder und alter, pflegebedürftiger Eltern sowie Angehöriger strukturiert. Verschiedene Untersuchungen zeigen, daß sich an der geschlechtsspezifischen familiären Arbeitsteilung bisher wenig geändert hat. Als für den Haushalt und die häusliche Erziehung Verantwortliche leisten die Frauen, selbst in Familien, in denen beide Partner erwerbstätig sind, den Hauptteil an unbezahlter, sozial wenig anerkannter und oft unsichtbarer Arbeit. Weibliche Familienmitglieder übernehmen auch zum größten Teil die Pflege alter und kranker Angehöriger. Diese Aufgabe setzt oftmals dann ein, wenn die Kinder aus dem Haus sind.

Geschlecht ist noch immer verbunden mit spezifischen Benachteiligungen. Die Dynamik geschlechtsspezifischer sozialer Ungleichheit entwickelt sich entlang der Indikatoren Bildung/Qualifikation, Stellung im Erwerbsleben und Einkommen.

Mädchen haben heute eine durchschnittlich bessere schulische Allgemeinbildung als Jungen. Diese setzt sich jedoch nicht in einer entsprechenden Berufsausbildung fort. Noch immer übersteigt auch in jüngeren Altersgruppen der Anteil der Frauen ohne Berufsausbildung den der Männer, und 24 % der Männer aber nur 12 % der Frauen haben eine höhere Berufsausbildung als den Abschluß einer Lehre (StBA 1998c: 46).

Im April 1999 lag die Erwerbsquote der Frauen in den alten Bundesländern bei 61,7 %, in den neuen Ländern bei 73,0 % (Mikrozensus 1999). Die Höhe der Erwerbsbeteiligung von Müttern wird vom familienbiographischen Kontext geprägt: Je jünger die Kinder um so geringer ist die Erwerbsquote der Mütter. Erwerbstätige Frauen sind vor allem im Dienstleistungssektor beschäftigt, in Führungspositionen sind sie ausgesprochen selten. Bei den teilzeit und geringfügig Beschäftigten stellen sie die überwiegenden Anteile.

Die Erwerbssituation wirkt sich auf die Einkommensverhältnisse von Frauen aus. Sowohl ihre Einkünfte aus Erwerbstätigkeit als auch ihre Altersrenten liegen durchschnittlich unter denen der Männer. Ein Vergleich der Äquivalenzeinkommen unterschiedlicher Haushaltstypen zeigt zudem, daß Haushalte mit Kindern über weniger Geld verfügen als solche ohne Kinder. Ein Licht auf die Einkommensverhältnisse werfen auch die Sozialhilfequoten. 1997 erhielten in Deutschland 3,5 % der Bevölkerung Sozialhilfe. Der Frauenanteil lag über dem der Männer. Auch die weiblichen Armutsraten liegen über den männlichen.

Bei den Indikatoren der sozialen Lage fallen die alleinerziehenden Mütter als besonders benachteiligte Gruppe auf. Sie verfügen mit Abstand über die geringsten finanziellen Mittel, sie haben im Vergleich zu anderen Gruppen die höchste Sozialhilfequote und - nach der 50 %-Armutsgrenze berechnet - dramatisch hohe Armutsquoten. Außerdem weisen sie unter allen Haushaltstypen die höchste Mietbelastung auf.

1.3.3 Gesundheitsstatus

In diesem Kapitel wird ein Überblick zur gesundheitlichen Situation von Frauen und zu bestimmten Aspekten von Männern gegeben, um darauf aufbauend Schwerpunkte in der Krankheitsverhütung und der Versorgung benennen zu können. Dabei konzentriert sich der Berichtsteil auf einige ausgewählte Themen. Das sind erstens Basisdaten zur Sterblichkeit, die die grundlegenden Unterschiede zwischen Frauen und Männern kennzeichnen. Des weiteren werden einige Krankheiten ausgewählt, die für die Gesundheit der Frauen von besonderer Bedeutung sind, oder wo die Forschungslage auf einen besonderen Bedarf hinweist. Folgende Themen wurden ausgewählt:

- die Lebenserwartung von Frauen und Männern und die Besonderheiten und Unterschiede bei den Todesursachen (Kapitel 3.1.1 und 3.1.2),

- die Säuglings- und Müttersterblichkeit (Kapitel 3.1.3),

- ausgewählte Krankheiten, wie Herz-Kreislauf-Krankheiten (Kapitel 3.2) und Brustkrebs (Kapitel 3.3). Erstmals werden in der Gesundheitsberichterstattung in Deutschland auch gynäkologische Erkrankungen (Kapitel 3.4) berichtet. Es findet sich ein Abschnitt zu den sexuell übertragbaren Krankheiten außer HIV (Kapitel 3.6) und zum Suizid und Suizidversuch (Kapitel 3.7). Im Unterkapitel „Mundgesundheit„ (Kapitel 3.5) wird ein neuer und für die Frauengesundheit sehr wichtiger Aspekt aufgegriffen.

Lebenserwartung und Sterblichkeit

In den vergangenen drei Jahrzehnten nahm die Lebenserwartung kontinuierlich zu und die Sterblichkeit ab. Frauen in der Bundesrepublik haben heute eine Lebenserwartung von 79,8 und Männer von 73,3 Jahren. Im Verlauf der 90er Jahre haben sich die Differenzen in der Lebenserwartung und der Sterblichkeit zwischen Ost und West verringert. Ungeachtet dieses positiven Trends sind in den neuen Bundesländern die Unterschiede der Lebenserwartung von Frauen und Männern mit 7,4 im Verhältnis zu 6,2 Jahren größer als in den alten Bundesländern. Auch die Mütter- und Säuglingssterblichkeit ist in den letzten Jahrzehnten kontinuierlich gesunken und hat sich mit 5,5 Gestorbenen je 1.000 Lebendgeborenen auf ein auch im internationalen Vergleich niedriges Niveau eingepegelt.

Die gesamte Sterblichkeit wird vom Mortalitätsgeschehen in den oberen Altersgruppen dominiert; sie liegt für die über 79jährigen um den Faktor 10-15 über dem Gesamtdurchschnitt. Zu dieser Altersgruppe gehörten 1995 rund 60 % der gestorbenen Frauen aber nur etwa 32 % der gestorbenen Männer.

Die Frühsterblichkeit - hier definiert als Verstorbene unter 65 Jahren - wird bei den Frauen vornehmlich durch die Krebserkrankungen (44 % aller Todesursachen bei den Frauen unter 65 Jahren), hier insbesondere den Brustkrebs (12,1 %), verursacht, während es bei den Männern der Herzinfarkt (11,4 %), Lungenkrebs (8,6 %) und unnatürliche Todesursachen (13,9 %), insbesonders tödliche KFZ-Unfälle, sind.

Herz-Kreislauf-Erkrankungen

Die Herz-Kreislauf-Krankheiten (HKK) bei Frauen sind in der Wissenschaft und in der medizinischen Versorgung lange nicht beachtet worden, obwohl sie im Alter 52,9 % aller Todesursachen ausmachen. Mit der Zunahme der Lebenserwartung der Frauen steigt auch die absolute Zahl der HKK-Todesfälle. Dies führt zu einem ansteigenden Bedarf an medizinischer und pflegerischer Betreuung insbesondere im höheren Lebensalter. Das mit dem Alter zunehmende Herzinfarktrisiko der Frauen ist in allen Altersgruppen niedriger als bei den Männern; der Abstand zu den Männern wird allerdings mit dem Alter geringer.

Die Herzinfarktsterblichkeit und die -erkrankungsrate ist in den vergangenen 10 Jahren bei den Männern, in geringerem Maße auch bei den Frauen, zurückgegangen; bei jüngeren Frauen ist jedoch eine erhebliche Zunahme der Herzinfarktmorbidität zu beobachten, die mit der Zunahme des Zigarettenrauchens korreliert ist. Das Herzinfarktrisiko bei Frauen wird oft unterschätzt, weil die frauentypische Beschwerdesymptomatik (Übelkeit/Erbrechen, Rückenschmerzen) häufiger als bei Männern an andere Krankheiten denken läßt. Aus den USA waren in den vergangenen Jahren Unterschiede in der Diagnostik und Behandlung von Frauen und Männern mit Verdacht auf Herzinfarkt berichtet worden. Für die Bundesrepublik Deutschland konnte demgegenüber gezeigt werden, daß sich bei den 25-74jährigen Krankenhauspatientinnen mit Herzinfarkt die stark modernisierte Akutbehandlung und die 28-Tage-Letalität nicht (mehr) von den Männern unterscheidet.

Die Aufklärung der Bevölkerung zu den frauenspezifischen Besonderheiten der HKK muß in die Praxis umgesetzt werden. Weiterhin sollte die Gesundheitspolitik über eine stärker auf die Prävention chronischer Krankheiten gerichtete Neuorientierung der Gesundheitsdienste nachdenken.

Brustkrebs

Brustkrebs ist die häufigste Krebserkrankung und die häufigste Krebstodesursache bei Frauen. Insbesondere die Erkrankungsraten aber auch die Sterbefälle stiegen in der zweiten Hälfte des 20. Jahrhunderts in Deutschland an. Bei der Sterblichkeit ist seit den 70er Jahre keine Steigerung mehr erkennbar. Zwischen Ost- und Westdeutschland besteht ein deutliches Gefälle. Noch immer sind für die alten Bundesländer höhere Erkrankungs- und Sterberaten zu verzeichnen. Anerkannte Faktoren, die zur Entstehung eines Mamma-Karzinoms beitragen können, sind eine familiäre Brustkrebsvorgeschichte, reproduktive und hormonelle Faktoren sowie vermutlich die Ernährungsweise. Weitere Zusammenhänge werden hinsichtlich des Alkoholkonsums, der Strahlenexposition und Einflüssen durch chemische Verbindungen, die in das Hormonsystem eingreifen, diskutiert.

Insgesamt gesehen besteht in Hinblick auf die Ätiologie des Mamma-Karzinoms noch ein großer Forschungsbedarf. Das betrifft auch den Einfluß psychosozialer Faktoren auf die Entstehung von Brustkrebs. Weiterhin fehlen Erkenntnisse zur Frage, wie Frauen mit der Erkrankung umgehen und sie verarbeiten. Hierfür bedarf es neben weiterer Studien auch eine breite Öffentlichkeitsarbeit zur Enttabuisierung der

Krankheit sowie ihrer Folgen. Die in Deutschland im Aufbau befindlichen Krebsregister bieten eine Basis für eine Verbesserung der Forschung zu Verbreitung, Risiken und zur Effektivität von Früherkennungsprogrammen.

Die Wirksamkeit von Früherkennungsprogrammen bei Brustkrebs für Heilungs- und Überlebenschancen steht außer Frage. Bei der Mammographie kommt es zum einen auf die Einhaltung entsprechender Qualitätsmaßstäbe an, zum anderen müssen ihre Vor- und Nachteile gegeneinander abgewogen werden. Frauen sollten ihre Entscheidung zur Teilnahme an einem Mammographiescreening immer in Kenntnis der Risiken und des Nutzens fällen können und individuell entscheiden, ob und welche Methoden der Früherkennung sie anwenden wollen.

Gynäkologische Erkrankungen

Die gynäkologischen Krankheiten spielen bisher in der Gesundheitsberichterstattung kaum eine Rolle. Mit dem vorliegenden Abschnitt soll begonnen werden, diese Lücke zu schließen. Im Zentrum stehen die vor allem gutartigen gynäkologischen Erkrankungen. Sie werden über die folgenden Teilmorbiditäten beschrieben:

- gynäkologische Erkrankungen, die mit ärztlich bescheinigter Arbeitsunfähigkeit einhergehen

- gynäkologische Erkrankungen, die mit einem Krankenhausaufenthalt verbunden sind

- selbst berichtete gynäkologische Beschwerden

- operative Eingriffe, die mit einem Krankenhausaufenthalt verbunden waren

Mit den dabei verwendeten Daten des Statistischen Bundesamtes (der KG8-Statistik 1993 und der Krankenhausstatistik 1996) stehen epidemiologische Basisdaten zur Verfügung. Sie lassen Aussagen zur Bedeutung der Gynäkologie insgesamt und zu einzelnen Diagnosen zu und vermögen einen Einblick in alterstypische gynäkologische Risiken zu geben. Für die gynäkologischen Operationen konnten vor allem die Ergebnisse eines von 1992-1996 durchgeführten Qualitätssicherungsprojekts in der operativen Gynäkologie genutzt werden. Auf die Frage, wie oft Frauen in der Lebensspanne gynäkologische Beschwerden haben, gibt eine weitere Einzelstudien erste Antworten.

Ein Vergleich der in der ICD 9 unterschiedenen 19 Krankheitsarten plaziert die Krankheiten der Harn- und Geschlechtsorgane an die sechste Stelle für Frauen in der Krankschreibung und an fünfte Stelle in der Krankenhausbehandlung. Auf der Ebene der Einzeldiagnosen standen im Arbeitsunfähigkeitsgeschehen die Entzündungen an den Eierstöcken, den Eileitern und dem Becken an erster Stelle. In der stationären Behandlung waren es - die im gynäkologischen AU-Geschehen zweitplazierten - Menstruationsstörungen, sonstige abnorme Blutungen aus dem weiblichen Genitaltrakt bzw. klimakterische und postklimakterische Störungen, die das Geschehen anführten.

Gynäkologischen Krankheiten sind im Lebensverlauf der Frauen häufig mit erheblichen körperlichen Beschwerden und Beeinträchtigungen verbunden. Z. B. gaben Frauen unter 25 Jahren gehäuft chronische Unterbauchschmerzen an. Insgesamt steigen die chronischen Beschwerden mit dem Alter an.

Der Abschnitt ‚gynäkologische Operationen' - so defizitär er auch bleibt - erhellt eine weitere wichtige Dimension gynäkologischen Krankseins: In mehr als der Hälfte (60-80%) aller Krankenhausfälle erfolgte ein operativer Eingriff. Diese sind für die Frauen in der Regel mit seelischen, körperlichen und sozialen Belastungen verbunden. Besonders belastend wird es, wenn der Eingriff mit einem Organverlust ein hergeht, wie dies bei der Hysterektomie (Gebärmutterentfernung) oder auch der Entfernung der Eierstöcke der Fall ist. Wie viele Frauen davon betroffen sind, dazu gibt es auch heute noch keine verläßlichen Daten. Die Qualitätssicherungsstudie gibt nur ein Rankingergebnis an, demzufolge die Hysterektomie gegenwärtig die vierthäufigste Operation ist. Vor ihr liegen die Ausschabungen und die Brusttumorextirpation (gutartig) und hinter ihr, an zehnter Stelle, steht die Konisation.

Zu den Indikationen, die zur Entfernung der Gebärmutter oder der Eileiter führen, zur Radikalität des Operierens oder auch dem befundlosen Organverlust, einer für Frauen besonders dramatischen Situation, fehlen die Daten. Hier besteht noch ein erheblicher Forschungsbedarf.

Mundgesundheit

Es bestehen deutliche Unterschiede in der Mundgesundheit von Frauen und Männern. So haben Frauen eine höhere Anzahl fehlender oder gefüllter Zähne als Männer, jedoch ist ihr Gebiß häufiger saniert und prothetisch versorgt. Frauen haben ein besseres Mundhygieneverhalten als Männer. Veränderungen im Hormonstatus können bei ihnen, insbesondere während der Schwangerschaft und im Klimakterium, zu Mundunbehagen, Mißempfindungen und pathogenen Störungen in der Mundschleimhaut führen. Ähnliche Auswirkungen auf den Mundbereich hat die Langzeiteinnahme von Hormonen.

Während sich die regionalen Unterschiede in der oralen Gesundheit zwischen den alten und den neuen Bundesländern durch die Angleichung der Versorgungsstrukturen und der Behandlungskonzepte weitgehend angeglichen haben, sind die Geschlechterdifferenzen im Zeitreihenvergleich erhalten geblieben.

In der zahnmedizinischen Praxis ist durch die demographischen Veränderungen und durch ein anderes Inanspruchnahmeverhalten bei Frauen ein höherer Behandlungsbedarf bei Erkrankungen des Zahnhalteapparates sowie an zahnprothetischen Rehabilitationsleistungen zu erwarten.

Ein günstiger Zeitpunkt, den Frauen Risiken für die Zahn- und Mundgesundheit bewußt zu machen, ist die Schwangerschaft. Frauen sind in dieser Periode für Präventivmaßnahmen besonders motiviert. In der zahnmedizinischen Praxis und Prävention sind die spezifischen Gesundheitsrisiken, aber auch die präventiven Gesundheitsressourcen der Frauen sensibler wahrzunehmen und für eine effektive Therapie und

Prävention zu nutzen. Dazu bedarf es einer gezielten Aus- und Fortbildung der Zahnärztinnen und Zahnärzte.

Suizid und Suizidversuch

Der Abschnitt zu Suizid und Suizidversuch zeigt geschlechts- und altersspezifische Muster. Die registrierten Suizide werden zu über zwei Dritteln von Männern, die Suizidversuche zu ca. 60 % von Frauen unternommen. Die Suizidziffern steigen bei Frauen (und Männern) mit zunehmendem Alter, wohingegen bei Suizidversuchen die entgegengesetzte Tendenz besteht: Jüngere Frauen versuchen sich häufiger das Leben zu nehmen als ältere.

Bestimmte psychische, körperliche und Suchterkrankungen gelten als Risiken für die Suizidsterblichkeit. Im psychosozialen Kontext fällt auf, daß ledige und geschiedene Frauen häufiger suizidale Handlungen unternehmen als verheiratete. Die Bedeutung körperlicher und sexualisierter Gewalt für selbstdestruktive Akte von Frauen wurde in mehreren Studien belegt. Suizidales Verhalten von Frauen wurde als eigenständiger Bereich selten wissenschaftlich untersucht. Forschungsbedarf besteht bezüglich der psychosozialen Hintergründe und der Folgen der geschlechts- und altersspezifisch unterschiedlichen Prävalenzen von Suizid und Suizidversuch.

Im Hinblick auf Hilfen für suizidgefährdete Menschen gibt es in Deutschland kein länderübergreifendes Versorgungskonzept. Auf regionaler Ebene sind jedoch Einrichtungen wie z. B. die Telefonseelsorge aktiv. Wünschenswert wäre eine gemeindenahe Beratung und Krisenintervention und eine enge regionale Vernetzung verschiedener psychosozialer Einrichtungen mit den Institutionen des Rettungswesens.

1.3.4 Gesundheitsbezogene Lebensweisen

Im Kapitel „Gesundheitsbezogene Lebensweisen" werden ausgewählte Aspekte gesundheitsbezogener Lebensweisen dargestellt. Dazu zählen neben dem konkreten Gesundheitshandeln und Gesundheitsverhalten auch Vorstellungen über Gesundheit. Im ersten Teil des Kapitels (Kapitel 4.1) wird der Schwerpunkt auf die Frage gelegt, welche subjektiven Vorstellungen Frauen von Gesundheit haben. Im zweiten Teil (Kapitel 4.2 – 4.5) werden auf der Ebene des konkreten Handelns Daten zu ausgewählten Aspekten des Gesundheitshandelns und -verhaltens berichtet. Allen Kapiteln liegen aus einer geschlechterdifferenzierenden Perspektive Aspekte der sozialen Lage sowie ein positives Verständnis von Gesundheit zugrunde. Die Auswahl der Themen konzentriert sich auf Schwerpunkte, für die repräsentative Daten vorliegen und die eine besondere Bedeutung für die Gesundheit von Frauen haben. Es handelt sich um:

- Gesundheitskonzepte und Gesundheitshandeln (Kapitel 4.1),

- Alkoholkonsum (Kapitel 4.2),

- Rauchen (Kapitel 4.3),

- Gebrauch und Mißbrauch von psychotropen Medikamenten (Kapitel 4.4),

- riskantes Verkehrsverhalten, Heim- und Freizeitunfälle sowie Stürze (Kapitel 4.5).

Im folgenden sollen einige Hauptergebnisse der einzelnen Abschnitt zusammenfassend dargestellt werden.

Gesundheitskonzepte und Gesundheitshandeln

Im ersten Teil, dem Abschnitt Gesundheitskonzepte und Gesundheitshandeln, liegt das Augenmerk auf den Vorstellungen von Gesundheit. Das Kapitel enthält Aussagen zu den subjektiven Gesundheitskonzepten von Frauen: dem Wohlbefinden, dem Gesundheitshandeln sowie der Gesundheitsorientierung, die jeweils in Verbindung mit sozialen Indikatoren dargestellt werden. Mittels subjektiver Indikatoren wird ein differenziertes Bild der gesundheitlichen Situation von Frauen in den alten und in den neuen Bundesländern gezeigt. Für nahezu alle Indikatoren läßt sich der Zusammenhang zwischen sozialer Lebenslage und Gesundheit nachweisen. Frauen mit geringerer Bildung und niedriger Sozialschichtzugehörigkeit geben ein geringeres körperliches wie psychisches Wohlbefinden an. Die Auswertungen der subjektiven Gesundheitseinschätzung im Kontext mit sozialen Faktoren zeigte auch unterschiedliche Muster, wenn die Ost-West-Perspektive einbezogen wird. Die Ergebnisse der ausgewerteten Untersuchungen weisen auf eine deutlich schlechtere gesundheitliche Situation der ostdeutschen Frauen hin. Die vorhandenen Daten erlauben jedoch keine Aussagen über Zusammenhänge zwischen Gesundheitszustand und Gesundheitshandeln. Hierzu wären Daten einer Längsschnittstudie erforderlich, die umfangreiche Aspekte von Gesundheit und Lebenslagen untersucht.

Alkoholkonsum

Zu den in diesem Kapitel dargestellten praktischen Aspekten des Gesundheitshandelns zählt der Alkoholkonsum. Der Alkohol wird in seinen nicht riskanten, kulturell in den Alltag integrierten mäßigen aber auch regelmäßigen Konsumgewohnheiten dargestellt. Bei Jugendlichen zeigt sich bei einer differenzierten Betrachtung des Alkoholkonsums beispielsweise nach der Zahl der Rauscherlebnisse, daß Mädchen im Vergleich mit Jungen weniger und vorsichtiger Alkohol konsumieren. Dieser Unterschied bleibt bei den Erwachsenen bestehen. Männer trinken mehr und häufiger Alkohol als Frauen, wobei Frauen häufiger Wein und Sekt konsumieren, während Männer eher Bier und Spirituosen präferieren. Der höhere Konsum von Alkohol durch Männer ist von unkritischeren Einstellungen zum Alkohol begleitet. Frauen bewerten sowohl mäßigen Alkoholkonsum als auch Trunkenheit kritischer als Männer. Frauen trinken mit zunehmendem Alter weniger Alkohol. Es existieren statistische Zusammenhänge zwischen Familienstand, Bildung, Art der Erwerbstätigkeit und Konsummenge. Allerdings bleibt unklar, ob bestimmte Lebenslagen Ursache oder Folge des Alkoholkonsums sind. Wünschenswert sind auch hier Längsschnittdaten, die eine genauere Analyse der Konsummotive und -gründe von Frauen sowie die sozialen Kontexte, in denen sie entstehen, erlauben würden.

Rauchen

Im Abschnitt Rauchen wird gezeigt, daß in den vergangenen Jahrzehnten der Anteil von Frauen, die rauchen, kontinuierlich zunahm. Rauchen ist mit erheblichen gesundheitlichen Risiken für Frauen verbunden. Es wird davon ausgegangen, daß das Rauchen der bedeutendste Risikofaktor für die wichtigsten chronischen Erkrankungen wie kardiovaskuläre Erkrankungen, Lungenkrebs, chronische Bronchitis, aber auch Krebse des Mund- und Rachenraumes ist. Im Jahr 1995 rauchten in der Bundesrepublik Deutschland bei den über 15jährigen 20 % der Frauen im Westen und 19,4 % der Frauen im Osten. Ob Frauen rauchen oder nicht, hängt stark von sozialen Faktoren ab. Höhere Raten haben arbeitslose Frauen, Frauen, die unter der Armutsgrenze leben sowie Sozialhilfeempfängerinnen; ebenso auch Frauen mit niedriger Schulbildung. Berufsspezifische Analysen zeigten vor allem bei jüngeren Frauen, die in einfachen Dienstleistungeberufen tätig sind oder manuelle Tätigkeiten ausüben einen hohen Anteil an Raucherinnen, während Frauen in akademischen Berufen und in Führungspositionen niedrige Raten aufweisen.

Untersuchungsergebnisse wiesen die Wirksamkeit von Präventionsmaßnahmen zur Reduzierung des Rauchens nach. Diese sollten zum einen besonders auf Mädchen und junge Frauen ausgerichtet sein und sie darin bestärken, gar nicht erst mit dem Rauchen zu beginnen. Zum anderen sollten sie sich auf Frauen mit niedriger Schulbildung und aus unteren sozialen Gruppen konzentrieren. Die Ansätze zur Prävention und Gesundheitsförderung sind durch geeignete strukturelle Maßnahmen zu flankieren.

Gebrauch, Mißbrauch und Abhängigkeit von psychotropen Medikamenten

Im Abschnitt Gebrauch, Mißbrauch und Abhängigkeit von psychotropen Medikamenten bei Frauen wird dargestellt, daß psychotrope Medikamente frauenspezifische Suchtmittel sind. Bei den Erwachsenen nehmen Frauen ab 20 Jahren mehr Schmerzmittel und Antidepressiva als Männer ein; ab 30 Jahren benutzen sie mehr Beruhigungs- und Schlafmittel und ab 40 mehr Neuroleptika. Die Gebrauchsraten von psychotropen Medikamenten steigen mit dem Alter kontinuierlich an. Schätzungen gehen von ca. 2 Mio. Frauen und Männern aus, die von ärztlich verschriebenen Medikamenten abhängig sind. Die Mehrzahl der Medikamentenabhängigen sind ältere und alte Frauen. Die meisten Langzeitnutzerinnen von Beruhigungs- und Schlafmitteln steigern die Dosis über die Jahre nicht und sind sich des Abhängigkeitsrisikos nicht bewußt. Eine lange Medikamentenkarriere erschwert die Behandlung der Sucht und ihrer im Laufe der Zeit chronifizierten gesundheitlichen Beschwerden und psychosozialen Belastungen wie Angststörungen und Depressionen. Erforderlich sind spezielle Angebote zur Behandlung medikamentenabhängiger Frauen, die die Möglichkeit eine fachgerechten längerfristigen Einzelbehandlung beinhalten sowie Programme zur Prävention von Medikamentenabhängigkeit.

Riskantes Verkehrsverhalten, häusliche Unfälle und Stürze

Der Abschnitt riskantes Verkehrsverhalten, häusliche Unfälle und Stürze zeigt, daß es auch hier geschlechts- und lebensphasenspezifische Schwerpunkte gibt. Das Risiko, im Straßenverkehr tödlich zu verunglücken, ist für Frauen bedeutend geringer als für Männer. Kfz-Verkehrsunfälle und deren Folgen betreffen überwiegend Frauen im jungen Erwachsenenalter. Sie sind bei den 15-19jährigen die häufigste Todesursache. Die quantitative Bedeutung der Unfälle bei der Hausarbeit und das gesundheitliche Risiko, das für Frauen in diesem Bereich liegt, wird oft unterschätzt. Die Hausunfälle einschließlich der tödlichen kommen bei Frauen häufiger vor als bei Männern. Folgenschwere Hausunfälle betreffen vor allem ältere Frauen. Stürze als die bedeutendste Ursache von Haus- und Freizeitunfällen sind ein typisches Risiko der betagten und hochbetagten Frauen.

1.3.5 Gewalt im Geschlechterverhältnis

Gewalterfahrungen haben schwerwiegende Folgen für die Gesundheit von Frauen und können erhebliche Gesundheitsbelastungen nach sich ziehen. Dennoch wird in der Gesundheitsforschung und -berichterstattung dieser Problemkreis nicht in dem Maß beachtet, wie es seiner Bedeutung entspricht. In der Gesundheitsversorgung werden Gewalterfahrungen als Ursachen für gesundheitliche Beschwerden häufig nicht erkannt und entsprechend werden die Beschwerden nicht angemessen behandelt.

Ein Verantwortungsbewußtsein der Gesellschaft gegenüber der lange Zeit als „privat" betrachteten Gewalt gegen Frauen und Mädchen ist relativ neu; es entstand in den alten Bundesländern durch die Frauenbewegung der 70er Jahre. Systematische Erkenntnisse wurden erst nach und nach möglich und sind heute noch lückenhaft. In Frauenhäusern und Notruf-Projekten, die Schutz und Beratung boten, wurde ein breites Spektrum verschiedener Gewaltformen erkennbar. Deutlich wurde auch, daß Frauen häufig unter anhaltender Gewalt leiden und der Übergriff, der eine Frau zum Aufsuchen von Hilfsangeboten veranlaßt, selten ein singuläres Ereignis in ihrem Leben war.

Im Zuge der öffentlichen Diskussion verbesserte sich der Umgang von Polizei und Justiz mit Betroffenen. Rechtliche Veränderungen in der Bundesrepublik Deutschland, wie die Familienrechtsreform 1977 und die Abschaffung der ehelichen Ausnahme bei Vergewaltigung im Jahre 1997, ermutigten Frauen, Übergriffe nicht mehr hinzunehmen. Bei der rechtlichen Bewertung von Körperverletzung kann heute die besondere Situation der mit einem gewalttätigen Partner zusammenlebenden Frau anerkannt werden.

Epidemiologische Studien zur Prävalenz von sexueller oder häuslicher Gewalt gibt es in der Bundesrepublik Deutschland bislang nicht; erste Hinweise liegen nur als Nebenprodukt anderer Untersuchungen vor. Die existierenden - unzureichenden - Daten sind mit besonderen methodischen und forschungsethischen Erhebungshindernissen verbunden, so daß derzeit nur Mindesteinschätzungen und keine Trendaussagen aus Zeitreihen möglich sind.

Körperliche Gewalt in engen sozialen Beziehungen ist häufig und kommt in allen sozialen Schichten vor. Eine repräsentative Umfrage ergab 1992, daß über 18 % aller 16-60jährigen Frauen und 15 % bis 18 % der Männer (Ost resp. West) physische Übergriffe in der Familie oder im Haushalt erlebt hatten. Bei Männern betrifft dies vor allem die 16-20jährigen, hingegen sind Frauen im Alter zwischen 30 und 50 Jahren am häufigsten betroffen. Frauen erfahren schwere physische Gewalt in Haushalt oder Familie häufiger als Männer, besonders in den alten Bundesländern: dies betraf bei der Umfrage 4 % der Frauen im Osten und 6 % im Westen.

Angaben zur Prävalenz sexueller Gewalt schwanken mit der Definition der Weite der einbezogenen Übergriffe und sind daher selten vergleichbar. Sexuelle Nötigung und Vergewaltigung werden zumeist nicht von völlig Fremden ausgeübt, sondern durch Männer, denen die betreffende Frau persönlich bekannt ist. In einer Befragung, in der eine enge juristische Definition von sexueller Gewalt zugrunde gelegt worden war, gaben 8,5 % aller Frauen an, daß sie nach dem 18. Lebensjahr vergewaltigt worden waren, wobei zwei Drittel aller Vergewaltigungen im familiären Nahbereich stattfanden.

Gewalterfahrungen in Kindheit und Jugend werden meist durch rückblickende Angaben von Erwachsenen erhoben. Nach der Umfrage 1992 erinnert sich über 10 % der Bevölkerung an körperliche Gewaltformen, die als Mißhandlung einzustufen sind, wobei männliche Kinder etwas stärker betroffen sind. Mädchen sind hingegen im Verhältnis dreimal häufiger von sexueller Gewalt betroffen.

Allerdings werden gerade Frauen, die massive oder häufige Gewalt erleiden (z. B. Prostituierte, Drogen- oder Alkoholabhängige, und auch Frauen, die in der Ehe ständig der Mißhandlung ausgesetzt sind), von repräsentativen Befragungen selten erfaßt. So teilen Frauen, die ihren Lebensunterhalt durch Prostitution verdienen, sehr viel häufiger als in allgemeinen Umfragen Erlebnisse sexueller Gewalt in der Kindheit mit. Etwa zur Hälfte werden sie außerdem im Laufe ihrer Tätigkeit Opfer von physischer und/oder sexueller Gewalt.

Die Folgen erfahrener Gewalt sind umso gravierender, je länger die Betroffenen darüber schweigen müssen. Scham, Schuldgefühle, Angst vor dem Täter und Angst davor, auf Unglauben, Schuldzuweisungen und Abwertung zu stoßen, erschweren es Mädchen und Frauen, sich jemandem anzuvertrauen. Die Schwierigkeiten der Hilfesuche gehören zu der Dynamik der Gewalt dazu.

Bei Mißhandlung gibt es typische Verletzungen, hinzu kommen oft psychosomatische Beschwerden, Schlaflosigkeit, extreme Angst und Schreckhaftigkeit. Als (auch Langzeit-)Folgen von Inzest werden u. a. Eßstörungen, Suizidalität, körperliche Symptome wie Kopfschmerzen, Zittern, Atembeklemmungen, Durchfall und Unterleibsbeschwerden beschrieben. Symptomatiken dieser Art, wie auch Drogen-, Medikamenten und Alkoholprobleme, werden heute auf die zugrundeliegenden Erfahrungen bezogen und im Zusammenhang mit Überlebens-, Anpassungs- und Verarbeitungsstrategien gesehen. Hier wird an die Erkenntnisse zu „Post-traumatischen Belastungsstörungen" (PTSD) bei Folteropfern angeknüpft.

Gewalterfahrungen haben vielfältige Auswirkungen auf das Selbstwertgefühl und auf soziale Beziehungen in Kindheit und Jugend, auf die Entwicklung eines gesunden Körpergefühls, auf die Zuversicht in das eigene Recht auf sexuelle Selbstbestimmung und, vermittelt über diese Faktoren, auf die Gefahr, erneut von sexueller Gewalt betroffen zu sein. Männer scheinen teilweise sexuelle Gewalterfahrung auf dem Wege eigener Gewalttätigkeit zu bewältigen, während bei Frauen die Somatisierung oder die Entstehung psychosomatischer Leiden häufiger ist.

Spezifische Hilfeeinrichtungen sind heute als unverzichtbarer Bestandteil des Systems gesundheitlicher Versorgung zu betrachten.

- Sie durchbrechen die Isolation betroffener Frauen durch öffentliche Benennung des Problems und machen es ihnen dadurch möglich, Hilfe zu suchen.

- Sie bieten den Frauen unbürokratische und kompetente Hilfe, die ihre Angst vor weiterer Gewalt ernst nimmt.

- Sie schaffen Kenntnisse über das Ausmaß und die Natur der Probleme und stellen fachliche Expertise zur Verfügung.

Die wichtigsten spezifischen Einrichtungen sind Notrufe für vergewaltigte Frauen, Beratungsstellen gegen sexuellen Mißbrauch und Frauenhäuser. Im europäischen Vergleich hat die Bundesrepublik ein relativ dichtes Netz von Frauenhäusern. Diese Angebote sind allerdings unzureichend ausgestattet und die Finanzierung muß stets neu beantragt werden. Der äußere Rahmen engt die Möglichkeiten ein, Genesung zu fördern oder Gesundheitsverhalten zu unterstützen. Die Projekte benötigen eine Wertschätzung und Stärkung ihrer Arbeit, Anerkennung ihrer Expertise und ökonomische Entlastung durch die Mitverantwortung des Gemeinwesens.

Auffällig schwach verglichen mit anderen Ländern sind die Ansätze im Gesundheitswesen selbst. Von der Verankerung des Themas an den medizinischen Fakultäten ist die Bundesrepublik allem Anschein nach weit entfernt.

Um den Schäden an der Gesundheit insbesondere von Frauen zu begegnen, muß früher, breiter und wirksamer eingesetzt werden. Angeregt durch ausländische Modelle sind viele Arbeitskreise und Projekte entstanden, die inter-institutionelle Zusammenarbeit erproben, um den Opfern besser zu helfen und dem Gewaltverhalten der Täter adäquat zu begegnen. Der Abbau von Gewalt im Geschlechterverhältnis wird so als Aufgabe des Gemeinwesens erkannt und die Lösung praktischer Probleme ins Zentrum gestellt.

In den Kooperations- und Interventionsprojekten ist das Gesundheitswesen bislang nur vereinzelt vertreten. Dabei hat die gesundheitliche Versorgung, wie Erfahrungen im Ausland belegen, besondere Chancen eines frühzeitigen und präventiven Erstkontaktes, ihr kommt ebenso die Aufgabe zu, bei der Bewältigung erlittener Gewalt zu helfen. Grundlegend dafür, daß das Gesundheitswesen seine Verantwortung gegenüber den Opfern wahrnehmen kann, sind Wissen um die Gefährlichkeit und die Verbreitung dieser Gewalt, die fachliche Qualifikation zur Differentialdiagnose und die Befähigung, adäquat auf die betroffenen Mädchen und Frauen einzugehen. Je nachdem, ob es sich um aktuelle oder vergangene Gewalterfahrungen handelt und von welcher Art diese waren oder sind, stellt dies andere Anforderungen an ärztliche, pflegerische, psychologische und geburtshilfliche Fachkräfte. Qualitativ hochwertiges Informationsmaterial - z. B. über Mißhandlungsverletzungen - und kurze, handlungsorientierte Fortbildungen könnten bedeutende Verbesserungen ermöglichen. Gewalt im Geschlechterverhältnis wirksam zu begegnen ist eine originäre Aufgabe von Public Health.

1.3.6 Reproduktive Biographien - Reproduktive Gesundheit

Mit dem Berichtsteil „Reproduktive Biographien und reproduktive Gesundheit" wird eine der Forderungen der WHO an eine Frauengesundheitsberichterstattung umgesetzt. Unter „reproduktiver Biographie" wird der biographische Ablauf aufeinanderfolgender Ereignisse mit reproduktiver Bedeutung wie Menarche, Kontrazeption, Schwangerschaft und Geburt etc. gefaßt. Diese biographischen Ereignisse werden in den Kontext weiblicher Lebenswelten und Lebensweisen eingeordnet. Hinter dem Begriff „reproduktive Gesundheit" steht ein Konzept, das es erlaubt, natürliche Phasen und Prozesse als solche zu beschreiben und sie insbesondere mit dem Blickpunkt auf die Erhaltung von Gesundheit sowie die dafür erforderlichen Bedingungen darzustellen. Das Kapitel zeigt Trends und Muster hinsichtlich der reproduktiven Biographien auf, mit Unterschieden sowohl zwischen den neuen und den alten Bundesländern als auch zwischen unterschiedlichen sozialen Gruppen.

Die Darstellung konzentriert sich auf ausgewählte Bereiche der reproduktiven Gesundheit, während andere Aspekte wie gynäkologische Morbidität, sexuell übertragbare Krankheiten, Brustkrebs sowie Müttersterblichkeit in Kapitel 3 unter epidemiologischer Perspektive beschrieben werden. Die Daten für dieses Kapitel wurden aus sehr heterogenen Quellen zusammengestellt und bieten einen breitangelegten Überblick zu den ausgewählten Themenbereichen. Dazu zählen Hintergrundinformationen, die sowohl rechtliche Regelungen als auch historisch bedeutsame Entwicklungen umfassen .

Das Kapitel gliedert sich in die Abschnitte:

- Erste Regelblutung und erster Geschlechtsverkehr (Kapitel 6.1),
- Familienplanung und Kontrazeption (Kapitel 6.2),
- Schwangerschaftsabbruch (Kapitel 6.3),
- Fruchtbarkeitsstörungen (Kapitel 6.4),
- Schwangerschaft und Geburt (Kapitel 6.5).

Erste Regelblutung und erster Geschlechtsverkehr

Das Kapitel erste Regelblutung und erster Geschlechtsverkehr zeigt, daß Mädchen heute im Durchschnitt mit 12,9 Jahren ihre erste Regelblutung bekommen. Im Schnitt etwa drei Jahre später haben sie das erste Mal mit einem Jungen Geschlechtsverkehr. Bildungsunterschiede haben ihren Einfluß auf das Menarche- sowie Kohabitarchealter weitgehend verloren. Bezogen auf das Alter beim ersten Verkehr unterscheiden sich auch Jungen und Mädchen heute nicht mehr voneinander. Untersuchungen ergaben, daß Mädchen heute zwar auf die erste Regel vorbereitet sind, aber nur ein Drittel der Mädchen die Menarche als normal und natürlich erlebt.

Familienplanung

Familienplanung bedeutet in einem weit gefaßten Sinn die Gestaltung des Lebens in Beziehungsmustern mit und ohne Kinder. Für das reproduktive Recht, die Zahl der

Kinder frei und informiert selbst zu bestimmen, ist der Zugang zu sichern und nichtgesundheitsschädigenden Methoden der Empfängnisverhütung von besonderer Bedeutung. Ebenso wichtig ist die Frage, wie Vorstellungen von Partnerschaft und Lebensformen in dem vorhandenen gesellschaftlichen Rahmen verwirklicht werden können. Während sich der Kinderwunsch lange Zeit wenig veränderte, ging die realisierte Kinderzahl immer mehr zurück. Kinderlosigkeit nimmt zu, was zu einem großen Teil auf ein Aufschieben - und dann Aufheben - eines Kinderwunsches zurückgeführt wird. Die Kinder, die geboren wurden, waren nur zu etwa 60 % auch auf diesen Zeitpunkt hin geplant.

Junge Frauen schützten sich heute in neun von zehn Fällen beim ersten Geschlechtsverkehr vor einer ungewollten Schwangerschaft. Beim zweiten Mal ist die Verhütung sogar noch verbreiteter. Beim ersten Mal wird das Kondom am häufigsten verwendet. Im weiteren Verlauf sexueller Beziehungen wird es rasch durch die Pille als bevorzugtes Mittel abgelöst. Aktuell verwenden von den Frauen, die verhüten, etwa die Hälfte bis zwei Drittel die Pille. Fast alle Frauen haben jemals in ihrem Leben Erfahrungen mit der Pille gemacht. Die Spirale nutzt etwa ein Zehntel, „weiche" Verhütungsmittel wie z. B. Diaphragma oder Temperatur- und Schleimbeobachtungsmethode werden häufiger in den alten Bundesländern und vor allem von Frauen aus höheren Bildungsgruppen angewandt. Mit dem Alter der Frauen nimmt die Beliebtheit der Pille ab und die Spirale oder eine Sterilisation gewinnen für die Verhütung an Bedeutung. Frauen müssen zwischen der Sicherheit und der gesundheitlichen Verträglichkeit von Verhütungsmitteln abwägen. Die Untersuchungen zu Nebenwirkungen zeigen, daß gerade die sicheren Mittel gesundheitlich nicht in jedem Fall unbedenklich sind.

Schwangerschaftsabbruch

Für die reproduktive Gesundheit von Frauen wird neben der Verfügbarkeit von verträglichen Verhütungsmethoden der Zugang zu nicht gesundheitsschädlichen Schwangerschaftsabbrüchen gefordert, da auch Kontrazeptiva nur einen Teil der ungeplanten und ungewollten Schwangerschaften verhindern können. Im Bundesgebiet ist ein Schwangerschaftsabbruch nach § 218 StGB rechtswidrig, aber unter bestimmten Voraussetzungen straffrei. 1999 wurden in Deutschland 130.471 Schwangerschaftsabbrüche durchgeführt. Nach der amtlichen Statistik und den Ergebnissen von Studien gibt es zwei große Gruppen von abbrechenden Frauen: junge, unverheiratete, kinderlose Frauen und (ältere) verheiratete Frauen, die bereits (mehrere) Kinder haben. Die subjektiven Gründe für Schwangerschaftsabbrüche sind vielschichtig und reichen von der Verarbeitung von Trennungserlebnissen bis zu ungesicherter finanzieller Situation.

Rechtssprechung und Versorgung sind nicht systematisch an dem Ziel ausgerichtet, die gesundheitlichen Belastungen von Frauen möglichst gering zu halten (z. B. in dem darauf hingewirkt wird, daß Schwangerschaftsabbrüche möglichst früh durchgeführt werden). Der hohe medizinische Standard ermöglicht dennoch im Vergleich mit anderen Ländern sichere Abbrüche mit einer niedrigen Komplikationsrate.

Fruchtbarkeitsstörungen

Fruchtbarkeit im Sinne der Fähigkeit, sich fortzupflanzen, ist ein wesentliches Element menschlichen Lebens, sowohl individuell als auch in sozialer wie ökonomischer Hinsicht. Studien aus industrialisierten Ländern, die Fruchtbarkeitsstörungen untersuchen, gehen davon aus, daß etwa 15 % aller Paare die Erfahrung von einer Phase verminderter Fruchtbarkeit machen. Je nach Länge dieser Phase, Kinderwunsch, Alter der Frau und Nähe zu entsprechenden Angeboten wird medizinische Hilfe gesucht. In den vergangenen Jahren wurden immer neue Techniken bereitgestellt. Die enorme Technikentwicklung im Umfeld der In-vitro-Fertilisation (IVF) ist noch keineswegs an einem Endpunkt angelangt. Bei der mittlerweile am häufigsten angewandten Technik, der intrazytoplasmatischen Spermieninjektion (ICSI), werden in beträchtlichem Umfang gesunde Frauen zu Patientinnen, um im Fall männlicher Unfruchtbarkeit die Chancen für ein genetisch eigenes Kind zu eröffnen. Bisher werden die Ergebnisse der Behandlung nur unzureichend erfaßt. Forschungsbedarf besteht hier vor allem hinsichtlich der Langzeitfolgen dieser Behandlung sowohl bei den Frauen als auch bei den Kindern sowie hinsichtlich der Bewältigungsprozesse ohne medizinische Behandlung bzw. während und nach einer Behandlung.

Schwangerschaft und Geburt

Für den Verlauf und Ausgang einer Schwangerschaft sind eine Reihe Faktoren wie rechtliche Regelungen, soziale Unterstützungsleistungen oder gesundheitliche Versorgung relevant. In Deutschland ist die Mütter- und Säuglingssterblichkeit sehr gering. Untersuchungen zeigen die große Bedeutung sozialer Faktoren für Verlauf und Ausgang von Schwangerschaften auf. Hier müssen zunehmend auch Versorgungsangebote zielgruppenspezifisch ansetzen. Dies trifft ebenso auf die Bereitschaft zum Stillen zu: Besonders für junge Frauen sowie Frauen mit geringer schulischer Bildung und beruflicher Qualifikation müssen entsprechende Aufklärungs- und Beratungsangebote bereit gestellt werden.

Typisch für die Bundesrepublik ist die hohe Zahl der als Risiko eingeordneten Schwangerschaften, wobei internationale Vergleiche zeigen, daß die hier verankerte Form der Schwangerschaftskontrolle nicht zu einer herausragenden Reduzierung der Mütter- und Säuglingssterblichkeit führte. Die Ergebnisse und Entwicklungen zeigen im Vergleich mit anderen industrialisierten Staaten, daß ein geringeres Maß an apparativ-technischer Versorgung und ein nichtpathologisierender Umgang nicht gleichzeitig von einem Anstieg der Mütter- und Säuglingssterblichkeit begleitet sein muß. Die Auswertung von Daten zur stationären Morbidität zeigt, daß es häufig in Verbindung mit einer Schwangerschaft zu einer Klinikeinweisung kommt. Die Krankheitsartengruppe X. (Komplikationen der Schwangerschaft, der Geburt und des Wochenbettes) nimmt den höchsten Anteil an der stationären Morbidität ein, wobei nach den Schwangerschaftskomplikationen an zweiter Stelle die Krankheiten der Harn- und Geschlechtsorgane folgen. Besonders häufig werden Komplikationen in Verbindung mit einer Schwangerschaft im Krankenhaus behandelt.

In den vergangenen Jahren haben vor allem hinsichtlich der Entbindungsmöglichkeit Veränderungen stattgefunden, wobei in Großstädten wie Berlin und Hamburg der

Anteil von Frauen allmählich steigt, der außerhalb von Kliniken entbindet. Nach wie vor jedoch kommen die meisten Kinder in Kliniken zur Welt.

Untersuchungen zeigen, daß besonders junge Frauen und Frauen mit niedrigem Bildungsstand weniger und kürzer stillen.

1.3.7 Arbeit und Gesundheit

Die Verbindung von Beruf und Familie ist heute für Frauen die vorherrschende Lebensform - auch wenn hiermit immer noch erhöhte Anforderungen in der Organisation des Alltags und in der gesellschaftlichen Anerkennung verbunden sind. In den alten Bundesländern sind 56 %, in den neuen sogar 74 % der verheirateten Mütter mit Kindern unter 18 Jahren erwerbstätig; bei den Alleinerziehenden sind es 65 % bzw. 63 %. Für Mütter mit Kindern ist Teilzeitarbeit ein Weg, Beruf und Familie miteinander zu verbinden. Mehr als zwei Drittel der erwerbstätigen Frauen mit Kindern in den alten Ländern waren teilzeit-erwerbstätig, in den neuen Ländern war das allerdings nur ein Drittel.

Für Frauen stellen Beruf und Familie nicht nur zwei Lebens-, sondern vor allem zwei Arbeitsbereiche dar, die sehr unterschiedlich organisiert und strukturiert sind und jeweils verschiedene, z. T. widersprüchliche Anforderungen an die Frauen stellen. Gleichzeitig sind beide Bereiche voneinander abhängig und ergänzen sich wechselseitig.

Die Art und die Rahmenbedingungen der Erwerbsarbeit bestimmen maßgeblich Struktur, Aufgabenzuschnitte und Bedingungen der Haus- und Familienarbeit, die wiederum mit unterschiedlichen Spielräumen versehen sind. Durch festgelegte Arbeitszeiten oder extreme Arbeitsformen wie Schichtarbeit kann der zeitliche Rahmen für die Haus- und Familienarbeit sehr eng gesteckt sein. Ein geringes Einkommen und restriktive Arbeitsbedingungen schränken auch die Spielräume der Haus- und Familienarbeit ein.

Nur das Ineinandergreifen der verschiedenen Einzelmaßnahmen kann langfristig dazu führen, daß sich die in der Koordination von Beruf und Familie liegenden gesundheitsförderlichen Potentiale und Ressourcen auch entfalten können. Maßnahmen der Bundesregierung können in vielfältiger Weise die rechtlichen Grundlagen schaffen, um die Vereinbarkeit von Beruf und Familie für beide Geschlechter zu erleichtern.

Unter dem Stichwort 'Doppelbelastung' wurde in der Forschung lange Zeit der Blick auf die belastenden Anteile der zu erbringenden Koordinierungsleistungen von erwerbstätigen Frauen mit Familie gerichtet. Gleichzeitig kann aber angenommen werden, daß in der Haus- und Familienarbeit und in der Kombination und Koordination der verschiedenen Lebensbereiche gesundheitliche Ressourcen liegen, die sich unter bestimmten Bedingungen positiv auf die Gesundheit von Frauen und ihre persönliche Weiterentwicklung auswirken können. Durch das Überwechseln von einem Lebensbereich in den anderen können sich mehr Variationsvielfalt, mehr Spielräume, Ausweich- und Kompensationsmöglichkeiten, sowie Möglichkeiten der Identitätsbildung und Sinngebung ergeben.

Das Kapitel zu Beruf und Familie befaßt sich - ausgehend von diesem Belastungs-Ressourcen-Konzept - mit den gesundheitlichen Auswirkungen dieser Lebensbereiche von Frauen auf ihre Gesundheit, ihr Wohlbefinden und ihr Gesundheitshandeln. Dabei werden folgende Themen bearbeitet:

- Aufarbeitung des Stands der Forschung zu Belastungen und Ressourcen der Erwerbs- und Familienarbeit von Frauen (Kapitel 7.1);

- Ergebnisse zu ausgewählten Gesundheitsindikatoren der Erwerbsarbeit von Frauen: Arbeitsunfähigkeit, Arbeitsunfälle, Berufskrankheiten, krankheitsbedingte Frühverrentung (Kapitel 7.2);

- Belastungen und Ressourcen von Frauen in den fünf wichtigsten frauentypischen Berufsgruppen: Büroarbeit, Reinigungsberufe, Warenkaufleute, Sozialpflegerische Berufe, Gesundheitsdienstberufe (Kapitel 7.3);

- Frauenarbeitslosigkeit und Gesundheit (Kapitel 7.4).

- Haus- und Familienarbeit und ihre Auswirkungen auf die Gesundheit (7.5).

Die Ergebnisse zeigen Gemeinsamkeiten und Unterschiede in den beruflichen Belastungen bei Männern und Frauen. Hohes Arbeitstempo und Zeitdruck werden von Frauen und Männern in Ost- und Westdeutschland als Hauptbelastungsquelle angegeben. Frauen geben unangenehme körperliche Beanspruchungen als wichtigen Belastungsfaktor an.

Hinsichtlich der Arbeitsunfähigkeit aufgrund von Krankheit zeigen sich Unterschiede in den alten und neuen Bundesländern. In den alten Bundesländern sind Frauen seltener arbeitsunfähig gemeldet als Männer, in den neuen Bundesländern liegt ihre Arbeitsunfähigkeit etwas über der der Männer. Als mögliche Gründe für die geringere Arbeitsunfähigkeit der Frauen in den alten Bundesländern wurde u. a. auf den hohen Anteil an Teilzeitarbeit bei Frauen hingewiesen. Des weiteren ist ein sogenannter „healthy-worker-Effekt" nicht auszuschließen. Das bedeutet, daß Frauen, wenn sie bereits gesundheitliche Einschränkungen erlitten haben, eher als Männer aus dem Erwerbsleben ausscheiden und sich in den familiären Rahmen zurückziehen.

Frauen weisen deutlich weniger Arbeitsunfälle auf als Männer, was vor allem mit der geschlechtsspezifischen Arbeitsteilung in Verbindung gebracht werden kann, da Männer häufiger risikoreiche Arbeitstätigkeiten ausüben als Frauen.

Berufskrankheiten kommen sehr viel häufiger bei Männern vor als bei Frauen. Dies bezieht sich sowohl auf die Verdachtsanzeigen als auch auf anerkannte Berufskrankheiten. Auch wenn man die Berufskrankheiten auf die Erwerbstätigenzahlen bezieht, ist für Männer bei den Verdachtsanzeigen der relative Anteil dreimal so groß wie für Frauen und bei den Anerkennungen liegt der Anteil erheblich über dem der Frauen.

Bei den krankheitsbedingten Frühverrentungen weisen Frauen zwar eine geringere absolute Zahl auf als Männer, bezogen auf die Erwerbstätigenzahlen zeigt sich jedoch, daß Frauen häufiger krankheitsbedingt frühverrentet werden als Männer. Über die Gründe für diese Geschlechterunterschiede können lediglich Vermutungen angestellt werden, da eine Ursachenforschung zu diesen Fragen derzeit nicht existiert.

Der Vergleich der fünf Berufsgruppen ergab, daß sich der höchste Anteil an Berufskrankheiten bei den Frauen in Gesundheitsdienstberufen findet, der niedrigste bei den Büroarbeitskräften. Haut- und Infektionskrankheiten sind die wichtigsten Diagnosen bei den anerkannten Berufskrankheiten der Frauen. Die höchste Rate bei den Arbeitsunfällen haben Frauen in Reinigungsberufen und Warenkaufleute, während sie bei den Büroarbeitskräften erwartbar am niedrigsten liegt. Frühverrentungen fallen vor allem auf die Reinigungsberufe und Warenkaufleute.

Es konnte auch gezeigt werden, daß die Gesundheit von Frauen durch Arbeitslosigkeit nachhaltig beeinträchtigt werden kann. Arbeitslose weisen gegenüber Erwerbstätigen einen schlechteren psychischen Gesundheitszustand auf. Dies trifft in gleicher Weise für Männer und für Frauen zu. Arbeitslose Frauen schätzen ihre Gesundheit im Vergleich zu erwerbstätigen Frauen schlechter ein, geben einen höheren Beschwerdestatus an und sind unzufriedener mit ihrem Leben. In dem Maße, in dem Erwerbstätigkeit fester Bestandteil der weiblichen Normalbiographie wird, steigen auch die wahrgenommenen Nachteile, die sich aus dem Verlust des Arbeitsplatzes ergeben; dies geht aus den Studien zur Arbeitslosigkeit von Frauen in den neuen Bundesländern deutlich hervor.

Die Analyse von gesundheitlichen Belastungen sowie Ressourcen der Haus- und Familienarbeit avancierte erst in jüngster Zeit zum Gegenstand arbeitswissenschaftlicher Forschungen. Haus- und Familienarbeit unterliegt einer klaren geschlechtsspezifischen Aufteilung; reproduktive Arbeit ist noch immer überwiegend Frauenarbeit. Die vorliegenden Untersuchungen ermittelten der Haus- und Familienarbeit immanente gesundheitsfördernde sowie -belastende Effekte, die jedoch ähnlich der Berufsarbeit, in einen komplexen Zusammenhang mit weiteren Faktoren eingebettet sind. Einerseits schafft die strukturelle Eigenart der Haus- und Familienarbeit Bedingungen, die potentiell eher gesundheitsabträgliche Folgen haben wie soziale Isolation, geringe zeitliche Spielräume, hoher Anteil an Routinetätigkeiten, ständige Verfügbarkeit, materielle Abhängigkeit etc.. Andererseits sind der Haus- und Familienarbeit auch positive, gesundheitszuträgliche Potentiale, wie das Erleben von Autonomie, selbstbestimmter Freiräume in der Arbeitsgestaltung und der Erfahrbarkeit ganzheitlicher Arbeitsvollzüge immanent.

Insgesamt zeigt sich ein erhebliches theoretisches und methodisches Forschungsdefizit hinsichtlich der Besonderheiten des Belastungs- und Krankheitsgeschehens bei Frauen. Verbunden mit einer geschlechterinsensiblen epidemiologischen Datendokumentation lassen sich derzeit nur mit Einschränkungen wissenschaftlich fundierte Aussagen hinsichtlich Gemeinsamkeiten und Unterschieden im arbeitsbedingten Krankheitsgeschehen von Frauen und Männern treffen.

1.3.8 Gesundheit im mittleren Lebensalter

In Kapitel 8 wird die gesundheitliche Situation von Frauen im mittleren Lebensalter fokussiert auf Ostdeutschland beschrieben. Diese Zielgruppe wurde exemplarisch für das mittlere Lebensalter ausgewählt, weil sie durch die Systemtransformation besonders tiefgreifenden Veränderungen in wichtigen Lebensbereichen ausgesetzt war.

Dem empirischen Teil des Kapitels ist ein theoretischer Abschnitt vorangestellt, der den aktuellen Stand der unterschiedlichen Betrachtungsweisen dieser Lebensphase aus der Sicht der Frauengesundheitsforschung und der psychosozialen sowie medizinischen Perspektive aufzeigt. Als eine wichtige Erkenntnis ist daraus abzuleiten, daß es gegenwärtig noch keine befriedigende Definition gibt, die die zahlreichen Facetten der Gesundheit in dieser Lebensphase komplex erfaßt. So wird die Gesundheit der Frau im mittleren Lebensalter immer noch am häufigsten aus der medizinischen Perspektive über das Klimakterium als eine Zeit der Rückbildung, der Defekte, der Ausfallerscheinungen, des Hormonmangels definiert und für behandlungsbedürftig erklärt.

Die gesundheitliche Situation der Frauen im mittleren Lebensalter ist aber nicht allein auf das Klimakterium zu reduzieren. Vielmehr können Frauen in diesem Lebensabschnitt neben den hormonellen Veränderungen eine Reihe von psychosozialen Umbrüchen in zentralen Lebensbereichen wie der Familie, der Partnerschaft, der Sexualität oder der Berufstätigkeit erleben, die zusammen mit den Wechseljahren und anderen gesundheitlichen Erscheinungen des allgemeinen Alterns zeitgleich auftreten und eigenständig oder in ihrer Überlagerung gesundheitsgefährdend und krankheitsauslösend wirken.

Von der Frauengesundheitsforschung wird daher eine Sichtweise des mittleren Lebensalters unter Berücksichtigung der individuellen psychischen und sozialen Lebenssituation der Frau eingefordert. Im Gegensatz zur Medikalisierung und Pathologisierung der Wechseljahre durch die Medizin wird von ihr die hormonelle Umstellung als eine natürliche Phase im Leben der Frau bewertet, die bestimmte biopsychosoziale Anpassungsleistungen verlangt, die aber von der Mehrheit der Frauen gesundheitlich gut kompensiert werden, wenn genügend individuelle und soziale Ressourcen zur Verfügung stehen. Immer häufiger wird daher auch auf Gewinne und Potentiale dieser Lebensphase hingewiesen, die z. B. in der Befreiung von Verhütungsaufgaben und von Betreuungs- und Fürsorgepflichten für die Kinder bestehen können. Es wird der Gewinn von größeren Freiräumen zur Selbstgestaltung hervorgehoben. Danach ist das mittlere Lebensalter von den Frauen auch als Chance zu begreifen, für sich neue Ziele und Lebensinhalte zu definieren.

Aus medizinischer Sicht werden auftretende Beschwerden in diesem Lebensabschnitt bevorzugt mit Hormonpräparaten behandelt. Daneben gewinnt immer mehr die postmenopausale Hormongabe zur Prophylaxe von chronischen Alterserkrankungen (wie z. B. Osteoporose, Herz-Kreislauf-Krankheiten und Morbus-Alzheimer) an Bedeutung und auch an Akzeptanz bei den Frauen.

Der empirische Teil des Kapitels 8 ist in zwei Abschnitte gegliedert, von dem der erste den Zeitraum der 80er Jahre in der DDR behandelt und der zweite Abschnitt die Zeit nach der Vereinigung in den neuen Bundesländern der 90er Jahre zum Inhalt hat. Da Frauen ihre mittlere Lebensphase immer auch unter ganz konkreten gesellschaftlichen und historischen Rahmenbedingungen erleben, die für die Gesundheit bedeutsam sind, werden zuerst in beiden Abschnitten diese Bedingungen beschrieben, beginnend mit der soziodemographischen und sozioökonomischen Situation, weiterführend mit den gesetzlichen und strukturellen Voraussetzungen zur Vereinbarung von Berufstätigkeit und Familie bis hin zur Darstellung einiger Formen der gesundheitlichen Versorgung. Daran schließt die Beschreibung der gesundheitlichen Lage unter Einbeziehung des Klimakteriums an. Im zweiten Abschnitt (90er Jahre) wird zusätzlich bei Teilmorbiditäten ein Vergleich zwischen gleichaltrigen Frauen aus den neuen und den alten Bundesländern vorgenommen.

Mit dieser Darstellungsweise soll veranschaulicht werden, unter welchen sozialen und medizinisch versorgungswirksamen Verhältnissen die Frauen im mittleren Alter in der DDR gelebt haben und mit welchen Veränderungen sie nach der Vereinigung in Ostdeutschland konfrontiert worden sind. Sie soll zugleich dem Verständnis für die anders verlaufene Sozialisation ostdeutscher Frauen in dieser Generation dienen. Die gesundheitliche Lage der Frauen im mittleren Lebensalter wird anhand der Lebenserwartung, der Mortalität, der stationären, ambulanten und arbeitsbezogenen Teilmorbiditäten beschrieben.

Die Datenbasis für das mittlere Lebensalter ist weder auf der Ebene der Versorgungsdaten noch von der empirischen Seite her zufriedenstellend. Diese Aussage gilt für die DDR noch im verstärkten Maße. Lediglich die stationäre Morbidität wurde über die Krankenblattdokumentation in der DDR gut erfaßt. Die Mehrheit der amtlich vorliegenden Routinedaten und Daten aus bevölkerungsbezogenen Studien ist nicht explizit auf das mittlere Lebensalter zugeschnitten, sondern mußten dafür erst aufbereitet werden. Ebenso ist eine Vergleichbarkeit der vor und nach der Wende verfügbaren Daten nicht unbedingt gegeben.

Wie die soziodemographischen und sozioökonomischen Ergebnisanalysen ausweisen, war das Leben der Frau im mittleren Lebensalter in der DDR durch die Kombination von kontinuierlicher Berufstätigkeit und Mutterschaft geprägt. Die Rahmenbedingungen für die Vereinbarung von Beruf und Familie waren hinsichtlich der Kinderbetreuung gut, bzgl. der Arbeitszeit aber wenig flexibel. Teilzeitarbeit und Verlegung der Arbeitszeit blieben eingeschränkt. Diese Generation von Frauen hatte bereits mehrheitlich eine abgeschlossene berufliche Ausbildung, oftmals berufsbegleitend, erworben und die Erwerbsbeteiligung als Wert verinnerlicht. Obwohl zahlreiche Randbedingungen die Vereinbarung von Beruf und Familie in der DDR erleichterten, wurde den Frauen auch hier die Verantwortung für die Familienarbeit zugewiesen, so daß Mehrfachbelastungen nicht ausblieben. Nach dem Systemzusammenbruch traf die Frauen dieser Altersgruppe die Umstrukturierung auf dem Arbeitsmarkt besonders hart. Sie wurden bei unverändert hoher Motivation zur Berufstätigkeit in großem Maße arbeitslos oder unfreiwillig in den Vorruhestand gedrängt. Damit waren für sie nicht nur finanzielle Einbußen verbunden, sondern es traten auch Werteverluste, Aufgabe der ökonomischen Selbständigkeit und der Verlust von sozialer Integration ein.

Aber auch Frauen, die dem Arbeitsmarkt durchgehend oder mit Unterbrechung zur Verfügung standen, haben Veränderungen erfahren. So ist ihre Erwerbsarbeit von einer hohen Mobilität gekennzeichnet, die in vielen Fällen mit einer Dequalifikation verbunden ist. Im Zeitverlauf (1990 bis 1998) haben sich die Erwerbslosenquoten der Frauen im mittleren Lebensalter verdoppelt. Hier wirken sich die Sonderregelungen des vorgezogenen Ruhestandes und des Altersübergangsgeldes aus, die bis zum Jahre 1993 noch den 55- bis 60jährigen Frauen die Arbeitslosigkeit ersparten und ihnen eine gewisse finanzielle Absicherung garantierten. Für die nachrückende Frauengeneration verschärft sich dagegen die Situation.

Den Einschränkungen in den materiellen und psychosozialen Ressourcen stehen aber auch mit der Vereinigung eingetretene Gewinne in wichtigen Lebensbereichen gegenüber. Dazu zählen die Verbesserung des Wohnkomforts, der Dienstleistungen, die erweiterten Freizeit- und Erholungsmöglichkeiten sowie Verbesserungen in der medizinischen Versorgung. Die Bilanz von Belastungen und Potentialen zeigt für verschiedene Gruppen und für einzelne Frauen dieses Alters durchaus unterschiedliche Wirkungen auf die Lebenslage und kann somit auch zu differenzierten Auswirkungen auf den Gesundheitszustand der Frauen führen.

Die Analyse der amtlichen Gesundheitsdaten im Zeitverlauf läßt auch bei den Frauen im Osten eine Verbesserung erkennen. Die fernere Lebenserwartung konnte im Zeitraum von 1990 bis 1997 erhöht und die Sterblichkeit gesenkt werden: ein Trend, der sich auch schon im Verlauf der 80er Jahre in der DDR abzeichnete. Damit haben sich wichtige Gesundheitsparameter von ostdeutschen Frauen an die der westdeutschen Frauen angenähert.

Die durch die Veränderung der Arbeits- und Lebensbedingungen entstandenen neuen Belastungen werden an den negativeren Bewertungen der subjektiven Gesundheit und der größeren Unzufriedenheit in wichtigen Lebensbereichen wie dem Beruf und der finanzielle Situation erkennbar. Die empirischen Untersuchungsergebnisse weisen eine deutliche Zunahme der negativen Einschätzung des Gesundheitszustandes bei berufstätigen Frauen mit Sorge um den Arbeitsplatz und bei langzeitarbeitslosen Frauen aus. Frauen im Vorruhestand hingegen geben im Vergleich mit arbeitslosen Frauen bessere, gegenüber berufstätigen Frauen aber schlechtere Gesundheitsurteile ab.

Hier bieten sich Ansatzpunkte für die medizinische Versorgung und Prävention an. Eine besondere Bedeutung kommt dabei der ärztlichen Betreuung in der Sprechstunde zu. Die Ärztin bzw. der Arzt sollte offen für die Symptome und Auswirkungen des sozialen Umfeldes sein und insbesondere bei Frauen im Stadium bevorstehender oder drohender Entlassung und bei arbeitslosen Frauen der sozialen Anamnese und dem Gespräch große Aufmerksamkeit beimessen. Dabei sind die Selbsthilfepotentiale der Frauen zu stärken und es sollten ihnen Kontakte zu Beratungsstellen, Arbeitslosenhilfetreffs sowie zu Gruppen der Gesundheitsförderung und Prävention empfohlen und erleichtert werden. Außerhalb des medizinischen Versorgungssystem sind dafür in den neuen Bundesländern verstärkt Beratungs- und Informationseinrichtungen (z.B. Frauengesundheitszentren) zu schaffen. Potentiale, die bei diesen Frauen gegeben sind, sollten auch für soziale und ehrenamtliche Aufgaben nutzbar gemacht werden. Initiativen zur Gründung von Selbsthilfegruppen sind zu fördern.

Über die Ostspezifik hinausgehend belegen die Berichtsergebnisse, daß für Frauen allgemein das mittlere Lebensalter ein Schnittpunkt ist, an dem sich wichtige Gesundheitsparameter verändern. So nimmt in diesem Zeitraum die Zufriedenheit mit der allgemeinen Gesundheit ab, und die Selbsturteile über den Gesundheitszustand verändern sich von den guten zu den schlechteren Einschätzungen. Allgemeine Beschwerden, die auf psychosomatische Störungen und gesundheitliche Beeinträchtigungen durch das Klimakterium hindeuten und chronische Erkrankungen nehmen zu. Dies führt zu einer häufigeren Inanspruchnahme medizinischer Dienste und zu einem häufigeren Arzneimittelkonsum.

Für Frauen in dieser Lebenssituation sind Maßnahmen zur Gesundheitsförderung zu entwickeln, die sich nicht ausschließlich am medizinischen Krankheits- und Risikomodell des Klimakteriums orientieren, sondern sich auf die psychosozialen Gesundheitsbedürfnisse dieser Zielgruppe ausrichten und auch die Wertvorstellungen und Sichtweisen der betroffenen Frauen über diese Umstellungsphase einbeziehen. Ein gestärktes Selbstvertrauen und Selbstbewußtsein, vermehrte körperliche Aktivitäten, das Vorhandensein von sozialen Netzen, eine harmonische Partnerschaft und eine befriedigende Berufstätigkeit sowie soziale Sicherheit in Gegenwart und Zukunft haben sich als gute Prädiktoren für eine erfolgreiche gesundheitliche Bewältigung von Krisen im Klimakterium erwiesen.

1.3.9 Frauen in besonderen Lebenslagen

Kapitel 9 ist in zwei thematische Bereiche gegliedert. Zum einen wird auf die Situation von Frauen in besonderen sozialen Lebenslagen (Kapitel 9.1), zum anderen auf die von Frauen in besonderen gesundheitlichen Lebenslagen eingegangen (Kapitel 9.2). Die Lebenslagen und nicht Krankheiten stehen im Mittelpunkt des Kapitels.

Insgesamt lassen sich in der Vorgeschichte, im Leben und Alltag typische Ressourcen, Belastungen und Bewältigungsmuster der Frauen zeigen. Darauf bezogen, die Besonderheiten der Lebenssituation berücksichtigend, lassen sich die Bedarfe an angemessener Hilfe und Unterstützung bestimmen. Ein Teil der betrachteten gesundheitlichen Einschränkungen resultiert aus benachteiligten Lebenslagen oder entsteht im Zusammenhang mit der Verarbeitung negativer Erfahrungen. Umgekehrt führen diese Einschränkungen zu Benachteiligungen und verengen die Veränderbarkeit von persönlichen Verhältnissen durch soziale Ausgrenzungen und negative Reaktionen im Umfeld. Hier lassen sich Anknüpfungspunkte für ressourcenorientierte, am lebensphasenspezifischen Bedarf ausgerichtete und das Leben mit gesundheitlichen Einschränkungen als Leistung würdigende Angebote finden.

Exemplarisch für die ungenügende medizinische Versorgung benachteiligter Gruppen wird in Kapitel 9.1 die Situation von wohnungs-/obdachlosen Frauen und von Prostituierten dargestellt. Beide Gruppen sind zwar aufgrund ihrer sozialen Lebenslage besonderen gesundheitlichen Risiken ausgesetzt, zur medizinischen Versorgung haben sie jedoch nur eingeschränkten Zugang. Für wohnungs- und obdachlose Frauen ist der Weg zu ärztlicher Behandlung mit hohem persönlichen Aufwand verbunden. Ihr schlechter somatischer Gesundheitszustand und die hohe Prävalenz psychischer Erkrankungen stehen im Kontrast zu den geringen Raten der Inanspruchnahme und weisen auf spezifische Lücken im Versorgungssystem hin. Insbesondere fehlen im niedrigschwelligen Bereich der Wohnungslosenhilfe vernetzte Einrichtungen, die auf die Bedürfnisse von Frauen zugeschnitten sind.

Als Prostituierte tätige Frauen sind gesundheitlichen Belastungen in ihrer Vorgeschichte und im Ausüben ihrer professionellen Tätigkeit ausgesetzt, aber aufgrund der höchstrichterlich postulierten Sittenwidrigkeit ihrer Tätigkeit vom legalen Zugang zur gesetzlichen Kranken- und Sozialversicherung und zu privaten Krankenversicherern ausgeschlossen. Ein erheblicher Teil der Prostituierten hat daher keine Absicherung für den Krankheitsfall und nur die wenigsten verfügen über ausreichende finanzielle Mittel, um eine (längere) Krankheit auskurieren zu können.

In Kapitel 9.2 stehen Frauen, die mit bestimmten, Einschränkungen, Behinderungen, Diagnosen oder Krankheiten leben, im Vordergrund. Ausgewählt wurden:

- Frauen mit Behinderung (insbesondere auch aufgrund chronischer Erkrankungen);

- Frauen mit riskantem Alkoholkonsum und alkoholabhängige Frauen,

- Konsumentinnen und/oder Abhängige von illegalen Drogen,

- HIV-infizierte und an AIDS erkrankte Frauen,

- Frauen in stationärer Behandlung in der Psychiatrie.

Für diese Frauen werden die Bedeutung der Einschränkung im Lebenslauf und die Wechselwirkung zwischen gesundheitlicher Entwicklung und beruflicher und privater Situation mit Ressourcen und Belastungen dargestellt. Die Daten wurden aus einer Vielzahl von heterogenen Quellen zusammengetragen. Soweit die empirische Datenlage trägt, wird ein Eindruck davon vermittelt, wie die Bewältigung des Alltags unter der Bedingung von Einschränkungen und die Bewältigung der Einschränkung unter der Bedingung des Alltags zusammenhängt. Bei Frauen in stationärer psychiatrischer Behandlung steht in besonderer Weise ihre Situation in einer Institution im Vordergrund.

Es zeigen sich Gemeinsamkeiten und Unterschiede bezogen auf die verschiedenen Formen von gesundheitlichen Einschränkungen. Bei substanzabhängigen Frauen (Alkohol, illegale Drogen) und bei Frauen in der stationären Psychiatrie finden sich in der Vorgeschichte so häufig Gewalterfahrungen - vor allem Mißhandlungen und Mißbrauchserfahrungen in der Kindheit -, daß die gesundheitlichen Probleme im Kontext der Verarbeitung traumatisierender Erlebnisse gesehen werden müssen. Aufgrund der gesundheitlichen Lage wiederum sind diese Frauen in höherem Maß erneuten Gewalterfahrungen im Erwachsenenalter ausgesetzt. Für Frauen mit geistiger Behinderung und behinderte Frauen, die in Einrichtungen leben, sind Gewalterfahrungen nicht in dem Maß ursächlich für die gesundheitliche Lage, aber ihre Einschränkungen erhöhen das Risiko, Opfer sexualisierter Gewalt zu werden. HIV-infizierten und AIDS-kranken Frauen drohen vor allem Diskriminierung, Isolierung und Ausgrenzungen.

Treten Einschränkungen später im weiblichen Lebenslauf ein - dies trifft auf Untergruppen der Alkoholabhängigen, der HIV-Infizierten und der Frauen mit Behinderung zu - ist die Schul- und Berufsausbildung wenig davon beeinflußt. Opiatabhängige Frauen und in jungen Jahren behinderte Frauen sind dagegen auch in diesem Bereich benachteiligt. Im Erwerbsleben zeigt sich dann eine Kumulation der Benachteiligungen als Frau und als gesundheitlich Eingeschränkte. Bei Frauen mit Behinderung sind die diskontinuierlichen, nicht nur durch z. B. Erziehungsurlaub, sondern auch durch Phasen geringer Leistungsfähigkeit unterbrochenen Berufsbiographien, deutlich zu erkennen. Gemeinsam ist Frauen in stark belasteten gesundheitlichen Lebenslagen, daß sie häufiger erwerbslos und in der beruflichen Rehabilitation verglichen mit Männern unterrepräsentiert sind. Die doppelte Benachteiligung führt zu einer unzureichenden finanziellen Absicherung, und die Entwicklung und Verschlechterung der gesundheitlichen Lage kann mit drohender oder manifester Verarmung einhergehen.

Frauen mit Körper- und Sinnesbehinderung (in Abhängigkeit vom Alter, in dem die Behinderung eintrat), Frauen mit Alkoholproblemen und Konsumentinnen illegaler Drogen sind häufiger ledig und geschieden als Frauen im Bevölkerungsdurchschnitt. Belastungen im familiären Bereich verschlechtern die gesundheitliche Lage, gesundheitliche Probleme belasten die familiären Beziehungen. Der Anteil der Frauen mit Kindern ist in den beschriebenen Lebenslagen sehr unterschiedlich. Opiatabhängige Frauen haben seltener Kinder als Frauen mit Körper- und Sinnesbehinderungen, die nicht in Einrichtungen leben. Geistig behinderten Frauen und Frauen, die in Einrichtungen leben, wird eine Mutterschaft verwehrt. Mutterschaft ist ebenfalls ein schwieriges Thema für HIV-infizierte und AIDS-kranke Frauen. Alkohol- und opiatabhängige Frauen sind, wenn sie Kinder haben, mit dem Sorgerechtsentzug konfrontiert.

Soziale Netze haben als Unterstützung für alle Frauen eine große Bedeutung. Die Möglichkeit, die sozialen Kontakte aufzubauen und zu nutzen, ist aber sehr unterschiedlich. Frauen mit Behinderung können weniger auf Hilfe der Verwandtschaft rechnen als andere auf Hilfe angewiesene Gruppen; bei alkoholkranken Frauen wird beschrieben, wie die sozialen Netze ausdünnen und HIV-infizierte Frauen sind von einer gesellschaftliche Ausgrenzung bedroht. Für alle Frauen in belasteten gesundheitlichen Lagen läßt sich eine Kumulation dahingehend beschreiben, daß diejenigen, die am meisten Hilfe benötigen, über die geringsten Ressourcen verfügen.

Frauen in besonderen gesundheitlichen Lebenslagen nutzen personen- und alltagsnahe Unterstützung stärker als Männer. Dies betrifft z. B. die Präferenz von Selbsthilfeangeboten im Bereich der Alkoholabhängigkeit. Allerdings sind die professionellen Angebote oft nicht oder kaum auf die Lebenslagen der Frauen eingestellt. Die Analyse der stationären Psychiatrie zeigt das besonders deutlich, es gilt aber ebenso für die berufliche Rehabilitation von Frauen mit Behinderung oder für allgemeine Suchtkliniken.

Deutliche Mängel sind im Bereich der Versorgung zu verzeichnen. Die Regelversorgung berücksichtigt weder die besonderen Belastungen, noch die besonderen Ressourcen von Frauen. Da zu wenig Wissen über frauenspezifische Belange existiert, bleiben Ansatzpunkte ungenutzt und Interventionen sind mitunter kontraproduktiv. Im Bereich der Alkoholabhängigkeit werden z. B. die Möglichkeiten, die der Kontakt der Frauen zur medizinischen Versorgung (die sie wegen anderer Gesundheitsprobleme aufsuchen) bietet, zu wenig für eine frühzeitige Diagnose und Hilfe genutzt; wenn statt dessen Medikamente verschrieben werden, wird eine Doppelabhängigkeit gefördert.

Insgesamt lassen sich in der Vorgeschichte, im Leben und Alltag typische Ressourcen, Belastungen und Bewältigungsmuster der Frauen zeigen, die eine Bestimmung der Bedarfe an angemessener Hilfe und Unterstützung, jeweils bezogen auf die spezifischen Besonderheiten der Lebenssituation, ermöglicht. Ein Teil der betrachteten gesundheitlichen Einschränkungen resultiert aus benachteiligten Lebenslagen oder entsteht im Zusammenhang mit der Verarbeitung negativer Erfahrungen. Umgekehrt führen diese Einschränkungen zu Benachteiligungen und verengen die Veränderbarkeit von persönlichen Verhältnissen durch soziale Ausgrenzungen und negative Reaktionen im Umfeld. Aus der Wechselwirkung zwischen (schwierigen) Lebenslagen, Krankheiten und Einschränkungen mitsamt den sozialen Folgen wie Stigmatisierung, Ausgrenzung und Diskriminierung ergibt sich auch, daß der Bedarf an Unterstützung nicht auf die Frage einer medizinischen Behandlung reduziert werden kann.

Unter dieser Perspektive sind Frauen nicht nur Objekte medizinischer Definition und Therapie. Im Kontext der gesamten weiblichen Lebenslage können Versorgungskonzepte entwickelt werden, die Lebensweisen und Bewältigungskompetenzen einbeziehen und die in den Prozeß der wechselseitigen Beeinträchtigung der sozialen und der gesundheitlichen Aspekte eingreifen. Hier lassen sich Anknüpfungspunkte für ressourcenorientierte und am lebensphasenspezifischen Bedarf ausgerichtete frauenspezifische Angebote finden. Gesundheit statt Krankheit kann so Bezugspunkt von Versorgung werden: Das Leben mit einer gesundheitlichen Einschränkung ist nicht nur Problem und Kostenfaktor, sondern auch eine Leistung, und es besteht immer die Möglichkeit, Gesundheitspotentiale zu entwickeln.

1.3.10 Frauenzentrierte Ansätze in der Gesundheitsförderung und der gesundheitlichen Versorgung

Für diesen Berichtsteil wurde eine eigene empirische Erhebung durchgeführt, die den Fragen nachging: In welchen Gesundheitsfeldern gibt es Praxisansätze mit dem Anspruch, dem Bedarf von Frauen an gesundheitlicher Beratung und Versorgung besser als bisher gerecht zu werden, und auf welche Bedürfnislagen reagieren sie? Mit welchen Konzepten und Erfahrungen wird gearbeitet? Welche Bedürfnisse artikulieren Frauen an Versorgung und nach welchen Kriterien bewerten Nutzerinnen frauenzentrierte Ansätze?

Da das Feld in der Untersuchung erst erschlossen werden mußte, wurde die Erhebung mehrstufig angelegt.

1. Um die Breite der existierenden Ansätze zu erfassen wurde ein Kurzfragebogen gestreut, der sowohl selbstorganisierte Ansätze als auch Ansätze im Bereich der Kassenleistungen erfaßte.

2. Die Rückmeldungen wurden als Datenpool für eine Auswahl und eingehende Befragung von 46 Expertinnen genommen, die exemplarisch ausgewählt wurden, da ihr Feld und das dort repräsentierte Gesundheitsproblem ein für Frauengesundheit bedeutsames – stark diskutiertes und/oder epidemiologisch relevantes Thema - darstellt, in dem bereits erfahrungsgesättigte Ansätze existieren.

3. In ausgewählten, über die Expertinnen ermittelten Einrichtungen wurden zehn Gruppengespräche mit Nutzerinnen geführt. Für die ausführliche Expertinnenbefragung und die Nutzerinnenbefragung wurden solche Einrichtungen ausgewählt, in denen sich Versorgungsketten in einem Feld abbilden, oder durch die Wahl der Einrichtung oder Selbsthilfegruppe bereits ein Versorgungsdefizit zum Ausdruck kommt.

Es kann nicht überraschen, daß der größere Teil der erfaßten frauenzentrierten Angebote eher im Umfeld als im Versorgungssystem selbst angesiedelt ist, insbesondere in der Gesundheitsbildung, der Beratung und der Gesundheitsförderung, mit z. T. fließenden Übergängen zu der Unterstützung von Selbsthilfegruppen. Unter diesen Ansätzen gibt es einen gut entwickelten Informationsaustausch mit z. T. organisierten regionalen Netzwerken. Es gibt aber auch vielfältige innovative oder spezifisch auf den Bedarf von Frauen ausgerichtete Ansätze innerhalb der gesundheitlichen Regelversorgung und im Bereich der Kassenleistungen; auf diese war das Hauptaugenmerk der Untersuchung gerichtet. Sie sind teilweise verstreut zu finden, als punktuelle Angebote (z. B. Ärztin, Therapeutin, Heilpraktikerin) ohne Einbindung in ein größeres Umfeld. Ein regelmäßiger Austausch über Konzepte und Maßstäbe einer den Bedürfnissen von Frauen entsprechenden Praxis wird, so zeigen die Interviews, vermißt; am ehesten scheint es in der Psychotherapie, der Psychosomatik und der Rehabilitation Rahmenbedingungen zu geben, die dafür genutzt werden. Lediglich beim Müttergenesungswerk kann von einem Träger gesprochen werden, der konzeptionell die Sensibilität für geschlechtsspezifische Lebens- und Problemlagen im Programm vertritt. Allgemein ist festzustellen, daß solche Sensibilität in erster

Linie durch engagierte Einzelpersonen in die reguläre gesundheitliche Versorgung Eingang findet.

Als inhaltliche Felder, in denen eine spezifisch auf Frauen ausgerichtete Versorgung entstanden ist, stellten sich in dem Erhebungsmaterial heraus: Langzeitwirkungen sexueller Gewalt; Eßstörungen, gynäkologische und onkologische Rehabilitation, insbesondere nach Operationen; Erschöpfungssyndrom; Depression; Wechseljahre/Klimakterium. Aus der Untersuchung ausgeklammert wurden die Frauengesundheitszentren sowie die Bereiche der Sucht, der Schwangerschaft und Geburt und der Krisenintervention und Hilfe nach sexueller bzw. häuslicher Gewalt, da hierzu empirische Studien vorliegen, die in die entsprechenden Kapitel dieses Berichts einfließen.

Um beschreiben zu können, was ein frauenzentrierter Zugang für die praktische Arbeit heißt, wurden elf Versorgungsangebote unterschiedlichen Typs anhand von Expertinnengesprächen unter Einbeziehung verschiedener Berufsgruppen eingehend untersucht: drei Stationen in Rehabilitationskliniken, zwei Selbsthilfeorganisationen, zwei Müttergenesungskurheime, zwei niedergelassene ärztliche Praxen und zwei ambulante Psychotherapiezentren. Die berichteten Herangehensweisen und Erfahrungen wurden ausgewertet und verglichen; einige Einrichtungen werden im Kapitel 10 als Beispiele guter Praxis vorgestellt.

Zwar sind die Konzepte frauenzentrierter Versorgung jeweils auf die spezifischen Krankheiten oder Problemlagen ihrer Zielgruppen ausgerichtet, dennoch waren gemeinsame Elemente erkennbar. Diese lassen sich allgemein in drei Dimensionen zusammenfassen; betont werden ein differenziertes Verständnis für die Lebenssituation von Frauen; eine Haltung von Wertschätzung für Frauen und Respekt für deren Entscheidungen; und das Streben nach Stärkung von deren Ressourcen, Selbstheilungs- und Selbsthilfepotentialen.

Zentral ist durchweg ein ganzheitliches Gesundheitsverständnis, das den Körper im Kontext sozialer und psychischer Beziehungen, das Psychische wiederum in sozialen und körperlichen Bezügen sieht. Geschlechtsspezifisch wird diese Sicht durch eine kritische Reflexion auf die gesellschaftlichen Bedingungen der Lebenswege von Frauen und auf deren typische Konflikte und Problemlagen; dies wird auch je nach Kontext (z. B. im Osten und im Westen) unterschiedlich ausgeführt. Schambesetzte und oft verschwiegene Erfahrungen wie sexuelle Gewalt, gestörtes Eßverhalten, Inkontinenz werden schon im Versorgungsangebot (z. B. Klinikprospekt, Thema der Selbsthilfe) ausgesprochen, um Frauen eine Mitteilung zu erleichtern; zudem wird ihnen grundsätzlich die Möglichkeit geboten, ausschließlich unter Frauen über solche Themen zu sprechen oder auch von Frauen behandelt zu werden.

Als wesentliche Beeinträchtigung der Gesundheit werden Erfahrungen der Abwertung und Abhängigkeit als Frau gesehen, weshalb die bewußte Umbewertung von weiblichen Lebensphasen und Lebensleistungen sowie der für Frauen geltenden Normen (etwa Schönheitsnormen oder Normen für die gute Mutter, die nicht krank werden darf) meist zum therapeutischen Prozeß gehört. Dabei gilt oft die Arbeit in Frauengruppen als eine sehr wichtige Arbeitsform. Daß die maßgebliche Autorität (z. B. Ärztin, Therapeutin) selbst eine Frau ist und dies auch einbringt, kann die

Glaubwürdigkeit solcher Umbewertung der Normen unterstützen, bringt jedoch auch Konflikte mit sich; Prozesse der reflexiven Selbstevaluation (etwa zum eigenen Frauenbild, zur Qualität der Teamarbeit, zur Vertrauensgewinnung bei Patientinnen mit eher konventionellen Erwartungen) erweisen sich als notwendig. Deutlich treten bei den Expertinnen Einfühlung und Verständnis für die Belastungen und Ressourcen hervor, deren Bedeutung für die Entstehung von gesundheitlichen Problemen von Frauen sowie für die Förderung der Heilung im jeweiligen Handlungsfeld konkret erläutert wird.

Die Ansätze frauenzentrierter Versorgung können ferner als klientenzentriert und auf Kompetenzstärkung angelegt bezeichnet werden. Wesentlich ist ihnen, daß Frauen ihre eigenen Erwartungen und Bedürfnisse im Zuge einer kommunikativen Erörterung von Behandlungsstrategien formulieren und Entscheidungsmöglichkeiten wahrnehmen: Sie betonen z. B., daß Frauen ausführlich und in für sie verständlicher Sprache informiert werden, daß sie die Themen bestimmen, die Therapieziele erarbeiten sollen. Der Betonung des Gesprächs entspricht ein Bemühen, um den Abbau von starren Hierarchien, ohne sachlich begründete Unterschiede (z. B. zwischen Ärztin und Patientin, aber auch innerhalb des Teams in der Klinik), zu überdecken.

Bislang ist sehr wenig über die Sichtweise von Frauen bekannt, die als Nutzerinnen oder Patientinnen die Angebote frauenzentrierter Versorgung aufsuchen. In Gruppengesprächen (mit insgesamt 55 Frauen) wurde untersucht, welche Kriterien Frauen für eine gute, ihrer Situation als Frauen angemessene gesundheitliche Versorgung haben. Die Zusammensetzung der Gruppen berücksichtigte unterschiedliche Gesundheitsprobleme und Praxisbereiche.

Die Analyse der Gespräche ergab, daß zwar die Maßstäbe für gute Versorgung nicht an das Geschlecht gebunden sind, Frauen fühlen sich jedoch im Vergleich zu Männern in der gesellschaftlichen Akzeptanz und Wertschätzung, in ihren Möglichkeiten zur Selbstsorge für Gesundheit und auch im System der Gesundheitsversorgung vielfach benachteiligt und erleben daher frauenzentrierte Ansätze als eine Stärkung ihrer eigenen Möglichkeiten, Gesundheit wiederherzustellen oder zu erhalten.

Generell wird ein Bedürfnis nach Information, Heilmethoden und Umgangsweisen zum Ausdruck gebracht, die die ganze Person ansprechen, wobei kontrovers diskutiert wurde, ob diese eher bei Frauen zu finden sind, oder ob ein männlicher Arzt ebenso für die Situation von Frauen ansprechbar sein kann. Vielfach schilderten die Teilnehmerinnen ihre Ansprüche vor dem Hintergrund von negativen Kontrasterfahrungen in der zuvor erfahrenen Versorgung: daß die Medizin nur die organische Erkrankung sieht und "den Körper repariert", aber mit komplexen Problemen oder mit Gefühlen und Ängsten überfordert ist; daß Frauen mit ihren Symptomen nicht ernstgenommen wurden, oder daß diese medikamentös unterdrückt werden sollten, daß Behandlung unter Zeitdruck geschieht und Information oft kursorisch oder unverständlich ausfällt, so daß keine echte eigene Entscheidungsfindung möglich ist; daß sie in ihrem Alltag als Mütter nicht wahrgenommen bzw. darauf keine Rücksicht genommen wird.

In der empirischen Erhebung hat sich als bedeutendes Problem herausgestellt, daß Frauen oft Entscheidungen über Operationen und andere invasive Behandlungenen treffen, ohne die Begründung für den ihnen angeratenen Eingriff verstanden und ohne die Folgewirkung ausreichend erfaßt zu haben. Besonders dann, wenn Angst vor Krebs im Spiel ist, werden Entscheidungen unter hohem, in der Sache meist nicht notwendigem Zeitdruck getroffen. Eine ruhige Besinnung, eine Beratung im Kreise des eigenen sozialen Netzes oder gar das Einholen einer zweiten Meinung kann so nicht stattfinden. Um so schwerwiegender sind die psychosozialen Belastungen nach der Behandlung, deren Aufarbeitung und Bewältigung Aufgabe der frauenzentrierten Versorgung wird.

Damit spiegelt sich in den Gruppengesprächen eine gesellschaftlich weithin artikulierte Kritik am Gesundheitswesen, die keineswegs neu ist, aber insofern neue Akzente enthält, als die gewünschten Veränderungen (mehr Zeit, mehr kommunikative Fähigkeiten, mehr Kompetenz in Psychosomatik, höhere Bewertung von Prävention, und Stärkung der Selbsthilfe) unter dem Aspekt der Gleichberechtigung gesehen werden. Nur so, das wäre ein Fazit aus den Gruppengesprächen, kommen geschlechtsspezifische Bedingungen von Krankheit und Heilung zum Tragen.

Deutlich wird schließlich, daß nicht wenige Frauen es als wohltuend, hilfreich oder sogar essentiell wichtig empfinden, mit bestimmten gesundheitlichen Problemen oder ihnen sehr nahe gehenden Krisen eine Versorgung durch Frauen zu erfahren. Die Wahlmöglichkeit in Beratung, Behandlung oder Therapie, sich einer Person des eigenen Geschlechts anvertrauen zu können, wird sowohl von Expertinnen wie auch von Nutzerinnen als ein legitimer Anspruch im Sinne von Patientinnenrechten vertreten.

2 Ausgewählte soziodemographische und sozioökonomische Indikatoren

Bedingungen der familiären Lage, Ausbildung, Beruf, finanzielle und Wohnsituation sind wichtige Rahmenbedingungen für die gesundheitliche Situation von Frauen. Aus ihnen resultieren Belastungen und Ressourcen, die für die Entstehung von Krankheiten und ihre Bewältigung von zentraler Bedeutung sind. In diesem Abschnitt werden deshalb die wichtigsten soziodemographischen und sozioökonomischen Indikatoren, die die Spezifik der Lebenssituation von Frauen erkennbar machen, dargestellt. Ein Bezug zur Gesundheit wird in diesem Abschnitt noch nicht hergestellt. Die Daten bilden aber eine unverzichtbare Grundlage für das Verständnis der folgenden, gesundheitsbezogenen Kapitel und werden deshalb diesem Bericht vorangestellt.

Die sozialen Lebenslagen von Frauen unterscheiden sich qualitativ und von der Häufigkeit ihrer spezifischen Ausprägungen her von denen der Männer. Merkmale der sozialen Lage wie Bildung, Ausbildung, Erwerbsbeteiligung und Einkommen werden beeinflußt und modifiziert durch geschlechtsspezifische Benachteiligungen, durch die unterschiedlichen geschlechtsspezifischen Folgen reproduktiver Phasen und durch die überwiegend weibliche Zuständigkeit für die Haus- und Familienarbeit. Im Lebensverlauf von Frauen sind Veränderungen der beruflichen und familiären Situation, der sozialen Lage also, besonders typisch. Das kann sich auf deren Gesundheit positiv oder negativ auswirken.

Kapitel 2 liefert die demographischen und sozialen Grundlagen für den gesamten Bericht. Im Abschnitt 2.1 werden demographische Strukturdaten zum Bevölkerungsaufbau Deutschlands dargestellt. In Abschnitt 2.2 wird die Situation von Frauen in Partnerschaft und Familie beschrieben. Abschnitt 2.3 focussiert Bildung/Qualifikation, Erwerbs- und Familienarbeit, die finanzielle Situation von Frauen und ihre Wohnsituation.

Die aufgezeigten Indikatoren haben unterschiedliche Bedeutung für die Gesundheit von Frauen. So beeinflußt das Bildungsniveau die Lebenschancen und die Lebensplanung in vielfacher Hinsicht. Es weist nicht nur Zusammenhänge zum Informationsstand in gesundheitlichen Fragen auf, sondern auch zum Gesundheitsverhalten, zum Gesundheitszustand und zum Alter der Frauen bei der Geburt des ersten Kindes - um nur einige beispielhaft zu nennen. Die Einkommensverhältnisse - insbesonders niedrige und ungenügende Einkommen, die mit ungünstigen äußeren und inneren Bedingungen verbunden sind - haben Auswirkungen auf die gesamte Lebenssituation: Auf die Versorgung mit adäquatem Wohnraum, auf die Teilnahme an gesellschaftlichen und kulturellen Aktivitäten und auf die Möglichkeiten zu gesundheitsförderlichen Lebensstilen.

Alle Kapitelabschnitte orientieren sich in der Auswahl der Indikatoren an dem frauenspezifischen Ansatz der Gesundheitsberichterstattung, welcher besagt, daß die Gesundheit von Frauen im Alltag entsteht, der Alltag von Frauen vielfach durch Familie und Beruf bestimmt ist und die Gesundheit und die Lebensbedingungen von Frauen nach sozialen Gruppen, nach Ost und West und im Lebenslauf differieren.

Die einzelnen Abschnitte fungieren für die späteren Kapitel in unterschiedlichem Maße als Grundlage. So liefert der Abschnitt Leben mit Kindern (2.2.4) demographische Eckdaten für das Kapitel 6, in welchem auf die Planung von Kindern, die Schwangerschaftsverhütung und andere Optionen heutiger Lebensgestaltung ausführlich eingegangen wird. Der Abschnitt Soziale Lage (2.3) und die hier getroffenen Aussagen zur

Erwerbs- und Familienarbeit sind inhaltlich eng verzahnt mit Kapitel 7, in welchem die gesundheitlichen Risiken und Ressourcen weiblicher Erwerbstätigkeit und Arbeitslosigkeit behandelt werden und die gesundheitlichen Aspekte der Vereinbarkeit von Familie und Beruf dargestellt werden. Für die Gruppe der Frauen im mittleren Lebensalter werden weitere demographische Daten ausführlich in Kapitel 8 dargestellt. Zudem gibt es immer wieder Schnittstellen innerhalb des Kapitels. So unterlegen die Daten zur Erwerbstätigkeit den im Abschnitt Leben mit Kindern festgestellten Zusammenhang zwischen der Kinderzahl oder dem Alter bei der Geburt des ersten Kindes und dem Erwerbsstatus.

Datenquellen

In Kapitel 2 werden vor allem Daten der amtlichen Statistik präsentiert. Die wichtigste Quelle dafür ist der Mikrozensus, der jährlich als Repräsentativerhebung zu unterschiedlichen Themen durchgeführt wird. Daneben werden zur wirtschaftlichen Situation der Haushalte Daten aus der in Fünf-Jahres-Abständen erhobenen Einkommens- und Verbrauchsstichprobe (EVS) und zur Wohnsituation Daten aus der 1 % Gebäude- und Wohnungsstichprobe berichtet.

Bei einigen Themen wird auf spezifische Surveys zurückgegriffen, so z. B. auf den DJI-Jugendsurvey bei weiblichen Lebensformen und auf den DJI-Familiensurvey bei der Frage des Zusammenhanges von schulischer/beruflicher Qualifikation und generativem Verhalten. Daten zu weiblichen Erwerbsverläufen sind dem sozioökonomischen Panel, solche zur geschlechtsspezifischen Arbeitsteilung im Haushalt der Zeitbudgeterhebung von 1991/92 entnommen. Bei einigen Themen wird mangels repräsentativer Daten auf Untersuchungen mit begrenzten Stichproben zurückgegriffen.

2.1 Demographische Strukturdaten

Am 31.12.1996 lebten in Deutschland rund 82.012.200 Mio. Menschen, davon waren 51,3 % Frauen. 7.342.800 Mio. Menschen in Deutschland hatten eine ausländische Staatsangehörigkeit (8,9 %).

Die Altersstruktur der Bevölkerung zeigt im zeitlichen Trend seit 1950 eine überproportionale Zunahme älterer Menschen. 1955 lag der Altenquotient (Zahl der 60jährigen und älteren bezogen auf je 100 der 20-59jährigen) bei 28,8; 1995 betrug er 35,8. Entsprechend verringerte sich der Jugendquotient (Altersgruppe der bis 19jährigen auf je 100 der Altersgruppe der 20-59jährigen) in den gleichen Jahren von 55,6 auf 37,3 (StBA 1997d: 28). 1950 betrug der Anteil der über 60jährigen Frauen an der Gesamtbevölkerung 15,2 %, bis 1996 war er auf 25,1 % gestiegen (StBA 1998b: 7). Die Alterung unserer Gesellschaft ist das Resultat der bisher stetig wachsenden Lebenserwartung und der Entwicklungen im reproduktiven Bereich (zur Lebenserwartung vgl. Kapitel 3.1).

Abbildung 2.1-1 zeigt den Bevölkerungsaufbau nach Geschlecht und Alter. Es werden die hohen und mit dem Alter zunehmenden Frauenanteile vor allem bei den 60jährigen und älteren deutlich. 1996 war jede vierte Person in Deutschland 60 Jahre alt oder älter und weiblich (StBA 1998b: 6).

Abbildung 2.1-1: Bevölkerung Deutschlands am 1.1.1995 nach Altersklassen und Geschlecht in Prozent

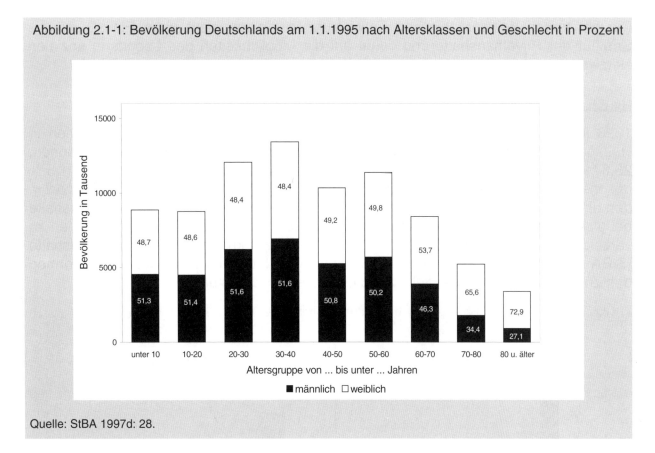

Quelle: StBA 1997d: 28.

Geburtenziffern

1996 wurden in Deutschland 796.031 Kinder geboren, das entspricht einer (rohen) Geburtenziffer von 9,6 auf 1.000 Einwohnerinnen und Einwohner. Die Geburtenziffer in den alten Bundesländern war mit 10,5 bedeutend höher als in den neuen mit 5,9 (StBA 1997d: 31).

Die Geburtenziffern sind in den alten Bundesländern zwischen 1960 und 1989 stark zurückgegangen (von 17,4 auf 11,1) und bewegen sich seitdem zwischen 10,3 und 11,5 (ebd.). Für den Rückgang werden zwei Gründe verantwortlich gemacht: Frauen bekommen weniger Kinder und weniger Frauen bekommen Kinder (Höpflinger 1991: 86). In der DDR war von 1960 bis 1989 ebenfalls ein Rückgang von 17,0 auf 12,0 zu verzeichnen, dem nach der Wende 1991 ein dramatischer Einbruch auf 6,8 mit Tiefstwerten von 5,1 in den Jahren 1993 und 1994 folgte (StBA 1997d: 31). Neben den besonderen sozialen Bedingungen der Wende beeinflußte auch der Rückgang der absoluten Zahl der Frauen im gebärfähigen Alter bzw. deren Migration in die westlichen Bundesländer die sinkenden Ziffern. Seit 1995 läßt sich in den neuen Bundesländern wieder ein moderater Anstieg der Neugeborenenzahlen feststellen.

Im europäischen Vergleich hat Deutschland eines der niedrigsten Geburtenniveaus. Unter Zugrundelegung der Daten von 1994 kamen in Deutschland und Italien auf 1.000 Personen 9,5 Lebendgeborene, nur Spanien hatte mit einer Geburtenziffer von 9,2 einen niedrigeren Wert. In Frankreich (12,3), den Niederlanden (12,7), Dänemark (13,4), Norwegen (13,9) und anderen europäischen Ländern lagen die Ziffern bedeutend höher (StBA 1997d: 29).

Die genannten demographischen Entwicklungen bleiben nicht ohne Einfluß auf die Struktur der Privathaushalte und damit auf die Möglichkeiten des Lebens in sozialen Netzwerken.

Haushaltsstrukturen

1996 lebten in Deutschland 55 % der in Privathaushalten wohnenden Menschen in Haushalten mit zwei Generationen, 2,1 % in solchen mit drei und mehr Generationen, 25,3 % in Paarhaushalten ohne Kinder, 16,1 % in Einpersonenhaushalten und 11,5 % in sonstigen Haushalten ohne Kinder (Engstler 1998: 20, 22). Im Zeittrend ist sowohl in den alten als auch in den neuen Bundesländern ein Anstieg der Einpersonenhaushalte bei gleichzeitiger Abnahme der Familienhaushalte mit zwei und mehr Generationen zu verzeichnen. Einpersonenhaushalte waren 1996 zu knapp 60 % Frauenhaushalte (StBA 1998b: 28) (die Haushaltsstrukturen werden unter der Perspektive der Formen des Zusammenlebens in Kapitel 2.2.2 differenzierter dargestellt).

Abbildung 2.1-2: Anteil der Bevölkerung in Privathaushalten 1972, 1991, 1996 in Prozent

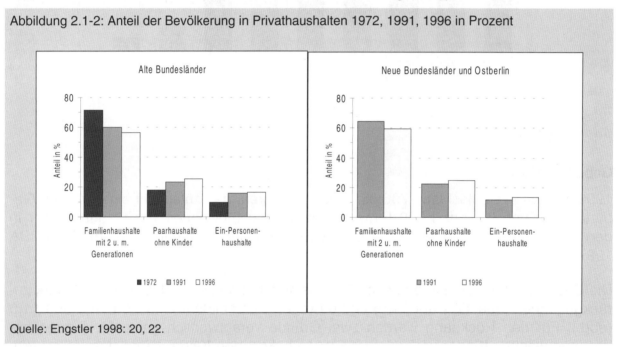

Quelle: Engstler 1998: 20, 22.

2.2 Partnerschaft und Familie

Viele Gesundheitsprobleme und -ressourcen von Frauen sind abhängig vom Familienstand, von Formen des Zusammenlebens und von der Kinderzahl. Diese Faktoren beeinflussen Aufgaben, Belastungen und deren Bewältigungsmöglichkeiten und wirken sich beispielsweise auf die psychosoziale Unterstützung und die sozialen Netze aus.

Scheidung und Trennung vom Partner sind für die Gesundheit wichtige Lebensereignisse, die sich wie auch das Alleinleben allgemein sowohl positiv als auch negativ auf Befinden und Gesundheit von Frauen auswirken können. Die Gruppe der alleinlebenden, verwitweten, älteren und alten Frauen ist quantitativ bedeutsam, ihre Lebensbedingungen finden ebenso Beachtung wie die der alleinerziehenden Frauen.

2.2.1 Heirats- und Scheidungsverhalten

Ehe als Form des Zusammenlebens

Die Heiratsneigung geht zurück. 1996 wurden in Deutschland 427.297 Ehen geschlossen, das sind 5,2 Eheschließungen auf 1.000 Einwohnerinnen und Einwohner (in den alten Bundesländern 5,6 Eheschließungen, in den neuen Bundesländern und Ost-Berlin 3,5 Eheschließungen) (StBA 1999; StBA 1998b: 15). Im Zeittrend ist eine Abnahme der Eheschließungen festzustellen. Der stärkste Rückgang fällt in die Zeit von 1950 bis 1970 (in der alten Bundesrepublik von 10,7 auf 7,3 pro 1.000 Personen, in der DDR von 11,7 auf 7,7). In den folgenden 20 Jahren bis 1990 verlangsamte sich der Trend (in der alten Bundesrepublik auf 6,6, in der DDR auf 6,3). Während sich in den alten Bundesländern die langsame Abnahme fortsetzte, halbierte sich die Heiratsziffer in den neuen Bundesländer zwischen 1990 und 1991. 1991 hatten dort mit 3,2 Eheschließungen auf 1.000 Personen nur halb so viele Paare geheiratet wie 1990. Dieser dramatische Rückgang wird als Reaktion der Bevölkerung auf die sich damals fundamental verändernden gesellschaftlichen Bedingungen und als Ausdruck ökonomisch bedingter Unsicherheit gewertet. Seit 1994 steigt die Zahl der Eheschließungen in den neuen Bundesländern wieder moderat an.

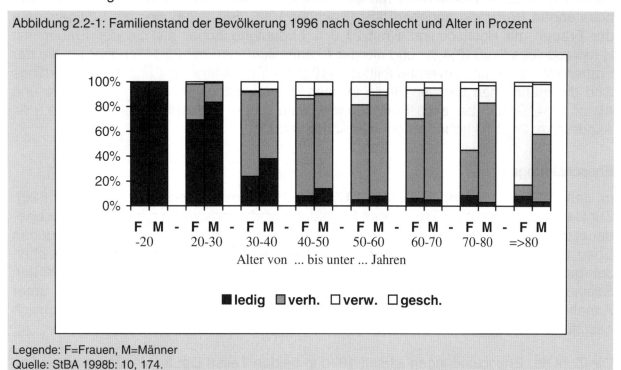

Abbildung 2.2-1: Familienstand der Bevölkerung 1996 nach Geschlecht und Alter in Prozent

Legende: F=Frauen, M=Männer
Quelle: StBA 1998b: 10, 174.

Die Ehe ist noch immer die häufigste Form des Zusammenlebens. 1996 waren in Deutschland 36,6 % der weiblichen Bevölkerung ledig, 45,1 % waren verheiratet, 5,4 % geschieden und 12,9 % verwitwet (StBA 1998b: 174). Bis zum Alter von 50 Jahren steigt die Quote der Verheirateten an, danach verringert sich der Anteil der verheirateten Frauen zugunsten der verwitweten. Der Rückgang der Verheiratetenanteile setzt bei den Männern erst in den Altersgruppen ab 70 Jahren und dann auch in geringerem Umfang ein. 79,5 % der Frauen ab 80 Jahren sind verwitwet, bei den Männern liegt der entsprechende Anteil mit 40,3 % um die Hälfte niedriger.

Was die zukünftige Entwicklung betrifft, so wird die geringere Heiratsneigung zu sichtbaren, aber keineswegs dramatischen Veränderungen in den Anteilen der Familienstände führen. Nach Schätzungen werden die 1960 geborenen westdeutschen Frauen zu 80,6 %, die ostdeutschen zu 90,5 % heiraten (Engstler 1998: 85).

Eheschließung und Bildung

1996 betrug das Alter lediger Frauen bei der Heirat in den alten Bundesländern 27,7 Jahre, in den neuen Bundesländern 26,7 Jahre (Sommer 1998: 234). 1980 heirateten die ledigen Frauen in jüngerem Alter: in den alten Ländern mit durchschnittlich 23,4 Jahren, in den neuen Ländern mit 21,8 Jahren (StBA 1995: 189). Seitdem ist ein kontinuierlicher Anstieg des Erstheiratsalters sowohl in den alten als auch in den neuen Bundesländern bei gleichbleibender Altersdifferenz zwischen den Geschlechtern zu verzeichnen (ebd.).

Die Entscheidung zur Ehe und das Eheschließungsalter sind in den alten Bundesländern bildungsabhängig. Anhand der Mikrozensus-Daten von 1996 wurden für die alten Bundesländer die bildungsspezifischen Ledigenquoten der 35-44jährigen Frauen und Männer errechnet, mit denen sich der Anteil der niemals oder sehr spät heiratenden Personen angeben läßt (Engstler 1998: 86). 1996 war die Ledigenquote der Frauen mit Hochschulreife mit 21,9 % bedeutend höher als die der Frauen mit Hauptschulabschluß (8,4 %) und die der Akademikerinnen mit 23,1 % höher als die der Frauen mit Lehre und Anlernausbildung (10,3 %). Für Männer gilt ähnliches, allerdings sind die männlichen Ledigenanteile in allen Bildungsstufen (Hauptschule 18,9 % und Abitur 26,4 %) und bei allen Berufsabschlüssen (Lehr- und Anlernausbildung 19,9 %, Akademiker 24,2 %) höher als die weiblichen (ebd.).

Ehescheidungen

Im Jahr 1996 wurden in Deutschland 175.550 Ehen geschieden (Hammes 1997: 826). Zur Darstellung zeitlicher Trends des Scheidungsverhaltens werden in der Statistik ehedauerspezifische Scheidungsziffern errechnet, die die im Berichtsjahr geschiedenen Ehen eines Eheschließungsjahrganges auf 10.000 geschlossene Ehen des gleichen Jahrganges beziehen. Die Addition dieser Ziffern zur zusammengefaßten Scheidungsziffer gibt an, wieviele Ehen (bis zu einer Dauer von 25 Jahren) unter Annahme der gegenwärtigen Verhältnisse im Laufe ihres Bestehens voraussichtlich geschieden werden.

Die Zahl der Ehescheidungen ist seit 1970 in beiden Teilen Deutschlands kontinuierlich gestiegen, allerdings mit deutlichen Niveauunterschieden. Während sich bis 1990 in der DDR deutlich mehr Paare scheiden ließen, gingen seither die Scheidungen stark zurück. Dieser Rückgang ist zum einen auf die Einführung des bundesdeutschen Eherechtes in den neuen Ländern zurückzuführen, das raschen Scheidungen entgegenwirkt (Verzögerungseffekt), zum anderen ist er eine Folge der ebenfalls stark gesunkenen Eheschließungszahlen (demographischer Effekt). Eine mögliche Erklärung bieten aber auch die krisenhaften Begleitumstände nach der Wende und das dadurch erhöhte Sicherheits- und Schutzbedürfnis der Frauen (Engstler 1998: 89). Bei einem Anhalten der aktuellen ehedauerspezifischen Scheidungsziffern ist damit zu rechnen, daß etwa 30 % der Ehen im Laufe der Zeit wieder geschieden werden (StBA 1997d: 37).

Tabelle 2.2-1: Ehescheidungen im Zeitverlauf in den alten und neuen Bundesländern (zusammengefaßte Scheidungsziffern)

Jahr	Alte Bundesländer[1]	Neue Bundesländer[2]
	Ehescheidungen je 100 Ehen	
1970	15,9	20,2
1980	22,7	32,0
1989	-	36,9
1990	29,2	-
1991	-	6,4
1994	33,7	18,1
1995	34,0	19,3
1996	35,3	21,4

1) ab 1995 einschl. Ost-Berlin
2) ab 1995 ohne Ost-Berlin

Quelle: Engstler 1998: 90.

Obwohl Trennung vom Partner oder Scheidung eine für Frauen starke gesundheitliche Belastung bedeuten kann und oftmals eine Veränderung von gesicherten finanziellen Verhältnissen in instabile Lebenslagen mit sich bringt, reichen mehr Frauen als Männer die Scheidung ein. In den alten Bundesländern war dies 1996 bei 60 % der Anträge, in den neuen Bundesländern bei 72 % der Fall (Hammes 1997: 832). Minderjährige Kinder waren 1996 in den alten Bundesländern (mit Ost-Berlin) bei 52,9 % der Scheidungen, in den neuen Bundesländern bei 69,4 % mitbetroffen. Die Kinder leben nach der Trennung in der überwiegenden Zahl der Fälle bei den Müttern (Hammes 1997: 832).

Die Bedeutung der rechtlichen Legitimierung des partnerschaftlichen Zusammenlebens zeigt die Tatsache, daß die Mehrzahl der geschiedenen Frauen erneut eine Ehe eingeht. Die "Wiederverheiratungsquote", die die Zahl der erneut heiratenden Personen auf die durchschnittliche Anzahl der Scheidungen der letzten fünf Jahre angibt, betrug 1995 in Deutschland bei den Frauen 60 % bei den Männern 55 % (Hammes 1996: 776).

2.2.2 Formen des Zusammenlebens

Die Verteilung und Entwicklung der Familienstände und der Haushaltsstrukturen gewähren wichtige Einblicke in die von Menschen präferierten und sozial akzeptierten Formen des Zusammenlebens. In diesem Abschnitt soll durch eine lebensphasenorientierte Betrachtung und eine über die genannten Zuordnungen hinausgehende Akzentuierung die Beschreibung privater Lebensformen fortgeführt und den unterschiedlichsten Lebensweisen von Frauen Beachtung geschenkt werden.

Nach dem DJI-Jugendsurvey (Hoffmann-Lange 1995: 25ff.) gehen der Eheschließung oft unterschiedliche Lebensgemeinschaften voraus, bei denen es sich vielfach um Übergangsformen auf dem Weg zur Ehe handelt. Nichteheliche Lebensgemeinschaften, Einelternfamilien und Gemeinschaften mit anderen existieren jedoch auch als auf

Dauer angelegte Lebensformen. Die Gesamtbetrachtung (vgl. Abbildung 2.2-2) zeigt jedoch, daß die dominierende Lebensform der erwachsenen Frauen nach wie vor die Ehe ist. 57,4 % der Frauen sind verheiratet. In nichtehelichen Lebensgemeinschaften leben 5,5 %, ebenso viele sind Alleinerziehende. 22,5 % der Frauen leben alleine.

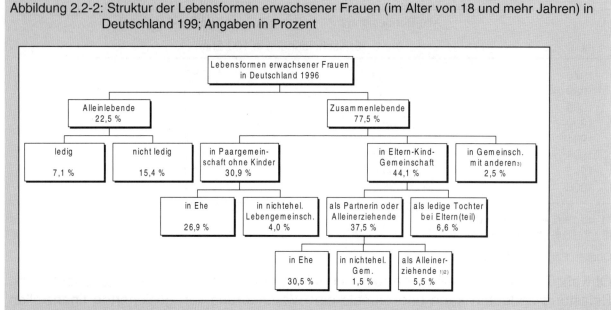

Abbildung 2.2-2: Struktur der Lebensformen erwachsener Frauen (im Alter von 18 und mehr Jahren) in Deutschland 199; Angaben in Prozent

1) Schätzung
2) Ohne Lebenspartner im Haushalt
3) in sonstiger Gemeinschaft mit verwandten oder nicht verwandten Personen

Quelle: Engstler 1998: 24.

Schaubild modifiziert nach Niemeyer/Voit 1995: 438.

Lebensformen im Lebenslauf

Beide Geschlechter partizipieren an den verschiedenen Formen des Zusammenlebens lebenslaufspezifisch unterschiedlich. Frauen verlassen früher als Männer das Elternhaus (von den 18-24jährigen wohnten 1996 54,3 % der Frauen versus 73,4 % der Männer noch im elterlichen Haushalt) und gehen in jüngerem Alter Partnerschaften und Ehen ein. Im höherem Alter leben sie jedoch meist aufgrund von Verwitwung häufiger als Männer alleine (Engstler 1998: 24; vgl. auch Abschnitt Alleinlebende). Im einzelnen lassen sich für den weiblichen Lebenslauf die folgenden charakteristischen Phasen festhalten:

Im Alter von 18-24 Jahren wohnte 1996 die Mehrzahl der Frauen noch im elterlichen Haushalt, 14,8 % lebten alleine, der Anteil der Verheirateten betrug in dieser Altersgruppe nur 14,8 %, der in nichtehelichen Lebensgemeinschaften 12 %. Die 25-29jährigen Frauen waren bereits zu 47 % verheiratet, 33,7 % der Ehen hatten Kinder. In dieser Altersgruppe waren die höchsten Anteile an alleinlebenden Ledigen (17,3 %) und an nicht-ehelichen Lebensgemeinschaften (15,9 %) zu verzeichnen. Bei den 30-34jährigen Frauen dominiert die Ehe als Lebensform: 67,3 % der Frauen waren verheiratet, 57,0 % hatten Kinder. Entsprechend sanken in dieser Altersgruppe die Anteile der Alleinlebenden auf 11,4 % und der in nichtehelichen Gemeinschaften lebenden auf 9,1 % (ebd.).

Die Dominanz der Ehe ist noch ausgeprägter bei den 35-44jährigen Frauen (75,7 %). Die Anteile der Alleinlebenden (7,7 %) und der nichtehelichen Lebensformen (5,2 %) sind stark gesunken. Ab dem Alter von 45 Jahren steigt die Zahl der ohne Kinder lebenden Ehepaare kontinuierlich in dem Maße an, wie die Kinder den Haushalt verlassen. Sie erreichte bei den 55-64jährigen schon 55,6 %. Der Anteil der Alleinlebenden bei den 55-64jährigen betrug bereits 19,4 % und erhöhte sich bei den 65jährigen und älteren auf 52,3 % (ebd.).

Nach Mikrozensus-Daten von 1993 (vgl. Tabelle 2.2-2) lassen sich in fast allen Altersstufen Unterschiede zwischen den alten und den neuen Bundesländern finden:

- 18 – 24jährige Frauen wohnten in den alten Bundesländern häufiger noch bei ihren Eltern als in den neuen Bundesländern; dort hatten auch mehr Frauen dieser Altersgruppe bereits Kinder.

- Auch bei den 25 – 34jährigen und den 35 – 44jährigen gab es in den neuen Bundesländern mehr verheiratete und alleinerziehende Mütter als in den alten; dort lag demgegenüber der Anteil Alleinlebender deutlich höher.

- Bedingt durch den späteren Beginn der Familiengründungsphase lebten bei den 45 – 65jährigen Frauen in den alten Bundesländern noch mehr verheiratete Frauen in Haushalten mit Kindern als in den neuen Ländern.

Zusammengefaßt zeigt der Ost-West-Vergleich altersspezifische Unterschiede der Lebensphasen der Frauen. Die markantesten sind: der in den alten Bundesländern längere Verbleib der ledigen Frauen im elterlichen Haushalt mit anschließend häufigerem Wechsel in Einpersonenhaushalte, der in den neuen Bundesländern höhere Anteil von in nicht-ehelichen Lebensgemeinschaften lebenden Frauen, die in den neuen Bundesländern trotz der starken Veränderungen seit der Wende immer noch frühere Eheschließung und Familiengründung und damit korrespondierend der frühere Beginn der nachelterlichen Phase.

Tabelle 2.2-2: Frauen im Alter von 18 und mehr Jahren nach Altersgruppen und Lebensformen[1] - Mikrozensus April 1993

Alter der Frauen von ... bis unter ... Jahren	Insgesamt	Alleinlebende		Alleinerziehende ohne Partner[2]	Davon mit einem Partner				ledige Kinder bei Eltern/-teil	sonstige Personen[3]
					Verheiratet zusammenlebend		in nichtehelicher Lebensgemeinschaft zusammenlebend[2]			
		ledig	nicht ledig		ohne Kinder	mit Kindern	ohne Kinder	mit Kindern		
	1.000				in %					
Alte Bundesländer										
18 - 25	2.833	13,3	0,4	1,9	7,3	10,3	9,2	0,9	55,0	1,7
25 - 35	5.263	13,6	1,6	5,4	13,4	47,1	7,5	1,9	8,2	1,2
35 - 45	4.558	5,0	3,2	7,9	12,0	65,8	2,3	1,7	1,4	0,7
45 - 55	4.402	3,0	7,5	6,3	33,2	45,6	2,0	0,6	0,6	1,1
55 - 65	4.039	3,8	14,5	5,0	51,8	20,6	1,6	0,2	0,5	2,1
65 u. mehr	6.377	6,0	47,2	3,8	31,6	2,9	1,1	0,0	0,1	7,3
Insgesamt	27.472	7,2	15,2	5,2	25,6	32,0	3,6	0,9	7,7	2,7
Neue Bundesländer und Ost-Berlin										
18 - 25	600	8,6	0,3	5,4	4,4	12,8	10,9	7,3	49,9	0,5
25 - 35	1.192	4,4	0,6	10,9	5,1	65,0	2,6	8,0	3,2	0,3
35 - 45	1.140	1,6	1,6	11,0	7,8	71,6	1,3	3,9	1,1	0,4
45 - 55	1.049	2,0	7,8	6,1	47,2	32,5	2,2	0,8	0,5	0,8
55 - 65	1.054	3,9	17,5	3,8	59,3	11,2	1,9	0,3	0,4	1,6
65 u. mehr	1.407	5,4	51,6	3,6	30,0	1,7	1,0	0,0	0,1	6,6
Insgesamt	6.442	4,0	15,8	6,9	26,7	33,4	2,6	3,0	5,6	2,0

1) Bevölkerung am Familienwohnsitz
2) Schätzung aus Ergebnissen des Mikrozensus
3) Dazu zählen Personen, die in sonstiger Gemeinschaft mit Verwandten oder nicht verwandten Personen leben

Quelle: Niemeyer/Voit 1995: 402* Anhang (modifizierte Fassung).

Alleinlebende

1996 lebten in Deutschland 13,2 Mio. Menschen alleine, 60 % davon waren Frauen (StBA 1998b: 28; Engstler 1998: 70). Die Häufigkeit und die Bedeutung des Alleinlebens variieren mit Alter, Familienstand und Geschlecht.

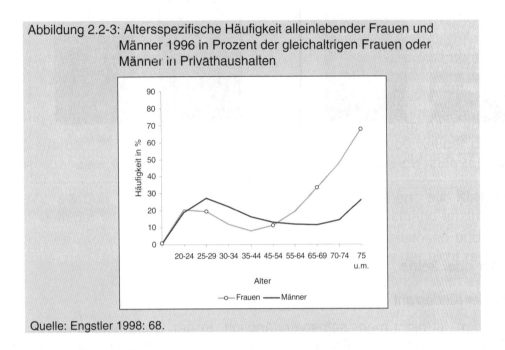

Abbildung 2.2-3: Altersspezifische Häufigkeit alleinlebender Frauen und Männer 1996 in Prozent der gleichaltrigen Frauen oder Männer in Privathaushalten

Quelle: Engstler 1998: 68.

Während in jüngerem und mittlerem Alter Frauen seltener als Männer alleine leben, kehrt sich dieses Verhältnis aufgrund der beschriebenen Entwicklungen in den Familienständen ab etwa dem 55. Lebensjahr um. Im Alter zwischen 65 und 69 Jahren lebten 1996 bereits etwas mehr als ein Drittel der Frauen, aber nur 11,4 % der Männer allein. Ab dem 75. Lebensjahr wohnten 67,7 % der Frauen, jedoch nur 26,1 % der gleichaltrigen Männer in Einpersonenhaushalten (Engstler 1998: 67). Die Kombination der beiden demographischen Merkmale Alter und Familienstand vervollständigt das Bild der unterschiedlichen Lebenssituationen alleinlebender Frauen und Männer. 49,5 % der alleinlebenden Frauen waren 1996 verwitwet und älter als 55 Jahre; diese Kombination traf nur für 13,4 % der Männer zu. 36,9 % der alleinlebenden Männer waren ledig und unter 35 Jahren; diese Kombination traf nur auf 18,0 % der Frauen zu (Engstler 1998: 70).

Unterschiede zwischen den alten und den neuen Bundesländern existieren im Hinblick auf den Familienstand der alleinlebenden Frauen. Im Westen waren 1996 größere Anteile ledig (34,4 % versus 22,9 %) und verheiratet getrennt lebend (3,7 % versus 2,1 %) als im Osten, während in den neuen Bundesländern die Anteile der geschiedenen mit 17,1 % (versus 12,3 %) und der verwitweten mit 58,0 % (versus 49,6 %) höher lagen (ebd.: 70).

Abbildung 2.2-4: Alter und Familienstand der Alleinlebenden in Deutschland 1996 in Prozent

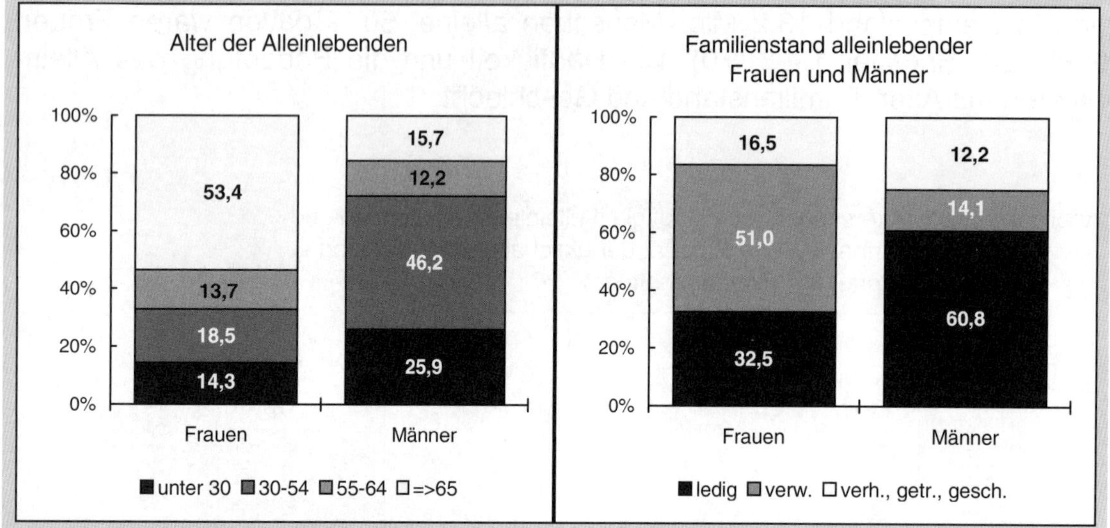

Alter der Alleinlebenden

Frauen: unter 30: 14,3; 30-54: 18,5; 55-64: 13,7; =>65: 53,4
Männer: unter 30: 25,9; 30-54: 46,2; 55-64: 12,2; =>65: 15,7

Familienstand alleinlebender Frauen und Männer

Frauen: ledig: 32,5; verw.: 51,0; verh., getr., gesch.: 16,5
Männer: ledig: 60,8; verw.: 14,1; verh., getr., gesch.: 12,2

Quelle: Engstler 1998: 70.

2.2.3 Kinder oder keine

Entwicklung der Kinderzahl

Kinder zu haben, ist nicht mehr selbstverständlich. In der Geburtskohorte 1960 waren im Jahr 1998 noch 23,3 % aller Frauen kinderlos. Nach Schätzungen wird die Zahl der Kinderlosen weiter zunehmen. Für die Geburtskohorte von 1965 wird ein Anstieg auf 32,1 % vorausgesagt (Dorbritz/Schwarz 1996: 234).

Tabelle 2.2-3: Frauen der Geburtsjahrgänge 1940-1960 in den alten und den neuen Bundesländern nach Zahl der Lebendgeborenen

Geburts-jahrgang	Alte Bundesländer				Neue Bundesländer			
	Zahl der Lebendgeborenen				Zahl der Lebendgeborenen			
	0	1	2	3+	0	1	2	3+
	in %				in %			
1940	10,1	23,6	39,4	27,0	8,9	33,2	47,4	10,5
1945	13,3	26,9	39,4	20,4	8,5	33,0	47,7	10,8
1950	14,9	27,2	39,5	18,5	8,0	29,3	49,6	13,1
1955	19,4	24,3	38,5	17,8	6,0	25,7	53,7	14,6
1960	23,2	21,6	37,4	17,8	10,6	20,6	54,0	14,8

Quelle: Dorbritz/Schwarz 1996: 234.

Die Frauen, die sich für die Mutterschaft entscheiden, favorisieren nach wie vor ein Familienmodell mit zwei Kindern. So waren in allen Geburtskohorten von 1940 bis 1960 zwei Kinder die häufigste Familiengröße, sowohl in den alten (37,4 % bis 39,4 %) wie auch in den neuen Bundesländern (47,4 bis 54 %). Ähnlich verhält es sich mit der Einkindfamilie. Sie hält im Zeittrend betrachtet ihr Niveau, nur in den neuen Bundesländern scheint ihre Attraktivität etwas gesunken zu sein. Deutlich reduziert haben sich die Mehrkindfamilien in den alten Bundesländern. Während in der Kohorte von 1940 noch 27 % der Frauen drei und mehr Kinder hatten, waren es bei den 1960 Geborenen nur noch 17,8 %. In den neuen Ländern stieg jedoch der entsprechende Anteil bei den genannten Geburtsjahrgängen von 10,5 % auf 14,8 %.

Neben partnerschaftlichen Bedingungen spielt auch die Höhe der beruflichen Qualifikation bei der Frage "Kinder oder keine" eine Rolle. Nach einer Mikrozensus Auswertung wiesen 1996 bei den 35-39jährigen Frauen in den alten Bundesländern die Hochschulabsolventinnen mit 39,9 % den höchsten Anteil an Kinderlosen auf, wohingegen der entsprechende Anteil bei den Frauen mit Lehr- oder Anlernausbildung 23,4 % betrug (Engstler 1998: 106). Es kann angenommen werden, daß Probleme der Vereinbarkeit von beruflicher Karriere und Kindererziehung die Entscheidung gegen eine Mutterschaft bewirken. Bei Frauen in den neuen Bundesländern besteht bei generell bedeutend niedrigen Anteilen von Kinderlosen (Frauen mit Hochschulausbildung der gleichen Altersgruppen waren nur zu 9,3 % kinderlos, solche mit Lehr- oder Anlernausbildung zu 8,2 %) kein wesentlicher Unterschied zwischen den beiden Qualifikationsgruppen (ebd.).

Alter bei der ersten Geburt

Das Durchschnittsalter der Erstgebärenden steigt. 1996 waren verheiratete Mütter bei der Geburt ihres ersten Kindes durchschnittlich 28,3 Jahre alt (in den alten Bundesländern 28,4 Jahre; in den neuen 27,3 Jahre). Im Zeittrend zeigt sich in beiden Regionen ein Hinausschieben der ersten Elternschaft ins höhere Alter. Diese Tendenz hat sich in den neuen Ländern seit der Wende beschleunigt.

Tabelle 2.2-4: Durchschnittliches Alter der Frauen bei der Geburt ihres ersten Kindes

	Kalenderjahr					
	1960	1970	1980	1989	1991	1996
	Durchschnittsalter in Jahren					
	Deutschland					
verh. Frauen, erstes Kind der Ehe[1]	-	-	-	-	26,9	28,3
Frauen, die unverh. ein Kind bekommen	-	-	-	-	25,4	27,0
	Alte Bundesländer					
verh. Frauen, erstes Kind der Ehe[1]	25,0	24,3	25,2	26,8	27,1	28,4
Frauen, die unverh. ein Kind bekommen	23,9	23,4	23,5	25,1	26,4	27,5
	Neue Bundesländer					
verh. Frauen, erstes Kind der Ehe[1]	-	23,9	22,7	23,8	24,9	27,3
Frauen, die unverh. ein Kind bekommen	23,0	23,1	22,1	23,7	23,7	25,8

1) ohne Ehepaare, deren erstes gemeinsames Kind vorehelich geboren wurde

Quelle: Engstler 1998: 100.

Das zunehmend höhere Durchschnittsalter der Mütter bei der Geburt des ersten Kindes ist nicht zuletzt dadurch bedingt, daß die Zahl der Erstgebärenden, die 30 Jahre oder älter sind, zunimmt. 1970 waren in den alten Bundesländern 15,8 % der ehelich

Erstgeborenen von Müttern dieser Altersgruppe, 1992 betrug dieser Anteil 29,2 % (in den neuen Ländern und Ost-Berlin lag er 1992 bei 14,3 %; StBA 1995: 105). Das Alter der Frauen bei der Geburt des ersten Kindes differiert familienstandsspezifisch: Ledige Frauen sind bei der Geburt ihres ersten Kindes jünger als verheiratete, wobei auch bei dieser Gruppe im Zeittrend das Gebäralter steigt. Minderjährige Mütter stellen nur eine kleine Gruppe dar. 1996 hatten lediglich 0,6 % der Lebendgeborenen eine unter 18jährige Mutter (StBA 1998b: 21).

Daten des DJI-Familiensurveys belegen Zusammenhänge zwischen schulischer und beruflicher Qualifikation und Alter der Erstgebärenden.

Tabelle 2.2-5: Alter befragter Frauen ausgewählter Geburtsjahrgänge bei der Geburt des ersten Kindes nach Schulabschluß in den alten und neuen Bundesländern nach 1994

Schulabschlüsse	Alter bei der Geburt des ersten Kindes in Jahren (Median)			
	Geburtsjahrgänge			
	1944-46	1954-56	1944-46	1954-56
	Alte Bundesländer		Neue Bundesländer u. Ost-Berlin	
ohne Abschluß/Volksschule	23	25	23	21
Mittlere Reife	29	27	22	23
Fach-, Abitur	27	30	26	24

Quelle: Bien 1996: 126, modifizierte Fassung.

Je höher die Schulbildung, um so höher ist das Alter der Frauen bei der Geburt des ersten Kindes. Die Altersunterschiede zwischen den einzelnen Bildungsgruppen sind in den alten Bundesländern größer und streuen breiter als in den neuen. Frauen mit Fachabitur oder Abitur bekommen in den alten Ländern ihr erstes Kind im Lebensverlauf vier bis fünf Jahre später als Frauen ohne oder mit Volksschulabschluß. In den neuen Bundesländern beträgt der Altersabstand bei diesen beiden Bildungsgruppen drei Jahre. Daten des DJI-Familiensurveys zeigen weiterhin, daß im Hinblick auf die Berufsausbildung das genannte Muster ebenfalls erkennbar ist. Die bei der ersten Geburt älteren Mütter haben sowohl in den alten als auch in den neuen Bundesländern eine qualifiziertere Berufsausbildung als die jüngeren.

2.2.4 Leben mit Kindern

Eheliche und nichteheliche Lebensformen mit Kindern

1996 gab es in Deutschland 9.446.000 Familien mit Kindern unter 18 Jahren. Der überwiegende Teil der Familien mit minderjährigen Kindern sind Ehepaarfamilien. Alleinerziehende machten 1996 14,1 % aus, nichteheliche Lebensgemeinschaften 4,7 %. Die alten und die neuen Bundesländer unterscheiden sich im Hinblick auf die Häufigkeit der einzelnen Familientypen: Nichteheliche Lebensgemeinschaften und Alleinerziehende stellen in den neuen Ländern einen größeren Anteil am Gesamt der Familien mit minderjährigen Kindern als in den alten.

Tabelle 2.2-6: Familien mit Kindern unter 18 Jahren nach Familientyp und Zahl der minderjährigen Kindern 1996

Familientyp	Insgesamt in %	davon mit ... minderj. Kind(ern)[3]		
		1	2	•3
		in %		
	Deutschland			
Ehepaare	81,2	46,4	40,6	13,0
Nichteheliche Lebensgemeinschaften[1]	4,7	67,6	25,1	7,3
Alleinerziehende[2]	14,1	67,5	25,9	6,6
Insgesamt	100,0	50,3	37,8	11,9
	Alte Bundesländer			
Ehepaare	83,6	45,2	40,5	14,2
Nichteheliche Lebensgemeinschaften[1]	3,2	69,8	22,8	7,4
Alleinerziehende[2]	13,2	66,6	26,5	7,0
Insgesamt	100,0	48,8	38,1	13,1
	Neue Bundesländer u. Ost-Berlin			
Ehepaare	72,5	51,2	40,9	7,9
Nichteheliche Lebensgemeinschaften[1]	10,3	65,0	27,7	7,4
Alleinerziehende[2]	17,2	70,0	24,3	5,7
Insgesamt	100,0	55,9	36,7	7,5

1) Zwei nicht miteinander verheiratete oder verwandte Personen unterschiedlichen Geschlechts mit ledigen Kindern, aber ohne weitere Personen im Haushalt (einschl. Paare, bei denen beide Partner jeweils eigene Kinder im Haushalt haben); Schätzungen aus Ergebnissen des Mikrozensus
2) Ohne Lebenspartner im Haushalt; Schätzung
3) Im Haushalt der Eltern(teile) lebende ledige Kinder unter 18 Jahren

Quelle: Engstler 1998: 52.

Nach Familienstand differenziert waren 1996 in Deutschland 83,9 % der Mütter minderjähriger Kinder verheiratet, 6,0 % geschieden, 4,2 % ledig, 2,3 % verheiratet getrennt lebend und 1,2 % verwitwet. In den neuen Ländern sind mehr Mütter ledig (8,9 % versus 3,0 %) und geschieden (9,3 % versus 5,2 %) als in den alten (Engstler 1998: 39). Im Hinblick auf die Kinderzahl zeigt sich, daß Ehepaare sowohl in den alten als auch in den neuen Bundesländern mehr Kinder haben als Alleinerziehende und in nichtehelichen Gemeinschaften Lebende.

1996 stammten 17,0 % der in Deutschland geborenen Kinder aus nichtehelichen Beziehungen. Die Nichtehelichenquote stieg seit 1970 in beiden Landesteilen an - in den alten Bundesländern von 5,5 % im Jahr 1970 auf 13,7 % im Jahr 1996, in den neuen Bundesländern von 13,3 % auf 42,4 %. Hier liegt im Hinblick auf das generative Verhalten einer der wesentlichsten Unterschiede zwischen Ost und West. Im europäischen Vergleich gehören die neuen Bundesländer zu den Regionen mit einer überdurchschnittlich hohen Nichtehelichenquote (wie Frankreich, Großbritannien, Österreich und die skandinavischen Länder), die alten Bundesländer zu denen mit einer ausgesprochen geringen Quote (wie Südeuropa und die Schweiz) (Engstler 1998: 98).

Eine nichteheliche Geburt bedeutet nicht, daß das Kind auf Dauer nur mit der Mutter aufwächst. Aus den in der DDR bis 1989 geführten Heiratsstatistiken geht hervor, daß bei 4 von 10 nichtehelich geborenen Kindern innerhalb ihrer ersten drei Lebensjahre die Eltern heirateten (Statistisches Amt der DDR 1990: 5). Für die alten Bundesländer gibt es Schätzungen, wonach zwei Drittel der zunächst ledigen Mütter heiraten (Engstler 1998: 98).

Alleinerziehende

In manchen Statistiken (z. B. StBA 1998b: 33) werden Mütter in nichtehelichen Lebensgemeinschaften der Kategorie 'Alleinerziehende' zugeordnet. Dies scheint jedoch im Hinblick auf die unterschiedliche Lebenssituation der Frauen, die allein ihr Kind großziehen und denen, die dies gemeinsam mit einem Partner tun, nicht sinnvoll. Als Alleinerziehende werden daher im folgenden Mütter und Väter definiert, die mit mindestens einem noch ledigen Kind unter 27 Jahren jedoch ohne eine weitere erwachsene Person im gemeinsamen Haushalt leben. Die Grenze von 27 Jahren wird vom Statistischen Bundesamt gewählt, da sie das Höchstalter der Kindergeldberechtigung für Auszubildende und Studierende angibt (Engstler 1998: 54).

Nach dieser engen Definition gab es im Jahr 1996 in Deutschland 1,64 Mio. Alleinerziehende. Davon waren 85,5 % Frauen (in den alten Bundesländern waren etwa 1.049.000 Mütter alleinerziehend, in den neuen Ländern ca. 354.000) (ebd.: 57). Nach - jedoch auch die Alleinerziehenden in nichtehelichen Partnerschaften einschließenden – Daten des Mikrozensus hatten ca. die Hälfte von ihnen Kinder im Alter von unter 10 Jahren, ca. 30 % solche im Alter von 10-17 Jahren und ca. 20 % lebten mit 18-26jährigen Kindern zusammen (StBA Mikrozensusdaten 1996, schriftliche Mitteilung – eigene Berechnungen). Insgesamt ist der Anteil Alleinerziehender bei den Müttern in den neuen Ländern höher als in den alten auch die Familienstandsverteilung der alleinerziehenden Mütter ist in Ost und West unterschiedlich.

Tabelle 2.2-7: Familienstand alleinerziehender Mütter in den alten und neuen Bundesländern 1996

Familienstand	Alleinerziehende Mütter	
	Alte Bundesländer	Neue Bundesländer
	in %	
Ledig	20,4	30,2
verheiratet-getrennt/ geschieden	61,6	56,8
Verwitwet	18,0	13,0
Insgesamt	100,0	100,0

Quelle: Engstler 1998: 57.

Der größte Teil der alleinerziehenden Frauen ist sowohl in den alten als auch in den neuen Bundesländern geschieden oder verheiratet getrennt lebend. Mutter-Kind-Familien sind damit die häufigste Lebensform nach dem Scheitern einer Ehe. In den neuen Bundesländern sind mit 30,2 % mehr Alleinerziehende ledig als in den alten mit 20,4 %. Der Anstieg der Ehescheidungen und der nichtehelichen Geburten läßt erwarten, daß die Zahl der Alleinerziehenden zunimmt bzw. die Gründe für das Alleinerziehen sich verschieben. 1970 waren in den alten Bundesländern drei Fünftel der alleinerziehenden Frauen verwitwet, 1996 hatten nur noch ein Fünftel diesen Familienstand (Engstler 1998: 55; zur Erwerbsquote alleinerziehender Frauen und zu ihrer Einkommenssituation vgl. Kapitel 2.3.2 und Kapitel 2.3.4).

Vereinbarung von Familie und Beruf

Die Hauptverantwortlichkeit der Mütter für die Erziehung ist gesellschaftlich normiert, gleichzeitig besteht ein Mangel an öffentlichen Betreuungseinrichtungen insbesonders für Säuglinge und Kleinkinder, und die Unterrichtszeiten an öffentlichen Schulen erschweren den Müttern eine Erwerbstätigkeit. Die Aufgabe oder zeitweilige Unterbrechung der eigenen Berufstätigkeit zugunsten der Kinderbetreuung wird daher als Lösung der Vereinbarkeitsproblematik in den alten Bundesländern vielfach praktiziert. Aus einer Panelerhebung bei 1.500 jungen Ehepaaren aus den alten Bundesländern, die nach der Heirat im Verlauf von vier Jahren dreimal befragt wurden (1988, 1990 und 1992), geht hervor, daß die Berufskarrieren der Väter unabhängig von der Elternschaft verlaufen, während bei den Frauen die Geburt eines Kindes der Beginn ihrer diskontinuierlichen Entwicklung ist (Schneewind et al. 1994: 137). Unterbrechungen der Erwerbstätigkeit von Frauen in Abhängigkeit von familiären Konstellationen wurden auch im Rahmen des Projektes 'Lebensverläufe und Wohlfahrtsentwicklung' festgestellt (Lauterbach 1994). In der DDR kam bei der gesellschaftlichen Erwartung mütterlicher Erwerbstätigkeit und bei einem flächendeckenden Netz von Kinderbetreuungseinrichtungen eine längerfristige Berufsunterbrechung wegen Mutterschaft kaum vor.

Anhand der repräsentativen Daten des sozioökonomischen Panels (SOEP) analysierten Kirner/Schulz (1992) für 2.336 Mütter der Geburtsjahrgänge 1900-1968 in den alten Bundesländern, die kontinuierlich an den ersten sechs Wellen des SOEP (1984-1989) teilgenommen hatten, die Erwerbsverläufe bis zum 45. Lebensjahr. Im Vergleich der Geburtsjahrgänge 1900-1919 mit denen 1940-1949 stieg der Anteil der nach einer Erwerbsunterbrechung in den Beruf zurückkehrenden Mütter von 32 % auf 55 % (ebd.: 38). Die nach einer Familienpause wieder Erwerbstätigen nahmen zu 61,1 % eine Teilzeitbeschäftigung auf, wobei Frauen mit einem Kind häufiger in eine Vollzeitbeschäftigung zurückkehrten als die mit zwei und mehr Kindern (ebd.: 45). Im Hinblick auf die Berufsqualifikation haben ohne Unterbrechung berufstätige Mütter häufiger einen Fachhochschul- oder Hochschulabschluß als die Berufsrückkehrerinnen und die Hausfrauen. Bei den Rückkehrerinnen herrschen mittlere Berufsqualifikationen vor, die Hausfrauen haben überdurchschnittlich häufig keine Berufsausbildung (ebd.: 48-50). Die von Kirner/Schulz analysierten Daten erlauben Hochrechnungen auf die Erwerbsverläufe von 13,7 Mio. westdeutscher Mütter bis zum 45. Lebensjahr. Von diesen waren 5,7 Mio. Hausfrauen, die entweder nie erwerbstätig waren oder nach einer Erwerbsphase ihre Berufstätigkeit aufgegeben haben, 2,3 Mio. waren kontinuierlich erwerbstätig und 5,6 Mio. kehrten nach einer oder – wenn auch seltener – mehreren Unterbrechungen in den Beruf zurück (ebd.: 40).

Eine familienpolitische Maßnahme zur Vereinbarung von Beruf und Kinderbetreuung ist der Erziehungsurlaub, der in den alten Bundesländern seit 1986 (die Regelungen gelten seit der Wende auch für die neuen Bundesländer) sowohl Müttern als auch Vätern die Möglichkeit bietet, nach der Geburt eines Kindes für die Dauer von höchstens drei Jahren die Erwerbstätigkeit zu unterbrechen. In diesem Zeitraum können beide Elternteile in dreimaligem Wechsel Erziehungsurlaub nehmen. Während des Erziehungsurlaubes besteht weitgehender Kündigungsschutz.*

Nach den gesetzlichen Regelungen zum Erziehungsurlaub in der DDR wurde ab 1986 ein bezahltes Babyjahr beim ersten und zweiten Kind für 12 Monate gewährt, ab dem dritten Kind für 18 Monate. Außer der Mutter konnten auch Väter und Großmütter diesen Urlaub in Anspruch nehmen, was jedoch selten geschah.

1994 waren 412.699 abhängig Beschäftigte in Erziehungsurlaub, davon waren nur 1,5 % Väter (StBA 1997d: 216). Die Nutzung des Erziehungsurlaubes ist in Deutschland mit ca. 96 % (1994) der Anspruchsberechtigten sehr hoch. Alleinerziehende nehmen den Urlaub ebenso häufig in Anspruch wie Verheiratete (BMFJ 1992: 69).

Den Auswirkungen des Erziehungsurlaubes auf die Erwerbsbiographien von Frauen ist nach Schiersmann (1995: 106) bisher wenig Beachtung geschenkt worden. So werden in Deutschland die nach einem Erziehungsurlaub wieder ins Berufsleben Eintretenden nicht statistisch erfaßt (ebd.: 107). Das Institut für Arbeitsmarkt und Berufsforschung (IAB) führte 1995 eine repräsentative Befragung von west- und ostdeutschen Frauen durch, die zwischen 1990 und 1992 in Erziehungsurlaub gegangen waren (IAB-Kurzbericht 1997). Im Hinblick auf die Situation von Müttern nach Inanspruchnahme des Erziehungsurlaubes gibt es unterschiedliche Tendenzen in Ost und West. Frauen in den neuen Bundesländern waren nach Ablauf des Erziehungsurlaubes, den sie für kürzere Zeit als westdeutsche Frauen in Anspruch nahmen, zu 60 % wieder erwerbstätig, während dies bei Frauen in den alten Bundesländern nur zu 48 % der Fall war.

Insgesamt zeigen die Ergebnisse der IAB-Studie, daß die Erwerbsbiographien von Frauen nach der aus familialen Gründen unterbrochenen Berufstätigkeit oft nicht erfolgreich wietergeführt werden können, und daß Mütter von kleinen Kindern nicht unerhebliche Nachteile (in Form von z. B. niedrigeren beruflichen Positionen, geringerem Verdienst) in Kauf nehmen, um ihre Berufstätigkeit überhaupt fortzuführen.

Die Vereinbarung von Beruf und Familie wird durch öffentliche Einrichtungen zur Kinderbetreuung erleichtert. Nach der in vierjährigem Abstand erstellten Jugendhilfestatistik, in der unter anderem die verfügbaren Plätze in Kinderbetreuungseinrichtungen erfaßt werden, waren 1994 in den alten Bundesländern für 2,2 % der Kinder unter 3 Jahren, für 73,0 % der Kindergartenkinder im Alter von 3-6,5 Jahren und für 3,5 % der 6-12jährigen Plätze in Krippe, Kindergarten oder Hort vorhanden. In den neuen Bundesländern bestand trotz einer Reduzierung der Zahl der Tageseinrichtungen von 1991 bis 1994 um 35 % im Jahr 1994 ein größeres Angebot: für 41,3 % der Kinder unter drei Jahren, für 96,2 % der 3-6,5jährigen und für 22,6 % der 6-12jährigen standen Plätze zur Verfügung (StBA 1998b: 122, 124).

---

* Ergänzung nach Novellierung des Bundeserziehungsgeldgesetzes am 1. Januar 2001: Ab Geburtsjahrgang 2001 sind durch dieses Gesetz die Einkommensgrenzen beim Erziehungsgeld angehoben worden. Alternativ zum monatlichen Erziehungsgeld in Höhe von bis zu 600 DM über einen Zeitraum von 24 Monaten, erhalten Eltern, die sich für eine verkürzte Bezugsdauer von 12 Monaten entscheiden, bis zu 900 DM (Budget).
Die Elternzeit (vorher Erziehungsurlaub) wird flexibler gestaltet. Für Geburten ab 1. Januar 2001 können beide Elternteile gemeinsam Elternzeit nehmen. Die zulässige Teilzeitarbeit während der Elternzeit wird von bisher 19 auf 30 Wochenstunden für jeden Elternteil erweitert. Neu ist auch der grundsätzliche Anspruch auf Teilzeitarbeit während der Elternzeit in Betrieben mit mehr als 15 Beschäftigten.

Das Angebot an öffentlichen Kinderbetreuungseinrichtungen variiert in den europäischen Ländern erheblich. Die Versorgungsquote in den alten Bundesländern liegt im unteren Bereich, wogegen die neuen Bundesländer mit Belgien, Frankreich und Schweden die höchsten Versorgungsquoten aufweisen. Hohe Versorgungsquoten gehen teilweise einher mit einer hohen Erwerbsbeteiligung der Frauen. 1996 lag die Beschäftigungsquote der Frauen zwischen 15 und 64 Jahren in Dänemark und in Schweden bei 69 %, in Frankreich bei 53 %, in den neuen Bundesländern bei 73,3 %, in Spanien und Italien betrug sie dagegen nur 33 % bzw. 37 % (Erwerbsquoten aus: Europäische Kommission-Vertretung in der BRD 1998: 8; zu Erwerbsquoten deutscher Frauen vgl. auch Kapitel 2.3.2).

Die folgende Tabelle zeigt die Versorgungsquoten mit öffentlich finanzierten Kinderbetreuungseinrichtungen im europäischen Vergleich.

Tabelle 2.2-8: Versorgungsgrad mit Einrichtungen der Kinderbetreuung[1] in verschiedenen Ländern der Europäischen Union in Prozent der jeweiligen Altersgruppen

Land (alphabetisch geordnet)	Berichtsjahr	Versorgungsgrad für Kinder im Alter von ...bis ... Jahren		
		0-3	3-6	6-10
		in %		
Belgien	1993	30[2]	95[3]	-
Dänemark[3]	1994	48	82	62[5]
Deutschland-West[2]	1994	2,2	73	3,5
Deutschland-Ost[2]	1994	41,3	96,2	22,6
Finnland[3]	1994	21	53	5[6]
Frankreich	1993	23[3]	99[3]	30[3]
Italien	1991	6[2]	91[3]	-
Niederlande[2]	1993	8	71[4]	<5
Schweden[3]	1994	33	72	64[5]
Spanien[3]	1993	2	84	-
Ver. Königreich[2]	1993	2	60[4]	<5

1) Öffentliche und öffentlich geförderte Tages- und Halbtageseinrichtungen für noch nicht schulpflichtige Kinder und schulergänzende Betreuungseinrichtungen für Schülerinnen und Schüler
2) Zahl der verfügbaren Plätze je 100 Kinder
3) Anteil der eine Einrichtung besuchenden Kinder
4) Einschl. der Schülerinnen und Schüler unter 6 Jahren
5) Hinzu kommen noch Kinder im Alter von 6 Jahren, die die Vorschule besuchen
6) Anteil der 7-10jährigen, die schulergänzende Betreuung erhalten; hinzu kommen jene Sechsjährigen, die Einrichtungen des Wohlfahrts- und Bildungssystems besuchen (60 %)
- = keine Informationen vorhanden

Quelle: Engstler 1998: 131, (modifizierte Fassung). Die Daten für die beiden deutschen Landesteile sind entnommen aus: StBA 1998b: 124, ihnen ist eine teilweise andere Altersgruppierung zugrunde gelegt, nämlich: Kinder von 3-6,5 Jahren und Kinder von 6-12 Jahren.

2.3 Soziale Lage

Der Zusammenhang zwischen sozialer Lage und Gesundheit bzw. Krankheit ist in zahlreichen Studien belegt worden (als Übersicht vgl. Mielck 1994; zu geschlechtsspezifischen Unterschieden vgl. Babitsch 1998). Im folgenden werden als zentrale Merkmale der sozialen Lage Schulbildung und berufliche Qualifikation, Erwerbsbeteiligung, Einkommen und Armut dargestellt. Dies sind Indikatoren sozialer Stratifizierung wie sie zur Einteilung in soziale Schichten verwendet werden. Zusätzlich wird auf die Wohnverhältnisse von Frauenhaushalten und, um geschlechtsspezifischen Unterschieden der Lebenslagen gerecht zu werden, auf die Familienarbeit, eine weitgehend von Frauen erbrachte Arbeitsleistung, eingegangen.

2.3.1 Ausbildung und Qualifikation

Allgemeine Schulbildung

Mädchen haben heute eine bessere schulische Allgemeinbildung als Jungen. Der Anteil der Mädchen in Gymnasien lag 1995 bei 54 %, der in Realschulen bei 50 % und der in Hauptschulen bei 44 %. Im Jahr 1960 hingegen waren nur 36,5 % der die Gymnasien, dafür aber 50,2 % der die Hauptschule Besuchenden weiblich. Dies belegt, daß das Bildungsbedürfnis und das Bildungsniveau der Mädchen in den letzten Jahrzehnten kontinuierlich gestiegen sind. Diese Entwicklung ist vor dem Hintergrund eines generellen Anstieges der schulischen Bildung in den letzten dreißig Jahren zu sehen. Während 1960 noch 70 % der 13jährigen eine Hauptschule besuchten und nur 15 % ein Gymnasium, lagen 1990 die entsprechenden Anteile bei 31 % Hauptschülerinnen und Hauptschüler und 31 % Gymnasiastinnen und Gymnasiasten (StBA 1997d: 53).

Die Veränderung des Bildungsniveaus zeigt sich auch im Generationenvergleich. Jüngere Frauen haben eine deutlich bessere Schulbildung als ältere (vgl.Tabelle 2.3-1). In der Gruppe der 20-29jährigen liegt der Anteil der Frauen mit Fachhoch- bzw. Hochschulreife um ein mehr als 6faches höher als in der Gruppe der 60jährigen und älteren. Demgegenüber sind die Anteile der Haupt-(Volks)schulabsolventinnen bei den Frauen ab 60 Jahren beinahe dreimal so hoch wie bei den jungen Frauen.

Tabelle 2.3-1: Schulabschlüsse der weiblichen Bevölkerung der jeweiligen Altersgruppe 1997

	Frauen nach Altersgruppen (in Jahren)				
	20 - 29	30 - 39	40 - 49	50 - 59	≥ 60
Art der Abschlüsse			in %		
Haupt-(Volks-) schulabschluß	26,0	32,1	47,3	67,7	81,1
Abschluß der allgemeinbildenden polytechnischen Oberschule in der DDR	12,3	16,2	15,2	4,9	1,3
Realschul- oder gleichwertiger Abschluß	29,5	26,9	19,7	17,2	11,6
Fachhoch-/Hochschulreife	32,2	24,7	17,8	10,1	5,3
Insgesamt	100	100	100	100	100

Quelle: StBA Mikrozensusdaten 1997 schriftliche Mitteilung; eigene Berechnungen.

Daten zur Schulbildung von Frauen im Generationenverlauf sind bei Untersuchungen zu Gesundheitsfragen relevant, da bei Kohortenvergleichen das generell niedrigere Bildungsniveau älterer Frauen zu berücksichtigen ist.

Berufsausbildung

62,8 % der Frauen, aber 77,3 % der Männer verfügten im Jahr 1996 über eine Berufsausbildung (StBA 1998m: 46). Bei den beruflichen Ausbildungsabschlüssen nimmt der

Frauenanteil mit zunehmender Qualifikationsstufe ab: 7,4 % der Frauen aber fast doppelt so viele Männer hatten 1996 einen Fachhochschul- oder Hochschulabschluß.

Tabelle 2.3-2: Bevölkerung nach letztem berufsbildendem Abschluß in Deutschland 1996

Art der Berufsausbildung	Frauen	Männer
	in %	
ohne Abschluß	37,2	22,6
Lehre/Praktikum	50,4	53,7
Meisterin/Meister / Technikerin/Techniker	5,0	10,0
Fachhochschul-, Hochschulabschluß	7,4	13,6
Insgesamt	100	100

Quelle: StBA 1998c: 46; Mikrozensus-Daten.

Wie beim Schulabschluß gibt es auch bei der beruflichen Qualifikation generationsspezifische Unterschiede. Während die 65jährigen und älteren Frauen zu ca. 55 % keine Berufsausbildung haben, beträgt der entsprechende Anteil bei den 25-34jährigen nur ca. 19 %. Zudem haben die 25-34jährigen mit 12 % viermal häufiger einen Fachhochschul- oder Hochschulabschluß als die 65jährigen und älteren (StBA 1998m: 46).

Bei den Berufsabschlüsssen besteht nach wie vor ein geschlechtsspezifisches Qualifikationsgefälle: Noch immer übersteigt auch in den jüngeren Altersgruppen der Anteil der Frauen ohne Berufsausbildung, wenn auch in bedeutend geringerem Maße als bei den älteren, den der Männer, und 24 % der Männer aber nur 12 % der Frauen haben eine höhere berufliche Ausbildung als den Abschluß einer Lehre (StBA 1998m: 46).

Berufswahl

Die Berufswahl folgt immer noch traditionellen geschlechtsspezifischen Erwartungen. Während Jungen vorrangig technische und handwerkliche Ausbildungsberufe erlernen, liegen bei den Mädchen Büro-, Gesundheitsdienst- und Verkaufsberufe an oberster Stelle. Mädchen konzentrieren sich stärker als Jungen auf nur wenige Ausbildungsberufe. 54,6 % aller Mädchen und 46,2 % der Jungen beschränken sich auf nur 10 Ausbildungsberufe (Tischer/Doering 1998). Dabei zeigt der Vergleich zwischen den Ausbildungswünschen von Mädchen und ihrer tatsächlichen Präsenz in verschiedenen Berufsausbildungen, daß sich mehr Mädchen für frauenuntypische Berufe interessieren, als dann tatsächlich ausgebildet werden (Fuzinski et al. 1997).

Hochschullaufbahn

Im Wintersemester 1997/98 waren in Deutschland 43,5 % der Studierenden weiblich. Der Frauenanteil an den Studierenden ist in den letzten Jahrzehnten kontinuierlich angestiegen, in den alten Bundesländern von 30,2 % im Jahr 1972 auf 38,3 % im Jahr 1990. Im Vergleich hierzu betrug der Frauenanteil an Studierenden in der DDR 1949/50 28,4 %, 1989 48,6 %, er lag damit über dem der alten Bundesländer (Tischer/Doering 1998). Den höchsten Frauenanteil haben die Pädagogischen Hochschulen zu verzeichnen.

Studentinnen wählen schwerpunktmäßig andere Studienfächer als Studenten. Nach Angaben des Statistischen Bundesamtes zum Wintersemester 1997/1998 gab es die höchsten Frauenanteile in der Veterinärmedizin (76,2 %), in der Pharmazie (68,5 %), in den Sprach- und Kulturwissenschaften (65,1 %), und in den Kunstwissenschaften (61,7 %). 48,7 % bzw. 47,4 %. der Studierenden der Humanmedizin bzw. der Zahnmedizin waren weiblich. Die geringsten Frauenanteile finden sich in den Ingenieurwissenschaften (18,1 %) und im Studienbereich Informatik (11,9 %) (StBA 1999 Internet).

Tabelle 2.3-3: Frauenanteil nach verschiedenen Hochschularten im Wintersemester 1997/1998

Hochschulart	Studierende insgesamt	davon weiblich (in %)
Hochschulen insgesamt	1.824.107	43
Universitäten	1.191.514	47
Gesamthochschulen	145.043	40
Pädagogische Hochschulen	17.739	73
Theologische Hochschulen	2.522	35
Kunsthochschulen	29.838	55
Fachhochschulen	399.282	33
Verwaltungsfachhochschulen	38.169	43

Quelle: StBA Studentenstatistik 1997/98 - schriftliche Mitteilung, eigene Berechnungen.

Die Zunahme von Studentinnen an den Hochschulen führte zwar auch zu einem Anstieg der Promovierenden und sich Habilitierenden, eine adäquate Entsprechung in der Besetzung der Lehrstühle durch Frauen hat jedoch nicht stattgefunden. Der Frauenanteil nimmt mit zunehmender Qualifikationsstufe ab, eine Hochschulkarriere ist Frauen weitgehend verschlossen (vgl. Kapitel 2.3.2.2).

Tabelle 2.3-4: Frauenanteile in verschiedenen Stadien der akademischen Laufbahn 1980 und 1997

Stadien akademischer Laufbahn	1980	1997
	Frauenanteile in %[1]	
Studienanfang	40,2	48,6
Studierende	36,7	43,5
Studienabschluß	34,1	41,3
Promotionen	19,6	32,0
Habilitationen	4,8	15,7
Professorenschaft	5,3	9,0
Frauenanteil an der Bevölkerung insgesamt	52,2	51,3

1) 1980: früheres Bundesgebiet; 1997: Deutschland
Quelle: StBA 1999 Internet.

Zusammenfassend läßt sich feststellen, daß die im Vergleich zu den Jungen höheren Schulabschlüsse der Mädchen keine generelle Fortsetzung in einer entsprechend hoch qualifizierten Berufsausbildung finden.

2.3.2 Erwerbsarbeit

2.3.2.1 Weibliche Erwerbsbeteiligung

Im April 1998 waren in Deutschland von den 27,4 Mio. Frauen im Alter von 15 bis unter 65 Jahren 17,2 Mio. erwerbstätig (Mikrozensus-Daten 1998 schriftliche Mitteilung des

StBA). Diese Absolutzahl allein sagt wenig über die Erwerbsorientierung der Frauen aus. Informationen dazu gibt die Erwerbsquote, die den Anteil der Erwerbspersonen (das sind Erwerbstätige und Erwerbslose, die aktiv eine Erwerbstätigkeit suchen) an einer Bevölkerungsgruppe im Alter von 15 bis unter 65 Jahren angibt. Davon zu unterscheiden ist die Erwerbstätigenquote, die den Anteil der tatsächlich Erwerbstätigen an einer definierten Gruppe bezeichnet. Ein Vergleich der beiden Quoten gibt Hinweise auf die Möglichkeiten der Realisierung vorhandener Erwerbswünsche.

Nach Mikrozensusdaten betrug die Erwerbsquote der 15 bis unter 65jährigen Frauen im April 1998 in Deutschland 63,0 %, in den alten Bundesländer 60,5 %, in den neuen Ländern 73,5 %. Die Erwerbsquote der Frauen liegt damit unter der der Männer, die zur gleichen Zeit sowohl in den alten als auch in den neuen Ländern 80,2 % betrug. In den neuen Bundesländern ist und war schon vor der Wende die Erwerbsbeteiligung der Frauen bedeutend höher als im Westen, was für die Zeit der DDR mit dem höheren gesellschaftlichen Stellenwert der Erwerbsarbeit und der größeren Versorgungsdichte mit Kinderbetreuungseinrichtungen erklärt werden kann. Im Zeitvergleich nähern sich die Erwerbsquoten der Frauen in Ost und West an, d. h. die Erwerbsorientierung der Frauen in den neuen Bundesländern hält an, die der Frauen in den alten Bundesländern nimmt zu. Im europäischen Vergleich liegt die weibliche Erwerbsquote in Deutschland an achter Stelle auf gleicher Höhe mit Frankreich. Sie folgt Island (79,9 %), Schweden (75,2 %), Dänemark (73,6 %), Norwegen (71,7 %), Schweiz (71,1 %), Finnland (69,3 %) und dem Vereinigten Königreich (66,5 %). Das Schlußlicht bildet Italien mit 43,3 %. Die Erwerbsquote von Frauen in Europa beträgt 57,2 % (Eurostat 1997).

Im langfristigen Trend ist in den alten Bundesländern eine kontinuierliche Zunahme der Zahl erwerbstätiger Frauen von 9,5 Mio. im Jahr 1985 auf 11,9 Mio. im Jahr 1991 festzustellen. Bei den Männern erhöhte sich in diesem Zeitraum die Zahl der Erwerbstätigen deutlich geringer als bei den Frauen. Diese Entwicklung setzte sich bis 1997 fort. Der stärkere Anstieg der Zahl erwerbstätiger Frauen führte jedoch nicht im gleichem Umfang zur Erhöhung des Beschäftigungsvolumens, da weit über ein Drittel der in den 80er Jahren entstandenen zusätzlichen Arbeitsplätze in den alten Bundesländern Teilzeitarbeitsplätze waren (Bäcker/Stolz-Willich 1993). In den neuen Bundesländern nahm nach der Wende die Zahl der Erwerbstätigen dramatisch ab: Betrug sie 1989 noch 9,2 Mio. (4,7 Mio. Männer, 4,5 Mio. Frauen), so sank sie bis 1991 um 1,8 Mio. (bei Frauen mit 1 Mio. stärker als bei den Männern) (Engelbrech/Reinberg 1997). Dieser Trend setzte sich bis 1997 fort.

Interessant ist, daß sich die Erwerbsquoten von Frauen in Deutschland kaum nach dem Familienstand unterscheiden. Sie betrugen im April 1998 bei den Verheirateten 61,9 %, bei den Verwitweten und Geschiedenen 65,8 % und bei den Ledigen 64,3 %. Allerdings ist die Erwerbsbeteiligung in einzelnen Altersgruppen unterschiedlich. Im Alter von 20 bis unter 35 Jahren waren im April 1998 in den alten Bundesländern 65,7 %, in den neuen 69,1 % der Frauen erwerbstätig. Der Anteil der erwerbstätigen 35 bis unter-45jährigen lag in den alten Ländern bei 68,8 %, in den neuen bei 74,3 %. Die 45 bis unter 50jährigen in den alten Ländern waren zu 68,8 % (in den neuen Ländern zu 73,5 %), die 50 bis unter 55jährigen zu 60,3 % (alte Länder) und zu 64,9 % (neue Länder) erwerbstätig. Bei den 55 bis unter 60jährigen sanken die Erwerbstätigenquoten auf im Westen 43,6 % im Osten 43,1 % ab. Im Alter von 60 bis unter 65 Jahren arbeiteten noch 12,9 % der Frauen im Westen und 4,8 % derer im Osten (Mikrozensusdaten 1998 schriftliche Mitteilung des StBA eigene Berechnungen).

Besonders schwierig ist die Arbeitsmarktsituation für die 55 bis unter 60jährigen Frauen in den neuen Bundesländern. Das belegen Mikrozensusdaten von 1998, nach denen die Erwerbsquote dieser Gruppe bei 74,7 % lag. Die Differenz zwischen der Erwerbs- und der Erwerbstätigenquote belegt, daß 31,6 % dieser Frauen ihren Erwerbswunsch nicht realisieren konnten Für die gleichaltrigen Frauen im Westen ist die Differenz mit 7,5 % bedeutend geringer (ebd.).

Erwerbsbeteiligung der Mütter

In Abhängigkeit von ihrer familiären Situation beteiligen sich Mütter in unterschiedlichem Umfang am Erwerbsleben.

Tabelle 2.3-5: Erwerbsbeteiligung der Mütter im Alter von 15 bis 65 Jahren mit minderjährigen Kindern im April 1998 nach Alter des jüngsten Kindes und Familientyp

Alter des jüngsten Kindes von...bis unter.....Jahren	Deutschland		Alte Bundesländer		Neue Länder u. Ost-B.	
	Erwerbs- tätigen- quote[1]	Erwerbs- quote[2]	Erwerbs- tätigen- quote[1]	Erwerbs- quote[2]	Erwerbs- tätigen- quote[1]	Erwerbsquote[2]
Ehefrauen in % der jeweiligen Gruppe						
unter 3	46,5	50,0	45,5	48,2	56,8	68,9
3 - 6	50,7	59,6	49,3	56,3	64,6	91,9
6 - 10	60,6	68,9	57,4	62,4	73,3	94,9
10 - 15	68,8	77,0	65,2	70,2	78,9	96,5
15 – 18	69,2	76,5	66,5	70,7	77,8	94,7
Insgesamt	58,9	66,0	55,8	60,4	73,6	92,2
Alleinerziehende in % der jeweiligen Gruppe						
unter 3	46,1	56,9	45,1	52,7	48,3	65,8
3 - 6	55,3	76,2	54,7	69,9	57,3	96,2
6 - 10	64,7	84,9	65,8	79,3	62,6	96,1
10 - 15	74,6	90,3	75,8	87,1	72,3	96,6
15 – 18	75,3	89,0	77,7	86,6	69,5	94,6
Insgesamt	64,0	80,5	64,5	76,0	63,1	90,5

[1] Anteil der erwerbstätigen Mütter an allen Müttern
[2] Anteil der erwerbstätigen und erwerbslosen Mütter an allen Müttern

Quelle: Zahn 1999: 28ff.

Der Umfang der Erwerbsbeteiligung von Müttern wird im wesentlichen vom Alter des jüngsten Kindes beeinflußt: 46 % der Mütter mit Kindern unter 3 Jahren arbeiteten im April 1998, mit dem Alter der Kinder steigt auch der Anteil der arbeitenden Mütter. Ein markanter Unterschied in der Lebenssituation der Mütter in Ost und West liegt in den unterschiedlichen Erwerbswünschen von verheirateten und alleinziehenden Müttern. Während im Westen die Erwerbsquote der Alleinerziehenden mit 76,0 % deutlich über der der Ehefrauen lag (60,4 %), waren im Osten kaum Unterschiede zwischen diesen Gruppen (90,5 % versus 92,2 %) bemerkbar. Die Quote der tatsächlich Erwerbstätigen zeigt jedoch, daß es alleinerziehende Mütter in den neuen Bundesländern tendenziell schwerer als verheiratete haben, ihren Erwerbswunsch zu realisieren, denn mit 63,1 % lag diese Quote bei den Alleinerziehenden deutlich unter der der Ehefrauen (73,6 %).

2.3.2.2 Struktur weiblicher Erwerbstätigkeit

Die Struktur der Erwerbstätigkeit hat sich innerhalb der letzten Jahrzehnte stark gewandelt, ohne jedoch die geschlechtsspezifische Segregation des Arbeitsmarktes aufzuheben.

Erwerbstätige Frauen nach Wirtschaftsbereichen

Frauen sind im Dienstleistungssektor über-, im Produktionssektor unterrepräsentiert. 1997 waren gut drei Viertel der erwerbstätigen Frauen in Deutschland im Dienstleistungssektor tätig, 1991 waren es erst ca. zwei Drittel gewesen (Engelbrech 1999) (zur Konzentration erwerbstätiger Frauen auf nur wenige Berufsgruppen vgl. Kapitel 7.3.1).

Die Strukturverschiebung vom Produzierenden Gewerbe zum Dienstleistungsbereich, die sich in der Beschäftigungskrise von 1991 verstärkte, fand sowohl in den alten als auch in den neuen Bundesländern statt, allerdings hatte sie für die Frauen unterschiedliche Auswirkungen. Während die Frauen im Westen vom Beschäftigungszuwachs im Dienstleistungsbereich profitierten, waren die Frauen im Osten die Verliererinnen.

Die Stellenzunahme im Westen fand insbesondere bei personenbezogenenen Dienstleistungen wie Bildungs-, Beratungs- und Pflegetätigkeiten statt. Auch bei Büro- und Verkaufstätigkeiten waren Zuwächse zu verzeichnen (Engelbrech/Reinberg 1997). Frauen in den neuen Bundesländern dagegen verloren in nahezu allen Bereichen, auch bei Schreib- und Bildschirmtätigkeiten, sowie im Ausbildungs- und Pflegebereich ihre Arbeitsplätze. Die Beschäftigungsverluste in Dienstleistungsberufen sind für sie doppelt so hoch wie für Männer, auch bei den Fertigungsarbeiten verloren Frauen im Osten, obwohl sie dort erheblich geringer vertreten waren, häufiger ihren Arbeitsplatz.

Erwerbstätige Frauen nach betrieblichen Hierarchien

Frauen in Führungspositionen sind ausgesprochen selten. Je höher die berufliche Position, desto geringer sind die Frauenanteile. Als Direktorin, Amts- oder Betriebsleiterin, Abteilungsleiterin, Prokuristin, Sachgebietsleiterin oder Referentin waren 1995 nur 3 % der abhängig erwerbstätigen Frauen aus den alten und 4 % aus den neuen Bundesländern tätig (Tischer/Doering 1998: 516). Im Hochschulbereich zeigt sich die gleiche Tendenz wie in den Betrieben und Verwaltungen. In Forschung und Lehre sind Frauen deutlich geringer repräsentiert als im Studium (vgl. Kapitel 2.3.1). Im Wintersemester 1997/98 lag der Frauenanteil bei den hauptberuflich wissenschaftlich und künstlerisch Tätigen bei 23,5 %, bei der gesamten Professorenschaft bei 9,0 %. Von den C4-Lehrstühlen waren lediglich 5,5 % mit Professorinnen besetzt (StBA 1999 - Internet).

Die Vereinbarkeit von Beruf und Familie ist in Führungspositionen erschwert, denn die wöchentliche Arbeitszeit kann bei bis zu 50 Stunden liegen. Nur 44 % der weiblichen Führungskräfte, aber 90 % der männlichen waren nach einer Studie des Deutschen Instituts für Wirtschaftsforschung (DIW) verheiratet und 39 % der Frauen aber 89 % der Männer hatten Kinder (iwd 1997, zitiert nach Tischer/Doering 1998).

Selbständige Frauen

Der Anteil der Frauen an den Selbständigen steigt zwar kontinuierlich, aber er liegt unter dem der Männer. Frauen in den neuen Bundesländern gründen häufiger eine Existenz. 1998 war knapp ein Drittel der Selbständigen dort weiblich. In den alten Bundesländern war es gut ein Viertel (Mikrozensus-Daten 1998, schriftliche Mitteilung des StBA). Die bevorzugten Branchen von Existenzgründerinnen sind mit Abstand der Handel und das Hotel- und Gaststättengewerbe (Tischer/Doering 1998: 518).

2.3.2.3 Wöchentliche Arbeitszeit

In Deutschland waren nach Mikrozensus-Daten im April 1997 87 % aller Teilzeitbeschäftigten Frauen. Rund 36 % aller abhängig beschäftigten Frauen arbeiteten in Teilzeit (in den alten Bundesländern 40 %, in den neuen Bundesländern 22 %) (StBA 1997). Teilzeitarbeit ist unter den gegenwärtigen Bedingungen immer noch mit gravierenden Nachteilen verbunden: Das Einkommen ist geringer, die Altersversorgung schlechter und die Karrieremöglichkeiten sind eingeschränkt. Letztlich trägt Teilzeitarbeit zur Aufrechterhaltung geschlechtsspezifischer Arbeitsteilung bei.

Geringfügig Beschäftigte

Eine besondere Form der Teilzeitarbeit ist die geringfügige Beschäftigung, die als regelmäßige Arbeitszeit von weniger als 15 Stunden pro Woche und monatlich für weniger als 620,- DM Verdienst oder als Beschäftigung von weniger als zwei Monaten oder 50 Arbeitstagen im Jahr definiert ist. Seit April 1999 müssen auch bei geringfügiger Beschäftigung Beiträge zur Sozialversicherung abgeführt werden.

Als Untergrenze der regelmäßig geringfügig Beschäftigten kann für 1996 nach Mikrozensusdaten die Zahl von 2,2 Mio. angesehen werden. Die höchste Zahl, in der auch eher sporadisch geringfügig Beschäftigte enthalten sind, weist eine Befragung des Instituts für Sozialforschung und Gesellschaftspolitik mit 5,6 Mio. für 1997 aus (Rudolph 1998).

Der Frauenanteil an den geringfügig Beschäftigten beträgt 75 % (ebd. Mikrozensus 1996). Differenziert nach dem Beschäftigungsumfang zeigt sich zwischen 1991 und 1995 vor allem eine Zunahme von Arbeitsverhältnissen mit geringer Stundenzahl (unter 15 Wochenstunden). Laut Mikrozensus war 1995 mit gut 12 % jede achte erwerbstätige Frau (Männer 2 %) unter 16 Stunden beschäftigt (Engelbrech/Reinberg 1997). Dieser Trend setzte sich bis 1998 fort.

Das Einkommen aus geringfügiger Beschäftigung ist so gering, daß es in der Regel als sogenannter Zuverdienst zu einem anderen Einkommen des Lebenspartners oder der Rente dient. Ihren überwiegenden Lebensunterhalt bestreiten geringfügig beschäftigte Frauen zu 47 % durch den Unterhalt des Ehepartners oder anderer Angehöriger (bei den Männern sind es 21 %). 40 % der Frauen sind anderweitig zusätzlich erwerbstätig, bei Männern beträgt diese Zahl 41 % (StBA 1997; Rudolph 1998).

2.3.2.4 Arbeitslosigkeit

1997 lag im Jahresdurchschnitt die Arbeitslosenquote der Frauen in den alten Bundesländern bei 10,7 % (die der Männer bei 11,2 %). In den neuen Ländern betrug sie bei den Frauen 22,5 % (bei den Männern 16,6 %) (ANBA 1998).

Zwischen 1992 und 1997 nahm die Zahl der arbeitslosen Frauen in Deutschland um 454.652 zu. Gleichzeitig stieg die Zahl der Erwerbspersonen. Bedingt durch den stärkeren Beschäftigungsabbau bei Männern gleichen sich die Arbeitslosenquoten von Frauen und Männern immer mehr an (ebd.). In den neuen Bundesländern lag die Arbeitslosenquote der Frauen deutlich höher als die der Männer. Durch den verstärkten Einsatz von arbeitsmarkt- und bildungspolitischen Maßnahmen konnte der Umfang der Arbeitslosigkeit im Verhältnis zum Abbau von Arbeitsplätzen abgefedert werden. Vor allem infolge der aktiven Arbeitsmarktpolitik (Sozialgesetzbuch SGB III §8 Abs. 2), die unter anderem festlegt, daß Frauen entsprechend dem Anteil an den Arbeitslosen zu fördern sind, blieb auch die Zunahme der weiblichen Arbeitslosigkeit unterhalb der Zunahme des Beschäftigungsabbaus. Zu dieser aktiven Arbeitsmarktpolitik zählen arbeitsmarkt- und bildungspolitische Maßnahmen, späterer Berufseintritt infolge längerer Ausbildung und früherer Berufsaustritt durch Vorruhestandsregelungen.

Der Frauenanteil an den Langzeitarbeitslosen (Arbeitslosigkeit länger als ein Jahr) betrug 1997 in den alten Bundesländern 44 % (das sind absolut 466.377) und in den neuen über 68 % (absolut 279.503).

Die sogenannte Stille Reserve

Zu den Erwerbspersonen zählt neben den registrierten Arbeitslosen und Personen in Fortbildungs- und Umschulungsmaßnahmen auch die Gruppe der nicht registrierten sogenannten Unterbeschäftigten. Diese Stille Reserve umfaßt beschäftigungslose Personen, die Arbeit suchen, ohne bei den Arbeitsämtern gemeldet zu sein, Personen, die nur aus Arbeitsmarktgründen Rente beziehen sowie Personen, die sich wegen der Arbeitsmarktlage vollständig vom Arbeitsmarkt zurückgezogen haben. Dieser gesamte Teil muß geschätzt werden, da er nicht registriert ist. 1995 umfaßte diese Schätzung für die alten Bundesländer je 600.000 Frauen und Männer (Thon 1998). Der Anteil der verheirateten an allen Frauen in der Stillen Reserve betrug 1995 59 %.

2.3.3 Familienarbeit

1996 lebten 37,5 % aller Frauen mit Kindern. Davon hatten über 9 Mio. Frauen für Kinder unter 18 Jahre zu sorgen. Cirka 1.403.000 Frauen aber nur ca. 237.000 Männer waren alleinerziehend (Engstler 1998: 57). Familienarbeit beschränkt sich aber nicht auf die genannten Gruppen. Hinzu kommen die Frauen, die ihre Eltern oder Schwiegereltern pflegen und auch jene, die nur noch in einer Paarbeziehung leben, aber die eigenen oder die Schwiegereltern oder auch die Kinder oder Enkelkinder unterstützen. Familienarbeit ist zwar unbezahlte Arbeit, sie ist jedoch von ihren Anforderungen und den zur Realisierung erforderlichen Fähigkeiten wie auch dem zeitlichen Aufwand her der Erwerbsarbeit gleichzustellen, sie wird von der Mehrzahl der Frauen geleistet.

Während in Kapitel 7.5 ausführlich die gesundheitlichen Belastungen und Ressourcen der Haus- und Familienarbeit dargestellt werden, wird im folgenden Abschnitt Familienarbeit aus drei Perspektiven thematisiert: Zunächst unter dem Aspekt der Zeit, die Frauen für Leistungen im familiären Bereich verwenden, dann aus der inhaltlichen Sicht und schließlich wird auf lebensphasenspezifische Aufgaben in der Familienarbeit eingegangen.

2.3.3.1 Die verausgabte Zeit

Frauen wenden immer noch mehr Zeit als Männer für die Erledigung von familiären Arbeiten auf. Diese Feststellung ist ein in der Zeit stabiles Ergebnis von Untersuchungen und trifft nicht nur auf die nichterwerbstätigen Frauen und ihre erwerbstätigen Partner zu. Über das Ausmaß der Unterschiede gibt die Zeitbudgeterhebung von 1991/92 Aufschluß (Blanke et al. 1996), die zeigt, daß Frauen unabhängig von ihrem Erwerbsstatus mehr Zeit für Hausarbeit und Pflege aufwenden als Männer. Allerdings ist der Umfang der zeitlichen Beanspruchung je nach Erwerbssituation unterschiedlich groß. Vollerwerbstätige Frauen und Männer – so ein Ergebnis – waren sich mit ca. einer Stunde Differenz am ähnlichsten. Mit 5 ½ Stunden auf Seiten der Frauen versus drei Stunden auf der der Männer war die Differenz bei den teilzeiterwerbstätigen Frauen und Männern am größten. Eine mittlere Position nahmen mit einem Unterschied von 2 Stunden die nichterwerbstätigen Frauen und Männern ein.

Tabelle 2.3-6: Durchschnittliche tägliche Zeitverwendung von Erwachsenen (18 Jahre und älter) für unbezahlte Arbeit (von Montag bis Sonntag) nach Erwerbstätigkeit und Geschlecht 1991/92

Tätigkeit	Nichterwerbstätige		Vollzeiterwerbstätige		Teilzeiterwerbstätige	
	Frauen	Männer	Frauen	Männer	Frauen	Männer
			Stunden : Minuten			
Unbezahlte Arbeit insg. davon:	6:06	4:02	3:31	2:25	5:30	2:55
- Hauswirtschaftl. Arbeit	5:06	2:54	2:53	1:23	4:22	1:59
- Handwerkliche Arbeit	0:08	0:40	0:08	0:35	0:08	0:25
- Pflege u. Betreuung	0:42	0:12	0:26	0:18	0:52	0:13
Erwerbstätigkeit	-	-	5:51	6:37	2:51	2:53

Quelle: Blanke et al. 1996: 84, modifizierte Fassung.

2.3.3.2 Inhaltliche Schwerpunkte der Familienarbeit von Frauen

Das Ausmaß der Beanspruchung von Frauen und Männern durch Familienarbeit ist nicht nur ein zeitliches Problem. Von Bedeutung ist auch, wer von beiden für welche Aufgabenbereiche eher zuständig ist.

Frauen in der Hausarbeit und Kinderbetreuung

Unterschiedliche Untersuchungen zeigen übereinstimmend, daß sich an der geschlechtsspezifischen Arbeitsteilung bisher wenig geändert hat (zum Überblick über entsprechende ältere Untersuchungen vgl. Keddi/Seidenspinner 1991: 161f.). Eine neuere Studie (BMFSFJ 1996) weist nach, daß Putzen, Kochen und Einkaufen nach wie vor den Frauen überlassen bleibt. Wenn sich Männer überhaupt beteiligen, so gehen sie am ehesten einkaufen. Bemerkenswert gering sind die Unterschiede zwischen den neuen und den alten Bundesländern.

Soziale Lage 83

Tabelle 2.3-7: Aufgabenteilung in Partnerschaften aus der Sicht der Frauen (16-69jährige) 1995

Tätigkeit	Die Arbeit wird überwiegend ausgeführt von:					
	der Frau		dem Mann		beiden	
	ABL[1]	NBL[2]	ABL[1]	NBL[2]	ABL[1]	NBL[2]
	in %[3]					
Putzen	78	81	2	2	16	16
Kochen	79	77	6	7	13	14
Einkaufen	54	41	15	13	31	44

1) Alte Bundesländer
2) Neue Bundesländer
3) Fehlende Prozente zu 100: andere Personen

Quelle: BMFSFJ 1996: 12-13.

Aus den Daten des DJI-Familiensurveys (Westdeutschland) von 1988 geht hervor, daß sich Frauen auch in der Kinderbetreuung stärker engagieren. Die befragten Frauen gaben zu 64 % an, allein den Kontakt zum Kindergarten oder zur Schule zu halten und zu 61 % allein die Kinderbetreuung zu übernehmen. Beim Spielen können Kinder offenbar häufiger auf den Vater zählen. Hier gaben die Frauen an, oft entweder gemeinsam (38 %) oder abwechselnd (27 %) mit den Kindern zu spielen (Keddi/Seidenspinner 1991: 167).

Tabelle 2.3-8: Aufgabenteilung in Partnerschaften aus der Sicht der Frauen (18-55jährig) 1988

Tätigkeit	Die Tätigkeit wird ausgeführt von:			
	der Frau	dem Mann	abwechselnd	gemeinsam
	in %			
mit Lehrerin/Lehrer/Kindergärtnerin sprechen	64	3	10	23
Kinderbetreuung	61	2	18	19
mit Kindern spielen	33	2	27	38

Quelle: Keddi/Seidenspinner 1991: 167.

Frauen in der häuslichen Pflege

Frauen übernehmen auch den Hauptteil der Hilfe für und der Pflege von Angehörigen, die bei der Verrichtung hauswirtschaftlicher und sozialkommunikativer Aktivitäten eingeschränkt sind (Hilfebedürftige) oder mehrfach wöchentlich bei der Ausführung körperbezogener Verrichtungen unterstützt werden müssen (Pflegebedürftige). In Deutschland leben zur Zeit ca. 2,1 Mio. Hilfebedürftige und 1,2 Mio. Pflegebedürftige in privaten Haushalten (Schneekloth et al. 1996). Sowohl für die Hilfe- wie natürlich besonders für die Pflegebedürftigen ist eine Hauptpflegeperson oft unumgänglich. Von den 77 % aller Personen mit Pflegebedarf sowie 57 % der Personen mit Hilfebedarf, die eine Hauptpflegeperson haben, rekrutieren sich letztere vor allem aus der Familie und hier nun wiederum vor allem aus den weiblichen Familienmitgliedern. Insgesamt 83 % der Hauptpflegepersonen von Pflegebedürftigen bzw. 70 % der wichtigsten Hilfeleistenden von Hilfebedürftigen sind weiblich, und die Mehrzahl von ihnen (80 % bzw. 60 %) lebt im gleichen Haushalt (ebd.: 21) (zu den gesundheitlichen Belastungen der Pflegenden vgl. Kapitel 7.5.3.3).

Tabelle 2.3-9: Hauptpflegepersonen der Hilfe- und Pflegebedürftigen in Privathaushalten Deutschland 1992

Hauptpflegeperson	Pflegebedürftige	Hilfebedürftige
	in %	
Lebenspartnerin	24	23
Lebenspartner	13	20
Mutter	14	4
Vater	0	0
Tochter	26	23
Sohn	3	6
Schwiegertochter	9	6
Andere Verwandte	7	9
Freunde/Nachbarn	4	7
Insgesamt	100	100

Quelle: Schneekloth et al. 1996: 134.

In den neuen Bundesländern wird häufiger als in den alten die Betreuung von Familienmitgliedern oder Nachbarn und Freundinnen oder Freunden übernommen. 94 % der Pflegebedürftigen (und 86 % der Hilfebedürftigen) im Osten hatten eine Hauptpflegeperson aus diesem Kreis, während dies im Westen bei 90 % der Pflegebedürftigen und 74 % der Hilfebedürftigen der Fall war (ebd.: 136).

2.3.3.3 Lebensphasenspezifische Dimensionen der Familienarbeit von Frauen

Der Anteil an der Familienarbeit verschiebt sich im Lebenslauf sukzessive zuungunsten der Frauen. Während die 12-15jährigen Mädchen nur 10 Minuten länger als die gleichaltrigen Jungen im Haushalt beschäftigt sind, beträgt bei den 16-19jährigen die Differenz bereits 30 Minuten. Mädchen und junge Frauen im Alter von 12-19 Jahren sind mit der Zubereitung von Mahlzeiten, Tischdecken und Geschirrspülen täglich ca. 20 Minuten beschäftigt, während die gleichaltrigen Jungen und jungen Männer diesen Zeitumfang mit handwerklichen Tätigkeiten (z. B. der Reparatur des eigenen Fahrrades oder Mopeds) verbringen. Bei den 20-29jährigen ist die geschlechtsspezifische Arbeitsteilung noch weiter fortgeschritten: Hier leisten Frauen ca. 4 Stunden unbezahlte Arbeit im Haushalt, die Männer nur zwei Stunden. Bei den bis 59jährigen beträgt der Unterschied ca. 3 Stunden und ab dem 60. Lebensjahr leisten Ehefrauen täglich 5 Stunden und 15 Minuten, die Ehemänner jedoch nur 3 Stunden unbezahlte Arbeit (Blanke et al. 1996: 75-78).

Die Inhalte der Familienarbeit verändern sich im Lebenslauf. So übernahmen tägliche Betreuung von Kindern nach den Daten des Europäischen Haushaltspanels ein Drittel der 20-29jährigen Frauen, fast drei Viertel der 30-39jährigen und immerhin noch die Hälfte der 40-49jährigen (StBA 1998b: 117). In der pflegerischen Betreuung zeigt sich, daß die Mütter ihre (behinderten) Kinder (98 %), Frauen ihre Männer (von den Pflegebedürftigen zwischen 40-64 Jahren werden 53 % von Frauen aber nur 23 % von Männern gepflegt), die Töchter ihre alten Eltern oder Schwiegereltern (61 % Töchter aber nur 6 % Söhne pflegen die über 80jährigen Eltern) pflegen oder beim Sterben begleiten (Schneekloth et al. 1996). Männer werden zeitlich viel begrenzter - nämlich zwischen dem 40. und 79. Lebensjahr - zur Hauptpflegeperson. Hier konzentrieren sie ihre Hilfeleistungen auf die Pflege der eigenen Frau oder Lebensgefährtin.

Tabelle 2.3-10: Hauptpflegepersonen der Pflegebedürftigen verschiedener Altersgruppen in Prozent 1992 Deutschland

Hauptpflegeperson	Alter der Pflegebedürftigen in Jahren				
	0 - 15	16 - 39	40 - 64	65 – 79	80 und mehr
	Hauptpflegepersonen in %				
Lebens-/ Ehepartnerin	0	4	53	39	12
Lebens-/ Ehepartner	0	14	23	22	5
Mutter	98	78	3	0	0
Vater	2	0	0	0	0
Tochter	0	2	4	24	44
Sohn	0	0	1	2	6
Schwiegertochter	0	0	1	6	17
andere Verwandte	0	2	12	6	9
Freunde, Nachbarn	0	0	2	2	7
Insgesamt	100	100	100	100	100

Quelle: Schneekloth et al. 1996: 134.

2.3.4 Einkommen - Armut

2.3.4.1 Die wirtschaftliche Situation von Haushalten und Familien

Daten der amtlichen Statistik zur wirtschaftlichen Lage der privaten Haushalte beruhen auf der alle fünf Jahre durchgeführten Einkommens- und Verbrauchsstichprobe (EVS), die repräsentative Angaben über Einkünfte, Ausgaben und Vermögen der nach Typen differenzierten Privathaushalte liefert. Im folgenden wird Bezug genommen auf die EVS von 1993 als aktuellste verfügbare EVS-Erhebung (Engstler 1998: 134ff.). Speziell zur Einkommenssituation von Familien mit jüngeren Kindern hat der Deutsche Arbeitskreis Familienhilfe das Deutsche Institut für Wirtschaftsforschung (DIW) mit einer Untersuchung beauftragt, in der Daten des Sozio-ökonomischen Panels (SOEP) des Jahres 1994 für rund 4.500 Haushalte in den alten und 1.800 Haushalte in den neuen Bundesländern analysiert wurden (Kirner/Schwarze 1996). Zwar sind empirische Erhebungen zum Einkommen generell fehleranfällig, sie können jedoch die Grundzüge des Gesamtbildes darstellen.

Nach der EVS von 1993 existieren Einkommensunterschiede zwischen den alten und den neuen Bundesländern sowie Differenzen zwischen den einzelnen Haushaltstypen. So hatten Haushalte mit Kindern unter 27 Jahren im Jahresdurchschnitt ein monatliches Nettoeinkommen (einschließlich aller Transferleistungen, Miet- und Kapitaleinkünfte aller Haushaltsmitglieder) von 5.880,- DM in den alten und von 4.270,- DM in den neuen Bundesländern zur Verfügung. Haushalte ohne Kinder verfügten im Westen über 3.012,- DM, im Osten über 2.196,- DM. Am unteren Ende der Skala stehen die Einkommen der alleinerziehenden Mütter, die in den alten Ländern 2.957,- DM, in den neuen 2.389,- DM betrugen und die der alleinlebenden Frauen im Alter von 60 und mehr Jahren, die im Westen über 1.955,- DM, im Osten über 1.581,- DM verfügen konnten (Engstler 1998: 148-149). Nach dem im Auftrag der Bundesregierung von Infratest durchgeführten Alterssicherungsbericht 1997 unterscheidet sich die Einkommensituation der alleinlebenden Frauen ab dem Alter von 65 Jahren familienstandsspezifisch: Verwitwete Frauen haben sowohl in den alten als auch in den neuen Bundesländern höhere monatliche Netto-Gesamteinkommen als geschiedene oder ledige (Presse- und Informationsamt der Bundesregierung 1998: 7ff.).

Tabelle 2.3-11: Verteilung der Haushalte nach Höhe des monatlichen Äquivalenzeinkommens (gewichtetes Pro-Kopf-Einkommen) 1994 in Prozent aller Haushalte eines Typs

Ausgewählte Haushaltstypen/ Alter der Haushaltsmitglieder	Alte Bundesländer			Neue Bundesländer		
	Pro-Kopf-Einkommen in DM/Monat					
	unter 1.510	1.510 -2.300	über 2.300	unter 1.250	1.250 -1.670	über 1.670
			in %			
Haushalte insgesamt	33,3	33,3	33,3	33,3	33,3	33,3
2-Generationen-Haushalte mit Kind(ern) unter 16 Jahren: Paare, jüngstes Kind						
unter 6 Jahren	53,5	35,2	11,3	52,8	37,7	(9,5)
6 – 12 Jahre	41,0	41,7	17,3	33,1	39,2	(27,7)
13- 15 Jahre	35,9	46,0	18,1	40,7	(30,1)	(29,2)
Alleinerziehende insgesamt	56,5	27,2	16,3	51,5	(29,2)	(19,3)
1- und 2- Personen-Haushalte ohne Kinder: 1- Personen-Haushalte:						
Frauen ≥ 56 Jahre	34,3	40,2	25,5	33,4	40,1	26,5
2- Pers.-Haushalte beide erwerbstätig:						
ältestes Mitglied ≥ 25 Jahre	(1,7)	13,9	84,4	(5,7)	(9,4)	85,0

Abweichungen in den Summen durch Runden der Zahlen. - Zeichenerklärung: ( )= Zahlenwert unsicher, da weniger als 30 Fälle in der Stichprobe
Quelle: Kirner/Schwarze 1996: 201.

Die Nettoeinkünfte sind jedoch kein ausreichender Indikator beim Vergleich der finanziellen Situation unterschiedlicher Haushaltstypen. Um eine aussagefähige Vergleichsbasis herzustellen, wird die sogenannte Äquivalenzziffernmethode angewandt. Dabei werden die Haushaltsmitglieder nach der Höhe ihres relativen Bedarfs (bezogen auf eine erwachsene Person) in 'Vollpersonen' umgerechnet (Kirner/Schwarze 1996: 197). Diesem Verfahren liegt theoretisch die Annahme zugrunde, daß gemeinsames Wirtschaften in Mehrpersonenhaushalten Kostenvorteile bringt und daß Kinder gegenüber Erwachsenen einen geringeren Konsumbedarf haben. Es existieren jedoch unterschiedliche Äquivalenzziffern. Eine von der Organisation für wirtschaftliche Zusammenarbeit und Entwicklung (OECD) benutzte Ziffer gewichtet die Haushaltsmitglieder wie folgt: die erste erwachsene Person mit 1, die zweite oder weitere erwachsene Personen mit 0,7 und Kinder mit 0,5 Einheiten. Das Haushaltseinkommen einer Ehepaar-Familie mit zwei Kindern unter 16 Jahren, wird so durch 2,7 dividiert (ebd.). Netto-Äquivalenzeinkommen sind also gewichtete Pro-Kopf-Einkommen.

Nimmt man nach den EVS Daten von 1993 das Äquivalenzeinkommen eines 40-59jährigen Ehepaares ohne Kinder als Vergleichsgröße, so sind sowohl in den alten als auch in den neuen Bundesländern alle Haushaltstypen mit Kindern ökonomisch schlechter gestellt, wobei mit zunehmender Kinderzahl das Einkommen sinkt. Während in den alten Ländern Ehepaare mit einem Kind etwa um 16 % geringere Pro-Kopf-Einkünfte hatten als die Vergleichsgröße, lag das entsprechende Einkommen bei Ehepaaren mit drei und mehr Kindern bereits 38 % niedriger. In den neuen Ländern und Ost-Berlin fiel - bei insgesamt niedrigeren Einkommen - der Abstand zur Vergleichsgröße wegen der höheren (vor allem auch Vollzeit-) Erwerbsbeteiligung der Mütter niedriger aus, er betrug 10,4 % bzw. 35,5 %. Alleinerziehende Mütter mit einem Kind erreichten in den alten und den neuen Ländern noch das Einkommensniveau kinderreicher Ehepaar-Familien, alleinerziehende Mütter mit zwei und mehr Kindern hatten in den alten Ländern nur noch 47 %, in den neuen Ländern noch 60 % des Äquivalenzeinkommens der Vergleichsgröße zur Verfügung (Engstler 1998: 138, 150).

Sowohl die Zahl, als auch das Alter der Kinder beeinflussen in den alten und den neuen Ländern die Höhe des Einkommens, da von beidem die Möglichkeit der Mütter, durch Erwerbstätigkeit zum Familieneinkommen beizutragen, abhängt (vgl. Daten zur mütterlichen Erwerbsbeteiligung in Kapitel 2.3.2). Je jünger die Kinder, um so geringer das verfügbare Einkommen. Nach den Berechnungen von Kirner/Schwarze hatten 1994 Ehepaare, deren jüngstes Kind unter 6 Jahren alt war, in den alten Bundesländern ein monatliches Äquivalenzeinkommen je Haushaltsmitglied von 1.667,- DM (in den neuen Bundesländern von 1.217,- DM) während Paare mit Kind(ern) zwischen 13-15 Jahren 1.797,- DM (bzw. 1.429,- DM) zur Verfügung hatten (Kirner/Schwarze 1996: 197-198). Alleinerziehenden mit einem Kind unter 6 Jahren stand in den alten Ländern ein Äquivalenzeinkommen von nur 970,- DM (in den neuen Ländern von 766,- DM), solchen mit Kindern zwischen 13 und 15 Jahren eines von 1.390,- DM bzw. von 1.353,- zur Verfügung (ebd.).

Aufgeschlüsselt nach Einkommensklassen ergibt sich dasselbe Bild: Die Verteilung der Haushaltstypen auf eine obere, mittlere und untere Klasse zeigt, daß kinderlose Haushalte häufiger in der oberen Klasse zu finden sind als solche mit Kindern (vgl. Tabelle 2.3-1). Finanziell besonders günstig sind die 2-Personenhaushalte gestellt, in denen beide Personen berufstätig sind. Bei den kinderlosen Haushalten haben die alleinlebenden Frauen im Alter von 56 und mehr Jahren das wenigste Geld: 34,3 % in den alten und 33,4 % in den neuen Bundesländern mußten mit einem Einkommen von unter 1.510,- DM bzw. unter 1.250,- DM auskommen (ebd.: 201). Innerhalb der Haushalte mit Kindern unter 16 Jahren zeigt sich auch bei der Verteilung auf Einkommensklassen die bereits erwähnte Abhängigkeit vom Alter der zu versorgenden Kinder.

In der mit Abstand ungünstigsten Einkommenssituation sind die Alleinerziehenden, die zu 56,5 % in den alten und zu 51,5 % in den neuen Bundesländer der untersten Einkommensklasse zuzuordnen waren. Die wirtschaftliche Not alleinerziehender Mütter mit minderjährigen Kindern wird auch an deren überdurchschnittlich hoher Sozialhilfequote deutlich (vgl. Kapitel 2.3.4.4).

2.3.4.2 Einkommen durch Erwerbstätigkeit

Bei den Einkommen durch Erwerbstätigkeit existieren nach wie vor extreme Unterschiede zwischen Männern und Frauen. 1996 lagen die Einkommen von vollzeitbeschäftigten Arbeiterinnen und weiblichen Angestellten im Durchschnitt ein Viertel unter denen der Männer (Tabelle 2.3-12). In den neuen Bundesländern weichen die Einkommen der Frauen nicht so stark von denen der Männer ab wie in den alten Ländern.

Tabelle 2.3-12: Durchschnittliche Bruttowochen- bzw. Monatsverdienste der vollzeitbeschäftigten Arbeiter und Arbeiterinnen bzw. Angestellten nach Geschlecht für das Jahr 1996

	Alte Bundesländer			Neue Bundesländer		
	Männer	Frauen		Männer	Frauen	
	absolut in DM		Anteil in %[1]	absolut in DM		Anteil in %[1]
Arbeiter u. Arbeiterinnen im produzierenden Gewerbe (Woche)	1.040	750	72,1	774	597	77,1
Angestellte im produzierenden Gewerbe, Handel, Kredit u. Versicherungsgewerbe (Monat)	6.225	4.247	68,2	4.614	3.469	75,2

[1] Prozentanteil des Einkommens von Frauen am Einkommen der Männer
Quelle: BMFSFJ 1998: 67-68.

2.3.4.3 Rente

Frauen haben eine sehr viel geringere Altersrente als Männer. 1994 lag die durchschnittliche monatliche Versichertenrente der gesetzlichen Rentenversicherung für Frauen in den alten Bundesländern bei 628,- DM (Männer: 1.562,- DM), in den neuen Bundesländern betrug sie 997,- DM (Männer: 1.531,- DM) (StBA 1997d: 206). In der gesetzlichen Angestelltenversicherung lagen die entsprechenden Durchschnittswerte für Frauen bei 1.028,- DM bzw. 1.040,- DM (für Männer: 2.131,- DM bzw. 1.651,- DM). Die vergleichsweise höheren Rentenbeträge der Frauen in den neuen Ländern sind Folge der in der Vergangenheit durchgängig höheren weiblichen Erwerbsbeteiligung im Osten (ebd.). In den genannten Beträgen sind etwaige Zahlungen aus der Zusatzversicherung im öffentlichen Dienst und aus vertraglichen oder freiwilligen Arbeitgeberleistungen (z. B. betriebliche Zusatzversicherungen) nicht berücksichtigt.

2.3.4.4 Sozialhilfe

Sozialhilfe wird in Not geratenen Menschen gewährt, wenn die eigenen finanziellen Möglichkeiten ausgeschöpft sind und aus vorgelagerten Versicherungs- und Versorgungssystemen keine ausreichenden Leistungen in Anspruch genommen werden können (StBA 1998a: 104). Unterschieden wird zwischen der Hilfe in besonderen Lebenslagen (HBL), die in außergewöhnlichen Notsituationen geleistet werden kann, und der Hilfe zum Lebensunterhalt (HLU). Im folgenden wird ausschließlich auf die Empfängerinnen und Empfänger von HLU außerhalb von Einrichtungen eingegangen.

1997 erhielten in Deutschland 2,89 Mio. Menschen in 1,49 Mio. Haushalten und damit 3,5 % der Gesamtbevölkerung Sozialhilfe (3,8 % in den alten Bundesländern und 2,5 % in den neuen Ländern). Der Frauenanteil lag mit 56 % über dem der Männer. Die weiblichen Hilfebedürftigen waren mit 31,2 Jahren durchschnittlich älter als die männlichen (26,7 Jahre).

Mit der Sozialhilfequote, die den Anteil der Hilfebeziehenden in Prozent der jeweiligen Bevölkerungsgruppe angibt, kann ein Vergleich der nach einzelnen Gruppen dif-

Soziale Lage 89

ferierenden Hilfebedürftigkeit angestellt werden. Die Quote der Frauen lag 1997 mit 3,9 % über dem Durchschnitt. Bei der Betrachtung haushaltsbezogener Quoten, wobei 4 % aller Haushalte 1997 Hilfeempfänger waren, lassen sich gravierende Unterschiede zwischen Haushaltstypen feststellen. Die mit Abstand höchste Quote haben die Haushalte alleinerziehender Frauen: 28,3 % dieser Gruppe bezog 1997 HLU. Im Vergleich dazu sind die Quoten anderer Haushaltstypen gering. Die Haushalte alleinstehender Frauen gehörten mit 4,4 % in geringerem Umfang zu den Hilfebedürftigen als die der alleinstehenden Männer mit 5,6 %. Haushalte von Ehepaaren mit Kindern bezogen zu 2,4 %, solche ohne Kinder mit 0,9 % in unterdurchschnittlichem Umfang HLU (alle Daten aus: Presse- und Informationsamt der Bundesregierung 1999: 5ff.).

Die durchschnittliche Bezugsdauer der Sozialhilfe betrug 25,5 Monate. Bei 46,3 % der beziehenden Haushalte lag sie unter einem Jahr. Überdurchschnittlich lange waren mit 38,1 Monaten alleinstehende Frauen auf Sozialhilfe angewiesen (ebd.).

Im Zeitverlauf von 1991 bis 1997 ist in den alten Bundesländern der Anteil der Sozialhilfeempfangenden an der Bevölkerung von 2,8 % auf 3,8 %, in den neuen Bundesländern von 1,4 % auf 2,5 % kontinuierlich gestiegen.

2.3.4.5 Armutsindikatoren

Die Frage, ob Sozialhilfeempfangende als arm einzustufen sind oder ob die Angaben zur Sozialhilfe die sogenannte bekämpfte Armut darstellen, wird kontrovers diskutiert (Hauser 1995: 5; Wörndl 1999: 4). Auch wenn Sozialhilfe als Armutsindikator abgelehnt wird, so ist doch unbestreitbar, daß die Höhe der Sozialhilfequote einer sozialen Gruppe ein Indikator für das Armutsrisiko dieser Gruppe ist (Hauser 1995: 9). Um die Betroffenheit von Armut zum einen im internationalen Kontext zum anderen im Zeitverlauf zu vergleichen, wird auf das Konzept der relativen Armut zurückgegriffen. Eine Person wird im Rahmen dieses Konzeptes dann als arm angesehen, wenn ihr im Vergleich zum Bevölkerungsdurchschnitt der Zugriff auf finanzielle Ressourcen in erheblicher Weise verschlossen bleibt. Im allgemeinen wird auf der Basis von monatlichen Äquivalenzeinkommen (vgl. Kapitel 2.3.4.1) mit drei Schwellenwerten operiert: Ein Einkommen von weniger als 40 % des Durchschnittseinkommens wird als strenge Einkommensarmut definiert, 50 % des Durchschnittseinkommens geben ein mittleres Armutspotential an, 60 % des Durchschnittseinkommens kennzeichnen eine armutsnahe Einkommenssituation (StBA 1997d: 515).

Die Armutsrate für Frauen nach der 50 % Armutsgrenze ist von 1985 bis 1995 angestiegen: In den alten Bundesländern von 11,9 % (1985) auf 14,0 % (1995). In den neuen Bundesländern betrug sie 1990 nur 3,6 %, stieg jedoch bis 1995 auf 11,8 % an. Die entsprechenden Armutsraten der Männer lagen 1995 in den alten Ländern um 2 Prozentpunkte, in den neuen Bundesländern um 0,6 Prozentpunkte unter denen der Frauen. Differenziert nach weiteren soziodemographischen Merkmalen fanden sich hohe Armutsraten 1995 in den alten und den neuen Bundesländern unter den Arbeitslosen (33,8 % bzw. 25,7 %), unter Personen mit Hauptschulabschluß (20,4 % bzw. 11 %) und vor allem bei den 0-15jährigen (21,8 % bzw. 19,7 %), was auf die zunehmend kritische Lebenssituation von Kindern und Jugendlichen verweist. Familienstandspezifisch differenziert hatten die verheiratet, aber getrennt Lebenden in den alten Bundesländern die höchste Armutsrate (18,3 %). In den neuen Ländern unterschied sich die Rate dieser Gruppe mit 20,4 % nicht von der der Geschiedenen (20 %) (ebd.: 523).

Eine haushaltsspezifische Betrachtung weist auf dramatisch hohe Armutsquoten einzelner Haushaltstypen hin. 1995 lag die nach der 50 %-Armutsgrenze berechnete Quote der Haushalte Alleinerziehender (Frauenanteil im Westen ca. 85 %, im Osten 89 %), in den alten Bundesländern bei 42,4 %, in den neuen Ländern bei 35,5 %. Ebenfalls auffallend sind die Armutsraten der Familien mit drei und mehr Kindern, die im gleichen Jahr in den alten Bundesländern 31,4 % und in den neuen 46,2 % betrugen (ebd.: 524).

Das Ausmaß von Armut in Deutschland ist nur dann adäquat zu beschreiben, wenn der Blick auch auf die verdeckte Armut oder die „Dunkelziffer der Armut" (Wörndl 1999: 5) gerichtet wird. Verdeckte Armut liegt vor, wenn Personen die ihnen nach dem Bundessozialhilfegesetz zustehenden Leistungen nicht in Anspruch nehmen. Die Gründe dafür können Unwissenheit, Furcht oder Scham der einzelnen sein, jedoch beeinflussen auch die Bedingungen für den Erhalt der Sozialhilfe und das Verhalten des Personals der Sozialämter die Nichtinanspruchnahme (Hauser 1995: 10).

Neumann/Hertz analysierten anhand der Daten des SOEP von 1995 das Ausmaß und die Struktur der von verdeckter Armut betroffenen Bevölkerungsgruppen in Deutschland (Neumann/Hertz 1998). Nach ihren Ergebnissen lebten 1995 in Deutschland 2,8 Mio. Menschen (das sind 3,4 % der Bevölkerung) unerkannt unter dem Existenzminimum. Die Quote verdeckter Armut war in den neuen Bundesländern mit 4,2 % höher als in den alten (3,2 %) (ebd.: 59). Wesentliche geschlechtsspezifische Unterschiede sind nicht zu erkennen, die Quote der Frauen im Westen (3,4 %) und der Frauen im Osten (4,3 %) lag nur 0,4 bzw. 0,3 Prozentpunkte unter der der Männer (ebd.: 61). Eine Betrachtung nach Haushaltstypen, in denen die verdeckt armen Menschen leben, weist zwei Problemgruppen auf. Die mit 8,4 % höchste Quote hatten Personen in Paarhaushalten, in denen sowohl Kinder unter 16 Jahren als auch solche über 16 Jahre lebten. Die nächste stark betroffene Gruppe sind die Alleinerziehenden (7,5 %). Für beide Haushaltstypen lagen die Quoten in den neuen Bundesländern über dem gesamtdeutschen Durchschnitt. Auch die Alleinlebenden hatten mit 4,2 % eine überdurchschnittlich hohe Quote verdeckter Armut (ebd.: 70).

2.3.5 Wohnen

Wohnen gehört zu den menschlichen Grundbedürfnissen. Eine adäquate Wohnung vermittelt Schutz und Geborgenheit und ist Voraussetzung für körperliche und seelische Gesundheit. Im Gesundheitsbericht für Deutschland wird darauf hingewiesen, daß psychiatrische Krankheiten, Herz- Kreislauf und Magen-Darm-Erkrankungen, Atemwegserkrankungen und Allergien durch belastende und mangelhafte Wohnsituationen entstehen bzw. sich verschlechtern können (StBA 1998a: 114f.). Für alte Menschen in nicht altengerechten Wohnungen besteht eine erhöhte Unfall- und Sturzgefahr (vgl. Kapitel 4.5.). Im folgenden werden die Wohnverhältnisse der Frauenhaushalte dargestellt, auf Wohnungslosigkeit und Wohnungsnot wird in Kapitel 9.1.1 eingegangen.

Zur Qualität des Wohnens gehören nicht nur die Fläche, Ausstattung und Belegungsdichte des eigentlichen Wohnraumes, sondern auch die Wohnumgebung mit ausreichenden Infrastruktureinrichtungen und mit einer guten Anbindung an den öffentlichen Personennahverkehr. Verschiedene Haushaltstypen haben unterschiedliche Wohnbedürfnisse. Da jedoch 37,5 % der erwachsenen Frauen in Deutschland mit minderjährigen Kindern zusammenleben (vgl. Kapitel 2.2.2), ist frauengerechtes Wohnen in weiten Teilen familiengerechtes Wohnen. Zwar betreffen schlechte Wohnbedingungen alle Familienmitglieder, aber vor allem Frauen leiden an Enge, Mängeln der Ausstattung und ungünstigen Grundrissen von Wohnungen, weil sie, durch Hausarbeit und Kinderbetreuung bedingt, mehr Zeit in den Wohnräumen verbringen.

Wohnverhältnisse

Aufschluß über die Wohnverhältnisse der Haushalte in Deutschland geben die Ergebnisse der im September 1993 zum ersten Mal nach der Wende durchgeführten 1 %-Gebäude- und Wohnungsstichprobe (StBA 1996w).

Nach den Ergebnissen dieser Erhebung gab es im September 1993 10,2 Mio. Haushalte, deren Bezugsperson eine Frau war (im folgenden Frauenhaushalte genannt), d. h. 31,7 % aller Haushalte in Deutschland waren Frauenhaushalte. Als Bezugsperson wurde die Person definiert, die die Lebensverhältnisse im Haushalt bestimmt. Die Zuordnung wurde von den Befragten vorgenommen. Die Frauenhaushalte bestanden zu ca. zwei Dritteln (62,1 %) aus alleinlebenden Frauen, von denen 57 % 65 Jahre alt oder älter waren. Die meisten Frauenhaushalte (73,1 %) waren in Hauptmietverhältnissen, 26,9 % waren Inhaberinnen ihrer Wohnung. Damit lag die Wohneigentumsquote bei den Frauen unter der Eigentümerquote aller Haushalte, die 38,8 % betrug (StBA 1998b: 104). Im Hinblick auf die Wohnungsgröße hatten Frauenhaushalte mit durchschnittlich 72,1 m^2 zwar kleinere Wohnungen als der Durchschnitt aller Haushalte (84,7 m^2), aber mit 43,8 m^2 fast 8 m^2 mehr Fläche pro Person. Es existieren jedoch nach Haushaltstypen differenziert Unterschiede der Wohnungsgröße. Alleinerziehende mit minderjährigen Kindern hatten von allen Haushaltstypen am wenigsten Wohnfläche pro Person zur Verfügung (in den alten Bundesländern 31,0 m^2, in den neuen und Ost-Berlin 25,8 m^2), beim Wohneigentum stehen sie an letzter Stelle aller Haushaltstypen (Engstler 1998: 167). Nur 11,4 % der Haushalte alleinerziehender Frauen lebten in der eigenen Wohnung (StBA 1998b: 196).

Im Hinblick auf die Wohnraumversorgung der Frauenhaushalte bestehen Unterschiede zwischen den alten und den neuen Bundesländern mit Ost-Berlin: Der Anteil der Eigentümerinnenhaushalte in den ersteren ist höher (29,5 % versus 16,6 %), die Wohnungen sind durchschnittlich größer (74,8 m^2 versus 61,6 m^2) und mit sanitären Einrichtungen besser ausgestattet. 2,4 % der Frauenhaushalte in den alten Ländern, aber 16,1 % derer in den neuen Ländern hatten kein Bad/keine Dusche und/oder kein WC innerhalb der Wohneinheit.

Mietbelastung

Die Belastung der Haushalte durch Mietzahlungen wird anhand der Mietbelastungsquote, die den Teil des monatlichen Nettoeinkommens bezeichnet, der für Wohnen ausgegeben werden muß, errechnet. Frauenhaushalte hatten 1993 mit einer Belastung von 22,6 % ihres Nettoeinkommens höhere Quoten als der Durchschnitt aller Haushalte (19,2 %). Die Mietbelastungsquoten lagen in den alten Bundesländern bei 24,6 %, in den neuen bei 15,6 %. Ehepaare mit Kindern mußten in den alten Bundesländer durchschnittlich 21 %, in den neuen 11 %, Ehepaare ohne Kinder in den alten Bundesländern 18 %, in den neuen 17 % ihres monatlichen Nettoeinkommens für Miete aufwenden (Engstler 1998: 167). Alleinerziehende fallen durch die ungünstigsten

Quoten aller Haushalte auf: In den alten Bundesländern wandten sie 32,9 %, in den neuen 20,6 % ihres monatlichen Einkommens für Miete auf (StBA 1998b: 198).

Infrastrukturelle Einrichtungen

Im Hinblick auf die Erreichbarkeit infrastruktureller Einrichtungen gibt es kaum Unterschiede zwischen Frauenhaushalten, Haushalten mit und ohne Kindern und Haushalten von Alleinerziehenden. Bei 89 % bis 93 % lag in bis zu 15 Minuten Fußweg die Haltestelle eines öffentlichen Verkehrsmittels. 74 % bis 81 % konnten in höchstens 15 Minuten Entfernung die Einkäufe für den täglichen Bedarf erledigen. Bei 74 % bis 77 % der Haushalte mit Kindern lag ein Kinderspielplatz in höchstens 15 Minuten Entfernung (StBA 1996w: 98-99).

3 Gesundheitsstatus

Im folgenden Kapitel werden Basisdaten zur gesundheitlichen Lage der Frauen in Deutschland berichtet. Sie geben Aufschluß über Unterschiede in der Lebenserwartung, den Todesursachen und im Gesundheitszustand bei Frauen und Männern. Sie zeigen damit Aufgaben für die Krankheitsverhütung und die gesundheitliche Versorgung von Frauen auf.

Der Frauengesundheitsbericht konzentriert sich in diesem Kapitel zum Gesundheitsstatus auf einige Schwerpunkte. Das sind zum einen Basisdaten zur Sterblichkeit, die die grundlegenden Unterschiede zwischen Frauen und Männern kennzeichnen. Des weiteren werden einige Krankheiten ausgewählt, die für die Gesundheit der Frauen von besonderer Bedeutung sind, wie etwa die gynäkologischen Erkrankungen und die deshalb in einer allgemeinen Gesundheitsberichterstattung in der Regel nicht aufgegriffen werden. Folgende Themenbereiche werden dargestellt:

- die Lebenserwartung von Frauen und Männern und die Besonderheiten und Unterschiede bei den Todesursachen (3.1.1 und 3.1.2);

- die Säuglings- und Müttersterblichkeit (3.1.3);

- ausgewählte Krankheiten, wie Herz-Kreislauf-Krankheiten (3.2) und Brustkrebs (3.3). Erstmals werden in der Gesundheitsberichterstattung in Deutschland auch gynäkologische Erkrankungen (3.4) berichtet. Es findet sich ein Abschnitt zu den sexuell übertragbaren Krankheiten außer HIV (3.6) und zum Selbstmord (Suizid) (3.7). Im Unterkapitel „Mundgesundheit" (3.5) wird ein neuer und für die Frauengesundheit sehr wichtiger Aspekt aufgegriffen.

Mit dieser Auswahl von Themen wird in keiner Weise der Anspruch auf Vollständigkeit erhoben. Eine ganze Reihe von weiteren Krankheiten, die für Frauen von Bedeutung sind, wie etwa die rheumatischen Erkrankungen, konnten auf dem Hintergrund der für den Bericht zur Verfügung stehenden Kapazitäten nicht bearbeitet werden. Es sei deshalb an dieser Stelle auf den Gesundheitsbericht für Deutschland verwiesen, in dem in einigen Abschnitten die Unterschiede zwischen Männern und Frauen explizit herausgearbeitet wurden. Hier sei beispielhaft das Kapitel zum Lungenkrebs erwähnt (StBA 1998a).

Die Darstellung knüpft am Gesundheitsbericht für Deutschland an. Daten zur Lebenserwartung, den Todesursachen und zur Mütter- und Säuglingssterblichkeit wurden aus dem Bericht übernommen bzw. basieren auf dem im Aufbau befindlichen Informationssystem Gesundheitsberichterstattung (IS-GBE) des Statistischen Bundesamtes. Sie wurden durch Angaben aus weiteren Quellen ergänzt. Um Vergleichbarkeit zum Bericht des Bundes zu gewährleisten, wurde das gleiche Berichtsjahr, nämlich das Jahr 1995, zugrunde gelegt. Wie auch im Bericht des Bundes sind die Daten zur Sterblichkeit auf die Europabevölkerung altersstandardisiert (vgl. StBA 1998a: 42, 43). Der Altersstandard legt die Altersverteilung der Gesamtbevölkerung, also Männer und Frauen zusammengenommen, zugrunde. Obwohl die Verwendung dieses Standards zu nicht unerheblichen statistischen Veränderungen der Daten führt, insbesondere zu einer Senkung der Todesraten bei den Frauen, wurde aus Gründen der Vergleichbarkeit mit dem Gesundheitsbericht für Deutschland dieser Standard beibehalten.

Als verläßliche Datenbasis stehen die Daten der Todesursachenstatistik zur Verfügung. Sie sagen allerdings nur begrenzt etwas über das allgemeine Auftreten von Krankheiten in der Bevölkerung aus. So gibt es einige häufig vorkommende Krankheiten wie etwa die rheumatischen Krankheiten, an denen die Erkrankten über Jahre und Jahrzehnte leiden, die aber nicht zum Tode führen und sich deshalb nicht in der Todesursachenstatistik niederschlagen. In den Abschnitten, die sich mit den spezifischen Krankheiten befassen, werden die Daten der Todesursachenstatistik deshalb durch Daten aus Einzelstudien, mit Routinedaten der gesetzlichen Krankenversicherung (Krankenhausbehandlung) oder mit Daten aus Krankheitsregistern (MONICA-Herzinfarkt-Register; Krebsregister) ergänzt. Diese Datenquellen sind allerdings in Teilen selektiv und nur für eng umschriebene Bevölkerungs-gruppen repräsentativ. Bei anderen, wie die zu den Krebserkrankungen, ist mit der Einführung der Krebsregister der Bundesländer vor wenigen Jahren eine verläßliche und valide Datenbasis erst im Aufbau. Da dieser Bericht im wesentlichen mit Sekundärdatenquellen arbeitet, sind in den krankheitsspezifischen Kapiteln die Daten in der Regel nicht auf die Europabevölkerung standardisiert. Die Aussage-fähigkeit der jeweils zugrunde gelegten Daten und Quellen ist in den einzelnen Unterabschnitten ausgewiesen.

3.1 Lebenserwartung und Mortalität im Geschlechtervergleich

3.1.1 Lebenserwartung und Sterblichkeit

3.1.1.1 Lebenserwartung

Die Lebenserwartung ist ein wesentlicher Indikator zur Beurteilung der gesundheitlichen Lage der Bevölkerung. Generell verbesserte Lebensbedingungen in diesem Jahrhundert sowie die Verbesserung der medizinischen Versorgung führten zu einer deutlichen Verlängerung der durchschnittlichen Lebensspanne. Hatte die mittlere Lebenserwartung zu Beginn des Jahrhunderts für Frauen 48,3 und für Männer 44,8 Jahre betragen, sind es gegenwärtig 79,8 bzw. 73,3 Jahre (StBA 1998a). In der ersten Hälfte dieses Jahrhunderts war die starke Zunahme der Lebenserwartung von Frauen ebenso wie von Männern vor allem auf die Bekämpfung von Infektionskrankheiten sowie bis in die 70er Jahre hinein auf die sinkende Säuglings- und Kindersterblichkeit zurückzuführen. Künftig wird die Zunahme der Lebenserwartung auch von einer weiteren Reduktion der Sterblichkeit in den mittleren Lebensjahren abhängen (StBA 1998b).

Sowohl in den alten als auch in den neuen Bundesländern ist die Lebenserwartung bei der Geburt wie auch die fernere Lebenserwartung der 60jährigen vom Zeitpunkt seit der Wiedervereinigung angestiegen; sie ist von einer leichten Veränderung geschlechtsspezifischer Unterschiede begleitet. Nach der Sterbetafel von 1991/93 betrug die Lebenserwartung bei der Geburt für Frauen in den neuen Bundesländern 77,2, für Männer 69,9 Jahre (vgl. Abbildung 3.1-1). Bereits 1994/96 zeigt sich ein Anstieg der Werte für Frauen auf 78,6 Jahre und für Männer auf 71,7 Jahre. Damit verringerten sich die Ost-West-Differenzen. 1990 hatte die Lebenserwartung der Männer in den neuen Bundesländern zunächst um ein Jahr abgenommen. Seitdem allerdings steigt die Lebenserwartung für beide Geschlechter in den neuen rascher als in den alten Bundesländern an (StBA 1998a).

Da die Lebenserwartung bei den Frauen schneller als bei den Männern stieg, kam es während dieses Zeitraums auch zu einem Zuwachs des Unterschiedes zwischen Männern und Frauen von 7,3 auf 7,4 Jahre. In den alten Bundesländern stieg im gleichen Zeitraum die Lebenserwartung bei der Geburt von 79,3 auf 80 Jahre bei den Frauen und von 72,9 auf 73,8 Jahre bei den Männern. Damit reduzierte sich die Differenz zwischen den Geschlechtern von 6,4 auf 6,2 Jahre (Höhn 1998).

Im europäischen Vergleich liegt Deutschland bei der Lebenserwartung im mittleren Bereich. 1995 wies Schweden bei den Männern mit 76,2 Jahren die höchste Lebenserwartung auf, bei den Frauen lag Frankreich mit 81,9 Jahren an erster Stelle. Im Vergleich mit den sieben führenden Wirtschaftsmächten hatte Japan mit 76,4 Jahren für die Männer bzw. 82,8 Jahren für Frauen die weitaus höchste Lebenserwartung.

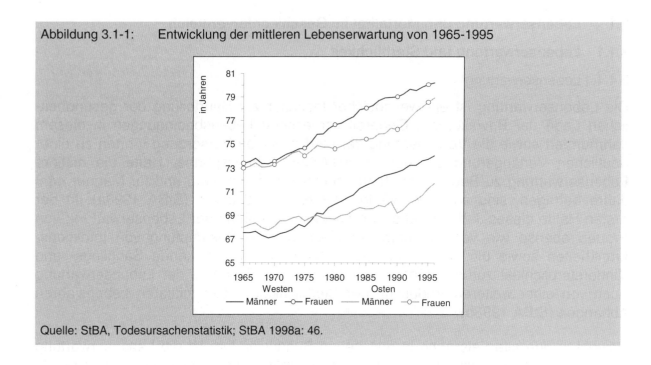

Abbildung 3.1-1: Entwicklung der mittleren Lebenserwartung von 1965-1995

Quelle: StBA, Todesursachenstatistik; StBA 1998a: 46.

Tabelle 3.1-1: Mittlere Lebenserwartung 1995 nach Bundesländern (in Jahren)

Land	Lebenserwartung (in Jahren)		Abweichung vom Durchschnitt (in Jahren)	
	Männer	Frauen	Männer	Frauen
Deutschland	73,26	79,75	0,00	0,00
Baden-Württemberg	74,71	80,88	1,45	1,14
Bayern	74,10	80,22	0,84	0,47
Berlin	72,27	78,97	-0,99	-0,78
Brandenburg	70,87	78,58	-2,39	-1,17
Bremen	72,46	79,41	-0,80	-0,34
Hamburg	73,70	79,90	0,44	0,15
Hessen	74,16	80,13	0,90	0,38
Mecklenburg-Vorpommern	69,52	78,03	-3,74	-1,71
Niedersachsen	73,43	79,83	0,17	0,08
Nordrhein-Westfalen	73,36	79,79	0,10	0,05
Rheinland-Pfalz	73,87	79,98	0,60	0,24
Saarland	72,52	79,28	-0,74	-0,47
Sachsen	71,86	78,99	-1,40	-0,76
Sachsen-Anhalt	70,62	78,01	-2,64	-1,74
Schleswig-Holstein	73,87	79,76	0,61	0,01
Thüringen	71,50	78,43	-1,76	-1,32

Quelle: StBA Todesursachenstatistik, StBA 1998a: 47.

Die Betrachtung der länderspezifischen mittleren Lebenserwartung in der Bundesrepublik verweist auf regionale und hier besonders auf nach wie vor bestehende Ost-West-Differenzen (StBA 1998a). Während die höchste mittlere Lebenserwartung bei Frauen und Männern in Baden-Württemberg zu finden ist, liegt die niedrigste

Lebenserwartung bei Frauen in Sachsen-Anhalt und bei Männern in Mecklenburg-Vorpommern (vgl. Tabelle 3.1-1).

3.1.1.2 Sterblichkeit

1995 starben in Deutschland deutlich mehr Frauen (473.925) als Männer (410.663) (StBA 1998a). Die gesamte Sterblichkeit wird vom Mortalitätsgeschehen in den oberen Altersgruppen dominiert; sie liegt für die über 79jährigen um den Faktor 10-15 über dem Gesamtdurchschnitt. Zu dieser Altersgruppe gehörten 1995 rund 60 % der gestorbenen Frauen aber nur etwa 32 % der gestorbenen Männer (StBA 1998a). Insgesamt weist die Sterblichkeit einen altersabhängigen Verlauf auf. Von höheren Werten im ersten Lebensjahr sinkt sie auf ein niedriges Niveau zwischen 5 und 15 Jahren und steigt dann wiederum kontinuierlich an. Ab einem Alter von 35 Jahren liegt die Sterblichkeit in jeder Fünf-Jahres-Altersgruppe um 50 % über dem Wert der darunterliegenden (ebd.).

Seit 1972 sterben in Deutschland jährlich mehr Menschen, als Kinder geboren werden. Weniger Sterbefälle als Geburten hat es in Deutschland letztmalig im Jahr 1971 gegeben (StBA 1997b).

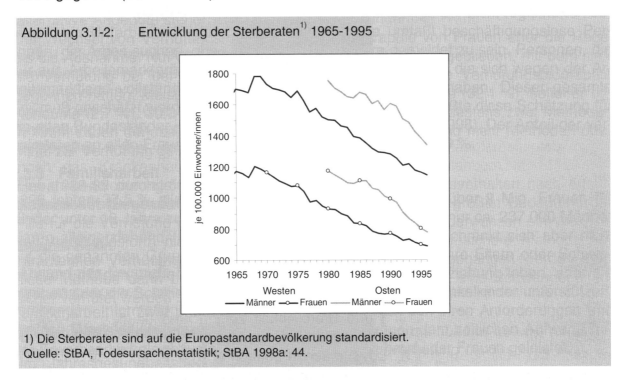

Abbildung 3.1-2:   Entwicklung der Sterberaten[1] 1965-1995

1) Die Sterberaten sind auf die Europastandardbevölkerung standardisiert.
Quelle: StBA, Todesursachenstatistik; StBA 1998a: 44.

Seit 1980 nahm die Sterberate (pro 100.000 Einw.) bei Frauen und Männern jeweils um etwa ein Viertel ab, wobei in der DDR/neue Bundesländer ein weitaus stärkerer Rückgang bei den Frauen zu verzeichnen war. Bei den Männern war der Rückgang schwächer ausgeprägt, was für die Jahre 1990 und 1991 vor allem auf die Zunahme der tödlichen Verkehrsunfälle zurückzuführen ist (ebd.).

Wie die Lebenserwartung so weisen auch die Sterberaten für Frauen wie für Männer regionale und besonders Ost-West-Unterschiede aus. In den neuen Bundesländern betrug 1995 die auf die Europastandardbevölkerung standardisierte Sterberate für Frauen 804,4 je 100.000 der Bevölkerung; in den alten lag sie mit 699,3 darunter. Besonders bei den Männern zeigt sich ein deutlicher Ost-West-Unterschied der Sterberate, die 1995 für je 100.000 Einwohner im Osten bei 1.385,7 und im Westen bei 1.165,9 lag. Unterschiede der Sterberaten bestehen auch zwischen einzelnen Bundesländern: Der höchste Wert für Frauen mit 846,3 wurde in Mecklenburg-Vorpommern registriert, während der niedrigste Wert in Baden-Württemberg bei 647,8 lag (StBA 1998a).

Die Entwicklung des standardisierten durchschnittlichen Sterbealters weist eine allmähliche aber stetige Zunahme aus. 1995 lag dieses Sterbealter in den alten Bundesländern für die Frauen bei 74,9 und für Männer bei 72,7 Jahren. Bis Anfang der 90er Jahre lagen die Werte in den neuen über denen der alten Bundesländer (StBA 1998a).

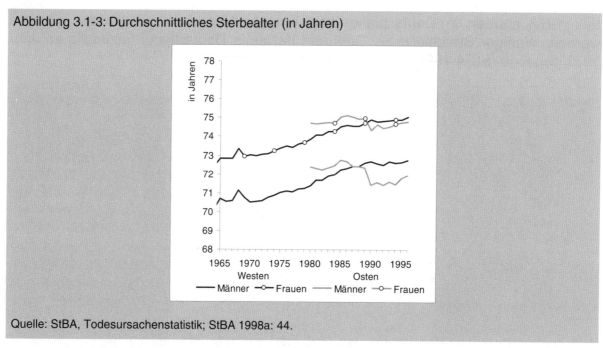

Abbildung 3.1-3: Durchschnittliches Sterbealter (in Jahren)

Quelle: StBA, Todesursachenstatistik; StBA 1998a: 44.

3.1.1.3 Zusammenfassung und Bewertung

Die Daten zur Lebenserwartung und Sterblichkeit zeigen eine deutlich günstigere Situation für die Frauen. Ursachen dafür sind nur in Ansätzen bekannt. Zunächst müssen dazu die spezifischen Todesursachen betrachtet werden, denn es sind z. T. unterschiedliche Krankheiten bei Frauen und Männern, die einen Einfluß auf die Lebenserwartung haben (vgl. Kapitel 3.1.2). Ursachen für diese Unterschiede im Krankheitsspektrum sind nur z. T. erforscht und umfassen sowohl biologische als auch soziale und verhaltensabhängige Faktoren.

Immer noch bestehen Unterschiede in der Lebenserwartung und Sterblichkeit in Ost- und Westdeutschland, obwohl sich diese Differenz inzwischen deutlich verringert hat. Hierfür spielen u. a. die verbesserten Arbeits- und Lebensbedingungen aber auch die verbesserte medizinische Versorgung eine Rolle. Die gravierenden Unterschiede zwischen den Bundesländern führen das eindrücklich vor Augen: In den strukturschwächsten Ländern ist die Lebenserwartung am niedrigsten, in den strukturstärksten am höchsten.

3.1.2 Sterblichkeit nach ausgewählten Todesursachen

Die fünf häufigsten Todesursachen bei den Frauen sind: zerebrovaskuläre Erkrankungen (Schlaganfall) (64.806) (absolute Anzahl der Verstorbenen im Jahre 1995), Myokardinfarkt (Herzinfarkt) (38.821), Herzinsuffizienz (38.469), Brustkrebs (18.674) und Diabetes (15.328); bei den Männern sind es Herzinfarkt (48.918), Schlaganfall (36.228), Lungenkrebs (28.887), Herzinsuffizienz (18.572) und Lebererkrankungen (13.326). Weiterhin macht die Obergruppe der Krankheiten der Atmungsorgane bei beiden Geschlechtern einen wichtigen Anteil aus (Frauen 24.822, Männer 29.076) und die Obergruppe der Verletzungen und Vergiftungen (Frauen 14.688, Männer 24.679).

Aufgrund der höheren Lebenserwartung von Frauen und des dadurch bedingten größeren Anteils von v.a. älteren Frauen in der Bevölkerung waren 53,6 % aller im Jahre 1995 verstorbenen Personen weiblich (alle Angaben im folgenden vgl. Tabelle 3.1-2); allerdings ist der Frauenanteil je nach Todesursache unterschiedlich. Sieht man einmal von den Erkrankungen ab, die fast ausschließlich bei Frauen vorkommen, wie Brust-, Gebärmutter- und Eierstockkrebs, dann versterben mehr Frauen als Männer an folgenden Todesursachen: Dickdarmkrebs, Diabetes, Krankheiten des Nervensystems, Krankheiten des Kreislaufsystems, hier insbesondere an Herzinsuffizienz und zerebrovaskulären Krankheiten. Deutlich weniger Frauen als Männer versterben an Lungen- und Nierenkrebs, psychiatrischen Krankheiten, Lebererkrankungen, Verletzungen und Vergiftungen, darunter insbesondere KFZ-Unfälle und Selbstmord.

Betrachtet man die Gesamtheit aller verstorbenen Frauen, dann zeigt sich, daß mehr als die Hälfte aller Frauen (52,9 %) an Herz-Kreislauf-Erkrankungen verstirbt; bei den Männern sind das demgegenüber 43,5 %. Bei ihnen versterben jedoch mehr Personen an Krebs (27,0 %) als bei den Frauen (22,8 %). Wichtigste Todesursachen der Krebserkrankungen bei den Frauen sind der Brustkrebs (3,9 %), Dickdarmkrebs (2,6 %), Krebserkrankungen der weiblichen Geschlechtsorgane (2,4 %) und Lungenkrebs (1,7 %). Bei den Männern ist der Lungenkrebs (7,0 %) mit Abstand häufigste Krebstodesursache. Ca. ein Fünftel aller Frauen und Männer versterben an ischämischen Herzkrankheiten, wobei bei den Frauen Herzinfarkt (8,2 %) und Herzinsuffizienz (8,1 %) dominieren, bei den Männern der Herzinfarkt (11,9 %); wichtige Todesursache ist mit 13,7 % bei den Frauen auch der Schlaganfall.

Vergleicht man Frauen und Männer hinsichtlich der Todesursachen, die besonders zur vorzeitigen Sterblichkeit (hier definiert als Verstorbene im Alter unter 65 Jahren) beitragen, verschiebt sich das Bild. Die Herz-Kreislauf-Krankheiten - als wichtigste Todesursachengruppe im Alter - machen dann nur noch 28,1 % aller Todesursachen bei den Männern und 20,8 % bei den Frauen aus. Mit 11,4 % gewinnt der Herzinfarkt bei den Männern als wichtigste einzelne Todesursache an Bedeutung, während dieser bei den Frauen nur 5,6 % ausmacht. Krebserkrankungen bestimmen mit

29,5 % der Verstorbenen bei den Männern und sogar mit 44,1 % bei den Frauen die Frühsterblichkeit. Brustkrebs (12,1 %), die Krebse der weiblichen Geschlechtsorgane (zusammen 6 %) und Lungenkrebs (4,2 %) spielen als Krebstodesursachen bei Frauen die wichtigste Rolle, während es bei den Männern der Lungenkrebs (8,6 %) ist. Mit 13,9 % machen die Verletzungen und Vergiftungen bei den Männern ebenfalls eine der wichtigsten Todesursachen der Frühsterblichkeit aus (Frauen 8,9 %).

Die unterschiedliche Verteilung der Todesursachen wird auch am durchschnittlichen Sterbealter erkennbar: Es liegt niedrig bei den Krebserkrankungen, insbesondere beim Brustkrebs (65,4 Jahre), und es ist hoch bei den Krankheiten des Kreislaufsystems, insbesondere bei der Arteriosklerose (85,2 Jahre) und der Herzinsuffizienz (83,5 Jahre). Am niedrigsten ist das durchschnittliche Sterbealter bei beiden Geschlechtern bei den Verletzungen und Vergiftungen, dabei insbesondere bei den KFZ-Unfällen.

Die altersstandardisierte Sterberate (EU-Standard-Bevölkerung) gibt an, wieviele Frauen bzw. Männer pro 100.000 Einwohnerinnen und Einwohner des jeweiligen Geschlechts an der spezifischen Todesursache versterben, also unabhängig von der absoluten Einwohneranzahl und der Altersverteilung bei den jeweiligen Todesursachen. Die Sterbeziffer der Frauen und Männer läßt sich zueinander in Beziehung setzen: Die m/w-Relation gibt an, wieviel mal häufiger Männer als Frauen an der jeweiligen Todesursache versterben. Für fast alle Todesursachen liegt die Sterberate der Männer über der der Frauen, das heißt, daß im Verhältnis mehr Männer an ihnen versterben - bedingt durch das insgesamt und für fast alle Todesursachen niedrigere Sterbealter der Männer. An Lungenkrebs versterben sie 5,3mal häufiger als Frauen, an Nierenkrebsen 2,9mal, an psychiatrischen Krankheiten 2,5mal, am Herzinfarkt 2,4mal, an Krankheiten der Atmungsorgane und Lebererkrankungen 2,5 bzw. 2,4mal und an KFZ-Unfällen und Selbstmord sogar 2,9 bzw. 3,1mal häufiger als Frauen.

Unterschiede im Todesursachenspektrum finden sich auch im Ost-West-Vergleich. Setzt man die Sterbeziffer im Westen je Todesursache auf 1, so läßt sich diese in Relation zur Sterbeziffer im Osten darstellen. Danach versterben Frauen in den neuen Bundesländern überproportional häufiger an Magen- und Rektumkrebs, Gebärmutter- und Nierenkrebs, Diabetes, Herzinfarkt, Schlaganfall und Arteriosklerose, Lebererkrankungen und KFZ-Unfällen. Seltener kommen bei ihnen als Todesursachen infektiöse Erkrankungen (insbesondere AIDS), Lungen- und Brustkrebs, psychiatrische Erkrankungen und Erkrankungen des Nervensystems, Herzinsuffizienz und Krankheiten der Atmungsorgane vor.

Für die Unterschiede im Todesursachenspektrum bei Frauen und Männern spielen sowohl biologisch-genetische als auch soziale und verhaltensbedingte Faktoren eine Rolle. Die höhere Sterblichkeit der Männer ist v. a. durch ihre Frühsterblichkeit an ischämischen Herzkrankheiten, insbesondere dem Herzinfarkt, bestimmt, während diese Erkrankungen bei den Frauen zwar auch die Haupttodesursache bilden, aber erst mit höherem Lebensalter an Bedeutung gewinnen. Für diese Unterschiede werden zum einen biologische Faktoren verantwortlich gemacht: Frauen scheinen im jüngeren und mittleren Lebensalter gegen ischämische Herzkrankheiten durch ihre hormonelle Konstellation geschützt zu sein (vgl. Kapitel 3.2 Herz-Kreislauf-Krankheiten); erst mit dem Alter und der Veränderung der hormonellen Situation verliert dieser Faktor an Bedeutung. Weiterhin spielen verhaltensbedingte, wie z. B. das Rauchverhalten (vgl. Kapitel 4.3 Rauchen), und soziale bzw. psychosoziale Faktoren eine Rolle. So haben Personen mit hoher beruflicher Belastung und Exposition und insgesamt eher ungünstigeren Soziallagen ein höheres Risiko für Herz-Kreislauf-Erkrankungen.

Wenn bei den Frauen für die Frühsterblichkeit die Krebserkrankungen, insbesondere der Brustkrebs und Krebse der weiblichen Geschlechtsorgane, eine große Rolle spielen, so deutet dies ebenfalls auf biologische Einflüsse wie hormonelle Faktoren hin (vgl. Kapitel 3.3 Brustkrebs). Auch bei den Krebserkrankungen spielen äußere Belastungen und psychosoziale Faktoren eine Rolle; sie sind allerdings noch nicht in dem Ausmaß erforscht wie bei den Herz-Kreislauf- und anderen Krankheiten.

Verhaltens- und umweltbedingte Faktoren sind für den Lungenkrebs verantwortlich. Während bei den Männern die Sterbeziffer in den 80er Jahren konstant auf dem gleichen Niveau blieb, ist sie in der ersten Hälfte der 90er Jahre sogar um 5,6 je 100.000 Einwohner zurückgegangen (StBA 1998a). Bei den Frauen stieg sie jedoch in diesem Zeitraum um 2,7 (Ost) bzw. 2,1 (West) pro 100.000 Einwohnerinnen an (ebd.: 49). Vermutlich lassen sich die gravierenden Veränderungen des Rauchverhaltens bei den Frauen für diese negativen Entwicklungen verantwortlich machen (vgl. Kapitel 4.3 Rauchen).

Für sexuell übertragbare Krankheiten, AIDS, Selbstmord, Unfälle, insbesondere KFZ-Unfälle lassen sich primär soziale, psychosoziale und verhaltensbedingte Faktoren verantwortlich machen (vgl. StBA 1998a und verschiedene Kapitel in diesem Band).

Tabelle 3.1-2a: Todesursachenspezifische Sterblichkeit 1995

Todesursache (ICD)	Anzahl der Gestorbenen		Anzahl der Gestorbenen in % aller Sterbefälle		Anzahl der Gestorbenen unter 65 Jahren in % aller Sterbefälle	
	Insgesamt (absolut)	davon: weiblich in %	Männer	Frauen	Männer	Frauen
Gesamt (001-999)	884.588	53,6	100	100	100	100
Infektionen und parasitäre Krankheiten (001-139)	8.129	43,0	1,1	0,7	2,1	1,3
Krebserkrankungen (140-239)	218.597	49,3	27,0	22,8	29,5	44,1
Magen (151)	15.389	48,7	1,9	1,6	1,8	2,1
Dickdarm (153)	21.232	57,8	2,2	2,6	1,9	3,1
Rektum (154)	9.089	51,6	1,1	1,0	1,1	1,3
Lunge (162)	37.147	22,2	7,0	1,7	8,6	4,2
Brust (174-175)	18.807	99,3	0,0	3,9	0,0	12,1
Gebärmutter (179-182)	5.147	100,0	-	1,1	0,0	2,6
Ovarien, Adnexe (183)	6.258	100,0	-	1,3	0,0	3,4
Niere (188-189)	13.056	38,5	2,0	1,1	1,7	1,3
Diabetes mellitus (250)	23.328	65,7	1,9	3,2	1,5	1,7
Psychiatrische Krankheiten (290-319)	11.383	38,2	1,7	0,9	3,9	2,0
Krankheiten des Nervensystems (320-389)	14.675	54,0	1,6	1,7	1,6	2,2
Kreislaufkrankheiten (390-459)	429.407	58,4	43,5	52,9	28,1	20,8
Ischämische (410-414)	183.736	52,0	21,5	20,2	15,7	8,1
Myokardinfarkt (410)	87.739	44,2	11,9	8,2	11,4	5,6
Herzinsuffizienz (428)	57.041	67,4	4,5	8,1	1,6	1,4
Zerebrovaskuläre (430-438)	101.034	64,1	8,8	13,7	3,9	4,9
Arteriosklerose (440)	17.524	67,8	1,4	2,5	0,3	0,2
Atmungsorgane (460-519)	53.898	46,1	7,1	5,2	3,6	3,1
Verdauungsorgane (520-579)	41.821	48,0	5,3	4,2	8,7	7,5
Leber (570-573)	20.349	34,5	3,2	1,5	7,0	5,6
Verletzungen, Vergiftungen (800-999)	39.367	37,3	6,0	3,1	13,9	8,9
KFZ-Unfälle (E810-E819)	8.942	27,4	1,6	0,5	-	-
Selbstmord (E950- E959)	12.888	28,4	2,2	0,8	-	-

Quelle: Todesursachenstatistik des StBA, Datenlieferungen und eigene Berechnungen.

Die Sterbeziffern und das Sterbealter sind auf die Europastandardbevölkerung standardisiert. Die Ost-West-Relation bezieht die standardisierte Sterbeziffer im Osten auf die im Westen.

Tabelle 3.1-2b: Todesursachenspezifische Sterblichkeit 1995

Todesursache (ICD)	Durchschnittliches Sterbealter (altersstandardisiert)		Sterberate je 100.000 Einwohnerinnen und Einwohner (altersstandardisiert)			Ost-West-Relation der Sterberaten	
	Männer	Frauen	Männer	Frauen	M/F	Männer	Frauen
Gesamt (001-999)	72,4	74,9	1.204,6	718,6	1,7	1,19	1,15
Infektionen und parasitäre Krankheiten (001-139)	60,9	67,1	12,2	5,9	2,1	0,37	0,37
Krebserkrankungen (140-239)	71,6	69,9	313,7	183,4	1,7	1,03	0,98
Magen (151)	73,2	73,5	22,9	12,0	1,9	1,30	1,27
Dickdarm (153)	73,7	74,3	26,1	19,5	1,3	0,83	0,90
Rektum (154)	72,4	73,2	12,5	7,6	1,6	1,49	1,52
Lunge (162)	69,7	67,9	78,6	14,9	5,3	1,19	0,80
Brust (174-175)	71,4	65,4	0,4	34,0	0,0	0,63	0,77
Gebärmutter (179-182)	-	67,3	-	9,1	-	-	1,38
Ovarien, Adnexe (183)	-	67,6	-	11,2	-	-	1,02
Niere (188-189)	74,2	73,7	23,6	8,1	2,9	1,23	1,21
Diabetes mellitus (250)	75	78,1	23,9	22,9	1,0	1,23	1,40
Psychiatrische Krankheiten (290-319)	58,4	68,1	17,7	7,0	2,5	1,11	0,79
Krankheiten des Nervensystems (320-389)	71,1	70,9	20,3	12,9	1,6	0,67	0,59
Kreislaufkrankheiten (390-459)	76,9	80,2	547,0	351,8	1,6	1,33	1,33
Ischämische (410-414)	75,6	79,7	264,5	137,1	1,9	1,58	1,74
Myokardinfarkt (410)	72,8	76,9	141,1	59,4	2,4	1,41	1,28
Herzinsuffizienz (428)	81,5	83,5	60,4	49,8	1,2	0,55	0,48
Zerebrovaskuläre (430-438)	78,8	80,4	115,4	90,7	1,3	1,46	1,46
Arteriosklerose (440)	83,0	85,2	18,8	14,8	1,3	1,89	1,76
Atmungsorgane (460-519)	77,6	78,2	90,8	35,9	2,5	1,01	0,85
Verdauungsorgane (520-579)	67,1	71,3	57,9	32,6	1,8	1,51	1,26
Leber (570-573)	61,3	62,1	32,7	13,5	2,4	1,78	1,47
Verletzungen, Vergiftungen (800-999)	51,3	58,7	64,3	26,4	2,4	1,58	1,38
KFZ-Unfälle (E810-E819)	37,1	39,1	16,93	5,79	2,9	1,82	1,64
Selbstmord (E950-E959)	53,3	54,4	23,15	7,46	3,1	1,34	1,15

Quelle: Todesursachenstatistik des StBA, Datenlieferungen und eigene Berechnungen.

Die Sterberaten und das Sterbealter sind auf die Europastandardbevölkerung standardisiert. Die Ost-West-Relation bezieht die standardisierte Sterbeziffer im Osten auf die im Westen.

3.1.3 Mütter- und Säuglingssterblichkeit

3.1.3.1 Säuglingssterblichkeit

Neben der Lebenserwartung wird auch die Säuglings- und Müttersterblichkeit als wesentlicher Indikator zur Beurteilung der gesundheitlichen Situation der Bevölkerung angesehen und ist Ausdruck vom Stand und Zugang zu gesundheitlicher Versorgung. Die Säuglingssterblichkeit ging in diesem Jahrhundert durch die Anhebung des Lebensstandards insgesamt ebenso wie durch die verbesserte medizinische Betreuung während bzw. nach der Schwangerschaft und Geburt kontinuierlich zurück. Vor ca. 100 Jahren starben von 1.000 geborenen Mädchen 199 vor ihrem ersten Geburtstag. 1932/34 waren es noch 68, während es Mitte der 90er Jahre nur noch vier waren (StBA 1998b). Tabelle 3.1-3 zeigt, daß die DDR bis 1965 eine höhere Säuglingssterblichkeit als die Bundesrepublik zu verzeichnen hatte, was sich in den nachfolgenden Jahren jedoch umkehrte.

Im Hinblick auf die Säuglingssterblichkeit unterscheiden sich die neuen und die alten Bundesländer gegenwärtig nur noch sehr geringfügig voneinander; in den alten Bundesländern war 1995 eine Säuglingssterblichkeit von 5,3 je 1.000 Lebendgeborenen zu verzeichnen und in den neuen von 5,5.

Tabelle 3.1-3: Säuglingssterblichkeit im Zeitvergleich - Absolut sowie je 1.000 Lebendgeborener

Jahr	BRD/alte Bundesländer		DDR/neue Bundesländer	
	Anzahl	je 1.000 Lebendgeborener	Anzahl	je 1.000 Lebendgeborener
1950	45.252	55,3	21.923	72,2
1955	34.284	41,4	14.330	48,9
1960	32.724	33,8	11.381	38,8
1965	24.947	23,8	6.960	24,8
1970	19.265	23,4	4.382	18,5
1975	11.875	19,7	2.885	15,9
1980	7.821	12,7	2.923	12,1
1985	5.244	8,9	2.175	9,6
1990	5.076	7,1	1.309	7,3
1995	3.598	5,3	455	5,5

Quellen: StBA (Fachserie 1, R 1) 1996e: 156. Wolk; 1987.

Im europäischen Vergleich war die Säuglingssterblichkeit in der Bundesrepublik wie in der DDR lange Zeit relativ hoch. Länder mit einer auch in den 60er Jahren schon verhältnismäßig geringen Säuglingssterblichkeit wie Schweden, Niederlande oder Schweiz konnten ihre Säuglingssterblichkeit schon frühzeitig sehr stark senken. 1960 hatte die Bundesrepublik Deutschland eine doppelt so hohe Säuglingssterblichkeitsziffer wie Schweden. Dies galt etwas stärker ausgeprägt ebenso für die DDR. 1976 war der relative Abstand zu Schweden oder der Schweiz erhalten geblieben, wenngleich auch auf weitaus niedrigerem Niveau. Schweden hatte bereits Mitte der 70er Jahre mit 8,6 Gestorbenen auf 1.000 Lebendgeborene eine sehr geringe Säuglingssterblichkeit erreicht; eine Rate, die in der Bundesrepublik Deutschland erst

1985 erreicht wurde (Beck et al. 1978). Mittlerweile bewegt sich die Säuglingssterblichkeit in Ländern mit einer guten gesundheitlichen Betreuung wie Tabelle 3.1-4 zeigt auf einem vergleichbar niedrigen Niveau.

Tabelle 3.1-4: Säuglingssterblichkeit in ausgewählten Ländern im Vergleich

Land	Gestorbene im 1. Lebensjahr je 1.000 Lebendgeborene		
	1960	1975	1990/95
Schweden	16,6	8,6	5
Niederlande	17,9	10,6	6
Norwegen	18,9	11,1	8
Finnland	21,0	9,6	5
Schweiz	21,1	10,7	6
Dänemark	21,5	10,4	6
England und Wales	22,5[1]	15,7	6[1]
Frankreich	27,4	13,9	6
Luxemburg	31,5	13,5	5
BRD/ABL	33,8	19,7	5
Spanien	35,5	18,7	7
Österreich	37,5	20,5	6
DDR/NBL	38,8	15,9	5
Italien	43,9	20,7	7
Griechenland	40,1	24,0	8
Ungarn	47,6	32,8	15
Polen	56,8	24,9	15
Rumänien	75,7	37,4	23
Portugal	77,5	38,9	8

1) Großbritannien und Nordirland

Quellen: StBA 1997a: 414; Beck et al. 1978: 69-70.

Seit Beginn der 70er Jahre konnte besonders die Frühsterblichkeit (< 7 Tage) von Säuglingen gesenkt werden, die vor allem untergewichtige, frühgeborene sowie Neugeborene mit angeborenen Fehlbildungen betrifft sowie solche, die unter den Folgen von Schwangerschafts- und Geburtskomplikationen leiden (StBA 1998a). Untergewichtige Lebendgeborene bis einschließlich 2.499 g haben eine etwa 20mal höhere Sterblichkeit als normalgewichtige. Obwohl ihr Anteil nur 6 % beträgt, sind 60 % der Säuglingssterblichkeit durch sie bedingt (Wolk/Fritsche 1990). Durch den Ausbau der gesundheitlichen Betreuung während der Schwangerschaft, der Geburtsüberwachung sowie der neonatologischen Intensivbetreuung ist es gelungen, die Sterblichkeit untergewichtig geborener Kinder deutlich zu senken. Die Frühsterblichkeit, die bis 1980 in der DDR geringer war als in der Bundesrepublik, ging in Ost- wie in Westdeutschland deutlich zurück. In der DDR zwischen 1970 und 1989 um 70 % und in der Bundesrepublik um 80 %. Die zu Beginn der 90er Jahre vorhandenen geringfügigen Unterschiede bestehen mittlerweile nicht mehr.

Der Vergleich zwischen einzelnen Bundesländern weist auch in bezug auf die Säuglingssterblichkeit beträchtliche regionale Unterschiede aus. 1995 verzeichneten das Saarland mit 6,4 und Sachsen-Anhalt mit 6,2 Sterbefällen je 1.000 Lebendgeborenen die höchste Säuglingssterblichkeit. Am geringsten war sie mit jeweils 4,6 in Hessen und Schleswig-Holstein, gefolgt von Mecklenburg-Vorpommern und Baden-Württemberg mit jeweils 4,7.

Der allgemeine Rückgang der Säuglingssterblichkeit hat auch die Unterschiede zwischen den einzelnen Bundesländern sowie einzelnen Bevölkerungsgruppen reduziert. 1970 war in der Bundesrepublik die Sterblichkeit nichtehelich Geborener sowie ausländischer Säuglinge überdurchschnittlich hoch. Diese Unterschiede bestehen zwar weiterhin, sind jedoch weitaus schwächer ausgeprägt. So starben 1995 bezogen auf 100.000 Lebendgeborene 640 nichteheliche Kinder gegenüber 510 ehelichen, 650 nichtdeutsche gegenüber 510 deutschen (StBA 1998a: 55).

Die Sterblichkeit männlicher Säuglinge liegt stets über dem Durchschnitt, die der weiblichen Säuglinge in etwa gleichem Abstand darunter. Das Verhältnis des Sterblichkeitsniveaus weiblicher zu männlichen Säuglingen hat sich über die Jahre kaum verändert und beträgt etwa 1:1,3 (Höhn 1998).

3.1.3.2 Müttersterbefälle

Ebenso wie die Säuglingssterblichkeit ging auch die Müttersterblichkeit in diesem Jahrhundert kontinuierlich zurück. Zur Müttersterblichkeit zählen alle Todesfälle von Frauen im Zusammenhang mit Komplikationen der Schwangerschaft, der Geburt und des Wochenbettes innerhalb von 42 Tagen nach Beendigung der Schwangerschaft. 1952 starben infolge schwangerschaftssbedingter Todesursachen in der Bundesrepublik noch 1.468 Frauen, in der DDR 511. In den letzten Jahrzehnten ist diese Zahl stetig gesunken und hat sich auf einem auch international sehr niedrigen Niveau eingepegelt. Die Zahl der gestorbenen Mütter betrug 1995 noch etwa ein Zehntel der Zahl von 1970. Diese Entwicklung ist nicht unwesentlich auf den vorbeugenden Gesundheitsschutz während der Schwangerschaft, dem regionalen Ausbau medizinischer Betreuung bzw. die Inanspruchnahme der Vorsorgeuntersuchungen für Schwangere zurückzuführen (BMFSFJ 1998). Im Rückgang der Gesamtzahlen der Müttersterblichkeit kommen zusätzlich auch die rückläufigen Geburtenzahlen in den letzten Jahrzehnten zum Ausdruck.

Tabelle 3.1-5: Müttersterbefälle im Zeitvergleich (Insgesamt sowie je 100.000 Geburten)

Jahr	BRD/alte Bundesländer Gestorbene		DDR/neue Bundesländer Gestorbene		BRD
	insgesamt	je 100.000 Geburten	Insgesamt	je 100.000 Geburten	Insgesamt
1952	1.468	188	511	165	-
1955	1.257	157	403	137	-
1960	1.030	106	187	98	-
1970	420	52	102	43	-
1980	128	21	43	18	-
1988	56	9	26	14	-
1990	-	7	-	16	-
1991	-	9	-	9	-
1993	-	-	-	-	44
1994	-	-	-	-	40
1995	-	-	-	-	41

Quellen: Beck et al. 1978: 189; Knopf/Fritsche 1990: 217; Winkler 1990: 165; StBA 1997a: 440; BMFSFJ 1998: 153.

Für die Entwicklung der direkt gestationsbedingten peripartalen Mortalität war lange Zeit das Abortgeschehen von besonderer Bedeutung. Vor der Legalisierung des Schwangerschaftsabbruches in der DDR 1972 beispielsweise war der Abort die häufigste Todesursache. 1971 starben daran noch 31 Frauen (Fritsche/Knopf 1989). Mittlerweile hat der Abort keinerlei Bedeutung mehr für die Müttersterblichkeit. Ein Vergleich nach Todesursachen anhand von DDR-Daten zeigt, daß an zweiter Stelle direkt gestationsbedingter peripartaler Mortalität in den 60er Jahren die Hämorrhagien (1,4 Sterbefälle auf 10.000 Geburten) und an dritter Stelle die Embolien (1,3 Sterbefälle auf 10.000 Geburten) standen. Auf Grund der geringen Fallzahlen direkt gestationsbedingter Sterbefälle ist eine Aussage über die Rangfolge der einzelnen Todesursachen heute kaum noch möglich. Zwischen 1980 und 1988 waren in der DDR die Hämorrhagien mit einem Anteil von 28 %, Embolien mit 26 %, Gestosen mit 20 % und Infektionen mit einem Anteil von 19 % für das gestationsbedingte Sterbegeschehen von Bedeutung (Knopf/Fritsche 1990).

Die Müttersterblichkeit erhöht sich mit zunehmendem Alter der Mütter und steigt ab 35 Jahren gegenüber jüngeren Müttern auf etwa das Doppelte (StBA 1998b: 159).

Tabelle 3.1-6: Müttersterbefälle (absolut) nach Altersgruppen

Jahr	Insgesamt	Davon im Alter von ... bis unter ... Jahren						
		15-20	20-25	25-30	30-35	35-40	40-45	45 und älter
1990	82	2	17	25	24	10	4	-
1991	72	-	14	21	24	10	3	-
1992	54	1	9	15	16	11	2	-
1993	44	3	5	12	14	9	1	-
1994	40	-	5	12	12	7	4	-
1995	41	-	8	18	8	6	1	-

Quelle: BMFSFJ 1998: 153.

3.1.3.3 Zusammenfassung

In den vergangenen drei Jahrzehnten nahm die Lebenserwartung kontinuierlich zu und die Sterblichkeit ab. Frauen in der Bundesrepublik haben heute eine Lebenserwartung von 79,8 und Männer von 73,3 Jahren. In den 90er Jahren haben sich die Differenzen in der Lebenserwartung und der Sterblichkeit zwischen Ost und West verringert. Unbeschadet dieses positiven Trends sind in den neuen Bundesländern die geschlechtsspezifischen Unterschiede der Lebenserwartung mit 7,4 im Verhältnis zu 6,2 Jahren noch größer als in den alten Bundesländern. Auch die Mütter- und Säuglingssterblichkeit ist in den letzten Jahrzehnten kontinuierlich gesunken und hat sich mit 5,5 Gestorbenen je 1.000 Lebendgeborenen auf ein auch im internationalen Vergleich niedriges Niveau eingepegelt.

Die gesamte Sterblichkeit wird vom Mortalitätsgeschehen in den oberen Altersgruppen dominiert; sie liegt für die über 79jährigen um den Faktor 10-15 über dem Gesamtdurchschnitt. Zu dieser Altersgruppe gehörten 1995 rund 60 % der gestorbenen Frauen aber nur etwa 32 % der gestorbenen Männer (StBA 1998a).

Seit 1972 sterben in Deutschland jährlich mehr Menschen, als Kinder geboren werden. Weniger Sterbefälle als Geburten hat es in Deutschland letztmalig im Jahr 1971 gegeben (StBA 1997b).

Die Frühsterblichkeit - hier definiert als Verstorbene unter 65 Jahren - wird bei den Frauen vornehmlich durch die Krebserkrankungen (44 % aller Todesursachen bei den Frauen unter 65 Jahren), hier insbesondere den Brustkrebs (12,1 %), verursacht, bei den Männern dagegen durch Herzinfarkt (11,4 %), Lungenkrebs (8,6 %) und unnatürliche Todesursachen (13,9 %), insbesonders tödliche KFZ-Unfälle.

3.2 Herz-Kreislauf-Erkrankungen

3.2.1 Bedeutung der Herz-Kreislauf-Erkrankungen für die Frauengesundheit

Das 'Herz der Frau' ist seit Beginn der 90er Jahre in das Interesse der Wissenschaft gerückt und wird seither zunehmend in der epidemiologischen und kardiologischen Forschung thematisiert (Zöller 1999).

Die epidemiologische Bedeutung der Herz-Kreislauf-Krankheiten (HKK) und insbesondere der ischämischen Herzkrankheit (IHK) ergibt sich primär aus deren Häufigkeit in der Todesursachenstatistik. Die Relevanz dieser Krankheiten für Frauen ist über lange Jahre unterschätzt worden, da die Frauen eine höhere Lebenserwartung haben und bis zum Klimakterium vor der IHK mehr oder weniger geschützt sind, während diese bei Männern vom 35. Lebensjahr an eine der Hauptursachen für den vorzeitigen Tod ist. Erst die mit der Erhöhung der Lebenserwartung einhergehende Zunahme der Betagten und Pflegebedürftigen in unserer Bevölkerung, unter denen die Frauen aufgrund der demographischen Struktur dominieren, hat die große Relevanz der HKK für die Lebensqualität in der zweiten Lebenshälfte insbesondere für Frauen offensichtlich werden lassen.

Zu den HKK zählen alle Erkrankungen des arteriellen und venösen Systems (ICD Klasse VII: 390-459) und sie umfassen u. a. folgende Diagnosen: Rheumatische Herzkrankheiten, Hypertonie und Hochdruckkrankheiten, ischämische Herzkrankheiten (IHK) (zu denen auch der Herzinfarkt gehört), Krankheiten des Lungenkreislaufs, sonstige Formen von Herzkrankheiten inkl. Herzinsuffizienz, Krankheiten des zerebrovaskulären Systems, Krankheiten der Arterien, Arteriolen und Kapillaren. Im folgenden werden neben den HKK besonders die ischämischen Herzkrankheiten (ICD 410-414) berichtet, weil - wie zu zeigen sein wird - sie es insbesondere sind, die Unterschiede in der HKK-Morbidität und Mortalität bei Männern und Frauen bestimmen.

Im internationalen Vergleich liegen die Herzinfarkraten in Deutschland im unteren Bereich. Die Abbildung 3.2-1 enthält die in dem MONICA-Projekt über 10 Jahre durchschnittlich ermittelte jährliche Herzinfarkt-Erkrankungsrate und die IHK-Mortalität je 100.000 Frauen für 35 Studienbevölkerungen aus 20 Ländern (Tunstall-Pedoe et al. 1999); die Morbidität variiert zwischen 35 (China, Spanien) und 265 (Schottland) Herzinfarkten je 100.000 Frauen; die Mortalität variiert zwischen 22 (Italien, Frankreich) und 123 (Schottland) IHK-Todesfällen je 100.000 Frauen. Bei den Männern liegen die Raten grundsätzlich höher als bei den Frauen; auch sind bei ihnen die Unterschiede zwischen den Ländern stärker ausgeprägt. Die drei deutschen MONICA-Regionen haben ein im Vergleich niedriges Risiko mit 63-81 Herzinfarkten inkl. 41-50 IHK-Todesfällen je 100.000 Frauen und 286-370 Herzinfarkten inkl. 157-186 IHK-Todesfällen je 100.000 Männer im Alter von 35-64 Jahre.

110 Bericht zur gesundheitlichen Lage von Frauen in Deutschland

Abbildung 3.2-1: Altersstandardisierte Herzinfarkterkrankungsraten und Mortalität an ischämischen Herzkrankheiten (IHK) je 100.000 Frauen im Alter von 35-64 Jahre für 35 MONICA Studienbevölkerungen 1984-95

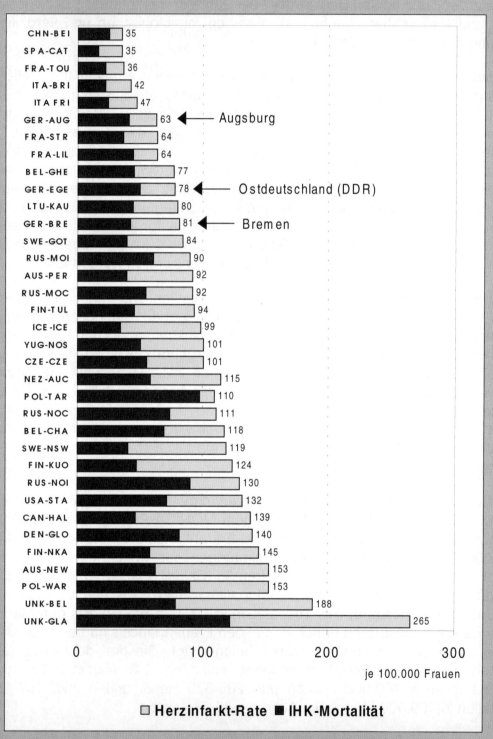

Abkürzungen: AUS Australien, BEL Belgien, CAN Kanada, CHN China, CZE Tschechische Republik, DEN Dänemark, FIN Finnland, FRA Frankreich, GER Deutschland, ICE Island, ITA Italien, LTU Litauen, NEZ Neuseeland, POL Polen, RUS Rußland, SPA Spanien, SWE Schweden, UNK Großbritannien, USA USA, YUG Jugoslawien

Quelle: Tunstall-Pedoe et al. 1999.

3.2.1.1 Stand der Forschung: Einflußfaktoren auf die Krankheit bei Frauen

Die HKK wurden in den 50-70er Jahren fast ausschließlich in Bezug auf die Männer untersucht (National Heart, Lung and Blood Institute 1990). Erst in den späten 80er Jahren richtete sich die Aufmerksamkeit stärker auf die Belastung der Frauen durch diese Krankheiten. Hintergrund für die Orientierung auf männliche Untersuchungsgruppen war, daß die HKK, insbesondere die IHK, als Todesursachen wesentlich zur Sterblichkeit der Männer in jüngeren Jahren beitragen, während sie bei den Frauen erst im höheren Alter als Todesursachen eine herausragende Rolle einnehmen. In den hohen Altersgruppen bilden sie auch bei den Frauen die Haupttodesursache.

Um die frauenspezifischen Besonderheiten bei den HKK genauer zu untersuchen, wurden Studien, in die auch Frauen eingeschlossen waren, nachträglich unter geschlechtsspezifischen Fragestellungen ausgewertet (z. B. Kannel 1987). Da in diesen Studien jedoch oft nicht ausreichend Frauen einbezogen waren, um gesicherte Zusammenhänge nachweisen zu können, wurden auch frauenspezifische Untersuchungen durchgeführt, wie etwa die prospektive 'Nurses Health Study' (Belanger et al. 1978). Im Jahre 1991 etablierten die National Institutes of Health der USA die Women's Health Initiative (WHI) (Assaf/Carleton 1996). Ziel der Studie ist es, u. a. die These zu prüfen, ob die hormonelle Situation der Frauen einen Einfluß auf das Risiko für HKK und andere Krankheiten (Osteoporose, Brustkrebs und Dickdarm-Tumore) hat. Es wird vermutet, daß die körpereigenen Östrogene einen Schutzfaktor gegen den frühzeitigen Herzinfarkt darstellen (Johnson 1996), und daß deshalb eine Hormonersatztherapie ab der Menopause vor dem Herzinfarkt schützen könne (Stampfer et al. 1991).

In die auf Herz-Kreislauf-Krankheiten zielenden klinisch-therapeutischen Studien waren zuvor vorwiegend Männer im mittleren Lebensalter einbezogen; jüngere Frauen wurden aus ethischen Gründen zur Vermeidung eventueller Medikamentenauswirkungen auf eine noch nicht bekannte Frühschwangerschaft zumeist in die klinischen Studien nicht einbezogen. Als wichtiges therapeutisches Erfolgskriterium beim Herzinfarkt gilt in solchen Studien auch häufig die Wiederaufnahme der Berufstätigkeit. Dieser Indikator kann jedoch für die Frauen nicht als Erfolgskriterium herangezogen werden, da aufgrund der geringeren Erwerbsbeteiligung der Frauen einerseits und der geringen Herzinfarkthäufigkeit bei jüngeren Frauen andererseits in den Studien nicht genügend weibliche Herzinfarktpatientinnen vorhanden waren.

Auf ein Defizit in der Erforschung der HKK sowie eine Benachteiligung der Frauen bei der Diagnostik und Therapie der IHK wurde anhand klinischer Daten zunächst in den USA und später auch in Europa hingewiesen (Anyanian et al. 1991; Steingart et al. 1991; Wenger 1992; Dellborg/Swedberg 1993; Wenger et al. 1993). Diese Studien fanden für die USA heraus, daß bei Frauen, die mit einer möglichen Herzinfarktsymptomatik in ein Krankenhaus eingeliefert wurden, seltener als bei Männern ein Verdacht auf Herzinfarkt diagnostisch abgesichert und entsprechend therapiert wurde.

In Deutschland wurde die Diskussion später aufgegriffen (Brezinka 1995). Aus dem bevölkerungsbasierten MONICA Herzinfarktregister Augsburg (WHO MONICA Projekt

1994) wurde bereits im Jahre 1995 für den Zeitraum 1985-1992 für die 25-74jährigen Krankenhausbehandlungsfälle berichtet, daß mit Ausnahme der Koronarangiographien seit 1989 keine Geschlechtsunterschiede in der Akutbehandlung mit modernen Behandlungsverfahren zwischen Männern und Frauen mehr bestanden haben (Löwel et al. 1995). Die Analyse des mulitzentrischen GUSTO-I-Trials (Weaver et al. 1996), in welches mehr als 30.000 Männer und 10.000 Frauen nach Herzinfarkt eingeschlossen worden waren, ergab, daß - ähnlich wie in Augsburg – Geschlechtsunterschiede in der Behandlung mit Thrombolytika (Medikamente zur frühzeitigen Auflösung des die Herzkranzarterie verschließenden Thrombus) überwiegend auf längere prähospitale Verzögerungszeiten (Zeit zwischen dem Herzinfarkt und der Einlieferung in das Krankenhaus) der Frauen zurückzuführen waren.

Die längeren Entscheidungszeiten der Frauen für eine Arztkontaktierung werden überwiegend vor dem Hintergrund einer weniger spezifischen Beschwerdesymptomatik diskutiert (Maynard et al. 1991). Über den verzögernden Einfluß der Lebensumstände der häufig alleinstehenden Frauen auf die rechtzeitige Kontaktierung des notfallmedizinischen Systems beim Herzinfarkt wurde aus dem Augsburger Herzinfarktregister berichtet (Härtel/Löwel 1998; Löwel et al. 1998). Ob die im internationalen Vergleich erkennbaren Unterschiede in der Diagnostik und Behandlungsintensität möglicherweise auf Unterschiede in der sozialen Sicherung der Frauen im Krankheitsfall zurückzuführen sind, wurde bislang nicht untersucht.

Für die Entstehung von HKK, insbesondere die IHK, ist eine Reihe von Risikofaktoren bekannt. Zu den wichtigsten gehören Bluthochdruck, Rauchen, Diabetes, Übergewicht, ein zu hoher Cholesterinspiegel und Bewegungsmangel. Dies sind Risikofaktoren, die durch medikamentöse und verhaltensbezogene Maßnahmen präventiv beeinflußbar sind. Es konnte gezeigt werden, daß die zunächst nur für die Männer belegten Risikofaktoren im Grundsatz auch für die Frauen gelten (Eaker et al. 1989). Dabei bestehen Unterschiede im Zusammenwirken und im Ausmaß des Einflusses auf das Erkrankungsrisiko, die noch nicht ausreichend beforscht sind. Die hormonelle Situation der Frauen scheint dabei einen moderierenden Einfluß auf ihr Herzinfarktrisiko in jüngeren Jahren zu haben.

Im Frauen-Männer-Vergleich sind deutlich altersspezifische Unterschiede bei den somatischen, aber auch bei den verhaltensbedingten Risikofaktoren erkennbar. Bis zum mittleren Lebensalter (55-65 Jahre) sind Männer durch diese Risikofaktoren stärker belastet als Frauen, danach kehrt sich diese Beziehung bei den somatischen Risikofaktoren (Bluthochdruck, Hypercholesterinämie, Übergewicht) um, so daß Frauen dann diese Risiken häufiger aufweisen.

Es ließen sich auch Einflüsse von psychosozialen Risikofaktoren zeigen, wie z. B. soziale Isolation (Shumaker/Czajkowski 1994) und die berufliche Situation (Brezinka/Padmos 1994), die für die Frauen jedoch unzureichend beforscht sind. Weiterhin ist bekannt, daß auch bei Frauen eine ungünstige soziale Lage und Armut mit einem höheren Risiko für Herz-Kreislauf-Krankheiten einhergehen (z. B. Helmert et al. 1993; Kaplan/Keil 1993).

3.2.2 Situation in Deutschland

3.2.2.1 Datenlage, Datenquellen

In Deutschland stehen die jährlich vom Statistischen Bundesamt herausgegebene Todesursachenstatistik und seit 1993 auch die amtliche Krankenhausdiagnosestatistik für geschlechtsspezifische Analysen aller Altersbereiche zur Verfügung. Weiterhin können für geschlechtsspezifische Analysen Daten aus dem weltweit durchgeführten MONICA (Monitoring trends and determinants in cardiovascular disease)-Projekt genutzt werden. Hier werden Zusammenhänge zwischen den Veränderungen der kardiovaskulären Risikofaktoren und den Veränderungen der Morbidität und Mortalität an HKK mittels eines Herzinfarktregisters und Bevölkerungssurveys (Alter 35-64 Jahre) untersucht (World Health Organization Principal Investigators 1988). In Deutschland wurde das Augsburger Herzinfarktregister von Beginn an um klinisch-kardiologische Fragestellungen erweitert und als Personenregister mit lebenslangem Follow-up für die 25-74jährigen Einwohnerinnen und Einwohner der Studienregion geführt. Damit verfügt das MONICA Augsburg Herzinfarktregister seit 1985 über frauenspezifische Krankheits-, Behandlungs- und Verlaufsdaten zum Herzinfarkt im Altersbereich 25-74 Jahre. Bisher existieren bedauerlicherweise keinerlei analoge Morbiditätsdaten für die ältere Bevölkerung. Daten zur Prävalenz (Stichtagsbestand an Kranken) von Herzinfarkt und Schlaganfall liegen für Ost- und Westdeutschland über die Deutsche Herzkreislauf-Präventionsstudie (Forschungsverbund DHP 1998) und die MONICA-Surveys nur als Selbstangaben der Befragten vor.

3.2.2.2 Mortalität

In Deutschland war im Jahre 1997 bei 53 % der weiblichen und 43 % der männlichen Verstorbenen die Todesursache eine HKK, bei rund 20 % der Männer und Frauen eine IHK und bei 14 % der Frauen und 8 % der Männer ein Schlaganfall (StBA 1998e; StBA 1999; siehe auch Kapitel 3.1). Vor dem 75. Lebensjahr ist der Anteil der IHK-Verstorbenen bei den Frauen 15 % und bei den Männern 20 %; demgegenüber beträgt der Anteil der unter 75jährigen Todesfälle an Schlaganfall 'nur' 8 % bei Frauen und 6 % bei den Männern. Die IHK hat danach eine größere Bedeutung für den vorzeitigen Tod als der Schlaganfall und steht daher epidemiologisch im Vordergrund.

Eine Analyse der 'abgeschlossenen stationären Behandlungen' an akutem Herzinfarkt (ICD 410) für die Bundesrepublik Deutschland aus dem Jahre 1993, welche alle Altersgruppen einbeziehen konnte, zeigte, daß auch hier die Männer wesentlich jünger sind als die stationär behandelten Frauen; 79 % der Männer im Vergleich zu 53 % der Frauen waren jünger als 75 Jahre (Scheuermann/Ladwig 1998).

Die Vergleiche der alterspezifischen IHK-Mortalität je 100.000 Einwohnerinnen und Einwohner für 1997 in der Abbildung 3.2- zeigen, daß die Frauen in keiner Altersgruppe das IHK-Sterberisiko der Männer erreichen. Die höhere absolute Anzahl an weiblichen IHK-Todesfällen vom 75. Lebensjahr an hat ausschließlich demographische Ursachen, d. h. ist in dem höheren Anteil älterer Frauen in der Bevölkerung begründet.

Abbildung 3.2-2: Koronare Todesfälle (ICD 410-414 (alters- und geschlechtsspezifisches Risiko an einer IHK zu versterben) Alter und Geschlecht, 1997

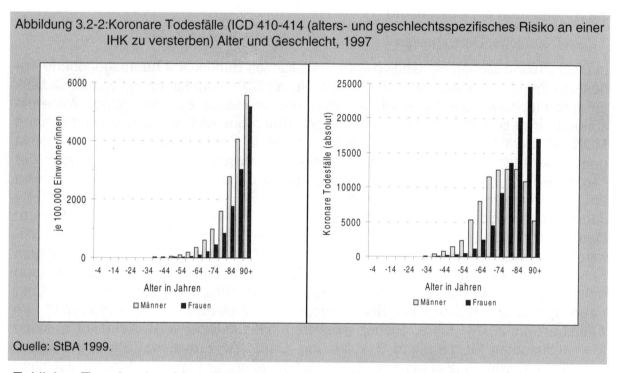

Quelle: StBA 1999.

Zeitliche Trends der Mortalität zeigen für 25-74jährige Männer und Frauen für Deutschland und die MONICA Region Augsburg, daß im Zeitraum von 1980 bis 1997 die HKK- und IHK-Sterblichkeit kontinuierlich um 1,8 % bis 2,4 % je Jahr abgenommen hat. Dieser Rückgang kann durch eine Abnahme des Erkrankungsrisikos (Morbidität) und/oder durch eine Abnahme der Sterblichkeit (Letalität) nach Eintritt der Krankheit bedingt sein; eine Klärung erfordert Daten zur Morbidität, wie sie beispielsweise über das MONICA Augsburg Herzinfarktregister seit 1985 zur Verfügung stehen.

3.2.2.3 Morbidität, Comorbidität und Prognose

In der Region Augsburg wurden alterspezifische Prävalenzen von Herzinfarkt und Schlaganfall ermittelt. Darauf basierende Hochrechnungen für 1997 ergeben, daß in Deutschland im Alter 25-74 Jahre etwa 390.000 Frauen (975.000 Männer) leben, die einen Herzinfarkt sowie 302.000 Frauen (383.000 Männer), die einen Schlaganfall überlebt haben. Ein Vergleich der deutschen Herzinfarktregister für den Zeitraum 1985 bis 1989 hat keine signifikanten Unterschiede - etwa zwischen Ost und West - in der Herzinfarktmorbidität und -mortalität ergeben (Barth et al. 1996). Deshalb können die Augsburger Trenddaten durchaus auf die Bundesrepublik übertragen werden, zumal auch die Augsburger Trends der HKK-Mortalität mit denen der Bundesrepublik übereinstimmen. Die Abbildung 3.2-3 zeigt für Deutschland anzunehmende Raten je 100.000 Einwohnerinnen und Einwohner nach Alter und Geschlecht, wie sie sich aus dem Augsburger Herzinfarktregister 1993/95 und der Todesursachenstatistik für Deutschland 1997 ergeben. Für die ≥75jährigen basieren die Morbiditätsschätzungen auf einer mit dem Alter zunehmenden Letalitätsannahme, das heißt, es wurde angenommen, daß die über die Todesursachenstatistik ermittelten koronaren Todesfälle 75 % (75-79 Jahre), 80 % (80-84 Jahre), 85 % (85-89 Jahre) und 90 % (≥90 Jahre) der Herzinfarkterkrankten repräsentieren.

Abbildung 3.2-3: Morbidität an akutem Myokardinfarkt und Mortalität an koronarer Herzkrankheit (ICD 410-414) 1997 nach Alter und Geschlecht

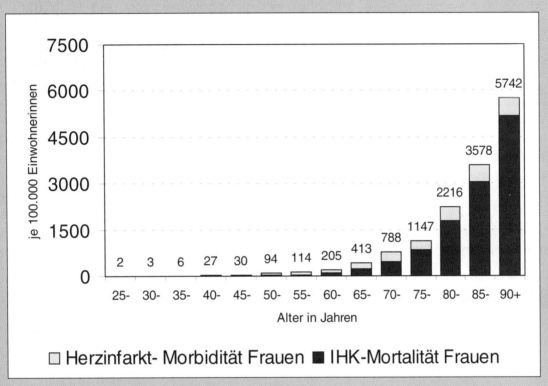

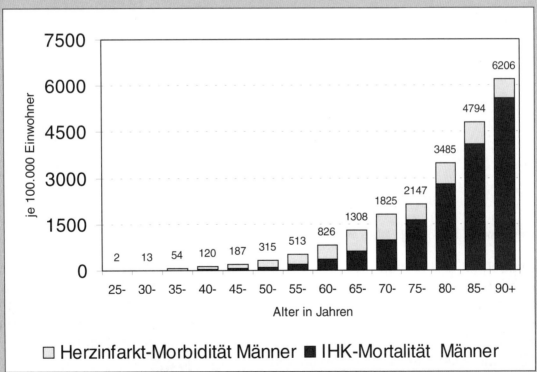

Die Morbidität ab 75 Jahre wurde geschätzt aus der IHK-Mortalität unter einer Letalitätsannahme von 75 % (75-79 Jahre), 80 % (80-84 Jahre), 85 % (85-89 Jahre) und 90 % (≥90 Jahre).

Quelle: StBA 1999 und Daten des MONICA Augsburg Herzinfarktregister 1993/95 (Alter 25-74 Jahre).

Die in der Abbildung 3.2-4 dargestellten zeitlichen Trends der Morbidität und Mortalität in der Region Augsburg ergeben, daß die IHK-Mortalitätsabnahme mit einer jährlichen Abnahme der Herzinfarktrate (tödliche und nichttödliche Erst- und Reinfarkte) um 0,7 % für Frauen und 2,3 % für Männer einher ging. Betrachtet man die 55-74jährigen Frauen, so beträgt der Rückgang ebenfalls 2 % je Jahr, während die jüngeren Frauen eine Zunahme um 3,8 % je Jahr aufweisen. Der Rückgang des Herzinfarktrisikos bei den postmenopausalen Frauen ging mit einer signifikant häufigeren Einnahme von Hormonersatzpräparaten (1984/85 5 %, 1994/95 25 %) und einer 5%igen Abnahme der mittleren Cholesterinwerte (p= 0.01) in der Augsburger Studienbevölkerung einher (Fillipiak et al. 1997). Bei den 25-54jährigen Frauen korreliert die Zunahme im Herzinfarktrisiko mit der Zunahme des Rauchens (Odds Ratio 1,24, 95 % Konfidenzintervall 1,04-1,48; p= 0.02) bei unveränderten Cholesterinwerten. Bei den Männern korrelieren die Abnahmen statistisch mit dem Rückgang des Rauchens (1984/85 29 %, 1994/95 24 %); einer Abnahme von Cholesterinwerten $\geq$250 mg/dl (43 % resp. 38 %) sowie einer Intensivierung der diagnostischen Abklärung und Behandlung von Personen mit instabiler Angina pectoris zur Vermeidung eines Herzinfarkts (Anyanian et al. 1991).

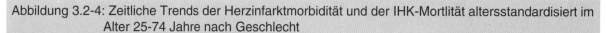

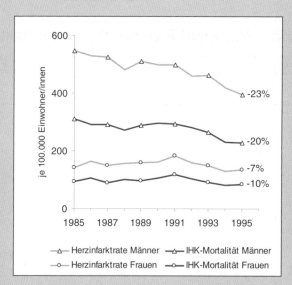

Abbildung 3.2-4: Zeitliche Trends der Herzinfarktmorbidität und der IHK-Mortlität altersstandardisiert im Alter 25-74 Jahre nach Geschlecht

Datenbasis: MONICA Augsburg Herzinfarktregister 1985/87 und 1993/95.

Hochgerechnet und standardisiert auf die 25-74jährige bundesdeutsche Bevölkerung 1995 ereigneten sich im Jahre 1995 bei den Männern 81.700 (1985 103.600) und bei den Frauen 31.600 letale und nicht-letale Herzinfarkte inkl. plötzlichem Herztod (PHT) (1985 34.800). Wegen der niedrigen Herzinfarkt-Raten der 25-54jährigen Frauen entspricht die 38%ige Zunahme bei den prämenopausalen Frauen bundesweit absolut einer Zunahme um 444 Herzinfarkte im Jahr.

Aus dem Verhältnis von Mortalität und Morbidität läßt sich ableiten, daß weltweit ca. 50 % der 35-64jährigen Erkrankten den Herzinfarkt nicht überleben (Gordon/Kannel 1970; Heinemann et al. 1998). Diese über die Herzinfarktregister ermittelte hohe Letalität steht vermeintlich im Widerspruch zu einer Letalität von ca. 10 % in den großen multizentrischen klinischen Studien. In den klinischen Studien fehlen alle vor oder kurz nach Erreichen eines Krankenhauses aufgetretenen koronaren Todesfälle, da der Einschluß in eine klinische Studie die diagnostisch gesicherte Herzinfarktdiagnose, die Erfüllung weiterer Einschlußkriterien sowie das schriftliche Einverständnis des Patienten voraussetzen. Die innerhalb kurzer Zeit Verstorbenen kommen also gar nicht mehr in die Situation, in eine klinische Studie eingeschlossen zu werden. Aus bevölkerungsmedizinischer Sicht müssen für die Ermittlung des Herzinfarktrisikos der Bevölkerung natürlich alle auf einer koronaren Herzkrankheit beruhenden Akutereignisse berücksichtigt werden, auch wenn die Diagnose von einem Krankenhausarzt nicht mehr bestätigt werden kann.

Die Augsburger Registerdaten 1985/95 für die 25-74jährigen Einwohnerinnen und Einwohner zeigen, daß - über die Jahre unverändert - 34 % der Erkrankten vor Erreichen eines Krankenhauses, weitere 20 % am 1. Tag im Krankenhaus und weitere 5 % vom 2.-28. Tag im Krankenhaus versterben, so daß letztlich nur 42 % aller Erkrankten nach 4 Wochen noch leben. Nur 36 % der Frauen im Vergleich zu 44 % der Männer überlebten den Herzinfarkt; Frauen (37 %) versterben signifikant häufiger vor oder kurz nach Erreichen einer Klinik als Männer (32 %). Betrachtet man nur die Herzinfarktpatienten, die den ersten Tag überlebt haben, so versterben bis zum 28. Tag – altersstandardisiert ohne Unterschied nach Geschlecht - wie in den klinischen Studien auch 'nur' noch 10 % mit abnehmender Tendenz (1985/87 11-13 %; 1993/95 7-8 %: $p < 0.03$).

In der Tabelle 3.2-1 sind für Frauen und Männer die plötzlichen Todesfälle und die Krankenhauspatienten mit Herzinfarkt auch bezüglich ihrer Vorerkrankungen dargestellt. Bei den Frauen war eine Hypertonie (61-65 %) und ein Diabetes mellitus (32-41 %) signifikant häufiger als bei den Männern (Hypertonie 50-56 %, Diabetes 21-32 %). Eine IHK-Anamnese war bei den Männern mit PHT mit 79 % signifikant häufiger als bei den Frauen (72 %), während nur bei 40 % der männlichen und weiblichen Krankenhauspatienten eine IHK-Anamnese vorlag. Ein Vergleich mit der Augsburger Bevölkerung hat gezeigt, daß der Diabetes mellitus bei den Frauen mit Herzinfarkt 6mal und bei den Männern viermal häufiger ist (Löwel et al. 1999). Frauen mit Diabetes haben eine höheres Herzinfarktrisiko als nicht-diabetische Männer. Das 4-6fach erhöhte Herzinfarktrisiko der an Diabetes erkrankten Bevölkerung ist zusätzlich mit einer doppelt so hohen 28-Tage-Letalität der diabetischen Herzinfarktpatienten verbunden. Die hohe Prävalenz von Diabetes und Hypertonie bei Frauen unterstreicht die Bedeutung des metabolischen Syndroms für die Herzinfarktenstehung insbesondere in der Prämenopause.

3.2.2.4 Soziale Lage und Herz-Kreislauf-Erkrankungen

Leider reichen in Deutschland die Beobachtungszeiten der prospektiven MONICA-Augsburg Querschnittstudien bei Frauen noch nicht aus, um einen Einfluß der sozialen Schicht unter Berücksichtigung der kardiovaskulären Risikofaktoren auf die Herzinfarkthäufigkeit zu überprüfen. Daten zum Ausbildungsstand (Indikator für soziale Schicht) sind von den plötzlichen Todesfällen retrospektiv nur sehr unvollständig zu erheben. Unter den bereits um die Frühverstorbenen selektierten weiblichen Krankenhauspatienten mit Herzinfarkt sind Frauen mit geringerer Schul- und Berufsausbildung überrepräsentiert im Vergleich zur weiblichen Augsburger Bevölkerung im vergleichbaren Alter. Unter der Annahme, daß die Überlebensprognose sich nicht unterscheidet, kann das bedeuten, daß Frauen mit geringerer Schulbildung ein etwa 30 % höheres Herzinfarktrisiko haben als Frauen mit Hochschulausbildung. Nach dem Diabetes hat das mit einer geringeren Ausbildung deutlich assoziierte Zigarettenrauchen den stärksten Einfluß auf das Herzinfarktrisiko; Frauen mit Herzinfarkt rauchen viermal häufiger Zigaretten als Frauen gleichen Alters ohne Herzinfarkt. Demgegenüber ist die Erwerbstätigkeit bei Frauen im Vergleich zu nie erwerbstätigen Frauen wahrscheinlich mit einem 20 % geringeren Herzinfarktrisiko verbunden. Da die plötzlichen Herztodesfälle wegen fehlender Daten nicht in diesen Vergleich einbezogen werden konnten, bedürfen die vermuteten Zusammenhänge noch der Bestätigung durch prospektive Studien.

Die aus bevölkerungsmedizinischer Sicht ungünstigere Überlebensprognose von Frauen nach Herzinfarkt weist - über das höhere Lebensalter hinaus - einen ganz klaren Zusammenhang mit dem Familienstand auf. In Augsburg waren 39 % der plötzlich verstorbenen Frauen und 33 % der Krankenhauspatientinnen mit Herzinfarkt verwitwet im Vergleich zu 8 % resp. 4 % der Männer (Tabelle 3.2-1). Es ist bekannt, daß die Entscheidung, ärztliche Hilfe zu holen, zumeist von den anwesenden Ehepartnern oder anderen Anwesenden getroffen wird. Unter den prähospital Verstorbenen in Augsburg waren bei 70 % der Verheirateten (Frauen 60 %, Männer 70 %), aber nur bei 35 % der Verwitweten/Geschiedenen/Ledigen (Frauen 30 %, Männer 38 %) eine Ärztin/ein Arzt und/oder Angehörige zugegen. Der Anteil der Verheirateten ist unter den hospitalisierten Herzinfarktpatienten bei beiden Geschlechtern größer als bei den plötzlich Verstorbenen (Frauen 55 % vs. 32 %, Männer 87 % vs. 80 %). Diese Beobachtungen unterstützen die Hypothese, daß ein größerer Teil der Herzinfarktpatientinnen verstirbt, weil niemand anwesend ist, um rechtzeitig medizinische Hilfe anzufordern.

Tabelle 3.2-1: Altersadjustierte geschlechtsspezifische Charakteristika von Verstorbenen <24 Stunden im Vergleich zu Krankenhauspatienten mit transmuralem Herzinfarkt (HI), Alter 25-74 Jahre. MONICA Augsburg Herzinfarktregister, 1985-1995

	Frauen		Männer	
	Plötzlicher Herztod	Herzinfarkt	Plötzlicher Herztod	Herzinfarkt
Anzahl (N)	1.866	1.006	3.846	2.953
Mittleres Alter (Jahre)	66,6±0,3	64,8 ± 0,5	63,2±0,3	59,3 ± 0,3
25-54 (%)	7,3	12,1	16,1	30,4
55-64 (%)	20,7	25,5	30,2	36,1
65-74 (%)	71,9	62,3	53,7	33,5
Familienstand (%)				
Ledig	9,8	6,5	8,3	4,5
Verheiratet	31,9	55,0	79,8**	86,5**
Verwitwet	39,3	32,5	8,3**	4,0**
Geschieden	4,1	6,0	3,6	4,0
Zigarettenrauchende (%)	unbekannt	36,9	unbekannt	43,3**
Erwerbstätig (%)	8,8	29,1	17,7**	47,4**
25-54jährige	31,9	57,1	68,9	90,2
55-64jährige	8,0	16,9	27,5	50,1
65-74jährige	0,8	0,8	2,8	3,3
Anamnese (%)				
Koronare Herzkrankheit	71,5	40,8	78,7**	39,4
Angina pectoris	54,0	38,1	63,2**	33,1**
Vorinfarkt	21,9	14,6	34,4**	20,7**
Diabetes mellitus	40,8	31,9	31,6**	20,8**
Hypertonie	61,2	64,9	55,5**	50,4**
Schlaganfall	14,7	6,0	13,4	5,8
Keine dieser Krankheiten	9,6	19,6	8,8	27,4**
Kardiovaskuläre Medikation vor dem PHT/HI (%)				
Nitrate	40,8	23,4	49,1**	23,4
Betablocker	15,1	16,3	16,3	14,9
Aspirin	20,3	13,6	28,1**	14,3
Ca-Antagonisten	39,0	26,6	38,2	23,1*
Diuretika	50,3	25,4	43,2**	16,0**
Keine dieser 5 Wirkgruppen	24,5	45,7	24,6	53,4**

p-Wert <0.05; ** p-Wert <0.01, Männer im Vergleich zu Frauen

3.2.2.5 Prävention und Früherkennung

Die Analysen der Augsburger MONICA Studien unterstreichen die große Bedeutung der Risikofaktoren für die Herzinfarktenstehung (vgl. Tabelle 3.2-1). Obwohl prospektive Daten für die weibliche Bevölkerung noch fehlen, zeigt der mit 37 % 4fach höhere Anteil an Zigaretten rauchenden Frauen mit Herzinfarkt sowie der hohe Anteil an Hypertonie (60 % im Vergleich zu 30 % in der Bevölkerung) und Diabetes mellitus (30-40 % im Vergleich zu 5 % in der Bevölkerung), daß diese Faktoren unbedingter Aufmerksamkeit und einer konsequenteren Prävention und Therapie bedürfen. Die Bedeutung von Cholesterin als Risikofaktor läßt sich aus den vorliegenden Daten abschließend nicht beurteilen. Der quantitative und qualitative Nachweis für die prädiktive Relevanz von körperlicher Aktivität und Übergewicht auf das Herzinfarktrisiko bei Frauen bedarf der Ergebnisse aus den noch laufenden prospektiven Studien in der Region Augsburg. Eine positive Familienanamnese zu Diabetes und/oder Herzinfarkt wird als wichtiger Hinweis auf eine mögliche genetische Belastung als zusätzlicher Risikofaktor in die Präventionsüberlegungen einzubeziehen sein.

3.2.2.6 Herzinfarktsymptome bei Frauen

Ein wichtiges Kriterium für eine rechtzeitige Arztkontaktierung zur Verbesserung der Überlebensprognose nach Herzinfarkt ist die Kenntnis der Herzsymptomatik (Abbildung 3.2-5). Bei 85 % der Männer und Frauen beginnt der Herzinfarkt mit plötzlichen brennenden oder stechenden Brustschmerzen. Die als typisch bekannte Ausstrahlung in den linken Arm wurde nur von etwa 60 % der Frauen (Männer 50 %) berichtet. Weitere plötzlich einsetzende Begleitsymptome - mit abnehmender Häufigkeit - sind Ausbruch von kaltem Schweiß (typischer für Männer), Übelkeit (22 %) und Erbrechen (Frauen 27 %, Männer 17 %), Atemnot, Schmerzen zwischen den Schulterblättern (Frauen 36 %, Männer 21 %), Todesangst sowie Schmerzausstrahlungen in den rechten Arm, den Kiefer/Nacken-Bereich (Frauen 29 %, Männer 24 %) und den Oberbauch. Diese Beschwerden treten in allen denkbaren Kombinationen mit unterschiedlicher Intensität auf und werden häufig fehlgedeutet bzw. unterschätzt. Frauen sind für derartige Unterschätzungen eher prädestiniert als Männer, da sie oder anwesende Personen nicht mit der als männertypisch geltenden Krankheit rechnen und sie die bei Frauen häufigen Symptome von schlagartiger Übelkeit mit und ohne Erbrechen und/oder ziehende/stechende Schmerzen zwischen den Schulterblättern nicht mit einem Herzinfarkt in Verbindung bringen. Hier besteht ein unbedingter Aufklärungsbedarf in der Bevölkerung.

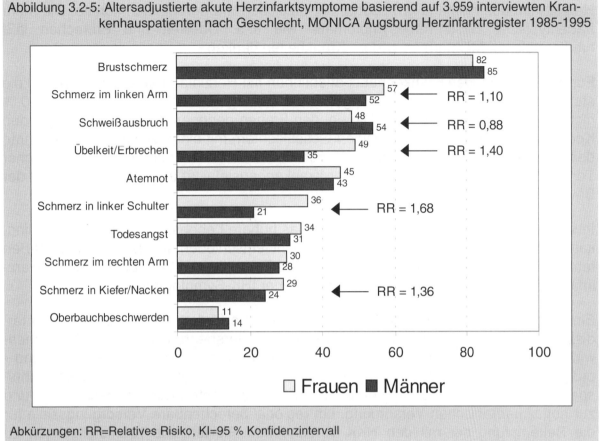

Abbildung 3.2-5: Altersadjustierte akute Herzinfarktsymptome basierend auf 3.959 interviewten Krankenhauspatienten nach Geschlecht, MONICA Augsburg Herzinfarktregister 1985-1995

Abkürzungen: RR=Relatives Risiko, KI=95 % Konfidenzintervall

3.2.3 Zusammenfassung und Schlußfolgerungen

Die bundesweite Zunahme an HKK-Todesfällen bei den Frauen ist Folge der demographischen Alterung und führt zu einem weiter ansteigenden Bedarf an medizinischer und pflegerischer Betreuung insbesondere im höheren Lebensalter. Das mit dem Alter zunehmende Herzinfarktrisiko der Frauen ist in allen Altersgruppen niedriger als bei den Männern; der Abstand zu den Männern wird mit dem Alter geringer.

In Deutschland ist seit mehr als zwei Jahrzehnten eine Abnahme der vorzeitigen HKK- und IHK-Sterblichkeit je 100.000 Einwohnerinnen und Einwohner zu verzeichnen, die - wie seit 1985 nachzuweisen - hauptsächlich durch den jährlich um 1-2 % zu beobachtenden Rückgang des Erkrankungsrisikos durch Primärprävention erklärt werden kann. Die bei jüngeren Frauen beobachtete Tendenz einer Zunahme der Herzinfarktmorbidität korreliert mit der Zunahme des Zigarettenrauchens und wird sich in den nächsten Jahren vermutlich noch stärker auswirken. Ein Diabetes mellitus erhöht insbesondere bei jüngeren Frauen die Herzinfarkt-Morbidität auf das Niveau der Männer ohne Diabetes.

Der Anteil der plötzlichen Herztodesfälle vor bzw. kurz nach Erreichen einer Klinik hat sich mit rund 50 % der Erkrankten (Frauen 59 %, Männer 51 %) nicht verändert. Die höhere Frühsterblichkeit der Frauen ist hauptsächlich durch den hohen Anteil alleinstehender Frauen bedingt; bei jeder zweiten Frau ist zum Zeitpunkt des

Herzstillstandes niemand anwesend, der ärztliche Hilfe herbeiholen könnte. Die mehr frauentypische Beschwerdesymptomatik wie u. a. Übelkeit und Erbrechen läßt häufiger als bei Männern an andere Krankheiten denken.

Für die 25-74jährigen Krankenhauspatientinnen mit Herzinfarkt unterscheiden sich die stark modernisierte Akutbehandlung und die 28-Tage-Letalität mit weniger als 10 % nicht (mehr) von den Männern. Die bei den Frauen geringere Rate der ansteigenden Koronarangiographien war bei beiden Geschlechtern mit einer gleichgroßen Zunahme der invasiven Eingriffe verbunden. Wegen des unverändert hohen Anteils plötzlicher Todesfälle kann sich die Abnahme der Krankenhausletalität auf die IHK-Mortalität der Bevölkerung kaum noch auswirken.

Inwieweit diese Beobachtungen auch auf das höhere Lebensalter zu übertragen sind, kann wegen fehlender Morbiditätsdaten nicht entschieden werden. Gleichermaßen fehlen Daten zur ambulanten Diagnostik und Therapie zur Vermeidung eines Herzinfarktes von 'noch' infarktfreien Frauen mit einer IHK-Symptomatik.

Eine sachgerechte Beurteilung der HKK bei Frauen erfordert eine systematische interdisziplinäre Frauengesundheitsforschung ohne Altersbegrenzung zum Zusammenwirken von medizinischen und sozialen Faktoren auf die Herzinfarktmorbidität und -prognose in Deutschland. Dringend benötigt werden alters- und geschlechtsspezifische Studien ohne Altersbegrenzung zur ambulanten Langzeitbehandlung und zur notfallmedizinischen Versorgung, um regional berechenbare Versorgungsziele für die Bekämpfung der mit den HKK verbundenen Risiken und Krankheitsfolgen zu implementieren.

Die Aufklärung der Bevölkerung zu den frauenspezifischen Besonderheiten der HKK und den prognoseverbessernden Handlungskonsequenzen für die Laien muß in die Praxis umgesetzt werden. Weiterhin sollte die Gesundheitspolitik über eine stärker auf die Prävention chronischer Krankheiten gerichtete Neuorientierung der Gesundheitsdienste nachdenken. Diese Maßnahmen könnten beispielsweise in einer stärkeren Überwachung der plötzlichen Todesfälle unter Einbeziehung der regionalen Ärzteschaft und in der Entwicklung von effektiven regionalen Vorsorgekonzepten bestehen.

3.3 Brustkrebs

3.3.1 Bedeutung des Brustkrebses für die Frauengesundheit

Seit den 40er Jahren dieses Jahrhunderts wuchs weltweit die Brustkrebsinzidenz bei Frauen kontinuierlich an; in den USA als Land mit hoher Brustkrebsrate stieg sie um jährlich 1 % (Daudt et a. 1996; Greenberg 1997). Diese Zahlen lassen sich nicht allein durch die steigende Lebenserwartung oder die frühere und bessere Aufdeckung der Krebserkrankungen erklären, sondern stellen einen realen Anstieg dar (Greenberg 1997). Ebenso wie die Erkrankungsraten nahmen in den hochentwickelten Ländern auch die Sterbefälle zunächst kontinuierlich zu und sind in Ländern wie den USA und Deutschland seit den 70/80er Jahren eher gleichbleibend.

Internationale Vergleiche zeigen große Unterschiede in den Inzidenz- und Mortalitätsraten bei Brustkrebs. Viele Jahre lang wiesen Nordamerika und Mittel-, Nord- und Westeuropa die höchsten Raten und Südeuropa und Südamerika mittlere Raten auf; die niedrigsten Inzidenz- und Mortalitätsraten waren für Asien und Afrika zu verzeichnen (Kelsey/Bernstein 1996). Im europäischen Vergleich hatte 1993 Island mit 42,2 pro 100.000 der Bevölkerung die höchste Mortalitätsrate, gefolgt von den Niederlanden (38,4), Dänemark (38,0), Großbritannien (37,7) und Irland (37,4). Die niedrigsten Werte wiesen Finnland (23,6), Norwegen (27,7), Frankreich (28,4) und Italien (29,5) auf (StBA 1998a: 174). Seit wenigen Jahren allerdings deutet sich eine Verringerung der Differenz zwischen Staaten mit hohem Risiko wie den USA und Staaten mit niedrigem Risiko wie Japan an (Kelsey/Bernstein 1996). Generell gilt für Brustkrebs eine Altersabhängigkeit der Inzidenz ebenso wie der Sterblichkeit. Mit den Lebensjahren steigen sowohl die Erkrankungszahlen als auch die Zahl der an Brustkrebs verstorbenen Frauen.

Die Behandlung des Mamma-Karzinoms erfolgt differenziert nach Karzinomtyp, -größe, -stadium, Alter und Menopausestatus. Die Behandlung des Mamma-Karzinoms ist für die Frauen immer mit einer hohen körperlichen und psychischen Belastung verbunden (Kaufmann/Minckwitz 1996). In den vergangenen Jahren haben brustschonende Operationsverfahren zunehmend die radikaleren Brustentfernungen abgelöst. Brustoperationen werden als körperliche Entstellungen wahrgenommen und sind meist von der Furcht vor Verlust weiblicher Attraktivität sowie sozialer Isolation und Partnerschaftsproblemen begleitet (Olbrich 1989).

3.3.2 Stand der Forschung: Einflußfaktoren auf die Krankheit bei Frauen

Forschungen zur Entstehung und Entwicklung des Mamma-Karzinoms kommen überwiegend aus entwickelten Industrienationen und beziehen sich auf ihre spezifischen Lebensbedingungen. Ein großer Teil von Forschungsergebnissen über die Verbreitung von Brustkrebs sowie über die Risikofaktoren stammt aus US-amerikanischen Untersuchungen, weshalb die folgenden Ausführungen wesentlich auf diesen Studien basieren.

Die im internationalen Maßstab deutlich voneinander abweichenden Erkrankungs- und Sterberaten werden als Anhaltspunkte für Präventionsmöglichkeiten angesehen. Da aber bis heute die Ätiologie des Brustkrebses nur unzureichend erklärt werden konnte, bleiben auch die Ursachen für die großen Unterschiede noch weitgehend im Dunkeln (Becker 1997). Anerkannte Faktoren, die zur Entstehung von Brustkrebs beitragen können, wie eine familiäre Brustkrebsvorgeschichte, reproduktive und hormonelle Faktoren sowie die Ernährungsweise erklären jedoch nur zwischen 20 % bis 30 % der Brustkrebsinzidenz. Etwa 80 % der erkrankten Frauen weisen keinen der bekannten Risikofaktoren auf (KdEG 1997). Andere Faktoren einschließlich Alkoholkonsum und Strahlungsexposition scheinen ebenfalls eine Rolle zu spielen.

Bisherige Forschungen konzentrierten sich überwiegend darauf, individuelle Faktoren wie Lebensstil oder Gebärverhalten als Risikofaktoren zu ermitteln. Dieser Ansatz spiegelt sich auch in umfangreichen Forschungen zur Vererbung solcher Erkrankungen wider. Wenngleich familiäre Häufigkeiten bekannt sind, wird nach dem heutigen Erkenntnisstand durch genetische Faktoren nur ein geringer Anteil der Brustkrebserkrankungen erklärt. Demgegenüber, auch vor dem Hintergrund des großen Anteiles ungeklärter Fälle sowie neuer Forschungserkenntnisse, wächst die Notwendigkeit, weitere Ressourcen auf die Erforschung von Ursachen zu konzentrieren, die z. B. auf den Einfluß von Faktoren der sozialen und ökologischen Umwelt zurückzuführen sind, und den Einfluß psychosozialer Faktoren zu untersuchen (Stolzenberg 1997).

Risikofaktoren

Reproduktive Faktoren: Die Assoziation von reproduktiven Faktoren wie Menarche, Menopause, Alter bei Geburt des ersten Kindes, Kinderlosigkeit oder auch die Zahl der Geburten mit der Entstehung von Brustkrebs ist seit längerem bekannt (Schön 1995; Harvard report on cancer prevention 1996; Kelsey/Bernstein 1996). Es wird vermutet, daß diese reproduktiven Faktoren in einem Zusammenhang mit der Gesamtdauer der Östrogenexposition im Lebensverlauf stehen, d. h., je höher die lebenslange Östrogenexposition, umso höher das Risiko. Die genauen Mechanismen gerade der reproduktiven Faktoren auf die Entstehung von Brustkrebs konnten bisher nicht erklärt werden (Harvard report on cancer prevention 1996).

Als ein reproduktiver Faktor gilt die Menarche. Nach den vorliegenden Untersuchungsergebnissen haben Frauen, deren Menarche sehr früh einsetzt, im Verhältnis zu Frauen mit spät einsetzender Menarche ein erhöhtes Risiko. Bei einem Menarchealter von 12 Jahren erhöht sich das Risiko gegenüber einem Menarchealter von 14 Jahren um 20 % bis 30 %. Auch ein kurzer Menstruationszyklus ist mit einem sinkenden Risiko verbunden (Kelsey/Bernstein 1996; Harvard report on cancer prevention 1996). Auf die Dauer der Östrogenexposition als ein Einflußfaktor weist auch das erhöhte Risiko bei spätem Menopausealter. Bei einem Menopausealter von 55 Jahren steigt das Risiko im Verhältnis zum Menopausealter von 45 Jahren um 100 % (ebd.). Frauen mit beidseitiger Entfernung der Ovarien haben ein geringeres Brustkrebsrisiko, während der Entfernung der Gebärmutter diesbezüglich kein Einfluß zugeschrieben wird.

Als Faktoren, die mit der Entstehung von Brustkrebs assoziiert sind, zählen auch Alter und Zahl der Geburten. Frauen ohne Kinder weisen ein größeres Risiko auf, im Alter über 40 Jahren an Brustkrebs zu erkranken. Das Alter bei Geburt wird als Risikofaktor ebenso genannt wie die Zahl der geborenen Kinder. Danach reduziert eine im jüngeren Alter ausgetragene Schwangerschaft langfristig das Risiko der Tumorentstehung, während eine in späteren Lebensjahren ausgetragene erste Schwangerschaft das Wachstum bestehender Tumorzellen fördern kann (Schön 1996; Harvard report on cancer prevention 1996). Frauen, die mit mehr als 30 Jahren ihr erstes Kind gebären, sollen ein 50 % bis 100 % höheres Risiko haben als Frauen, die mit 20 Jahren ihre erste Geburt hatten.

Exogene Hormone: Die Bedeutung von Hormonen für die Brustkrebsentstehung wird im Kontext des Zusammenspiels von körpereigenen und dem Körper von außen - wie bei der Hormonersatztherapie im Klimakterium oder bei der „Pille" - zugeführten Hormonen, diskutiert. Estradiol bewirkt demnach in Verbindung mit Gestagen ein verstärktes Zellwachstum, wobei auch hier die genauen Mechanismen nicht geklärt sind. Es wird angenommen, daß die Verabreichung exogener Hormone das Risiko erhöht, an Brustkrebs zu erkranken. Eine Reanalyse von 50.000 Frauen mit Mamma-Karzinom im Vergleich mit einer Kontrollgruppe von 100.000 nichterkrankten Frauen ermittelte ein erhöhtes Risiko bei Frauen, die aktuell die „Pille" nahmen oder in ihrer reproduktiven Biographie irgendwann einmal hormonelle Kontrazeptiva angewendet hatten (Collaborative Group on Hormonal Factors in Breast Cancer 1996). Nach Beendigung der Einnahme nimmt das Risiko wieder ab (ebd.; Collaborative Group on Hormonal Factors in Breast Cancer 1997).

Ein erhöhtes Risiko scheint auch mit der Hormonsubstitution während der Wechseljahre und in der Postmenopause verbunden zu sein. Hier wurde ein Anstieg des Risikos um 2,3 % pro Behandlungsjahr ermittelt. Dauert die Behandlung länger als fünf Jahre an, erhöht sich das Risiko um 1/3 (ebd.). Neuere Studienergebnisse deuten darauf hin, daß die Kombinationstherapie von Östrogen und Gestagen das Brustkrebsrisiko gegenüber der einfachen Östrogentherapie verdoppelt (Schairer et al. 2000). Eine z. Zt. in den USA laufende kontrollierte Interventionsstudie, die sog. Women's Health Initiative, wird in einigen Jahren gesicherte Ergebnisse zum Risiko der Hormonersatztherapie für den Brustkrebs liefern (Anderson et al. 1998).

Familiäre und genetische Faktoren: Frauen, in deren Familien bereits Brustkrebsfälle auftraten, haben selbst auch ein erhöhtes genetisch bedingtes Brustkrebsrisiko. Die Wahrscheinlichkeit eines Gendefektes erhöht sich, wenn sowohl Mutter als auch Schwester in jungem Lebensalter erkrankten. Heute wird davon ausgegangen, daß etwa 5 % der Brustkrebsfälle erblich bedingt sind (Chang-Claude 1995; Becker/ Wahrendorf 1997; Chang-Claude 1997). Bis heute wurden zwei Gendefekte als brustkrebsfördernd identifiziert: Das BRCA1-Gen und das BRCA2-Gen (Chang-Claude 1995; Chang-Claude 1997). Frauen mit einer Genmutation haben ein höheres Brustkrebsrisiko (NCI 1998).

Sozioökonomische Faktoren: Mittlerweile ist bekannt, daß Brustkrebs in höheren sozialen Schichten weiter verbreitet ist als in unteren. Frauen mit einem hohen sozioökonomischem Status haben ein doppel so hohes Risiko, an Brustkrebs zu erkranken wie Frauen mit einem niedrigen sozioökonomischem Status (Kelsey/Bernstein 1996; Smith et al. 1997; Garillon et al. 1997; Bull Cancer 1997). Weiterhin lassen sich regionale Differenzen beobachten. Frauen aus urbanen Regionen sind häufiger von Brustkrebs betroffen als Frauen aus ländlichen Regionen.

Ernährung, Gewicht, Bewegung, Alkohol: Aufgrund der großen internationalen Differenzen der Brustkrebsinzidenz und Brustkrebsmortalität wurde eine Abhängigkeit zwischen ernährungsbedingten Faktoren und Brustkrebs vermutet. Die niedrigen Raten in Süd- und Ostasien gegenüber den hohen Raten in Nordamerika und Nordeuropa stützten die These, daß die Art der aufgenommenen Nahrung hierfür ein wichtiger Faktor sei. Als ein ernährungsabhängiges Risiko wurde ein hoher Verbrauch an tierischen Fetten ermittelt. Einem hohem Verbrauch vegetarischer Nahrungsmittel, insbesondere von Ballaststoffen (Gemüse, Obst, Vollkornprodukte), wird eine protektive Wirkung zugeschrieben. Aber auch für die Ernährung sind die Zusammenhänge nicht endgültig geklärt. Regelmäßige körperliche Bewegung scheint mit einem niedrigen Brustkrebsrisiko assoziiert zu sein (Love 1997).

Als ein weiterer ernährungsbedingter Faktor gilt Übergewicht bzw. der Umfang der Kalorienaufnahme. So soll die während der Adoleszenz erfolgte übermäßige Kalorienzufuhr das Brustkrebsrisiko erhöhen (Herbert/Rosen 1996; SEER Cancer Statistic Review 1996). Frauen, deren Gewicht mehr als 35 % über ihrem Idealgewicht liegt, haben während der Postmenopause ein 55 % höheres Brustkrebsrisiko (Krebsatlas Nordrhein-Westfalen 1994; Cancer Causes and Control 1996).

Als Risikofaktor gilt ebenfalls der Alkoholkonsum. Auch hier begründet der alkoholbedingt erhöhte Östrogenanteil, der zu einer wachsenden Zellteilung führt, das gestiegene Risiko(Viel et al. 1997; Cancer Causes an Control 1996).

Umweltfaktoren: Neuere Befunde verweisen auch auf den Einfluß von Umweltfaktoren. Daß ionisierende Strahlung zur Entstehung von Brustkrebs beiträgt, ist seit den Atombombenabwürfen in Japan bekannt. Ob eine Belastung im Niedrigdosisbereich zur Entstehung beiträgt, läßt sich derzeit nicht exakt beantworten. Ein erhöhtes Risiko scheint ebenfalls bei Frauen mit beruflich bedingter Exposition durch elektromagnetische Feldstrahlung zu bestehen (WEDO 1996; Coogan 1996). Zu den Umweltfaktoren, denen eine brustkrebsfördernde Wirkung zugeschrieben wird, zählen auch eine Vielzahl von Industriechemikalien aus der Gruppe der Chlorverbindungen, die in das Hormonsystem eingreifen, Hormone nachahmen oder die Funktion der natürlichen Hormone stören können.

3.3.2.1 Erkenntnisstand zur Früherkennung

In Anbetracht der ungenügenden Erkenntnisse über Ursachen und Risikofaktoren für die Entstehung von Brustkrebs kommt der Sekundärprävention in Form von Früherkennung eines Mamma-Karzinoms eine besondere Bedeutung zu. Zu den Methoden der Früherkennung zählt die Brust-Selbstuntersuchung (BSU), die Inspektion und Palpation sowie die Mammographie bzw. das Screening.

Die BSU ist ein wichtiger Bestandteil der Früherkennung, ihre Wirksamkeit scheint jedoch begrenzt (v. Fournier et al. 1993; De Waal et al. 1998). Eine finnische Studie zur BSU, die eine gezielte Unterweisung von Frauen zur BSU durch speziell ausgebildetes Personal und eine Kopplung mit medizinischen Früherkennungsmethoden u. a. mit der Möglichkeit einer Mammographie beinhaltet, zeigte demgegenüber Effekte sowohl bzgl. des Zugangs der Frauen zur medizinischen Vorsorge als auch in Hinblick auf die Mortalität und Neuentdeckungsrate (Gästrin 1994, 2000).

Über den Nutzen der Mammographie als Reihenuntersuchung zur Diagnose einer Brustkrebserkrankung im Frühstadium liegen unterschiedliche Aussagen vor. Übereinstimmend zeigen internationale Studien eine Reduktion der Sterblichkeitsrate zwischen 20 % und 30 % für Frauen im Alter von 50 bis 70 Jahren (Frischbier et al. 1994; Daudt et al. 1996). Für Frauen in der Altersgruppe zwischen 40 und 49 Jahren ließ sich eine Senkung der Mortalitätsrate jedoch nicht absichern (Frischbier et al. 1994; Daudt et al. 1996; v. Fournier 1997). Die Empfehlungen eines Mammographiescreenings für Frauen zwischen 40 und 49 Jahren sind nicht einheitlich, meist wird jedoch von einer Mammographie abgeraten (Mühlhauser/Höldke 1999).

Ein nationales Mammographie Screening-Programm wurde in Europa zuerst 1986 in Schweden eingeführt. Das schwedische Screening-Programm konnte sich in den nachfolgenden Jahren rasch etablieren. 1989 beteiligten sich bereits rund 80 % der eingeladenen Frauen (ebd.). Weitere europäische Länder folgten dem schwedischen Beispiel (vgl. Frischbier et al. 1994).

In der Bundesrepublik Deutschland wird über die Aufnahme der Mammographie als Screening für gesunde Frauen in das gesetzliche Programm zur Krebsfrüherkennung seit längerem diskutiert. Verschiedene Studien wie z. B. die Deutsche Mammographie-Studie untersuchten die Bedingungen für die Aufnahme der Mammographie in das bestehende Früherkennungsprogramm. Die Deutsche Mammographie-Studie zeigte erhebliche Defizite hinsichtlich der Qualität der Mammographien auf (Frischbier et al. 1994). Die Absicherung der Qualität ist von entscheidender Bedeutung, um die Zahl falschpositiver oder falschnegativer Befunde zu minimieren. Falschpositive Befunde können zu starken psychischen Belastungen führen und gehen mit zusätzlichen überflüssigen Untersuchungen bis hin zu operativen Eingriffen einher. Bei falschnegativen Befunden wiegen sich Frauen in Sicherheit und entscheidende Zeit vergeht, die zur Behandlung notwendig wäre. Es ist daher vorgesehen, die inzwischen von europäischen Expertinnen und Experten erarbeiteten Leitlinien für die Einführung der Mammographie als Screening-Programm in Deutschland zu Grunde zu legen.

3.3.3 Datenlage zum Brustkrebs in der Bundesrepublik Deutschland

Für das Gebiet der ehemaligen Bundesrepublik liegen Daten zu Krebsneuerkrankungen, die einen ausreichenden Erfassungsgrad aufweisen, nur für das Saarland vor. Die Zahlen der in den übrigen Bundesländern jährlich an Krebs Erkrankten können deshalb derzeit noch nicht exakt ermittelt, sondern müssen geschätzt werden. Während in der DDR Daten auf der Basis eines nationalen Krebsregisters gewonnen wurden, liegen für die neuen Länder für die Zeit nach 1990 keine Inzidenzzahlen vor, so daß auch hier auf Schätzungen zurückgegriffen werden muß.

Mit dem für den Zeitraum von 1995-1999 geltenden Krebsregistergesetz des Bundes (KRG) wurden die Bundesländer zum Aufbau epidemiologischer Krebsregister verpflichtet. Mittels Krebsregister sollen alle in einer definierten Region auftretenden Krebserkrankungen erfaßt und dokumentiert werden. Der Datenschutz wird durch differenzierte Regelungen gewährleistet. Die Bundesländer haben bis zum Jahre 2000 entsprechende Landesgesetze zur Einrichtung von Krebsregistern erlassen und mit dem Aufbau der Register begonnen bzw. die vorhandenen fortgeführt. In der Umsetzung des o. g. Krebsregisters hatten sie dafür einen erheblichen Handlungsspielraum hinsichtlich des Melde- und Registriermodus und des flächendeckenden Erfassungsgrades, der auch nach Auslaufen des KRG beibehalten wurde (Richter 2000). Daten für die gesamte Bundesrepublik liegen aus den Registern noch nicht vor, da ihr Aufbau in den Ländern noch nicht abgeschlossen ist.

Krebsregister erlauben für die Bundesrepublik Deutschland oder ausgewählten Regionen Aussagen zur zeitlichen Entwicklung von Krebserkrankungen, zu lokalen Häufungen, z. B. im Stadt-Land oder Nord-Südvergleich, zu Unterschieden zwischen Männern und Frauen, zur Verbesserung der Überlebenszeiten nach Erkrankung und zur Früherkennung. Krebsregister sind durch epidemiologische Studien zu ergänzen, um z. B. Untersuchungen zu Ursachen für Krebserkrankungen durchführen zu können.

3.3.4 Situation in Deutschland

Auch in der Bundesrepublik ist Brustkrebs die häufigste Krebserkrankung bei Frauen (Bertz/Schön 1995.) In Deutschland erkranken jährlich nahezu 46.000 Frauen an Brustkrebs, davon mehr als 17.000 im Alter unter 60 Jahren. Brustkrebs macht 26,4 % aller Krebserkrankungen und 17,9 % aller Krebssterbefälle bei Frauen in Deutschland aus (Arbeitsgemeinschaft Bevölkerungsbezogener Krebsregister in Deutschland 1999:9). Diese Krankheit trifft etwa jede zehnte Frau im Verlauf ihres Lebens (Chang-Claude 1995; Bertz/Schön 1995; von Karsa 1997). Das mittlere Erkrankungsalter liegt bei 63 Jahren (RKI 1998).

Die in Deutschland ermittelte Inzidenz für Brustkrebs bei Frauen liegt im Vergleich mit Ländern der EU im mittleren Bereich. Während die Sterblichkeit an Brustkrebs sich in den letzten 30 Jahren wenig verändert hat, zeigt die Neuerkrankungsrate in Deutschland wie in den anderen Ländern der Europäischen Union einen steigenden Trend (Arbeitsgemeinschaft Bevölkerungsbezogener Krebsregister in Deutschland 1999:35-36). Die gleichbleibende Sterberate bei steigender Neuerkrankungsrate wird der gestiegenen Überlebenswahrscheinlichkeit bei einer Brustkrebserkrankung zugeschrieben.

3.3.4.1 Mortalität

Im Jahr 1995 verstarben in den alten Bundesländern 15.837 Frauen an Brustkrebs, in den neuen Bundesländern waren es 2.837 (vgl. Kapitel 3.1.4). Mit einem Anteil von 3,9 % an der Gesamtsterblichkeit der bundesdeutschen Bevölkerung und einer standardisierten Mortalitätsrate von 34,0 Gestorbenen je 100.000 der weiblichen Bevölkerung ist Brustkrebs seit Jahren die häufigste Krebstodesursache bei Frauen (ebd.; StBA 1998a). Der Verlust an Lebenserwartung durch Brustkrebs beträgt für die weibliche Bevölkerung 6 Jahre. Seit Ende der 80er Jahre ist keine Steigerung der Sterblichkeit mehr erkennbar, für die Frauen unterhalb von 60 Jahren ist sie sogar rückläufig.

Folgende Abbildung zeigt die altersspezifische Sterblichkeit für Ost- und Westdeutschland im Jahr 1995. Hier wird der Anstieg der Sterberaten mit zunehmendem Alter, insbesondere ab der Menopause, erkennbar. In den alten Bundesländern liegt in allen Altersgruppen die Mortalitätsrate über der in den neuen Ländern.

Abbildung 3.3-1: Sterblichkeit an Brustkrebs nach Alter je 100.000 Frauen, 1995

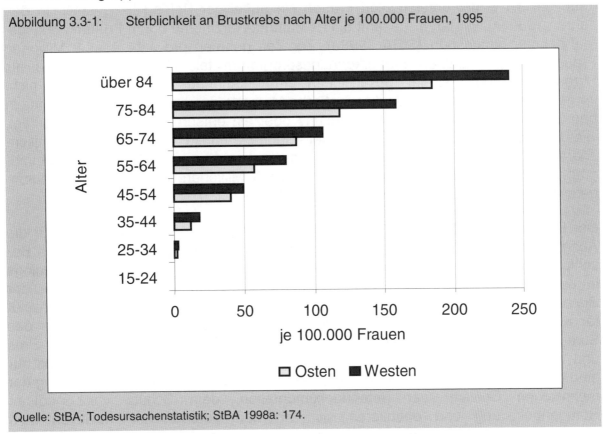

Quelle: StBA; Todesursachenstatistik; StBA 1998a: 174.

Die Überlebenswahrscheinlichkeit nach Brustkrebs beträgt heute etwa 73 % (Arbeitsgemeinschaft Bevölkerungsbezogener Krebsregister in Deutschland 1999:35; Schön et al. 1999), wobei sich die Überlebenswahrscheinlichkeiten in den vergangenen 30 Jahren deutlich verbessert haben.

3.3.4.2 Morbidität/Inzidenz

Die Häufigkeit der jährlichen Neuerkrankungen wird für Deutschland aus dem saarländischen Krebsregister sowie aus dem Krebsregister der DDR geschätzt. Es zeigt sich eine Zunahme der Neuerkrankungsraten in den vergangenen 20 Jahren (Arbeitsgemeinschaft Bevölkerungsbezogener Krebsregister in Deutschland 1999:36).

3.3.4.3 Früherkennung

In der Bundesrepublik existiert für Versicherte der gesetzlichen Krankenkassen seit 1971 ein Krebsfrüherkennungsprogramm. Die Früherkennungsuntersuchung auf Brustkrebs besteht aus Inspektion, Palpation und einer Anleitung zur Brustselbstuntersuchung und wird Frauen ab dem 30. Lebensjahr angeboten (von Karsa 1997). Im Rahmen des Krebsfrüherkennungsprogramms nahmen 1990 in den alten Bundesländern 34 % aller anspruchsberechtigten Frauen an Krebsvorsorgeuntersuchungen teil (ZIkV 1993). Bei der Inspektion und Palpation der Mammae wurde 1990 bei 3,1 % der untersuchten Frauen ein auffälliger Befund festgestellt. In den Jahren 1989/90 wurden insgesamt 5.419 Mamma-Karzinome durch Früherkennungsmaßnahmen aufgespürt (StBA 1998a). Zur Zeit nehmen pro Jahr über 8 Millionen Frauen am gesetzlichen Früherkennungsprogramm teil. Die Mammographie als Screeningmethode ist im gesetzlichen Früherkennungsprogramm bisher nicht vorgesehen. Sie kann aber als diagnostische Methode durchgeführt werden, wenn ein begründeter Verdacht auf eine Erkrankung oder ein entsprechendes Risiko vorliegt, wie z. B. nach einem Vorbefund in der Eigenanamnese oder positiver Familienanamnese. In diesen Fällen übernehmen die Krankenkassen die Kosten der Mammographie. In Deutschland werden jährlich etwa 5 Millionen Mammographien durchgeführt (von Karsa 1997, Mühlhauser/Höldke 1999).

Der Bundesausschuß der Ärzte und Krankenkassen, der nach § 92 SGB V für die Ausgestaltung des Krebsfrüherkennungsprogramms zuständig ist, hat 1996 den Beschluß gefaßt, die Bedingungen für die Aufnahme eines Mammographie-Screenings in das geseetzliche Früherkennungsprogramm zu prüfen. Dafür beauftragte der Bundesausschuß die Planungsstelle Mammographiescreening, die am Zentralinstitut für Kassenärztliche Versorgung eingerichtet ist, Modellprojekte zur Erprobung des Screenings zu entwickeln. Drei Modellprojekte in den Regionen Bremen, Weser-Ems und Wiesbaden werden im Laufe des Jahres 2000 beginnen und sind zunächst für eine Laufzeit von drei Jahren konzipiert. Die Modellprojekte dienen der Sicherung der technischen Qualität, der Befunddokumentation, dem Schutz vor unnötiger Röntgenbelastung und orientieren sich an den europäischen Leitlinien zum Mammographiescreening. Ein Ziel der Modellprojekte ist auch, überprüfbare Daten zu erheben. In Anlehnung an die Europäischen Leitlinien ist vorgesehen, daß zwei Ärzte unabhängig voneinander das Röntgenbild beurteilen und diese Ärzte mindestens 5.000 Befundungen pro Jahr vornehmen. Für das Screening in den Modellprojekten sind alle 50 bis 69jährigen Frauen vorgesehen, die in der GKV versichert sind. Diese Frauen werden alle 24 Monate angeschrieben und eingeladen. Die angestrebte Beteiligung am Screening beträgt 70 %. Nach Ablauf der dreijährigen Testphase will der Bundesausschuß über eine Verlängerung und Ausdehnung der Projekte auf andere Regionen entscheiden.

3.3.4.4 Prädiktive Genanalysen

Im Rahmen einer interdisziplinär angelegten Beobachtungsstudie der Deutschen Krebshilfe (Kreienberg/Volm 1999) werden in der Bundesrepublik Deutschland zur Zeit die Bedingungen für die Durchführung einer Genanalyse für Brustkrebs wissenschaftlich untersucht. Frauen, die bestimmte Voraussetzungen hinsichtlich eines vermutlich erblich bedingten Brustkrebsrisikos erfüllen, erhalten die Möglichkeit, eine Genanalyse durchführen zu lassen. Die Untersuchung schließt die medizinische und psychologische Beratung der Frauen ein. Frauen mit einem positiven Testergebnis sollen einem intensivierten Vorsorgeprogramm (u. a. jährliche Mammographien, halbjährliche fachärztliche Untersuchung) zugeführt werden (ebd.).

Kritisch wird gesehen, daß für die betroffenen Frauen z. Zt. keine angemessenen Therapiemöglichkeiten zur Verfügung stehen. Zu den Therapiemöglichkeiten zählen insbesondere die Chemoprävention (z. B. Tamoxifen), die jedoch mit erheblichen Nebenwirkungen verbunden ist, oder die prophylaktische Entfernung der Brust und/oder beider Eierstöcke (Kreienberg/Volm 1999; Feuerstein/Kollek 1999). Das Leben mit dem Risiko führt auf diesem Hintergrund zu einer starken psychosozialen Belastung, die einen erheblichen Beratungs- und Unterstützungsbedarf vor und nach der Diagnose nach sich zieht. Hierzu hat die Bundesärztekammer (1998) Richtlinien erlassen, die jedoch nur berufsrechtlichen Bindungscharakter für Ärztinnen und Ärzte haben. Die Durchführung von Genanalysen im Rahmen routinemäßiger Testungen (Screening) wird auf dem Hintergrund ungesicherter therapeutischer Angebote nicht empfohlen.

3.3.5 Zusammenfassung

Brustkrebs ist die häufigste Krebserkrankung und die häufigste Krebstodesursache bei Frauen. Die Erkrankungsraten stiegen in den vergangenen Jahrzehnten kontinuierlich an, während die Sterberaten sich nur geringfügig geändert haben und für die Frauen unter 60 Jahren sogar rückläufig sind. Eine verbesserte Früherkennung und medizinische Versorgung scheinen für diese Entwicklung eine entscheidende Rolle zu spielen. Zwischen Ost- und Westdeutschland besteht ein deutliches Gefälle. Noch immer sind für die alten Bundesländer höhere Erkrankungs- und Sterberaten zu verzeichnen. Insgesamt erkranken in Deutschland jährlich etwa 46.000 Frauen an Brustkrebs und nahezu 19.000 sterben an dieser Todesursache. Anerkannte Faktoren, die zur Entstehung eines Mamma-Karzinoms beitragen können, sind eine familiäre Brustkrebsvorgeschichte, reproduktive und hormonelle Faktoren sowie vermutlich die Ernährungsweise. Weitere Zusammenhänge werden hinsichtlich des Alkoholkonsums, der Strahlenexposition und Einflüssen durch chemische Verbindungen, die in das Hormonsystem eingreifen, diskutiert.

3.3.6 Schlußfolgerungen

Untersuchungen zur Erforschung der Ursachen für die Entstehung von Brustkrebs richteten sich bislang primär auf individuelle Faktoren wie Lebensstil, Gebärverhalten oder familiäre Häufigkeiten. Wenig untersucht ist jedoch der Einfluß von Umweltfaktoren auf die Entstehung von Brustkrebs. Hier besteht noch ein erheblicher Forschungs- und Informationsbedarf.

Weitere Forschungsdefizite bestehen hinsichtlich des Einflusses psychosozialer Faktoren. Wichtig wäre eine Erweiterung des bisherigen Risikofaktorenansatzes um weitere Einflüsse, hin zu einem stärker integrierten Ansatz, in dem die multifaktorielle Entstehung der Krankheit berücksichtigt wird. Des weiteren fehlen aktuelle Erkenntnisse zur Frage, wie Frauen mit der Erkrankung umgehen und sie verarbeiten.

Auf welche gesellschaftliche Unterstützung oder Widerstände stoßen Frauen mit Brustkrebs und über welche psychosozialen Ressourcen verfügen sie, um mit der lebensbedrohenden Erkrankung umzugehen? Hierfür bedarf es neben weiterer Studien auch einer breiten Öffentlichkeitsarbeit zur Enttabuisierung der Krankheit sowie ihrer Folgen.

Mit der Einrichtung von Krebsregistern in Deutschland wurde ein wichtiger Schritt zur Schaffung einer Datenbasis für die Forschung zur Entwicklung von Krebserkrankungen in Deutschland geschaffen. Ergänzende Studien zur Ursachenforschung, Evaluierung von Früherkennung und Krebsprävention sind jedoch notwendig.

Um eine hohe Wirksamkeit der Mammographie im Rahmen von Früherkennungsprogrammen zu erzielen, bedarf es kontinuierlicher Qualitätssicherungsmaßnahmen, die sowohl die technische Qualität wie die fachliche Kompetenz sicherstellen. Das gilt auch für die über fünf Millionen Mammographien, die heute in Deutschland unabhängig vom Brustkrebsscreeningprogramm durchgeführt werden. Über die Einführung eines Mammographie-Screenings in der Bundesrepublik Deutschland kann erst entschieden werden, wenn die Ergebnisse der Modellprojekte ausgewertet wurden.

Die rasante Entwicklung der technischen Möglichkeiten einer Genanalyse haben in Deutschland zu einer grundsätzlichen und sehr kritischen Diskussion der ethischen und sozialen Konsequenzen des Einsatz in der Medizin geführt (vgl. z. B. FORUM 1999): nicht mehr die Patientin und der Patient als soziale Wesen ständen im Mittelpunkt der Medizin, vielmehr würden Ziele des ärztlichen Handelns durch technologischen Optionen vorgegeben. Aus der Sicht der Frauen ist deshalb zu fordern, daß sie über Möglichkeiten und Risiken technologischer Verfahren in der Medizin informiert und ihnen die Wahlmöglichkeiten transparent gemacht werden. In der psychischen Bewältigung der Krankheit bzw. für das Leben mit dem Wissen um das Erkrankungsrisiko nach einem Gentest ist ihre Beratung und Unterstützung zu gewährleisten.

3.4 Gynäkologische Erkrankungen

3.4.1 Einleitung

3.4.1.1 Bedeutung gynäkologischer Erkrankungen für die Frauengesundheit

Gegenstand dieses Abschnitts sind vor allem die gutartigen gynäkologischen Krankheiten wie Zyklusstörungen, Entzündungen oder auch Schmerzen an den weiblichen Geschlechtsorganen. Der Abschnitt will einen ersten Einblick in die Bedeutung gynäkologischer Krankheiten für das gesundheitliche Befinden und die Lebensqualität von Frauen geben. Die vorliegenden Daten geben Auskunft über:

- stationär behandelte gynäkologische Diagnosen (stationäre Morbidität),
- gynäkologische Diagnosen, die zu einer Arbeitsunfähigkeit führten (AU),
- ausgewählte gynäkologische Beschwerden,
- operative stationäre Eingriffe.

Bei der Darstellung derselben interessiert vor allem, welche Krankheitsgruppen oder Einzeldiagnosen Frauen in welchem Ausmaß und in welchem Alter besonders belasten.

Nach dem Gesundheitsbericht für Deutschland führen gutartige gynäkologische Diagnosen mit einem Anteil von nur 1,2 % an allen Sterbefällen (StBA 1998a) vergleichsweise selten zum Tode. Ihre gesundheitliche Bedeutung liegt also nicht in der Sterblichkeit, sondern in ihrem Einfluß auf die Lebensqualität von Frauen.

Bedeutung und Erscheinungsform einzelner Diagnosen verändern sich in der Lebensspanne. Die bakterielle Kolpitis, die bekannteste Form der Scheidenentzündung, beispielsweise ist nach Schmidt-Matthiesen (1992) bei 5-10 % der sexuell aktiven Frauen aktuell zu finden. In der Lebensspanne machen 75 % aller Frauen (Wendisch et al. 1992) mindestens einmal eine Erfahrung mit dieser Erkrankung. Dabei nimmt mit zunehmendem Alter das Entzündungsrisiko ab. Einen anderen Verlauf nehmen Zyklusstörungen. Sie treten zu Beginn und am Ende der reproduktiven Lebensphase besonders häufig auf und haben für die betroffenen Frauen eine je verschiedene Bedeutung.

Die im Zentrum dieses Abschnitts stehenden gynäkologischen Diagnosen/Erkrankungen haben zwar oft gute Heilungschancen, können aber trotzdem Frauen körperlich, seelisch und sozial stark beeinträchtigen. Sie setzen - wie jede Störung - das Wohlgefühl und das Körpererleben der betroffenen Frauen oft erheblich herab. Eine besondere, frauentypische Belastung tritt hinzu, wenn Frauen trotz Krankschreibung oder Krankenhauseinweisung nicht von ihrer Rolle als Mutter und Hausfrau entbunden werden, sondern sich weiter um die Familienbelange sorgen müssen. Charakteristisch für diese Krankheitsgruppe ist weiterhin ihr Zusammenhang zur Sexualität und Partnerschaft, ihr Einfluß also auf die weibliche Intimsphäre.

3.4.1.2 Forschungsstand

Der gegenwärtige epidemiologische Kenntnisstand in der Gynäkologie ist gering. Allerdings gibt es eine Vielzahl kleinerer deutscher und internationaler Studien, die sich aus medizinischer Sicht mit einzelnen gynäkologischen Erkrankungen oder Erkrankungssyndromen wie dem Prämenstruellen Syndrom (PMS) oder den Entzündungen der Scheide (Pelvic Inflammatory Desease/ PID) beschäftigen. Obwohl lange in der Diskussion, ist auch über operative Eingriffe wie etwa die Anzahl von Gebärmutterentfernungen und deren Indikationen oder die Entwicklungstrends immer noch sehr wenig bzw. nichts Verläßliches bekannt. Die vorliegenden Daten sind oft uneinheitlich und daher selten vergleichbar. Auch im Gesundheitsbericht für Deutschland (StBA 1998a) werden die gynäkologischen Erkrankungen nicht eigenständig behandelt.

3.4.1.3 Datenlage, Datenquellen

Zur Erarbeitung dieses Abschnitts standen folgende Daten zur Verfügung:

Daten der amtlichen Statistik: Hier wurden Bundesdaten der Gesetzlichen Krankenversicherung (GKV-Daten) verwendet: 1. die Krankheitsartenstatistik (KG8) mit den Arbeitsunfähigkeitstagen und- fällen von 1993. Sie ist eine der beiden von den gesetzlichen Krankenkassen zur Erfassung der Arbeitsunfähigkeit (AU) geführten Leistungsstatistiken und ergänzt die unspezifische Totalerhebung aller Fälle (KG2) durch eine überwiegend repräsentativ erhobene Auszählung nach Krankheitsarten. Die KG8-Statistik kann über ca. 80 % aller Versicherten in Deutschland, die angestellt tätig sind, etwas aussagen. 2. Die Krankenhausstatistik von 1996 (StBA 1996). Sie ist eine Statistik über die Krankenhausfälle, -tage mit einer Auszählung nach Krankheitsarten und umfaßt neben den versicherten Mitgliedern auch deren mitversicherte Angehörige. Damit werden Aussagen über mehr als 90 % der Bevölkerung möglich. In beide Statistiken fließen die routinemäßíg erhobenen Daten aus allen (insgesamt 8) der GKV-zugehörigen Kassen ein.

Die Daten beider verwendeten Statistiken liegen teilweise unterschiedlich aggregiert vor. So wurden die Daten zur Arbeitsunfähigkeit (AU) und der Krankenhausstatistik nach unterschiedlichen Altersgruppierungen zusammengefaßt. Beide Datenbasen weisen keine Differenzierung nach neuen und alten Bundesländern auf.

Klassifiziert wurden die Daten nach ICD-9. Gynäkologische Störungen werden in dieser Klassifikation in der Krankheitsklasse X ‚Krankheiten der Harn- und Geschlechtsorgane' mit insgesamt 19 Diagnosen erfaßt. Im Falle der Gynäkologie bietet die ICD-9 Klassifizierungsspielräume, was die Interpretation der Daten erschwert und bei der Bewertung der Versorgungsdaten mit zu berücksichtigen ist. Um ein Beispiel zu geben. Eine Konisation, ein wegen einer schweren Zellveränderung (Dysplasie) notwendiger Eingriff am Gebärmutterhals, kann in zwei Krankheitsklassen der ICD-9 erfaßt werden. Meist wird sie innerhalb der Krankheitsklasse II (Neubildungen) dokumentiert. Nicht auszuschließen ist aber auch, daß sie in der Krankheitsklasse X unter der Diagnose ‚nicht entzündliche Affektionen des Gebärmutterhalses' festgehalten wird.

Daten von Einzelstudien: Für die gynäkologischen Beschwerden sind Daten einer Studie aus Ostdeutschland "Partnerschaftskonflikte und psychosomatische gynäkologische Erkrankungen (Partnerschaftsstudie)" (Begenau/Rauchfuß 1992) verwendet worden. Die Untersuchung wurde 1988/89 durchgeführt. Insgesamt wurden 1809 Probandinnen in drei gynäkologischen Polikliniken in Ostberlin im Alter von 20 bis 50 Jahren und einer Parternschaftsdauer von mindestens einem Jahr befragt. Das Instrument, ein schriftliches Interview, enthielt Fragen zur Sexualität, der Partnenschaftssituation, der Haushaltsführung, Standardfragen zur soziodemographischen Situation und schließlich auch zu gynäkologischen Beschwerden, dem durch sie erzeugten Leidensdruck und erfolgtem Arztbesuch.

Für die gynäkologischen Operationen konnten die Ergebnisse des von 1992-1996 durchgeführten Projekts „Qualitätssicherung in der operativen Gynäkologie" (Geraedts 1998) genutzt werden. In die Untersuchung wurden 44 Kliniken einbezogen. Die Mehrzahl der Kliniken kam aus Nordrhein-Westfahlen, jeweils eine Klinik aus Bayern, Hamburg, Niedersachsen, Hessen und Thüringen. Nach Geraedts (ebenda) waren alle Klinikgrößen vertreten.

Die verwendeten Daten stellen unterschiedliches Material bereit und beschreiben unterschiedliche Kollektive. Damit variieren ihre Qualität und Aussagekraft. So sind die Daten der amtlichen Statistik Versorgungsdaten. Sie vermitteln einen Eindruck über gynäkologische Störungen, die in Teilen des Medizinsystems versorgt und diagnostiziert werden. Diagnosen unterliegen aber ärztlichen Zuschreibungen und widerspiegeln die zugrundeliegenden Erkrankungen oft nur verzerrt. Zudem lassen sich mit diesen Daten keine Aussagen über gesundheitliche Störungen, die zu keiner Behandlung führen oder zwar ärztlich behandelt aber keine Arbeitsunfähigkeit oder Krankenhausbehandlung nach sich ziehen, treffen. Eine zusätzliche Einschränkung ergibt sich dadurch, daß die AU-Daten nur die erwerbstätigen Frauen erfassen, über die mitversicherten Familienangehörigen, wie die Hausfrauen, arbeitslose Frauen und Rentnerinnen also keine Aussagen möglich sind.

Bei den Daten aus der Partnerschaftskonfliktstudie handelt es sich um selbst berichtete Daten und nicht um Krankheiten, sondern um Beschwerden. Dem Zuschnitt der Studie entsprechend werden Aussagen über die Präsenz gynäkologischer Beschwerden in der weiblichen Lebensspanne möglich. Aussagegrenzen bestehen bezüglich der Repräsentativität und auf Grund des retrospektiven Charakters der Studie (Recall-Problem). Bei aller Begrenztheit bieten die jeweiligen Daten, jede auf ihre Weise, dennoch einen ersten Eindruck in dieses bislang in der Gesundheitsberichterstattung wenig beachtete Thema.

Der Abschnitt gliedert sich in drei Teile. Zu Beginn wird das Arbeitsunfähigkeits- und Krankenhausgeschehen für die Jahre 1993 resp. 1996 nach Krankheitsfällen dargestellt. Fallbezogene Analysen erlauben keine personenbezogenen Aussagen, da in sie die Wiederholungsfälle mit eingehen. Das ist bei der Bewertung des ersten Teils immer mit zu denken. Im zweiten Teil werden die gynäkologischen Beschwerden thematisiert. Im dritten Teil geht es um gynäkologische Operationen.

3.4.2 Gutartige gynäkologische Diagnosen im Arbeitsunfähigkeitsgeschehen und in der Krankenhausbehandlung

Ziel der folgenden Darstellungen ist es, einen ersten Einblick in die Bedeutung der Krankheiten der weiblichen Geschlechtsorgane für die gesundheitliche Situation und die Lebensqualität von Frauen zu geben. Im Zentrum stehen 19 gynäkologische Einzeldiagnosen (ICD-9/Kl.X 610-629), ihre unterschiedliche Bedeutung in der Krankschreibung und stationären Behandlung insgesamt wie für einzelne Altersgruppen. Zu Beginn soll jedoch zunächst der Rangplatz der Krankheitsklasse X ‚Krankheiten der Harn- und Geschlechtsorgane' (ICD-9, Kl.X: 580-629), in welcher gynäkologische Krankheiten und Krankheiten der Harnorgane gemeinsam erfaßt sind, innerhalb der zehn für Frauen häufigsten Krankheitsklassen bestimmt werden. Die Krankheitsklasse XI ‚Komplikationen der Schwangerschaft, bei Entbindung und Wochenbett' - so wurde entschieden - wird dabei ohne die hier auch erfaßten normalen Entbindungen und Schwangerschaftsabbrüche in die Analyse einbezogen.

Die Daten wurden auf unterschiedliche Bevölkerungsgruppen und innerhalb derselben auf Altersgruppen bezogen berechnet. Für die Berechnung der AU-Daten wurde auf GKV-Daten über die weiblichen Pflichtversicherten von 1993 und für die der Krankenhausdaten auf Daten des Statistischen Bundesamtes zur weiblichen Bevölkerung von 1996 zurückgegriffen.

3.4.2.1 Bedeutung der Krankheitsklasse X ‚Krankheiten der Harn- und Geschlechtsorgane' innerhalb der zehn wichtigsten Krankheitsklassen

Die Krankheiten der Harn- und Geschlechtsorgane spielen im weiblichen Krankheitspanorama eine bemerkenswerte Rolle. 1993 wurden 8.269,58 Fälle pro 100.000 pflichtversicherter Frauen gezählt, die mit einer Indikation aus dieser Krankheitsklasse arbeitsunfähig geschrieben waren. Damit stand diese Krankheitsklasse an sechster Stelle im Gesamt-AU-Geschehen von Frauen. Vor ihnen rangierten die Krankheiten der Atmungsorgane, die Muskel- und Skeletterkrankungen, die Krankheiten des Verdauungssystems, der Haut und die Verletzungen.

Tabelle 3.4-1: Die 10 häufigsten Krankheitsklassen im weiblichen Arbeitsunfähigkeitsgeschehen 1993

Krankheitsklassen lt. ICD-9	Fälle absolut	Arbeitsunfähigkeitsfälle je 100.000 weibl. Pflichtversicherte
VIII Atmung	4.887.107	47.305,34
XIII Muskel, Skelett, Knochen	2.209.651	21.388,58
IX Verdauung	2.132.913	20.645,79
XII Haut	1.152.503	11.155,79
XVII Verletzungen	1.089.383	10.544,81
X Harn- und Geschlechtsorg	854.329	8.269,58
VII Kreislauf	710.959	6.881,81
XVI Symptome	702.974	6.804,52
I Infektionen	660.513	6.393,51
VI Nerven	586.771	5.679,72

Quelle: BMG KG8 Statistik 1993, eigene Berechnungen.

Gynäkologische Erkrankungen 137

Auch bei den Krankheiten, die zu einer stationären Aufnahme führten, spielten die Krankheiten der Harn- und Geschlechtsorgane eine wichtige Rolle. 1996 wurden 1.659,33 Fälle je 100.000 der weiblichen Bevölkerung gezählt, die wegen einer Indikation aus der Krankheitsklasse X im Krankenhaus behandelt wurden. Damit kamen die Krankheiten der Harn- und Geschlechtsorgane bei der stationären Morbidität auf Platz fünf. Vor ihnen befanden sich - anders als im AU-Geschehen - die Herzkreislauferkrankungen, die Neubildungen, die Verletzungen und die Krankheiten des Verdauungssystems.

Tabelle 3.4-2:   Die 10 häufigsten Krankheitsklassen in der Krankenhausbehandlung von Frauen 1996

Krankheitsklassen lt. ICD-9	Fälle absolut	Krankenhausfälle je 100.000 weibl. Bevölkerung
VII Kreislauf	1.202.622	2.859,48
II Neubildungen	973.049	2.313,73
XVII Verletzungen	767.967	1.826,00
IX Verdauung	726.056	1.726,35
X Harn- und Geschlechtsorgane	697.871	1.659,33
XIII Muskel, Skelett, Knochen	558.009	1.326,78
VI Nerven	520.840	1.238,40
XI Schwangerschaft (exkl.650-659,635)	456 493	1.085,40
VIII Atmung	451.329	1.073,13
V Psychiatr. Krankheiten	353.886	841,44

Quelle: StBA 1996, Krankenhausstatistik, eigene Berechnungen.

Rechnet man die Krankheiten der weiblichen Geschlechtsorgane aus der Krankheitsklasse X heraus, wird deutlich, daß sie mit 501.848 der insgesamt 854.329 AU - Fälle und 510.232 der insgesamt 697.871 stationären Behandlungsfällen die (im Vergleich zu den Krankheiten der Harnorgane) für Frauen weitaus größere Bedeutung haben.

3.4.2.2 Verteilung gynäkologischer Diagnosen (610-629) in der Arbeitsunfähigkeit und Krankenhausbehandlung

Im folgenden geht es um die Frage, welche gynäkologischen Einzeldiagnosen 1993 besonders häufig zu einer Arbeitsunfähigkeit und welche 1996 zu einer Krankenhausbehandlung führten. Die folgenden Raten werden pro 10.000 der pflichtversicherten Frauen resp. der weiblichen Bevölkerung angegeben.

Diagnosen, die 1993 zu einer Arbeitsunfähigkeit führten

Die Abbildung 3.4-1 zeigt, daß drei von den insgesamt 19 gutartigen Diagnosen besonders häufig zu einer Krankschreibung führten. Bei je 10.000 der pflichtversicherten Frauen standen die Entzündungen der Eierstöcke, der Eileiter und der Beckenorganen mit einer Rate von 86,02 an erster Stelle, gefolgt von den Regelblutungsstörungen mit einer Rate von 79,82 und den Erkrankungen der Gebärmutter mit einer Rate von 67,84.

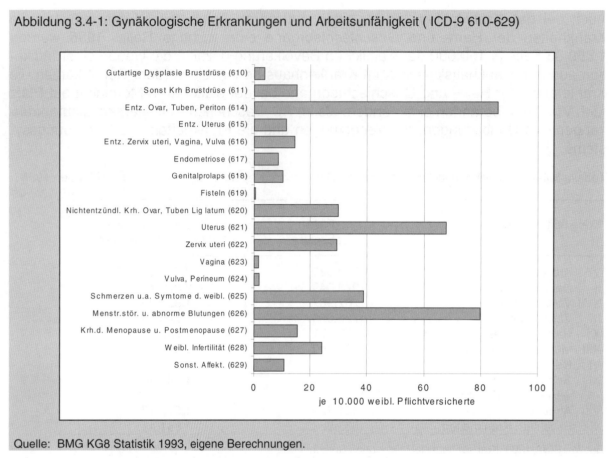

Abbildung 3.4-1: Gynäkologische Erkrankungen und Arbeitsunfähigkeit (ICD-9 610-629)

Quelle: BMG KG8 Statistik 1993, eigene Berechnungen.

Aber auch andere Diagnosen waren von Bedeutung und zwar: Schmerzen der weiblichen Genitalorgane und andere Symptome mit einer Rate von 38,67, die nicht entzündlichen Affektionen der Eierstöcke, der Eileiter mit einer Rate von 29, nicht entzündlichen Affektionen des Gebärmutterhalses mit einer Rate von 30 oder auch die Infertilität mit einer Rate von 24,2 je 10.000 weibliche Pflichtversicherte. Selten wurden Frauen dagegen mit Fisteln, nicht entzündlichen Affektionen der Scheide oder gutartigen Veränderungen an der Brust krankgeschrieben.

Diagnosen, die 1996 zu einer Krankenhausbehandlung führten

In der Krankenhausbehandlung stehen andere Krankheiten im Vordergrund als bei der Krankschreibung. Tendenziell sind es die schwereren Fälle, die im Krankenhaus behandelt werden.

1996 wurden vier Diagnosen besonders häufig im Krankenhaus behandelt: Regelblutungsstörungen mit einer Rate von 18,57, klimakterischen Störungen mit einer Rate von 15,54, nicht entzündliche Krankheiten der Eierstöcke und Eileiter mit einer Rate von 14,0 und der Gebärmutervorfall (Genitalprolaps) mit einer Rate von 11,11 je 10.000 der weiblichen Bevölkerung.

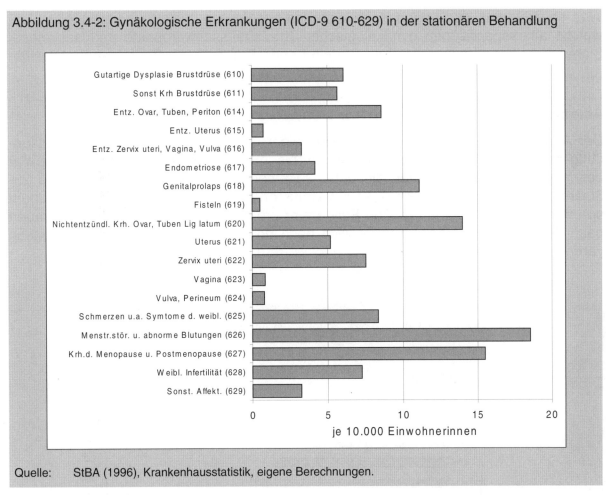

Abbildung 3.4-2: Gynäkologische Erkrankungen (ICD-9 610-629) in der stationären Behandlung

Quelle: StBA (1996), Krankenhausstatistik, eigene Berechnungen.

Eine mittlere Bedeutung hatte die im AU-Geschehen wichtigste Diagnose: die Entzündungen. Beachtlich ist die Häufigkeit der - auch im psychosomatischen Zusammenhang diskutierten - Schmerzen der weiblichen Genitalorgane. Die in der gynäkologischen AU wichtigen nichtentzündlichen Veränderungen an der Gebärmutter rangierten in der Krankenhausbehandlung weit unten, ebenso die weibliche Unfruchtbarkeit, die gutartigen Gewebeveränderungen (Dysplasien) und die sonstigen Krankheiten der Brustdrüse. Am seltensten wurden Fisteln stationär behandelt.

3.4.2.3 Altersspezifische Verteilungen gynäkologischer Diagnosen in der AU und Krankenhausbehandlung

Gynäkologische Erkrankungen haben für Frauen in der Lebensspanne unterschiedliche gesundheitliche Bedeutungen. Bei Frauen zwischen 15 und 45 Jahren wurden, wie die Krankenhausstatistik zeigt, die Schwangerschaftskomplikationen und die Krankheiten der Harn- und Geschlechtsorgane am häufigsten stationär behandelt (vgl. Kapitel VI ‚Reproduktive Gesundheit'). Vergleicht man dieses Ergebnis mit der weiblichen Bevölkerung insgesamt - hier dominieren die Herz– Kreislauf-Erkrankungen und die Neubildungen - ist die alterspezifische Bedeutung der Gynäkologie unübersehbar.

Was aber führt zu den hohen Prävalenzraten bei Frauen im reproduktiven Alter? Ja, welche altersspezifischen gynäkologischen Krankheitsschwerpunkte und aus dieser Sicht lebensphasentypischen Belastungen haben Frauen? Mit den folgenden Ausführungen wird nach ersten und freilich nur vorläufigen Antworten gesucht.

Arbeitsunfähigkeitsgeschehen nach Alters- und Diagnosegruppen

Der Analyse zufolge ist das Risiko wegen einer gynäkologischen Störung arbeitsunfähig geschrieben zu werden, im jungen bis mittleren Erwachsenenalter offenbar besonders groß. Dabei hatten die unter 20jährigen ein größeres Risiko als die 25-30jährigen. Von allen Altersgruppen am stärksten betroffen waren jedoch - mit einem sprunghaften Anstieg von fast 200 Fälle mehr pro 10.000 Pflichtversicherter - Frauen nach dem 30. Lebensjahr, während sich nach dem 45. Lebensjahr das Risiko stetig verringerte.

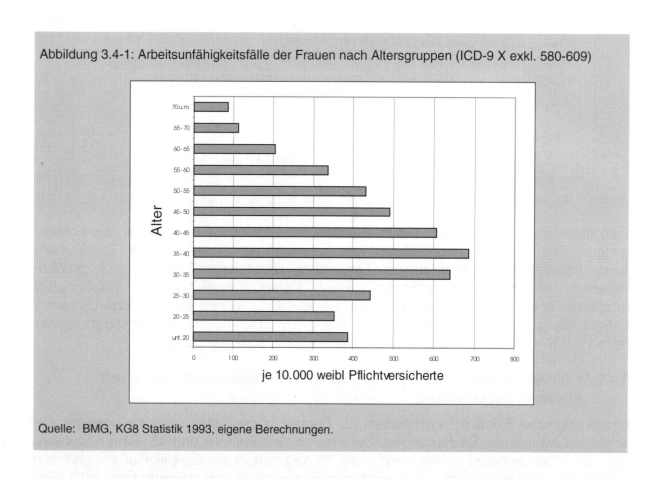

Abbildung 3.4-1: Arbeitsunfähigkeitsfälle der Frauen nach Altersgruppen (ICD-9 X exkl. 580-609)

Quelle: BMG, KG8 Statistik 1993, eigene Berechnungen.

Häufige gynäkologische Diagnosen: Welche einzelnen Diagnosen zu der hohen Krankschreibungsrate von Frauen etwa zwischen 35 und 40 Jahren führten, läßt sich auf der vorliegenden Datenbasis nicht abschließend beantworten. Das hängt damit zusammen, daß in der AU - Statistik von 1993 die Daten nicht nach Altersgruppen und Einzeldiagnosen, sondern nur nach 3 Diagnosegruppen: der Gruppe der ‚Krankheiten der Brustdrüsen', den ‚entzündlichen Krankheiten der weiblichen Beckenorgane' und den ‚sonstigen Affektionen' zusammengestellt vorliegen.

Der Aussagewert der Daten ist damit sehr eingeschränkt, zumal die Gruppen quantitativ und qualitativ kaum vergleichbar sind. Die ‚sonstigen Affektionen' beispielsweise fassen dreizehn Diagnosen zusammen, dagegen die ‚Krankheiten der Brustdrüse' nur zwei.

Einige erste Informationen hält die Verteilung der Altersgruppen in den drei Diagnosegruppen dennoch bereit. So zeigt die Tabelle 3.4-3, daß jede Altersgruppe ihren eigenen Altersgipfel hat.

Tabelle 3.4-3: Gynäkologisch bedingte Arbeitsunfähigkeit nach Altersgruppen

Alter (in Jahren)	Krankheiten der Brustdrüse		Entzündliche Krankheiten der weibl. Beckenorgane		Sonstige Affektionen der weibl. Geschlechtsorgane	
	Absolut	je 10.000 weibl. Pflichtversicherte	Absolut	je 10.000 weibl. Pflichtversicherte	Absolut	je 10.000 weibl. Pflichtversicherter
Unt. 20	512	9,21	9.143	164,41	11.942	214,74
20 – 25	2.404	14,26	24.686	146,44	32.811	194,64
25 – 30	5.833	30,94	25.868	137,21	51.850	275,03
30 – 35	12.983	98,72	20.597	156,61	50.724	385,68
35 – 40	16.178	148,40	14.735	135,17	43.900	402,70
40 – 45	11.663	111,18	9.977	95,11	42.122	401,54
45 – 50	3.684	41,42	5.273	59,28	34.768	391,09
50 – 55	2.506	24,00	3.651	34,97	38.752	371,18
55 – 60	1.165	13,45	1.598	23,99	19.778	296,93
60 – 65	126	10,68	164	13,90	2.128	180,32
65 – 70	9	4,60	15	7,66	196	100,10
70 u.m.	3	2,43	9	7,28	95	76,86

Quelle: BMG KG 8 (1993), eigene Berechnungen.

Bei den (gutartigen) Erkrankungen der Brustdrüse lag der Gipfel - gut erkennbar - zwischen 30 und 45 Jahren, bei den Entzündungen etwas früher und zwar zwischen dem 20. und 40. Lebensjahr und bei den sonstigen Affektionen - weniger deutlich abgrenzbar - zwischen dem 30. und 55. Lebensjahr.

Damit läßt sich zumindest soviel sagen: Diagnosen aus der Gruppe der sonstigen Affektionen scheinen die gesundheitliche Situation und damit die Lebensqualität aller Frauen, besonders jedoch die von Frauen in der frühen bis späten Mitte des Lebens, gutartige Brusterkankungen fünfzehn Jahre lang und zwar die der Frauen zwischen dem 30 und 45. Lebensjahr und Entzündungen die Gesundheit eher der jüngeren Frauen zu beeinflussen.

Einen differenzierteren Einblick in die lebensphasenspezifische, gynäkologische Vulnerabilität und die sich daraus für die einzelnen Lebensphasen ergebenden unterschiedlichen psychosozialen Belastungen oder auch Chancen von Frauen erlauben die Daten leider nicht.

Stationäre gynäkologische Behandlungen nach Altersgruppen und Diagnosen

Frauen, die aus gynäkologischen Gründen im Krankenhaus behandelt wurden, sind etwas älter als die Frauen in der Krankschreibung. Der Altersgipfel 1996 lag hier bei den 35 bis 54jährigen. An zweiter Stelle standen die 25 bis 34jährigen. Wie die Abbildung 3.4-4 weiter zeigt, wurden Frauen zwischen 55 und 74 Jahren zunehmend weniger wegen gutartiger gynäkologischer Diagnosen stationär behandelt.

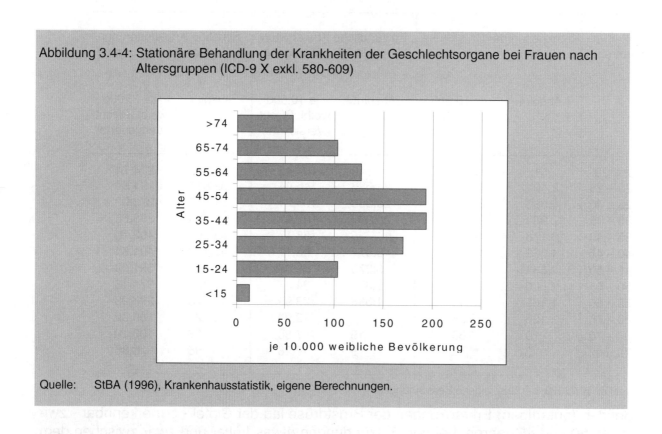

Abbildung 3.4-4: Stationäre Behandlung der Krankheiten der Geschlechtsorgane bei Frauen nach Altersgruppen (ICD-9 X exkl. 580-609)

Quelle: StBA (1996), Krankenhausstatistik, eigene Berechnungen.

Was den Zusammenhang von Lebensphasen und gynäkologische Belastungen betrifft, konnten für die stationäre Morbidität die diagnosenspezifischen Verteilungen nach Altersgruppen berechnet werden. Sie sind Inhalt der Tabelle 3.4-4.

Tabelle 3.4-4: Gynäkologische Erkrankungen mit stationärem Aufenthalt nach Altersgruppen (je 10.000 Frauen der jeweiligen Altersgruppe)

ICD-9	Diagnosen	< 25	25-34	35-44	45-54	55-64	≥65
610	Gutartige Dysplasie (Gewebeveränderung) der Brustdrüse	1,16	4,52	9,65	14,53	9,74	3,56
611	Sonstige Krankheiten der Brustdrüse (Mastitis)	3,18	8,43	8,41	9,10	6,05	2,27
614	Entzündliche Krankheiten der Ovarien (Eierstöcke), der Eileiter, des Beckenzellgewebes und Bauchfells	9,11	17,30	14,53	7,38	2,79	0,91
615	Entzündliche Krankheiten des Uterus, ausgen. Zervix uteri	0,64	1,80	1,06	0,43	0,25	0,42
616	Entzündl. Krankheiten der Zervix uteri, Vagina und Vulva	2,29	6,14	4,87	3,86	1,89	1,62
617	Endometriose	2,09	11,51	8,99	3,29	0,67	0,25
618	Prolaps weiblicher Geschlechtsorgane	0,09	1,73	8,70	17,05	21,75	24,46
619	Fisteln mit Beteiligung der weiblichen Geschlechtsorgane	0,06	0,43	0,67	0,70	0,64	0,81
620	Nichtentzündliche Affektionen der Ovarien (Eierstöcke), der Eileiter und des Ligamentum latum uteri (Mutterbandes)	9,28	26,30	26,69	16,14	7,28	4,06
621	Uterusaffektionen, anderweitig nicht klassifiziert	0,36	2,28	5,00	8,99	9,90	8,62
622	Nichtentzündliche Affektionen der Zervix uteri	1,95	16,90	14,53	9,71	5,48	2,13
623	Nichtentzündliche Affektionen der Vagina	0,82	0,95	0,78	0,96	0,94	0,59
624	Nichtentzündliche Affektionen der Vulva und des Perineums	0,60	0,91	0,75	0,81	0,86	0,98
625	Schmerzen und sonstige Symptome in Verbindung mit weiblichen Geschlechtsorganen (Dysmenorrhoe)	7,35	14,87	13,74	8,27	4,91	2,74
626	Menstruationsstörungen und sonstige abnorme Blutungen aus dem weiblichen Genitaltrakt	2,94	19,38	47,22	52,70	9,98	2,41
627	Klimakterische und postklimakterische Störungen	0,10	0,84	4,17	36,68	43,13	25,28
628	Weibliche Infertilität (Unfruchtbarkeit)	2,21	28,61	14,09	0,75	0,12	0,10
629	Sonstige Affektionen der weiblichen Geschlechtsorgane	1,12	6,99	9,65	1,91	0,72	0,58

Quelle: StBA 1996, Krankenhausstatistik, eigene Berechnungen.

Es zeigen sich folgende altersgruppentypische Behandlungsanlässe:

Bei Frauen unter 25 Jahren standen die ‚nicht entzündlichen bzw. entzündlichen Krankheiten der Eierstöcke, der Eileiter und des Beckens' und ‚Schmerzen' im Vordergrund. ‚Zyklusstörungen', die im gynäkologischen stationären Gesamtgeschehen ansonsten häufigste Krankenhausdiagnose, war in dieser Gruppe kaum Anlaß für eine Krankenhauseinweisung. Bei den 25 bis 35jährigen erweiterte sich das Diagnosenspektrum um die ‚Fruchtbarkeitsstörungen' und ‚Zyklusstörungen'. Zudem hatten Frauen dieser Altersgruppe offenbar das größte Risiko wegen einer ‚Endometriose' stationär behandelt zu werden. Bei Frauen zwischen 35 und 44 Jahren überwogen ‚Zyklusstörungen' und ‚nicht entzündliche Veränderungen an Eierstöcken sowie Eileitern', ohne daß das Risiko gebannt war, wegen einer Entzündung oder einer ‚Endometriose' diagnostiziert und stationär behandelt zu werden. Für Frauen zwischen 45 und 54 Jahren, die Altersgruppe mit der höchsten Krankenhausrate, waren ‚Zyklus- und Klimakteriumsstörungen' der Hauptanlaß, zunehmend häufiger wurden sie aber auch wegen eines ‚Gebärmuttervorfalls' und einer ‚gutartigen Gewebeveränderungen an der Brust' stationär behandelt.

Zwischen dem 55. und 64. Lebensjahr nahm die Häufigkeit von fast allen Diagnosen ab. Eine dramatische Zunahme verzeichnete der ‚Gebärmuttervorfall'.

Die Abbildung 3.4-5 faßt - anhand der fünf häufigsten im Krankenhaus behandelten gynäkologischen Erkrankungen - die wichtigsten Ergebnisse bezüglich des Zusammenhangs von Lebensalter und gynäkologischen Risiken zusammen.

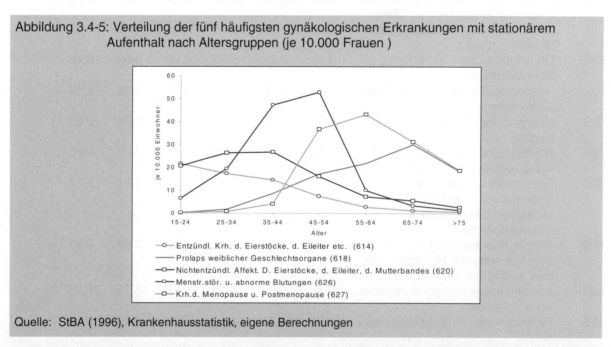

Abbildung 3.4-5: Verteilung der fünf häufigsten gynäkologischen Erkrankungen mit stationärem Aufenthalt nach Altersgruppen (je 10.000 Frauen)

Quelle: StBA (1996), Krankenhausstatistik, eigene Berechnungen

Teilweise scheinen die Krankenhausdaten die Informationen der AU-Analyse zu konkretisieren. Junge Frauen haben danach ein spezifisches Risiko, mit entzündlichen und nicht entzündliche Affektionen der Eierstöcke stationär behandelt zu werden, für Frauen im mittleren Alter (mit Maximalwerten bei den 35 bis 54jährigen) sind dies die

Menstruationsstörungen und sonstigen abnormen Blutungen, eine Lebensdekade wieter sind es die klimakterischen und postklimakterischen Diagnosen und für die 65 bis 74jährigen stellt der Gebärmuttervorfall ein besonderes gesundheitliches Probleme dar.

3.4.3 Gynäkologische Beschwerden (Ergebnisse der Partnerschaftsstudie)

Die Daten zur Arbeitsunfähigkeit und zur Krankenhausbehandlung lassen Fragen offen. Unbeantwortet bleibt z. B. die Frage, wie viele von den AU- oder den stationären Fällen Wiederholungsfälle sind und wie häufig gynäkologische Störungen im Lebenslauf auftreten. Um diese Frage beantworten zu können, werden Daten der Partnerschaftsstudie herangezogen. Sie ermöglichen personen- und damit lebenslaufbezogene Aussagen. Grundlage der Auswertung ist eine in der Studie gestellte Frage nach insgesamt 8 Beschwerden. Im einzelnen wurden die Studienteilnehmerinnen nach Entzündungen an den Eileitern/Eierstöcken, Scheidenentzündungen, Unterbauchschmerzen, Störungen in der Dauer, im Abstand und der Stärke der Regel, nach Zwischenblutungen und Brustschmerzen befragt. Sie wurden aufgefordert, für jede der Beschwerden die Häufigkeit anzugeben. (Antwortvorgaben waren: einmal, zwei- bis dreimal, viermal und öfter, chronisch, nein) Da in die Untersuchung Frauen zwischen 20 und 50 Jahren einbezogen worden waren, beziehen sich die folgenden Ergebnisse auch nur auf diese Altersgruppe.

3.4.3.1 Zum Beschwerdeausmaß

Das Ausmaß gynäkologischer Beschwerden bewegte sich in dieser Untersuchung in der Spanne von „keine Beschwerden" bis zu „acht Beschwerden". 10,1 % der befragten Frauen gaben an, noch nie unter einer der vorgegebenen Beschwerden gelitten zu haben, 3,3 % der Befragten dagegen verfügten über Erfahrungen mit allen acht Beschwerdearten. 90 % der Frauen im fertilen Alter nannten mindestens eine Beschwerde; 73,4 % zwei, 56 % drei und 39 % eine Erfahrung mit vier und mehr Beschwerden.

Tabelle 3.4-5: Verteilung der Beschwerden in zwei ausgewählten Altersgruppen

Anzahl der Beschwerden	Insgesamt		Altersgruppen	
			< 25 Jahre	36-40 Jahre
	N	in %	in %	
Keine	182	10,1	10,1	11,0
Eine	300	16,6	18,1	16,3
Zwei	314	17,4	19,9	12,2
Drei	307	17,0	17,6	15,5
Vier	231	12,8	14,7	13,5
Fünf	185	10,2	8,0	11,4
Sechs	159	8,8	4,1	11,4
Sieben	70	3,9	2,6	5,3
Acht	59	3,3	4,9	3,3

Quelle: Begenau/Rauchfuß 1992.

Der Vergleich der unter 25jährigen Frauen mit den 36 bis 40jährigen zeigt, daß in den höheren Altersgruppen die Zahl der Beschwerden zunimmt. Aber auch junge Frauen gaben nicht selten mehr als eine gynäkologische Beschwerde an.

3.4.3.2 Die Bedeutung einzelner gynäkologischer Beschwerden

Die Tabelle 3.4.-6 gibt eine Übersicht über die Häufigkeitsverteilung der insgesamt acht Beschwerden.

Tabelle 3.4-6: Beschwerden nach unterschiedlichen Häufigkeiten

Beschwerden	Auftrittshäufigkeiten jeweils in %				
	keine	Einmal	zwei bis dreimal	Viermal	Chronisch
Entzündungen der Eileiter/Eierstöcke	65,0	15,4	9,9	6,4	3,3
Scheidenentzündung	58,4	14,9	16,5	8,8	1,4
Unterbauchschmerzen	42,5	5,6	14,0	32,7	5,3
Störungen in der Dauer der Regelblutung	70,9	4,3	10,4	12,4	2,0
Störungen im Abstand der Regelblutung	57,5	5,8	14,5	18,9	3,2
Störungen in der Stärke der Regelblutung	65,8	3,1	10,7	17,9	2,4
Zwischenblutungen	48,0	11,6	20,7	17,5	2,2
Schmerzen in der Brust	62,9	5,0	10,3	18,1	3,7

Quelle: Begenau/Rauchfuß 1992.

Auch im Beschwerdengeschehen standen die Zyklusstörungen, die Entzündungen und die Unterbauchschmerzen im Vordergrund. Mehr als die Hälfte (57,5 %) der befragten Frauen gaben an, wenigstens eine Erfahrung mit Unterbauchschmerzen, 52 % mit Zwischenblutungen und 42 % mit einer Scheidenentzündung zu haben. Bei etwa ebenso vielen trat mindestens einmal eine Störung im Abstand der Regelblutung auf und 35 % hatten in ihrem bisherigen Leben mindestens eine Eileiterentzündung.

Den Ergebnissen zufolge haben die Beschwerden spezifische Verläufe. Die meisten von ihnen manifestieren sich offenbar episodisch. Bei den Unterbauchschmerzen kam es zudem häufiger zu einem chronischen Verlauf. Entzündungen der Eileiter/Eierstöcke und Scheidenentzündungen scheinen dagegen selten häufiger als ein- bis zweimal aufzutreten.

Zudem sind die Beschwerden in den einzelnen Lebensphasen unterschiedlich präsent. Die Tabelle 3.4.-7 zeigt allerdings, daß die Richtung des Zusammenhangs zwischen Alter und Beschwerde schwer zu interpretieren ist. Vermutlich besteht hier ein Recall-Problem, demzufolge aktuelle Schmerzen und Beschwerden besser präsent sind als weiter zurückliegende. Wahrscheinlich ist auch, daß weniger dramatisch verlaufende Störungen wie es die Beschwerden sind schlechter erinnert werden.

Tabelle 3.4-7: Altersspezifische Lebenszeitprävalenz von gynäkologischen Beschwerden („mindestens einmal")

Beschwerden	Altersgruppen					
	Alle	<= 25	25-30	31-35	36-40	41-50
	in %					
Entzündungen der Eileiter/Eierstöcke	35	27	33	34	43	43
Scheidenentzündung	42	36	46	45	44	36
Unterbauchschmerzen	58	58	57	56	55	59
Störungen in der Dauer der Regelblutung	29	23	24	28	34	40
Störungen im Abstand der Regelblutung	42	40	42	37	48	47
Störungen in der Stärke der Regelblutung	34	26	42	32	42	45
Zwischenblutungen	52	52	49	50	56	56
Schmerzen in der Brust	37	23	35	39	36	45

Quelle: Begenau/Rauchfuß 1992.

Aussagekräftiger sind die Daten zur Chronifizierung von Beschwerden. Erwartungsgemäß steigt der Anteil an chronischen Beschwerden mit dem Alter. Besonders deutlich ist dies bei den Zwischenblutungen, bei den Störungen in der Stärke und der Dauer der Regelblutung. Eine Ausnahme machen die Unterbauchschmerzen und die Störungen im Abstand der Regelblutung. Sie können schon bei jungen Frauen chronisch verlaufen.

Tabelle 3.4-8: chronische Beschwerden in den Altersgruppen (Angaben in %)

Beschwerden	Altersgruppen in %					
	Alle	<= 25	25-30	31-35	36-40	41-50
Entzündungen der Eileiter/Eierstöcke	3	1	2	3	5	7
Scheidenentzündung	1	1	2	2	1	1
Unterbauchschmerzen	5	6	5	5	8	5
Störungen in der Dauer der Regelblutung	2	1	1	2	3	5
Störungen im Abstand der Regelblutung	3	3	4	2	4	4
Störungen in der Stärke der Regelblutung	2	1	1	4	3	5
Zwischenblutungen	2	1	1	2	5	2
Schmerzen in der Brust	4	2	3	4	5	6

Quelle: Begenau/Rauchfuß 1992.

Die Beschwerdeergebnisse zeigen, daß Frauen nicht selten über einen längeren Zeitraum an einer gynäkologischen Beschwerde leiden. Daß dies auch für die gynäkologischen Krankheiten gilt, ist vorstellbar. Damit aber stellt sich in bezug auf die im ersten Abschnitt dargestellten Versorgungsdaten die Frage danach, wieviel Frauen real hinter den AU- und Krankenhausbehandlungsfällen standen.

3.4.4 Gynäkologische Operationen

Bei den gynäkologischen Operationen stand die Gebärmutterentfernung in den letzten Jahren besonders in der Diskussion. Von kritischen Frauen aus der Gesundheitsbewegung und Gynäkologinnen, die in der Rehabilitation mit betroffenen Frauen arbeiten und die Folgen der Gebärmutterentfernung gut kennen, wurde die unzureichende Aufklärung der Patientinnen und die Radikalität und Ausschließlichkeit der Behandlungsmethode bei vorhandenen Alternativen kritisiert. Aus ähnlichen Gründen werden mittlerweile auch andere Operationen, wie beispielsweise die Operation am Gebärmutterhals (Konisation) oder die Entfernung der Eierstöcke im Zusammenhang mit einer Zyste kritisch gesehen (Gereadts 1998; Schmidt-Matthiesen 1992).

Die Datenlage zu den gynäkologischen Operationen ist mangelhaft. Für den stationären Bereich liegen mit der Krankenhausstatistik von 1996 zwar die Operationszahlen für die in der ICD-9/Kl.X (Krankheiten der Harn- und Geschlechtsorgane) erfaßten insgesamt 19 gynäkologischen Diagnosen vor. Über die Art des Eingriffs oder, da in der Gynäkologie Kombinationseingriffe typisch sind, die wichtigsten Eingriffskombinationen, die verschiedenen Organlokalisationen oder die je nach Diagnose und Organ typische Art des Eingriffs, geben sie jedoch keine Auskunft. Hinzukommt, daß auf diesem Datenniveau nur ein ungefährer Einblick in die dahinterstehenden Erkrankungen gewährt werden kann. So werden beispielsweise unter der Diagnose Entzündungen (614) oft Abszesse, Polypen oder auch Adhäsionen operiert. Entzündungen selbst werden dagegen immer noch eher konservativ behandelt. Außerdem ist bei den berichteten Daten zu beachten, daß sie über einen wichtigen Bereich gynäkologischen Operierens, den der gynäkologischen Tumore (ICD)/II), kaum etwas aussagen. Zu beachten ist auch der schon erwähnte Klassifizierungsspielraum in der ICD-9. Da das Projekt "Qualitätssicherung in der operativen Gynäkologie" (Geraedts 1998) einige der offenen Fragen untersucht hat, sind dessen Ergebnisse wertvolle Ergänzungen. In dieses Projekt wurden 1994 vierundvierzig und 1995 sieben Kliniken einbezogen, um das operative Geschehen mit dem Ziel, die Qualität zu erhöhen, detailliert zu erheben.

Über das ambulante Operieren, das Ausmaß und die Trends, lagen keine Daten vor.

3.4.4.1 Die Operationsraten bei den 19 gutartigen gynäkologischen Diagnosen: Ergebnisse der Krankenhausstatistik 1996

1996 wurden von den insgesamt 510.232 Fällen, die wegen einer der 19 gynäkologischen Diagnosen im Krankenhaus behandelt wurden, aus therapeutischen oder diagnostischen Gründen in 312.951 Fällen operiert. Geht man davon aus, daß pro Fall einmal operiert wird, dann lag die Operationsrate selbst bei den vor allem gutartigen gynäkologischen Erkrankungen, bei insgesamt 61,3 %. In einzelnen Diagnosen und Altersgruppe erhöhten sich der Anteil teilweise bis auf über 70 %. In der in Tabelle 3.4.4 enthaltenen Übersicht über die ermittelten diagnose- und altersspezifischen Operationsraten gibt, kann dies im einzelnen nachvollzogen werden.

Gynäkologische Erkrankungen 149

Tabelle 3.4-9: Anteil der Operationen an den Krankenhausfällen (Operationsrate) für die Diagnosen 610-629 nach Altersgruppen

ICD-9	Bezeichnung	<25 absolut	<25 In %	25-34 Absolut	25-34 In %	35-44 Absolut	35-44 in %	45-54 absolut	45-54 in %	55-64 absolut	55-64 in %	>64 absolut	>64 in %
	Krankheiten der Brustdrüse												
610	Gewebeveränderung der Brustdrüse	933	74,3	2107	70,5	4094	69,7	4994	69,8	3713	70,1	1980	68,1
611	Sonstige Krankheiten der Brustdrüse	2683	78,2	3786	67,9	3397	66,3	3015	67,3	2192	66,5	1349	72,7
	Entzündl. Krankheiten												
614	Entzündliche Krankheiten der Eierstöcke, Eileiter, des Beckenzellgewebes, Bauchfells	3043	30,9	5109	44,7	4742	53,6	2084	57,3	894	58,8	408	54,8
615	Entzündliche Krankheiten des Uterus, ausgenommen Zervix uteri	156	22,6	367	30,9	216	33,6	79	37,4	66	48,9	189	55,6
616	Entzündl. Krankheiten des Gebärmutterhalses, der Scheide und Schamlippen	1254	50,7	2486	61,3	1895	64,0	1215	64,0	632	61,4	590	44,5
	Sonstige Affektionen												
617	Endometriose	1444	64,1	4909	64,5	3663	66,9	1079	66,6	255	69,7	136	68,0
618	Prolaps weiblicher Geschlechtsorgane	55	57,9	759	66,4	3754	70,8	5904	70,3	8133	68,7	13127	65,8
619	Fisteln mit Beteiligung der weibl. Geschlechtsorgane	29	43,3	154	53,7	216	52,9	189	54,5	183	52,3	308	46,3
620	Nichtentzündl. Affektionen der Eierstöcke, der Eileiter, des Mutterbandes	5362	53,5	10465	60,2	10545	64,9	5187	65,2	2592	65,4	2108	63,6
621	Gebärmutteraffektionen, anderweitig nicht klassifiziert	207	53,2	905	60,1	1972	64,8	2867	64,7	3513	65,2	4394	62,4
622	Nichtentzündl. Affektionen des Gebärmutterhalses	1408	66,8	7696	68,9	6077	68,7	3273	68,4	2003	67,2	1132	65,2
623	Nichtentzündl. Affektionen der Scheide	568	64,0	400	63,8	290	61,3	292	61,7	332	65,1	263	54,8
624	Nichtentzündl. Affektionen der Schamlippen, des Perineums	351	54,3	369	61,2	287	62,5	245	61,4	287	61,6	449	56,3
625	Schmerzen und sonstige Symptome in Verbindung mit weibl. Geschlechtsorganen	2326	29,3	4367	44,4	4572	54,7	2278	55,9	1537	57,5	1184	52,9
626	Menstruationsstörungen, sonstige abnorme Blutungen aus dem weibl. Genitaltrakt	1400	44,1	7957	62,1	18762	65,3	16662	64,2	3603	66,3	1144	58,1
627	Klimakt. Und postklimakt. Störungen	54	50,0	355	64,0	1628	64,1	11776	65,2	15033	64,1	12507	60,6
628	Weibliche Unfruchtbarkeit	1505	62,9	11096	58,7	4993	58,2	240	64,7	37	56,1	29	35,8
629	Sonstige Affektionen der weibl. Geschlechtsorgane	443	36,8	2807	60,7	3954	67,3	548	58,4	185	47,4	199	42,3

Quelle: StBA (1996), Krankenhausstatistik, eigene Berechnungen.

Hervorzuheben sind die Brustdrüsenerkrankungen, die zwar stationär seltener auftreten, aber die von allen Diagnosen höchste Operationsrate haben. Unterstellt, daß pro Behandlungsfall nur einmal operiert wurde, betrug bei den ‚Gewebeveränderung der Brustdrüse' die Operationsrate 74,3 % und bei ‚sonstigen Erkrankungen der Brustdrüsen' sogar 78,2 %. Aus der Sicht der Frauengesundheit besonders kontrollbedürftig scheint die Tatsache, daß das operative Risiko gerade bei ganz jungen Frauen enorm hoch ist.

Die Wahrscheinlichkeit einer Operation ist weiter bei den nicht entzündlichen Krankheiten des Gebärmutterhalses mit 68,9 %, der Endometriose mit 69,7 % und dem stationär relativ häufig behandelten Gebärmuttervorfall mit 70,8 % sehr hoch. Was das altersspezifische Risiko der Diagnosen aus den Gruppen der Entzündungen und sonstigen Affektionen betrifft, fällt hier ein sprunghafter Anstieg nicht nur der Fälle, sondern auch des Anteils der Operationen ab dem 25. Lebensjahr auf. Tabelle 3-4-5 zeigt, daß die stationär behandelten Entzündungen der Eierstöcke, der Eileiter, des Beckenzellgewebes und des Bauchfells bei den 25-34jährigen um über 2.000 Fälle und die Operationsrate um mehr als 13 % stieg. Ähnlich stellt sich das für die Regelblutungsstörungen, die Schmerzen oder auch die Entzündungen des Gebärmutterhalses, der Scheide und äußeren weiblichen Geschlechtsteile dar. Bei vielen Diagnosen verändert sich die Operationsrate nach dem 25. Lebensjahr dann nur noch wenig. Bei vier Diagnosen (den entzündlichen Krankheiten der Eierstöcke und der Gebärmutter, den Schmerzen und den Zyklusstörungen nahm die Operationsrate allerdings mit dem Alter - zumindest tendenziell - zu.

Es ist beeindruckend zu sehen, wie häufig Frauen mit gutartigen gynäkologischen Diagnosen operiert werden und also auch gutartige Diagnosen ein nicht zu unterschätzendes Belastungspotential haben. Die Analyse unterstreicht die Wichtigkeit des Themas für die Frauengesundheit. Immer noch ist zu wenig über den Aufklärungs- und Rehabilitationsbedarf, das Erleben von operativen Eingriffen, die sozialen Folgen oder auch über den Zusammenhang zwischen Organentfernung und weiblicher Identität bekannt. Zum epidmiologischen Basiswissen sollten aber auch diagnosensspezifische Operationstechniken, typische Eingriffskombinationen, Indikationen und postoperative Komplikationen inkl. deren psychosozialen Folgen gehören.

Eine erste Antwort auf Fragen wie etwa die nach den in der Gynäkologie typischen Operationskombinationen, den Indikationen und Operationsfolgen, geben die Ergebnisse der Qualitätssicherungsstudie (Geraedts 1998). Im Zusammenhang mit den vorhergehenden Ergebnissen ist allerdings zu beachten, daß Gegenstand dieser Studie alle operativen Eingriffe und zwar unabhängig von den Diagnosen waren. Die folgenden Ergebnisse betreffen also nicht nur die gutartigen gynäkologischen Diagnosen und stehen damit in einem nur mittelbaren Zusammenhang zu den zuvor berichteten Ergebnissen.

3.4.4.2 Die häufigsten Eingriffsarten und -kombinationen, Gründe für Operationen und mögliche Komplikationen: erste Ergebnisse der Qualitätssicherungsstudie

Insgesamt wurden im Jahr 1994 in den 44 Kliniken 42.433 Eingriffe dokumentiert. In 42,7 % waren es Kombinations- und in 57,2 % Einzeleingriffe. Einen Überblick über die 10 häufigsten Eingriffe gibtTabelle 3.4.-10.

Tabelle 3.4-10: Die 10 häufigsten gynäkologischen Eingriffe in den Krankenhäusern

Art des Eingriffs	absolut
Ausschabung, fraktioniert	4178
Ausschabung/ Saugausschabung (Fehlgeburt) oder Ausräumung einer Blasenmole	3572
Mamma-Tumorexstirpation	3306
Gebärmutterentfernung durch die Scheide	1410
Operative Laparaskopie mit PE/ Eingriff am Eierstock/ Eileiter einseitig	1386
Gebärmutter- und Eierstockentfernung über Bauch	1269
Operative Laparaskopie: Sterilisation	1267
Ausschabung, fraktioniert; Hysteroskopie	1095
Diagnostische Laparaskopie	878
Konisation; Ausschabung, fraktioniert	860

Quelle: Geraedts 1998.

Geraedts (1998) faßt die 10 Eingriffe resp. Eingriffskombinationen zu insgesamt vier großen Gruppen zusammen und unterscheidet: die Ausschabung (Abrasio, Curretage), als den häufigsten operativen Eingriff, die Laparaskopie, die Brustoperationen und die Gebärmutterentfernung (Hysterektomie). Bei den Operationen am Gebärmutterhals und -körper wurde meist mit unterschiedlichen Eingriffstechniken vorgegangen, bei den Brustoperationen dominierte der Einzeleingriff.

Indikationen: Die Gründe, die zu einer Operation im gynäkologischen Bereich führen, sind ein wichtiges Kriterium hinsichtlich der Bewertung der gynäkologischen Versorgung als frauengerechte Versorgung. In insgesamt 13,8 % aller Fälle, so stellt Geraedts (1998) zusammenfassend fest, wurde wegen einer malignen Grunderkrankung operiert. Am höchsten war die Krebsrate mit 49,4 % bei den Brustoperationen. Bei den Gebärmutteroperationen waren es 10,3 %, bei den Eingriffen an den Eierstöcken 6,4 % und 3,1 % bei allen übrigen. Bei den insgesamt 8.236 Operationen am Gebärmutterhals wurde in den 44 Kliniken in 11,6 % der Fälle ein histologisch gesichertes Ergebnis bezüglich Krebs (CA in situ bis invasives CA>1a) gefunden, in 10,5 % eine Krebsvorstufe (Dysplasie). In der Studie hatten 66,4 % aller Eingriffe eine unauffällige Histologie, 2,5 % waren Ektopien und 10,2 % hatten eine andere Histologie. Aussagen zu den Gründen, die zu einer Gebärmutterentfernung oder Entfernung von Teilen des Gebärmutterhalses (Konisation) geführt haben, finden sich leider nicht. Geraedts schätzt ein, daß der Anteil der Krebsdiagnosen bei allen Eingriffen - mit Ausnahme der Brustoperationen - relativ gering war.

Operationen können Komplikationen zur Folge haben. In der Qualitätssicherungsstudie wurden die Komplikationen erfaßt, die innerhalb der Krankenhauszeit auftraten, um daran die Qualität der durchgeführten Operationen zu messen. Während des Krankenhausaufenthaltes, so das Ergebnis der Analyse, traten in 7,9 % aller Fälle Komplikationen auf. Besonders häufig waren mit 4 % die Infektionen - und hier vor allem die Harnwegsinfektionen (1,8 %) - und mit 2,4 % die Serome/Hämatome.

Tabelle 3.4-11: Postoperative Komplikationen 1994

Art der postoperativen Komplikation	absolut	in % aller Fälle
Infektiöse Komplikationen	1719	4,08
Pulmonale Komplikationen	104	0,20
Kardiovaskuläre Komplikationen	106	0,20
Thromboembolische Komplikationen	86	0,20
Apoplex	11	0,02
Niereninsuffizienz	20	0,04
Dekubitus	12	0,02
Fistel	31	0,10
Serom / Hämatom	1024	2,40
OP-pflichtige Nachblutung	164	0,40
Wunddehiszens	276	0,62
Stichkanalsekretion	68	0,20
Ileus	53	0,10
Nervenläsionen	25	0,10
andere postop. Besonderheiten	657	1,50
alle postoperativen Komplikationen	3342	7,90

Quelle: Geraedts 1998.

Vergleicht man die einzelnen Eingriffsarten, so war mit 13 % die Rate der Komplikationen bei den Brustoperationen am höchsten. Ein besonderes Risiko bestand hier - abweichend vom Gesamtergebnis - mit 8,4 % in der Bildung von Hämatomen. Geraedts schätzt insgesamt ein, daß das Komplikationsrisiko relativ gering war. Dabei muß bei dieser Einschätzung beachtet werden, daß hier nur die postoperative Zeit im Krankenhaus und ausschließlich klinische Parameter betrachtet wurden. Der Zeitraum nach dem Klinikaufenthalt und die psychischen und sozialen Folgen gynäkologischer Operationen blieben in der Qualitätssicherungsstudie außerhalb der Betrachtung.

3.4.5 Zusammenfassung und Schlußfolgerungen

Für das Kapitel Gynäkologische Erkrankungen wurden Daten der Gesetzlichen Krankenversicherung verwendet. Darüber hinaus wurde auf Daten aus zwei Einzelstudien zurückgegriffen. Das Ergebnis der Analyse ist ein vorläufiger Einblick in das gynäkologische Krankheitsgeschehen und dessen Bedeutung für die Gesundheit von Frauen insgesamt und für einzelne Altersgruppen.

Nach den vorliegenden Daten gehören die gutartigen Erkrankungen und Beschwerden der weiblichen Geschlechtsorgane zu den häufigsten Gesundheitsproblemen von

Frauen. So standen 1993 die Krankheiten der Harn- und Geschlechtsorgane (Kap X, ICD-9) in der weiblichen Arbeitsunfähigkeit an sechster und der Krankenhausbehandlung (1996) an fünfter Stelle. Bei Frauen in der fertilen Phase nahmen sie 1996 sogar den in der Krankenhausbehandlung zweiten Platz ein.

Auf der Ebene der Einzeldiagnosen ergab sich, daß Frauen am häufigsten wegen Entzündungen an Eierstöcken, Eileitern, Becken oder Zyklusstörungen krankgeschrieben wurden. Einer stationären Behandlung mußten sich Frauen vor allem wegen Zyklusstörungen und klimakterischen oder postklimakterischen Beschwerden unterziehen. Diese Krankheitsschwerpunkte bildeten sich auch bei den Beschwerdedaten ab. Hier wurde zudem sichtbar, daß sich gynäkologische Störungen nicht selten wiederholen oder auch chronisch verlaufen.

Frauen scheinen ein in den unterschiedlichen Lebensphase eigenes Risikoprofil zu entwickeln. Nach den Versorgungsdaten wird die Gesundheit von jungen Frauen besonders häufig durch Entzündungen und andere Erkrankungen an den Eierstöcken beeinträchtigt, während diesen Platz bei Frauen im mittleren Alter Zyklusstörungen und Schmerzen einnehmen und im späten Erwachsenenalter der Gebärmuttervorfall.

Frauen werden mit gynäkologischen Störungen nicht selten krankgeschrieben oder in ein Krankenhaus überwiesen. Mit welchen Folgen eine stationäre Aufnahme verbunden sein kann, zeigt die Analyse der operativen Eingriffe. 1996 wurde in über 60% der stationären Fälle, bei einer (gutartigen) Brusterkrankungen sogar in über 70% aller Fälle, operiert. Operationen - das wird damit deutlich - sind ein in der Gynäkologie typisches diagnostisches oder therapeutisches Vorgehen. Der häufigste Eingriff in der gegenwärtigen stationären Gynäkologie waren die Ausschabungen.

Zusammenfassend läßt sich eine erste Antwort auf die Frage geben, was Frauen im Hinblick auf eine angemessene gynäkologische Versorgung brauchen. Die Analyse macht deutlich, daß ein aus gynäkologischer Sicht erheblicher Präventions- und Rehabilitationsbedarf besteht. Umfassende Informationen über operative Eingriffe, ihre Folgen und gegebenenfalls über alternative Behandlungsmethoden, psychosoziale Unterstützung vor und nach einem operativen Eingriff, bei Organverlust oder auch bei chronischen Verläufen, sind Angebote, die Frauen gemacht werden müssen. Auf welche Betreuungsangebote Frauen besonders positiv reagieren, das ist sicher sehr verschieden. Selbst bei einer Gebärmutterentfernung brauchen manche Frauen eine Kur, andere eine Paar- und Sexualberatung und andere kommen ganz ohne Hilfe aus.

Angesichts der Bedeutung der gynäkologischen Krankheiten für die Gesundheit von Frauen, der Notwendigkeit gezielter präventiver und rehabilitativer Interventionen und der Tatsache, daß der gegenwärtige Kenntnisstand mehr Fragen als Antworten erzeugt, zeigt sich ein erheblicher Forschungsbedarf. Zu beantworten ist beispielsweise die Frage, wie hoch die gynäkologische Vulnerabilität insgesamt ist und was sie beeinflußt. Gänzlich unbekannt ist, wie viele Frauen unbehandelt bleiben und welche Störungen Frauen früher oder später veranlassen, eine gynäkologische Sprechstunde aufzusuchen und welche sozialen Konstellationen ihr Hilfesuchensverhalten beeinflussen. Bedarf besteht auch bezüglich der Therapiestandards und deren Qualität. Bei den Operationen ist beispielsweise bisher nur bekannt, welche postoperativen - und hier auch nur klinischen - Komplikationen während des Krankenhausaufenthalts auftreten. Wie es Frauen nach dem Krankenhausaufenthalt geht, ob sie sich in weiterführende Behandlung begeben müssen und welche krankheitsspezifischen Einschränkungen damit einher gehen, das alles ist bisher unbekannt. Zu fragen wäre auch, ob und wenn ja, wie sich einzelne Diagnosen wechselseitig beeinflussen oder inwiefern gynäkologische Diagnosen das Ergebnis ärztlicher Rollenzuschreibungen sind. Da die Daten der amtlichen Statistik nicht personenbezogen vorliegen, ist die gesellschaftliche und individuelle Bedeutung der Gynäkologie nicht bestimmbar. Würde sich beispielsweise bestätigen, daß die hohen Fallzahlen teilweise durch Wiederholungsbehandlungen entstanden sind, wäre das bevölkerungsbezogene Ausmaß geringer, dagegen die Betroffenheit einzelner Frauen wesentlich größer. Das aber würde Einfluß auf die Bestimmung der Risikogruppen wie auch der Ziele gesundheitspolitischer Intervention haben.

Die genannten Fragen sind für jede einzelne Lebensphasen zu beantworten. Auf diese Weise würde man erfahren, wann Frauen gynäkologisch erstmals erkranken, wie oft sich Diagnosen wiederholen, welche psychosozialen Faktoren eine im Lebensverlauf unterschiedliche gesundheitliche Bedeutung für Frauen haben u.ä.m.. Der Fragekatalog ließe sich mühelos erweitern.

Auf einen wichtigen Themenkreis soll abschließend aufmerksam gemacht werden. Die vorliegenden Daten unterstützen die Kritik der Frauengesundheitsbewegung, was das operative Geschehen in der Gynäkologie betrifft. Noch immer ist nicht bekannt, wie vielen Frauen jährlich die Gebärmutter entfernt wird und mit welcher Radikalität und welcher Indikationen. Wenig Wissen besteht auch bezüglich der körperlichen, seelischen und sozialen Folgen von Operationen oder auch über Ressourcen, die Frauen helfen einen Organverlust zu verarbeiten. Damit aber fehlen wichtige Voraussetzung für eine adäquate medizinische und psychosoziale Betreuung von Frauen. Ein entscheidender Schritt zur Verbesserung dieser Situation - dies ist eine ganz praktische Konsequenz dieses Berichtsteils - wäre damit getan, die gynäkologischen Erkrankungen und die Entwicklungen in den Operationszahlen bis hin zur Anzahl dabei entfernter Organe, den Indikationen und altersspezifischen Risiken zum epidemiologischen Basiswissen zu erklären und in die Standardgesundheitsberichterstattung zu integrieren.

3.5 Mundgesundheit

3.5.1 Bedeutung der Mundgesundheit

Die Mundgesundheit wird durch Krankheiten der Zähne, des Zahnhalteapparates, der Kiefergelenke und der Kiefermuskulatur beeinträchtigt. Mundkrankheiten führen zwar in den seltensten Fällen zum Tode, sie verursachen aber Schmerzen und können durch Behinderung der Eß- und Sprechfunktionen die Allgemeingesundheit und die psychische und soziale Lebensqualität erheblich mindern. Insbesondere die Zahnerkrankung Karies und die Erkrankungen des Zahnhalteapparates Parodontopathien haben durch ihre Häufigkeit und durch die von ihnen verursachten hohen Kosten für Zahnersatz und Reparaturleistungen im Gesundheitswesen eine große Bedeutung erlangt.

Die Forschung hat in den letzten Jahren deutliche Unterschiede in der Mundgesundheit von Frauen und Männern herausgefunden, die jedoch bisher von der Fachwelt nur zögerlich und von der Praxis schon gar nicht wahrgenommen worden sind. Auch die Frauengesundheitsforschung hat in der Vergangenheit der Mundgesundheit kaum Beachtung geschenkt, und in der Gesundheitsberichterstattung wurde die orale Gesundheit bisher weitgehend geschlechtsneutral und selektiv, bezogen auf das Kindes- und Jugendalter, ausgewiesen. Die Vernachlässigung der Mundgesundheit steht ganz im Gegensatz zur wachsenden Bedeutung der Krankheiten im Mund-Kiefer-Bereich für die Frauengesundheit. Mit zunehmender Langlebigkeit der Menschen steigen insbesondere die Erkrankungen des Zahnhalteapparates an, und die zahnprothetischen Rehabilitationsleistungen erhöhen sich. Die speziellen oralen Bedürfnisse älterer Menschen werden aber wegen der längeren Lebenserwartung der Frau vor allem weibliche Bedürfnisse sein. Mehr Kenntnisse über die geschlechtsspezifischen Gefährdungen, Risiken, aber auch Schutzfaktoren der Mundgesundheit, die im Verlaufe eines Frauenlebens auftreten, sind nicht nur aus epidemiologischer Sicht notwendig, sondern auch für eine bedarfsgerechte Behandlung und vor allem eine zielgruppenbezogene frühzeitig beginnende Prävention unerläßlich.

Im Folgenden wird zunächst der aktuelle Erkenntnisstand aus der Forschung zu frauenspezifischen Gefährdungen und Risiken der Mundgesundheit dargestellt. Dabei wird über geschlechtsspezifische Unterschiede der Mundgesundheit berichtet, die sowohl hormonell bedingt sind als auch im Zusammenhang mit allgemeinen Krankheiten auftreten können oder auf sozioökonomische und Verhaltensfaktoren zurückzuführen sind. Im Anschluß daran werden Ergebnisse zu den häufigsten Zahnerkrankungen (Karies/Parodontopathien) aus bevölkerungsbezogenen Studien, die in Deutschland vom Institut der Deutschen Zahnärzte (IDZ) in den Jahren 1989, 1992 und 1997 durchgeführt worden sind, im Alters- und Geschlechtsvergleich und soweit das die Ergebnisse erlauben auch im regionalen Vergleich (alte/neue Bundesländer) vorgestellt.

3.5.2 Stand der Forschung

Zahlreiche internationale Forschungsergebnisse, die in den letzten Jahren gewonnen wurden, zeigen, daß es neben den inzwischen gesicherten epidemiologischen Erkenntnissen zur Zahnkaries und zu den Parodontopathien eine Reihe von spezifischen

Determinanten gibt, die für die Mundgesundheit des weiblichen Geschlechtes relevant sind. Dazu gehören biologische Merkmale ebenso wie sozioökonomische Einflußfaktoren und mundbezogene Verhaltensweisen.

Hormonstatus

Frauen werden zu unterschiedlichen Zeiten ihres Lebens in unterschiedlichem Ausmaß von Geschlechtshormonen beeinflußt. In der Pubertät, während der Menstruation, Schwangerschaft und im Klimakterium kann es zu Dysregulationen im Gleichgewicht der Hormone kommen, die unter bestimmten Konstellationen zu pathologischen Erscheinungen in der Mundschleimhaut führen können. Bereits in der Pubertät treten lokale Entzündungen und Schwellungen des Zahnfleisches bei Mädchen auf (Pubertätsgingivitis) (Schwenzer 1987). Diese Pubertätsgingivitis muß aber nicht zwangsläufig entstehen, sondern ist in der Regel mit schlechter Mundhygiene kombiniert (Renggli et al. 1984; Bartsch 1992). Während der Menstruation treten bei Störungen im Hormonspiegel ebenfalls Zahnfleischentzündungen (Gingivitis menstrualis) auf und manche Frauen werden in dieser Zeit von Lippenbläschen und Mundausschlag befallen (Schwenzer 1987; Bartsch 1992; Steinberg 1993).

In der Schwangerschaft ist das Risiko für Zahnerkrankungen, die mitunter bis zum Zahnverlust führen können, erhöht. Als Ursache dafür werden hormonelle Auflockerungen der Mundschleimhaut, eine erhöhte Entzündungsbereitschaft und eine Übersäuerung des Speichels, gefördert durch Schwangerschaftserbrechen, angeführt (Goepel 1985, 1991). Die Folgen sind ein vermehrter Kariesbefall, Blutungs- und Entzündungsneigungen des Zahnfleisches und das Auftreten von Schwangerschaftsgranulomen. Sowohl für die Zahn- als auch für die Parodontalerkrankungen in der Schwangerschaft gilt aber, daß sie sich durch gute Mundhygiene vermeiden bzw. reduzieren lassen (Banoczy et al. 1978; Sponholz 1990).

Der Mundzustand der Mutter hat aber nicht nur Auswirkungen auf ihre eigene Gesundheit sondern auch auf die des Kindes. In einer Reihe von empirischen Untersuchungen wurden die engen Beziehungen zwischen der mikrobiellen Mundhöhlenbesiedlung von Mutter und Kind nachgewiesen (Bergowitz et al. 1981; Van Houte et al. 1981; Davey/Rockers 1984; Berkowitz/Jones 1985; Aaltonen et al. 1988). Die Keimbesiedlung des Neugeborenen erfolgt unmittelbar während und nach der Geburt (Carlsson et al. 1979), wobei das Risiko für das Kind mit der Anzahl der übertragenen Keime, dem Zeitpunkt und der Häufigkeit des Kontaktes steigt. Je früher sich bestimmte Bakterien in der kindlichen Mundhöhle ansiedeln, um so höher ist die Wahrscheinlichkeit, daß sich beim Kind Karies und Gingivitis entwickeln (Wolf 1995). Die Untersuchungsergebnisse belegen, daß die Mutter als engste Bezugsperson schon im Säuglingsalter die Mundgesundheit ihres Kindes beeinflußt. Um so wichtiger sind präventive Maßnahmen in der Schwangerschaft nicht nur aus der Sicht der Gesundheit der Mutter, sondern auch für die spätere orale Gesundheit des Kindes. Eine Aufklärung über diese Zusammenhänge und darüber, daß durch eine effektive Mundhygiene und zahnärztliche Kontrolle in der Schwangerschaft derartige Übertragungen vermieden bzw. reduziert werden können, sollte zum obligaten Bestandteil in der Schwangerenbetreuung gehören (Bundesanzeiger 1999).

In den Wechseljahren verursacht die Reduzierung der Östrogene ebenfalls zahlreiche Störungen in der Mundhöhle, die als Symptome des Mundbrennens, der Mundtrockenheit, der Geschmacksstörungen in der Literatur auch mit dem zusammenfassenden Begriff des Mundunbehagens (oral discomfort) bezeichnet werden (Wardrop et al. 1989). Dabei kommt es zu einer Funktionsstörung der Speicheldrüsen mit einer Reduzierung der abgegebenen Speichelmenge (Redfort 1993). Die betroffenen Frauen klagen über Schmerzen im hinteren Bereich der Mundhöhle, über Durst und Geschmacksstörungen (Grushka 1987). Andere Studien kommen zu dem Ergebnis, daß das Zahnverlustrisiko wegen Osteoporose in der Menopause erhöht ist. Hormonbehandlungen sollen das Risiko des Zahnverlustes vermindern helfen (Vonwowern et al. 1994; Grodstein et al. 1996). Andererseits kann die regelmäßige Einnahme von Hormonen, z. B. zur Schwangerschaftsverhütung, zu einer sogenannten Pillengingivitis führen (Halling/Bengtsson 1989; Bartsch 1992). Eine schlechte Mundhygiene kann auch hier die Entstehung einer hormonal bedingten Gingivitis begünstigen. Deshalb sollte bei einer Erstversorgung mit einem hormonalen Kontrazeptivum auch nach Erkrankungen der Mundhöhle gefragt werden. Studien über ein erhöhtes Risiko für Komplikationen nach Zahnextraktionen bei Einnahme von hormonalen Kontrazeptiva haben dazu geführt, daß man heute empfiehlt, solche Eingriffe während einer Einnahmepause bzw. während der ersten Tage der Menstruationsblutung vornehmen zu lassen (Taubert/Kuhl 1995).

Auswirkung von Allgemeinerkrankungen auf die Mundgesundheit

Eine Reihe von allgemeinen Erkrankungen haben direkt oder indirekt, z. B. durch die Art ihrer Behandlung, Auswirkungen auf die Mundgesundheit. Zu ihnen zählen besonders die chronischen Krankheiten wie Krebs, Herz-Kreislauf- und rheumatische Erkrankungen sowie der Diabetes. Frauen sind von diesen Krankheiten wegen ihrer längeren Lebenserwartung häufiger betroffen als Männer. Diese Krankheiten können direkt zu krankhaften Veränderungen in der Mundhöhle führen, wie z. B. beim Diabetes, bei dem es durch Pilzbefall zu Entzündungen in der Mundhöhle kommt. Sie können aber auch durch die Art der Behandlung wie z. B. Bestrahlung oder Chemotherapie beim Krebs oder bei der Arthritis durch antirheumatische Medikamente oder durch die Verhinderung der täglichen Mundpflege bei Demenz Krankheiten in der Mundhöhle begünstigen (Donahue 1993; Gift 1993). Darüber hinaus gibt es eine Reihe von spezifischen Krankheiten wie z. B. den Lupus erythematodes und das Sjögren-Syndrom, die bei Frauen häufiger auftreten und durch Zahnbetterkrankungen, Geschwürbildung, Kiefer-Gelenk-Störungen und Gesichtsmuskelschmerzen das Wohlbefinden erheblich beeinträchtigen können (Lipton et al. 1989; Rhodus/Johnson 1990; Redfort 1993). Obwohl die vielfältigen Beziehungen zwischen allgemeinen und spezifischen Krankheiten und der Mund-Kiefer-Gesundheit inzwischen wissenschaftlich bewiesen sind, hat sich die Beachtung dieser Erkenntnisse in der Praxis noch nicht durchgesetzt. Eine stärkere Berücksichtigung der oralen Begleiterkrankungen bei chronischen Allgemeinkrankheiten und bei der Art ihrer Behandlung ist sowohl von den Allgemeinmedizinern als auch von den Zahnmedizinern zu fordern (Imfeld/Lutz 1995). Darüber hinaus sind weitere Forschungen zur Klärung der genauen Wirkungsmechanismen von Allgemeinerkrankungen auf die Mundgesundheit bei Frauen auch unter Berücksichtigung psychosozialer Faktoren angezeigt.

Sozioökonomische Einflußfaktoren und Verhaltensweisen

Die Schichtzugehörigkeit wirkt sich insbesondere über die Mundhygiene und die Ernährungsweise auf die Mundgesundheit aus. Das Einkommen, der Bildungsstand, der Familienstand und die Anzahl der Kinder sind Faktoren, die die Erkrankungsrate von Karies, Parodontopathien sowie die Häufigkeit von Zahnlosigkeit bei Frauen und Männern beeinflussen. So hatten in schwedischen Studien Frauen in höheren Schichten mehr verbliebene Zähne, während Frauen in unteren Schichten häufiger zahnlos waren (Ahlquist et al. 1991; Norlen et al. 1991). In Deutschland wurden in den Studien des Institutes der Deutschen Zahnärzte (IDZ 1991; IDZ 1993; IDZ 1999) ebenfalls Schichtabhängigkeiten beim Kariesbefall und Sanierungsgrad der Erwachsenen nachgewiesen. Auch hier nahm mit steigender Schulbildung die Anzahl fehlender Zähne ab und der Sanierungsgrad zu. Die Ursachen für einen besseren Zahnstatus von Frauen höherer Schichten lassen sich mit einem besseren Mundhygieneverhalten, einer häufigeren Inanspruchnahme zahnärztlicher Dienste und einem bewußteren Gesundheitsverhalten bezüglich Ernährung und Rauchen erklären.

Amalgamproblematik

Von den in der Zahnheilkunde verwendeten Füllungsmaterialien hat in den letzten Jahren vor allem das Amalgam wegen des Quecksilbergehaltes zu kontroversen Diskussionen in der Fachliteratur und Laienpresse geführt. Quecksilber ist ein toxischer Stoff, der sich schädigend bevorzugt auf Nieren, das zentrale Nervensystem, die Hypophyse und die fertilen Organe der Frau auswirkt. Weil Quecksilber in der Schwangerschaft über die Plazentaschranke und bei stillenden Müttern über die Muttermilch zum Kind deffundieren kann, hat es für Frauen eine besondere Bedeutung. Allerdings erreichen die über diesen Weg transportierten Quecksilbermengen in keinem Fall die von der WHO festgelegten Grenzwertmengen (Wolf 1997; Oskarsson et al. 1996). Weil aber die wissenschaftliche Diskussion über die mögliche Toxität des Amalgams als Füllungsmaterial in der Zahnheilkunde noch nicht abgeschlossen ist, empfiehlt das Bundesinstitut für Arzneimittel- und Medizinprodukte (BfArM 1997) aus prophylaktischen Gründen, keine zahnmedizinische Amalgamtherapie bzw. die Entfernung einer Amalgamfüllung während der Schwangerschaft vorzunehmen. Obwohl es derzeitig nach Ansicht des BfArM keinen begründeten Verdacht für das Tragen, Legen oder Entfernen von Amalgamfüllungen für eine fruchtschädigende Wirkung von Quecksilber gibt, sind die emotionalen Auswirkungen der nicht immer sachlich geführten Diskussion in der Öffentlichkeit und in den Medien auf die schwangeren Frauen nicht zu unterschätzen. Die durch sie hervorgerufenen Verunsicherungen und Ängste bei den Frauen sind für eine störungsfreie Schwangerschaft nicht förderlich (Wolf 1996). Eine sachliche Aufklärung der Schwangeren und Mütter über die Amalgamproblematik in der Schwangerschaft und während der Stillzeit bei der generell zu empfehlenden präventiven zahnärztlichen Betreuung während der Schwangerschaft oder durch eigens dafür angebotene Beratungen durch geschultes Personal kann der Verunsicherung abhelfen und unnötige Ängste beseitigen.

Darüber hinaus kommt der beruflichen Quecksilberexposition in der Zahnheilkunde eine besondere Bedeutung zu. In einer Untersuchung fanden Rowland et al. (1994) heraus, daß zahnärztliches Personal beim Verarbeiten von Amalgam Quecksilberdämpfe inhaliert und dadurch einem gesundheitsgefährdenden Risiko ausgesetzt ist. Für Zahnarzthelferinnen, die bei der Patientenversorgung in der Woche bei mehr als 30 Amalgamfüllungen assistierten, konnten sie eine reduzierte Fertilität und vermehrte Fehlgeburten nachweisen. Der Gesetzgeber hat dafür „Maximale Arbeitsplatzkonzentrationen", sogenannte MAK-Werte, erlassen, die im allgemeinen die Gesundheit auch bei längerer Einwirkungszeit nicht schädigen (Wolf 1997).

3.5.3 Epidemiologische Daten zur Mundgesundheit der Frauen in Deutschland

Zu den häufigsten Erkrankungen im Mundbereich gehören die Erkrankungen der Zähne (Karies) und des Zahnhalteapparates (Parodontopathien). Maßgebend für die Entstehung dieser Zahnerkrankungen sind Bakterien, die sich in der Mundhöhle bei günstigem Milieu als Belag (Plaque) auf der Zahnoberfläche ansiedeln und von hier aus den Zahn zerstören. Sie rufen in seiner Umgebung Entzündungen hervor, die zur Zahnlockerung führen, der schließlich im Endzustand der Zahnverlust folgt. Mangelnde Mundpflege und falsche Ernährungsgewohnheiten (zuviel zuckerhaltige Nahrungsmittel) sowie individuelle Dispositionen gelten als die wichtigsten Risikofaktoren für die Entstehung von Karies und Parodontopathien. Gleichzeitig gehören sie zu den Faktoren, die sich durch präventives Gesundheitsverhalten und -handeln wirksam beeinflussen lassen. Der Erkenntnisstand zur Entstehung, dem Vorkommen und der Verteilung der Zahnkrankheiten Karies und Parodontopathien in der Bevölkerung ist inzwischen durch zahlreiche internationale und nationale epidemiologische Studien weitgehend gesichert. Dazu beigetragen hat die Definition eindeutiger oraler Gesundheitsindikatoren, auf die man sich international geeinigt hat. Sie beschreiben sowohl die Häufigkeit und Verbreitung der Zahnerkrankungen als auch den erreichten Behandlungsstand und den notwendigen Behandlungsbedarf (Künzel/Borutta 1994). Die oralen Gesundheitsindizes für Karies und Parotondalerkrankungen variieren deutlich nach dem Alter und dem Geschlecht.

Datenlagen und Datenquellen

Aussagefähige Daten zur Mundgesundheit sind nur über epidemiologische Basisuntersuchungen zu erhalten. Im Gegensatz zu den Allgemeinerkrankungen liefern die üblichen amtlichen Datenquellen, wie z. B. die Todesursachen- und Krankenhausstatistik sowie die Arbeitsunfähigkeitsdiagnosen der Krankenversicherungen, dazu keine Informationen, weil die Mund- und Zahnerkrankungen dort gar nicht oder kaum in Erscheinung treten. In Deutschland liegen mit den Mundgesundheitsstudien I, II und III, die das Institut der Deutschen Zahnärzte (IDZ) in den Jahren 1989 (Nationaler IDZ-Survey Deutschland-West), 1992 (IDZ Ergänzungssurvey Deutschland-Ost) und 1997 (bevöl-

160 Bericht zur gesundheitlichen Lage von Frauen in Deutschland

kerungsbezogene Stichprobe in Deutschland) durchgeführt hat, repräsentative Daten vor, die dem epidemiologischen Standard für bevölkerungsbezogene Untersuchungen entsprechen. Die Daten wurden in Kombination von Befunddokumentation und Interviewmethode in Anlehnung an WHO-Vorgaben bei ausgewählten Alterszielgruppen von Kindern/Jugendlichen, von Erwachsenen und in der letzten Studie zusätzlich von Seniorinnen und Senioren erhoben. Nähere Angaben über das Studiendesign, die relevanten Stichprobengrößen und die Ausschöpfungsraten sind dazu ausführlich in den Veröffentlichungen des IDZ beschrieben (IDZ 1991; IDZ 1993; IDZ 1999). Der Vorteil dieser Studien, abgekürzt auch als DMS I, II und III (Deutsche Mundgesundheitsstudie) bezeichnet, besteht darin, daß besonders in den ersten beiden Untersuchungen die Ergebnisse getrennt nach den alten und neuen Bundesländern und geschlechtsspezifisch (männlich/weiblich) in den einzelnen Altersgruppen ausgewiesen werden. Für die letzte Studie trifft das leider nicht mehr zu. Hier werden die Daten der Zielgruppen nur noch für Deutschland (Gesamt) nach Geschlecht oder Region (Ost-West) differenziert dargestellt.

Für die Zielstellung des vorliegenden Gesundheitsberichtes werden nachfolgend vor allem die Ergebnisse aus der DMS I und II der zwei Altersgruppen: Jugendliche 13/14 Jahre und Erwachsene 35-54 Jahre. im Vergleich Frauen/Männer und alte/neue Bundesländer dargestellt. Bei der Interpretation der Ergebnisse wird auf die aktuellen Daten der DMS III aus dem Jahr 1997 Bezug genommen. Zu beachten ist dabei, daß in der DMS III die Altersgruppeneinteilung der Zielgruppen in Anpassung an die WHO im Vergleich zu DMS I und II verändert wurde (Jugendliche: 12jährige und bei den Erwachsenen: 35-44jährige). Einer Interpretation der Ergebnisse im Zeitreihenvergleich sind damit gewisse Grenzen gesetzt. Im wesentlichen werden deshalb die Ergebnisse der Erwachsenengruppe (35-44 Jahre) beschrieben.

Prävalenz von Karies

Zur Beschreibung des Kariesbefalls der Zähne wird der DMF-T-Wert verwendet. Er ergibt sich aus der durchschnittlichen Summe der kariösen (D-Decayed), durch Karies fehlenden (M-Missing) und gefüllten (F-Filled) Zähne (T-Tooth) an (IDZ 1991: 206). In der folgenden Tabelle werden die durchschnittlichen DMF-T-Werte für die verschiedenen Altersgruppen nach Geschlecht und Region (alte/neue Bundesländer) ausgewiesen.

Tabelle 3.5-1: DMF-T-Werte nach Geschlecht und Altersgruppe (Erhebungsjahre: 1989/1992)

		Alte Bundesländer		Neue Bundesländer	
		N	DMF-T-Wert	N	DMF-T-Wert
Erwachsene 35-54 Jahre	Frauen	455	18,9	377	15,6
	Männer	413	16,1	354	13,4
Jugendliche 13/14 Jahre	Mädchen	212	5,3	202	4,9
	Jungen	240	5,0	198	3,7

Quellen: IDZ 1991: 220; IDZ 1993: 88.

Nach den Ergebnissen aus der DMS I und II ist der DMF-T-Wert für die Frauen und Mädchen generell höher als für die männlichen Personen und er ist ebenfalls in den alten Bundesländern höher als in den neuen. Bei einer Differenzierung des DMF-T-Wertes in seine Einzelkomponenten lassen sich die Unterschiede bei den Frauen auf eine größere Anzahl gefüllter Zähne/Zahnflächen zurückführen. In den neuen Bundesländern haben Erwachsene und Jugendliche im Jahre 1992 weniger Karies und weniger Füllungen dafür aber auch weniger Zähne als gleichaltrige Personen in den alten Bundesländern. Die differenten regionalen Verteilungsmuster werden mit unterschiedlichen Versorgungsstrukturen und Behandlungskonzepten in den beiden Landesteilen erklärt (IDZ 1993: 91). Sie sind nach den Ergebnissen der DMS III im Jahre 1997 nicht mehr nachweisbar, das heißt, ostdeutsche und westdeutsche Studienteilnehmerinnen und -teilnehmer haben inzwischen die gleichen Werte vorzuweisen. Als Grund wird eine Anpassung der Therapieformen angenommen (IDZ 1999: 261). Dagegen sind auch in der DMS III die unterschiedlichen DMF-T-Werte bei Frauen und Männern weiterhin vorhanden (Frauen 16,8; Männer 15,4), wobei sich die höheren Werte der Frauen wiederum aus der höheren Anzahl gefüllter und fehlender Zähne gegenüber den Männern erklären. Bei den Männern ist dafür die Anzahl unversorgter kariöser Zähne höher (ebd.: 250).

Tabelle 3.5-2: Sanierungsgrad nach Geschlecht und Altersgruppe (Erhebungsjahre: 1989/1992)

		Alte Bundesländer		Neue Bundesländer	
		N	Sanierungsgrad in %	N	Sanierungsgrad in %
Erwachsene 35-54 Jahre	Frauen	455	85,1	377	87,9
	Männer	413	79,3	354	83,1
Jugendliche 13/14 Jahre	Mädchen	212	63,3	202	85,9
	Jungen	240	56,7	198	78,8

Quellen: IDZ 1991: 221; IDZ 1993: 89.

Der Sanierungsgrad gibt den prozentualen Anteil der gelegten Zahnfüllungen und vorgenommenen Zahnextraktionen wegen Karies in den untersuchten Populationen an (Tabelle 3.5-2). Frauen und Mädchen haben einen besseren Sanierungsgrad als Männer und Jungen. Die Unterschiede zwischen den alten und neuen Bundesländern sind bei den Erwachsenen im Vergleich zu den Jugendlichen nur gering und nach den Ergebnissen der DMS III (Frauen-Ost: 90,8 %; Frauen-West: 92,8 %) im Jahre 1997 nahezu aufgehoben (ebd.: 256). Größere Differenzen sind auch im Jahre 1997 wieder zwischen den Geschlechtern vorhanden (Frauen: 94,8 %; Männer: 90,8 %). Sowohl die höheren DMF-T-Werte der Frauen als auch der bessere Sanierungsgrad ist zum größten Teil vor dem Hintergrund eines anderen Inanspruchnahmeverhaltens bei

Frauen, welches mehr auf die Wahrnehmung zahnärztlicher Kontrolluntersuchung orientiert ist, zu interpretieren (ebd.: 443).

Parodontopathien

Bei den Parodontopathien handelt es sich um Erkrankungen, die sich aus Zahnfleischentzündungen (Gingivitis) entwickeln und in Verbindung mit Belägen (Plaque) und Zahnsteinbildung, Gewebsverluste, Zahnfleischtaschen und Zahnlockerungen erzeugen und schließlich den Zahnverlust herbeiführen. Sie können chronifizieren und im Altersgang fortschreiten. Der Prozeß kann aber auch durch entsprechende Mundpflege und regelmäßige zahnärztliche Maßnahmen (z. B. Zahnsteinentfernung) gestoppt werden. Parodontale Erkrankungen (Gingivitis) werden mit den Gesundheitsindikatoren des Papillen-Blutungs-Index (PBI) und des CPITN (Community Periodontal Index for Treatment Needs), differenziert nach verschiedenen Schweregraden, erfaßt. Außerdem läßt sich der Attachmentverlust (Hautverbindung zwischen Zahn und Zahnfleisch) als Längenmessung der Tiefe von Zahnfleischtaschen ermitteln.

Tabelle 3.5-3: Mittelwerte des PBI nach Geschlecht und Altersgruppe (Erhebungsjahre: 1989/1992)

		Alte Bundesländer		Neue Bundesländer	
		N	PBI (Mittelwert)	N	PBI (Mittelwert)
Erwachsene 35-54 Jahre	Frauen	455	1,1	377	0,7
	Männer	413	1,2	354	0,6
Jugendliche 13/14 Jahre	Mädchen	212	0,7	202	0,5
	Jungen	240	0,8	198	0,7

Quellen: IDZ 1991: 282; IDZ 1993: 119.

Wie die Tabelle 3.5-3 zeigt, sind geschlechtsspezifische Unterschiede beim Papillen-Blutungs-Index (PBI-Mittelwerte) in beiden Altersgruppen kaum vorhanden. Frauen und Mädchen in den neuen Bundesländern haben aber häufiger eine entzündungsfreie Gingiva als Frauen und Mädchen in den alten Bundesländern. Diese Ergebnisse haben sich in der DMS III (1997) bei den Erwachsenen deutlich verschlechtert. Schwere Gingivaerkrankungen (Grad 3 + 4) waren hier bei 60 % der ostdeutschen Erwachsenen (35 – 44 Jahre) gegenüber 38 % bei den westdeutschen Erwachsenen nachweisbar. Geschlechtsspezifische Unterschiede ließen sich in der DMS III ebenfalls besonders bei den Extremwerten des Schweregrades des PBI nachweisen. Frauen hatten einen deutlich geringeren Anteil an schweren Ausprägungsformen von Gingivalblutungen als Männer (PBI = 4: Frauen 10,5 %; Männer 14,2 %) (IDZ 1999: 284) und Frauen waren deutlich häufiger plaquefrei als Männer (Frauen 65,6 %; Männer 54,0 %) (ebd.: 283).

Tabelle 3.5-4: Mittelwerte des CPITN nach Geschlecht und Altersgruppe (Erhebungsjahre: 1989/1992)

		Alte Bundesländer		Neue Bundesländer	
		N	CPITN (Mittelwert)	N	CPITN (Mittelwert)
Erwachsene 35-54 Jahre	Frauen	455	1,8	377	2,1
	Männer	413	2,0	354	2,3
Jugendliche 13/14 Jahre	Mädchen	212	0,7	202	0,7
	Jungen	240	0,8	198	0,8

Quellen: IDZ 1991: 282; IDZ 1993: 119.

Beim Vergleich der CPITN-Mittelwerte haben bei den Erwachsenen die Frauen etwas geringere Werte als Männer, und Erwachsene in den neuen Bundesländern zeigen etwas höhere Werte als in den alten Ländern, das heißt, Frauen haben einen geringeren Behandlungsbedarf gegenüber Männern. Frauen in den neuen Bundesländern haben aber einen etwas höheren Therapiebedarf als Frauen in den alten Bundesländern. In der DMS III waren die Unterschiede zwischen Männern und Frauen am stärksten bei den hohen Schweregraden des Community Periodontal Index ausgeprägt. Taschentiefen 4. Grades ($\geq$ 6 mm) konnten nur bei 10,1 % der Frauen, aber bei 17,9 % der Männer befundet werden. Parodontal Gesunde konnten dagegen bei 17,3 % der Frauen und nur bei 12,9 % der Männer diagnostiziert werden. Größere Differenzen zeigten sich auch beim regionalen Vergleich. Schwere Parodontalerkrankungen (Grad 4) wurden bei 31,3 % der Erwachsenen in den neuen Bundesländern gegenüber nur 9,5 % in den alten Bundesländern festgestellt (ebd.: 286).

Tabelle 3.5-5: Mittelwerte des Attachmentverlustes nach Geschlecht und Altersgruppe (Erhebungsjahre: 1989/1992)

		Alte Bundesländer		Neue Bundesländer	
		N	Attachmentverlust (Mittelwert)	N	Attachmentverlust (Mittelwert)
Erwachsene 35-54 Jahre	Frauen	455	2,5	377	2,4
	Männer	413	2,9	354	2,7
Jugendliche 13/14 Jahre	Mädchen	212	1,4	202	1,4
	Jungen	240	1,4	198	1,4

Quellen: IDZ 1991: 282; IDZ 1993: 119.

Der Attachmentverlust zeigt erhebliche Zerstörungen des Zahnhalteapparates an. Er nimmt mit steigendem Alter zu. Der Attachmentverlust (Mittelwerte) ist nach den Ergebnissen in Tabelle 3.5-4 im Erwachsenenalter bei Frauen aus den neuen und alten Bundesländern etwas geringer ausgeprägt als bei den Männern beider Regionen. Unterschiede zwischen den neuen und alten Bundesländern bestehen nicht. Diese

Ergebnisse konnten auch in der DMS III bestätigt werden, wobei die Geschlechtsdifferenzen etwas deutlicher ausfielen (Attachmentverlust bei Frauen 4,6 mm; bei Männern 5,0 mm) (ebd.: 287).

Zahnverlust und prothetische Versorgung

Der Verlust der eigenen Zähne wird häufig als naturbedingt aufgefaßt und als ein unvermeidliches biologisches Schicksal des Alterns wahrgenommen. Daß dies aber nicht zwangsläufig so sein muß, folgt aus der Erkenntnis, daß Zahnverluste vor allem auf vermeidbare Zahnkaries und Parodontalerkrankungen zurückzuführen sind (Borutta et al. 1991).

Tabelle 3.5-6: Anzahl fehlender Zähne nach Geschlecht (Erhebungsjahre: 1989/1992)

	Alte Bundesländer		Neue Bundesländer	
	N	Mittelwert	N	Mittelwert
Frauen 35-54 Jahre	455	5,9	377	7,3
Männer 35-54 Jahre	413	5,3	354	5,9

Quellen: IDZ 1991: 348; IDZ 1993: 128.

Die mittlere Anzahl fehlender Zähne ist bei den Frauen in den alten und neuen Bundesländern höher als bei den männlichen Erwachsenen. Besonders Frauen in den neuen Bundesländern sind häufiger vom Zahnverlust betroffen als Männer. Zu ähnlichen Ergebnissen kommt auch die DMS III. Danach haben Frauen im Durchschnitt 0,7 Zähne mehr verloren als Männer und erwachsene Personen im Osten im Durchschnitt 1,4 Zähne mehr als in den alten Bundesländern (ebd.: 301).

Tabelle 3.5-7: Zahnlosigkeit nach Geschlecht (Erhebungsjahre: 1989/1992)

	Alte Bundesländer		Neue Bundesländer	
	N	Ober- und Unterkiefer in %	N	Ober- und Unterkiefer in %
Frauen 35-54 Jahre	455	1,5	377	3,2
Männer 35-54 Jahre	413	0,7	354	2,3

Quellen: IDZ 1991: 348; IDZ 1993: 131.

Obwohl die totale Zahnlosigkeit (im Ober- und Unterkiefer) ein insgesamt seltenes Ereignis im mittleren Lebensalter ist, sind doch auffallende Geschlechtsdifferenzen zu erkennen. Im Vergleich zu den Männern konnte bei den Frauen deutlich häufiger Zahnlosigkeit festgestellt werden und bei den Frauen aus den neuen Bundesländern sogar doppelt so häufig wie in den alten Bundesländern. Die höheren Zahnverluste und die häufigere Zahnlosigkeit der Frauen sind möglicherweise mit höheren ästhetischen Ansprüchen zu erklären, die Frauen dazu veranlassen, wegen einer ansprechenden Teil- oder Totalprothese eher einen Restzahnbestand entfernen zu lassen (IDZ 1993). Das kommt auch in dem Ergebnis zum Ausdruck, daß bei Frauen mehr verlorene Zähne ersetzt sind und Frauen besser und hochwertiger prothetisch versorgt sind als Männer (ebd.: 135). Die höheren Zahnverluste der Frauen in den neuen Bundesländern erklären sich aus unterschiedlichen Versorgungsstrukturen und Behandlungsmethoden.

Erkrankungen des Kiefergelenkes und der Kaumuskulatur

Erkrankungen des Kiefergelenkes und der Kaumuskulatur werden unter dem Begriff „Kraniomandibuläre Dysfunktionen" zusammengefaßt. Dazu gehören entzündliche und degenerative Erkrankungen des Kiefergelenkes, schmerzhafte Störungen im Kiefer-, Gesichts- und Kaumuskelbereich sowie Geräusche und Störungen bei der Kaufunktion. Die Beschwerden können chronifizieren und erheblich die Lebensqualität der Betroffenen mindern. Die Angaben über ihr Vorkommen schwanken so stark, daß sich daraus keine verläßlichen Prävalenzraten ableiten lassen. Die Ätiologie ist multifaktoriell, u. a. werden auch psychosoziale Faktoren als Risiken für ihre Entstehung diskutiert. Ein häufigeres Auftreten beim weiblichen Geschlecht wird in der Literatur angegeben (Borutta et al. 1991; Lipton et al. 1993; Classen et al. 1994). In der DMS III wurden erstmalig für Deutschland repräsentative Ergebnisse zur Häufigkeit kraniomandibulärer Dysfunktionen und zur subjektiven Einschätzung des Versorgungsbedarfes erhoben. Folgende wesentliche Ergebnisse mit einer deutlichen Geschlechtspräsenz für Frauen wurden erhoben:

- Frauen (35-44 Jahre) hatten eine höhere Prävalenz bei anamnestischen Angaben von Kiefergelenkschmerzen als Männer (Frauen 5,1 %; Männer 2,3 %).

- Bei Kiefergelenkgeräuschen waren sie ebenfalls häufiger beteiligt als männliche Personen (Frauen 23,1 %; Männer 14,2 %).

- Die klinischen Befundergebnisse übertrafen z. T. noch die Geschlechterdifferenzen der anamnestischen Angaben (Frauen-Männer 8:1).

Von schweren Dysfunktionen (nach Index-Einschätzungen) waren 0,7 % der Frauen betroffen, hingegen überhaupt keine Männer. Insgesamt wurden Schmerzen von 8 % der Frauen, aber nur von 0,6 % der Männer angegeben. Der subjektive Behandlungsbedarf war bei Frauen mit 4,6 % höher als bei Männern mit 1,9 % (IDZ 1999: 318-325). Im Alter (Erwachsene 65-74 Jahre) waren die Prävalenzen für orale Dysfunktionen insgesamt wesentlich geringer und die Geschlechtsunterschiede deutlich abgeschwächt (ebd.: 415-419).

Die Ergebnisse der Studien belegen, daß die Erkrankungen der Kaumuskulatur und des Kiefergelenkes besonders für Frauen eine größere Bedeutung im Rahmen der Mundgesundheit haben und Frauen einen größeren subjektiven Behandlungsbedarf angeben.

Oralpräventives Verhalten

Zum oralpräventiven Verhalten liegen Ergebnisse zur Mundhygiene, zur Inanspruchnahme zahnärztlicher Dienste und zu der psychosozialen Bedeutung der Zähne und des Zahnersatzes vor. Auf das Ernährungsverhalten soll in diesem Rahmen nicht eingegangen werden. Das Mundhygieneverhalten wurde in den Mundgesundheitsstudien nach einem Index bewertet, der eine Einteilung in „gute" und „schlechte" Mundhygiene zuläßt. In den Index ging die subjektive Bewertung der Häufigkeit, des Zeitpunktes und der Dauer des Zähneputzens ein (IDZ 1991: 366).

Tabelle 3.5-8: Mundhygiene nach Geschlecht und Altersgruppe (Erhebungsjahre: 1989/1992)

		Alte Bundesländer		Neue Bundesländer	
		N	„gut" in %	N	„gut" in %
Erwachsene 35-54 Jahre	Frauen	471	29,3	377	17,2
	Männer	447	17,4	354	7,3
Jugendliche 13/14 Jahre	Mädchen	211	31,2	202	36,6
	Jungen	224	23,2	198	21,2

Quellen: IDZ 1991: 366, eigene Berechnungen; IDZ 1993: 151.

Die Ergebnisse lassen in beiden Altersgruppen und beiden Regionen Ost/West eine bessere Mundhygiene der Frauen bzw. Mädchen gegenüber den Männern bzw. Jungen erkennen. Außerdem besteht bei den Erwachsenen ein deutlicher Unterschied zwischen den alten und neuen Bundesländern. Mehr Frauen und Männer in den alten Bundesländern haben eine „gute" Mundhygiene als in den neuen Bundesländern. Auch in der DMS III bleiben die ausgeprägten Geschlechterdifferenzen im Mundhygieneverhalten der Erwachsenen erhalten. Nach dem o. g. Index haben 27 % der Frauen, aber nur 15,5 % der Männer (35-44 Jahre) eine gute Mundhygiene. Bemerkenswert ist auch, daß diese Unterschiede bei den 12jährigen noch nicht und bei den Seniorinnen und Senioren (65-74 Jahre) nur noch in abgeschwächter Form (Frauen vs. Männer 16,2: 10,5 %) nachweisbar sind (IDZ 1999: 438). Da der Mundhygiene im Rahmen der oralen Prävention eine große Bedeutung für die Ausprägung von Karies und parodontalen Erkrankungen zukommt, läßt sich vermutlich daraus ein Schutzfaktor für die Frauen ableiten, der manche der auftretenden Geschlechterdifferenzen in der Zahngesundheit erklärt.

Zu den Einflußmöglichkeiten auf die eigene Zahngesundheit befragt, wird deutlich, daß Frauen in der DMS III bezogen auf ihre Zahngesundheit eine ausgeprägtere Kontrollorientierung im Vergleich zu gleichaltrigen Männern erkennen lassen. Nahezu 45 % der weiblichen Erwachsenen waren der Meinung, „sehr viel" zum Erhalt oder zur Verbesserung des eigenen Zahngesundheitszustandes beitragen zu können. Bei den männlichen Erwachsenen waren es nur 33 % (IDZ 1999: 437). Die Inanspruchnahme zahnärztlicher Dienste wurde ebenfalls in der DMS III abgefragt und die Ergebnisse nach definierten Kriterien den beiden Kategorien „beschwerdenorientiertes" oder

„kontrollorientiertes" Verhalten zugeordnet. Insbesondere die Frauen der mittleren Altersgruppe (35-44 Jahre) nahmen viel häufiger (76 %) als die gleichaltrigen männlichen Personen (58 %) zahnärztliche Dienste wegen Kontrolluntersuchungen in Anspruch, während umgekehrt, die Männer häufiger wegen Beschwerden den Zahnarzt aufsuchten (Männer 40,4 %; Frauen 23,3 %). Im Alter (65-74 Jahre) ist dagegen das Verhältnis zwischen Männern und Frauen völlig ausgeglichen (ebd.: 442).

Es wurde auch danach gefragt, welche Wirkung die Zähne/der Zahnersatz auf verschiedene Bereiche haben. Wie die Auswertung zu erkennen gab, haben die Zähne bzw. der Zahnersatz eine größere positive Bedeutung für Frauen im Vergleich zu den Männern insbesondere für die Bereiche: Aussehen, Lächeln und Lachen, Selbstvertrauen, Teilnahme am gesellschaftlichen Leben und an Freizeitaktivitäten (ebd.: 448). Es war zu erwarten, daß sich dieser Zusammenhang auch auf die Erwartungen beim prothetischen Zahnersatz auswirkt. Die Befragungsergebnisse werden diesen Erwartungen gerecht. Frauen stellen im ästhetischen Bereich (natürliches und schönes Aussehen) höhere Anforderungen an einen Zahnersatz als Männer (Frauen 65,4 %; Männer 52,2 %) (ebd.:450). Diese Ergebnisse ordnen sich insgesamt gut in die geschlechtsprägenden subjektiven Gesundheitskonzepte und Gesundheitsverhaltensweisen der Frauen ein, die von der Allgemeingesundheit her bekannt sind. Frauen zeigen insgesamt eine stärkere präventive Gesundheitsorientierung und haben ein anderes Körperbewußtsein als männliche Personen. Für die Zahngesundheit sind diese gesundheitlichen Ressourcen der Frauen in der Prävention noch gezielter zu nutzen und möglichst frühzeitig im Lebensalter zu entwickeln.

Zusammenfassung

Auf der Basis vorwiegend internationaler Studienergebnisse lassen sich bei Frauen eine Vielzahl von spezifischen Gesundheitsrisiken, aber auch Gesundheitspotentiale für die Mundgesundheit nachweisen. Insbesondere die Veränderungen im Hormonstatus haben im Verlauf eines Frauenlebens Auswirkungen auf die Mundgesundheit. Von der Pubertät bis zur Menopause können eine Reihe von pathogenen Störungen im Mundbereich auftreten, wie z. B. die Pubertäts-, Menstruations- und Schwangerschaftsgingivitis oder das Mundunbehagen und Mundbrennen im Klimakterium. Von besonderer medizinischer Relevanz ist die Mundgesundheit in der Schwangerschaft. Hier wirken sich Mundkrankheiten, aber auch das Mundhygieneverhalten nicht nur für die Mutter gesundheitlich aus, sondern sie beeinflussen auch durch mikrobielle Übertragungsmöglichkeiten die orale Gesundheit des Kindes als Langzeiteffekt. Durch eine effektive Mundhygiene der Mutter lassen sich die schwangerschaftsbedingten Risiken weitgehend für Mutter und Kind vermeiden. Eine Aufklärung und Information über die Zusammenhänge von mütterlicher und kindlicher Mundgesundheit sowie eine Motivation zur kontinuierlichen Mundpflege und zu zahnärztlichen Kontrolluntersuchungen gehört zu den notwendigen Angeboten in der Schwangerenbetreuung.

Auf Grund der Langlebigkeit der Frauen gewinnen der Einfluß des Alterns mit einer Zunahme der chronischen Krankheiten wie Krebs, Herz-Kreislauf-Krankheiten, Diabetes und Rheuma sowie ihre Behandlung eine größere Bedeutung für die Mundgesundheit der Frau. Eine stärkere Berücksichtigung der oralen Begleitkrankheiten bei chronischen Krankheiten sowie in umgekehrter Richtung ist sowohl in der Allgemeinmedizin als auch in der Zahnheilkunde angezeigt. Auch soziale Benachteiligungen im Bildungsstand, der beruflichen Position und im Einkommen beeinflussen die Mundgesundheit der Frauen. Ungeachtet der vorliegenden Ergebnisse ist der Erkenntnisstand vor allem über die Ätiologie der Geschlechterdifferenz und über ihren Nutzen für die Praxis besonders in Deutschland noch lückenhaft. In vielen Studien zur Mundgesundheit wird das Geschlecht nur als kategorisierende Variable, aber nicht als Zielgröße verwendet. Eine verstärkte epidemiologische und klinische Forschung zur Mundgesundheit aus frauenspezifischer Sicht, die auch Faktoren aus der Lebens- und Arbeitswelt der Frauen mit einbezieht, ist dringend geboten.

Die in Deutschland vorhandenen Studienergebnisse zu den häufigsten Munderkrankungen der Zahnkaries und Parodontopathien belegen eine Reihe bedeutender Geschlechterdifferenzen, die sich nicht nur auf Risiken, sondern auch auf Gesundheitspotentiale bei Frauen beziehen. So haben Frauen zwar eine höhere Anzahl fehlender oder gefüllter Zähne als Männer, ihr Gebiß ist jedoch häufiger saniert und prothetisch versorgt als das der Männer. Bei Parodontalerkrankungen schneiden, insbesondere bei den schweren Formen, die Frauen besser als die Männer ab. Dafür leiden Frauen häufiger unter Erkrankungen der Kaufunktion (Kraniomandibuläre Dysregulationen) und artikulieren diesbezüglich auch einen höheren subjektiven Behandlungsbedarf. Ein Teil dieser geschlechtsspezifischen Ergebnisse lassen sich mit einem unterschiedlichen oralpräventiven Verhalten von Frauen und Männern erklären. Frauen haben ein besseres Mundhygieneverhalten und nehmen zahnmedizinische Kontrolluntersuchungen deutlich häfiger in Anspruch. Ein anderer Teil ist auf unterschiedliche Bewertungen und Wahrnehmungen der Zähne und des Zahnersatzes zurückzuführen. So legen Frauen größeren Wert auf die ästhetische Gestaltung der Zähne und des Zahnersatzes. Bemerkenswert ist das Verhalten der Geschlechterdifferenzen im Altersgang. Während sich einige schon im Jugendalter manifestieren (oralpräventives Verhalten), erreichen andere ihren Höhepunkt im mittleren Erwachsenenalter (Erkrankungen des Kausystems), wohingegen sich zum höheren Alter hin viele der Geschlechterdifferenzen abschwächen bzw. ganz aufheben.

Während sich die regionalen Unterschiede in der oralen Gesundheit zwischen den neuen und alten Bundesländern, die am Anfang der 90er Jahre noch bestanden, durch die Angleichung der Versorgungsstrukturen und der Behandlungskonzepte in der Zahnmedizin weitgehend anpassen, sind die Geschlechterdifferenzen im Zeitreihenvergleich erhalten geblieben, was die Notwendigkeit einer gezielten Forschung auf diesem Gebiet noch unterstreicht.

3.6 Sexuell übertragbare Krankheiten außer HIV

3.6.1 Bedeutung der sexuell übertragbaren Krankheiten

Im Gesetz zur Bekämpfung der Geschlechtskrankheiten (Fassung von 1990) sind als meldepflichtige Geschlechtskrankheiten definiert: Gonorrhoe (Tripper), Syphilis (Lues), Lymphogranuloma inguinale und Ulcus Molle. Weiterhin sind Maßnahmen zur Verhütung, Feststellung, Heilung und Vorbeugung dieser Erkrankungen festgelegt. Sowohl das Gesetz zur Bekämpfung der Geschlechtskrankheiten als auch das Bundesseuchengesetz sollen in absehbarer Zeit durch das Infektionsschutzgesetz abgelöst werden (StBA 1998a: 383).

Da der Begriff der Geschlechtskrankheiten als medizinisch unbefriedigend angesehen wird, ist er in der nicht juristischen Literatur weitgehend ersetzt worden durch den der sexuell übertragbaren Krankheiten (STD = sexually transmitted disease) (Mendling 1994: 136), zu denen neben den oben genannten als bedeutsame jedoch nicht meldepflichtige Infektionen unter anderen die durch Chlamydien, Papillomaviren und Herpes genitalis bedingten zählen (Weber et al. 1990: 245). Auf die HIV-Infektion wird in Kapitel 9 eingegangen.

Zwar kommen die „klassischen" sexuell übertragbaren Krankheiten im Bundesgebiet im Vergleich zu anderen Regionen selten vor, für die WHO ist diese Krankheitsgruppe jedoch bei internationalen Vergleichen ein wichtiger Indikator für die reproduktive Gesundheit von Frauen (WHO o. J.). Die Bedeutung der STD besteht darin, daß im Verlauf einiger dieser Erkrankungen schwerwiegende Folgen insbesondere für die reproduktive Gesundheit der Frauen und für die Gesundheit der Neugeborenen von mit STD infizierten Schwangeren auftreten können.

Bei einer Primärinfektion mit Syphilis während der Schwangerschaft wird die Infektion mit einer Wahrscheinlichkeit von 70-100 % auf das Kind übertragen (Petersen 1988: 99). Eine unbehandelte Gonorrhoe kann bei Frauen zu langwierigen Entzündungen im Unterbauch, zu Unfruchtbarkeit und zu einem erhöhten Risiko für Eileiterschwangerschaften führen (Rabe 1990: 282).

Nicht rechtzeitig erkannte Chlamydieninfektionen gelten heute als Hauptursache der infektionsbedingten Unfruchtbarkeit und der Eileiterschwangerschaft. Als Spätschäden können chronische Arthritis und chronische Unterbauchbeschwerden auftreten (Petersen et al. 1998: 410). Chlamydieninfektionen sind eine der häufigsten von der Mutter auf das Kind übertragenen Infektionen, die schwerwiegende Folgen (Pneumonie und Konjunktivitis) für das Neugeborene haben können. Daher wurde im April 1995 im Bundesgebiet das Pflichtscreening auf Chlamydien in die Mutterschaftsrichtlinien aufgenommen (ebd.).

Nach neueren Untersuchungen sind bestimmte Papillomavirussubtypen ätiologische Faktoren für die Entwicklung von Gebärmutterhalskrebs (Rabe 1990: 290).

Eine rezidivierende Herpes genitalis Infektion kann eine sehr schwere und schmerzhafte Erkrankung sein, die auf den gesamten Organismus übergreift und unter Umständen Hirn- und Nervenentzündungen verursacht (Petersen 1988: 44).

3.6.2 Datenlage

Rechtsgrundlagen für die amtliche Statistik der oben genannten meldepflichtigen STD enthält das 'Gesetz zur Bekämpfung der Geschlechtskrankheiten', das zuletzt geändert wurde durch Artikel 8 der Statistikänderungsverordnung von 1996 (BGBl I: 1804). Die Statistik beruht auf den Mitteilungen meldepflichtiger Ärztinnen und Ärzte an die Gesundheitsämter. Das Statistische Bundesamt erstellt jährlich eine Gesamtstatistik der Erkrankten nach Geschlecht, Alter und Art der Erkrankung, wobei Mehrfachinfektionen einer Person ein Erkrankungsfall sind (StBA 1997e). Das Statistische Bundesamt weist jedoch darauf hin, daß die Daten im Hinblick auf Größenordnung und Entwicklung mit Vorbehalt zu betrachten sind, da nicht alle Ärztinnen und Ärzte ihrer Meldepflicht nachkommen. Es muß davon ausgegangen werden, daß die Untererfassung für Syphilis etwa 70 % und für Gonorrhoe etwa 80 % beträgt. Bei Trendbetrachtungen ist eine zunehmend geringere Melderate zu berücksichtigen.

Zur Prävalenz der nicht meldepflichtigen STD liegen Schätzungen bzw. aus einzelnen teils umfangreichen Studien gewonnene Daten vor.

3.6.3 Aktuelle Daten zu meldepflichtigen STD

Im Jahr 1996 wurden dem Statistischen Bundesamt gemeldet: 1.130 Fälle von Syphilis (409 bei Frauen und 721 bei Männern); 3.433 Fälle von Gonorrhoe (1.141 bei Frauen und 2.292 bei Männern) und 80 Fälle von Ulcus Molle und Lymphogranuloma inguinale (25 bei Frauen und 55 bei Männern) (StBA 1997e).

Die folgende Tabelle zeigt die alters- und geschlechtsspezifischen Meldeziffern.

Tabelle 3.6-1: Gemeldete Erkrankte an Syphilis und Gonorrhoe nach Alter und Geschlecht in Deutschland 1996

Alter von.... bis unter .... Jahren	Syphilis		Gonorrhoe	
	je 100.000 Einwohner/innen des entsprechenden Geschlechtes u. Alters			
	Frauen	Männer	Frauen	Männer
0-15	0,02	0,04	0,08	0,16
15-20	1,55	1,15	5,34	5,81
20-25	5,00	4,09	16,10	13,91
25-30	3,01	3,98	7,78	16,33
30-40	1,45	3,51	4,08	11,34
40-50	0,62	2,00	1,88	4,98
≥50	0,21	0,77	0,17	1,34
Insgesamt	0,97	1,81	2,72	5,76

Quelle: StBA 1997e: 34.

Der Altersgipfel für Syphilis und Gonorrhoe bei Frauen liegt in der Gruppe der 20-24jährigen. Altersunabhängig betrachtet sind Männer von Syphilis und Gonorrhoe doppelt so häufig betroffen wie Frauen. Bei den gemeldeten Fällen von Syphilis und stärker noch bei Gonorrhoe existieren große länderspezifische Unterschiede. Hamburg hatte 1996 mit 2,9 gemeldeten Syphilis-Erkrankten auf 100.000 Bevölkerung die höchste, Baden-Württemberg mit 0,4 Fällen auf 100.000 Bevölkerung die geringste Prävalenz.

Im Zeittrend von 1991-1996 ist die Erkrankungshäufigkeit bei Syphilis etwa gleichbleibend, bei Gonorrhoe ist sowohl bei Frauen als auch bei Männern eine Abnahme (geschlechtsunspezifisch von 15,2 auf 100.000 Bevölkerung im Jahr 1991 auf 4,2 im Jahr 1996) zu verzeichnen. Dieser Rückgang kann jedoch meldebedingt sein.

3.6.4 Aktuelle Daten zu nicht meldepflichtigen STD

Die Chlamydieninfektion ist die häufigste STD in Deutschland (Konsensuspapier 1997). Nach einer Untersuchung an Schwangeren und asymptomatischen Wöchnerinnen waren bei etwa 5 % der untersuchten Population Chlamydien im Zervixabstrich nachweisbar (Petersen/Clad 1995: 181). Im Auftrag des Bundesministeriums für Gesundheit wurde 1995/1996 eine Studie durchgeführt, die eine Clamydien-Prävalenz von 3,6 % bei asymptomatischen Patientinnen in der Routineklientel niedergelassener Gynäkologinnen und Gynäkologen in Berlin ermittelte (Koch/Kirschner 1997). Für die gesamte Bundesrepublik wurde daraus eine Prävalenz von 2,9 % (entsprechend 360.000 infizierte Frauen) hochgerechnet. Es wird geschätzt, daß im Bundesgebiet 1,1 Millionen Menschen zwischen 16-45 Jahren eine floride Chlamydieninfektion haben. Weitere Schätzungen gehen davon aus, daß 100.000 Frauen im Bundesgebiet durch eine Chlamydieninfektion tubar steril sind (Konsensuspapier 1997: 19-20). Die Prävalenz von Chlamydieninfektionen ist bei beiden Geschlechtern altersabhängig: Je jünger sexuell aktive Personen sind, desto häufiger haben sie eine Chlamydieninfektion. Der Altersgipfel der Erstinfektion liegt bei Frauen zwischen dem 15-25 Lebensjahr. Da die Mehrzahl der Chlamydieninfektionen bereits vor einer Schwangerschaft auftritt, kommt für schwangere Frauen und deren ungeborene Kinder die Feststellung der Infektion während der Gravidität bereits zu spät (Petersen et al. 1996: 410).

Für rezidivierenden Herpes genitalis wird ein Durchseuchungsgrad von bis zu 30 % bei der erwachsenen Bevölkerung geschätzt (Petersen 1988: 45).

Die Prävalenz von Papillomaviren bei klinisch gesunden Frauen wird mit 15,4 % angegeben. Bei Frauen mit pathologischem kolposkopischem und zytologischem Befund beträgt sie 46 %. Junge Frauen haben bedeutend häufiger Infektionen mit Papillomaviren als ältere (Rabe 1990: 290).

3.6.5 Zusammenfassung

Im Hinblick auf die Häufigkeit der klassischen, meldepflichtigen STD ist im Bundesgebiet anhand der amtlichen Zahlen ein Rückgang festzustellen, der jedoch im Zusammenhang mit der Befolgung der Meldepflicht zu sehen ist. Nicht meldepflichtige STD haben nach vorliegenden Studien eine quantitativ stärkere Bedeutung als die meldepflichtigen.

3.7 Suizid und Suizidversuch

3.7.1 Bedeutung von Suizid und Suizidversuch

Als Suizide werden mit bewußter Intention durchgeführte Handlungen mit Todesfolge definiert. Suizidversuche sind Handlungen, die in suizidaler Absicht begangen werden, die jedoch nicht tödlich enden (StBA 1998a: 223).

Suizidale Handlungen von Frauen sind nicht nur Folge von individuellen Konfliktlagen, sie werden auch von sozialen und gesellschaftlichen Faktoren beeinflußt. Dies wird angenommen, da die Suizidalität begünstigenden Krankheiten in allen europäischen Ländern ungefähr gleich verteilt sind, die Höhe der Suizidraten jedoch sehr unterschiedlich ist (Europäische Kommission 1997: 57; Rachor 1996: 100-101).

Die Suizidraten der Männer sind in allen Altersgruppen bedeutend höher als die der Frauen. Die Bedeutung des Suizides ergibt sich daraus, daß er bei Jugendlichen und jungen Erwachsenen nach den Verkehrsunfällen die zweithäufigste Todesursache ist (Schmidtke et al. 1998: 41).

Suizidversuche übersteigen die Zahl der Suizide um ein Vielfaches. Es liegt ihnen ein anderes altersspezifisches Muster zugrunde, und im Unterschied zum Suizid sind bei den Versuchen Frauen häufiger betroffen. Zwar gibt es zu den gesundheitlichen Folgen von Suizidversuchen keine neueren Untersuchungen, es kann jedoch angenommen werden, daß teilweise gesundheitliche Schädigungen bis hin zur Invalidität auftreten, unter denen die Betroffenen mitunter ein Leben lang zu leiden haben.

3.7.2 Stand der Forschung

Suizidales Verhalten wird grundsätzlich mit biologisch/medizinischen, soziologischen und psychologischen Entstehungstheorien begründet, wobei jedoch eine monokausale und eindimensionale Sichtweise abgelehnt werden muß (Bronisch 1995: 113). Suizidales Verhalten von Frauen wurde trotz einer langen Forschungstradition des Themas Suizid als eigenständiger Bereich selten wissenschaftlich untersucht und dies, obwohl alle europäischen Statistiken wesentliche Geschlechtsunterschiede in der Richtung aufweisen, daß Suizide häufiger von Männern als von Frauen verübt werden, wohingegen bei Suizidversuchen ein umgekehrtes Verhältnis besteht (Rachor 1996: 99). Eine Erklärung dieses Sachverhaltes liegt darin, daß Suizidversuche eher mit weiblichen Charakteristika, Suizide dagegen eher mit männlichen verbunden sind. Suizidversuche werden assoziiert mit Schwäche, Hilflosigkeit und Abhängigkeit, sie werden teilweise als Formen des Hilferufes und des Appells an andere interpretiert (ebd.). Mit Demonstration von Hilflosigkeit Hilfe zu suchen, ist ein Verhalten, das Frauen eher als Männer zeigen und das bei ihnen auch eine größere soziale Akzeptanz erfährt (Walters et al. 1991). Suizide gelten eher als geplant und rational, sie werden mit Entscheidungskraft, Stärke und autonomem Handeln - Merkmalen, die mehr dem Männlichkeitsstereotyp entsprechen - assoziiert (Rachor 1996: 100). Unabhängig von diesen Zuschreibungen werden Suizidversuche mehr dem familialen und Beziehungsbereich und interpersonalen Konflikten, Suizide eher dem psychiatrischen Kontext und intrapersonalen Problemen zugeordnet (Rachor 1995: 25).

3.7.3 Datenlage

Die Angabe von Suizidhäufigkeiten basiert auf der amtlichen Todesursachenstatistik. Bei der Bewertung dieser Prävalenzen ist von einer Dunkelziffer auszugehen, die durch eine gesellschaftliche Tabuisierung des Suizides und durch versicherungsrechtliche Tatbestände bedingt ist. Auch wirkt sich die angewandte Suizidmethode auf die Wahrscheinlichkeit der Erfassung als 'Suizid' aus (Schmidkte 1991: 234). Es wird angenommen, daß Suizide mittels sogenannter weicher Methoden (z. B. Vergiften, Alkoholabusus) seltener als Suizide klassifiziert werden als solche, die mit harten Methoden (z. B. Erhängen) vorgenommen werden (zur Klassifikation weiche versus harte Methoden vgl. Abschnitt Suizidmethoden). Ebenso verbergen sich hinter Verkehrsunfällen und Drogentodesfällen mit großer Wahrscheinlichkeit teilweise Selbsttötungen. Nach Schätzungen des Bundeskriminalamtes gelten 18 % der Drogentodesfälle als bewußt herbeigeführt (StBA 1998a: 223). Die Höhe der Dunkelziffer ist geschlechtsspezifisch beeinflußt (Schmidtke et al. 1988: 15). Da Frauen häufiger weiche Suizidmethoden anwenden, liegt die Dunkelziffer bei ihnen wahrscheinlich höher als bei Männern (Schmidtke 1991: 237). Eine besondere Dunkelzifferproblematik ergibt sich bei älteren Menschen, da bei ihnen durch Über- bzw. Unterdosierung von verschriebenen Medikamenten nicht erkannte indirekte, aber bewußt herbeigeführte Formen von Suizid angenommen werden (ebd.). Außerdem wird vermutet, daß bei der oftmals vorliegenden Multimorbidität betagter Menschen eher eine andere Todesursache als Suizid bescheinigt wird. Schmidtke hält eine Unterschätzungsrate der Suizide von 10 % für zu niedrig gegriffen (ebd.: 238).

Zur Suizidversuchshäufigkeit liegen keine amtlichen Statistiken vor. Ihre Erfassung bringt erhebliche Probleme mit sich, da oftmals eine Abgrenzung zwischen Akten der Selbstbeschädigung ohne tödliche und solche mit tödlicher Absicht schwierig ist. Je weniger ernsthaft ein Versuch bewertet wird, um so geringer ist die Wahrscheinlichkeit der Klassifizierung als selbstdestruktiver Akt. Zur Erfassung epidemiologischer Daten und Trends zum Suizidversuch initiierte die WHO 1988 die WHO Multicentre Study on Parasuicide, an der 16 Zentren in 13 europäischen Ländern teilnahmen. Das deutsche Zentrum befindet sich an der Psychiatrischen Klinik der Universität Würzburg mit den Erhebungsgebieten Würzburg-Stadt und Würzburg-Landkreis (Schmidtke/Weinacker 1994b: 14). Bei den Daten zum Suizidversuch wird eine extrem hohe Dunkelziffer angenommen, die bis zu einer Unterschätzung von 500 % reicht (Schmidtke 1991: 238).

3.7.4 Aktuelle Daten zum Suizid

Im Jahr 1997 wurden insgesamt 12.265 Suizide registriert. Davon fielen 27,9 % auf Frauen und 72,1 % auf Männer. Die alters- und auf Europa standardisierte Suizidziffer lag 1997 in Deutschland bei 14,3 auf 100.000 Bevölkerung (bezogen auf Frauen bei 6,9; auf Männer bei 21,7). Die Ziffern sind in den neuen Bundesländern sowohl für Frauen als auch für Männer deutlich höher. Für Frauen lagen sie in den alten

Bundesländern bei 6,8, in den neuen Ländern bei 7,5, für Männer bei 20,5 bzw. 27,4 (Datenlieferung des StBA, Todesursachenstatistik 1997).

Die Unterschiede zwischen den alten und den neuen Bundesländern sind im wesentlichen auf die drei Länder Sachsen, Sachsen-Anhalt und Thüringen (Schmidtke/Weinacker 1994b: 4) zurückzuführen, die schon im letzten Jahrhundert sehr hohe Suizidziffern aufwiesen.

Die Bedeutung der Suizide im Rahmen der unnatürlichen Todesursachen zeigt sich daran, daß durch sie mehr Menschen ums Leben kommen als durch Kraftfahrzeugunfälle (s. Kapitel 4.5). 1997 waren insgesamt 0,7 % der weiblichen Sterbefälle durch Suizid, 0,5 % durch Kfz-Unfälle bedingt. Die Bedeutung des Suizides als Todesursache zeigt sich vor allem bei den jüngeren Altersgruppen. Der Anteil der Suizide an allen Todesfällen lag im Jahr 1997 bei den 20-24jährigen Frauen bei 12,0 %, den 25-29jährigen bei 15,3 % und den 30-34jährigen bei 11,8 %. Die als Vergleichsgröße herangezogenen altersspezifischen Anteile der bei Kfz-Unfällen gestorbenen Frauen lagen im gleichen Jahr bei 31,2 % (20-24jährige), 15,2 % (25-29jährige) und 7,8 % (30-34jährige). Bei allen folgenden Altersgruppen übersteigen die altersspezifischen Sterbefälle an Suizid diejenigen der bei KfZ-Unfällen Getöteten teilweise erheblich (StBA Todesursachenstatistik 1997; eigene Berechnungen).

Der überwiegende Teil des Suizidgeschehens fällt in die höheren Altersgruppen. 1997 waren 47,6 % der an Suizid verstorbenen Frauen 60 Jahre und älter, bei den Männern waren 31,4 % der Suizidenten in dieser Altersgruppe (ebd.). Suizidziffern steigen bei beiden Geschlechtern mit zunehmendem Alter, auch wenn der Anteil der Suizide an der Gesamtsterblichkeit abnimmt. Unter den Frauen hatten die 80-84jährigen 1997 die höchsten Suizidziffern mit 25,4. Aufgrund des wachsenden Anteils älterer Menschen ist ein Anstieg der Absolutzahlen von Suiziden bei Älteren zu erwarten.

Zwar ist seit 1980 die Suizidsterblichkeit bei Frauen (im Westen um 43,1 %, im Osten um 60,3 %) und bei Männern (im Westen um 26,8 %, im Osten um 40,1 %) insgesamt deutlich zurückgegangen (StBA 1998a: 223), im Gegensatz dazu hat sich jedoch der Anteil älterer Menschen (insbesonders älterer Frauen) am Suizidgeschehen im Zeittrend überproportional erhöht. Zu Beginn der 50er Jahre waren ca. 26 % der Suizidentinnen über 60 Jahre alt, im Durchschnitt der Jahre 1990-1995 stieg dieser Anteil auf ca. 49 %. In den neuen Bundesländern waren im Durchschnitt der Jahre 1991-1995 24 % der Gesamtbevölkerung Frauen im Alter über 60 Jahre, der Anteil dieser Altersgruppe an der Gesamtzahl weiblicher Suizide liegt jedoch bei 56 %. Berücksichtigt man noch die Probleme der Todesursachenklassifikation besonders bei angewandten weichen Suizidmethoden, so ist von einem noch höheren Anteil betroffener älterer Frauen auszugehen (Schmidtke et al. 1996b: 53f.).

Abbildung 3.7-1: Suizidziffern nach Geschlecht und Alter 1997 Deutschland

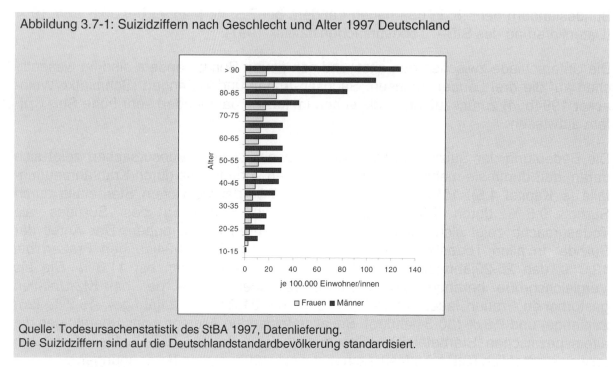

Quelle: Todesursachenstatistik des StBA 1997, Datenlieferung.
Die Suizidziffern sind auf die Deutschlandstandardbevölkerung standardisiert.

Im europäischen Vergleich liegen die Suizidziffern der deutschen Frauen mit 6,9 im mittleren Bereich. Luxemburg und Dänemark hatten 1992 mit 14,3 bzw. 13,7 Suiziden auf 100.000 Frauen die höchsten Ziffern, Spanien und Griechenland wiesen mit 3,0 bzw. 1,2 die niedrigsten Ziffern auf (Europäische Kommission 1997: 57).

Suizidmethoden

In der Literatur werden die Suizidmethoden nach sogenannten 'weichen' (z. B. Vergiften, Ertrinken) und 'harten' Methoden (z. B. Erhängen, Erschießen) klassifiziert. Diese Einteilung wird nicht weiter begründet, sie ist umgangssprachlich verankert. Sie ist hier deshalb von Interesse, weil 'harte' Methoden kulturell-symbolisch 'männlich' und 'weiche' Methoden weiblich konnotiert sind. Empirisch finden sich in vielen Bereichen von körperbezogenem (z. B. Alkoholkonsum und Konsum illegaler Drogen, Sport etc.) und autoaggressivem Verhalten unterschiedliche Muster der Prävalenzen bei Frauen und Männern entlang dieser Einteilung in 'hart' und 'weich'. Problematisch im Zusammenhang mit Suizid sind allerdings nicht zutreffende Assoziationen: Häufig wird damit fälschlicherweise eine Bewertung der Ernsthaftigkeit und Gewolltheit des Wunsches zu sterben verbunden und mit 'weichen' Methoden die Vorstellung eines angenehmeren Sterbens assoziiert. Trotz dieser mit der Klassifikation verbundenen Problematik wird im folgenden die Unterscheidung 'weiche' und 'harte' Methoden beibehalten, da sie auf eine symbolische Unterscheidung nach 'weiblich' und 'männlich' hinweist. Die Suizidmethoden von Frauen, die mit dem ICD erfaßt werden, sind weicher als die, die Männer anwenden.

Tabelle 3.7-1: Suizidmethoden (1997) - in Prozent aller Suizide

Suizidmethode	Frauen %	Männer %
Erhängen, Erdrosseln, Ersticken	40,3	57,7
Vergiftungen mit festen/flüssigen Stoff, Gasen und Dämpfen	23,6	11,4
Sturz aus Höhe	13,3	6,7
Ertrinken	7,2	1,8
Schneiden	2,6	2,9
Feuerwaffen, Explosivstoffe	1,5	10,0
sonstige Methoden u. Spätfolgen von Suizid	11,5	9,4
Insgesamt	100,0	100,0

Quelle: StBA 1998e; Todesursachenstatistik 1997; eigene Berechnungen.

Mit zunehmendem Alter werden die Suizidmethoden der Frauen härter. Der Anteil der sich Erhängenden nahm 1997 von 23,2 % bei den 15-24jährigen über 37,3 % bei den 25-64jährigen auf 46,3 % bei den 65jährigen und älteren zu, während das Vergiften in den genannten Altersgruppen von 26,1 % und 27,1 % auf 18,4 % abnahm (StBA 1998e; eigene Berechnungen). Dieser Trend läßt sich damit erklären, daß Suizide durch Vergiften bei älteren Frauen möglicherweise nicht als solche erkannt werden, da in ihrer Folge Krankheitszustände auftreten können, die dann als eigentliche Todesursache bzw. als 'unklare Todesursache' klassifiziert werden.

Soziale und familiäre Situation der Suizidantinnen

Soziale und familiäre Merkmale werden in der amtlichen Statistik nicht erfaßt, einige Einzelstudien geben jedoch Aufschluß darüber. Alters- und lebensphasenspezifisch zeigen sich unterschiedliche Merkmale und psychosoziale Belastungssituationen, die suizidales Verhalten begünstigen (Weber et al. 1990: 227-228 und 455-456).

Im Alter von 14-24 Jahren stehen Krisen des Selbstwertgefühles, Affekt- und Agressionsstau, eine pessimistische Zukunftssicht, familiäre und Partnerkonflikte meist in Zusammenhang mit Sexualität im Vordergrund. Für das mittlere Alter werden Mangel an sozialer Unterstützung, belastende Lebensereignisse wie z. B. Arbeitslosigkeit und für die Altersgruppe ab 65 Jahre soziale Isolation, psychische Abbauerscheinungen, Krankheitsängste und Angst vor Pflegebedürftigkeit, Konflikte mit dem Ehepartner und den Kindern als psychosoziale Belastungen, die suizidale Handlungen begünstigen, angegeben (ebd.).

Zu familienstandsspezifischen Mustern der Sterblichkeit an Suizid liegen Daten einer sehr aufwendigen Sonderauswertung der Todesursachenstatistik 1986 durch das Statistische Bundesamt vor. Neuere Angaben zu diesem Zusammenhang existieren nicht, es kann jedoch davon ausgegangen werden, daß diese Muster auch heute noch Gültigkeit haben, da sie bei einer bereits 1961 durchgeführten Sonderauswertung ebenfalls gefunden wurden (Dorbritz/Gärtner 1995).

Tabelle 3.7-2: Familienstandsbezogenes Risiko der Sterblichkeit infolge von Suizid (verheiratet = 1) 1986 – alte Bundesländer

Alter	Frauen		
	ledig	verwitwet	Geschieden
30-34	3,5	3,8	2,6
35-39	3,8	2,3	2,9
40-44	1,9	1,6	2,4
45-49	2,7	2,0	3,5
50-54	2,4	1,7	2,0
55-59	2,1	1,7	2,2
60-64	1,6	1,7	1,8
65-69	1,2	1,6	1,7
70-74	1,5	1,8	1,7

Quelle: Dorbritz/Gärtner 1995: 204.

Setzt man für die verheirateten Frauen als Risiko den Wert 1, dann weisen in allen Altersgruppen die nicht verheirateten Frauen eine Übersterblichkeit an Suizid auf. Diese ist bei den Ledigen und Verwitweten in den Altersgruppen der 30-39jährigen, bei den Geschiedenen in der Altersgruppe der 45-49jährigen besonders hoch. Mit zunehmendem Alter der nicht Verheirateten sinkt jedoch die Übersterblichkeit.

Die räumliche Verteilung der Suizide gibt ebenfalls Aufschlüsse über familienstandsspezifische Einflußfaktoren. Die Suizidhäufigkeit ist höher in Gebieten mit einer erhöhten Rate von weiblichen Einpersonenhaushalten und alleinstehenden Frauen, die noch andere mit ernähren müssen, und ebenfalls höher in Gebieten mit gehäuft Geschiedenen und Alleinerziehenden (Schmidtke et al. 1996b: 57).

Familienstandsspezifische Muster der Sterblichkeit generell und für einzelne Krankheiten speziell sind seit langem bekannt (Dorbritz/Gärtner 1995: 167ff.). Als Gründe für die Übersterblichkeit der nicht Verheirateten gegenüber den Verheirateten werden das 'geordnete Leben' in einer Ehe und Auslesegesichtspunkte, die dazu führen, daß gesundheitlich belastete Menschen seltener heiraten, angeführt. Der Befund, daß vor allem in den Altersgruppen der 30-49jährigen Frauen eine Übersterblichkeit infolge von Suizid bei den Verwitweten und Geschiedenen besteht, weist darauf hin, daß der Wechsel eines Familienstandes im Sinne eines Schocks sich in dieser Lebensphase nachteiliger auf die Gesundheit auswirken kann als in einer späteren Lebensphase.

Des weiteren gehen bestimmte psychosoziale Belastungen einher mit einer höheren Suizidsterblichkeit (dazu ausführlich s. StBA 1998a: 224 und Schmidtke et al. 1996b: 54ff.).

- Psychische Erkrankungen: Die Suizidrate liegt bei Depressiven je nach Schweregrad der Symptomatik bei 4 % bis 15 %, bei Menschen mit Schizophrenie bei bis zu 13 % (StBA 1998a: 224).

- Suchterkrankungen: Der Prozentsatz der Alkoholiker und Alkoholikerinnen, die sich das Leben nehmen, wird im Durchschnitt mehrerer Untersuchungen mit 14 % bei einer Spannbreite zwischen 0,2 % und 21 % angegeben. Bei Medikamenten- und Drogenabhängigen wird ein 5-50mal höheres Risiko als bei der Durchschnittsbevölkerung geschätzt (Schmidtke et al. 1996b: 57).

- Körperlich, vor allem chronisch Kranke mit geringer Heilungsaussicht oder hoher Sterbewahrscheinlichkeit: Bei HIV-Infizierten und AIDS-Kranken soll das Suizidrisiko ca. 7mal über dem der Gesamtbevölkerung liegen. Bei Anorexia nervosa - einer Krankheit von der überwiegend Frauen betroffen sind - wird es als 20mal höher als bei der Gesamtbevölkerung angegeben (ebd.).

- Personen mit Suizid-Ankündigung oder solche, die schon einen Suizidversuch unternommen haben, haben ein erhöhtes Risiko, später an Suizid zu sterben.

3.7.5 Aktuelle Daten zum Suizidversuch

Die neuesten Daten zur Suizidversuchs-Häufigkeit und zum Verlauf der Suizidversuchs-Ziffern liegen aus Würzburg vor, dem ca. 280.000 Menschen ab 15 Jahren umfassenden deutschen Erhebungsgebiet der WHO-Multicentre-Studie für 1989-1996 (Schmidtke et al. 1996b und 1998). Schmidtke gibt an, daß diese Region für die alten Bundesländer hinreichend repräsentativ ist. Mit der Wiedervereinigung hat sich der Grad der Repräsentativität jedoch verringert (Schmidtke et al. 1994a). Das gesamte europäische Erfassungsgebiet schloß ca. 3,9 Millionen Menschen (über 15 Jahre) ein (Schmidtke et al. 1996a: 328). In der Studie wurden zum ersten Mal umfassende soziodemographische Daten zum Suizidversuch erhoben. Suizidversuche wurden anhand eines einheitlichen Erfassungsbogens über Kliniken, niedergelassene Ärzte und Ärztinnen und Beratungseinrichtungen dokumentiert.

Von den für im Zeitraum 1988-1995 im deutschen Erfassungsgebiet ermittelten 1.008 Suizidversuchen waren 63 % von Frauen begangen worden (Schmidtke et al. 1996b: 58). Auf der Basis dieser Daten wurden die Suizidversuchs-Ziffern für die Bevölkerung ab 15 Jahren und für das Jahr 1996 hochgerechnet. Für Frauen beträgt die Ziffer 147/100.000. Das Verhältnis von Suizid zu Suizidversuch ist damit 1:15. Für Männer wird eine Ziffer von 122/100.000 und ein Verhältnis von Suizid zu Suizidversuch von 1:5 angegeben (Schmidtke et al. 1998: 40). Jährlich wird eine Gesamtzahl von 90.000-100.000 Menschen mit Suizidversuchen, die einer medizinischen Behandlung bedürfen, geschätzt (ebd.). Höhere weibliche Suizidversuchs-Ziffern traten in 15 der 16 europäischen WHO-Erfassungsgebieten auf, wobei die Ziffern der Frauen in sieben Zentren mehr als 50 % über der der Männer lagen, in 11 Zentren waren sie um über 30 % höher. Nur in Helsinki versuchten Männer öfters als Frauen, sich das Leben zu nehmen (Schmidtke et al. 1996a: 337). Frauen wiederholen häufiger als Männer Suizidversuche. Bei 44 % der deutschen Probandinnen der WHO-Studie wurde in der Anamnese bereits ein vorangegangener Versuch bekannt (bei Männern bei 23 %) (Schmidtke/Weinacker 1994b: 12).

Die Altersverteilung der Menschen, die Suizidversuche unternehmen, ist der der Suizidentinnen und Suizidenten entgegengesetzt: Jüngere Altersgruppen weisen höhere Ziffern auf. Die höchsten Ziffern wurden für Frauen zwischen dem 15.-30. Lebensjahr errechnet (Schmidtke et al. 1998: 40).

Tabelle 3.7-3: Suizidversuche auf 100.000 Einwohner/innen entsprechenden Alters und Geschlechts (berechnet aus der Gesamtzahl der erhobenen Suizidversuche von 1989-1992)

Geschlecht	Altersgruppen				
	15-24	25-34	35-44	45-54	≥55
Frauen	208	117	109	89	39
Männer	113	70	59	57	38

Datenquelle: WHO Multicentre Study on Parasuicid - deutsches Erhebungsgebiet; Schmidtke et al. 1994a: 164.

Bei den Suizidversuchen überwiegen im Unterschied zu den Suiziden bei beiden Geschlechtern die weichen Methoden. 70 % der weiblichen (50 % der männlichen) Suizidversuche geschahen durch Vergiften (Schmidtke et al. 1998: 40).

Unter Berücksichtigung verschiedener Datenquellen läßt sich erkennen, daß die Suizidversuchs-Ziffern in den alten Bundesländern zwischen 1966 und 1978 angestiegen sind, danach aber ein deutliches Absinken zeigen (Schmidtke et al. 1988: 21). Sie betragen bei Frauen nur noch zwei Drittel, bei Männern noch ca. die Hälfte der hohen Raten Mitte der 70er Jahre (Schmidtke et al. 1998: 42). Neueste Auswertungen der WHO-Studienergebnisse für das deutsche Erhebungsgebiet weisen jedoch auf einen erneuten Anstieg der Raten hin (mündliche Mitteilung A. Schmidtke).

Familiäre und soziale Situation der Personen mit Suizidversuch

Wie beim Suizid gibt es auch beim Suizidversuch bei beiden Geschlechtern einen eindeutigen Zusammenhang zum Familienstand insofern, daß Ledige und Geschiedene häufiger als Verheiratete versuchen, sich das Leben zu nehmen. Bei einer Gesamtauswertung der europäischen Daten der WHO-Studie zeigte sich auch bei Kontrolle des Alters eine Überrepräsentanz der ledigen und geschiedenen Frauen (und auch der Männer) (Schmidtke et al. 1996a).

Tabelle 3.7-4: Suizidversuche auf 100.000 Einwohner/innen entsprechenden Geschlechts und Familienstandes (berechnet aus der Gesamtzahl der erhobenen Suizidversuche von 1989-1992)

Geschlecht	Familienstand		
	ledig	verheiratet	geschieden
Frauen	122	73	260
Männer	73	43	194

Datenquelle: WHO Multicentre Study on Parasuicid - deutsches Erhebungsgebiet; Schmidtke et al. 1994a: 165.

Die hohen Versuchsziffern der geschiedenen Frauen weisen darauf hin, daß Trennungen suizidales Verhalten begünstigen können (vgl. auch Bronisch 1995: 81 und 118). Veränderungen von Lebensbedingungen können zu krisenhaften Situationen führen. So waren 8 % der Frauen im deutschen Erhebungsgebiet der WHO-Studie kurz vor dem Versuch meist von sozial stabilen Verhältnissen in instabile gekommen (Schmidtke et al. 1994a: 166).

Im Hinblick auf den sozioökonomischen Status tendieren Personen aus unteren Sozialschichten eher zu Suizidversuchen als solche aus oberen. Bei einer nach drei Sozialschichten vorgenommenen Klassifizierung gehörten 22 % der Frauen (43 % der Männer) der niedrigsten Sozialschicht an. Nur 4,1 % der Frauen (6,8 % der Männer) waren der höchsten Sozialschicht zuzuordnen (Schmidtke et al. 1994a: 167). Die Suizidversuchsziffern der Arbeitslosen überstiegen mit 348/100.000 die der Berufstätigen (83/100.000) signifikant (Schmidtke et al. 1998: 41).

Betrachtet man die in der WHO-Studie erhobenen sozioökonomischen Variablen zusammenfassend als Indikatoren sozialer Integration, dann zeigt sich, daß Frauen (und Männer), die in instabilen sozialen Verhältnissen leben und/oder zu unteren Sozialschichten gehören, eine besondere Risikogruppe für Suizidversuch darstellen (Schmidtke et al. 1994a: 173).

Neben psychosozialen Belastungen begünstigen auch neurotische Erkrankungen, Persönlichkeits- und Panikstörungen ebenso wie Suchtdiagnosen das Suizidversuchs-Verhalten (Schmidtke et al. 1998: 40-41).

Frauen, die in ihrer Kindheit sexualisierte Gewalt erleiden mußten, werden überdurchschnittlich häufig von Suizidgedanken gequält. Dies wird in mehreren Studien belegt. Bei der Befragung eines deutschen Samples von 518 Studentinnen hatten 13 % der sexuell mißbrauchten Frauen einen Suizidversuch unternommen (Bange 1992). Die Suizidversuchshäufigkeit der Opfer lag damit hochsignifikant über der des Vergleichskollektivs (1 %). Suizidgedanken gaben 67 % der sexuell Mißbrauchten (versus 35 % der Vergleichsgruppe) an. Die Häufigkeit der Suizidversuche korrelierte in der Studie mit der Art der sexuellen Gewalterfahrung: 21 % der vergewaltigten Frauen versus 11 % derer mit anderen sexuellen Gewalterfahrungen berichteten über

Suizidversuche (ebd.: 169f.). In einer Studie von Teegens (1992), bei der Fragebogen von 541 Frauen und 35 Männern, die in ihrer Kindheit oder Jugend Opfer sexualisierter Gewalt geworden waren, ausgewertet wurden, hatte ein Viertel der Befragten bereits vor Erreichen des Erwachsenenalters versucht, sich zu töten. Von einem oder mehreren Suizidversuchen im Erwachsenenalter berichteten 14 % der Befragten. Ähnliche Ergebnisse fanden Koch und Ritter in einer qualitativen Studie (Koch/Ritter 1995: 293f.). Bei Untersuchungen klinischer Samples liegen die Angaben zu Suizidversuchen bei in ihrer Kindheit sexuell mißbrauchten Patientinnen mit 55 % (versus 23 % bei den nicht sexuell Mißbrauchten), wie die Ergebnisse einer kanadischen Studie zeigen, noch erheblich höher (Briere/Runtz 1986).

Die Bedeutung körperlicher Mißhandlung als auslösender Faktor für weibliche Suizidversuche wurde in einer schwedischen Studie erhellt, in der die Suizidversuchshäufigkeit von 117 geschlagenen Frauen, die die Notaufnahme eines Krankenhauses aufgesucht hatten, retrospektiv über einen Zeitraum von 16 Jahren analysiert und mit Kontrollgruppen verglichen wurde (Bergman/Brismar 1991). 19 % der mißhandelten Frauen, die zumeist eine lange Geschichte wiederholter und schwerer körperlicher Gewalt erlitten hatten, hatten in dem berücksichtigten Zeitraum mindestens einen Suizidversuch unternommen. Bei einer aus dem Bevölkerungsregister nach dem Fall-Kontrollgruppen Verfahren gezogenen Stichprobe lag der entsprechende Anteil bei 1,7 %. Die hauptsächlichsten Gründe für die Suizidversuche waren in 43 % der Fälle Beziehungsprobleme mit dem Partner, keine der geschlagenen Frauen gab jedoch die körperliche Mißhandlung an. Neben der erfahrenen Gewalt spielten bei 60 % der suizidalen Frauen auch Alkohol- und Drogenprobleme eine Rolle, wobei diese Probleme möglicherweise durch die Mißhandlung verursacht wurden (vgl. Kapitel 9.3.3).

Bergman/Brismar folgern aus ihren Ergebnissen, daß geschlagene Frauen eindeutig mehr Suizidversuche unternehmen als nicht mißhandelte, wobei ihre gesamte soziale Situation mit einer Kombination aus wiederholter Mißhandlung, fehlender emotionaler und sozialer Sicherheit und Alkohol- und Drogenproblemen zu berücksichtigen ist. Die Suizidversuche werden vor allem als verzweifelte Rufe nach Hilfe interpretiert (ebd.: 384).

3.7.6 Zusammenfassung und Schlußfolgerungen

Die Prävalenzen von Suizid und Suizidversuch unterliegen geschlechts- und altersspezifischen Mustern. Die registrierten Suizide werden zu über zwei Dritteln von Männern, die Suizidversuche nach Daten aus Studien zu ca. 60 % von Frauen unternommen. Die Suizidziffern steigen bei Frauen mit zunehmendem Alter, wohingegen bei Suizidversuchen die entgegengesetzte Tendenz besteht: Jüngere Frauen versuchen sich häufiger das Leben zu nehmen als ältere.

Bestimmte psychische, körperliche und Suchterkrankungen gelten als Risiken für die Suizidsterblichkeit. Im psychosozialen Kontext fällt auf, daß ledige und geschiedene Frauen häufiger suizidale Handlungen unternehmen als verheiratete. Die Bedeutung körperlicher und sexualisierter Gewalt für selbstdestruktive Akte von Frauen wurden in mehreren Studien belegt.

Suizidales Verhalten von Frauen wurde als eigenständiger Bereich selten wissenschaftlich untersucht. Forschungsbedarf besteht insbesondere bei den Fragen nach den Gründen der geschlechts- und altersspezifisch unterschiedlichen Prävalenzen von Suizid und Suizidversuch, deren Beantwortung die verschiedenen psychosozialen Kontexte, in denen suizidales Verhalten steht, und die geschlechtsspezifisch unterschiedlichen Formen der Problem- und Aggressionsverarbeitung klären könnten. Daneben sind vor dem Hintergrund der hohen Prävalenz weiblicher Suizidversuche Daten zu den körperlichen und seelischen Folgen dieses Verhaltens von großem Interesse.

Im Hinblick auf Hilfen für suizidgefährdete Menschen gibt es in Deutschland kein länderübergreifendes Versorgungskonzept. Auf regionaler Ebene sind jedoch Einrichtungen wie z. B. die Telefonseelsorge aktiv (StBA 1998a: 225). Wünschenswert wäre eine gemeindenahe Beratung und Krisenintervention, die psychische und soziale Probleme, die suizidales Verhalten begünstigen, auffangen kann und die zu jeder Tages- und Nachtzeit zur Verfügung stehen sollte. Notwendig ist auch eine enge regionale Vernetzung verschiedener psychosozialer Einrichtungen mit den Institutionen des Rettungswesens (ebd.: 226).

4 Gesundheitsbezogene Lebensweisen

Im Mittelpunkt des folgenden Kapitels stehen Aspekte gesundheitsbezogener Lebensweisen. Sie geben Aufschluß über den Stellenwert der eigenen Gesundheit im Leben und über die gesundheitsbezogenen Handlungsweisen. Damit sind neben dem konkreten Gesundheitshandeln und Gesundheitsverhalten auch die Vorstellungen über Gesundheit angesprochen. Diese Perspektive stellt die grundlegende Struktur des Kapitels dar. Es werden subjektive Vorstellungen von Frauen über Gesundheit beschrieben. Daran anschließend wird auf die Ebene des konkreten Handelns eingegangen. Berichtet werden Daten zum Gesundheitshandeln und zu ausgewählten Aspekten des Gesundheitsverhaltens. Von besonderer Bedeutung in diesem Kapitel ist der Bezug auf die Lebensweise von Frauen und auf die Motive und die Funktion bestimmter gesundheitsbezogener Verhaltensweisen. Diese Betrachtungsweise eröffnet zum einen ein tiefergehendes Verständnis und schlägt zum anderen einen Bogen zu den subjektiven Konzepten von Gesundheit.

Das Kapitel hat damit zwei thematische Blickrichtungen. Im ersten Teil wird der Schwerpunkt auf die Vorstellungen von Gesundheit gelegt (4.1). Im zweiten Teil werden ausgewählte Aspekte des Gesundheitsverhaltens wie Alkoholkonsum (4.2), Rauchen (4.3), Gebrauch und Mißbrauch von psychotropen Medikamenten (4.4) und riskantes Verkehrsverhalten, Heim- und Freizeitunfälle und Stürze (4.5) beschrieben. Mit dieser Auswahl wurden Schwerpunkte benannt, die eine besondere Bedeutung für die Gesundheit von Frauen haben und für die repräsentative Daten vorliegen.

Ein einheitlicher Aufbau der einzelnen Unterkapitel ist aufgrund der inhaltlichen und datenbezogenen Unterschiedlichkeit nur begrenzt möglich. Den einzelnen Abschnitten ist gemein, daß sie mit einer geschlechterdifferenzierenden Perspektive Aspekte der sozialen Lage sowie ein positives Verständnis von Gesundheit und den Blick auf Ressourcen zugrunde legen. Es werden empirische Daten vorgestellt, die auf Ergebnissen qualitativer sowie quantitativer Studien basieren. Neben den in der Literatur berichteten Daten wurden Sonderauswertungen durchgeführt, die ausgewählte subjektive Indikatoren zur Gesundheit von ost- und westdeutschen Frauen vor dem Hintergrund der sozialen Lebenssituation als auch der verschiedenen Lebensphasen fokussieren.

Im folgenden wird für zentrale Aspekte dieses Kapitels eine kurze Begriffsbestimmung und theoretische Verortung vorgenommen. Die subjektiven Gesundheitskonzepte beschreiben das Verständnis der Menschen von Gesundheit und spielen eine wichtige Rolle in der wissenschaftlichen Auseinandersetzung über Gesundheit und Krankheit. Grundsätzlich ist davon auszugehen, daß die Vorstellung von Gesundheit und Krankheit im Lebenslauf durch Körperereignisse (wie u. a. Pubertät) und die soziale Eingebundenheit verändert wird. Eine der wegweisenden Studien wurde 1973 von Claudine Herzlich durchgeführt, in der sie zentrale Dimensionen von Gesundheit fand, die in weiteren Studien bestätigt und ergänzt wurden. Im wesentlichen lassen sich vier Dimensionen von Gesundheit unterscheiden: Gesundheit als Abwesenheit von Krankheit, Gesundheit als Reservoir an Energie, Gesundheit als Gleichgewicht und

Wohlbefinden und Gesundheit als funktionale Leistungsfähigkeit (vgl. z. B. Faltermaier et al. 1998). Dabei zeigen sich Unterschiede nach Alter, Geschlecht, Kultur und sozialer Lage sowie nach aktuell erlebtem Gesundheitszustand (vgl. u. a. Helfferich 1993; Faltermaier 1994; Bengel/ Belz-Merk 1997; Frank et al. 1998). Klesse et al. (1992) unterscheiden zwischen impliziten und expliziten Gesundheitskonzepten, die auch mit unterschiedlichen Handlungsweisen für die eigene Gesundheit verbunden sind. Die expliziten Gesundheitskonzepte sind unmittelbar auf Gesundheit und Krankheit bezogene Vorstellungen, die auch auf Gesundheit bezogene Verhaltensweisen schließen lassen. Die impliziten Gesundheitskonzepte ergeben sich aus den Lebensgeschichten, aus denen spezifische Gesundheitsgefährdungen und Handlungspotentiale erkennbar werden. Unklar ist allerdings bislang, wie sich die subjektiven Gesundheitskonzepte auf das tatsächliche Gesundheitserleben, -verhalten und den Gesundheitszustand auswirken (Dlugosch/Schmidt 1992).

Eine Möglichkeit, die Entstehung, Erhaltung oder Wiederherstellung von Gesundheit zu analysieren, ist, sich auf die persönliche Wahrnehmung zu beziehen, da sie in direktem Zusammenhang zu den lebensgeschichtlichen Erfahrungen des Individuums steht. Die Wahrnehmung der gesundheitlichen Situation wird anhand subjektiver Indikatoren erhoben. Mit der subjektiven Einschätzung der eigenen Gesundheit lassen sich verläßliche Aussagen über den Gesundheitszustand treffen, da sich gezeigt hat, daß eine Übereinstimmung mit objektiv gemessenen Indikatoren besteht (Idler/Benyamini 1997; StBA 1998a). Die subjektiven Bewertungen geben damit neben den objektiv meßbaren Indikatoren der Morbidität wichtige Hinweise zur Beurteilung der gesundheitlichen Lage wie auch des Wohlbefindens. Allerdings gibt es für den Begriff Wohlbefinden in der Fachliteratur verschiedene Definitionen, wobei Einigkeit darüber besteht, daß Wohlbefinden als subjektive Kategorie zu verstehen ist (Sölva et al. 1995). In die Beschreibung von Wohlbefinden fließen sowohl Gefühle, d. h. positive und negative Affekte, als auch Beurteilungen wie die Zufriedenheit mit dem Leben oder Lebensbereichen ein (ebd.). Des weiteren schlägt Becker (1991) eine begriffliche Unterscheidung in aktuelles Wohlbefinden, das eine augenblickliche Befindlichkeit beschreibt und in habituelles Wohlbefinden, das eher als stabile Eigenschaft des/r Einzelnen zu verstehen ist, vor. Zudem kann das Wohlbefinden durch psychische und/oder physische Ursachen begründet werden. Verschiedene theoretische Erklärungsansätze und Meßinstrumente zur Erfassung des körperlichen und psychischen Wohlbefindens wurden inzwischen entwickelt (vgl. hierzu Becker 1991; Mayring 1991; Sölva et al. 1995).

Subjektive Indikatoren der Gesundheit eignen sich in besonderer Weise, geschlechtsspezifische Unterschiede aufzuzeigen (Frauenspezifische Aspekte der Gesundheitsberichterstattung 1996: 31). Frauen schätzen ihren Gesundheitszustand häufiger schlecht als Männer ein (Maschewsky-Schneider et al. 1988; Maschewsky-Schneider 1994). Ursachen für die geschlechtsspezifischen Unterschiede bei den subjektiven wie auch bei den objektiven Indikatoren der Gesundheit sind noch nicht ausreichend erklärt. Vorliegende Erklärungsansätze begründen diese Unterschiede mit biologischen, erworbenen und psychosozialen Risiken, mit der Bereitschaft, über Krankheiten zu berichten sowie mit den Erfahrungen im Gesundheitssystem (Verbrugge 1990).

Die unterschiedlichen Betrachtungsweisen von Gesundheit führten zu verschiedenen theoretischen Ansätzen, das Gesundheits- und Vorsorgeverhalten zu beschreiben. Während mit dem Konzept des Gesundheitsverhaltens Bezug auf ein individuelles Gesundheits- und Vorsorgeverhalten genommen wird, bezieht sich das Konzept des Gesundheitshandelns auf das Lebensweisenkonzept, in welchem die individuellen Verhaltensweisen als Aspekte des sozialen Handelns verstanden werden. Dadurch sind Gesundheit und Krankheit auch als eine im sozialen und kulturellen Rahmen hergestellte Wirklichkeit zu betrachten (Faltermaier 1994). Gesundheitshandeln ist ein vergleichsweise neues Konstrukt, zu dem verschiedene konzeptionelle Herangehensweisen und Definitionen vorliegen, die bislang nur vereinzelt empirisch überprüft worden sind (Faltermaier 1994; Faltermaier et al. 1998; Klesse et al. 1992). Den unterschiedlichen Definitionen ist gemein, daß das Gesundheitshandeln im Kontext des Alltagshandelns, der Lebensweise und der Biographie des Menschen steht (Faltermaier et al. 1998). Gesundheitshandeln ist soziales Handeln, welches sich direkt bzw. indirekt auf die eigene Gesundheit bezieht sowie verhaltens- und verhältnisbezogene Veränderungen anstreben kann. In einigen Konzepten (z. B. Faltermaier et al. 1998), in denen Gesundheitshandeln auf Lebensweisen bezogen wurde, wird der Begriff breiter gefaßt als nur im engen Sinn bezogen auf den Umgang mit Beschwerden. Gesundheitsriskantes Verhalten wie etwa Rauchen oder übermäßiger Alkoholkonsum, welches selbst wieder Ausdruck eines spezifischen Umgangs mit Anforderungen aus der alltäglichen Lebenssituation ist, läßt sich in diesem Sinne als Teilaspekt Gesundheitshandeln auffassen. In den weiteren Abschnitten von Kapitel 4 wird hier angeknüpft und einzelne Verhaltensbereiche dargestellt, die sich mit jeweils unterschiedlichen Akzentsetzungen als Gesundheitshandeln, als soziales Handeln mit gesundheitlichem Bezug oder als Handeln mit gesundheitlichen Konsequenzen fassen lassen.

4.1 Gesundheitskonzepte und Gesundheitshandeln

4.1.1 Einleitung

Subjektive Indikatoren von Gesundheit geben wichtige Hinweise auf verschiedene Aspekte von Gesundheit wie die subjektiven Gesundheitskonzepte, das Gesundheitshandeln und das Wohlbefinden. Diese werden im folgenden näher ausgeführt, wobei sowohl qualitative als auch quantitative Daten herangezogen werden.

Die vorliegenden qualitativen Forschungsergebnisse belegen die Bedeutung der subjektiven Indikatoren und ermöglichen ein tiefergehendes Verständnis von Gesundheit insbesondere im Zusammenhang mit der Eingebundenheit in den Lebensalltag und der individuellen Biographie. Auf dieser Basis konnten komplexe und hoch differenzierte Theorien entwickelt werden.

Der folgende Abschnitt macht ein grundsätzliches Problem bei der Bezugnahme auf solche Konzepte der Gesundheit bzw. des Gesundheitshandelns erkennbar: Das theoretische Wissen einerseits und die Möglichkeit der empirischen Beschreibung dieser Phänomene auf der Basis bevölkerungsbezogener Daten andererseits klaffen auseinander. Mit den vorhandenen repräsentativen Daten (z. B. dem Nationalen Untersuchungssurvey) sind Aus-sagen zu einzelnen Verhaltensaspekten, nicht aber zu den komplexen Ansätzen möglich, da nur begrenzt Daten zu Positivindikatoren für Gesundheit, zu Lebensweisen und Gesundheit oder zu Gesundheitshandeln im biographischen Kontext vorliegen. Auf eine Darstellung einzelner subjektiver Indikatoren sollte dennoch im Rahmen einer Gesundheitsberichterstattung nicht verzichtet werden, da sie wichtige Hinweise auf Aspekte alltagsbezogener Vorstellungen von Gesundheit geben und damit erheblich zur Beschreibung der gesundheitlichen Lage beitragen.

4.1.2 Subjektive Gesundheitskonzepte

Das Verständnis der Menschen von Gesundheit spiegelt sich in den subjektiven Gesundheitskonzepten wieder. Hierzu liegt inzwischen eine Vielzahl von empirischen Ergebnissen vor, die überwiegend auf der Basis qualitativer Studien gewonnen wurden (vgl. Faltermaier 1994; Faltermaier et al. 1998). Im Mittelpunkt dieser Studien standen Fragen nach den grundlegenden Dimen-sionen subjektiver Gesundheitsvorstellungen und wie sich diese in verschiedenen sozialen Gruppen verteilen. Trotz der Heterogenität der Studien zeigen die Ergebnisse übereinstimmend, daß die Gesundheitskonzepte multidimensional und überwiegend positiv bestimmt sind. Es bestehen allerdings Unterschiede zwischen den Geschlechtern und unterschiedlichen Generationen sowie nach sozialer Lebenslage.

Die altersbedingten Unterschiede sind nach Faltermaier et al. (1998) nicht eindeutig zu beschreiben, da nur selten systematische Altersvergleiche vorgenommen wurden. Mit zunehmenden Alter scheint bei den Erwachsenen die Bedeutung von Aspekten der Leistungsfähigkeit im Gegensatz zur körperlichen Fitneß bzw. Stärke einen größeren Stellenwert zu bekommen. Unterschiede nach Sozialschicht lassen sich nach Faltermaier et al. (1998) wie folgt zusammenfassen: In den unteren sozialen Schichten wird die Abwesenheit von Krankheit und Leistungsfähigkeit häufiger genannt, wohingegen in der mittleren und oberen Sozialschicht die psychische Komponente des Wohlbefindens stärker betont wurden. Des weiteren scheinen Menschen mit einem höheren Sozialstatus stärker auf ihren Körper zu achten und Beschwerden zu verbalisieren als dies bei Menschen mit einem geringen Sozialstatus der Fall ist (Helfferich 1993).

Auch im Hinblick auf Unterschiede nach Geschlecht lassen sich keine eindeutigen Aussagen auf der Basis der vorliegenden Ergebnisse treffen. Faßt man wesentliche Unterschiede in den Gesundheitskonzepten von Männern und Frauen zusammen, so beschreiben Männer ihre Gesundheit eher über Aspekte wie „Abwesenheit von Krankheit" und „Leistungsfähigkeit". Die Gesundheitskonzepte von Frauen scheinen dagegen differenzierter und komplexer zu sein, wobei das Wohlbefinden und das Körpererleben zentrale Kategorien darstellen. Dies geht einher mit einer höheren Symptomaufmerksamkeit von Frauen im Vergleich zu Männern. Aber auch bei Frauen lassen sich funktionalistische Aspekte von Gesundheit und eine instrumentelle Einstellung zum Körper finden, so daß sich neben den Unterschieden in den Gesundheitskonzepten von Männern und Frauen durchaus auch Gemeinsamkeiten feststellen lassen, die zum Teil in Abhängigkeit mit anderen Faktoren wie Alter und sozialer Schicht zu betrachten sind (vgl. Helfferich 1993; Kuhlmann 1996; Schulze/Welters 1998; Faltermaier et al. 1998). So sind die subjektiven Gesundheitskonzepte zwischen den jungen Frauen und Männern ähnlicher als zwischen den älteren Frauen und Männern (Schulze/Welters 1998). Darüber hinaus konnten Unterschiede in den Gesundheitskonzepten von Frauen mit unterschiedlichem Erwerbsstatus und mit oder ohne Kindern aufgezeigt werden.

Subjektive Gesundheitskonzepte von Frauen

Ein weiterer Zugang zu den Vorstellungen von Gesundheit ergibt sich mit den Daten des Projektes „Lebenslagen, Risiken und Gesundheit von Frauen in der BRD" (Jahn et al. 1998). In einer repräsentativen Befragung wurden Frauen der Stadt Bremen zu ihrer persönlichen Vorstellung von Gesundheit befragt. Die Antworten auf die Frage nach den subjektiven Vorstellungen zur Gesundheit wurden in neun empirische Kategorien zusammengefaßt (Tabelle 4.1-1) Mehr als die Hälfte der befragten Frauen gaben mehrere Antworten, die mindestens zwei Definitionen von Gesundheit zuzuordnen waren.

Den größten Stellenwert für das eigene Verständnis von Gesundheit nahm die Kategorie „Wohlbefinden" ein, die 28,6 % der Frauen nannten. Die zweitgrößte Bedeutung hat die Kategorie „keine Schmerzen und Behinderungen" (16,3 %) und an dritter Stelle steht die „körperliche und geistige Fitneß" (13,1 %). In Hinblick auf das Verständnis von Gesundheit zeigen sich Unterschiede zwischen den einzelnen Altersgruppen. Während für alle Frauen die häufigste Nennung das „Wohlbefinden" ist, unterscheiden sich die Angaben bei der zweihäufigsten Kategorie zwischen den Altersgruppen. Frauen unter 50 Jahre gaben Aspekte der „körperlichen und geistigen Fitneß" an, die älteren Frauen dagegen „keine Schmerzen und Behinderung". Interessanterweise nimmt der Anteil der Frauen, die die Gesundheit als höchstes Gut beschreiben, mit dem Alter zu: 4 % der 30-34jährigen Frauen und 9,2 % der über 50jährigen Frauen machten Aussagen, die dieser Kategorie zuzuordnen waren.

Tabelle 4.1-1: Kategorien subjektiver Gesundheitskonzepte[1] von Frauen in verschiedenen Altersgruppen

Subjektive Gesundheitskonzepte	30-34 Jahre	35-49 Jahre	50-74 Jahre	Gesamt
Stichprobe (N)	101	246	371	718
	in % der jeweiligen Gruppe			
Wohlbefinden	31,7	30,9	26,2	28,6
Positive Lebenseinstellung	8,9	9,4	8,9	9,1
Geistige und körperliche Fitneß	19,8	17,5	8,4	13,1
Fähigkeit, die Anforderungen erfüllen zu können	1,0	6,5	3,5	4,2
Keine Schmerzen, keine Behinderung	13,9	15,5	17,5	16,3
Eine gesunde Lebensweise	12,9	6,9	9,4	9,1
Ein positives Umfeld	1,0	0,4	0,8	0,7
Gesundheit als das höchste Gut	4,0	6,1	9,2	7,4
Sonstige	0	0,4	0,3	0,3

1) Mehrfachnennungen möglich

Datenbasis: Projekt Lebenslagen, Risiken und Gesundheit von Frauen in der BRD (1996), Studienteil Bremen.

Bei den Vorstellungen über die Gesundheit lassen sich geringfügige Unterschiede zwischen den Frauen mit unterschiedlicher Schul- und Berufsausbildung erkennen. Eine höhere Bedeutung haben die Aspekte der Leistungsfähigkeit bei den Frauen mit höherer Schulausbildung bzw. das Fehlen von Schmerzen/Behinderungen bei den Frauen mit niedrigerer Schulausbildung. Einen besonderen Stellenwert bei den Frauen mit niedriger Schulausbildung hat zudem auch die Kategorie „Gesundheit als höchstes Gut". Im Hinblick auf die familiäre Lebenssituation zeigen sich ebenfalls nur geringe Unterschiede in den subjektiven Gesundheitskonzepten. Herauszustellen ist, daß die geschiedenen/verwitweten Frauen häufig auch eine „positive Lebenseinstellung" und „Gesundheit als höchstes Gut" nannten.

4.1.3 Wohlbefinden

Forschungsergebnisse zu psychischem und körperlichem sowie zu aktuellem bzw. habituellem Wohlbefinden liegen vor; sie sind aber aufgrund der unterschiedlich verwendeten Erhebungsinstrumente nur schwer miteinander vergleichbar (vgl. Abele/ Becker 1991). Neben Ergebnissen qualitativer Studien können auch auf der Basis bevölkerungsbezogener Studien (Sozioökonomisches Panel [SOEP], Nationaler Untersuchungssurvey [NUS]) Aussagen über einzelne Indikatoren des körperlichen und psychischen Wohlbefindens getroffen werden. Die im folgenden dargestellten Daten des SOEP sind dem Statistischen Bundesamt (StBA 1997a) und die des Nationalen Untersuchungssurveys dem Gesundheitsbericht des Bundes (StBA 1998a) entnommen.

Die Zufriedenheit mit dem Leben insgesamt und einzelnen Lebensbereichen stellt eine positive Komponente des psychischen Wohlbefindens dar. Sie ist als Ergebnis einer Gesamtbilanzierung der Lebensbedingungen zu verstehen. Die Zufriedenheit mit dem Leben ist in Ost- und Westdeutschland recht hoch, allerdings waren die Ostdeutschen im Vergleich zu den Westdeutschen 1990 erheblich unzufriedener mit ihrem Leben (StBA 1997a). Diese Unterschiede haben sich 1995 deutlich verringert. Des weiteren zeigen sich Unterschiede zwischen verschiedenen Bevölkerungsgruppen. Unzufriedener mit ihrem Leben insgesamt sind ältere Menschen, Arbeitslose und Personen mit geringem Einkommen. Die Unterschiede nach Geschlecht sind dagegen eher geringfügig. Die Zufriedenheit mit der Gesundheit ist in Ost- und Westdeutschland recht hoch. Deutliche Unterschiede in der Zufriedenheit mit der Gesundheit lassen sich nur für das Alter feststellen. Je älter die Befragten sind, desto geringer ist ihre Zufriedenheit mit der Gesundheit.

Die subjektive Einschätzung des Gesundheitszustandes gibt Hinweise auf das körperliche Wohlbefinden. Nach den Ergebnissen des SOEP schätzen 1992 mehr als die Hälfte der Befragten ihre Gesundheit als gut ein; dagegen knapp ein Fünftel als schlecht. Im Vergleich dazu beurteilten die Befragten 1995 ihren Gesundheitszustand schlechter. Auch bei den Ergebnissen des Nationalen Untersuchungssurveys gaben die Hälfte der Befragten einen guten bis sehr guten Gesundheitszustand an, wobei sich für Westdeutschland kaum Unterschiede in der Einschätzung der Gesundheit in den Erhebungswellen (1984/86, 1987/88, 1990/91) zeigten. Deutliche Unterschiede in der Beurteilung der Gesundheit lassen sich nach Alter, Geschlecht und nach sozialer Lebenslage aufzeigen. So nimmt bezogen auf das Alter der Anteil derjenigen, die ihre Gesundheit als gut bzw. sehr gut betrachten, ab. Frauen beurteilen ihre Gesundheit schlechter als Männer. Hier sind allerdings Unterschiede nach Alter zu berücksichtigen; so zeigen die Ergebnisse des Nationalen Untersuchungssurvey diesen Zusammenhang für Frauen erst ab dem Alter von 40 Jahren.

Mit den Daten des Nationalen Untersuchungssurveys liegen weitere Indikatoren zum körperlichen Wohlbefinden wie die gesundheitliche Beeinträchtigung im Alltag und die Belastung durch Beschwerden vor. 10 % der Befragten in Westdeutschland im Alter von 25-69 Jahren fühlen sich durch ihre Gesundheit im Alltag erheblich beeinträchtigt, wobei die Beeinträchtigungen mit dem Alter zunehmen. Des weiteren zeigt sich, daß eine schlechtere soziale Lage (gemessen am Haushaltseinkommen, Bildung) mit einer schlechteren Beurteilung der Gesundheit einhergeht. Dies gilt sowohl in Ost- und Westdeutschland als auch bei Männern und Frauen.

Mit den Angaben zu den Beschwerden können Aussagen über das individuelle Befinden getroffen werden (vgl. StBA 1998a). 19,3 % der Befragten gaben eine besonders hohe Belastung durch gesundheitliche Beschwerden an. Mit zunehmendem Alter steigt die Belastung durch Beschwerden. Der Anteil der Frauen ist in der Gruppe mit einer hohen Belastung durch Beschwerden mit 22,9 % deutlich höher als der Anteil der Männer mit 15,6 %. Aufgezeigt werden konnte, daß ein Zusammenhang zwischen Beschwerden und der Anzahl chronischer Krankheiten bzw. der Beachtung der eigenen Gesundheit besteht, wobei nur zum Teil auf geschlechtsspezifische Unterschiede eingegangen wird.

Wohlbefinden von Frauen in Ost- und Westdeutschland

Ergänzend zu den berichteten Daten des Nationalen Untersuchungssurveys im Gesundheitsbericht des Bundes (StBA 1998a) werden auf der Basis eigener Auswertungen Aspekte des aktuellen körperlichen und psychischen Wohlbefindens von Frauen in Ost- und Westdeutschland dargestellt. Das körperliche Wohlbefinden wird über die Einschätzung des eigenen Gesundheitszustandes sowie die Beeinträchtigung durch die Gesundheit im Alltag und das psychische Wohlbefinden über Angaben zur Zufriedenheit mit dem Leben insgesamt und der Gesundheit sowie das Befinden am Feierabend beschrieben.

Tabelle 4.1-2: Indikatoren des Wohlbefindens ost- und westdeutscher Frauen im Alter von 25-69 Jahren

Indikatoren des Wohlbefindens	25-34 Jahre		35-49 Jahre		50-69 Jahre	
	Ost	West	Ost	West	Ost	West
Stichprobe (N)	312	718	392	858	456	1.089
	in % der jeweiligen Gruppe					
Bewertung des eigenen Gesundheitszustandes						
Sehr gut oder gut	61,9	63,2	50,5	49,7	21,7	30,1
Zufriedenstellend	32,7	27,3	37,8	35,7	50,9	50,0
Weniger gut oder schlecht	5,5	9,3	11,7	14,6	27,4	19,9
Alltagsbehinderungen						
Überhaupt nicht	69,9	74,9	65,8	61,4	37,1	41,3
Ein wenig	26,6	21,6	26,8	32,2	46,9	44,1
Erheblich	3,5	3,2	7,4	6,3	15,8	14,3
Befinden am Feierabend						
Häufig müde und erschöpft	41,4	37,1	33,9	32,6	26,5	29,1
Häufig unbefriedigt und bedrückt	6,1	6,4	10,0	6,6	12,9	6,1

Datenbasis: Nationaler Untersuchungssurvey West (1990/1991) und Ost (1991/1992), eigene Berechnungen.

Die Einschätzung des eigenen Gesundheitszustands wird mit zunehmenden Alter schlechter: Über 60 % der Frauen der jüngsten Altersgruppe beurteilten ihren Gesundheitszustand als gut, aber nur noch 30 % der westdeutschen bzw. 21,7 % der ostdeutschen Frauen über 50 Jahre. Entsprechend erhöht sich mit dem Alter der Anteil der Frauen, die ihren Gesundheitszustand als eher schlecht einschätzen von 5,5 % [Ost] bzw. 9,3 % [West] auf 27,4 % [Ost] bzw. 19,9 % [West]. Bemerkenswert ist, daß bei den Jüngeren die westdeutschen Frauen ihre Gesundheit schlechter beurteilen als die ostdeutschen Frauen, während sich dieses Verhältnis in der ältesten Altersgruppe umdreht.

Die Beeinträchtigung im Alltag durch den Gesundheitszustand nimmt ebenfalls mit dem Alter zu. Der Anteil der Frauen mit erheblicher Alltagsbehinderung steigt von ca. 3 % in der jüngsten Altersgruppe auf ca. 15 % in der ältesten Altersgruppe, womit sich der Anteil zwischen diesen Altersgruppen verfünffacht hat. Die Unterschiede zwischen den Frauen in Ost- und Westdeutschland sind eher geringfügig. Eine etwas höhere Alltagsbeeinträchtigung gaben die Frauen in Ostdeutschland an.

Frauen in Ost- und Westdeutschland fühlen sich am Feierabend häufig müde und erschöpft, wobei dies eher ein Problem der jüngeren (41,4 % [Ost] bzw. 37,1 % [West]) als ein Problem der älteren Frauen (26,5 % [Ost]) bzw. 29,1 % [West]) ist. Im Vergleich zwischen den Frauen in Ost- und Westdeutschland läßt sich kein einheitliches Muster über alle Altersgruppen hinweg erkennen. Eine etwas höhere Belastung gaben die ostdeutschen Frauen im Vergleich zu den westdeutschen Frauen nur bis zum Alter von 49 Jahren an. Nur ein geringer Anteil der Frauen in Ost- und Westdeutschland fühlten sich am Feierabend unbefriedigt und bedrückt. Im Gegensatz zu den westdeutschen Frauen erhöht sich der Anteil bei den ostdeutschen Frauen mit dem Alter: So traf dies für doppelt so viele der über 50jährigen Frauen im Vergleich zu den 25-34jährigen Frauen zu.

Tabelle 4.1-3: Zufriedenheit mit der Gesundheit und dem Leben insgesamt von Frauen in Ost- und Westdeutschland im Alter von 25-69 Jahren, Mittelwerte[1)]

Zufriedenheit	25-34 Jahre		35-49 Jahre		50-69 Jahre	
	Ost	West	Ost	West	Ost	West
Stichprobe (N)	312	718	392	858	456	1.089
	Mittelwerte					
Mit der eigenen Gesundheit	5,2	5,4	5,0	5,1	4,6	4,8
Mit dem Leben insgesamt	5,5	5,7	5,4	5,6	5,5	5,8

1) Bei der Frage zur Zufriedenheit handelt es sich um eine Rating-Skala mit der Antwortmöglichkeit bei den einzelnen Kategorien von 1 (sehr unzufrieden) bis 7 (sehr zufrieden).

Datenbasis: Nationaler Untersuchungssurvey West (1990/1991) und Ost (1991/1992), eigene Berechnungen.

Die Zufriedenheit mit der Gesundheit sowie mit dem Leben insgesamt ist bei den ostdeutschen und westdeutschen Frauen hoch. Mit dem Alter der Frauen nimmt die Zufriedenheit mit der Gesundheit ab, nicht aber die Zufriedenheit mit dem Leben insgesamt. Die Unterschiede zwischen den Frauen in Ost- und Westdeutschland sind relativ gering. Etwas niedrigere Mittelwerte lassen sich bei den ostdeutschen Frauen bei beiden Variablen und in allen Altersgruppen feststellen.

Aspekte des körperlichen und psychischen Wohlbefindens und soziale Lage

Einen schlechteren subjektiven Gesundheitszustand und eine höhere gesundheitliche Beeinträchtigung im Alltag gaben mehr Frauen mit geringer als Frauen mit höherer Berufsausbildung an. So schätzen 31 % der ostdeutschen bzw. 22,8 % der westdeutschen Frauen ohne eine abgeschlossene Berufsausbildung ihre Gesundheit als schlecht ein, dagegen nur 10,1 % der ostdeutschen bzw. 7,7 % der westdeutschen Hochschulabsolventinnen. Ostdeutsche Frauen mit höherer Berufsausbildung fühlen sich häufiger am Feierabend müde und erschöpft als westdeutsche Frauen mit vergleichbarer Ausbildung, die wiederum häufiger angaben, unbefriedigt und bedrückt am Feierabend zu sein.

Tabelle 4.1-4: Körperliches bzw. psychisches Wohlbefinden und soziale Schichtzugehörigkeit[1] von Frauen in Ost- und Westdeutschland im Alter von 25-69 Jahren

	Unterschicht		Untere Mittelschicht		Mittelschicht		Obere Mittelschicht		Oberschicht	
	Ost	West	Ost	West	Ost	West	Ost	West	Ost	West
Stichprobe (N)	137	447	297	532	288	584	236	520	178	369
	in % der jeweiligen Gruppe									
Weniger guter oder schlechter Gesundheitszustand	24,8	23,3	17,2	18,4	14,9	15,6	14,8	10,0	9,6	8,1
Erhebliche Behinderung durch den Gesundheits-zustand im Alltag	14,6	14,1	11,1	10,4	6,6	10,1	9,8	4,4	7,9	3,3
Häufig müde und erschöpft am Feierabend	34,6	34,2	29,0	32,6	28,8	33,2	36,4	33,9	41,2	31,7
Häufig unbefriedigt und bedrückt am Feierabend	11,0	5,6	11,1	5,7	8,3	6,4	11,4	6,4	9,0	8,2

1) Der Schichtindex wurde in Anlehnung an den Scheuch-Winkler-Index aus den Variablen Schul- und Berufsausbildung, höchste berufliche Stellung im Haushalt und adjustiertes Haushaltsnettoeinkommen gebildet (Helmert 1994).

Datenbasis: Nationaler Untersuchungssurvey West (1990/1991) und Ost (1991/1992), eigene Berechnungen.

Für das Wohlbefinden lassen sich auch Unterschiede nach Sozialschicht und zwischen ost- und westdeutschen Frauen erkennen. Frauen der unteren Sozialschicht berichten viel häufiger einen schlechten Gesundheitszustand als Frauen der Oberschicht. 24,8 % der ostdeutschen und 23,3 % der westdeutschen Frauen der Unterschicht bewerteten ihren Gesundheitszustand als schlecht im Vergleich zu 9,6 % der ostdeutschen und 8,1 % der westdeutschen Frauen aus der Oberschicht. Dieser Zusammenhang findet sich ebenfalls bei der gesundheitlichen Beeinträchtigung im Alltag. Der Anteil der Frauen der Unterschicht, die sich erheblich durch ihren Gesundheitszustand beeinträchtigt fühlten, ist im Vergleich zu den Frauen der Oberschicht in Ostdeutschland um das Zweifache und in Westdeutschland um das Vierfache höher. In Ostdeutschland fühlen sich Frauen aus der Oberschicht häufiger am Feierabend müde und erschöpft als die Frauen aus der Unterschicht, während die Unterschiede bei den westdeutschen Frauen gering sind. Im Gegensatz dazu fühlen sich westdeutsche Frauen der Oberschicht häufiger am Feierabend unbefriedigt und bedrückt.

Geschiedene bzw. verwitwete Frauen aller Altersgruppen berichten im Unterschied zu ledigen bzw. verheirateten Frauen deutlich häufiger einen schlechteren Gesundheitszustand. Nur ein Drittel der geschiedenen bzw. verwitweten ost- und westdeutschen Frauen schätzen ihre Gesundheit als gut ein, während dies für knapp die Hälfte der ledigen und verheirateten Frauen zutrifft. Eine ähnliche Verteilung zeigt sich auch für die gesundheitliche Beeinträchtigung im Alltag. Zwischen den verschiedenen familiären Lebensformen lassen sich nur relativ geringe Unterschiede im Befinden am Feierabend erkennen.

Gesundheitskonzepte und Gesundheitshandeln   195

Zufriedenheit mit der Gesundheit und dem Leben insgesamt und soziale Lage

Frauen mit geringer Schul- und Berufsausbildung sind zu einem höheren Anteil unzufriedener mit ihrer Gesundheit als Frauen mit einer höheren Ausbildung. 30,5 % der ostdeutschen Frauen und 23,5 % der westdeutschen Frauen ohne Berufsausbildung aber nur 12,7 % der ostdeutschen bzw. 8,2 % der westdeutschen Hochschulabsolventinnen sind unzufrieden mit ihrer Gesundheit. Dieser Zusammenhang gilt für alle Altersgruppen.

Unzufriedener mit ihrer Gesundheit und dem Leben insgesamt waren die ost- und westdeutschen Frauen der unteren Sozialschicht: 27,7 % der ostdeutschen und 26,5 % der westdeutschen Frauen der unteren Sozialschicht im Vergleich zu 13,6 % der ostdeutschen und 9,8 % der westdeutschen Frauen der Oberschicht waren eher nicht zufrieden mit der Gesundheit. In Hinblick auf die Zufriedenheit mit dem Leben insgesamt lassen sich ähnliche, aber deutlich schwächer ausgeprägte Unterschiede zwischen den Sozialschichten erkennen.

Frauen ohne Partner (ledig bzw. verwitwet/geschieden) sind sowohl mit ihrer Gesundheit als auch mit ihrem Leben insgesamt unzufriedener. Besonders deutlich fällt dies bei den ostdeutschen Frauen auf: 3,8 % der Frauen mit Partner waren mit dem Leben insgesamt unzufrieden, dies traf viermal so häufig für Frauen ohne Partner zu.

4.1.4 Gesundheitshandeln und Gesundheitsorientierungen

Verschiedene Komponenten des Gesundheitshandelns wurden von Faltermaier (1994; Faltermaier et al. 1998) beschrieben. Er faßt darunter u. a. das bewußte Handeln für die eigene Gesundheit, den Umgang mit dem Körper, Beschwerden und Krankheiten sowie Risiken und Belastungen als auch die Aktivierung von gesundheitlichen Ressourcen und die Veränderungen der sozialen Lebensumwelt. Eine wichtige Basis für das Gesundheitshandeln stellt seiner Ansicht nach das Gesundheitsbewußtsein und die Gesundheitsorientierungen dar. Das bedeutet, daß die konkreten Handlungsweisen für die Gesundheit in Abhängigkeit vom Gesundheitsbewußtsein und den situativen Bedingungen zu betrachten sind. Die Zusammenhänge zwischen dem erkennbaren Gesundheitsbewußtsein und dem Gesundheitshandeln sind nicht eindeutig und linear, so daß eine eindeutige Vorhersage des Handelns nicht möglich ist (ebd.). Die Ergebnisse der Studie zeigen aber auch, daß die verschiedenen Komponenten des Gesundheitsbewußtseins handlungsrelevant sind (ebd.).

Bei den von Faltermaier (1994) berichteten Ergebnissen wurde neben dem bewußten Handeln für die eigene Gesundheit auch nach dem Umgang mit dem Körper und gesundheitlichen Risiken und Belastungen sowie Ressourcen gefragt, die sich nach Geschlecht und ausgewählten Berufsgruppen deutlich unterscheiden. Vier Ausprägungen des Gesundheitsbewußtseins konnten herausgearbeitet werden. Die Bestimmung der Gesundheit primär über die „Abwesenheit von Krankheit" wurde dem organisch-medizinisch ausgeprägten Gesundheitsbewußtsein zugeordnet. Dieses fand sich fast ausschließlich bei Männern und in der Berufsgruppe der Ärzte. Die zweite Ausprägung des Gesundheitsbewußtseins wird vor allem auf der Ebene der Handlungs- und

Leistungsfähigkeit gesehen, in der Gesundheit als Wert nicht sehr hoch eingeschätzt und der Arbeit untergeordnet wird. Diese Sicht wurde überwiegend von den Arbeiterinnen und Arbeitern vertreten. Die Merkmale Wohlbefinden, Ruhe und Ausgeglichenheit beschreiben das psychologisch bestimmte Gesundheitsbewußtsein, welches vor allem von Frauen und insbesondere von Krankenpflegerinnen geäußert wurde. Die vierte Kategorie, das Gesundheitsbewußtsein mit komplexen und mehrdimensionalen Konstrukten von Gesundheit, ließ sich sowohl bei Frauen und Männern als auch in allen Berufsgruppen finden. Die Zusammenhänge zum Gesundheitshandeln sind vielfältig. Beispielsweise lassen sich bei den Arbeiterinnen und den Arbeitern unterschiedliche Ausprägungen des Gesundheitshandelns erkennen, bei denen sich auch geschlechtsspezifische Unterschiede zeigen: ein gesundheitlich riskanter Lebensstil, ein auf Sport konzentriertes Gesundheitshandeln und eine positive Veränderung des Handelns nach einer einschneidenden Krankheitserfahrung (vgl. Faltermaier 1994).

Weitere Formen des Gesundheitshandelns konnten Faltermaier et al. (1998) aufzeigen. Dabei stellen die Lebensweisen den Anknüpfungspunkt für die Beschreibung der verschiedenen Formen des Gesundheitshandelns dar. Unterschieden werden: Lebensweisen ohne ausgeprägtes Gesundheitshandeln, Gesundheitshandeln mit einem spezifischen Handlungsschwerpunkt, ein in die Lebensweise integriertes Gesundheitshandeln. Unter Lebensweise ohne ausgeprägtes Gesundheitshandeln werden ein riskanter Lebensstil, beschwerdebezogenes Gesundheitshandeln, Ansätze eines bewußten Gesundheitshandelns bzw. das Fehlen eines bewußten Gesundheitshandelns subsumiert. Die gesundheitsbezogenen Motive sind bei diesen Formen wenig ausgeprägt und enthalten kaum vorsorgende Orientierungen. Gesundheit wird überwiegend negativ, als Abwesenheit von Krankheit, Beschwerden oder Störungen, definiert. Gesundheit und Krankheit werden von diesen Menschen eher als schicksalhaften Prozeß oder als Folge externer Risiken verstanden.

Schwerpunkte des spezifischen Gesundheitshandelns sind Ernährung, Bewegung, der Umgang mit umweltbedingten Risiken sowie der Abbau eines Risikoverhaltens. Die Motive sind hier schon deutlicher gesundheitsbezogen. Das Verständnis von Gesundheit ist vorwiegend gekennzeichnet durch positive Konzepte. Der Bereich, auf den sich das Gesundheitshandeln bezieht, ist oft bereits ein wichtiger Bestandteil im Leben dieser Menschen und erfüllt damit für sie nicht nur gesundheitsbezogene, sondern auch sziale und psychische Funktionen.

Zum Gesundheitshandeln, das umfassend in die Lebensweise integriert ist, gehören sozial motiviertes Gesundheitshandeln, psychisches und soziales Gesundheitshandeln, mehrdimensionales Gesundheitshandeln und ein Gesundheitshandeln, das die Lebensweise dominiert. Bedingungen für ein solches Handeln sind Motivationen, die auf einem positiven Konzept von Gesundheit basieren; Gesundheit wird hier als Regeneration eines Potentials verstanden und in den subjektiven Theorien werden dazu vorwiegend Stärkung von Ressourcen und die Herstellung eines körperlich-psychisch-sozialen Gleichgewichts formuliert.

Das Gesundheitshandeln von Frauen weist im Vergleich zu Männern eine ganz eigene Ausprägung auf (Helfferich 1993; Klesse et al. 1992). In der Untersuchung von Klesse et al. (1992) wurden Interviews mit sozial benachteiligten Frauen durchgeführt, um Hinweise auf Ressourcen und Belastungen für die Gesundheit und das Gesundheitshandeln zu bekommen. Strategien von Frauen, die Gesundheit zu erhalten, zeigen sich vor allem in der Fähigkeit, sich in schwierigen Situationen als handelndes Subjekt zu erleben, Überforderungen zu vermeiden, der Bereitschaft, erlebte Gefühle zum Ausdruck zu bringen sowie Widersprüche, die sich aus den verschiedenen Lebensanforderungen ergeben, auszuhalten und zu integrieren. Die Herstellung von Handlungsfähigkeit durch soziale Netze ist eine weitere Strategie im gesundheitsbewußten Umgang. So können in schwierigen Situationen Gespräche mit anderen eine Entlastung darstellen, zum Aufspüren von Alternativen beitragen und die Entscheidungsfähigkeit erhöhen. Auch die Möglichkeit, sich an Experten zu wenden, stellt in dieser Strategie eine Handlungsalternative dar. Des weiteren deuten die Ergebnisse darauf hin, daß gerade bei sozial benachteiligten Frauen in Belastungssituationen sich eher sogenannte „Durchhaltestrategien" als eine passiv ausgerichtete „Klagsamkeitsorientierung" zeigen (Maschewsky-Schneider 1994). Die Unterschiede in der Gesundheitsorientierung gehen einher mit Unterschieden in der Lebenszufriedenheit, der Körperwahrnehmung und den eigenen Handlungsperspektiven (ebd.).

Aussagen zum Gesundheitshandeln von Frauen und Männern auf der Basis quantitativer Daten können nicht getroffen werden, da die bestehende Datenlage bislang keine Umsetzung des Konstruktes „Gesundheitshandeln" erlaubt. Als Hinweis auf die Bedeutung der Gesundheit und damit des Gesundheitsbewußtseins kann die Frage „Wie stark achten Sie im allgemeinen auf Ihre Gesundheit?" im Nationalen Untersuchungssurvey gewertet werden.

Rund 40 % der 25-69jährigen ost- und westdeutschen Frauen achten stark bis sehr stark auf ihre Gesundheit, wobei sich hier kaum geschlechtsspezifische Unterschiede zeigen (StBA 1998a). Die Beachtung der eigenen Gesundheit nimmt mit dem Alter sowohl in Ost- als auch in Westdeutschland zu. Nur ein Drittel der 25-34jährigen Frauen beachtet ihre Gesundheit stark, während dies für die Hälfte der über 50jährigen Frauen zutrifft. Die Angaben der ost- und westdeutschen Frauen sind sich sehr ähnlich. Eine Ausnahme stellen 35-49jährige Frauen dar: In dieser Altersgruppe beachten die ostdeutschen Frauen ihre Gesundheit stärker als dies die westdeutschen Frauen tun.

Unterschiede im Hinblick auf die soziale Lage lassen sich sowohl für Bildung als auch für Sozialschicht aufzeigen. Frauen mit einer niedrigeren Schul- und Berufsausbildung achten stärker auf ihre Gesundheit als Frauen mit einem höheren Bildungsabschluß. Interessanterweise zeigt sich ein umgekehrtes Bild bei den 25-34jährigen Frauen. In dieser Altersgruppe achten die Frauen mit einer höheren Schul- und Berufsausbildung stärker auf ihre Gesundheit als die Frauen mit einer niedrigen Schulausbildung. Bei den ostdeutschen Frauen zeigen sich vergleichbare Unterschiede nach Sozialschicht, d. h., daß Frauen aus den unteren Sozialschichten mehr auf ihre Gesundheit achten als die aus den oberen Sozialschichten. Bei den westdeutschen Frauen ist es umgekehrt: 37,7 % der Frauen der Oberschicht im Vergleich zu 33,8 % der Frauen der Unterschicht achten stark auf ihre Gesundheit.

Verheiratete Frauen achten im Vergleich zu den ledigen und geschiedenen/verwitweten Frauen stärker auf ihre Gesundheit. Dieser Zusammenhang zeigt sich in allen Altersgruppen und in Ost- und Westdeutschland.

4.1.5 Zusammenfassung und Ausblick

Mittels subjektiver Indikatoren der Gesundheit konnte ein facettenreiches Bild der Gesundheit von Frauen in Ost- und Westdeutschland gezeichnet und damit eine wichtige Ergänzung zu den objektiven Gesundheitsdaten hergestellt werden. Dabei spiegeln diese Indikatoren eine auf die Lebensrealität von Frauen und den darin eingebundenen Belastungen und Ressourcen bezogene Betrachtung der Gesundheit wider. Die Ergebnisse zeigen eine deutlich schlechtere gesundheitliche Situation bei den älteren Frauen aus Ostdeutschland. Aufgezeigt werden konnte für nahezu alle verwendeten Indikatoren, daß es einen Zusammenhang zwischen sozialer Lebenslage und Gesundheit gibt. Frauen in Ost- und Westdeutschland mit geringerer Bildung und niedrigerer Sozialschichtzugehörigkeit berichten über ein geringeres körperliches und psychisches Wohlbefinden. Der Zusammenhang zwischen der sozialen und gesundheitlichen Lage zeigt allerdings zum Teil unterschiedliche Muster, wenn die Ergebnisse nach Alter oder Ost- und Westdeutschland betrachtet werden.

Auch in anderen Gesundheitsberichten werden subjektive Indikatoren zur Beschreibung der gesundheitlichen Lage aufgeführt, die sich allerdings in Hinblick auf die Darstellung, d. h. Umfang und Wahl der Indikatoren, unterscheiden. Ein Indikator, der sich in allen Berichten finden läßt, ist die subjektive Einschätzung der eigenen Gesundheit. Die Unterschiedlichkeit der verwendeten Indikatoren ist sicher durch die zur Verfügung stehenden Daten begründet. In der Regel liegen diese Indikatoren nicht als Routinestatistik, sondern als Ergebnisse von Befragungen vor. Damit sind der Beschreibung subjektiver Gesundheitsindikatoren im Rahmen der Gesundheitsberichterstattung Grenzen gesetzt und nur so lange einzubeziehen, wie auch Ergebnisse aus bevölkerungsbezogenen Studien zur Verfügung stehen.

Ein weiteres Problem ist die Aussagekraft der Daten. Wie eingangs schon beschrieben, ist es derzeit auf der Basis repräsentativer Daten nicht möglich, Aussagen zu komplexen Konzepten wie dem Gesundheitshandeln zu treffen. Darüber hinaus handelt es sich bei den Daten des Nationalen Untersuchungssurveys um Daten einer Querschnittsstudie, mit denen keine Aussagen über kausale Zusammenhänge zwischen dem Gesundheitszustand und Gesundheitsverhalten getroffen werden können. Hierzu wären Daten einer Längsschnittstudie erforderlich, die umfangreiche Aspekte von Gesundheit und Lebenslage erhebt.

4.2 Alkoholkonsum

4.2.1 Einleitung

In diesem Kapitel wird der Alkoholkonsum in erster Linie in seinen nicht riskanten, kulturell in den Alltag eingebetteten Formen dargestellt. Riskanter Konsum kommt als Endpunkt dieses Kontinuums vor, das Augenmerk gilt hier aber vor allem dem mäßigen, auch regelmäßigen Konsum, der „nicht als gesundheitsgefährdend eingestuft werden" muß (StBA 1998a: 94). In Kapitel 9.2.2 wird auf die Situation von Frauen, die riskant konsumieren, in der Wechselwirkung von Lebenssituationen und Abhängigkeitsentwicklung eingegangen. Dort werden die Wechselwirkungen von Lebenssituationen und Abhängigkeitsentwicklung erläutert und Daten zu den gesundheitlichen Folgen des Alkoholkonsums präsentiert.

Die Darstellung von riskantem und nicht riskantem Alkoholkonsum in verschiedenen Berichtsteilen ist unüblich, da im allgemeinen die Substanz, deren Gefährdungspotential und die Entwicklung von Abhängigkeit und Gesundheitsschäden im Vordergrund stehen. Die stärkere Fokussierung nicht auf die Substanz selbst, sondern auf die konsumierenden Frauen, legte eine Bearbeitung des Themas in getrennten Kapitel nahe.

Datenlage

Es kann auf mehrere repräsentative Untersuchungen zum Alkoholkonsum zurückgegriffen werden, die teilweise als Wiederholungsstudien angelegt sind. Die zwei größten Datenpools, die Trendaussagen ermöglichen, stammen aus Bundesstudien, die seit 1980 in unregelmäßigen Abständen (die letzten Erhebungen waren 1995 und 1997) im Auftrag des Bundesministeriums für Gesundheit vom Institut für Therapieforschung (IFT) durchgeführt wurden (zum Konzept und zum Vorgehen der Befragungen: Herbst 1995; Kraus/Bauernfeind 1998) und aus den Wiederholungsbefragungen zur Drogenaffinität der Bundeszentrale für gesundheitliche Aufklärung für jüngere Altersgruppen der 12-24jährigen zu verschiedenen Zeitpunkten ab 1973 (BZgA 1994). Außerdem kann auf die Daten des Nationalen Untersuchungssurveys zurückgegriffen werden, der 1990/91 für die alten Bundesländer durchgeführt wurde und 1991/92 als „Gesundheitssurvey Ost" vergleichbare Daten für den Ostteil Deutschlands erhoben hat. Für Jugendliche der Schulklassen 7 bis 9 liegt ein Jugendsurvey von 1992/93 vor (Sonderforschungsbereich Prävention und Intervention im Kindes- und Jugendalter, Universität Bielefeld; vgl. Kolip 1997). Auf europäischer Ebene hat die Arbeitsgruppe „Women and Alcohol" sekundäranalytisch ausgewertete Daten vergleichend für neun europäische Länder vorgelegt (Institute for Medical Informatics, Biostatistics & Epidemiology 1999).

Die Unterschiedlichkeit der Frageformulierungen, mit denen der Konsum erhoben wurde, erschwert die Vergleichbarkeit. Einige Studien fragen nach typischen Trinkmustern, andere nach dem aktuellen Konsum; einige erfragen die Häufigkeit des Trinkens mit vorgegebenen Kategorien, andere erheben zusätzlich die bei diesen Gelegenheiten getrunkene Menge (Frequenz-Mengen-Index); für die Umrechnungsgröße auf die Einheit „Gramm reinen Alkohols pro Tag" existieren unterschiedliche Formeln. Manche Untersuchungen fragen den Konsum in einem nahen Zeitraum ab

(z. B. letzte Woche, in den letzten 30 Tagen), andere verwenden größere Zeitfenster. Abstinenz wird ebenfalls sehr unterschiedlich definiert (ausführlich: Institute for Medical Informatics, Biostatistics & Epidemiology 1999: 69ff.).

Für die Diskussion der Konsummuster von Frauen und Männern sind die Untersuchungen - über allgemein eingeschränkte Aussagekraft hinaus - nur zum Teil brauchbar. Bei einem Interesse vornehmlich an Gesundheitsgefährdungen kann die Geschlechterdifferenz auf den physiologischen Unterschied reduziert werden, dem mit der unterschiedlichen Bestimmung der Gefährdungsgrenze von 20 g reinen Alkohols bei Frauen und 40 g bei Männern Genüge getan wird (vgl. Kapitel 9.2.2.1). Um aber kulturell entstandene weibliche Konsummuster und die Verankerung und Motivierung bestimmter Muster in der Lebenssituation von Frauen zu bestimmen, ist eine stärkere Berücksichtigung des Konsumkontextes und der Konsummotivation wünschenswert. Für die differenziertere Betrachtung von Konsummustern sind insbesondere die Erhebungen interessant, die nach Getränketypen unterscheiden, weil sich die beiden Geschlechter weniger in der Menge des konsumierten reinen Alkohols unterscheiden, als in den Getränkevorlieben.

4.2.2 Aktuelle Konsummuster

Der Hintergrund: Trinkkultur in Deutschland

Deutschland hat eine alkoholpermissive Trink-Kultur (wenngleich dies auf Deutschland in geringerem Umfang zutrifft als auf Italien oder Frankreich) mit den bevorzugten Getränken Bier und Schnaps im Norden und Bier und Wein im Süden (zusammenfassend und im europäischen Vergleich: Institute for Medical Informatics, Biostatistics & Epidemiology 1999: 21ff.).

Alkoholkonsum ist nicht nur weitverbreitet, sondern er ist auch in das soziale Leben integriert. Alkohol wird in der Öffentlichkeit beworben und konsumiert, er ist für Erwachsene frei erhältlich. Die einzelnen Alkoholsorten haben ihre Konsumsettings: Sekt gehört dazu, wenn etwas feierlich „begossen" wird. Schnaps wird abends und mit Bier zusammen getrunken, bei abendlichen Einladungen wird häufig Alkohol angeboten und Alkohol wird auch zu Mahlzeiten gereicht. Alkoholkonsum kann ohne spezifischen Anlaß im Alltag üblich sein oder soziale Ereignisse (z. B. Sport) begleiten. Höhere Bildungsgruppen und Frauen bevorzugen Wein; Bier gilt eher als Getränk von Männern.

Die Teilnahme am Straßenverkehr unter Alkoholeinfluß wird allgemein nicht akzeptiert (Promillegrenze: 0,5 Promille). Ansonsten wird Betrunkenheit bei Männern und teilweise bei jungen Frauen toleriert, Trunkenheit bei älteren Frauen stößt allerdings auf Ablehnung. In einem europäischen Vergleich von Trinkkulturen wird ein Zusammenhang zitiert zwischen dem Rauschtrinken von Männern und der Erwartung, daß Frauen für Mäßigung Sorge zu tragen haben (ebd.: 60).

Konsummuster im Jugendalter

Für die alten und die neuen Bundesländer liegen differenzierte Auswertungen zum Alkoholkonsum für 7. bis 9. Schulklassen vor (Kolip 1997). Bezogen auf die Lebenszeitprävalenz des Alkoholkonsums und differenziert nach einem groben Konsumstatus (kein, Probier-, gelegentlicher, regelmäßiger Konsum) ist eine weitgehend gleiche Verteilung bei 12-16jährigen Mädchen und Jungen festzustellen. Zur Ähnlichkeit dieser groben Konsummuster gehört auch das bei Mädchen und Jungen gleich hohe Einstiegsalter.

Tabelle 4.2-1: Lebenszeitprävalenz des Alkoholkonsums bei 12-16jährigen nach Alter und Geschlecht, Deutschland 1992/93

Alkoholkonsum	12-16jährige		12jährige		16jährige	
	Mädchen	Jungen	Mädchen	Jungen	Mädchen	Jungen
	in % der Befragten					
nie getrunken	17,0	18,5	31,5	33,6	7,5	14,1
probiert	43,4	42,3	51,0	47,3	26,3	19,2
gelegentlicher Konsum	38,9	37,2	18,2	19,1	62,7	60,3
regelmäßiger Konsum	0,7	2,0	0	0	1,3	6,4

Quelle: Kolip 1997: 176.

Die Erfahrungen mit Alkohol steigen, wie Tabelle 4.2-1: zu entnehmen ist, mit zunehmendem Alter. Der Anteil der Abstinenten und der Probiererinnen und Probierer nimmt ab, der Anteil der Gelegenheits- und der regelmäßigen Konsumentinnen steigt. Im Alter von 16 Jahren sind zwar mehr Jungen als Mädchen abstinent, allerdings sind die Jungen verglichen mit den Mädchen bedeutend häufiger in diesem Alter bereits regelmäßige Alkoholkonsumenten.

Eine Ähnlichkeit dieses groben Konsumstatus bei Mädchen und Jungen im jüngeren Alter und eine zunehmende Ausdifferenzierung der Muster zwischen den Geschlechtern fand sich auch bei früheren Untersuchungen, so daß mehr dafür spricht, dies auf das Alter zurückzuführen und daraus nicht eine zukünftig noch stärkere Angleichung des Alkoholkonsums der Geschlechter herzuleiten.

Sehr deutliche Unterschiede zwischen Mädchen und Jungen zeigen sich im Jugendsurvey von 1992/93 beim bevorzugten Getränk und bei Rauscherfahrungen. Mädchen trinken mehr Wein oder Sekt, und - nur unter den 16jährigen - mehr Mixgetränke. Bier ist dagegen das beliebteste Getränk der Jungen: 50,9 % der 12-16jährigen Jungen gaben an, mindestens einmal pro Woche Bier zu trinken, bei den Mädchen waren es dagegen nur 13,0 % (ebd.: 178). Signifikant weniger Mädchen berichteten zudem über Rauscherfahrungen. Noch nie einen Rausch hatten 57,2 % der Mädchen und 49,3 % der Jungen (ebd.: 180). Dies weist darauf hin, daß Mädchen im Vergleich zu Jungen weniger und vorsichtiger Alkohol konsumieren (vgl. auch Kapitel 9.2.3.3).

Ein Vergleich zwischen den neuen und den alten Bundesländern ist über die Ausweitung der Drogenaffinitätsstudie auf die neuen Bundesländer seit 1993 möglich. Grundlegende Ost-West-Unterschiede sind nicht zu finden; die „traditionellen" geschlechtsspezifischen Trinkgewohnheiten sind in den neuen Bundesländern sogar noch ausgeprägter als in den alten Ländern. 12-24jährige Frauen trinken weniger und weniger regelmäßig Bier als gleichaltrige Männer, dafür häufiger und regelmäßiger Wein oder Sekt (BZgA 1994: 7).

Tabelle 4.2-2: Alkoholkonsum 12-24jähriger nach Geschlecht und Region 1993

Alkoholkonsum	Neue Bundesländer		Alte Bundesländer	
	Frauen	Männer	Frauen	Männer
	in % der Befragten			
Bier mind. einmal in der Woche	5	48	12	51
Bier überhaupt	35	71	48	74
Wein/Sekt mind. einmal in der Woche	14	7	11	10
Wein/Sekt überhaupt	84	70	72	69
Spirituosen mind. einmal in der Woche	2	17	3	9
Spirituosen überhaupt	30	56	36	55

Quelle: BZgA 1994: 8.

Einige dieser Unterschiede in den Konsummustern werden damit in Verbindung gebracht, daß junge Frauen überproportional häufig am Wochenende Alkohol trinken. 34 % der jungen Männer trinken werktags, 61 % am Wochenende; bei den jungen Frauen betragen die entsprechenden Angaben 12 % (werktags) und 45 % (Wochenende) (BZgA 1994:11f.).

Für die neuen und alten Bundesländer zusammengenommen gelten ebenfalls die deutlichen Unterschiede zwischen jungen Frauen und jungen Männern, was Rauscherfahrungen angeht. Während 12-24jährige Mädchen und junge Frauen nur zu 3 % häufigere (definiert als: mehr als zehn Mal) Rauscherfahrungen berichteten, waren es bei den Jungen und jungen Männern 21 % (BZgA 1994: 13).

Konsumorte sind im wesentlichen private Wohnungen (eigene oder die von Freunden) und Kneipen, Gaststätten und Discos. In beiden Zusammenhängen wird überwiegend mit gleichaltrigen Freunden und Bekannten zusammen getrunken; bei dem Konsum in der privaten Umgebung spielen auch Eltern, Geschwister und Verwandte eine Rolle (BZgA 1994: 18).

Konsummuster im Erwachsenenalter

Die Unterschiede im Alkoholkonsummuster zwischen weiblichen und männlichen Jugendlichen setzen sich im Erwachsenenalter fort und nehmen an Deutlichkeit zu. Männer konsumieren häufiger und mehr Alkohol als Frauen. Dies läßt sich für mehrere europäische Länder nachweisen (vgl. Institute for Medical Informatics, Biostatistics and Epidemiology 1999). Außerdem existieren in Deutschland auch Differenzen zwischen den alten und den neuen Bundesländern. In den einzelnen Altersgruppen fallen die Differenzen zwischen den Konsummustern der Frauen und denen der Männer unterschiedlich aus.

Tabelle 4.2-3: Alkoholkonsum berechnet nach Reinalkohol in Gramm für Frauen und Männer (letzte 12 Monate), alte und neue Bundesländer 1997

Alkoholkonsum[1]	Altersgruppen in Jahren										
	18-20		21-24		25-29		30-39		40-49		50-59	
	F	M	F	M	F	M	F	M	F	M	F	M
	in % der Befragten										
	Alte Bundesländer										
kein Konsum.	16,4	20,2	21,7	9,5	16,5	7,4	12,4	9,7	13,5	7,9	15,5	7,8
geringer Konsum	72,9	49,8	59,6	38,6	68,5	46,1	66,8	38,6	65,2	34,5	58,6	28,5
moderater Kons.	9,7	25,4	11,1	39,3	9,1	36,2	11,9	39,6	12,7	40,8	16,5	46,2
starker Konsum	1,0	4,7	7,5	12,6	5,9	10,3	8,8	12,1	8,6	16,7	9,4	17,4
	Neue Bundesländer										
kein Konsum	8,7	3,0	4,5	12,8	5,5	8,0	4,6	4,2	9,0	9,3	10,6	4,9
geringer Konsum	81,0	66,6	60,3	51,6	79,7	49,2	81,0	42,0	64,3	33,3	70,5	31,4
moderater Kons.	8,3	14,6	30,0	20,8	12,0	25,1	11,5	42,6	17,5	45,4	12,7	37,5
starker Konsum	2,0	15,8	5,1	14,8	2,7	17,7	3,0	11,2	9,2	11,9	6,2	26,2

1) kein Alkoholkonsum = kein Konsum in den letzten 12 Monaten; geringer Konsum = 1-10 g in den letzten 30 Tagen; moderater Konsum = 11-40 g bei Männern, 11-20 g bei Frauen in den letzten 30 Tagen; starker Konsum = über 40 g bei Männern, über 20 g bei Frauen in den letzten 30 Tagen

Quelle: Kraus/Bauernfeind 1998: 47, modifizierte Fassung.

Es zeigen sich in allen Altersklassen und sowohl in West- als auch in Ostdeutschland im Vergleich zu den Männern höhere Anteile von alkoholabstinenten Frauen. Im Mittel ist die Abstinenzrate der letzten 12 Monate der Frauen 1,5mal so hoch wie die der Männer.

Frauen in den neuen Bundesländern trinken häufiger Alkohol als Frauen in den alten Ländern, aber sie trinken seltener riskant (≥ 20 g reinen Alkohol am Tag). In der Studie des IFT von 1997 (Kraus/Bauerfeind 1998) wurden auch die Anteile der lebenslang Abstinenten erhoben. Dabei zeigte sich, daß 8 % der Frauen (im Vergleich zu 4 % der Männer) lebenslang keine alkoholischen Getränke konsumierten. Der Anteil derjenigen, die in den letzten 12 Monaten alkoholabstinent waren, liegt mit 11 % noch etwas höher. Im Umkehrschluss heißt das, daß rund 90 % der Frauen im Alter von 18-59 Jahren mehr oder weniger häufig, mehr oder weniger viel Alkohol konsumieren. Zur Gruppe der Konsumentinnen zählen hier auch Frauen, die nur einmal im Jahr ein Glas Sekt oder Wein trinken.

Wie schon die Mädchen, so bevorzugen auch die erwachsenen Frauen Wein (und Sekt), während Männer eher Bier (und Spirituosen) trinken.

Tabelle 4.2-4: Alkoholkonsum 18-59jähriger Frauen und Männern in Ost- und Westdeutschland 1995

Alkoholkonsum	Alte Bundesländer		Neue Bundesländer	
	Frauen	Männer	Frauen	Männer
		in %		
Bierkonsum				
nie	34,4	13,0	46,1	11,7
höchstens einmal im Monat	36,3	16,3	32,3	9,3
höchstens einmal pro Woche	18,5	28,5	13,8	20,3
mehrmals pro Woche	9,5	41,4	5,7	58,4
Weinkonsum				
nie	15,0	18,6	6,4	21,8
höchstens einmal im Monat	50,5	46,9	46,1	46,4
höchstens einmal pro Woche	26,8	26,2	40,6	27,7
mehrmals pro Woche	6,5	7,0	6,7	3,8

Quelle: Kraus/Bauernfeind 1997 (Jahrbuch Sucht '98).

Aus einer Reanalyse der Daten der Nationalen Untersuchungssurveys West und Ost von 1990 bzw. 1992 ergeben sich ergänzende Informationen. Auch hier zeigt sich der deutliche Unterschied zwischen Frauen und Männern in der Häufigkeit des Bierkonsums. Außerdem werden altersspezifische Unterschiede der Konsumhäufigkeit von spezifizierten Alkoholika erkennbar (Institut für Sozialmedizin und Epidemiologie 1994: 177ff.; Daten der Nationalen Untersuchungssurveys West 1990/91 und Ost 1992).

Die Häufigkeit des mindestens einmal wöchentlichen Bierkonsums steigt bei Frauen in Ostdeutschland von der Altersgruppe der 25-29jährigen (14,1 %) kontinuierlich bis zur Altersgruppe der 50-59jährigen an (27,2 %) und geht dann bei den 60-69jährigen (13,9 %) zurück. Im Westen bleibt der Anteil der mindestens einmal wöchentlich Bier trinkenden Frauen in den Altersgruppen bis 49 Jahre auf dem Niveau von etwa 26 % und nimmt dann ab (50-59jährige: 21,7 %, 60-69jährige 17,4 %) (ebd.).

Mindestens einmal in der Woche trinken 26,2 % der 25-69jährigen Frauen in den neuen und 24,6 % in den alten Bundesländern Wein oder Sekt. Im Osten liegen die Altersgruppen bis 49 Jahre beim oder etwas über dem Durchschnitt, die 50-59jährigen etwas und die 60-69jährigen (13,7 %) deutlich darunter. Im Westen steigt der Anteil der mindestens einmal in der Woche Wein oder Sekt trinkenden Frauen bis zum Alter von 49 Jahren leicht an (40-49jährige: 30,2 %) und geht dann zurück (50-59jährige: 23,3 %; 60-69jährige 17,7 %) (ebd.).

Frauen konsumieren selten Spirituosen. Von den 25-69jährigen Frauen trinken 36,5 % (neue Bundesländer) resp. 54,8 % (alte Bundesländer) nie Spirituosen. Mit dem Alter nimmt die Spirituosen-Abstinenz zu (ebd.).

Einstellungen

Männer sind Alkohol gegenüber deutlich positiver eingestellt sind als Frauen.

Tabelle 4.2-5:   Einstellungen zum Thema Alkohol, 1997

Einstellung	Frauen	Männer
	in % der Befragten [1]	
Mäßig trinken darf man so oft man will	40,4	51,1
Party ohne Alkohol ist langweilig	22,9	39,1
Immer Alkoholika zu hause	30,1	41,9
Schwips ist sehr angenehm	23,1	34,3
Auch wenig Alkohol schadet	38,6	33,1
Es ist nicht schlimm, sich zu betrinken, wenn es nicht zur Gewohnheit wird	25,8	39,0

1)   Zustimmung zu den Kategorien 1 und 2 der Skala: 1 (trifft genau zu) bis 5 (trifft gar nicht zu)

Quelle: Kraus/Bauernfeind 1998: 46, modifizierte Fassung.

Allen vorgegebenen Items stimmen Männer häufiger zu als Frauen, entsprechend stehen Frauen sowohl dem mäßigen Trinken als auch der Trunkenheit kritischer gegenüber. Eine Differenzierung der Daten in der Tabelle nach der Höhe des Alkoholkonsums (kein, geringer, moderater und starker Konsum) zeigt eine bedeutend unkritischere Einstellung der stark konsumierenden Frauen und Männer. 71,6 % der stark trinkenden Frauen, aber nur 40,0 % aller Befragten stimmten der Vorgabe „Mäßig trinken darf man so oft man will" zu. Entsprechend stimmten die Frauen, die nie Alkohol konsumieren, zu 50,5 % dem Item „Auch wenig Alkohol schadet" zu, während dies im Durchschnitt aller Befragten nur 38,6 % waren.

Determinanten des Alkoholkonsum bei Frauen

Zu den Determinanten des Alkoholkonsums bei Frauen gibt es unterschiedliche Aussagen, je nach Alter der Untersuchungen und nach den gewählten Konsumindikatoren.

Weitgehend besteht Übereinstimmung, daß in den alten Bundesländern bei Frauen bis 50 Jahre mit einer hohen Bildung der durchschnittliche monatliche Alkoholkonsum höher ist, als bei Frauen mit niedriger Bildung, dies gilt ebenso für den Anteil der Frauen, die riskant konsumieren, an allen Konsumentinnen. Bei Männern ist ein höherer durchschnittlicher Konsum mit niedriger Bildung verbunden (Institute for Medical Informatics, Biostatistics & Epidemiology 1999: 117). Es gibt aber auch Hinweise, daß in den jüngeren Altersgruppen der Anteil der riskant Konsumierenden bei der niedrigen Bildungsgruppe nicht mehr deutlich geringer ausfällt (Bammann et al. 1997; Daten des Nationalen Untersuchungssurveys West 1990/91), was als Zeichen einer Trendumkehr, ähnlich wie bei der Entwicklung des Rauchens, gewertet wird.

Nimmt man den letzten Beruf der befragten Frauen als soziales Einordnungskriterium, dann gilt für die 40-54jährigen und 55-69jährigen, daß der Anteil riskanten Konsums höher in den Berufen mit qualifizierten als in denen mit einfachen Tätigkeiten war (mit Ausnahme des Gastronomiegewerbes). Für die jüngste Altersgruppe der 25-

39jährigen kehrte sich der Zusammenhang um (ebd.). Der höhere Anteil an riskant konsumierenden Frauen unter den hohen Einkommensgruppen, den die BZgA noch 1990 festgestellt hatte, wird im Nationalen Untersuchungssurvey 1990/91 nur für die 55-69jährigen Frauen bestätigt.

Geschiedene Frauen weisen einen höheren durchschnittlichen monatlichen Alkoholkonsum auf (Institute for Medical Informatics, Biostatistics & Epidemiology 1999: 120). Dieser Zusammenhang wird auch von den Daten des Nationalen Untersuchungssurveys (West) vor allem für die 40-54jährigen Frauen belegt (Bammann et al. 1997). Unklar bleibt dabei, ob erhöhter Alkoholkonsum geschiedener Frauen eine Folge der mit mit der Scheidung verbundenen Belastung ist oder ob schon vor der Trennung überdurchschnittlich viel getrunken wurde. Im allgemeinen haben verheiratete Frauen geringere Prävalenzraten von starkem Alkoholkonsum (Institute for Medical Informatics, Biostatistics & Epidemiology 1999: 167). (Verheiratete) Frauen mit Kindern haben einen geringeren monatlichen Alkoholkonsum, ebenso ist ihr Anteil bei den riskanten Konsumentinnen niedriger (ebd.: 122). Auch hier ist nicht geklärt, welche Faktoren diesen Zusammenhang vermitteln.

Bei allen sozialen Determinanten weiblichen Alkoholkonsums sind die Trinkkultur einer Gesellschaft, insbesondere die soziale Integration des Trinkens, ebenso wie die Stellung der Frau in der Gesellschaft miteinzubeziehen.

Historische Entwicklung: Konvergenz oder Differenz?

Die Frage der Angleichung der Alkoholkonsummuster bei Frauen und Männern wird als Konvergenzhypothese diskutiert. Im Zuge der Emanzipation, so wird angenommen, würden sich Frauen auch männliche Bereiche erschließen und entsprechend männliche Verhaltensweisen übernehmen. Ob diese Hypothese bestätigt oder verworfen wird, hängt davon ab, welche Zeitpunkte verglichen werden und worauf sich der Vergleich bezieht. Je weiter das Zeitfenster geöffnet wird, desto eher findet die Konvergenzhypothese Bestätigung. Für weibliche und männliche Jugendliche gilt einerseits, daß die Anteile an den Kategorien des Probier-, des regelmäßigen und des gelegentlichen Konsums sich wenig unterscheiden. Die Unterschiede nehmen aber mit dem Alter zu und sie sind deutlicher in den Kategorien des exzessiven Konsums (insbesondere bei der Rauscherfahrung). Das bereits für die 70er Jahre beschriebene Muster „Je härter Konsumkategorien definiert sind, desto weniger sind Mädchen an dem Konsum beteiligt" gilt auch heute noch (vgl. zusammenfassend Helfferich 1994).

Für das frühere Bundesgebiet liegen für die 12-24jährigen mit den wiederholten Repräsentativbefragungen des Institutes für Therapieforschung Vergleichsdaten für die Jahre 1980/81, 1986/87 und 1990 vor (vgl. Tabelle 4.2-6) (BMG 1993: 146f). Eine Auswertung für die Jahre 1980 bis 1990 zeigt einen parallelen Rückgang für Frauen und Männer und in allen Altersgruppen (12-14 Jahre, 15-17 Jahre, 18-20 Jahre und 21-24 Jahre) bei steigenden Abstinenzzahlen insbesondere zwischen 1980 und 1986/87 (ebd.).

Tabelle 4.2-6: Alkoholkonsum der 12-24jährigen Frauen und Männer in den alten Bundesländern im Zeitverlauf

Trinkgewohnheiten	Frauen	Männer
	in % der Befragten	
Bier regelmäßig		
1980/81	9,2	35,4
1986/87	6,2	32,0
1990	5,9	33,1
Bier nie		
1980/81 (fast) nie	61,9	32,8
1986/87 fast nie	31,0	17,3
nie	45,5	23,6
1990 fast nie	28,5	15,5
nie	44,9	22,5
Wein regelmäßig		
1980/81	5,5	4,6
1986/87	3,5	2,4
1990	4,0	3,3
Wein nie		
1980/81 (fast) nie	52,1	60,3
1986/87 fast nie	53,5	52,3
nie	19,6	28,4
1990 fast nie	46,1	43,0
nie	23,9	31,2
Alkohol regelmäßig insges.		
1980/81	14,1	38,4
1986/87	9,7	33,5
1990	9,1	34,3
Alkohol nie insgesamt		
1980/81 (fast) nie	41,9	28,0
1986/87 fast nie	42,7	20,5
nie	13,9	15,9
1990 fast nie	38,8	18,4
nie	18,0	15,9

Quelle: BMG 1993: 146f.

Die gleiche Tendenz wird auch in den Daten der Drogenaffinitätsstudien sichtbar. In der Zeitspanne von 1973 bis 1993 ging der regelmäßige Alkoholkonsum insgesamt sowie einzeln berechnet für Bier, Wein/Sekt und Spirituosen zurück und zwar sowohl in der Kategorie des regelmäßigen („mindestens einmal in der Woche") als auch in der des häufigen („täglich oder mehrmals in der Woche") Konsums (BZgA 1994: 2,4). Der Rückgang insgesamt und insbesondere bei den männlichen Jugendlichen ist damit verbunden, daß weniger an Werktagen getrunken wird, während der Wochenendkonsum von der Häufigkeit her nahezu gleich geblieben ist (ebd.: 11).

Ein europäischer Vergleich von Konvergenzen im Kontext der unterschiedlichen Trinkkulturen zeigt für Erwachsene in den alten Bundesländern eine parallele Entwicklung der mittleren Konsumhöhe, der Anteile riskanten Konsums und der Abstinenzraten bei Frauen und Männern in den Jahren 1984 und 1990. Zwischen beiden Zeitpunkten ging der Konsum bei allen drei Indikatoren bei Frauen und Männern zwar zurück; eine Angleichung der Konsummuster läßt sich jedoch nicht bestätigen (Institute for Medical Informatics, Biostatistics & Epidemiology 1999: 139).

Tabelle 4.2-7: Alkoholkonsum der 18-59jährigen 1984 und 1990

Alkoholkonsum	Frauen		Männer	
	1984	1990	1984	1990
Abstinente in % der Befragten	12,3	15,5	4,8	7,2
Gramm Alkohol pro Tag (nur aktuell Trinkende)	13,4g	11,7g	29,7g	26,8g
Riskant Trinkende in % der aktuell Trinkende	27,5	21,7	30,0	23,1

Quelle: Institute for Medical Informatics, Biostatistics & Epidemiology 1999: 139; Berechnungen aus Daten des Nationalen Untersuchungssurveys 1984/86, 1990/91.

Die Analysen aus vier europäischen Ländern zusammenfassend wird gefolgert, daß sich Konvergenzen nur unter bestimmten historischen Bedingungen finden, die nicht nur den Wandel der Stellung der Frau in der Gesellschaft, sondern auch den Wandel der Trinkkulturen, insbesondere die soziale Verankerung des Trinkens, betreffen. Eine Angleichung findet sich eher in Gesellschaften, in denen sich der Pro-Kopf-Verbrauch an Alkohol insgesamt erhöht (z. B. in Finnland) und die bezogen auf Alkoholkonsum permissiver werden. Der europäische Vergleich zeigt zudem, daß eine Angleichung der Konsummuster der Geschlechter eher bei den in der jeweiligen Trinkkultur nicht traditionell verankerten Alkoholika stattfindet.

Zusammenfassung

Auf der Ebene einer groben Differenzierung des Alkoholkonsums (kein, Probier-, gelegentlicher und regelmäßiger Konsum) finden sich bei 12-16jährigen Jugendlichen keine geschlechtsspezifisch unterschiedlichen Konsummuster. Eine genauere Betrachtung (z. B. der Anzahl der Rauscherlebnisse) zeigt jedoch, daß schon in jugendlichem Alter Mädchen im Vergleich zu Jungen weniger und vorsichtiger Alkohol konsumieren.

Dieser Unterschied setzt sich bei den Erwachsenen fort: Männer trinken mehr und häufiger Alkohol als Frauen. Bei den 18-59jährigen ist die auf die letzten 12 Monate bezogene Alkoholabstinenzrate der Frauen durchschnittlich 1,5mal so hoch wie die der Männer. Dem höheren Konsum der Männer entsprechen ihre unkritischeren Einstellungen zum Alkohol. Frauen bewerten sowohl den mäßigen Konsum als auch die Trunkenheit kritischer als Männer. Ihr allgemein verantwortlicherer Umgang mit Alkoholika zeigt sich auch an ihrer geringeren Beteiligung an alkoholbedingten Verkehrsunfällen (vgl. Kapitel 4.5).

Frauen konsumieren bevorzugt Wein und Sekt, während Männer eher Bier und Spirituosen präferieren.

Zu den Determinanten des weiblichen Alkoholkonsums gibt es unterschiedliche Daten. Mit zunehmendem Alter trinken Frauen weniger Alkohol. Es existieren statistische Zusammenhänge zwischen Familienstand, Bildung, Art der Erwerbstätigkeit und Konsummenge. Allerdings bleibt unklar, ob bestimmte Lebenslagen Ursache oder Folge des Konsums sind. Auch läßt sich anhand der vorliegenden vor allem Querschnittsdaten nicht ermitteln durch welche Faktoren diese Zusammenhänge vermittelt werden. Wünschenswert sind Längsschnittsdaten, die eine genauere Analyse der Konsummotive und -gründe der Frauen erlauben würden. Berücksichtigt werden muß jedoch immer die Trinkkultur der Gesellschaft und die soziale Integration des Alkoholkonsums in den Alltag.

Im Zeitverlauf von 1980 bis 1990 läßt sich sowohl bei Frauen als auch bei Männern in den alten Bundesländern ein Rückgang der Konsumhäufigkeit feststellen. Die in diesem Zusammenhang diskutierte Konvergenzhypothese, die eine Angleichung der weiblichen an die männlichen Konsummuster annimmt, läßt sich allerdings nicht bestätigen.

4.3 Rauchen

4.3.1 Frauen und Rauchen

Auch heute rauchen in Deutschland immer noch mehr Männer als Frauen. Bei den über 15jährigen rauchen ein Drittel der Männer und ein Fünftel der Frauen. In den alten Bundesländern hatte in den späten 60er und den frühen 70er Jahren der Anteil Raucherinnen deutlich zugenommen (BZgA 1985; Hauer/Becker 1999), während dieser Trend bei den Frauen in den neuen Bundesländern mit einer Verzögerung von 10 bis 15 Jahren zu beobachten war. Seit Beginn der 90er Jahre unterscheiden sich Frauen im Alter unter 40 Jahren aus Ost- und Westdeutschland kaum noch hinsichtlich ihres Rauchverhaltens.

Im Westen war der steigende Trend auf die Generation der Frauen zurückzuführen, die in der Nachkriegszeit geboren und in den 50er und 60er Jahren aufgewachsen sind. Die höchsten Raucherinnenanteile, die jemals bei Frauen in Deutschland festgestellt wurden, gehen auf die Generation von Frauen, die Mitte der 50er Jahre geboren wurden, zurück (Hauer/Becker 1999). War Rauchen in der ersten Hälfte dieses Jahrhunderts das zweifelhafte Privileg der besser gestellten Frauen vergleichbar wie zuvor bei den Männern, so entwickelte es sich nun bei den Frauen zu einem Massenphänomen, und es waren v. a. junge, sozial benachteiligte Frauen, die vermehrt zur Zigarette griffen. Das Rauchverhalten bei Jungen und Mädchen glich sich zunehmend an: 1978 rauchten bereits 25 % aller Mädchen im Alter von 15-19 Jahren, bei den Jungen im gleichen Alter waren es 33 %.

Die Frage, ob im Westen die Zunahme des Rauchens bei den Frauen und Mädchen im Zusammenhang mit der allgemeinen Liberalisierungswelle der 60er und 70er Jahre stand, konnte bislang nicht beantwortet werden. Sicher hat die Entdeckung dieser Zielgruppe durch die Tabakindustrie und die verstärkte Fokussierung der Tabakwerbung auf die Frauen eine Rolle gespielt (siehe unten). Es wird zu diskutieren sein, ob die ungünstigen Trends nicht rechtzeitig durch intensivere Präventionsprogramme und strukturelle Maßnahmen zur Förderung des Nichtrauchens hätten aufgehalten werden können.

Rauchen ist mit erheblichen gesundheitlichen Folgen für die Frauen verbunden. Es ist der bedeutsamste einzelne Risikofaktor für die wichtigsten chronischen Erkrankungen, wie die kardiovaskulären Erkrankungen, Lungenkrebs, chronische Bronchitis, aber auch Krebse des Mund- und Rachenraums, der Speiseröhre und des Gebärmutterhals (StBA 1998a: 92). Es wird davon ausgegangen, daß das Rauchen für 21,5 % der an Koronarerkrankungen (Gritz 1994) und für 79 % der an der Lungenkrebs verstorbenen Frauen verantwortlich ist (ebd.). Frauen, die 15-24 Zigaretten pro Tag rauchen, haben gegenüber nicht rauchenden Frauen ein 4,2fach erhöhtes Risiko, eine koronare Herzkrankheit zu erleiden (Gritz 1994); ihr Risiko für Lungenkrebs ist nahezu 12mal und für Kehlkopfkrebs sogar 18mal höher als das einer Nichtraucherin. In Deutschland ist die Sterblichkeit an Lungenkrebs bei den Frauen im Zeitraum von 1980 bis 1995 um 60 % angestiegen, was im wesentlich auf die Zunahme des Rauchens bei Frauen in den vergangenen Jahren zurückgeführt wird. Bei Männern ist die Lungenkrebssterblichkeit im Vergleichzeitraum dagegen konstant geblieben (StBA 1998a; vgl. Junge 1998).

Bei Frauen kann das Rauchen das hormonelle Gleichgewicht beeinflussen: Raucherinnen können eine vorverlegte Menopause haben; durch den vom Tabakrauch induzierten Kalziumverlust erhöht sich auch das Osteoporoserisiko. Rauchen in der Schwangerschaft ist mit einem erhöhten Risiko für Spontanaborte, Schwangerschaftskomplikationen, Frühgeburtlichkeit und niedrigem Geburtsgewicht des Kindes verbunden. Weiterhin erhöht sich das Risiko für Erkrankungen der Atmungsorgane und für den plötzlichen Kindstod bei Kleinkindern, die in Innenräumen Zigarettenrauch ausgesetzt sind.

Das Risiko von Raucherinnen und Rauchern für koronare Herzkrankheiten, Diabetes, Lungenkrebs und andere Krankheiten erhöht sich z. T. exponentiell, wenn noch weitere Risikofaktoren vorhanden sind. Ein Beispiel ist die Verbindung von Rauchen und Asbestbelastung als Risiko für Lungenkrebs. Bei Diabetikern wirkt sich das Rauchen in Verbindung mit den ernährungsabhängigen Risikofaktoren besonders negativ aus. Bekannt ist das Zusammenwirken der klassischen Herz-Kreislauf-Risikofaktoren wie Rauchen, Bluthochdruck, Übergewicht, Bewegungsmangel und ein zu hoher Cholesterinspiegel auf das Herzinfarktrisiko. Frauen, die mit oralen Kontrazeptiva verhüten und rauchen, haben ein deutlich erhöhtes Risiko für Herz-Kreislauf-Erkrankungen, insbesondere für Thrombosen und Bluthochdruck.

4.3.2 Entwicklung des Rauchens bei Frauen in Deutschland

1995 rauchten in der Bundesrepublik Deutschland bei den über 15jährigen 22 % der Frauen im Westen und 19,4 % im Osten regelmäßig oder gelegentlich; bei den Männern lagen die Prävalenzen bei 35,3 % bzw. 37,2 % (Mikrozensus, StBA 1998a: 90). Im europäischen Vergleich nimmt die Bundesrepublik Deutschland - gemeinsam mit Österreich, Spanien, Griechenland, Italien, Schweiz und Schweden - einen mittleren Platz ein. Die höchsten Raten finden sich bei den Frauen in Dänemark (42 %), den Niederlanden, Polen und Norwegen, die niedrigsten in Bulgarien, Finnland und Portugal (12 %) (Kommission der Europäischen Gemeinschaften 1997; World Health Organization 1992).

Vergleicht man das Rauchverhalten bei Männern und Frauen zeigen sich besonders in den höheren Altersgruppen deutliche Unterschiede (Tabelle 4.3-1). In der Bundesrepublik Deutschland rauchen bei den 15-19jährigen die jungen Frauen zu einem Drittel weniger als die Männer; in den Altersgruppen zwischen 20-50 Jahren sind es jeweils rund ein Viertel weniger. Regionale Studien (Junge 1998) zeigen allerdings bei den Jugendlichen einen höheren Anteil Raucherinnen bei den Mädchen. So rauchten z. B. bei Berliner Hauptschülern 45 % der Jungen aber 57 % der Mädchen.

Da der Anteil männlicher Raucher im Osten in fast allen Altersgruppen höher liegt als bei den Männern im Westen, ist die Geschlechterdifferenz im Osten ausgeprägter als im Westen. Vergleicht man die Frauen in Ost und West, dann zeigt sich, daß im Osten der Anteil Raucherinnen bei den unter 30jährigen etwas höher ist als im Westen, während er insbesondere bei den 40-60jährigen erheblich niedriger ist.

Tabelle 4.3-1: Anteil Raucher/innen in Ost und West nach Alter 1995

Alter in Jahren	Frauen-West in %	Frauen-Ost in %	Männer-West in %	Männer-Ost in %
15-19	14,3	14,9	21,3	23,2
20-24	30,3	33,7	40,3	46,9
25-29	34,7	36,2	45,1	49,6
30-39	36,0	35,5	46,8	50,7
40-49	30,5	22,4	41,2	43,3
50-59	18,0	12,1	32,3	30,9
60-64	11,4	11,0	25,9	27,7
über 64	6,7	5,2	18,8	18,3

Quelle: Mikrozensus 1995, eigene Berechnungen auf der Basis von Datenlieferungen des Statistischen Bundesamtes.

Die Mikrozensusdaten (Abbildung 4.3-1) zeigen bei den Frauen im Westen einen ausgeprägten rückläufigen Trend nur bei den unter 25jährigen Frauen, bei den 30-50jährigen dagegen eine deutliche Zunahme insbesondere im Zeitintervall von 1978 bis 1989 (vgl. Heuer/Becker 1999). Die Zunahme kommt nicht dadurch zustande, daß Frauen in diesem Alter verstärkt mit dem Rauchen beginnen, sondern ist darin begründet, daß der hohe Anteil jüngerer Raucherinnen im Zeitverlauf in die höheren Altersgruppen hineingewachsen ist.

Für die neuen Bundesländer liegen Mikrozensusdaten für die Jahre 1992 und 1995 vor. In diesem Zeitraum sind nur geringfügige Änderungen im Rauchverhalten der Frauen erkennbar, lediglich bei den 30-50jährigen gibt es eine Zunahme von 2-3 %.

Im Westen ist im Zeitverlauf von 1978 bis 1995 bei den Männern das Rauchen in allen Altersgruppen zurückgegangen, dieser Trend ist jedoch weniger ausgeprägt, wenn man nur den Zeitraum von 1989 bis 1995 betrachtet, und insbesondere für die 15-19jährigen Männer gar nicht zu beobachten. Für die neuen Länder ist im Zeitraum von 1992 zu 1995 bei den Männern das Rauchen in fasten allen Altersgruppen zurückgegangen.

Abweichend von den Daten des Mikrozensus kommt die Drogenaffinitätsstudie der Bundeszentrale für gesundheitliche Aufklärung (1998) für den Vergleichszeitraum 1993 zu 1997 zu einer erheblichen Zunahme der Prävalenz des (regelmäßigen plus gelegentlichen) Rauchens sowohl bei den Mädchen als auch den Jungen (12-25 Jahre) in den neuen Ländern, während sich in den alten Bundesländern in den gleichen Altersgruppen kaum Änderungen ergeben. Ob hier eventuelle methodische Unterschiede in der Datenerhebung eine Rolle spielen, wäre zu prüfen. Daß es sich jedoch ausschließlich um methodische Artefakte handelt, ist nicht anzunehmen, denn auch die Daten des 1998 durchgeführten repräsentativen Bundesgesundheitssurveys zeigen eine deutliche Zunahme des Rauchens bei jungen Frauen im Osten: bei den 18-19jährigen Frauen liegt der Anteil Raucherinnen im Osten (56,8 %) nun deutlich über dem im Westen (45,5 %) und auch bei den bis zu 40jährigen Frauen ist der Anteil im Osten höher als im Westen (Tabelle 4.3-2).

Tabelle 4.3-2: Anteil Raucherinnen in Ost und West nach Alter 1998, Bundesgesundheitssurvey (in Prozent)

Alter in Jahren	18-19	20-29	30-39	40-49	50-59	60-69	70-79	insgesamt
West	45,5	41,8	40,1	31,8	20,4	11,5	10,2	27,7
Ost	56,8	46,0	44,7	27,6	16,8	14,0	9,4	28,6

Quelle: Junge/Nagel 1999.

Legt man die Daten des 1998 durchgeführten Bundesgesundheitssurveys zugrunde, zeichnen sich in der Entwicklung des Rauchens insgesamt deutlich schärfere Trends ab als auf der Basis der Mikrozensusdaten. Junge/Nagel (1999) belegen für die Männer im Westen eine geringfügige Abnahme und im Osten keine Veränderung des Anteils Raucher (25-69 Jahre) im Vergleich zu den Daten des Nationalen Surveys 1990/92. Auch bei den Frauen im Westen in den gleichen Altersgruppen zeigten sich keine Veränderungen. Bei den Frauen im Osten erhöhte sich die Prävalenz dagegen von 20,5 % auf 29,1 % (geringfügige Abweichungen zu Tabelle 4.3-2 kommen durch die für den Zeitvergleich nötigen statistischen Gewichtungsprozeduren zustande) und stieg damit um beachtliche 42 %. Diese Steigerung ist v.a. auf die Zunahme des Rauchens bei den 25-49jährigen Frauen zurückzuführen, bei denen sich Steigerungsraten von 8 % (25-29 Jahre), 10 % (30-39 Jahre) und 13 % (40-49 Jahre) zeigen. Steigende Trends im Zeitverlauf bleiben auch bestehen, wenn vermutlich methodisch bedingte Abweichungen der Raten im Mikrozensus und Nationalen Gesundheitssurvey 1990/92 berücksichtigt werden.

Abbildung 4.3-1: Anteil Raucherinnen und Raucher im zeitlichen Trend von 1978-1995 (West) und 1992-1995 (Ost) (Mikrozensus)

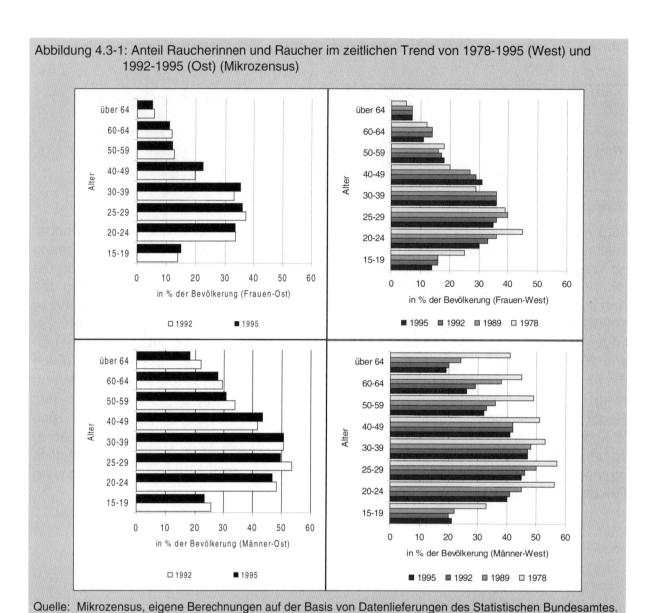

Quelle: Mikrozensus, eigene Berechnungen auf der Basis von Datenlieferungen des Statistischen Bundesamtes.

Um die Trends beim Rauchen und die Unterschiede zwischen den Geschlechtern und in Ost und West richtig zu verstehen, ist es notwendig, sich anzuschauen, wieviele Menschen in ihrem Leben niemals zur Zigarette gegriffen haben (Abbildung 4.3-2). Nach den Daten des Nationalen Untersuchungssurveys (eigene Berechnungen) sind das bei den Männern in Ost und West in den mittleren Altersgruppen ca. 25 %, bei den über 60jährigen sogar nur ca. 15 %. Bei den Frauen zeigt sich aber eine ganz andere Situation: Bei den über 50jährigen haben 70-80 % aller Frauen in Ost und West niemals geraucht, während es bei den 25-29jährigen nur ca. 40 % sind. In den mittleren Altersgruppen klaffen die Raten bei den ost- und westdeutschen Frauen deutlich auseinander und liegen im Osten erheblich unter denen im Westen. 1998 (Junge/Nagel 1998) lag der Anteil Frauen, die nie geraucht haben, bei den unter 30jährigen im Westen sogar deutlich über dem im Osten (20-29 Jahre: West 51 %, Ost 46,6 %). An diesen Daten zeigt sich nochmals, daß das Rauchverhalten der Frauen in den neuen Ländern sich mit einer zeitlichen Verzögerung von ca. 10 Jahren dem der Frauen im Westen angeglichen hat und für die jüngeren Altersgruppen bereits umgekehrt hat. Dies belegen auch Daten aus der ehemaligen DDR (Bormann et al. 1991).

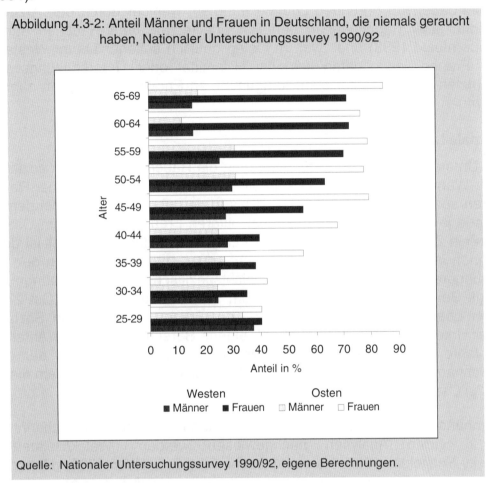

Abbildung 4.3-2: Anteil Männer und Frauen in Deutschland, die niemals geraucht haben, Nationaler Untersuchungssurvey 1990/92

Quelle: Nationaler Untersuchungssurvey 1990/92, eigene Berechnungen.

4.3.3 Determinanten des Rauchens

Das Alter, in dem Frauen mit dem Rauchen beginnen, ist in den vergangenen Jahrzehnten deutlich gesunken. Die Frauen, die heute über 55 Jahre alt sind, haben durchschnittlich im Alter von 26 Jahren mit dem Rauchen begonnen, während die heute 25-34 Jahre alten Frauen bereits mit 17-18 Jahren damit anfingen. Frauen im Osten waren bei Rauchbeginn etwas älter als Frauen im Westen (Nationaler Untersuchungssurvey 1990/92, eigene Berechnungen). Im Westen lag die Zahl der durchschnittlich pro Tag gerauchten Zigaretten deutlich über der im Osten: 1990/92 rauchten die 25-34jährigen Frauen im Osten knapp 10 im Westen 16 Zigaretten pro Tag.

Mit zunehmendem Alter hören die Frauen wieder mit dem Rauchen auf, wobei sich Frauen und Männer in den jüngeren und mittleren Altersgruppen darin wenig unterscheiden. Bei den unter 40jährigen hat ca. ein Drittel aller Raucherinnen und Raucher das Rauchen bereits wieder aufgegeben (Rate Ehemalige zu Jemals-Raucher). Lediglich bei den älteren Frauen ist der Anteil derjenigen, die mit dem Rauchen aufhören, niedriger als bei den Männern. Jüngere Frauen (unter 45 Jahren) hören durchschnittlich im Alter von 27 Jahren wieder mit dem Rauchen auf und blicken dann auf eine 9-10jährige Rauchbiographie zurück. Knapp 45 % der befragten Frauen in Ost und West gaben an, das Rauchen im letzten Jahr reduziert zu haben - oder zumindest daran gedacht zu haben, es einzuschränken. Besondere Unterstützung erfahren sie dabei von Freunden und Verwandten, weniger durch den Arzt, der nur einem Fünftel aller Raucherinnen den Rat erteilte, mit dem Rauchen aufzuhören (Kraus/Bauernfeind 1998) und zwar im Osten deutlich seltener als im Westen. Über 60 % der Frauen verwendeten keinerlei Hilfsmittel oder Unterstützungsverfahren, 20 % benutzten Nikotinpflaster oder -kaugummi, an Entwöhnungskursen nahmen nur 2 % der Frauen teil (ebd.).

4.3.4 Soziale Lage

Deutliche Unterschiede zeigen sich, wenn man die Raucher/innen nach sozialer Lage betrachtet. Während bei den Männern in allen Altersgruppen die Zahl der Raucher in den unteren sozialen Schichten größer ist als in den oberen, gibt es bei den Frauen Unterschiede je nach Altersgruppe. Bei den älteren Frauen ist weder im Osten noch im Westen ein Zusammenhang zur sozialen Lage erkennbar, tendenziell ist der Anteil Raucherinnen in der oberen sozialen Schicht sogar etwas höher als in der unteren. Bei den jüngeren Frauen sind jedoch schichtspezifische Zusammenhänge deutlich ausgeprägt: Bei den 25-34jährigen Frauen im Westen rauchen 25 % (Ost 27 %) der Frauen der obersten und 55 % (Ost 56 %) der Frauen der untersten Sozialschicht (Nationaler Untersuchungssurvey 1990/92, eigene Berechnungen). Der Anteil Frauen über 45 Jahre, der mit dem Rauchen wieder aufgehört hat, ist in der obersten Sozialschicht am höchsten (West 47 %, Ost 53 %) und in der untersten am niedrigsten (West 23 %, Ost 30 %).

Zusammenhänge zwischen sozialer Benachteiligung und hohem Raucherinnenanteil konnten in vielen Analysen nachgewiesen werden (Mielck/Helmert 1993; Maschewsky-Schneider 1997; Helmert/Maschewsky-Schneider 1998). Höhere Raten hatten arbeitslose Frauen, Frauen, die unterhalb der Armutsgrenze lebten und Sozialhilfeempfängerinnen, aber auch Frauen mit niedriger Schulausbildung und Arbeiterinnen gegenüber einfachen und qualifizierten Angestellten. Schwangere und Mütter mit kleinen Kindern, die aus einfachen sozialen Schichten kommen, rauchen deutlich häufiger. So gaben 20,6 % der Schwangeren an zu rauchen, gehörten sie aber der untersten Sozialschicht an, waren es 39,5 %. 28,4 % der Frauen mit einem Kind im Alter von unter einem Jahr rauchten, bei den Müttern der unteren Schicht waren es 46,8 % (Helmert/Maschewsky-Schneider 1998). Diese Ergebnisse bedeuten jedoch nicht, daß es in der Bevölkerung kein Problembewußtsein für die mit dem Rauchen verbundenen gesundheitlichen Risiken für die Kinder gäbe. In einer Studie gaben 98 % aller befragten Frauen im Alter von 18-30 Jahren an, daß sie das Rauchen in Gegenwart von Kleinkindern als problematisch erachten (Esser/ Maschewsky-Schneider 1997).

Berufsspezifische Analysen (Helmert/Borgers 1998) zeigen insbesondere für jüngere Frauen hohe Raucherinnenraten bei solchen, die einfache Dienstleistungsberufe oder manuelle Tätigkeiten ausüben, mittlere Raten haben Frauen in kaufmännischen und Verwaltungsberufen, niedrige Raten haben Frauen in akademischen Berufen und gehobenen Führungspositionen (ebd.). Bezogen auf Einzelberufe findet sich der höchste Anteil Raucherinnen bei den Gastwirtinnen (45 %), Alten- (36 %) und Krankenpflegerinnen (34 %), Kassiererinnen und Raumpflegerinnen (je 35 %); die niedrigsten Raten haben Volksschul- (15 %) und Gymnasiallehrerinnen (11 %), Ärztinnen (11 %) und Landwirtinnen (9 %).

4.3.5 Soziales Umfeld, Lebenszufriedenheit und Gesundheit

Wie sehr das Umfeld das Rauchverhalten bestimmt, kann man daran erkennen, daß Raucherinnen zu ca. 60 % mit einem rauchenden Partner zusammenleben, während nur ein Drittel der Frauen, die mit dem Rauchen aufgehört haben, und nur ein Viertel von denen, die niemals geraucht haben, mit einem rauchenden Partner zusammen sind. Die höchsten Raucherinnenraten haben verwitwete und geschiedene Frauen in den alten Bundesländern; bei ihnen liegen die Raten z. T. doppelt so hoch wie bei den ledigen oder verheirateten Frauen. Bei den Raucherinnen findet sich auch ein höherer Anteil Frauen, die nur über ein geringes soziales Netz verfügen, sie sind insgesamt mit ihrem Leben und den verschiedenen Lebensbereichen wie Familie, Beruf und der finanziellen Situation unzufriedener und leiden häufiger unter körperlichen und psychischen Beschwerden. Im Vergleich zu Frauen, die niemals geraucht haben bzw. solchen, die mit dem Rauchen aufgehört haben, achten sie weniger auf ihren Gesundheitszustand und leben insgesamt weniger gesundheitsbewußt.

4.3.6 Warum Frauen rauchen

Für das Rauchen bei Frauen und den ansteigenden Trend in Deutschland in den vergangenen Jahrzehnten gibt es verschiedene Erklärungsansätze.

Eine wichtige Rolle spielt der Rauchbeginn in der Jugend. Rauchen wird als Symbol für „Erwachsensein" verstanden und in den Prozeß der Herausbildung von Selbstkonzepten bei den Jugendlichen integriert. In der Jugend werden körperliche und psychische Identitäten und Vorstellungen von Gesundheit und Lebensweisen entwickelt, in die die Entscheidung für oder gegen das Rauchen eingebunden ist. Die soziale Gruppe, in der die Jugendlichen sich in dem Alter bewegen und die dort vorherrschenden Werte und Rituale, spielen deshalb beim Einstieg in das Rauchen eine große Rolle. Für die Mädchen könnte auf diesem Hintergrund der ab den 70er Jahren beobachtete Trend der Anpassung an das Rauchverhalten bei Jungen als Teil der Veränderung des Frauen- und Mädchenbildes in der Gesellschaft verstanden werden (Helfferich 1994; Kolip 1997).

Ein weiterer Erklärungsansatz folgt dem Belastungs-Ressourcen-Konzept. Im Sinne der Belastungshypothese läßt sich Rauchen als Reaktion auf Streßbelastungen interpretieren. Es konnte gezeigt werden, daß Raucherinnen sowohl hinsichtlich ihrer sozialen Lage und allgemeinen Lebensbedingungen als auch ihrer beruflichen Situation höheren Belastungen ausgesetzt sind; hinzu kommt eine geringere soziale Einbindung bis hin zur Vereinsamung bei den verwitweten und geschiedenen Frauen. Die hohe Bedeutung eines gut funktionierenden soziales Netzes für den Erhalt der Gesundheit konnte in vielen Studien nachgewiesen werden (Shumaker/Czajkowski 1994). Aus der Perspektive des Ressourcenkonzepts ließ sich zeigen, daß Frauen, die nie geraucht haben, weniger belastet sind und über eine hohe familiäre und soziale Einbindung verfügen. Hier findet sich auch ein höherer Anteil älterer Frauen und solcher, die ein mehr traditionelles Selbstbild von sich als Frau haben (Maschewsky-Schneider 1997). Frauen, die mit dem Rauchen aufgehört haben, verfügen über günstigere soziale und finanzielle Ressourcen. Obwohl ihre Motivation, mit dem Rauchen aufzuhören, z. T. dadurch bedingt ist, daß sie bereits unter gesundheitlichen Einschränkungen leiden, verfügen sie doch insgesamt über bessere Möglichkeiten, sich um ihre Gesundheit auch im präventiven Sinne zu kümmern (ebd.).

Ein weiterer Erklärungsansatz ist, daß sich das Frauenbild in den vergangenen 30 Jahren stark verändert hat. War zu früheren Zeiten das Rauchen bei Frauen eher verpönt und das Bild einer auf der Straße rauchenden Frau undenkbar, so ist seit den späten 60er Jahren Rauchen bei Frauen zu einem gewohnten Anblick geworden. Ob die damalige Liberalisierungswelle dazu beigetragen hat, ist nicht eindeutig zu belegen. Ganz sicher hat jedoch die Tabakwerbung eine Rolle gespielt, die seit dieser Zeit in ihren Darstellungen ein modernes Frauenbild gezeichnet hat, in dem Jugendlichkeit, Sportlichkeit und eine selbstbewußte Lebenseinstellung zum Ausdruck kommen (Blessing 1997).

4.3.7 Prävention und Gesundheitsförderung

Während die Tabakindustrie seit den 60er Jahren die Chance genutzt hat, ihren Absatzmarkt durch die Gewinnung von mehr Frauen zum Rauchen zu erweitern, hielt sich die Gesundheitspolitik in Deutschland eher bedeckt. Obwohl eine zu Beginn der 80er Jahre in Deutschland durchgeführte Studie (Bundeszentrale für gesundheitliche Aufklärung 1985) zu dem Ergebnis kam, daß das Rauchen bei den jungen Frauen einen deutlichen steigenden Trend zeigte, und daß davon besonders sozial benachteiligte Frauen betroffen waren, wurden diese Ergebnisse nicht öffentlich gemacht und in präventive Strategien umgesetzt. Dieses Versäumnis wurde nach der Wiedervereinigung fortgesetzt, indem keine Maßnahmen ergriffen wurden, den zunehmenden Trend des Rauchens bei den jüngeren Frauen in den neuen Ländern durch gezielte Programme zu bremsen. Erst durch den Druck der Mitgliedsländer der Europäischen Union kommt in Deutschland in letzter Zeit Bewegung in die Debatte um gesetzliche Regelungen zur Einschränkung des Rauchens.

Studien konnten immer wieder zeigen, daß in der Bevölkerung die Bereitschaft, gesetzliche Regelungen zur Beschränkung des Tabakkonsums zu akzeptieren, groß ist (Jöckel et al. 1989; Esser/Maschewsky-Schneider 1997). Kraus/Bauernfeind (1998) fanden heraus, daß ca. 90 % aller Nichtraucher und 70-80 % der Raucher rauchfreie Zonen in Gaststätten und Rauchverbot in öffentlichen Verkehrsmitteln befürworteten. Ein Rauchverbot am Arbeitsplatz forderten über 80 % der Nichtraucher, aber nur 58 % der Raucher. Zwei Drittel der Nichtraucher würden Tabakwerbung gänzlich verbieten; das sind bei den Rauchern nur knapp 50 %.

Innerhalb der Institutionen, die mit Gesundheitsförderung befaßt sind, ist die Bereitschaft, sich im Bereich Rauchen präventiv zu engagieren, hoch: 36 % der befragten Institutionen hielten strukturelle Maßnahmen in diesem Bereich für dringend geboten; damit lag dieser, zusammen mit Maßnahmen im Umweltbereich, an oberster Stelle der Präferenzen für strukturelle Präventionsmaßnahmen (Esser/Maschewsky-Schneider 1997).

Im Verhältnis dazu kommt diesem Thema in der öffentlichen Debatte um die Gesundheitsförderung der Bevölkerung nur ein geringer Stellenwert zu. Eine europäische Studie, in der im Vergleich von 17 Ländern untersucht wurde, in welcher Weise Frauenillustrierte mit dem Thema Zigarettenwerbung umgehen, konnte gezeigt werden, daß Deutschland das Schlußlicht darstellt. Die meisten untersuchten Journale hatten keine Probleme mit der Veröffentlichung von Tabakwerbung oder gar redaktionellen Bildbeiträgen, mittels derer durch die Darstellung von rauchenden Stars ein positives Image des Rauchens vermittelt wurde (Amos et al. 1998; Blessing 1997). Da in zahlreichen internationalen Studien ein Einfluß der Tabakreklame auf das Rauchverhalten von Kindern und Jugendlichen nachgewiesen werden konnte (Esser/Maschewsky-Schneider 1995), ergibt sich hier ein hoher Handlungsbedarf.

In Hinblick auf personenbezogene Präventionsmaßnahmen scheint es in der Bundesrepublik Deutschland kaum frauen- bzw. geschlechtsspezifische Ansätze zu geben. Allerdings fehlt eine vollständige Übersicht über die bestehenden Programme, den Einbezug von Frauen und Mädchen in diese Programme und ihre geschlechtsspezifische Wirksamkeit. Den Erfolg von Maßnahmen, die in ein umfassendes gemeindeorientiertes Präventionsprogramm eingebunden sind, zeigt die Deutsche Herz-Kreislauf-Präventionsstudie (Forschungsverbund DHP 1998). Hier konnten in den Regionen, in denen solche Präventionsprogramme angeboten wurden, gegenüber einer Vergleichsregion sehr gute Ergebnisse erzielt werden - allerdings nur bei den Männern. Bei ihnen sank der Anteil Raucher signifikant um 10 %. Ob bei einer besser auf die Bedürfnisse der Frauen abgestimmten Kampagne auch bei ihnen Erfolge hätten erzielt werden können, läßt sich nicht beantworten.

In einem zielgruppenspezifischen Programm für Schwangere und deren Partner konnte gezeigt werden, daß über ärztliche Präventionsmaßnahmen das Rauchen bei Schwangeren reduziert werden konnte. In dem Programm wurden die Ärzte geschult, ihre Patientinnen besser zu beraten und sie bekamen Materialien zur Weitergabe an die Schwangeren zur Verfügung gestellt (Lang et al. 1999). Im Rahmen eines multinationalen Projekts der Europäischen Kommission werden zur Zeit effektive Programme zur Förderung der Nichtrauchens bei Schwangeren entwickelt und europäische Leitlinien vorbereitet (Universität Bremen 1999).

4.3.8 Zusammenfassung und Schlußfolgerungen

Die Ergebnisse zeigen, daß in Hinblick auf die Förderung des Nichtrauchens bei Frauen noch wesentliche Schritte zu tun sind. Insbesondere Mädchen und junge Frauen sollten darin gestärkt werden, gar nicht erst mit dem Rauchen zu beginnen. Hierbei muß v. a. in den neuen Bundesländern angesetzt werden. Auch sollten besonders Frauen mit niedriger Schulbildung und unterem Sozialstatus angesprochen werden. Schwangere und ihre Partner sind eine besonders zu beachtende Gruppe. In den Programmen sollten psychosoziale Aspekte und die Lebensbedingungen der Frauen und Mädchen mit in den Blick genommen werden. Mit solchen Präventionsansätzen kann zum einen die Akzeptanz und Wirksamkeit der Programme gesteigert werden. Zum anderen ist die Berücksichtigung der Lebensumstände der Frauen als breiter angelegte Gesundheitsförderung zu verstehen und deshalb geeignet, in der Bevölkerung langfristig Bedingungen und Bereitschaft für das Nichtrauchen zu schaffen.

Diese Ansätze der Prävention und Gesundheitsförderung sind durch strukturelle Maßnahmen zu flankieren. Es ist davon auszugehen, daß gesetzliche Regelungen zum Nichtraucher-Schutz auch den Frauen und Mädchen zugute kommen; diese sind deshalb zu verstärken. Für die Entwicklung effektiver Programme müssen die internationalen Erfahrungen genutzt und Leitlinien entwickelt und umgesetzt werden. Die bundesdeutsche Politik zur Förderung des Nichtrauchens bei Frauen sollte sich aktiv an den dazu bestehenden Netzwerken, wie dem International Network of Women Against Tobacco, beteiligen (INWAT 1999; INWAT-Europe 1998).

4.4 Gebrauch, Mißbrauch und Abhängigkeit von psychotropen Medikamenten bei Frauen

4.4.1 Einführung

Psychotrope Medikamente sind frauentypische Suchtmittel. Anders als Männer, die eher „harte" Substanzen und Konsumformen bevorzugen, um Stimmungen und Gefühle zu manipulieren, nehmen Frauen „weichere" und sozial unauffälligere Mittel, wie z. B. psychotrope Medikamente (Helfferich 1994). Insgesamt nehmen Frauen bis zu zweimal häufiger als Männer ärztlich verschriebene oder in Apotheken selbst erworbene Beruhigungs- und Schlafmittel, Antidepressiva und Neuroleptika, Schmerzmittel sowie Medikamente zur Gewichtsreduktion ein. Diese Medikamente, die psychotrope Wirkung zeigen, d. h. Schmerzen, negative Stimmungen, Unruhe und Ängste beeinflussen, helfen den Frauen, ihr Privat- und Berufsleben trotz vielerlei Beschwerden und Belastungen in den Griff zu bekommen. Wenn der Medikamentengebrauch über Monate oder Jahre hinweg erfolgt, kann dies verschiedene Gesundheitsbeeinträchtigungen und die Entwicklung einer Medikamentenabhängigkeit zur Folge haben. Da die Risiken je nach Inhaltsstoffen der Mittel variieren, werden im folgenden die jeweiligen Gesundheitsrisiken bei den jeweiligen Stoffgruppen erläutert.

Zunächst sollen Begriffsklärungen und Besonderheiten des Mißbrauchs und der Abhängigkeit von psychotropen Medikamenten behandelt werden. Es folgen epidemiologische Daten über den Umfang von Medikamentenabhängigkeit bei Frauen und des Gebrauchs der verschiedenen Medikamentengruppen sowie ein Resümee. Da sich Lebensverläufe von Frauen in Phasen gliedern und diese wiederum ihre eigenen Herausforderungen sowie psychosozialen und gesundheitlichen Belastungen mit sich bringen, werden die Daten nach Altersgruppen aufgeschlüsselt vorgestellt und interpretiert.

4.4.2 Begriffsklärungen und Besonderheiten des Mißbrauchs und der Abhängigkeit von psychotropen Medikamenten

Beim „Diagnostischen und Statistischen Manual Psychischer Störungen„ (DSM-IV 1994) muß mindestens eins von vier vorgegebenen Symptomen aus dem Verhaltensbereich vorliegen, um „Substanzmißbrauch" diagnostizieren zu können. Hierzu zählen das Nichterfüllen wichtiger sozialer Verpflichtungen im Beruf, in der Schule oder im Haushalt, fortgesetzter Gebrauch trotz der dadurch verursachten bzw. verschlimmerten zwischenmenschlichen Probleme, Gebrauch in Situationen, die Gesundheit und Leben gefährden können (z. B. Autofahren) bzw. Gesetzeskonflikte zur Folge haben.

Die Diagnose „Abhängigkeit" faßt sowohl Verhaltensaspekte (starker Konsumwunsch, verminderte Kontrollfähigkeit, negative Auswirkungen auf das soziale Leben, fehlende Einsicht) als auch physiologische Komponenten unter einem „Abhängigkeitssyndrom" zusammen. Physiologische Abhängigkeitskriterien beziehen sich auf das Auftreten eines Toleranzeffektes (Gewöhnung an die Wirkung einer Substanz) und vor allem von Entzugssymptomen beim abruptem Absetzen des Mittels. Unter Toleranz wird generell die Abnahme oder das Ausbleiben einer pharmakologischen Wirkung bei konstanter Dosierung verstanden. Die Folge kann das Bedürfnis nach Dosissteigerung sein, um die erwünschten Effekte herbeizuführen. Toleranzentwicklung und Entzugssymptome in Folge des Gebrauchs psychotroper Medikamente ohne weitere Anzeichen eines pathologischen Substanzgebrauchs werden nach DSM-IV und ICD-10 noch nicht als Abhängigkeitssyndrom bezeichnet. Vielmehr muß zu den physiologischen mindestens eine psychische Komponente dazukommen, wie z. B. der starke Wunsch oder Zwang nach weiterer Anwendung des Mittels, der Verlust der Kontrolle über Menge und Dauer des Konsums, anhaltender Substanzgebrauch trotz des Wissens um seine eindeutig schädlichen Folgen oder fortschreitende Vernachlässigung anderer Interessen und Aufgaben aufgrund des Substanzgebrauchs.

Die international gültigen Definitionen für Substanzmißbrauch und -abhängigkeit können Medikamentenabhängigkeit und -mißbrauch nur unzureichend erfassen. Dies trifft insbesondere für die sogenannte Niedrig-Dosis-Abhängigkeit zu, die insbesondere beim Dauergebrauch von benzodiazepinhaltigen Beruhigungs- und Schlafmitteln auftritt. Bei dieser weitverbreiteten Form von Medikamentenabhängigkeit kommen die Nutzerinnen und Nutzer mit einer relativ geringen Dosis auch über Jahre hinweg aus, ohne daß eine Dosissteigerung erfolgt. Die Dauermedikation dient hier auch dazu, Entzugserscheinungen der Medikamente zu vermeiden.

Zwischen Medikamentenabhängigkeit und der Abhängigkeit von anderen psychotropen Mitteln, wie Alkohol oder illegalen Drogen, bestehen einige grundlegende Unterschiede:

- Psychotrope Medikamente sind keine Genußmittel, deren Anwendung nach eigener Entscheidung erfolgt, sondern Heilmittel, die meist verschrieben und auf ärztlichen Rat hin eingenommen werden. Im Vertrauen auf die ärztliche Verantwortung stellen auch Patientinnen und Patienten, die seit Jahren abhängig sind, ihren Medikamentengebrauch nicht in Frage. Ärztinnen und Ärzten kommt bei der Prophylaxe von Medikamentenabhängigkeit eine besondere Mitverantwortung zu.

- Dauerkonsumierende psychotroper Medikamente gelten als krank, aber nicht als süchtig. Medikamentenmißbrauch und -abhängigkeit dient über lange Zeit dem Erhalt der Funktionstüchtigkeit in Familie und Betrieb und wird von Angehörigen und Kollegen mitgetragen - wenn sie überhaupt auffällt.

- Viele Medikamentenabhängige leben lange Zeit unauffällig und sozial gut oder sehr gut angepaßt. Dadurch wird eine frühzeitige Intervention versäumt und die Entwöhnung erschwert.

- Ein Dauergebrauch psychotroper Medikamente kann in bestimmten Fällen therapeutisch sinnvoll sein und eine physiologische Abhängigkeit in Kauf genommen werden, wenn der Nutzen der Mittel mögliche Schäden überwiegt.

Die große Mehrheit der Nutzerinnen und Nutzer psychotroper Medikamente erfüllt die genannten Kriterien für „Mißbrauch" oder „Abhängigkeit" nicht, da sie kein sozial auffälliges Verhalten zeigen. So sind Schätzungen über den Umfang von Medikamentenabhängigkeit äußerst schwierig. Um eine grobe Einschätzung zu ermöglichen, werden im folgenden Daten aus verschiedenen Untersuchungen vorgestellt, die zum Teil unterschiedliche Personen und Stoffgruppen erfassen.

4.4.3 Ausmaß von Abhängigkeit und Mißbrauch psychotroper Medikamente bei Frauen

In der Statistik der ambulanten Beratungs- und Behandlungsstellen für Suchtkranke wurde bei 3 % der Besucherinnen mit eigener Suchtproblematik Abhängigkeit oder Mißbrauch von Beruhigungs- oder Schlafmitteln als Hauptproblem diagnostiziert. Das sind bundesweit insgesamt 425 Frauen (EBIS 1997:22). Zu diesen kommt eine weitaus größere Zahl von Nebendiagnosen, die meist zusätzlich zu Alkohol- oder Drogenabhängigkeit gestellt wurden. In den stationären Einrichtungen der Drogenhilfeeinrichtungen waren 1996 ungefähr 2 % der behandelten Frauen abhängig von Beruhigungs- oder Schlafmitteln, umgerechnet rund 1.000 Frauen. Nimmt man die Nebendiagnosen hinzu steigt die Zahl bei den Frauen auf 18 %, die diese Medikamente in mißbräuchlicher oder abhängiger Weise angewendet haben (SEDOS 1997:25, 33). Zwei Drittel der Frauen mit Beruhigungsmittelabhängigkeit oder -mißbrauch waren zwischen 40 und 59 Jahren alt. Da Schmerzmittelabhängige in den Statistiken nicht auftauchen, werden sie durch Einrichtungen der Drogenhilfe offenbar nicht erreicht.

Um die Zahl von Medikamentenabhängigen in der Allgemeinbevölkerung einzuschätzen, werden auch Rezeptblätter von Verordnungen psychotroper Medikamente mit Abhängigkeitsrisiko ausgewertet. Da die Diagnose „Medikamentenabhängigkeit" von den behandelnden Ärzten nur in den wenigsten Fällen gestellt wird, legt man bei der Untersuchungsanlage für ausgewählte abhängigkeitsriskante Medikamentenstoffgruppen definitorisch einen Grenzbereich von Einnahmedauer und Dosishöhe fest, ab dem ein sehr hohes Risiko für eine Abhängigkeitsentwicklung besteht.

Die Auswertung von Rezeptblättern aus norddeutschen Arztpraxen zeigte, daß 4 % aller Patientinnen und Patienten in drei hintereinander folgenden Quartalen des Jahres 1988 über jeweils mindestens sechs Wochen lang Medikamente mit Abhängigkeitsrisiko verordnet wurden. Der Anteil von Frauen an Langzeitverordnungen macht zwei Drittel aus. Etwa 80 % dieser Frauen sind über 55 Jahre alt (Melchinger et al. 1992:54). Vergleichbare Zahlen fanden sich bei der Auswertung von Rezeptblättern der AOK Dortmund aus dem Jahr 1988: 8 % der Versicherten erhielten über vier Quartale hinweg Medikamente mit Abhängigkeitspotential verordnet. Von diesen nahmen ca. 6 % niedrige Tagesdosierungen ein und knapp 2 % eine höhere als die für Erwachsene übliche Tagesdosis. Auch in dieser Studie ist der Anteil von Frauen unter den Dauerkonsumierenden von Medikamenten mit Abhängigkeitspotential doppelt so groß wie der Anteil der Männer (von Ferber 1993:352), und es überwiegen unter den Dauerkonsumentinnen die alten Frauen gegenüber den jüngeren. Umgerechnet auf die bundesdeutsche Bevölkerung sind nach den Definitionskriterien dieser Studie rund 2 Mio. Frauen und Männer von ärztlich verschriebenen Medikamenten abhängig.

Da Schmerzmittel überwiegend selbst erworben werden, wird der Größenumfang von Schmerzmittelabhängigkeit in der Bevölkerung geschätzt. Auf der Basis von Hochrechnungen von Patientinnen und Patienten aus Schmerzzentren und –kliniken mit schmerzmittelinduzierten Kopfschmerzen rechnet man mit circa 500.000 Betroffenen (Deutscher Bundestag 1993: 12). Auch hier überwiegen Frauen.

4.4.4 Untersuchungsergebnisse zum Gebrauch psychotroper Medikamente bei Frauen

Zahlen zur Anwendungshäufigkeit abhängigkeitsriskanter Medikamentengruppen können Hinweise auf bestimmte Risikogruppen unter den Frauen geben. Zahlen aus Bevölkerungsbefragungen spiegeln jedoch nicht unbedingt den tatsächlichen Gebrauch in der Bevölkerung wider: Vergeßlichkeit, ein sozial angepaßtes Antwortverhalten und Eingruppierungsfehler bezüglich angewendeter Medikamente verzerren die Aussagekraft der Daten. Bevorzugt werden daher im folgenden Untersuchungsergebnisse verwendet, in denen die eingenommenen Medikamente bei der Befragung zum Klassifizieren vorgelegt wurden (z. B. Arzneimittelsurveys im Rahmen der Deutschen Herz-Kreislauf-Präventionsstudie DHP). Verordnungszahlen der gesetzlichen Krankenkassen wiederum sind präzise in der Erfassung der ärztlich verschriebenen Medikamentenklassen, sie erfassen jedoch nicht die in den Apotheken rezeptfrei käuflichen Medikamente. Zudem wird nicht jedes verordnete Medikament tatsächlich eingenommen.

4.4.4.1 Schmerzmittel

Schmerzmittel werden unterteilt in opioide Schmerzmittel, die verschreibungspflichtig sind, und nicht-opioide Schmerzmittel, die zum Großteil rezeptfrei in Apotheken erworben werden können.

Opioide Schmerzmittel werden eingesetzt, um sehr starke Schmerzen, z. B. nach Unfällen, Operationen oder im Zusammenhang mit Krebserkrankungen zu bekämpfen. Zu ihnen zählen z. B. Morphin, Codein, Naloxon, Pethidin, Tilidin und Tramadol.

Aufgrund neuer Erkenntnisse der Schmerzforschung (Schmerzgedächtnis) wird der frühzeitigen und möglichst vollständigen Schmerzbeseitigung Priorität zugemessen. Nach dem Stufenplan der Weltgesundheitsorganisation (WHO) zum Einsatz von Schmerzmitteln sollen bei leichten Tumorschmerzen zunächst nicht-morphinhaltige Schmerzmittel zum Einsatz kommen, bei mittlerer Schmerzstärke werden diese zusätzlich durch schwache und bei starker Schmerzstärke durch starke morphinhaltige Schmerzmittel ergänzt. Dabei wird eine physiologische Abhängigkeit als geringeres Übel in Kauf genommen. Das Risiko einer körperlichen Abhängigkeit von opioiden Schmerzmitteln ist mittel bis sehr groß. Daher unterstehen sie in Deutschland dem Betäubungsmittelgesetz. Eine psychische Abhängigkeit entwickelt sich hingegen nach neueren Erkenntnissen bei Tumorkranken in aller Regel nicht, wenn keine weiteren psychischen Störungen bzw. eine Vorgeschichte von Substanzabhängigkeit vorliegen.

Die Prävalenz der Einnahme opioidhaltiger Schmerzmittel ist sehr gering und deshalb über Bevölkerungserhebungen nur schwer schätzbar (Meyer 1994: 292). Geschlechtsunterschiede finden sich nach Verschreibungsdaten der Krankenkassen erst bei den über 80jährigen (WIdO 1998). In der Altersgruppe der Hochbetagten ab 80 Jahren erhalten Frauen ungefähr 30 % mehr Verordnungen von opioiden Schmerzmitteln als Männer. Die vergleichsweise niedrigen Verordnungszahlen in Deutschland sind wahrscheinlich Ausdruck einer Unterversorgung mit opioidhaltigen Schmerzmitteln in der Bevölkerung. Die weitverbreitete Angst vor einer Opioid-Abhängigkeitsentwicklung gilt als eine Ursache dafür, daß in Deutschland im Vergleich zu Großbritannien oder

Dänemark 7- bzw. 14mal seltener Morphinderivate und ähnliche Schmerzmittel verschrieben werden (Techniker Krankenkasse 1997).

Nicht-opioide Schmerzmittel wirken vorwiegend außerhalb des Zentralnervensystems, indem sie die Bildung von Schmerzstoffen hemmen, die im peripheren Nervensystem gebildet werden. Am bekanntesten unter den nicht-opioiden Schmerzmitteln sind solche, die Acetylsalicylsäure (ASS) oder Paracetamol enthalten. Unterschieden wird ferner in nicht-opioide Schmerzmittel, die einen Wirkstoff (Monopräparate) (ASS z. B. in Aspirin, ASS ratiopharm, Togal ASS/Seltzer; Paracetamol z. B. in Paracetamol ratiopharm, Ben u ron) oder aber eine Kombination verschiedener Wirkstoffe enthalten (z. B. Thomapyrin, Spalt A + P, Vivimed, Gelonida Schmerz Tabl, Neuralgin und Dolomo). Insbesondere koffeinhaltigen Mischpräparaten (z. B. Thomapyrin, Vivimed, Neuralgin, Neuranidal) wird aufgrund des belebenden Effekts des Koffeins ein erhöhtes Risiko zugeschrieben, die Entwicklung von Abhängigkeit zu fördern. Die Folgen des Langzeitgebrauchs koffeinhaltiger Mischpräparate sind schwerste Nierenschädigungen und schmerzmittelinduzierte Kopfschmerzen. Diese Dauerkopfschmerzen können bereits nach wenigen Wochen täglichen Gebrauchs koffeinhaltiger Schmerzmittel auftreten. Da nach dem Absetzen des Schmerzmittels ein Entzugskopfschmerz entsteht, der meist wieder mit Schmerzmitteln bekämpft wird, entwickelt sich ein Teufelskreis chronischer Kopfschmerzen und Schmerzmitteleinnahme.

Irreparables schmerzmittelbedingtes Nierenversagen findet sich bei Frauen 5- bis 7mal häufiger als bei Männern (Deutscher Bundestag 1993). Auch beim durch chronischen Schmerzmittelgebrauch verursachten Dauerkopfschmerz überwiegt der Anteil an Frauen. Das Überwiegen der Frauen wird damit erklärt, daß Frauen häufiger als Männer unter schwerer Migräne oder Spannungskopfschmerz leiden.

Analgetika (einschließlich Antirheumamittel) sind die am häufigsten verkauften Arzneimittel in Deutschland nach Anzahl der in Apotheken verkauften Packungen (Glaeske 1997:44), bzw. die am häufigsten ärztlich verordnete Arzneimittelgruppe (Schwabe 1997:4). Der Großteil der Schmerzmittel, nämlich ungefähr 75 % wird jedoch nicht über Ärzte bzw. Ärztinnen, sondern direkt im Rahmen der Selbstbehandlung erworben (Läer 1997; Glaeske 1997).

Nicht-opioide Schmerzmittel werden von Frauen gegen Schmerzen vielerlei Art eingesetzt, vor allem jedoch bei Kopf- oder Unterleibsschmerzen, unter denen Frauen häufiger als Männer leiden (BZgA 1992b). Das häufigere Auftreten dieser frauenspezifischen Schmerzen erklärt zum Teil, warum Frauen mehr nicht-opioide Schmerzmittel anwenden als Männer (Abbildung 4.4-1).

Nach den Daten des Arzneimittelsurveys, der im Rahmen des Nationalen Untersuchungssurveys (NUS) der DHP durchgeführt wurde, haben insgesamt 8 % der Frauen zwischen 25 und 69 Jahren, aber nur 6 % der altersgleichen Männer in den letzten sieben Tagen Schmerzmittel genommen. Die Gebrauchraten steigen kontinuierlich bis zum Alter von 50 Jahren an und sinken dann wieder.

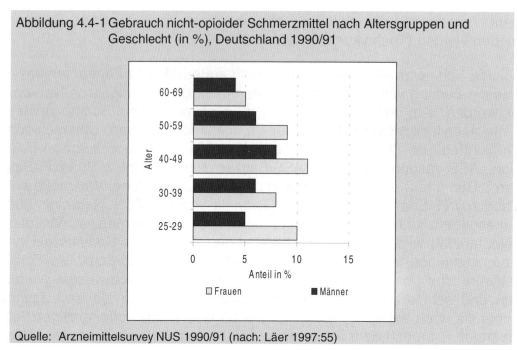

Abbildung 4.4-1 Gebrauch nicht-opioider Schmerzmittel nach Altersgruppen und Geschlecht (in %), Deutschland 1990/91

Quelle: Arzneimittelsurvey NUS 1990/91 (nach: Läer 1997:55)

Der relativ hohe Gebrauch bei den 25-29jährigen Frauen findet sich in den NUS-Daten von 1984/86, 1987/89 sowie den Bremer DHP-Untersuchungen von 1984 und 1988 nicht. Er sollte daher nicht überinterpretiert werden. Am meisten Schmerzmittel nehmen im Vergleich zu den anderen Altersgruppen in allen drei NUS-Erhebungen die 40-49jährigen Frauen. Dieser Befund wird durch die Bremer DHP-Daten von 1984, nicht aber durch die Bremer DHP- und MONICA-Daten von 1988 unterstützt. Auffällig ist, daß ältere Frauen zwischen 60 und 69 Jahren in allen drei NUS-Erhebungen weniger Schmerzmittel anwenden als jüngere Frauen, obwohl sie zunehmend unter Gelenkerkrankungen und anderen schmerzhaften Altersbeschwerden leiden (vgl. auch die Bremer DHP-Daten von 1988; Meyer 1994:301). Eine Erklärung hierfür steht aus.

Beim Arzneimittelsurvey der DHP 1990/91 gaben 2 % der Frauen und 1 % der Männer an, „täglich" bzw. „regelmäßig, aber nicht täglich" in den letzten sieben Tagen nicht-opioide Schmerzmittel eingenommen zu haben (Läer 1997). Ältere Frauen zwischen 55 und 69 Jahren nehmen häufiger regelmäßig Schmerzmittel ein als jüngere Frauen unter 55 Jahren (Läer 1997; BZgA 1992b; Franke et al. 1998). Leider fehlen weitergehende Daten über Gebrauchsmuster alter und hochbetagter Frauen.

Mit steigendem Alter werden mehr Schmerzmittel ärztlich verordnet und die Selbstmedikation der Schmerzen mit selbsterworbenen Schmerzmitteln sinkt (Läer 1997). Wahrscheinlich lassen sich zwei Gruppen von Schmerzmittelanwenderinnen nach Alter und Einnahmemodus voneinander unterscheiden: Jüngere Frauen, die häufiger bei Bedarf selbsterworbene Schmerzmittel z. B. gegen Menstruations- und Kopfschmerzen einnehmen und ältere Frauen, die regelmäßig ärztlich verschriebene Schmerzmittel gegen chronische Altersbeschwerden anwenden.

Auffällig ist, daß ein großer Teil der Schmerzmittelkonsumentinnen zusätzlich weitere psychotrope Medikamente einnimmt, vor allem Schlaf- und Beruhigungsmittel (Läer 1997).

Frauen in den alten und neuen Bundesländern unterscheiden sich im Schmerzmittelgebrauch. Nach dem Nationalen Untersuchungssurvey Ost/West, der in den Jahren 1990/92 durchgeführt wurde, nehmen ungefähr 3 % der West-Frauen und 5 % der Ost-Frauen zwischen 25 und 69 Jahren täglich Schmerzmittel. Weitere 51 % wenden in Ostdeutschland selten Mittel gegen Schmerzen an, während das in Westdeutschland lediglich 41 % sind (eigene Berechnungen, vgl. auch Kraus/Bauernfeind 1998). Höhere Verbrauchsraten für Ost-Frauen finden sich nicht nur in Bevölkerungsbefragungen, die das Risiko eines Antwortverhaltens gemäß sozialer Erwünschtheit mit sich bringen, sondern auch bei den ärztlichen Verschreibungen nicht-opioider Schmerzmittel (WIdO 1993). Hintergründe zur Erklärung der Unterschiede zwischen neuen und alten Bundesländern fehlen bislang.

Bekannt ist jedoch, daß bestimmte Arbeitsbedingungen bei Frauen mit einem erhöhten Gebrauch nicht-opioider Schmerzmittel einhergehen: Frauen in einer schlechteren beruflichen Stellung nehmen mehr nicht-opioide Schmerzmittel ein als Frauen in einer höheren beruflichen Position. Auch eine kürzere Ausbildungszeit korreliert bei Frauen mit einem erhöhten Schmerzmittelgebrauch (Meyer 1994). Ungünstige Arbeitsbedingungen, insbesondere Nachtarbeit, der Zwang zu schnellen Entscheidungen oder hoher Verantwortung für Menschen geht einher mit einer höheren Einnahme von Schmerzmitteln (Meyer 1994; Läer 1997). Allgemein korrelieren bei Frauen psychosoziale Belastungen, mit einer Steigerung der Schmerzmitteleinnahme (Meyer 1994).

4.4.4.2 Beruhigungs- und Schlafmittel

Angststörungen (z. B. Panikanfälle, Phobien, Zwangsstörungen) sind neben Depressionen die häufigste psychische Störung in der Allgemeinbevölkerung. Sie werden bei Frauen häufiger diagnostiziert als bei Männern. Zur Dämpfung von akuten und chronischen Ängsten werden Beruhigungsmittel (Tranquillizer) eingesetzt. Sie finden ferner Verwendung bei psychosomatischen Spannungs- und Erregungszuständen sowie bei Psychosen, Depressionen und Manien.

Schlafmittel (Hypnotika) wirken gegen Schlafstörungen, unter denen Frauen häufiger leiden als Männer. Die Übergänge zwischen beiden Medikamentengruppen sind fließend: Der betäubende Effekt von Schlafmitteln hält häufig noch am nächsten Tag an und umgekehrt können Beruhigungsmittel den Schlaf fördern. Sowohl bei den Beruhigungsmitteln als auch bei den Schlafmitteln wird unterschieden in verschreibungspflichtige und rezeptfreie, meist pflanzliche Präparate. Pflanzliche Präparate machen im Nationalen Untersuchtssurvey 1987/88 fast die Hälfte der Beruhigungs- und Schlafmittel aus (Melchert/Kemper 1992:455).

Zu den Tranquillizern gehören neben pflanzlichen Mitteln aus Johanniskraut, Hopfen und Baldrianwurzel, vor allem benzodiazepinhaltige Beruhigungsmittel (z. B. Bromazepam in Normoc, Lexotanil u. a., Chlordiazepoxid in Librium oder Limbatril, Diazepam in Valium, Dikaliumchlorazepat in Tranxilium, Medazepam in Rudotel, Nordazepam in Tranxilium, Oxazepam in Adumbran, Praxiten oder Prazepam in Demetrin). Mebrobamathaltige Mittel haben in den alten Bundesländern an Bedeutung als Beruhigungsmittel verloren, werden jedoch in den neuen Bundesländern noch häufig verschrieben.

Zur Gruppe der Schlafmittel gehören neben pflanzlichen Mitteln vor allem die Benzodiazepine (kurz: BZD) (z. B. Flunitrazepam in Rohypnol, Flurazepam in Dalmadorm Neu, Temazepam in Remestan oder Triazolam in Halcion, Diphenhydramin in Dolestan, Dormigoa N, Halbmond, Hevert-Dorm u. a., Doxylamin in Gittalun, Hoggar N). Die hoch abhängigkeitsriskanten barbiturathaltigen Schlafmittel haben auf dem Arzneimittelmarkt inzwischen fast keine Bedeutung mehr. Neue Substanzgruppen mit ähnlichen pharmakologische Eigenschaften wie die BZD, wie z. B. Zopiclon (z. B. in Ximovan) und Zolpidem (z. B. in Stilnox, Bikalm), finden zunehmend Verbreitung. Bei diesen kann eine Abhängigkeitsentwicklung bei Langzeitgebrauch nicht ausgeschlossen werden.

BZDs wirken gut bei Angststörungen, Panikanfällen und Schlafstörungen, sie zeigen im Vergleich zu anderen Mitteln insgesamt relativ wenig Nebenwirkungen, können jedoch bei längerer Anwendung eine physiologische und psychische Abhängigkeit erzeugen. Bei abruptem Absetzen können bereits nach 2-4 Wochen verstärkt Angst und Schlafstörungen auftreten, Entzugssymptome, die denen ähneln, gegen die die Mittel eingesetzt werden. Das macht es schwierig, entzugsbedingte Ängste oder –schlaflosigkeit von der ursprünglichen Symptomatik zu unterscheiden. Den Nutzerinnen ist eine solche Differenzierung relativ gleich. Sie werden jedoch durch die Entzugssymptome dazu verleitet, die BZDs länger einzunehmen als geplant. Die Wahrscheinlichkeit, daß die genannten Symptome, aber auch stärkere Entzugserscheinungen (wie kognitive und psychomotorische Dysfunktionen) auftreten, ist individuell unterschiedlich ausgeprägt und steigt mit dem Alter, der Dauer der Einnahme und der Dosishöhe.

Die Verordnungszahlen benzodiazepinhaltiger Schlaf- und Beruhigungsmittel sind insgesamt rückläufig. Nach Daten der Arzneimittelsurveys im Rahmen der Deutschen Herz-Kreislauf-Präventionsstudie nahmen 1984/86 7 % der Frauen in den letzten sieben Tagen BZDs ein; 1988/89 waren es nur noch 5 %. Wenig geändert hat sich an der Geschlechtsverteilung: Weiterhin wenden Frauen doppelt so häufig die abhängigkeitsriskanten BZDs an wie Männer (Melchert/Kemper 1992). Die sinkenden Zahlen der BZD-Verordnungen bedeuten jedoch nicht, daß weniger beruhigende und schlaffördernde Medikamente eingenommen werden, sondern eine Verschiebung auf andere Medikamente mit anderen Risiken. Als problematisch wird daher in Fachkreisen der Trend bewertet, die bei sachgemäßem Gebrauch wirksamen und gut verträglichen BZDs (aus Angst vor Abhängigkeitsentwicklung) zum Teil durch Arzneimittel mit gravierenden Nebenwirkungen, wie z. B. Neuroleptika, zu ersetzen (Lohse/Müller-Oerlinghausen 1996b).

Eine Ursache für den häufigeren Einsatz von Beruhigungs- und Schlafmitteln bei Frauen ist, daß bei Frauen häufiger Depressionen und Angststörungen diagnostiziert werden als bei Männern. Sie erhalten Beruhigungs- und Schlafmittel zudem häufig bei diffusen psychosomatischen Beschwerden ohne organischen Befund, offenbar als eine Art „Verlegenheitsmedikation" in Ermangelung anderer und effektiverer Hilfen.

Betrachtet man die Geschlechts- und Altersverteilung bei der Verwendung von Tranquillizern, so unterscheiden sich jüngere Frauen und Männer nicht bei der Verordnungshäufigkeit. Erst ab 30 Jahren werden Frauen mehr Beruhigungsmittel im Vergleich zu Männern verschrieben (Tabelle 4.4-1). Der Verbrauch steigert sich mit zunehmendem Alter bei den Frauen rasant und verdoppelt sich in der Altersgruppe der 40-49jährigen Frauen im Vergleich zu den 30-39jährigen Frauen. Eine weitere Verdopplung der Verordnungsraten findet sich bei den 50-59jährigen Frauen sowie bei den 70-79jährigen Frauen. Die höchste Zahl an Verschreibungen für Beruhigungsmittel weisen die über 80jährigen hochbetagten Frauen auf.

Tabelle 4.4-1: Verordnungen von Tranquillizern nach Alter und Geschlecht (in DDD je Versicherte/r), Deutschland 1995

	20-29 Jahre	30-39 Jahre	40-49 Jahre	50-59 Jahre	60-69 Jahre	70-79 Jahre	>80 Jahre
Frauen	0	1	3	7	11	15	21
Männer	1	1	2	4	6	10	14

Quelle: Rezepteauswertung der Gesetzlichen Krankenversicherungen, zit. nach: Lohse/Müller-Oerlinghausen 1996a:309).

Auch beim Schlafmittelverbrauch überwiegen die Frauen. Es zeigt sich ein vergleichbarer Anstieg der ärztlichen Verordnungen mit dem Alter wie bei den Beruhigungsmitteln. Zwischen 20 und 69 Jahren verdoppeln sich die Verschreibungen bei den Frauen im 10-Jahres-Abstand. Die höchsten Raten finden sich dann bei den hochbetagten Seniorinnen ab 80 Jahren. Die ärztliche Therapie mit Schlafmitteln ist also ebenso wie die mit Beruhigungsmitteln vorwiegend eine Therapie im Alter. Die „Ruhigsteller" führen bei den Alten aufgrund der damit einhergehenden Benommenheit und den Schwindelgefühlen häufig zu Stürzen mit Knochenbrüchen. Da sie zudem häufig als zusätzliche Medikation eingesetzt werden, erhöht sich insbesondere für Frauen aufgrund der größeren Anzahl der Medikamente das Risiko von unerwünschten Nebenwirkungen.

Tabelle 4.4-2: Verordnungen von Schlafmitteln nach Alter und Geschlecht (in DDD je Versicherte/r), Deutschland 1995

	20-29 Jahre	30-39 Jahre	40-49 Jahre	50-59 Jahre	60-69 Jahre	70-79 Jahre	> 80 Jahre
Frauen	1	2	4	7	13	21	32
Männer	1	1	2	4	8	16	30

Quelle: Rezepteauswertung der Gesetzlichen Krankenversicherungen, zit. nach: Lohse/Müller-Oerlinghausen 1996b:455).

Bei den jüngeren Frauen fällt die erhöhte Zahl der Konsumentinnen von Beruhigungs- und Schlafmitteln bei den alleinerziehenden Müttern und Frauen in benachteiligten sozialen Lagen auf. Der sprunghafte Anstieg des Gebrauchs von Tranquillizern bei den 40-60jährigen Frauen hängt möglicherweise mit den somatischen und psychischen Problemen beim Übergang vom reproduktiven Alter ins „dritte Lebensalter" zusammen, die mithilfe von psychotropen Medikamenten gedämpft werden sollen. Gleichzeitig gibt es Hinweise auf einen Zusammenhang von Eheproblemen einschließlich physischer und sexueller Gewalt mit einer erhöhten Verordnung von Beruhigungs- und Schlafmitteln (Franke et al. 1998; Stark/Flitcraft 1996).

Hochbetagte Frauen sollen sich - unterstützt durch die Anwendung von psychotropen Mitteln - insbesondere dann „ruhig" verhalten, wenn sie pflegebedürftig sind. Verschiedene Studien geben Hinweise darauf, daß Frauen aus Ost- und Westdeutschland sich beim Gebrauch von Beruhigungs- und Schlafmitteln unterscheiden. Vermutlich nehmen Frauen aus den neuen Ländern mehr Beruhigungs- und Schlafmittel ein als Frauen aus den alten Ländern (Untersuchungssurvey Ost/West 1990/92; Franke et al. 1998; Kraus/ Bauernfeind 1998; WIdO 1998).

4.4.4.3 Antidepressiva

Antidepressiva werden zur Behandlung schwerer psychischer Störungen, wie Depressionen und Panikattacken eingesetzt. Außerdem finden sie in der Kombinationstherapie zur Behandlung chronischer Schmerzen Verwendung. Antidepressiva umfassen Präparate unterschiedlicher chemischer Struktur, wie trizyklische Antidepressiva (z. B. Saroten, Stangyl, Aponal, Insidon oder Equilibrin), Monoaminoxidase-Hemmstoffe (z. B. Aurorix), Lithium und die neue Gruppe der Selektiven Serotonin-Wiederaufnahmehemmern (kurz: SSRI; z. B. Fluctin, Fevarin). Antidepressiva sind bis auf einige pflanzliche Mittel verschreibungspflichtig. Die Verschreibungen von Antidepressiva steigen in Deutschland seit 10 Jahren kontinuierlich an. Bei abruptem Absetzen können Entzugserscheinungen auftreten. Klassische Antidepressiva vor allem mit sedierender Wirkung werden in geringem Umfang als Suchtmittel mißbraucht und zwar vorwiegend in Zusammenhang mit anderen Suchtstoffen. Die neuen SSRI, die stimmungshebend und aktivierend wirken, führen bei langfristiger Anwendung nach neueren Meldungen nicht nur bei abruptem Absetzen zu Entzugserscheinungen, sondern offenbar läßt ihre Wirkung mit der Zeit nach (Toleranzentwicklung), was zur Dosissteigerung führen kann (Arzneitelegramm 1998:14).

Frauen erhalten häufiger als Männer Antidepressiva verordnet (Tabelle 4.4-). Zwischen 30 und 59 Jahren verdoppelt sich bei den Frauen die Rate von Antidepressiva-Verordnungen. Ab 60 Jahren bleibt die Zahl der Verordnungen dann in etwa gleich. Beträgt das Verhältnis der Verordnungen zwischen Männern und Frauen bei den 20-39jährigen noch 1:1,5, so erhöht es sich in den Altersgruppen danach auf 1:2. Die Zahl depressiver Erkrankungen hat in den letzten Jahrzehnten zugenommen, insbesondere in den jüngeren Altersklassen. Die Ursachen hierfür werden in veränderten gesamtgesellschaftlichen Bedingungen vermutet, welche erhöhte Anforderungen an die individuellen Bewältigungskompetenzen stellen. Verschiedene frauenspezifische psychosoziale und somatische Faktoren, wie sexuelle oder körperliche Gewalterfahrung, Partnerschaftsprobleme sowie reproduktionsbedingte Stimmungsschwankungen (z. B. Prämenstruelles Syndrom, Pränatale Depression, Klimakterium) können dazu beitragen, die erhöhte Depressionsrate bei Frauen zu erklären. In Relation zur Häufigkeit von Depressionen in der Bevölkerung erscheint der Umfang der Antidepressiva-Verordnungen eher relativ gering zu sein. Es gibt Hinweise darauf, daß Depressionen häufig mit Beruhigungsmitteln behandelt werden (Steinbach 1996). Vergleichsstudien über die Vor- und Nachteile der medikamentösen Behandlung umschriebener Krankheitsbilder aus dem depressiven Formenkreis mit Antidepressiva und BZDs fehlen allerdings.

Tabelle 4.4-3: Antidepressiva-Verordnungen nach Geschlecht und Alter (in DDD je Versicherte/r), Deutschland 1997

	20-29 Jahre	30-39 Jahre	40-49 Jahre	50-59 Jahre	60-69 Jahre	70-79 Jahre	> 80 Jahre
Frauen	1	3	6	10	12	13	12
Männer	1	2	3	5	5	6	6

Quelle: Rezepteauswertung der Gesetzlichen Krankenversicherungen, nach: WIdO 1998.

4.4.4.4 Neuroleptika

Neuroleptika werden vorwiegend zur Behandlung schizophrener und manischer Psychosen eingesetzt. Trotz des Risikos starker und irreperabler Nebenwirkungen finden sie verstärkt im Rahmen nicht-psychotischer Störungen zur Behandlung von Erregungszuständen, geistiger Behinderung und chronischer Schmerzsyndrome sowie bei Schlafstörungen (insbesondere bei Älteren) Verwendung. Neuroleptika werden vornehmlich in der Psychiatrie und in Altenpflegeheimen verwendet, ebenso werden sie in vergleichsweise großen Mengen Pflegebedürftigen verordnet, die von ihren Angehörigen versorgt werden. Neuroleptika sind verschreibungspflichtig. Sie können bei abruptem Absetzen Entzugssymptome hervorrufen. Abhängigkeitsentwicklungen sind bislang nicht bekannt geworden.

Tabelle 4.4-4: Neuroleptika-Verordnungen nach dem Geschlecht (DDD je Versicherte/r), Deutschland 1997

	20-29 Jahre	30-39 Jahre	40-49 Jahre	50-59 Jahre	60-69 Jahre	70-79 Jahre	80-89 Jahre	90+ Jahre
Frauen	1	3	5	5	5	5	7	15
Männer	2	4	4	4	3	3	5	13

Quelle: Rezepteauswertung der Gesetzlichen Krankenversicherungen, nach: WIdO 1998.

Zwischen 20 und 39 Jahren erhalten mehr Männer als Frauen Neuroleptika verordnet (Tabelle 4.4-). Das Geschlechterverhältnis der Verordnungen verändert sich in den Altersgruppen von 40 bis 80 Jahren: Nun sind es die Frauen, die etwas häufiger als Männer Neuroleptika erhalten. Auffällig ist weiterhin die Verdopplung von Neuroleptika-Verordnungen bei Frauen zwischen 40 und 49 Jahren im Vergleich zu den 30-39jährigen, die sich bei den Männern dieser Altersgruppe nicht findet. Eine Angleichung der Verordnungen findet sich erst wieder bei den Hochbetagten ab 90 Jahren.

4.4.4.5 Exkurs: Stimulantien und gewichtsreduzierende Medikamente

Um sich gängigen Schönheitsidealen anzunähern, nutzen vorwiegend Frauen gewichtsreduzierende Medikamente, wie Appetitzügler, Abführmittel (Laxantien) und harntreibende Mittel (Diuretika).

Appetitzügler gehören der Ephedrin- oder Amphetaminstoffgruppe an. Sie gelangen nach der Einnahme schnell ins Zentralnervensystem und wirken aktivierend und verringern den Appetit. Ab regelmäßiger Anwendung über vier Wochen verlieren sie jedoch ihre Wirksamkeit als Appetitzügler (Toleranzentwicklung). Die gesundheitlichen Risiken der Mittel sind erheblich. Dazu zählen Schlafstörungen, Konzentrationsschwierigkeiten, Übererregung, Gliederzittern, erhöhter Blutdruck und Puls. Eine Abhängigkeitsgefahr besteht durch die Gewöhnung an den aktivierenden und stimmungsaufhellenden Effekt der Substanzen. Ein plötzliches Absetzen nach längerem Gebrauch kann zu Entzugssymptomen mit schwerer Depressionen führen. Seit 1997 sind die bis dahin am häufigsten verkauften Appetitzügler rezeptpflichtig.

Laxantien (Abführmittel) haben keine psychotropen Wirkungen. Der Mißbrauch dieser Mittel vor allem durch Frauen und Mädchen hängt mit dem vorherrschenden Schlankheitsideal zusammen. Laxantien sind in drei Hauptgruppen zu unterscheiden: die eher milden Quell- und Füllmittel (wie z. B. Weizenkleie, Leinsamen und Agar-Agar), salinisch/osmotisch (wasserbindend) wirksame Medikamente (wie z. B. Glaubersalz, Bittersalz, Mannit und Sorbit) und Darmstimulantien (z. B. Rizinusöl, Agarol). Mittel auf pflanzlicher Basis sind in vielen Fällen nicht harmloser als chemisch hergestellte. Werden Laxantien (außer Quell-und Füllmitteln) langfristig eingenommen, gewöhnt sich der Darm an die sekretions- und kontraktionsfördernden Wirkungen. Es kommt wegen des Flüssigkeits- und Elektrolytverlusts (vor allem Kalium) zur Verstopfung, die eine weitere Anwendung von Laxantien auslöst. Der Verlust von Kalium kann zu schweren Störungen im Bereich der Muskulatur, im Blutkreislauf und bei den Harnwegen führen. Auch Nierenschäden sind möglich bei langfristigem und intensiven Gebrauch. Entwässernde Diuretika werden ebenfalls häufig mißbräuchlich zur Kontrolle und Reduzierung des Gewichts verwendet. Insbesondere Frauen und Mädchen mit Eßstörungen nehmen häufig langfristig und intensiv gewichtsreduzierende Medikamente ein.

Der regelmäßige Gebrauch von Appetitzüglern liegt in Deutschland konstant bei weit weniger als einem Prozent der Frauen. Abführmittel hingegen werden von rund 3 % der Frauen und 0,3 % der Männer zwischen 25 und 69 Jahren gelegentlich eingenommen. Frauen nehmen ungefähr dreimal soviel Abführmittel wie Männer. Der Verbrauch steigt mit dem Alter an. Vor allem Frauen über 50 Jahre wenden Abführmittel an (Knopf et al. 1995:462). Eine Erklärung hierfür ist, daß ab diesem Alter, wahrscheinlich aufgrund körperlicher Umstellungsprozesse im Zusammenhang mit dem Klimakterium, Stoffwechsel- und Verdauungsprozesse sich ändern und bei vielen Frauen das Gewicht steigt.

4.4.5 Geschlechtsunterschiede im Gebrauch von psychotropen Medikamenten in der Kindheit und Jugend

Bei Kindern zählen Grippe- und Schmerzmittel aufgrund der häufigen Erkältungskrankheiten zu den am häufigsten angewendeten Arzneimitteln. Geschlechtsunterschiede finden sich bei den Kindern in den Verordnungszahlen von Schmerz- und Grippemitteln sowie Schlafmitteln nicht. Anders sieht das bei den Antidepressiva, Neuroleptika, Tranquillizern, Schlafmitteln und Psychostimulantien aus, die 5-14jährigen Jungen häufiger verordnet werden als Mädchen in diesem Alter (Tabelle 4.4.-5).

Tabelle 4.4-5: Verordnungen von Beruhigungs- und Schlafmitteln, Antidepressiva, Neuroleptika und Psychostimulantien bei Kindern und Jugendlichen (in DDD je Versicherte/r), Deutschland 1997

	0-4 Jahre	5-9 Jahre	10-14 Jahre	15-19 Jahre
Mädchen	0,1	0,4	0,6	1,3
Jungen	0,9	0,9	1,5	1,2

Quelle: Rezepteauswertung der Gesetzlichen Krankenversicherungen, nach: WIdO 1998.

Insgesamt werden Kindern vergleichsweise selten psychotrope Medikamente verschrieben. Eine Ausnahme stellen die Verordnungen von Antidepressiva als Therapie gegen Bettnässen vor allem im Vorschul- und Schulkindalter dar. Mehr Jungen als Mädchen nässen gelegentlich ein und in der Folge erhalten Jungen häufiger Antidepressivaverordnungen als Mädchen. Neuere Diagnose- und Verordnungsdaten hierzu stehen aus; zwischen 1985 und 1990 sanken die Antidepressiva-Verordnungen für Kinder unter 12 Jahren (Glaeske 1993). Häufiger als Mädchen werden bei Jungen im Schulkindalter auch die sogenannten Hyperkinetischen Störungen diagnostiziert, die durch hyperaktives Verhalten und Aufmerksamkeitsprobleme auffallen. Diese werden in zunehmendem Maß mit dem Psychostimulanz Ritalin behandelt (ebd.; Schwabe/Paffrath 1996, 1997), das zumindest bei einem Teil der aufmerksamkeitsgestörten Kinder kurzzeitig die Hyperaktivität senkt.

In der Jugendzeit steigt bei den Mädchen die Zahl der Verordnungen von Beruhigungs- und Schlafmitteln, Antidepressiva und Neuroleptika, während sie bei den Jungen sinkt. Geschlechtsunterschiede zeigen sich nicht und insgesamt ist die Gesamtzahl der Verordnungen dieser Mittel (noch) vergleichsweise gering (Tabelle 4.4-). Zu den Verschreibungen kommen Medikamente, die die Jugendlichen von ihren Eltern oder Freunden erhalten oder sich selbst kaufen. Auch hier unterscheiden sich die Geschlechter nur wenig voneinander, wenn man ihre Angaben zum Gebrauch von psychotropen Medikamenten miteinander vergleicht (BZgA 1992b; Möller 1992:47). Einen Sonderfall unter den psychotropen Medikamenten stellen die Schmerzmittel dar. Insgesamt 8 % der 12-16jährigen Mädchen, aber nur 6 % der altersgleichen Jungen nehmen regelmäßig, d. h. mindestens einmal pro Woche, Schmerzmittel (Kolip 1997:189). Ein Teil der Mädchen nimmt Schmerzmittel vor allem gegen Unterleibsbeschwerden im Zusammenhang mit der Menstruation.

4.4.6 Zusammenfassung

Der Gebrauch psychotroper Medikamente variiert systematisch nach Geschlecht und Lebensalter: Bei den Schulkindern erhalten Jungen mehr Verschreibungen als Mädchen, in der Jugendzeit gleichen sich die Verordnungszahlen psychotroper Medikamente an und bei den Erwachsenen nehmen Frauen ab 20 Jahren mehr Schmerzmittel und Antidepressiva als Männer, ab 30 Jahren mehr Beruhigungs- und Schlafmittel und ab 40 Jahren mehr Neuroleptika. Die Gebrauchsraten der psychotropen Medikamente steigen mit Ausnahme der Schmerzmittel mit dem Alter kontinuierlich an und sind bei den Hochbetagten am höchsten.

Die insgesamt beachtlichen Mengen von psychotropen Medikamenten, die Frauen von Ärzten verordnet bekommen und die vor allem schmerzgeplagte Frauen in Apotheken selbst erwerben, lassen vermuten, daß sehr viele Frauen von psychotropen Medikamenten abhängig sind. Schätzungen gehen von ca. 2 Mio. Frauen und Männern aus, die von ärztlich verschriebenen Medikamenten abhängig sind und von weiteren 500.000 Schmerzmittelabhängigen. Die Mehrzahl der Medikamentenabhängigen sind ältere und alte Frauen. Die meisten Langzeitnutzerinnen von Beruhigungs- und Schlafmitteln steigern ihren Medikamentengebrauch über die Jahre nicht, sind also „niedrigdosisabhängig", und sind sich des Abhängigkeitsrisikos nicht bewußt. Sie werden von den Einrichtungen der Suchtberatung und -behandlung bislang nur unzureichend erreicht. Die Ärzte wiederum, die sie oft jahrelang mit den abhängigkeitserzeugenden Medikamenten versorgen, zeigen in der Regel wenig Aufmerksamkeit für die von ihnen mitverursachte Medikamentenabhängigkeit. Es handelt sich bei der Mehrzahl der Fälle also in der Tat um „weiche" und „stille" Abhängigkeiten. Die lange Medikamentenkarriere erschwert eine Behandlung der Sucht und ihrer zugrundeliegenden inzwischen chronifizierten gesundheitlichen Beschwerden und psychosozialen Belastungen, wie z. B. Angststörungen und Depressionen, Einsamkeit und zwischenmenschliche Konflikte (Ellinger 1990). Spezifische Angebote zur Behandlung medikamentenabhängiger Frauen, die die Möglichkeit einer fachgerechten, längerfristigen Einzelbetreuung beinhalten und Programme zur Prävention von Medikamentenabhängigkeit sind daher erforderlich. Diese sollten explizit auch schmerzmittelabhängige Frauen ansprechen.

4.5 Riskantes Verkehrsverhalten, häusliche Unfälle und Stürze

4.5.1 Einleitung

Das Unfallgeschehen wird im Bundesgebiet nach drei Bereichen differenziert: Straßenverkehrsunfälle, Heim- und Freizeitunfälle und Unfälle am Arbeitsplatz. Diese Einteilung folgt versicherungsrechtlichen Gesichtspunkten, da sich die Kostenträger für die Krankheitsbehandlung der Unfallfolgen unterscheiden. Während die Kosten für erforderliche Behandlungen nach Straßenverkehrs-, Heim- und Freizeitunfällen von den gesetzlichen Krankenversicherungen getragen werden, sind bei den Unfällen am Arbeitsplatz die Berufsgenossenschaften zuständig. Diese Systematik wurde übernommen, obwohl für Frauen die Heimunfälle in großem Umfang Unfälle am häuslichen Arbeitsplatz sind.

Am gesamten Unfallgeschehen hatten 1997 die Heim- und Freizeitunfälle mit ca. 48 % den höchsten Anteil, gefolgt von den Arbeitsunfällen (einschließlich der Schülerunfälle) mit 31 % und den gemeldeten Straßenverkehrsunfällen mit 20 % (BAuA 1998; StBA 1998f; eigene Berechnungen). Unter Berücksichtigung des Schweregrades dieser Unfälle ergibt sich eine andere Rangfolge. Bei tödlichen Unfällen dominierten 1997 die Kfz-Unfälle auf öffentlichen und privaten Wegen mit 51,5 %. 43,9 % der tödlichen Unfälle geschahen im Hausbereich und bei der Freizeit, 4,5 % bei der Arbeit (StBA 1999; eigene Berechnungen).

Im Hinblick auf die Unfallhäufigkeit in den drei Bereichen und bei den Unfallfolgen existieren geschlechtsspezifische Unterschiede. Frauen sind von Unfällen in einzelnen Lebensphasen unterschiedlich häufig und unterschiedlich folgenreich betroffen.

Im folgenden wird auf die Straßenverkehrsunfälle, die Heim- und Freizeitunfälle und auf Stürze als Ursache von Heimunfällen ausführlich eingegangen. Die Schülerunfälle werden nicht berücksichtigt, da die Betroffenen vor allem Kinder sind. Die Arbeitsunfälle werden in Kapitel 7 dargestellt.

4.5.2 Datenlage

Die Mortalität in den drei genannten Unfallbereichen wird in der Todesursachenstatistik dokumentiert. Eine umfassende Morbiditätsstatistik, aus der die Zahl der Verletzten und die Art der Verletzungen in allen Unfallbereichen hervorginge, gibt es nicht.

Daten zum Verkehrsunfallgeschehen werden auf der Grundlage der Meldungen von Polizeidienststellen nach dem „Gesetz über die Statistik der Straßenverkehrsunfälle" erhoben. In der Statistik sind nur solche Unfälle enthalten, die auf öffentlichen Wegen und Plätzen geschehen und zu denen die Polizei herangezogen wird. Das Statistische Bundesamt erstellt einen jährlichen Bericht über die Verkehrsunfälle. In der Verkehrsunfallstatistik und in der Todesursachenstatistik sind unterschiedliche Zahlen zu bei Kfz-Unfällen im Verkehr Getöteten dokumentiert. Dies ist durch unterschiedliche Erfassungsmethoden zu erklären. In der Unfallstatistik sind alle auf öffentlichen deutschen Straßen bis zu 30 Tagen nach dem Unfall Verstorbenen erfaßt, die Todesursachenstatistik enthält nur Verstorbene mit Wohnsitz in Deutschland, jedoch auch die bei Kfz-Unfällen auf privaten Wegen und auch die 30 Tage nach einem Unfall an dessen Folgen verstorbenen Menschen.

Zum Umfang der Heim- und Freizeitunfälle liegen nur über repräsentative Haushaltsbefragungen von 1988/1992 und 1996/97 gewonnene und auf das Bundesgebiet hochgerechnete Daten der Bundesanstalt für Arbeitsschutz und Arbeitsmedizin vor. Die Arbeitsunfälle einschließlich der Wegeunfälle und die Schülerunfälle werden von den Berufsgenossenschaften bzw. der gesetzlichen Unfallversicherung erfaßt (vgl. Kapitel 7).

4.5.3 Aktuelle Daten zu Verkehrsunfällen

Nach Angaben der Verkehrsunfallstatistik 1997 verunglückten im Straßenverkehr des Bundesgebietes insgesamt 509.223 Menschen. Bei 507.569 sind Angaben zum Geschlecht vorhanden. Danach waren 41,7 % der Verunglückten Frauen. Auf 100.000 Frauen entfielen 503,7 Verunglückte, auf 100.000 Männer 739,4. Die Verunglückten verteilen sich altersspezifisch unterschiedlich (StBA 1998f).

Tabelle 4.5-1: Verunglückte[1] auf 100.000 Personen der Bevölkerung nach Alter und Geschlecht 1997

Altersgruppe von ... bis unter ... Jahren	Frauen	Männer
unter 15	320,8	432,5
15 - 25	1.279,4	1.902,4
25 - 35	689,7	1.001,2
35 - 45	496,0	682,0
45 - 55	435,6	529,1
55 - 65	343,5	415,4
≥ 65	234,5	322,8
Insgesamt	503,7	739,4

1) Verunglückte sind verletzte und getötete Personen.
Quelle: Verkehrsunfallstatistik 1997, eigene Berechnungen, StBA 1998f: 27.

Ein Schwerpunkt des Unfallgeschehens mit Personenschaden liegt sowohl bei Frauen als auch bei Männern in der Altersgruppe der 15-24jährigen. Die 25-34jährigen weisen mit 689,7 Frauen und 1001,2 Männern auf 100.000 Bevölkerung ebenfalls noch hohe Ziffern auf. Mit zunehmendem Alter nimmt das Risiko, zu verunglücken, ab. Altersspezifische Zusammenhänge wiederholen sich bei der Betrachtung von Absolutzahlen. Eine Differenzierung der Unfallbeteiligten (das sind alle Fahrzeugführer und Fahrzeugführerinnen und alle Fußgänger und Fußgängerinnen, die Schäden erlitten oder hervorgerufen haben - ohne jedoch die verunglückten Mitfahrenden), von denen 29,8 % weiblich waren, ergibt, daß 46,5 % der unfallbeteiligten Frauen und 45,6 % der Männer 1997 zwischen 18 und 34 Jahre alt waren.

Erwartungsgemäß läßt sich eine nach Alter unterschiedliche Verkehrsbeteiligung feststellen. Die unter 18jährigen Frauen verunglückten zu 43,3 % (etwa je zur Hälfte) als Fahrradfahrerinnen oder als Fußgängerinnen. Bei den 18-34jährigen überwiegen die mit dem PKW oder dem Motorrad verunglückten zu 86,1 %. Ab dem Alter von 35 Jahren sinkt der Anteil der auf diese Weise Verunglückten bei steigenden Anteilen der zu Fuß oder mit dem Fahrrad Verkehrsbeteiligten kontinuierlich an. In der Altersgruppe der 65jährigen und älteren kamen ca. 47 % mit einem oder durch ein Kraftfahrzeug zu Schaden, 19 % verunglückten mit dem Fahrrad und 25 % als Fußgängerinnen (fehlende Prozente bis 100 andere Kraftfahrzeuge z. B. Busse). (StBA 1998f; eigene Berechnungen).

Zur Beschreibung der Mortalität bei Kfz-Unfällen auf öffentlichen und privaten Wegen wird im folgenden die Todesursachenstatistik 1997 (mit den ICD-9-Nr. E810-825) zugrunde gelegt, da sie - wie bereits erwähnt - ausschließlich von der Bevölkerung mit Wohnsitz in Deutschland ausgeht (StBA 1998e und korrigierte Neuauflage 1999). Danach starben 8.150 Menschen im Straßenverkehr, davon waren 26,2 % Frauen. Auf 100.000 Einwohnerinnen kamen 5,1 Todesfälle, bei den Männern betrug diese Ziffer 15,0. Im Hinblick auf das Risiko, Opfer eines tödlichen Verkehrsunfall zu werden, unterscheidet sich West- von Ostdeutschland. In den alten Bundesländern entfielen 1997 auf 100.000 Frauen 4,6 (auf 100.000 Männer 13,2) Verkehrstodesfälle; in den neuen Ländern mit Ost-Berlin betrug die entsprechende Ziffer bei Frauen 7,3 und bei Männern 23,2 (StBA 1999).

1997 war bei im Alter von 15-19 Jahren verstorbenen Frauen zu 41,8 % die Todesursache ein Kfz-Unfall, bei den 20-24jährigen zu 31,2 %. Bei den verstorbenen Männern waren diese Unfälle in der Altersgruppe der 15-19jährigen zu 48,1 %, bei den 20-24jährigen zu 42,7 % die Todesursache (StBA 1998e). Kfz-Unfälle sind bei den Männern im Alter zwischen 15-24 Jahren also die häufigste Todesursache. Sie beeinflussen die Übersterblichkeit der Männer dieser Altersgruppe und tragen damit zur höheren Lebenserwartung von Frauen nicht unerheblich bei (Häussler 1997).

Tabelle 4.5-2: Durch Kfz-Verkehrsunfälle Getötete auf 100.000 Bevölkerung der entsprechenden Geschlechts- und Altersgruppe 1997

Alter von ... bis ... unter	Frauen	Männer
15-25	10,7	37,7
25-35	4,5	19,6
35-45	3,9	13,3
45-55	3,5	11,5
55-65	3,7	10,9
65-75	5,9	11,1
75-85	9,8	20,7
≥ 85	9,5	21,8
Alle Altersgruppen	5,1	15,0

Quelle: Todesursachenstatistik 1997, eigene Berechnungen; StBA 1999 und Datenlieferungen.

Die Sterbeziffern bei Kfz-Verkehrsunfällen sind in allen Altersgruppen bei den Frauen niedriger als bei den Männern, sie variieren jedoch bei beiden Geschlechtern lebenslaufspezifisch. Die höchsten Sterbeziffern haben die 15-24jährigen und die 75 Jahre und älteren Frauen. In den dazwischen liegenden Altersgruppen sind die Ziffern bedeutend niedriger. Bei den Männern zeigt sich, wenn auch auf bedeutend höherem Niveau, eine ähnliche Altersverteilung, wobei die 15-24jährigen mit 37,7 Kfz-Verkehrstoten auf 100.000 Bevölkerung das höchste Risiko aufweisen, bei einem Straßenverkehrsunfall ums Leben zu kommen.

Die Sterbeziffern verdeutlichen, daß Schwerpunkte des tödlichen Unfallgeschehens im jungen Erwachsenen- und im hohen Lebensalter liegen. Von den 1997 im Kfz-Verkehr getöteten Frauen waren 35,9 % zwischen 15 und 34 Jahren alt, 29,6 % waren 65 und älter. Die Altersverteilung der getöteten Männer zeigt auf dieser statistischen Ebene ein etwas anderes Bild: 51,9 % waren zwischen 15 und 34 Jahren alt, 11,4 % waren 65 und älter (StBA 1999; eigene Berechnungen). Die 65jährigen und älteren Frauen weisen zwar einen geringeren prozentualen Anteil an den tödlich Verunglückten auf als die jüngeren, ihr Risiko, bei einem Verkehrsunfall ums Leben zu kommen, ist jedoch größer. Dies kann damit zusammenhängen, daß ältere Frauen eher als Fußgängerinnen verunglücken und daß sie aufgrund ihres Alters in einem vulnerableren Gesundheitszustand sind als die jüngeren.

Unfallursachen

Frauen verursachen weniger Unfälle als Männer. Nach der Verkehrsunfallstatistik 1997 wurden nur etwas mehr als ein Viertel (26,9 %) der Unfälle mit Personenschaden von Frauen verursacht. Der größte Anteil der die Unfälle Hauptverursachenden ist sowohl bei den Frauen als auch bei den Männern mit jeweils ca. 49 % die Altersgruppe der 18-34jährigen.

Tabelle 4.5-3: Ausgewählte Ursachen von Straßenverkehrsunfällen 1997 Deutschland - Fehlverhalten der Fahrzeugführerinnen und Fahrzeugführer je 1.000 Beteiligte bei Unfällen mit Personenschaden

Unfallursache	Frauen	Männer
Fehlverhalten je 1.000 Beteiligte	611	725
Verkehrstüchtigkeit (inkl. Alkoholeinfluß)	19	67
Falsche Straßenbenutzung	48	48
Geschwindigkeit	100	147
Abstand	67	80
Überholen	18	32
Mißachten der Vorfahrt	109	92
Abbiegen, Wenden, Anfahren, Rückwärtsfahren	101	94
Fehler gegenüber Fußgängerinnen u. Fußgängern	26	28
Andere Fehler bei der Fahrerin od. beim Fahrer	108	119

Quelle: Verkehrsunfallstatistik 1997; StBA schriftliche Mitteilung vom 31.3. 1999.

Im Hinblick auf die Prävention von Verkehrsunfällen sind die Verhaltensweisen, die zu Unfällen führen, relevant. Berücksichtigt man bei Unfällen mit Personenschaden die Fahrzeugführerinnen und Fahrzeugführer, so sind Schwerpunkte des Fehlverhaltens: nicht angepaßte Geschwindigkeit, Mißachten der Vorfahrt und Abbiegen/Wenden/ Rückwärtsfahren. Im Hinblick auf die Häufigkeiten des Fehlverhaltens zeigen sich geschlechtsspezifische Unterschiede.

Die gravierendsten Unterschiede zwischen Frauen und Männern bestehen bei Unfällen mit Personenschaden im Fahren unter Alkoholeinfluß, das 2.504 Unfälle von Fahrzeugführerinnen und 28.124 Unfälle von Fahrzeugführern bedingte, und in nicht angepaßter Geschwindigkeit, die bei 19.456 Fahrerinnen und bei 70.699 Fahrern eine Rolle spielte. 2,1 % der von Frauen verursachten Unfälle und 8 % der von Männern verursachten waren auf Alkoholeinfluß zurückzuführen. 16,4 % der Frauen und 20,2 % der Männer fuhren mit nicht angepaßter Geschwindigkeit. Es zeigen sich bei beiden Verhaltensweisen altersspezifische Unterschiede.

Tabelle 4.5-4: Riskantes Verkehrsverhalten - Alkoholeinfluß und nicht angepaßte Geschwindigkeit 1997 (nach Geschlecht und Alter je 1.000 Beteiligte der entsprechenden Gruppe)

Alter von ... bis unter ... Jahren	Alkoholeinfluß		nicht angepaßte Geschwindigkeit	
	Frauen	Männer	Frauen	Männer
18 – 21	10	66	174	277
21 – 25	12	74	133	218
25 – 35	15	69	108	159
35 – 45	18	70	88	125
45 – 55	14	51	75	96
55 – 65	9	40	61	84
65 – 75	4	24	51	75
≥ 75	2	11	46	79

Quelle: Verkehrsunfallstatistik 1997; StBA schriftliche Mitteilung vom 31.3.1999.

Generell beteiligen sich alkoholisierte Frauen in geringerem Umfang am Straßenverkehr als alkoholisierte Männern. Die kritischste Altersgruppe für diese riskante Verhaltensweise sind die 35-44jährigen Frauen, während bei Männern in der Altersgruppe der 21-24jährigen der Anteil der Alkoholisierten bezogen auf 1.000 als Fahrzeugführer Beteiligte am höchsten ist. Bei nicht angepaßter Geschwindigkeit liegt die auffallende Risikogruppe sowohl bei Frauen als auch bei Männern bei den 18-21jährigen. Es ist jedoch zu berücksichtigen, daß bei der Unerfahrenheit der Fahrerinnen und Fahrer dieses Alters „nicht angepaßte Geschwindigkeit" nicht „Raserei" bedeuten muß.

Prävention von Verkehrsunfällen

Präventive Bemühungen sind insbesonders für die am Unfallgeschehen stark beteiligten jugendlichen Risikogruppen sinnvoll. Auto- und Motorradfahren stellen für bestimmte jugendliche Subgruppen nicht nur rationale Arten der Fortbewegung, sondern emotional und motivational besetzte Bestandteile des Erwachsenen- und Unabhängigwerdens dar. Da sich Frauen und Männer im Hinblick auf riskante Verhaltensweisen im Straßenverkehr unterscheiden, sind diese im Kontext ihrer geschlechtsspezifisch unterschiedlichen kulturell-symbolischen Bedeutung zu sehen.

4.5.4 Heim- und Freizeitunfälle

Nach Daten der Bundesanstalt für Arbeitsschutz und Arbeitsmedizin verunglücken jährlich rund 4,8 Mio. Menschen bei Haus- und Freizeitunfällen. 60 % der Unfälle von

Frauen ereignen sich im Haus oder der häuslichen Umgebung, bei Männern ist dies bei 45 % der Unfallort. Jährlich entfallen auf 100.000 Frauen 3.400 Unfälle im häuslichen Bereich, bei den Männern liegt diese Ziffer bei 2.730. Bei Sport- und Freizeitunfällen verunglücken mehr Männer als Frauen: auf 100.000 Männer entfallen 3.410 Verletzte, auf 100.000 Frauen 2.330 Verletzte (StBA 1998a: 152).

Die alten und die neuen Bundesländer unterscheiden sich im Hinblick auf die quantitative Besetzung der einzelnen Unfallbereiche, wie aus einer 1992 durchgeführten Befragung hervorgeht. Darin kommt zum Ausdruck, daß sich Lebensgewohnheiten und Freizeitverhalten der Bevölkerung in Ost und West zumindest noch 1992 unterschieden haben.

Tabelle 4.5-5: Heim- und Freizeitunfälle nach Unfallart bei Frauen und Männern in den alten und neuen Bundesländern 1992

Unfallart	Alte Bundesländer (in %)	Neue Bundesländer (in %)
Hausunfall	49	60
Sportunfall	28	12
Freizeitunfall	23	28
Insgesamt	100	100

Quelle: Henter 1995: 75.

Es erstaunt in Anbetracht der geschlechtsspezifischen Arbeitsteilung nicht, daß bei der Differenzierung nach einzelnen häuslichen Tätigkeiten Frauen und Männer unterschiedliche Unfallhäufigkeiten aufweisen.

Tabelle 4.5-6: Unfälle im häuslichen Bereich nach verschiedenen Tätigkeiten, Geschlecht und Unfallschwere 1996

Tätigkeiten im häuslichen Bereich	Zahl der Unfälle ca.	Frauenanteil in %	Unfallschwere		
			Beeinträchtigung ⌀ in Tagen	stationäre Behandlung: % d. Fälle	⌀ Aufenthalt[2]
Heimwerken	250.000	13	21	7,0	11
Hausarbeit[1]	440.000	70	24	5,2	15
Essenszubereitung	220.000	75	20	1,9	16

1) putzen, waschen, aufräumen, spülen, bügeln
2) durchschnittlicher stationärer Aufenthalt

Quelle: BAuA 1998. Alle Zahlen beziehen sich auf 1996. Es handelt sich um jeweils hochgerechnete Angaben aus repräsentativen Haushaltsbefragungen der Jahre 1988-1992 und 1996/97.

Insgesamt lassen sich pro Jahr ca. 473.000 Frauen als Folge eines Unfalles bei der Hausarbeit oder Essenszubereitung ärztlich behandeln. Rund 19.000 Frauen verbringen deswegen im Durchschnitt sogar 15 Tage im Krankenhaus. Im Vergleich der Unfallschwere der einzelnen Bereiche fällt auf, daß hausarbeitsbedingte Unfälle durchschnittlich längere gesundheitliche Beeinträchtigungen und längere stationäre

Aufenthalte nach sich ziehen als solche beim vor allem von Männern ausgeübten Heimwerken. Anhand dieser Zahlen wird deutlich, daß Hausarbeit mit einem nicht zu vernachlässigenden Unfallrisiko behaftet ist.

Die bei tödlichen Verkehrsunfällen am meisten betroffene Gruppe der 15-34jährigen ist in sehr geringem Umfang an tödlichen Hausunfällen beteiligt. Nur 1 % der verstorbenen Frauen und 5,3 % der verstorbenen Männer gehörten ihr an. Jedoch waren 90,1 % der bei Hausunfällen verstorbenen Frauen (58,7 % der Männer) 65 Jahre alt oder älter (StBA 1999 - eigene Berechnungen). Diese Daten bilden nur einen Teil des tödlichen häuslichen Unfallgeschehens ab. In der Todesursachenstatistik 1997 sind 6.211 Verstorbene (davon 50,8 % Frauen) der Kategorie „sonstige Unfälle" zugeordnet. 85,1 % der weiblichen „sonstigen" Unfälle betrafen die Altersgruppe ab 65 Jahren (ebd.). Das Statistische Bundesamt vermutet daher, daß ein Großteil dieser Unfälle sich im häuslichen Bereich ereigneten.

Tabelle 4.5-7: Bei häuslichen Unfällen Getötete nach Alter und Geschlecht auf 100.000 Bevölkerung der entsprechenden Gruppe 1997

Alter von.. bis ..unter	Frauen	Männer
0-1	2,8	3,6
1-5	2,2	2,7
5-15	0,5	0,7
15-25	0,3	0,7
25-35	0,4	1,6
35-45	1,0	3,1
45-55	1,6	4,5
55-65	2,7	7,0
65-75	8,7	12,5
75-85	41,5	43,4
≥ 85	178,2	198,7
insgesamt	9,4	8,7

Quelle: Todesursachenstatistik 1997; StBA 1999.

Ohne Berücksichtigung der Kinder bis zum Alter von 4 Jahren steigt das Risiko, bei einem häuslichen Unfall ums Leben zu kommen bei beiden Geschlechtern mit dem Alter an, besonders die Betagten und Hochbetagten sind davon betroffen.

4.5.5 Stürze

Jede zweite Verletzung bei Haus- und Freizeitunfällen wird durch Stürze hervorgerufen. 63 % dieser Unfälle bei Frauen und 52 % derer bei Männern sind darauf zurückzuführen. In der Altersgruppe ab 60 Jahren liegen die entsprechenden Anteile noch höher: Bei 72 % der Frauen und bei 58 % der Männer dieses Alters ist die Unfallverletzung durch einen Sturz bedingt. Nach Schätzungen verletzen sich jährlich 464.000 Menschen ab 60 Jahren bei Stürzen im Haus und in der Freizeit. Davon sind 386.000 Frauen und 78.000 Männer (StBA 1998a: 152-153). Das entspricht einem Geschlechterverhältnis von 4,9:1. Frauen stürzen eher bei der Fortbewegung und der Hausarbeit, Männer eher beim Sport und beim Heimwerken.

Stürze bei älteren Menschen haben nicht nur gravierende Verletzungen und Frakturen zur Folge, sondern sie können auch zu Ängsten, Depressionen und einem Rückzug aus dem aktiven Leben führen, Symptomen, die in der angelsächsischen Literatur als „postfall-syndrom" beschrieben werden (Murphy/Isaacs 1982). Die Häufigkeit des postfall-syndroms bei älteren Menschen wird in einer Übersichtsarbeit mit 11-20 % angegeben (Six 1992: 1379). In einer Ergebnisübersicht epidemiologischer Studien aus den USA, Großbritannien, Neuseeland und Schweden werden folgende generelle Aussagen zum Sturzgeschehen im Alter formuliert: Besonders für ältere, alleinstehende Frauen ist Stürzen nicht nur ein häufigeres, sondern auch ein folgenreicheres Ereignis als für Männer. Frauen erleiden beim Sturz mehr Verletzungen und Frakturen als Männer und müssen sich daher häufiger in Behandlung begeben (ebd.: 1380). Aufgrund fehlender deutscher Daten zu den Merkmalen Familienstand und Arztkonsultation bei Stürzenden, läßt sich zur Zeit nicht überprüfen, ob diese Beobachtungen auch auf das Bundesgebiet zutreffen.

Bei tödlichen Haus- und Freizeitunfällen spielen Stürze als Ursache die größte Rolle. Von den 1995 nach einem Haus- und Freizeitunfall verstorbenen Frauen im Alter von 60 und mehr Jahren waren 79 % gestürzt (bei den verstorbenen Männern liegt der entsprechende Anteil bei 63 %) (StBA 1998a: 152-153).

In der Todesursachenstatistik werden die Stürze nach ICD-9 (E 880-888) gesondert ausgewiesen. 1997 starben 9.384 Menschen, mit 60,1 % in der Mehrzahl Frauen, nach einem Sturz. Auf 100.000 Frauen entfielen 13,4 Todesfälle durch Sturz, bei den Männern liegt die entsprechende Ziffer bei 9,4 (StBA 1999). Tödliche Stürze spielen in den jüngeren Altersgruppen und im mittleren Lebensalter eine geringe Rolle, sie sind vor allem für die betagten und hochbetagten Frauen ein Risiko. 1997 waren ein Drittel der tödlich gestürzten Frauen zwischen 75 und 84 Jahren alt, 55,6 % waren 85 oder älter. Das mittlere Sterbealter nach Stürzen lag bei Frauen bei 83,7 Jahren, bei Männern aufgrund ihrer niedrigeren Lebenserwartung bei 70,6 Jahren (StBA 1998e und 1999).

Im Hinblick auf die Art der Verletzungen, die beim Sturz zum Tode führten, unterscheiden sich Frauen von Männern. Bei letzteren waren Oberschenkelhalsbrüche und intrakranielle Verletzungen mit je 30 % gleich bedeutsam. Bei den verstorbenen Frauen spielen intrakranielle Verletzungen mit 15,0 % eine geringere Rolle. Bei ihnen überwiegen die Oberschenkelhalsbrüche mit 57 % und die Beckenbrüche mit 10,1 % (StBA 1998e: 118). Diese Befunde sind im Zusammenhang mit der durch Osteoporose verminderten Knochendichte älterer Frauen zu sehen (StBA 1998a: 206).

Als Ursache für die Stürze vor allem älterer Menschen können bereits vorhandene gesundheitliche Beeinträchtigungen wie z. B. geriatrische Funktionsstörungen, Schwindel oder Gefäßverengungen, Überforderung und Konzentrationsschwäche verantwortlich sein. In großen amerikanischen Studien zeigten sich übereinstimmend Zusammenhänge zwischen der Einnahme bestimmter Medikamente und dem Sturzgeschehen bei älteren Menschen (Cumming et al. 1991; Blake et al. 1988). Insbesondere sind hier Antidepressiva, Antipsychotika, Anxiolytika, Diuretika und Vasodilatantien zu nennen. Bisher wenig beachtet, aber ebenfalls von Bedeutung sind auch Laxantien und der Kalziumantagonist Diltiazem (ebd. zitiert nach Six 1992: 1381). Es scheint, daß vor allem die Einnahme mehrerer dieser Medikamente zu Stürzen im Alter führen kann.

4.5.6 Zusammenfassung

Im Unfallgeschehen zeigen sich geschlechts- und lebensphasenspezifische Schwerpunkte. Das Risiko, im Straßenverkehr tödlich zu verunglücken, ist für Frauen bedeutend geringer als für Männer. Kfz-Verkehrsunfälle und deren Folgen betreffen überwiegend Frauen im jungen Erwachsenenalter. Sie sind bei den 15-19jährigen die häufigste Todesursache. Die quantitative Bedeutung der Unfälle bei der Hausarbeit und das gesundheitliche Risiko, das für Frauen in diesem Bereich liegt, wird oft unterschätzt. Die Hausunfälle einschließlich der tödlichen kommen bei Frauen häufiger vor als bei Männern. Folgenschwere Hausunfälle betreffen vor allem ältere Frauen. Stürze als die bedeutendste Ursache von Haus- und Freizeitunfällen sind ein typisches Risiko der betagten und hochbetagten Frauen.

5 Gewalt im Geschlechterverhältnis

5.1 Einleitung

Gewalt gegen Frauen wurde in den alten Bundesländern erstmals in und durch die Frauenbewegung der 70er Jahre als gesellschaftliches Problem öffentlich wahrgenommen. 1976 wurden in den alten Ländern die ersten Frauenhäuser eröffnet, Orte des Schutzes und der fachlich qualifizierten Beratung, an denen Frauen über - oft jahrelang ertragene - Mißhandlung durch Ehemänner oder Beziehungspartner sprechen konnten. Zur gleichen Zeit entstanden viele Notruf-Projekte, die - zumeist in einem Frauenzentrum - Beratung und eine Telefonbereitschaft für vergewaltigte Frauen anboten; sie gaben den Anstoß für die öffentliche Diskussion um sexuelle Gewalt. In den Folgejahren wurden, in aller Regel durch die politische und praktische Arbeit spezifischer Fraueninitiativen, weitere Erscheinungsformen von Gewalt zum Thema in Fachkreisen, in den Medien und in der Politik: Sexueller Mißbrauch von Mädchen und dann auch von Jungen, erzwungene Prostitution, auch im Rahmen von Menschenhandel oder "Ehevermittlung", Sextourismus, sexuelle Belästigung am Arbeitsplatz, Vergewaltigung in der Ehe, sexuelle Übergriffe in der Therapie. Mit der erneuten Aufmerksamkeit für körperliche Gewalt im sozialen Nahraum beginnen heute, Erkenntnisse über die Betroffenheit der Kinder durch die Mißhandlung ihrer Mütter wahrgenommen zu werden, aber auch Mißhandlung alter Menschen in der Pflege wird zum Thema. Eine wellenförmig sich fortsetzende Diskussion um immer neue Aspekte hat die Gesamtthematik präsent gehalten und eine ungefähre Vorstellung ihrer facettenreichen Komplexität vermittelt.

Damit ging ein Prozeß des Wandels in der rechtlichen Bestimmung und Bewertung von Gewalthandlungen einher. Die Gesetzgebung und Rechtsprechung bei Vergewaltigung nehmen heute wesentlich stärker die Vielfalt von Zwangsmitteln zur Kenntnis, die ein Mann einsetzen kann. Hinweise auf das sexuelle Vorleben der Frau werden in einer Verhandlung nicht mehr ohne weiteres zugelassen; eine vorangegangene Täter-Opfer-Beziehung wird unter dem Gesichtspunkt des Vertrauensbruchs häufiger strafverschärfend denn strafmildernd berücksichtigt. Schließlich ist es 1997 nach gut 20 Jahren öffentlicher Diskussion gelungen, die „eheliche Ausnahmeregelung" im Vergewaltigungsrecht zu entfernen und die sexuelle Selbstbestimmung der verheirateten Frau als rechtliche Norm zu verankern. Anerkennung hat mittlerweile auch der Umstand gefunden, daß eine private Strafverfolgung für die Opfer häuslicher Gewalt unzumutbar ist. Die Richtlinien für das Straf- und Bußgeldverfahren, die sich an die Staatsanwaltschaften richten und folglich auch das Vorgehen der Polizei bestimmen, sind - auf Drängen der Frauen(haus)bewegung (Hagemann-White et al. 1981) - in diesem Sinne präzisiert worden. Insoweit ist die rechtliche Bewertung von Körperverletzungen im häuslichen Bereich differenzierter geworden, und die besondere Situation der mit einem gewalttätigen Partner zusammenlebenden Frau kann im strafrechtlichen Verfahren Anerkennung finden (Schall/Schirrmacher 1995).

Zu Gewalt im Geschlechterverhältnis in der DDR liegen kaum Untersuchungen vor; Gewalt wurde nur in kriminologischer und sexualmedizinischer Fachliteratur thematisiert. Es gab zwar Forschung über sexuelle Gewalterfahrungen; sie zielte jedoch nicht darauf ab, das Thema zu enttabuisieren oder gar spezifische Angebote zu entwickeln. Vielmehr wurden letztlich die Opfer für die von ihnen erlittene Gewalt selbst verantwortlich gemacht (Igney 1999, Diedrich 1996). Eine Auswertung verschiedener Datenquellen deutet darauf hin, daß häusliche Gewalt in der DDR nicht weniger verbreitet war als in der Bundesrepublik. Das Thema war aber in der DDR-Öffentlichkeit nicht präsent. Lediglich im Rahmen der Kirchen entstand Mitte der 80er Jahren ein Problembewußtsein und 1988 ist ein erstes Krisenhaus entstanden, das Zuflucht für mißhandelte Frauen bot (Schröttle 1999: 138).

Die Wende machte eine öffentliche Thematisierung der Gewalt gegen Frauen möglich und innerhalb von kurzer Zeit setzt sich eine entsprechende Sensibilisierung durch. Durch den Einsatz von Frauengruppen und -initiativen, die sich teilweise bereits vor der Wende in der DDR-Bürgerbewegung engagiert hatten, wurden Schutzorte für Frauen geschaffen. Der Bedarf spiegelte sich auch in dem Zulauf wider, den die Frauenhäuser nach ihrer Gründung hatten. Die Möglichkeit, über sexuelle Gewalt öffentlich zu sprechen, brach zeitgleich mit anderen Veränderungen auf (z.B. Pornographie in den Medien, Präsenz von Kriminalität, neue Frauen- und Männerbilder), so daß insgesamt von einem neuen Gewaltklima im öffentlichen Raum zu sprechen ist.

Bei beiden Entwicklungen, im Osten wie im Westen, nahm die öffentliche Wahrnehmung des Skandals alltäglicher Gewalt ihren Ausgang bei massiven körperlichen Übergriffen und Verletzungen. Doch mit der Entstehung von Frauenprojekten und Einrichtungen zur praktischen Unterstützung betroffener Frauen rückte sehr bald ein breites Spektrum verschiedener, teils subtiler Gewaltformen in den Blick. Aus der Praxis wuchs die Erkenntnis, daß diese - gerade auch im Kontext von Bekanntschaft und Beziehungen - oft ineinander greifen. Gewalt im Geschlechterverhältnis hat viele Formen, findet viele Gelegenheiten und Anlässe. Frauen werden im Zusammenleben mit „gewaltbereiten" Männern nicht erst durch Schläge verletzt, sondern auch durch psychische Gewalt. Dazu zählen z. B. zermürbende Demütigungen, erzwungene Schlaflosigkeit, ständige Überwachung und Kontrolle (Einsperren), Mißtrauen und Eifersucht, regelmäßige Herabsetzung vor den Kindern oder im Bekanntenkreis. Sexuelle Nötigung und Vergewaltigung werden zu einem sehr hohen Anteil nicht von Fremden ausgeübt, sondern durch Männer, denen die betreffende Frau persönlich bekannt ist. Und schließlich ist der gewalttätige Übergriff, der eine Frau zum Aufsuchen von Beratung und Schutz veranlaßt, selten der erste in ihrem Leben. So haben die Projekte der Hilfe für betroffene Frauen und deren öffentliche Aufklärung überhaupt erst eine breitere Aufmerksamkeit dafür geweckt, daß Kinder, und insbesondere Mädchen, oft unter sexualisierter Gewalt leiden.

Gewalterfahrungen in der Kindheit sind häufig, und sie sind immer geschlechtsbezogen differenziert zu betrachten. Massive Körperstrafen und Mißhandlungen können ohne jeden sexuellen Anteil sein und dennoch auf das Geschlecht des Kindes Bezug nehmen (traditionell werden Söhne härter bestraft oder geschlagen). Sexuelle Ausbeutung kann (insbesondere in der Familie) ohne körperliche Verletzung und sogar ohne Zwang stattfinden, und trifft in besonderem Maße Mädchen. Ein sehr großer Teil von Gewalt scheint im Bereich der Mischformen zu liegen, bei denen Elemente von körperlicher oder seelischer Mißhandlung mit sexuellem Mißbrauch einhergehen, so daß beide schwer zu unterscheiden sind. Zudem sind beide oft unmittelbar mit Gewalt gegen erwachsene Frauen verknüpft: Die Forschung weist zunehmend darauf hin, daß das Risiko für Kinder, sexuelle Gewalt zu erfahren, in Familien besonders groß ist, in denen die Frau vom Mann mißhandelt wird.

Die Bedeutung von Gewalt in der Kindheit für die Gesundheit von Frauen beginnt erst in den letzten Jahren, in der Bundesrepublik Thema zu werden. Gewalterfahrungen haben - über ihre Bedeutung als unmittelbare Verletzung des Rechtes auf Unversehrtheit hinaus - vielfältige Auswirkungen auf das Selbstwertgefühl und auf soziale Beziehungen in Kindheit und Jugend, auf die Entwicklung eines gesunden Körpergefühls, auf die Zuversicht in das eigene Recht auf sexuelle Selbstbestimmung und - vermittelt über diese Faktoren - auf die Gefahr, erneut von sexueller Gewalt betroffen zu sein. Männer scheinen teilweise sexuelle Gewalterfahrungen auf dem Wege eigener Gewalttätigkeit zu bewältigen, während bei Frauen die Somatisierung oder die Entstehung psychosomatischer Leiden häufiger ist.

Im Zuge der Bewußtwerdung der Vielfalt von Formen der Gewalt, ihrer häufigen Verquickung miteinander, des Ausmaßes und der Verbreitung des Problems sind vielfältige Begriffe in Umlauf gekommen. Die Bezeichnungen „Männergewalt" und „Gewalt gegen Frauen" hatten den Sinn, die Verquickung der Gewalthandlungen mit gesellschaftlich begründeter Macht und Ungleichheit zwischen den Geschlechtern hervorzuheben. Eine ähnliche Intention kam zum Ausdruck, wenn ein Zusammenhang zwischen „personaler" und „struktureller" Gewalt hervorgehoben wurde. Der Begriff „sexualisierte Gewalt" findet in der Bundesrepublik insbesondere für gewaltförmige sexuelle Handlungen Verbreitung. Vergewaltigung „ist nicht der aggressive Ausdruck von Sexualität, sondern vielmehr der sexualisierte Ausdruck von Aggressivität, Macht und Gewalt" (Kanne 1996: 19). Unter dem Einfluß der internationalen Diskussion wird sexualisierte Gewalt jedoch auch als umfassender Begriff verwendet, da auch Frauenmißhandlung im Kontext einer sexuellen Beziehung stattfindet oder eine solche Beziehung aufrechterhalten soll. Neuere Forschung weist darauf hin, daß Mißhandlungen im Laufe einer Ehe vom Mann mit sexueller Erregung verknüpft sein können (Lundgren 1995; Hearn 1998).

Weitere Begriffe sind von dem wachsenden Bedarf an interdisziplinärer Zusammenarbeit beeinflußt. Bei Mädchen und Jungen, die in Kindheit und Jugend zur Befriedigung sexueller Bedürfnisse von Erwachsenen gedrängt, genötigt oder überredet werden, hat sich der juristisch gültige Begriff „sexueller Mißbrauch" trotz einiger Kontroversen etabliert. Hierbei ist zweifellos von Bedeutung, daß bei Kindern jede Intervention zur Verhütung der Fortsetzung von Gewalt auf Kooperation mit der Justiz angewiesen ist, wofür die gemeinsame Begrifflichkeit hilfreich ist. Aus der Sicht der Psychotherapie hingegen wird unterstrichen, daß es keinen zulässigen sexuellen „Gebrauch" von Kindern geben kann; hier wird der Begriff des „sexuellen Trauma" bevorzugt. Gegen eine generelle Verwendung des Trauma-Begriffes spricht allerdings, daß alltägliche Übergriffe, die verletzend, einschüchternd und schädigend sein können, kein im eigentlichen Sinne herausragendes Ereignis sind (dagegen spricht gerade ihre Alltäglichkeit) und in vielen Fällen Bewältigungsformen zur Verfügung stehen; sie sind aber deshalb nicht minder gewaltförmig oder gar harmlos. Schließlich wird für die Mißhandlung von Frauen im Zusammenleben mit Männern seit einigen Jahren der Begriff „häusliche Gewalt" eingeführt, hier als gemeinsam handhabbarer Terminus in der Kooperation insbesondere mit Polizei und Justiz, um den abwertenden Begriff „Familienstreitigkeiten" zu ersetzen und die Führung informativer Statistiken zu ermöglichen.

Den Versuch einer Integration der verschiedenen Aspekte stellte die Begriffsprägung „Gewalt im Geschlechterverhältnis" (Hagemann-White 1992) dar. Der Begriff sollte dem „Kontinuum von Gewalt" (Kelly 1988) und der engen Beziehung der Gewalt zur Geschlechtlichkeit Rechnung tragen. Denn nicht allein Frauen und Mädchen erleiden Gewalt; auch Jungen werden sexuell mißbraucht, auch Homosexuelle werden zusammengeschlagen. Andererseits haben auch die gröbsten Prügel in der Ehe mit der Sexualität zu tun: Er schlägt sie, weil sie „seine Frau" ist, oder weil sie es werden oder bleiben soll.

„Unter Gewalt verstehen wir die Verletzung der körperlichen und seelischen Integrität eines Menschen durch einen anderen. Unsere Aufmerksamkeit richtet sich noch genauer auf diejenige Gewalt, die mit der Geschlechtlichkeit des Opfers wie des Täters zusammenhängt. Hierfür prägten wir den Begriff: Gewalt im Geschlechterverhältnis. Dazu gehören sowohl die Befriedigung sexueller Wünsche auf Kosten eines Opfers oder gegen dessen Willen wie auch alle Verletzungen, die aufgrund einer vorhandenen geschlechtlichen Beziehung (oder zwecks Durchsetzung einer solchen) zugefügt werden" (Hagemann-White 1992: 22).

Da der Begriff hier aus der Sicht des Opfers bestimmt wurde, hat er bei der Weiterentwicklung juristischer Strategien eher weniger Anklang gefunden; er scheint jedoch gut geeignet, die gesundheitlichen Aspekte herauszuarbeiten. Im vorliegenden Kapitel werden wir „Gewalt im Geschlechterverhältnis" und „sexualisierte Gewalt" als umfassende Begriffe verwenden und zur Spezifizierung zusätzlich zwischen „sexueller Gewalt" und „häuslicher Gewalt" unterscheiden; die Unterscheidung nimmt auf das Erleben der betroffenen Frauen Bezug.

Schließlich wird zunehmend in der internationalen Diskussion betont, daß die Verbreitung der Gewalt und das Ausmaß, in dem Frauen ihr ausgeliefert sind, mit fehlender Gleichberechtigung in der Gesellschaft zusammenhängen. Das Gebot politischen Handelns wird durch die Betonung der spezifischen Betroffenheit von Frauen mit Folgen für deren Gesundheit und Wohlbefinden unterstrichen.

So definiert die UNO 1993 Gewalt gegen Frauen als „any act of gender-based violence that results in, or is likely to result in, physical, sexual or psychological harm or suffering to women, including threats of such acts, coercion or arbitrary deprivation of liberty, whether occurring in public or in private life".

Anhaltend kontrovers in der Bundesrepublik sind sowohl die praktischen Ansätze zur Hilfe wie auch die damit verknüpften Begrifflichkeiten bei sexueller, psychischer und körperlicher Gewalt gegen Mädchen und Jungen. Während der neuere Kinderschutz seit den 70er Jahren mit dem Leitgedanken "Hilfe statt Strafe" die Überforderung von Eltern betont hat und einen systemischen Ansatz verfolgt, wobei die Bedeutung des Geschlechts eher unterschätzt wird, hat die engagierte Arbeit gegen sexuellen Mißbrauch dessen Verbindungen zu Gewalt im Geschlechterverhältnis und die nicht seltene Serientäterschaft mißbrauchender Männer herausgearbeitet. Das Themenfeld der familiären Kindesmißhandlung und die Täterschaft von Frauen wurden jedoch zögerlich aufgenommen. Es gibt noch keine befriedigende Lösung im Begrifflichen, die zum Ausdruck bringt, daß das Generationenverhältnis ebenso wie das Geschlechterverhältnis ein Machtgefälle in sich trägt, das gewaltförmig mißbraucht werden kann. Deutlich ist aber, daß beide beim Mädchen sich überlagern und wechselseitig verstärken, weshalb sexuelle Gewalt hier als besonders undurchsichtig und nachhaltig verletzend erlebt wird (vgl. Richter-Appelt 1995). Am ehesten treffend dürfte es sein, das Problem insgesamt als „Mißhandlung und Mißbrauch" zu bezeichnen, im konkreten jedoch zu unterscheiden, inwieweit die Übergriffe aus einer Überforderung bzw. inwieweit aus einer Ausnutzung im Sinne einseitiger Bedürfnisbefriedigung herrühren.

5.2 Datenlage und Datenqualität

Angaben zur Häufigkeit von Gewalt im Geschlechterverhältnis und ihren Folgen müssen mit großer Vorsicht betrachtet werden (vgl. Hagemann-White/Gardlo 1997). Dies gilt auch für amtliche Quellen, wie z. B. die polizeiliche Kriminalstatistik (PKS). Sie erfaßt mit der Beschränkung auf die angezeigten Fälle nur einen kleinen Teil der Gewalttaten. Auch die Ableitung von Trendaussagen aus Zeitreihen von Anzeigezahlen ist problematisch. Eine Zunahme der angezeigten Fälle kann mit einer Abnahme der Gewalt einhergehen, denn rückläufige Gewalt- und steigende Anzeigebereitschaft können gleichermaßen Ausdruck einer wachsenden Ächtung von Gewalt gegen Frauen sein. Die Anzeigestatistik ist zudem systematisch verzerrt: Bei einer engen Beziehung zwischen Täter und Opfer, bei einer Herkunft des Täters aus oberen sozialen Schichten und bei einem sehr jungen Alter des Opfers wird seltener angezeigt.

Sozialwissenschaftliche Untersuchungen, die in der Bevölkerung nach „Opfererfahrungen" fragen, liefern ein weniger gefiltertes Bild. Solche Untersuchungen liegen seit den 80er Jahren vor allem für Studierende vor. Bis in die 90er Jahre wurde der Bereich der Gewalt in der Familie aber weitgehend ausgeklammert. Die erste repräsentative Studie war die 1992 durchgeführte Erhebung des Kriminologischen Forschungsinstituts Niedersachsen (Wetzels et al. 1995 - im folgenden KFN-Studie genannt). In dieser Erhebung wurde eine repräsentative Stichprobe der Bevölkerung ab 16 Jahren (N = 11.116) in einem mündlichen Interview befragt. Eine Untergruppe von N = 4.006 Personen machte zusätzlich Angaben in einem Fragebogen (zum Selbstausfüllen mit anonymer Rückgabe) zu Gewalterfahrungen ausdrücklich im privaten Umfeld.

Im Problemfeld der Gewalt im sozialen Nahraum sind die methodischen Schwierigkeiten besonders ausgeprägt. Der Erhebungskontext, die Frageformulierung, die Erhebungsform und die vorgegebenen Definitionen beeinflussen die Ergebnisse. So führt z. B. die Verwendung einer Liste von konkreten Antwortvorgaben, die gewaltförmige Erlebnisse benennen (sog. Conflict-Tactics-Scale), zu anderen Ergebnissen als der Einsatz einer summarischen Einzelfrage. Die Einzelfrage (Formulierung: „Hat Sie schon einmal jemand ...") erfaßte in der KFN-Studie besser schwere Gewaltfälle, die in die Antwortvorgaben der Liste nicht eingeordnet wurden; die Listenvorgabe war sensibler für leichte Fälle von Gewalt, die bei der offeneren Einzelfrage ausgeklammert wurden.

Der anonyme Fragebogen ergab in der KFN-Studie viermal so hohe Prävalenzen für Körperverletzungen in privaten Beziehungen wie das mündliche Interview. Die KFN-Studie belegt auch eindrücklich, daß private Beziehungen als Kontext von Gewalt ausdrücklich in der Frageformulierung genannt werden müssen, sonst werden diese Erfahrungen vielfach nicht berichtet. Aber auch eine solche ausdrückliche Erwähnung löst nicht das Problem, daß gerade diejenigen, die in noch anhaltenden Gewaltbeziehungen leben, ebenso wie Gruppen, die erfahrungsgemäß überdurchschnittlich oft schwere Gewalt erfahren haben (z. B. substanzabhängige Frauen, Frauen in psychiatrischer Behandlung; vgl. Kapitel 9), bei Bevölkerungsumfragen nicht erfaßt oder von einer Teilnahme abgehalten werden.

Je weiter Gewalt gefaßt wird, desto häufiger wird sie genannt. „Sexueller Mißbrauch" z. B. kann unterschiedlich weit definiert werden. Als mögliche Kriterien diskutiert Bange (1992) u. a. den Körperkontakt (Ausschluß von Exhibitionismus), den Altersunterschied zwischen Täter und Opfer (mind. 5 Jahre), eine Altersgrenze (14, 16 oder 18 Jahre), die Anwendung von Zwang, das subjektive Mißbrauchserleben, die Mißachtung des kindlichen Willens oder das Auftreten von Folgen. Eine unterschiedliche Verwendung von Definitionen macht Untersuchungen untereinander schwer vergleichbar. Mitdiskutiert werden muß bei der Interpretation der Daten auch das allgemeine Problem, daß Befragte stets die begrifflichen Vorgaben wie „vergewaltigt", „geschlagen" oder „sexuelle Handlung" mit eigenen Vorstellungen füllen. Diese subjektiven Definitionen sind ebenso wie Erinnerungsprozesse ihrerseits von Gewalterfahrungen geprägt. Eine Angabe ist daher immer auch Abbild einer Verarbeitungsstrategie, die Bagatellisierung ebenso wie Verdrängung umfassen kann.

Je mehr eine Befragung auf schwerwiegende Gewalterfahrungen abhebt und je sensibler sie solche Erfahrungen, die noch nie jemandem anvertraut oder angezeigt wurden (das sind oft gerade sehr verletzende Vorgänge), erfaßt, desto höher ist die ermittelte Dunkelziffer als Rate der nicht angezeigten gegenüber den angezeigten Fällen. Je nach methodischem Zugang verdoppelte oder verdreifachte sich in der KFN-Studie die Dunkelziffer für körperliche Gewalt bzw. Vergewaltigung in engen Beziehungen (Wetzels 1997; vgl. Wetzels/Pfeiffer 1995). Zudem stellt die Erhebung von Gewalterfahrungen ethische Probleme dar, die als Risiken gegen den Gewinn einer verläßlicheren und in die Öffentlichkeit getragenen Beschreibung verborgener Gewalt abgewogen werden müssen. Insbesondere besteht die Gefahr, daß Frauen, die in Gewaltbeziehungen leben, für eine Preisgabe der Erfahrungen von dem Täter bestraft werden oder daß die abgefragte Erinnerung eine emotionale Krise hervorruft.

Zu den Auswirkungen von Gewalterfahrungen auf die Gesundheit von Frauen liegt eine umfangreiche Literatur, v. a. aus den USA, vor (vgl. Walker 1994, Classen/Yalom 1995). Auch hier ist der Kontext der Erhebungen zu beachten. Erkenntnisse in der hiesigen Literatur wurden gewonnen über die Befragung von Gewaltopfern in Hilfeeinrichtungen oder in speziellen Therapien (Hagemann-White et al. 1981; Teubner/Becker/ Steinhage 1983; Günther/Kavemann/Ohl 1991; Kretschmann 1993; Helfferich et al. 1997) oder über Untersuchungen bei ausgewählten Problemgruppen wie z. B. Frauen in psychosomatischen oder Sucht-Kliniken. Beide Zugänge müssen als hochselektiv gelten. Sie können die Dynamik der Folgenentwicklung rekonstruieren helfen, lassen aber kaum Verallgemeinerungen zu. Nur in wenigen der Bevölkerungsumfragen wurden Fragen zu Gewaltfolgen gestellt und wenn, dann nur kursorisch (Bange 1992; Wetzels et al. 1995).

5.3 Vorkommen und Formen von Gewalt im Geschlechterverhältnis

5.3.1 Gewalt im Geschlechterverhältnis: Erwachsene Frauen als Opfer

Physische Gewalt in nahen Beziehungen (häusliche Gewalt)

Gewalt innerhalb der Familie wird von der Gewaltkommission des Deutschen Bundestages „als die bei weitem verbreitetste Form von Gewalt, die ein Mensch im Laufe seines Lebens erfährt", und als „gleichzeitig die am wenigsten kontrollierte und sowohl in ihrer Häufigkeit als auch in ihrer Schwere am stärksten unterschätzte Form der Gewalt" (Schwind et al. 1990: 701) benannt.

Die polizeiliche Kriminalstatistik macht keine Aussage zu Gewalt in der Ehe, da die Beziehung zwischen Täter und Opfer nicht erfaßt wird. In der KFN-Studie wurden die repräsentativen Befragungsdaten zu Körperverletzungen in Beziehungen innerhalb des Haushaltes oder in der Familie nach Geschlecht und Region für den 5-Jahres-Zeitraum 1987-1991 und für das Jahr 1991 ausgewertet. Erfaßt sind damit (zusammenfassend) sowohl Gewalt in Partnerbeziehungen als auch solche zwischen Eltern und Kindern, oder in anderen Verwandtschaftsbeziehungen (z. B. Geschwister).

Tabelle 5.3-1: Prävalenzraten für Körperverletzung (Erhebungsfrage Conflict-Tactics-Scale CTS; incl. leichtere Formen) und für schwere physische Gewalt (CTS-Unterskala) in engen sozialen Beziehungen im 5-Jahres-Zeitraum 1987-1991

	Alte Bundesländer und Berlin West	Neue Bundesländer und Berlin Ost
	in %	
Körperverletzung (CTS insgesamt, einschließlich leichtere Formen der Körperverletzung)		
Frauen 16-60 Jahre	18,9	18,4
Männer 16-60 Jahre	18,4	15,0
Schwere physische Gewalt (Unterskala der CTS, ohne leichtere Formen)		
Frauen 16-60 Jahre	6,0	4,0
Männer 16-60 Jahre	5,3	4,5

Quelle: Wetzels et al. 1995: 156.

In den alten Bundesländern sind Unterschiede zwischen den Angaben von Frauen und Männern bei den unter 60jährigen auf den ersten Blick kaum festzustellen. Sie werden bei einer weiteren Differenzierung (bei der Auswertung der Einzelitems) sichtbar: Frauen sind stärker von schwerer physischer Gewalt in engen sozialen Beziehungen, Männer stärker von leichten Formen der Körperverletzung betroffen.

In den neuen Bundesländern ist die Gesamtbetroffenheit bei Frauen höher als bei Männern, jedoch berichten beide Geschlechter in gleichem Maß von schwerer Körperverletzung. Die Geschlechterdifferenz ergibt sich daraus, daß Frauen zusätzlich mehr Gewalt in leichteren Formen erfahren.

Deutlich ist auch ein Ost-West-Unterschied bei den Frauen in bezug auf schwere körperliche Gewalt, deren Prävalenz in den neuen Bundesländern bei 6 %, in den alten bei 4 % liegt.

Gewalt in Familie und Haushalt kommt in allen sozialen Schichten vor. Bei Männern sind es vor allem die 16-20jährigen, die Gewalterfahrungen im sozialen Nahraum gemacht haben. Frauen dagegen erleben Körperverletzung in engen sozialen Beziehungen vorwiegend zwischen 30 und 50 Jahren. Die Altersverteilung in den Erhebungsdaten spricht dafür, daß die Frauen vorrangig über Gewalt in der eigenen Ehe und Familie Auskunft gaben, während die Männer zumindest teilweise auf gewaltförmige Auseinandersetzungen in der Herkunftsfamilie Bezug nahmen.

Wird die summarische Einzelfrage eingesetzt (vgl. Kapitel 5.2), die schwere Fälle besser erfaßt als die Abfrage einzelner Items (CST), so weisen Frauen regelmäßig eine höhere Opferrate auf als Männer. An die Einzelfrage schlossen sich Nachfragen u. a. zur Täterschaft an. Bei 62,7 % der Befragten unter 60 Jahre ging die Gewalt von dem Partner/der Partnerin aus. Innerhalb enger Beziehungen ist zudem wiederholte Gewalt eher die Regel als die Ausnahme. Wird die Analyse auf über 18 Jahre alte Täter eingegrenzt, die mit dem Opfer in einem Haushalt leben, tritt die stärkere Betroffenheit der Frauen noch deutlicher hervor: im Zeitraum von fünf Jahren waren bei den unter 60jährigen mehr als 4,5 % der Männer und bei den Frauen sogar mehr als 6,5 % betroffen.

Sexuelle Gewalt und Vergewaltigung in und außerhalb naher Beziehungen

Die Geschlechterverteilung unter Tätern und Opfern bei Sexualdelikten ist wesentlich eindeutiger als bei physischer Gewalt: Unter den einer Vergewaltigung Verdächtigten sind in der Polizeilichen Kriminalstatistik 0,8 % Frauen zu finden. Die Opfer von Vergewaltigungen sind - je nach Art der Vergewaltigung - zu 99,1 % bis 100 % Frauen. Bei sexuellem Mißbrauch von Kindern beträgt der Anteil der Frauen an den Tatverdächtigen 3,7 %; 75,2 % der Opfer sexuellen Mißbrauchs im Kindesalter sind weiblich.

In der KFN-Studie wurden Erfahrungen von Vergewaltigung und sexueller Nötigung bei Frauen erfragt. Im mündlichen Interview wurde die Formulierung verwendet: „Hat Sie schon einmal jemand mit Gewalt oder unter Androhung von Gewalt gegen Ihren Willen zum Beischlaf oder zu beischlafähnlichen Handlungen gezwungen oder versucht das zu tun?" In der schriftlichen Zusatzbefragung wurde der Kreis eingeengt auf „jemand, mit dem Sie verwandt sind oder mit dem Sie zusammengelebt haben". Im mündlichen Interview antworteten 4 % der befragten Frauen, daß sie eine solche Erfahrung irgendwann in ihrem Leben und 1,8 %, daß sie sie in den letzten fünf Jahren gemacht hätten. In der Zusatzbefragung konnten weitere Opfer v. a. innerfamiliärer Gewalt und sexueller Nötigung identifiziert werden. Bei den über 16jährigen befragten Frauen stieg der Anteil der jemals in ihrem Leben (nach dem 18. Lebensjahr) Vergewaltigten auf 8,6 % und der Anteil der in den letzten fünf Jahren Vergewaltigten auf 2,5 %. Zwei Drittel (66 %) aller Vergewaltigungsdelikte fanden im familiären Nahbereich statt.

Wird der Täterkreis eingeengt auf im gleichen Haushalt lebende Personen - d. h. in 92,7 % der Fälle Ehemänner oder Lebenspartner -, so waren in einem 5-Jahres-Zeitraum von 1987 bis 1991 2 % der Frauen betroffen. Dabei handelte es sich zumeist um wiederholte Gewalt und zu drei Vierteln um vollzogenen vaginalen Geschlechtsverkehr (Wetzels/Pfeiffer 1995: 14f). Körperliche und sexuelle Gewalt im häuslichen Bereich fallen häufig zusammen: Mehr als die Hälfte der Frauen, die 1987 bis 1991 Opfer einer Vergewaltigung oder einer versuchten Vergewaltigung in der Familie oder im Haushalt wurden, erlitten auch körperliche Gewalt.

Die KFN-Studie war die erste repräsentative Erhebung, die ausdrücklich sexualisierte Gewalt im häuslichen Bereich einbezieht. Befragungen aus den 80er und 90er Jahren für die alten Bundesländer waren ansonsten regional begrenzt (Mönchengladbach, Heidelberg, Mainz, Freiburg) und/oder befragten eine selektierte Gruppe (Studentinnen, Besucherinnen von Frauenaktionstagen). Die Prävalenzangaben (Lebenszeitprävalenz) schwankten je nach Weite der Definition von Vergewaltigung zwischen 1,5 % (Weis 1982) und 6,1 % (Kreuzer 1978) für vollzogene Vergewaltigung (Übersicht: Helfferich et al. 1994: 56 ff.). Zwei repräsentative Opferbefragungen (Kury 1991; Kury et al.1992) hatten einmal mit einer Telefonbefragung das Vorkommen von sexualisierter Gewalt in Form von Vergewaltigung und versuchter Vergewaltigung, sexuellem Angriff und frechem Benehmen in den letzten fünf Jahren mit 9,6 % betroffener Frauen beziffert, und das andere Mal auf der Basis von persönlichen Interviews mit 3,9 %.

In den vergangenen Jahren wird zunehmend erkannt, daß sexuelle Belästigung am Arbeitsplatz ebenfalls eine bedrängende und für die Gesundheit sehr belastende Erfahrung darstellt. Untersuchungen zeigen, daß dies keineswegs Ausnahmefälle sind: 72 % der berufstätigen Frauen wurden schon mindestens einmal am Arbeitsplatz sexuell belästigt. Dabei handelte es sich zumeist um anzügliche Bemerkungen über die Figur oder das Sexualleben, scheinbar zufällige Körperberührungen, Anstarren oder Ähnliches. 30 % der Frauen hatten massivere Formen von Übergriffen erlebt (an Busen oder Po fassen). 4 % waren am Arbeitsplatz zu sexuellen Handlungen gezwungen worden (Holzbecher et al. 1991).

Gewalt im Leben von Prostituierten

Die Bevölkerungsbefragungen erfassen Frauen in besonderen Lebenslagen nur unzureichend. Dabei kommt gerade bei einigen wenig beteiligten Gruppen von Frauen Gewalt verstärkt vor; dies gilt zum Beispiel für Frauen, die ihren Lebensunterhalt als Prostituierte verdienen. Zum einen werden sie im Rahmen ihrer Tätigkeit häufig mit bedrohlichen Situationen und vielfältiger Gewalt konfrontiert. Zum anderen haben sie außerordentlich häufig in ihrer Kindheit und Jugend sexualisierte Gewalt erlitten. Die empirische Untersuchung „Evaluierung unterstützender Maßnahmen beim Ausstieg aus der Prostitution" (EVA-Projekt), die mit dem Ziel durchgeführt wurde, die Probleme von Frauen beim Ausstieg aus der Prostitution zu beleuchten und Erkenntnisse für Beratung und Unterstützung zu gewinnen, läßt u. a. Aussagen zur Gewaltbetroffenheit von (ehemaligen) Prostituierten zu (Leopold/Steffan 1997).

In der Studie wurden bundesweit insgesamt 260 Frauen im Alter von 18 bis 71 Jahren, die über verschieden lange Prostitutionserfahrungen verfügten, mit Fragebögen und in 41 qualitativen Interviews befragt. Von ihnen waren zum Zeitpunkt der Befragung 120 Frauen nicht mehr als Prostituierte tätig. Die Prostitutionsdauer betrug bei den Interviewten im Durchschnitt 8 Jahre (einige Monate bis 20 Jahre) und bei den per Fragebogen Befragten durchschnittlich 11,4 Jahre (einige Monate bis 44 Jahre).

In der Stichprobe sind alle Schulabschlüsse vertreten, verglichen mit dem Bevölkerungsdurchschnitt haben die Befragten allerdings häufiger niedrigere Schulabschlüsse (40 %: Hauptschulabschluß) und seltener Abitur (10 %). Drei Viertel der Befragten hatten keinen Partner, und knapp die Hälfte hatte Kinder. 43 % der Interviewten bezogen Sozial- bzw. Arbeitslosenhilfe oder befanden sich in staatlich finanzierten Maßnahmen (BSHG-, ASS-Stellen, Umschulungen, ABM).

Im Fragebogen wurden sechs verschiedene, genau bezeichnete sexuelle Übergriffe/Gewalttaten nach Häufigkeit, Täter/in sowie Alter beim ersten und letzten Vorkommen erfragt. Je nach Art des Delikts erlebten 13 bis 46 % sexualisierte Gewalt in ihrer Kindheit/Jugend. Fast jede vierte Frau (23 %) erlebte mehr als vier verschiedene sexuelle Übergriffe bzw. Gewalttaten. Je nach Art des Delikts wurden 12,8 bis 14,7 % der Befragten Opfer einer ausschließlich innerfamiliären sexuellen Gewalttat und weitere 11,5 % Opfer sexueller Gewalt durch inner- und außerfamiliäre Täter. Durch Erzieher erfuhren je nach Art des Deliktes 5 bis 12 % der Frauen sexualisierte Gewalt. Vor weiteren 12 % wurden exhibitionistische Handlungen ausgeführt. Nur 38 % der Befragten konnten sich an keines der abgefragten Delikte erinnern.

Insgesamt wurden 50 % der Befragten mit gültigen Antworten bis zum 18. Lebensjahr Opfer einer oder mehrerer sexueller Gewalttaten durch inner- und/oder außerfamiliäre Täter/innen. Der innerfamiliäre Mißbrauch erfolgte überwiegend durch den Vater bzw. Stiefvater. Die Schilderungen aus den qualitativen Interviews deuten darauf hin, daß die tatsächliche Betroffenheit gerade im Familienbereich höher ist, wobei der Mißbrauch durch männliche Familienangehörige z. T. langjährig anhielt. Außerdem bestätigen die Interviews Zusammenhänge zwischen sexueller Gewalt und körperlicher Mißhandlung: Fast ein Drittel der Frauen beschrieben massive körperliche Gewalt durch prügelnde und gewalttätige (Stief-)Väter oder Brüder. Insgesamt hatten über die Hälfte der interviewten Frauen in ihrer Kindheit oder Jugend sexuelle und/oder körperliche Gewalt erlebt.

Der Beginn der sexuellen Gewalttaten lag bei allen Deliktarten am häufigsten zwischen dem 7. und 12. Lebensjahr. 25 % der per Fragebogen Befragten erlebten in diesem Alter erstmals nicht-penetrative sexualisierte Gewalt und 16 % erlebten in diesem Alter erstmals penetrative sexuelle Gewalt.

Die im Fragebogen enthaltenen Fragen zu sexualisierter Gewalt in Kindheit/Jugend wurden nahezu identisch aus dem Erhebungsinstrument der repräsentativen KFN-Studie übernommen. Im Vergleich mit den Daten des KFN wird die außergewöhnliche Häufung von Belastungen durch sexuelle Nötigung und Vergewaltigung in Kindheit und Jugend bei den Befragten der EVA-Studie deutlich. Während durch die KFN-Repräsentativbefragung bundesweit eine Prävalenzrate derartiger strafrechtlich relevanter Delikte bis zum 18. Lebensjahr von 5,7 % ermittelt wurde (Wetzels/Pfeiffer 1995), liegt sie bei den durch die EVA-Studie erreichten (ehemaligen) Prostituierten mit 50 % fast zehnmal höher.

Prostitution ist offensichtlich ein Tätigkeitsfeld mit einem hohen Gewaltpotential, denn mehr als die Hälfte der befragten Frauen war während ihrer Tätigkeit als Prostituierte verschiedenen Gewalttaten durch unterschiedliche Täter ausgesetzt. Mehr als die Hälfte (54 %) der befragten Frauen wurden im Laufe ihrer Prostitutionstätigkeit ein- bis mehrmals Opfer physischer und/oder sexualisierter Gewalt durch Freier, zuhälterische Partner, Zuhälter und/oder Betreiber eines Etablissements. Zweifellos haben die Arbeitsbedingungen, unter denen Prostitution ausgeübt wird, Einfluß auf das Gewaltrisiko; in der Literatur wird als gefahrverschärfend das Vorhandensein von Sperrbezirken oder Zuhältern genannt. Hierzu liegen jedoch keine Daten vor.

35 % der Befragten wurden im Rahmen ihrer Tätigkeit mindestens einmal sexuell genötigt oder vergewaltigt. 31 % wurden Opfer einer sexuellen Gewalttat durch Freier und bei 17 % war ein Zuhälter/Betreiber der Täter. 14 % der Befragten erlitten sexualisierte Gewalt durch Freier und Zuhälter. Die Gewaltakte durch Freier umfaßten Schlagen und Würgen, (versuchte) Vergewaltigungen, Bedrohungen mit Waffen bis hin zur angedrohten Tötung. Frauen mit zuhälterischen Partnern wurden von diesen häufig mittels Gewalt gezwungen, die Prostitutionstätigkeit weiter bzw. in einem der Befragten widerstrebenden Rahmen auszuüben.

Je jünger die Frauen waren, als sie mit der Prostitution begannen, desto öfter wurden sie Opfer physischer und sexualisierter Gewalt im Rahmen dieser Tätigkeit. Frauen, die im Alter bis zu 21 Jahren ihre Prostitutionstätigkeit aufnahmen, sowie Prostituierte mit einem niedrigen schulischen und beruflichen Ausbildungsstatus haben ein besonders hohes Risiko, Opfer physischer und sexualisierter Gewalt zu werden.

5.3.2 Gewalt im Geschlechter- und Generationenverhältnis

Die polizeiliche Kriminalstatistik ist eine nur unzureichende Quelle, um die Prävalenz von Kindesmißhandlung und Delikten gegen Kinder nach dem Sexualstrafrecht einzuschätzen. Insgesamt werden Sexualdelikte (mit einem sehr breiten Definitionsspektrum von einmaliger Konfrontation mit einem Exhibitionisten bis zu Inzest über Jahre hinweg) sehr viel häufiger registriert als innerfamiliäre physische Gewalt gegen Jungen und Mädchen.

In der repräsentativen KFN-Studie wurden sowohl elterliche körperliche Gewalt in der Kindheit als auch sexueller Kindesmißbrauch inner- und außerhalb der Familie bei einer Untergruppe von N = 3.289 Personen zwischen 16 und 59 Jahren als retrospektive Angabe erhoben (Wetzels 1997). Die Gewalterfahrungen wurden mit den vorgegebenen Items eines standardisierten Instruments erfaßt. Für die Analyse wurden vier Items mit leichteren Formen der Gewalt als „körperliche Züchtigung" und sechs Items mit schweren Formen als „körperliche Mißhandlung" zusammengefaßt. Als Mißhandlung galten die Angaben: mit der Faust geschlagen/getreten, geprügelt/zusammengeschlagen, gewürgt, absichtlich Verbrennungen zugefügt, mit Waffe bedroht, eine Waffe gegen das Kind eingesetzt. Bei sexuellem Mißbrauch wurden sechs spezifizierte Täterhandlungen (inkl. Exhibitionismus) als Items abgefragt und erhoben, ob der Täter ein Mann bzw. eine erwachsene Person war, sowie das eigene Alter zur Zeit des Mißbrauchs. Bei der Diskussion der Daten ist der ausdrückliche Hinweis zu berücksichtigen, daß die Ergebnisse aufgrund der nicht zu umgehenden Erhebungsprobleme „Mindestschätzungen" darstellen.

Physische Gewalt in der Kindheit

10,6 % der Befragten erinnerten sich an Erfahrungen in der Kindheit, die als Mißhandlung klassifiziert wurden und die mehr häufig als selten vorkamen (Zusammenfassung der Angaben „manchmal", „häufig" und „sehr häufig"). In den neuen Bundesländern waren zwar Körperstrafen verbreiteter als in den alten Bundesländern, aber es kam anscheinend seltener zu Steigerungen, die dem Bereich der Mißhandlung zugeordnet werden können. Männer haben allgemein mehr Körperstrafen als Frauen erfahren; bei Mißhandlungserfahrungen wurde eine statistisch nicht signifikante Tendenz festgestellt, daß auch hiervon Männer stärker betroffen sind.

Sexueller Mißbrauch

Begrenzte Befragungen zu Erfahrung sexualisierter Gewalt in der Kindheit bei überwiegend studentischen Gruppen (Bange 1992; Raupp/Eggers 1993; Richter-Appelt 1994) kommen zu unterschiedlichen Angaben zur Häufigkeit von sexuellem Mißbrauch, die für Frauen zwischen 11,9 und 23 % und für Männer zwischen 2,1 und 5,8 % liegen. Dabei werden unterschiedlich breite Definitionen von „sexuellem Mißbrauch" verwendet. In allen Studien sind Mädchen häufiger von sexuellem Mißbrauch betroffen als Jungen.

Die Ergebnisse der KFN-Studie zu der Verbreitung von sexuellem Mißbrauch wurden entsprechend unterschiedlicher Definitionskriterien zusammengestellt (vgl. Tab. 5.3-2). Hier sind Frauen bzw. Mädchen in einem zahlenmäßigen Verhältnis von 3 : 1 deutlich häufiger Opfer. Ein weiterer Unterschied zwischen Frauen und Männern liegt darin, daß Männer im Rückblick zu einem höheren Anteil als Frauen über sexuelle Übergriffe durch gleichaltrige bzw. jugendliche Täter berichteten.

Männern und Frauen in den alten Bundesländern nennen etwas, aber nicht signifikant häufiger Mißbrauchserfahrungen (vor dem 16. Lebensjahr, ohne Exhibitionismus, ohne jugendliche Täter) als in den neuen Bundesländern. Sexueller Mißbrauch kommt in allen sozialen Schichten vor: Wird Exhibitionismus einbezogen, kommt Mißbrauch in höheren Statusgruppen sogar häufiger vor.

Unter den 8,6 % Befragten, die im Alter von unter 16 Jahren sexuell mißbraucht wurden, sind auch die 3,9 % Frauen, die mehrfach sexuell mißbraucht wurden und bei denen der Mißbrauch in eine (familiäre) Beziehung eingebunden war. Die Ergebnisse stimmen in etwa mit denen anderer Untersuchungen überein, wenn die zugrundeliegenden Definitionen von Mißbrauch angeglichen werden.

Tabelle 5.3-2: Prävalenzraten sexuellen Kindesmißbrauchs für unterschiedliche definitorische Eingrenzungen

Zusammenfassende Indikatoren	Frauen		Männer	
	N	%	N	%
Sexuelle Übergriffe in Kindheit und Jugend (alle Handlungen inkl. „sonstige" und inkl. Handlungen jugendlicher Täter) keine chronologische Schutzaltergrenze	301	18,1	115	7,3
Sexueller Mißbrauch inkl. Exhibitionismus (ohne sonstige sexuelle Handlungen und ohne Handlungen jugendlicher Täter)				
Schutzalter < 18 Jahre	254	15,3	75	4,7
< 16 Jahre	230	13,8	68	4,3
< 14 Jahre	177	10,7	54	3,4
sexueller Mißbrauch mit Körperkontakt (ohne sonstige sexuelle Handlungen, Exhibitionismus und Handlungen jugendlicher Täter)	159	9,6	51	3,2
Schutzalter < 18 Jahre	142	8,6	44	2,8
< 16 Jahre		8,9		3,2
Alte Bundesländer		7,4		1,7
Neue Bundesländer	103	6,2	32	2,0
< 14 Jahre				

Quelle: Wetzels 1997: 154, 156.

Die Täter (bei sexuellem Mißbrauch vor dem 16. Lebensjahr, ohne Exhibitionismus) waren bei den Frauen zu 96,1 % Männer. 27,9 % der Täter waren Familienmitglieder (7,8 %: der eigene Vater, 5,8 %: der Stiefvater, 14,3 %: andere männliche Familienangehörige), 40,9 % männliche Bekannte und 27,3 % unbekannte Männer (Wetzels 1997: 159). Wenn der (Stief-)Vater der Täter war, umfaßten die Übergriffe häufiger Penetration, sie begannen in einem jüngeren Alter und erstreckten sich über einen längeren Zeitraum, verglichen mit Mißbrauch durch andere Familienangehörige, Bekannte oder Fremde.

Eine Umrechnung der Häufigkeit von Mißbrauchserfahrungen (ohne Exhibitionismus, vor dem 16. Lebensjahr) in geschätzte Absolutzahlen ergibt, daß unter den heute 16- bis 29jährigen zwischen 520.000 und 1.350.000 Frauen solche Erfahrungen gemacht haben.

Zwischen Kindesmißhandlung und Kindesmißbrauch gibt es offenbar Überschneidungen oder Zusammenhänge: Etwa ein Drittel der Opfer von sexuellem Mißbrauch haben in ihrer Kindheit physische elterliche Mißhandlung erlebt. Eine von Konflikten geprägte Familienatmosphäre war bei Mißbrauchs- und Mißhandlungsopfern häufiger. Eine „multiple Viktimisierung" ist demnach eher die Regel als die Ausnahme. Dies gilt besonders ausgeprägt für inzestuösen Mißbrauch, aber auch für Mißbrauch durch Personen außerhalb der Familie. In Familien, in denen Kinder mißhandelt und/oder mißbraucht wurden, erlebten die Kinder auch häufiger Gewalt unter den Eltern.

5.4 Dynamik der Gewalt

5.4.1 Auswirkungen auf die Gesundheit

Unter Gewalt stellen sich die meisten Menschen ein außergewöhnliches Ereignis vor; in den Medien wird diese Vorstellung vielfach bestärkt. Gewalt entwickelt jedoch eine spezifische Dynamik, wenn sie im alltäglichen Zusammenleben zur Normalität geworden ist. Die Gewaltausbrüche sind ihrem Wesen nach unberechenbar; das bestätigt auch die neue klinische Literatur über schlagende Männer (Jukes 1999). Mißhandelte Frauen unternehmen in der Regel jahrelang vergebliche Anstrengungen, der Gewalt Grenzen zu setzen. Ein großer Teil der Gewalt besteht nicht in dramatisch eskalierten Ausbrüchen mit schweren körperlichen Verletzungen, doch die Gefahr einer solchen Eskalation lauert ständig im Hintergrund. Chronische Gewalt innerhalb einer Beziehung ist daher auf besondere Weise destruktiv: Sie fügt nicht nur wiederholte Verletzungen zu, die oft nicht versorgt werden und nicht ausheilen können, sondern sie erzwingt eine ständige Aufmerksamkeit für Gefahr, ein Leben in Angst.

Nach Schätzung der Bundesregierung suchen jährlich ca. 45.000 Frauen in einem Frauenhaus Schutz vor weiteren Mißhandlungen. Viele kehren zunächst zu dem Mann zurück und erleiden weitere Gewalt. Die Forschung hat die vielfältigen Gründe hierfür inzwischen nachgezeichnet; dazu zählen die ökonomischen und praktischen Schwierigkeiten, allein mit Kindern ein neues Leben zu beginnen, die vom Mann genährte Hoffnung, er werde sein Verhalten verändern, die (oft begründete) Angst vor der Androhung gesteigerter Brutalität, falls sie ihn verläßt, und vor einer noch weniger berechenbaren Verfolgung, aber auch die Bindung, die durch Gewalterfahrung zuweilen unlösbar zu werden scheint (Brückner 1983). Besonders hervorzuheben ist die anhaltende Bedrohung; die Forschung im In- und Ausland belegt einhellig, daß Frauen im besonderen Maße von gesteigerter Gewalt bedroht sind, wenn sie sich nach außen wenden oder versuchen, sich von dem Mann zu trennen, und daß sie nach einer Trennung oder Scheidung oft jahrelang verfolgt, überwacht und terrorisiert werden.

Gewalt in Ehen und eheähnlichen Beziehungen wurzelt in der Überzeugung vieler Männer, ein Anrecht auf Dominanz zu haben, das durch jede Eigenständigkeit der Frau in Frage gestellt werden kann (Godenzi 1993). Mißhandelnde Männer verlangen, jederzeit zu wissen, wo die Frau hingeht und mit wem, wann sie wiederkommt; sie zeigen extreme Eifersucht und üben mit oft ausgeklügelten Methoden detaillierte Kontrolle aus (Benard/Schlaffer 1991; Heiskaanen/Piispa 1998). Daher kommt Gewalt sowohl bei Männern vor, die ihre Vorstellung der ihnen zustehenden Überlegenheit nicht einlösen können, wie auch bei Männern in gesicherter Position, die eine Veränderung bei der Frau unterbinden wollen. Ein besonderer Gefahrenpunkt für Frauen ist die Schwangerschaft, die oft als Auslöser einer erstmaligen oder gesteigerten Gewalttätigkeit genannt wird. Die verfügbaren Prävalenzdaten, so unsicher sie auch sind, weisen deutlich darauf hin, daß zahlreiche Frauen wiederholt in der eigenen Wohnung geschlagen und sexuell genötigt bzw. vergewaltigt werden, ohne Hilfe zu suchen. Es liegt auf der Hand, daß diese Frauen gesundheitliche Schäden erleiden.

In der Bundesrepublik wurden die physischen und psychischen Auswirkungen von Mißhandlung seit Eröffnung der ersten Frauenhäuser berichtet und in Begleitforschungen belegt. Eine schriftliche Fragebogenerhebung mit 300 Frauen (einer Teilgruppe der insgesamt 1.090 Bewohnerinnen), die zwischen Juni 1978 und Dezember 1979 im ersten Berliner Frauenhaus Schutz gesucht haben, verschaffte den qualitativen Erkenntnissen eine quantitative Grundlage (Hagemann-White et al. 1991). Fast 70 % der Befragten hatten Mißhandlungen täglich, wöchentlich oder „ganz willkürlich" erlitten. Bei der großen Mehrheit handelte es sich um Körperverletzung: 80 % wurden geschlagen, getreten, geboxt oder gewürgt. 41 % wurden seelisch oder nervlich „fertig gemacht", 25 % wurden mit Gegenständen geschlagen, verletzt oder bedroht; explizite Morddrohungen bzw. Tötungsversuche nannten 29 % der Frauen. 50 % bejahten die Frage, ob sie in der Sexualität „zu Dingen gezwungen wurden, die sie nicht wollten", was als Hinweis auf offene Gewaltanwendung oder auf Praktiken jenseits des damals weithin als Pflicht geltenden ehelichen Geschlechtsverkehrs (die Familienrechtsreform von 1977 war noch neu) zu deuten ist.

Schon im Bericht dieser ersten Begleitforschung wurde differenziert auf gesundheitliche Folgen eingegangen: sichtbare Narben, psychosomatische Beschwerden, dauerhafte Schäden an den inneren Organen oder am Bewegungsapparat, aber auch erhebliche negative Auswirkungen auf das Gesundheitsverhalten, Alkohol- und Medikamentenabhängigkeit und Suizidversuche. Seit der Veröffentlichung dieses ersten Forschungsberichts wurden mehrere Untersuchungen mit ehemals mißhandelten Frauen vorgelegt (z. B. Brückner 1983; Burgard 1985), die auf seelische Verstrickung und Loslösung in Mißhandlungsbeziehungen Licht werfen. In Deutschland gibt es bis jetzt noch keine medizinische Arbeit zu den Verletzungen und organischen Schäden, die in der Folge von Frauenmißhandlung auftreten. Das ist um so bemerkenswerter, als es in den USA eine inzwischen 20 Jahre zurückreichende Forschungstradition in Zusammenarbeit mit Krankenhäusern gibt, die inzwischen auch konkrete Hinweise für die ärztliche Praxis liefert (Stark/ Flitcraft 1996; Schornstein 1997).

Die Praxis von Beratung und Therapie nach sexuellen Gewalterfahrungen hat eine Auseinandersetzung mit deren Wirkungen gefordert, die Unterschiede innerhalb der Gruppe der Opfer beachtet und nicht allein das Leiden, sondern das Überleben betroffener Frauen in den Vordergrund stellt. Bereits in den 60er Jahren wurden in den USA spezifische Symptome, wie z. B. psychosomatische Beschwerden, ausagierendes Verhalten, Dissoziationen, Depressionen und Aggressionen, als „Akkomodationssyndrom" im Zuge der Bewältigung von Inzesterfahrungen interpretiert (Summit, in: Rennefeld 1993). Die Symptome wurden als Reaktion auf das Erlebte und als Versuch, die eigene Intaktheit und die der Familie zu wahren, verstanden und Phasen des Bewältigungsprozesses zugeordnet. Summit verwendete dafür bereits den Begriff der „Überlebensmechanismen". In den 70er Jahren wurde ebenfalls in den USA der Begriff des „Vergewaltigungs-Trauma-Syndroms" geprägt (Burgess/Holmstrom 1979), um Muster von Symptomen den Phasen der Bewältigung einer Vergewaltigung zuzuordnen. Hier schließen Studien mit Frauen an, die (therapeutische) Hilfe von Notruf-Einrichtungen in Anspruch nahmen (z. B. Kretschmann 1993). Während in der akuten Phase Schock und Angst dominieren, folgen in einer späteren „Wiederherstellungsphase" - nach möglichen Phasen von Verdrängung und Verleugnung mit einer äußeren Anpassung – Chronifizierungen von psychosomatischen Symptomen. Die Einordnung von Symptomen in einen Bewältigungsprozeß läßt ihre „positive"

Funktion erkennen, die sie als Überlebens-, Anpassungs- und Verarbeitungsversuche haben.

1980 wurde eine auf ein ähnliches Syndrom zielende Diagnose durch eine Definition in dem Diagnostischen Manual DSM III standardisiert und als „Post-Traumatic Stress Disorder (PTSD)" benannt. Hintergrund waren Erkenntnisse der allgemeinen Trauma-Forschung, die sich vor allem auf Ereignisse wie Folter, Natur- oder Verkehrskatastrophen und Geiselnahme bezogen. Das Manual DSM IV (1987; vgl. ICD-10, F43.1) enthält als Merkmale der PTSD die Konfrontation mit einem traumatischen Ereignis, das eine starke Bedrohung beinhaltet („... tatsächlichen oder drohenden Tod oder ernsthafte Verletzung oder eine Gefahr der körperlichen Unversehrtheit der eigenen Person oder anderer Personen") sowie eine Reaktion mit intensiver Furcht, Hilflosigkeit oder Entsetzen. Weitere Merkmale sind sich aufdrängende Erinnerungen an das Erlebte, z. B. in Träumen oder als Flash-Backs (plötzliche Wiedererinnerungen), ein erhöhtes Erregungsniveau, eine anhaltende Vermeidung von mit dem Trauma in Verbindung stehenden Stimuli sowie eintretende Leiden und Beeinträchtigungen (Fischer/ Riedesser 1998). Später wurde differenziert nach „basalen" und „komplexen" posttraumatischen Belastungsstörungen und nach spezifischen Aspekten für Traumatisierungen durch sexualisierte Gewalt gefragt.

Viele Studien bestätigten das Vorkommen von PTSD bei Opfern (sexualisierter) Gewalt in der Kindheit und im Erwachsenenalter. Der Bezug auf die diagnostische Bestimmung erwies sich vor allem als wichtig für eine Vereinheitlichung von Diagnosen und für Indikatoren, die auf das Vorliegen einer Traumatisierung durch (sexualisierte) Gewalt hinweisen. Ein Nachteil der Standardisierung ist der Verlust des spezifischen Kontextes, in dem die Traumatisierung stattfand, und damit das fehlende Verständnis für die subjektive Bedeutung des Ereignisses.

Das von Herman (1993) entwickelte Modell der Gruppierung von Symptomen eignet sich am besten, der besonderen Bedeutung von (sexualisierter) Gewalt, insbesondere in engen sozialen Beziehungen als massive Bedrohung der körperlichen, sexuellen und psychischen Integrität, als Verlust der Verfügungsmacht über den eigenen Körper und des Vertrauens in die Welt, Rechnung zu tragen. Hier wird in einem Bezug auf das Konzept der posttraumatischen Belastungsstörung der Zusammenhang zwischen dem traumatisierenden Ereignis und gesundheitlichen Problemen erfaßt (vgl. Helfferich et al. 1997). Die Symptome der Übererregung mit Schlafstörungen, Angst, Angespanntheit („dauernde Hab-Acht-Stellung") und eine veränderte Wahrnehmung sind zu verstehen als normale Anpassungs- und Selbstschutzmechanismen als Reaktion auf eine massive Bedrohung. Da in der Situation aber weder Flucht noch Widerstand möglich waren, läuft die Reaktion ins Leere und persistiert u. U. über Jahre hinweg. Symptome der Intrusion sind plötzliche Überflutung von Erinnerungen, Gedankenkreisen, Träumen oder Zwangsgedanken. Symptome der Konstriktion meinen eine psychische Erstarrung und Verengung der Lebensmöglichkeiten wie eine verzerrte Realitätswahrnehmung, Derealisierungs- und Depersonalisierungsgefühle, Depressionen und Energielosigkeit, aber auch Drogen- und Alkoholkonsum und autoaggressives Verhalten. Diese Symptomkomplexe sind Zuständen, nicht aber streng Phasen zuzuordnen, da Herman zufolge die Gegensätze von Vergessenwollen und Erinnern zugleich auftreten können und als charakteristisches Merkmal eine Instabilität bezogen auf Stimmungen, Beziehungen und Bewertungen zu beobachten ist (vgl. Helfferich at al. 1997).

In zahlreichen Untersuchungen wurden sowohl die Symptome der Übererregung, der Intrusion und Konstriktion beschrieben sowie insbesondere Eßstörungen, Suizidalität (vgl. Kapitel 3.7), körperliche Symptome wie Zittern, Atembeklemmungen, Kopfschmerzen, Durchfall und Unterleibsbeschwerden und Drogen-, Medikamenten und Alkoholprobleme (vgl. Kapitel 9) als Folgen von traumatisiernden Gewalterfahrungen beschrieben (z. B. Bange 1992; Helfferich et al. 1997). Es finden sich unter den Frauen in entsprechenden psychosomatischen, psychiatrischen, gynäkologischen oder Suchtkliniken ein erhöhter Anteil von Frauen, bei denen eine mit Gewalterfahrungen zusammenhängende posttraumatische Belastungsstörung diagnostiziert werden kann (vgl. Kapitel 10).

Als zentralen Aspekt des Traumas arbeitet Herman das „Herausfallen aus der Normalität" und das Gefühl der „Nichtzugehörigkeit" heraus, nachdem das Vertrauen in das fraglose Funktionieren der Welt zerstört und das gesicherte Fundament geteilter Ansichten über grundsätzliche Menschenrechte und den Wert der eigenen Person untergraben wurde. Ein negatives Selbstwertgefühl, Selbstentwertung, Scham- und Schuldgefühle, Schwierigkeiten, soziale Beziehungen herzustellen oder zu halten, Unerträglichkeit von Berührungen oder Nähe gehören zu diesem Aspekt der spezifischen komplexen Belastungsreaktion. Zu den Folgen kann auch eine „Reviktimisierung" gehören: Frauen, die in ihrer Kindheit Opfer von Mißhandlung durch die Eltern oder sexuell mißbraucht wurden, werden signifikant häufiger im Erwachsenenalter erneut Opfer von schwerer physischer und/oder sexualisierter innerfamiliärer Gewalt. Diese Reviktimisierung tritt aber nur bei einer Minderheit der Frauen mit entsprechenden traumatischen Erfahrungen in der Kindheit ein (Wetzels 1997). Insgesamt ist aber wenig gerade über protektive Faktoren oder über Bedingungen positiver und produktiver Verarbeitungsmöglichkeiten von Gewalterfahrungen bekannt, ebensowenig wurden langfristig selbstschädigende Überlebensstrategien untersucht.

Mit Hermans Ansatz finden auch schwer zu verstehende Verhaltensweisen von Frauen als „Überlebende" chronischer Traumatisierungen eine Erklärung. Von chronischen Traumatisierungen spricht man, wenn Menschen über längere Zeit einer wiederholten, willkürlichen Gewaltausübung ausgeliefert sind, wie dies bei langer Gefangenschaft, aber auch bei häuslicher Gewalt der Fall ist. In dieser Situation kann eine „traumatische Bindung" entstehen, die eine emotionale Abhängigkeit vom Gewalttäter bedeutet (Herman 1993, vgl. Kretschmann 1993). Allerdings wird die „Gefangenschaft", die eine mißhandelte Frau der wiederholten Gewaltanwendung aussetzt, in der Regel nicht unmittelbar mit Bedrohung von Leib und Leben durchgesetzt, sondern beruht auf einer Vielfalt von Mechanismen von Dominanz und Kontrolle im Kontext einer normalen Lebensform (Ehe), und die Gewalttätigkeiten selbst erfüllen für sich genommen oft nicht die Merkmale eines außergewöhnlichen Traumas. Auch hier ist es notwendig, jenseits der Festlegung diagnostischer Kriterien die emotionale Realität und die subjektive Bedeutung der erfahrenen Gewalt zu beachten und die Bewältigungsform vor dem Hintergrund zur Verfügung stehender Ressourcen darauf zu beziehen.

5.4.2 Auswirkungen auf Hilfesuche und Anzeigebereitschaft

Zur Dynamik der Gewalt gehört, daß es für die Opfer schwierig ist, sich anderen Menschen anzuvertrauen. Es ist dabei schwieriger, wenn Täter und Opfer in einer nahen Beziehung stehen und wenn die Gewalt chronisch ist. Alle Untersuchungen stimmen darin überein, daß sich Frauen in vielen Fällen überhaupt niemandem anvertrauen, geschweige denn die Tat anzeigen. Bezogen auf sexuellen Mißbrauch hatten der KFN-Studie zufolge 42,5 % der Betroffenen noch mit niemand darüber gesprochen.

Wenn Frauen sich jemandem anvertrauen, dann bei sexuellem Mißbrauch am ehesten Familienangehörigen oder Freunden bzw. im Fall von sexueller Gewalt, wenn der Täter der Ehemann war, der besten Freundin. Ärzte und Ärztinnen, Anwälte und Anwältinnen spielen bei Gewalterfahrungen im Erwachsenenalter eine etwas größere Rolle als bei sexuellem Mißbrauch im Kindesalter, aber auch ihnen wird nur ein Bruchteil der Erfahrungen bekannt. Auch gibt es Hemmschwellen, sich an professionelle Beratungseinrichtungen und Frauennotrufe oder Frauenhäuser zu wenden (Wetzels/ Pfeiffer 1995; Wetzels 1997). In einer Umfrage bei der weiblichen Bevölkerung Freiburgs nannten die befragten Frauen, die sexuelle Gewalt erfahren und sich zu 44,1 % an niemanden gewandt hatten, Scham, Schuldgefühle, Angst vor dem Täter und Angst davor, auf Unglauben, Schuldzuweisungen und Abwertung zu stoßen, als Gründe (Helfferich et al. 1997). Sich jemandem anzuvertrauen fiel Frauen leichter, wenn sie jünger waren, einen höheren Bildungsabschluß hatten, wenn der Übergriff weniger invasiv und schwerwiegend war und wenn der Täter ein Fremder war.

Bei häuslicher Gewalt ist die Schwelle zur Hilfesuche zwar niedriger, Scham- und Schuldgefühle belasten dennoch viele Frauen. Die erste Erhebung in einem Frauenhaus fand heraus, daß etwa zwei Drittel der Frauen zuvor Hilfe gesucht hatten: an erster Stelle im privaten Bereich und an zweiter bei Institutionen (Hagemann-White et al. 1981). Meist wird aber erst dann mit Außenstehenden gesprochen, wenn wiederholte Mißhandlungen die Hoffnung auf Besserung enttäuscht haben. Dieser Schritt wird mit der Zeit immer schwieriger, da die Gewalt das Selbstwertgefühl schwächt und immer mehr Angst erzeugt. Daher harren viele Frauen auch heute noch jahrelang in einer solchen Beziehung aus, bevor sie Hilfe suchen. Wichtig ist die Ermutigung, darüber sprechen zu dürfen, ohne zu Konsequenzen gedrängt zu werden (Nini et al. 1995). Wie auch in der KFN-Studie deutlich wurde, spielt die Strafanzeige für betroffene Frauen bislang eine eher geringe Rolle; die Polizei wird in erster Linie als Schutz vor unmittelbarer Bedrohung gerufen. Als Grund, keine Anzeige zu erstatten, wurde am häufigsten genannt, daß es sich um eine Familienangelegenheit handelte, gefolgt von der Angabe, „es sei nicht so schlimm gewesen" (Wetzels et al. 1995).

Unterstützungsangebote müssen diese Barrieren der Hilfesuche in Rechnung stellen, die gerade bei den Frauen am höchsten sind, die am stärksten belastet sind und am dringendsten der Unterstützung bedürfen. Aufgabe von spezifisch mit Gewalt befaßten Einrichtungen ist es, die notwendigen Voraussetzungen zu schaffen (z. B. Schutz zu bieten), um ein Ansprechen der belastenden Erfahrungen zu ermöglichen. In der Regel haben Frauen, die spezialisierte Einrichtungen aufsuchen, aber vorher schon die Entscheidung getroffen, sich mitzuteilen. Unspezifische Hilfen in der gesundheitlichen Versorgung von Frauen müssen dafür sensibilisert sein, daß die Beschwerden, derentwegen Hilfe gesucht wird, Gewaltfolgen sein können.

5.5 Unterstützung und Hilfe

Für Frauen, die durch Gewalt im Geschlechterverhältnis verletzt, bedroht oder in ihrer Lebensgestaltung beeinträchtigt sind, gibt es in den alten Bundesländern seit 1976 und in den neuen Bundesländern seit 1989 spezifische Einrichtungen des Schutzes, der Beratung und der praktischen Unterstützung. Diese Einrichtungen erfüllen eine dreifache Aufgabe:

- Sie durchbrechen die Isolation betroffener Frauen durch öffentliche Benennung des Problems, das viele Frauen am Ort und in der Region erleiden, und machen es ihnen dadurch möglich, Hilfe zu suchen.

- Sie bieten den Frauen unbürokratische und kompetente Hilfe, die in gründlicher Kenntnis der spezifischen Schwierigkeiten ihrer Lage fundiert ist und ihre Angst vor weiterer Gewalt ernst nimmt.

- Sie verschaffen allen gesellschaftlichen Institutionen Kenntnisse über das Ausmaß und die Natur der Probleme und stellen nicht nur Aufklärung zur allgemeinen Sensibilisierung, sondern fachliche Expertise zur Verfügung.

Die spezifischen Hilfeeinrichtungen sind heute als unverzichtbarer Bestandteil des Systems gesundheitlicher Versorgung zu betrachten. Zwar ist ein internationaler Überblick wegen unterschiedlich verfügbarer Daten sehr schwierig, im europäischen Vergleich rangiert die Bundesrepublik insbesondere hinsichtlich des relativ dichten Netzes von Frauenhäusern (insgesamt ca. 400) jedoch verhältnismäßig weit vorne. Egger et al. (1995) schätzen aufgrund einer 1991 durchgeführten Erhebung die Zahl der Frauenhäuser europaweit auf 800 bis 1000. Die Finanzierung dieser Einrichtungen basiert im Bundesgebiet allerdings zumeist auf jährlichen Anträgen und hängt stark von der unsicheren Finanzlage und schwankenden Prioritäten der Kommunen ab. Die Ausstattung ist in der Regel karg, beengt und wenig geeignet, Genesung zu fördern oder Gesundheitsverhalten zu unterstützen.

Auffällig schwach, verglichen mit anderen Ländern, sind die Ansätze im Gesundheitswesen selbst. Es gab bundesweit bislang erst eine Stelle, die unmittelbare Hilfe für Frauen direkt nach einer sexuellen Gewalterfahrung in Anbindung an eine Klinik bereitgestellt hat: Mit der besonderen Förderung des Bundes wurde die „Anlaufstelle für vergewaltigte Frauen" in Freiburg im Breisgau als Modellprojekt geschaffen. Von der Verankerung des Themas "Gewalt gegen Frauen" in Forschung und Lehre an den medizinischen Fakultäten ist die Bundesrepublik allem Anschein jedoch noch weit entfernt.

Grundlegend dafür, daß das Gesundheitswesen seine Verantwortung gegenüber den Opfern von Gewalt wahrnehmen kann, ist die fachliche Qualifikation zur Differentialdiagnose. Notwendig ist die Befähigung, adäquat auf die betroffenen Mädchen und Frauen einzugehen, deren Situation zu verstehen und ihnen zu ermöglichen, über belastende und oft bedrohliche Erfahrungen mit intimen Verletzungen zu sprechen. Je nachdem, ob es sich um aktuelle oder vergangene Gewalterfahrungen handelt und von welcher Art diese waren, stellt dies spezifische Anforderungen an ärztliche, pflegerische, psychologische und geburtshilfliche Fachkräfte.

Sexueller Mißbrauch ist nicht leicht eindeutig zu identifizieren, zumal die sexuellen Handlungen häufig nicht körperlich gewaltförmig sind. Ihre Auswirkungen sind oft vor allem im Psychischen und Psychosomatischen zu sehen. In der Literatur wird eine breite Palette möglicher Symptome aufgezeigt: Sexualisiertes Verhalten, gesteigerte Nervosität oder Konzentrationsstörungen oder verschiedene psychosomatische Reaktionen können Hinweise auf Mißbrauch sein, sie können aber auch aus anderen Konflikt- oder Krisenerfahrungen herrühren. Die Aufdeckung und - bei begründetem Verdacht - ein dem Kind wirklich helfendes Vorgehen sind bei aktuell stattfindendem Mißbrauch schwierig. Auch heute noch ist es eher die Ausnahme, daß eine Mißbrauchssituation so beendet wird, daß dabei Klärung, Entlastung und Verarbeitung gelingen.

Infolgedessen gibt es viele erwachsene Frauen, die in Kindheit oder Jugend Mißbrauchserfahrungen gemacht haben, die zu der Zeit verschwiegen oder verdrängt wurden; meist werden die Übergriffe irgendwann im Zuge der Loslösung aus der Herkunftsfamilie beendet, doch eine adäquate Aufklärung und Bearbeitung findet selten statt. Wenn die persönlichen Ressourcen zur eigenständigen Bewältigung des Traumas nicht ausreichen, treten langfristig gesundheitliche Störungen ohne erkennbare organische Ursache auf. Chronische Unterleibsschmerzen, Eßstörungen, Atemstörungen und Kopfschmerzen, vor allem in Kombination, werden von Olbricht (1997) als Hinweise auf unbearbeitete sexuelle Traumatisierung beschrieben. Nicht selten erleiden solche Frauen wiederholte gynäkologische Operationen, die keine nachhaltige Linderung ihrer Beschwerden erbringen. Hierzu fehlt es in der Bundesrepublik sowohl an Forschung wie auch an gezielter Aus- oder Weiterbildung in der Medizin.

Bei körperlicher Mißhandlung von Frauen sind - der Kindesmißhandlung ähnlich - die Anzeichen eindeutiger: Zumindest die unmittelbaren Verletzungen sind mit ausreichender fachlicher Fortbildung und mit Aufklärungsmaterial, das es seit längerem zur Kindesmißhandlung gibt, gut zu erkennen. Die Begleitforschung zum Modellprojekt „Hilfen für mißhandelte Frauen" empfahl schon 1981 die Erstellung eines Katalogs von Indikatoren für die Diagnose von Mißhandlungsverletzungen und forderte, daß niedergelassene Ärzte sowie Ärzte in Krankenhäusern auf Anzeichen von aktuellen oder zurückliegenden Mißhandlungen achten (Hagemann-White et al. 1981). Dort wurden auch konkrete Empfehlungen für schriftliche Aufzeichnungen, Atteste, Information betroffener Frauen und Sicherstellung des Schutzes vor dem mißhandelnden Mann im Krankenhaus formuliert und Vorschläge für die Krankenkassen und die Forschung erarbeitet. Keine dieser Empfehlungen hat bislang im Gesundheitssystem Beachtung gefunden. Daß es sich um realitätsgerechte und machbare Forderungen handelte, zeigt die Praxis im Ausland. Große medizinische Fachverbände in den USA begannen schon vor Jahren mit der Aufklärung ihrer Mitglieder. So wird z. B. darauf hingewiesen, daß mißhandelte Frauen besonders häufig zur medizinischen Versorgung abends oder am Wochenende in der Notaufnahme erscheinen; daß sie häufig Verletzungen am Kopf, im Gesicht oder am

Ober- oder Unterleib aufweisen, im Gegensatz zu den Verletzungen an den Extremitäten, die für echte häusliche Unfälle typisch sind. Auch ihr Verhalten kann beim Routinebesuch in der ärztlichen Praxis auffallen: Sie ziehen sich aus sozialen Beziehungen zurück, haben z. B. starke Ängste ohne erkennbaren Anlaß oder können sich sogar scheinbar paranoid verhalten.

Der amerikanische Gynäkologenverband hat für seine Mitglieder als häufige Probleme mißhandelter Frauen aufgezählt:

- somatische Beschwerden: Kopfschmerzen, Schlaflosigkeit, Würgegefühle im Hals, Hyperventilation, Magen-Darm-Störungen, Schmerzen in der Brust, im Rücken oder im Unterleib;

- psychische Beschwerden: ausgeprägte oder extreme Schüchternheit, Angst, Verlegenheit, ausweichende Reaktionen, Schreckhaftigkeit, Passivität, häufiges Weinen, Drogen- bzw. Alkoholmißbrauch.

- Als Hinweis gilt es auch, wenn der Mann sie zum Arzttermin begleitet.

Mit der Verbreitung solcher Informationen gerade unter den niedergelassenen Gynäkologen glaubt man, sehr viel mehr betroffene Frauen zu erreichen und zu helfen, als dies mit speziellen Hilfseinrichtungen allein möglich ist. Wesentlicher noch ist aber der Hinweis, daß es eine Grundanforderung guter Medizin ist, die Ursache der gesundheitlichen Probleme zu suchen und zu behandeln (Schornstein 1997). Dafür allerdings benötigen Ärzte eine gute Informationsgrundlage sowohl über die Realitäten von Gewalt im Geschlechterverhältnis wie auch über die Regeln, die für eine angemessene Versorgung gelten. Der Arzt, der mit Sympathie eine mißhandelte Frau zum Sprechen ermutigt, um dann in Überschätzung seiner ärztlichen Autorität den Mann anzurufen und ihn zur Rede zu stellen, bringt die Frau verstärkt in Gefahr und richtet Schaden an, statt zu helfen. Qualifiziertes Informationsmaterial und kurze, handlungsorientierte Fortbildungen könnten den Weg zu bedeutenden Verbesserungen öffnen.

5.6 Schwierigkeiten der spezialisierten Hilfe professionalisierter „Gewaltarbeit"

Die existentielle Bedrohung durch schwerwiegende Gewalterfahrungen teilt sich den Professionellen (Beobachtenden, Beratenden, Therapierenden, Forschenden) mit und konfrontiert diese zwangsläufig mit eigenen Traumen, so daß die Helfenden ihrerseits, wenn auch auf einer anderen Ebene als die Klientin, Bewältigungsstrategien entwickeln (müssen). Diese Belastung ist besonders hoch bei der Arbeit in spezialisierten Einrichtungen oder bei Therapeutinnen, die schwerpunktmäßig oder ständig mit traumatisierten Frauen arbeiten. Denn die Unterstützung, Beratung oder Behandlung der Betroffenen bringt es mit sich, daß die Beraterin oder Therapeutin nicht nur gelegentlich, sondern alltäglich psychisch der Gewalt begegnet.

Für spezialisierte Hilfeeinrichtungen ist ein Zusammenspiel von Belastungen durch unzureichende äußerliche Rahmenbedingungen und psychischen Belastungen durch die Arbeit selbst charakteristisch. In der Anlaufstelle für vergewaltigte Frauen in Freiburg wurden als "äußere" Belastungen die fehlende finanzielle und räumliche Absicherung der Arbeit empfunden, der ständige Kampf um Finanzierung, unzureichende Möglichkeiten der Entlastung bzw. Bewältigung der Belastungen und die fehlende Wahrnehmung und Anerkennung der Problematik der Gewalt und damit auch die fehlende Anerkennung der eigenen Arbeit in der Öffentlichkeit. Als „innere" Belastungen wurden genannt: die ständige Konfrontation mit der Gewalt mit dem Gefühl, exklusiv dafür zuständig zu sein, da sonst niemand die Gewalt wahrnimmt, die persönliche Betroffenheit durch Klientinnen, die Vielfalt und Kumulation der psychischen und sozialen Probleme und insbesondere Suizidalität bei einigen Klientinnen und das häufig unklare Anliegen (Helfferich et al. 1997). Das Gefühl, exklusiv zuständig zu sein für die Hilfe für die Opfer von Gewalt im Geschlechterverhältnis und die unzureichende Bereitstellung von Ressourcen seitens der Gesellschaft hängen zusammen. Beide sind Ausdruck einer verweigerten gesellschaftlichen Verantwortung, einer Ausgrenzung traumatischer Erfahrungsinhalte aus der gesellschaftlichen Normalität mit einer Delegation der Versorgung an Spezialistinnen und somit als kollektive Verleugnung (Hermann 1993) zu verstehen.

Die Konfrontation mit der erlebten Gewalt auf seiten der Klientinnen macht eine Auseinandersetzung mit eigenen Gewalterfahrungen - und hier insbesondere mit Erfahrungen von Gewalt im Geschlechterverhältnis - notwendig und erfordert Bewältigungsstrategien auf seiten der Helfenden. Diese wurden als sozialpsychologische Abwehrprozesse (Fischer/Riedesser 1998) beschrieben, die dem Selbstschutz dienen und sich in spontanen Reaktionen wie Opferbeschuldigung, Unglauben, Aggressionen, Aktivismus, Omnipotenz- und Rettungsphantasien, alles wieder gut werden zu lassen, und spezifischen Gegenübertragungen ausdrücken können (Hedlund/Eklund 1986). Reaktionen auf den „Bruch mit der Normalität" ist die Wiederherstellung der Normalität, und sei es durch Verleugnung der Bedeutung der Gewalttat. Diese intuitiven Reaktionen können es der Klientin erschweren, sich auszusprechen, da sie sie als Zeichen wahrnimmt, die Helfende schenke ihr z. B. keinen Glauben oder sei nicht belastbar und müsse geschont werden. Im professionellen Kontext werden daher die Bewältigungsmuster der Helfenden reflektiert und einem bewußten Umgang verfügbar gemacht. Die Konfrontation mit schwerwiegender Gewalt wirkt sich nicht nur auf der Ebene der Professionellen aus, sondern auch auf der Ebene des Teams (Brückner 1996).

Die Schwierigkeit von Beraterinnen in spezialisierten Einrichtungen besteht darin, daß sie der betroffenen Frau ein Gefühl der Sicherheit und der Wertschätzung und eine „Zugehörigkeit zur Welt" vermitteln als Fundament einer positiven Entwicklung. Der gesellschaftliche Umgang mit Gewalt im Geschlechterverhältnis enthält ihnen aber gerade die Sicherheit, Wertschätzung und Anerkennung als „zugehörig zur Welt" vor. Um in dem Paradox, Sicherheit zu geben, ohne sie selbst zu haben, Normalität für die Klientin herzustellen und in einer sexualisierte Gewalt verdrängenden und bagatellisierenden Welt arbeitsfähig zu bleiben, verlangen sich die Beraterinnen ein hohes Maß an Verausgabung ab und entwickeln hohe Ansprüche an die eigene Arbeit. In der Regel bieten die Einrichtungen aufgrund der knappen Ressourcen nicht ausreichende Entlastungsmöglichkeiten für die Mitarbeiterinnen.

Die Notwendigkeit, die Konfrontation mit der von der Klientin erlebten Gewalt zu bewältigen und die eigenen intuitiven Umgangsformen mit dieser Konfrontation zu reflektieren, gilt für alle Berufsgruppen und in allen Kontexten, in denen Frauen mit Gewalterfahrungen Hilfe suchen. In spezialisierten Einrichtungen werden diese Probleme der professionellen Arbeit in der Regel erkannt und reflektiert, auch wenn sie aufgrund der Rahmenbedingungen nicht (immer) gelöst werden können. Das häufige Verkennen oder Überhören von Signalen, daß Gewalterfahrungen vorliegen, in nicht spezialisierten Einrichtungen kann als Bewältigungsstrategie bei einer fehlenden Auseinandersetzung mit Gewalt erklärt werden.

5.7 Neue Ansätze zu interdisziplinärem Vorgehen und kommunale Strategien

Spezifische Einrichtungen für Frauen, die Gewalt erlitten haben, sind unabdingbar, sowohl um den Betroffenen zu ermöglichen, über die erlittene Gewalt zu sprechen und Hilfe zu suchen, als auch, um sie vor einer Fortsetzung der Gewalt zu schützen. Solche Stellen und Projekte werden jedoch in der Regel erst relativ spät im Prozeß der Gewaltentwicklung oder der Herausbildung gesundheitlicher Folgeschäden aufgesucht und wirken nur in geringem Maße präventiv. Sie sind nicht ausreichend, um das gesellschaftliche Problem von Gewalt im Geschlechterverhältnis anzugehen. Um den Schäden an der Gesundheit insbesondere von Frauen zu begegnen, muß früher und wirksamer eingesetzt werden.

Eine landesweite Vollerhebung bei Einrichtungen mit spezialisiertem Angebot für betroffene Frauen und Mädchen in Niedersachsen (Hagemann-White 1992) ergab 1991, daß ein Bedarf für neue Ansätze der Zusammenarbeit unterschiedlicher Institutionen gesehen wurde. Angeregt durch ausländische Modelle sowie durch mehrere öffentlich wirksame Kampagnen auf Bundes- und Länderebene sind seither Expertisen, kommunale Arbeitskreise und Modellprojekte entstanden, die Wege der Zusammenarbeit erproben, um den Opfern besser zu helfen und dem Gewaltverhalten der Täter adäquat zu begegnen. Am häufigsten wird die Form eines „Runden Tisches" gewählt, der Fachkräfte aus sozialen Einrichtungen, Projekten der Anti-Gewaltarbeit, frauenpolitischen Stellen, Polizei und Justiz zusammenführt, um gemeinsam nach neuen Strategien für die eigene Kommune zu suchen. Der Abbau von Gewalt im Geschlechterverhältnis wird so als Aufgabe des Gemeinwesens erkannt und nicht nur in einmaligen Aktionen, sondern kontinuierlich und mit Blick auf die Lösung praktischer Probleme zum Thema gemacht.

Seit 1996 wird in dem von Bund und Land geförderten „Berliner Interventionsprojekt gegen häusliche Gewalt" auf breiter Basis (unterstützt durch professionelle Koordinatorinnen) modellhaft erprobt, wie die kontinuierliche Kooperation zahlreicher verschiedenartiger Einrichtungen organisiert und unterschiedliche, miteinander abgestimmte Maßnahmen geplant und umgesetzt werden können, um Intervention und Prävention zu verbessern. Die Erfahrungen aus diesem Modell und den geplanten Anschlußvorhaben dürften wegweisend dafür sein, innovative Vorgehensweisen nach Vorbildern entwickeln zu können, die den hiesigen Rechts- und Sozialverhältnissen angepaßt und in ihren Auswirkungen einschätzbar sind.

Nur vereinzelt nehmen bislang Personen aus dem Gesundheitswesen an diesen Kooperations- und Interventionsprojekten teil. Dabei belegen Erfahrungen aus dem Ausland, daß die gesundheitliche Versorgung zum einen besondere Chancen eines frühzeitigen und präventiven Erstkontaktes bietet, ihr zum anderen zentral die Aufgabe zukommt, bei der Bewältigung erlittener Gewalt und der Heilung der Folgewirkungen zu helfen. Dies gelingt allerdings in der Regel nur auf der Basis von interinstitutioneller Zusammenarbeit und Fortbildung, da Gewalt in nahen sozialen Beziehungen meist verheimlicht wird und weder ÄrztInnen noch Angehörige der Gesundheitsfachberufe dafür ausgebildet sind, die Anzeichen zu erkennen und angemessen darauf einzugehen.

Aus der wissenschaftlichen Begleitung zu den kommunalen „Runden Tischen" und dem Berliner Modellprojekt (Eichler/Schirrmacher 1998; Kavemann et al. 1999) und der ausländischen Literatur lassen sich grundsätzliche Leitlinien für Kooperationsprojekte im Bereich von Gewalt im Geschlechterverhältnis ableiten. Dazu gehören:

- Der Schutz der von Gewalt bedrohten Mädchen und Frauen hat höchste Priorität: Jede Maßnahme wird im Bewußtsein geprüft, daß die Gefahr für Leben und Gesundheit der Betroffenen verringert und niemals gesteigert wird.

- Die Arbeit der spezialisierten Einrichtungen für betroffene Frauen und Mädchen wird anerkannt, gestärkt und finanziell stabil unterstützt, denn sie besitzen eine unschätzbare Expertise, die bei der Kooperation benötigt wird.

- Gewalt wird unmißverständlich geächtet und nicht entschuldigt. Es werden Strategien gesucht, die geeignet sind, gewalttätige Männer mit Konsequenzen ihres Verhaltens zu konfrontieren und sie zur Veränderung aufzufordern.

- Es wird konsequent daran gearbeitet, die „gelernte Hilflosigkeit" der meisten Institutionen gegenüber der alltäglichen Gewalt zu überwinden und Fachkräfte in jeder Institution zu befähigen und zu ermutigen, einen Beitrag zur Überwindung dieser Gewalt zu leisten.

Unter Beachtung dieser Richtlinien gibt es eine breite Vielfalt möglicher Kooperationsmodelle, die je nach örtlichen oder regionalen Bedingungen und Ressourcen dazu führen können, daß früher, breiter und effektiver in das Gewaltgeschehen eingegriffen wird und die Gesundheit von Frauen qualitativ und quantitativ wesentlich besser gefördert wird als bisher.

5.8 Das Geschlechterverhältnis als Ort der Gewalt - Problematik der Polarisierung und Perspektiven

War die Aufklärung der Öffentlichkeit und die Schaffung spezieller Einrichtungen Voraussetzung dafür, daß das Schweigen gebrochen werden konnte, so hat ihre Etablierung zu einem paradoxen Erfolg geführt. Auf der einen Seite sind die Zeiten der Ausgrenzung von Opfern und von Tätern vorbei. Es gibt ein breites Bewußtsein dessen, daß Gewalt gegen Mädchen und Frauen keine Ausnahme ist, nicht bei krankhaften Devianten und gestörten Familien, sondern quer durch die Gesellschaft und bei „ganz normalen Männern" vorkommt. Heute wird von aufgeklärten Menschen begriffen, daß die Gewalt im Geschlechterverhältnis angesiedelt ist und erst mit einer wirklichen Transformation der Grundlagen der Beziehungen zwischen Frauen und Männern abgebaut werden kann.

Auf der anderen Seite hat Gewalt damit den Stellenwert eines mächtigen Symbols für alles bekommen, was an Unrecht, Abwertung und Benachteiligung von Frauen geschieht. Es genügt, von Mißbrauch, Vergewaltigung, sexueller Belästigung oder Mißhandlung zu sprechen, um die moralische Schuld deutlich zu machen, die ein Jahrhunderte alter Anspruch auf männliche Vorherrschaft und Vorrechte nach sich gezogen hat. So haben zwar die Frauenprojekte, die zu Gewalt arbeiten, ihre Forderung nach Räumen, Ressourcen und Anerkennung ihrer Kompetenz im Ansatz durchgesetzt, aber um den Preis, daß die Gewalt unter der Hand zum Frauenproblem geworden ist. Obwohl ein wirklicher Wandel oder zumindest Prävention Veränderungen im Verhalten und bei der Gewaltbereitschaft von Männern voraussetzen würde, wird das Gewaltproblem vor allem von Frauen und mit Frauen bearbeitet. Gewalt im Geschlechterverhältnis wird so an die Frauen zur Lösung delegiert; das Thema polarisiert die Geschlechter und entfernt sie von einander, statt Wege zu eröffnen, ihr Verhältnis neu zu gestalten.

In der Psychotherapie hat sich „re-framing" als Methode bewährt, wenn Beziehungssysteme in die Sackgasse geraten sind: Es handelt sich (bildlich gesprochen) darum, ein altes Bild in einen neuen Rahmen zu setzen, oder auch die Optik zu verändern, mit der ein Problem gesehen wird. Für die Diskussion in der Bundesrepublik könnte es hilfreich sein, Gewalt im Geschlechterverhältnis als gesellschaftliches Problem zu fassen, das jeden Bürger und jede Bürgerin angeht. So haben in Genf die Universitätskliniken ein Programm entwickelt, das alle Menschen ansprechen will, die mit Gewalt in Berührung kommen, ob als Opfer, als Täter oder als Zeugen. Gewalt wirksam zu begegnen, deren Wurzeln abzubauen und für deren Folgen Hilfe und Heilung anzubieten, wird als Auftrag des öffentlichen Gesundheitswesens begriffen. Opfer, Täter und besorgte oder betroffene Dritte werden nicht unterschiedslos gleichgesetzt, sondern für jeden ein angemessenes Angebot entwickelt. Das Konzept beruht auf einem Netzwerk der Verweisung und Vermittlung durch ärztliche und soziale Fachkräfte, polizeiliches Personal und Justiz in der ganzen Kommune (vgl. Halpérin 1999). Modelle dieser Art stehen nicht in Konkurrenz zu den speziellen Hilfseinrichtungen. Vielmehr können sie das notwendige Umfeld herstellen, damit die Projekte, die den betroffenen Frauen und Mädchen bislang Schutz und Hilfe anbieten, eine wirkliche Wertschätzung und Stärkung ihrer Arbeit, Anerkennung ihrer Expertise und Entlastung durch die Mitverantwortung des Gemeinwesens erfahren.

5.9 Forschungsbedarf

Der weitaus größte Teil der deutschen Forschung zu Gewalt im Geschlechterverhältnis, zu den Auswirkungen und den Möglichkeiten der Hilfe für Betroffene ist in enger Verbindung mit dem Aufbau von Praxisprojekten entstanden und wurde von frauenpolitischen staatlichen Stellen und Ressorts gefördert oder auch veranlaßt. Weder in den klassischen Institutionen der Forschungsförderung noch an den Universitäten hat sich das Themenfeld etablieren können; wenn überhaupt, ist es im Bereich der Pädagogik oder der Sozialpädagogik anzutreffen. Obwohl seit gut zwanzig Jahren bekannt ist, daß mindestens jede fünfte Frau sexualisierte Gewalt erlebt hat und damit eine Beeinträchtigung der Gesundheit der Normalbevölkerung von epidemischen Ausmaßen verzeichnet werden kann, gibt es in der Bundesrepublik keine einschlägige medizinische Forschung und erst wenige Ansätze in den Gesundheitswissenschaften.

In der frauenzentrierten Psychotherapie (vgl. Kapitel 10.4) werden Konzepte für Diagnose und Behandlung entwickelt und z. T. in Publikationen berichtet, eine systematische Begleitforschung dazu fehlt aber völlig. Da das öffentliche Bewußtsein in der Versorgungspraxis einen Bedarf für solche Erkenntnisse geschaffen hat, haben in den vergangenen Jahren privat finanzierte oder auch kommerzielle Fortbildungen zunehmend in diesem Feld Fuß gefaßt; diese können aber die wissenschaftliche Forschung nicht ersetzen und unterliegen zudem Gefahren von Mode und Marketing.

Das weitgehende Fehlen von Grundlagenforschung und deren Abwesenheit insbesondere im Gesundheitsbereich steht vermutlich nicht allein mit der Brisanz des Themas im Zusammenhang, sondern auch damit, daß interdisziplinäre Forschung unabdingbar ist, um brauchbare Erkenntnisse zu gewinnen. Dringende Fragen aus der Sicht der Gesundheit von Frauen sind z. B.: die Auswirkungen von sexueller Gewalt in unterschiedlichen Lebens- und Entwicklungsstadien, die Rolle von sexueller und körperlicher Gewalt bei der Ätiologie typischer Folgekrankheiten, die Folgen für Kinder, wenn sie Zeugen der Mißhandlung der Mutter werden, oder die Behandlungsmöglichkeiten bei weiter zurückliegenden und bei aktuellen Gewaltbelastungen, einschließlich der sehr praktischen Probleme des Schutzes von Patientinnen vor erneuter Gewalt und Gewaltandrohung. Vordringlich wäre ferner eine fundierte Klärung der Begriffe Trauma und Traumatisierung in bezug auf Gewalt im Geschlechterverhältnis, da sie durch breite Anwendung zunehmend unscharf geworden sind; sie müßten empirisch und klinisch in Zusammenhang mit der Alltäglichkeit sexualisierter Gewalt differenziert und präzisiert werden.

Mangelnde Kenntnisse im Gesundheitssystem über die Verbreitung und die Erscheinungsformen von Gewalt im Geschlechterverhältnis und über deren Rolle bei der Entstehung gesundheitlicher Störungen und Krankheiten hat derzeit hohe Kosten für die Gesellschaft zur Folge: in medikamentösen und operativen Behandlungen, denen keine ausreichende Einschätzung der Ursachen der Beschwerden zugrundliegt, in der Chronifizierung von Beschwerden und schließlich in sekundären Erkrankungen als Folge einer nicht erkannten primären Ursache des Leidens. Die psychosozialen Kosten für die betroffenen Frauen, denen keine Hilfe zuteil wird, sind jedoch ebenso gravierend. Der Forschungsbedarf ist ein doppelter: Es müssen die Erkenntnisse aus den wissenschaftlichen Begleitforschungen und politikberatenden Untersuchungen der vergangenen zwanzig Jahre aufgenommen und in ihrem Ertrag für die Gesundheitsforschung gewürdigt werden. Darauf aufbauend sind Untersuchungen mit spezifisch gesundheitsbezogenen Fragestellungen und interdisziplinärem Zuschnitt anzuregen und zu fördern.

6 Reproduktive Biographien und Reproduktive Gesundheit

Reproduktive Biographie und reproduktive Gesundheit sind die Schlüsselbegriffe für dieses Kapitel. Auf der Internationalen Konferenz für Bevölkerung und Entwicklung 1994 in Kairo wurde „reproductive health" mit Bezug auf das Verständnis von Gesundheit, wie es die Weltgesundheitsorganisation formuliert hat, als „Zustand des vollständigen körperlichen, seelischen und sozialen Wohlbefindens und nicht nur als die Abwesenheit reproduktiver Krankheiten oder Beschwerden" definiert. Der Begriff bezieht sich auf die reproduktiven Prozesse und Funktionen in allen Phasen des Lebens auch außerhalb der fruchtbaren Jahre (UN 1995). Er schließt die Fähigkeit zur Fortpflanzung, ein befriedigendes Sexualleben und die freie Entscheidung über die Kinderzahl ebenso ein wie das Recht auf den Zugang zu Informationen, zu sicheren, erschwinglichen und akzeptablen Methoden der Familienplanung und zu einer angemessenen Gesundheitsversorgung.

Dem Begriff der reproduktiven Gesundheit liegt ein breites und lebensweltorientiertes Verständnis von Gesundheit und Krankheit zugrunde. Die Weltgesundheitsorganisation verweist darauf, daß reproduktive Gesundheit weder von einer Liste von Krankheiten oder Problemen bestimmt werden soll, wie z. B. sexuell übertragbare Krankheiten oder Müttersterblichkeit, noch in eine Liste von Programmen münden soll wie Schwangerenvorsorge oder Familienplanung in einem eng gefaßten Sinn. Reproduktive Gesundheit soll vielmehr im Kontext menschlicher Beziehungen verstanden werden. Sie umfaßt die Realisierung eines individuellen Potentials, die Minimierung von Risiken und die Möglichkeit, ein gewünschtes Kind zu bekommen ebenso wie eine ungewünschte und gesundheitsgefährdende Schwangerschaft zu vermeiden (Kunz 1996: 3; vgl. UN 1995: 2 - Übersetzung der Autorinnen). In diesen Formulierungen spiegelt sich der Einfluß sowohl der internationalen Organisationen für Bevölkerungs- und Familienplanung als auch der internationalen Frauengesundheitsbewegung wider (vgl. Thoß 1996). Reproduktive Gesundheit steht in diesem Zusammenhang für menschliche Entwicklungsmöglichkeiten. Sie ist ein wesentlicher Teil der allgemeinen Gesundheit, und als zentraler Aspekt der menschlichen Entwicklung (UN 1995: 1) ist sie in der internationalen Diskussion mit Menschenrechtsfragen verbunden (WHO 1995; Pro Familia 1995: 7).

Das Konzept der reproduktiven Biographie hebt hervor, daß in den einzelnen Phasen des Lebenslaufs reproduktive Gesundheit jeweils einen eigenen Stellenwert hat und jeweils unterschiedliche gesundheitliche Ressourcen zur Verfügung stehen, Belastungen bewältigt werden müssen und phasenspezifische Versorgungsangebote erforderlich sind. Die klassischen Phasen sind die Jugend, die Familienphase und das Alter; als „Meilensteine" gelten die erste Regelblutung, der erste Geschlechtsverkehr, die Spanne der sexuell aktiven Zeit bis zur Heirat oder dem gemeinsamen Haushalt, die Heirat, das erste Kind und die Beendigung des Kinderwunsches (Forrest 1993). In allen Phasen sind biologische und soziale Aspekte eng miteinander verwoben. Die Abfolgemuster und insbesondere die Vorstellungen davon, was das angemessene Alter für die Übergänge zwischen den Phasen ist, variieren zwischen historischen Perioden, Kulturen und sozialen Gruppen. Das Konzept der reproduktiven Biographie bezieht sich nicht allein auf die Funktionen im Zusammenhang mit Empfängnis, Schwangerschaft und Geburt. Auch Frauen, die nie eine Blutung, nie heterosexuellen Geschlechtsverkehr oder nie Kinder hatten, haben ihre eigene reproduktive Biographie.

Die Konzepte der reproduktiven Gesundheit und der reproduktiven Biographie sind insofern für einen Bericht zur Gesundheit von Frauen wichtig, weil sie es erlauben, die natürlichen Abläufe als solche zu beschreiben, Gesundheitsprobleme aufzugreifen, ohne die Tradition der Pathologisierung reproduktiver Phasen fortzuschreiben, wie z. B. der Schwangerschaft und Geburt und der Annahme einer besonderen Gefährdung des weiblichen Körpers durch die reproduktiven Funktionen. Dies erst eröffnet die Möglichkeit, angemessene Angebote im Bereich der reproduktiven und sexuellen Gesundheit zu entwickeln.

Reproduktive Gesundheit umfaßt das Kontinuum von Gesundheit bis Krankheit, mit Einzelthemen vom Menarchealter bis zu Gewalterfahrungen, von Schwangerschaft und Geburt bis zu sexuell übertragbaren Krankheiten und Krankheiten der reproduktiven Organe. Diese Aspekte haben in den einzelnen Lebensabschnitten jeweils eine unterschiedliche Bedeutung.

Für den vorliegenden Bericht wurden einige Aspekte, der nationalen Diskussion entsprechend, nicht in einen Zusammenhang mit der reproduktiven Gesundheit gestellt. Sie sind daher nicht in diesem, sondern in anderen Kapiteln zu finden. Müttersterblichkeit, sexuell übertragbare Krankheiten und Brustkrebs werden in Kapitel 3 aus epidemiologischer Perspektive dargestellt. Gewalt im Geschlechterverhältnis wird in Deutschland nicht vorrangig als Aspekt reproduktiver Gesundheit diskutiert; im internationalen Zusammenhang wird sie mit der Forderung „Schutz vor schädlichen Sexualpraktiken und Gewalt" als Beeinträchtigung der sexuellen Gesundheit verstanden. Der Gewalt im Geschlechterverhältnis ist ein eigenes Kapitel gewidmet (Kapitel 5). Auch Prostitution wird international als Aspekt der sexuellen Gesundheit eingeordnet (z. B. WHO 1994); im vorliegenden Bericht wird auf Prostituierte als eine Gruppe eingegangen, die vom Gesundheitssystem unzureichend versorgt wird (Kapitel 2.4.2) und die häufig Gewalt erlebt (Kapitel 5). AIDS und HIV-Infektionen werden als zu bewältigende gesundheitliche Einschränkungen aufgegriffen (Kapitel 9.4). Der Gesundheit von Frauen im mittleren Lebensalter ist ein eigenes Kapitel gewidmet (Kapitel 8).

Das Kapitel gliedert sich in mehrere Abschnitte. Es beginnt mit den Themen der ersten Regelblutung und des ersten Geschlechtsverkehrs (Kapitel 0), gefolgt von Familienplanung und Kontrazeption (Kapitel 6.2). Auf den Schwangerschaftsabbruch (Kapitel 6.3) als eine Option und auf Fruchtbarkeitsstörungen (Kapitel 6.4) als eine Einschränkung im Rahmen von reproduktiven Biographien wird in zwei weiteren Abschnitten eingegangen. Ein Abschnitt zu Schwangerschaft und Geburt (Kapitel 6.5) schließt das Kapitel reproduktive Biographien und reproduktive Gesundheit ab.

6.1 Erste Regelblutung und erster Geschlechtsverkehr

6.1.1 Einleitung

Die erste Regelblutung (Menarche) und der erste Geschlechtsverkehr (Kohabitarche) gelten als „Meilensteine" der körperlichen und psychosozialen Entwicklung. Die Menarche bedeutet Geschlechtsreife und Beginn der Möglichkeit, Kinder zu bekommen.

Sie hat aber über die physiologische Bedeutung hinaus als Zeichen für Frau-Sein und Fruchtbarkeit und als „Initiation des kindlichen Mädchens in seine erwachsene weibliche Rolle" auch psychosoziale und kulturelle Bedeutung (Mahr 1985: 177). Als Teil einer körperlichen Wachstumsentwicklung, einer hormonellen Umstellung und einer äußerlich sichtbaren Veränderung des Körpers hat die Menarche zudem eine soziale Bedeutung für die Kontakte zu anderen Menschen.

Im Hinblick auf die Gesundheit kommt dieser Phase der Jugend mit der ersten Regelblutung und dem ersten Geschlechtsverkehr eine besondere Relevanz zu. Es gibt eine Reihe von Hinweisen, daß die Verarbeitung dieser Veränderung nicht immer unproblematisch verläuft. Deutlichster Indikator ist die ab der Pubertät zunehmende Unzufriedenheit von Mädchen mit ihrem Körper, während in derselben Entwicklungsphase die Zufriedenheit der Jungen mit der eigenen Erscheinung zunimmt (als Überblick vgl. Kracke/Silbereisen 1994: 303).

Datenlage

Zum Menarche- und Kohabitarchealter liegt eine Vielzahl von Studien in Ost und West vor. Während die Menarche Thema schon im 19. Jahrhundert war, wurden zur Kohabitarche in Ost und West erst in den 60er Jahren Befragungen - zunächst bei speziellen Zielgruppen (z. B. Medizinstudierenden in der DDR: Rennert 1966), später als repräsentantive Untersuchungen - durchgeführt. Kohabitarche wird dabei implizit als erster heterosexueller Geschlechtsverkehr verstanden; homosexuelle Erfahrungen werden meist nicht erfragt. Neuere Untersuchungen betrachten das relative Reifungstempo, d. h. das Menarche- bzw. Kohabitarchealter der Befragten in Relation zum entsprechenden Alter bei der Mehrzahl der Gleichaltrigen (Kracke/Silbereisen 1994).

Die empirische Erfassung des Menarche- und Kohabitarchealters birgt zwei mögliche Fehler: Werden junge Frauen befragt, dann ist die Erinnerung wenig verzerrt, aber die Daten sind rechtszensiert, d. h. das durchschnittliche Menarche- oder Kohabitarchealter bei 16jährigen liegt allein schon aus methodischen Gründen stets niedriger als bei 17jährigen, da keine Werte über 16 Jahre auftreten können. Werden ältere Altersgruppen befragt, liegt keine Rechtszensierung vor, aber die Erinnerung ist möglicherweise verzerrt. Retrospektive Angaben des Menarchealters gelten dennoch als weitgehend verläßlich (vgl. Kracke/Silbereisen 1994: 296f.). Für Angaben zum Kohabitarchealter liegen entsprechende Überprüfungen nicht vor.

Aussagen zur historischen Entwicklung des Alters bei der ersten Regelblutung oder dem ersten Geschlechtsverkehr unterliegen in den meisten Fällen methodischen Einschränkungen und sind mit Vorsicht zu interpretieren.

In den 80er Jahren entwickelte sich ein Interesse am subjektiven Erleben von Menarche und Menstruation in der Jugend. Angaben zum subjektiven Erleben unterliegen, stärker als Angaben zum Menarchealter, Verzerrungen (Strauß/Appelt 1991; vgl. Mahr 1985: 56ff.).

6.1.2 Die erste Regelblutung: Alter und Erleben

Untersuchungen aus den 80er und 90er Jahren nennen ein für die alten und neuen Bundesländer jeweils sehr ähnliches Menarchealter, das dicht bei dem in der Shell-Studie von 1992 ermittelten Wert von 12,9 Jahren liegt (Jugendwerk der Deutschen Shell 1992, Bd. 4: 201; 13-29jährige; vgl. Starke 1990 für die DDR und Kluge 1998 ohne Unterscheidung nach alten und neuen Bundesländern). Das durchschnittliche Menarchealter von Frauen, die nach acht Schuljahren, nach zehn Schuljahren und mit Abitur ihre Ausbildung abgeschlossen haben, unterschied sich 1990 nur geringfügig (Fritsche 1992 für die neuen Bundesländer).

Die Vorbereitung und Vermittlung von Wissen wirken sich darauf aus, wie Mädchen die Menarche und später ihre Menstruation erleben. Heute werden Mädchen in den neuen wie in den alten Bundesländern in der Regel im Rahmen der Sexualaufklärung auf die Menarche vorbereitet. Dies galt 1994 für 78 % der 14-17jährigen Mädchen. 17 % waren vage und 4 % waren völlig unvorbereitet gewesen. Die Vorbereitung wird auch heute im wesentlichen von der Mutter übernommen. Qualitative Studien weisen darauf hin, daß trotz einer Offenheit im Umgang mit dem Thema durchaus Tabus weiter existieren können (z. B. Haase 1992).

1994 empfand ein knappes Drittel (31 %) der 14-17jährigen Mädchen die Menarche als "normal und natürlich", 32 % als "unangenehm" und 20 % hatten sehr ambivalente Gefühle ("gute und schlechte Gefühle"). Gut vorbereitete Mädchen erlebten die Menarche und die Menstruation häufiger als normal und natürlich als nur vage oder gar nicht vorbereitete Mädchen (Schmid-Tannwald/Kluge 1998: 62). Eine retrospektive Befragung von 20-50jährigen Frauen in Partnerschaften zeigte, daß Bildung und Menarchealter das Erleben beeinflußten: Je höher die Bildung und je höher das Menarchealter, desto eher wurden "eher angenehme" oder "nur angenehme" Erinnerungen an die Menarche angegeben (Begenau/Rauchfuß 1992).

Mädchen, bei denen die Menarche und die körperlichen Reifungsprozesse in jüngerem Alter auftreten, sind auch in anderer Hinsicht frühreifer: Sie haben eher intime heterosexuelle Freundschaften und mehr Kontakte zu älteren Jugendlichen (rasches "relatives Entwicklungstempo"). Die im Vergleich mit Gleichaltrigen früh entwickelten Mädchen sind einerseits stärker verunsichert, andererseits profitieren sie davon, daß ihnen eher Selbständigkeit zugetraut wird (Kracke 1988, für die Bundesrepublik 1986). Kracke und Silbereisen (1994: 320) beschreiben dabei einander ergänzende Mechanismen: Die (früh-) reifen Mädchen entwickeln von sich aus neue Interessen und die Umwelt reagiert auf ihre körperliche Erscheinung (vgl. Ewert 1989).

Menarchealter und -erleben im historischen Trend

In den vergangenen 100 Jahren hat sich das Alter bei der ersten Regelblutung historisch vorverlagert (z. B. Tanner 1962; Hofmann/Soergel 1972). Besonders deutlich ging das Menarchealter im ersten Drittel des 20. Jahrhunderts zurück. Lag 1890 das Alter bei der ersten Menstruation noch bei 15,5 Jahren, so wurde zwischen 1920 und 1940 mit 0,6 Jahren Rückgang in jeder der nach 10 Jahres-Abständen gebildeten Geburtskohorten eine sprunghafte Abnahme beobachtet, die in einen langsameren

Rückgang seit den 30er Jahren überging (Hofmann/Soergel 1972: 970). Generationenvergleiche zwischen Müttern und Töchtern bestätigen die Vorverlagerung der Menarche (Schmid-Tannwald/Kluge 1998; Strauß et al. 1990). Gründe der Vorverlegung der Menarche - die in Kriegs- und Notzeiten aussetzte - werden in der Verbesserung der allgemeinen Lebens- und Ernährungsbedingungen gesehen. Angaben für die 50er Jahre und 80er Jahre unterscheiden sich nicht mehr wesentlich (DDR: Ahrendt 1985; vgl. Schmid-Tannwald/Urdze 1983). Daher - und angesichts der unzureichenden Datenbasis für Trendaussagen - ist strittig, ob sich der Trend der Vorverlegung seit den 70er Jahren weiter fortsetzt.

Die zweite Entwicklung seit der Jahrhundertwende neben der Vorverlagerung der Menarche ist das Verschwinden der Unterschiede zwischen sozialen Gruppen bezogen auf das Menarchealter. Wurden um die Wende zum 20. Jahrhundert bis in die 50er Jahre noch z. T. deutliche soziale Unterschiede im Menarchealter festgestellt (Ewert 1983: 299; Ackermann 1959; Reißig 1981; Ahrendt 1985), so sind diese heute nicht mehr auffällig.

Im Generationenvergleich ist erkennbar, daß sich die Vorbereitung auf die Menarche und das Erleben der Regelblutung ebenfalls geändert hat. 1994 berichteten die Mütter in den neuen (39 %) und alten Bundesländern (27 %) zu einem wesentlich geringeren Anteil, sie seien auf die Menarche vorbereitet gewesen als ihre Töchter (78 %). Etwa ein Viertel der Mütter, aber nur noch 4 % der Töchter waren völlig unvorbereitet (Schmid-Tannwald/Kluge 1998: 62 und 202; vgl. für eine kleine selektive Stichprobe: Strauß et al. 1990). Mahr (1985) fand in Westdeutschland eine deutlich positivere Erinnerung an die Menarche bei den nach 1953/54 Geborenen, die ihre Pubertät in der Zeit der sexuellen Liberalisierung erlebt hatten, verglichen mit vorangegangenen Kohorten. Obwohl Mädchen heute deutlich besser auf die Menarche vorbereitet sind und wesentlich häufiger positive Erinnerungen äußern, wird die erste Blutung dennoch nur von einem Drittel der jungen Frauen als normal und natürlich erlebt (ebd.), und auch Strauß et al. (1990) zeigen, daß neben deutlich mehr positiven Reaktionen nach wie vor auch negative und ambivalente Reaktionen zu finden sind. Die Menarche bedeutet die Möglichkeit der Fruchtbarkeit, diese stellt aber zunächst nur ein Risiko dar, denn das Mädchen soll von dieser Möglichkeit unter keinen Umständen Gebrauch machen (Mahr 1985: 177). Nach der Menarche tritt aber eine Normalisierung ein, so daß das Erleben der Menstruation später positiver ausfällt als das Erleben der ersten Blutung (Kluge 1998: 34; vgl. BZgA 1999c).

6.1.3 Alter beim ersten Geschlechtsverkehr

Das Alter beim ersten Geschlechtsverkehr (Kohabitarche) betrug 1994, Mädchen und Jungen zusammengefaßt, 16,6 Jahre mit einer Standardabweichung von 1,7 Jahren und einer Streuung zwischen 11 und 23 Jahren. In den neuen Bundesländern lag es mit 16,3 Jahren deutlich niedriger als in den alten Bundesländern mit 16,8 Jahren. Der Altersgipfel lag bei den jungen Frauen und Männern bei 16 Jahren, d. h. im Alter von 16 Jahren machten, verglichen mit anderen Lebensjahren, prozentual am häufigsten Jugendliche diese Erfahrung (26 %) (Nickel et al. 1995: 30). Unterschiede zwischen Mädchen und Jungen sind kaum noch vorhanden, was den Anteil der Koituserfahrenen unter den 16jährigen angeht (ebd.; vgl. Schmid-Tannwald/Kluge 1998: 142ff. und die Schweizer Übersichtsstudie Koffi-Blanchard et al. 1994).

Einen leichten Einfluß hat die Bildung: Eine höhere Bildung verzögerte die Kohabitarche um 0,4 Monate von 16,4 Jahren auf 16,8 Jahre (Nickel et al. 1995: 30). Untersuchungen aus dem Jahr 1990 zeigen ebenfalls für die neuen Bundesländer einen leichten Bildungseffekt. Bei Fritsche (1992) lag das durchschnittliche Kohabitarchealter der Frauen mit einem Schulabschluß nach acht Klassen bei 17,04, bei Abiturientinnen dagegen bei 17,64 Jahren (vgl. auch Starke 1990).

Das Alter beim ersten Geschlechtsverkehr im historischen Trend

Auch beim ersten Geschlechtsverkehr zeigt ein Generationenvergleich sowie ein Vergleich von Ergebnissen aus den 60er Jahren und aus den 80er Jahren eine Vorverlagerung des Alters: Töchter und Söhne haben heute früher Geschlechtsverkehr als ihre Mütter und Väter (Schmid-Tannwald/Kluge 1998: 266). In der DDR lagen in den 60er Jahren die Altersangaben für den ersten Geschlechtsverkehr für Frauen bei über 19 Jahren (Rennert 1966; für die Bundesrepublik Clement 1986: 108). Auch hier ist strittig, ob der Trend anhält. Während Replikationsstudien von Schmidt für den Westen, die Befragungen des Zentralinstituts für Jugendforschung für den Osten sowie ein Generationenvergleich in der BZgA-Studie für Ost und West (BZgA 1999c) nahelegen, daß nach einer sprunghaften Vorverlegung des Kohabitarchealters in den 60er und 70er Jahren (in der Gruppe der um 1955 Geborenen) später keine statistisch signifikanten Veränderungen mehr stattgefunden haben, werten andere Autoren leichte Rückgänge des durchschnittlichen Kohabitarchealters als Fortsetzung des Trends (z. B. Schmidt 1993: 35; Schmidt et al. 1998: 121; Schmid-Tannwald/Kluge 1998: 264).

Verglichen mit den 60er Jahren verschwinden die früher deutlichen Geschlechterdifferenzen und die Bildungsunterschiede, die heute nur noch einen geringen Einfluß haben (vgl. für die Schweiz: Institut für Sozial- und Präventivmedizin 1997: 5).

6.1.4 Zusammenfassung

Mädchen bekommen heute im Durchschnitt mit 12,9 Jahren ihre erste Regelblutung und haben im Schnitt etwa drei Jahre später das erste Mal mit einem Jungen Geschlechtsverkehr (in den neuen Bundesländern mit 16 Jahren, in den alten mit 16,6 Jahren). Im langfristigen Trend ist das Alter für die erste Regelblutung und für den ersten Geschlechtsverkehr gesunken, strittig ist aber, ob dieser Trend weiter anhält. Bildungsunterschiede haben ihren Einfluß auf das Menarche- sowie Kohabitarchealter weitgehend verloren. Bezogen auf das Alter beim ersten Verkehr unterscheiden sich auch Jungen und Mädchen heute nicht mehr. Mädchen sind heute - anders als ihre Mütter - überwiegend auf die Menarche vorbereitet, aber nur ein Drittel erlebt sie als normal und natürlich.

6.2 Familienplanung und Kontrazeption

6.2.1 Einleitung

Ein wichtiger Bestandteil der reproduktiven Gesundheit und eine Voraussetzung für die Verwirklichung des reproduktiven Rechts, die Zahl der Kinder frei und informiert selbst zu bestimmen, ist der Zugang zu nicht gesundheitsschädigenden, erschwinglichen und akzeptablen Methoden der Empfängnisverhütung. Empfängnisverhütung wird Thema bei dem ersten heterosexuellen Geschlechtsverkehr und bleibt es für die gesamte Dauer der fruchtbaren Jahre im Leben einer Frau.

Ob verhütet wird oder nicht, kann - nicht nur beim ersten Geschlechtsverkehr - in besonderer Weise als ein Indikator dafür gelten, in welchem Maß Frauen die Möglichkeit haben, sexuelle Begegnungen in ihrem Sinn zu gestalten. Frauen können unter einer Reihe verschiedener Methoden der Empfängnisregelung wählen, wenn sie nicht schwanger werden wollen. Darunter zählen das hormonelle Verhütungsmittel „Pille", das Kondom, das Diaphragma, das IUP (Intrauterinpessar, „Spirale"), die Kalendermethode, die Schleimmethode, die Sterilisation des Mannes oder der Frau, die Kombination der Schleim- und Temperaturmethode, der coitus interruptus sowie weitere, heute nur noch gering verbreitete Methoden. Die Wahl einer Methode zur Schwangerschaftsverhütung hängt vom Bildungsstand, der Partnerschaftssituation, der Religion ebenso ab wie von rechtlichen Regelungen, Kenntnissen und Erfahrungen über Empfängnisverhütung, ihrer Zugänglichkeit sowie der Bewertung kontrazeptiver Methoden in der Öffentlichkeit.

Der Begriff Familienplanung wird hier weiter gefaßt als der Begriff der Verhütung. Er zielt auf die Gestaltung der privaten Lebensformen mit und ohne Kinder und in unterschiedlichen familiären Konstellationen. In diesem Sinn ist der Wortteil Planung irreführend; besser wäre ein Bezug zu dem von der WHO verwendeten Begriff der „reproductive choices" (BZgA 1999a: 4). Zwar können aufgrund der Verfügbarkeit von Verhütungsmitteln Entscheidungen heute weitgehend bewußt getroffen werden. Gleichzeitig aber ist es schwieriger geworden, sich zu entscheiden, denn gesellschaftliche und private Ansprüche an Ehe und Familie sind vielfältiger geworden. Auch kann die Verhütung, nur begrenzt aber das Eintreten einer Schwangerschaft geplant werden.

Insbesondere in den neuen Bundesländern hat sich die gesellschaftliche Situation, d. h. auch der soziale Hintergrund nach der Wende radikal verändert. Das Verhältnis von Kinderwunsch, Kinderplanung und realisierter Kinderzahl bzw. von gewünschten und realisierten Lebensformen kann als Indikator für Wahlschwierigkeiten herangezogen werden.

Der Abschnitt enthält Angaben zur Verhütung beim „ersten Mal", zur Verhütung im weiteren Lebenslauf unter besonderer Berücksichtigung der Entwicklung der Sterilisationen in den neuen Bundesländern sowie zu Kinderwunsch, Kinderplanung und Planung von Lebensformen.

Datenlage

Zur Frage, ob und wie beim ersten Mal verhütet wurde, liegen mehrere Jugenduntersuchungen vor, die insbesondere im Auftrag der Bundeszentrale für gesundheitliche Aufklärung durchgeführt wurden, darunter nach 1990 auch Ost-West vergleichende Untersuchungen und z. T. Wiederholungsbefragungen. Wie bei Angaben zur Menarche und Kohabitarche sind bei der Interpretation Verzerrungen durch eine Rechtszensierung der Daten bei Jugendbefragungen und eine Erinnerungsverzerrung bei retrospektiven Befragungen älterer Frauen zu diskutieren. Die meisten Fragestellungen richten sich auf die Effektivität der Verhütung, während die Qualität der sexuellen Beziehung meist vernachlässigt wird. Durch die AIDS-Aufklärung seit Mitte der 80er Jahre wird das Augenmerk nicht nur auf die Schwangerschaftsverhütung, sondern auch auf die Verhinderung einer HIV-Infektion gerichtet und verstärkt die Kondomnutzung untersucht.

Auch bei erwachsenen Frauen, bei denen seit den 70er Jahren in größerem Umfang das Verhütungsverhalten untersucht worden ist, konzentrieren sich die Fragestellungen auf die Wahl von Verhütungsmitteln und in diesem Zusammenhang auf die Bedeutung der Aspekte der Sicherheit, der Unschädlichkeit und der Bequemlichkeit als Einflußgrößen. Repräsentative Erhebungen werden in regelmäßigen Abständen von der Bundeszentrale für gesundheitliche Aufklärung im Zusammenhang mit der Erhebung des Sexualverhaltens und der Kondomnutzung zur HIV-Prävention in Auftrag gegeben. Ergebnisse aus der Studie der BZgA von 1998 (BZgA 1999c), die Verhütungsbiographien von 20-44jährigen Frauen erhoben hat, werden ebenfalls dargestellt.

Bei einigen Untersuchungen wurden auch Männer befragt. In diesen Fällen wird meist die Frageformulierung verwendet, ob die Befragten selbst oder ihr Partner/ihre Partnerin verhütet haben. So steht auch Männern die Antwortmöglichkeit Pille offen, obwohl sie selbst nicht die Pille einnehmen.

Die Datenlage über die Einstellung zu möglichen oder vorhandenen Kindern, über generatives Verhalten und die Familienbildung ist - aus bevölkerungspolitischem Interesse verstärkt angesichts des Geburtenrückgangs - gut und vielfältig. In einer vergleichenden Übersicht über Ergebnisse von Studien zum generativen Verhalten für die Bundesrepublik und andere europäische Länder zwischen 1976 und 1984 wird ausführlich auf methodische Probleme eingegangen (ebd.). In Kapitel 6.2.3 wird vor allem auf Ergebnisse des DJI-Familiensurveys (1988, N = 10.043, 18-55jährige in den alten Bundesländern) und des DJI-Jugendsurveys (1992, N = 4.526, 16-29jährige im Bundesgebiet) zurückgegriffen.

6.2.2 Verhütung bei der Kohabitarche

Verhütung beim „ersten und zweiten Mal"

Nur ein geringer Prozentsatz der 14-17jährigen Frauen verhütet „beim ersten Mal" nicht: Bei einer Wiederholungsbefragung 1996 und 1998 betrug dieser Anteil bei den Mädchen 13 % und 11 %, bei den Jungen 1996 12 % respektive 16 % (BZgA 1998: 26; vgl. Tabelle 6.2-1).

Berechnet auf die Gesamtgruppe der koituserfahrenen Mädchen bzw. Jungen in Deutschland nahmen 1998 31 % der Mädchen (Angaben der Jungen: ebenfalls 31 %) die Pille beim ersten Mal. Bevorzugtes Mittel sind aber Kondome: 68 % der Mädchen (und 55 % der Jungen) verwendeten sie. 15 % der Mädchen (13 % der Jungen) kombinierten beim ersten Mal Pille und Kondome. Alle anderen Mittel spielten eine untergeordnete Rolle und machten zusammengenommen bei den Mädchen 8 % aus (bei den Jungen 12 %; ebd.).

Für das Erhebungsjahr 1994 wurden die Anteile der verwendeten Mittel nach neuen und alten Bundesländern aufgeschlüsselt. Kondome werden als Mittel der Wahl beim ersten Geschlechtsverkehr von den Mädchen aus den alten Bundesländern häufiger angegeben als von denen aus den neuen Bundesländern, die dafür häufiger die Pille nahmen (34 % gegenüber 25 %; Schmid-Tannwald/Kluge 1998: 147). Diese Unterschiede sind auch in früheren Untersuchungen festgestellt worden (vgl. Knopf/Lange 1993: 150) und finden sich auch im Verhütungsverhalten älterer Gruppen. Die Problemgruppe beim Verhüten sind die männlichen Jugendlichen aus dem ländlichen Raum der alten Bundesländer - sie verhüteten zu 24 % beim ersten Mal nicht (BZgA 1996: 49).

Beim „zweiten Mal" wird besser verhütet als beim ersten Mal. Beim letzten (erfragten) Geschlechtsverkehr unterließen 1994 beide Geschlechter nur zu 3 % die Verhütung (BZgA 1996: 48ff.). Insgesamt geht in den alten wie in den neuen Bundesländern der Anteil des Kondoms als Verhütungsmittel im Laufe der Verhütungsbiographie wieder zurück und Mädchen übernehmen sukzessive mehr die Verhütungsverantwortung. Beim letzten Geschlechtsverkehr verwendeten (unter Angabe von Mehrfachnennungen) 63 % der Mädchen die Pille und nur noch 43 % Kondome (bei den Jungen bleibt der Anteil der Kondomnutzer gleich hoch, die Pille nimmt von 25 % auf 47 % vom ersten bis zum letzten erfragten Geschlechtsverkehr zu). Wieder liegt der Anteil der mit der Pille Verhütenden in den neuen Bundesländern höher als in den alten.

Mit dem Alter steigt das Verantwortungsgefühl bei Mädchen und Jungen, aber Mädchen fühlen sich weiterhin verantwortlicher als Jungen. Für die Zeit nach dem ersten Geschlechtsverkehr berichteten 1994 79 % der Mädchen, daß sie immer genau darauf achten, nicht schwanger zu werden, und übernahmen damit mehr Verantwortung als die Jungen, bei denen es 69 % so genau nahmen (BZgA 1996: 56). Die Angst, schwanger zu werden, war trotz zugänglicher Verhütung für 30 % der 1990 befragten 14-17jährigen Mädchen aber immer noch ein Grund, sich nicht auf einen Geschlechtsverkehr einzulassen (Schmidt-Tannwald/Kluge 1998: 246; vgl. Nickel et al. 1995: 82).

In der Untersuchung von 1994 verhüteten Mädchen in Ost und West um so sicherer, je enger die Partnerbeziehung war, je älter das Mädchen beim ersten Mal war, je mehr sie selbst die Initiative ergriffen hatte, und je später die Mädchen die ersten sexuellen Erfahrungen machten. War der Partner nur flüchtig bekannt, verhüteten 56 % der Mädchen mit Pille oder Kondom, bei einer festen Freundschaft waren es 90 % (Schmid-Tannwald/Kluge 1998: 91ff.; Zahlen für 1998: BZgA 1998: 23). Wollte das Mädchen bzw. wollten beide den Geschlechtsverkehr, wurde zu 88 % bzw. 89 %

sicher verhütet; wollte nur der Partner, betrug der Anteil der sicher Verhütenden 67 % (Schmid-Tannwald/Kluge 1998: 94).

Als Grund, warum bei den zurückliegenden Begegnungen nicht (immer) verhütet wurde, spielte 1998 bei den 14-17jährigen Mädchen und Jungen die Spontaneität eine große Rolle („Es kam zu spontan" war die Antwort bei fast der Hälfte der Fälle, in denen nicht immer verhütet wurde). Neben dem Vergessen der Pille spricht aus den Ergebnissen von 1994 (BZgA 1996: 59) und 1998 (BZgA 1998) vor allem eine gewisse Sorglosigkeit, die sich an Äußerungen wie „Es wird schon nichts passieren" und „Auf Partner/Partnerin verlassen" festmachen läßt. Unkenntnis von Verhütung und Vorenthalten von Mitteln sowie fehlender Mut, Kondome zu kaufen, kommen heute nur noch selten vor. Mehr Mädchen als Jungen hatten Angst davor, die Eltern könnten etwas erfahren, mehr Jungen als Mädchen gaben als Grund an „Kann nicht drüber reden". Bei den Jungen spielte 1998 der Alkohol die zweitwichtigste Rolle in 33 % der Fälle, in denen nicht immer verhütet wurde, aber auch 27 % der Mädchen gingen unter Alkoholeinfluß ein Schwangerschaftsrisiko ein (ebd.: 24).

In der qualitativen Teilstudie der Erhebung „FrauenLeben" (BZgA 1999c) standen hinter den Angaben „kein fester Partner" und „nicht geplant" Risikokonstellationen dafür, daß beim ersten Mal nicht verhütet wurde - je jünger die Befragten waren, desto häufiger - jedoch auch Überrumpelungen und Übergriffe, bei denen das Mädchen keine Möglichkeiten hatte, die Situation aktiv zu gestalten und der Partner sich nicht der Verhütungsverantwortung stellte. In einer festen Partnerschaft war eher Zeit für eine (gemeinsame) Vorbereitung, wie sie die Verschreibung der Pille und die Besorgung von Kondomen erfordern.

Neben den situativen Faktoren spielt der Umgang der Eltern mit dem Thema Sexualität und Verhütung eine wichtige Rolle. Wenn im Elternhaus über Verhütung gesprochen wurde, verhüteten 11 % der Mädchen nicht (bei den Jungen: 12 %). Wurde nicht über das Thema gesprochen, lag dieser Anteil mit 19 % der Mädchen und 29 % der Jungen fast doppelt so hoch. Der Einfluß der Offenheit der Eltern ist beim Verhütungsverhalten der Jungen deutlicher als bei dem der Mädchen (BZgA 1996: 51). Können die Jugendlichen mit den Eltern über Verhütung sprechen, so fällt es ihnen auch leichter, mit dem Partner bzw. der Partnerin darüber zu sprechen (BZgA 1998: 22). Die Verhütungsberatung der Eltern ist stark von der Bildung der Eltern beeinflußt. In der Befragung zu Lebensläufen und Familienplanung korrelierten folgende Faktoren: die Möglichkeit, mit der Mutter zu sprechen, ein offenes Familienklima und eine religiöse Erziehung positiv mit der Verhütung beim ersten Mal und mit der Einnahme der Pille (BZgA 1999c).

Verhütung beim ersten Mal im historischen Trend

Wiederholungsbefragungen für die Bundesrepublik bzw. für die alten Bundesländer (Knopf/Lange 1993; Schmid-Tannwald/Urdze 1983; Hübner et al. 1998; vgl. Tabelle 6.2-1) und Einzeluntersuchungen zeigen, daß sich die Verhütung bei jungen Frauen und Männern deutlich verbessert hat.

Tabelle 6.2-1 Angaben zur Verhütung beim ersten Geschlechtsverkehr in unterschiedlichen Gruppen und Untersuchungen

Studie	Grundgesamtheit	Jahr	Nicht verhütet	Anteil Pille/Kondome an der Gesamtgruppe
Wiederholungsstudie I				
Schmidt (Knopf/Lange)	16- bis 17jährige hier: Mädchen, West	1970	West: 26 %	Kondome und/oder Pille: 39 %
Schmidt (Knopf/Lange)	16- bis 17jährige hier: Mädchen	1990	West: 17 % Ost: 19 %	Pille West: 26 %, Ost: 41 % Kondome West: 57 %, Ost: 40 %
Wiederholungsstudien II				
EMNID (Schmid-Tannwald/Urdze)	14- bis 17jährige hier: Mädchen, West	1980	West: 20 %	Pille 18 %, Kondome 32 %
EMNID/BZgA[1]	14- bis 17jährige hier: Mädchen	1994	gesamt 9 % West: 8 %, Ost: 11 %	Pille gesamt: 27 %, Pille West: 25 %, Ost: 34 % Kondome gesamt 63 %, Kondome West: 66 %, Ost: 52 %
EMNID/BZgA[1]	bis 17jährige hier: Mädchen	1996	gesamt 13 %	Pille gesamt: 31 % Kondome gesamt: 61 %
EMNID/BZgA[1]	bis 17jährige hier: Mädchen	1998	gesamt 11 %	Pille: 31 % Kondome gesamt: 68 %

1) BZgA 1998: 26.
2) Angaben bezogen auf die Gesamtgruppe einschließlich derer, die angaben, nicht verhütet zu haben.

Quellen: Knopf/Lange 1993; Schmidt 1993: 150; BZgA 1998; vgl. Schmid-Tannwald/Urdze 1983, Schmid-Tannwald/Kluge 1998: 147 und 206.

Die retrospektive Befragung „FrauenLeben" der BZgA zeigt mehrere Trends im Altersgruppenvergleich und in Ost und West:

- Der Anteil derjenigen, die beim ersten Mal verhüteten, nahm in Ost und West kontinuierlich zu (von 56,5 % unter den 40-44jährigen auf 90,4 % bei den 20-24jährigen). Die höheren Altersgruppen hatten zu DDR-Zeiten beim ersten Mal seltener verhütet als die Altersgleichen in der Bundesrepublik, was möglicherweise darauf zurückzuführen ist, daß die Angst vor einer jungen und/oder nichtehelichen Schwangerschaft in der DDR weniger groß war (vgl. Kapitel 2.2.4). Die deutliche Verbesserung der Verhütung bei der Kohabitarche bei der jungen Generation kann entsprechend auf eine nach der Wende gestiegene Angst vor einer Schwangerschaft zurückgeführt werden.

- Unsichere Verhütung beim ersten Mal nahm ab (v.a. Coitus interruptus).

- Unter denen, die beim ersten Mal verhüteten, blieb die Beliebtheit der Pille in etwa konstant. Die Pille war in Ost wie West bereits relativ weit verbreitet, als die älteste Kohorte ihr „erstes Mal" erlebte.

Abbildung 6.2-1: Anteile der Frauen, die die Pille bzw. das Kondom zur Verhütung beim ersten Mal nahmen, nach Altersgruppen und Regionen, berechnet auf alle, die beim ersten Mal verhütet haben

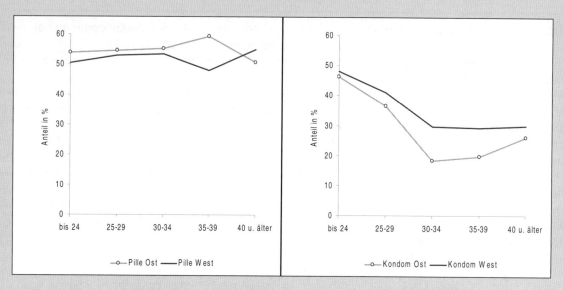

Quelle: BZgA 1999c, Sonderauswertung „FrauenLeben".

Der Anteil der Kondome als Verhütungsmittel beim ersten Mal hat deutlich zugenommen. In Verbindung mit der Zunahme der Kombination "Pille + Kondome" beim ersten Mal in der jüngsten Generation läßt sich diese Veränderung als Auswirkung der Kampagnen für einen sicheren HIV-Schutz interpretieren, die - in den neuen Bundesländern ab 1990, in den alten Ländern ab Mitte der 80er Jahre - Wirkung zeigte (vgl. für die Schweiz: Koffi-Blanchard et al. 1994). Auch hat sich die Bedeutung des Kondoms verändert: War es früher - wie der Coitus interruptus - ein Mittel, das von Männern benutzt wurde, ohne daß darüber gesprochen wurde oder werden mußte, wird die Anwendung des Kondoms heute mehr als eine gemeinsame und kommunikativ ausgehandelte Angelegenheit gehandhabt (BZgA 1999c).

Die Zunahme der Kondomverwendung wird auch von anderen Studien berichtet (BZgA 1994), wobei der Wandel im Osten gravierender ausfällt als im Westen (BZgA 1996: 54f.).

Neben den Kampagnen für einen sicheren HIV-Schutz spielt für die Veränderung des Verhütungsverhaltens in Ost und West der Wandel des Kontextes der Jugendsexualität und der Verhütung eine Rolle. Verändert hat sich weniger der Anteil fester Partnerschaften, die Anzahl der Sexualpartnerinnen oder -partner oder die Häufigkeit des Geschlechtsverkehrs in den letzten 12 Monaten (Hübner et al. 1998), sondern vor allem die Offenheit der Eltern, die liberalere Einstellungen haben und häufiger als früher ihre Töchter und – nach wie vor seltener als die Töchter - ihre Söhne über Verhütung beraten. Unwissenheit und Unzugänglichkeit von Verhütungsmitteln sind kaum noch Gründe dafür, nicht zu verhüten, zugenommen hat aber auch der Druck der Frauenärztinnen und -ärzte, die anders als früher heute auf eine Pilleneinnahme dringen und von anderen Mitteln abraten (Schmid-Tannwald/Kluge 1998: 260). Auch die Altersdifferenz zwischen dem Mädchen und dem Jungen hat sich verringert. War der Junge älter - und damit häufig auch erfahrener - sorgten die Partnerinnen seltener selbst für die Verhütung, mit dem Effekt, daß häufiger nicht verhütet wurde, weil der Junge die in ihn gesetzte Erwartung an Verantwortlichkeit nicht übernahm (Schmid-Tannwald/Urdze 1983: 199f.). Mehr als früher - wenn auch immer noch weniger als die Mädchen - stellen sich Jungen in den 90er Jahren der Verantwortung für Verhütung.

6.2.3 Verhütung im Lebenslauf

Verhütung heute

Die wichtigsten Verhütungsmittel sind das Kondom und die Pille, die - je nach Untersuchung - von etwa der Hälfte bis zu zwei Dritteln der Frauen, die aktuell verhüten, eingenommen wird. Die Angaben zur Verwendung von Kondomen liegen in einer Befragung von Frauen und Männern zu HIV-Prävention und AIDS deutlich höher als in einer Befragung von Frauen zu Verhütung im Lebenslauf (vgl. Tabelle 6.2-). Die Spirale hat einen Anteil von ungefähr einem Zehntel der verwendeten Verhütungsmittel, ebenso wie die Sterilisation der Frau bei 20-44jährigen. Bei Angaben zur Verbreitung der Sterilisation muß auf das Alter der Befragten geachtet werden: Sterilisation wird vor allem von Frauen in höheren Altersgruppen gewählt (vgl. Kapitel 6.2.6).

Tabelle 6.2-2 Verwendete Verhütungsmittel nach Region, berechnet auf Frauen, die verhüten

Jahr	1998			1997	
Untersuchung	BZgA 1999			BZgA 1997[1]	
Stichprobe	1.441 Frauen, 20-44 Jahre, regional repräsentativ			2.400 Frauen und Männer, 20-44 Jahre, bundesweit repräsentativ	
	Ost	West	Gesamt	Ost	West
		in %		in %	
Pille	53,0	39,4	45,7	(incl. Kombination) 63	(incl. Kombination) 56
Pille + Kond.	2,8	3,4	3,1		
Kondome	12,5	13,5	13,1	(incl. Kombination) 40	(incl. Kombination) 33
Kondome kombiniert	3,6	5,8	4,8		
Spirale	11,6	16,1	14,0	9	10
Diaphragma	0,2	1,6	1,0	1	1
natürl. Methode	4,9	5,6	5,3	7	8
Sterilisation Frau	10,3	7,1	8,6	4	2
Sterilisation Mann	0,6	5,6	3,3	1	3
Sonstiges	0,6	1,8	1,5	5	3

1) unveröffentlichte Daten der BZgA (AIDS im öffentlichen Bewußtsein; forsa 1997)

Quelle: BZgA 1999c, Sonderauswertung „FrauenLeben"; BZgA 1998b.

In den alten Bundesländern werden weiche Verhütungsmittel (Zeitwahl- und Temperaturmethode mit oder ohne Schleimbeobachtung, Diaphragma) stärker genutzt und, bezieht man die Kombinationen von Methoden mit ein, auch das Kondom. Ein Ost-West-Unterschied besteht bei der Sterilisation. Der Anteil sterilisierter ostdeutscher

Frauen ist seit der Wende rasch gestiegen und beträgt mittlerweile 10,3 %, während der Anteil sterilisierter Frauen aus den alten Bundesländern mit 7,1 % darunter liegt (BZgA 1999c). Die Sterilisation des Mannes ist in den neuen Bundesländern unüblich, macht aber in den alten Bundesländern einen Anteil von 5,6 % an der Verhütung aus.

Verhütung in Lebensphasen und Lebensformen

Abgesehen von der Häufigkeit der Kondomanwendung speziell beim ersten Geschlechtsverkehr, ist die Pille das Mittel der Wahl vor allem für jüngere Frauen. 75,0 % der 20-24jährigen verhüten mit der Pille (mit oder ohne Kombination mit dem Kondom; berechnet auf alle, die verhüten sind dies 82,9 %; BZgA 1999c).

Tabelle 6.2-3   Aktuell verwendete Verhütungsmittel nach Alter, 1998

Kontrazeptionsform	Altersgruppen in Jahren				
	20-24	25-29	30-34	35-39	40-44
	in % der jeweiligen Gruppe				
Pille	66,5	40,9	33,1	29,9	27,0
Pille u. Kondom	8,5	4,9	1,1	1,1	0,3
Kondom	11,7	9,8	10,5	9,6	11,3
Kondom kombiniert	-	2,2	5,8	4,1	4,7
Spirale	2,1	8,9	13,2	14,0	13,0
Diaphragma/ natürliche Methoden	1,6	3,5	6,4	6,0	5,3
Sterilisation Frau	-	1,8	3,3	12,1	13,0
Sterilisation Mann	-	0,9	2,5	3,8	4,3
Sonstiges	-	1,8	0,6	1,4	1,0
keine Verhütung	9,6	25,3	23,7	18,1	20,0

Quelle: BZgA 1999, Sonderauswertung.

Fast alle Frauen haben Erfahrungen mit der Pille. Unter den 23-24jährigen haben 91 % schon einmal die Pille genommen (Nickel et al. 1995). Nur 4,7 % der 20-44jährigen haben noch nie (länger als sechs Monate) die Pille genommen (BZgA 1999c). In einer repräsentativen Erhebung gaben 16-49jährige Frauen, die Erfahrungen mit der Pille hatten, eine Einnahmedauer von durchschnittlich 9,2 Jahren an, wobei in den neuen Bundesländern die Einnahmedauer noch deutlich höher lag als in den alten Bundesländern (BZgA 1995b). Mit zunehmenden Alter der Frauen verliert die hormonelle Kontrazeption an Bedeutung und andere Verhütungsmittel, insbesondere die Spirale und die Sterilisation, werden bevorzugt (BZgA 1999c; BZgA 1999b; BZgA 1995b).

Auch die Form der sexuellen Beziehungen spielt eine Rolle: Frauen ohne festen Partner verhüten häufiger mit Kondomen; haben sie einen festen Partner, nehmen sie häufiger die Pille (Nickel et al. 1995; vgl. Bellach 1996: 138). Verheiratete verhüten häufiger gar nicht - der Grund dafür dürfte vor allem ein Kinderwunsch sein.

Die Bildung beeinflußt die Wahl der Verhütungsmethode: Während Frauen in den neuen Bundesländern in allen Altersgruppen mit steigendem Bildungsgrad häufiger die

Pille nahmen, zeigten westdeutsche Frauen eine gegenläufige Tendenz: Mit dem Bildungsgrad sank die Präferenz der Pille und es stieg die Skepsis gegenüber den gesundheitlichen Nebenwirkungen hormoneller Kontrazeption (Bellach 1996: 137).

Die Gewichtung von Sicherheit und Verträglichkeit der Verhütung beeinflußt die Entscheidung für eine bestimmte Methode bzw. für einen Wechsel. Die Pille wurde von 67 % der 16-49jährigen Frauen als sehr sicher eingestuft, verglichen mit 16 %, die Kondome, und 20 %, die die Spirale für sehr sicher hielten. Die Pille steht aber auch an der Spitze, was Nebenwirkungen angeht: 27 % der Befragten stuften die Nebenwirkungen der Pille als sehr stark (Kondome: 1 %, Spirale: 12 %) und 35 % als eher stark (Kondome: 6 %, Spirale 31 %) ein (BZgA 1995b); dieser Zielkonflikt zwischen Sicherheit und Verträglichkeit wird auch für jüngere Altersgruppen beschrieben (Nickel et al. 1995: 47f. für 16-24jährige Frauen). Der Wechsel zu Pille und Spirale ist vor allem mit dem Wunsch nach mehr Sicherheit motiviert, das Absetzen der Pille vor allem mit befürchteten oder eingetretenen Nebenwirkungen (vgl. Schmidt et al. 1998; vgl. Kapitel 6.2.3). Dabei beurteilen Pillen-Nutzerinnen die Gesundheitsverträglichkeit positiver als Frauen, die die Pille nicht nehmen, und Frauen mit höherer Bildung sind bezogen auf Nebenwirkungen skeptischer als Frauen mit niedriger Bildung (Nickel et al. 1995: 48; vgl. Brigitte 15/1991: 92).

Der Wechsel von Verhütungsmitteln ist in der Biographie von Frauen eher die Regel als die Ausnahme: Nur 36 % waren bei dem Verhütungsmittel geblieben, mit dem sie - die Verhütung bei der Kohabitarche nicht einbezogen - ihre Verhütungsbiographie begonnen hatten. Meistens handelte es sich dabei um die Pille (32,1 %), seltener um Kondome (2,7 %). 30,3 % hatten einmal gewechselt, also mindestens zwei Methoden in ihrem Leben genutzt, 17,8 % hatten drei und 15,8 % vier und mehr Methoden oder Mittel zur Verhütung genutzt (BZgA 1999c).

Eine 1988-89 durchgeführte Studie schlüsselt das Verhütungsverhalten nach Altersgruppen auf (Begenau/Rauchfuß 1992). Sie zeigt neben der großen Bedeutung der Pille für die Verhütung in der DDR, daß nach realisiertem Kinderwunsch ein Wechsel der Verhütungsform nicht selten war und die ebenfalls sehr sichere Methode der intrauterinen Verhütung gewählt wurde. Es kann davon ausgegangen werden, daß diese Methode dann präferiert wird, wenn auf längere Sicht eine Schwangerschaft sicher verhütet werden soll.

Ein Vergleich zwischen Frauen mit mittlerer und Frauen mit höherer beruflicher Qualifikation zeigt, daß auch in der DDR Schwangerschaftsverhütung durch solche sozialen Faktoren beeinflußt war. Deutliche Unterschiede wiesen die Gruppen vor allem in den Lebensphasen zwischen dem 20. und 25. Lebensjahr auf: Gaben Facharbeiterinnen dieser Altersgruppe mit 85 % an, eine Schwangerschaft regelmäßig zu verhüten, waren es bei den Hochschulabsolventinnen 100 % (ebd.).

Tabelle 6.2-4   Altersspezifische Verhütung am Ende des Bestehens der DDR

Alter (in Jahren)	Verhütung			Verhütungsmethoden (in Prozent)						
	ja	nein		Pille	Spirale	Kondome	Kal./Temper.	Coitus interr.	chem. Verh.	Diaphr.
	in %		N	in %						
21-25	88	12	338	79	5	6	8	2	-	-
26-30	81	19	290	65	14	5	9	6	-	-
31-40	89	11	432	53	28	6	10	3	-	-
41-50	79	21	319	46	26	8	11	8	-	-

Quelle: Begenau/Helfferich 1997: 36.

Verhütungsverhalten im historischen Trend

In der o. g. Untersuchung wurden die Frauen gefragt, in welchem Alter sie welche Verhütungsmethode angewendet hatten. Entsprechend diesen Angaben wurde eine biographisch orientierte Auswertung der in Lebensphasen praktizierten Verhütungsform vorgenommen. Der Vergleich zweier Alterskohorten (der über 40jährigen und der 30-39jährigen) zeigt, welche Veränderungen sich in einem Jahrzehnt vollzogen haben (ebd.).

Tabelle 6.2-5   Kontrazeption im historischen Wandel

Alter	Verhütung			Verhütungsmethoden				
	ja	nein		Pille	Spirale	Kond.	Kal./Temp.	Coitus interr.
	in %		N	in %				
Verhütungsbiographien der über 40jährigen								
< 20 Jahre	64	36	341	8	-	16	48	27
21-25 Jahre	79	21	339	23	1	18	36	22
26-30 Jahre	87	13	296	55	6	11	21	7
31-40 Jahre	90	10	337	55	20	7	12	6
> 40 Jahre	79	21	319	46	26	8	11	8
Verhütungsbiographien der 30-39jährigen								
< 20 Jahre	29	71	641	61	1	3	25	10
21-25 Jahre	90	10	649	83	4	1	7	4
26-30 Jahre	88	12	642	69	15	15	8	3
31-40 Jahre	88	12	434	53	28	28	10	3

Quelle: Begenau/Helfferich 1997: 367.

Die Verhütungsbiographien der über 40jährigen Frauen weisen einen hohen Anteil an traditionellen bzw. konventionellen Formen wie Kalender- und Temperaturmethode sowie coitus interruptus aus, die unabhängig von ärztlicher Rezeptierung oder finanziellen Möglichkeiten durchgeführt werden können. 75 % der über 40jährigen Frauen gaben an, im Alter von unter 20 Jahren diese Methode verwendet zu haben. Weitere 16 % nannten Kondome als Verhütungsmittel in dieser Lebensphase. Die Verhütungsbiographien dieser Altersgruppe zeigen, daß Frauen mit zunehmendem Alter häufiger hormonell verhüteten. Im Alter von 20 Jahren waren 8 % der Frauen Pillennutzerinnen, im Alter von 21-25 Jahre stieg dieser Anteil auf 23 %, zwischen dem 26-40 Lebensjahr verhüteten bereits 55 % mit der Pille. Bei den jüngeren, 30-39jährigen, Frauen, die mit einem völlig veränderten Selbstverständnis hinsichtlich des Rechtes auf Verhütung sowie einer größeren Anzahl von Verhütungsmethoden aufwuchsen, zeigt sich biographisch eine andere Entwicklung. Mit 61 % wählte ein hoher Prozentsatz im Alter von 20 Jahren die Pille als sichere Verhütungsform. Dieser Anteil stieg im Alter von 21-25 Jahren auf 83 %, um dann allerdings wieder zu sinken. Andere Verhütungsformen wie IUD (Spirale) gewannen nun an Bedeutung. Die Verhütung mit Kondomen, der Kalender- bzw. Temperaturmethode oder Coitus interruptus variierte in den einzelnen Lebensphasen zwischen 6 % und 15 %, wobei im Alter von 26-30 Jahren die Wahl dieser Formen am häufigsten war.

Untersuchungen ergaben bei erwachsenen Frauen im Westen im Zeittrend einen leichten Rückgang der Frauen, die mit der Pille verhüten, bei einer gleichzeitigen Zunahme der Verhütung mit Diaphragma und natürlichen Methoden (insbesondere in höheren Bildungsgruppen) sowie einen Rückgang bei Verhütung mit Spirale (Brigitte 1981 im Vergleich zu Brigitte 1991; vgl. Rothe 1990). Der Rückgang der Pilleneinnahme wurde vor allem unter dem Schlagwort Pillenmüdigkeit diskutiert. Diese Entwicklung ist insofern bedeutsam, als gerade die höheren Bildungsgruppen, die heute eine stärkere Distanz zur Pille zeigen, in den 70er Jahren in der Bundesrepublik diejenigen waren, die der reproduktiven Selbstbestimmung, der sexuellen Liberalisierung und der Pille am offensten gegenüberstanden, während bei Arbeiterfrauen die Distanz zur Pille viel größer war (BZgA 1970). In Ost und West nahm die Nutzung von Kondomen zu und die Häufigkeit des Coitus interruptus als Verhütungsmethode ab.

Mit dem Aufkommen moderner Verhütungsmethoden wie der hormonellen sowie der intrauterinen Kontrazeption hat sich die Zuständigkeit für Verhütung immer mehr auf die Seite der Frauen verlagert. Noch 1966 zeigte eine Untersuchung an Studentinnen, daß sich weniger als 30 % für Verhütung verantwortlich und zuständig fühlten (Giese/Schmidt 1968, zit. nach Appelt 1981). Seitdem Pille und Spirale als sichere Verhütungsmittel allen Frauen relativ problemlos zugänglich sind, verschob sich diese Zuständigkeit immer mehr auf die Seite der Frauen und betrug nach der Brigitte-Umfrage 1981 schon fast 80 % (Appelt 1981). Der Anteil an Männern, die sich selbst für Verhütung verantwortlich fühlten und sie auch praktizierten war hingegen gering (Brigitte 15/91).

6.2.4 Verfügbarkeit von Kontrazeptiva in Ost und West

In Deutschland ist davon auszugehen, daß fast jede Frau über Möglichkeiten, Verhütungsmittel zu erhalten, informiert ist. Die Kosten dafür sind in der Regel von den Frauen selbst zu tragen. Ausnahmen bestehen bei jungen Frauen unter 20 Jahren, an die nach dem Familien- und Schwangerenhilfegesetz ärztlich verordnete Verhütungsmittel kostenfrei abgegeben werden. Auch Frauen, die Sozialhilfe (Hilfe zum Lebensunterhalt) beziehen, können sich die Spirale kostenfrei einlegen lassen, während sie Pille und Kondome selbst bezahlen müssen.

Die Preise der einzelnen Verhütungsmittel sind unterschiedlich. Eine Drei-Monats-Pakkung der Pille kostet je nach Präparat zwischen 19,- DM und 56,- DM (Rote Liste 1999). Die Apothekenpreise für Kupferspiralen liegen bei ca. 80,- DM, für die als sicherer geltenden Gestagenspiralen bei ca. 350,- DM, wobei die Liegedauer zwischen zwei bis fünf Jahren beträgt. Die Preisgestaltung der einzelnen Arztpraxen für das Einsetzen der Spirale ist sehr unterschiedlich, es ist daher außerordentlich schwierig, eine Kostenspanne anzugeben. Teilweise werden die Spiralen von den Ärztinnen und Ärzten zum Selbstkostenpreis an die Frauen abgegeben und einschließlich der Insertion wird ein Pauschalpreis verlangt. Teilweise werden die mit der Insertion verbundenen Einzelleistungen nach der ärztlichen Gebührenordnung berechnet. Das Einlegen eines Intrauterinpessars ist eine ausgewiesene Leistungsziffer der ärztlichen Gebührenordnung, die jedoch nicht den Gesamtumfang der Leistung abdeckt, da Beratung und Untersuchung der Frau sowie eine Ultraschalluntersuchung zur Überprüfung der Lage der Spirale nicht in der Ziffer enthalten sind. Die Kosten für eine Kupferspirale mit Einlegen belaufen sich auf ca. 200,- DM bis 250,- DM, die für eine Gestagenspirale auf ca. 450,- bis 600,- DM.

Für ein Diaphragma ist in Apotheken ca. 45,- DM zu bezahlen. Die Anpassung des Diaphragmas und die Einweisung in die Handhabung wird in Arztpraxen und in Frauen- und Familienberatungsstellen (z. B. Pro Familia) vorgenommen. Dafür werden z. B. in Pro Familia Beratungsstellen bei zwei Beratungsterminen ca. 50,- DM verlangt. Zur Erhöhung der Sicherheit dieses Kontrazeptionsmittels wird die zusätzliche Verwendung einer spermiziden Creme empfohlen, die etwa 15,- DM kostet.

Kondome sind zu Preisen zwischen -,60 bis 1,- DM pro Stück zu bekommen.

Geschichte der Verfügbarkeit in Ost und West

Die Verfügbarkeit von Verhütungsmitteln war in der DDR wie in der BRD bis zu Beginn der 60er Jahre sehr eingeschränkt. Gründe hierfür waren einerseits die noch immer geltende restriktive rechtliche Regelung, wie sie in der 1941 erlassenen sogenannte Himmlerschen Polizeiverordnung kodiert war, die die Anwendung empfängnisverhütender Mittel untersagte. Während diese Regelung in der SBZ bereits 1946 außer Kraft gesetzt wurde, wurde das Gesetz in der Bundesrepublik erst 1951 formal aufgehoben (Hahn 1998). Neben den rechtlichen Voraussetzungen trugen wirtschaftliche ebenso wie bevölkerungspolitische Gründe in Ost- wie in Westdeutschland zu einem eingeschränkten Zugang zu Verhütungsmitteln bei. Der damaligen Situation gemäß wurden Schwangerschaften mit Methoden wie der Rhythmusmethode nach Knaus-Ogino oder Coitus interruptus zu verhindern versucht. (Auf die Sterilisation wird in Kapitel 6.2.3 gesondert eingegangen).

In der Bundesrepublik brachte die Schering AG am 1.6.1961 das erste orale Kontrazeptivum Anovlar auf den Markt. In den ersten Jahren erfolgte die Verschreibung der Pille ausschließlich aufgrund medizinischer Indikationen. Später wurde dieser Kreis auf verheiratete Frauen erweitert. Im Jahr 1965 verwendeten 5 % der bundesdeutschen Frauen hormonelle Kontrazeptiva (Prill 1968). Aber bereits Ende der 60er Jahre wurde nicht mehr die Frage diskutiert, ob Frauen Schwangerschaften verhüten dürften, sondern welche Form der Verhütung die beste und sicherste sei. Im Jahr 1970 verfaßte die Bundesärztekammer Leitsätze zur Verordnung von Ovulationshemmern an junge Mädchen, in denen die Abgabe der Pille an Mädchen ab 16 Jahre befürwortet wurde (Dose 1989). Mitte der 70er Jahre hatte die Pille ihre größte Verbreitung erreicht, danach blieben die Anteile relativ konstant (Dose 1989). Im Verlauf der vergangenen Jahrzehnte wuchs das Angebot an Pillen, die Dosierungen wurden abgestimmter und die Hormongaben geringer.

Die Durchsetzung der Pille war eng mit dem Prozeß der sexuellen Liberalisierung verknüpft; sie wurde in der zweiten Hälfte der 60er Jahre vor allem mit der sexuellen Befreiung als Entkoppelung von Sexualität und Fortpflanzung assoziiert.

Die Spirale (IUD) wurde in der BRD erst mit der Neuregelung des Schwangerschaftsabbruchrechtes im Jahr 1974 zugänglich, weil sie kein empfängnis-, sondern ein nidationsverhinderndes Mittel ist und als sogenanntes Abortivum unter das Verbot des Schwangerschaftsabbruches fiel. Als Folge zweier Gesetzeskorrekturen wurden 1976 alle Handlungen, „die mit Wirkung vor Abschluß der Einnistung des befruchteten Eis vorgenommen wurden" (Appelt et al. 1991: 61) vom Abtreibungsverbot ausgenommen.

Bis in die 80er Jahre hinein war in der Bundesrepublik der Zugang zu natürlichen Verhütungsmethoden erschwert, weil Ärztinnen und Ärzte von dieser Wahl aus Zuverlässigkeitsgründen abrieten und den Gebrauch von arztabhängigen Mitteln wie Pille oder Spirale förderten (Appelt 1981). Durch das Engagement der Frauengesundheitsbewegung wurde auch Verhütung kritisch diskutiert und Wissen über Methoden angeboten und verbreitet, die weniger in das körperliche Geschehen eingreifen.

Auch in der DDR wurde lange Zeit ein generelles Recht auf freien Zugang zu empfängnisverhütenden Mitteln abgelehnt. Ihre regelmäßige Anwendung wurde nur in Verbindung mit medizinischen Erfordernissen akzeptiert, wenn Frauen entweder aus gesundheitlichen Gründen keine Kinder (mehr) gebären sollten, um die Abstände zwischen den Geburten zu regulieren oder bereits eine oder mehrere Schwangerschaften abgebrochen hatten. Auf diese Gruppe zielte auch die Abgabe des 1962 aus den Niederlanden importierten hormonellen Kontrazeptivums Lyndiol (Aresin 1991). Nach der offiziellen Zulassung des hormonellen Kontrazeptivums Ovosiston im Jahr 1964 und dem Beginn einer eigenen Pillenproduktion 1965 wurden die Kriterien für die Abgabe hormoneller Kontrazeptiva gelockert. Sie wurden nunmehr auch Frauen verschrieben, die bereits Kinder geboren hatten oder wenn körperliche bzw. berufliche Belastungen dies begründeten (Rothe/Fröhler 1966; Keller et al. 1968; Göretzlehner 1990; Goettle 1996). Die postkoitale Kontrazeption durch Hormongaben innerhalb von 3 bis 5 Tagen wurde 1966 in der DDR eingeführt (Göretzlehner 1990).

Die anfängliche Zurückhaltung der Ärztinnen und Ärzte bei der Verordnung der Pille änderte sich mit wachsendem Bekanntheitsgrad dieser Verhütungsform, ihrer

Sicherheit und der wachsenden Anerkennung des Rechtes auf Verhütung. Von 100 Frauen zwischen 14 und 44 Jahren waren 15 im Jahr 1967 Pillennutzerinnen (Mehlan 1972). Wurden im Jahr 1967 noch 41.000 monatliche Packungen abgegeben, waren es 1971 bereits 500.000 Packungen (Rothe 1972). Das Abgabealter, das sich bei Einführung der Pille noch auf 18 Jahre als unterste Altersgrenze beschränkte, wurde 1970 auf 16 Jahre gesenkt. Ab 1972 wurde die kostenlose, aber rezeptpflichtige Abgabe von Verhütungsmitteln im Gesetz zur Unterbrechung der Schwangerschaft verankert (Carol 1970).

Ebenfalls seit Mitte der 60er Jahre waren in der DDR über die Ehe- und Sexualberatungsstellen Intrauterinpessare verfügbar (Mehlan 1972; Thoms 1988). Sie wurden anfangs im Rahmen eines Programms zur Erforschung ihrer Wirkungsweise und möglicher Komplikationen in einigen Bezirkskrankenhäusern der DDR versuchsweise eingesetzt. In den nachfolgenden Jahren wurden immer mehr Krankenhäuser, die eng mit den Ehe- und Sexualberatungsstellen kooperierten, in dieses Programm einbezogen. Die Zahl der Frauen, die das Intrauterinpessar als Methode der Schwangerschaftsverhütung anwandten, stieg bis 1972 auf 40.000 an (Mehlan 1972).

6.2.5 Verträglichkeit und Nebenwirkungen von Kontrazeption

Methoden zur Empfängnisverhütung können auf unterschiedliche Weise in Körperfunktionen eingreifen und ein gesundheitliches Risiko darstellen. Verhütungsmittel unterscheiden sich hinsichtlich ihrer Sicherheit, den unangenehmen oder schädlichen Nebenwirkungen, dem Zeitpunkt ihrer Wirksamkeit und dem Ausmaß des Eingriffs in den Körper.

Bei der Wahl einer Verhütungsmethode ist die Verträglichkeit ein gewichtiger Aspekt (vgl. Kapitel 6.2.3), wobei sich dies sowohl auf befürchtete wie auf bereits eingetretene Nebenwirkungen beziehen kann. Beide sind schwer voneinander abzugrenzen und werden durch ein komplexes Faktorenbündel beeinflußt (vgl. Appelt et al.).

Nebenwirkungen oraler Kontrazeptiva

Die jüngere Generation oraler Kontrazeptionsmittel weist weniger Nebenwirkungen auf als frühere hochdosierte Hormonpräparate, dennoch ist Skepsis gegenüber der Pille verbreitet. In der Brigitte-Untersuchung '91, in der Frauen Verhütungsmittel benoten sollten, wurde die Pille bei den Items „Unschädlichkeit" und „Angst vor Unfruchtbarkeit" mit einer „6" am schlechtesten benotet (Brigitte 15/91). 74,5 % der Befragten waren wegen körperlichen Nebenwirkungen, 75,6 % wegen seelischen Beeinträchtigungen zu einer anderen Methode gewechselt. Frauen, die die Pille nehmen, beurteilen ihre Verträglichkeit etwas positiver als die, die sie nicht nehmen. In den neuen Bundesländern wurde ihre Gesundheitsverträglichkeit positiver eingeschätzt als in den alten Bundesländern; Befragte mit höherer Bildung waren der Pille gegenüber skeptischer als Befragte mit niedriger Bildung (BZgA 1995b; Nickel et al. 1995: 48; vgl. Brigitte 1991: 92).

Gesundheitliche Risiken durch Einnahme hormoneller Kontrazeptiva werden in bezug auf kardiovaskuläre Erkrankungen diskutiert. Ein möglicher Zusammenhang zwischen Myokardinfarkt und der Pille wurde erstmals 1975 in einer retrospektiven epidemiologischen Studie nachgewiesen. Es zeigte sich ein erhöhtes Risiko von Myokardinfarkten bei Vorhandensein weiterer Risikofaktoren wie Hypercholesterinämie, Adipositas sowie arterieller Hypertonie und Diabetes mellitus. Diese Studie ermittelte ein großes Risiko bei Raucherinnen über 35 Jahren. Unter hoch dosierten Kombinationspräparaten fand sich bei ca. 5 % der Anwenderinnen eine arterielle Hypertonie. Hormonale Kontrazeption kann sich auch auf den Kopfschmerzrhythmus auswirken; Kopfschmerzen können häufiger auftreten, abgeschwächt aber auch ausgelöst werden (Teichmann 1996).

Verschiedene Studien zur Anwendung von Ovulationshemmern haben eine Risikominimierung von Endometriumkarzinomen untersucht. Die Schutzwirkung soll bereits nach einem Jahr nachweisbar sein und sich nach 10jähriger Einnahmedauer auf eine Minderung um bis zu 70 % erhöhen (Der Gynäkologe 1998). Ebenfalls seltener soll das Ovarialkarzinom nach der Einnahme von Ovulationshemmern sein. Große epidemiologische Untersuchungen ermittelten eine Senkung um 70-80 % bei einer Einnahmedauer von über 10 Jahren (Taubert/Kuhl 1995; Keck et al. 1997). Unsicherheiten bestehen hinsichtlich des Mammakarzinomrisikos. Hier weisen verschiedene Studien eine erhöhte Inzidenz bei der Langzeiteinnahme von hormonellen Kontrazeptiva aus (vgl. auch Kapitel 3.3).

Bisher diskutierte Kontraindikationen für die Anwendung hormoneller Kontrazeption sind: Thromboembolie, koronare Herzerkrankung, bekannte Gerinnungsstörungen in der Eigenanamnese, zerebrovaskulärer Insult, Leberfunktionsstörungen, Mammakarzinom, nicht abgeklärte vaginale Blutungen, Rauchen bei Frauen über 35 Jahren, schwere Hypertriglyceridämie sowie Diabetes mit Angiopathien (Teichmann 1996).

Nebenwirkungen des Intrauterinpessars

Besonders bei Frauen, die noch keine Kinder geboren haben, kann es bei der Verwendung von Kupferspiralen zu Infektionen im Genitalbereich mit nachfolgender Sterilität kommen. Verschiedene epidemiologische Studien berichteten einen Zusammenhang zwischen sexuellen Praktiken und entzündlichen Prozessen des kleinen Beckens bzw. zwischen der IUP-Anwendung und entsprechenden Entzündungen (Odlind 1998). Häufige Nebenwirkungen bei IUP sind stärkere Blutungen und Gebärmutterinfektionen. Bei etwa 15 % der Frauen wird es vom Körper kurze Zeit nach dem Einsetzen selbst wieder abgestoßen oder muß wegen Unverträglichkeit entfernt werden.

Wird eine Frau trotz Spirale schwanger, sind Bauchhöhlenschwangerschaften häufiger als bei Frauen, die nicht mit Spirale verhüten. Probleme können auch im Zusammenhang mit einer später gewünschten Schwangerschaft auftreten, weshalb das Intrauterinpessar vor allem für Frauen mit abgeschlossener Familienplanung empfohlen wird.

Im Gegensatz zu den Kupfer freisetzenden Pessaren weisen die hormonfreisetzenden intrauterinen Systeme (IUS) wie das am häufigsten eingesetzte levonorgestrolfreisetzende (LNG-IUS) eine wesentlich geringere Schwangerschaftsrate auf (Odlind 1998). Charakteristisch für diese Verhütungsform sind die nachlassenden Blutungen, die bei längerer Anwendung fast gänzlich verschwinden (ebd.). Im Vergleich mit dem Kupfer-IUP ist bei Anwenderinnen hormonfreisetzender Systeme das Risiko einer ektopischen Schwangerschaft erhöht.

Beide Methoden können auch Frauen anwenden, die noch nicht geboren haben. Sie werden jedoch nicht als Methode der ersten Wahl angesehen.

Nebenwirkungen anderer Verhütungsmittel

Bei der Verwendung von Kondom bzw. Diaphragma kann eine Gummiallergie auftreten. Da Diaphragmen meist in Verbindung mit spermiziden Cremen angewendet werden, kann es hier darüber hinaus auch noch zu den für spermizide Mittel bekannten Nebenwirkungen wie Brennen oder Juckreiz kommen.

6.2.6 Sterilisation

Eine Sterilisation bedeutet eine Entscheidung für eine irreversible Form der Verhütung. In diesem Abschnitt wird kurz auf die Sterilisation als Verhütung in den alten Bundesländern eingegangen. Besonderes Augenmerk gilt jedoch der Situation in den neuen Bundesländern, in denen nach der Wende die Zahl der sterilisierten Frauen drastisch zunahm.

6.2.6.1 Aktuelle Situation und die Entwicklung in den alten Bundesländern

Aktuelle rechtliche Regelung und Zugänglichkeit zur Sterilisation

Seit dem 1. Dezember 1975 gehört die freiwillige Sterilisation als Mittel der Familienplanung in den Katalog der flankierenden Maßnahmen zur Neuregelung des Schwangerschaftsabbruches und zu den Pflichtleistungen der gesetzlichen Krankenkassen (Ney 1986), nachdem zuvor 1969 der Deutsche Ärztetag im Anschluß an eine jahrelang währende Diskussion die Zulässigkeit der freiwilligen Sterilisation aus medizinischen, eugenischen sowie schwerwiegenden sozialen Gründen offiziell anerkannt hatte. Trotz einer Reihe in der bundesdeutschen Geschichte vorgelegter Gesetzentwürfe ist bis zum heutigen Tag keine Sterilisationsregelung rechtlich kodiert worden. Der einzige Paragraph, der in dieser Frage zur Anwendung kommt, ist der §226a StGB, der eine „Körperverletzung mit Einwilligung des Verletzten" regelt. Im Spezialfall einer Behinderung trat am 1.1.1992 das Betreuungsgesetz in Kraft, dessen §1905 die Sterilisation geistig behinderter Volljähriger regelt (Ratzel 1993).

In manchen Kliniken gab es Anweisungen, vorgegebene Altersgrenzen, meist in Kombination mit einer bestimmten Kinderzahl, nicht zu unterschreiten. Formale Regeln orientierten sich hierbei meist an den magischen Grenzen von 30 bzw. 35 Lebensjahren oder an der „rule of 120". Danach wurde das Alter der Frau mit der Anzahl der Geburten multipliziert und durfte 120 nicht unterschreiten (Meyer 1991). In der medizinischen Praxis und Rechtsprechung konnten sich solche Altersgrenzen dauerhaft jedoch nicht durchsetzen. Ähnliches gilt für die zeitweilig geforderte und praktizierte Einwilligung des Ehepartners.

Entwicklung der Sterilisationen in der Bundesrepublik

In der Bundesrepublik stiegen die Sterilisationszahlen nach 1970 allmählich an. Wie kontinuierlich dies geschah, zeigte eine Untersuchung an 17 bundesdeutschen Kliniken. Waren es 1960 noch zehn dieser Kliniken, die insgesamt 69 Sterilisationen durchführten, stieg die Zahl bis 1970 auf 14 Kliniken und 600 Sterilisationen an und umfaßte bis 1974 alle 17 Kliniken, die insgesamt schon 3.300 operative Sterilisationen vornahmen (Kunz/Probst 1975).

Im Verlauf eines Jahrzehnts – zwischen 1970 und 1980 - hatte sich ein Einstellungswandel zur Tubensterilisation mit dem Ergebnis vollzogen, daß fast alle großen Kliniken Sterilisationen durchführten. Trotz der steigenden Zahlen war auch in der Bundesrepublik die Verfahrensweise so, daß der Vorschlag zur Sterilisation vom Arzt oder der Ärztin kommen sollte, d. h. wenn sie aus verschiedenen Gründen und in geeigneten Fällen für geboten erachtet wurde. Sie wurde nicht als praktische und nebenwirkungsarme Verhütungsmethode popularisiert (Schneider 1972; Hahn 1998). Bis Mitte der 80er Jahre wurde sie in mehr als zwei Drittel der Fälle in Verbindung mit einem gynäkologischen oder geburtshilflichen Eingriff vorgenommen, nicht aber als Eingriff, der ausschließlich der Verhütung einer Schwangerschaft dient (Herrmann 1985).

6.2.6.2 Entwicklung der Sterilisation in der DDR und in den neuen Bundesländern

Rechtliche Regelung bis 1990

Im Jahr 1969 erließ das Ministerium für Gesundheitswesen der DDR in der „Instruktion über die irreversible Kontrazeption bei der Frau" ein Gesetz zur Legalisierung der Unfruchtbarmachung (MfG 1969). Diese Regelung war jedoch nicht als eine auf rechtliche Grundlage gestellte moderne Verhütungspraxis vorgesehen. An ein äußerst kompliziertes Procedere gebunden, durfte in der DDR eine Unfruchtbarmachung nur bei einer medizinischen Indikation und der Einhaltung absoluter Freiwilligkeit stattfinden. Die medizinische Indikation erforderte, daß ernsthafte Gefahren für Leben und Gesundheit der Frau drohten, deshalb eine absolut sichere Schwangerschaftsverhütung erforderlich war und diese Sicherheit nicht mit reversiblen Methoden erreicht werden konnte. Das Procedere umfaßte laut Gesetz verschiedene Schritte, wobei mehrere medizinische Gutachten einzuholen waren und eine Ärztekommission über die Unfruchtbarmachung zu entscheiden hatte (Hahn 2000).

Versuche, die Sterilisation als Kontrazeptionsmethode zu etablieren und ihren Zugang aus dem engen und stark formalisierten Korsett zu befreien sowie das umständliche Verfahren abzuschaffen, verstärkten sich mit Beginn der 80er Jahre. Eine Änderung dieser Praxis begann etwa um 1987/88. Zu diesem Zeitpunkt setzte eine deutliche Liberalisierung der Genehmigungsverfahren ein.

Entwicklung der Sterilisation bis 1990

Die Anzahl von Sterilisationen in der DDR bis 1990 war aufgrund der restriktiven Verfahrensweise gering. Sie beschränkte sich bei großen Kliniken auf etwa 3-4 Fälle jährlich und blieb bis Mitte der 80er Jahre relativ konstant. Die Zahl der Sterilisationen war regional unterschiedlich mit einem deutlichen Nord-Süd-Gefälle. Nach Einführung der gesetzlichen Regelung bis Ende 1970 variierten die Zahlen der beantragten Sterilisationen in den einzelnen DDR-Bezirken zwischen 3 in Suhl (Süd) und 98 in Rostock (Nord). An der Universitätsfrauenklinik der Charité in Berlin wurden zwischen 1974 und 1983 insgesamt 42 Frauen sterilisiert (Lang 1983).

Welche Auswirkungen die gesellschaftlichen Veränderungen in der DDR auf das generative Verhalten ostdeutscher Frauen hatten, spiegelt nicht nur der in der deutschen Geschichte einmalige Rückgang der Geburten im Jahr 1990 wider, sondern auch die steigende Zahl von Frauen, die sich für eine irreversible Form der Schwangerschaftsverhütung entschieden (Münz/Ulrich 1994).

Wie stark dieser Anstieg war, zeigt eine vom Brandenburger Ministerium für Arbeit, Soziales, Gesundheit und Frauen durchgeführte Analyse der Sterilisationszahlen (vgl. Tabelle 6.2-6) aus den Jahren 1991 bis 1993.

Tabelle 6.2-6   Anstieg der Sterilisationen im Land Brandenburg zwischen 1991 und 1993

Jahr	1991	1992	1993
Anzahl	827	1.225	6.224

Quelle: Ministerium für Arbeit, Soziales, Gesundheit und Frauen (1993), Statistik über Schwangerschaftsabbrüche und Sterilisationen im Land Brandenburg.

Der Anstieg der Sterilisationen in den neuen Bundesländern nach 1990 - Ergebnisse aus empirischen Untersuchungen

In den folgenden Abschnitten werden einige ausgewählte Untersuchungsergebnisse aus den neuen Bundesländern dargestellt, die Sterilisation als Methode der Schwangerschaftsverhütung unter dem Gesichtspunkt des gesellschaftlichen Umbruches in der DDR thematisieren. Bei diesen Studien handelt es sich um 1. eine Klinikuntersuchung in Schwedt, 2. eine Untersuchung der Klinik für Geburtshilfe und Reproduktionsmedizin des Universitätsklinikums Halle-Kröllwitz sowie der Abteilung Gynäkologie und Geburtshilfe des Klinikums Bernburg und 3. um eine Befragung in mehreren Kliniken des Landes Brandenburg (Kopp 1993; Hornig 1994; Hahn 1996; Ruppmann 1997).

Das durchschnittliche Alter der befragten sterilisierten Frauen lag zwischen 36 und 37 Jahren. Der Anteil der unter 25jährigen war verschwindend gering. Tabelle 6.2.7 stellt die Altersverteilung der befragten Frauen aus den drei Untersuchungen gegenüber. Ein Ländervergleich zeigt, daß das durchschnittliche Sterilisationsalter ostdeutscher Frauen ähnlich hoch liegt wie in anderen Industriestaaten (USA: 35 Jahre, England und Wales: 36,7 Jahre, Frankreich: 38 Jahre) (vgl. Ketting/van Praag 1985).

Tabelle 6.2-7   Altersverteilung der sterilisierten Frauen der drei Untersuchungen (in Prozent)

Altersgruppen	< 26 Jahre	26-30 Jahre	31-35 Jahre	36-40 Jahre	> 40 Jahre
Schwedter Befragung	1,5	15,4	33,6	33,1	16,4
Untersuchung Halle	1,0	13,7	20,6	42,2	22,6
Brandenburger Studie	0,3	13,0	33,6	33,1	20,1

Diese Altersverteilung deutet darauf hin, daß die Entscheidungen für eine Sterilisation in einer Phase der reproduktiven Biographien getroffen wurden, in der fast alle der befragten Frauen mindestens ein oder zwei Kinder geboren hatten. Ein Vergleich mit einer repräsentativen Statistik zeigt eine überproportional hohe Anzahl von Geburten zweiter und dritter Kinder.

Tabelle 6.2-8   Verteilung der sterilisierten Frauen entsprechend ihrer Kinderzahl (in Prozent)

Anzahl der Kinder	ohne Kinder	1 Kind	2 Kinder	3 Kinder	> 4 Kinder
Repräsentativer Querschnitt[1]	6,9	32,5	48,2	9,0	3,4
Schwedt	-	10,9	60,4	20,8	7,9
Halle	1,0	21,6	53,9	14,7	8,8
Brandenburg	-	20,1	54,3	15,1	4,5

1) vgl. Trappe 1995: 105

Die Auswertung der Motive ergab, daß für die Wahl der Sterilisation als Kontrazeptionsmethode das Motiv der abgeschlossenen Familienplanung an erster Stelle rangiert; es wurde in der Brandenburger Untersuchung von 60,5 % der Frauen als ausschlaggebend und von weiteren 20 % als wichtig genannt. Die Untersuchungen in Halle und Schwedt zeigten ebenfalls, daß die abgeschlossene Familienplanung bei den meisten Frauen der wichtigste Grund war, diese Verhütungsform zu wählen. In Halle wurde dieser Grund von 99 % der Frauen genannt. Etwa 35 % der Brandenburgerinnen fühlten sich zu alt für ein weiteres Kind und gaben diesen Grund als ausschlaggebend an, weitere 19 % schätzten ihn als wichtig ein.

Fast alle Frauen lebten in Partnerschaften, über drei Viertel waren verheiratet. Bei fast 70 % der Partnerschaften kam eine Sterilisation des Mannes grundsätzlich nicht in Betracht, d. h. es wurde nicht über diese Möglichkeit gesprochen. Alle Frauen hatten vor der Sterilisation langjährige Erfahrungen mit verschiedenen Verhütungsmethoden. In den meisten Fällen hatten sie die Pille oder Spirale verwendet.

Wesentliche Einflüsse auf die Sterilisationsentscheidung hatten die Veränderungen auf dem Arbeitsmarkt. Der Zusammenhang zwischen Arbeitslosigkeit, Einkommen und dem Motiv, die Sterilisation als kostenlose Verhütungsmethode gewählt zu haben, erwies sich für arbeitslose Frauen als statistisch hoch signifikant (vgl. Hornig 1994). Für sie hat der Abbau sozialpolitischer Maßnahmen besonders starke Einschnitte in ihre Lebensqualität hervorgebracht. Sie gaben die obligatorisch gewordene Finanzierung von Kontrazeptiva sowie die fehlende staatliche Unterstützung für Familien mit Kindern als wichtigste Gründe an.

Eine differenzierte Betrachtung zeigt weiterhin, daß es eine Gruppe von Frauen gibt, deren Entscheidung zur Sterilisation durch die mit Erwerbsarbeit verbundenen Motive hochgradig beeinflußt wurde. Es sind beruflich orientierte Frauen, die im Arbeitsalltag stehen, sich unter den veränderten gesellschaftlichen Bedingungen beruflich etablieren konnten, über höhere Einkommen verfügen und bei denen die Familienplanung abgeschlossen ist. Sie nannten Angst vor Arbeitsplatzverlust und den Erhalt ihrer ökonomischen Unabhängigkeit als wichtigste Gründe für ihre Entscheidung.

Unabhängig von der jeweiligen konkreten Arbeitssituation gaben fast drei Viertel der Frauen an, daß die rechtlichen Veränderungen zum Schwangerschaftsabbruch (§218 StGB) ihre Entscheidung beeinflußt haben (vgl. dazu ausführlicher Dölling et al. 1998).

6.2.7 „Planung" von Kindern, Partnerschaften und Lebensformen

Der folgende Abschnitt konzentriert sich darauf, welche Wünsche bezogen auf Kinderzahl, Partnerschaft und Lebensform Frauen haben und in welchem Maß sie diese realisieren. Die Untersuchung der Frage wird dadurch erschwert, daß unterschiedliche Konstrukte in der Diskussion verwendet werden, wie die gewünschte Kinderzahl (vorhandene Kinder + aktueller Wunsch nach weiteren Kindern), inhaltliche Kinderwunsch-Motive, persönlich erwartete und die allgemein ideale Kinderzahl. Ein weiteres Problem ergibt sich durch die Frageformulierungen zur Planung, die zwischen „gewollt", „erwünscht" und „bewußt geplant" variieren und dazu führen, daß die Antworten sehr unterschiedlich ausfallen können. Die gewünschte Kinderzahl wird z. B. niedriger angegeben als die persönlich ideale Kinderzahl (Beschränkungen der Kinderzahl werden hier mitgedacht), die wiederum unter dem geschätzten gesellschaftlichen Ideal liegt (Kiefl/Schmid 1985: 247). Die bewußte Planung von Schwangerschaften wird seltener angegeben als die allgemeine Erwünschtheit. Die gewünschte oder ideale Kinderzahl ist darüber hinaus häufig nicht eindeutig definierbar, wie die Praxis der Familien- oder Schwangerschaftsberatung zeigt, und bleibt auch nicht im Lebenslauf stabil, so daß Alter, Ehedauer und Zahl vorhandener Kinder bei der Interpretation immer miteinbezogen werden müssen (ebd.: 247). Daher kann man auch von einem geringen Kinderwunsch in Jugendstudien nicht auf gesellschaftliche Trends schließen, weil das junge Alter und damit die größere Distanz zu einer potentiellen Realisierung des Wunschs einen eigenen Effekt hat.

Vorstellungen zur Partnerschaft werden vor allem unter dem Aspekt betrachtet, ob eine traditionelle Vorstellung der Arbeitsteilung der Geschlechter verfolgt wird oder egalitärere Modelle. Vorstellungen von Lebensformen beziehen sich auf „relativ stabile Beziehungsmuster (...) im privaten Bereich (...), die allgemein mit Formen des Alleinlebens oder Zusammenlebens (mit oder ohne Kinder) beschrieben werden" (Niemeyer/Voit 1995: 437).

6.2.7.1 Die gewünschte Kinderzahl, die Planung von Schwangerschaften und das Verhältnis von gewünschter und realisierter Kinderzahl

Die gewünschte Kinderzahl

Der Wunsch nach einer Zwei-Kind-Familie dominiert allgemein, und zwar in den neuen Bundesländern noch etwas stärker als in den alten, wie alle Untersuchungen übereinstimmend zeigen. Eine Familie mit einem oder mehr als drei Kindern wollen deutlich weniger Frauen.

16-29jährige antworteten auf die Frage nach der gewünschten Kinderzahl 1992 auffallend oft mit „Weiß (noch) nicht" (Hofmann-Lange 1995: 44f.; in Tabelle 6.2- nicht ausgewiesen). Diese Antwort wurde häufiger von Männern als von Frauen und häufiger im Westen als im Osten gegeben: 46,5 % der Männer und 32,6 % der Frauen in den neuen Bundesländern, 53,6 % der Männer und 40,3 % der Frauen in den alten Bundesländern. Mit dem Alter nimmt zwar die Unsicherheit ab, aber mit 27 bis 29 Jahren haben immer noch 32,9 % der Frauen in den alten und 15 % der Frauen in den neuen Bundesländern keine Vorstellung von einer späteren Familiengröße entwickelt (Hoffmann-Lange 1995: 44). Von denen, die sich mit ihrer Antwort festgelegt hatten, wollten Frauen im Osten am seltensten und Männer im Westen am häufigsten kein Kind. Ein Kind zu haben, können sich im Westen mehr Frauen als im Osten, drei und mehr Kinder zu haben, können sich im Osten mehr Frauen als im Westen vorstellen (Tabelle 6.2.9).

Tabelle 6.2-9: Kinderwunsch nach Geschlecht und Region, 16- bis 29jährig 1992

	Ost			West		
	Gesamt	Frauen	Männer	Gesamt	Frauen	Männer
	in % der jeweiligen Gruppe					
kein Kind	12,7	7,9	18,5	20,0	15,8	25,2
ein Kind	21,5	23,7	18,8	11,2	12,1	10,0
zwei Kinder	54,9	56,1	53,4	49,6	52,5	46,0
drei u. mehr Kinder	11,0	12,3	9,4	19,3	19,7	18,8
insgesamt	100	100	100	100	100	100

Quelle: DJI-Jugendsurvey 1992 in: Hoffmann-Lange 1995: 45.

Werden erwachsene Frauen rückblickend nach ihrem Kinderwunsch im Alter von 17 Jahren gefragt, so ergibt sich ein ähnliches Muster: Die Zwei-Kind-Familie dominiert, ein oder drei und mehr Kinder werden weniger gewünscht. Zwei Kinder wollten 1998 im Rückblick auf das Alter von 17 Jahren 61,9 % der 20-44jährigen Frauen in den neuen und 45,0 % in den alten Bundesländern (BZgA 1999c). Der Ost-West-Unterschied zeigt sich auch darin, daß Befragte aus den alten Bundesländern deutlich häufiger „weiß nicht", kein Kind und ein Kind, aber auch vier und mehr Kinder nannten als Befragte aus den neuen Bundesländern.

Alle Untersuchungen bestätigen übereinstimmend, daß mehr Männer als Frauen kinderlos bleiben wollen und Männer sich unsicherer bezüglich ihres Kinderwunsches sind (Hoffmann-Lange 1995: 43; vgl. Löhr 1991 für den Westen: 466).

Heirat und Kinderwunsch hängen eng zusammen. In den neuen wie in den alten Bundesländern wünscht sich nur ein geringer Anteil der Verheirateten keine Kinder (nach der BZgA-Studie: 3,6 % in den alten und 4,0 % in den neuen Bundesländern; vgl. auch Schneewind/Vascovic 1992: 383). In den neuen Bundesländern zeigt sich, daß die Institution Ehe für den Kinderwunsch keine Bedeutung hat. Verheiratet und unverheiratet mit dem Partner zusammenlebende Frauen wünschen sich gleichermaßen selten keine Kinder (mit einen Anteil von 4,3 %). In den alten Bundesländern wollen dagegen mit 22,3 % deutlich mehr der unverheiratet zusammenlebenden Frauen kein Kind verglichen mit den verheirateten Frauen (Hoffmann-Lange 1995: 44f.; vgl. Löhr 1991: 479).

Für den Westen beschreibt der Familiensurvey von 1988 (Löhr 1991) den Einfluß der Bildung auf den Kinderwunsch. Frauen mit (Fach-)Hochschulreife haben den höchsten Anteil an gewünschter Kinderlosigkeit, aber auch von Wünschen nach drei und mehr

Kindern (vgl. auch BZgA 1999c). Für die in der DDR aufgewachsenen Frauen ergab sich kein deutlicher Bildungseffekt.

Im Rückblick zeigt sich eine erstaunliche Konstanz der Vorstellungen über die ideale Kinderzahl, die in der Bundesrepublik zwischen 1950 und 1982 zwischen 2,1 und 2,4 variierte (Kiefl/Schmid 1985: 365). Den langfristigen Trend im Westen zeigt ein Generationenvergleich beim Familiensurvey 1988: Der Wunsch nach drei und mehr Kindern ging von den 50-55jährigen hin zu den 18-19jährigen von 34,4 % auf 21,8 % zurück (Löhr 1991: 466). Da auch der Wunsch nach einem einzelnen Kind leicht zurückgeht, gewinnt die Zwei-Kind-Familie an Bedeutung. In allen Generationen wünschten sich Frauen mehr Kinder als Männer. Die höheren Zahlen gewünschter Kinderlosigkeit in jüngeren Generationen können ein Alters- oder ein Generationeneffekt sein.

Auch in der DDR veränderte sich der Kinderwunsch zwischen 1970 und 1990 kaum (Winkler 1990). Eine repräsentative Untersuchung bei 18-40jährigen Frauen und Männern ermittelte 1987 einen Kinderwunsch von durchschnittlichen 1,9 Kindern (Fritsche 1993). Die Wende brachte jedoch eine tiefgreifende Änderung. Alle Untersuchungen belegen noch 1990 sehr geringe Anteile von Frauen, die keine Kinder wünschten (0,6 %; bei Dorbritz 1992: 181; 3 % bei Fritsche 1993). Ein Vergleich mit aktuellen Zahlen zeigt eine Zunahme gewünschter Kinderlosigkeit zu Lasten des Wunsches nach einer Zwei-Kind-Familie in der jüngsten Generation. Neu sind auch die Unterschiede in den Wünschen zwischen Männern und Frauen - bis zur Wende war der Kinderwunsch in der DDR geschlechts- und altershomogen verteilt (Hoffmann/Trappe 1992: 47).

Ein Generationenvergleich bei der Frage nach dem Kinderwunsch mit 17 Jahren (BZgA 1999c) zeigt einen Bruch im Westen zwischen den Generationen der unter- und über 40jährigen (17. Lebensjahr vor und nach 1975), im Osten zwischen den Generationen der unter- und über 30jährigen (17. Lebensjahr vor und nach 1985; vgl. Tabelle 6.2-10).

Tabelle 6.2-10: Kein Kinderwunsch mit 17 Jahren - Angaben nach Regionen und Alter, 1998

Region	Alter der Befragten					
	bis 24	25-29	30-34	35-39	≥ 40	Gesamt
			in %			
West	16,3	18,8	22,4	28,0	19,7	21,9
Ost	17,1	14,3	5,0	4,6	9,0	9,1

Quelle: BZgA 1999, Sonderauswertung.

Kinderplanung

Der vorhandene Kinderwunsch und die Verfügbarkeit von Kontrazeption führen keineswegs zu einer „rationalen" Planung von Kindern mit exaktem Timing. Nur etwas mehr als die Hälfte der in der BZgA-Studie befragten 20-44jährigen Frauen (57,1 %) hatten ihre erste „zugelassene" Schwangerschaft als gewollt und den Zeitpunkt, zu dem sie eintrat, ebenfalls als gewollt bezeichnet. „Zugelassene Schwangerschaften" umfaßt alle Schwangerschaften außer den abgebrochenen. 15,3 % der Frauen gaben an, ihre Schwangerschaft sei gewollt, aber sie hätte zu einem späteren Zeitpunkt eintreten sollen. Ungewollt war die erste zugelassene Schwangerschaft bei 15,4 % der Frauen. Die zweite zugelassene Schwangerschaft war in stärkerem Maß gewollt. Unterschiede zwischen Ost und West konnten nicht festgestellt werden.

Unterschiede zwischen den in den neuen und den in den alten Bundesländern Befragten zeigen sich vor allem bei den Umständen: Im Westen waren Schwangerschaften bei nicht verheirateten Müttern deutlich seltener auf diesen Zeitpunkt hin geplant als bei verheirateten (31,4 % versus 66,2 %). Im Osten war dieser Unterschied weniger bedeutsam (52,1 % versus 56,1 %). In Ost und West kommen Schwangerschaften von sehr jungen (unter 20 Jahre) und etwas älteren (über 35 Jahre) Müttern verglichen mit Frauen in den dazwischen liegenden Lebensjahren seltener zum geplanten Zeitpunkt. Allerdings wurden Schwangerschaften, die vor dem 20. Lebensjahr eintraten, in der DDR und später in den neuen Bundesländern auch von unverheirateten und von jungen Frauen gezielter geplant und waren seltener nicht gewollt als in der Bundesrepublik und in den alten Bundesländern.

Insgesamt wird deutlich, daß Frauen nicht immer zeitlich genau Kinder planen (vgl. Schneewind/Vascovic 1992: 383f. für verheiratete Frauen). Etwa 40 % aller zugelassenen Schwangerschaften sind früher als geplant oder ungewollt eingetreten. Neben Mustern rational geplanter Elternschaft werden in der Fachliteratur die Muster der kulturell selbstverständlichen Mutterschaft, die ambivalente und die spontane Entscheidung beschrieben und darauf hingewiesen, daß Mutterschaft von nicht beeinflußbaren externen Faktoren abhängen kann (Schneider 1991; Burkart 1994). Bezieht man die Schwangerschaftsabbrüche ein, so wird deutlich, daß die reproduktiven Wahlen komplexen Bedingungen unterliegen. Es ist notwendig, über die Frage eigener Kinder nachzudenken, aber das erhöht weder den Kinderwunsch noch macht es in jedem Fall eine gradlinige Planung möglich.

Tabelle 6.2-11: Gewolltheit der ersten und zweiten zugelassenen Schwangerschaft, 1998, 20-44jährige (Schwangerschaften im Zeitraum 1972-1998)

Antwortvorgaben	1. Schw. Gesamt	1. Schw. Ost	1. Schw. West	2. Schw. Gesamt	2. Schw. Ost	2. Schw. West	alle Schw. Ost und West
	in % der jeweiligen Schwangerschaften						
Schw. war gewollt, auch der Zeitpunkt war gewollt	57,8	57,3	58,3	69,9	67,2	72,4	61,7
Schw. war gewollt, hätte aber später eintreten sollen	16,9	18,4	15,3	12,8	12,1	13,4	14,2
Gesamt der gewollten Schwagerschaften	74,7	75,7	73,6	82,7	79,3	85,8	75,9
Schw. war weder gewollt noch ungewollt, Kinder kommen einfach	4,8	5,5	4,1	3,7	3,7	2,5	4,8
Zwiespältig: sowohl gewollt, als auch ungewollt	4,9	3,4	6,5	4,6	3,7	5,9	4,9
Schw. war ungewollt eingetreten	15,6	15,4	15,8	9.1	12,5	5,9	14,4

Quelle: BZgA 1999 Sonderauswertung, Spaltenprozente.

In der Bundesrepublik zeigen die Daten bis 1960 niedrigere Raten geplanter Schwangerschaften (etwa 30 %: Lukesch 1981). Eine DFG-Studie von 1977 berichtet 64,6 % zu dem Zeitpunkt gewünschter bzw. 28,8 % eindeutig unerwünschter Schwangerschaften (Netter 1984; Schwangerschaften im Zeitraum von 1963-1976 eingetreten). 1978 startete die Zeitschrift Eltern eine Umfrage mit dem Ergebnis, daß 37 % der Kinder auf den Geburtszeitpunkt hin geplant waren, 9 % waren verspätete Wunschkinder. 25 % waren eigentlich erst später geplant. 33 % waren nicht geplant und akzeptiert und 5 % wurden als völlig ungelegen bezeichnet (Eltern 1979). Eine Studie von 1992 verwendete den engeren Begriff der „Planung". 55,4 % der ersten zugelassenen Schwangerschaften waren geplant, 34,5 % ungeplant und bei 10,1 % war die Planung offen. Eine begleitende qualitative Erhebung ergab, daß Frauen den Begriff „geplant" enger fassen als den Begriff „gewollt" und z. T. eine rationale Planung als negativ bewerten (Helfferich/Kandt 1996).

Untersuchungen aus der DDR zwischen den 70er und den 90er Jahren hatten einen etwas höheren, konstanten Anteil an gewollten Schwangerschaften und eine konsequente Familienplanung (Winkler 1990: 31) festgestellt. Allerdings ist ein direkter Vergleich schwierig, weil die Fragestellung („Wunschkinder") differiert (vgl. Fritsche/Speigner 1992). Das Planungsmuster in der DDR läßt sich nach einer 1989 durchgeführten Studie so beschreiben: Erste zugelassene Schwangerschaften sind etwas häufiger keine Wunschkinder als zweite. Nach dem zweiten Kind nahm die Rate der auf diesen Zeitpunkt hin geplanten Kinder bei jeder weiteren Schwangerschaft ab und die Rate der ungewollten Kinder zu. Mütter unter 20 Jahren und ebenso Frauen in Schulausbildung gaben häufiger als alle anderen Altersgruppen an, die Schwangerschaft sei früher als geplant oder ungewollt eingetreten, und seltener (31 %), sie sei auf den Zeitpunkt hin geplant gewesen. Bei Verheirateten waren 75 % der ersten zugelassenen Schwangerschaften auf den Zeitpunkt hin geplant, bei Geschiedenen waren dies nur 25 %; bei ihnen waren 25 % zu früh und 50 % ungewollt eingetreten (Begenau/Helfferich 1997: 46f.; vgl. Fritsche/Speigner 1992).

Ein Vergleich der vor und nach 1990 eingetretenen Schwangerschaften in der retrospektiven Untersuchung der BZgA (BzgA 1999c) zeigt, daß nach 1990 der Anteil der gewollten Schwangerschaften im Osten leicht zurückgeht, während er im Westen ansteigt. Während vor 1990 keine Unterschiede zwischen DDR und Bundesrepublik festzustellen waren, sind nach 1990 eingetretene Schwangerschaften in den neuen Bundesländern doppelt so häufig ungewollt eingetreten wie in den alten (18,8 % versus 9,9 %).

Verhältnis von Kinderwunsch und realisierter Kinderzahl

Die Kluft zwischen Wunsch und Wirklichkeit, zwischen Kinderwunsch (idealer Kinderzahl) und realisierter Kinderzahl, drückt sich in der Unzufriedenheit mit der Zahl der eigenen Kinder aus. Etwas mehr als die Hälfte der Frauen gab in der BZgA-Studie am Ende der reproduktiven Phase an, genauso viele Kinder zu haben, wie sie wollten (58,1 % der 35-44jährigen). 36,7 % der befragten Frauen (in Ost und West) gaben an, daß sie gern mehr und 5,2 %, daß sie gern weniger Kinder hätten, als sie haben. So zeigte sich, daß 60,8 % der Frauen mit Abitur gegenüber 45,9 % der Frauen mit Hauptschulabschluß mehr Kinder wünschten als sie tatsächlich haben. Dies entspricht auch den Angaben des Familiensurveys für die Bundesrepublik. Frauen mit einer hohen Bildung haben sich im Durchschnitt am meisten Kinder gewünscht (am häufigsten mehr als drei Kinder, aber auch am häufigsten keine Kinder) und im Durchschnitt am wenigsten bekommen. Diese Frauen schieben die Eheschließung und die erste Geburt auf. Je länger sie sie aufschieben, desto seltener wünschen sie sich (noch) Kinder (Löhr 1991: 472).

Einige Trends der Entwicklung der Familiengröße sind parallel auch beim Kinderwunsch zu finden: Der Wunsch sowie die Realisierung einer Familie mit zwei Kindern dominiert konstant; drei und mehr Kinder wurden im Westen sukzessive weniger gewünscht und auch weniger realisiert. In den neuen Bundesländern sind die Differenzen zwischen Wunsch und Realität für die Frauen über 36 Jahre weniger groß und Bildungsunterschiede machen sich bislang weniger bemerkbar. Aber die Geburtenzahlen gingen nach der Wende drastisch zurück und das Alter bei der Geburt des ersten Kindes steigt kontinuierlich an. Es wird sich zeigen, ob die zur Wende 20jährigen und jüngeren Frauen die Verwirklichung ihres Kinderwunsches nur aufschieben oder ob auch in den neuen Bundesländern die Kluft zwischen Wunsch und Realität am Ende der reproduktiven Phase der Nach-Wende-Generation wächst.

Die Kinderlosigkeit (vgl. Kapitel 2.3.3) nimmt in der jüngeren Generation zu, wobei im einzelnen gewollte und ungewollte Kinderlosigkeit schwer voneinander abzugrenzen sind. Da eine Zunahme der Fertilitätsstörungen nicht belegt werden kann, wird als Ursache für diese Entwicklung der Aufschub des Kinderwunsches bzw. der ersten Geburt diskutiert, wobei der aufgeschobene Kinderwunsch dabei in einen aufgehobenen Kinderwunsch übergehen kann (vgl. Nave-Herz 1988). Gründe für eine bewußte Kinderlosigkeit im Westen liegen Nave-Herz zufolge im beruflichen Bereich oder im Zusammentreffen einer hohen Berufsorientierung mit einer hohen Familienorientierung, verbunden mit hohen Erwartungen an die Mutterrolle.

In den neuen Bundesländern sind weniger Frauen als in den alten (sozial) kinderlos und der Unterschied zwischen Frauen mit unterschiedlichen Bildungsabschlüssen ist weniger stark ausgeprägt.

Eine Auswertung des Family and Fertility Survey (FFS) zeigt für das gesamte Bundesgebiet, daß Kinderlosigkeit bei niedrigem Einkommen oder bei anderen Lebensformen als der Ehe häufiger vorkommt. Ein Zusammenhang zwischen Kinderlosigkeit und höherem Ausbildungsabschluß konnte nur für die alten Bundesländer nachgewiesen werden. Die Analyse des gesamten Datensatzes ergab, daß zum einen unverheiratete, höher qualifizierte, vollerwerbstätige Frauen („Karriere-Milieu"), zum anderen unverheiratete Frauen, die voll erwerbstätig sind und nur ein niedriges Einkommen erzielen am häufigsten kinderlos sind (Dorbritz/Schwarz 1996: 231).

Der Realisierung des Kinderwunsches wirken immer mehrere Faktoren entgegen (Löhr 1991: 471). Die Jugenduntersuchungen werfen die Frage auf, ob die Kluft zwischen Wunsch und Wirklichkeit sich eines Tages dadurch schließt, daß - nachdem die Realisierung hinter dem Wunsch zurückblieb - nunmehr der Kinderwunsch und damit die Bereitschaft zur Elternschaft seinerseits in der jungen Generation zurückgeht.

6.2.7.2 Partnerschaftsvorstellungen und ihre Realisierung

Die Vorstellung, später Kinder zu haben, ist eng verbunden mit Vorstellungen, in welchen Beziehungsmustern und Personenkonstellationen sie aufwachsen sollen. Dabei ist die Kinderfrage für Frauen aus den alten Bundesländern enger an die Frage einer Eheschließung gekoppelt, als dies für Frauen aus den neuen Bundesländern der Fall ist. Für die junge Generation im Osten wie im Westen ist von einer Doppelorientierung an Beruf und Familie auszugehen. Bei einer Frage nach der Gewichtung von Lebensbereichen in dem DJI-Jugendsurvey zeigten sich 1992 die 16-29jährige Frauen aus den neuen Bundesländern stärker familienorientiert als die aus den alten Ländern (72 % hohe Gewichtung des Lebensbereichs „eigene Familie und Kinder" gegenüber 66 %). Die befragten Männer schätzten eine „eigene Familie und Kinder" in Ost und West jeweils 53 % weniger wichtig ein als die Frauen (Hoffmann-Lange 1995: 53). Die jungen Frauen aus den neuen Bundesländern stuften in einem stärkeren Maß (93,1 %), wenn sie den familiären Bereich als wichtig erachteten, zugleich den beruflichen Bereich als bedeutsam ein. In den alten Bundesländern waren es nur 82,3 % (ebd.: 56). In den neuen Bundesländern hatte eine Heirat wenig Einfluß auf die Berufsorientierung, in den alten Bundesländern waren verheiratete junge Frauen weniger berufsorientiert. Andere Jugenduntersuchungen bestätigen den starken Wunsch der Mädchen, auch als verheiratete Mutter unabhängig zu bleiben (Schmid-Tannwald/Kluge 1998: 42f.), die hohe Bedeutung von Erwerbstätigkeit und beruflichem Vorankommen für beide Geschlechter und die stärkere Familienorientierung bei Mädchen in den neuen Bundesländern (Nickel et al. 1995: 79f).

Ebenso wichtig für die Vorstellung von Partnerschaftsform und Kinderzahl ist die Einstellung zu den Aufgabenbereichen von Frau und Mann. Im DJI-Jugendsurvey wurde als traditionelle Auffassung über die Zustimmung zu Aussagen definiert, daß der Frau die Aufgabenbereiche Haushalt und Kinderbetreuung zugewiesen und die Mitarbeit von Frauen in Öffentlichkeit und Politik abgelehnt wird. Eine nicht-traditionelle Auffassung befürwortet die weibliche Berufstätigkeit und eine stärkere Vertretung von Frauen in Führungspositionen.

Tabelle 6.2-12 Geschlechtsrollenorientierung bei 16-29jährigen nach Geschlecht und Region, 1992

Geschlechtsrollen -orientierung	Ost			West		
	Frauen	Männer	Gesamt	Frauen	Männer	Gesamt
				in %		
Traditionell	10,0	38,2	24,3	17,8	35,5	26,8
Mittel	42,1	40,5	41,3	46,0	46,8	46,4
Nicht-traditionell	47,9	21,3	34,4	36,2	17,7	26,7
N	1.260	1.304	2.564	2.213	2.313	4.526
Zustimmung zum Item: Der Mann sollte der Hauptverdiener sein in %						
	23,6	50,0	37,0	31,1	43,6	37,4

Quelle: DJI-Jugendsurvey 1992; Hoffmann-Lange 1995: 142 und 140.

In Ost wie West äußerten Männer verglichen mit Frauen deutlich traditionellere Ansichten über die Rolle von Frauen. Da die jungen Frauen in den alten Bundesländern etwas konservativer antworteten als die aus den neuen Bundesländern, ist die Geschlechterdifferenz im Westen etwas geringer. Insbesondere arbeitslose junge Männer in Ost (48,8 %) und West (51 %) äußerten traditionelle Orientierungen und zwar unabhängig von ihrem Bildungsgrad. Dieses Ergebnis wurde dahingehend interpretiert, daß sie Frauen auf dem Arbeitsmarkt als Konkurrentinnen erleben und daher für einen Verzicht auf die Berufstätigkeit von Frauen votieren (Hoffmann-Lange 1995: 146). Männer stimmten auch häufiger als Frauen einem Konzept zu, bei dem sie der Hauptemährer der Familie sind. Hier zeichnet sich ein Konflikt ab, der mit dem ersten Kind aktuell wird. Während die jungen Frauen berufstätig sein wollen, wollen die Partner sie auf den familiären Bereich festlegen. Daß der Bereich „eigene Familie und Kinder" für Frauen wichtiger ist als für Männer, heißt noch nicht, daß sie sich den Vorstellungen des Partners in diesem Punkt anpassen.

Nach wie vor ist eine Familie (mit Kindern) das dominierende Familienmodell; allerdings wird die Realisierung hinausgeschoben. Die Biographien der jungen Frauen in den neuen Bundesländern sind dabei stärker durch eine frühe Partnerbindung, zunächst ohne Heirat, aber mit partnerschaftlicher Wohnform und durch eine nachfolgende Ehe und eigene Kinder gekennzeichnet; nichteheliche Partnerschaften mündeten bis zum 30. Lebensjahr überwiegend in einer Ehe. Für die alten Bundesländer ist der Anteil der Singles und der Kinderlosen unter den jungen Frauen größer; hier waren nichteheliche Partnerschaften - zumindest für dieses junge Alter bis 30 Jahre - eine stabilere, eigenständige Lebensform. Nach wie vor wird demnach ein Kinderwunsch und eine Familienorientierung realisiert, wobei das Hinausschieben von Heirat und Elternschaft (in den neuen und alten Bundesländern, wenn auch auf unterschiedlichem Niveau) und damit ein prospektiv wachsender Anteil nicht verheirateter und kinderloser Frauen, als ein Versuch interpretiert werden kann, die Probleme der Vereinbarkeit von Beruf und Familie und der divergierenden Einstellungen von Frauen und Männern zu lösen. In diesem Zusammenhang gewinnen die Familienpolitik und die Mutterschaftsregelungen an Bedeutung.

6.2.7.3 Mutterschutzgesetz und Erziehungsurlaub

Das Mutterschutzgesetz

Die Geschichte des Mutterschutzes in Deutschland ist in der Bundesrepublik durch das Mutterschutzgesetz vom 17.5.1952 („Gesetz zum Schutze der erwerbstätigen Mutter") mit einer auch heute noch bestehenden arbeitsrechtlichen und versicherungsrechtlichen Struktur vorläufig abgeschlossen worden. In seinem ersten Abschnitt ist die Gestaltung des Arbeitsplatzes genannt. Dazu gehört die Art und Weise der Beschäftigung, die von der Aufsichtsbehörde für die einzelne Frau oder den einzelnen Betrieb besonders geregelt werden kann (Beschäftigungsverbot § 3 Abs. 1). Zu den allgemeinen Beschäftigungsverboten gehört der Umgang mit gefährlichen Arbeitsstoffen (wie etwa mit radioaktiven Stoffen), aber auch der Umgang mit infektiösem Material, was sich besonders bei Arbeitnehmerinnen im Gesundheitswesen auswirkt. Der Arbeitgeber kann von der Möglichkeit der Umsetzung Gebrauch machen. Beschäftigungsverbote und Umsetzungen haben präventiven Charakter. Arbeitsunfähigkeit (AU) ist für den Krankheitsfall vorgesehen (Tietze/ Zuschneid 1991).

Im Mutterschutzgesetz in der Fassung der Bekanntmachung vom 17.1.1197 (MuSchG) wurden Änderungen vorgenomnmen, die insbesondere die EG-Mutterschutzrichtlinie (92/85/EWG) in nationales Recht umsetzten. Die Mutterschutzbestimmungen gelten für alle Frauen, die in einem Arbeitsverhältnis stehen, also auch für Auszubildende, Teilzeitbeschäftigte, Heimarbeiterinnen und Hausangestellte. Für Beamtinnen und Soldatinnen gelten besondere Regelungen. Für Hausfrauen, Selbstständige und Studentinnen gibt es keine gesetzlichen Schutzvorschriften.

Von Beginn der Schwangerschaft bis zum Ablauf von vier Monaten nach der Entbindung darf bis auf wenige Ausnahmen einer Schwangeren nicht gekündigt werden. Nimmt eine Frau nach der Geburt eines Kindes Erziehungsurlaub, so verlängert sich der Kündigungsschutz bis zum Ablauf des Erziehungsurlaubes (vgl. unten).

Die Mutterschutzfrist, während der eine Schwangere nur auf ausdrücklichen eigenen Wunsch beschäftigt werden darf, beginnt 6 Wochen vor dem errechneten Entbindungstermin. Sie endet im Normalfall 8 Wochen nach der Geburt, bei Früh- und Mehrlingsgeburten 12 Wochen danach. In dieser Zeit dürfen die Mütter nicht beschäftigt werden. Stillenden Müttern sind nach der Wiederaufnahme der Arbeit während der Arbeitszeit Stillpausen (mindestens täglich zwei Mal eine halbe Stunde oder einmal eine Stunde) zu gewähren.

Während der Mutterschutzfristen erhalten die Frauen Mutterschaftsgeld, dessen Höhe sich nach dem durchschnittlichen Arbeitsentgeld der letzten drei Monate vor der Schutzfrist richtet und den Zuschuß des Arbeitgebers.

Erziehungsurlaub, Erziehungsgeld

Als Schritt zu einer besseren Vereinbarkeit von Familie und Beruf wurde 1986 auf der Grundlage des Bundeserziehungsgeldgesetzes (BErzGG) das Erziehungsgeld und der Erziehungsurlaub eingeführt (zum Umfang der Inanspruchnahme vgl. Kapitel 2.2.4).

Im Anschluß an die Mutterschutzfristen können Arbeitnehmerinnen und Arbeitnehmer bis zur Vollendung des dritten Lebensjahres eines Kindes Erziehungsurlaub nehmen. Mutter und Vater können sich in dieser Zeit dreimal abwechseln. Vergleichbar mit dem Mutterschutz gilt während des Erziehungsurlaubes auch für Väter voller Kündigungsschutz.

Das Bundeserziehungsgeld ist als Anerkennung der Erziehungsleistungen von Müttern und Vätern gedacht. Voraussetzung für seine Gewährung ist, daß die Eltern bzw. ein Elternteil das Kind in einem gemeinsamen Haushalt selbst betreuen und keine oder eine höchstens 19 Stunden pro Woche umfassende Teilzeitbeschäftigung ausüben.

Das Erziehungsgeld beträgt je Kind maximal 600.- DM monatlich, es wird zwei Jahre lang bezahlt und ist steuerfrei. Es wird einkommensabhängig gewährt. Für die ersten sechs Lebensmonate beträgt die Einkommensgrenze bei Verheirateten mit einem

Kind, die nicht dauernd getrennt leben, 100.000 DM für das jährliche Einkommen; sie gilt auch für Eltern, die in eheähnlicher Gemeinschaft leben. Bei Alleinerziehenden mit einem Kind beträgt die Grenze 75.000 DM. Beide Einkommensgrenzen erhöhen sich für jedes weitere Kind um 4.200 DM. Beim Überschreiten der Grenzen im ersten Halbjahr entfällt das Erziehungsgeld.

Ab dem siebten Lebensmonat beträgt die Einkommensgrenze für das Jahreseinkommen bei Verheirateten mit einem Kind, die nicht dauernd getrennt leben, 29.400 DM; sie gilt auch für Eltern, die in eheähnlicher Gemeinschaft leben. Bei Alleinerziehenden mit einem Kind beträgt die Einkommensgrenze 23.700 DM. Beide Einkommensgrenzen erhöhen sich für jedes weitere Kind um 4.200 DM.

Anders als im ersten Halbjahr entfällt das Erziehungsgeld ab dem siebten Lebensjahr beim Überschreiten der Einkommensgrenzen nicht, sondern vermindert sich stufenweise. Gemindertes Erziehungsgeld wird bei Verheirateten und Eltern, die in eheähnlicher Gemeinschaft leben, mit einem Kind bis zu einer Einkommensgrenze von 46.200 DM (Alleinerziehende mit einem Kind: 40.500 DM).

Anspruch auf Erziehungsgeld haben auch Auszubildende, Schülerinnen und Studentinnen, ohne daß sie ihre Ausbildung unterbrechen müssen. Ebenso wird diese Leistung für Eltern von Stief- und Adoptivkindern gewährt (Presse- und Informationsamt der Bundesregierung 1998: 92-95). Als familienfördernde Maßnahme gewähren einige Bundesländer (z. B. Baden-Württemberg) im Anschluß an den Bezugszeitraum des Bundeserziehungsgeldes für die Dauer von höchstens 12 Monaten ein Landeserziehungsgeld. 1984 wurde die Bundesstiftung „Mutter und Kind - Schutz des ungeborenen Lebens" gegründet, mit dem Ziel, werdenden Müttern in Konfliktsituationen unbürokratisch zu helfen und die gesetzlichen Leistungen und Hilfen bei konkreten individuellen Notlagen zu ergänzen. Aus der Stiftung erhaltene Mittel können z. B. für Umstandskleidung, Erstausstattung für das Baby usw. verwendet werden, sie werden auf Sozialleistungen (Sozialhilfe, Kindergeld, Arbeitslosenhilfe) nicht angerechnet. Seit ihrer Gründung haben ca. 1,1 Millionen Frauen Hilfen der Stiftung in Anspruch genommen. 1997 stellte die Bundesregierung dafür 200 Millionen DM zur Verfügung. In einigen Bundesländern gibt es vergleichbare Landesstiftungen mit der gleichen Zielrichtung (BMFSFJ 1998: 160).

Die positiven Auswirkungen des Mutterschutzgesetzes sind unbestritten. Jedoch können Arbeitsmarktbedingungen und/oder das Aufeinandertreffen von Familiengründung und Weiterbildungszeit auch negative soziale Folgen, zumindest aber Konflikte hinsichtlich der beruflichen Perspektive für die Schwangere nach sich ziehen.

---

* Ergänzung nach Novellierung des Bundeserziehungsgeldgesetzes am 1. Januar 2001: Ab Geburtsjahrgang 2001 sind durch dieses Gesetz die Einkommensgrenzen beim Erziehungsgeld angehoben worden. Alternativ zum monatlichen Erziehungsgeld in Höhe von bis zu 600 DM über einen Zeitraum von 24 Monaten, erhalten Eltern, die sich für eine verkürzte Bezugsdauer von 12 Monaten entscheiden, bis zu 900 DM (Budget).
Die Elternzeit (vorher Erziehungsurlaub) wird flexibler gestaltet. Für Geburten ab 1. Januar 2001 können beide Elternteile gemeinsam Elternzeit nehmen. Die zulässige Teilzeitarbeit während der Elternzeit wird von bisher 19 auf 30 Wochenstunden für jeden Elternteil erweitert. Neu ist auch der grundsätzliche Anspruch auf Teilzeitarbeit während der Elternzeit in Betrieben mit mehr als 15 Beschäftigten.

6.2.7.4 Familienpolitik und Beratungsangebote

Die monetären Maßnahmen zur Förderung der Familie unterscheiden sich nach Neubauer et al. in Maßnahmen für alle Familien (hierzu zählen generelle Leistungen und steuerliche Entlastungen), Maßnahmen zur Förderung von Familien in den einzelnen Lebensphasen (Regelungen zur Mutterschaft, Entlastung bei der Betreuung jüngerer Kinder und Maßnahmen für Familien mit Kindern in der Ausbildung) sowie Maßnahmen für Familien mit starkem Unterstützungsbedarf (z. B. für Familien mit alleinstehendem Elternteil, für Familien mit erhöhtem Pflegeaufwand, für Familien mit erschwerter Lebenslage) (vgl. Neubauer et al. 1993: 75-83).

Entwicklung der Familienpolitik und Beratungsangebote in der Bundesrepublik

Die Familienpolitik der Bundesrepublik setzte 1953 mit der Gründung eines Bundesministeriums für Familie ein. Sie hielt nach ihrer Gründung am Leitbild der traditionellen Familienform fest, was sich auch in den rechtlichen Regelungen widerspiegelte. Nach ihrer Gründung hatte die Bundesrepublik den Grundsatz der Gleichberechtigung im Grundgesetz verankert, ihn jedoch nicht gesondert für Ehe und Familie formuliert. Das 1957 in Kraft getretene Gleichberechtigungsgesetz setzte die tradierte Arbeitsteilung zwischen Männern und Frauen in Ehe und Familie fort, wies den Frauen den reproduktiven Bereich zu und festigte auf diese Weise das Modell der Ernährerfamilie. Mit diesem Gesetz wurde das im Bürgerlichen Gesetzbuch fixierte Hausfrauenleitbild im Sinne einer rechtlichen Absicherung der Hausfrau weiter ausgebaut. Damit blieb die Unterordnung der Frau unter den Mann rechtlich codiert bestehen. Erst 1976 wurde mit dem 1. Ehereformgesetz auch das Hausfrauenleitbild der Familienrechtes aufgegeben und zumindest alle rechtlichen Regelungen zum Nachteil von Frauen beseitigt (BMFSFJ 1995).

Die Bedeutung von Ehe und Familie als eine auf lebenslange Dauer konzipierte Lebensform ging seit den 50er Jahren kontinuierlich zurück, ohne daß dies in der Familienpolitik entsprechend Niederschlag gefunden hätte. Nach wie vor wird ein Leitbild einer fortgesetzten Zuweisung von Pflege und Erziehung der Kinder an die Frauen verfolgt (Neubauer et al. 1993).

Trotz des Ausbaus des Familienlastenausgleichs, verschiedener Reformen des Ehe-, Familien- und Kindschaftsrechtes und weiterer familienpolitischer Initiativen wie Mutterschafts- und Erziehungsurlaub und Erziehungsgeld nimmt die Familienpolitik im Vergleich mit anderen europäischen Staaten in bezug auf den Anteil der Aufwendungen für die Familie im Verhältnis zu den gesamten Sozialausgaben einen Schlußplatz ein (BMFSFJ 1995).

Das Konzept der Beratung in Ehe- und Familienberatungsstellen richtet sich darauf, in Fragen der allgemeinen Lebensplanung, der Gestaltung zwischenmenschlicher Beziehungen und im Umgang mit Konflikten und Entwicklungsproblemen nach Veränderungen und neuen Lösungen zu suchen. Hierzu zählen familiäre und partnerschaftliche Konflikte ebenso wie berufliche. Beratung hat hierbei prozeßhaften Charakter und ist im wesentlichen an das Auffinden von Problemlösungen durch die Betroffenen selbst geknüpft (Klann/Hahlweg 1996).

Familienpolitik und Mutterschaftsregelungen in der DDR

Die Familienpolitik der DDR war vorwiegend eine Frauen- und Mütterpolitik. Sie richtete sich sowohl auf Geburtenförderung als auch auf die Verwirklichung von Berufstätigkeit und Mutterschaft (Winkler 1990; Gysi/Meyer 1993). Ausgangspunkte für die Einbeziehung von Frauen in die produktive Sphäre waren zum einen ein Interesse an deren Arbeitsproduktivität sowie die Gleichberechtigungskonzeption der SED, wonach Gleichberechtigung ökonomische Unabhängigkeit und damit eigenständige berufliche Tätigkeit voraussetzt (Trappe 1995). Mit dem Inkrafttreten der 1. Verfassung der DDR wurde im Oktober 1949 die Gleichberechtigung von Frauen und Männern als Verfassungsprinzip formuliert und sämtliche diesem Grundsatz widersprechenden Gesetze aufgehoben.

Das familienpolitische Ziel einer Förderung der auf der Ehe beruhenden Zwei- bis Drei-Kinder-Familie mit erwerbstätiger Mutter wurde sowohl durch gesetzliche Regelungen, als auch durch familien- und sozialpolitische Fördermaßnahmen angegangen. Frauenspezifische arbeits- und sozialpolitische Regelungen und Rahmenbedingungen, die in der DDR ab 1949 sukzessive geschaffen wurden, beinhalteten schutzrechtliche und Förderungs-Regelungen, finanzielle Transferleistungen und infrastrukturelle Bedingungen zur außerhäuslichen Kinderbetreuung (ebd.: 32-34).

Ab Mitte 1990 setzte der Prozeß der Rechtsangleichung ein, der der Logik des Vereinigungsprozesses folgte und durch enormen Zeitdruck charakterisiert war (Trappe 1995). In Form von Übergangsregelungen erlangten die bundesdeutschen familienrechtlichen Bestimmungen nach der Wiedervereinigung mit der Bundesrepublik auf dem Gebiet der DDR allmählich Gültigkeit bzw. wurden im Gegenzug die DDR-Regelungen sukzessive außer Kraft gesetzt. Beispielsweise galten die Regelungen zum Kündigungsschutz je nach Geburtsdatum des Kindes längstens bis zum 31.12.1994, während andere Regelungen bereits mit dem Beitritt Gültigkeit erlangten. Die Hauptwirkung der Überleitung des Bundesrechts in seiner Gesamtheit, vor allem aber die Rechtslage hinsichtlich der Frauen- und Familienförderung sowie des Mutterschutzes und des Familienrechts besteht in der wesentlichen Erweiterung der Funktionszuweisung an die Familie (Wendt 1993). Das bedeutet, daß nun eine Vielzahl von Betreuungsaufgaben von den Familien bzw. den Müttern selbst zu leisten sind. Mit den Bestimmungen des Grundgesetzes (Art. 6 Abs. 2) sowie des Kinder- und Jugendhilfegesetzes (KJHG § 1) wird den Eltern die alleinige Verantwortung für ihre Kinder zugewiesen (BMFSFJ 1995).

Beratung in der DDR und das Beratungsangebot in den neuen Bundesländern

Mit dem Aufbau von Beratungsstellen zur Ehe- und Sexualberatung in Ostdeutschland war auf Anordnung der deutschen Zentralverwaltung für Gesundheitswesen bereits 1946 begonnen worden. Sie dienten vor allem dem Ziel, gefährdete Ehen zu erhalten und die während dem Krieg reduzierte Bedeutung der Familie zu stärken. Nachdem die Beratungsstellen zu Beginn der 60er Jahre dem Wunsch der Ratsuchenden nach Empfängnisverhütung Rechnung tragen konnten (vgl. Kapitel 6.2.4), wurden sie häufiger frequentiert (Hahn 1998a).

Gemäß einer im Familiengesetzbuch der DDR vom 20. Dezember 1965 verankerten Forderung wurden die Ehe- und Sexualberatungsstellen in den Bezirken und Kreisen der DDR systematisch auf- bzw. ausgebaut mit der Aufgabe der Regelung von Konflikten in Ehen und Familien als Beitrag zur Entwicklung 'harmonischer und gesunder' Familien. Zum Ende des DDR-Bestehens existierten nahezu 200 Ehe-, Familien- und Sexualberatungsstellen in staatlicher Trägerschaft, die an Polikliniken und Gesundheitsämtern angegliedert waren sowie 15 Ehe- und Familienberatungsstellen an diakonischen Einrichtungen (BZgA 1995a). Mit der Umstrukturierung des Gesundheitswesens und des Beratungsangebotes nach 1990 ging ein großer Teil der zuvor in staatlicher Trägerschaft verankerten Beratungsstellen in freie Trägerschaft über. Das derzeitige Angebot weist strukturelle Disparitäten auf, insofern der Anteil der Stellen in konfessioneller Trägerschaft mit einem Drittel weit über dem Anteil der religiös gebundenen Bevölkerung in den neuen Bundesländern liegt. Freie Träger, wie das Deutsche Rote Kreuz, übernahmen etwa ein Drittel der Beratungsstellen, obwohl ihr Tätigkeitsprofil traditionell anders ausgerichtet ist. Ebenfalls knapp ein Drittel der Beratungsstellen befindet sich in kommunaler Hand und ist vor allem den Gesundheitsämtern angegliedert. Eine Folge der Veränderung ist eine personelle Ausstattung der Beratungsstellen, die dem im Schwangeren- und Familienhilfegesetz geforderten multiprofessionellen Angebot noch nicht entspricht (ebd.).

6.2.8 Zusammenfassung

Familienplanung bedeutet in einem weit gefaßten Sinn die Gestaltung des Lebens in Beziehungsmustern mit und ohne Kinder. Für das reproduktive Recht, die Zahl der Kinder frei und informiert selbst zu bestimmen, ist der Zugang zu Empfängnisverhütung ein zentrales Thema, aber auch die Frage, wie Vorstellungen von Partnerschaft und Lebensformen in einem gesellschaftlichen Rahmen verwirklicht werden können.

Junge Frauen schützten sich heute in neun von zehn Fällen beim ersten Geschlechtsverkehr vor einer ungewollten Schwangerschaft - insbesondere in festen Beziehungen und wenn das Mädchen selbst oder zusammen mit dem Partner den Geschlechtsverkehr wollte. Beim zweiten Mal ist die Verhütung sogar noch verbreiteter. Beim ersten Mal wird das Kondom am häufigsten verwendet. Im weiteren Verlauf sexueller Beziehungen wird es rasch durch die Pille als bevorzugtes Mittel abgelöst. Damit spielt sich die Zuständigkeit der Frau für die Verhütung ein: Zwar fühlen sich heute junge Männer verantwortlicher für die Verhütung als früher, aber immer noch deutlich seltener als junge Frauen. Der Anstieg der Beliebtheit von Kondomen und ihrer Verwendung zusätzlich zur Pille zeigen an, daß auch der Gedanke an eine HIV-Infektion eine Rolle bei der Wahl der Verhütungsmethode spielt. Von den Frauen, die verhüten, nehmen aktuell etwa die Hälfte bis zwei Drittel die Pille. Fast alle Frauen haben Erfahrungen mit der Pille. Die Spirale nutzen etwa ein Zehntel. Zu Kondomen liegen unterschiedliche Angaben zwischen 16 % und 35 % vor. Weiche Verhütungsmittel wie z. B. Diaphragma oder Temperatur- und Schleimbeobachtungsmethode werden häufiger in den alten Bundesländern und vor allem von Frauen aus höheren Bildungsgruppen verwendet. Waren in den 70er Jahren in der Bundesrepublik die Frauen aus der Mittelschicht diejenigen, die mehr als Arbeiterfrauen auf die Pille und auf reproduktive Selbstbestimmung setzten, so sind sie heute diejenigen, die skeptischer gegenüber der hormonellen Kontrazeption sind.

Mit dem Alter der Frauen nimmt die Beliebtheit der Pille ab und die Spirale oder eine Sterilisation gewinnen an Bedeutung. Ledige Frauen nehmen häufiger Kondome, verheiratete häufiger die Pille. Generell müssen Frauen zwischen der Sicherheit und der gesundheitlichen Verträglichkeit von Verhütungsmitteln abwägen. Befürchtete und eingetretene Nebenwirkungen lassen sich nur schwer voneinander abgrenzen. Die Untersuchungen zu Nebenwirkungen zeigen, daß gerade die als sicher geltenden Mittel gesundheitlich nicht in jedem Fall unbedenklich sind. Auf die Sterilisation wurde gesondert eingegangen, da die Verbreitung dieser Verhütungsmethode in den neuen Bundesländern sprunghaft zugenommen hat. Dort lassen sich überwiegend Frauen mit einem erfüllten Kinderwunsch sterilisieren.

Allgemein dominiert der Wunsch nach zwei Kindern, deutlich weniger Frauen stellen sich vor, ein Kind oder drei Kinder zu haben. In der jungen Generation gilt dies zwar auch noch, aber die Unsicherheit überwiegt. Bei den 16-29jährigen wünschten sich Frauen aus den neuen Bundesländern am seltensten (7,9 %), Männer aus den alten Bundesländern am häufigsten kein Kind (25,2 %). Frauen wünschen sich in allen Generationen mehr Kinder als Männer. In den alten Bundesländern hängen Kinderwunsch und Heirat enger zusammen als in den neuen Ländern. Dort wünschen sich 22,3 % der unverheiratet mit einem Partner zusammenlebenden Frauen kein Kind. In den alten Bundesländern, nicht aber in den neuen, ist ein Einfluß der Bildung auf den Kinderwunsch festzustellen, in den neuen Bundesländern nahm nach der Wende die Zahl der Frauen zu, die kein Kind wollten.

Während der Kinderwunsch lange Zeit historisch konstant blieb, ging die realisierte Kinderzahl zurück, so daß vor allem im Westen - und dort vor allem in höheren Bildungsgruppen - eine größer gewordene Kluft zwischen Wunsch und Wirklichkeit zu beobachten ist. Kinderlosigkeit nimmt zu, was zu einem großen Teil auf ein Aufschieben - und dann Aufheben - eines Kinderwunsches zurückgeführt wird. Am häufigsten kinderlos sind unverheiratete, voll erwerbstätige Frauen, die entweder hochqualifiziert sind oder die ein sehr niedriges Einkommen haben. Der Realisierung eines Kinderwunsches stehen auch bei einer prinzipiellen Bereitschaft zur Elternschaft immer mehr Hindernisse entgegen. Junge Frauen stellen sich überwiegend vor, später zu heiraten. Junge Frauen aus den neuen Bundesländern sind familienorientierter; gleichzeitig ist bei ihnen, aber in beträchtlichem Maß auch bei Frauen aus den alten Bundesländern, von einer prinzipiellen Doppelorientierung an Beruf und Familie auszugehen. Ein Konfliktpotential zeichnet sich dort ab, wo konservative Einstellungen die Frauen auf die Zuständigkeit der Kinderbetreuung festschreiben und Männer als Haupternährer der Familie sehen. Dies ist bei jungen Männern - besonders ausgeprägt bei arbeitslosen jungen Männern - deutlich häufiger zu finden als bei jungen Frauen, die ihrerseits stärker nichttraditionelle Lebensvorstellungen haben. Der Aufschub des ersten Kindes kann als Möglichkeit erklärt werden, diese Konflikte handzuhaben.

Alle diese Entwicklungen sind vor dem Hintergrund der gesellschaftlichen und rechtlichen Rahmenbedingungen zu sehen, die die Mutterschaft bzw. die Vereinbarkeit von Beruf und Familie regeln.

6.3 Schwangerschaftsabbruch

6.3.1 Einleitung

Eine ungewollte Schwangerschaft stellt Frauen vor eine Entscheidungssituation mit Konsequenzen für ihr weiteres Leben. Aus der Perspektive der Frauen ist die Diskussion um ungewollte Schwangerschaften vor allem mit der Frage nach Selbstbestimmung verbunden. Selbstbestimmung erfordert zum einen eine Verbesserung der gesellschaftlichen Rahmenbedingungen für das Leben mit Kindern und zum anderen den Zugang zu möglichst wenig körperlich und psychisch belastenden, sicheren und frauenfreundlichen Abbruchmöglichkeiten, wenn eine Frau sich für einen Abbruch entscheidet.

Schwangerschaftsabbrüche können auch durch strenge gesetzliche Verbote nicht verhindert werden. Eine Beschränkung des Zugangs zu Abbruchmöglichkeiten senkt nicht die Abbruchraten, verringert aber die Sicherheit der Abbrüche und geht somit zu Lasten der Gesundheit von Frauen. Gesundheitsrelevant ist, daß eine breite Verfügbarkeit von Verhütungsmitteln und eine gute Aufklärung im Zusammenhang mit einem liberalen Klima das Verhütungsverhalten verbessern und diejenigen ungewollten Schwangerschaften verhindern, die allein aus Unkenntnis und Unzugänglichkeit von Verhütung entstehen. Der zweite gesundheitsrelevante Aspekt besteht darin, daß eine Beschränkung des Zugangs zu Abbruchmöglichkeiten die Sicherheit der Abbrüche verringert und somit zu Lasten der Gesundheit von Frauen geht. Für die reproduktive Gesundheit wird daher neben der Erhältlichkeit von sicheren und akzeptablen Verhütungsmethoden die Möglichkeit sicherer, d. h. nicht gesundheitsschädlicher Abbrüche gefordert.

Die rechtlichen Regelungen bestimmen den Zugang zu Schwangerschaftsabbrüchen. Sie wurden in den letzten 30 Jahren mehrfach reformiert und waren immer wieder ein Politikum. Nach der gegenwärtigen Regelung ist ein Schwangerschaftsabbruch grundsätzlich rechtswidrig aber straffrei, wenn die Schwangere dem abbrechenden Arzt bzw. der abbrechenden Ärztin eine Bescheinigung über eine Konfliktberatung durch eine anerkannte Beratungsstelle vorweisen kann (Beratungsregelung). Nicht rechtswidrig sind Abbrüche bei einer medizinischen oder kriminologischen Indikation (näheres zur gesetzlichen Regelung siehe Kapitel 6.3.4). Trotz aller Liberalisierungen stellen die heutigen Formulierungen im Strafgesetzbuch Kompromißlösungen dar. Mit der Feststellung einer rechtlichen und moralischen Verurteilungswürdigkeit von Abbrüchen behindern sie eine Aufhebung der Tabuisierung sowie eine Verbesserung der gesundheitlichen Versorgung in diesem Bereich.

Datenlage

Seit 1977 können den Meldestatistiken in den alten Bundesländern Daten zur Häufigkeit von Schwangerschaftsabbrüchen entnommen werden. Die Rechtsgrundlagen für die Erfassung der Abbrüche durch das Statistische Bundesamt haben sich jedoch seit 1977 mehrfach geändert, daher sind entsprechende Zeitreihen mit Vorbehalt zu betrachten. In der ehemaligen DDR wurde die Zahl der ausschließlich stationär vorgenommenen Schwangerschaftsabbrüche bis zum Jahr 1990 anhand der

Krankenblattdokumentation vollständig und valide erfaßt (Roloff 1997: 42). Nach der Wende gab es bis zum August 1992 in den neuen Bundesländern zwar keine Rechtsgrundlage für eine Meldepflicht, die Abbruchszahlen wurden jedoch bis zu diesem Datum noch nach dem alten Modus erfaßt. Ab 1993 wurden die Meldevorschriften der Bundesstatistik über Schwangerschaftsabbrüche angewandt (StBA 1997c: 4; StBA 1993: 4).

Bis 1995 ist in den alten Bundesländern von einer erheblichen Untererfassung der Abbrüche auszugehen, da ein Teil der Ärztinnen und Ärzte ihrer gesetzlichen, jedoch anonymen Auskunftspflicht nicht oder unzureichend nachkam (StBA 1997c: 4). Ab 1996 wurde durch eine Neuregelung im Rahmen des Schwangerschaftskonfliktgesetzes die statistische Erfassung wesentlich verbessert (zur Untererfassung vgl. Roloff 1997: 2).

Die Einstellung zu Schwangerschaftsabbrüchen wurde in diversen größeren und repräsentativen Studien erfragt (z. B. Deutscher Fertility and Family Survey, in: Roloff 1997; Hübner et al. 1998). Es gibt aber nur wenige Untersuchungen, die Frauen mit und ohne Schwangerschaftsabbruch einbeziehen und damit Aussagen über die Besonderheit der Situation abbrechender Frauen machen können. Ausnahmen sind die Untersuchungen von Holzhauer (1989) und Familienplanungsstudien (Helfferich et al. 1996; BZgA 1999c).

Schlecht ist die Datenlage bezogen auf Komplikationen. In der Abbruchsstatistik werden nur die Komplikationen erfaßt, die die Ärztin oder der Arzt vor der Entlassung oder Verlegung einer Patientin beobachtet. Dabei handelt es sich um primäre Frühkomplikationen, die beim Eingriff oder in den ersten 24 Stunden danach auftreten. Sekundäre Frühkomplikationen, die erst nach Tagen auftreten, die jedoch die folgenschwersten Komplikationen darstellen, können nur bei stationär durchgeführten Abbrüchen mit längeren Krankenhausaufenthalten dokumentiert werden. Zu Spätfolgen, die erst längere Zeit nach dem Abbruch (z. B. bei einer nachfolgenden Schwangerschaft) relevant werden, liegen keine Daten vor (StBA – Internet). Auf den von den Ärztinnen und Ärzten auszufüllenden Erhebungsvordrucken werden 14 Komplikationen spezifiziert (StBA 1997c: 29). Zwar werden die Komplikationen absolut erfaßt, nicht aber die absolute Zahl der Abbrüche mit Komplikationen (auf einen Abbruch können mehrere genannte Komplikationen kommen).

Die (im Westen) vorliegenden Untersuchungen zu psychischen Folgen von Schwangerschaftsabbrüchen weisen gravierende methodische Mängel auf, und zwar bezogen auf fehlende Kontrollgruppen von Frauen, die eine ungewollte Schwangerschaft austrugen (vgl. Weber et al. 1990: 201ff.), Stichprobenzugang, Objektivität der Untersuchung und Zeitpunkt der Nacherhebung (vgl. Barnett et al. 1986). Ungeklärt ist in der Regel die Frage, „ob der Schwangerschaftsabbruch selbst oder die mit dem Schwangerschaftsabbruch verbundenen Lebensbedingungen der Frau für die Veränderungen verantwortlich sind" (Davies-Osterkamp 1991a: 70).

6.3.2 Verbreitung und Hintergründe des Schwangerschaftsabbruches

Im Jahr 1996 wurden in Deutschland 130.899 Schwangerschaftsabbrüche gemeldet, was den Verhältniszahlen von 163,7 Abbrüchen je 1.000 Lebend- und Totgeborene und 7,7 Abbrüchen je 1.000 Frauen im gebärfähigen Alter entspricht (StBA 1998b: 210). Diese Ziffern lagen in den alten Bundesländern (mit Berlin) niedriger als in den neuen Bundesländern (vgl. Tabelle 6.3-2) mit regionalen Unterschieden zwischen den einzelnen Bundesländern (StBA 1997c: 8). Es ist dabei zu berücksichtigen, daß das Land, in dem der Eingriff durchgeführt wurde, nicht der Wohnort der Schwangeren sein muß. Allerdings suchten 1996 nur 6 % der abbrechenden Frauen eine Einrichtung in einem anderen Bundesland auf (ebd.: 5).

Im folgenden werden zwei unterschiedliche Berechnungsarten von Abbruchhäufigkeiten verwendet. Zum einen werden Abbrüche auf 1.000 Frauen einer definierten Gruppe berechnet. So ist erkennbar, in welchen Gruppen viele und in welchen wenige Abbrüche vorkommen. Bei Minderjährigen z. B. ist diese Rate sehr gering. Die zweite Art der Berechnung bezieht sich nicht auf 1.000 Frauen einer Gruppe, sondern auf 1.000 Lebend- oder Totgeborene von Frauen dieser definierten Gruppe. In diese Berechnung gehen nur die Schwangeren ein. Hier interessiert die Relation der ausgetragenen zu den abgebrochenen Schwangerschaften, d. h. die Wahrscheinlichkeit für den Abbruch einer Schwangerschaft. In diese Berechnung geht ein, wie häufig Frauen einer bestimmten Gruppe überhaupt schwanger werden. Minderjährige werden z. B. selten schwanger, es gibt in dieser Gruppe also auch wenige Lebend- und Totgeborene. Damit ist bei ebenfalls niedrigen Abbruchzahlen die Rate der Abbrüche auf 1.000 Lebend- oder Totgeborene hoch. Das heißt: werden Minderjährige schwanger (was relativ selten ist), brechen sie mit einer hohen Wahrscheinlichkeit die Schwangerschaft ab. Diese Kombination von einer niedrigen Abbruchrate auf 1.000 Frauen einer definierten Gruppe (oder einer niedrigen absoluten Zahl von Abbrüchen) mit einer hohen Rate bezogen auf 1.000 Lebend- oder Totgeborene in dieser Gruppe, ist - wie die Daten zeigen werden - charakteristisch für das Abbruchgeschehen. Sie besagt: In Situationen, in denen eine Schwangerschaft statistisch seltener vorkommt, ist die Wahrscheinlichkeit, daß sie abgebrochen wird, höher.

Tabelle 6.3-1: Schwangerschaftsabbrüche je 1.000 Frauen der gleichen Altersgruppe 1996 Deutschland

Alter der Schwangeren von ... bis unter ... Jahren	Abbrüche je 1.000 Frauen der gleichen Altersgruppe
10 - 15	0,2
15 - 20	5,2
20 - 25	11,3
25 - 30	10,9
30 - 35	9,2
35 - 40	6,5
40 - 45	2,6
45 - 50	0,3
Alle Altersgruppen durchschnittlich	7,7

Quelle: StBA 1998b: 210; modifizierte Fassung.

Das Durchschnittsalter der abbrechenden Frauen betrug 1996 28 Jahre. 50,1 % der abbrechenden Frauen waren zwischen 25 und 34 Jahre alt, 22,1 % waren älter und 27,8 % jünger. Insgesamt brechen Minderjährige und Frauen über 45 Jahren - sowohl in absoluten Zahlen als auch auf 1.000 Frauen der Altersgruppe berechnet – selten Schwangerschaften ab.

Frauen unter 18 und über 40 Jahren werden insgesamt seltener schwanger als Frauen in den mittleren Altersgruppen, brechen eingetretene Schwangerschaften aber häufiger ab (hohe Raten auf 1.000 Lebend- und Totgeborene von Müttern dieser Altersgruppen). Bei 20-30jährigen Frauen werden mehr Abbrüche verzeichnet (Rate auf 1.000 Frauen), aber der Anteil der Lebend- oder Totgeborenen liegt weit über dem Anteil der Abbrüche. Tabelle 6.3-2 zeigt für alle Altersgruppen bei den Frauen in den neuen Bundesländern berechnet auf die Lebend- und Totgeborenen höhere Abbruchraten als bei den westdeutschen Frauen.

Tabelle 6.3-2: Schwangerschaftsabbrüche je 1.000 Lebend- u. Totgeborene der gleichen Altersgruppe 1996

Altersgruppe von ... bis unter ... Jahren	Abbrüche je 1.000 Lebend- und Totgeborene der gleichen Altersgruppe	
	Alte Bundesländer und Berlin	Neue Bundesländer
unter 15	3.077,9	4.000,0
15 - 18	888,8	1.077,5
18 - 25	219,0	260,8
25 - 30	105,8	213,3
30 - 35	97,5	402,7
35 - 40	183,8	850,0
40 - 45	429,6	1.698,9
≥45	1.000,0	3.540,0
Insgesamt	141,9	346,7

Quelle: StBA 1997c; eigene Berechnungen.

52,3 % der Abbrechenden sind verheiratet (neue Bundesländer: 56,9 %, alte Bundesländer: 51,0 %). Ein familienstandsspezifischer Vergleich der Abbruchsziffern läßt jedoch erkennen, daß bei verheirateten Frauen die Abbruchwahrscheinlichkeit bei einer eingetretenen Schwangerschaft niedriger ist als bei nicht verheirateten (vgl. auch Roloff 1997: 45 f.). 1996 entfielen in Deutschland auf 1.000 eheliche Geburten 103,3 Abbrüche verheirateter Frauen, auf 1.000 nichteheliche Geburten kamen 456,9 Abbrüche nicht-verheirateter Frauen (StBA 1997c: 10; eigene Berechnungen).

Tabelle 6.3-3: Familienstand der abbrechenden Frauen, 1996

Familienstand	Deutschland	Alte Bundesländer u. Berlin	Neue Bundesländer
		in %	
Ledig	40,6	42,4	34,6
Verheiratet	52,3	51,0	56,9
Verwitwet	0,6	0,6	0,6
Geschieden	6,4	6,0	7,9
Insgesamt	100,0	100,0	100,0

Quelle: StBA 1997c: 8 und eigene Berechnungen.

Der Familienstand hat in den alten Bundesländern ein größeres Gewicht bei der Frage, ob eine ungewollte Schwangerschaft ausgetragen wird. In den alten Ländern ist die Differenz zwischen der Abbruchsziffer auf 1.000 nichteheliche Geburten und der Abbruchziffer auf 1.000 eheliche Geburten wesentlich deutlicher als in den neuen Bundesländern (vgl. Tabelle 6.3-4). Eheschließung und Kinder gehören hier enger zusammen bzw. nicht verheiratet zu sein und Kinder haben schließt sich stärker aus als in den neuen Bundesländern. Insbesondere die 15-29jährigen Frauen in den neuen Bundesländern brechen nichteheliche Schwangerschaften seltener ab als gleichaltrige im Westen.

Tabelle 6.3-4: Schwangerschaftsabbrüche je 1.000 Lebend- und Totgeborene der verheirateten und nicht verheirateten Frauen nach Altersklasse und Region, 1996

	Abbrüche je 1.000 Lebend- u. Totgeborene nach Legitimität			
	alte Bundesländer u. Berlin		neue Bundesländer	
Alter von ... bis unter ... Jahren	ehelich	nichtehelich	ehelich	nichtehelich
15 - 20	74,8	920,3	178,6	647,3
20 - 25	74,2	599,3	156,5	285,2
25 - 30	59,7	434,7	187,2	257,5
30 - 35	70,5	335,9	398,2	415,0
35 - 40	156,1	384,6	923,7 >	657,8
40 - 45	402,5	580,4	1.936,8 >	1.082,0
≥ 45	902,3	1.100,0	4.342,1 >	1.000,0
Insgesamt	84,3	492,3	339,6	356,6

Quelle: StBA 1997c; eigene Berechnungen.

Insgesamt hatten im Jahr 1996 36,5 % der abbrechenden Schwangeren noch kein Kind, 25,0 % hatten eines, 26,5 % zwei, 8,6 % drei und 3,3 % vier und mehr Kinder geboren. Das heißt: Sowohl Frauen, die (noch) keine Kinder haben, als auch Frauen, die bereits Kinder haben, brechen Schwangerschaften ab. Beide Konstellationen haben allerdings in den neuen und alten Bundesländern ein unterschiedliches Gewicht: In den alten Bundesländern waren die abbrechenden Frauen zu 41 % kinderlos, in den neuen Ländern war dies nur bei 20 % der Fall (StBA 1997c: 5). Einzelstudien bestätigen, daß ein höherer Anteil von Frauen im Westen die erste

Schwangerschaft abbrach, verglichen mit Frauen aus dem Osten (z. B. BZgA 1999c: 14,2 % versus 8,6 %). Im Osten wurden dafür mehr dritte oder vierte Schwangerschaften abgebrochen. Nach einer Untersuchung zu Partnerschaftskonflikten brachen ostdeutsche Frauen nur in 10 % der Fälle erste Schwangerschaften ab. Die zweiten Schwangerschaften endeten zu 12 % mit einem Abbruch, während dritte (31 %) und vierte (40 %) Schwangerschaften deutlich häufiger abgebrochen wurden (Begenau/ Rauchfuß 1992, zit. in Begenau/Helfferich 1997: 43).

Ein Ergebnis des deutschen Fertility and Family Survey (FFS) von 1992 unterstützt die Beobachtung, daß Frauen in den alten Bundesländern eher die erste Schwangerschaft abbrechen, Frauen in den neuen Bundesländern aber Schwangerschaften höherer Ordnung - wobei die zum Zeitpunkt der Erhebung noch unterschiedliche Rechtslage in den beiden Landesteilen zu berücksichtigen ist. Nach der Entscheidung bei einer ungewollten Schwangerschaft befragt, äußerten die Verheirateten im Westen unabhängig von der Familiengröße eine hohe Bereitschaft, das weitere Kind zu bekommen. In den neuen Bundesländern wuchs dagegen mit steigender Kinderzahl die Bereitschaft zum Abbruch. In den alten Bundesländern gaben von den Frauen mit einem, zwei oder drei Kindern nur zwischen 3,4 % und 3,9 % an, „sicherlich" einen Abbruch vornehmen zu lassen, in den neuen Bundesländern äußerten 14,5 % (bei einem Kind) und 30,9 % (bei drei und mehr Kindern) diese Absicht (Roloff 1997: 78).

Die Ost-West-Unterschiede lassen sich an dieser Stelle so zusammenfassen: In den neuen Bundesländern werden mehr nichteheliche Schwangerschaften und mehr Schwangerschaften von jungen Frauen akzeptiert; höheres Alter und das Vorhandensein von Kindern erhöht die Wahrscheinlichkeit eines Abbruchs stärker als in den alten Bundesländern. In den alten Bundesländern schließt das Nichtverheiratetsein das Austragen der Schwangerschaft eher aus und mehr junge Frauen und Frauen ohne Kinder brechen Schwangerschaften ab. Sind aber Kinder vorhanden, wird häufiger als in den neuen Bundesländern eine weitere Schwangerschaft auch ausgetragen. Diese Unterschiede hängen mit den unterschiedlichen Mustern der Familiengründung zusammen.

Ausbildung hat in den neuen Bundesländern weniger Einfluß auf die Bereitschaft zu einem Schwangerschaftsabbruch - ebenso wie auf die Familienbiographie - als in den alten Ländern. In den alten Bundesländern brechen Frauen mit höheren Bildungsabschlüssen, insbesondere mit einem Universitätsabschluß, häufiger eine Schwangerschaft ab - insbesondere die erste Schwangerschaft - als Frauen mit niedrigen Bildungsabschlüssen (Helfferich et al. 1996; BZgA 1999c). Der Abbruch einer ersten Schwangerschaft steht hier im Zusammenhang mit einem Aufschub der ersten Geburt. Im Osten hatte die Ausbildung weniger Auswirkungen auf das Vorkommen von Schwangerschaftsabbrüchen.

Insgesamt sind Schwangerschaftsabbrüche gerade in den Situationen häufig, in denen auch mehr ungeplante Schwangerschaften als geplante eintreten. Da nicht alle ungeplanten Schwangerschaften abgebrochen werden, sind neben den Faktoren, die das Eintreten einer ungeplanten Schwangerschaft beeinflussen, solche Bedingungen zu diskutieren, die in die Entscheidung gegen das Austragen der Schwangerschaft eingehen.

Was Abbruchgründe angeht, so liegen nur für den Westen qualitative Befragungen von Frauen vor, die eine Schwangerschaft hatten abbrechen lassen (Oeter 1980; Goebel 1984; vgl. Merz 1979). Ungewollte Schwangerschaften bzw. Schwangerschaftsabbrüche treten demnach insbesondere in psychischen Krisensituationen ein, vor allem im Zusammenhang mit Trennungserlebnissen: Die Funktion des Abbruchs wird als Konfliktlösung bezogen auf einen zugrunde liegenden und in der Krisensituation aktualisierten Konflikt interpretiert. Ungeklärt ist, wie die zugrunde liegenden Ambivalenzen mit gesellschaftlichen Bedingungen (z. B. Unvereinbarkeit von Beruf und Familienbiographie, Art der Beziehungen zwischen den Geschlechtern) zusammenhängen und ob bzw. welche Konfliktlösungen auch für die DDR eine Rolle spielten. Auch ist nicht geklärt, ob eine solche psychische Funktion sich auf den Abbruch als solchen oder auf die Schwangerschaft bzw. möglicherweise ebenso auf ein Kind bezieht, wobei weitere zusätzliche Bedingungen den Ausschlag geben könnten, ob eine Schwangerschaft abgebrochen wird oder nicht.

In Schwangerschaftskonfliktberatungen nannten die Frauen nach einer Erhebung des Deutschen Caritasverbandes von 1992 an erster Stelle finanzielle Gründe für den Abbruch, psychische und physische Belastungen folgten an zweiter Stelle. Diese Daten wurden jedoch zur Zeit der früheren Indikationsregelung erhoben. Zudem ist der situationsbedingte Druck zu berücksichtigen, erwünschte Antworten zu geben (zitiert in Roloff 1997: 108). Finanzielle Hilfen waren nach Holzhauer (1989: 368) in den alten Bundesländern kein wichtiger Grund bei der Entscheidung für einen Abbruch, auch wenn die Frauen mit einem Abbruch im Vergleich zu Frauen, die eine Schwangerschaft austrugen, häufiger in ungesicherten finanziellen Verhältnissen lebten (ebd.: 162).

Aus den aktuellen amtlichen Daten zum Abbruch lassen sich nur sehr grobe Schlüsse auf Abbruchgründe ziehen. Der weitaus größte Teil der Abbrüche wurde 1996 nach der Beratungsregelung vorgenommen (96,3 %). Dahinter verbergen sich eine Vielzahl unterschiedlicher Problemlagen. Nur bei 3,7 % der Abbrüche wurde eine medizinische Indikation angegeben; kriminologische Indikationen sind 1996 nicht dokumentiert (StBA, 1997c: 8-9). Der Anteil der medizinischen Indikation hatte in den alten Bundesländern in den Jahren der Indikationsregelung von 14,3 % (1983) auf 8,2 % (1992) abgenommen. Dies wird nicht als Hinweis auf die Abnahme medizinischer Problematiken gewertet, sondern als Verschiebung vor dem Hintergrund einer zunehmenden Akzeptanz der alternativ zu bescheinigenden Notlagen-Indikation, die im selben Zeitraum von 80,2 % auf 88,6 % stieg (ebd.: 23).

Zeitlicher Trend 1976-1994 in den alten bzw. 1972-1994 in den neuen Bundesländern und europäischer Vergleich

In den alten Bundesländern stiegen bis 1982 die Abbruchszahlen - nach der Reform des §218 StGB von 1976, mit der ein Abbruch aufgrund einer Indikation straffrei wurde - an. Daraus kann nicht geschlossen werden, daß mehr Frauen Schwangerschaften abbrachen, denn die Zahl der Abbrüche, die Frauen aus der Bundesrepublik in den Niederlanden durchführen ließen, ging im selben Zeitraum stark zurück (Roloff 1997: 43). Vermutlich ist in dieser Zeit auch die Meldebereitschaft gestiegen und die Zahl illegaler Abbrüche hat abgenommen. 1988 bis 1992 pendelten sich in den alten Bundesländern die absoluten Zahlen gemeldeter Abbrüche, die Ziffern der Abbrüche auf die Geborenen und auf Frauen im fruchtbaren Alter ein. Ab 1992 ist ein leichter Aufwärtstrend zu verzeichnen (Dorbritz/Gärtner 1995: 376).

Das Gesetz über die Unterbrechung der Schwangerschaft führte in der DDR nach 1972 zu einem sprunghaften Anstieg der legal vorgenommenen Schwangerschaftsabbrüche. Dieser Anstieg war zum einen auch hier Ausdruck der Verschiebung von illegal zu legal durchgeführten Schwangerschaftsabbrüchen, zum anderen aber zeigen die nach Inkrafttreten des Gesetzes deutlich gesunkenen Geburtenzahlen, daß Frauen die neuen Handlungsspielräume nutzten. Von 1988 bis 1994 gingen die Absolutzahlen stark zurück und auch die auf Frauen im fruchtbaren Alter bezogenen Ziffern sanken. Ein wichtiger Grund für die starke Verringerung nach 1989 war zunächst die Auswirkung der veränderten Rechtslage, die Frauen verstärkt nach sicheren Verhütungsmethoden suchen ließ (vgl. Kapitel 6.2.6). Darüber hinaus spielen hier demographische Prozesse eine bedeutende Rolle insofern als durch Abwanderung oder Kohorteneffekte der Frauenanteil in den Altersgruppen sank, die hauptsächlich am Reproduktionsgeschehen beteiligt sind (Michel/Finke 1995).

Tabelle 6.3-5: Entwicklung der Abbruchsziffern in den alten und den neuen Bundesländern (BL) seit 1980

Jahr	absolute Zahl gemeldeter Abbrüche		Abbrüche je 10.000 Lebend- und Totgeborene[3]		Abbrüche je 10.000 Frauen im Alter von 15 bis 45 Jahren	
	alte BL[1]	neue BL[2]	alte BL[1]	neue BL[2]	alte BL[1]	neue BL[2]
1980	87.702	92.103	1.406	3.732	65	253
1982	91.064	96.414	1.459	3.992	66	266
1984	86.298	92.556	1.471	4.037	63	259
1986	84.274	85.725	1.341	3.839	63	244
1988	83.784	80.840	1.233	3.729	63	233
1989	75.297	73.899	1.101	3.712	56	220
1990	78.808	66.459	1.080	3.709	58	204
1991	74.571	49.806	1.029	4.605	54	155
1992	74.856	43.753	1.035	4.934	54	136
1993	79.060	32.176	1.098	3.982	57	100
1994	77.379	26.207	1.116	1.341	-	-

1) bis 1991 ohne Ost-Berlin, ab 1992 mit Ost-Berlin
2) bis 1991 mit Ost-Berlin; ab 1992 ohne Ost-Berlin
3) Ein Sinken der Ziffer bedeutet, daß die Abbrüche stärker zurückgehen als die Geburten

Quelle: Dorbritz/Gärtner 1995: 376.

Im europäischen Vergleich gehört die Bundesrepublik mit 77 Abbrüchen je 10.000 Frauen im gebärfähigen Alter zu den Ländern, in denen bei einem verbreiteten Zugang zu Kontrazeptiva und Sexualaufklärung die Abbruchziffern im unteren Bereich liegen. Die entsprechenden Ziffern lagen in Finnland bei 79 (1994), in Holland bei 60 (1994) und in Spanien bei 53 (1994). In Dänemark waren mit 143 (1993), in Frankreich mit 130 (1990) und in Schweden mit 183 (1994) die Ziffern deutlich höher (Europäische Kommission 1997: 114).

6.3.3 Versorgung, Komplikationen und Verarbeitung

Die Bundesländer sind gesetzlich verpflichtet, ein ausreichendes Angebot an anerkannten Schwangerschaftskonfliktberatungsstellen und an ambulanten und stationären Einrichtungen zur Durchführung von Abbrüchen sicherzustellen (zu den Beratungsangeboten vgl. Kapitel 6.2.7.4). Im einzelnen greifen hier länderspezifische Regelungen.

Überwiegend werden Abbrüche in Ost und West ambulant durchgeführt (34,3 % ambulant in einem Krankenhaus, 52,1 % in einer gynäkologischen Fachpraxis). Stationär in Krankenhäusern werden 13,6 % der Eingriffe vorgenommen (StBA 1997c: 8). Im einzelnen zeigen sich Unterschiede zwischen den alten und den neuen Bundesländern dahingehend, daß in den neuen Ländern mehr Abbrüche in Krankenhäusern durchgeführt werden (81 % gegenüber 38 %; ebd.: 5). Grund dafür ist vermutlich die unterschiedliche Tradition des Gesundheitswesens. In den alten Bundesländern wurden 1996 die Schwangerschaften zu 45 % in einem frühen Stadium (vor der 8.Woche) abgebrochen, in den neuen Ländern nur zu 31 % (ebd.). Die häufigste Abbruchmethode ist in allen Bundesländern die Vakuumaspiration.

Trotz Einschränkungen der Aussagekraft von Dokumentationen von Komplikationen, kann nach den Daten der Statistik festgestellt werden, daß Abbrüche mit geringen gesundheitlichen Risiken für die Frauen verbunden sind. In der Abbruchsstatistik 1996 sind 902 Komplikationen dokumentiert. Dabei machten Nachblutungen mit 31,8 % den größten Anteil der Komplikationen aus, gefolgt von Uterusperforationen (11,9 %), Blutverlust (10,8 %) und Fieber (8,4 %). Andere Komplikationen kommen sehr selten vor. Auf die Fehlgeburtsziffern nachfolgender Schwangerschaften hat ein Abbruch keinen Einfluß (Helfferich et al. 1996). In Übereinstimmung mit internationalen Daten läßt sich die Liberalisierung des §218 StGB als Beitrag zur Senkung der Mütter- und Säuglingssterblichkeit auffassen (StBA 1998b: 56). Zu psychischen Komplikationen sind keine verläßlichen Aussagen möglich.

Insgesamt ist die rechtliche Regelung der Versorgung nicht systematisch an dem Ziel ausgerichtet, die gesundheitlichen Belastungen von Frauen möglichst gering zu halten, z. B. indem darauf hingewirkt wird, daß Schwangerschaftsabbrüche möglichst früh durchgeführt werden. Der hohe medizinische Standard der Versorgung ermöglicht aber im Vergleich mit anderen Ländern sichere Abbrüche mit einer niedrigen Komplikationsrate.

6.3.4 Rechtliche Regelungen und Kosten eines Schwangerschaftsabbruchs

Die rechtlichen Bedingungen, die den Zugang zu legalen und sicheren Schwangerschaftsabbrüchen regeln, wurden in den alten und neuen Bundesländern in den letzten 30 Jahren mehrfach geändert.

Bis 1976 galt in der ehemaligen Bundesrepublik ein allgemeines Verbot des Schwangerschaftsabbruches. Im Jahre 1976 wurde der §218 StGB dahingehend reformiert, daß eine Indikationenlösung mit Beratungspflicht verankert wurde. Es wurden vier Indikationen in §218a, Abs. 1-3 vorgesehen, unter denen ein Abbruch nicht strafbar war: Die Notlagen-Indikation, die medizinische, eugenische und kriminologische

Indikation. Des weiteren wurde ein rechtlich verbindliches formales und zeitliches Procedere zur Beratung und zur Durchführung des Abbruches vorgeschrieben. Die Kosten für den Schwangerschaftsabbruch wurden von den gesetzlichen Krankenkassen erstattet. Dieses Gesetz war bis zum 16. Juni 1993 gültig. Danach galt bis 1995 eine nach einem Urteil des Bundesverfassungsgerichtes verabschiedete Übergangsregelung.

In der DDR galt von 1965 bis 1972 eine Indikationenregelung des Schwangerschaftsabbruches, die medizinische, sozialmedizinische, soziale, eugenische und kriminologische Indikationen vorsah. Von 1972 bis 1993 war eine weitreichende Fristenlösung rechtens, die den Schwangerschaftsabbruch bis zur vollendeten 12. Schwangerschaftswoche erlaubte (Roloff 1997: 4ff.) Gemäß dem Gesetz oblag der durchführenden gynäkologischen Einrichtung zur Vermeidung wiederholter Abbrüche die Pflicht zur Beratung über mögliche Komplikationen des Eingriffs sowie über die wirksame Anwendung von Verhütungsmitteln. Von 1990 bis zur oben genannten Übergangsregelung von 1993 galt in den alten Bundesländern und West-Berlin einerseits, in den neuen Bundesländern und Ost-Berlin andererseits im Hinblick auf den Schwangerschaftsabbruch unterschiedliches materielles Recht.

Am 1. Oktober 1995 trat der reformierte §218a StGB und das Schwangerschaftskonfliktgesetz (SchKG - Gesetz zur Vermeidung und Bewältigung von Schwangerschaftskonflikten) in Kraft. Kern des §218a StGB ist eine Beratungspflicht der Frauen, die einen Abbruch vornehmen lassen wollen (§219 StGB). Zwar gilt grundsätzlich, daß ein Abbruch rechtswidrig ist, auf Verlangen der Schwangeren ist er aber straffrei, wenn die Schwangere dem abbrechenden Arzt oder der Ärztin eine Bescheinigung über eine Schwangerschaftskonfliktberatung durch eine anerkannte Beratungsstelle vorweisen kann, die mindestens drei Tage vor dem Abbruch stattgefunden hat, wenn ein Arzt oder eine Ärztin den Abbruch vornimmt und wenn seit der Empfängnis nicht mehr als 12 Wochen vergangen sind. Beratung und Abbruch dürfen nicht von derselben Person vorgenommen werden.

Nicht rechtswidrig sind Schwangerschaftsabbrüche bei einer jeweils von Ärzten oder Ärztinnen festzustellenden medizinischen oder kriminologischen Indikation. In diesen Fällen ist keine Schwangerschaftskonfliktberatung vorgeschrieben. Eine medizinische Indikation (ohne Frist) liegt vor, wenn der Abbruch der Schwangerschaft angezeigt ist, um eine Gefahr für das Leben oder die Gefahr einer schwerwiegenden Beeinträchtigung des körperlichen und seelischen Gesundheitszustandes der Schwangeren abzuwenden, die nicht auf eine andere für sie zumutbare Weise abgewendet werden kann. Eine kriminologische Indikation (mit einer 12 Wochen Frist) setzt voraus, daß die Schwangerschaft auf ein Sexualdelikt zurückzuführen ist. Zwischen Empfängnis und Abbruch dürfen nicht mehr als 12 Wochen verstrichen sein.

Die doppelte Intention, den Schutz des ungeborenen Lebens zu sichern und das Selbstbestimmungsrecht der Frauen nicht gravierend zu beschneiden, wirkt sich auf das Verständnis von Beratung aus, das gesondert und ausführlich in §1 bis §11 des Schwangerschaftskonfliktgesetzes geregelt ist. Einerseits soll die Beratung sich "von dem Bemühen leiten (...) lassen, die Frau zur Fortsetzung der Schwangerschaft zu ermutigen und ihr Perspektiven für ein Leben mit dem Kind zu eröffnen". Die prinzipielle Verwerflichkeit des Abbruchs und das Lebensrecht des Ungeborenen "muß der Frau bewußt sein". Andererseits soll die Beratung helfen, "eine verantwortliche und gewissenhafte Entscheidung zu treffen". Die Beratung ist gemäß §5, Abs. 1 SchKG ergebnisoffen zu führen und geht von der Verantwortung der Frau aus. Sie umfaßt nicht nur die Darlegung der Gründe für den Abbruch auf Seiten der Schwangeren, sondern auch medizinische, soziale und juristische Informationen z. B. über Rechtsansprüche und praktische Hilfen, die eine Fortsetzung der Schwangerschaft erleichtern würden, sowie das Angebot von Unterstützung und Hilfe z. B. bei der Suche nach Betreuungsmöglichkeiten oder bei der Fortsetzung der Ausbildung.

Zur Vermeidung ungewollter Schwangerschaften ist im Schwangerschaftskonfliktgesetz ein Beratungsanspruch für jede Frau und jeden Mann bezogen auf Fragen der Sexualaufklärung, Verhütung und Familienplanung und allen mit Schwangerschaften zusammenhängenden Fragen festgelegt (§2 SchKG).

Während die Kosten eines Abbruchs bei Vorliegen einer medizinischen oder kriminologischen Indikation von den gesetzlichen Krankenkassen getragen werden, wird bei einem Abbruch gemäß der Beratungsregelung nur ein Teil der Kosten für ärztliche Leistungen übernommen (z. B. Untersuchung zur Feststellung der Schwangerschaft, Behandlung von abbruchbedingten Komplikationen). Die Kosten für den Eingriff selbst und für die Nachbehandlung bei komplikationslosem Verlauf muß die Frau selbst bezahlen, sie betragen zwischen 500,- DM und 700,- DM bei einem ambulanten und zwischen 1.000,- DM und 1.500,- DM bei einem stationären Abbruch. Bei sozialer Bedürftigkeit kann sie aber Leistungen nach dem Gesetz zur Hilfe für Frauen bei Schwangerschaftsabbrüchen in besonderen Fällen gewährt bekommen. Bei verheirateten Frauen wird nicht das Einkommen des Mannes berücksichtigt. Bei einem Schwangerschaftsabbruch besteht der Anspruch auf Lohnfortzahlung, nicht aber auf Krankengeld bei Arbeitsunfähigkeit als Folge eines Schwangerschaftsabbruches.

6.3.5 Zusammenfassung

Für die reproduktive Gesundheit von Frauen wird neben der Verfügbarkeit von Verhütungsmethoden und -mitteln der Zugang zu nicht gesundheitsschädlichen Schwangerschaftsabbrüchen gefordert, da auch die Verfügbarkeit von Kontrazeptionsmitteln nur einen Teil der ungeplanten und ungewollten Schwangerschaften verhindern kann. Im Bundesgebiet ist ein Schwangerschaftsabbruch nach §218 StGB rechtswidrig, aber unter bestimmten Voraussetzungen straffrei.

1996 wurden in Deutschland 130.899 Schwangerschaftsabbrüche durchgeführt. Frauen brechen in allen Lebenssituationen Schwangerschaften ab. Aber je unüblicher eine Situation für das Leben mit (weiteren) Kindern ist (Alter unter 18 oder über 40 Jahren, nicht verheiratet im Westen oder bereits mehrere Kinder im Osten), desto seltener werden Frauen in diesen Lebenslagen schwanger, desto höher ist jedoch auch die Wahrscheinlichkeit für einen Schwangerschaftsabbruch. Nach der amtlichen Statistik und den Ergebnissen von Studien gibt es zwei große Gruppen von abbrechenden Frauen: Junge, unverheiratete, kinderlose Frauen und (ältere) verheiratete Frauen, die bereits (mehrere) Kinder haben. Die einen schieben die Geburt des ersten Kindes auf oder wollen keine Kinder - ein stärkeres Motiv in den alten Bundesländern -, die anderen haben aus subjektiver Sicht genug Kinder oder fühlen sich zu alt für Kinder - dieses hat in den neuen Bundesländern mehr Gewicht. Die subjektiven Gründe für Schwangerschaftsabbrüche sind vielschichtig und reichen von der Verarbeitung erfahrener Trennungserlebnisse bis zu ungesicherter finanzieller Situation.

Rechtssprechung und Versorgung sind nicht systematisch an dem Ziel ausgerichtet, die gesundheitlichen Belastungen von Frauen möglichst gering zu halten (z. B. indem darauf hingewirkt wird, daß Schwangerschaftsabbrüche möglichst früh durchgeführt werden). Der hohe medizinische Standard ermöglicht dennoch im Vergleich mit anderen Ländern sichere Abbrüche mit einer niedrigen Komplikationsrate.

6.4 Fruchtbarkeitsstörungen

Fruchtbarkeitsstörungen begrenzen die Möglichkeit für Frauen, ihre reproduktiven Biographien wunschgemäß zu gestalten. Sie sind daher ein wichtiges Thema für Familienplanung und reproduktive Gesundheit. Unfreiwillige Kinderlosigkeit ist ein komplexes Phänomen und kann verschiedene Ursachen haben. Neben physiologischen können auch psychische oder soziale Gründe beteiligt sein. Zunehmend wird jedoch die Definition dessen, was Fruchtbarkeit bedeutet, entlang medizinisch-biologischer Kriterien vorgenommen. Bei der Darstellung des Themas wird man mit mehreren Schwierigkeiten konfrontiert, z. B. der Problematik der Definitionen und der Datenlage. Die hohe Präsenz reproduktionsmedizinischer Angebote offeriert einerseits Behandlungsmöglichkeiten für die Paare, läßt aber gleichzeitig die Frage entstehen, ob und wie Frauen (wieder) die Verantwortung für die Bewältigung der Unfruchtbarkeit übernehmen können oder sollen.

6.4.1 Einleitung

Fruchtbarkeit im Sinne der Fähigkeit, sich fortzupflanzen, ist ein wesentliches Element des menschlichen Lebens, sowohl individuell als auch in sozialer und ökonomischer Hinsicht. Je nach dem Blickwinkel ergeben sich unterschiedliche Perspektiven auf das Thema, z. B. sozial-, bevölkerungswissenschaftliche oder auch medizinische. Will man Fruchtbarkeit beschreiben, gelingt dies am ehesten über die Endpunkte eines Spektrums von Möglichkeiten: auf der einen Seite durch die Geburt eines Kindes, auf der anderen Seite über die Negativdefinition der Unfruchtbarkeit, nämlich derjenigen Frauen, die trotz gezielter Anstrengungen kein Kind bekommen. Normale Fruchtbarkeit zu definieren, ist bisher nicht gelungen (Healy et al. 1994).

Kinderlosigkeit muß nicht Unfruchtbarkeit bedeuten, sondern umschreibt zunächst einen sozialen Tatbestand, d. h., daß Frauen/Paare kein eigenes Kind haben. Die Gründe können sehr verschieden sein. Er kann für Frauen zutreffen, die nie ein Kind wollten und konsequent verhütet haben oder einen Schwangerschaftsabbruch vornehmen ließen. Er gilt auch für jene, die zwar ein Kind möchten, aber aus ökonomischen und/oder sozialen Gründen keine Gelegenheit dazu haben, die keinen Partner haben oder lesbisch sind. Die subjektive Feststellung der Unfruchtbarkeit orientiert sich keineswegs an medizinischen Festlegungen, vielmehr ist der Zeitpunkt entscheidend, ab dem das Ausbleiben einer Schwangerschaft registriert wird (Helfferich et al. 1996).

Die Bevölkerungswissenschaft unterscheidet Fruchtbarkeit in Fekundität, das ist die Fähigkeit, Kinder zu bekommen und Fertilität, die sich in vorhandenen Kindern ausdrückt (Jürgens 1989: 100).

Die Definitionen von Sterilität sind keineswegs eindeutig: Im medizinischen Kontext werden Ehen und Partnerschaften, die gegen den Wunsch der Partner kinderlos bleiben, als steril bezeichnet und damit die Unfähigkeit beschrieben, zu empfangen oder zu zeugen (Breckwoldt 1994: 373). Sterilität liegt vor, wenn bei bestehendem Kinderwunsch und ungeschütztem, regelmäßigem Geschlechtsverkehr innerhalb von zwei Jahren keine Schwangerschaft eingetreten ist (Rabe 1990; Felberbaum/Diedrich 1994; Runnebaum/Rabe 1994; Stauber 1996).

Man unterscheidet primäre Sterilität, wenn eine Frau noch nie schwanger war, von sekundärer Sterilität, wenn bei einer Frau mit Kinderwunsch trotz vorangegangener Schwangerschaften längere Zeit keine Schwangerschaft eintritt (Breckwoldt 1994: 372). Die Weltgesundheitsorganisation (WHO) hingegen legt für beide Formen der Sterilität einen Zeitraum von zwei Jahren zugrunde. Andere Autoren legen nur ein Jahr Wartefrist zugrunde (Breckwoldt 1994: 373; Keller 1995: 173).

Infertilität dagegen bedeutet, daß eine Neigung zu Fehlgeburten aufgrund verschiedener Ursachen verhindert, daß ein lebensfähiges Kind ausgetragen werden kann. Nach einer Definition der WHO spricht man von Infertilität, wenn eine Frau schwanger wird, aber aufgrund männlicher, weiblicher oder gemeinsamer Faktoren nicht in der Lage ist, die empfangene Frucht auszutragen (Belsey/Ware 1986, zit. in Leidenberger 1995: 21).

Die häufig verwendeten zusammenfassenden Begriffe der Fruchtbarkeitsstörungen und der verminderten Fruchtbarkeit unterstreichen den relativen und den eventuell vorübergehenden Charakter des Phänomens.

Datenlage

Aussagen über die Entwicklung der Unfruchtbarkeit sind aufgrund der Inkonsistenz epidemiologischer Studien auf diesem Gebiet kaum möglich. Häufig wird die Zahl der Paare, die Fertilitätszentren aufsuchen, als Indikator für die zunehmende Unfruchtbarkeit angesehen (Healy et al. 1994).

In den meisten Ländern fehlen bevölkerungsbezogene Angaben. Selbst dort, wo Studien vorliegen, wie in skandinavischen Ländern, in Frankreich oder den USA, bestehen Probleme der Vergleichbarkeit, die mit der Rekrutierung, z. B. aus Inanspruchnahmedaten, bzw. den Definitionen von Unfruchtbarkeit zusammenhängen (vgl. Marchbanks et al. 1989). In den Vereinigten Staaten von Amerika werden in größeren Abständen nationale Surveys zur Ermittlung der Unfruchtbarkeit durchgeführt (Stephen 1996; Chandra/Stephen 1998).

Die meisten Studien aus industrialisierten Ländern gehen davon aus, daß etwa 15 % aller Paare im Laufe ihres reproduktiven Lebens die Erfahrung von Unfruchtbarkeit machen (Healy et al. 1994: 1539). In medizinischen Lehrbüchern wird meist von 10-15 % sterilen Paaren ausgegangen (Rabe 1990; Breckwoldt 1994; Tinneberg et al. 1993), allerdings findet sich kein Hinweis, daß es sich dabei um ein zeitlich begrenztes Phänomen handeln könnte. Mitunter werden sogar 15-20 % genannt, allerdings ohne eine Referenz mitzuteilen (Felberbaum/Diedrich 1995).

Sowohl für die DDR wie für die (alte) Bundesrepublik liegen verschiedene, jedoch nur regionale Studien vor. Es existieren kaum Daten über die Verbreitung von Unfruchtbarkeit in der Bevölkerung. Die Behandlung weiblicher Sterilität fand seit den 70er Jahren in Publikationen der DDR (Leitsmann et al. 1972a; Bernoth et al. 1976) wie auch der

BRD verstärkt Aufmerksamkeit (Lübke 1966; Döring 1970). Dabei wurden in Ostdeutschland sowohl die (sinkende) Fruchtbarkeit (Schott 1977; Fritsche/Wolk 1990) wie auch einzelne Behandlungsmethoden und deren Erfolge untersucht (Lürman 1979; Weise et al. 1986). Bereits seit den 60er Jahren entwickelten sich vereinzelt in beiden deutschen Staaten als neues Betreuungsangebot spezielle Sterilitätssprechstunden, die ihre Aufmerksamkeit nicht mehr auf die getrennte Untersuchung von Mann und Frau, sondern auf das sterile Paar richteten (Leitsmann et al. 1972b; Lübke et al. 1972). Durch stärkere Einbindung psychoanalytischer Ansätze erweiterte sich allmählich die Perspektive auf psychosomatisch orientierte, teilweise großangelegte Studien (Stauber 1979; Knorre 1984).

Auch wenn seit Mitte der 80er Jahre die Einführung der Methoden extrakorporaler Befruchtung in Deutschland (Ost und West) einen enormen Zuwachs an Publikationen zu Sterilität/Infertilität mit sich brachte, blieb doch der Zuschnitt der Studien im wesentlichen auf die Auswertung von Inanspruchnahmedaten von Kliniken oder reproduktionsmedizinischen Zentren begrenzt. Neben der Ermittlung von Sterilitätsursachen und deren Behandlungsmöglichkeiten wurde die reale Existenz von Unfruchtbarkeit in der Bevölkerung nur sporadisch betrachtet.

6.4.2 Verbreitung und Ursachen von Fruchtbarkeitsstörungen

In der (alten) Bundesrepublik fand 1988 eine repräsentative Umfrage im Auftrag eines Pharmaunternehmens statt, die neben dem Umfang der Kinderlosigkeit auch die Bewältigungsstrategien in Erfahrung bringen sollte (Bruckert 1989). Im Rahmen einer europäischen Untersuchung (European Studies of Infertility and Subfecundity, ESIS) wurde Anfang der 90er Jahre – in Kooperation mit Dänemark, Italien, Polen und Spanien - eine breit angelegte, repräsentative Untersuchung zur weiblichen Infertilität in Kooperation mit fünf europäischen Ländern durchgeführt, an der insgesamt 6.630 Frauen teilnahmen. Anders als aus demographischer Perspektive, wo der Blick auf die Gesamtbevölkerung bzw. auf alle Frauen zwischen 15 und 45 Jahren gerichtet ist, wurden in diese mehrstufige Studie nur Frauen im Alter zwischen 25 bis 45 Jahren als repräsentative Regionalstichproben einbezogen, die zu einem bestimmten Zeitpunkt „at risk" waren, also schwanger werden konnten. Als Fruchtbarkeitsstörung war festgelegt, wenn Frauen - unabhängig von ihrem Familienstatus - trotz regelmäßigem ungeschützten Geschlechtsverkehr nicht innerhalb von 12 Monaten schwanger wurden (Däßler et al. 1994). An der deutschen Studie, die in fünf städtischen und ländlichen Regionen durchgeführt wurde, nahmen 1.531 per Zufallsstichprobe ermittelte Frauen teil. Ein Drittel der 1.282 Frauen, die jemals „at risk" waren, hatte länger als 12 Monate auf eine Schwangerschaft gewartet und somit die Erfahrung von Unfruchtbarkeit im Sinne der genannten Definition gemacht. Dennoch hatten die meisten dieser Frauen später noch Kinder bekommen. Lediglich ein Fünftel derjenigen, die jemals eine Wartezeit hatten, blieb letztlich ohne Kind (Helfferich/Küppers-Chinnow 1996: 115). Die Wartezeit auf eine Schwangerschaft verlängerte sich oberhalb des 30. Lebensjahres. Auch Rauchen verzögerte den Eintritt einer Schwangerschaft, je mehr Zigaretten die befragten Frauen rauchten, um so länger mußten sie darauf warten, schwanger zu werden (Neumann et al. 1994).

Auch eine Studie von 1988 hatte etwa 6 % ungewollt kinderloser Paare ermittelt (Brukkert 1989). Außerdem hatten bereits 1985 im Rahmen einer repräsentativen Umfrage zum Familienplanungsverhalten ca. 7 % der befragten Frauen angegeben, unfruchtbar zu sein (Döring et al. 1986). Zu ähnlichen Ergebnissen – 6,5 % sterile Frauen – kommt ebenfalls die ESIS-Studie (Karmaus et al. 1999).

Sterilitätsursachen

Bei der Betrachtung der Unfruchtbarkeit haben sich zwei Faktoren als wesentlich herausgestellt: das Alter der Frau und die Dauer der verminderten Fruchtbarkeit. Wie oben dargestellt, sinkt nach dem 30. Lebensjahr die Fruchtbarkeit, nach Aussage mancher Autoren kommt es bereits zwischen dem 25.-35. Lebensjahr zu einem Absinken um 50 % (van Noord-Zaadstra et al. 1991).

Die Sterilitätsursachen liegen medizinischen Lehrbüchern zufolge zu 40-50 % bei der Frau und zu 30-40 % beim Mann (Breckwoldt 1994; Maaßen/Stauber 1988; Stauber 1996). Konzeptionshindernisse bei beiden Partnern werden mit 15-30 % beziffert (Breckwoldt 1994; Rabe 1990). Bei 10-20 % der Paare läßt sich keine Sterilitätsursache nachweisen (sogenannte idiopathische Sterilität) (Runnebaum/Rabe 1995).

Betrachtet man diese Häufigkeitsangaben im internationalen Vergleich, treten weit größere Unterschiede auf. Das kann in einer unterschiedlichen regionalen Verteilung der verschiedenen Sterilitätsursachen liegen, es können allerdings unter Umständen darin auch unterschiedliche diagnostische Möglichkeiten aufgrund medizinisch-technischer Voraussetzungen zum Ausdruck kommen (Leidenberger 1995).

Auch wenn eine Erweiterung der Datenbasis über den Umfang der Kinderlosigkeit in der Bevölkerung, etwa durch Differenzierung nach Regionen, Ethnien oder Berufsgruppen, wünschenswert wäre, ist doch festzuhalten, daß mittlerweile umfangreiche Studien über Einflußfaktoren auf die Fertilität vorliegen. Die Fruchtbarkeit wird negativ beeinträchtigt u. a. durch:

- Nikotin (Joffe/Li 1994; Gerhard/Runnebaum 1992a; Augood et al. 1998);
- Kaffee/Koffein (Bolumar et al. 1997);
- Pestiziden/Lösungsmitteln (Thrupp 1991; Gerhard et al. 1993);
- Schwermetallen (Gerhard/Runnebaum 1992b);
- Infektionen des Unterleibs, insbesondere durch Chlamydien (Cates et al. 1990).

Inanspruchnahme von Hilfe

Folgt man der Frage, was die unfruchtbaren Paare tun, zeigt sich, daß medizinische Hilfe vor allem von Paaren gesucht wird, die noch kein Kind haben. Ist bereits ein Kind vorhanden, sinkt das Hilfeersuchen drastisch ab (Olsen et al. 1998).

In der deutschen Untersuchungsgruppe der europäischen Studie haben ca. 11 % der Frauen/Paare einen Arzt oder eine Ärztin um Rat gefragt. Ein großer Teil (41 %) - häufig Akademikerinnen - tat dies bereits innerhalb von sechs Monaten. Etwa ein Viertel der

Befragten wartete 7-12 Monate, während die Übrigen - häufig Frauen mit niedrigerem Ausbildungsstatus - erst nach einem Jahr Hilfe suchten. (Helfferich/Küppers-Chinnow 1996:124). Beinahe die Hälfte der Paare ging gemeinsam zum Arzt, in Deutschland meist zum Facharzt. Selten suchen Männer allein eine Arztpraxis auf (Olsen 1996).

6.4.3 Versorgungsangebote

Aus der Sterilitätstherapie als Bereich der Gynäkologie hat sich die Reproduktionsmedizin entwickelt, die in Kooperation mit anderen medizinischen Disziplinen wie der Andrologie, der Endokrinologie und der Humangenetik mittlerweile ein Spektrum verschiedener Fortpflanzungstechniken anbietet. Nach ihrem Selbstverständnis ist die Reproduktionsmedizin die Lehre von den Fortpflanzungsfunktionen, ihren Störungen und von der Diagnostik, der Therapie und Prävention dieser Störungen. Nach der Auffassung eines ihrer Vertreter beschreibt der englische Begriff „reproductive health" umfassend und knapp die Aufgabe dieser Disziplin (Leidenberger 1995: 139).

Stellt sich bei einem Paar nicht die erwünschte Schwangerschaft ein, ist dies i. d. R. für die Frau Anlaß, eine gynäkologische Praxis aufzusuchen. Nach einer allgemeinen Anamnese sollen zunächst mittels verschiedener Untersuchungen, die Sterilitätsursache/n der Frau geklärt werden, z. B.:

- ovarielle Ursachen - Störung der Eizellreifung;
- tubare Ursachen - nicht durchlässige oder fehlende Eileiter;
- uterine Ursachen - z. B. Fehlbildung der Gebärmutter;
- zervikale Ursachen - Veränderung des Gebärmutterhalses oder Störung in der Konsistenz des Zervixschleimes;
- vaginale Ursachen - Fehlbildungen der Scheide;
- psychische Ursachen - psychische Konflikte, Ambivalenz im Zusammenhang mit Schwangerschaft, kann sich verbergen hinter sogenannter idiopathischer Sterilität;
- idiopathische Sterilität - keine Ursachen auffindbar.

Mittlerweile gehört es zur Kinderwunschdiagnostik, auch nach möglichen Ursachen beim Mann zu suchen. Meist sind es Urologen oder Dermatologen, die eine Analyse des Spermas nach Anzahl, Beweglichkeit oder Form der Samenfäden vornehmen. Liegen die Untersuchungsergebnisse vor, stehen verschiedene Behandlungswege offen. Das Repertoire reicht von lang bekannten Formen wie Basaltemperaturmessung, Hormonbehandlung, Inseminationen bis zu invasiveren Formen wie chirurgischen Maßnahmen oder Verfahren der sogenannten Assistierten Reproduktion.

Die Basaltemperaturmessung dient der Ermittlung des Eisprungs als optimalem Konzeptionszeitpunkt. Dazu mißt die Frau jeden Morgen zur gleichen Zeit ihre Körpertemperatur nach mindestens sechs Stunden Ruhe. Der niedrigste Punkt liegt vor dem Eisprung, danach folgt ein leichtes Ansteigen der Körpertemperatur um 0,4-0,6°C. In den folgenden 12-16 Tagen bleibt die Temperatur erhöht (Breckwoldt 1994). Bei Zyklusstörungen, z. B. Ausbleiben von Blutung oder Eisprung kann eine Hormonbehandlung mit unterschiedlichen Medikamenten z. B. Oestrogenen oder oestrogenhaltigen Stoffen sowie mit Schilddrüsenhormonen vorgenommen werden. Sind die Eileiter nicht durchlässig, kann versucht werden, durch eine mikrochirurgische Operation ihre Durchgängigkeit wieder herzustellen.

Bei einer Insemination werden im Falle von verminderter Fruchtbarkeit des Mannes Samenzellen in die Gebärmutter der Frau eingebracht. Handelt es sich dabei um den Samen des Ehemannes spricht man von homologer – bei der Verwendung von Fremdsperma von heterologer - Insemination. Die heterologe Insemination befindet sich allerdings in der Bundesrepublik in einem schwierigen, weil offenen juristischen Feld. Ein auf solche Weise gezeugtes Kind hat z. B. Anspruch auf die Kenntnis seines genetischen Vaters, somit sind anonyme Samenspenden wie auch die Verwendung von Mischsperma ausgeschlossen. Auch nach der Reform des Kindschaftsreformgesetzes ist die heterologe Insemination nicht geregelt, dies soll vielmehr mit einem gesonderten Gesetz geschehen (Bundesärztekammer 1998: 2234). Die Bedeutung der Insemination mit Spendersamen wird mittlerweile kontrovers diskutiert, da diese Indikation durch die Entwicklung der Verfahren der Assistierten Reproduktion, insbesondere der Mikroinsemination (vgl. ICSI), entbehrlich geworden sei (Günther/Fritzsche 1995).

Können Basaltemperaturmessung und Hormonbehandlung, ggf. auch Inseminationen, in gynäkologischen Praxen vorgenommen werden, ist es erforderlich, die Paare für invasivere Therapien wie die In-vitro-Fertilisation und verwandte Methoden in reproduktionsmedizinische Zentren - Kliniken oder freie Praxen - zu überweisen. Idealiter sollen die weniger eingreifenden Behandlungsmethoden den Vorrang haben. Vor Einführung der neuen Reproduktionstechniken (IVF, ICSI) bestand im Rahmen eines zeitlich ausgedehnten Behandlungskonzeptes von sterilen Paaren die Gelegenheit, psychische Faktoren eingehender zu erfassen. Mittlerweile ist es allerdings in der Praxis der Reproduktionsmedizin üblich geworden, sehr schnell invasive Techniken einzusetzen (Stauber 1996).

Eine andere, allerdings nicht-medizinische, Möglichkeit, unfreiwilliger Kinderlosigkeit zu begegnen, besteht in der Adoption eines Kindes. Dabei ist jedoch einzuschränken, daß die meisten Paare Säuglinge adoptieren wollen, die aber nur in geringer Zahl zur Adoption freigegeben werden. Darüberhinaus ist festzustellen, daß die meisten Paare sich ein genetisch eigenes Kind wünschen.

6.4.3.1 In-vitro-Fertilisation (IVF) und Modifikationen

Nach ersten Erfolgen in England (1978) wird seit Anfang der achtziger Jahre auch in Deutschland (Ost wie West) die In-vitro-Fertilisation durchgeführt, um Frauen mit fehlenden oder undurchlässigen Eileitern zu einem eigenen Kind zu verhelfen. Zu den Verfahren der sogenannten Assistierten Reproduktion zähl(t)en: der Intratubare Gametentransfer (GIFT), der Intratubare Zygotentransfer (ZIFT), der Intratubare Embryotransfer (EIFT), wie auch verschiedene Verfahren der Mikroinjektion. Unter Intratubarem Gametentransfer (GIFT) versteht man eine Methode, bei der direkt nach der Eizellentnahme Ei- und Samenzelle gemeinsam in den Eileiter der Frau gebracht werden, wo unter quasi 'natürlichen' Bedingungen die Befruchtung stattfinden soll. Diese Methode wurde vorwiegend bei idiopathischer und andrologischer Sterilität eingesetzt. Den anderen Modifikationen ist gemeinsam, daß der Transfer der befruchteten Eizelle (ZIFT, EIFT) - anders als bei der IVF nicht in die Gebärmutter, sondern ebenfalls in die Eileiter vorgenommen wird. Angesichts der Mikroinjektion haben diese Verfahren nur noch eine geringe Bedeutung.

Die In-vitro-Befruchtung (IVF) verläuft im wesentlichen in vier Schritten:

Zunächst werden zum Zweck der Stimulation die Eierstöcke durch Hormone angeregt, mehr als eine Eizelle zu produzieren (Superovulation) und das Heranwachsen der Eibläschen wird mit Ultraschallmessungen überwacht. In wenigen Fällen werden Frauen im „natürlichen", d. h. unstimulierten Zyklus behandelt.

- Zeigen sich im Ultraschall sprungreife Eibläschen, wird - ebenfalls ultraschallgeleitet - die Eizellentnahme (Punktion) vorgenommen.

- Bei der Befruchtung (Fertilisation) im Labor werden die Eizellen mit den durch Masturbation gewonnenen und aufbereiteten Spermien in eine Nährlösung (in der Petrischale) zusammengebracht. Entstehen dabei nach ca. 48 Stunden mehrere 2 - 4 -Zeller, können diese transferiert werden. Weil das Embryonenschutzgesetz (ESCHG) nicht erlaubt, mehr als drei Embryonen zu erzeugen, können weitere befruchtete Eizellen als sog. 'Vorkerne' (Pronuclei) eingefroren werden. Bei einem Vorkern ist die Verschmelzung von Ei- und Samenzelle noch nicht ganz abgeschlossen.

- Ist es zu einer Befruchtung gekommen, werden im Rahmen des Embryotransfers bis maximal drei Embryonen in die Gebärmutter (IVF) bzw. in die Eileiter der Frau (EIFT) zurückgegeben. Wegen des hohen Risikos, daß auf diese Weise Mehrlinge entstehen, wird mittlerweile empfohlen, bei Frauen unter 35 Jahren nur zwei Embryonen zu transferieren (Bundesärztekammer 1998).

Die Zeit nach dem Embryotransfer ist für die Frau eine Phase großer Anspannung, da sich jetzt entscheidet, ob sich die Embryonen einnisten, d. h., ob es zu einer Schwangerschaft kommt.

6.4.3.2 Die Intrazytoplasmatische Spermieninjektion (ICSI)

Bei den Versuchen, eingeschränkte männliche Fruchtbarkeit/Unfruchtbarkeit zu behandeln, hat sich als erfolgreichste, wenn auch invasivste Technik, die sogenannte intrazytoplasmatische Spermieninjektion (ICSI) herausgestellt. Diese hat eine rasante Entwicklung genommen. ICSI findet im Rahmen einer In-vitro-Fertilisation statt, wobei zur Befruchtung ein einzelnes Spermium mit Hilfe einer Mikrokanüle in die Eizelle injiziert wird.

Bei sehr schlechten Samenbefunden können mittlerweile auch unreife Keimzellen aus Nebenhoden oder direkt aus dem Hodengewebe gewonnen und weiterverarbeitet werden, um sie dann im Rahmen einer ICSI-Behandlung einzusetzen (Bals-Pratsch et al. 1996).

Seit erstmalig 1992 eine Brüsseler Arbeitsgruppe über eine Schwangerschaft nach ICSI berichtete, führen inzwischen alle annähernd 100 in Deutschland arbeitenden IVF-Arbeitsgruppen diese Methode durch (Berg et al. 1998).

6.4.3.3 Risiken der IVF

Bei einer Darstellung neuer reproduktionsmedizinischer Verfahren sind neben den Ergebnissen auch die Risiken der Behandlung in die Betrachtung einzubeziehen. Für die IVF liegen sie zunächst im Bereich der Stimulation. Aus medizinischer Perspektive gelten vornehmlich das Hyperstimulationssyndrom, der Spontanabort und die Mehrlingsschwangerschaft als unerwünschte Folgen der Behandlung. Das (schwere) Überstimulationssyndrom ist durch Flüssigkeitsansammlungen in der Bauchhöhle und im Brustraum gekennzeichnet und kann in schweren Fällen u. a. zu Lungenembolie, Schlaganfall, ja sogar zum Tode führen (St. Clair Stephenson 1991). Darüber hinaus stehen einige der verwendeten Substanzen im Verdacht, unerwünschte Nebenwirkungen wie extrauterine Schwangerschaften zu erzeugen, auch ein Zusammenhang mit hormonabhängigen Karzinomen, besonders dem Ovarialkarzinom, wird immer wieder diskutiert (z. B. Rossing et al. 1994). Auch die Eizellentnahme ist nicht risikofrei, in einigen Fällen ist sie tödlich verlaufen. Die genauen Todesursachen der weltweit im Rahmen einer IVF ums Leben gekommenen 18 Frauen sind nicht klar. Sie werden meist mit der Bauchspiegelung (Laparoskopie) in Verbindung gebracht (Klein 1990: 246).

Für die Phase der Schwangerschaft sind neben den Aborten auch das Frühgeburtsrisiko mit extrem untergewichtigen Frühgeburten, das auch in Verbindung mit der hohen Mehrlingsquote steht, zu nennen (Greenfeld/Haseltine 1986; Munroe et al. 1992). Mehrlingsschwangerschaften führen überproportional häufig zu Kaiserschnittentbindungen. Darüber hinaus ist die perinatale Mortalität (Totgeborene und in den ersten sieben Lebenstagen verstorbene Kinder) für Zwillinge und Drillinge erhöht (Lieberman 1998: 174). Ebenfalls nicht zu unterschätzen sind die psychischen und sozialen Belastungen, die nach der Geburt von mehreren Kindern für die Frauen/Paare entstehen.

6.4.3.4 Risiken von ICSI

Die ICSI-Behandlung gilt nach Meinung ihrer Befürworter als entscheidender therapeutischer Fortschritt in der Behandlung männlicher Unfruchtbarkeit. Das zeigt auch ihre rasante Verbreitung, wiewohl nach wie vor erhebliche medizinische, rechtliche und ethische Bedenken bestehen. Nicht zuletzt wird darauf hingewiesen, daß für die Anwendung eines solch invasiven Verfahrens die Ursachen männlicher Sterilität nicht ausreichend erforscht sind, um somit auch Gefahren für die Gesundheit der Kinder ausschließen zu können (Bettendorf 1994; Calderon et al. 1995, Beier 1996).

Zunächst werden Risiken beschrieben, die mit der Anwendung der Technik in Verbindung stehen, etwa die mögliche Verletzung oder Kontamination der Eizelle (Hervé/Moutel 1995; Tesarik 1995). Ein anderes Risiko wird in einer möglichen genetischen Veränderung durch die Mikroinjektion gesehen. Durch ICSI besteht die Möglichkeit, daß chromosomale Veränderungen von Männern weitergegeben werden, die bisher wegen Unfruchtbarkeit von der Fortpflanzung ausgeschlossen waren. Dabei ist zu berücksichtigen, daß endgültige Aussagen erst möglich sind, wenn die Nachkommen das reproduktionsfähige Alter erreicht haben (Yanagimachi 1995). Um die Frage, ob durch ICSI mehr Fehlbildungen bei den Neugeborenen auftreten, wird weltweit heftig gestritten (Bonduelle 1996; Kurinczuk/Bower 1997). Als Sicherheitsmaßnahme wurde daher zunächst vorgeschlagen, vor der Behandlung eine humangenetische Beratung durchführen zu lassen (Chandley/Hargreave 1996), sowie bei Eintritt einer Schwangerschaft der Frau eine vorgeburtliche Diagnostik (Amniozentese, Chorionzottenbiopsie) zu empfehlen. Inzwischen wird eine humangenetische Untersuchung nur noch angeraten, wenn sich bei einer Stammbaumanalyse Hinweise auf eine genetische Erkrankung ergeben. Außerdem sollen auch in Deutschland 'follow up'-Studien die Entwicklung der nach ICSI geborenen Kinder dokumentieren (Mau et al. 1997 Ludwig/Diedrich 1999). Bisher zeigten die Ergebnisse verschiedener Studien – meist ohne Kontrollgruppe – keinen erhöhten Anteil an Fehlbildungen der Kinder. Es wurde jedoch bei pränatalen Untersuchungen ein signifikant höherer Anteil an chromosomalen Veränderungen identifiziert (Bonduelle et al. 1999). Übereinstimmend mit internationalen Feldbildungsregistern wird bisher die Fehlbildungsrate für Deutschland mit 3 – 5 % angegeben (Ludwig/Diedrich 1999). Seit Beginn des Jahres 1999 werden die Kosten für ICSI nicht mehr von den Gesetzlichen Krankenkassen erstattet. Als Grund dafür wird angegeben, „daß für die Beurteilung der Methode keine ausreichenden Unterlagen zur Beweissicherung für ihre Unbedenklichkeit vorgelegt wurden und daher die Voraussetzungen für eine Anerkennung der Methode in der vertragsärztlichen Versorgung noch nicht vorlagen" (Gemeinsame Stellungnahme des Bundesausschusses der Ärzte und Krankenkassen 1999: 84). Jetzt wird hier eine prospektive Studie durchgeführt, die voraussichtlich bis 2001 anhand epidemiologisch aussagefähiger Daten die Frage erhöhter Fehlbildungen nach ICSI klären soll.

Diese Risiken kommen zu den keineswegs ausgeräumten IVF-eigenen Risiken hinzu. Neben den genannten, überwiegend medizinischen und genetischen Risiken, ist die psychische Belastung der Frau und ihres Partners ein weiterer gravierender Faktor. Als besonders streßreich gelten die Phasen des Wartens insbesondere auf den Eintritt einer Schwangerschaft (Hölzle 1990). Nicht selten wird die Behandlung von (Versagens)-Ängsten oder depressiven Verstimmungen begleitet. Bleibt die Behandlung erfolglos, entstehen bei den Paaren u. a. Gefühle von Enttäuschung, Traurigkeit, Schuld sowie - bei Frauen mehr als bei Männern - Depressionen, die teilweise längere Zeit andauern (Eugster/Vingerhoets 1999).

6.4.4 Inanspruchnahme von IVF und ICSI

Betrachtet man die Entwicklung der IVF in Deutschland, hat sie sich in beiden Teilen des Landes zunächst unterschiedlich vollzogen. In der DDR war die Anwendung dieses Verfahrens auf sechs Universitätszentren konzentriert.

Die Zahl der IVF-Arbeitgruppen hat sich zwischen 1986 und 1998 von 36 auf ca. 100, fast verdreifacht. Etwa die Hälfte der Teams arbeitet in freier Praxis bzw. Privatkliniken. Die Anzahl der Behandlungen hat sich vervielfacht, waren es in 1987 erst 7000 IVF-Behandlungen, werden 11 Jahre später über 45 459 Behandlungszyklen für IVF (incl. verwandter Verfahren), ICSI und Kryokonservierung dokumentiert (DIR 1996, 1998).

In der Statistik der deutschen IVF- Arbeitsgruppen wird ICSI zum ersten Mal in 1994 mit knapp 6000 Behandlungen erwähnt. Zwei Jahre danach sind mit 16 000 Behandlungsversuchen die IVF-Fälle um 1000 überrundet und 1997 wird der Vorsprung weiter im Verhältnis von 3:2 (15 000 zu 10 000) ausgebaut (DIR 1996, 1997). Ein Jahr später wurden 16 763 IVF- und 23 578 ICSI-Behandlungen durchgeführt (DIR 1998).

Zieht man den aktuellen World Collaborative Report, eine Dokumentation der international meldenden Arbeitsgruppen heran, zeigt sich, daß 1995 in Deutschland mit 13 000 die meisten ICSI-Punktionen weltweit vorgenommen wurden - mehr als doppelt soviel wie in den USA oder in Frankreich (de Mouzon/Lancaster 1997).

6.4.4.1 Indikationen

Während die IVF ursprünglich zur Behandlung tubarer Sterilität empfohlen wurde, zeichnete sich Ende der achtziger Jahre bereits eine deutliche Indikationserweiterung ab. Das Verfahren wurde auch eingesetzt, wenn männliche Infertilität als Indikation vorlag (Ingermann 1988, Wiedemann et al. 1990). Wurden zu Beginn lediglich 3 % männliche Fertilitätsstörungen behandelt, ist ihr Anteil auf 30 –50 % männlicher Sterilitätsfaktoren gestiegen (Al-Hasani 1995a; Glander 1996; Küpker 1994, 1996). Nach Angaben des Deutschen IVF-Registers lag für die Jahre 1996-1997 die Indikation für ICSI mit 84 % bzw. 75 % er Fälle im andrologischen Bereich. Ein eingeschränktes Spermiogramm war in 1998 in der Hälfte der Fälle Anlaß für eine ICSI-Behandlung (DIR 1998).

Als Indikationen für ICSI gelten männliche Infertilität oder der Fall, wenn aufgrund "anderer Gegebenheiten die Herbeiführung einer Schwangerschaft höchst unwahrscheinlich ist" (Bundesärztekammer 1998, 2231). In der Praxis sind das in der Regel ein bis zwei gescheiterte IVF-Versuche (Van der Ven 1995). An der Entwicklung der Mikroinjektion läßt sich ablesen, daß die Behandlung männlicher Fertilitätsstörungen zum zentralen Interesse in der Reproduktionsmedizin geworden ist (Al-Hasani 1995b, Naether et al. 1995).

6.4.4.2 Ergebnisse der Behandlung

Die Ergebnisse der Behandlungen werden seit einigen Jahren in einer Sammelstatistik als Durchschnittswerte dokumentiert. Diese Zusammenstellung wurde 1996 reformiert und nennt sich seitdem Deutsches IVF-Register (DIR). Für den letzten Bericht haben 91 Zentren ihre Ergebnisse gemeldet, mit 80 % prospektiv erfaßten Daten. Im Vergleich zur vorherigen rettrospektiven Erfassung hat sich damit die Aussagefähigkeit der Daten erhöht (DIR 1998).

Betrachtet man die Behandlungsergebnisse, wie sie im Deutschen IVF Register (DIR) dokumentiert werden, gelingt die Befruchtung bei mehr als der Hälfte der Eizellen, die Befruchtungsrate für IVF liegt bei 53 %, für ICSI bei 62 %. Etwa bei jeder 5. Frau, der eine Eizelle entnommen wurde, kommt es im Durchschnitt zu einer Schwangerschaft (IVF 20 %, ICSI 23 %). Legt man als Berechnungsgrundlage einen erfolgreichen Embryotransfer zugrunde, liegen die Zahlen etwas höher (DIR 1998).

Zu den Besonderheiten der extrakorporalen Befruchtung gehören die hohe Zahl der Aborte und Extrauterin-Schwangerschaften (EU) sowie die Mehrlingsschwangerschaften. Die sog. reproduktiven Verluste liegen bei etwa 25 %, variieren aber in den einzelnen Jahren. Die Mehrlingsquote für IVF und ICSI lag in 1998 bei 27 %, im Vergleich zu 1.2 % bei spontan entstandenen Mehrlingen (DIR 1998).

Bedenkt man, daß für die Paare das Ziel der Behandlung in der Geburt eines Kindes liegt, ist bedauerlich festzustellen, daß diese wesentliche Angabe, die sogenannte 'baby take home'- Rate auch aus dem neuen IVF-Register nicht zu ersehen ist. Möglicherweise kommt darin auch die unterschiedliche Erfolgsperspektive von Ärzten und Paaren zum Ausdruck. Während aus medizinischer Sicht Erfolg schon mit dem Erreichen einer Schwangerschaft erzielt ist, ist für die Paare ein erfolgreicher Abschluß erst mit der Geburt eines Kindes erreicht (Barbian/Berg 1997).

Zieht man die internationale Statistik des Jahres 1995 heran, wird dort für die BRD bei 2990 Geburten nach IVF eine Rate von 16 % pro Behandlung genannt, bzw. 17 %, wenn man die Punktion zugrunde legt. Für ICSI wird - bei 2.456 Geburten - pro Punktion eine Rate von 19 % angeführt (de Mouzon/Lancaster 1997). Bei der Auswertung der prospektiven Daten für 1998 wurden 3240 Geburten (4.235 Kinder) ermittelt, für mehr als ein Viertel fehlen Angaben über den weiteren Verlauf der Schwangerschaft. Selbst wenn man annimmt, daß alle diese ca. 2.000 Schwangerschaften in die Geburt eines Kindes mündeten, läge die 'baby-take-home-Rate' (pro Behandlungszyklus) knapp unter den für 1995 genannten Angaben. Geht man allerdings - wie in einer Tabelle des DIR - von klinischen Schwangerschaften aus, liegt die Geburtenrate bei 45 % (DIR 1998).

Wieviel Frauen in Deutschland insgesamt eine IVF-, ICSI-, oder sonstige -Behandlung durchlaufen haben, läßt sich nicht ermitteln. Seit 1982 wird zwar die Zahl der Behandlungen dokumentiert, allerdings als sog. Behandlungszyklen. Lediglich im Jahresbericht 1988 werden 4216 behandelte Frauen erwähnt (Siebzehnrübl 1990). In der DDR wurden 1160 Frauen im Zeitraum von 1984 bis 1989 mit diesem Methoden behandelt (Wiedemann et al. 1990). Für das Jahr 1998 werden 30 000 Frauen genannt, die mit einer dieser Therapieformen begonnen haben (DIR 1998), die Verteilung auf IVF und ICSI sowie die Häufigkeit der Versuche ist nicht erkennbar.

6.4.5 Zusammenfassung

Ein Kind zu bekommen, ist für viele Menschen ein Lebensziel. Die Fähigkeit dazu - die eigene Fruchtbarkeit - wird meist selbstverständlich vorausgesetzt. Läßt sich der Wunsch nach einem eigenen Kind nicht realisieren, wird dies häufig als schwere Kränkung erlebt und ist Anlaß, medizinische Hilfe zu suchen.

Nachdem Kinderlosigkeit lange Zeit als verborgenes, individuelles Problem galt, wurde sie durch die Entwicklung und Verbreitung der IVF und ihrer Modifikationen in gewisser Weise zu einem öffentlichen Thema gemacht.

In der öffentlichen Darstellung erscheint neben dem Leid der Betroffenen verstärkt auch das Argument der großen, ja wachsenden Zahl unfruchtbarer Paare. Führt man sich jedoch die reale Verbreitung unfreiwilliger Kinderlosigkeit in der Bevölkerung vor Augen, ist festzustellen, daß - trotz relativ bescheidener Datenlage für die Bundesrepublik Deutschland - das Ausmaß weit unter dem in der medizinischen Literatur angegebenen Anteil liegt. Ein Ansteigen der Unfruchtbarkeit ist, auch wenn es angesichts umweltbedingter Belastungen plausibel erscheint, derzeit nicht belegt. Dennoch scheinen diese Annahmen durchaus Wirkung zu entfalten und verstärken in der Medizin die Tendenz, immer neue Techniken bereitzustellen und bei den Paaren die Vorstellung, dieses Angebot nutzen zu müssen. Insofern hat die Medizin - auch wenn es keine eindeutigen Definitionen gibt - ungewollte Kinderlosigkeit als Sterilität definiert und daraus einen medizinischen Handlungsbedarf abgeleitet.

Vor diesem Hintergrund erklärt sich die enorme Dynamik der Technikentwicklung im Umfeld der IVF, die keineswegs an einem Endpunkt angelangt ist. ICSI, als mittlerweile am häufigsten angewendete Methode, konnte so, quasi unbeobachtet, eingeführt werden und expandieren. Im Hinblick auf die konkrete Anwendung ist darüber hinaus bemerkenswert, daß hier in beträchtlichem Umfang gesunde Frauen zu Patientinnen werden, um so, im Falle männlicher Unfruchtbarkeit, die Chancen auf ein genetisch eigenes Kind zu eröffnen.

6.5 Schwangerschaft und Geburt

6.5.1 Einleitung

Schwangerschaft und Geburt kommen in ihren Auswirkungen auf die individuelle Lebenssituation ebenso wie in ihrer gesundheitlichen Relevanz im Lebensverlauf von Frauen besondere Bedeutung zu. Der Eintritt in eine neue biographische Phase durch Schwangerschaft und Mutterschaft kann positive oder negative gesundheitliche Effekte haben. Zu welchem Zeitpunkt diese Ereignisse stattfinden und wie sie individuell und gesellschaftlich wahrgenommen werden, hängt von verschiedenen sozialen und kulturellen Faktoren ab, die sich historisch stark verändert haben. Zu den Faktoren, die das Verständnis und Erleben von Schwangerschaft beeinflussen, zählen die im Verlauf der vergangenen Jahrzehnte wesentlich veränderten weiblichen Lebensformen ebenso wie gesellschaftliche Rahmenbedingungen oder neue medizinische Techniken.

Die Schwangerschaft ist eine biographische Phase, in der sich Frauen und Männer auf eine veränderte Situation mit ihren spezifischen Anforderungen, Aufgaben und gesellschaftlichen Erwartungen sowie ihren individuellen Folgen einstellen müssen. Sowohl die Lebensgestaltung der werdenden Mutter als auch die sie umgebenden sozialen Bezüge unterliegen während dieser Zeit einem erheblichen Veränderungsdruck. Bisher existierende Formen der Alltagsbewältigung, der Lebensrhythmus, Ziel- bzw. Wertprioritäten müssen im Hinblick auf die neuen Lebensumstände in ihrer Vereinbarkeit mit den Bedürfnissen eines Kindes überdacht werden. Die Entscheidung für ein Kind muß zwischen individuellen Wünschen und gesellschaftlichen Rahmenbedingungen ausbalanciert werden.

Das Kapitel Schwangerschaft und Geburt beginnt mit einer Darstellung des Schwangerschaftsversorgungssystems in Deutschland, seinen rechtlichen Rahmenbedingungen sowie der Inanspruchnahme durch die schwangeren Frauen (6.5.2.1). In diesem Abschnitt werden auch die vorgesehenen vorgeburtlichen Untersuchungen beschrieben sowie die Inanspruchnahme pränataler Diagnostik nach Bundesländern beschrieben (6.5.2.2). Ein weiterer Abschnitt (6.5.2.3) ist den psychosozialen Risiken gewidmet, die für den Verlauf einer Schwangerschaft bedeutsam sein können. Hier sind auch das Mutterschutzgesetz, Erziehungsurlaubs- und Erziehungsgeldregelungen sowie die Schwangerschaft bei jugendlichen Frauen enthalten. Der Abschnitt Gesundheitsverhalten in der Schwangerschaft (6.5.2.4) enthält Aussagen zu gesundheitsbezogenen Verhaltensweisen während der Schwangerschaft. Im Kapitel Geburt werden zuerst Entbindung und Betreuung nach der Geburt thematisiert (6.5.3.1), weiterhin Frühgeburten (6.5.3.12), Stillen (6.5.3.3.) sowie abschließend die Komplikationen in der Schwangerschaft, während und nach der Geburt und im Wochenbett (6.5.4).

Datenlage

Aussagen zu Schwangerschaft und Geburt sind über Perinatalerhebungen möglich. Perinatalerhebungen sind Erhebungen der Kassenärztlichen Selbstverwaltungen in den Ländern der Bundesrepublik Deutschland mit dem Ziel, die Qualität der geburtshilflichen Versorgung darzustellen und ihre Ergebnisse zu verbessern. Mit den

Erhebungsbögen werden Daten zur Schwangerschaft, zur Entbindung, zur Mutter und zu den Kindern erfaßt. Die Erhebungsbögen werden derzeitig nur für die in Kliniken sowie in Geburtspraxen entbindenden Frauen geführt, so daß sich auch die Aussagen auf diese Gruppen beschränken, dennoch aber den größten Teil der schwangeren Frauen erfassen. Für Entbindungen durch Hebammen und in Geburtshäusern sind andere Erhebungsbögen mit anderen Qualitätsmaßen in Vorbereitung.

Die Daten der Perinatalerhebungen sind bisher nur für einzelne Bundesländer systematisch ausgewertet worden und meist auch nur in den regionalen Ärzteblättern erschienen (z. B. Selbmann et al. 1980; Lack 1988; Zander et al. 1989; Wulf/Thieme 1991; Perinatologische Arbeitsgemeinschaft Niedersachsen o. J.). Da eine bundesweite Analyse bis heute aussteht, sind Aussagen zu regionalen Verteilungen bestimmter Sachverhalte nicht möglich. Die meisten Informationen zu Schwangerschaft und Geburt kommen aus den oben genannten Auswertungen der Perinatalerhebungen oder aus Einzelstudien. Die in diesem Kapitel aufgeführten Angaben aus Perinatalerhebungen sind für diese Übersicht zusammengestellt worden. Sie liegen jedoch nicht für alle Bundesländer vor.

Zum Stillverhalten gibt es ebenfalls keine übergreifenden Studien, jedoch einzelne Erhebungen, die teils im Zusammenhang mit anderen Fragestellungen (z. B. bei Nolting et al. 1993 zur Problematik des plötzlichen Säuglingstodes oder bei Bergmann et al. 1994 zu den atopischen Erkrankungen) auch die Ernährungsweise von Säuglingen erfaßt haben. Ein Vergleich der Studienergebnisse ist schwierig. Teilweise werden unterschiedliche Sachverhalte unter einem Begriff erfaßt, z. B. werden Stillquoten erfaßt, ohne zwischen ausschließlichem Stillen und Teilstillen zu differenzieren. Es gibt sowohl Querschnittsuntersuchungen (z. B. Nolting et al. 1993; Tietze et al. 1998b) als auch Längsschnittsstudien (z. B. Kloppenburg-Frehse/Koepp 1993; Bergmann et al. 1994).

Für die Darstellung von Komplikationen in der Schwangerschaft werden GKV-Daten zur geburtshilflichen Arbeitsunfähigkeit und Daten zur stationären Morbidität verwendet. Es sind Routinedaten der GKV von 1993 und 1996, welche alle Diagnosen nach ICD 9 dokumentieren. Was die Aussagekraft und Qualität der Daten betrifft, so ist neben den in der Einleitung beschriebenen definitorischen Schwierigkeiten zu berücksichtigen, daß die hier verwendeten Datenquellen ein unterschiedlich selektiertes Material bereitstellen.

6.5.2 Schwangerschaft

Für den Verlauf und den Ausgang der Schwangerschaft sind eine Reihe von Faktoren relevant wie z. B. die rechtlichen Regelungen zum Schutz werdender Mütter, soziale Unterstützungen, das gesundheitliche Versorgungssystem mit seinen medizinischen und technischen Möglichkeiten zur Betreuung während der Schwangerschaft ebenso wie die partnerschaftliche und familiäre Situation der werdenden Mutter, ihr Erwerbsstatus, Wohnverhältnisse, Einkommen und Bildungsstand. Es hängt von vielen Faktoren ab, wie Frauen diese Zeit erleben, ob sie beispielsweise Abweichungen von den medizinischen Normen eher als etwas Normales oder stark Beunruhigendes erleben, sich gut oder schlecht betreut fühlen u. ä. m. Einfluß darauf haben gesellschaftliche und individuelle Bedingungen, so z.B. die rechtlichen Regelungen zum Schutz werdender Mütter, vorhandene soziale Unterstützungsleistungen, das gesundheitliche Versorgungssystem mit seinen medizinischen und technischen Möglichkeiten aber auch die partnerschaftliche und familiäre Situation der werdenden Mutter, ihr Erwerbsstatus, die Wohnverhältnissen, das Einkommen oder ihr Bildungsstand.

6.5.2.1 Schwangerenvorsorge

Die Schwangerenvorsorge in Deutschland ist gut ausgebaut und eine für alle Frauen erreichbare Möglichkeit der Betreuung. Durch die Einführung des Mutterschutzgesetzes und der Mutterschaftsrichtlinien und die seit 1966 rechtlich geregelte Übernahme der Kosten durch die gesetzlichen Krankenkassen erhalten schwangere Frauen umfassende Betreuung und Unterstützung. Die der Schwangerenvorsorge zugrundeliegenden Bestimmungen sind im Sozialgesetzbuch V (SGBV) geregelt. Die Mutterschaftsrichtlinien haben den Charakter von Durchführungsbestimmungen. Sie sind bisher fünfmal neu gefaßt worden. Dabei hat die dritte Neufassung von 1975 insofern eine besondere Bedeutung als von diesem Zeitpunkt an die Erkennung und Überwachung von Risikoschwangerschaften und -geburten einbezogen wurde. Die derzeit gültige Fassung wurde am 23.10.1998 beschlossen. Die seit 1990 wichtigsten Veränderungen sind der folgenden Tabelle zu entnehmen.

Tabelle 6.5-1: Beschlossene Maßnahmen im Rahmen der Schwangerenvorsorge seit 1990

Beschluß des Bundesausschusses	Inkrafttreten	Inhalte
22. Juni 1990	1. September 1990	Einführung der präpartalen Rhesus-Prophylaxe
4. Dezember 1990	1. Februar 1991	Redaktionelle Änderungen
9. April 1991	1. Juni 1991	Modifizierung des Verfahrensablaufs zur Rhesus-Prophylaxe
17. Juni 1992	30. September 1992	Schwangerschaftsvorsorge erst nach Feststellung der intakten Schwangerschaft, Vorstellung der Schwangeren in der Entbindungsklinik, Rhesus-Prophylaxe bei schwachem Rhesus-Faktor^U, Entfall der Vorgaben zur fetomaternalen Makrotransfusion und zur ABO-Bestimmung bei Neugeborenen von Müttern der Blutgruppe 0
23. August 1994	30. September 1994	Aufnahme eines generellen Screening auf Hepatitis B
22. November 1994	1. April 1995	Neustrukturierung der Ultraschall-Untersuchungen. Einführung eines Screening auf Chlamydien, Hinweise zu schwangerschaftsspezifischen Ernährungsempfehlungen, Aufnahme der Chorionzottenbiopsie im Rahmen der pränatalen Diagnostik, Ausschluß der Rhesus-Prophylaxe bei D^U-positiven Frauen
8. Mai 1995	9. Juli 1995	Änderung der Anlagen 1b und 1c zu den Ultraschall-Untersuchungen im Hinblick auf die Zuordnung von Lageanomalien
14. Dezember 1995	23. Februar 1996	Screening auf Chlamydien mittels Gensonden
23. Februar 1996	5. Mai 1996	Konsequenzen aus den Regelungen im Einheitlichen Bewertungsmaßstab (EBM)
17. Dezember 1996	7. März 1997	Abstimmung der Indikationen in der Anlage 1 c mit Ultraschall-Vereinbarung und EBM
24. April 1998		Entfall der Hormonanalysen bei Verdacht auf Plazentinsuffizienz

Quelle: Bauer, S.: 1999.

In Deutschland liegt die Schwangerenvorsorge vor allem in den Händen der niedergelassenen Frauenärztinnen und Frauenärzte. Die Möglichkeiten für Allgemeinmediziner und Hebammen sind - anders als beispielsweise in Großbritannien oder den Niederlanden - begrenzt. So ist es Allgemeinmedizinern erlaubt die Schwangerenvorsorge zu übernehmen, wenn sie „die vorgesehenen Leistungen auf Grund ihrer Kenntnisse und Erfahrungen erbringen können, nach der ärztlichen Berufsordnung dazu berechtigt sind und über die erforderlichen Einrichtungen verfügen" (MutterschaftsRL, Allgemeines, Ziffer 4). Hebammen können schwangere Frauen im Delegierungsprinzip betreuen. Ihre Möglichkeiten beginnen, „wenn der Arzt dies im Einzelfall angeordnet hat oder wenn der Arzt einen normalen Schwangerschaftsverlauf festgestellt hat und daher seinerseits keine Bedenken gegenüber weiteren Vorsorgeuntersuchungen durch die Hebamme bestehen". Dabei können sie „im Rahmen ihrer beruflichen Befugnisse" Grunduntersuchungen: d. h. die Gewichtskontrolle, das Blutdruckmessen, die Urinuntersuchung auf Eiweiß und Zucker, die Kontrolle der kindlichen Herztöne sowie allgemeine Beratung der Schwangeren durchführen. Für die Überwachung von Risikoschwangerschaften sind die niedergelassenen Frauenärztinnen und -ärzte oder gegebenenfalls auch Allgemeinmediziner zuständig. Risikogeburten finden in den Entbindungsabteilungen der Krankenhäuser statt (Abschnitt B der MutterschaftsRL „Riskoschwangerschaften und Riskogeburten").

Frauen, bei denen eine Schwangerschaft festgestellt wird, erhalten von der behandelnden Ärztin/dem Arzt einen sogenannten Mutterpaß. Bis zum Ende der Schwangerschaft soll dieser von der Schwangeren immer bei sich getragen werden. In dem Mutterpaß werden die einzelnen Leistungen dokumentiert und alle Untersuchungsbefunde eingetragen. Besonders die letzte Ausgabe (vgl. Hutzler 1996) ist eng mit den Mutterschaftsrichtlinien verknüpft. Der Mutterpaß führt die Ärztin oder den Arzt über „Cheque-Listen" durch die Richtlinien.

Der Mutterpaß hat viele Vorteile. Zunehmender Kritik sieht sich allerdings der in ihm enthaltene Risikokatalog von insgesamt 52 anamnestischen und allgemeinen Risiken gegenüber. Anamnestische Risiken sind die sich aus den in Abschnitt A der Mutterschaftsrichtlinien festgeschriebenen Grunduntersuchungen: Messung des Blutdrucks, Feststellung des Körpergewichts, die Beurteilung der Gebärmutter (Größe, Lage, Beschaffenheit) durch Abtasten, Feststellen der Herztöne und der Lage des Kindes, Urinuntersuchung auf Zucker- und Eiweißausscheidung und mikroskopische Sedimentbeurteilung sowie Erstellen eines „kleines Blutbildes", ergebenden Risiken. Außerdem wird hier eine Familienanamnese, eine Eigen- und Arbeits- und Sozialanamnese erhoben und so der gesundheitliche Zustand und die soziale Situation vor der jetzigen Schwangerschaft zu rekonstruieren versucht. Sie sind im Mutterpaß im Katalog „A. Anamnese und allgemeine Befunde/Erste Vorsorge Untersuchung" in 26 Punkten (1 – 26) zusammengefaßt. Der Katalog schließt mit der ärztlichen Bewertung über das Vorliegen eines Schwangerschaftsrisiko bei der Erstuntersuchung ab.

Der Abschnitt B der Mutterschaftsrichtlinien (Erkennung und besondere Überwachung von Risikoschwangerschaften und Risikogeburten) enthält Maßnahmen zur Erkennung sogenannter Befundrisiken. Das sind Risiken, die sich während des Schwangerschaftsverlaufs (befundete Risiken) ergeben. Im Mutterpaß sind sie im Katalog „B.

Besondere Befunde im Schwangerschaftsverlauf" in weiteren 26 Punkten (27 – 52) zusammengefaßt. Hier wird z. B. festgehalten, ob Frauen während des Schwangerschaftsverlaufs Medikamente einnehmen, ob besondere psychische oder soziale Belastung auftreten, es zu einer Plazenta-Insuffizienz oder Einstellungsanomalien kommt u. ä. m.

Zusammen mit dem Katalog A sollen die „Besonderen Befunde im Schwangerschaftsverlauf" (Katalog B) die Aufmerksamkeit des betreuenden Arztes schärfen. Im Ergebnis dieses Risikokonzepts werden gegenwärtig in Deutschland 2/3 aller Schwangerschaften als Risikoschwangerschaften eingestuft. Damit nimmt Deutschland weltweit einen Spitzenplatz ein.

Grundsätzlich wird an dem Risikokonzept kritisiert, daß es einer risikoorientierten medizinischen Sichtweise Vorschub leistet, die leicht Gefahr läuft, den Blick auf die Schwangerschaft und Geburt als ‚normale' Ereignisse zu verstellen. Ein anderes Problem wird darin gesehen, daß zu wenig danach gefragt wird, was das Etikett „Risikoschwangerschaft" für die Schwangere selbst bedeutet. In der Debatte wird zudem darauf aufmerksam gemacht, daß nicht zwischen Frauen mit unterschiedlichen Risiken unterschieden wird. Das hat Folgen für die Betroffenen selbst aber auch für die Gesellschaft. Wenn beispielsweise Frauen nur, weil sie über 35 Jahre sind, nach ähnlichen Standards betreut werden wie Frauen mit Diabetes, kann dies für beide zu einer Fehlbetreuung führen. Frauen mit hohem Risiko (mit Diabetes) laufen Gefahr unterversorgt zu werden, während Frauen mit niedrigem Risiko (35 Jahre) das Problem der Überversorgung und Pathologisierung haben. Aus gesellschaftlicher Sicht und vor allem im Zusammenhang mit der Kostendiskussion entsteht hier die Frage nach den durch unnötige Diagnostik (bei den low-risk Schwangeren) unnötigen Kosten.

Der früher häufig beschriebene Zusammenhang zwischen dem rechtzeitigen ersten Besuch, der Gesamtzahl der von der Schwangeren wahrgenommenen Besuche in der Schwangerenvorsorge und dem Ergebnis der Schwangerenvorsorge („outcome") ist inzwischen relativiert worden. Es handelt sich insofern um einen Scheinzusammenhang, als Frauen mit sozialen Nachteilen und Beeinträchtigungen durch den schlechteren Zugang zum Medizinsystem die Schwangerenvorsorge seltener wahrnehmen, gleichzeitig aber auch diejenigen sind, die aufgrund ihrer sozialen Lage gesundheitlich gefährdeter sind (Tietze 1986). Collatz (1983) konnte sogar zeigen, daß Schwangere mit Risiken aus der Anamnese oft nicht so geleitet werden, wie der Abschnitt B der Mutterschaftsrichtlinien es verlangt. Auch erwiesen sich bei diesen Frauen die Zahl der Grund- und Zusatzuntersuchungen als unterdurchschnittlich. Diese Ergebnisse sind später mit den Daten der bayerischen Perinatalerhebung bestätigt worden (Wulf/Thieme 1991). Berufstätigkeit der Frau in der Schwangerschaft erweist sich heute im Gegensatz zur Zeit zwischen den Weltkriegen und davor (Hirsch 1925) als ein sozialer und gesundheitlicher Vorteil (Zusammenfassung bei Tietze et al. 1987), der zu einer niedrigeren perinatalen Morbidität und Mortalität führt (Selbmann et al. 1980).

Teilnahme an der Schwangerenvorsorge

Bei einer normalen Schwangerschaft, d. h. einer Schwangerschaft ohne sogenannte spezielle Risiken (Risiken nach Abschnitt B der Mutterschaftsrichtlinien), wird der Beginn der Vorsorgeuntersuchungen vor der 13. Schwangerschaftswoche empfohlen. Insgesamt sind 10 Untersuchungstermine vorgesehen: zu Beginn der Schwangerschaft monatlich, in den letzten zwei Schwangerschaftsmonaten 14tägig. Ziel der Schwangerenvorsorge ist es, Gefahren für die Gesundheit der Mutter und des ungeborenes Kindes abzuwenden und mögliche gesundheitliche Risiken früh zu erkennen.

Viele Frauen akzeptieren die Schwangerenvorsorge, zumal sie damit die Hoffnung verbinden, ihrem Kind von Anfang an eine gute gesundheitliche Grundlage mit auf den Lebensweg geben zu können. Die Teilnahme der Schwangeren an den Vorsorgeuntersuchungen ist in den ost- wie in den westdeutschen Bundesländern sehr hoch. Durchschnittlich ca. 40 % besuchen bis zur 8. Woche erstmals die Vorsorge, bis zur 13. Woche haben bereits 80 % - 90 % der schwangeren Frauen vorsorgende Untersuchungen in Anspruch genommen mit regionalen Unterschieden (vgl. Tabelle 6.5-2). Bezogen auf die späte Nutzung der Vorsorgeuntersuchung haben sich in den vergangenen beiden Jahrzehnten Veränderungen ergeben. Noch vor einigen Jahren fand der erste Besuch bei einer Ärztin bzw. einem Arzt durchschnittlich zwischen der 15. und der 23. Schwangerschaftswoche statt. Auch die Zahl der wahrgenommenen Vorsorgeuntersuchungen lag deutlich unter dem heutigen Durchschnitt.

Tabelle 6.5-2: Erstuntersuchung im Rahmen der Schwangerenvorsorge nach Schwangerschaftswochen (SSW) im Jahr 1997

Bundesland	Bis 8. SSW	9.-12. SSW	13.-16. SSW	17.-20. SSW	21.-24. SSW	Ab 25. SSW
			in %			
Berlin	35,8	45,8	11,0	3,0	1,4	3,1
Brandenburg	35,8	44,5	12,2	2,7	1,4	3,5
Sachsen	38,3	44,6	10,9	2,5	1,1	2,6
Sachsen-Anhalt	40,2	41,4	10,6	2,8	1,4	3,6
Thüringen	40,7	41,6	11,1	2,4	1,2	3,0
Baden-Württemberg	41,7	43,5	9,5	2,3	0,9	2,0
Bayern	42,3	42,6	9,8	2,1	0,9	2,3
Niedersachsen	48,2	39,8	7,3	1,9	0,9	2,0
Rheinland-Pfalz	47,7	38,5	7,8	2,2	1,0	2,7
Westfalen-Lippe	53,5	34,7	6,6	2,0	0,9	2,2

Quellen: eigene Zusammenstellung aus den Perinatalerhebungen 1997 der Länder.

Etwa drei Viertel aller Schwangeren nehmen mehr als zehnmal an einer Vorsorgeuntersuchung teil. Bemerkenswert ist die in den neuen Bundesländern deutlich höhere Zahl der Schwangeren, die mehr als 14mal zu Vorsorgeuntersuchungen gehen.

Tabelle 6.5-3 Gesamtzahl der Vorsorgeuntersuchungen nach Bundesländern 1997

Bundesländer	1 - 4	5 – 9	10 - 14	über 14	Ohne Angabe
			in %		
Berlin	2,7	19,8	57,5	19,2	0,8
Brandenburg	2,1	18,4	60,5	17,5	1,6
Sachsen	1,4	16,2	60,3	21,1	0,9
Sachsen-Anhalt	1,9	15,4	57,5	24,5	0,6
Thüringen	1,3	14,0	57,8	25,7	1,2
Baden-Württemberg	1,1	21,3	64,9	11,3	1,4
Bayern	1,3	22,3	65,1	10,0	1,3
Niedersachsen	1,6	19,8	66,7	11,2	0,7
Rheinland-Pfalz	1,6	22,2	65,7	9,1	1,3
Westfalen-Lippe	1,8	22,5	67,2	7,4	1,1

Quelle: eigene Zusammenstellung aus den Perinatalerhebungen der Bundesländer im Jahr 1997.

Die Frage, ob diese Entwicklung als eine Folge der strukturellen Veränderungen im Gesundheitssystem der neuen Bundesländer oder als kultureller Effekt zu werten ist, kann gegenwärtig nicht beantwortet werden. Auf jeden Fall brachte die Anpassung des Gesundheitssystems der DDR an das System der BRD große Veränderungen mit sich. An die Stelle der spezialisierten Beratungsstellen, die strukturell einem Krankenhaus, einer Poliklinik oder einem Ambulatorium zugeordnet waren, trat die Betreuung durch privatwirtschaftlich organisierte gynäkologische Praxen. Dabei war die gesundheitliche Vorsorge für die werdende Mutter und das Kind in der DDR aufgrund seiner Wirksamkeit besonders vorzeigewürdig. Dies betraf das breite Angebot an Unterstützungsformen und die Möglichkeit, Mutterschaft und berufliche Ausbildung und Tätigkeit zu verbinden, wie auch den deutlichen Rückgang der Mutter- und Säuglingssterblichkeit und der Frühgeburten in den 70er und 80er Jahren.

6.5.2.2 Vorgeburtliche Untersuchungen

Hauptbestandteil der Schwangerenvorsorge sind die vorgeburtlichen Untersuchungen. Sie dienen der regelmäßigen Kontrolle des Schwangerschaftsverlaufs und werden bei allen Schwangeren durchgeführt. Die pränatale Diagnostik dagegen wird nur bei wenigen angewendet. Über sie wird weiter unten berichtet.

Untersuchungen in der Schwangerenvorsorge

Zur regelmäßigen Kontrolle sind in der Schwangerenvorsorge mindestens zehn Untersuchungen vorgesehen. Im ersten Drittel der Schwangerschaft werden bei der - nach der Schwangerschaftsfeststellung - ersten Vorstellung vom Arzt/der Ärztin oder einer Hebamme die erste Grunduntersuchung durchgeführt. Dazu gehört u. a. die Feststellung des Körpergewichtes, der Höhe des Blutdruckes, der Größe der Gebärmutter und die Urinuntersuchung. Eine solche Grunduntersuchung gehört zu jeder der zunächst vierwöchentlichen Vorsorge-Untersuchungen in der Schwangerschaft. Beim ersten Mal werden außerdem serologische Untersuchungen im Hinblick auf Lues, Röteln, bei begründetem Verdacht auch auf Toxoplasmose oder andere latente

Infektionen durchgeführt. Hier wird auch die Blutgruppe festgestellt und mit einem Test nach irregulären Blutgruppen-Antikörpern gesucht. Die Durchführung eines HIV-Tests ist fakultativ und darf nur nach vorheriger ärztlicher Beratung bei der Schwangeren durchgeführt werden. Die Ergebnisse der Lues-Reaktion und des HIV-Tests werden nicht dokumentiert. Nur die Tatsache der Untersuchung wird vermerkt. Die serologischen Untersuchungen nach Feststellung der Schwangerschaft entsprechen denen in der DDR. Im Unterschied zur DDR ist jedoch die serologische Untersuchung auf Toxoplasmose keine Routine-Untersuchung, sondern erfordert eine Indikation (Expositionsrisiko). Das gleiche gilt für den Alpha-Fetoprotein-Test, mit dem die Spina bifida (offener Rückenmarkskanal) erkannt werden soll. In der 9. bis 12. Schwangerschaftswoche ist eine Ultraschall-Untersuchung der Frucht zur Größenbestimmung und zur Schätzung des Entbindungstermins vorgesehen

Im zweiten Drittel der Schwangerschaft wird die Ultraschall-Untersuchung in der 19. bis 22. Woche wiederholt, wobei der Ausschluß von Fehlentwicklungen im Vordergrund der Diagnostik steht. Bei Rh-positiven Schwangeren ist die Durchführung eines zweiten Antikörpersuchtestes in der 24. bis 27. Schwangerschaftswoche vorgesehen. Sind bei Rh-negativen Schwangeren keine Anti-D (Rh-positiv)-Körper vorhanden, so soll in der 28. bis 30. Schwangerschaftswoche ein Immunglobulin injiziert werden, um möglichst bis zur Geburt eine Sensibilisierung der Schwangeren durch Rh-positive rote Blutkörperchen des Ungeborenen zu verhindern. Das Datum dieser präpartalen Anti-D-Prophylaxe ist im Mutterpaß an einer vorgesehenen Stelle zu vermerken. Die Anti-D-Prophylaxe hat die Geschichte der Rhesuskrankheit von Neugeborenen revolutioniert.

Im letzten Drittel der Schwangerschaft sind zwischen der 32. und der 40. Schwangerschaftswoche alle 14 Tage Kontrollen vorgesehen. Eine Ultraschall-Untersuchung zwischen der 29. und 32. Woche kann Auskunft geben über eine Wachstumsverzögerung des Feten. Bei Risikopatientinnen sind auch hormonanalytische Untersuchungen sowie die Amnioskopie indiziert, wenn es um die Beurteilung des intrauterinen Zustandes des Kindes (inzwischen selten: Rhesuskrankheit) und der Plazentafunktion geht. Als Routinemaßnahmen sind sie nicht vorgesehen. Weitere Zusatzuntersuchungen mit seltenen Indikationen sind in Tabelle 6.5-3 aufgeführt. Untersuchungen bei Risikoschwangerschaften sind in kürzeren Abständen als bei normal verlaufenden Schwangerschaften erforderlich. Bei vorzeitiger Wehentätigkeit und auch bei der medikamentösen Hemmung dieser Wehen können schon in dieser letzten Phase der Schwangerschaft kardiotokographische Untersuchungen nötig werden. Weitere seltenere Indikationen dazu sind in den Mutterschaftsrichtlinien angegeben.

Nach Abschluß jeder Untersuchung sollen entsprechend dem im Mutterpaß angeführten Katalog B „Besondere Befunde im Schwangerschaftsverlauf" beim Vorliegen eines oder mehrerer der dort aufgeführten Risiken die entsprechende Nummer in einer dafür vorgesehenen Spalte des Gravidogramms eingetragen werden - ein Vorschlag, dessen Befolgung die Aufmerksamkeit gegenüber Risikofaktoren schärfen soll.

Pränatale Diagnostik

Amniozentese und auch die Chorionzottenbiopsie werden nur in Spezialpraxen bzw. -kliniken durchgeführt. Als medizinische Indikationen für die Amniozentese bzw. Chorionzottenbiopsie gelten ein familiäres genetisches Erkrankungsrisiko oder das Alter der Schwangeren. Ende der achtziger Jahre beanspruchte das sogenannte Altersrisiko mit 80 % den Hauptanteil der Indikationen zur genetischen Diagnostik, wobei die Altersgrenze mittlerweile auf 35 Jahre gesunken war (Schindele 1992). Die Angaben, in welchem Umfang sich Schwangere mit Altersrisiko einer Chromosomenanalyse unterziehen, differieren zwischen 50 % (Davies-Osterkamp 1991b) und 90 % (Schindele 1990). Zu bedenken ist, daß das bevölkerungsbezogene attributive Risiko ein Kind mit einem Down-Syndrom zu gebären, nicht vorwiegend die älteren Schwangeren betrifft (denn sie sind wenig zahlreich), sondern die zahlreichen Schwangeren mit geringem Risiko in den geburtenreichen Altersgruppen.

Tabelle 6.5-4 Übersicht über vorgeburtliche Untersuchungen (Auswahl)

Testverfahren	Gründe, Indikationen	Mögl. Ergebnis, Diagnosen	Risiken, Nachteile
Ultraschall	▪ Überprüfung des fötalen Wachstums ▪ Suche nach Fehlbildungen ▪ Vorbereitung und Überwachung von Amniozentese, Chorionzottenbiopsie und anderen invasiven Eingriffen ▪ Überwachung der Herztöne während der Schwangerschaft	▪ Reifegrad, Organfunktionen ▪ Microzephalie, Kleinwuchs, äußerliche Fehlbildungen, Fehlbildung der Organe, Hinweis auf Trisomie 21	▪ Bisher kaum überprüft, für harmlos gehalten ▪ Unbegründete Verdachtsmomente können das Sicherheitsgefühl der Schwangeren zerstören ▪ Vaginaler Ultraschall kann schmerzhaft sein und wird als tiefer Eingriff empfunden
Chorionzottenbiopsie, Plazentabiopsie	▪ Angst vor erhöhtem Risiko für Chromosomenanomalien bei höherem Alter der Frau (ab 35 Jahren) ▪ Verdacht auf Stoffwechselerkrankungen ▪ Bekannte Erbbelastung einer schweren diagnostizierbaren Erbkrankheit (nach Risikoabklärung in genetischer Beratung) ▪ Auffälliger Ultraschallbefund	▪ Geschlechtsbestimmung ▪ Bestimmung der Blutgruppe ▪ Analyse von Chromosomenanomalien ▪ Feststellung von seltenen Erbkrankheiten (bei gezielter DNS-Analyse) ▪ Erkennung von Muskel-, Blut- und Stoffwechselkrankheiten, u. a. von Mukoviszidose	▪ Fehlgeburtsrisiko 4-8 % ▪ Erhöhtes Abortrisiko bei Blutungen und Mehrlingsschwangerschaft ▪ Untersuchung kann Mißbildungen an Fingern, Zehen, Zunge oder Unterkiefer verursachen ▪ Schmerzen und Blutungen während und nach Eingriff möglich
Amniozentese	▪ Angst vor erhöhtem Risiko für Chromosomenanomalien bei höherem Alter der Frau (ab 35 J.) empfohlen und von Krankenkassen finanziert ▪ Neuralrohrdefekt oder Chromosomenanomalie eines früheren Kindes ▪ Bekannte Erbbelastung einer schweren, diagnostizierbaren Erbkrankheit (nach Risikoabklärung in genetischer Beratung)	▪ Geschlechtsbestimmung ▪ Analyse von Chromosomenanomalien ▪ Diagnose von Neuralrohrdefekten ▪ Feststellung seltener Erbkrankheiten ▪ Erkennung von Muskel- und Stoffwechselkrankheiten	▪ Fehlgeburtsrisiko 0,3-2,4 % ▪ Vereinzelt Verletzung des Fötus ▪ Evtl. Krämpfe, Wehen, leichtes Bluten der Frau, Vermehrtes Auftreten von Lungenentzündungen und Ausbildung eines Atemnot-Syndroms bei Neugeborenen ▪ Lange Wartezeiten auf das Testresultat bedeutet Streß für werdende Eltern
AFP: Alpha-Feto-Protein	▪ Diabetes der Mutter ▪ Verdacht auf Neuralrohrdefekt und Nierenerkrankungen	▪ Hinweis auf Neuralrohrdefekt und Down-Syndrom	▪ Keine Risiken ▪ Unnötige Verunsicherung durch erhöhte AFP-Werte möglich
AFP-plus: Triple Test	▪ Indiv. Risikoberechnung als Entscheidungsgrundlage für weitere Tests	▪ Individuell berechnetes Risiko für Trisomie 21/Neuralrohrdefekt in %	▪ Wie AFP

Quelle: CARA 1992: 4-7

Die folgende Tabelle 6.3.-4 zeigt die Inanspruchnahme pränataler Diagnostik im Jahr 1997. Der Vergleich zeigt, daß die Inanspruchnahme in den einzelnen Bundesländern sehr variiert und zwischen ca. 6,5-13,1 % beträgt.

Tabelle 6.5-5   Inanspruchnahme pränataler Diagnostik der durch die Perinatalerhebung erfaßten Schwangerschaften bzw. Geburten verteilt nach Bundesländern für das Jahr 1997

Bundesland	Chorionzottenbiopsie	Amniozentese bis 22. SSW	Amniozentese ab 22. SSW
		In %	
Berlin	1,1	7,1	0,6
Brandenburg	0,2	8,0	0,5
Sachsen	0,2	6,9	0,4
Sachsen-Anhalt	0,0	5,9	0,5
Thüringen	0,3	6,9	0,7
Baden-Württemberg	0,3	9,4	3,4
Bayern	0,7	7,1	0,3
Niedersachsen	0,4	8,1	0,3
Rheinland-Pfalz	0,2	8,2	0,2
Westfalen-Lippe	0,6	5,5	0,3

Quelle: Perinatalerhebungen der Bundesländer 1997, eigene Zusammenstellung.

Diese Entwicklungen werden seit Mitte der achtziger Jahre kritisch diskutiert. Zum einen orientiert sich die Diskussion an der den modernen Reproduktionstechnologien inhärenten Erweiterung der reproduktiven Selbstbestimmung, der Freisetzung von biologischen Zwängen, die neue Wahlalternativen und Entscheidungsmöglichkeiten hervorbringen. Zum anderen orientiert sie sich an den verborgenen Zwängen zur sozialen Normierung von Schwangerschaft, der Norm, gesunde Kinder auf die Welt bringen zu müssen und regelmäßige Vorsorge zu betreiben (Brockmann 1992). Mittlerweile sind etwa 4.000 verschiedene Krankheiten bekannt, deren Disposition vererbt werden kann und nur 500 von ihnen sind durch genetische Tests ermittelbar (Schmidtke 1995). Das hervorgebrachte neue Wissen über die genetische Beschaffenheit des Menschen sowie über die Ursachen möglicher genetischer Schäden steht insgesamt in wachsender Diskrepanz zu den noch geringen Möglichkeiten therapeutischer Einflußnahme.

6.5.2.3 Psychosoziale Risiken

Die Bedeutung psychosozialer Faktoren für den Verlauf von Schwangerschaft und Geburt ist durch eine große Anzahl von Studien belegt worden. Dabei spielen das Alter der Schwangeren ebenso eine Rolle wie Einkommen und Bildung, Zufriedenheit mit der Partnerschaft, Erwerbs- bzw. Nichtserwerbstätigkeit sowie Arbeitsbelastung, soziale Netzwerke, Wohnsituation, Kindheitserfahrungen und nationale Herkunft.

In etlichen Studien wurde bestätigt, daß das Risiko für das Auftreten bestimmter Schwangerschafts- und Geburtskomplikationen durch die soziale Lage, in der Schwangere leben, beeinflußt wird (Hoyer/Thalheimer 1968; Teichmann/Breull 1989).Eine prospektiv angelegte Untersuchung in den neuen Bundesländern zeigte, daß bei nicht beruflich integrierten Frauen, zu denen überwiegend niedrig qualifizierte Frauen zählten, das Risiko für die Geburt eines untergewichtigen Kindes ebenso wie das Risiko der Frühgeburtlichkeit deutlich erhöht ist und der Anteil von Kindern mit Entwicklungsverzögerungen steigt (Begenau et al. 1996). Eine erhöhte Säuglingssterblichkeit bei nichterwerbstätigen Frauen sowie Zusammenhänge zum Geburtsgewicht ermittelten Elkeles u. a. (Elkeles et al. 1989).

Als ein Effekt sozialer Benachteiligung konnte inzwischen auch der früher häufig als allgemeingültig beschriebene Zusammenhang zwischen rechtzeitigem ersten Besuch, der Anzahl an Vorsorgeuntersuchungen und dem Ergebnis der Schwangerenvorsorge („outcome"), identifiziert werden. Neuere Untersuchungen ergeben, daß Frauen der unteren Sozialschicht die Schwangerenvorsorge dadurch, daß ihnen das Medizinsystem schlechter zugänglich ist, seltener kontaktieren. Zugleich sind sie insgesamt, aufgrund ihrer sozialen Lage, gesundheitlich gefährdeter als andere (Tietze 1986). Die Ergebnisse von Collatz (1983) gehen diesbezüglich sogar noch weiter. Sie machen darauf aufmerksam, daß Frauen der unteren Sozialschicht auch durch das Medizinsystem selbst benachteiligt werden, indem sie oft nicht so geleitet werden, wie es der Abschnitt B der Mutterschaftsrichtlinien verlangt. Auch erwiesen sich bei diesen Frauen die Zahl der Grund- und Zusatzuntersuchungen als unterdurchschnittlich. Diese Ergebnisse sind später mit den Daten der bayerischen Perinatalerhebung bestätigt worden (Wulf/Thieme 1991).

Im Gegensatz zur Vermutung, daß weibliche Berufstätigkeit zu negativen gesundheitlichen Auswirkungen wie geringes Geburtsgewicht führt, belegten Busse et al. 1987, daß sich Berufstätigkeit nicht ungünstig auf das Geburtsgewicht auswirkt (Busse et al. 1987). Studien zeigten, daß das Schwangerschaftserleben berufstätiger Frauen häufig weitaus bewußter ausfällt und daß sie besser informiert sind (Bartholomeyczik et al. 1979). Obwohl bestimmte Tätigkeiten (die vom Mutterschutzgesetz abgefangen werden sollen) auch heute noch ein erhöhtes Risiko für die Schwangerschaft darstellen, läßt sich insgesamt feststellen, daß sich die Berufstätigkeit der Frau in der Schwangerschaft heute - im Gegensatz zur Zeit zwischen den Weltkriegen und davor (Hirsch 1925) - als ein sozialer und gesundheitlicher Vorteil (Zusammenfassung bei Tietze et al. 1987) erweist. Sie führt zu einer niedrigeren perinatalen Morbidität und Mortalität (Selbmann et al. 1980).

Geborgenheit und Stabilität in der Partnerschaft werden als weitere wichtige Einflussfaktoren auf den Ausgang von Schwangerschaft und Geburt beschrieben (Buddeberg 1987). Negativ auf den Schwangerschaftsverlauf wirken sich vor allem Konflikte und emotionale Spannungen bis hin zu Trennungen aus. Sie führen zu psychosomatischen Beschwerden, Schwangerschaftskomplikationen wie vorzeitige Wehentätigkeit oder auch vermehrten Geburtsängsten (Lukesch 1976; Teichmann 1987). Sie beeinflussen aber offenbar auch die Einstellungen der Frauen zu ihrer Schwangerschaft. Verschiedenen Studien kommen zu dem Ergebnis, daß Frauen mit Partnerschaftsproblemen oder ohne feste Partnerschaftsbeziehungen häufiger ihrer Schwangerschaft gegenüber negativ eingestellt sind als Frauen mit vorhandener oder intakter Partnerschaft (Teichmann/Breull 1989; Hantsche et al. 1992).

Auch auf den Einfluß von Kindheitserfahrungen für den Verlauf der Schwangerschaft wurde von verschiedenen Autorinnen und Autoren verwiesen (Teichmann 1987; Buddeberg 1987; Läpple/Lukesch 1988; Wimmer-Puchinger 1992). Es wird davon ausgegangen, daß sich unter den Bedingungen eines gestörten familiären Klimas nicht genügend innere Sicherheit und emotionale Stabilität entwickeln können, die für die Bewältigung neuer Lebensaufgaben eine entscheidende Basis darstellen.

Im Ergebnis einer retrospektiven Untersuchung bei Frauen mit Abortanamnese konnten u. a. Konflikte in der Herkunftsfamilie, Abhängigkeitsprobleme, spezifische elterliche Beziehungsmuster und eine defiziente Eltern-Kind-Beziehung als Risiko für den Schwangerschaftsverlauf herausgestellt werden (Läpple/Lukesch 1988). Als erhöht risikobelastet gelten Frauen, deren Kindheitserleben von mangelnder emotionaler Geborgenheit und Zuwendung gekennzeichnet war.

Schwangerschaft bei jugendlichen Frauen (Teenagerschwangerschaften)

Das günstigste mütterliche Alter bei der Erstgeburt ist eine seit langem in der Medizin und in der Sozialpädagogik diskutierte Frage. Ein langjähriger medizinischer Diskurs darüber hat zur Festlegung einer Alterszeitspanne (18 bis 35 Jahre) geführt, in der eine Geburt sowohl für die Gesundheit der Mutter wie des Kindes besonders günstig sein soll. Eine Frau, die in einem Alter unter 18 Jahren ein Kind zur Welt bringt, zählt nach den Mutterschaftsrichtlinien (Katalog A, Punkt 13 im Mutterpaß) zur Risikogruppe der Frühgebärenden.

Die Schwangerschaften in dieser Altersgruppe und deren Ergebnisse sind immer wieder analysiert worden. Junge Mütter und ihre Kinder werden als ein soziales Problem wahrgenommen, weil sie häufig von öffentlichen Unterstützungsleistungen abhängig sind und der besonderen Fürsorge bedürfen. Unter den westlichen Industrienationen halten die USA die Spitze bei Schwangerschaften in dieser Altersgruppe (Wegman 1996; Kahl et al. 1998). Erst seit 1995 sind Ergebnisse der Prävention dort feststellbar.

In der Bundesrepublik Deutschland ist dagegen die Zahl der Teenager-Schwangerschaften vergleichsweise gering. Die altersspezifischen Geburtenziffern der 17jährigen haben sich von 26,2 Geburten je 1.000 Frauen der gleichen Altersgruppe im Jahre 1970 auf heute 7,1 vermindert, die Geburtenziffern der 18jährigen haben sich von 56,6 je1.000 Frauen der gleichen Altersgruppe auf 7,8 verringert (Kahl et al. 1998), wobei der Rückgang zumindest am Anfang stärker war als das allgemeine Sinken der Geburtenziffern (Tietze 1986a). 1996 wurden in den alten Bundesländern einschließlich Gesamt-Berlin 3.746 Lebend- und Totgeborene von jugendlichen Frauen im Alter bis einschließlich 18 Jahren gezählt, in den neuen Bundesländern waren es 1.051 (StBA 1996c, Datenlieferung).

An weniger als zehn Vorsorgeuntersuchungen nahmen nach einer Auswertung der Bayrischen Perinatalerhebung von 1988 58,7 % der unter 17jährigen Schwangeren teil und sie kamen weit häufiger nach der 12. Schwangerschaftswoche zur ersten Untersuchung. Im Durchschnitt aller Schwangeren waren es nur 25 %, die weniger als zehn Mal die Schwangerenvorsorge aufsuchten (Wulf 1992).

Wie Untersuchungen zeigen, kumulieren die medizinischen und sozialen Probleme bei bestimmten Gruppen von Frauen. Empirisch gesichert ist der Zusammenhang von Bildung und Alter bei der Erstgeburt; junge Mütter weisen überwiegend einen niedrigen Bildungsstand auf. Ebenfalls relevant sind Merkmale der Herkunftsfamilie wie niedriger sozialer Status (Pattloch-Geißler 1996).

Schwangerschaften von unter 17jährigen Frauen enden zu 7,1 %, von 18-34jährigen mit 4,4 % mit einer Frühgeburt (Pattloch-Geißler1996: 67). Der höhere Anteil an Frühgeburten bedeutet jedoch nicht, daß sehr junge Schwangere allein aufgrund geringerer Lebensjahre zu Frühgeburtlichkeit neigen. Zur Erklärung der höheren Frühgeburtlichkeit müssen auch ihre Lebensumstände und ihre soziale Herkunft berücksichtigt werden, die häufig durch niedriges Einkommen, schlechte und beengte Wohnverhältnisse, ungesunde Ernährung, Streß und einem größeren Anteil an Raucherinnen gekennzeichnet sind. Zackler et al. (1969) haben darauf hingewiesen, daß bei entsprechender sozialer und medizinischer Vorsorge die Gruppe der jugendlichen Schwangeren nicht länger eine gefährdete Gruppe zu sein braucht (Zackler et al. 1969). Diese Feststellung ist erst kürzlich durch die Untersuchungen von Plöckinger et al. bestätigt worden (Plöckinger et al 1996).

6.5.2.4 Gesundheitsverhalten in der Schwangerschaft

Gesundheitsbezogene Kenntnisse und Verhaltensweisen, worunter der frühzeitige und regelmäßige Besuch von Beratungsstellen und Kursen ebenso zählt wie gesundheitsbewußte Ernährung und der Verzicht auf Drogen, unterliegen dem Einfluß zahlreicher sozialer Faktoren. Sie sind besonders von der Schulbildung und der Qualifikation abhängig. Eine Westberliner Untersuchung ermittelte eine geringere Inanspruchnahme der Schwangerenvorsorge sowie der Teilnahme an Geburtsvorbereitungskursen für nichterwerbstätige im Gegensatz zu erwerbstätigen Frauen (Bartholomeyczik/Rasper 1979). Zum gleichen Ergebnis kam eine Ostberliner Studie (Begenau et al. 1996). Neben den sozialen spielen auch regionale Faktoren für das Gesundheitshandeln eine große Rolle. Hier gibt es deutliche Stadt-Land-Disparitäten sowohl hinsichtlich des Besuchs der Beratungsstellen als auch bezogen auf die Teilnahme an Geburtsvorbereitungskursen.

Ein bedeutsamer gesundheitlicher Aspekt während der Schwangerschaft ist das Rauchen. Mittlerweile geht man von einer Reduktion des Geburtsgewichtes der Säuglinge von Raucherinnen um 150-200 g zum Normalgewicht aus. Der Grad der Gewichtsminderung ist von der Höhe des täglichen Zigarettenkonsums abhängig. Bei starken Raucherinnen (> 35 Zigaretten pro Tag) ist sowohl die perinatale Sterblichkeit des Kindes als auch das Frühgeburtsrisiko deutlich erhöht (Fritz/Krüger 1992).

Untersuchungen zum Zigarettenkonsum während der Schwangerschaft zeigten, daß zwei Drittel der Raucherinnen während der Schwangerschaft vollständig auf den Zigarettenkonsum verzichteten und ein Drittel die Zahl der Zigaretten reduzierte (Reis 1980). Der Anteil von Raucherinnen lag bei einer Untersuchung von Schwangeren zwischen 1994 und 1995 in Ost-Berlin bei 35,7 %. Raucherinnen, so die Ergebnisse der Berliner Untersuchung, weisen einen niedrigeren Schulabschluß und geringere berufliche Qualifikation auf, sind überdurchschnittlich häufig arbeitslos und verfügen demzufolge nur über ein niedriges Haushalts-pro-Kopf-Einkommen. Sie weisen aber auch hinsichtlich ihrer Partnerschaft ungünstigere Bedingungen als Nichtraucherinnen auf: Sie geben häufiger als Nichtraucherinnen Belastungen ihrer Partnerschaft sowie Unzufriedenheit mit der Partnerschaft an (Begenau et al. 1996).

Begenau et al. fanden in der von ihnen untersuchten Gruppe eine erhöhte Frühgeburtlichkeit. Aus ihren Untersuchungsergebnissen schlossen die Autorinnen, daß eine zufriedenstellende Partnerschaftsbeziehung einen protektiven Faktor darstellen kann und die Wahrscheinlichkeit von Schwangerschaftskomplikationen und –beschwerden verringert (Begenau et al. 1996).

Einzelne Aspekte des Gesundheitsverhaltens korrelieren miteinander, wie z. B. der Nikotin- und Alkoholkonsum und die Inanspruchnahme von Vorsorgeuntersuchungen. Frauen, die frühzeitig an Vorsorgeuntersuchungen teilnehmen, ernähren sich gesünder, rauchen weniger bzw. gar nicht und beteiligen sich auch häufiger an Kursen. Diese Zusammenhänge erklären den bereits mehrmals erwähnten Scheinzusammenhang zwischen Häufigkeit der Inanspruchnahme und Schwangerschaftsergebnis.

6.5.3 Geburt

6.5.3.1 Entbindung und Betreuung nach der Geburt

In der Bundesrepublik kommen gegenwärtig ca. 98 % aller Kinder im Kreißsaal einer Klinik zur Welt. Bundesweit wird der Anteil von Entbindungen, die außerhalb einer Klinik z. B. in Geburtshäusern stattfinden, auf zwei Prozent geschätzt. Einen höheren Anteil an Entbindungen in Geburtshäusern gibt es in Großstädten wie Berlin, die zugleich die Stadt mit der größten Geburtshäuserdichte Deutschlands ist.

In der DDR hatte die Förderung von Klinikgeburten bis Ende der 60er Jahre dazu geführt, daß fast alle Frauen ihre Kinder in Kliniken entbanden. Bis 1990 blieb eine Geburt außerhalb eines Krankenhauses die Ausnahme, zumal im Gegensatz zur Bundesrepublik alternative Angebote völlig fehlten. In der Bundesrepublik fand die Verschiebung der Haus- zugunsten der Klinikgeburten in einem längeren Zeitraum statt. Hausentbindungen nahmen 1960 einen Anteil von 43 % ein, 1965 waren es 18 %. 1970 entbanden nur noch 4,5 % der Frauen zu Hause und 95,5 % in einer Klinik (Maendle et al. 1995).

Tabelle 6.5-6: Anteil der Klinikentbindungen in der Bundesrepublik Deutschland 1955-1990

Jahr	Lebendgeburten	Klinikentbindungen in %
1950	812.835	43,0
1955	820.128	52,2
1960	968.628	66,3
1965	1.044.328	83,3
1970	810.808	95,1
1975	600.512	98,6
1980	620.657	99,2
1985	586.155	98,9
1990	727.199	98,8

Quelle: Künzel 1992: 8.

In Zusammenhang mit der Frauengesundheitsbewegung der 70er und 80er Jahre wurde die klinikgebundene, inzwischen sehr technisierte Geburtshilfe in Teilen der Öffentlichkeit mit dem Ziel kritisch diskutiert (Frasch 1987), die Geburt wieder stärker als natürlichen Vorgang zu begreifen. Gesunde Frauen bedürfen nach diesem Verständnis bei normal verlaufender Schwangerschaft nicht notwendigerweise einer technisierten Geburtsmedizin in der Klinik.

1987 wurde das erste Geburtshaus gegründet. Zu den alternativen Angeboten zu entbinden, die sich seit dieser Zeit in Deutschland etablierten, gehören von Hebammen betriebene Entbindungsheime sowie von Ärztinnen und Ärzten oder von Hebammen geleitete Geburtspraxen. 1997 gab es bundesweit 40 Geburtshäuser.

Nach einem Prozeß der kontroversen Diskussion der Vor- bzw. Nachteile der außerklinischen Geburt, begannen auch die Kliniken allmählich ihre Angebote zur Entbindung auszubauen. Zunehmend wurde den individuellen Wünschen und Ansprüchen der Frauen Rechnung getragen (Kleine-Deppe et al. 1996). Neuerungen betrafen in den 80er Jahren bereits die Möglichkeit der Teilnahme des Partners an der Entbindung, „rooming in"-Angebote und in den letzten Jahren auch die Entbindung selbst. Nicht mehr die alleinige Fixierung auf das Kreißbett zur Entbindung, sondern immer mehr alternative Angebote stehen auch bei Klinikentbindungen zur Wahl.

Seit 1986 bestimmt das Hebammengesetz, daß bei jeder Geburt eine Hebamme anwesend sein muß. Allein oder in Zusammenarbeit mit einer ärztlichen Geburtshelferin oder einem Geburtshelfer betreuen Hebammen die Schwangere vor und während der Geburt und übernehmen die Nachsorge in den 10 Tagen nach der Entbindung. In den westlichen Bundesländern arbeitet etwa die Hälfte der Hebammen freiberuflich, wobei wie bei den angestellten Hebammen der Hauptarbeitsplatz immer noch das Krankenhaus ist. In den ostdeutschen Bundesländern lag 1995 die Hebammendichte mit 5,5 je l00.000 der Bevölkerung unter der im Westen, hier lag der Anteil der freiberuflichen Hebammen 1990 bei 9,4 (StBA 1998a).

Beispiel Berlin

Anhand des Beispiels Berlin läßt sich die Zunahme der ambulanten Entbindungen in den vergangenen zwei Jahren gut erkennen. Berlin ist wegen der zur Verfügung stehenden Informationen gewählt worden, jedoch wird vermutet, daß andernorts analoge Verhältnisse vorliegen.

Im Jahresgesundheitsbericht Berlin wird die klinische von der außerklinischen Geburtshilfe unterschieden. Zur klinischen Geburtshilfe zählen neben den Klinikentbindungen auch die ambulanten Entbindungen im Kreißsaal. Zur außerklinischen Geburtshilfe rechnet in Berlin nicht nur die Geburtshilfe in den Geburtshäusern, sondern auch diejenige bei niedergelassenen Ärztinnen und Ärzten und Hebammen.

Zwischen 1980 und 1990 erhöhte sich der Anteil der ambulanten Entbindungen von 1,7 % auf 5,8 %, der Anteil der außerklinisch begonnenen und beendeten Entbindungen von 1,7 % auf nur 3,3 %. Gleichzeitig ist der Anteil der außerklinisch begonnenen und klinisch beendeten (sekundär klinischen) Entbindungen an allen außerklinisch begonnen

Entbindungen von 39,4 % auf 13,9 % zurückgegangen. Von 1990 an erhöhte sich bis 1996 die Rate der ambulanten Entbindungen in Berlin-West von 5,8 % auf 7,7 %, während die außerklinisch begonnenen und beendeten Entbindungen auf einem Niveau von 3,1 % bis 3,5 % verharrten (1996: 3,1 %). In Berlin-Ost gab es bis 1991 keine sogenannten ambulanten Geburten. Aber schon 1996 haben in diesem Teil der Stadt 2,9 % der in Kliniken entbundenen Schwangeren ambulant entbunden. Der Anteil der außerklinisch entbunden Schwangeren hat sich in Ost-Berlin zwischen 1990 und 1996 sogar von 1,1 % auf 4,4 % erhöht und liegt damit über dem Anteil im westlichen Teil der Stadt.

Zusammenfassend läßt sich sagen, daß ambulante Entbindungen im betrachteten Zeitraum von 15 Jahren stetig zugenommen haben, die außerklinischen Entbindungen dagegen nicht. Bei diesen hat sich offenbar eine zunehmend sicherere Auswahl eingestellt, so daß Sekundäreinweisungen von ca. 40 % auf 15 % gesenkt werden konnten (Jahresgesundheitsberichte Berlin 1982 – 1997).

6.5.3.2 Frühgeburten

Die reife, rechtzeitige Geburt erfolgt nach einer Tragzeit von wenigstens 37 vollendeten Wochen. Der Säugling hat ein Geburtsgewicht von 2.500 g und mehr (Normal Birth Weight = NBW). Eine Frühgeburt erfolgt nach einer Tragzeit von weniger als 37 vollendeten Wochen (37/7) und hat ein Geburtsgewicht von 2.499 g und weniger (Low Birth Weight = LBW). Darunter gibt es weitere Unterteilungen, von denen hier nur die mit einer Tragzeit von weniger als 37 Wochen (Gewicht zwischen 2.499 g bis 1.500 g, Heavy Low Birth Weight = HLBW) und diejenige mit einer Tragzeit von weniger als 33 Wochen (Gewicht von 1.499 g und weniger, Very Low Birth Weight = VLBW) genannt werden sollen. Neugeborene mit einem Gewicht von 999 g und weniger werden als Kinder mit einem extrem niedrigen Geburtsgewicht bezeichnet (ELBW = Extreme Low Birth Weight; vgl. Klebanov 1994 nach WHO modifiziert).

Tabelle 6.5-7 Häufigkeit der Frühgeburten nach Bundesländern 1997

Bundesland	Unter 32 Wochen	32 - 36 Wochen	Gewicht < 2.500 g
		in %	
Berlin	1,8	6,9	6,9
Brandenburg	0,9	6,4	5,6
Sachsen	1,2	5,9	5,8
Sachsen-Anhalt	1,3	7,0	6,7
Thüringen	0,9	6,3	6,0
Baden-Württemberg	0,8	6,4	6,5
Bayern	1,4	6,8	6,7
Niedersachsen	1,2	6,6	6,5
Rheinland-Pfalz	0,9	12,0	6,3
Westfalen-Lippe	1,3	7,0	6,7

Quelle: Perinatalerhebungen der Bundesländer 1997, eigene Zusammenstellung.

Zwischen 8 % und 10 % aller Neugeborenen werden zu früh geboren. Die Frühgeburt ist die Hauptursache für die neonatale Morbidität und Mortalität. Nach den wenigen bisher vorliegenden Studien zum Schicksal ehemaliger frühgeborener Kinder (Saigal et al. 1994a, 1994b; Klebanov et al. 1994; Hack et al. 1994) sind langfristige Entwicklungsstörungen bei entsprechender Förderung aller Frühgeborenen nur bei den sehr kleinen Frühgeborenen (Very Low Birth Weight und Extreme Low Birth Weight) zu erwarten. Seit 1980 ist die Rate der Frühgeborenen nahezu unverändert geblieben (Künzel 1995; Briese 1995). Bis heute konnten die Hintergründe für die unterschiedliche Häufung von Frühgeburten in den einzelnen Bundesländern nicht geklärt werden.

Frühgeburten werden meist mit dem Zusammenwirken verschiedener Faktoren (multikausal) erklärt. Sie sind sowohl direkt somatisch (Schädigung der Gefäße durch Nikotin, Infektionen) als auch indirekt durch soziale oder psychische Belastung bedingt. Ob es unter den als hinreichend erkannten Ursachen auch eine notwendige Ursache gibt, z. B. die Schädigung der Gefäße, weiß man nicht.

Etwa der Hälfte aller Frühgeburten gehen körperliche Schädigungen voraus. Frauen mit Frühgeburten hatten eine oder mehrere Erkrankungen während der Schwangerschaft und wurden weitaus häufiger stationär behandelt als Frauen mit ausgetragener Schwangerschaft. Auch im Zusammenhang mit der assistierten Konzeption treten häufiger Frühgeburten auf. So ist aus einer Veröffentlichung der Perinatologischen Arbeitsgemeinschaft Niedersachsen zu entnehmen, daß in der Zeit der Zunahme der assistierten Konzeption zwischen 1982 und 1992 der Anteil der Neugeborenen unter 1.000 g Geburtsgewicht in Bayern und Nordrhein-Westfalen von 0,2 % auf 0,4 %, in Hessen von 0,2 % auf 0,3 % gestiegen und in Niedersachsen auf 0,3 % geblieben ist. Bemerkenswert bleibt, daß sich die Sterblichkeit dieser Neugeborenen mit extrem niedrigem Geburtsgewicht in dieser Zeit von ca. 50 % auf ca. 25 % vermindert hat (Perinatologische Arbeitsgemeinschaft Niedersachsen o. J.). Ein Zusammenhang wird auch zwischen vorangegangenen gynäkologischen Erkrankungen und einer erhöhten Frühgeburtlichkeit hergestellt. Sie tritt bei Frauen mit mehrfachen Unterleibserkrankungen bzw. Unterleibsoperationen häufiger auf (Fritz/Krüger 1992). Auch mit dem Alter der Schwangeren werden Frühgeburten in Verbindung gebracht. Bei den unter 19jährigen Frauen sowie bei den über 30jährigen wird der Anteil der Frühgeburten durchschnittlich höher angegeben. Hier liegt nahe, daß weniger das Alter die Frühgeburt bedingt, sondern andere Ursachen wie die soziale Situation die höhere Frühgeburtlichkeit bedingen (vgl. 6.5.2.3).

Zu den sozioökonomischen Variablen, die als Risikofaktor für eine Frühgeburt gelten, zählen niedriger sozialer Status, geringe Ausbildung und unqualifizierte Berufsarbeit. Diese Variablen werden häufig von einem geringen Gesundheitsbewußtsein und geringer Inanspruchnahme von Vorsorgeuntersuchungen begleitet.

Frühgeburten stehen auch in Zusammenhang mit Konsumgewohnheiten. Eine prospektive Studie der DFG ergab bei regelmäßigem Alkoholgenuß während der Schwangerschaft eine signifikante Verkürzung der Schwangerschaftsdauer (weniger als 259 Tage). Dies betraf 14,4 % gegenüber 9,4 % der Kontrollgruppe (Fritz/Krüger 1992). Dem Alkoholgenuß während der Schwangerschaft als alleinigem Faktor wird jedoch nur ein geringer Einfluß auf die Schwangerschaftsdauer zugeschrieben. Vielmehr wirkt die Kombination mehrerer Faktoren wie Rauchen und Alkohol in ihrer Verbindung zur sozialen Lage und Herkunft der Schwangeren (ebd.). Alkoholgenuß in der Schwangerschaft führt aber zu Fehlbildungen und schwerwiegenden Verhaltensänderungen bei den Kindern.

Auch Belastungen durch die allgemeine Lebenssituation können zu einer Frühgeburt führen. Die seelischen Belastungen bestehen weniger in einzelnen traumatischen Lebensereignissen als vielmehr in einer Lebenssituation chronischer Überforderung, verbunden mit unzureichenden Mitteln zu ihrer Bewältigung (Börgens 1995). Dudenhausen ermittelte, daß vor allem Ausländerinnen, die gerade aus Krisengebieten nach Deutschland kamen, durch solche Extremsituationen stark belastet sind und das relativ höchste Frühgeburtenrisiko haben (ebd.).

6.5.3.3 Stillen

Die Entscheidung für oder gegen das Stillen fällt jede Frau selbst. Sie tut dies jedoch vor dem Hintergrund kultureller und gesellschaftlicher Vorstellungen, die dieses Verhalten positiv oder negativ bewerten. Im Laufe der Geschichte wechselten Zeiten häufigen Stillens mit Zeiten seltenen Selbst-Stillens ab (Baumslag 1992). Während in den 60er Jahren unter dem Eindruck qualitativ verbesserter Milchprodukte der Industrie dem Stillen wenig Bedeutung beigemessen wurde, sind heute die Vorteile des Stillens für Säuglinge unbestritten. Dabei geht es nicht nur um die Ernährung des Säuglings, sondern Mutter und Kind gehen hier eine emotionale und kooperative Beziehung miteinander ein (Bergmann/Bergmann 1995: 9).

Ausschließliches Stillen wenigstens in den ersten vier bis sechs Monaten vermindert u. a. das Risiko einer Magen-Darm-Erkrankung beim Säugling (Howie et al. 1990) und es reduziert kindliche Atopien. Eine längere Stillzeit wird auch als protektiver Faktor für die Entstehung von Brustkrebs bei Frauen beschrieben (ebd.: 14; StBA 1998a: 175). Bis 1995 sollten nach einem Beschluß der WHO in allen Mitgliedsländern Nationale Komitees zur Förderung des Stillens eingerichtet werden. In Deutschland wurde in dem genannten Jahr am Robert-Koch-Institut die Nationale Stillkommission gegründet (Tietze et al. 1995: 5). Damit entstand ein gemeinsames offizielles Forum für Ärztinnen und Ärzte, Hebammen und die zahlreichen, seit langem bestehenden Selbsthilfeorganisationen zur Förderung der Stillkultur.

In der Tabelle 6.5- werden mangels repräsentativer Untersuchungen zum Stillverhalten, die Ergebnisse verschiedener Studien zusammengefaßt. Diese Untersuchungen zeigen, daß die Mehrzahl der Frauen heute bei der Entlassung aus der Klinik ihr Kind stillen, die Bereitschaft oder die Fähigkeit dazu jedoch bereits nach dem ersten Lebensmonat und mit jedem weiteren abnimmt. Mit einem halben Jahr bekommt noch etwa jeder dritte Säugling Muttermilch. Die Intensität des Stillens kann dabei sehr verschieden sein. Aus der 1991 von Nolting et al. (1993) durchgeführten Querschnittsstudie geht hervor, daß bis zum Ende des ersten Lebensmonates 57,1 % der Mütter ohne Zufütterung stillten und 19,0 % teilstillten, die entsprechenden Raten dann aber bis zum siebten Lebensmonat auf 17,6 % bzw. 8,0 % absanken. Im vierten Lebensmonat, dem Zeitpunkt, bis zu welchem die Deutsche Gesellschaft für Ernährung und die Weltgesundheitsorganisation das Vollstillen empfehlen, ernährten noch 31,4 % der Mütter ihre Säuglinge ausschließlich mit Muttermilch und 13,5 % stillten teilweise (Nolting et al. 1993: 88).

Tabelle 6.5-8 Stillfrequenz und Stilldauer nach empirischen Erhebungen ohne Differenzierung nach Voll- und Teilstillenden (Stillende gesamt)

Autoren (Erscheinungsjahr) Erhebungsjahr	Untersuchungs- gruppe N	Stillfrequenz jeweils zu Ende des angegebenen Lebensmonates in Prozent der Untersuchungsgruppe							
		KE[1]	2.	3.	4.	5.	6.	7.	8.
Kersting et al. (1987) 1981-83	1.489	82/91	-	-	-	-	-	-	-
Kersting/Schöch (1995) 1986-89	633	90	-	-	-	-	-	-	-
Dallinger (1985) 1985	1.000	91	64	53	40	29	25	22	18	15
Böttcher et al. (1987) 1984	keine Angabe	92[2] 99[3]	-	-	-	-	-	-	-
Kloppenburg-Frehse/ Koepp (1993) 1987	373	-	86	73	65	59	52	46	-	-
Nolting et al. (1993) 1991	3.330	-	76	60	57	45	37	34	26	-
Bergmann et al. (1994) 1992	1.065	92	75	-	57	-	38	38	-	-
Lange-Lentz (1995) 1995	204	89	82	72	64	57	53	45	32	24

1) Klinikentlassung
2) Neugeborenen-Station
3) Rooming-in-Station

Quelle: Tietze/Lange-Lenz 1995: 34; modifizierte und ergänzte Fassung.

Aufklärung über die Bedeutung des Stillens brauchen besonders junge Frauen und Frauen mit einer geringen schulischen und beruflichen Ausbildung (Kloppenburg-Frehse/Koepp 1993: 699; Tietze et al. 1998b: 156; Bergmann et al. 1994: 415). Sie stillen schneller ab und füttern auch eher zu als Frauen mit höherer Bildung und einem Alter von über 25 Jahren. Die genannten Studien kommen weiter zu dem Ergebnis, daß organisatorische Bedingungen, so das Anlegen des Säuglinges bereits im Kreißsaal (Kloppenburg-Frehse/Koepp 1993: 699) und 'rooming in', die Stillfrequenz erhöhen.

6.5.4 Komplikationen in der Schwangerschaft, der Geburt und des Wochenbettes

Schwangerschaft und Geburt sind natürliche Prozesse; sie verlangen von den schwangeren Frauen eine Reihe körperlicher, seelischer und sozialer Adaptationsleistungen. Während der Schwangerschaft und der Geburt kann es jedoch zu Gesundheitsstörungen und Komplikationen kommen. Diese stehen im Mittelpunkt des folgenden Abschnitts.

Zur Beschreibung von Komplikationen der Schwangerschaft, der Geburt und des Wochenbettes wird auf die Krankenhausstatistik der Gesetzlichen Krankenkassen 1996 zurückgegriffen. Mit dieser Statistik wird für die weiblichen Mitglieder der gesetzlichen

Krankenkassen sowie die Angehörigen von gesetzlich Versicherten in Deutschland die stationäre Morbidität während Schwangerschaft, Geburt und Wochenbett dokumentiert. Diese Komplikationen werden dem ICD-9 entsprechend in der Krankenartenklasse XI mit insgesamt 46 Einzeldiagnosen erfaßt. Diese Einzeldiagnosen werden in folgenden fünf Komplikationsgruppen zusammengefaßt:

- 630-639 - Schwangerschaft mit nachfolgender Fehlgeburt;
- 640-648 - Komplikationen, die hauptsächlich im Zusammenhang mit der Schwangerschaft auftreten;
- 650-659 - normale Entbindung sowie andere Indikationen zur Behandlung während der Schwangerschaft, bei Wehen und Entbindung;
- 660-669 - Komplikationen, die hauptsächlich im Verlauf der Wehen und der Entbindung auftreten;
- 670-676 - Komplikationen im Wochenbett.

In der Krankheitsartengruppe XI werden auch die normalen Geburten (ICD 650) sowie legale Schwangerschaftsabbrüche (ICD 635) erfaßt. Die Tatsache, daß normale Geburten sowie legale Schwangerschaftsabbrüche in die Klasse der Komplikationen der Schwangerschaft, der Geburt und des Wochenbettes subsumiert werden, deutet auf ihre Wahrnehmung und Einordnung als nicht normaler, kranker Zustand. Beide Diagnosen werden aus der folgenden Darstellung ausgeklammert.

Die Daten geben keine Auskunft über den Komplikationsverlauf, typische Kombinationen von Komplikationen oder den Anteil der anderweitig, d. h. ambulant behandelten Komplikationen. Ebensowenig geben sie Auskunft über die Qualität sowie die Notwendigkeit einer stationären Einweisung.

In den folgenden beiden Abschnitten wird gezeigt, welchen Anteil an der stationären Morbidität die Komplikationen in der Schwangerschaft, der Geburt und im Wochenbett bei Frauen im fertilen Alter insgesamt haben und welchen Stellenwert die einzelnen Komplikationen einnehmen.

6.5.4.1 Komplikationen in der Schwangerschaft, bei der Geburt und im Wochenbett im Spiegel der stationären Morbidität

Schwangerschaftskomplikationen spielen eine große Rolle im Krankheitsgeschehen von Frauen im fertilen Alter. 1996 wurden 556.088 Fälle oder eine Rate von 377,71 je 10.000 Frauen zwischen 15 und 45 Jahren wegen einer Schwangerschafts- oder Geburtskomplikation im Krankenhaus behandelt. Damit plazierten sich die Komplikationen in der Schwangerschaft, der Geburt und des Wochenbetts bemerkenswerterweise an erster Stelle in der gesamten Krankenhausbehandlung dieser Altersgruppe. Abbildung 6.5-1 veranschaulicht dies und informiert über die zehn wichtigsten Krankheitsarten.

Abbildung 6.5-1: Die zehn häufigsten 1996 im Krankenhaus behandelten Krankheitsarten bei Frauen zwischen 15 und 45 Jahren

Quelle: StBA 1996c, Krankenhausstatistik, eigene Berechnungen.

Neben den Komplikationen in der Schwangerschaft gehören zu den typischen Gesundheitsproblemen dieser Lebensphase auch die gynäkologischen Erkrankungen. Während sie 1996 bei Frauen der fünft häufigste Anlaß waren, um in ein Krankenhaus eingewiesen zu werden (vgl. Kapitel 3.4), rangierten sie in der Altersgruppe zwischen 15 und 45 Jahren mit 324.900 Fällen oder einer Rate von immerhin 220,68 auf Platz zwei. Das ist ein für die Frauengesundheitsberichterstattung wichtiges Ergebnis. Es unterstützt die bereits im Kapitel 3 im Zusammenhang mit den Krankheiten der Harn- und Geschlechtsorganen geübte Kritik an den geltenden Standards der Gesundheitsberichterstattung und zeigt, daß die Kapitel X und XI in den Katalog der zu erfassenden und zu analysierenden Gesundheitsprobleme zu integrieren sind.

An dritter Stelle der Krankenhausbehandlung rangierten mit 218.958 Fällen oder einer Rate von 148,72 die Krankheiten des Atmungssystems (VIII), mit 192.622 Fällen oder einer Rate von 130,83 die Neubildungen (II) und mit 189.891 Fällen oder einer Rate von 128.98 die Verletzungen und Vergiftungen (XVII). Der sechst häufigste Anlaß für eine Krankenhauseinweisung war mit 162.675 oder einer Rate von 110,49 eine Diagnose aus dem Kapitel IX (Krankheiten des Verdauungssystems), gefolgt von den Skelett- und Muskelerkrankungen (Kapitel XIII) mit 124.623 Fällen oder einer Rate von 84,65, den Kreislauferkrankungen (Kapitel VII) mit 124.301 Fällen oder einer Rate von 84,43, den Psychiatrischen Krankheiten (Kapitel V) mit 91.177 Fällen oder einer Rate von 61,93, An zehnter Stelle plazierten sich die Krankheiten des Nervensystems (VI) mit 89.830 Fällen oder einer Rate von 61,02 je 10.000 Frauen zwischen 15 und 45 Jahren.

6.5.4.2 Die Bedeutung einzelner Komplikationen resp. der fünf Komplikationsgruppen

Kenntnisse über die wichtigsten Komplikationen in der Schwangerschaft, unter der Geburt und im Wochenbett sind Voraussetzung für eine gezielte Intervention hinsichtlich ihrer Ursachen sowie ihrer Behandlung.

Den größten Anteil – das veranschaulicht Abbildung 6.5-1 - an den Krankenhausaufenthalten hatten mit einer Rate von 148,85 je 10.000 Frauen zwischen 15 und 45 Jahren die Komplikationen, die hauptsächlich im Zusammenhang mit der Schwangerschaft standen (640-648). Ihnen folgten mit einer Rate von 80,72 die Komplikationen, die hauptsächlich im Verlauf der Wehen und der Entbindung auftreten (660-669). An dritter und vierter Stelle plazierten sich mit nur geringem Unterschied die Schwangerschaften mit nachfolgender Fehlgeburt (630-639 exkl. 635) mit einer Rate von 73,27 und andere Indikationen während der Schwangerschaft (650-659 exkl. 650) mit einer Rate von 68,73. Am seltensten, mit 6,15 je 10.000 Frauen waren die Komplikationen im Wochenbett (670-676)

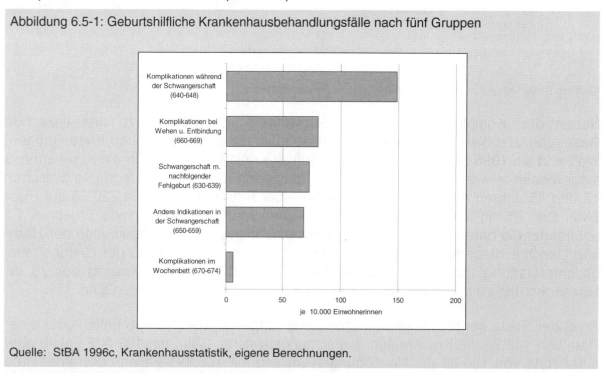

Abbildung 6.5-1: Geburtshilfliche Krankenhausbehandlungsfälle nach fünf Gruppen

Quelle: StBA 1996c, Krankenhausstatistik, eigene Berechnungen.

Unter den über vierzig 1996 im Krankenhaus behandelten Diagnosen waren die vorzeitigen oder drohenden Wehen, eine Komplikation, die zur Öffnung des Muttermundes und zu einer Frühgeburt führen kann und oft Folgen für die kindliche Entwicklung hat, am häufigsten. Insgesamt wurden 90.680 Fälle gezählt, was auf 10.000 Frauen zwischen 15 und 45 Jahren berechnet eine Rate von 61,52 ergab. Eine weitere wichtige Komplikation war der Missed abortion, der vorzeitige Fruchttod. Er wurde in 49.506 Fällen diagnostiziert und betraf immerhin 33,40 je 10.000 der Frauen im fertilen Alter. Ihm folgten die Blutungen in der Frühschwangerschaft mit einer Rate von 24,45 oder 36.047 Fällen und der Spontanabort mit einer Rate von 18,68 oder 27.787 Fällen. Die vier wichtigsten Diagnosen betrafen also Komplikationen mit Folgen vor allem für den Fetus.

In der Mehrzahl der Fälle verlaufen Entbindungen glatt und ohne größere Störungen. Wenn es aber zu einer Störung kommt, dann sind es mit 18.998 Fällen oder einer Rate von 12,89 am häufigsten die Lageanomalien, die den Ablauf der Entbindung behinderten. Das gesundheitliche Befinden der Frauen selbst wird, folgt man den Krankenhausdaten, vor allem durch starkes Erbrechen oder Bluthochdruck beeinträchtigt. Die Hyperemesis (Erbrechen) wurde in 17.083 Fällen behandelt und die Hypertonie in 14.976 Fällen. Komplikationen im Wochenbett, wie Fieber oder andere Infektionen, beeinflußten 1996 und sicher auch die Jahre davor, kaum noch das mütterliche oder kindliche Wohlbefinden.

Es läßt sich festhalten, daß die Mehrzahl der im Zusammenhang mit Schwangerschaft und Geburt stationär behandelten Fälle aufgenommen wurden, um die Schwangerschaft zu erhalten oder aus Sorge um die spätere Entwicklung des Kindes (Blutungen, drohende oder vorzeitige Wehen). Ein weiteres, für Frauen und Paare oft dramatisches, Ereignis stellen der vorzeitige Fruchttod oder der Spontanabort dar. Zu einer besonderen Belastung kann dies für Paare und Frauen werden, die damit schon mehrfach konfrontiert wurden oder sich seit vielen Jahre einer Fruchtbarkeitsbehandlung unterziehen (vgl. Kapitel 6.4). Die Häufigkeit der Diagnose vorzeitige Wehen macht zudem darauf aufmerksam, daß das Problem der untergewichtigen Frühgeburten nicht gebannt ist und zeigt angesichts des Zusammenhanges zu psychosozialen Stressoren, daß nicht wenige Frauen in einer konfliktären familiären, partnerschaftlichen oder beruflichen Situationen leben. In diesen Fällen kann die Krankenhausbehandlung eine medizinische Überversorgung bei gleichzeitiger psychosozialer Unterversorgung bedeuten.

6.5.5 Zusammenfassung

Schwangerschaft und Geburt sind wichtige biographische Erfahrungen. Sie unterliegen spezifischen Anforderungen und Aufgaben und führen zu erheblichen Veränderungen in der Lebenssituation. Zu den Faktoren, die das Verständnis und Erleben von Schwangerschaft und Geburt beeinflussen, zählen die in den vergangenen Jahren veränderten Lebensformen ebenso wie neue medizinische Techniken sowie gesellschaftliche Rahmenbedingungen.

Für den Verlauf und Ausgang einer Schwangerschaft sind eine Reihe Faktoren wie rechtliche Regelungen, soziale Unterstützungsleistungen oder gesundheitliche Versorgung relevant. In Deutschland ist die Mütter- und Säuglingssterblichkeit sehr gering. In den alten Bundesländern wird eine regelmäßige Schwangerenvorsorge seit ihrem Eingang in die Reichsversicherungsordnung 1966 durchgeführt. Richtlinien für die Betreuung sind die Mutterschaftsrichtlinien, in denen der Umfang und die Art der Untersuchungen festgelegt werden.

Die Schwangerenvorsorge ist in Deutschland gut ausgebaut und liegt vor allem in den Händen der niedergelassenen Frauenärztinnen und -ärzte. Die Kosten werden durch die Krankenkassen getragen. Die Richtlinien für die Betreuung sind die Mutterschaftsrichtlinien, in denen Umfang und Art der Untersuchungen festgelegt werden.

Das Schwangerenvorsorgeprogramm wird von den Frauen gut angenommen. Etwa drei Viertel der Schwangeren nehmen mehr als zehn Vorsorgeuntersuchungen in Anspruch. 1997 hatten sich bis zur 13. Woche je nach Bundesland zwischen 80 % und 90 % erstmals einer vorsorgenden Untersuchung unterzogen. Dabei liegt der Erstkontakt immer früher.

Typisch für Deutschland ist eine sehr geringe Mütter- und Säuglingssterblichkeit, allerdings auch eine hohe Zahl der als Risiko eingeordneten Schwangerschaften.

Obwohl in den vergangenen Jahren die Möglichkeit außerhalb des Kreißsaales zu entbinden zugenommen hat, kommen in der Bundesrepublik noch immer ca. 98 % aller Kinder hier zur Welt. Bundesweit wird der Anteil von Entbindungen außerhalb von Kliniken, beispielsweise in Geburtshäusern, auf zwei Prozent geschätzt. Einen höheren Anteil an Entbindungen in Geburtshäusern gibt es in Großstädten wie Hamburg oder Berlin, die zugleich die Stadt mit der größten Geburtshäuserdichte in Deutschland ist.

Die Frühgeburt ist die Hauptursache für die neonatale Morbidität und Mortalität. Seit 1980 ist die Rate der Frühgeborenen nahezu unverändert geblieben. Immer noch werden zwischen 6 % und 7 % aller Neugeborenen zu früh geboren. Dabei ist die Frühgeborenenrate in den einzelnen Bundesländern recht verschieden. Die Gründe dafür sind bisher nicht bekannt. Bei der Suche danach muß davon ausgegangen werden, daß das Frühgeborenengeschehen multifaktoriell bedingt ist und hier sowohl somatische wie auch soziale oder psychische Belastungen eine Rolle spielen. In die Beantwortung der Frage muß zudem einbezogen werden, daß es in den vergangenen Jahren es auch im Zusammenhang mit assistierten Konzeptionen zu einem Anstieg der Frühgeburtlichkeit gekommen ist.

Wenn schwangere Frauen mit Komplikationen während der Schwangerschaft der Geburt und des Wochenbettes ins Krankenhaus kommen, dann vor allem wegen: vorzeitigen Wehen, Blutungen in der Frühschwangerschaft, Aborten, starkem Erbrechen oder Bluthochdruck. Dabei hat die Krankheitsklasse "Komplikationen in der Schwangerschaft, der Geburt und des Wochenbetts" eine für die Gesundheit von Frauen zwischen 15 und 45 Jahren außerordentliche Bedeutung. Sie sind der in dieser Altersgruppe im Vergleich zu allen anderen Krankheitsklassen mit Abstand häufigste Anlaß für eine Klinikeinweisung.

Nach der Geburt ist das Stillen ein wichtiges Thema. In den vergangenen Jahren wurde das Stillen stark aufgewertet und seine gesundheitsförderlichen Effekte untersucht. Mittlerweile ist bekannt, daß ausschließliches Stillen in den ersten vier bis sechs Monaten das Risiko von Magen-Darm-Erkrankungen beim Säugling vermindert sowie kindliche Atopien reduziert. Die Faktoren, welche den Verlauf und Ausgang der Schwangerschaft beeinflussen können, sind auch für die Bereitschaft zum Stillen wichtig.

An verschiedenen Stellen des Berichts wird sichtbar, daß sozial benachteiligte Frauen ungünstigere Schwangerschaftsbedingungen haben und auch medizinisch benachteiligt werden. Sie verhalten sich gesundheitlich riskanter, stillen schneller ab, gehen später und seltenere zur Schwangerenvorsorge und werden ärztlich nicht immer so geleitet, wie es die Mutterschaftsrichtlinien verlangen.

Vieles an der Schwangerenvorsorge und der Betreuung von schwangeren Frauen ist in Deutschland vorbildlich. Das zeigen die Ergebnisse der Mütter- und Säuglingssterblichkeit. Dafür spricht auch die hohe Akzeptanz der Schwangerenvorsorge durch die werdenden Mütter. Mit dem vorliegenden Bericht entstehen aber auch eine Reihe von grundlegenderen und zunehmend häufiger debattierten Fragen. So unterstützen die vielen Krankenhausfälle wegen Komplikationen in der Schwangerschaft und die Tatsache, daß in Deutschland zwei Drittel aller Schwangerschaften als Risikoschwangerschaft etikettiert werden, die Diskussionen um die Praxis des Risikokonzepts. Grundsätzlich stellt sich hier die Frage, wie unter Beibehaltung der zur Erkennung von Risiken geschärften Aufmerksamkeit des betreuenden Arztes/der Ärztin dennoch der Blick auf die Schwangerschaft und Geburt als 'normale' Ereignisse nicht verstellt wird oder was dafür getan werden kann, daß bei der risikoorientierten medizinischen Sichtweise nicht vergessen wird danach zu fragen, was das Etikett "Risikoschwangerschaft" für die Schwangere selbst bedeutet. In den Debatten um das Risikokonzept gibt es eine Reihe interessanter Vorschläge. So wird argumentiert, daß eine Gesamtrisikoeinschätzung und eine Klassifikation in high-risk und low-risk Schwangerschaften eine differenziertere Betreuung ermöglichen würde und dies im sowohl gesellschaftlichen (ökonomischen) wie individuellen (Unter- versus Überversorgung) Interesse liege. Die Betreuung steht auch im Zentrum der Diskussion, wenn es um die Erweiterung der psychosozialen Betreuung geht. Mehr psychosoziale Begleitung wird für alle Frauen gefordert. Zudem könnte sie beispielsweise ein Weg sein, vorzeitige Wehen, eine der häufigsten und oft psychosozial verursachten Komplikationen, wirksamer als bisher zu bekämpfen.

Insgesamt ist festzuhalten, daß psychosoziale Angebote ein stärkeres Gewicht bekommen, diese aber risikogruppenspezifisch ausgerichtet werden sollten. Frauen mit Komplikationen, der unteren Sozialschicht oder auch Migrantinnen brauchen andere Informationen und inhaltlich auf ihre spezifischen Probleme abgestimmte Angebote. Auch bei den medizinischen Leistungen sollte es zunehmend darum gehen, diese gezielter einzusetzen.

7 Arbeit und Gesundheit

7.1 Spezifik weiblicher Arbeitsbelastungen und -ressourcen

Die spezifische Lebenslage von Frauen wird grundlegend durch Erwerbsarbeit und den Lebensbereich Familie determiniert. Das kommt in den Strukturdaten zur weiblichen Erwerbsarbeit und zum Leben mit Kindern in Kapitel 2 dieses Berichts deutlich zum Ausdruck. Für Frauen stellen Beruf und Familie nicht nur zwei Lebens-, sondern vor allem zwei Arbeitsbereiche dar, die extrem unterschiedlich und weitgehend komplementär organisiert und strukturiert sind und deshalb jeweils unterschiedliche, z. T. widersprüchliche Anforderungen an die Frauen stellen. Gleichzeitig sind beide Bereiche voneinander abhängig und ergänzen sich wechselseitig.

In der Familie werden grundlegende Ressourcen der menschlichen Daseinsvorsorge und –gestaltung geschaffen und reproduziert (BMFSFJ - 5. Familienbericht 1995: 146). Die Sicherung der Existenz der Familie bzw. ihrer Mitglieder setzt die Teilhabe am Erwerbsleben bzw. am Einkommen eines oder mehrerer Mitglieder der Familie voraus (Resch/Rummel 1993). Es existiert immer noch eine geschlechtsspezifische Arbeitsteilung, die trotz zunehmender Erwerbstätigkeit der Frauen die Haus- und Familienarbeit vornehmlich den Frauen zuschreibt. Dies schränkt die Möglichkeiten von Frauen im Erwerbsleben ein, die durch Anforderungen und Nachfrage des Arbeitsmarktes bestimmt werden, denn häufig wird immer noch davon ausgegangen, daß erwerbstätige Personen von ihren Alltagspflichten entlastet sind. Von dem Ausmaß der familiären Entlastung hängen daher die Freiräume für die Ausübung und Ausgestaltung der Erwerbsarbeit ab (Beck-Gernsheim 1981).

Die Qualität der Erwerbsarbeit bestimmt wiederum maßgeblich Struktur, Aufgabenzuschnitte und Bedingungen der Haus- und Familienarbeit, die zugleich mit unterschiedlichen Spielräumen versehen sind. Durch festgelegte Arbeitszeiten oder z. B. extreme Arbeitsformen wie Schichtarbeit kann der zeitliche Rahmen für die Haus- und Familienarbeit sehr eng gesteckt sein und die kooperative Aufgabenbewältigung von beiden Partnern nahezu unmöglich werden. Ein geringes Einkommen und restriktive Arbeitsbedingungen schränken auch die Spielräume der Haus- und Familienarbeit ein.

Unter dem Stichwort 'Doppelbelastung' wurde in der (Frauen-)Forschung lange Zeit der Blick auf die belastenden Anteile der zu erbringenden Koordinierungsleistungen gerichtet, die sowohl quantitative als auch qualitative Aspekte beinhalten. Auch wenn die Doppel- bzw. Mehrfachbelastung von erwerbstätigen Frauen mit Familie als belegt gelten kann, kann gleichzeitig angenommen werden, daß in dem Bereich Haus- und Familienarbeit als auch in der Kombination und Koordination der verschiedenen Lebensbereiche gesundheitliche Ressourcen liegen, die sich unter bestimmten Bedingungen positiv auf die Gesundheit von Frauen und ihre persönliche Weiterentwicklung auswirken können. Durch das Überwechseln von einem Lebensbereich in den anderen kann sich eine größere Variationsvielfalt, mehr Spielräume, Ausweich- und Kompensationsmöglichkeiten, sowie Möglichkeiten der Identitätsbildung und Sinngebung ergeben (Fokken/Lind 1994).

Hinsichtlich der positiven Anforderungen und gesundheitlichen Ressourcen, die in der Koordination der verschiedenen Lebensbereiche begründet sein können, liegen jedoch deutlich weniger Forschungsergebnisse vor. Erste Ansätze finden sich in der Frauengesundheitsforschung (z. B. Klesse et al. 1992) sowie in der neueren geschlechtersensitiven epidemiologischen und arbeitspsychologischen Forschung (Häussler et al. 1995; Resch 1998).

Ein Handeln in beiden Lebensbereichen kann somit für Frauen bedeuten, daß sie zwar in doppelter Weise Belastungen ausgesetzt sind, gleichzeitig aber auch über ein erweitertes Spektrum an Ressourcen verfügen. Dies mag der Grund dafür sein, daß von nahezu allen Frauen, die Beruf und Familie vereinbaren, die Möglichkeit in zwei Lebensbereichen handeln zu können als ein besonderer Vorzug genannt wird und zwar unabhängig vom sozioökonomischen Status oder der Art des ausgeübten Berufes.

7.1.1 Theoretische Erklärungsmodelle

Es liegen verschiedene Erklärungsmodelle zum Zusammenhang von Beruf, Familie und Gesundheit von Frauen vor. Es werden das 'job stress-model', das 'health benefits-model' und das 'multiple role-model' unterschieden (Sorensen/Verbrugge 1987). Während auf dem Hintergrund des 'job stress-models' vor allem die belastenden Aspekte der Erwerbsarbeit für die Gesundheit untersucht werden, stehen im 'health benefits-model' die positiven und gesundheitsförderlichen Aspekte von Arbeit im Mittelpunkt. Im Rahmen des 'multiple role-models' werden die gesundheitlichen Effekte der Rollenvielfalt untersucht. Neben der Analyse von Rollenüberlastung und Rollenkonflikten wird in neueren Untersuchungen die Bedeutung der Rollenqualität für die Gesundheit hervorgehoben (z. B. Baruch/Barnett 1986; Klesse et al. 1992), die sich wesentlich über die Balance zwischen Anforderungen und Nutzen der jeweiligen Rollen herstellt. Es wird davon ausgegangen, daß das Ausmaß von Be- oder Entlastung durch die jeweiligen Rollen und ihre Koordination von den spezifischen Lebensbedingungen abhängig ist. Dabei zählen sowohl objektive Situationsmerkmale als auch subjektive Einstellungen und Lebensorientierungen zu den konkreten Lebensbedingungen. Die Qualität der Erwerbsarbeit, z. B. die dort vorhandenen Handlungs- und Zeitspielräume, die Möglichkeiten zu Kooperation und Kommunikation, aber auch die Belastungen, die die Erwerbsarbeit beinhaltet, determinieren die Belastungs-Ressourcen-Bilanz in gleicher Weise, wie die Qualität der familiären Situation, die durch die ökonomischen Bedingungen, psychosoziale Aspekte, soziale Unterstützung und andere Faktoren gekennzeichnet ist. Im besonderen Maße bestimmt auch die subjektive Einstellung zur bzw. die Bewertung von Erwerbsarbeit und Familie und Kindern die Belastungs-Ressourcen-Bilanz (Jahn et al. 1998). Grundsätzlich werden als positive Effekte der Rollenvielfalt ein besseres Selbstwertgefühl und größere Lebenszufriedenheit, mehr Kontrolle über das eigene Leben und letztlich eine bessere Gesundheit und ein positiveres Wohlbefinden angegeben (ebd.).

Was ist nun unter Belastungen und Ressourcen im einzelnen zu verstehen? Arbeitsbelastungen, die die Gesundheit beeinträchtigen oder schädigen können, werden unterschieden in Umgebungsbelastungen (wie Lärm, Dämpfe, Hitze), körperliche Belastungen (wie einseitige Muskelbeanspruchungen, Heben schwerer Lasten) und psychomentale Belastungen, die sich aus der Arbeitsaufgabe, der Arbeitsorganisation, der Rolle oder dem sozialen Klima ergeben können (StBA 1998a: 143). Zu den psycho-mentalen Belastungsfaktoren gehören ein hoher Zeitdruck, Störungen und Unterbrechungen, monotone Arbeitsbedingungen, Konflikte mit Vorgesetzten oder Kollegen. Diese in der Belastungsforschung gängige Klassifikation bezieht sich auf die Erwerbsarbeit; ob durch sie auch Belastungen der Haus- und Familienarbeit angemessen erfaßt werden können, ist fraglich.

Mit Ressourcen sind die Bedingungen und Voraussetzungen des Erhalts der Gesundheit gemeint (Antonovsky 1979). Ressourcen können verstanden werden als „Hilfsmittel, die es dem Menschen erlauben, die eigenen Ziele trotz Schwierigkeiten anzustreben, mit den Streßbedingungen besser umzugehen und unangenehme Einflüsse zu verringern" (Frese 1994: 34). Es werden situative, soziale und personale Ressourcen unterschieden. Als zentrale situative bzw. aufgabenbezogene Ressourcen der Erwerbsarbeit werden beispielsweise in der arbeitspsychologischen Literatur ein großer Handlungsspielraum, Kontroll- und Einflußmöglichkeiten sowie Möglichkeiten zur Kooperation und Kommunikation genannt. Fokken (1992) weist in ihrem Überblicksartikel darauf hin, daß für die Lebenserwartung von Frauen Gefühle der Gestaltbarkeit (Autonomie) und Selbstbestimmtheit (Kontrolle) des eigenen Lebens von besonderer Wichtigkeit sind. Theoretische Überlegungen zu Ressourcen, die sich aus den konkreten Tätigkeiten der Haus- und Familienarbeit ergeben, fehlen weitgehend; erste Überlegungen finden sich bei Resch (1998).

Zu den sozialen Ressourcen zählen stabile und verläßliche Beziehungen und soziale Unterstützung, zu personalen Ressourcen zählen z. B. Gefühle und Einstellungen, daß das Leben durch das eigene Handeln positiv beeinflußt und kontrolliert werden kann. Die Bedeutung sozialer und emotionaler Ressourcen für die Gesundheit wird besonders in Untersuchungen zur Lebenssituation von erwerbstätigen Frauen bzw. Müttern betont (z. B. Küntzler 1994; Borchert/Collatz 1994).

Ressourcen ermöglichen einerseits, mit Belastungen besser umzugehen, andererseits haben sie auch eine eigenständige positive Wirkung auf die Gesundheit. Sie erweitern Kompetenzen und Fähigkeiten, fördern Gefühle der Selbstwirksamkeit und steigern das Wohlbefinden und die Zufriedenheit einer Person.

Die Forschung zu Belastungen der Erwerbsarbeit ist umfangreich. Belastungen und Ressourcen der Haus- und Familienarbeit sind hingegen kaum erforscht, auch im Gesundheitsbericht für Deutschland werden sie nicht behandelt. Um die Spezifik weiblicher Arbeitsbelastungen und –ressourcen zu erfassen, die sich wesentlich gerade durch das jeweilige Verhältnis von Belastungen und Ressourcen aus Beruf und Familie bestimmt, wäre ein konsistentes Forschungskonzept mit einheitlich verwendeten Begrifflichkeiten und Erhebungsmethoden dringend erforderlich. Da derzeit weder ein solches Forschungskonzept noch entsprechende aufeinander beziehbare Ergebnisse vorliegen, werden im folgenden die herkömmlichen und verfügbaren Beschreibungsmaße von Arbeitsbedingungen und Gesundheit herangezogen, einer geschlechterdifferenzierenden Auswertung unterzogen und um Ergebnisse aus Einzelstudien ergänzt.

7.1.2 Inhaltlicher Aufbau des Kapitels und verwendete Daten

Das folgende Kapitel gliedert sich in drei Themenabschnitte: Der erste und umfangreichste Abschnitt befaßt sich mit den Zusammenhängen und den Besonderheiten weiblicher Erwerbsarbeit und Gesundheit. Hier werden die Indikatoren zur Arbeitsunfähigkeit, zu Arbeitsunfällen, Berufskrankheiten und zu krankheitsbedingten Frühverrentungen einer geschlechtsspezifischen Auswertung unterzogen.

In einem ersten Schritt werden die Indikatoren zunächst im Geschlechtervergleich dargestellt (Abschnitt 7.2.2). Daran schließen sich vertiefende Darstellungen zu ausgewählten frauenspezifischen Berufen an, in denen die genannten Beschreibungsmaße berufs- und frauenspezifisch ausgewertet und um Ergebnisse aus Einzelstudien ergänzt werden (Abschnitt 7.2.3).

Datenquellen sind vor allem amtliche Statistiken der Krankenkassen bzw. des Bundesgesundheitsministeriums, des Bundesministeriums für Arbeit und des Statistischen Bundesamtes, Statistiken und Sonderberechnungen der gewerblichen Berufsgenossenschaften sowie der gesetzlichen Rentenversicherer. Um Hinweise auf spezifische erwerbsarbeitsbedingte Belastungen und subjektiv erlebte Beeinträchtigungen von Frauen zu erhalten, werden neben Ergebnissen aus Einzelstudien die repräsentativen Befragungsdaten des Nationalen Untersuchungssurveys (NUS) einer geschlechtsspezifischen und teilweise altersstandardisierten Auswertung unterzogen.

Für eine geschlechtersensitive Berichterstattung sind Daten erforderlich, die nach Geschlecht getrennt erhoben und aufbereitet werden. Diese Daten liegen nur teilweise vor. Für die Darstellung der Berufskrankheiten und Arbeitsunfälle wurden deshalb, basierend auf einer hochgerechneten 10 %-Statistik, eigens für diesen Bericht Sonderberechnungen vom Hauptverband der gewerblichen Berufsgenossenschaften durchgeführt und zur Verfügung gestellt. Damit ergab sich die Möglichkeit, sowohl Geschlechtervergleiche als auch berufsspezifische Zusammenhänge für Frauen darstellen zu können. Allerdings unterliegen auch die diesen Sonderauswertungen zugrunde liegenden Daten Einschränkungen ihrer Aussagekraft. So handelt es sich hier ausschließlich um Daten der gewerblichen Berufsgenossenschaften, in denen die der Beschäftigten im öffentlichen Dienst und der Landwirtschaft nicht enthalten sind. Da jedoch 78 % aller Arbeitsunfälle (vgl. Abschnitt 7.2.2.2) und 90 % der anerkannten Berufskrankheiten (vgl. Abschnitt 7.2.2.3) auf die gewerblichen Berufsgenossenschaften fielen, können die Daten wichtige Hinweise auf gesundheitliche Belastungsschwerpunkte von erwerbstätigen Frauen geben. Eine Repräsentativität ist damit jedoch nicht gewährleistet.

Es existieren auch keine geschlechterdifferenzierenden Relationsmaße (wie sie z. B. in der Bezugsgröße 'Vollarbeiter' oder 'Vollarbeiterin' gegeben wären) zur Beschreibung von Berufskrankheiten, Arbeitsunfällen und krankheitsbedingten Frühverrentungen. Dies ist ein Problem, da die absoluten Zahlen von Berufskrankheiten, Unfällen und krankheitsbedingten Frühverrentungen von Frauen und Männern im Vergleich wenig aussagen. Nur die Bezugnahme auf die jeweilige Grundpopulation ließe eine Aussage darüber zu, wie sich das Krankheits- und

Unfallgeschehen von Frauen und Männern unterscheidet und welche spezifischen Risiken ggf. vorliegen.

Um trotz fehlender geschlechterdifferenzierender Bezugsmaße wenigstens grobe Vergleichswerte hinsichtlich dieser Unterschiede zu erhalten, wird im folgenden so verfahren, daß die absoluten Zahlen der Berufskrankheiten, Arbeitsunfälle und die krankheitsbedingten Frühverrentungen des Jahres 1996 auf die jeweiligen Beschäftigtenzahlen des selben Jahres bezogen wurden. Das heißt, bei den so ermittelten Relationszahlen handelt es sich nicht um ein Maß, welches das tatsächliche Risiko einer Person in der entsprechenden Population beschreibt. Diese so ermittelten Werte dienen lediglich dazu, Männer und Frauen und später die verschiedenen Berufsgruppen in Hinblick auf die genannten Indikatoren miteinander vergleichen zu können, um so Hinweise auf mögliche Unterschiede und Gemeinsamkeiten zu erhalten.

Es folgt ein Abschnitt zum Thema Arbeitslosigkeit und Gesundheit, in dem die aktuelle Diskussion zu den besonderen Effekten der Erwerbslosigkeit auf Frauen berichtet wird. Auch hier werden neben Ergebnissen aus verschiedenen Einzelstudien die Daten aus dem Nationalen Untersuchungssurvey herangezogen und einer geschlechterdifferenzierenden Auswertung unterzogen. Es werden erwerbslose Frauen und erwerbslose Männer sowie erwerbstätige Frauen mit erwerbslosen Frauen und Hausfrauen in Hinblick auf ausgewählte Gesundheitsindikatoren miteinander verglichen.

Der dritte Abschnitt behandelt das Thema Haus- und Familienarbeit und Gesundheit. Hier wird zusammenfassend dargestellt, welche Forschungsergebnisse hinsichtlich spezifischer Belastungen und Ressourcen der Haus- und Familienarbeit vorliegen und inwieweit sich Hausfrauen von erwerbstätigen Frauen in Hinblick auf die gesundheitliche Lage unterscheiden. Zur Bedeutung der Familie und der in ihr liegenden Arbeitsanforderungen für die Gesundheit von Frauen liegt deutlich weniger repräsentatives Datenmaterial vor, das zudem nur sehr schwer mit den Indikatoren aus der Erwerbsarbeit vergleichbar ist. Neben den verfügbaren Repräsentativdaten aus Zeitbudgeterhebungen der Bundesregierung und vergleichenden Daten zur Lebenserwartung und dem Gesundheitszustand erwerbstätiger Frauen und Hausfrauen, werden ergänzend die Ergebnisse einer Literaturrecherche berichtet, in der zahlreiche Einzelstudien ausgewertet wurden.

Alle drei Abschnitte haben die gleiche Struktur. Zunächst werden Belastungen und Ressourcen dargestellt, anschließend werden die verfügbaren Indikatoren zur Beschreibung der Gesundheit erörtert. Jeder Abschnitt endet mit einem Resumee und mit Schlußfolgerungen für Forschung und Praxis einer frauengerechten Versorgung bzw. Gesundheitsförderung.

7.2 Frauenerwerbsarbeit und Gesundheit

Auch wenn frauentypische Arbeitsbedingungen nach wie vor ein blinder Fleck in der arbeitswissenschaftlichen Forschung sind, besteht dennoch Konsens darüber, daß sich die Erwerbsarbeitsbedingungen von Frauen und Männern unterscheiden und in Abhängigkeit von der jeweiligen Lebenslage maßgeblich die Gesundheit beeinflussen (z. B. Resch et al. 1994; Sonnentag 1996). In Kapitel 2 wurde bereits erkennbar, daß Erwerbsarbeitsbedingungen von Frauen durch die geschlechtsspezifische Arbeitsteilung und durch die Segregation des Arbeitsmarktes beeinflußt werden, die in der Regel mit schlechteren Arbeitsbedingungen verbunden sind und zu zahlreichen Benachteiligungen von Frauen führen. Der Gesundheitsbericht für Deutschland weist lediglich in Kapitel 3.7 zur Arbeitsunfähigkeit ausführlicher auf Geschlechterunterschiede hin, in den anderen Kapiteln zu erwerbsarbeitsbedingten Gesundheitsindikatoren (z. B. die Abschnitte 4.16 Berufskrankheiten und 3.8 Frühberentung) und auch im Kapitel 4.15 zu Belastungen aus der Arbeitswelt werden kaum geschlechtsspezifische Differenzierungen vorgenommen. Der folgende Abschnitt greift dieses Defizit auf und stellt Geschlechterunterschiede zu Belastungen und erwerbsarbeitsbedingten Gesundheitsindikatoren dar. Die Daten beziehen sich auf erwerbstätige Frauen und Männer in Deutschland, Unterschiede zwischen den neuen und den alten Bundesländern werden dort berichtet, wo sie deutlich vorliegen und wo Aufschlüsselungen nach Ost und West verfügbar waren.

7.2.1 Belastungen und Ressourcen der Erwerbsarbeit

Empirische Befunde zu Arbeitsbelastungen, die das Gesamtspektrum der erwerbstätigen Männer und Frauen in Deutschland abdecken, liegen derzeit nur in Form von Befragungsergebnissen vor. Bei den hier verwendeten Daten des Nationalen Untersuchungssurveys sind einige Einschränkungen zu beachten. Bedingt durch die ursprüngliche Forschungsfrage der Studie, innerhalb derer der Survey durchgeführt wurde (Forschungsverbund DHP 1998), und den daraus resultierenden Schwerpunktsetzungen sind Indikatoren, die für den geschlechtsspezifischen Zusammenhang von Arbeit und Gesundheit besonders relevant sind, nur fragmentarisch vorhanden und wenig differenziert. So fehlen geschlechtsspezifische Konkretisierungen, z. B. von frauentypischen Arbeitsbelastungen wie auch die Erfassung arbeitsbedingter Ressourcen. Methodische Einschränkungen, ergeben sich weiterhin durch die Tatsache, daß es sich um eine Querschnitterhebung und ausschließlich um Selbstbeurteilungen handelt (vgl. hierzu auch StBA 1998a: 144).

Im Rahmen des Nationalen Untersuchungssurveys wurden erwerbstätige Frauen und Männer anhand einer Liste mit 24 vorgegebener Belastungen danach befragt, was sie in ihrer derzeitigen Berufstätigkeit besonders stark belastet. Der Geschlechtervergleich ergibt nur geringfügige Unterschiede. Tabelle 7.2-1 zeigt, daß von Frauen wie auch von Männern am häufigsten Zeitdruck als starke berufliche Belastung genannt wird. Die zweithäufigste Belastung von Frauen ist eine unangenehme (einseitige) körperliche Beanspruchung, gefolgt von starken Konzentrationsanforderungen und häufigen Unterbrechungen und Störungen. Aber auch Überstunden, eine hohe Verantwortung für Menschen und Lärm belasten Frauen in Ost und West. Bei den Männern werden neben dem Zeitdruck als weitere Hauptbelastungen starke Konzentrationsanforderungen, widersprüchliche Anforderungen und eine hohe Verantwortung für Menschen genannt.

In den neuen Bundesländern fühlen sich Frauen stärker als Männer durch Fließbandarbeit, durch eine unangenehme körperliche Beanspruchung, durch eine große Verantwortung für Menschen und durch Überstunden belastet. Deutlich weniger belastet als Männer sind Frauen durch widersprüchliche Anforderungen und durch eine große Verantwortung für Maschinen. In den alten Bundesländern geben Frauen an, durch einseitige körperliche Beanspruchungen deutlich stärker belastet zu sein als Männer. Weniger belastet als Männer fühlen sich Frauen durch starke Konzentration und durch hohe Verantwortung für Maschinen. Insgesamt sind hier die Unterschiede zwischen Männern und Frauen sehr viel geringer.

Tabelle 7.2-1: Arbeitsbedingte Belastungen aktuell erwerbstätiger Männer und Frauen, alte und neue Bundesländer

	Neue Bundesländer		Alte Bundesländer	
	Frauen	Männer	Frauen	Männer
N	203	396	217	1413
Stark belastet durch ...	in %			
Hohes Arbeitstempo, Zeitdruck	20,1	21,2	24,8	24,2
Unangenehme körperliche Beanspruchung	18,1	14,6	21,2	15,7
Starke Konzentration	16,9	18,1	13,7	17,6
Überstunden, lange Arbeitszeit	15,4	14,6	14,3	13,8
Häufige Störungen und Unterbrechungen	12,8	15,3	14,0	14,0
Hohe Verantwortung für Menschen	17,9	16,6	8,1	16,0
Lärm	10,9	11,5	10,9	13,9
Widersprüchliche Anforderungen	12,6	17,0	8,6	13,9
Zwang zu schnellen Entscheidungen	10,3	11,3	6,6	10,5
Körperlich schwere Arbeit	9,0	13,1	9,3	10,2
Hitze, Kälte, Nässe	9,5	11,8	9,1	11,0
Strenge Kontrolle der Arbeitsleistung	9,0	9,4	4,8	5,1
Langweilige, gleichförmige Arbeit	8,4	7,7	5,8	5,5
Starke Konkurrenz durch Kollegen	5,1	4,9	4,4	5,6
Chemische Schadstoffe	6,2	8,7	5,3	6,3
Akkord- oder Stückarbeit	2,9	2,5	2,8	2,5
Keine Gesprächspartner im Kollegenkreis	3,7	2,5	1,6	2,0
Durch Maschinen bestimmtes Arbeitstempo	2,1	2,5	4,4	3,5
Fließbandarbeit	1,2	0,6	2,1	1,1
Arbeit am Bildschirm, EDV-Terminal	1,4	1,3	4,1	3,1
Hohe Verantwortung für Maschinen	1,4	8,9	2,1	6,2
Nachtarbeit	1,4	1,5	1,1	2,0
Wechselschicht ohne Nachtarbeit	1,2	0,8	2,6	2,1
Wechselschicht mit Nachtarbeit	2,5	3,7	2,1	5,6

Quelle: Nationaler Untersuchungssurvey 1990/92; eigene Berechnungen.

Unterschiede zwischen Frauen in den neuen und den alten Bundesländern können u. a. durch andere Tätigkeitsschwerpunkte in Ost und West, aber auch durch andere Formen der Arbeitsorganisation erklärt werden. Bei den vorgefundenen Unterschieden ist zudem der Zeitpunkt der Erhebung (1990/1992) zu berücksichtigen, der genau in der Umbruchphase in den neuen Bundesländern lag. So könnten beispielsweise die stärkeren Belastungen der Frauen in den neuen Bundesländern durch widersprüchliche Anforderungen als auch durch eine stärkere Kontrolle der eigenen Arbeitsleistung ein zeitbedingtes Produkt dieser Umbruchphase sein. Hier sind neuere Untersuchungen abzuwarten, um abschätzen zu können, ob sich die Unterschiede eher manifestieren oder ob sich die Beurteilungen in Ost und West eher annähern.

Auffällig ist, daß Frauen in beiden Teilen Deutschlands sich stark durch Zeitdruck als einem psychomentalen Belastungsfaktor als auch durch eine unangenehme körperliche Beanspruchung belastet fühlen. Zwar muß berücksichtigt werden, daß sich hinter diesen Items sehr unterschiedliche Formen körperlicher Beanspruchung (Zwangs- oder Dauerhaltungen oder einseitige Belastungen) verbergen können, jedoch deckt sich dieses Ergebnis mit Befunden aus verschiedenen Forschungsüberblicken, nach denen Frauenarbeitsplätze häufig sowohl durch starke psychomentale als auch durch starke körperliche Belastungen gekennzeichnet sind (Kliemt 1987; Demmer/Küpper 1984).

Ressourcen, die in der (Frauen-)Erwerbsarbeit liegen, werden weder im Nationalen Untersuchungssurvey noch in anderen repräsentativen Erhebungen systematisch erhoben. Daher können hier nur der aktuelle Forschungsstand und Ergebnisse aus Einzeluntersuchungen berichtet werden. Ressourcen der Erwerbsarbeit ergeben sich vor allem bei Arbeitstätigkeiten, die eigenständiges Denken, Planen und Entscheiden erfordern, die möglichst abwechslungsreich sind und die Möglichkeiten zu Kommunikation und Kooperation beinhalten. Einzelstudien konnten belegen, daß in unterschiedlichen beruflichen Segmenten teilweise selbst bei gleicher Hierarchiestufe Frauen häufiger als Männer an Arbeitsplätzen mit deutlich geringeren Denk- und Planungsanforderungen und mit geringeren Möglichkeiten zu aufgabenbezogener Kommunikation und Kooperation eingesetzt werden und damit über erheblich weniger aufgabenspezifische Ressourcen verfügen als ihre männlichen Kollegen (z. B. Karasek/Theorell 1990; Moldaschl 1991; Lüders/Resch 1995; Ellinger et al. 1985). Einzelbefunde hierzu werden ausführlich in den folgenden Berufskapiteln dargestellt.

Abschließend ist festzuhalten: Verläßliche Aussagen hinsichtlich geschlechtsspezifischer Belastungs- und Ressourcenunterschiede sind anhand des vorliegenden Datenmaterials kaum möglich. Die in Kapitel 2 aufgezeigte geschlechtsspezifische Segregation des Arbeitsmarktes und die geschlechtsunterschiedlichen Gewichtungen einzelner Belastungsfaktoren verweisen jedoch auf die Notwendigkeit, differenziertere geschlechtsspezifische Belastungsanalysen vorzunehmen.

Exkurs: Sexuelle Belästigung am Arbeitsplatz

Eine Belastung, der fast ausschließlich Frauen ausgesetzt sind und die in repräsentativen Studien nicht erfaßt wird, ist die sexuelle Belästigung am Arbeitsplatz. „Sexuelle Belästigung am Arbeitsplatz ist jedes sexuell bestimmte Verhalten, das von den Betroffenen unerwünscht und geeignet ist, sie als Person herabzuwürdigen. Hierzu gehören etwa körperliche Übergriffe, Bemerkungen mit sexuellem Inhalt, Vorzeigen pornographischer Darstellungen und Aufforderungen zu sexuellen Handlungen" (BMFSFJ 1997: 8). Sexuelle Belästigung kann als eine besondere Form des Mobbing bezeichnet werden, als eine 'Zermürbungstaktik' mit spezifischen Mitteln, die Streß und Angst erzeugt (Beerman/Meschkutat 1995).

Eine Befragung bei über 4.000 Frauen und Interviews in Betrieben mit Personalverantwortlichen, Vorgesetzten sowie Betriebsrätinnen und Betriebsräten, die das Bundesministerium für Familie, Senioren, Frauen und Jugend in Auftrag gegeben hat, liefert erste Ergebnisse über Ausmaß und Auswirkungen von sexueller Belästigung (BMFSFJ 1997). Demnach gaben mehr als 70 % der befragten Frauen an, schon mal mit anzüglichen Witzen, Anstarren, Hinterherpfeifen, taxierenden Blicken oder „zufälligen" Körperberührungen konfrontiert worden zu sein. 56 % kennen anzügliche Bemerkungen über Figur und sexuelles Verhalten im Privatleben, 33 % sind pornographischen Bildern am Arbeitsplatz ausgesetzt und 15 % geben an, Küsse aufgedrängt bekommen zu haben (ausführlich vgl. Beerman/Meschkutat 1995).

Frauen, die überdurchschnittlich häufig von sexueller Belästigung betroffen sind, sind zwischen 20 und 30 Jahren alt, nicht verheiratet, aber in fester Partnerschaft lebend. Viele Frauen sind entweder noch in Ausbildung oder haben keine berufliche Qualifikation, oder sie sind in untergeordneten, leicht austauschbaren Positionen, in ungeschützten Beschäftigungsverhältnissen oder als Aushilfe tätig. Besonders häufig kommt sexuelle Belästigung in Männerberufen vor. Frauen bei der Polizei waren von allen befragten Gruppen am häufigsten von sexueller Belästigung betroffen, gefolgt von Frauen im Baugewerbe.

Die Folgen sexueller Belästigung sind bislang noch nicht hinreichend erforscht, da viele Belästigte versuchen, die kränkenden Erlebnisse zu verleugnen oder zu bagatellisieren. Nach einer Hamburger Befragung im öffentlichen Dienst (Schnebel/ Domsch 1989) kommt in Abhängigkeit vom Schweregrad der erfolgten Belästigung ein Drittel der Betroffenen ohne psychische oder physische Nachwirkungen davon, alle anderen berichten über kurzfristige oder lang anhaltende Beeinträchtigungen der Gesundheit, ihrer Arbeitsleistung oder ihres seelischen Gleichgewichts. Belästigte sind am Arbeitsplatz unter permanenter Anspannung und haben Angst vor Wiederholungen. Die am häufigsten genannten Symptome waren Magen- und Kreislaufbeschwerden, Schlafstörungen, Rückenschmerzen, Eßstörungen und Gewichtsverlust, Nieren- und Unterleibserkrankungen, Zyklusstörungen und Beeinträchtigung der sexuellen Reaktion. Daneben traten vorher nicht gekannte Reizbarkeit, aggressive Reaktionen, Konzentrationsschwäche und Gedächtnisstörungen auf (Beermann/ Meschkutat 1995: 24f.). Aufstieg und Karriere können nachhaltig beeinträchtigt werden, besonders wenn der Belästiger Vorgesetzter ist.

Am Beispiel sexueller Belästigung wird besonders deutlich, daß die soziale Gleichstellung von Mann und Frau im Erwerbsleben noch lange nicht realisiert ist. Vielmehr zeigt diese geschlechtsspezifische Extremform der sozialen Belastung, daß Männer in nicht unerheblichem Maße berufliche Machtpositionen mißbrauchen, um Frauen nachhaltig in ihrer Persönlichkeit und Würde zu verletzen und in ihrer körperlich-psychosozialen Gesundheit zu beeinträchtigen. Besonders betroffen sind Frauen in abhängigen beruflichen Positionen.

7.2.2 Erwerbsarbeitsbezogene Gesundheitsindikatoren

Für die im folgenden berichteten Gesundheitsindikatoren lassen sich sehr unterschiedliche Zusammenhänge zu den Belastungen der Arbeitswelt formulieren. So ist für die Anerkennung von Berufskrankheiten der Nachweis eines eindeutigen Kausalzusammenhangs zu den Arbeitsbedingungen erforderlich, für Frühverrentungen aufgrund verminderter Erwerbsfähigkeit und für die Arbeitsunfähigkeit gilt dies nicht. Bei Berufskrankheiten handelt es sich ausnahmslos um Folgeerkrankungen von physikalischen, mechanischen, chemischen oder biologischen Einwirkungen am Arbeitsplatz, das heißt, psychosoziale Arbeitsbelastungen bleiben außer Betracht. Insofern sind Berufskrankheiten zwar ein wichtiger, aber ein hoch selektiver erwerbsbezogener Gesundheitsindikator. Ergänzende Indikatoren wie die Arbeitsunfähigkeit oder krankheitsbedingte Frühverrentungen sind daher erforderlich, um umfassendere Hinweise auf arbeitsbedingte Erkrankungen zu erhalten.

7.2.2.1 Arbeitsunfähigkeit

Von Arbeitsunfähigkeit wird gesprochen, wenn eine krankenversicherte Person wegen Krankheit oder Behinderung oder wegen der Gefahr, ihren Zustand zu verschlimmern, aktuell nicht in der Lage ist, ihrer derzeit ausgeübten Arbeitstätigkeit nachzugehen. Arbeitsunfähigkeit wird von einer Ärztin oder einem Arzt befristet bescheinigt. Sie führt zu einer Leistungsinanspruchnahme des Gesundheitswesens, ist aber gleichzeitig eine arbeits- und sozialrechtliche Institution zur Regelung der finanziellen Konsequenzen einer Erkrankung (StBA 1998a: 67). Die gesetzlichen Krankenkassen erfassen die Arbeitsunfähigkeitsfälle und -tage in zwei Leistungsstatistiken. Eine unspezifische Totalerhebung aller Fälle (KG2), die bis zum Jahr 1995 vorliegt, wird durch eine überwiegend repräsentativ erhobene Auszählung nach Krankheitsarten (KG8) ergänzt. Für letztere liegen die Daten nur bis zum Jahr 1993 vor. Diese Daten werden - wie auch im Gesundheitsbericht für Deutschland - im folgenden zugrunde gelegt. Sie beziehen sich nur auf die Pflichtmitglieder der gesetzlichen Krankenversicherung (GKV) ohne Rentner und Rentnerinnen.

Über das allgemeine Arbeitsunfähigkeitsgeschehen und über die gesellschaftlichen und volkswirtschaftlichen Kosten, die jährlich durch Arbeitsunfähigkeit entstehen, gibt der Gesundheitsbericht für Deutschland Aufschluß (ebd.: 67 ff.). Die folgende Darstellung beschränkt sich auf die geschlechtsspezifischen Unterschiede der Arbeitsunfähigkeit hinsichtlich Dauer, Zahl der Fälle, Versichertenstatus und Krankheitsarten.

Immer wieder wird behauptet, Frauen seien öfter und länger als Männer arbeitsunfähig, was vielen Betrieben als Argumentationsgrundlage für eine frauendiskriminierende Personalselektion dient. Geschlechtsspezifische Auswertungen des Arbeitsunfähigkeitsgeschehens einzelner Krankenkassen (Bürkhardt/Oppen 1984; Zoike 1991; Krankheitsartenstatistik der AOK 1995) widerlegten in der Vergangenheit diese Behauptung.

Abbildung 7.2-1: Arbeitsunfähigkeits(AU)fälle und -tage je GKV-Mitglied

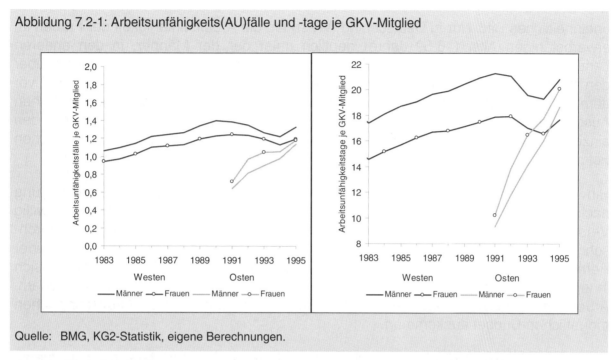

Quelle: BMG, KG2-Statistik, eigene Berechnungen.

Auch die KG2-Statistik des Bundesministeriums für Gesundheit (BMG) zeigt, daß Frauen in den alten Bundesländern sowohl in Hinblick auf die Arbeitsunfähigkeitstage als auch auf die Fälle je GKV-Mitglied von 1982 bis 1995 ein geringeres Volumen aufwiesen als die Männer.

Da bekanntlich Teilzeitbeschäftigung mit einer niedrigeren Arbeitsunfähigkeit einhergeht, kann die geringere Arbeitsunfähigkeit von Frauen in den alten Bundesländern auch mit dem höheren Anteil an teilzeitbeschäftigten Frauen zusammenhängen. Weiterhin könnte ein sogenannter 'healthy worker-Effekt' wirksam sein, der dadurch zustande kommt, daß die weniger gesunden, verheirateten Frauen eher aus dem Erwerbsleben ausscheiden und Hausfrau werden und somit nicht mehr in der Arbeitsunfähigkeitsstatistik in Erscheinung treten. Schließlich müssen unterschiedliche gesundheitliche Arbeitsbelastungen als Ursache in Betracht gezogen werden, da Untersuchungen mehrfach belegt haben, daß eine höhere Arbeitsunfähigkeit von Frauen vor allem an Arbeitsplätzen mit besonders starken Belastungen vorzufinden war (z. B. Bürkhardt/ Oppen 1984).

Für die im Vergleich zu den Männern höhere Arbeitsunfähigkeit der Frauen in den neuen Bundesländern wird angenommen, daß sie dadurch zustande kommt, daß dort nach der Wende mehr Männer als Frauen aus gesundheitlichen Gründen frühverrentet wurden. Berücksichtigt man außerdem, daß in der DDR nahezu gleich hohe Anteile Frauen wie Männer erwerbstätig waren, dann sind im Verhältnis mehr Männer als Frauen über Frühverrentung aus dem Erwerbsleben ausgeschieden, die aufgrund von Krankheit zu einer Erhöhung der geschlechtsspezifischen AU-Raten hätten beitragen können.

Eine geschlechterdifferenzierende europäische Vergleichsstudie (Einerhand et al. 1995), in der hoch aggregierte gemittelte Werte der Arbeitsunfähigkeit in Großbritannien, Deutschland, den Niederlanden, Schweden, Dänemark und Belgien verglichen wurden, zeigt für das Jahr 1990 in bezug auf Geschlechterunterschiede ein uneinheitliches Bild. Nur in Deutschland (West) lag die Arbeitsunfähigkeit der Frauen im erwerbsfähigen Alter (16-59 Jahre) deutlich unter der der Männer, in den anderen Ländern war sie entweder gleich (Großbritannien und Niederlande) oder sie lag über den Werten der Männer (Schweden, Dänemark, Belgien). Diese Ergebnisse sind vor dem Hintergrund der unterschiedlichen sozial- und versicherungsrechtlichen Ausgangsbedingungen und der unterschiedlichen Erwerbsbeteiligung der Frauen in den einzelnen Ländern zu beurteilen und deshalb als Indikatoren für die gesundheitlichen Folgen von Erwerbstätigkeit im Ländervergleich nur sehr begrenzt aussagekräftig.

Hinweise hinsichtlich der sozialen Lage von Frauen kann man über die Differenzierung nach der Versichertenart erhalten. Unterschieden werden Pflichtversicherte, freiwillig Versicherte und Arbeitslose. Bei den freiwillig Versicherten ist von einem überdurchschnittlich hohen Einkommen auszugehen, denn erst wenn das Einkommen einer Person die Beitragsbemessungsgrenze übersteigt, hat sie die Möglichkeit, sich innerhalb der gesetzlichen Krankenversicherung freiwillig weiter zu versichern. Arbeitslose müssen dagegen in der Regel mit einem unterdurchschnittlichen monatlichen Budget auskommen.

Tabelle 7.2-2 zeigt, daß die durchschnittlichen Arbeitsunfähigkeitstage der pflichtversicherten Frauen und Männer doppelt bis dreifach so hoch sind wie die der freiwillig Versicherten. Hier spielen die meist schlechteren Arbeitsbedingungen der unteren Einkommensgruppen sicherlich eine wesentliche Rolle. Die Arbeitsunfähigkeitstage arbeitsloser Frauen und Männer liegen über denen der beschäftigten Pflichtmitglieder; Ausnahme sind die arbeitslosen Männer in den alten Bundesländern. Dies weist einerseits auf die gesundheitsbelastenden Effekte von Arbeitslosigkeit hin, andererseits spiegelt sich in den Zahlen die Tatsache wieder, daß in Krisenzeiten gesundheitlich beeinträchtigte Beschäftigte eher entlassen werden als gesunde (vgl. auch Kapitel 7.4 Frauenarbeitslosigkeit und Gesundheit).

Tabelle 7.2-2: Arbeitsunfähigkeitstage je versicherungspflichtig beschäftigter Person und Versicherungsstatus*, 1995

	Alte Bundesländer		Neue Bundesländer	
	Frauen	Männer	Frauen	Männer
Pflichtmitglieder	17,6	21,1	19,7	18,2
Arbeitslose	19,1	18,8	21,2	20,5
Freiwillige Mitglieder	5,6	8,6	10,5	9,4

* bezogen auf versicherungspflichtig Beschäftigte, ohne Rentnerinnen/Rentner sowie ohne Wehr-, Zivil- und Grenzschutzpflichtdienstleistenden, Studierende und Praktikantinnen/Praktikanten sowie Vorruhestandsgeld-empfangende

Quelle: BMG, KG2-Statistik, eigene Berechnungen.

Unterschiede zwischen den Geschlechtern zeigen sich eher in den alten Bundesländern. Hier liegen die durchschnittlichen Arbeitsunfähigkeitstage der pflichtversicherten und der freiwillig versicherten Frauen deutlich unter denen der Männer, in den neuen Bundesländern liegen sie nur marginal darüber. Bei den Arbeitslosen zeigen sich kaum Unterschiede zwischen Männern und Frauen.

Abbildung 7.2-2: Die 10 wichtigsten Krankheitsarten (Kapitel des ICD) bei Arbeitsunfähigkeit (Tage je GKV-Mitglied) 1993 nach Geschlecht

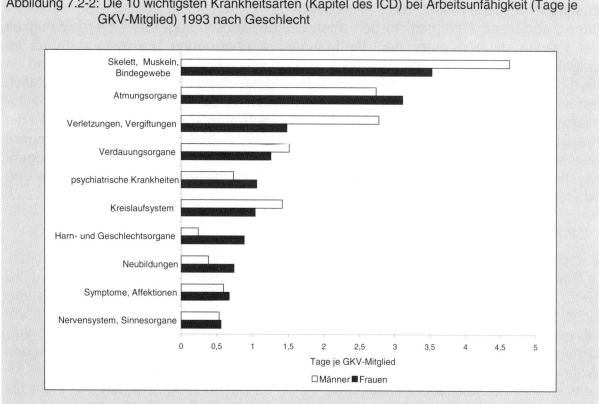

Quelle: BMG, KG8-Statistik (alle Angaben beziehen sich auf pflichtversicherte GKV-Mitglieder ohne Rentner und Rentnerinnen), eigene Berechnungen.

Abbildung 7.2-2 stellt die Arbeitsunfähigkeitstage je pflichtversichertem GKV-Mitglied nach Krankheitsarten für Frauen und Männer getrennt dar. Die 10 wichtigsten Krankheitsarten (Kapitel des ICD) erfassen bei den Frauen bereits 90 % aller AU-Tage (Männer vergleichbar). Bei Frauen und Männern zählen die Krankheiten des Skeletts, der Muskeln und des Bindegewebes, die Krankheiten der Atmungsorgane, die Verletzungen und Vergiftungen und die Krankheiten der Verdauungsorgane zu den vier wichtigsten Krankheitsarten. Auf Platz fünf folgen bei den Frauen die psychiatrischen Krankheiten, gefolgt von den Krankheiten des Kreislaufsystems. Bei Männern stehen die Krankheiten des Kreislaufsystems auf Platz fünf, die psychiatrischen Krankheiten auf Platz sechs. An siebter und achter Stelle folgen bei den Frauen die Krankheiten der Harn- und Geschlechtsorgane und die Neubildungen (Krebserkrankungen), die bei den Männern nur einen nachgeordneten Rangplatz einnehmen.

Bei den Krankheiten der Atmungsorgane, den psychiatrischen Krankheiten, den Harn- und Geschlechtskrankheiten sowie bei den Neubildungen sind deutlich mehr Frauen als Männer betroffen, bei Verletzungen und Vergiftungen sowie bei den Muskel-Skeletterkrankungen ist es umgekehrt. Für die Frauen kommen als eine weitere Gruppe die Komplikationen in der Schwangerschaft, bei der Entbindung und im Wochenbett dazu (0,54 AU-Tage), die in der auf den Frauen-Männer-Vergleich ausgerichteten Abbildung nicht aufgeführt sind.

Zusammenfassend lassen sich hinsichtlich der Geschlechterunterschiede verschiedene Tendenzen erkennen. In den alten Bundesländern liegt die Arbeitsunfähigkeit der Frauen deutlich unter der der Männer, in den neuen Bundesländern ist es umgekehrt. Im europäischen Vergleich ist Deutschland (West) das einzige Land, in dem die Arbeitsunfähigkeit der Frauen deutlich unter der der Männer liegt. Hinsichtlich der sozialen Lage zeigt sich bei Frauen und Männern, daß von Arbeitsunfähigkeit vor allem die ärmeren Bevölkerungsschichten betroffen sind. In bezug auf die Krankheitsarten lassen sich unterschiedliche Schwerpunkte bei Frauen und Männern feststellen, wobei Frauen deutlich mehr als Männer von Atemwegserkrankungen, psychiatrischen Krankheiten, von Krankheiten der Harn- und Geschlechtsorgane und von Neubildungen betroffen sind.

7.2.2.2 Arbeitsunfälle

Zwischen 5 % und 20 % aller Unfälle von Frauen im erwerbsfähigen Alter sind Arbeitsunfälle, bei Männern liegt der entsprechende Anteil zwischen 30 % und 50 % (RKI 1995). Arbeitsunfälle sind nach SGB VII alle Unfälle im Zusammenhang mit einer versicherten Tätigkeit, die sich am Arbeitsplatz oder auf Dienstwegen ereignen. Der Unfallzeitpunkt liegt also in der Regel innerhalb der Arbeitszeit. Den Arbeitsunfällen versicherungsrechtlich gleichgestellt sind die Wegeunfälle, die sich auf dem Weg zwischen Wohnung und Arbeitsplatz ereignen können (StBA 1998a: 149). Meldepflichtige Arbeitsunfälle sind Arbeitsunfälle, die einer ärztlichen Behandlung bedürfen und mehr als drei Kalendertage Arbeitsunfähigkeit nach dem Unfall zur Folge haben (ebd.). Hier ist der Arbeitgeber verpflichtet, dem zuständigen Unfallversicherungs-Träger und dem Gewerbeaufsichtsamt eine Unfallanzeige zu erstatten. Unfälle von Frauen, die bei der Erledigung der Haus- und Familienarbeit entstehen, werden der Rubrik 'Haus- und Freizeitunfälle' zugeordnet. Sie werden in diesem Bericht an anderer Stelle berichtet (s. Kapitel 4.7). Allgemeine Informationen zum Arbeitsunfallgeschehen in Deutschland finden sich im Gesundheitsbericht für Deutschland (ebd.: 149f.).

Von den 1,8 Mio. meldepflichtigen Arbeitsunfällen fielen 1995 rund 78 % auf die gewerbliche Wirtschaft (9 % Landwirtschaft, 13 % öffentlicher Dienst) (StBA 1998a: 150). Die hier berichteten Daten beziehen sich nur auf die im gewerblichen Bereich Beschäftigten und unterliegen damit gewissen Einschränkungen in der Repräsentativität (vgl. 7.1.2). Nach den geschlechtsspezifischen Sonderberechnungen, die von den gewerblichen Berufsgenossenschaften auf der Grundlage einer hochgerechneten 10 % Statistik speziell für diesen Bericht durchgeführt und zur Verfügung gestellt wurden, ist der Frauenanteil am gesamten Arbeitsunfallgeschehen in der gewerblichen Wirtschaft mit 17,3 % deutlich geringer als der Anteil der Männer (Tabelle 7.2-3). Auch von Unfällen mit tödlichem Ausgang sind sehr viel weniger Frauen betroffen als Männer. Bei den Wegeunfällen ist hingegen das Verhältnis von Männern und Frauen nahezu ausgeglichen.

Tabelle 7.2-3: Arbeitsunfälle, Wegeunfälle und tödliche Unfälle für Frauen und Männer 1996

	Arbeitsunfälle		Wegeunfälle		Tödliche Unfälle	
	absolut	in %	absolut	in %	absolut	in %
Frauen	218.620	17,3	92.165	46,9	258	13,8
Männer	1.047.838	82,7	104.352	53,1	1.610	86,2
Insgesamt	1.266.458	100,0	196.517	100,0	1.868	100,0

Quelle: Hauptverband der gewerblichen Berufsgenossenschaften, hochgerechnete 10 %-Statistik, Sonderberechnungen.

Setzt man die Arbeitsunfälle in Relation zu den Beschäftigtenzahlen, ist das Unfallrisiko erwerbstätiger Frauen deutlich geringer als das der Männer. Für das Jahr 1995 weist der Gesundheitsbericht für Deutschland ein 2,8mal größeres Risiko für Männer auf, einen Arbeitsunfall zu erleiden, als für Frauen (StBA 1998a: 150). Bezieht man die Arbeitsunfälle jeweils auf den Anteil der Erwerbspersonen, dann ist das Risiko sogar 3,5mal erhöht. Als Hauptgrund für das geringere Unfallrisiko von Frauen wird die größere tätigkeitsbedingte Gefährdung von Männern genannt, wie sie beispielsweise in der männerdominierten Bauwirtschaft vorhanden ist. Ob möglicherweise ein sicherheitsbewußteres Verhalten von Frauen die geringeren Fallzahlen mitbedingt, ist bislang nicht systematisch untersucht.

7.2.2.3 Berufskrankheiten

"Berufskrankheiten sind Krankheiten, die gemäß § 9 Abs. 1 und 6 SGB VII als solche bezeichnet werden und in der Anlage zur neuen Berufskrankheiten-Verordnung (BKV) aufgelistet sind. Mit der BKV gibt es derzeit 67 entsprechend bezeichnete Berufskrankheiten" (Giesen/Schäcke 1998). Berufskrankheiten müssen zwingend infolge einer versicherten Tätigkeit entstehen und sind somit primär ein versicherungsrechtliches Konstrukt (StBA 1998a: 147). Berufskrankheiten sind solche Krankheiten, die nach den Erkenntnissen der medizinischen Wissenschaft durch besondere Einwirkungen verursacht sind, und denen bestimmte Personengruppen durch ihre Arbeit in erheblich höherem Grade als die übrige Bevölkerung ausgesetzt sind (StBA 1998a: 147). Krankheiten werden also nur dann in die Berufskrankheitenliste aufgenommen, wenn ein Zusammenhang zur beruflichen Exposition nach der herrschenden Lehrmeinung gesichert ist.

Unterschieden werden anerkannte - und damit im versicherungsrechtlichen Sinne entschädigungspflichtige - Berufskrankheiten und Verdachtsanzeigen. Anzeigen auf Verdacht einer Berufskrankheit sind alle bei den Berufsgenossenschaften eingegangenen Verdachtsanzeigen von Versicherten, Krankenkassen, Unternehmen oder anderen Stellen, unabhängig davon, ob sich dieser Verdacht bestätigt.

Für die Anerkennung im Einzelfall muß der Nachweis erbracht werden, daß die Krankheit durch die berufliche Tätigkeit verursacht worden ist. Bei einigen Erkrankungen müssen zusätzlich besondere versicherungsrechtliche Voraussetzungen erfüllt sein, z. B. die Aufgabe der schädigenden Tätigkeit oder die besondere Schwere oder Rückfälligkeit der Erkrankung. Anerkannt wird eine Berufskrankheit somit nur dann, wenn ein Kausalzusammenhang zwischen der Einwirkung am Arbeitsplatz und dem aufgetretenen Schaden nachgewiesen ist. Diese Voraussetzungen haben dazu geführt, daß nur ein Minimum der Verdachtsanzeigen auch tatsächlich als Berufskrankheiten anerkannt wurden.

Laut BMA - Unfallverhütungsbericht Arbeit von 1997 wurden in Deutschland 1996 insgesamt 93.861 Berufskrankheiten angezeigt (Verdachtsfälle). Die Zahl der anerkannten Berufskrankheiten betrug hingegen nur 24.274, was in etwa einem Viertel der Verdachtsanzeigen entspricht. Hiervon wurden 8.005 Berufskrankheitsrenten neu gewährt. Bei den Berufskrankheiten, für die eine Rente gewährt wird, handelt es sich um besonders schwere Fälle von einer mindestens 20 %igen Erwerbsminderung. Oft werden Renten erst bei völliger Tätigkeitsaufgabe gewährt (StBA 1998a: 148).

Das gesamte Berufskrankheiten-Geschehen sowie zeitliche Trends in der Entwicklung der Verdachtsanzeigen sowie der anerkannten Berufskrankheiten sind im Gesundheitsbericht für Deutschland überblicksartig dargestellt (ebd.: 147). Als größte Erkrankungsgruppen unter den anerkannten Berufskrankheiten weist der Gesundheitsbericht für Deutschland die Hauterkrankungen, Lärmschwerhörigkeit, Silikosen, Erkrankungen durch Asbest sowie Asthma aus. Zu den wichtigsten Erkrankungen bei den Verdachtsanzeigen zählen neben Hauterkrankungen und Lärmschwerhörigkeit auch die Wirbelsäulenerkrankungen, die erst 1993 in die Liste der Berufskrankheiten aufgenommen wurden, jedoch nur in sehr geringer Zahl anerkannt werden (0,3 % aller Verdachtsanzeigen im Jahr 1993).

21.985 der insgesamt 24.274 anerkannten Berufskrankheiten des Jahres 1996 entfallen auf die gewerblichen Berufsgenossenschaften, das sind 90,5 % (BMA - Unfallverhütungsbericht Arbeit 1997). Für die folgenden geschlechtsspezifischen Auswertungen werden daher die Daten der gewerblichen Berufsgenossenschaften verwendet (zu den Einschränkungen der Aussagekraft vgl. Abschnitt 7.1.2). Alle geschlechtsspezifischen Sonderberechnungen erfolgten auf der Grundlage einer hochgerechneten 10 % Statistik und wurden seitens der Berufsgenossenschaften speziell für diesen Bericht durchgeführt.

Tabelle 7.2-4: Anzeigen auf Verdacht einer Berufskrankheit (absolut), differenziert nach Geschlecht für die Jahre 1991 bis 1996

	Weiblich	Männlich	Gesamt
1991	18.130	41.331	59.461
1992	21.266	50.509	71.775
1993	22.049	66.068	88.117
1994	20.433	59.931	80.364
1995	18.994	58.879	77.873
1996	19.033	62.415	81.448
Gesamt	119.905	339.133	459.038

Quelle: Hauptverband der gewerblichen Berufsgenossenschaften, Sonderberechnungen.

Tabelle 7.2-4 zeigt auf der Basis von Sonderauswertungen der Berufskrankheiten Dokumentation (Berufskrankheiten-DOK) der gewerblichen Berufsgenossenschaften Geschlechterunterschiede bei den Verdachtsanzeigen von 1991 bis 1996. Die Zahlen beziehen sich auf Deutschland. 73,9 % aller Verdachtsanzeigen dieses Zeitraums betrafen männliche Erwerbstätige, nur 26,1 % betrafen Frauen.

Bezieht man die Verdachtsanzeigen exemplarisch für das Jahr 1996 auf die Zahl der männlichen (22.832.000 Beschäftigte) und weiblichen (17.153.000 Beschäftigte) Erwerbspersonen, zeigt sich, daß der proportionale Anteil der Berufskrankheiten bei Männern deutlich höher ist als bei Frauen (Männer: 0,3 % - Frauen: 0,1 %). Dies ist im Zusammenhang mit der Tatsache zu sehen, daß Frauen zum einen seltener in gesundheitsgefährdenden Arbeitsbereichen eingesetzt werden. Möglicherweise kann dies aber auch darauf zurückgeführt werden, daß Frauen aufgrund von Teilzeitarbeit oder Berufsunterbrechungen nicht die erforderlichen Jahre ‚unter Exposition' erreichen, um eine Krankheit als Berufskrankheit anerkannt zu bekommen.

Von den 81.488 bei den gewerblichen Berufsgenossenschaften im Jahr 1996 eingegangenen Verdachtsanzeigen wurden insgesamt 21.486 Fälle also in etwa ein Viertel als Berufskrankheiten anerkannt, davon entfielen 89,3 % (19.194) auf Männer und nur 10,7 % (2292) auf Frauen. (Die Differenz zu den oben genannten Zahlen von 93.861 Verdachtsanzeigen und 21.985 anerkannten Berufskrankheiten ergibt sich aus der hochgerechneten 10 % Statistik für die geschlechtsspezifischen Sonderauswertungen.) Auch hier zeigen sich, ähnlich wie bei den Verdachtsanzeigen, unterdurchschnittlich wenig anerkannte Berufskrankheiten bei den Frauen, bezogen auf die jeweilige Zahl der Erwerbspersonen ergibt sich eine Quote von 0,08 % bei den Männern und 0,01 % bei den Frauen. Ob dies u. U. auch auf eine geschlechtsspezifische Anerkennungspraxis zurückführbar ist, kann auf Grund fehlender Nachweise derzeit nicht beantwortet werden.

Tabelle 7.2-5 zeigt die zehn häufigsten anerkannten Berufskrankheiten der Jahre 1991 bis 1996 für Deutschland, differenziert nach Männern und Frauen. Erwartungs-gemäß zeigen sich Unterschiede in den Krankheitsschwerpunkten zwischen Frauen und Männern.

Tabelle 7.2-5: Die 10 häufigsten anerkannten Berufskrankheiten 1991-1996 nach Geschlecht

		Gesamt	davon weiblich	davon männlich
2301	Lärmschwerhörigkeit	38.009	707	37.302
5101	Hautkrankheiten	15.429	9.272	6.157
4101	Quarzstaublungenerkrankungen	11.038	132	10.906
4301	allergische Atemwegserkrankungen	8.388	2.498	5.890
4103	Asbestose	8344	487	7.857
4104	Lungen- oder Kehlkopfkrebs	2.994	167	2.827
2102	Meniskusschäden	2.572	22	2.550
4105	Asbest verursachtes Mesotheliom	2.553	273	2.280
3104	Tropenkrankheiten	2.467	2.104	358
3101	Infektionskrankheiten	2.082	1.406	676
	Gesamt	93.871	15.322	78.549

Quelle: Hauptverband der gewerblichen Berufsgenossenschaften, Sonderberechnungen.

Bei Frauen sind in bezug auf die dargestellten Krankheitsarten die Hautkrankheiten die häufigsten anerkannten Berufskrankheiten, gefolgt von den allergischen Atemwegserkrankungen sowie Tropenkrankheiten. Die häufigsten Berufskrankheiten von Männern sind Lärmschwerhörigkeit, Quarzstaublungenerkrankungen und Asbestose. Die unterschiedlichen Krankheitsschwerpunkte erklären sich wesentlich durch die geschlechtsspezifische Arbeitsteilung und die damit verbundenen unterschiedlichen Belastungen in männer- bzw. frauendominierten Berufen: Während Lärm ein häufiges Problem in der meist männerdominierten industriellen Fertigung ist, sind Hauterkrankungen typische Krankheiten der frauendominierten Gesundheitsberufe oder auch des Reinigungsgewerbes (vgl. Kapitel 7.3).

7.2.2.4 Krankheitsbedingte Frühverrentungen

"Frühberentung umfaßt Berufs- und Erwerbsunfähigkeitsrenten der gesetzlichen Rentenversicherer, Verletztenrenten der gesetzlichen Unfallversicherung, Dienstunfähigkeit in der Beamtenversorgung sowie Erwerbsminderung nach dem Bundesversorgungsgesetz. Von verminderter Erwerbsfähigkeit wird dann gesprochen, wenn eine Einschränkung oder der Verlust der Fähigkeit vorliegt, den Lebensunterhalt durch Erwerbstätigkeit zu verdienen. Nicht zur Frührente zählen dagegen die verschiedenen Formen des vorgezogenen Altersruhegeldes, z. B. wegen Arbeitslosigkeit." (StBA 1998a: 71). Voraussetzung für den Bezug einer Frührente ist also im wesentlichen die Berufs- oder die Erwerbsunfähigkeit. Da die Frührenten der gesetzlichen Rentenversicherer (GRV) den größten Versorgungsbereich darstellen, werden im folgenden die Daten der GRV berichtet.

Durch rentenrechtliche Veränderungen hat sich die Zahl der Altersrenten, insbesondere die der Frauen, in den letzten Jahren stark verändert (Ministerium für Arbeit, Soziales Gesundheit und Frauen des Landes Brandenburg 1997). Tabelle 7.2-6 zeigt, daß die krankheitsbedingten Frühverrentungen in dem Zeitraum 1993 bis 1996 bei beiden Geschlechtern zugenommen haben. Bedingt durch die höhere Beschäftigtenzahl werden mehr Männer als Frauen krankheitsbedingt frühverrentet.

Bezieht man diese Zahlen jedoch auf die als Arbeiterinnen oder Arbeiter bzw. Angestellte Tätigen, so liegt der proportionale Anteil von Frühverrentungen an allen beschäftigten Frauen mit 1,20 % höher als bei den Männern mit 0,98 % (Bezugsgröße: Arbeiter und Angestellte zusammen). Bei den Angestellten ist sowohl die absolute Anzahl der Frühverrentungen bei den Frauen größer als bei den Männern, als auch der proportionale Anteil bezogen auf die weiblichen bzw. männlichen Angestellten (Frauen: 0,76 %, Männer: 0,52 %). Erwartungsgemäß ist die Absolutzahl der Frühverrentungen bei den männlichen Arbeitern am höchsten, bezieht man die Frühverrentungen jedoch jeweils auf die Beschäftigungszahlen, dann sind sie bei den Arbeiterinnen mit 2,7 % höher als bei den Arbeitern (1,55 %).

Tabelle 7.2-6: Zugänge an Renten (absolut) wegen verminderter Erwerbsfähigkeit (ohne Knappschaftliche Rentenversicherung) in Deutschland 1993 und 1996*

	1993		1996	
	Renten insgesamt	Alter bei Renteneintritt	Renten insgesamt	Alter bei Renteneintritt
Arbeiterrentenversicherung				
Männer	127.522	53,3	134.385	52,4
Frauen	53.986	52,0	55.696	51,0
Insgesamt	181.508	52,7	190.081	51,7
Angestelltenrentenversicherung				
Männer	31.600	53,4	33.732	53,1
Frauen	46.143	50,3	47.901	50,5
Insgesamt	77.743	51,9	81.633	51,8
Gesamt				
Männer	159.122	53,4	168.117	52,8
Frauen	100.129	51,2	103.597	50,8
Insgesamt	259.251	52,3	271.714	51,8

* Bezugsgrößen der Beschäftigtenzahlen1996, Arbeiter: Männer: 8.663.000, Frauen: 2.066.000; Angestellte: Männer: 6.498.000, Frauen: 6.283.000 (StBA 1997b: 111, Hochrechnung auf der Basis von Mikrozensusdaten 1996)

Quelle: Daten des Gesundheitswesens 1995, 1997.

Das Durchschnittsalter der krankheitsbedingt frühverrenteten Frauen liegt unter dem der Männer, was sich u. a. aus dem unterschiedlichen Renteneinstiegsalter für Männer und Frauen erklärt. Das Durchschnittsalter ist im Vergleich zu 1993 bei Männern und Frauen abgesunken. Bei den Männern scheiden Arbeiter etwas früher aus dem Erwerbsleben aus als Angestellte (Arbeiter: 52,4 Jahre; Angestellte: 53,1 Jahre). Bei den Frauen scheiden die Angestellten etwas früher aus als die Arbeiterinnen (Arbeiterinnen 51,0 Jahre; Angestellte: 50,5 Jahre).

Bei den Krankheitsarten, die den Frühverrentungen zugrunde liegen, treten bei Frauen und Männern deutliche Unterschiede hervor (vgl. Tabelle 7.2-). Während bei den Männern die Rückenleiden im Diagnosespektrum an vorderster Stelle stehen und 17,4 % aller männlichen Rentenzugänge (Frauen 15,8 %) wegen verminderter Erwerbsfähigkeit verursachen, sind es bei den Frauen die Neurosen. Sie erklären 16,3 % weiblicher Frührenten (Männer 10,2 %). Zählt man noch die sogenannten 'anderen Psychosen' hinzu, haben die psychischen Erkrankungen bei den Frauen mit 23,7 % (Männer 14 %) ein besonders großes Gewicht am krankheitsbedingten Frühverrentungsgeschehen. Rückenleiden stehen bei den Frauen an zweiter Stelle. Bei Männern nehmen die ischämischen Herzkrankheiten mit 7,7 % aller Frühverrentungen den dritten Rangplatz ein, während diese Diagnose bei den Frauen nur eine untergeordnete Rolle spielt.

Grundsätzlich ist zu berücksichtigen, daß die Zahl der krankheitsbedingten Frühverrentungen nicht nur ein Indikator für die gesundheitliche Lage der Betroffenen ist, sondern auch Aspekte des Arbeitsmarktes widerspiegelt, da z. B. die hohe Arbeitslosigkeit in den neuen Bundesländern und der Mangel an Arbeitsplätzen für gesundheitlich beeinträchtigte Menschen dazu führen, daß alle Möglichkeiten der Frühverrentung häufiger in Anspruch genommen werden.

Tabelle 7.2-6: Die fünf häufigsten Diagnosen der Zugänge an Renten wegen verminderter Erwerbsfähigkeit 1996 nach Geschlecht (ohne knappschaftliche Rentenversicherung)

Diagnose-schlüssel	Diagnose	Gesamt	Frauen		Männer	
			absolut	in % aller Diagnosen	absolut	in % aller Diagnosen
720 - 724	Dorsopathien (Rückenleiden)	45.591	16.399	15,8	29.192	17,4
300 - 316	Neurosen, Persönlichkeitsstörungen u. a. nicht psychotische psychische Störungen	33.992	16.857	16,3	17.135	10,2
710 - 719	Arthropathien und verwandte Affektionen	21.377	9025	8,7	12.352	7,3
410 - 414	Ischämische Herzkrankheiten	15.247	2257	2,2	12.990	7,7
295 - 299	Andere Psychosen	14.182	7717	7,4	6465	3,8
	Zusammen	130.389	52.255	50,4	78.134	46,5
	Sonstige	141.325	51.342	49,6	89.983	53,5

Quelle: VDR-Statistik Rentenzugang 1996 (VDR 1997), eigene Berechnungen.

7.2.3 Zusammenfassung

Der Überblick zu Belastungen der Erwerbsarbeit, zur Arbeitsunfähigkeit und zu Arbeitsunfällen, zu Berufskrankheiten und zu krankheitsbedingten Frühverrentungen zeigt folgendes Bild:

- Die Ergebnisse zeigen Gemeinsamkeiten und Unterschiede in den beruflichen Belastungen bei Männern und Frauen. Hohes Arbeitstempo und Zeitdruck werden von Frauen und Männern in Ost- und Westdeutschland als Hauptbelastungsquelle angegeben. Frauen geben unangenehme körperliche Beanspruchungen als wichtigen Belastungsfaktor an.

- Auf der Seite der Gesundheit weisen die geschlechtsspezifischen Auswertungen der Einzelindikatoren auf folgendes hin: Hinsichtlich der Arbeitsunfähigkeit ist für

Deutschland derzeit keine eindeutige Tendenz erkennbar. In den alten Bundesländern sind Frauen seltener arbeitsunfähig gemeldet als Männer, in den neuen Bundesländern liegt ihre Arbeitsunfähigkeit etwas über der der Männer. Als mögliche Gründe für die geringere Arbeitsunfähigkeit der Frauen in den alten Bundesländern wurde u. a. auf den hohen Anteil an Teilzeitarbeit bei Frauen und auf einen frauenspezifischen healthy worker-Effekt hingewiesen.

- Frauen weisen deutlich weniger Arbeitsunfälle auf als Männer, was vor allem mit der geschlechtspezifischen Arbeitsteilung in Verbindung gebracht werden kann, da Männer häufiger risikoreiche Arbeitstätigkeiten ausüben als Frauen.

- Berufskrankheiten kommen sehr viel häufiger bei Männern vor als bei Frauen. Dies bezieht sich sowohl auf die Verdachtsanzeigen als auch auf anerkannte Berufskrankheiten. Auch wenn man die Berufskrankheiten auf die Erwerbstätigenzahlen bezieht, ist für Männer bei den Verdachtsanzeigen der relative Anteil dreimal so groß wie für Frauen und bei den Anerkennungen liegt der relative Anteil erheblich über dem der Frauen.

- Bei den krankheitsbedingten Frühverrentungen weisen Frauen zwar eine geringere absolute Zahl auf als Männer, bezogen auf die Erwerbstätigenzahlen zeigt sich jedoch, daß Frauen häufiger krankheitsbedingt frühverrentet werden als Männer. Über die Gründe für diese Geschlechterunterschiede können lediglich Vermutungen angestellt werden, da eine Ursachenforschung zu diesen Fragen derzeit nicht existiert.

Die unterschiedlichen Schwerpunkte von Männern und Frauen bei den Erkrankungsarten, die sich in den Diagnosen zur Arbeitsunfähigkeit, den Berufskrankheiten und den Frühverrentungen zeigen, weisen in Zusammenhang mit den unterschiedlichen Belastungsschwerpunkten auf die Notwendigkeit hin, weitergehende geschlechtsspezifische Auswertungen für einzelne Berufe vorzunehmen, was im folgenden Abschnitt beispielhaft für fünf frauentypische Berufsgruppen geschieht.

Insgesamt zeigt sich ein erhebliches theoretisches und methodisches Forschungsdefizit hinsichtlich der Besonderheiten des Belastungs- und Krankheitsgeschehens bei Frauen. Verbunden mit einer geschlechterinsensitiven epidemiologischen Datendokumentation (z. B. fehlende geschlechterdifferenzierende Relationszahlen wie ein 'Vollarbeiter - eine Vollarbeiterin') lassen sich derzeit kaum wissenschaftlich fundierte Aussagen hinsichtlich Gemeinsamkeiten und Unterschieden im Krankheitsgeschehen von erwerbstätigen Frauen und Männern treffen.

7.3 Belastungs- und Ressourcenkonstellationen in beispielhaften frauentypischen Berufsgruppen

7.3.1 Einleitung

In der Antwort der Bundesregierung auf die Große Anfrage der SPD zur 'Frauenspezifischen Gesundheitsversorgung' (Deutscher Bundestag 1997) verweist die damalige Bundesregierung auf das Defizit, daß nur vereinzelt Ergebnisse zu Belastungen und Ressourcen an frauenspezifischen Arbeitsplätzen vorliegen. Anknüpfend an dieses Defizit werden im folgenden Daten zu Belastungen, Ressourcen und zur Gesundheit in frauentypischen Berufsgruppen beispielhaft berichtet. Es wurden solche Berufsgruppen ausgewählt, die einen hohen Frauenanteil aufweisen, bzw. in denen die Mehrzahl der erwerbstätigen Frauen beschäftigt sind und die möglichst unterschiedlichen Wirtschaftsbereichen zuzuordnen sind. Mehr als die Hälfte aller derzeit erwerbstätigen Frauen arbeiten (8.500.000 von insgesamt 15.276.000) in den fünf Berufsgruppen: Büroarbeitskräfte, Gesundheitsdienste, Warenkaufleute, sozialpflegerische Berufe und Reinigungsberufe, wobei der Frauenanteil in der jeweiligen Berufsgruppe zwischen 63,8 % und 83,2 % liegt (vgl. Tabelle 7.3-1). Kapitel 7.3 gibt einen Überblick über Unterschiede und Gemeinsamkeiten von gesundheitlichen Belastungen und Ressourcen in diesen verschiedenen Berufsgruppen.

Tabelle 7.3-1: Anzahl weiblicher Beschäftigter in frauentypischen Berufsgruppen, April 1996

Berufsgruppen	Anzahl weiblicher Beschäftigte	Frauenanteil innerhalb der Berufsgruppe in %
Büroarbeitskräfte (78[1])	3.328.000	73,1
Reinigungsberufe (93)	765.000	82,5
Warenkaufleute (68[2])	1.908.000	63,8
Sozialpflegerische Berufe (86)	841.000	83,2
Gesundheitsdienstberufe (85)	1.658.000	78,1
Gesamt	8.500.000	

[1] Nummer der Berufsgruppen-Klassifikation des Statistischen Bundesamtes 1975
[2] Aufgrund einer Neuklassifizierung der Berufe von 1992 beziehen sich die Zahlen hier auf die Klassifikationsnummern 66-68: Verkaufspersonal (66), Groß- und Einzelhandelskaufleute (67), Warenkaufleute (68).

Quelle: Statistisches Bundesamt 1997b: 113.

Die Berufskapitel sind so aufgebaut, daß zunächst allgemeine Daten zur Erwerbstätigkeit von Frauen in der jeweiligen Berufsgruppe sowie charakteristische Tätigkeitsmerkmale dargestellt werden.

Im zweiten Abschnitt wird der Forschungsstand zu Belastungen und Ressourcen in der jeweiligen Berufsgruppe berichtet. Dokumentiert werden Ergebnisse von Überblicks- und Einzelstudien sowie Ergebnisse einer berufsbezogenen Reanalyse der Daten des Nationalen Untersuchungssurveys (NUS), getrennt für die neuen und alten Bundesländer. Die Zuordnungen der befragten Frauen zu den Berufsgruppen erfolgte anhand des Berufsklassifikationsschemas des Statistischen Bundesamtes von 1975. Dabei ist einschränkend zu berücksichtigen, daß die Substichproben bei den Berufsgruppen teilweise sehr klein sind und die dargestellten Ergebnisse damit nur eingeschränkte

Aussagekraft aufweisen. Sie haben eher einen beschreibenden und veranschaulichenden Charakter hinsichtlich berufstypischer Belastungen und dem Befinden der Beschäftigten.

Bei der Interpretation der Ergebnisse ist auch zu berücksichtigen, daß jede Berufsgruppe verschiedene Berufe mit unterschiedlichen Tätigkeitsmerkmalen umfaßt und diese sich wiederum aus unterschiedlichen Tätigkeitsgruppen zusammensetzen, deren Aufgaben und Arbeitsbedingungen sich stark unterscheiden können. Mit dem vorhandenen Datenmaterial können also nur grobe Hinweise auf berufstypische Besonderheiten ermittelt werden.

Nach der Darstellung berufstypischer Belastungen und Ressourcen folgt ein dritter Abschnitt zum gesundheitlichen Befinden der in der jeweiligen Berufsgruppe beschäftigten Frauen. Auch hier werden Ergebnisse der berufsbezogenen Reanalyse des NUS berichtet. Dargestellt werden die Einschätzung des eigenen Gesundheitszustandes, psychische und körperliche Allgemeinbeschwerden auf einer 24 Items umfassenden Skala (Zerssen-Score), Befindlichkeit am Ende eines Arbeitstages und die Arbeitszufriedenheit auf einer siebenstufigen Skala (1 = sehr unzufrieden, 7 = sehr zufrieden). Einschränkend ist zu bemerken, daß die Fallzahlen bei den einzelnen Berufen z. T. sehr klein sind, sodaß die Daten hier gewissen Einschränkungen unterliegen.

In einem vierten Abschnitt wird die Datenlage zu Berufskrankheiten, Arbeitsunfällen und krankheitsbedingten Frühverrentungen beschrieben. Der Bundesverband der gewerblichen Berufsgenossenschaften stellte hierfür Sonderauswertungen zu Berufskrankheiten und Arbeitsunfällen von Frauen in den einzelnen Berufsgruppen zur Verfügung. Diese wurden für Deutschland ermittelt, das Bezugsjahr ist das Jahr 1996. Abweichend hiervon wurde, um Trends hinsichtlich typischer Berufskrankheiten in den einzelnen Berufsgruppen zu erkennen, ergänzend der Zeitraum 1991-1996 zugrunde gelegt. Neben den Sonderberechnungen der gewerblichen Berufsgenossenschaften wurde die Regelstatistik der Rentenversicherer zu krankheitsbedingten Frühverrentungen von Frauen in den jeweiligen Berufsgruppen herangezogen.

Auf die methodischen Einschränkungen der Daten der gewerblichen Berufsgenossenschaften, insbesondere in Hinblick auf ihre Repräsentativität für die gesamte Gruppe der weiblichen Beschäftigten, wurde bereits hingewiesen (vgl. 7.1.2). Das gilt in unterschiedlichem Maße für die hier dargestellten Berufe. Für die Büroarbeitskräfte, Reinigungsberufe und die Warenkaufleute bieten die Daten der gewerblichen Berufsgenossenschaften einen guten repräsentativen Einblick in die gesundheitlichen Belastungsschwerpunkte, weil die Mehrzahl der Erwerbstätigen in diesen Berufen im gewerblichen Bereich beschäftigt ist und die Tätigkeiten im gewerblichen und öffentlichen Bereich sich vom Grundsatz her nicht unterscheiden. Für die sozialpflegerischen und Gesundheitsdienstberufe ist die Repräsentativität jedoch eingeschränkt, da hier die Frauen zumeist im öffentlichen Dienst tätig sind. Mit der Zunahme insbesondere der ambulanten Altenpflege ist hier jedoch auch im gewerblichen Bereich ein nicht unerheblicher Beschäftigungssektor entstanden.

In einem Fazit werden zukünftige Forschungsaufgaben sowie Perspektiven der Gesundheitsförderung für die jeweilige Berufsgruppe aufgezeigt. Ein zusammenfassendes Kapitel vergleicht abschließend die Ergebnisse zu den Berufsgruppen bezogen auf die wichtigsten Indikatoren.

7.3.2 Büroarbeitskräfte

7.3.2.1 Beschäftigungsstruktur und Tätigkeitsmerkmale

Laut Statistischem Bundesamt arbeiteten 1996 3.328.000 Frauen in Deutschland im Büro als Bürofach- oder Bürohilfskraft, das entspricht mehr als einem Fünftel (22 %) aller erwerbstätigen Frauen. Der Frauenanteil innerhalb dieser Berufsgruppe beträgt 73,1 %. Nach dem Berufs-Klassifikationssystem des Statistischen Bundesamtes von 1975 zählen zu Bürofach- und Hilfskräften z. B. Sachbearbeitung, Stenographie, Stenotypie, Maschinenschreiben, Datentypistinnen bzw. Datentypisten, Bürohilfskräfte.

Übergreifendes Tätigkeitsmerkmal der Büroarbeit ist die Aufnahme, Bearbeitung und Weiterleitung von Informationen, die schriftlich oder mündlich und zunehmend elektronisch erfolgt. Trotz massiver Rationalisierungstendenzen haben Frauen im Büro ihre Präsenz erhalten können, wobei jedoch eine Umverteilung der Beschäftigungschancen zugunsten höher qualifizierter Frauen stattgefunden hat (Fuzinski et al. 1997). Büroarbeit war in den letzten Jahrzehnten starken technologischen Rationalisierungen unterworfen, die die Schreibmaschine durch die elektronische Datenverarbeitung ersetzt und die Bearbeitungsvorgänge erheblich verkürzt haben. Das heute übliche Arbeitsmittel ist der Computer. Auch zukünftig wird die Büroarbeit durch die Weiterentwicklung der Informations- und Kommunikationstechniken beeinflußt sein, die vor allem die qualifizierte Sachbearbeitung verändern wird. Telearbeit und die Einrichtung von sogenannten Call-Centern werden sich in den kommenden Jahren deutlich ausweiten (ebd.).

7.3.2.2 Belastungen und Ressourcen von Büroarbeitskräften

Die berufsbezogene Reanalyse des Nationalen Untersuchungssurveys (NUS) (N_{Ost} = 131, N_{West} = 292) zeigt vier Belastungsschwerpunkte weiblicher Büroarbeitskräfte: In den neuen und den alten Bundesländern werden von der Mehrzahl der befragten Frauen Zeitdruck, häufige Störungen und Unterbrechungen, eine unangenehme körperliche Beanspruchung sowie hohe Konzentration als stark belastend erlebt. Zwischen 24,1 % und 17,0 % der weibliche Büroarbeitskräfte fühlen sich durch diese Faktoren stark belastet.

Diese Belastungsschwerpunkte werden auch durch andere Überblicks- und Einzelstudien an Büroarbeitsplätzen bestätigt. In einer Längsschnittstudie an Büroarbeitsplätzen in Industrieverwaltungen, die auf Ergebnissen theoriegeleiteter Beobachtungsinterviews basiert, wurden vor allem arbeitsorganistorisch bedingte psychische Belastungen wie Zeitdruck, häufige Störungen und Unterbrechungen, informatorische Erschwernisse sowie gleichförmige und monotone Arbeit wie z. B. Dateneingabe als Hauptbelastungsfaktoren identifiziert (z. B. Ducki et al. 1993; Lüders/Resch 1995).

Studien, die den Einfluß neuer Technologien auf die Gesundheit der Beschäftigten untersucht haben, kommen zu dem Ergebnis, daß nicht Arbeit am Computer per se krank macht, sondern die Art der Arbeitsorganisation (z. B. Zapf 1991; Nibel/Gehm 1990). Vermehrte körperliche Beschwerden treten vor allem an Arbeitsplätzen mit kurzzyklischen und fremdbestimmten Arbeitsaufgaben wie Dateneingabe oder Telefonanrufbeantwortung auf. Arbeitsorganisatorisch verursachte Belastungen sind durch Änderungen der Arbeitsorganisation vermeidbar.

Demmer/Küpper (1984) berichten, daß die Belastungssituation an frauentypischen Büroarbeitsplätzen gekennzeichnet ist durch sitzende Arbeitshaltungen, einseitig-dynamische Muskelbeanspruchungen, sowie durch eine starke Beanspruchung der Augen (vgl. auch Schwaninger et al. 1991).

Als typische Umgebungsbelastungen in der Büroarbeit werden eine häufig unzureichende Beleuchtung, Lärm und Probleme der Klimatisierung genannt. Belastungen durch eine unzureichende Klimatisierung ergeben sich z. B. in Großraumbüros, bei vollklimatisierten Räumen sowie durch Ozonemissionen bestimmter Arbeitsmittel wie Kopiergeräten oder Druckern. Klimatische Belastungen entstehen häufig durch einen Mangel an sogenannten Differenzimpulsen, durch fehlende Möglichkeiten, individuelle Klimabedürfnisse zu regulieren, sowie durch technisch bedingte Mängel zum Beispiel an Klimaanlagen. Gesundheitsgefährdend kann die Klimatisierung dann werden, wenn die den Büros zugeführte Luft in der Nähe von Produktionsstätten abgesaugt wird (Demmer/Küpper 1984).

Schadstoffe wie z. B. Formaldehyd in der Innenraumluft können das sogenannte 'sick building syndrome' hervorrufen (vgl. Kapitel 7.3.2.3).

Typisch für Frauenarbeitsplätze im Büro ist das kombinierte Auftreten mehrerer Belastungsfaktoren wie starker Zeitdruck und zahlreiche Arbeitsunterbrechungen und schlechte Umgebungsbedingungen bei gleichzeitig geringen aufgabenbezogenen Ressourcen wie z. B. geringem Entscheidungsspielraum. Ellinger et al. (1985) haben festgestellt, daß vor allem bei Frauen, die überwiegend eintönige Textverarbeitungs-Tätigkeiten ausüben, eine Kombination aus quantitativer Überforderung und qualitativer Unterforderung auffällt. Die Autoren fanden weiterhin heraus, daß die Frauen im Büro, die die Tätigkeiten mit den geringsten Anforderungen ausüben, gleichzeitig auch den schlechtesten Umgebungsbedingungen (Lärm, schlechte Stühle, ungenügendes Licht und große Arbeitsräume) ausgesetzt sind.

Auch im Büro findet sich eine ausgeprägte geschlechtsspezifische Segregation. Lüders/Resch (1995) haben in einer geschlechtsspezifischen Sekundärauswertung einer Längsschnittstudie an 212 Büroangestellten (121 Frauen, 91 Männer) festgestellt, daß Frauen im Büro bei gleicher Qualifikation, gleicher Tätigkeitsbezeichnung und gleicher Hierarchiestufe mehrheitlich Tätigkeiten ausüben, die geringere Denk- und Planungsanforderungen enthalten als die vergleichbaren Tätigkeiten der Männer. Schulbildung und die Dauer der Berufsausübung haben hierauf keinen Einfluß. Außerdem werden Frauen sehr viel häufiger unter ihrem formalen Qualifikationsniveau eingesetzt als Männer.

Auch die Studie von Nibel/Gehm (1990) weist in eine ähnliche Richtung. Sie kommt zu dem Ergebnis, daß die geschlechtsspezifische Arbeitsteilung im Büro auch nach der Einführung von Bildschirmarbeit fortgeschrieben wird. So konnte in ihrer Untersuchung an 853 Angestellten einer Bank gezeigt werden, daß Frauen mehrheitlich angeben, mit anforderungsarmen Tätigkeiten wie Dateneingabe, Textverarbeitung und Schreibarbeiten beschäftigt zu sein, während Männer deutlich häufiger mit Dialogverkehr oder mit Programmiertätigkeiten beschäftigt sind, die sich durch längere Handlungszyklen und mehr Entscheidungsspielräume auszeichnen.

Als gesundheitsförderliche Ressourcen werden vor allem eine ganzheitliche Arbeitsorganisation und komplexe Aufgabenstellungen mit möglichst hohen Entscheidungsspielräumen genannt. Solche aufgabenbezogenen Ressourcen finden sich in der Büroarbeit vor allem bei der komplexeren Sachbearbeitung, bei sogenannten Mischarbeitstätigkeiten und bei reiner EDV-Tätigkeit z. B. beim Programmieren (Ducki et al. 1993; Nibel/Gehm 1990). Neben gesundheitsförderlichen Potentialen der Arbeitsorganisation werden eine schadstofffreie Innenluft und ausreichende Bewegungsspielräume als Bedingungen für Gesundheit und Wohlbefinden genannt.

7.3.2.3 Gesundheitliches Befinden von weiblichen Büroarbeitskräften

Weibliche Büroarbeitskräfte (N = 423) schätzen ihre Gesundheit im Nationalen Untersuchungssurvey (NUS) überwiegend positiv ein. Mehr als die Hälfte aller befragten weiblichen Büroarbeitskräfte in den neuen und den alten Bundesländern beurteilen ihren subjektiven Gesundheitszustand positiv. Allerdings geben über ein Drittel aller Frauen an, häufig müde und erschöpft (36,0 % in den neuen und 34,4 % in den alten Bundesländern) zu sein. Müdigkeit kann in klimatisierten Büroräumen häufig auch eine Folge der künstlich erzeugten Gleichmäßigkeit des Klimas sein (Demmer/Küpper 1985).

Weibliche Büroarbeitskräfte geben in den neuen Bundesländern etwas stärkere Allgemeinbeschwerden an als der Durchschnitt aller erwerbstätigen Frauen in den neuen Bundesländern. Der Zerssen-Score beträgt hier für Büroarbeitskräfte 19,5; während er für alle erwerbstätigen Frauen in den neuen Bundesländern 18,5 beträgt. In den alten Bundesländern liegen kaum Abweichungen der weiblichen Büroarbeitskräfte (20,4) von den Durchschnittswerten für alle erwerbstätigen Frauen (20,1) vor.

Das 'sick building syndrome' beschreibt „einen Komplex unspezifischer Symptome, ohne daß eine eindeutige Erkrankung bzw. pathologische Parameter diagnostiziert werden können. Typische sick building-Syndrome finden sich im zentralnervösen System (Kopfschmerzen, Ermüdung, Konzentrationsschwäche), an den Schleimhäuten der Atemwege und der Augen (Irritationen, Gefühl der Trockenheit) und auf der Haut (Trockenheit, Entzündung) (Bischof 1993: 11). Umfangreiche europäische epidemiologische Studien an über 4.000 Büroangestellten in 236 Gebäuden belegen diese Beschwerden. Es werden Prävalenzen für die in Gruppen zusammengefaßten Symptome berichtet, die zwischen 14,6 % bis 48,2 % bei Frauen und bei Männern zwischen 7,1 % und 41,7 % liegen (Bischof 1993).

In Hinblick auf körperliche Beschwerden von weiblichen Büroangestellten wurde von Ellinger et al. (1985) belegt, daß die Art der Arbeitsorganisation und die Arbeitsinhalte entscheidenden Einfluß auf die Ausprägung rheumatischer Beschwerden haben.

Zu interessanten Ergebnissen hinsichtlich der gesundheitlichen Wirkungen von Belastungen und Ressourcen in der Büroarbeit kommen Längsschnittstudien. Leitner (1993) berichtet von einer fünfjährigen Langzeitstudie an 212 Büroangestellten in Industrieverwaltungen (121 Frauen, 91 Männer), die zu dem Ergebnis kommt, daß aufgabenbezogene Belastungen wie Unterbrechungen, Zeitdruck und Probleme mit dem Informationsfluß Befindensbeeinträchtigungen wie psychosomatische Beschwerden, Gereiztheit/Belastetheit und Depressivität verstärken. Hohe Entscheidungsspielräume wirken hingegen positiv auf das Wohlbefinden, sie steigern das Selbstwertgefühl und fördern langfristige und anspruchsvolle Freizeitaktivitäten. Gleichzeitig reduzieren hohe Entscheidungsspielräume Gefühle der Ängstlichkeit und Unsicherheit.

In Hinblick auf die Zufriedenheit mit der derzeitigen Arbeitssituation geben weibliche Büroarbeitskräfte in den neuen und den alten Bundesländern an, eher zufrieden zu sein. Die Frauen in den neuen Bundesländern sind jedoch signifikant unzufriedener als ihre Kolleginnen in den alten Bundesländern: Die Mittelwerte der Frauen in den neuen Bundesländern liegen bei 4,8, die der Frauen in den alten Bundesländern mit 5,2 signifikant höher.

7.3.2.4 Berufskrankheiten, Arbeitsunfälle und krankheitsbedingte Frühverrentungen

Bei den Büroarbeitskräften liegen sowohl insgesamt als auch speziell für Frauen nur wenig anerkannte Berufskrankheiten vor. Auf der Grundlage von Sonderberechnungen der gewerblichen Berufsgenossenschaften entfallen im Jahr 1996 von den insgesamt 21.486 anerkannten Berufskrankheiten nur 46 auf die Berufsgruppe der Büroarbeitskräfte, das entspricht einem Prozentanteil von 0,2 %. Von den insgesamt 2.292 anerkannten Berufskrankheiten von Frauen in der gewerblichen Wirtschaft entfielen ganze 21 auf diese Berufsgruppe, hier ist der Prozentanteil 0,9 %. Bezieht man die Anzahl der Berufskrankheiten auf die Anzahl weiblicher Beschäftigter in dieser Berufsgruppe beträgt die Wahrscheinlichkeit weiblicher Büroarbeitskräfte, eine Berufskrankheit anerkannt zu bekommen, nur 0.0006 % und ist damit verschwindend gering (vgl. Abschnitt 'Frauentypische Berufe im Vergleich').

Tabelle 7.3-2 zeigt die Krankheitsarten, die zwischen 1991 und 1996 bei weiblichen Büroarbeitskräften zur Anerkennung einer Berufskrankheit geführt haben.

Arbeit im Büro ist grundsätzlich im Sinne der Berufskrankheiten als risikoarm zu bezeichnen. Auf diesem Hintergrund erklärt sich auch die Tatsache, daß die Tropenkrankheiten an erster Stelle stehen, was zunächst erstaunlich wirken mag, da Tropenkrankheiten eher 'exotische' Erkrankungsarten darstellen. Berufsbedingte Tropenkrankheiten können bei Personen auftreten, die beruflich im Ausland, in der Seeschiffahrt oder in der Luftfahrt tätig sind (Giesen/Schäcke 1998). Die hier aufgeführten Fälle von Tropenkrankheiten werden mit großer Wahrscheinlichkeit auf einen beruflichen Auslandseinsatz zurückführbar sein.

Tabelle 7.3-2: Die 10 häufigsten anerkannten Berufskrankheiten von weiblichen Büroarbeitskräften (Fälle), 1991 bis 1996

BK-Nr.	Anerkannte Berufskrankheiten weiblicher Büroarbeitskräfte	N (Fälle)
3104	Tropenkrankheiten	28
2101	Sehnenscheideerkrankungen	20
5101	Hautkrankheiten	12
3101	Infektionskrankheiten	10
4301	Atemwegserkrankungen, allergisch	8
4105	durch Asbest verursachtes Mesotheliom	7
1302	Erkrankungen durch Halogenkohlenwasserstoffe	6
4103	Asbestose	6
4302	Atemwegserkrankungen, toxisch	6
2301	Lärmschwerhörigkeit	1
	Übrige	14
	Gesamt	118

Quelle: Hauptverband der gewerblichen Berufsgenossenschaften, Sonderberechnungen.

Erwartungsgemäß hoch sind die berufsbedingten Erkrankungen der Sehnenscheiden, die durch einseitige, lang dauernde mechanische Beanspruchung durch Schreiben am PC oder an der Schreibmaschine entstehen können und bei denen überwiegend die Unterarme betroffen sind. Um die Erkrankungen der Sehnenscheiden als Berufskrankheiten anzuerkennen, müssen diese zur Unterlassung aller Tätigkeiten gezwungen haben, die für die Entstehung, Verschlimmerung oder das Wiederaufleben der Krankheit ursächlich waren oder sein können. Diese zusätzliche Einschränkung ist sicherlich der Grund für die generelle Diskrepanz zwischen Verdachtsanzeigen und Anerkennungen von Sehnenscheidenerkrankungen: Von den insgesamt 1.499 angezeigten Verdachtsfällen gewerblicher, landwirtschaftlicher und Eigenunfallversicherer im Jahr 1996 wurden bei den gewerblichen Berufsgenossenschaften lediglich 39 anerkannt, was einem Prozentsatz von 2,6 % entspricht (BMA - Unfallverhütungsbericht Arbeit 1997: 27). Von den insgesamt 39 anerkannten Berufskrankheiten durch Sehnenscheidenerkrankungen entfielen 21 auf Frauen.

Büroberufe gelten nicht als typische Berufe mit einem deutlich erhöhten Erkrankungsrisiko für Hauterkrankungen. Schwere und wiederholt rückfällige Hauterkrankungen können im Büro dennoch durch Hautkontakt mit chemischen Substanzen oder durch Einwirken physikalischer Faktoren oder thermischer Reize (BKV-Merkblatt 5101, Anhang, (Giesen/Schäcke 1998)) verursacht sein. Ursachen im Büro können u. U. unreine oder defekte Klimaanlagen, schadstoffhaltige Bau- oder Innenraummaterialien o. Ä. sein.

Von den 1996 bei den gewerblichen Berufsgenossenschaften 218.620 gemeldeten Arbeitsunfällen von Frauen entfallen 14.192 auf weibliche Büroarbeitskräfte. Das heißt, 6,5 % aller Arbeitsunfälle von Frauen finden im Büro statt. Bezogen auf alle Beschäftigten im Bürobereich sind das 0,4 %, die einen Arbeitsunfall erlitten haben.

Von den 106.056 Rentenzugängen wegen verminderter Erwerbsfähigkeit bei Frauen im Jahr 1996 entfielen 10.659 auf weibliche Bürofach- und -hilfskräfte (VDR 1997), das entspricht einem Anteil von 10,1 %. Insgesamt kommen 0,3 Frühverrentungen von Frauen auf 100 weibliche Beschäftigte im Bürobereich; das Risiko für Frauen, in dieser Berufsgruppe frühverrentet zu werden, ist somit relativ gering (siehe auch 'Frauentypische Berufe im Vergleich').

7.3.2.5 Fazit und Schlußfolgerungen

Zur Verbesserung der gesundheitlichen Situation erwerbstätiger Frauen im Büro zählen vor allem Maßnahmen, die sich auf die ergonomische Gestaltung der Arbeitsplätze und auf eine Änderung der Arbeitsorganisation beziehen. Gesundheitsförderliche Arbeitsgestaltung für Frauen im Büro erfordert, daß Handlungs- und Entscheidungsspielräume vergrößert werden und gleichzeitig Belastungen durch einen hohen Zeitdruck, durch eintönige und monotone Arbeit oder durch Unterbrechungen abgebaut werden. Nach dem derzeitigen Forschungsstand ist zu schlußfolgern, daß betriebliche Frauenförderung im Büro Gesichtspunkte der Arbeits- und Aufgabenteilung und betrieblicher Umstrukturierungen unbedingt einbeziehen sollte. Darüber hinaus sollten Möglichkeiten zum Bewegungswechsel sowie betriebsbezogene Angebote zum Ausgleichssport/Gymnastik erweitert werden.

7.3.3 Reinigungsberufe

7.3.3.1 Beschäftigungsstruktur und Tätigkeitsmerkmale

765.000 Frauen in Deutschland arbeiteten 1996 in Reinigungsberufen, das sind 5 % aller erwerbstätigen Frauen. Der Frauenanteil innerhalb dieser Berufsgruppe beträgt 82,5 %. Nach dem Berufs-Klassifikationssystem des Statistischen Bundesamtes von 1975 zählen zu den Reinigungsberufen Beschäftigungen in der Wäscherei, Plätterei, Textil- und Chemiereinigung, Raum- und Hausratsreinigung, Glas-, Gebäude-, Straßen-, Fahrzeug-, Maschinen- und Behälterreinigung. Laut Duda (1990) finden sich über drei Viertel aller in Reinigungsberufen Tätigen in der Berufsgruppe der Raum- und Hausratsreinigung wieder. 1997 waren von den 677.000 Gebäude- und Raumpflegern 613.000 Frauen, das entspricht einem Frauenanteil von 91 % (StBA 1997). Im folgenden werden daher schwerpunktmäßig die Arbeitsbedingungen der Raum- und Hausratsreinigung berichtet.

Die Tätigkeit der Raum- und Hausratsreinigung umfaßt die feuchte und trockene Reinigung von Bodenbelägen, die Säuberung von Wänden, Türen und Einrichtungsgegenständen sowie die Reinigung und Desinfektion aller sanitärer Anlagen. Die desinfizierende Reinigung spielt besonders bei Reinigungsarbeiten in Krankenhäusern eine große Rolle (Demmer/Küpper 1984). Der Technisierungsgrad ist gering.

Der Ausländerinnenanteil ist in dieser Berufsgruppe auch aufgrund der geringen formalen Qualifikations- und Sprachanforderungen überproportional hoch. 1982 lag er bei 14,5 % gegenüber einem Durchschnitt von 6,5 % für alle weiblichen Erwerbstätigen (Duda 1990).

7.3.3.2 Belastungen und Ressourcen in Reinigungsberufen

Reinigungsarbeit ist körperlich schwere Arbeit und durch einseitige Dauerbelastung gekennzeichnet (Demmer/Küpper 1984; Rosenberger 1973). Reinigungsarbeiten werden überwiegend stehend, gebückt, kniend oder umhergehend ausgeführt. Statische Belastungen gehen einher mit schwerer dynamischer Muskelbelastung, die durch die Bedienung schwerer Arbeitsgeräte, durch das Tragen z. B. von Wassereimern über lange Strecken oder durch Naßwischen verursacht ist (ebd.). Die berufsbezogenen Reanalyse der Daten des Nationalen Untersuchungssurveys (NUS) (N_{Ost} = 21, N_{West} = 84) zeigt vergleichbare aber etwas unterschiedlich gewichtete Belastungsschwerpunkte weiblicher Reinigungskräfte in den neuen und den alten Bundesländern. In den alten Bundesländern stehen Belastungen durch Nässe, Hitze und Kälte an erster Stelle, gefolgt von unangenehmer körperlicher Beanspruchung und körperlich schwerer Arbeit. In den neuen Bundesländern wurden als dominierende Belastungen langweilige Arbeit, unangenehme körperliche Beanspruchungen und Belastungen durch Hitze, Kälte und Nässe angegeben.

Auch der Umgang mit Reinigungs- und Pflegemitteln, die immer noch eine Vielzahl bedenklicher oder sogar gesundheitsschädlicher Inhaltsstoffe enthalten, kann als berufstypische Belastung bezeichnet werden. Als wichtige Allergene und chemisch irritative Substanzen weisen Giesen/Schäcke (1998) für die Berufsgruppe der Reinigungsdienste die folgenden auf:

- in Reinigungsmitteln enthaltene Konservierungsmitttel und waschaktive Substanzen;
- Formaldehyd, Glutaraldehyd, Phenole u. a. in Desinfektionsmitteln;
- Wachse, Terpentinöl oder Ersatzstoffe, Lösemittel in Fußbodenpflegemitteln;
- Acceleratoren und Naturlatex in Gummihandschuhen.

Durch eine nach wie vor unzureichende Kennzeichnung solcher Reinigungsprodukte, die Gefahrenstoffe enthalten, wissen viele Reinigungskräfte nicht, womit sie umgehen, bzw. sie gehen davon aus, daß die Reinigungsmittel ungefährlich sind. Hinzu kommt, daß starker Zeitdruck sowie fehlende und unvollständige Gebrauchsanweisungen, unzureichende Unterweisung und mangelnde Kenntnis der Gefährdungspotentiale einen unsachgemäßen Gebrauch der Reinigungsmittel, z. B. in Form von Überdosierung, begünstigen (Kliemt 1995: 57). Gesundheitliche Gefahren können weiterhin darin bestehen, daß Reinigungsmittel häufig in konzentrierter Form geliefert werden und von den Reinigungskräften verdünnt werden müssen. Ob und welche Gefahren beim Verdünnen auftreten, ist derzeit nicht hinreichend geklärt (Rühl/Rheker 1993: zitiert nach Kliemt 1995).

Als häufige Umgebungsbelastungen werden Zugluft, Staub, feuchte oder oft überheizte Räume genannt (z. B. Rosenberger 1973). Durch nasse und glitschige Böden besteht eine erhöhte Unfallgefahr und die Feuchtarbeit fördert Berufsdermatosen (Demmer/ Küpper 1984).

Als berufstypische psychische Belastungsfaktoren werden Zeitdruck, Monotonie und die geringe soziale Anerkennung des Berufs genannt. Kliemt (1995) berichtet, daß

Leistungsvorgaben im privaten Reinigungsgewerbe ständig zugenommen und sich innerhalb von 20 Jahren verdreifacht haben, obwohl die technischen Möglichkeiten der Rationalisierung nur sehr begrenzt sind. Die Steigerung von Leistungsvorgaben führt zu einer Intensivierung der Arbeit und damit zu erhöhtem Zeitdruck. Arbeit unter Zeitdruck fördert wiederum risikoreiches Verhalten, so werden z. B. bestimmte Sicherheitsvorkehrungen übergangen, um Zeit zu sparen; bei Reinigungsarbeiten in Krankenhäusern kann dies zu einem erhöhten Infektionsrisiko führen.

Als soziale Belastungen treten weiterhin häufig wechselnde Arbeitsorte hinzu, die dazu führen, daß keine dauerhaften Kontakte und sozialen Bezüge im Kollegenkreis aufgebaut werden können. Auch die Tatsache, daß oft unterschiedliche Nationalitäten zusammenarbeiten, erschwert den Aufbau sozialer Kontakte.

Die Entlohnung ist in diesem Gewerbe so niedrig, daß angenommen werden kann, daß viele Frauen zu Mehrfachbeschäftigung gezwungen sind, sofern es sich nicht um eine reine Zuerwerbsquelle im Sinne der Aufbesserung des Familieneinkommens handelt (Demmer/Küpper 1984). Duda berichtet, daß das durchschnittliche monatliche Nettoeinkommen der Raum- und Hausratsreinigerinnen in den 80er Jahren zwischen 600,- DM und 1000,- DM lag.

Viele Frauen wählen die erwerbsmäßige Reinigungsarbeit, weil sich die Arbeitszeiten frühmorgens oder spätabends relativ gut mit familiären Anforderungen vereinbaren lassen (Duda 1990). Arbeit außerhalb der üblichen Arbeitszeiten geht mit sozialen und gesundheitlichen Beeinträchtigungen einher.

Teilzeitarbeit ist in Reinigungsberufen weit verbreitet. Ein besonderes Problem vor allem im privaten Reinigungsgewerbe liegt in einem extrem hohen Anteil von geringfügigen Beschäftigungsverhältnissen. Nach Schätzungen des Bundesinnungsverbandes des Gebäudereinigerhandwerks waren 80 % der weiblichen Beschäftigten in diesem Handwerk sozialversicherungsfrei beschäftigt. Insgesamt wird in diesem Gewerbe von einer extrem hohen Dunkelziffer geringfügiger Beschäftigungsverhältnisse auch aufgrund illegaler Beschäftigungspraktiken ausgegangen (Duda 1990).

Die Tatsache, daß in dieser Berufsgruppe überwiegend geringfügig bzw. sozialversicherungsfrei beschäftigte Frauen anzutreffen sind, führt weiterhin zu dem Problem, daß Informationen über langfristige gesundheitliche Folgen nicht in vollem Umfang vorliegen, da viele der Frauen diese Tätigkeit nur wenige Jahre oder Monate ausüben und davon ausgegangen werden kann, daß einem Rückzug aus einer solchen Beschäftigung häufig der Vorzug vor dem beschwerlichen Weg der Anerkennung einer Berufskrankheit gegeben wird (ebd.: 24).

Auch im Reinigungsgewerbe herrscht eine ausgeprägte geschlechtsspezifische Arbeitsteilung. So ist die Denkmal- oder Industriereinigung, in der die Entlohnung höher ist und in der Regel auch Ganztagsbeschäftigungsverhältnisse angeboten werden, männlich dominiert. Die durch geringfügige Beschäftigungsverhältnisse gekennzeichnete Gebäudereinigung ist hingegen fast überwiegend Frauenarbeit.

Als wichtige Ressourcen geben Reinigungsfrauen in Einzelinterviews Möglichkeiten zur individuellen Arbeitsablaufplanung und Entscheidungsspielräume an (Duda 1990). Diese sind in kleineren Objekten größer als in Großobjekten. In Großobjekten werden häufig 'Putzkolonnen' gebildet, hier ist der Arbeitsablauf und das jeweilige Arbeitsverfahren bis hin zu einzelnen Handgriffen genau festgelegt. Reinigungsfrauen bevorzugen daher sogenannte Schlüsselreviere, wo wenige Frauen ein Objekt vollständig reinigen. Sie haben hier durch die Aushändigung des Schlüssels selbständig Zugang zum Objekt und sind flexibler in ihrer Arbeitszeitgestaltung. Individuelle gestaltbare Arbeitsabläufe erleichtern zusätzlich die Bewältigung der hohen Leistungsanforderungen.

In Hinblick auf die Ressource Aufgabenvielfalt berichten Reinigungsfrauen in den von Duda durchgeführten Einzelinterviews, daß früher die Aufgabenvielfalt größer war als heute. So gehörten früher auch Blumengießen, Kaffeekochen oder Abwaschen zu den Aufgaben der Reinigungskraft. Außerdem waren Reinigungskräfte häufiger in die normale Arbeitszeit und den Betrieb integriert. Heute ist der Arbeitsablauf hingegen streng reglementiert und die Standardisierung steigt mit der Größe des Objekts.

7.3.3.3 Gesundheitliches Befinden von weiblichen Reinigungskräften

Nach den berufsbezogenen Auswertungen des Nationalen Untersuchungssurveys (NUS) schätzen weibliche Reinigungskräfte (N = 113) ihren Gesundheitszustand eher schlechter ein als andere Berufsgruppen. Das gilt ganz besonders für die Frauen aus den alten Bundesländern. 14 % geben in den alten Bundesländern an, einen schlechten Gesundheitszustand zu haben, in den neuen sind es knapp 11 %. Fast die Hälfte der weiblichen Reinigungskräfte in den neuen Bundesländern und mehr als ein Drittel in den alten Bundesländern geben an, häufig müde und erschöpft zu sein.

Reinigungsfrauen in den alten Bundesländern geben im Vergleich zu allen erwerbstätigen Frauen durchschnittlich mehr Allgemeinbeschwerden an. In den alten Bundesländern beträgt der Zerrsen-Score der Reinigungsfrauen 24,4. Der Durchschnittswert liegt für alle erwerbstätigen Frauen bei 20,1. In den neuen Bundesländern liegt der Durchschnittswert der Reinigungsfrauen unter dem aller erwerbstätigen Frauen, nämlich 17,8 - während der Durchschnittswert für alle erwerbstätigen Frauen in den neuen Bundesländern 18,5 beträgt.

Trotz relativ starker Allgemeinbeschwerden geben Reinigungsfrauen in den neuen und den alten Bundesländern an, mit ihrer derzeitigen Arbeitssituation eher zufrieden zu sein. Die Frauen in den neuen Bundesländern sind jedoch unzufriedener als ihre Kolleginnen in den alten Bundesländern. Die Mittelwerte der Frauen in den neuen Bundesländern liegen bei 4,9, die der Frauen in den alten Bundesländern bei 5,3. Ob es sich hier um eine Form angepaßter oder resignativer Arbeitszufriedenheit handelt, kann aus den Daten nicht ersehen, aber angesichts der beschriebenen Arbeitssituation begründet angenommen werden.

7.3.3.4 Berufskrankheiten, Arbeitsunfälle und krankheitsbedingte Frühverrentungen

Auf der Grundlage von Sonderberechnungen der gewerblichen Berufsgenossenschaften entfallen 1996 von den insgesamt 21.486 anerkannten Berufskrankheiten 150 auf die Berufsgruppe der Reinigungskräfte, das entspricht einem Prozentanteil von 0,7 %. Von den insgesamt 2.292 anerkannten Berufskrankheiten von Frauen entfielen 90 auf diese Berufsgruppe, hier beträgt der Prozentanteil 3,9 % und ist damit im Vergleich mit den anderen hier berichteten Berufen der dritthöchste Prozentanteil nach den Gesundheitsdienstberufen (22,1 %) und den Warenkaufleuten (4,9 %). Bezogen auf 100 weibliche Beschäftigte in den Reinigungsberufen beträgt der Anteil anerkannter Berufskrankheiten 1996 bei Reinigungsfrauen 0,01 und ist damit im Vergleich zu den anderen Berufen relativ hoch.

Die folgende Tabelle zeigt die anerkannten Berufskrankheiten von weiblichen Reinigungskräften für den Zeitraum 1991 - 1996.

Tabelle 7.3-3: Die 10 häufigsten anerkannten Berufskrankheiten von weiblichen Reinigungskräften 1991- 1996

BK-Nr.	Anerkannte Berufskrankheiten weiblicher Reinigungskräfte	N
5101	Hautkrankheiten	229
3101	Infektionskrankheiten	33
4301	Atemwegserkrankungen, allergisch	17
1201	Erkrankungen durch Kohlenmonoxid	16
1303	Erkrankungen durch Benzol	15
4302	Atemwegserkrankungen, toxisch	13
1302	Erkrankungen durch Halogenkohlenwasserstoffe	8
2301	Lärmschwerhörigkeit	5
4103	Asbestose	5
4101	Silikose	1
	Übrige	15
Gesamt		357

Quelle: Hauptverband der gewerblichen Berufsgenossenschaften, Sonderberechnungen.

Durch den dauerhaften Umgang mit Reinigungsmitteln besteht die Hauptgefährdung bei Raumpflegerinnen in einer Schädigung der Haut. Raumpflegerinnen nehmen nach den Friseurinnen bezüglich der Häufigkeit von Berufsdermatosen die zweite Stelle aller typischen Frauenberufe ein (Kliemt 1995). Nach Kleine et al. (1990) entfallen 85 % der dermatologischen Diagnosen der Raumreinigerinnen auf die Haut- und Unterhautzellgewebeentzündungen, von denen die Kontaktdermatitis die wichtigste ist. Als auslösender Faktor kommt hier der Feuchtarbeit der Raumreinigerinnen besondere Bedeutung zu (ebd.: 143).

Neben den Hautkrankheiten haben vor allem Infektionserkrankungen zu Anerkennungen von Berufskrankheiten geführt. Eine erhöhte Infektionsgefahr besteht im Reinigungsgewerbe vor allem in Krankenhäusern und hier insbesondere bei der Beseitigung des Abfalls aus Operationssälen, Labors und aus dem sanitären Bereich.

Allergische und toxische Atemwegserkrankungen sind ähnlich wie die Hauterkrankungen durch den Kontakt mit allergisierenden Stoffen bedingt, die z. B. in Desinfektions-, Reinigungs- oder Lösemitteln vorhanden sein können. Auch Benzolerkrankungen, die in dieser Berufsgruppe ebenfalls stark vertreten sind, sind überwiegend durch den Umgang mit Reinigungs- bzw. Lösemitteln verursacht.

Kohlenmonoxid verursachte Erkrankungen können bei den Reinigungsberufen vor allem bei der Fahrzeug-, Maschinen- und Behälterreinigung auftreten, da Kohlenmonoxid bei der unvollständigen Verbrennung kohlenstoffhaltiger Verbindungen entsteht. Als Gefahrenquellen, die auch für Reinigungskräfte von Relevanz sein können, werden u. a. Arbeiten an defekten oder fehlerhaft betriebenen Heizanlagen, an offenen Feuerstellen (z. B. Koksöfen), an laufenden Ottomotoren sowie Arbeiten an Anlagen, die mit CO_2-haltigen Gasen betrieben werden, genannt (Giesen/Schäcke 1998).

Die im Zeitraum 1991 bis 1996 anerkannten Berufskrankheiten zeigen zusammengefaßt, daß das Risikospektrum für Frauen in Reinigungsberufen stark durch den Umgang bzw. den dauerhaften Kontakt mit gesundheitsschädlichen Substanzen geprägt ist, was bei langjähriger Exposition zu Hautkrankheiten, zu allergischen Atemwegserkrankungen oder je nach Stoffart zu verschiedenen Vergiftungserkrankungen führen kann.

Nach der Statistik der gewerblichen Berufsgenossenschaften entfielen 1996 14.818 der insgesamt 218.620 gemeldeten Arbeitsunfälle von Frauen auf weibliche Reinigungskräfte. Das heißt 6,8 % aller Arbeitsunfälle von Frauen erfolgen in Reinigungsberufen. Nimmt man Bezug auf die Beschäftigtenanteile von Frauen, zeigt sich, daß das durchschnittliche Unfallrisiko für weibliche Beschäftigte in Reinigungsberufen bei 1,9 pro 100 beschäftigte Frauen in diesen Berufen liegt. Unfälle von Reinigungskräften werden begünstigt durch das Herumlaufen in der 'Reinigungsbrühe' beim Arbeitsvollzug, durch glitschige Böden und durch umherliegende oder zu entsorgende Materialien. Besonders verletzungsreich ist wegen zu entsorgender Scherben und Bruchmaterial die Abfallbeseitigung. Die Mehrzahl der Unfälle führt zu Prellungen, Quetschungen, Platz-, Schürf- und Schnittwunden, Zerreißungen sowie Verstauchungen (Duda 1990).

Von den 106.056 Rentenzugängen wegen verminderter Erwerbsfähigkeit bei Frauen im Jahr 1996 entfielen 5.344 auf die Raum- und Hausratsreinigerinnen, das entspricht einem Prozentsatz von 5,0 % (VDR 1997). Da vermutlich eine große Zahl von Frauen aus Krankheitsgründen von sich aus den Beruf aufgeben, ohne einen Rentenantrag wegen verminderter Erwerbsfähigkeit zu stellen, kann angenommen werden, daß die tatsächliche Zahl der verminderten Erwerbsfähigkeit hier sehr viel höher ist. Insgesamt gehen 95,6 % aller krankheitsbedingten Frühverrentungen in der Raum- und Hausratsreinigung auf Frauen und nur 4,4 % auf Männer zurück. In dieser Berufsgruppe kommen 0,7 Frühverrentungen auf 100 weibliche Beschäftigte.

7.3.3.5 Fazit und Schlußfolgerungen

Die gesundheitliche Situation von Frauen in Reinigungsberufen ist durch zahlreiche körperliche und psychomentale Belastungen gekennzeichnet, die in relativ vielen Arbeitsunfällen und Berufskrankheiten aber auch in erhöhten Allgemeinbeschwerden und starker Ermüdung und Erschöpfung zum Ausdruck kommen. Eine Besonderheit in dieser Berufsgruppe ist der hohe Anteil geringfügiger Beschäftigungsverhältnisse, was mit erheblichen sozialen und auch gesundheitlichen Nachteilen verbunden sein kann.

In Bezug auf die Arbeitssituation von Frauen in der Raum- und Hausratsreinigung werden in der Literatur folgende Gestaltungsvorschläge formuliert (Demmer/Küpper 1984):

Um die statischen und dynamischen Muskelbelastungen zu reduzieren, bedarf es vor allem der Verwendung leichterer Arbeitsmittel sowie des Einsatzes von Transporthilfen. Schon bei der Konstruktion und Planung von Innenräumen kann auf eine reinigungsfreundliche räumliche Gestaltung sowie auf die Verwendung reinigungsfreundlicher Innenraummaterialien geachtet werden.

In Hinblick auf die Belastung der Haut wird auf die Verwendung hautfreundlicher Reinigungsmittel, auf sorgsame Hautpflege und –reinigung sowie auf dermatologische Vorsorge- und Kontrolluntersuchungen als Präventivmaßnahmen hingewiesen. Die Verwendung von Gummihandschuhen wird nicht angeregt, da es hier zu Schwitzen und zu allergischen Hautreaktionen kommen kann. Wenn Handschuhe benutzt werden, sind Vinyl-Handschuhe vorzuziehen (Kleine et al. 1990).

Zum Abbau des Zeitdrucks wird eine Herabsetzung des Leistungspensums durch Erhöhung des Personalbestandes empfohlen, und schließlich können durch eine Aufgabenanreicherung die einförmigen und monotonen Tätigkeiten reduziert werden. Hier zeigt sich, daß die ‚Schlüsselreviere' eine gute Grundlage bieten, um den Reinigungsfrauen mehr eigenständige Planung der Arbeitsabläufe und zeitliche Autonomie zu ermöglichen. Die Hinweise auf frühere Aufgabengebiete von Reinigungsfrauen zeigen Möglichkeiten auf, wie Aufgaben abwechslungsreicher miteinander kombiniert und das Reingungspersonal besser in den Arbeitsalltag der jeweiligen Institution integriert werden kann.

7.3.4 Warenkauffrauen/Verkauf

7.3.4.1 Beschäftigungsstruktur und Tätigkeitsmerkmale

In der Berufsgruppe der Warenkaufleute waren 1996 1.908.000 Frauen beschäftigt, das sind 12,5 % aller erwerbstätigen Frauen. Nach dem Berufs-Klassifikationssystem des Statistischen Bundesamtes von 1975 zählen zu dieser Berufsgruppe neben Verkäuferinnen und Verkäufern v. a. die Groß- und Einzelhandelskaufleute, Einkäuferinnen und Einkäufer, Beschäftigte im Verlagswesen, Buchhandel, in Drogerien, an Tankstellen und in der Handelsvertretung. Fast 69 % aller in dieser Berufsgruppe beschäftigten Frauen waren 1996 im Verkauf tätig (1.319.000); der Frauenanteil beträgt bei den Verkäuferinnen 82,4 % (StBA 1997a). Im folgenden werden daher schwerpunktmäßig die Belastungen und Ressourcen von Frauen im Verkauf berichtet.

Das Tätigkeitsspektrum des Verkaufs umfaßt die Bereitstellung der Ware, die Beratung des Kunden und den Warenverkauf. Der Verkaufstätigkeit vor- und nachgelagert sind die Annahme, Kontrolle und Lagerung der Waren sowie die Auffüllung der Regale, die Auszeichnung der Waren sowie die Pflege und Reinhaltung der Waren und der Ausstellungsmöbel. In einigen Branchen kommt noch die Warenvorbereitung hinzu (z. B. Salate oder Backwaren).

Durch die Rationalisierung im Einzelhandel, insbesondere die Zunahme von Selbstbedienungsläden, wurde die ehemals umfassende Verkaufstätigkeit aufgespalten in restriktive Teiltätigkeiten, wobei der Anteil der fachlichen Beratung des Kunden hinsichtlich Qualität, Gebrauch und Nutzen eines Artikels in den letzten Jahren kontinuierlich zurückgegangen ist und heute nur noch in Spezialabteilungen oder Fachgeschäften eine Rolle spielt (Fuzinski et al. 1997). In SB-Läden reduziert sich die Verkaufstätigkeit auf die reine Bereitstellung und Kontrolle der Waren.

Ebenfalls häufig von der Verkaufstätigkeit abgetrennt ist die Kassiertätigkeit. Sie umfaßt alle Aufgaben, die an die Bezahlung der Waren gekoppelt sind, vor allem die Registrierung der Ware sowie die Geldannahme und den Geldwechsel, teilweise kommt das Einpacken und Aushändigen der Ware hinzu. In den letzten Jahren ist die Kassiertätigkeit stark durch die Weiterentwicklung der elektronischen Datenerfassung verändert worden (z. B. Scannerkassen, elektronische Geldkartenzahlung). Durch die Nutzungsmöglichkeiten der neuen Medien wie dem Internet befindet sich der gesamte Verkauf erneut in einem Umbruch, der möglicherweise mit extremen Rationalisierungen verbunden sein kann und maßgebliche Änderungen in den Arbeitsabläufen, den Tätigkeitsstrukturen und den Arbeitsbedingungen mit sich bringen wird. Stichworte sind hier ‚home- und teleshopping'. Inwieweit sich derartige Vertriebsformen durchsetzen ist derzeit noch nicht absehbar.

7.3.4.2 Belastungen und Ressourcen im Warenverkauf

Die berufsbezogene Reanalyse des Nationalen Gesundheitssurveys (N = 240) zeigt für die Berufsgruppe der Warenkauffrauen unterschiedliche Belastungsschwerpunkte in Ost und West: In den neuen Bundesländern fühlen sich die meisten Warenkauffrauen durch die langen Arbeitszeiten und Überstunden belastet, gefolgt von Umgebungsbelastungen wie Hitze und Kälte und durch Zeitdruck. Aber auch körperlich schwere Arbeit und starke Konzentrationsanforderungen prägen das Belastungsspektrum.

In den alten Bundesländern steht der Zeitdruck an erster Stelle, gefolgt von einer unangenehmen körperlichen Beanspruchung. Lange Arbeitszeiten und Überstunden stehen hier auf Platz drei, gefolgt von Belastungen durch körperlich schwere Arbeit.

Die Selbstangaben der Warenkauffrauen decken sich - wenn auch in unterschiedlichen Gewichtungen - im Wesentlichen mit den Belastungsschwerpunkten, die in der Literatur für den Verkauf genannt werden.

In Hinblick auf körperliche Belastungen unterscheiden sich die Verkaufs- und Kassiertätigkeiten deutlich voneinander. Bei der Verkaufstätigkeit dominiert vor allem in Kaufhäusern durch das Stehen eine starke statische Muskelbelastung, was verschiedene Multimomentanalysen (Grandjean/Kretschmar 1968; Dupius/Rieck 1978) belegen konnten.

In SB-Läden ist ein Rückgang der Steharbeit mit Ausnahme der Bedienungstheken zugunsten des entlastenden Gehens zu verzeichnen, hier treten jedoch durch die Zunahme von Tätigkeiten wie das Auffüllen von Regalen Zwangshaltungen wie Hocken und Knien verstärkt auf. Durch die falsche Gestaltung der Bedienungstheken (v. a. Fleisch, Wurst und Käse) müssen die meisten Verkäuferinnen auf den Fußspitzen stehend sich weit nach vorne beugen, um die vorderen Waren im Sichtfenster zu erreichen, was zu ungünstigen Körperbewegungen und -haltungen führt. Allerdings treten diese Zwangshaltungen beim Verkaufspersonal nicht als einseitige Dauerbelastung, sondern in einem kontinuierlichen Wechsel auf (Straif 1985).

Kassenarbeit ist eine asymmetrische Tätigkeit, die durch das Eintippen einerseits und das Bewegen der Waren andererseits mit einer starken einseitigen dynamischen Muskelbelastung verbunden ist. Dabei können die körperlichen Belastungen an Kassenarbeitsplätzen je nach Arbeitsmittel und Arbeitsort stark variieren. Je nach Kassentyp (z. B. Scannerkassen, Band- oder Umpackkasse) sind unterschiedliche Bewegungsabläufe erforderlich, die mit unterschiedlichen Belastungen verbunden sind. In Supermärkten finden sich überwiegend Sitzkassenarbeitsplätze, während in Warenhäusern meistens Stehkassen anzutreffen sind. In verschiedenen, allerdings älteren Untersuchungen (z. B. Grandjean/Hüntning 1981) fielen zahlreiche ergonomische Defizite an Kassenarbeitsplätzen ins Auge: Zu große Höhendifferenzen zwischen Sitz- und Arbeitsfläche, ein zu großer Greifraum, eine unzureichende Bewegungsfläche und unergonomische Stühle wurden mehrfach festgestellt. Neue ergonomisch gestaltete Scannerkasse führen zwar zu körperlichen Entlastungen, gleichzeitig sind hier aber auch mentale Anforderungen reduziert; es verbleiben lediglich sinnentleerte monotone Verrichtungen (Lemmermöhle-Thüsing/Otto 1990).

Vorrangige Umgebungsbelastungen im Verkauf sind vor allem das ganztägige Kunstlicht, die Luftqualität, der Luftzug, Lärm und Blendung (vor allem im Kassenbereich) sowie Kälte (z. B. in Frischwarenabteilungen).

Als psychische Belastungsfaktoren werden an Verkaufsarbeitsplätzen vor allem der Zwang zur Anpassung an den Kunden und die Verantwortung für die Ware genannt. Bei hohem Kundenaufkommen besteht eine Überforderung, bei geringem Kundenaufkommen eine Unterforderung, die ebenfalls als belastend erlebt wird. Psychische Belastungen wie z. B. monotone Arbeitsbedingungen und qualitative Unterforderungen sind wesentlich durch eine zergliederte Arbeitsteilung bestimmt, die in SB-Läden besonders stark ausgeprägt ist. Hier ist das Verkaufspersonal im wesentlichen nur noch dafür da, Regale aufzufüllen und die Ware auszupreisen (z. B. Poser 1991). Hinzu kommt, daß mit einer Zunahme restriktiver Tätigkeiten Möglichkeiten zum Belastungswechsel abnehmen und die Belastung dadurch immer einseitiger wird.

Auch die Kontrolle und Intensivierung der Arbeitsleistung, die durch Personalabbau, durch Leistungslohn- und Personalüberwachungssysteme verursacht sind, werden als psychisch belastend erlebt (Straif 1985).

An Kassenarbeitsplätzen überwiegen monotone Arbeitsbedingungen durch die sich ständig wiederholenden gleichen Bewegungsabläufe bei gleichzeitig starker Konzentration und Zeitdruck. Zeitdruck herrscht vor allem bei hohem Kundenaufkommen. Hier kann auch der Kunde selbst durch arbeitsorganisatorische Zwänge zur Belastung werden. Wenn Kunden beispielsweise ihre Waren an der Kasse zu langsam einpacken und dadurch die flüssige Abfertigung blockiert wird, führt dies zu Beschwerden anderer Kunden, die in der Schlange stehen, was wiederum den Zeitdruck und die Hetze für das Kassenpersonal erhöht.

Besonders in Hinblick auf die Konzentrationsanforderungen kommen belastungsverschärfend bei der Kassiertätigkeit eine oft ungünstige und schlecht leserliche Etikettierung, schlechte Beleuchtung und Lärm hinzu.

Als ein weiterer Hauptbelastungsfaktor des Verkaufspersonals wird die Lage der Arbeitszeit und hier vor allem die regelmäßig zu leistende Samstagsarbeit thematisiert. Auch der späte Arbeitsschluß an den übrigen Wochentagen führt zu sozialen Einschränkungen, da sich die verbleibende Familien- und Freizeit auf ein Minimum reduziert.

Auch im Verkauf ist Teilzeitarbeit weit verbreitet. Mitte der 90er Jahre waren über die Hälfte (704.000) aller Verkäuferinnen teilzeitbeschäftigt, davon arbeiteten 369.000 Frauen unter 21 Stunden in der Woche, was einem Anteil von 28 % entspricht (StBA 1995: 54).

Mit dem Ansteigen von Teilzeitarbeitsplätzen geht ein Abbau von Vollzeitarbeitsplätzen einher. Insgesamt hat sich die Zahl der geringfügig Beschäftigten im Einzelhandel von 1985 bis 1995 von 250.000 auf 500.000 verdoppelt, 1997 waren es schon 764.000 (Tischer/Doering 1998: 532). Besonders der Personalbedarf, der durch die Ausweitung der Ladenöffnungszeiten entsteht, wurde durch sozialversicherungsfreie Beschäftigte gedeckt.

Eine weitere arbeitszeitliche Besonderheit im Verkauf ist die kapazitätsorientierte variable Arbeitszeit (Kapovaz). Hierbei handelt es sich um ein Arbeitszeitsystem, das darauf zielt, durch maximale Flexibilität auch nicht kalkulierbare Schwankungen von Kundenströmen auszugleichen. Es werden keine festen Arbeitszeitlagen, sondern lediglich die Arbeitsstundenzahl vereinbart, wobei in der Regel die Bereitschaft zu kurzfristigem Arbeitseinsatz erfragt wird und Voraussetzung ist (Poser 1991).

Die geschlechtsspezifische Segregation der Arbeit ist auch in dieser Berufsgruppe stark verbreitet. Neben den geringfügigen Beschäftigungsverhältnissen und dem hohen Frauenanteil an den Teilzeitarbeitsplätzen im Verkauf ist auch die vertikale Segregation stark ausgeprägt. So beträgt der Frauenanteil im Verkauf in der ersten Ausbildungsstufe 82,4 % - in der zweiten Ausbildungsstufe (Einzelhandelskauffrau/-mann) beträgt er laut Statistischem Bundesamt (1997b) nur noch 46,8 %. Den Aufstieg zur Abteilungs- oder Filialleiterin schaffen im Einzelhandel trotz des hohen Frauenanteils nur 5 % der Frauen (Lemmermöhle-Thüsing/Otto 1990).

Als zentrale Ressource wird der Kontakt zum Kunden bezeichnet und zwar in gleicher Weise vom Verkaufs- als auch vom Kassierpersonal. 55 % des Verkaufs- und Kassenpersonals geben bei einer Befragung nach Gründen der Arbeitszufriedenheit den Kundenkontakt als wichtigsten Grund an, gefolgt von Kontakt zu Kollegen und Verantwortung (Salorid et al. 1978, zit. nach Straif 1985).

Zusammenfassend kann festgehalten werden, daß Frauen im Verkauf vor allem unter den Folgen einer restriktiven Arbeitsteilung und einer konsequenten Rationalisierung leiden müssen. Zwar konnten in den letzten Jahren durch die technologische Entwicklung im Verkauf einige körperliche Belastungen abgebaut werden, gleichzeitig wurde die Arbeit zunehmend sinnentleert, der Kernbereich der beruflichen Identität des Verkaufspersonals, Beratung und Bedienung, geht immer weiter verloren. Geringfügige Beschäftigungsverhältnisse und die geschlechtsspezifische Arbeitsteilung sind auch in dieser Berufsgruppe weit verbreitet.

7.3.4.3 Gesundheitliches Befinden von Warenkauffrauen/Verkäuferinnen

Hinsichtlich körperlicher Beschwerden werden vom Verkaufspersonal in mehreren Untersuchungen an erster Stelle Fuß- und Beinbeschwerden genannt, während beim Kassenpersonal Rücken- und Kreuzbeschwerden an erster Stelle stehen (Straif 1985: 167). Rücken- und Kreuzschmerzen spielen auch für das Verkaufspersonal eine bedeutsame Rolle, sie werden hier am zweithäufigsten genannt. Beim Verkaufspersonal führt vor allem dauerhaftes Stehen zu einem erhöhten Verschleiß der Wirbelsäule, zu Rücken- und Kreuz- sowie zu Fuß- und Beinbeschwerden. Eine oft ungünstige und schlecht leserliche Etikettierung, schlechte Beleuchtung und Lärm führen zu einer starken mentalen Beanspruchung und häufig zu einer Überbeanspruchung der Augen, zu Verspannungen und Kopfschmerzen.

Nach den berufsbezogenen Auswertungen des Nationalen Untersuchungssurveys (NUS) schätzen dennoch ca. die Hälfte aller Warenkauffrauen in den neuen und alten Bundesländern ihren gegenwärtigen Gesundheitszustand eher gut ein.

Unterschiede finden sich in den neuen und den alten Bundesländern bei den Angaben zu Müdigkeit und Erschöpfung. In den neuen Bundesländern geben deutlich mehr Frauen (50,2 %) an, müde und erschöpft zu sein als in den alten Bundesländern (34,4 %).

In beiden Teilen Deutschlands geben Warenkauffrauen unterdurchschnittliche Allgemeinbeschwerden an. Der Zerrsen-Score der Warenkauffrauen in den neuen Bundesländern beträgt 17,2. Der NUS-Durchschnitt aller erwerbstätigen Frauen in den neuen Bundesländern wird mit 18,5 angegeben. Warenkauffrauen in den alten Bundesländern haben einen Wert von 19,5. Der Durchschnittswert für alle erwerbstätigen Frauen liegt in den alten Bundesländern bei 20,1.

Gefragt nach der Zufriedenheit mit der derzeitigen Arbeitssituation geben Warenkauffrauen in den neuen und den alten Bundesländern an, eher zufrieden zu sein: Auf einer Skala von 1 = sehr unzufrieden bis 7 = sehr zufrieden liegen die Mittelwerte der Frauen in den neuen Bundesländern bei 5,4, in den alten Bundesländern bei 5,6. Interessant ist, daß die Warenkauffrauen im Vergleich mit anderen Berufsgruppen (Büroarbeitskräfte, Reinigungskräfte, sozialpflegerische Berufe und Gesundheitsberufe) sehr hohe Zufriedenheitswerte aufweisen, in den neuen Bundesländern sind nur die Beschäftigten in den Gesundheitsberufen (5,5), in den alten Bundesländern in den Sozialberufen mit 5,6 noch etwas zufriedener.

Zusammenfassend lassen die Daten des Nationalen Untersuchungssurveys zum subjektiven Befinden eher eine positive Tendenz für diese Berufsgruppe erkennen, mit der Ausnahme, daß über die Hälfte aller Warenkauffrauen in den neuen Bundesländern angeben, häufig müde und erschöpft zu sein. Die wichtigsten körperlichen Beschwerden des Verkaufspersonals sind Fuß- und Beinschmerzen sowie Rückenbeschwerden.

7.3.4.4 Berufskrankheiten, Arbeitsunfälle und krankheitsbedingte Frühverrentungen

Auf der Grundlage von Sonderberechungen der gewerblichen Berufsgenossenschaften entfallen 1996 von den insgesamt 21.486 anerkannten Berufskrankheiten 141 auf die Berufsgruppe der Warenkaufleute, das entspricht einem Prozentanteil von 0,7 %. Von den insgesamt 2.292 anerkannten Berufskrankheiten von Frauen entfielen 113 auf diese Berufsgruppe, hier beträgt der Prozentanteil 4,9 %. Bezieht man die Anzahl der Berufskrankheiten auf die Anzahl weiblicher Beschäftigter in dieser Berufsgruppe, beträgt die Wahrscheinlichkeit, eine Berufskrankheit anerkannt zu bekommen, bei Warenkauffrauen hingegen nur 0.005.

Die folgende Tabelle zeigt die Krankheitsarten, die zwischen 1991 und 1996 bei Warenkauffrauen zur Anerkennung einer Berufskrankheit geführt haben.

Tabelle 7.3-4: Die 10 häufigsten anerkannten Berufskrankheiten von 1991 bis 1996

BK-Nr.	Anerkannte Berufskrankheiten von Warenkauffrauen	N
4301	Allergische Atemwegserkrankungen	456
5101	Hautkrankheiten	401
3102	übertragbare Krankheiten	17
1302	Erkrankungen durch Halogenkohlenwasserstoffe	11
4302	Toxische Atemwegserkrankungen	12
2108	Erkrankungen der Lendenwirbelsäule, Erkrankungen durch Heben und Tragen	3
1303	Erkrankungen durch Benzol	3
4105	Mesotheliom	3
3104	Tropenkrankheiten	2
2301	Lärmschwerhörigkeit	1
	Übrige	17
Gesamt		926

Quelle: Hauptverband der gewerblichen Berufsgenossenschaften, Sonderberechnungen.

Knapp die Hälfte aller anerkannten Berufskrankheiten von Warenkauffrauen gingen in dem Zeitraum 1991 bis 1996 auf allergische Atemwegserkrankungen zurück. Die zweithäufigste Erkrankungsart sind die Hauterkrankungen. Die beruflichen allergischen Atemwegserkrankungen werden durch Arbeitsstoffe mit allergisierender Potenz ausgelöst, meist handelt es sich um einatembare Stoffe pflanzlicher oder tierischer Herkunft (Giesen/Schäcke 1998). Im Verkauf kann der Ursprung der allergischen Atemwegserkrankung nach Verkaufsort und der Art der zu verkaufenden Ware stark variieren. Gleiches gilt für die Hautkrankheiten, die als Berufskrankheit anerkannt werden. Sie werden verursacht durch die Einwirkung schädigender Flüssigkeiten, fester Stoffe, Stäube oder Dämpfe, die im Verkauf ebenfalls je nach Warenmaterial breit variieren können. Hauterkrankungen und allergische Atemwegserkrankungen sind auch in Langzeitauswertungen (1978-1983) die am häufigsten anerkannten Berufskrankheiten in der Berufsgruppe der Verkäuferinnen und Verkäufer (Butz 1986).

Auch hier macht die Liste der anerkannten Berufskrankheiten jedoch deutlich, daß die Berufskrankheiten nur einen sehr begrenzten Ausschnitt arbeitsbedingter Erkrankungen repräsentieren. Berufstypische Erkrankungen des Verkaufs- bzw. Kassenpersonals wie Sehnenscheidenentzündungen, Erkrankungen der Lendenwirbelsäule oder Gelenkerkrankungen werden extrem selten als Berufskrankheiten anerkannt, würden aber sicherlich bei einer anderen Anerkennungspraxis mit zu den häufigsten Erkrankungsarten zählen.

Über die Berufskrankheiten hinaus ist eine höhere Frühgeburtsrate bei Frauen mit stehender Tätigkeit als ein weiteres spezifisches Berufsrisiko für Frauen im Verkauf zu nennen. Beckendeformationen und Lageanomalien der Geschlechtsorgane treten bei stehend arbeitenden Frauen häufiger auf als im Durchschnitt. Beckendeformationen und Lageanomalien können eine Ursache für die erhöhte Frühgeburtsrate von stehend arbeitenden Frauen sein. Guberan/Rougemont (1974: 279) haben für erwerbstätige Frauen mit einer stehenden Tätigkeit eine Frühgeburtsrate von 8,3 % ermittelt, während die Rate für stehende Tätigkeit mit Möglichkeit zum Hinsetzen nur 4,7 %, für sitzende Tätigkeit nur 3,6 % und für nichterwerbstätige Frauen sogar nur 1,9 % beträgt (zit. nach Straif 1985: 180).

1996 wurden bei den gewerblichen Berufsgenossenschaften 218.620 Arbeitsunfälle von Frauen gemeldet, davon entfallen 33.185 auf die Berufsgruppe der Warenkauffrauen, das entspricht einem Anteil am gesamten Unfallgeschehen von Frauen von 15,2 %. Nimmt man Bezug auf die Beschäftigtenanteile von Frauen, zeigt sich, daß das durchschnittliche Unfallrisiko für Warenkauffrauen bei 1,7 % liegt und damit um ein vierfaches höher ist als z. B. das Unfallrisiko weiblicher Bürofach- und Hilfskräfte. Auch hier erklärt sich das deutlich höhere Unfallrisiko durch die besondere Arbeitssituation. Vergleicht man das Unfallrisiko innerhalb dieser Berufsgruppe von Männern und Frauen, ist das Unfallrisiko für Frauen größer, das Risiko für Männer beträgt nur 1,3 %. Wird die Statistik nach den unfallauslösenden Gegenständen ausgewertet, zeigt sich, daß Unfälle im Verkauf sich vor allem auf Arbeitsmittel zum Zuschneiden von Waren zurückführen lassen. Verkehrswege und Treppen stehen ebenfalls im Mittelpunkt des Geschehens (Straif 1985: 326f.).

Von den 106.056 Rentenzugängen wegen verminderter Erwerbsfähigkeit bei Frauen im Jahr 1996 entfielen 7.795 auf Verkäuferinnen und 9.616 auf die Warenkauffrauen (VDR 1997). Das heißt, daß 7,3 % aller weiblicher Rentenzugänge wegen verminderter Erwerbsfähigkeit auf die Berufsgruppe der Verkäuferinnen, 9,1 % auf die Gruppe der Warenkauffrauen entfallen. Insgesamt kommen 0,5 Frühverrentungen von Frauen auf 100 weibliche Beschäftigte im Warenverkauf.

7.3.4.5 Fazit und Schlußfolgerungen

Verschiedene Untersuchungen kommen zu dem Schluß, daß die Arbeitssituation von Frauen im Warenverkauf je nach Tätigkeit durch statische Dauerbelastungen, durch Zwangshaltungen und durch psychomentale Belastungen wie Zeitdruck und starke Konzentrationsanforderungen gekennzeichnet ist. Ein starkes Kundenaufkommen kann vor allem unter den Bedingungen der Personalknappheit zur Belastung werden. Als typische gesundheitliche Beeinträchtigungen werden Rücken- und Beinbeschwerden, häufig auch Augen- und Kopfschmerzen genannt. Die häufigsten anerkannten

Berufskrankheiten sind allergische Atemwegs- und Hauterkrankungen. Das Unfallrisiko ist in dieser Berufsgruppe für Frauen größer als für Männer.

Zur Verbesserung der Arbeitssituation für Frauen im Verkauf werden in der Literatur folgende Vorschläge gemacht:

Hinsichtlich der ergonomischen Gestaltung sollten zumindest die Richtlinien zur Arbeitsstättenverordnung eingehalten und die Mindestanforderungen zum Arbeitsschutz beachtet werden. Dies bezieht sich vor allem auf Kassenarbeitsplätze, die trotz der Einführung moderner Scannerkassen nach wie vor viele ergonomische Mängel und umgebungsbedingte Belastungen aufweisen. So darf beispielsweise nach der Arbeitsstättenverordnung die freie Bewegungsfläche am Arbeitsplatz an keiner Stelle weniger als 1 m breit sein. Durch stationäre Scanner ist die Beinfreiheit der Kassiererinnen häufig jedoch so stark eingeschränkt, daß nach diesen Richtlinien die Scanner verboten werden müßten.

Aus arbeitsphysiologischer Sicht wird die Notwendigkeit betont, Erholungspausen gleichmäßig und physiologisch sinnvoll über die Arbeitszeit zu verteilen (Luttmann/ Laurig 1990).

Aus arbeitspsychologischer Perspektive wird vor allem eine Rücknahme der starken Arbeitszergliederung empfohlen. Die Verkaufstätigkeit sollte möglichst um Anteile der anspruchsvolleren Beratungstätigkeit ergänzt werden, was auch einer stärkeren Kundenorientierung dient. Kassiertätigkeit ist im Wechsel mit Verkaufstätigkeit zu vollziehen, was mittlerweile in vielen Geschäften praktiziert wird. Da der Grund für den Tätigkeitswechsel allerdings zunehmender Personalmangel ist, ist hierbei zu berücksichtigen, daß der Tätigkeitswechsel nicht zu Zeitdruck und weiterer Arbeitsintensivierung führen sollte.

Eine weitere Ausdehnung der Ladenöffnungszeiten ist unter gesundheitlichen und sozialen Gesichtspunkten problematisch. Zum einen werden Zeitspielräume und Freizeitmöglichkeiten des Verkaufspersonals dadurch noch weiter eingeschränkt. Darüber hinaus ist die Ausdehnung der Ladenöffnungszeiten verbunden mit einer weiteren Zunahme von geringfügigen Beschäftigungsverhältnissen.

Von Seiten der Gewerkschaften wird eine konsequente Frauenförderung gefordert, um die Benachteiligung von Frauen im Verkauf langfristig zu reduzieren. Insbesondere werden bessere Weiterbildungsmöglichkeiten auch für Teilzeitarbeitende sowie verbesserte Aufstiegschancen für Frauen im Einzelhandel gefordert. Vor allem wird auf das Problem verwiesen, daß Weiterbildung und beruflicher Aufstieg im Einzelhandel weitgehend an die zeitliche und örtliche Mobilität der Beschäftigten gekoppelt ist, was Frauen in den seltensten Fällen aufgrund ihrer familiären Gebundenheit realisieren können (Kraft et al. 1990).

Eine erneute wissenschaftliche Überprüfung der aktuellen Arbeitsbedingungen im Verkauf wäre dringend erforderlich, da durch die Einführung neuer Arbeitsmittel und Arbeitszeitmodelle erhebliche Verschiebungen des Belastungsspektrums angenommen werden können. Gesundheitliche Ressourcen im Verkauf sind weitgehend unerforscht, lediglich Studien zur Arbeitszufriedenheit des Verkaufspersonals liefern hier spärliche und wenig aussagekräftige Hinweise. So wären beispielsweise vergleichende Untersuchungen verschiedener Verkaufskonzepte hinsichtlich des Ausmaßes der Arbeitszergliederung in Hinblick auf die Gesundheit der Beschäftigten von großem Interesse. Ebenso aufschlußreich könnten Untersuchungen sein, die die sozialen und gesundheitlichen Auswirkungen der veränderten Ladenöffnungszeiten behandeln.

7.3.5 Sozialpflegerische Berufe

7.3.5.1 Beschäftigungsstruktur und Tätigkeitsmerkmale

In den sozialpflegerischen Berufen waren 1996 841.000 Frauen beschäftigt. Zu diesen Berufstätigkeiten zählen die Sozialarbeit und Sozialpädagogik, Heimleitung, Arbeits- und Berufsberatung sowie die Arbeit in Kindergärten und ähnlichen Einrichtungen und Kinderpflege. 83,2 % aller Beschäftigten in dieser Berufsgruppe waren 1996 weiblich. Der Anteil von Frauen in sozialpflegerischen Berufen an allen erwerbstätigen Frauen betrug 5,5 %. 1997 arbeiteten insgesamt 123.000 Frauen als Sozialarbeiterinnen oder -pädagoginnen, der Frauenanteil beträgt hier 60,9 % (StBA 1997a). Im folgenden wird beispielhaft zur Beschreibung typischer Tätigkeitsmerkmale sozialer Arbeit und daraus resultierender Belastungen und Ressourcen die Sozialarbeit behandelt.

Die Tätigkeitsfelder der Sozialarbeit sind vielfältig und reichen von der Bildung und Erziehung über ein breites Hilfs- und Beratungsspektrum bis hin zu sozialfürsorgerischer und verwaltender Arbeit in Sozial-, Jugend- und Gesundheitsämtern (Erler 1993). Einen großen Raum nimmt die Beratungs- und Hilfstätigkeit ein, die für Personengruppen wie Frauen, Jugendliche, Familien oder für Angehörige spezieller sozialer Gruppen (z. B. Obdachlose, Strafentlassene, Suchtkranke) erfolgen kann. Das Hilfespektrum reicht von der Hilfe für die Weiterführung des Haushalts, Krankenhaus- und Heilstättenfürsorge, über Beratung bei Erziehungsproblemen, Unterstützung von mißhandelten Frauen in Frauenhäusern, bis hin zu Unterstützung von Jugendrichtern und –richterinnen oder von Menschen, die im Strafvollzug waren, Hilfestellungen für Behinderte z. B. bei der Ausübung einer beruflichen Tätigkeit u. v. a. m..

Sozialarbeit ist eingebunden in ein hochgradig verrechtlichtes, ökonomisiertes und bürokratisiertes System sozialer Sicherung (Gildemeister 1993) und ist somit abhängig von den gesetzlichen und rechtlichen Bedingungen und Möglichkeiten, was zu speziellen Belastungen im Arbeitsalltag führen kann. Der Institutionalisierungsgrad sozialer Einrichtungen reicht von hochformalisierten kommunalen Behörden, über die großen Wohlfahrtsverbände, bis hin zum lockeren Verbund verschiedener autonomer Projekte etwa der Frauensozialarbeit in Trägerschaft eines gemeinnützigen Vereins. Die konkreten Arbeitsbedingungen variieren entsprechend stark (ebd.).

Hauptmerkmal sozialer bzw. helfender Berufe ist ihre Personenbezogenheit. Eine zentrale Aufgabe der Helferin besteht darin, eine zwischenmenschliche Beziehung zur Klientin herzustellen, sich also als ganze Person in den Arbeitsprozeß einzubringen. Die Helferin muß sich selbst quasi als Werkzeug einsetzen, womit ihre persönlichen sozialen und kommunikativen Fähigkeiten von zentraler Bedeutung für den Arbeitsvollzug werden.

7.3.5.2 Belastungen und Ressourcen in der Sozialarbeit

Die berufsbezogene Reanalyse des Nationalen Untersuchungssurveys (NUS N_{Ost} = 44 N_{West} = 65) für die sozialpflegerischen Berufe (Anteil Sozialarbeiterinnen und Sozialpädagoginnen 63 %) zeigt, daß mehr als ein Drittel aller Frauen in sozialpflegerischen Berufen sich vor allem durch die hohe Verantwortung für Menschen stark belastet fühlen (neue Bundesländer 37,6 %, alte Bundesländer 32,2 %). In den neuen Bundesländern werden als weitere Hauptbelastungsfaktoren Lärm (13,1 %), widersprüchliche Anforderungen (13,0 %) und eine unangenehme körperliche Beanspruchung genannt (11,3 %). In den alten Bundesländern geben 20,1 % aller Frauen an, sich durch eine unangenehme körperliche Beanspruchung belastet zu fühlen, auf Platz drei und vier folgen körperlich schwere Arbeit und häufige Unterbrechungen und Störungen mit je 11,8 %.

Die unterschiedlichen Gewichtungen von körperlich schwerer Arbeit, unangenehmen köperlichen Beanspruchungen und der Belastung durch Lärm zeigen die Vielfalt und Unterschiedlichkeit der Tätigkeitsfelder sozialpflegerischer Berufe auf: So ist körperlich schwere Arbeit häufig in der Altenbetreuung erforderlich oder bei der Arbeit mit psychisch oder körperlich Kranken. Eine unangenehme körperliche Beanspruchung kann bei Personen auftreten, die überwiegend Schreibtischarbeit ausführen. Hingegen kann die Lärmbelastung z. B. in Jugendfreizeitheimen besonders hoch sein.

Vorherrschend sind in der sozialen Arbeit psychische Belastungen wie ein hoher Verantwortungsdruck oder widersprüchliche Anforderungen. Diese ergeben sich in der Sozialarbeit z. B. durch die Doppelfunktion von Hilfe und Kontrolle, die besonders bei der Arbeit mit Randgruppen wie Straffälligen, Nichtseßhaften oder Drogenabhängigen deutlich wird. Das 'doppelte Mandat' zwingt Sozialarbeiterinnen und Sozialarbeiter dazu, einerseits bezogen auf die Lebensrealität des Klienten zu handeln und gleichzeitig den Anforderungen der Institution gerecht zu werden, was häufig zu sogenannten 'Verfahrensfallen' führt (Gildemeister 1993).

Als ein weiteres Charakteristikum helfender Arbeit werden in der Literatur emotionale Belastungen beschrieben, die sich aus der Tatsache ergeben, daß Gefühle von der arbeitenden Person als Arbeitsmittel eingesetzt werden. Eine beruflich bedingte Gefühlsregulation, die darauf hinausläuft, die eigenen Gefühle zu kontrollieren und die Gefühle der Nutzerin (positiv) zu beeinflussen, wird unter Belastungsgesichtspunkten auch als 'Interaktionsstreß' bezeichnet (Badura 1990). Emotionale Belastungen werden zwar häufig in der Literatur als typische Belastungen helfender Berufe genannt, erprobte Instrumente zu ihrer Erfassung, die auch in Repräsentativbefragungen eingesetzt werden können, liegen jedoch derzeit nicht vor.

Weitere Besonderheiten sozialer Arbeit, die in der Literatur als Quelle psychischer Belastungen genannt werden, sind die folgenden:

Viele Hilfe- und Betreuungsangebote wie z. B. betreutes Wohnen oder die Familienhilfe sind alltagsnah angelegt, das heißt, daß die hilfebedürftigen Personen in ihrem Lebensalltag konkrete Unterstützung durch die Sozialarbeiterin erfahren. Je alltäglicher die zu lösenden Probleme sind, desto größer ist die Gefahr der Identifizierung, womit wiederum die emotionale Bedrängnis, die mit der Arbeit verbunden ist, steigt. (Enzmann/Kleiber 1989).

Ein weiteres Spezifikum der Sozialarbeit liegt in der Tatsache, daß Helferinnen oft gezwungen sind, mit widersprüchlichen oder unklaren Zielen und Teilzielen umzugehen und unter dem Bewußtsein eines unvollständigen Kenntnisstandes der Ausgangssituation zu handeln bzw. Entscheidungen zu treffen. Unklare Zielvorgaben führen dazu, daß Erfolg (d. h. die Übereinstimmung von Zielvorgabe und Arbeitsergebnis) der jeweiligen Arbeit nur schwer bestimmt werden kann und folglich kaum Feedback gegeben und erfahren werden kann.

In einer Untersuchung von Enzmann und Kleiber (1989) unterscheidet sich Sozialarbeit von anderen Berufstätigkeiten (Psychologie, Erziehung, Krankenpflege und Arzt/Ärztin) insbesondere durch größere Belastung als Folge negativer Merkmale der Einrichtung, unklarere Erfolgskriterien, durch besonders starkes Erleben von Fremdkontrolle und von Zeit- und Verantwortungsdruck. Die Handlungsspielräume sind im Vergleich zu den anderen Berufsgruppen ebenfalls am geringsten.

Die geschlechtsspezifische Segregation der Arbeit ist auch in dieser Berufsgruppe stark verbreitet. Leitungsfunktionen werden auch hier überwiegend von Männern ausgeübt, während die 'einfachen' Beratungs-, Betreuungs- und Verwaltungstätigkeiten von Frauen ausgeübt werden. Eine empirische Untersuchung von Herter-Bischoff (1991) in 61 Jugendämtern in Rheinland-Pfalz kommt zu dem Ergebnis, daß 69 % der in der Sozialarbeit Tätigen auf der unteren Hierarchieebene Frauen sind, auf der mittleren Leitungsebene, der sogenannten Gruppenleitung, ist das Verhältnis von Männern und Frauen ausgeglichen und auf der nächst höheren Leitungsebene (Amtsleitung) stehen zwei Drittel Männer einem Drittel Frauen gegenüber.

Im Zusammenhang mit gesellschaftlichen Vorstellungen über die geschlechtsspezifischen Fähigkeiten wird das Helfen als typisch weibliche Fähigkeit betrachtet (Beck-Gernsheim 1981) und damit der helfende Beruf zur 'Semiprofession' erklärt. Die damit verbundene geringe gesellschaftliche Anerkennung der professionellen sozialen Arbeit ist ein deutlicher Ausdruck der geschlechtlichen Arbeitsteilung und der nach wie vor existierenden Minderbewertung 'typischer Frauenarbeit' (z. B. Nestmann/Schmerl 1991). Eine geringe gesellschaftliche Anerkennung und Wertschätzung, die auch in der geringen Bezahlung sozialer Berufe zum Ausdruck kommt, kann sich negativ auf die berufliche Motivation und Identifikation auswirken und ist ein häufig genannter Grund für Unzufriedenheit in sozialen Berufen (Edelwich/Brodsky 1984).

Als wichtige Ressourcen und positive Aspekte sozialer Arbeit werden in verschiedenen Einzeluntersuchungen das breite Anwendungsgebiet und der damit verbundene Abwechslungsreichtum der Arbeit, die Spielräume in der Ausgestaltung der Arbeitsaufgabe und eine häufig flexible Arbeitszeitgestaltung genannt. Auch der direkte Kontakt zum Klientel und die Anwendung und Weiterentwicklung kommunikativer/sozialer Kompetenz werden in Befragungen zu den positiven Anteilen sozialer Arbeit mehrheitlich genannt (z. B. Becker/Meifort 1997). Darüber hinaus bietet personenbezogene Arbeit in besonderem Maße die Möglichkeit, humane und ethische Grundvorstellungen und Prinzipien im Arbeitshandeln zu realisieren und der Tätigkeit damit Sinn zu verleihen. Auch die Realisierung sozialer Verantwortung im beruflichen Handeln wird als positives Merkmal der sozialen Arbeit wahrgenommen. Und schließlich haben - sofern vorhanden - gut funktionierende Teamstrukturen, soziale und fachliche Unterstützung unter Arbeitskollegen und –kolleginnen große Bedeutung für die Arbeitszufriedenheit und das Wohlbefinden von Beschäftigten sozialer Berufe (Gusy 1995; Becker/Meifort 1997).

7.3.5.3 Gesundheitliches Befinden von Frauen in sozialpflegerischen Berufen

Der subjektive Gesundheitszustand wird von Frauen in sozialpflegerischen Berufen (N = 105) überwiegend als gut eingeschätzt, Frauen in den alten Bundesländern (57,6 %) schätzen ihre Gesundheit besser ein als Frauen in den neuen Bundesländern (45,9 %). Hier findet sich auch ein höherer Anteil Frauen, die ihren Gesundheitszustand als schlecht beurteilen (17,3 % versus 11,0 %).

Mehr als ein Drittel aller Frauen in sozialpflegerischen Berufen geben an, häufig müde und erschöpft zu sein. In den neuen Bundesländern sind es 37,9 %, in den alten Bundesländern 40,5 %. Ob in die Beantwortung dieser Frage auch Burnoutaspekte einfließen, kann nicht beantwortet werden.

Der Zerssen-Score beträgt für die Frauen in sozialen Berufen in den neuen Bundesländern 19,7. In den neuen Bundesländern liegt der Summenwert für alle erwerbstätigen Frauen bei 18,5. Das heitß, Frauen in sozialen Berufen geben hier mehr Allgemeinbeschwerden an als der Durchschnitt. In den alten Bundesländern beträgt der Zerssen-Score für Frauen in sozialen Berufen 18,8 und liegt damit deutlich unter dem Durchschnitt für alle erwerbstätigen Frauen (20,1).

Gefragt nach der Zufriedenheit mit der derzeitigen Arbeitssituation geben Frauen in sozialpflegerischen Berufen in den neuen und den alten Bundesländern an, eher zufrieden zu sein. Auf einer Skala von 1 = sehr unzufrieden bis 7 = sehr zufrieden liegen die Mittelwerte der Frauen in den neuen Bundesländern bei 5,1; in den alten Bundesländern bei 5,6. In den alten Bundesländern sind die Frauen in den sozialen Berufen im Vergleich mit anderen Berufsgruppen am zufriedensten (siehe auch Abschnitt 'Frauentypische Berufe im Vergleich').

Zusammenfassend lassen die Daten des Nationalen Untersuchungssurveys (NUS) zum subjektiven Befinden auch für diese Berufsgruppe eine eher positive Tendenz erkennen. Untersuchungen, die berufsspezifische Burnoutindikatoren verwendet haben, kommen jedoch zu einem etwas anderen Bild.

Burnout wird häufig als eine beruflich bedingte Beanspruchungsreaktion betrachtet, die vor allem in interaktionsintensiven Arbeitsfeldern entstehen kann und durch emotionale Erschöpfung, Depersonalisierung und ein reduziertes Erleben des Erfolgs bzw. der Wirksamkeit des eigenen Handelns gekennzeichnet ist (Gusy/Kleiber 1998: 313; Maslach/Jackson 1984). Burnout kann als Ergebnis vermeidender Bewältigungsstrategien betrachtet werden, die eingesetzt werden, wenn berufliche Anforderungen die verfügbaren Ressourcen übersteigen.

Als wesentliche Ursachen von Burnout werden, je nach theoretischer Grundausrichtung, entweder eher personenbezogene Aspekte wie das Anspruchsniveau des Helfenden bzw. eine unzureichende Distanzierungsfähigkeit genannt oder organisationsbezogene Aspekte wie ein hoher Verantwortungs- und Zeitdruck, administrative Zwänge, widersprüchliche Anforderungen bzw. Diskrepanzen zwischen Anforderungen und vorhandenen Ressourcen (Rieder 1998).

Enzmann und Kleiber (1989) kommen in ihrer Studie, in der verschiedene helfende Berufsgruppen vergleichend untersucht wurden, zu dem Ergebnis, daß alle untersuchten sozialen Berufe eine Burnoutsymptomatik aufweisen, allerdings lassen sich für die einzelnen Berufe unterschiedliche Schwerpunkte in den Einzelaspekten der Gesamtsymptomatik ausmachen. Die Beschäftigten in der Sozialarbeit und Erzieherinnen bzw. Erzieher sind hiernach im Vergleich zu anderen helfenden Berufen am stärksten von Burnout und besonders stark von emotionaler Erschöpfung und reduzierter Leistungsfähigkeit betroffen. Auch in Hinblick auf Gereiztheit/Belastetheit, Depressionen und Arbeitsunzufriedenheit schneiden sie in dieser vergleichenden Untersuchung am schlechtesten ab.

Daiminger (1996) kommt nach Auswertung verschiedener Studien zu Geschlechtsunterschieden bei Burnout zu dem Ergebnis, daß der empirische Forschungsstand widersprüchlich ist: Einige Untersuchungen sprechen dafür, daß Frauen stärker von Burnout betroffen sind als Männer. Für diese Befunde werden unterschiedliche Gründe genannt. Zum einen wird angenommen, daß die durch Beruf und Familie bedingte Doppelbindung und die 'doppelte Beziehungsarbeit' in Beruf und Familie die stärkere Ausprägung von Burnout bei Frauen bedingt. Zum anderen wird angenommen, daß aufgrund der geschlechtlichen Arbeitsteilung Frauen eher Arbeitsbedingungen ausgesetzt sind, die Burnout fördern. Andere Untersuchungen kommen zu dem Ergebnis, daß Männer stärker von der Symptomatik der Depersonalisierung betroffen sind als Frauen. In bezug auf Geschlechtsunterschiede der anderen Burnoutaspekte wie emotionale Erschöpfung und reduziertes persönliches Wirksamkeitserleben lassen sich keine klaren Aussagen treffen.

Die uneinheitlichen Befunde sind u. a. auf uneinheitliche Burnout-Konzepte und Erhebungsmethoden und auf unterschiedliche Stichprobenzusammensetzungen zurückführbar. Daiminger (1996) stellt abschließend fest, daß sich die Frage, ob Männer oder Frauen stärker von Burnout betroffen sind, wissenschaftlich nicht generell beantworten läßt und schlußfolgert, daß es in der zukünftigen geschlechtersensitiven Burnoutforschung darum gehen sollte, die spezifischen weiblichen und männlichen Lebensbedingungen zu konkretisieren, die zu Geschlechterunterschieden führen können.

7.3.5.4 Berufskrankheiten, Arbeitsunfälle und krankheitsbedingte Frühverrentungen

Auf der Grundlage von Sonderberechnungen der gewerblichen Berufsgenossenschaften entfielen 1996 von den insgesamt 21.486 anerkannten Berufskrankheiten 110 auf die sozialpflegerischen Berufe, das entspricht einem Prozentanteil von 0,5 %. Von den insgesamt 2.292 anerkannten Berufskrankheiten von Frauen entfielen 88 auf diese Berufsgruppe, das sind 3,8 % aller Berufskrankheiten, die bei Frauen anerkannt wurden. Bezieht man die Anzahl der Berufskrankheiten auf die

Anzahl weiblicher Beschäftigter in dieser Berufsgruppe, dann bekommen 0,01 % sozialpflegerisch tätiger Frauen eine Berufskrankheit anerkannt. Tabelle 7.3-5 zeigt die 10 häufigsten anerkannten Berufskrankheiten von Frauen in sozialpflegerischen Berufen der Jahre 1991 - 1996.

Tabelle 7.3-5: Die 10 häufigsten anerkannten Berufskrankheiten von Frauen in sozialpflegerischen Berufen 1991 bis 1996

BK-Nr.	Anerkannte Berufskrankheiten von Frauen in sozialpflegerischen Berufen	N
3101	Infektionskrankheiten	164
5101	Hautkrankheiten	134
1201	Erkrankungen durch Kohlenmonoxid	19
2108	Bandscheibenbedingte Erkrankungen der Lendenwirbelsäule	18
3104	Tropenkrankheiten	9
4301	Obstruktive Atemwegserkrankungen, allergisch	4
1302	Erkrankungen durch Halogenkohlenwasserstoffe	2
2301	Lärmschwerhörigkeit	1
	Übrige	4
	Gesamt	355

Quelle: Hauptverband der gewerblichen Berufsgenossenschaften, Sonderberechnungen.

Es zeigt sich, daß Infektionskrankheiten am häufigsten in dieser Berufsgruppe zu einer Anerkennung geführt haben. Dies kann als berufstypische Häufung bezeichnet werden, da es sich hier vornehmlich um Infektionskrankheiten handelt, die von Mensch zu Mensch übertragen werden, und die nur dann als Berufskrankheit anerkannt werden, wenn sie bei „Personen auftreten, die in Ausübung ihrer beruflichen Tätigkeit einer gegenüber der allgemeinen Bevölkerung wesentlich erhöhten Infektionsgefahr ausgesetzt sind," (Giesen/Schäcke 1998: 256). Dies trifft u. a. für Berufe in Heil-, Pflege- und Kuranstalten, in Erziehungsinstitutionen sowie in Einrichtungen der öffentlichen und freien Wohlfahrtspflege zu. Besonders der Kontakt mit Kranken (Aidskranken, Suchtabhängigen etc.) erhöht für Sozialarbeiterinnen und -pädagoginnen das berufliche Infektionsrisiko.

Die zweithäufigste Erkrankung, die zur Anerkennung einer Berufskrankheit in dieser Berufsgruppe führt, sind die Hauterkrankungen. Sozialpflegerische Berufe zählen nicht zu den Berufen mit einem deutlich erhöhten Erkrankungsrisiko für Kontaktekzeme. Daß Hauterkrankungen dennoch die zweithäufigste Ursache für Anerkennungen sind, ist zum Teil dadurch erklärbar, daß sozialpflegerisch tätige Personen in Institutionen häufig einer erhöhten Exposition z. B. von Desinfektions- oder Reinigungssubstanzen ausgesetzt sind (Krankenhäuser, Kinder-, Altenheime). Möglicherweise handelt es sich auch um infektionsbedingte Hauterkrankungen, die im Umgang mit speziellen Klienten und Klientinnen wie Drogenabhängigen erworben werden können.

Da allein 14 der insgesamt 19 Berufskrankheiten, die auf Kohlenmonoxidvergiftungen zurückgehen, aus dem Jahr 1996 stammen, kann angenommen werden, daß diese Berufskrankheiten mit großer Wahrscheinlichkeit durch einen Brand in einer sozialpflegerischen Einrichtung verursacht wurden. Die bandscheibenbedingten Erkrankungen der

Lendenwirbelsäule erklären sich aus der beruflichen Anforderung in der Kranken-, Alten- oder Behindertenpflege, Patienten und Patientinnen zu heben oder zu bewegen.

1996 wurden bei den gewerblichen Berufsgenossenschaften 218.620 Arbeitsunfälle von Frauen gemeldet, davon entfallen 8.353 Arbeitsunfälle auf Frauen in sozialpflegerischen Berufen, das entspricht einem Anteil von 3,8 % am gesamten weibliche Unfallgeschehen. Nimmt man Bezug auf die Beschäftigtenanteile von Frauen, zeigt sich, daß das durchschnittliche Unfallrisiko für Frauen in sozialpflegerischen Berufen im Jahr 1996 bei 1 % lag und damit als eher niedrig einzustufen ist.

Von den 106.056 Rentenzugängen wegen verminderter Erwerbsfähigkeit bei Frauen im Jahr 1996 entfielen auf Frauen in allen sozialpflegerischen Berufen 2.930, auf Sozialarbeiterinnen und Sozialpädagoginnen entfielen 1.766 (VDR 1997). Das heißt, daß 2,8 % aller Rentenzugänge wegen verminderter Erwerbsfähigkeit von Frauen in der Berufsgruppe der sozialpflegerischen Berufe zu finden sind, 1,7 % entfallen auf die Sozialarbeiterinnen und Sozialpädagoginnen. Insgesamt kommen 0,3 Frühverrentungen von Frauen auf 100 weibliche Beschäftigte, das Risiko für Frauen, in dieser Berufsgruppe frühverrentet zu werden, ist somit relativ gering (siehe auch Abschnitt 'Frauentypische Berufe im Vergleich').

7.3.5.5 Fazit und Schlußfolgerungen

Zur Verbesserung der Arbeitssituation von Frauen in sozialpflegerischen Berufen werden in der Literatur vor allem Maßnahmen der Organisationsentwicklung genannt, die auf eine Reduzierung von Zeitdruck, sowie eine Erweiterung von Handlungsspielräumen und Handlungssicherheit abzielen. Besonders wichtig scheint das Erleben von Erfolgssicherheit, wobei dies voraussetzt, daß Erfolge in der sozialen Arbeit möglich sind und sichtbar gemacht werden können. Hier kommt einem kooperativen und unterstützenden Arbeitsklima eine zentrale Bedeutung zu, das es ermöglichen sollte, sich über Vorgehensweisen, Interventionsstrategien und Arbeitserfolge auszutauschen (Gusy/ Kleiber 1998). Auch gegenseitiges Feedback ist eine wichtige Burnoutprophylaxe. Wichtigste Prävention gegen Burnout ist die dauerhafte Reflexion des beruflichen Handelns in Supervision, was in kaum einer anderen Berufsgruppe so kultiviert ist wie in der Sozialarbeit. Weiterhin werden ein Wechsel von Aufgaben, eine Reduktion bürokratischer Hindernisse, die Formulierung klar umrissener Arbeitsziele, eine Begrenzung von Arbeitszeiten für streßhafte Aufgaben sowie die Vermittlung von realistischen und ausgewogenen Vorstellungen über die Beziehungen zum Klientel als belastungsreduzierende Interventionen genannt.

Als weitere Präventionsmaßnahmen wird auf die Einübung korrekter Hebetechniken zur Reduzierung von Muskel-Skeletterkrankungen verwiesen. Teilweise können in Pflegeeinrichtungen und Heimen Hebehilfen das Bewegen und Heben von Patientinnen und Patienten erleichtern.

Zur Reduzierung berufsbedingter Infektionskrankheiten sollte der Umgang mit bestimmten Noxen weitgehend vermieden werden. Darüber hinaus sollten - soweit möglich - Immunisierungen durch Impfungen vorgenommen werden.

Auch hier gilt wie in anderen Berufsgruppen, beim Umgang mit bestimmten Allergenen Hautschutzsalben anzuwenden und Schutzhandschuhe zu verwenden, um Hauterkrankungen zu reduzieren.

Die für personenbezogene Arbeit typischen emotionalen und kommunikativen Belastungsfaktoren sollten in zukünftigen Repräsentativerhebungen ebenso berücksichtigt werden wie Indikatoren zu emotionaler und sozialer Beeinträchtigung.

7.3.6 Gesundheitsdienste

7.3.6.1 Beschäftigungsstruktur und Tätigkeitsmerkmale

Im Jahr 1996 arbeiteten 1.658.000 Frauen im Bereich Gesundheitsdienste, dies entspricht 10,9 % der insgesamt 15.276.000 weiblichen Erwerbstätigen (StBA 1997). Der Frauenanteil in diesem Tätigkeitsfeld lag 1996 bei 78,1 %. Zu den Gesundheitsdienstberufen werden vor allem die Ärztinnen und Ärzte, Apothekerinnen und Apotheker sowie die sogenannten übrigen Gesundheitsdienstberufe gerechnet. Zu letzteren gehören beispielsweise Krankenschwestern und -pfleger (inclusive Hebammen/Entbindungshelfer), Sprechstundenhelferinnen und -helfer sowie Diätassistentinnen und -assistenten (StBA 1975).

Die größte Berufsgruppe innerhalb der Gesundheitsdienstberufe stellen die Krankenschwestern und -pfleger. Im Jahr 1996 waren 782.000 (und damit 36,8 % aller Beschäftigten in den Gesundheitsdiensten) in diesem Bereich tätig (StBA 1997). Der Frauenanteil ist mit 84,9 % in dieser Berufsgruppe sehr hoch. Im folgenden wird daher schwerpunktmäßig auf die Tätigkeit von Krankenschwestern eingegangen Besonderheiten des ärztlichen Berufes (Frauenanteil 36,0 %, vgl. StBA 1997) werden kurz kontrastierend angesprochen. Krankenpflegekräfte sind in Krankenhäusern, Heimen und in der ambulanten Krankenversorgung tätig. Die meisten Beschäftigten sind im Krankenhaus angestellt; in den letzten Jahren haben die ambulanten Dienste an Bedeutung zugenommen (Prognos 1989; Dietrich 1994). Kennzeichnend für die Arbeit in der Krankenpflege sind fünf Aufgabengebiete (Bartholomeyczik 1993). Der Kernbereich ist die direkte Pflege, also die eigentliche pflegerische Versorgung der Patientinnen und Patienten. Diese wird ergänzt durch die Pflegeorganisation und die Pflegedokumentation. Weitere Tätigkeitsbereiche sind die Mitarbeit bei Diagnostik und Therapie sowie Kooperations- und Koordinationsaufgaben.

7.3.6.2 Belastungen und Ressourcen in den Gesundheitsdienstberufen (Schwerpunkt Krankenpflege)

Ein Belastungsschwerpunkt in der Krankenpflege sind körperliche Belastungen (vgl. Herschbach 1991; Landau 1991; Bartholomeyczik 1993). Diese treten beispielsweise im Zusammenhang mit dem Lagern oder dem Transport von Patientinnen und Patienten auf. Im Hinblick auf gesundheitliche Folgen (Wirbelsäulenerkrankungen) sind besonders das Heben und Tragen schwerer Lasten sowie das Arbeiten in extremer Beugehaltung des Rumpfes als problematisch zu bewerten (Bolm-Audorff 1997). Die berufsbezogene Reanalyse der Daten des Nationalen Untersuchungssurvey (NUS) zeigt, daß 12,3 % der Krankenschwestern in den neuen und 17,3 % in den alten Bundesländern starke Belastungen in Zusammenhang mit unangenehmen körperlichen Beanspruchungen wahrnehmen. Starke Belastungen durch körperlich schwere Arbeit gaben 9,8 % der Befragten in den neuen und 13,9 % in den alten Bundesländern an.

Von besonderer Bedeutung in der Krankenpflege sind psychische Belastungen. In der Krankenpflege muß oftmals mit hoher Konzentration und Genauigkeit gearbeitet werden, zugleich herrscht jedoch ein starker Zeitdruck und es treten zudem zahlreiche Unterbrechungen und Störungen auf (Pröll/Streich 1984; Herschbach 1991; Bartholomeyczik 1993; Büssing et al. 1995). Häufige Unterbrechungen resultieren aus dem Problem, daß die Pflege die Anforderungen verschiedenster Personen(gruppen) – wie Patientinnen und Patienten, Angehörige, Vorgesetzte und Funktionsdienste – vereinbaren muß (Bartholomeyczik 1993). Auf viele Anforderungen müssen die Pflegekräfte sofort reagieren, ohne den Zeitpunkt selbst wählen zu können (Büssing et al. 1995). Zeitdruck tritt nicht nur wegen nicht besetzter Stellen, sondern insbesondere auch aufgrund mangelnder Planstellen auf (Dietrich 1994). So wird darauf verwiesen, daß die Anhaltszahlen, die die Grundlage für die Personalbemessung sind, aufgrund zahlreicher Veränderungen in den letzten Jahren (z. B. Verkürzung der Verweildauer der Patientinnen und Patienten und damit die Intensivierung der Arbeit) nicht mehr aktuell sind (Prognos 1989). Im Jahr 1993 wurde die Pflegepersonalregelung mit dem Ziel eingeführt, eine angemessenere Personalbedarfsplanung zu ermöglichen. In der Folge kam es zu einem erheblichen Anstieg des Personalbedarfs und damit der Kosten und zum Aussetzen und schließlich zur Abschaffung der Pflegepersonalregelung im Jahr 1997 (vgl. Mogendorf 1997). Damit ist die gegenwärtige Situation durch eine Rückkehr zu einer schlechteren Personalbesetzung gekennzeichnet.

Die berufsbezogene Reanalyse der Daten des NUS unterstreicht die Bedeutung psychischer Belastungen in den Gesundheitsdienstberufen. Interessant ist, daß die dort am häufigsten angegebene Ursache starker Belastung die hohe Verantwortung für Menschen ist (33,4 % in den neuen und 21,8 % in den alten Bundesländern). Bezogen auf die Krankenpflege kann das Grundproblem darin gesehen werde, daß die Pflegekräfte die Patient(inn)en relativ kontinuierlich sehen, auf viele Probleme aber nicht selbst reagieren dürfen. Anders als die Ärztinnen und Ärzte, die die Patientinnen und Patienten nur punktuell wahrnehmen, erleben Pflegekräfte beispielsweise das Sträuben gegen bestimmte Maßnahmen oder den Verlauf der Reaktion auf die veränderte Dosierung eines Medikamentes. Die Pflege darf hier jedoch in vielen Situationen nicht eingreifen – auch dann nicht, wenn sie fachlich kompetent ist und keine Ärztin und kein Arzt erreichbar ist. An zweiter Stelle stehen im NUS Belastungen durch ein hohes Arbeitstempo bzw. Zeitdruck (21,7 % in den neuen und 21,5 % in den alten Bundesländern). Darüber hinaus werden oftmals Belastungen durch starke Konzentration sowie häufige Störungen und Unterbrechungen genannt. Eine besondere Brisanz gewinnen die genannten Faktoren psychischer Belastung, wie oben angedeutet, durch ihre Kombination: Zeitdruck und häufige Unterbrechungen sind besonders dann problematisch, wenn eine Tätigkeit mit hoher Verantwortung für Menschen verbunden ist und starke Konzentration erfordert.

Ein weiterer Problemschwerpunkt sind die Arbeitszeiten. So ergab eine Studie von Büssing et al. (1997), daß 34 % der Beschäftigten im Dreischichtwechseldienst und 16 % im reinen Nachtdienst tätig sind. Bartholomeyczik (1993) macht zudem darauf aufmerksam, daß Frauen deutlich häufiger als Männer im Dauernachtdienst tätig sind. Der Grund hierfür wird in dem Bemühen um die Vereinbarung von Beruf und Familie gesehen. Die ungleiche Verteilung von Haus- und Familienarbeit schlägt sich im Krankenpflegeberuf somit indirekt in ungünstigeren Arbeitsbedingungen für weibliche Beschäftigte nieder (zu den Folgen von Nachtarbeit für die Gesundheit vgl. Elsner 1992). Ein weiteres Problem sind häufige Überstunden von Krankenpflegekräften (Bartholomeyczik 1987; Herschbach 1991; Büssing et al. 1995): Beispielsweise macht die Studie von Büssing et al. (1995) deutlich, daß 79 % der Krankenpflegekräfte mindestens ein bis zwei Mal im Monat Überstunden leisten. Eine Studie von Bartholomeyczik (1987) ergab, daß über ein Drittel der befragten Krankenpflegekräfte mehr als sieben Überstunden pro Monat leisten. Die Befragung der Beschäftigten in den Gesundheitsdiensten im NUS verweist darauf, daß ungünstige Arbeitszeitbedingungen wie Überstunden (bei 15,1 % in den neuen und bei 13,4 % in den alten Bundesländern) sowie Wechselschicht mit Nachtarbeit (10,7 % in den neuen und 5,7 % in den alten Bundesländern) teilweise als stark belastend erlebt werden.

Neben den beschriebenen allgemeinen Belastungen, wird in der Literatur das Problem spezifischer Arbeitsplatzmerkmale aufgegriffen (vgl. hierzu auch den Abschnitt 'Sozialpflegerische Berufe'). So sind Gesundheitsdienstberufe wie die Krankenpflege durch den direkten Kontakt mit den Patientinnen und Patienten gekennzeichnet (Badura 1990). Hieraus können sich besondere Belastungen ergeben. Badura (ebd.) spricht in diesem Zusammenhang beispielsweise von Interaktionsstreß. Herschbach (1991) geht auf Belastungen im Zusammenhang mit dem Miterleben langer Krankheitsprozesse und Sterben oder dem Umgang mit „unbequemen„ (z. B. aggressiven) Kranken ein (vgl. auch Pröll/Streich 1984; Bartholomeyczik 1987). Insgesamt ist festzuhalten, daß die meisten Studien den Schwerpunkt auf empirische Erhebungen legen, Versuche (spezifische) Belastungen theoretisch zu fundieren, sind noch relativ selten (Überlegungen hierzu finden sich beispielsweise bei Büssing et al. 1995, zu krankenpflegespezifischen Belastungen bei Rieder 1999).

Ein Blick auf die geschlechtsspezifische Arbeitsteilung in den Gesundheitsdiensten zeigt, daß Frauen überwiegend in den sogenannten übrigen Gesundheitsdienstberufen, beispielsweise als Krankenschwestern (84,9 % Frauenanteil) oder Sprechstundenhelferinnen (98,3 % Frauenanteil) beschäftigt sind (StBA 1997). Demgegenüber sind mehr Männer (59,2 %) als Frauen (40,8 %) in den akademischen Gesundheitsdienstberufen tätig (ebd.). Männer haben zudem innerhalb der Pflege häufiger hierarchisch höhere Positionen inne (Rabe-Kleberg 1993). Trotz mancher Änderungen (ebd.) herrscht somit in den Gesundheitsdienstberufen noch immer die klassische geschlechtsspezifische Arbeitsteilung, wie sie schon 1976 von Beck-Gernsheim als Konzentration von Frauen am unteren Ende der beruflichen Hierarchie beschrieben wurde (hier zitiert nach Beck-Gernsheim 1981).

Neben Belastungen sind für die Gesundheit der Beschäftigten die Ressourcen in der Arbeit von Bedeutung. Ausgehend von theoretischen Überlegungen kennzeichnen Ducki und Greiner (1992) den Entscheidungsspielraum in der Arbeit als eine wichtige Ressource für die persönliche Weiterentwicklung der Beschäftigten. Dies wird beispielsweise gestützt durch die Studie von Prognos (1989), in der Krankenpflegekräfte die verantwortliche Arbeit an oberster Stelle der positiven Berufsmerkmale nannten. So zielen die derzeitigen Kämpfe der Pflege für eine Professionalisierung (vgl. Bischoff 1992; Botschafter 1995) u. a. auf eine Ausweitung der Möglichkeiten für eigenverantwortliche Arbeit. Damit wird auch deutlich, daß die hohe Verantwortung, die beispielsweise von den Beschäftigten im NUS als Quelle von Belastungen genannt wurde, differenziert interpretiert werden muß: Sie ist – wenn Spielräume für eigenständige Entscheidungen der Pflege (sowie ausreichend Zeit) gegeben sind – auch eine mögliche Quelle von Arbeitszufriedenheit. Als weitere potentielle Ressourcen werden bei Büssing et al. (1995) für die Arbeit in der Krankenpflege folgende Aspekte aufgeführt: personelle, räumliche und materielle Ausstattung sowie soziale Ressourcen (wie Feedback durch die Stationsschwester/den Stationspfleger, soziales Klima, Kooperation/Kommunikation mit Kolleginnen und Kollegen der Patientinnen und Patienten).

Insgesamt ist zu bedenken, daß der Bereich der Gesundheitsdienste relativ unterschiedliche Berufe vereint, so daß mit insgesamt recht unterschiedlichen Belastungs- und Ressourcenprofilen zu rechnen ist. Ärztinnen und Ärzte weisen beispielsweise ein anderes Spektrum psychischer Belastungen als Krankenpflegekräfte auf (Pröll/Streich 1984; Herschbach 1991; Stern 1996). So sind extrem lange Arbeitszeiten – unter anderem in Zusammenhang mit zahlreichen Bereitschaftsdiensten – ein typisches Merkmal ärztlicher Tätigkeit (Stern 1996). Ein Aspekt der Arbeitsbedingungen, der im Arztberuf zur beruflichen Zufriedenheit beiträgt, ist der Spielraum in der Arbeit (Herschbach 1991) – damit ist eine wichtige Ressource dieses Berufes benannt.

7.3.6.3 Gesundheitliches Befinden von weiblichen Beschäftigten in den Gesundheitsdiensten

Entsprechend den Ergebnissen des NUS beurteilen die Beschäftigten im Gesundheitsdienst (N = 186) ihren gesundheitlichen Zustand vergleichsweise positiv (siehe auch Abschnitt 7.3.7 'Frauentypische Berufe im Vergleich'). Dies gilt insbesondere für die Beschäftigten in den neuen Bundesländern: Dort beurteilen mehr als drei Viertel aller befragten Frauen in den Gesundheitsdiensten ihre Gesundheit als eher gut, einen eher schlechten Gesundheitszustand gab dort keine Frau an. Dabei ist zu berücksichtigen, daß es sich hier um eine allgemeine Angabe zum subjektiven gesundheitlichen Befinden handelt, einzelne Störungen werden mit diesem Maß nicht erfaßt. Zudem wurde keine Untersuchung des „objektiven„ Gesundheitszustandes durchgeführt. Dementsprechend könnte beispielsweise die Rolle des Kontrasterlebens zu den Kranken bei dieser positiven Einschätzung der Gesundheit eine Rolle gespielt haben.

Bei der spezifischeren Frage nach dem Auftreten von Müdigkeit und Erschöpfung zeigt sich, daß diese Symptome in den Gesundheitsdiensten relativ häufig vorkommen (siehe auch Abschnitt 7.3.7 'Frauentypische Berufe im Vergleich'). So fühlen sich beispielsweise 46,4 % der in Gesundheitsdienstberufen beschäftigten Frauen in den alten Bundesländern und 43,3 % in den neuen Bundesländern häufig müde und erschöpft. Neben den bereits genannten Faktoren psychischer und körperlicher Belastung könnte die Lage der Arbeitszeit hierfür von Bedeutung sein: Die Studie von Pröll und Streich (1984) zeigt, daß das Ausmaß der Nachtarbeit mit Befindlichkeitsstörungen (wie Schlafstörungen oder Stimmungsschwankungen) in Zusammenhang steht.

Die Angaben zu den Allgemeinbeschwerden, zusammengefaßt im Zerssen-Score, verweisen auf ein vergleichsweise geringes Ausmaß an Allgemeinbeschwerden bei den weiblichen Beschäftigten in den Gesundheitsdienstberufen. Die Werte hierzu liegen bei den Befragten aus den neuen Bundesländern mit 17,6 (Durchschnittswert für alle erwerbstätigen Frauen: 18,5) und besonders in den alten Bundesländern mit 16,2 (Durchschnittswert für alle erwerbstätigen Frauen: 20,1) unter dem Durchschnitt der befragten erwerbstätigen Frauen. Hierzu ist allerdings anzumerken, daß es sich bei den genannten Durchschnittswerten nicht um Normwerte handelt. In der Studie von Herschbach (1991) wurden hingegen Normwerte auf der Grundlage der Eichstichprobe von Zerssen bestimmt. Hierzu wurde eine Teilstichprobe, die der von Herschbach untersuchten Stichprobe von Krankenpflegekräften in Geschlecht und Alter entsprach, gezogen. Es zeigte sich für die Stichprobe der Krankenpflegekräfte ein Gesamtwert von 22,7. Dieser unterschied sich signifikant vom Wert der Teilstichprobe von Zerssen, der bei 14,2 lag. Die deutlichsten Abweichungen zeigten sich bezogen auf Kreuzschmerzen, ein übermäßiges Schlafbedürfnis, Schweregefühl in den Beinen sowie Nackenschmerzen. Für eine abschließende Bewertung der Ergebnisse des NUS wären, so läßt sich schlußfolgern, aktuelle Normwerte erforderlich. Ein Teilergebnis der Studie von Herschbach (1991), die überdurchschnittliche Gefährdung von Krankenpflegekräften bezüglich Wirbelsäulenerkrankungen, zeigt sich auch in zahlreichen anderen Studien (vgl. der entsprechende Überblick bei Bolm-Audorf 1997). So verweist Stößel (1996) darauf, daß Krankenpflegekräfte, die zehn oder mehr Jahre im Beruf tätig sind, ein dreifach erhöhtes Risiko für einen Bandscheibenvorfall aufweisen. Neben körperlichen Belastungen werden als mögliche Ursache von Rückenbeschwerden und -erkrankungen in der Krankenpflege psychische sowie psychosoziale Belastungen diskutiert (Bartholomeyczik 1987).

Studien zum Gesundheitsverhalten legen nahe, daß die im vorangegangenen Abschnitt genannten Belastungen sich nicht nur direkt sondern auch vermittelt über gesundheitsschädigende Verhaltensweisen auswirken (vgl. hierzu auch Kapitel 4). So rauchen weibliche Beschäftigte in Pflegeberufen verglichen mit anderen Berufsgruppen sehr häufig (Helmert/Borgers 1998). Dies ist insofern erstaunlich, als gerade in diesen Berufen eine Sensibilität für gesundheitliche Gefährdungen erwartet werden müßte. Bei der Interpretation dieses Befundes wird u. a. auf die starke Belastung durch wechselnde Arbeitsanforderungen verwiesen (ebd.).

Im Hinblick auf spezifische Beanspruchungen in den Gesundheitsdienstberufen ist auf Studien zu Burnout zu verweisen (eine Übersicht findet sich bei Enzmann/Kleiber 1989, vgl. hierzu auch den Abschnitt 'Sozialpflegerische Berufe'). Besonders gefährdet sind entsprechend der Ergebnisse der Studie von Herschbach (1991) Krankenpflegekräfte mit wenig Berufserfahrung, vielen Überstunden, wenigen freien Wochenenden, Dreischichtwechseldienst, wenig Zeit für Pausen, wenig Zeit für die Patientenbetreuung sowie einem hohen Anteil an moribunden Patient(inn)en.

Ein häufig untersuchter Aspekt des Wohlbefindens ist die Arbeitszufriedenheit. Für die Gesundheitsdienstberufe vermitteln die Angaben im NUS zur Zufriedenheit mit der derzeitigen Arbeitssituation einen recht positiven Eindruck. Die Angaben der Beschäftigten bewegten sich in den neuen Bundesländern bei 5,5, in den alten Bundesländern bei 5,4. Verglichen mit den anderen hier vorgestellten Berufsgruppen liegen die Gesundheitsdienste im mittleren bis oberen Bereich, wobei die Angaben zur beruflichen Zufriedenheit insgesamt nur wenig variierten (siehe Abschnitt 7.3.7 'Frauentypische Berufe im Vergleich'). Insgesamt muß bedacht werden, daß Studien zur Arbeitszufriedenheit in aller Regel positive Ergebnisse erbringen – dies kann jedoch nicht als Hinweis auf durchweg gute Arbeitsbedingungen interpretiert werden. So wird auf in diesem Zusammenhang auf Phänomene wie resignative Zufriedenheit oder Pseudozufriedenheit verwiesen (vgl. Ulich 1994).

Zusammenfassend läßt sich festhalten, daß hinsichtlich der Befunde zur gesundheitlichen Lage der weiblichen Beschäftigten in den Gesundheitsdiensten verschiedene Aspekte zu differenzieren sind. So ergeben sich Hinweise auf eine relativ positive Einschätzung des subjektiven Gesundheitszustandes, der Arbeitszufriedenheit sowie (mit Einschränkung) der Allgemeinbeschwerden. Dem stehen häufige Müdigkeit und Erschöpfung, Risiken von Burnout und eine erhebliche Gefährdung bezogen auf Wirbelsäulenerkrankungen gegenüber.

7.3.6.4 Berufskrankheiten, Arbeitsunfälle und krankheitsbedingte Frühverrentungen

Sonderberechnungen der gewerblichen Berufsgenossenschaften zeigen, daß im Jahr 1996 von den insgesamt 21.486 anerkannten Berufskrankheiten 636 auf die Berufsgruppe der Gesundheitsdienste entfallen – dies entspricht einem Anteil von 3,0 %. Von den insgesamt 2.292 anerkannten Berufskrankheiten von Frauen entfielen 507 auf diese Berufsgruppe – und damit ein Prozentanteil von 22,1 %. Damit haben die Gesundheitsdienstberufe bei den weiblichen Beschäftigten mit Abstand den größten Anteil bei den anerkannten Berufskrankheiten (vgl. auch Abschnitt 7.3.7 'Frauentypische Berufe im Vergleich'). Die gesundheitliche Gefährdung läßt sich auch über den Anteil weiblicher Beschäftigter, die pro Jahr eine Berufskrankheit erleiden, ausdrücken. So bekamen im Jahr 1996 0,03 % der weiblichen Beschäftigten in den Gesundheitsdiensten eine Berufskrankheit. Die Tabelle 7.3-6 zeigt die einzelnen anerkannten Berufskrankheiten für den Zeitraum von 1991-1996.

Die hohe Rate anerkannter Berufskrankheiten in den Gesundheitsdienstberufen ist vermutlich darauf zurückzuführen, daß der Umgang mit erkrankten Menschen sowie die hierbei zu treffenden Vorkehrungen (z. B. Maßnahmen zur Desinfektion) und die Behandlungen (z. B. Medikamente wie Antibiotika) oftmals für die Beschäftigten ein gesundheitliches Risiko bergen. Zudem ist in diesem Bereich eine Erkrankung oftmals eindeutiger als bei anderen Tätigkeiten ursächlich auf die Arbeit zurückzuführen. So lassen sich Hautkrankheiten in den Gesundheitsdienstberufen beispielsweise auf die hygienischen Vorschriften und damit die häufige Reinigung der Hände (Gefährdung durch Feuchtigkeit) sowie den häufigen Kontakt mit Desinfektionsmitteln zurückführen (vgl. Giesen/Schäcke 1998). Die hohe Zahl der Infektionskrankheiten und der Tropenkrankheiten geht auf die höhere Exposition zurück.

Tabelle 7.3-6: Die häufigsten anerkannten Berufskrankheiten von Frauen in den Gesundheitsdiensten, 1991 bis 1996

BK-Nr.	Anerkannte Berufskrankheiten von Frauen in den Gesundheitsdiensten	N
5101	Hauterkrankungen	1.385
3101	Infektionserkrankungen	1.031
4301	Atemwegserkrankungen, allergisch	245
2108	Erkrankungen der Lendenwirbelsäule, Erkrankungen durch Heben und Tragen	111
3104	Tropenkrankheiten	36
3102	Übertragbare Krankheiten	26
1302	Erkrankungen durch Halogenkohlenwasserstoffe	22
4302	Atemwegserkrankungen, toxisch	21
1201	Erkrankungen durch Kohlenmonoxid	17
2402	Erkrankungen durch Ionisierende Strahlen	5
1303	Erkrankungen durch Benzol	5
2301	Erkrankungen durch Lärm	3
	Übrige	28
	Gesamt	2.935

Quelle: Hauptverband der gewerblichen Berufsgenossenschaften, Sonderberechnungen.

Allergische Atemwegserkrankungen können in den Gesundheitsdienstberufen entstehen durch den Kontakt mit allergenen Medikamenten wie z. B. Antibiotika oder Sulfonamiden (Giesen/Schäcke 1998). Zahlreiche Studien verweisen auf einen Zusammenhang zwischen einer starken Belastung des Rückens in Pflegeberufen und den dort vergleichsweise häufig auftretenden Lendenwirbelsäulenerkrankungen (vgl. Bolm-Audorff 1997; Michaelis et al. 1996; Nübling et al. 1996). Halogenkohlenwasserstoffe sind beispielsweise in Narkosemitteln enthalten (Giesen/Schäcke 1998), was das Auftreten entsprechender Berufskrankheiten in den Gesundheitsdiensten erklären kann.

Die Anzahl der bei den gewerblichen Berufsgenossenschaften gemeldeten Arbeitsunfälle weiblicher Beschäftigter in den Gesundheitsdienstberufen (ohne Wegeunfälle) betrug im Jahr 1996 insgesamt 9.125. Dies entspricht 4,2 % der 218.620 insgesamt gemeldeten Unfälle weiblicher Beschäftigter. Von den 1.658.000 beschäftigten Frauen im Bereich Gesundheitsdienste hatten also 0,6 % in diesem Jahr einen Arbeitsunfall. Damit ist das Risiko dieser Berufsgruppe, einen Arbeitsunfall zu erleiden, vergleichsweise gering, nur die Büroberufe weisen ein noch geringeres Risiko auf (siehe Abschnitt 7.3.7 'Frauentypische Berufe im Vergleich'). Nach Pröll und Streich (1984) handelt es sich bei Arbeitsunfällen in der krankenpflegerischen Arbeit vor allem um Prellungen, Verstauchungen und Verbrennungen sowie um Verletzungen im Umgang mit Injektionskanülen, Ampullensägen oder Skalpellen.

Von den 106.056 Rentenzugängen wegen verminderter Erwerbsfähigkeit bei Frauen im Jahr 1996 entfielen auf weibliche Beschäftigte in den Gesundheitsdiensten 5.379 (VDR 1997), die meisten davon auf Krankenschwestern/Hebammen (2.972). Rentenzugänge von Frauen in Gesundheitsdienstberufen machten insgesamt 5,1 % aller

Rentenzugänge von Frauen in diesem Jahr aus, 2,8 % gingen auf Krankenschwestern bzw. Hebammen zurück. Der Anteil der in den Gesundheitsdiensten beschäftigten Frauen, die im Jahr 1996 frühberentet wurden, lag bei 0,32 % (für die männlichen Beschäftigten: 0,25 %). Er liegt verglichen mit den anderen hier vorgestellten Berufsgruppen im unteren Bereich. Bei der Interpretation dieser Angabe ist allerdings zu berücksichtigen, daß bei bestimmten Gesundheitsdienstberufen wie beispielsweise den Krankenpflegehelferinnen von einer geringen Verweildauer im Beruf ausgegangen werden muß (vgl. Dietrich 1993).

Zusammenfassend ist festzuhalten, daß gesundheitliche Gefährdungen von Frauen in den Gesundheitsdienstberufen insbesondere in der hohen Anzahl der Berufskrankheiten deutlich werden.

7.3.6.5 Fazit und Schlußfolgerungen

Die Daten zum gesundheitlichen Befinden von weiblichen Beschäftigten in den Gesundheitsdienstberufen, zur Arbeitszufriedenheit, zur Anzahl der Frühverrentungen und Arbeitsunfällen ergeben ein – verglichen mit den anderen hier vorgestellten Berufsgruppen – recht günstiges Bild: Demnach sind Tätigkeiten in diesem Bereich mit relativ geringen Risiken verbunden, die Beschäftigten fühlen sich vergleichsweise gesund. Andererseits wurde festgestellt, daß die Gesundheitsdienstberufe gravierende körperliche, psychische bzw. psychosoziale sowie durch die Arbeitszeit (Schichtdienst, Überstunden) bedingte Belastungen aufweisen. Dies geht einher mit gesundheitlichen Beeinträchtigungen wie z. B. einem hohen Anteil an Wirbelsäulenerkrankungen sowie einem häufig auftretenden Gefühl der Müdigkeit und Erschöpfung. Zudem werden unverhältnismäßig mehr Berufskrankheiten als in anderen beruflichen Feldern diagnostiziert. Bei der Interpretation dieser scheinbar widersprüchlichen Ergebnisse sind vermutlich Besonderheiten der beruflichen Identität der Beschäftigten in den Gesundheitsdienstberufen von Bedeutung. So ist beispielsweise die Krankenpflege noch immer durch Aspekte der Tradition der Selbstaufopferung bestimmt (Steppe 1995). Dies könnte beispielsweise zum Zurückstellen eigener Probleme in der subjektiven Einschätzung der Gesundheit beitragen: Pflegende sind zur Gesundheit gewissermaßen verpflichtet, krank dürfen nur die Patientinnen und Patienten sein.

Ansatzpunkte für Verbesserungen der Arbeitsbedingungen werden in zahlreichen Studien schlußfolgernd genannt und können hier nur stichwortartig dargestellt werden. So wird bezüglich körperlicher Belastungen mit Blick auf die Krankenpflege beispielsweise auf die Notwendigkeit der Vermittlung spezieller rückenschonender Hebetechniken (Demmer/Küpper 1984) sowie auf technische Hebehilfen (Bolm-Audorff 1997) verwiesen. Arbeitspsychologische Instrumente ermöglichen eine Diagnose und den Abbau psychischer Belastungen wie z. B. Zeitdruck oder häufige Störungen und Unterbrechungen der Arbeit (vgl. hierzu Büssing et al. 1995; Glaser/Büssing 1997). Im Hinblick auf eine günstigere Arbeitszeitregelung schlagen Büssing et al. (1997) die Einführung einer Kernarbeitszeit im Pflegedienst vor, die einer größeren Anzahl von Beschäftigten die Tätigkeit zu den in anderen Bereichen üblichen Zeiten ermöglicht (etwa 8.00 bis 16.00 Uhr).

Trotz zahlreicher Studien sind viele Fragen zu Belastungen, Ressourcen und Gesundheit der Beschäftigten in den Gesundheitsdienstberufen noch offen. So gibt es noch immer kaum theoretische Konzepte zu spezifischen Belastungen bei Gesundheitsdienstberufen. Zwar liegen zahlreiche Erhebungen z. B. auf der Grundlage von Fragebogen, die Listen von möglichen Belastungen beinhalten, vor. Diese beruhen aber in aller Regel nicht auf theoretisch begründeten Belastungskonzepten. Auch die Burnout-Forschung ist wenig theoretisch ausgerichtet (Gusy 1995). Die Forschung zur Frage, ob und welche spezifischen Probleme Beschäftigte in den Gesundheitsdiensten im Unterschied beispielsweise zu Büroberufen haben, steht somit noch am Anfang.

7.3.7 Frauentypische Berufe im Vergleich

7.3.7.1 Belastungen und Ressourcen im Berufsvergleich

Eine Zusammenfassung der Ergebnisse der Berufskapitel zeigt Unterschiede und Gemeinsamkeiten zwischen den einzelnen Berufsgruppen und berufstypische Belastungsmuster:

- In den personenbezogenen Dienstleistungsberufen (sozialpflegerische Berufe und Gesundheitsdienstberufe) wird besonders häufig eine hohe Verantwortung für Menschen als Belastungsfaktor genannt, in den anderen Berufen ist dieses Arbeitsmerkmal als Belastung unbedeutend.

- In den Büroberufen überwiegen arbeitsorganisatorische Belastungsfaktoren, vor allem ein hohes Arbeitstempo, Zeitdruck, häufige Störungen und Unterbrechungen.

- Ein hohes Arbeitstempo gepaart mit unangenehmer körperlicher Beanspruchung ist ein Charakteristikum der Tätigkeit der Warenkauffrauen.

- Frauen in Reinigungsberufen sind in den neuen Bundesländern mehr als in den alten Umgebungsbedingungen wie Nässe, Hitze, Kälte sowie einer langweiligen gleichförmigen Arbeit gepaart mit einer einseitigen körperlichen Beanspruchung ausgesetzt.

Insgesamt zeigt sich eine deutliche Tendenz, daß arbeitsorganisatorische Belastungen und hier vor allem arbeitszeitliche Belastungsfaktoren in den frauentypischen Berufsgruppen überwiegen. Ein hohes Arbeitstempo und Zeitdruck sowie Überstunden und lange Arbeitszeiten werden in mehreren der dargestellten Berufe als starke Belastung genannt. Letzteres ist für Frauen vor allem unter dem Gesichtspunkt der Vereinbarkeit von Beruf und Familie bedeutsam. Neben den arbeitszeitlichen Belastungen werden widersprüchliche Anforderungen, häufige Störungen und Unterbrechungen sowie langweilige und gleichförmige Arbeit als stark belastend erlebt. Alle diese Belastungen sind arbeitsorganisatorisch verursacht und könnten somit durch eine andere Arbeitsorganisation grundsätzlich vermieden werden. Neben diesen arbeitsorganisatorischen Belastungen wird von vielen Frauen eine unangenehme körperliche Beanspruchung und körperlich schwere Arbeit häufig genannt.

Hinsichtlich arbeitsbezogener Ressourcen läßt sich zusammenfassend folgendes festhalten: Allen Berufsgruppen gemeinsam ist, daß Aufgabenvielfalt, Entscheidungsspielräume und zeitliche Dispositionsspielräume über die verschiedenen Berufsgruppen hinweg als wesentliche Ressourcen erlebt werden. Allerdings äußern sich derartige Spielräume in jeder Tätigkeit unterschiedlich und sind je nach Arbeitsaufgabe in unterschiedlichem Umfang vorhanden.

In den Büroberufen liegen Entscheidungsspielräume in einer komplexen Sachbearbeitung, die einen Vorgang möglichst weitgehend in einer Hand beläßt. In den Reinigungsberufen bestehen zeitliche und arbeitsorganisatorische Spielräume, wenn die Frauen ein eigenes 'Schlüsselrevier' bekommen, d. h. sie selber einen freien Zutritt zum Gebäude haben und den Reinigungsvorgang innerhalb des Gebäudes teilweise selbst bestimmen können. Im Verkauf finden sich ganzheitliche Handlungsstrukturen und Aufgabenvielfalt noch am ehesten in kleinen Läden, da hier von der Verkäuferin auch verkaufsvor- und -nachbereitende Tätigkeiten ausgeführt werden müssen. In Einzelhandelsfachgeschäften beinhaltet vor allem die Kundenberatung anspruchsvollere Tätigkeitsanteile und kompetenzerweiternde Kommunikationsanforderungen.

Während in den Büro-, Reinigungs- und Verkaufsberufen die Situation überwiegend durch geringe Ressourcen gekennzeichnet ist, läßt sich die Situation in den sozialpflegerischen Berufen und teilweise auch in den Gesundheitsdienstberufen eher dadurch kennzeichnen, daß Handlungsspielräume durchaus vorhanden sind und auch kompensierend im Belastungsgeschehen wirken können. Charakteristisch für soziale Berufe ist auf der Grundlage der vorhandenen Auswertungen das Nebeneinander von starken (emotionalen) Belastungen, von Verantwortungsdruck und gleichzeitig positiv erlebten freien Gestaltungsspielräumen.

Bei allen Tätigkeiten, ob im Büro, in den Reinigungsberufen, im Verkauf oder in den sozialen Berufen, zeigen sich ausgeprägte Formen der geschlechtlichen Arbeitsteilung. In höheren Hierarchieebenen sind Frauen so gut wie gar nicht vertreten, auf gleicher Hierarchieebene führen sie die weniger anspruchsvollen Tätigkeiten aus und verfügen damit über weniger aufgabenbezogene Ressourcen als ihre männlichen Kollegen. Ein besonderes Spezifikum geschlechtlicher Arbeitsteilung zeigt sich in dem hohen Ausmaß von geringfügigen Beschäftigungsverhältnissen, die überwiegend von Frauen eingenommen werden. Damit wird weiterhin die Verantwortlichkeit für die Familie den Frauen zugewiesen und ihre Benachteiligung auf dem Arbeitsmarkt zementiert.

Insgesamt machen die Berufskapitel deutlich, daß die Arbeitssituation und die damit verbundenen Belastungen und Ressourcen von Frauen je nach Beruf sehr unterschiedlich sind. Gemeinsam ist allen Berufen die geschlechtliche Arbeitsteilung, die wesentlich dazu beiträgt, daß Frauen weniger Zugriff auf Ressourcen haben und Belastungen in stärkerem Maße ausgesetzt sind als Männer.

7.3.7.2 Gesundheitsindikatoren im Berufsvergleich

Hinsichtlich des subjektiven Befindens der Frauen läßt der berufsbezogene Vergleich zusammenfassend keine systematischen Tendenzen erkennen. Am ehesten zeichnen sich die Reinigungsfrauen durch eine schlechtere Beurteilung ihrer Gesundheit aus.

Auch die Bürofach- und -hilfskräfte und Frauen aus sozialpflegerischen Berufen geben in Hinblick auf mehrere Indikatoren eine schlechtere Gesundheit an, während die Beschäftigten in den Gesundheitsdiensten und die Warenkauffrauen eine eher positive Einschätzung ihrer Gesundheit haben.

Die Arbeitszufriedenheit zwischen den Berufen unterscheidet sich im Westen nicht wesentlich und ist nach den Daten des Nationalen Surveys als eher hoch anzusehen. Die tiefergehenden Analysen aus Einzelstudien zeigen jedoch sehr wohl berufsspezifisch-unterschiedliche Belastungen und daraus resultierende Unzufriedenheiten mit der beruflichen Tätigkeit. Möglicherweise wird die im Survey gemessene Zufriedenheit mit dem Arbeitsplatz auf dem Hintergrund der mit der familiären Situation verbundenen Ressourcen von den Frauen höher bewertet als wenn nur der engere Kontext der Erwerbsarbeit betrachtet wird. Die Möglichkeit, Familie und Beruf miteinander vereinbaren zu können, könnte in diesem Sinne das wichtigere Beurteilungskriterium sein.

Grundsätzlich ist zu bewerten, daß Frauen in den alten Bundesländern in fast allen Berufen eine geringere Arbeitszufriedenheit haben als Frauen in den neuen Ländern. Vermutlich spielen hier Faktoren wie lange Arbeitszeiten (Teilzeitarbeit bei Frauen ist in den neuen Ländern weniger verbreitet als in den alten), Ängste um den Verlust des Arbeitsplatzes, geringeres Einkommen als im Westen und Arbeitsdruck eine zentrale Rolle.

Bei den Berufskrankheiten von Frauen zeigt sich für das Jahr 1996 (Tabelle 7.3-7), daß in den Büroberufen der Anteil von anerkannten Berufskrankheiten bezogen auf 100 Beschäftigte in diesem Berufsbereich sehr niedrig ist. Niedrig ist auch der Anteil bei den Warenkaufleuten, Reinigungs- und sozialpflegerische Berufe liegen im Mittelfeld und bei den Gesundheitsdienstberufen ist der Anteil mit 0,03 am höchsten.

Tabelle 7.3-7: Anzahl anerkannter Berufskrankheiten 1996 nach 'Frauentypischen' Berufsgruppen

Berufsgruppe	Anzahl weiblicher Beschäftigter	Frauenanteil innerhalb der Berufsgruppe (%)	Berufskrankheiten von Frauen (absolut)	Berufskrankheiten auf 100 weibliche Beschäftigte
Büroarbeitskräfte	3.328.000	73,1	21	0,0006
Reinigungsberufe	765.000	82,5	90	0,01
Warenkaufleute	1.908.000	63,8	113	0,005
sozialpfleg. Berufe	841.000	83,2	88	0,01
Gesundheitsdienstberufe	1.658.000	78,1	507	0,03

Quelle: Hauptverband der gewerblichen Berufsgenossenschaften, Sonderberechnungen.

Betrachtet man die drei häufigsten Krankheitsarten für Frauen in den ausgewählten Berufsgruppen in den Jahren 1991-1996 die zur Anerkennung einer Berufskrankheit geführt haben, ergeben sich folgende Schwerpunkte (Tabelle 7.3-8):

Hauterkrankungen sind in allen Berufsgruppen der häufigste Grund für die Anerkennung einer Berufskrankheit, gefolgt von den Infektionskrankheiten, die vor allem in den personenbezogenen Berufen und in den Reinigungsberufen auftreten, und den allergischen Atemwegserkrankungen. Tabelle 7.3-8 zeigt auch, daß jeder Beruf ein spezifisches Berufskrankheitenmuster aufweist: Im Büro dominieren Hauterkrankungen, Tropenkrankheiten und Sehnenscheidenerkrankungen. Bei den Reinigungsfrauen und den Frauen in den Gesundheitsdiensten dominieren die gleichen Berufskrankheiten, nämlich Hauterkrankungen und Infektions- und Atemwegserkrankungen. Bei den Warenkauffrauen sind es die Hauterkrankungen, die Atemwegserkrankungen und die von Tieren auf Menschen übertragbaren Krankheiten und bei den sozialpflegerisch tätigen Frauen sind die Haut- und Infektionskrankheiten und die Kohlenmonoxid-Vergiftungen auf den ersten drei Plätzen.

Tabelle 7.3-8: Die drei häufigsten anerkannten Berufskrankheiten von Frauen 1991-1996 in den einzelnen Berufsgruppen*

Berufskrankheit		Büro	Berufsgruppe Reinigung	Waren	Sozialarbeit	Gesundheit
5101	Hauterkrankungen	12	229	401	134	1360
3101	Infektionskrankheiten		33		164	954
4301	Atemwegserkrankungen allergisch		17	456		235
3102	Von Tieren auf Menschen übertragbare Krankheiten			17		
3104	Tropenkrankheiten	28				
2101	Erkrankungen der Sehnenscheiden	20				
1201	Erkrankungen durch Kohlenmonoxid				19	
	Insgesamt anerkannte Berufskrankheiten von Frauen	18	357	926	355	2787

* Grau straffiert: die drei häufigsten Berufskrankheiten innerhalb der jeweiligen Berufsgruppe
Quelle: Hauptverband der gewerblichen Berufsgenossenschaften, Sonderberechnungen.

Die Anteile der Arbeitsunfälle auf 100 beschäftigte Frauen (Tabelle 7.3-9) liegen bei den Büroberufen, den Gesundheitsdienst- und den sozialpflegerischen Berufen deutlich niedriger als in den Reinigungsberufen und bei den Warenkauffrauen.

Tabelle 7.3-9: Arbeitsunfälle* im engeren Sinne differenziert nach Berufsgruppen für das Jahr 1996

Berufsgruppe	Anzahl weiblicher Beschäftigter	Frauenanteil innerhalb der Berufsgruppe (%)	Arbeitsunfälle von Frauen (absolut)	Arbeitsunfälle auf 100 weibliche Beschäftigte
Büroarbeitskräfte	3.328.000	73,1	14.192	0,4
Reinigungsberufe	765.000	82,5	14.818	1,9
Warenkaufleute	1.908.000	63,8	33.185	1,7
sozialpflegerische Berufe	841.000	83,2	8.353	1,0
Gesundheitsdienstberufe	1.658.000	78,1	9.125	0,6

* Arbeitsunfälle im engeren Sinne (UART 1-4) und ohne Wegeunfälle. Es handelt sich hier um eine hochgerechnete 10%-Statistik. Daher können geringfügige Hochrechnungsunsicherheiten und Rundungsfehler auftreten.
Quelle: Hauptverband der gewerblichen Berufsgenossenschaften, Sonderberechnungen.

Tabelle 7.3-10 zeigt die krankheitsbedingten Frühverrentungen von Frauen im Jahr 1996 in den verschiedenen Berufsgruppen. Die Reinigungsfrauen und die Warenkauffrauen weisen im Vergleich zu den anderen Berufsgruppen das größte Risiko (Frühverrentungen auf 100 weibliche Beschäftigte in der jeweiligen Berufsgruppe) auf. Wenn man die Beschäftigungspraxis in der Berufsgruppe der Reinigungsfrauen berücksichtigt, kann davon ausgegangen werden, daß hier das Risiko in Wirklichkeit noch sehr viel größer ist, da viele Frauen aufgrund geringfügiger Beschäftigung und 'freiwilliger' Berufsaufgabe gar nicht in die Situation kommen, einen Antrag auf Frühverrentung zu stellen.

Tabelle 7.3-10: Krankheitsbedingte Frühverrentungen von Frauen 1996 in ausgewählten Berufen

Berufsgruppe	Anzahl weiblicher Beschäftigter	Frauenanteil in der Berufsgruppe (%)	Frühverrentungen von Frauen (absolut)	Frühverrentungen auf 100 weibliche Beschäftigte
Bürokräfte	3.328.000	73,1	10659	0,3
Reinigungsberufe	765.000	82,5	5344	0,7
Warenkaufleute	1.908.000	63,8	9616	0,5
sozialpfleg. Berufe	841.000	83,2	2930	0,3
Gesundheitsdienstberufe	1.658.000	78,1	5379	0,3

Quelle: VDR Statistik Rentenzugang 1996, VDR 1997.

Abschließend lassen sich folgende Merkmale der Belastung und der gesundheitlichen Situation von Frauen in den einzelnen Berufsgruppen festhalten:

Frauen in Büroberufen nennen auffallend viele Arbeitsmerkmale, durch die sie sich stark belastet fühlen (Mehrfachbelastungen). In der subjektiven Einschätzung des Befindens und der Gesundheit liegen sie jedoch eher im oberen Mittel und auch bei den krankheitsbedingten Frühverrentungen, den Arbeitsunfällen und den Berufskrankheiten sind sie im Vergleich zu den anderen Berufsgruppen in einer günstigeren Position.

Frauen in den Reinigungsberufen geben die wenigsten Belastungen an, scheinen aber mit Abstand diejenigen mit der schlechtesten Gesundheit zu sein, das betrifft sowohl die subjektive Einschätzung der Gesundheit als auch objektive Indikatoren wie krankheitsbedingte Frühverrentungen, Arbeitsunfälle und Berufskrankheiten. Angesichts der großen Zahl von Frauen, die hier in geringfügigen Beschäftigungsverhältnissen oder gar illegal arbeiten, kann davon ausgegangen werden, daß das tatsächliche Gesundheitsrisiko in dieser Berufsgruppe weitaus größer ist, als in diesen Zahlen zum Ausdruck kommt. Allerdings muß hier berücksichtigt werden, daß eine gesundheitliche Vorschädigung auch aus einer anderen, dem Reinigungsberuf vorausgegangenen Berufstätigkeit, resultieren kann.

Warenkauffrauen gehören zur Gruppe der stark belasteten Berufe. Hier weisen die subjektiven Einschätzungen und die objektiven Indikatoren auf relativ große gesundheitliche Risiken hin. Warenkauffrauen haben im Vergleich zu den anderen Berufsgruppen zudem das zweitgrößte Unfallrisiko.

Frauen in sozialpflegerischen Berufen können anhand der Daten des Nationalen Untersuchungssurveys aufgrund der Spezifik personenbezogener Arbeit nur sehr begrenzt in Hinblick auf die gesundheitliche Belastung und Beeinträchtigung beurteilt werden. Es zeigt sich bei den Berufskrankheiten ein relativ bedeutsames Risiko im Vergleich zu den anderen Berufsgruppen.

Frauen in Gesundheitsberufen geben zusammen mit den Frauen aus den Büroberufen die meisten Belastungen an. Was die Gesundheitsindikatoren angeht liegen sie im Vergleich zu den anderen Berufsgruppen eher im Mittelbereich. Auch bei den Gesundheitsberufen können aus den gleichen Gründen wie bei den sozialpflegerischen Berufen anhand dieser Daten jedoch nur sehr eingeschränkte Aussagen über die gesundheitliche Situation der beschäftigten Frauen gemacht werden.

7.3.7.3 Fazit

Die Berufskapitel zeigen, daß eine konkrete Beschreibung der Arbeitsbedingungen und der gesundheitlichen Situation von Frauen in den jeweiligen Einzelberufen und möglichst auch auf der Ebene konkreter Tätigkeitsbereiche erforderlich ist, um gezielte Hinweise zur Gesundheitsförderung zu erhalten. Eine berufs- und tätigkeitsbezogene Berichterstattung sollte deshalb in den Themenkatalog der Gesundheitsberichterstattung mit einbezogen werden.

Die für diesen Bericht verfügbaren Datenbasen, wie die der Berufskrankheitendokumentation, und das Fehlen von wissenschaftlich gesicherten Bezugsgrößen (Vollarbeiter - Vollarbeiterin) schränken die Aussagen zur Beschreibung der gesundheitlichen Situation erwerbstätiger Frauen bis zu einem gewissen Grade ein. Sie ergeben kein vollständiges Bild, aber einen ersten Einblick in das berufsbedingte Krankheitsgeschehen bei Frauen und zeigen Grundsätze einer geschlechtsspezifischen erwerbsarbeitsbezogenen Gesundheitsberichterstattung auf. Sie verweisen auf den Bedarf, Daten der Routineberichterstattung der amtlichen Statistik in Zukunft nach Geschlecht aufgebrochen darzustellen.

Schlußfolgernd für die Forschung bleibt festzuhalten, daß arbeitsbezogene Ressourcen zukünftig in breiten Repräsentativerhebungen mit berücksichtigt und die Belastungsindikatoren dringend überarbeitet werden müssen, wenn die spezifischen Arbeitsbelastungen von Frauen erfaßt werden sollen.

7.4 Frauenarbeitslosigkeit und Gesundheit

7.4.1 Gesundheitliche Belastungen durch Arbeitslosigkeit

Für die Frauengesundheitsforschung stellt sich die Frage, ob Arbeitslosigkeit bei den Frauen mit den gleichen Belastungen und gesundheitlichen Auswirkungen verbunden ist wie bei Männern (zum Stand der Arbeitslosigkeitsforschung vgl. Gesundheitsbericht für Deutschland (StBA 1998a). Da weibliche Erwerbsbiographien in der Regel kürzer als männliche sind bzw. Frauen durch Familienphasen unterbrochene Erwerbsbiographien haben, wird argumentiert, daß arbeitslose Frauen auf die 'Hausfrau- und Mutterrolle' als gesundheitsförderliche Ressource zurückgreifen und somit die negativen Folgen von Arbeitslosigkeit abgepuffert werden könnten. Ob diese These zutrifft, soll in diesem Abschnitt untersucht werden. Dabei wird der versicherungsrechtlich definierte Begriff Arbeitslosigkeit verwendet, obgleich der Begriff Arbeitslosigkeit im weiblichen Lebenskontext irreführend ist und besser von Erwerbslosigkeit gesprochen werden sollte.

Arbeit ist eine zentrale Lebensäußerung und Arbeitslosigkeit bedeutet deshalb Verlust von ökonomischen und psychosozialen Ressourcen der Gesundheit, vor allem aber Verlust der Verbindung mit der gesellschaftlichen Wirklichkeit. Arbeitslosigkeit reduziert Kooperationserfahrungen, soziale Anerkennung und Möglichkeiten der Identitätsentwicklung sowie der Kontrolle und Einflußnahme. Die Ausgrenzung aus den produktiven Lebensbezügen der Erwerbsarbeit wird von den meisten Arbeitslosen als belastend erlebt und kann starke negative Folgen für die Gesundheit haben. Der Gesundheitsbericht des Bundes berichtet zusammenfassend den generellen Forschungsstand zu den Zusammenhängen zwischen Arbeitslosigkeit und Gesundheit.

Der Forschungsstand zur gesundheitlichen Situation arbeitsloser Frauen ist uneinheitlich. Aussagekräftige differentielle Forschungsergebnisse zur Wirkung von Arbeitslosigkeit auf die Gesundheit sind rar, da eine frauenspezifische Sichtweise in der Gesundheitsforschung insgesamt unterentwickelt ist und zum anderen Kausalaussagen hinsichtlich der Wirkungsrichtung aufgrund fehlender Längsschnittstudien nur selten gemacht werden können. Mohr (1997) konnte beispielsweise nach einer umfassenden Recherche lediglich sechs neuere Langzeitstudien finden, die qualitative Aussagen zum Zusammenhang von Arbeitslosigkeit und psychischer Gesundheit von Frauen machen können. In ihren Analysen wurden Studien zur Situation hochqualifizierter arbeitsloser Frauen ausgeschlossen. Von den sechs Studien konnten nur zwei eine geringere Beeinträchtigung von Frauen durch Arbeitslosigkeit belegen (Brinkmann 1984; Lahelma 1989/90), eine Studie wies eine stärkere Beeinträchtigung von Frauen im Vergleich zu Männern nach (Verkleij 1987), eine Studie konnte keinen Unterschied nachweisen, eine Studie hatte nur Frauen untersucht (Arnetz et al. 1987, 1988).

Problematisch für die Erforschung psychosozialer Folgen der Arbeitslosigkeit für Frauen ist die Beschränktheit des Arbeitsbegriffs auf den Bereich der Erwerbsarbeit. Da angenommen werden kann, daß der Arbeitsbereich Haushalt und Familie ebenfalls spezifische gesundheitsrelevante Belastungen und Ressourcen bereithält, die auch bei einem Verlust der Erwerbsarbeit weiterwirken, kann der 'isolierte' gesundheitliche Einfluß der Arbeitslosigkeit bei Frauen grundsätzlich nur sehr schwer bestimmt werden (Mohr 1997).

7.4.2 Die gesundheitliche Situation arbeitsloser Frauen

Im Nationalen Untersuchungssurvey (Tabelle 7.4-1) schätzten arbeitslose Frauen in den neuen und den alten Bundesländern ihre Gesundheit etwas besser ein als arbeitslose Männer; außerdem sind sie zufriedener mit ihrer Gesundheit, dem Leben und der derzeitigen Hauptbeschäftigung. In den neuen Bundesländern geben 12,7 % der arbeitslosen Frauen und 13,6 % der befragten Männer einen schlechten Gesundheitszustand an. In den alten Bundesländern klagen 20,6 % der arbeitslosen Frauen aber 25,6 % der arbeitslosen Männer über einen schlechten Gesundheitszustand. Sowohl für beide Geschlechter als auch für den Ost-West-Vergleich gilt, daß Arbeitslose einen deutlich schlechteren Gesundheitszustand angeben als Erwerbstätige; das Gleiche gilt auch für die arbeitslosen Frauen gegenüber den nicht erwerbstätigen Hausfrauen in den alten Bundesländern.

Tabelle 7.4-1: Selbsteinschätzung des gegenwärtigen Gesundheitszustands, Allgemeinbeschwerden (Zerssen-Score) und Zufriedenheit mit der Gesundheit, dem Leben und der derzeitigen Hauptbeschäftigung von erwerbslosen und erwerbstätigen Frauen und Männern in den neuen und den alten Bundesländern*

	Neue Bundesländer				Alte Bundesländer				
	Frauen		Männer		Frauen			Männer	
	erwerbs-tätig	arbeitslos	erwerbs-tätig	arbeitslos	erwerbs-tätig	arbeitslos	Hausfrau	erwerbs-tätig	arbeitslos
N	626	163	708	70	1.451	62	616	1.999	66
Schlechter Gesundheitszustand (%)	10,9	12,7	6,3	13,6	12,5	20,6	15,7	10,5	25,6
Allgemeinbeschwerden (Zerssen-Score)	18,8	18,8	14,8	15,7	20,1	22,6	19,6	17,2	19,3
Zufriedenheit (Mittelwert):									
Gesundheit	5,0	5,0	5,2	4,7	5,1	4,7	5,1	5,1	4,5
Leben	5,5	5,2	5,5	4,7	5,7	5,3	5,8	5,6	4,6
Hauptbeschäftigung	5,0	3,1	5,0	2,6	5,4	4,2	5,6	5,3	3,6

* Anmerkung: Für die neuen Bundesländer wurden keine Auswertungen für Frauen, die im erwerbsfähigen Alter aber aktuell nicht erwerbstätig oder nicht arbeitslos waren (Hausfrauen), durchgeführt, weil diese Gruppe aufgrund der zum Zeitpunkt der Erhebung hohen Erwerbsbeteiligung der Frauen in den neuen Bundesländern einen verschwindend kleinen Anteil in der Stichprobe des Nationalen Surveys ausmachte.

Quelle: Nationaler Untersuchungssurvey 1990-92, eigene Berechnungen.

Bei den Allgemeinbeschwerden liegt der Summenwert für arbeitslose Frauen in Ost und West über dem der arbeitslosen Männer (neue Bundesländer: Frauen 18,8, Männer 15,7; alte Bundesländer: Frauen 22,6, Männer 19,3). Nur für die alten Bundesländer liegt der Beschwerdestatus der arbeitslosen Frauen über dem der Erwerbstätigen (20,1) und Hausfrauen (19,6), während sich in den neuen Ländern keine Unterschiede finden.

Gefragt nach der Zufriedenheit mit der derzeitigen Hauptbeschäftigung beträgt der Mittelwert für arbeitslose Frauen in den neuen Bundesländern 3,1 - für Männer liegt er bei 2,6. In den alten Bundesländern beträgt der Mittelwert für arbeitslose Frauen 4,2 und für arbeitslose Männer 3,6. Arbeitslose Frauen und Männer sind deutlich weniger zufrieden mit ihrer Hauptbeschäftigung, ihrer Gesundheit und dem Leben allgemein.

7.4.3 Gesundheit arbeitsloser Frauen im Vergleich zu erwerbstätigen Frauen

Einzeluntersuchungen weisen mehrheitlich darauf hin, daß arbeitslose Frauen gegenüber erwerbstätigen Frauen eine schlechtere (psychische) Befindlichkeit aufweisen (Arnetz 1987, 1988; Brinkmann 1984; Lahelma 1989,1990; Mohr 1997; Stokes/ Cochrane 1984; Verkleij 1987). Der Nationale Untersuchungssurvey bestätigt diese Ergebnisse. Auch hier beurteilen arbeitslose Frauen in den alten und den neuen Bundesländern ihren Gesundheitszustand schlechter als erwerbstätige Frauen, und Hausfrauen in den alten Bundesländern geben einen besseren Gesundheitszustand an als arbeitslose Frauen.

In den neuen Bundesländern fielen die Angaben zur Gesundheit tendenziell etwas positiver aus als in den alten Ländern. In der Bewertung dieser Unterschiede müssen die Besonderheiten der gesellschaftlichen Umbruchsituation zum Zeitpunkt der Untersuchung (1991/1992) berücksichtigt werden. So kann angenommen werden, daß zum damaligen Zeitpunkt der Anteil der Langzeitarbeitslosen noch vergleichsweise gering war. Negative gesundheitliche Effekte zeigen sich aber vor allem erst nach einer längeren Phase der Arbeitslosigkeit.

Eine der wenigen Langzeitstudien zur Frauenarbeitslosigkeit, in der 125 (arbeitslose) Industriearbeiterinnen vor ihrer Arbeitslosigkeit, in der Arbeitslosigkeit und zum Teil nach einer Wiedereinstellung befragt wurden, belegt, daß arbeitslose Frauen eine im Vergleich mit Erwerbstätigen bzw. Wiedereingestellten erhöhte Depressivität aufweisen (Mohr 1997). Aktivitäten der Stellensuche, Quantität der Hausarbeit, das Alter und die finanzielle Situation haben keinen Einfluß auf diese Unterschiede. Frauen jedoch, die sich nicht mehr als arbeitssuchend, sondern als Hausfrauen betrachteten, hatten einen den Erwerbstätigen vergleichbar niedrigen Depressivitätswert und wiesen außerdem als einzige Gruppe eine Verringerung psychosomatischer Beschwerden auf (ebd.: 127).

Brinkmann (1984) stellt in einer Untersuchung fest, daß Frauen ohne starke finanzielle Belastungen sowie Frauen mit kürzerer Arbeitslosigkeitsdauer im Vergleich mit Frauen mit längerer Dauer der Arbeitslosigkeit und Frauen mit finanziellen Problemen geringe bis gar keine Belastungen zeigen.

7.4.4 Gesundheit arbeitsloser Frauen im Vergleich zu arbeitslosen Männern

Hinsichtlich der unterschiedlichen Auswirkungen der Arbeitslosigkeit auf Männer und Frauen sind die Daten des Nationalen Untersuchungssurveys nur begrenzt interpretierbar, da grundsätzliche Unterschiede zwischen Männern und Frauen in der Selbstdarstellung des Gesundheitszustands berücksichtigt werden müssen. Bei vorsichtiger Interpretation läßt sich aus den Daten eine Tendenz dahingehend ablesen, daß arbeitslose Frauen einen etwas besseren Gesundheitszustand und eine höhere Zufriedenheit als arbeitslose Männer berichten.

Allerdings zeigt sich wie auch in anderen Einzeluntersuchungen (z. B. Ehrhardt/Hahn 1993), daß die Unterschiede zwischen Männern und Frauen in den neuen Bundesländern geringer sind als in den alten Bundesländern. Ob dies mit der stärkeren Berufsorientierung der Frauen in den neuen Bundesländern und ihrer insgesamt höheren Erwerbsbeteiligung im Lebensverlauf zusammenhängt, ist wenig erforscht.

Im Grundsatz entsprechen die Ergebnisse des Nationalen Untersuchungssurveys zu den Unterschieden zwischen arbeitslosen Männern und Frauen dem bisherigen Forschungsstand. Kieselbach (1988) berichtet zusammenfassend, daß Frauen allgemein weniger Belastungen in der Arbeitslosigkeit angeben als Männer und führt dies u. a. auf positive Effekte der Alternativrolle 'Hausfrau und Mutter' zurück. Als Beleg für diese Argumentation werden Untersuchungen angeführt, die festgestellt haben, daß arbeitslose Frauen, die sich nicht mehr arbeitssuchend melden und sich selbst dem Status der 'Hausfrau' zuordnen, keine negativen psychosozialen Beeinträchtigungen zeigen oder aber deutlich geringere als die Gruppe der weiterhin oder schon wieder erwerbslosen Frauen (Schultz-Gambard et al. 1987; Brinkmann 1984). Auch bei jüngeren Müttern mit zu versorgenden Kleinkindern zeigen sich keine Zusammenhänge zwischen psychischem Wohlbefinden und der Beschäftigungslage.

Mohr (1993) kritisiert in diesem Zusammenhang, daß die in der Literatur formulierten Annahmen darüber, warum Frauen weniger durch Arbeitslosigkeit beeinträchtigt sind als Männer, durch die beständige Wiederholung in der wissenschaftlichen Literatur ihren hypothetischen Charakter verlieren und den Status empirisch fundierter Erklärungsmodelle gewinnen, obwohl es sich in fast allen Fällen um eine nachträgliche Interpretation von Ergebnissen handelt. Erklärungen, vor allem der Verweis auf die alternative Hausfrau- und Mutterrolle, verstellen den Blick für andere Erklärungen oder Annahmen und führen zu einer einseitigen Datenselektion, was als ein typisches Beispiel für geschlechtsspezifische Verzerrungseffekte in der Arbeitslosigkeitsforschung betrachtet werden kann. Eine empirische Überprüfung nachträglich angestellter Überlegungen über die Gründe der vorgefundenen Unterschiede zwischen Männern und Frauen ist ausgesprochen selten.

Eine positive Ausnahme stellt hier eine Untersuchung von Brinkmann aus dem Jahr 1991 dar, in der die Übergänge von der Arbeitslosigkeit in die Hausfrauentätigkeit genauer differenziert werden. Ausgewertet wurden Ergebnisse einer Untersuchung des Instituts für Arbeitsmarkt- und Berufsforschung (IAB) aus dem Jahr 1983, eineinhalb Jahre nach Beginn der Arbeitslosigkeit. Nach eineinhalb Jahren war von den ehemals arbeitslosen Frauen gut ein Drittel wieder erwerbstätig, ein weiteres Drittel war zum Befragungszeitpunkt noch oder erneut erwerbslos. 18 % der ehemals arbeitslosen Frauen gaben zum zweiten Befragungszeitpunkt die Verbleibskategorie 'im Haushalt tätig' an, das heißt, diese Frauen wurden weder zur Gruppe der Erwerbstätigen noch zur Gruppe der Arbeitslosen gezählt. Nun wurde die Gruppe der Frauen, die angaben, im Haushalt tätig zu sein, danach unterschieden, ob sie ihre Erwerbstätigkeit aus familiären oder privaten Gründen im Anschluß an die Arbeitslosigkeit nicht wieder aufgenommen hatten und auch nicht aufnehmen wollten (sogenannte Unterbrecherinnen), oder ob sie an einer Wiederaufnahme eines Arbeitsverhältnisses interessiert waren, sich aber resigniert vom Arbeitsmarkt in die Hausfrauenrolle zurückgezogen hatten und deswegen nicht mehr beim Arbeitsamt als arbeitssuchend gemeldet waren (diese Gruppe wurde als ‚stille Reserve' bezeichnet). Die meisten der Unterbrecherinnen waren verheiratet und hatten Kinder oder pflegebedürftige Personen im Haushalt.

Hinsichtlich der psychosozialen Belastungen zeigte sich bei den Frauen folgendes Bild: die Frauen aus der Gruppe der stillen Reserve unterschieden sich wenig von den weiterhin oder erneut arbeitslosen Frauen, während die Gruppe der Unterbrecherinnen deutlich geringere psychosoziale Belastungen angab. Diese Ergebnisse zeigen, daß die Kategorie 'Hausfrau' hinsichtlich der Einstellung zur Erwerbstätigkeit sehr heterogen ist, und daß die Arbeitslosigkeit von den Hausfrauen, die auch weiterhin arbeitssuchend sind, negativ erlebt wird. Nur für einen Teil der ursprünglich erwerbslos gemeldeten und jetzt als 'Hausfrau' zugeordneten Frauen gilt, daß sich ihre psychosozialen Beeinträchtigungen nach dem Statuswechsel tatsächlich verringert haben. Kaum untersucht wurde bislang, wodurch die gesundheitlichen Effekte verursacht sind, die ein Statuswechsel ehemals arbeitsloser Frauen zum Status 'Hausfrau' mit sich bringen kann und worin sich die (psychische) Situation von freiwilligen und unfreiwilligen Hausfrauen unterscheidet.

Differenziert man weiterhin arbeitslose Frauen nach ihrem Familienstand, zeigen sich bei alleinstehenden und alleinverdienenden Frauen und Müttern ähnliche Reaktions- und Beeinträchtigungsmuster wie bei Männern (Kieselbach 1988). Aus diesen Forschungsergebnissen wird geschlußfolgert, daß die Rolle 'Hausfrau und Mutter' Frauen nur unter bestimmten Bedingungen (z. B. hinreichende wirtschaftliche Absicherung durch das Einkommen des Mannes, Betreuung und Erziehung kleiner Kinder) alternative Bewältigungsmöglichkeiten bietet.

Mohr (1997) kommt in ihrem Review zu dem Schluß, daß die These, Frauen seien durch Arbeitslosigkeit weniger beeinträchtigt als Männer, auf der Grundlage des derzeitigen Forschungsstandes nicht eindeutig bestätigt werden kann.

7.4.5 Auswirkungen der Arbeitslosigkeit von Frauen auf die Familie

Die berichteten Befunde beziehen sich schwerpunktmäßig auf die unmittelbaren Effekte der Frauenarbeitslosigkeit. Frauen sind aber auch häufig mittelbar von Arbeitslosigkeit betroffen, wenn der Lebenspartner oder die Eltern erwerbslos sind. Konfliktträchtige Auswirkungen auf die Angehörigen Arbeitsloser durch die Verschlechterung der finanziellen Bedingungen, durch Veränderungen von Alltagsroutinen und von familialen Rollen- und Machtverteilungen, durch mehr Nähe und damit Kontrolle oder durch das veränderte Verhalten und die psychische Situation der Betroffenen werden berichtet (Kieselbach 1988). Der Landessozialbericht NRW 1998 weist darauf hin, daß Arbeitslosigkeit die Grundlage vieler Partnerschaften gefährde, und bei einem Viertel der befragten Familien eine bindungszersetzende Wirkung habe. Langzeitarbeitslose seien deutlich häufiger als Kurzzeitarbeitslose und diese häufiger als Erwerbstätige geschieden oder getrennt lebend. Allerdings wird darauf verwiesen, daß die familiale Bewältigung sehr von der Qualität der Beziehung vor der Arbeitslosigkeit abhängt.

7.4.6 Zusammenfassung und Schlußfolgerungen

Abschließend kann festgehalten werden, daß die Gesundheit von Frauen durch Arbeitslosigkeit nachhaltig beeinträchtigt werden kann. Die Mehrzahl aller Studien kommt übereinstimmend zu dem Ergebnis, daß Arbeitslose gegenüber Erwerbstätigen einen schlechteren psychischen Gesundheitszustand aufweisen. Dies trifft in gleicher Weise für Männer und für Frauen zu (vgl. auch Gesundheitsbericht des Bundes, StBA 1998a). Arbeitslose Frauen schätzen ihre Gesundheit im Vergleich zu erwerbstätigen Frauen schlechter ein, geben einen höheren Beschwerdestatus an und sind unzufriedener mit ihrem Leben. In dem Maße, in dem Erwerbstätigkeit fester Bestandteil der weiblichen Normalbiographie wird, steigen auch die wahrgenommenen Nachteile, die sich aus dem Verlust des Arbeitsplatzes ergeben, was sich besonders gut an den berichteten Daten und den Studien zur Arbeitslosigkeit von Frauen in den neuen Bundesländern zeigt. Dort, wo arbeitslose Männer stärkere Beschwerden angeben als arbeitslose Frauen, sind die Ursachen für diese Unterschiede unerforscht.

Insgesamt müssen bei der Interpretation der Forschungsergebnisse verschiedene methodische Einschränkungen berücksichtigt werden. Neben der Tatsache, daß insgesamt nur wenig geschlechtsspezifische Längsschnittstudien vorliegen, die auch den Belastungsstatus vor der Arbeitslosigkeit erfassen, ergibt sich die wohl wichtigste Einschränkung aus der Tatsache, daß es sich fast ausnahmslos um Befragungen und damit um Selbstangaben handelt. Gerade bei Selbstangaben spielt auch die geschlechtsspezifisch unterschiedliche Bereitschaft über Krankheit, Gesundheit und Befinden zu berichten bzw. diese nach außen darzustellen (health-reporting-behaviour) eine wichtige Rolle. Wenn Frauen und Männer ihre Symptome in unterschiedlicher Weise präsentieren, auch wenn vielleicht die zugrunde liegende Gesundheitsstörung dieselbe ist, führt dies häufig zu Fehlinterpretationen, vor allem wenn es um einen geschlechterspezifischen Vergleich geht.

Anhand der Unterschiede arbeitsloser Frauen und Männer hinsichtlich der Gesundheit wurde aufgezeigt, wie nachträgliche Erklärungsversuche zu wissenschaftlichen 'Wahrheiten' werden, ohne daß sie durch eine empirische Überprüfung belegt wurden. In Hinblick auf die Gruppe der Hausfrauen wurde beispielhaft deutlich, daß auch diese Gruppe sehr heterogen ist und sich sehr unterschiedliche Befunde hinsichtlich der Gesundheit und der Zufriedenheit innerhalb dieser Gruppe nachweisen lassen. Zukünftig sollten daher sorgfältig sowohl bei der Entwicklung der Fragestellung und des Studiendesigns als auch bei der Auswahl geeigneter Gesundheitsindikatoren die Besonderheiten der weiblichen Lebenslage berücksichtigt und entsprechend sinnvolle Subgruppen gebildet werden.

Um die längerfristigen Wirkungen und die vielfältigen Verflechtungen von einzelnen Einflußgrößen im weiblichen Lebensmuster angemessen abbilden zu können, sollten außerdem in Zukunft vermehrt lebensbiographische, längsschnittliche Forschungsansätze zum Einsatz kommen.

Gesellschaftlich verursachte Probleme wie die derzeitige Massenarbeitslosigkeit können nur gesellschaftlich gelöst werden. Hilfs-, Beratungs- und Unterstützungsangebote, wie Wiedereingliederungsmaßnahmen, Arbeitsbeschaffungs-, Qualifzierungsmaßnahmen oder auch Maßnahmen der ausdrücklichen Frauenförderung bei Neueinstellungen sind zwar nach wie vor dringend erforderlich, bieten aber keinen Ersatz für die wirkungsvollste Präventionsmaßnahme: die Schaffung neuer Arbeitsplätze.

7.5 Haus- und Familienarbeit und ihre Auswirkungen auf Gesundheit

Die Haus- und Familienarbeit hat sich in den vergangenen Jahrzehnten beträchtlich gewandelt. Zum einen haben sich als Folge der Rationalisierung und Technisierung die Art und der Umfang der Belastungen durch Haus- und Familienarbeit verändert. Zum anderen verschob sich durch die Beteiligung von Frauen an qualifizierter Erwerbsarbeit der Anteil sowie die Bedeutung von Haus- und Familienarbeit in weiblichen Lebensverläufen.

Die seit den 20er Jahren fortschreitende Technisierung und Rationalisierung der Hausarbeit bewirkte, daß körperliche Arbeit stark reduziert und damit erleichtert wurde. Obwohl verschiedene Tätigkeiten minimiert wurden oder auch gänzlich wegfielen, verringerte sich der Umfang der Hausarbeit nicht, sondern vermehrte sich durch veränderte Ansprüche und Anforderungen an familiale Tätigkeiten eher noch (Schmidt-Waldherr 1988; Methfessel 1988; Dörpinghaus 1991). Verlagert haben sich in diesem Wandlungsprozeß die Tätigkeiten im Haushalt auf Vor- und Nachbereitung, Bedienung, Wartung, Säuberung sowie das Begreifen und Umsetzen komplexer Zusammenhänge (Methfessel 1988). So bedarf beispielsweise das Reinigen der Wäsche durch den Einsatz von Waschmaschinen heute erheblich weniger Zeit. Dennoch führte der Einsatz von Technik nicht zu einer Arbeitsersparnis, weil häufiger gewaschen wird und die Haushalte mit deutlich mehr Wäsche und Kleidung ausgestattet sind.

Nicht verändert hingegen hat sich bisher die geschlechtsspezifische Zuständigkeit der Frauen für den Bereich der häuslichen und familiären Arbeit und ihre geringe gesellschaftliche Wahrnehmung und Anerkennung. Noch immer ist Haus- und Familienarbeit im wesentlichen unsichtbar geblieben (Keddi/Seidenspinner 1991; Oberndorfer 1993; Brüderl/Paetzold 1992; Künzler 1994). Haus- und Familienarbeit, die auch die Betreuung der Kinder einschließt, ist nicht marktvermittelte reproduktive Arbeit. Sie ist privat organisiert, unbezahlt und wird gesellschaftlich nicht als Arbeit anerkannt. Unter den Bedingungen der geschlechtsspezifischen Arbeitsteilung ist Arbeit in diesem Bereich überwiegend Frauenarbeit. Unabhängig von sozialem Status, Bildungsniveau, Erwerbsstatus sowie der Existenz bzw. der Anzahl von Kindern sind Frauen für diesen Bereich verantwortlich (Brüderl/Paetzold 1992; Künzler 1994). Die Liste der unbezahlten Tätigkeiten im reproduktiven Bereich ist lang. Sie umfaßt die Betreuung, Pflege und Erziehung der Kinder. Ebenso gehören Tätigkeiten wie Wäschepflege, Reinigungsarbeiten, Nahrungszubereitung, Einkäufe, Behördengänge, die Organisation des Haushaltes und vieles mehr dazu. Mit der Loslösung von traditionellen kollektiven Zeitrhythmen ist die Koordinierung von individuellen Interessen und den Zeitplänen der Familienmitglieder auch als Zeitfaktor immer bedeutsamer geworden.

Eine Folge der geringen gesellschaftlichen Anerkennung von Arbeiten, die traditionell Frauen zugewiesen werden, ist auch die geringe wissenschaftliche Beachtung, die jahrelang zur Ausgrenzung der mit diesen Tätigkeiten einhergehenden gesundheitlichen Belastungen und Ressourcen beitrug und ihr Augenmerk fast ausschließlich auf gesundheitliche Folgen marktvermittelter Arbeit richtete. Haus- und Familienarbeit läßt sich aufgrund ihrer spezifischen Strukturen, Inhalte und Arbeitsrhythmen nur begrenzt mit Erwerbsarbeit vergleichen. Die wissenschaftliche Nichtbeachtung wie sie beispielsweise für den Bereich der Arbeitspsychologie reflektierend resümiert wurde, hat zur Folge, daß kaum repräsentative Daten zur Verfügung stehen, die über die gesundheitlichen Belastungen und Ressourcen der Haus- und Familienarbeit Auskunft geben könnten (Resch 1998).

Erst in den vergangenen Jahren wurde begonnen, dieses Defizit mit überwiegend auf qualitativen Methoden basierenden Studien explorativen Charakters zu verringern. In den folgenden beiden Abschnitten werden die Forschungsergebnisse zu den spezifischen Belastungen und Ressourcen der Haus- und Familienarbeit vorgestellt und gezeigt, inwieweit sich Hausfrauen von erwerbstätigen Frauen in Hinblick auf Morbidität und Mortalität unterscheiden. Die Ergebnisse aus den vorliegenden Studien ergeben ein sehr heterogenes Bild. Eine Vergleichbarkeit ist aufgrund der unterschiedlichen Fragestellungen und Studiendesigns, den unterschiedlichen Operationalisierungen der Zielgröße Gesundheit und den als gesundheitsrelevant erachteten und in die Untersuchung einbezogenen Einflußgrößen nur bedingt möglich. Gesundheit wird an Indikatoren wie Mortalitätsraten, subjektiven Angaben zum psychischen Wohlbefinden, Angaben zu Krankheiten und Beschwerden oder der Verteilung von Risikofaktoren gemessen. Ein weiteres Problem ist auch die Definition von Haus- und Familienarbeit sowie ihre Zuordnung. Häufig wird z. B. Nichterwerbstätigkeit mit Hausfrauentätigkeit gleichgesetzt. Diese Gleichsetzung ist problematisch, weil erwerbslose Frauen spezifische Probleme und gesundheitliche Belastungen haben (vgl. Kapitel 7.5).

Ein bisher weitgehend ausgegrenzter Bereich gesundheitlicher Belastungen am häuslichen Arbeitsplatz ist der Umgang mit Haushaltschemikalien, zu denen Putz-, Reinigungs- und Desinfektionsmittel ebenso zählen wie Pflanzenschutz- und Insektenvernichtungsmittel oder Leder- und Imprägniersprays im Wohn- und Hausbereich. Viele der handelsüblichen Reinigungs- und Pflegemittel enthalten bedenkliche und als gesundheitsschädigend eingeschätzte Inhaltsstoffe wie z. B. organische Lösungsmittel, chlorierte Kohlenwasserstoffe oder Formaldehyd. Für viele dieser Schadstoffe liegen arbeitsmedizinische Studien für Erwerbsarbeitsplätze vor und existieren Richtlinien für maximale Arbeitsplatzkonzentrationen. In welchem Umfang der Kontakt mit diesen Stoffen in der häuslichen Arbeit stattfindet und welche Risiken damit einhergehen, ist bisher jedoch kaum untersucht worden, weshalb es auch nicht möglich ist, durch spezifische Untersuchungen belegte Aussagen zu treffen.

Im ersten Teil dieses Kapitels werden die verschiedenen Ansätze gesundheitliche Belastungen und Ressourcen der Haus- und Familienarbeit zu erfassen, sowie die Ergebnisse dieser Studien dargestellt. Im zweiten Teil werden die Untersuchungsergebnisse nach verschiedenen Indikatoren untergliedert vorgestellt.

7.5.1 Belastungen und Ressourcen der Haus- und Familienarbeit

7.5.1.1 Auswirkungen unterschiedlicher Zeitverwendung auf Gesundheit

Zu den verfügbaren repräsentativen Untersuchungen, die Auskunft über die Verteilung der Haus- und Familienarbeit geben und so auch Ansatzpunkte für weitere Analysen der spezifischen gesundheitlichen Belastungen und Ressourcen liefern, gehören Zeitbudgetstudien. Die auf einem internationalen standardisierten Erhebungsinstrument basierenden Analysen, die in der Bundesrepublik vom Statistischen Bundesamt erhoben werden und auch Aussagen über Ost-West-Differenzen zulassen, weisen mit genauen Zeitangaben die geschlechtsspezifische Aufteilung unbezahlter Arbeit nach (vgl. auch Kapitel 2).

Nach einer 1991/92 vorgenommenen Zeitbudgeterhebung für den Bereich Haus- und Familienarbeit beanspruchen die hauswirtschaftlichen Tätigkeiten mit 76 % die meiste Zeit. Für die Betreuung und Pflege von Kindern sowie pflegebedürftigen Angehörigen werden 11 % der Zeit aufgewendet (StBA 1995). Dabei zeigen sich klare Unterschiede hinsichtlich der geschlechtsspezifischen Aufteilung der Arbeit. Frauen leisten mit 5 Stunden pro Tag doppelt so viel unbezahlte Arbeit wie Männer (BMFS/StBA 1994; StBA 1995). Diese Muster der ungleichen Arbeitsverteilung gelten für die alten ebenso wie für die neuen Bundesländer, wenngleich das Sozio-ökonomische Panel 1990 für die neuen Bundesländer eine geringfügig höhere Beteiligung der Männer an Haus- und Familienarbeit ermittelte (Meyer/Schulze 1992). Unterschiede bezüglich der Arbeitszeit bestehen auch zwischen verschiedenen Gruppen von Frauen. Vollerwerbstätige Frauen mit Kindern unter 6 Jahren weisen mit 72 Wochenstunden für Verheiratete und 77 h/Woche für Alleinerziehende die höchste Gesamtarbeitszeit (Erwerbs- sowie Haus- und Familienarbeit) auf, während teilzeitbeschäftigte und nichterwerbstätige Frauen eine etwas geringere Arbeitszeit haben (BMFS/StBA 1994; StBA 1995).

Die Verteilung der Hausarbeitszeit ändert sich schichtübergreifend häufig nach der Geburt eines Kindes, indem sich die tradierte Aufteilung der Arbeitsbereiche häufig wieder verstärkt und verfestigt (Brüderl/Paetzold 1992; Walper 1993; Reichle 1996; Künzler 1994). Auch eine Verringerung der wöchentlichen Erwerbsarbeitszeit bei Männern führt nicht automatisch zu einer Umverteilung der Haus- und Familienarbeit. Zu diesem Ergebnis kamen Untersuchungen zum Einfluß von - allerdings nicht selbst gewählten - Arbeitszeitverkürzungen bei Arbeitern (Jürgens/Reinecke 1997). Als erfolgreichste Arbeitszeitform für eine gleichberechtigtere Aufteilung der Haus- und Familienarbeit erwies sich beiderseitige selbstgewählte Teilzeitarbeit, wobei Männer, die sich bisher für Teilzeitarbeit entschieden, eher aus einem alternativen oder akademischen Milieu stammen und nach wie vor nur einen sehr geringen Anteil der Teilzeitbeschäftigten einnehmen (Strümpel et al. 1988).

Gesundheitliche Belastungen und Ressourcen, die aus der geschlechtsspezifischen Zeitverwendung resultieren, wurden in Einzelstudien zum einen in bezug auf den unterschiedlichen Freizeitanteil thematisiert und zum anderen im Hinblick auf die psychischen Belastungen der ungleichen Verteilung von Haus- und Familienarbeit untersucht. So kann das Freizeitgefälle zwischen Männern und Frauen in bestimmten Lebenssituationen zu besonderen gesundheitlichen Belastungen führen. Belastungen entstehen beispielsweise dann, wenn die Pflege kleiner Kinder länger andauernde nächtliche Betreuung erfordert und Frauen geringe Erholungszeiten und dauerhaft wenig Schlaf erhalten. Das trifft in besonderem Maße für erwerbstätige Frauen zu, die diese Defizite über den Tag hinweg nicht auszugleichen vermögen. Zugleich finden sich bei erwerbstätigen Müttern mit Kindern die stärksten Restriktionen für selbstpräventives Verhalten (Eggers/Müller 1991). Erkranken Frauen innerhalb solcher familiärer Konstellationen, nehmen sie seltener gesundheitsfördernde sowie kurative Angebote in Anspruch und erhalten nicht die für ihre Genesung erforderliche Ruhe.

7.5.1.2 Belastungen und Ressourcen - subjektive Angaben von Frauen

Zeitverwendungsdaten sagen allein noch nichts über die von Frauen durch Haus- und Familienarbeit tatsächlich entstandenen Belastungen aus. Wie für den Bereich der Erwerbsarbeit kann auch für die häusliche und familiäre Arbeit davon ausgegangen werden, daß ihr gesundheitszuträgliche Potentiale ebenso wie gesundheitsabträgliche Potentiale immanent sind (Klesse et al. 1992; Häussler et al. 1995).

Ein Zugang, diese Belastungen und Ressourcen zu ermitteln, besteht darin, sich auf Angaben der Frauen zu beziehen. In verschiedenen qualitativ angelegten Studien wurde die Wahrnehmung der gesundheitlichen Situation untersucht (Klesse et al. 1992; Becker-Schmidt et al. 1994; Ochel 1989; Brüderl/Paetzold 1992; Häussler et al. 1995). Das subjektive Erleben läßt sich nur in bezug auf den gesamten biographischen Hintergrund verstehen. Wie eine Situation empfunden wird, hängt von verschiedenen Faktoren wie der schulischen und beruflichen Qualifikation, der Beteiligung am Erwerbsleben, lebensgeschichtlichen Erfahrungen, der beruflichen oder familiären Orientierung sowie der Art der Partnerschaft ab (Klesse et al. 1992; Becker-Schmidt et al. 1994). Das führt dazu, daß vergleichbare Situationen unterschiedlich erfahren werden können: als positiv und stärkend oder als belastend.

Die im folgenden aus verschiedenen Untersuchungen tabellarisch zusammengefaßten Ergebnisse spiegeln auch die Ambivalenzen der Haus- und Familienarbeit wider. Als positive Aspekte werden von Frauen vor allem genannt, daß häusliche und familiäre Arbeit weniger entfremdet ist, als sinnvoll empfunden wird und ein großes Maß an Handlungsspielräumen bietet (Tabelle 7.5-1).

Als negative Aspekte bzw. als Belastungen geben Frauen an, daß Haus- und Familienarbeit häufig mit materieller Abhängigkeit verknüpft ist, gesellschaftlich nicht als Arbeit anerkannt wird, von sozialer Isolation begleitet ist, ein großes Maß an Routinetätigkeiten umfaßt und ein zumeist strenges zeitliches Regime erfordert (Tabelle 7.5-2).

Tabelle 7.5-1: Ressourcen in der Haus- und Familienarbeit - subjektive Angaben von Frauen

Als positiv oder stärkend wird empfunden
Erleben von Freiräumen • Autonomie • Relativer Freiraum in der Gestaltung der Alltagsarbeit • (Mehr) selbstbestimmte Arbeitsanteile
Innerfamiliäres soziales Netz • Soziale Einbindung in den familiären Lebenszusammenhang • Rückhalt erfahren
Sinnvolle Arbeitsinhalte • Erfahrung von Sinnhaftigkeit • Verantwortung haben/ Persönliches Wachstum an der Verantwortung für Kinder • Anderen eine Freude bereiten • Das Gefühl, gebraucht zu werden • Beziehungsarbeit
Positive Arbeitsbedingungen • Menschliche Arbeitsbedingungen • Mehr Nähe zum Endprodukt als in der Erwerbsarbeit • Als ‚ganze' Person gelten statt nur als Arbeitskraft (Betrieb)
Anerkennung der eigenen Leistung • Kompetenzerleben/ Zufriedenheit mit der eigenen Leistung • Stolz auf die eigenen Produkte und Produktion • Positives Selbstbild als Hausfrau
Anders leben durch und mit Kindern/Neue Erfahrungen durch und mit Kindern • Entwicklungsförderung und -begleitung von Kindern • Erfahrung anderer Zeitstrukturen im Zusammensein mit Kindern • Mit den Kindern lernen, andere Erfahrungen machen

Quellen: Becker-Schmidt 1984; Ochel 1989; Klesse et al. 1992; Brüderl/Petzold 1992; Häussler et al. 1995.

Tabelle 7.5-2: Belastungen in der Haus- und Familienarbeit – Subjektive Angaben von Frauen

Als belastend wird empfunden
Geringschätzung der Arbeit (privat/öffentlich) • Nichtachtung und Unterschlagung der Leistung durch Partner und Familie • Die Arbeit ist wenig identitätsstiftend • Negatives Selbstbild/Selbstwertgefühl als Hausfrau
Materielle und soziale Abhängigkeit • Verlust der finanziellen Eigenständigkeit/finanzielle Abhängigkeit vom Partner • Bevormundung und Zurücksetzung persönlicher (materieller) Bedürfnisse • Verstärkte (soziale) Abhängigkeit vom Ehemann (Kontakt zur ‚Außenwelt')
Verschiedene Formen des Umgangs mit Zeit • Zeit sparen, Zeit verlieren, überlegter Umgang mit Zeit/Gleichzeitigkeit von verschiedenen Zeitmustern (Kinder, Hausarbeit, Beruf) • Weniger Zeit für sich selbst/ Vernachlässigung von Lieblingsbeschäftigungen/Bevormundung und Zurücksetzung eigener Bedürfnisse • Zeiträume die nie reichen/Zeit als Mangelware/Zeitdruck/Hetze • Einfordern eigener Zeiten kostet psychische Kraft, • Bindung an feste Zeiten (Vorgaben: Familie, Geschäfte, Betreuungseinrichtungen)
Soziale Isolierung/soziale Isolation • Verlust sozialer Kontakte zu Arbeitskolleginnen/Vereinsamung • Verlust außerfamiliärer Befriedigungsquellen/Ausschluß von außerfamiliären Erfahrungsräumen/ Auf sich selbst verwiesen sein • Informationsmangel
Vielfältige Anstrengungen • Körperliche Anstrengungen wie schweres Heben und Tragen • 'Nach-Erziehung' der Männer kostet psychische Kraft
Belastende Arbeitsstrukturen • Unterbrochene Handlungsbögen/unvorhersehbare Ereignisse • Ständiges Auf-dem-Sprung sein/ständige Verfügbarkeit • Nebeneinander von Routinetätigkeiten: viele Tätigkeiten gleichzeitig, parallele Ausübung und Verknüpfung • Endlosigkeit, Unabgeschlossenheit, Unsichtbarkeit der Arbeit/Das Gefühl, nie fertig zu werden
Sinnlose Arbeitsinhalte/Arbeitsanforderungen • Eintönigkeit und Langeweile/geistige Unterforderung • Verlust der Sinnhaftigkeit in der Routine
Fehlende (individuelle) Freiräume • Abgrenzungs- und Distanzprobleme/schlechtes Gewissen haben • Sich dauernd in andere hineinversetzen müssen/Bedürfnisse anderer berücksichtigen
Brüchigkeit der eigenen Lebensplanung - Fehlende Orientierung

Quellen: Becker-Schmidt 1984; Ochel 1989; Klesse et al. 1992; Brüderl 1993; Häussler et al. 1995.

Die Abhängigkeit der subjektiven Wahrnehmung von der jeweils individuellen Lebenssituation erschwert eine Verallgemeinerung der Belastungen und Ressourcen in diesem Bereich. Bisher fehlen arbeitswissenschaftliche Instrumente zu ihrer Erfassung, was darauf zurückzuführen ist, daß häusliche und familiäre Tätigkeiten dem Freizeitbereich zugeordnet und nicht als Arbeit verstanden wurden (Resch 1992). Damit wird gleichermaßen auch ein generelles Defizit der Bewertung von Haus- und Familienarbeit deutlich. Während im Bereich der Erwerbsarbeit vielfältige Verfahren zur Verfügung stehen, Arbeitsplätze und Arbeitsabläufe hinsichtlich einer möglichen Belastung oder Gefährdung zu bewerten, fehlen solche Verfahren für die Haus- und Familienarbeit.

7.5.1.3 Aufgaben- und arbeitsbezogene Belastungen und Ressourcen

Ausgehend von einem handlungstheoretischen Konzept hat Resch ein Untersuchungs-Verfahren zur Analyse von Arbeit im Haushalt, das sogenannte AVAH-Verfahren, entwickelt, welches eine arbeitspsychologische Untersuchung des 'Arbeitsplatzes Haushalt' auf vergleichbarem theoretischem und methodischem Niveau wie die Analyse von Arbeitsplätzen im Erwerbsbereich ermöglicht (Resch 1997). Mit diesem Verfahren werden Merkmale der Arbeitstätigkeiten im Haushalt erhoben, die sich auf die in der Handlungsregulationstheorie entwickelten Kriterien humaner Arbeit beziehen. Hierzu zählen das Regulationsniveau von Tätigkeiten, die Kooperationsform sowie die Zeitnutzung. Das Regulationsniveau beschreibt, inwieweit eine Tätigkeit Anforderungen hinsichtlich selbständiger Zielbildung und Plangenerierung stellt. Positive Auswirkungen auf Gesundheit und Wohlbefinden haben nach diesem Ansatz ein hohes Regulationsniveau, die Möglichkeit zur flexiblen Zeiteinteilung sowie vielfältige Kooperationsbeziehungen. Negative Auswirkungen entstehen durch ein niedriges Regulationsniveau, fehlende Kooperation sowie ein starres Zeitregime (ebd.).

Empirisch läßt sich mit diesem Ansatz zeigen, daß Frauen im Haushalt mehr Arbeiten durchführen, die sich nach den Kriterien der humanen Arbeit negativ auf Gesundheit und Wohlbefinden auswirken. Werden die einzelnen Tätigkeiten nach Regulationsstufen verglichen, stellt sich heraus, daß nach Langfristigkeit der Planung und Komplexität geordnet, Männer mehr Tätigkeiten auf einer höheren Regulationsstufe durchführen als Frauen. Des weiteren nehmen Frauen verhältnismäßig mehr Aufgaben wahr, die ohne Kooperation stattfinden und führen häufiger zeitlich festgelegte Tätigkeiten aus.

Eine empirische Untersuchung, die an das Verfahren zur Analyse von Arbeit im Haushalt (AVAH) von Resch anknüpfte, zielte darauf, über die Bestimmung arbeitsplatzbezogener Anforderungen und Belastungen, Qualifikationsprofile zu ermitteln (Költzsch-Ruch 1997). Dazu wurden Hausarbeits- und Erwerbsarbeitsplätze einem Vergleich unterzogen. Die vergleichenden Arbeitsplatzanalysen ergaben, daß die Anforderungen und Belastungen von Haus- und Familienarbeit ähnlich hoch sind wie an vielen Erwerbsarbeitsplätzen. Aus diesen Ergebnissen schließt die Autorin, daß in der Haus- und Familienarbeit mit hoher Wahrscheinlichkeit geistige, psychosoziale und physische Kompetenzen (wie Organisationsvermögen, Einfühlung, Belastbarkeit, Teamfähigkeit) sowie Verantwortungsbereitschaft trainiert werden, die ihrerseits als gesundheitsfördernde Potentiale gelten.

7.5.2 Gesundheitliche Auswirkungen der Haus- und Familienarbeit

In den folgenden Abschnitten werden Untersuchungsergebnisse nach verschiedenen Indikatoren vorgestellt. An erster Stelle werden vergleichende Untersuchungen zum Gesundheitszustand von erwerbstätigen und Haus- und Familienfrauen dargestellt, zweitens Einflüsse durch die soziale Lage sowie die schulische und berufliche

Qualifikation und der dritte Abschnitt ist den gesundheitlichen Auswirkungen häuslicher Pflege gewidmet.

7.5.2.1 Gesundheitszustand von Haus-/Familienfrauen und erwerbstätigen Frauen und Einfluß der häuslichen Arbeitsteilung

Vergleichende Untersuchungen über den Gesundheitszustand von erwerbstätigen Frauen mit Haus- und Familienfrauen führten zu heterogenen Aussagen, wobei die Gründe für die Unterschiede in den Ergebnissen bisher noch nicht geklärt wurden. Auf negative Auswirkungen von weiblicher Erwerbsarbeit auf die Sterbewahrscheinlichkeit weisen auf den ersten Blick Daten der Rentenversicherungsträger (VDR) und Daten des Sozio-ökonomischen Panels (SOEP) aus dem Jahr 1984. Aus dem dort erhobenen Datenmaterial ergab sich eine höhere Sterbewahrscheinlichkeit für Frauen, die nach ihrer Heirat überwiegend erwerbstätig waren, gegenüber Frauen, die nach der Eheschließung überwiegend den Haushalt führten (Häussler et al. 1995). Diese Ergebnisse beziehen sich jedoch nur auf vor 1924 geborene Altersgruppen. Im Gegensatz zu diesen Untersuchungsergebnissen ermittelte eine amerikanische Längsschnittstudie von 1970/71 bis 1985/86 für den Zeitraum von 15 Jahren andere Ergebnisse. Sie ergab eine um 70 % höhere Sterbewahrscheinlichkeit für nichterwerbstätige Frauen (Hibbard/Pope 1991). Diese Ergebnisse zeigen, daß in gesundheitsbezogene Analysen immer auch die sozioökonomische Faktoren einbezogen werden müssen.

Aus den Daten des Nationalen Untersuchungssurveys Deutschland-West von 1990/91 ergibt sich, daß vollzeiterwerbstätige Frauen abends häufiger müde und erschöpft sind als teilzeiterwerbstätige Frauen oder Hausfrauen. Dies wiederum resultiert vermutlich aus der unterschiedlichen Gesamtarbeitsbelastung der verschiedenen Gruppen. Keine Unterschiede zwischen diesen Gruppen bestehen jedoch hinsichtlich der Einschätzung ihres Gesundheitszustandes. Gavranidou berichtet von stärkeren Belastungen erwerbstätiger Mütter gegenüber den Haus- und Familienfrauen, fand aber ebenfalls kaum Unterschiede im subjektiven Gesundheitszustand oder der Anzahl psychosomatischer Beschwerden (Gavranidou 1993). Ergebnisse einer Befragung von Frauen im Alter von 30-59 Jahren in Bremen ergaben ebenfalls Hinweise auf Belastungen durch Mehrfacheingebundenheit in Familie, Kindererziehung und Erwerbsarbeit (z. B. in jüngeren Altersgruppen) sowie einzelne statistische Zusammenhänge zwischen verschiedenen gesundheitsbezogenen Variablen und dem Anteil der Erwerbsarbeit in der Biographie. Eine eindeutige Aussage, daß die eine oder andere Lebensform günstiger oder ungünstiger für die Gesundheit sei, konnte aus den vorliegenden Daten jedoch nicht getroffen werden (Jahn et al. 1998).

In verschiedenen englischsprachigen Untersuchungen wurde gefragt, wie sich die Verteilung der Hausarbeit auf die Ehezufriedenheit, die Konflikthäufigkeit und die psychische Gesundheit auswirken. Die über Depressivitätsraten gemessene psychische Gesundheit erwies sich dann als günstiger, wenn der Partner sich an der Haus- und Familienarbeit beteiligte. Am niedrigsten waren die Depressivitätsraten bei erwerbstätigen Frauen, deren Partner die Berufstätigkeit der Frauen unterstützten (Künzler 1994). Zentral für das Wohlbefinden war nicht die tatsächliche Aufteilung der Arbeit, sondern ob

Männer und Frauen die Verteilung als gerecht oder ungerecht wahrnahmen (Glass/Fujimoto 1994).

7.5.2.2 Einflüsse durch soziale Lage und Qualifikationsniveau

Die Zusammenhänge zwischen sozialer Lage und Gesundheit sind vielfach untersucht worden (z. B. Marmot et al. 1991; Elkeles/Mielck 1993; Mielck 1994). Dies gilt für Frauen und Männer gleichermaßen, wenn auch in unterschiedlicher Weise. Aus den Daten des Sozio-ökonomischen Panels ergab sich beispielsweise für über 60jährige Frauen mit höherer Schulbildung als Volksschulabschluß eine mehr als fünf Jahre höhere Lebenserwartung als für Frauen mit Volksschulabschluß.

Verschiedene Untersuchungen ermittelten Zusammenhänge zwischen höherer beruflicher Qualifikation und positivem Gesundheitsverhalten, besseren subjektiven Bewältigungskompetenzen und einem guten subjektivem Gesundheitszustand (Borchert/Collatz 1992; Borchert/Collatz 1994; Collatz et al. 1996). Bei weniger bzw. unqualifizierten Frauen finden sich im Gegensatz zu qualifizierten Frauen mehr Arztkontakte und eine geringere soziale Unterstützung (Borchert/Collatz 1994). Aus einem hohen Qualifikationsniveau, das von Berufserfahrung begleitet ist, kann sich eine positive Identität und ein starkes Selbstwertgefühl entwickeln. Dies sind Voraussetzungen zur Ausprägung von Fähigkeiten, auf unterschiedliche Belastungen zu reagieren und komplexe Beanspruchungen ohne negative gesundheitliche Effekte zu bewältigen (Klesse et al. 1992).

Die Bedeutung sozialer Faktoren für den gesundheitlichen Zustand zeigt sich auch im Vergleich von erwerbstätigen mit Hausfrauen. Hier verringern sich die Differenzen zwischen beiden Gruppen, wenn soziale Faktoren in die Analyse einbezogen werden. Die positiven gesundheitlichen Effekte von Erwerbsarbeit gelten nicht für Frauen in unqualifizierten Arbeitsverhältnissen, bei denen die Arbeitsbelastungen wie geringe Entscheidungsfähigkeit, hoher Anteil an Routinen etc. überwiegen. Diese Ergebnisse stützen die These, daß die positiven bzw. negativen gesundheitlichen Effekte mit der Art der beruflichen Tätigkeiten korrespondieren. In der Studie von Hibbard und Pope (1985) verlieren die Unterschiede in der Gesundheit zwischen erwerbstätigen Frauen und Hausfrauen ihre statistische Signifikanz, wenn soziale und Qualifikationsunterschiede berücksichtigt werden. Auch Cramm et al. (1998) fanden eine Reduzierung der positiven Effekte von Erwerbstätigkeit (gegenüber Hausarbeit) durch unqualifizierte Arbeitsverhältnisse. Arbeiterinnen zeigten in dieser Untersuchung ein deutlich höheres Risiko zu erkranken. Häussler et al. (1995) fanden eine starke Abhängigkeit der Lebenserwartungen von sozioökonomischen Faktoren. So weisen die Rentendaten für weibliche Angestellte eine höhere Lebenserwartung auf als für Arbeiterinnen.

Gleichzeitig zeigen sich Zusammenhänge zwischen Erwerbssituation und sozialer Lage. Bei einem Vergleich von Frauen nach Erwerbsstatus und Erwerbsbeteiligung konnten deutliche Unterschiede in der sozialen Lage zwischen den untersuchten Gruppen (Vollzeit-Erwerbstätige, Teilzeit-Erwerbstätige und Hausfrauen) festgestellt werden. Es scheint, daß die besser ausgebildeten Frauen ihre Erwerbstätigkeit zur Kinderbetreuung gar nicht oder nur kurz unterbrechen, während die schlechter ausgebildeten Frauen eher aus dem Erwerbsleben ausscheiden und sich als Hausfrauen begreifen (Frauen-Leben-Gesundheit 1998; s. auch Kapitel 2). Neben der Qualifikation scheint dabei auch die berufliche Zufriedenheit (vor der Geburt des ersten Kindes) eine Rolle zu spielen (Gavranidou/Heinig 1992; Klesse et al. 1992).

Ein weiterer Gesichtspunkt wird von Hibbard/Pope (1991) eingebracht. Sie weisen auf Kohorteneffekte beim Vergleich von Frauen verschiedener Altersgruppen hin. Veränderungen im Bildungs- und Qualifikationsniveau können danach auch zu Veränderungen in von Frauen ausgeübten Berufen und damit auch zu unterschiedlicher beruflicher Anerkennung und Zufriedenheit führen.

7.5.2.3 Gesundheitliche Auswirkungen häuslicher Pflege

In der Bundesrepublik Deutschland leben gegenwärtig etwa 1,2 Mio. pflegebedürftige Personen in privaten Haushalten, die zu 73 % von Lebenspartnerinnen, Müttern, Töchtern oder Schwiegertöchtern gepflegt werden (Schneekloth et al. 1996: 9, 134) (vgl. Kap. 2.3.3.1). Etwa 75 % der zu pflegenden Personen sind älter als 65 Jahre (Runde et al. 1996). Die Betreuung erfolgt zu 32 % in Ehepaarhaushalten und zu 40 % in Haushalten von Angehörigen. In 44 % der Fälle wird die Pflege allein von den Lebenspartnerinnen oder -partnern durchgeführt, bei etwa ein Drittel erfolgt eine Unterstützung durch Pflegedienste (ebd.).

Die Hauptpflegepersonen unterliegen hohen körperlichen und psychischen Beanspruchungen, die sich vor allem bei einer permanent notwendigen Betreuung ergeben. Die daraus entstehende Belastung wird von 51 % als „sehr stark" und von 41 % als „eher stark" wahrgenommen (Schneekloth et al. 1996: 9, 134). Die entstehenden Belastungen unterscheiden sich für Frauen verschiedener Altersgruppen. Frauen mittleren Alters sind meist pflegende Töchter oder Schwiegertöchter mit weiteren gleichzeitigen familiären und beruflichen Verpflichtungen. Häufig ist mit der Übernahme von Pflegeaufgaben langfristig eine Reduzierung oder gar die Aufgabe der eigenen Erwerbsarbeit verbunden. Das bedeutet zum einen finanzielle Einschränkungen, zum anderen verringern sich soziale Kontakte und berufliche Entwicklungsmöglichkeiten. Beides wird von Frauen als belastend empfunden (Deutscher Bundestag; ohne Jahr). Pflegende Ehepartnerinnen befinden sich meist in höherem Alter. Für sie stellen die mit der Pflege verbundenen körperlichen Anstrengungen die größte Belastung dar, zumal sie häufig selbst erheblich gesundheitlich beeinträchtigt sind und sich der Gesundheitszustand durch die Anforderungen der Pflege häufig weiter verschlechtert (Fischer et al. 1995).

Unterschiede hinsichtlich der wahrgenommenen Belastungen entstehen je nach Erkrankungen und Behinderungen der pflegebedürftigen Person, der persönlichen Beziehung zueinander, weiteren familiären bzw. außerfamiliären Unterstützungsnetzwerken, den vorhandenen materiellen Ressourcen sowie den Wohnbedingungen (Runde et al. 1996; Reck-Hog/Leisz-Eckert 1997).

Häusliche Pflege ist ein Bereich der unbezahlten Haus- und Familienarbeit, der zu beträchtlichen gesundheitlichen Belastungen der Pflegenden führt und der vor allem Frauen betrifft. Sie ist mit materiellen Einschränkungen verbunden und häufig von sozialer Isolation begleitet. Gerade für jüngere Frauen bedeutet die Übernahme von Pflegeaufgaben ein tiefer Einschnitt in persönliche Lebenspläne und ist mit dem Verzicht auf Erwerbsarbeit und einer Einschränkung der Zukunftsperspektiven verknüpft. Bei älteren Frauen wirken sich besonders die körperlichen Beanspruchungen gesundheitlich aus, weil sie ihre Partner versorgen und pflegen, obwohl sie häufig selbst medizinische Hilfe und pflegerische Unterstützung benötigten.

7.5.3 Zusammenfassung und Schlußfolgerung

Die Analyse von gesundheitlichen Belastungen sowie Ressourcen der Haus- und Familienarbeit avancierte erst in jüngster Zeit zum Gegenstand arbeitswissenschaftlicher Forschungen. Lange Zeit wurde dieser Bereich nicht als Arbeit wahrgenommen und keiner systematischen wissenschaftlichen Analyse unterzogen. Haus- und Familienarbeit unterliegt einer klaren geschlechtsspezifischen Aufteilung: reproduktive Arbeit ist noch immer überwiegend Frauenarbeit. Die vorliegenden Untersuchungen ermittelten der Haus- und Familienarbeit immanente gesundheitsfördernde sowie -belastende Effekte, die jedoch ähnlich der Berufsarbeit, in einen komplexen Zusammenhang mit weiteren Faktoren eingebettet sind. Einerseits schafft die strukturelle Eigenart der Haus- und Familienarbeit Bedingungen, die potentiell eher gesundheitsabträgliche Folgen haben wie soziale Isolation, geringe zeitliche Spielräume, hoher Anteil an Routinetätigkeiten, ständige Verfügbarkeit, materielle Abhängigkeit etc.. Andererseits sind der Haus- und Familienarbeit auch positive, gesundheitszuträgliche Potentiale, wie das Erleben von Autonomie, selbstbestimmter Freiräume in der Arbeitsgestaltung und der Erfahrbarkeit ganzheitlicher Arbeitsvollzüge immanent.

Die Ergebnisse der vorliegenden Studien weisen keine Konsistenz hinsichtlich einer klaren Zuordnung weiblicher familialer Arbeitsbereiche zu gesundheitlich abträglichen bzw. -zuträglichen Folgen auf. Vielmehr deuten sie auf das Zusammenwirken verschiedener Einflußgrößen hin, wie Qualifikationsniveau, Sozialstatus, beruflicher Erfahrungshintergrund sowie Qualitätsaspekte der Arbeitssituation und der Gesamtbelastung innerhalb verschiedener Gruppen von Frauen. Es deutet sich aber in bezug auf die Haus- und Familienarbeit an, daß Frauen häufiger Tätigkeiten ausführen, die sich negativ auf Gesundheit und Wohlbefinden auswirken.

Um die gesundheitlichen Auswirkungen von Haus- und Familientätigkeiten angemessen zu erfassen und sie den vielfach untersuchten, aus den spezifischen Anforderungen von Erwerbsarbeit resultierenden Belastungen und Ressourcen gegenüberstellen zu können, ist es erforderlich, diese Bereiche mit einem vergleichbaren Instrument zu untersuchen. Dafür ist es notwendig, über die bisherigen Untersuchungsansätze, die vor allem der Hypothesengenerierung dienten, hinauszugehen und den Stichprobenumfang zu erweitern, um zu bevölkerungsrelevanten Aussagen zu gelangen bzw. auch mit Längsschnittuntersuchungen langfristige Veränderungen und Einflüsse zeigen zu können.

Weiterhin ist es zukünftig erforderlich, die Forschung auf spezielle Gruppen oder biographische Phasen zu fokusieren. So könnte ein familienzyklischer Ansatz zeigen, welche unterschiedlichen Ressourcen und Belastungen die einzelnen Phasen der Familienbildung, des Mutter- oder Hausfrauseins für Frauen mit sich bringen und wie diese wiederum von sozioökonomischen Faktoren beeinflußt werden. Desweiteren wäre es erforderlich zu untersuchen, wie Frauen mit den vielfältigen Belastungen umgehen, die sich aus der Haus- und Familienarbeit ergeben, über welche Handlungsstrategien sie zum Erhalt ihrer Gesundheit verfügen, wie sie Krankheitssituationen bewältigen und welche psychosozialen Unterstützungsleistungen angeboten werden sollten. Solche Forschungen erlauben die Identifizierung von Problemgruppen oder problematischen Lebenslagen, und die Ergebnisse können dann in praktische Angebote zur Gesundheitserhaltung und -förderung übertragen werden.

8 Gesundheit im mittleren Lebensalter

8.1 Einleitung

Medizinische, psychologische und soziologische Forschungsansätze gehen davon aus, daß sich das Leben der Frau in Phasen vollzieht, die das Gesundheits- und Krankheitsgeschehen in unterschiedlicher Weise prägen. Als eine solche Phase wird das mittlere Lebensalter bezeichnet. In diese Phase fällt als markantes physiologisches Ereignis das Klimakterium, das die Fortpflanzungsfähigkeit der Frau beendet.

Unsere Kenntnisse über spezifische Gesundheitsprobleme in diesem Lebensabschnitt sind noch lückenhaft, da repräsentative epidemiologische Studien fehlen. Demzufolge fand diese Lebensphase in der amtlichen Gesundheits- und Morbiditätsberichterstattung in der Vergangenheit auch kaum die notwendige Beachtung. Erst in letzter Zeit beginnt sich hier eine Veränderung abzuzeichnen, wie aus Gesundheitsberichten der Schweiz, Österreich und regional auch aus Deutschland ersichtlich wird (vgl. Gognalons-Nicolet et al. 1993; Hermann/ Hiestermann 1995; Magistratsabteilung 15 - Gesundheitswesen der Stadt Wien 1996; Zemp Stutz 1996; Rásky 1998). Auch Gesundheits- und Sozialwissenschaften zeigen in der Gegenwart verstärktes Forschungsinteresse für die Gesundheitslage der Frau in der Lebensmitte (vgl. BMFJ 1993; Gognalons-Nicolet et al. 1997; Schultz-Zehden 1998). Für die gestiegene Aufmerksamkeit in der Öffentlichkeit und Wissenschaft gibt es mehrere Gründe.

Aus demographischer Sicht nimmt infolge der erhöhten Lebenserwartung die Anzahl der Frauen im mittleren Lebensalter zu, und die gesundheitlichen Probleme dieser Altersgruppe gewinnen immer mehr an Bedeutung insbesondere auch für die prognostische Einschätzung des Gesundheitszustandes der künftigen Rentnerinnengeneration. Gilt es doch als bewiesen, daß chronische Erkrankungen und Behinderungen, die im mittleren Lebensalter manifest werden, die Frauen gewöhnlich bis zum Lebensende begleiten.

Für die Medizin sind die Frauen im mittleren Lebensalter seit der Einführung der Hormonsubstitution als Therapie bei klimakterischen Beschwerden und neuerdings auch als Prophylaktikum gegen Alterserkrankungen eine interessante Gruppe hinsichtlich einer Langzeitmedikation geworden (Schneider 1998).

Ein weiterer Grund für die gestiegene Aufmerksamkeit an dieser Altersgruppe liegt in dem gewachsenen Selbstbewußtsein der Frauen. Die gegenwärtige Frauenpopulation im mittleren Lebensalter, aufgewachsen in der Emanzipationszeit, setzt sich kritischer als ihre Vorgängerinnen mit negativen Frauenbildern in der Medizin auseinander und fordert selbstbewußt von den Gesundheitsdiensten und der Gesundheitspolitik mehr Aufmerksamkeit und Engagement für ihre gesundheitlichen Belange ein (Borysenko 1998).

8.2 Stand der Forschung zur Gesundheit im mittleren Lebensalter

8.2.1 Bestimmungsmerkmale des mittleren Lebensalters

Das mittlere Lebensalter der Frau wird in der wissenschaftlichen Literatur weder begrifflich noch demographisch einheitlich definiert. Frauen in diesem Alter werden beschrieben als Frauen in der zweiten Lebenshälfte, Frauen in der Lebensmitte (middle-age), Frauen im reifen Lebensalter, Frauen in den Wechseljahren (oder im Klimakterium), Frauen in der midlife-crisis, Frauen in der „empty-nest"- oder in der „Sandwich-phase", Frauen in der Matureszenz, die jungen alten Frauen oder Frauen im Vorrentenalter. Es gibt auch keine exakte Abgrenzung zum jüngeren oder höheren Lebensalter der Frau, die Übergänge sind vielmehr fließend. Die in der Literatur ausgewiesene Altersspanne für das mittlere Lebensalter reicht von 35 bis 65 Jahre, wobei die Altersgruppeneinteilungen innerhalb dieser Zeitspanne je nach Forschungsgegenstand und -ziel variieren. Einig ist man sich aber darin, daß es sich beim mittleren Lebensalter um einen Lebensabschnitt handelt, der von spezifischen biologischen, psychischen und sozialen Veränderungen geprägt wird, die in ihrer Dichte und Überlagerung auch Konflikte und damit Gefährdungsmomente für die Gesundheit der Frau enthalten können.

8.2.2 Das mittlere Lebensalter aus der Perspektive der Frauengesundheitsforschung

Von der Frauengesundheitsforschung wird auf eine komplexe Betrachtungsweise des mittleren Lebensalters unter Berücksichtigung der individuellen psychischen und sozialen Lebenssituation der Frauen orientiert. Während die Medizin diese Lebensphase unter dem Aspekt des Klimakteriums als eine Zeit der Rückbildung, der Defizite und des Mangels definiert, wendet sich die Frauengesundheitsforschung, unterstützt von der Frauengesundheitsbewegung an der Basis, gegen eine einseitig negative Wertung und Pathologisierung dieser Lebensphase (Kolip 1999). Von der Frauengesundheitsforschung werden die Vereinnahmung der Wechseljahre durch die Medizin und ihre Einstufung als Hormonmangelkrankheit kritisch begleitet. Die Wechseljahre werden als natürliche Umstellungsphase betrachtet, die, wie andere Umstellungsphasen auch, den Frauen bestimmte Adaptationsleistungen abverlangt, die aber von der Mehrheit der Frauen gesundheitlich kompensiert werden. Immer häufiger wird daher in letzter Zeit auch auf die Gewinne und Ressourcen in dieser Lebensphase hingewiesen. Dazu gehören der Wegfall von lästigen Verhütungsaufgaben, die Befreiung von Fürsorge- und Betreuungspflichten für den Nachwuchs, die Eröffnung von größeren Freiräumen zur Selbstbestimmung und Selbstgestaltung in der Partnerschaft, im Beruf und in der Freizeit. Demnach kann das mittlere Lebensalter von den Frauen auch als Chance begriffen werden, neue Ziele und Lebensinhalte für sich zu definieren, die zu einer Verbesserung der psychischen Befindlichkeit und zu einer höheren Lebenszufriedenheit führen (Brown Doress/Laskin Siegal 1991; Borysenko 1998).

Skepsis ist auch angebracht gegenüber der von vielen Ärzten und der Pharmaindustrie propagierten Ausdehnung der Hormonsubstitution als Prophylaktikum für Alterserkrankungen. Sie ist mangels gesicherter wissenschaftlicher Erkenntnisse durch kontrollierte Langzeitstudien noch mit zahlreichen Unwägbarkeiten behaftet. Wie jede Medikamententherapie ist auch die Hormonsubstitution nicht frei von Nebenwirkungen. Die am häufigsten angeführten Nebenwirkungen beziehen sich auf die Risikoerhöhung des

Mammakarzinoms. Hinzu kommen die noch unbekannten Nebenwirkungen einer Hormondauereinnahme und das Inkaufnehmen einer Langzeitabhängigkeit vom medizinischen Versorgungssystem. Gegenwärtig wird die Reduzierung von Alterserkrankungen wie der Osteoporose, der Herz-Kreislauf-Krankheiten und der Demenz von den Hormonbefürwortern zu euphorisch betrachtet. So werden alternative Beeinflussungsmöglichkeiten kaum in die Überlegung zur Prävention dieser Krankheiten einbezogen. Es wird auch zu wenig berücksichtigt, daß die Lebensqualität im mittleren Alter vor allem auch von der sozialen Integration der Frauen bestimmt wird, d. h. davon, welchen Spielraum die Gesellschaft den Frauen für berufliche, soziale und kulturelle Aktivitäten zur Verfügung stellt, damit sie ihre von familiären Verpflichtungen frei gewordenen Potentiale auch umsetzen können.

8.2.3 Das mittlere Lebensalter aus psychosozialer Perspektive

Im mittleren Lebensalter kommt es zu einer Reihe von psychosozialen Veränderungen in zentralen Lebensbereichen der Frau, von denen einige im Zusammenhang mit den Wechseljahren stehen, andere unabhängig von ihnen eintreten. So haben sich Frauen in dieser Lebensphase mit dem Ende ihrer Fertilität und der aktiven Mutterschaft, mit den körperlichen Erscheinungen des Älterwerdens, den Veränderungen in der Sexualität und in der Partnerschaft auseinanderzusetzen. Bisher ausgeübte Rollenfunktionen als Mutter, Ehepartnerin und berufstätige Frau verändern sich. Ein bedeutender Einschnitt im Leben der Frau ist mit dem Auszug der Kinder aus der Familie verbunden. Die psychischen Auswirkungen auf die Frau werden seit Mitte der 60er Jahre als sogenanntes „empty-nest"-Syndrom beschrieben. Das Syndrom soll sich in verschiedenen Beeinträchtigungen des Wohlbefindens, wie Depression, psychonervale Beschwerden und Suchtverhalten äußern (Fooken/Lind 1994). Auf Grund neuerer sozialwissenschaftlicher Erkenntnisse wird diese Auffassung heute nicht mehr so pauschal vertreten (Papastefanou 1992). Vielmehr trifft zu, daß es verschiedene Varianten des Erlebens dieser „empty-nest"-Situation gibt. Je nachdem, wie die Frau ihre Mutterrolle im vorangehenden Leben ausgeübt hat, als einseitige Orientierung auf die Mutter/ Hausfrau, als Doppelfunktion in Beruf und Familie oder als Frau, die ihren Kinderwunsch nicht erfüllen konnte bzw. die sich bewußt für Kinderlosigkeit entschieden hat, wird sie diese Phase als Verlust, als Befreiung und/oder auch als Gewinn empfinden. So konnte in mehreren Untersuchungen im Zusammenhang mit der „empty-nest"-Phase ein Gefühl der Erleichterung und Freude über neu gewonnene Freiräume bei Müttern nachgewiesen werden (ebd). Andere Studien weisen für die nachelterliche Lebensphase auf positive Auswirkungen innerhalb der Partnerschaft hin (Pongartz 1988).

Besondere Anforderungen werden an die Frauen in diesem Lebensabschnitt im beruflichen Lebensbereich gestellt. Dazu zählen für bisher nicht erwerbstätige Frauen der berufliche Neu- oder Wiedereinstieg ebenso wie für berufstätige Frauen der ungewollte Ausstieg aus der Erwerbstätigkeit in die Arbeitslosigkeit oder in den vorgezogenen Ruhestand bei verschärfter Arbeitsmarktlage. Aus verschiedenen Untersuchungen geht hervor, daß eine befriedigende Erwerbstätigkeit und eine höhere berufliche Qualifikation einen positiven Einfluß auf den physischen und psychischen Gesundheitszustand der Frauen in dieser Lebensphase ausüben (Focken/Lind 1994). Mit der beruflichen Zufriedenheit steigt die Chance, die „empty-nest"-Phase besser zu verarbeiten und die Wechseljahre möglichst beschwerdefrei zu überstehen, während Frauen mit niedriger

Qualifikation und hohen körperlichen beruflichen Belastungen mehr Beschwerden angeben und häufiger gestreßt sind (Kirchengast 1992; Gavranidou 1993; Buddeberg/Buddeberg-Fischer 1995).

Als Angehörige der Generation in der „Mitte" des Lebens sind Frauen in diesem Alter häufig in Verwandtschaftsbeziehungen eingebunden und haben ein hohes Maß an Betreuungsleistungen sowohl für pflegebedürftige Eltern als auch für Enkelkinder zu erbringen. Nach Borchers/Miera (1993: 83) befindet sich etwa ein Drittel der 40-60jährigen Frauen in der sogenannten „Sandwich-Situation". Die kumulierte Beanspruchung von seiten der Eltern und Kinder führt bei einigen von ihnen (20 %) zu einer permanenten Überforderung und zu dem Wunsch nach mehr Unterstützung und Anerkennung ihrer Pflege- und Betreuungsleistungen. Die Hilfeleistungen der jüngeren für die mittlere Generation erscheinen unausgeglichen und zu Lasten der letzteren als defizitär (ebd.: 151).

8.2.4 Die psychosoziale Situation der Frauen in den neuen Bundesländern

In Ostdeutschland waren und sind die Frauen im mittleren Lebensalter durch die Systemtransformation zusätzlich tiefgreifenden psychosozialen Veränderungen in nahezu allen Lebensbereichen ausgesetzt. Für sie wurden durch den Umbruch bisher geltende soziokulturelle Werte, Normen und Frauenleitbilder in hohem Ausmaße in Frage gestellt. Ostdeutsche Frauen im mittleren Lebensalter haben bis zur Vereinigung mit nur wenigen Ausnahmen in der Doppelfunktion von Vollerwerbstätigkeit und Mutterrolle gelebt. Diese Frauengeneration hat zum größten Teil ihre Kinder noch ohne die fördernden sozialpolitischen Unterstützungen, wie sie Ende der 70er und in den 80er Jahren in der DDR für berufstätige Mütter wirksam wurden, geboren, betreut und groß gezogen. Sie vereinbarten Alltagsmanagement in der Familie, Kindererziehung und -betreuung mit der Berufstätigkeit und vielfach mit berufsbegleitenden Qualifizierungsmaßnahmen.

Auf dem Höhepunkt ihrer beruflichen Karriere angekommen, fanden diese Frauen sich nach dem Systemzusammenbruch auf einem Arbeitsmarkt der Geschlechterverdrängung wieder, der sie in die unvorbereitete Arbeitslosigkeit oder in den unfreiwilligen Vorruhestand drängte. Das geschah bei einer unverändert hohen Motivation zur Berufstätigkeit (Rocksloh/Papendieck 1995). Die Ausgliederung aus der Berufstätigkeit führte nicht nur zur Einbuße der ökonomischen Selbständigkeit, sondern bedeutete für die Frauen gleichzeitig einen erheblichen Status- und Kommunikationsverlust sowie einen Verlust von sozialer Integration in betrieblichen Bindungen. So beschreibt Sombrowsky (1994), daß besonders für Frauen in Ostdeutschland eine große Anzahl protektiver Faktoren (z. B. im Arbeitsbereich) gesellschaftsabhängig waren und nun nicht mehr als psychosoziale Ressourcen zur Verfügung stehen. Die völlig veränderten Lebensbedingungen verlangen von den Frauen in der Mitte des Lebens ein hohes Maß an Entscheidungen, Um- und Neuorientierungen in einer Lebensphase, die von selbst schon von Umbrüchen und Wendungen gekennzeichnet ist. Unter dem Aspekt der kumulierenden psychonervalen Problem- und Belastungssituationen können bei den Frauen des mittleren Lebensalters gesundheitliche Beeinträchtigungen erwartet werden, insbesondere dann, wenn bereits gesundheitliche Einschränkungen bestanden und individuelle und gesellschaftliche Unterstützungssysteme versagen (Wolf/Braun 1992; BMFJ 1993; Winkler 1993; Winkler/Haupt 1998).

Die gesellschaftlichen Veränderungen führten in Ostdeutschland gleichzeitig zu einer Reihe von Verbesserungen in wichtigen Lebensbereichen, von denen auch die Frauen im mittleren Lebensalter partizipieren. Dazu zählen die Verbesserung des Wohnkomforts und der Dienstleistungen, die erweiterten Möglichkeiten der Freizeit- und Erholungsgestaltung sowie ein größeres Angebot an qualifizierter Diagnostik und Therapie in der medizinischen Versorgung und größere Vielfalt in der Prävention. Als neue soziale Unterstützungen und Netzwerke etablierten sich Selbsthilfe- und Laiengruppen, die in den alten Bundesländern schon eine lange Tradition haben, auch in den neuen Bundesländern. Bei einer Einschätzung der gesundheitlichen Auswirkungen der psychosozialen Lebenssituation von ostdeutschen Frauen im mittleren Lebensalter sind sowohl die Belastungen als auch die Potentiale in die Betrachtung mit einzubeziehen. In der Bilanz können die wendebedingten Veränderungen für verschiedene Gruppen von Frauen und für die einzelne Frau durchaus differenziert ausfallen.

8.2.5 Das mittlere Lebensalter aus medizinischer Perspektive

Aus medizinischer Sicht ist es vor allem das Klimakterium (Wechseljahre), das diesen Lebensabschnitt bei der Frau prägt. Mit dem Klimakterium wird eine Übergangszeit von der fertilen Phase bis zum Senium bezeichnet, die sich im Alter zwischen dem 45. und 60. Lebensjahr der Frau vollzieht (Breckwoldt 1996: 338) und die auf hormonelle Veränderungen im Körper der Frau zurückzuführen ist. In das Klimakterium fällt als markantes Ereignis für die Frau die letzte spontane Menstruation. Retrospektiv ermittelt wird dafür der Begriff der Menopause verwendet (Zeitpunkt, nach dem ein Jahr lang keine Blutung mehr aufgetreten ist).

Die endokrinologischen Vorgänge haben vor allem Auswirkungen auf die reproduktiven Organe der Frau. Ab der Menopause ist die Fortpflanzungsfähigkeit der Frau beendet. Dieses Phänomen trifft, so zeitlich begrenzt, für die Fertilität des Mannes nicht zu. Die Reduzierung und schließlich völlige Einstellung der ovariellen Hormonproduktion hat aber nicht nur Auswirkungen auf die reproduktiven Organe der Frau, sondern verändert auch andere physiologische Körperfunktionen. Sie können vorübergehend auch pathogenen Charakter annehmen und das sogenannte klimakterische Syndrom auslösen. Unter dem klimakterischen Syndrom wird ein Komplex von heterogenen Beschwerden zusammengefaßt, die von psychovegetativen über vasomotorischen bis zu organischen Symptomen reichen. Zum Leitsymptom des Klimakteriums wird allgemein die Hitzewallung (hot flush) deklariert. Die Angaben über die Häufigkeit, Intensität, Dauer und Art der klimakterischen Beschwerden schwanken in der Fachliteratur stark, je nachdem, ob sie bei Patientinnen erhoben oder aus unselektierten bevölkerungsbezogenen Studien ermittelt worden sind (von 80 % bis 30 %). Neuerdings geht man davon aus, daß jeweils ein Drittel der Frauen keine, leichte oder starke Beschwerden in den Wechseljahren hat (Richter-Appelt 1994; Hermann/Hiestermann 1995; Strauß 1995; Breckwoldt 1996; Schultz-Zehden 1996). Von den medizinischen Experten werden die klimakterischen Beschwerden mehrheitlich als Hormonmangelsyndrom eingeordnet und daher nahezu ausschließlich mit Hormonen therapiert.

Obligat ist die Hormonsubstitution bei Frauen mit künstlich herbeigeführter Menopause durch Operationen, Chemo- oder Strahlentherapie.

Neben der Kurzzeittherapie der Wechseljahresbeschwerden gewinnt in den letzten Jahren zunehmend mehr die prophylaktische Hormongabe (Hormonersatztherapie = HET oder hormon replacement therapy = HRT) zur Vorbeugung chronischer Alterskrankheiten an Bedeutung, weil in verschiedenen Studien den Östrogenen ein protektiver Effekt bei der Senkung des Erkrankungsrisikos (z. B. bei Herz-Kreislauf-Krankheiten, bei Osteoporose und Morbus-Alzheimer) nachgewiesen werden konnte (Birkhäuser 1998; Limouzin-Lamotte 1998; Sherwin 1998). Im Gegensatz zur Kurzzeittherapie des klimakterischen Syndroms handelt es sich bei der prophylaktischen Hormongabe um eine Langzeiteinnahme, die sich in der Regel über 15 bis 20 Jahre, mitunter bis zum Lebensende, ausdehnen soll. Gegenwärtig ist es jedoch noch nicht möglich, aus den vorliegenden Studien definitive Schlußfolgerungen über die Wirksamkeit der Hormontherapie als Prophylaktikum zu ziehen, denn die wissenschaftliche Beweislage ist widersprüchlich. Analysen der zahlreichen klinischen und epidemiologischen Studien belegen, daß sich Hormonanwenderinnen oftmals von den Nichtanwenderinnen durch ein günstigeres Risikoprofil unterscheiden. Sie sind sozial besser gestellt, gesünder, körperlich aktiver und schlanker, was ebenfalls die besseren Studienergebnisse erklären könnte (Maschewsky-Schneider 1997; Hormone replacement therapy 1999). Weitere kontrollierte Langzeitstudien, die Aufschluß über die verschiedenen Wirkungsweisen der Hormone sowie über ihre Nebenwirkungen und Risiken geben können, sind notwendig, bevor ihr unbedenklicher Einsatz in der Praxis empfohlen werden kann. Eine solche klinisch-epidemiologische Studie mit einem Beobachtungszeitraum bis zum Jahre 2004 wird von der Women's Health Initiative in den USA durchgeführt (Assaf/ Carleton 1996: 51). Sie soll die Wirksamkeit der Hormonsubstitution sowie den Einfluß der Ernährung und der Calcium-Vitamin-D-Einnahme auf das Erkrankungsrisiko bei Herz-Kreislauf-Krankheiten, Krebs und Osteoporose überprüfen und dabei den Einfluß psychosozialer Variablen auf das Wohlbefinden und die Gesundheit der Frauen verfolgen.

Generell ist einzuschätzen, daß sich die Lebensphase des Klimakteriums gegenwärtig in einem Wandlungsprozeß befindet. So führt der bei einigen Frauen sich bereits vollziehende nahtlose Übergang von der hormonellen Verhütung zur Hormonersatztherapie sowie die Erzeugung einer vorzeitigen künstlichen Menopause durch Operationen zu tiefen Eingriffen in das vorgegebene natürliche biologische Grundmuster der Periodisierung im Leben der Frau. Eine sogenannte spontane Menopause wird damit immer seltener und die Bestimmung des Menopausestatus der Frau immer schwieriger. Auf der anderen Seite beeinflussen Veränderungen im Reproduktionsverhalten, die zunehmende Erwerbstätigkeit der Frau und die Verlängerung der weiblichen Lebenserwartung Einstellungen, Bewertungen und Verhaltensweisen zum und im Klimakterium. Diese Entwicklung ist eine Herausforderung für die interdisziplinäre Frauenforschung.

Für den Gesundheitszustand der Frauen im mittleren Lebensalter sind aber neben dem Menopausegeschehen auch noch andere Gesundheitsveränderungen kennzeichnend. Vergleiche von Krankheitsprävalenzen zeigen bei einer differenzierten Altersgliederung für einige Krankheitsdiagnosen eine erste Gipfelbildung im mittleren Alter. Die mittleren

Lebensjahre werden deshalb auch als eine Schnittstelle (cutpoint) für den Beginn von chronischen Leiden bezeichnet. Krankheiten, deren Ursachen oft bis weit in die Vergangenheit reichen und deren Symptome bislang unbeachtet blieben oder vergedrängt wurden, kommen in dieser Lebensphase zum Ausbruch (z. B. Diabetes, Hypertonie, Muskel-Skelett- und Herz-Kreislauf-Krankheiten). Ein sich verschlechternder subjektiver Gesundheitszustand, der Anstieg von Allgemeinbeschwerden, die häufigere Inanspruchnahme des Gesundheitswesens und eine Zunahme des Medikamentenkonsums sind weitere Beispiele für ein höheres Krankheitsrisiko in diesem Alter (Springer-Kremser 1991; Meier 1993; Glaeske 1994; Krappweis et al. 1996; Zemp Stutz 1996; Gognalons-Nicolet 1997). Die Kurve der Allgemeinbeschwerden fällt dabei häufig in den nachfolgenden Jahren wieder etwas ab, was auf einen zeitlichen Zusammenfall der Beschwerden mit der Menopause hindeutet. Die ersten Erfahrungen mit chronischen Krankheiten und Beschwerden beeinflussen die Haltungen und Einstellungen der Frauen zur Gesundheit. Sie führen bei dieser Altersgruppe zu einer größeren Gesundheitsbeachtung und zu einer stärkeren Hinwendung zum medizinischen Versorgungssystem. Gesundheitsgefährdende Lebensstile und Risikofaktoren konzentrieren sich bei Frauen im mittleren Alter auf eine Erhöhung des Körpergewichts und des Blutdrucks, auf eine Zunahme von Psychopharmakaeinnahmen und die Abnahme von körperlichen Aktivitäten (Hoffmeister/Bellach 1995; Zemp Stutz 1996). Von den bedrohlichen Krankheiten sind es vor allem die Karzinome, die bei Frauen im mittleren Lebensalter häufiger auftreten. Brustkrebs gehört in der Lebensmitte zu den häufigsten Krebstodesursachen bei Frauen.

8.3 Begründung und Struktur der empirischen Kapitel

Mittels quantitativer Analysen werden Frauen unterschiedlicher Generationen im mittleren Lebensalter im Querschnitt beschrieben. Das Hauptaugenmerk gilt dabei den Frauen in der DDR bzw. in den neuen Bundesländern. Die ostdeutschen Frauen wurden als Gruppe ausgewählt, weil sie durch die Systemtransformation besonders tiefgreifenden Veränderungen in wichtigen Lebensbereichen ausgesetzt waren. Exemplarisch soll an dieser Altersgruppe dargestellt werden, unter welchen soziokulturellen Rahmenbedingungen und gesundheitlichen Versorgungsstrukturen die Frauen in der DDR gelebt haben und wie sich ihre Gesundheit retrospektiv beschreiben läßt. Danach wird auf die transformationsbedingten Veränderungen eingegangen, die Frauen dieser Altersgruppe in den neuen Bundesländern erfahren haben, und es wird über ihre soziale und gesundheitliche Situation im Vergleich zu gleichaltrigen Frauen aus den alten Bundesländern berichtet. Diese Darstellungsform soll dem Verständnis für die anders verlaufende Sozialisation der ostdeutschen Frauen in dieser Generation dienen. Sie soll Unterschiede in den Lebenslagen und der Gesundheit zwischen ost- und westdeutschen Frauen aufzeigen und darüber hinausgehend Gemeinsamkeiten und Ähnlichkeiten im Verhalten von Gesundheitsparametern und Krankheitsmustern im mittleren Lebensalter herausstellen.

Der Aufbau dieses Berichtsteils ist, dem Zeitverlauf folgend, in zwei Abschnitte gegliedert. Im ersten Abschnitt (8.5) werden Frauen im mittleren Lebensalter in den 80er Jahren in der DDR behandelt. Der zweite Abschnitt (8.6) hat die Zeit nach der Vereinigung (90er Jahre) zum Inhalt. In diesem Berichtsteil wird bei ausgewählten Ergebnissen ein Vergleich zwischen altersgleichen Frauen aus den neuen und den alten Bundesländern vorgenommen. Das bedeutet, daß Frauen verglichen werden, die ihr Erwachsenenalter in unterschiedlichen gesellschaftlichen Systemen erlebt haben. Die Beschreibung der gesundheitlichen Situation orientiert sich, wie allgemein üblich, an den Indikatoren der Lebenserwartung (fernere), der Mortalität, den stationären, ambulanten und arbeitsbezogenen Teilmorbiditäten sowie der subjektiven Morbidität. Auf die Spezifik der Wechseljahre wird gesondert eingegangen.

Da es bisher noch keine einheitliche demographische Altersbegrenzung für das mittlere Lebensalter gibt, wird bei der Darstellung der Ergebnisse in der Regel eine Altersspanne von 45 bis 60 Jahren gewählt, wenn die Datenlage nicht zu einer anderen Einteilung zwingt. Um Veränderungen auch innerhalb dieses Zeitraumes sichtbar zu machen, wird eine Einteilung nach 5-Jahres-Gruppen vorgenommen. In einigen Fällen werden vorangehende und nachfolgende Altersgruppen in die Darstellung einbezogen, um Veränderungen zu den jüngeren bzw. älteren Jahrgängen deutlich zu machen. Abschließend ist darauf hinzuweisen, daß keine flächendeckende Bestandsaufnahme des Gesundheitszustandes der Frauen im mittleren Lebensalter angestrebt wird.

8.4 Datenbasis

Zur Situation der ostdeutschen Frauen im mittleren Lebensalter in den achtziger Jahren

Die Rekonstruktion der demographischen und sozioökonomischen Situation der Frauen im mittleren Lebensalter in der DDR wurde mit Hilfe von Daten aus verschiedenen Jahrgängen der Statistischen Jahrbücher der DDR, aus weiteren Quellen der Staatlichen Zentralverwaltung für Statistik der DDR sowie aus existierenden Sozialreporten (z. B. Winkler 1990) vorgenommen. Was die Datenbasis zur Analyse der gesundheitlichen Situation im mittleren Lebensalter betrifft, so ist generell einzuschätzen, daß sie sowohl auf der Ebene der Versorgungsdaten als auch von den Studienergebnissen her äußerst defizitär ist. Amtliche Berichtsdaten sind nicht auf das mittlere Lebensalter zugeschnitten, und bevölkerungsbezogene Studien, die sich nur auf diese Altersgruppe konzentrieren, fehlen fast gänzlich. Diese generell Aussage gilt für die DDR noch im verstärkten Maße. Lediglich die stationäre Morbidität wurde in der DDR über die Krankenblattdokumentation flächendeckend erfaßt. Deshalb wird sie auch als Quelle in der Bearbeitung durch das Robert-Koch-Institut für diesen Abschnitt verwendet (Bergmann/Menzel 1995). Ergänzt wird dieser Teil durch Daten aus den Jahrbüchern „Das Gesundheitswesen der DDR" (IfMSt). Eine weitere Quelle zur Erschließung von Gesundheitsdaten lag in der DDR im Bereich der arbeitsmedizinischen Untersuchungen. Arbeitsmedizinische Tauglichkeits- und Überwachungsuntersuchungen (ATÜ) wurden im Verlauf der achtziger Jahre im betrieblichen Gesundheitswesen eingeführt (Arbeitsmedizinische Tauglichkeits- und Überwachungsuntersuchungen 1982; Heuchert et al. 1987). Die arbeitsmedizinischen Untersuchungsergebnisse wurden systematisch erhoben und vielfach dokumentiert. Zur Erfassung von Morbiditäten, die außerhalb des medizinischen Versorgungssystems stattfinden, standen in der DDR noch keine Gesundheitssurvey- und Mikrozensusuntersuchungen zur Verfügung. Die fehlende oder lückenhafte Datenbasis wurde versucht, durch regionale Studien, die geschlechts- und altersbezogene Aussagen über die Zielgruppe zulassen, aufzubessern. Zu diesen Einzelstudien gehört eine reanalytisch bearbeitete Studie „Untersuchung zum Gesundheitszustand ausgewählter Bevölkerungsgruppen in der Region Halle" (Franke 1998). Darüber hinaus wurden zu spezifischen Gesundheitsproblemen (z. B. Klimakterium) auch Untersuchungsergebnisse aus Forschungsprojekten und akademischen Graduierungsarbeiten heran-gezogen.

Zur Situation der Frauen im mittleren Lebensalter in den neuen Bundesländern

Zur Aufarbeitung der sozioökonomischen Situation der ostdeutschen Frauen im mittleren Lebensalter in den neunziger Jahren waren die Daten des Statistischen Bundesamtes nützlich, insbesondere die aus dem jeweiligen Mikrozensus gewonnenen. Als günstig hat es sich erwiesen, die Situation zu Beginn und am Ende der 90er Jahre (1991 und 1998) gegenüberzustellen. Damit ist die Entwicklung der sozioökonomischen Situationen auch im Vergleich ost- und westdeutscher Frauen partiell nachvollziehbar. Weiterhin wurden Sozialreporte des Sozialwissenschaftlichen Forschungszentrums Berlin-Brandenburg e. V., die auf dem Gebiet der neuen Bundesländer erstellt worden sind und sich ausdrücklich auf die spezifische Situation in dieser Region bezogen, verwendet (vgl. Haupt/Winkler 1998).

Die Beschreibung der gesundheitlichen Lage der Frauen im mittleren Lebensalter hat sich aufgrund der geringen Anzahl bevölkerungsbezogener Quellen auch für diesen Abschnitt schwierig gestaltet. Das Statistische Bundesamt hat im Jahr 1999 Daten zur Verfügung gestellt, die auch für den Gesundheitsbericht des Bundes verwendet wurden. Auf dieser Grundlage konnte die Entwicklung des Sterblichkeitsgeschehens nach Altersgruppen und nach alten und neuen Bundesländern differenziert dargestellt werden. Mit den Ergebnissen des Nationalen Untersuchungssurveys West (1990/1991) und Ost (1991/1992) standen einige Daten zur subjektiven Morbidität mit Bevölkerungsbezug zur Verfügung. Spezifische Daten zu transformationsbedingten Veränderungen, zur subjektiven Morbidität und zum Gesundheitshandeln sowie zum Klimakterium lagen im Rahmen von regionalen Studien vor. In diesem Zusammenhang erwies sich die neue Forschungssituation als hilfreich, in der Forschungsprojekte durch verschiedene Träger wie z. B. den Bundes- und Landesministerien gefördert wurden. Dazu gehört ein im Rahmen des Norddeutschen Forschungsverbundes Public Health gefördertes Projekt zum Thema: „Lebenslagen, Risiken und Gesundheit von Frauen in der Bundesrepublik Deutschland", aus dem ost-west-vergleichende Gesundheitsdaten zum mittleren Lebensalter in den Bericht eingearbeitet wurden (Lebenslagen, Risiken und Gesundheit von Frauen in der Bundesrepublik Deutschland 1997). Da es in diesem Kapitel zahlreiche Anknüpfungspunkte zu anderen Kapiteln des Berichtes gibt, in denen Teilaspekte der sozioökonomischen und gesundheitlichen Lage der gesondert Frauen behandelt werden, ist an dieser Stelle auf Schnittstellen zu verweisen (Kapitel 2, 3 und 10).

8.5 Gesundheit der ostdeutschen Frauen im mittleren Lebensalter in den achtziger Jahren

8.5.1 Demographische und sozioökonomische Situation

Im Jahr 1989 lebten in der DDR 16,4 Millionen Einwohner (48 % männliche und 52 % weibliche). Der Anteil der Frauen zwischen 45 und 59 Jahren an der Wohnbevölkerung stieg im Verlauf der achtziger Jahre von 9,3 % auf 10,2 % an. Die Relation zwischen Männern und Frauen im mittleren Alter glich sich in den achtziger Jahren an. Der noch im Jahr 1980 bestehende Frauenüberschuß bei den 50-59jährigen Frauen war 1989 kaum noch vorhanden. Im Jahre 1980 betrug das quantitative Verhältnis der 50- bis 59jährigen Männer zu den gleichaltrigen Frauen noch 100 zu 136; im Jahr 1989 war die Relation in der gleichen Altersgruppe 100 Männer zu 103 Frauen (StZV 1982: 349; StZV 1990: 392). Die Reduzierung des Frauenüberschusses in den achtziger Jahren läßt sich durch die Abschwächung der Auswirkungen der demographischen Verluste des Zweiten Weltkrieges und durch die Zunahme der ferneren Lebenserwartung bei den Männern erklären.

Die Frauen im mittleren Alter waren in den achtziger Jahren in ihrer überwiegenden Mehrheit verheiratet (Tabelle 8.5-1). Die Ehe hat ihre Bedeutung als familiäre Institution für Frauen im mittleren Lebensalter trotz hoher Scheidungsquoten durch hohe Wiederverheiratungsquoten erhalten. Im zeitlichen Verlauf der achtziger Jahre veränderten sich die Anteile der Frauen in den verschiedenen Familienständen. Die Anteile lediger und verwitweter Frauen nahmen im Verlauf der achtziger Jahre ab, wohingegen die Anteile verheirateter und geschiedener Frauen im gleichen Zeitraum zunahmen. Diese Veränderungen sind mit der demographischen Entwicklung im Zusammenhang zu betrachten. Durch das sich ausgleichende quantitative Verhältnis zwischen Männern und Frauen konnten mehr Frauen eine Partnerschaft eingehen.

Tabelle 8.5-1:   Familienstand der Frauen (45-60 J.) in der DDR 1980, 1985, 1989

	ledig	Verheiratet	verwitwet	geschieden
		in %		
1980	7,5	72,9	11,5	8,1
1985	6,2	75,7	8,6	9,5
1989	5,1	76,3	8,2	10,4

Quellen: StZV 1987: 351, 1988: 359, 1990: 393.

Fast alle Frauen wurden im Verlaufe ihres Lebens mindestens einmal Mutter. Die Mütterrate betrug in der DDR ab den Frauen des Geburtsjahrganges 1936 ca. 90 % (Hoffmann et al. 1990: 24 u. 27). Frauen der Geburtsjahrgänge 1926 bis 1940 brachten im Durchschnitt noch 2 bis 3 Kinder zur Welt. Eine Betrachtung der Fruchtbarkeit nach Frauenkohorten zeigt, daß Frauen des Geburtsjahrganges 1937 letztmalig die einfache Reproduktion (Ersatz der Elterngeneration durch die Kinder, d. h. 2,3 Kinder/Frau) erreichten (Dorbritz 1990: 23).

Wesentliche Voraussetzungen für die gesundheitliche Entwicklung liegen in den sozialen und ökonomischen Strukturen einer Gesellschaft und in der Partizipation der Frauen an diesen Strukturen. Schulische Ausbildung und berufliche Qualifikation sind dafür wichtige Bestimmungsmerkmale.

Die jüngeren Frauen wiesen auch in den achtziger Jahren durchschnittlich höhere Berufsbildungsabschlüsse auf als die älteren Frauen. Das traf auch innerhalb der Altersgruppe der 45-60jährigen Frauen zu. Des weiteren gab es frauentypische Berufstätigkeiten, die mit bestimmten Qualifikationsabschlüssen verbunden waren, wie z. B. die Abschlüsse des mittleren medizinischen Personals, die an Fachschulen erworben wurden (Lötsch/Falconere 1990: 40). In der historischen Betrachtung zeigt sich, daß der Prozeß der Erhöhung der Qualifikationen und die Angleichung der Qualifikationen von Frauen an die der Männer langsam vonstatten ging. Die Tabelle 8.5-2 zeigt, daß der Anteil von Frauen mit qualifiziertem Berufsabschluß erst in den jüngeren Generationen deutlich zunahm.

Tabelle 8.5-2: Anteil der Frauen (30-63 J.) an Berufsbildungsabschlüssen in der DDR, 1981

Altersgruppe	Hochschule	Fachschule	Meister	Facharbeiter	Teilfach-arbeiter	Ohne Abschluß
				in %		
30 bis unter 35 Jahre	39,4	62,6	15,4	48,0	52,6	62,6
35 bis unter 40 Jahre	33,1	57,8	12,4	51,0	58,8	66,8
40 bis unter 45 Jahre	28,4	51,1	11,5	51,9	58,3	68,1
45 bis unter 50 Jahre	24,0	44,0	10,9	49,3	64,6	74,1
50 bis unter 63 Jahre	18,7	38,0	10,5	55,1	75,9	84,6

Quelle: Lötsch/Falconere 1990: 40.

Der Anteil der weiblichen Berufstätigen an der weiblichen Wohnbevölkerung im arbeitsfähigen Alter stieg in den achtziger Jahren kontinuierlich an (1980: 73,2 %; 1985: 76,2 %; 1989: 78,1 %). 1989 waren 49 % der Berufstätigen weiblich (Statistisches Amt der DDR 1990: 34). Die Tendenz zur Erhöhung der Frauenerwerbstätigenquote traf auch für Frauen im mittleren Lebensalter zu (Tabelle 8.5-3). Hierfür waren die verbesserten Möglichkeiten der Vereinbarung von Berufstätigkeit und Familienarbeit bedeutsam, die partiell auch für die Frauen im mittleren Lebensalter relevant waren. Auf der anderen Seite gab es innerhalb des mittleren Alters auch einen Trend zur Abnahme des Beschäftigungsgrades sowohl 1979 als auch 1989. Ein Grund dafür lag in der Zunahme von chronischen Krankheiten und als deren Folge in den steigenden Frühverrentungen/Invalidisierungen (siehe Abschnitt 8.5.2.3).

Neben der allgemeinen Betrachtung von Frauenerwerbstätigkeit ist auch die Verortung der erwerbstätigen Frau im Wirtschaftssystem von Bedeutung. Im Jahr 1989 war ca.

ein Drittel der in den verschiedenen Wirtschaftsbereichen beschäftigten Frauen zwischen 45 und 60 Jahre alt. Frauen im mittleren Alter stellten damit eine bedeutende Arbeitskräfteressource dar. Das galt besonders für die Wirtschaftsbereiche Produzierendes Handwerk (ohne Bauhandwerk), Land- und Forstwirtschaft sowie Verkehrs-, Post- und Fernmeldewesen zu. Hier wurden größtenteils einfache Tätigkeiten verrichtet, die für jüngere und besser qualifizierte Frauen und häufig auch für Männer unattraktiv waren (Miethe et al. 1990: 65).

Tabelle 8.5-3: Beschäftigungsgrad [1] der weiblichen Bevölkerung (45-60 J.) in der DDR 1979 und 1989

	45 bis unter 50 J.	50 bis unter 55 J.	55 bis unter 60 J.
		in %	
1979	82,7	77,7	68,9
1989	87,7	83,2	73,5

1) Ständig Berufstätige und Lernende

Quelle: Miethe et al. 1990: 64.

In der Besetzung von Leitungspositionen mit Frauen wurde das erklärte Ziel der DDR, die Gleichberechtigung in bezug auf die Beteiligung von Frauen an höheren Leitungsfunktionen und Spitzenpositionen durchzusetzen, nicht erreicht. In kaum einem Wirtschaftsbereich konnten die Frauen die Hälfte bzw. einen repräsentativen Anteil an Leitungspersonal stellen. Ihr Anteil war in den Bereichen am höchsten, in denen Frauen auch mehrheitlich beschäftigt waren. Im Bereich Handel und Versorgung stellten Frauen 62 % des Leitungspersonals, in der Leichtindustrie 44 % und im Post- und Fernmeldewesen 42 %. In den anderen Wirtschaftsbereichen lag der Frauenanteil an den Leitungspositionen erheblich unter diesen Werten (ebd.: 95).

Das Arbeitseinkommen war in der DDR die Haupteinkommensquelle und die materielle Basis für die individuelle Lebensführung. 95,4 % der Frauen zwischen 40 und 54 Jahren und 97,6 % der altersgleichen Männer waren 1988 Bezieher von Arbeitseinkommen (BMFJ 1993: 288). Dem Anteil der Frauen an den Beschäftigten der DDR entsprach nicht der Anteil ihres Lohnes/Gehaltes am Gesamteinkommen. Ein Grund dafür lag in der unterdurchschnittlichen Teilhabe der Frauen an den mittleren und höheren Leitungsfunktionen und der damit verbundenen Einstufung in die entsprechenden Lohn- und Gehaltsgruppen. So betrug der Anteil der Frauen an der untersten Lohnstufe (400 bis 500 Mark) im Jahr 1988 63 % und an der obersten Lohnstufe (mehr als 1.700 Mark) nur 16 % (Miethe et al. 1990: 88). Ein weiterer Grund für die durchschnittlich niedrigeren Löhne und Gehälter der Frauen lag in den Einkommensdifferenzierungen zwischen den einzelnen Wirtschaftsbereichen. Frauen waren eher in solchen Bereichen beschäftigt, die durch eine verhältnismäßig niedrige Bruttolohnsumme gekennzeichnet waren. Die Frauen erzielten in der DDR 1988 durchschnittlich noch nicht einmal drei Viertel der Nettolöhne und -gehälter der Männer. Das Lohn- und Gehaltsverhältnis zwischen den Geschlechtern war im mittleren Lebensalter für die Frauen mit lediglich zwei Drittel der Nettolöhne der Männer besonders ungünstig (Tabelle 8.5-4).

Tabelle 8.5-4: Durchschnittliche Nettolöhne und -gehälter nach Geschlecht und Alter in der DDR 1988

Altersgruppe	Männer	Frauen	Nettolohn der Frauen in % der Männerlöhne und -gehälter
	in Mark		
35 bis 39 Jahre	1.044	766	73,4
40 bis 44 Jahre	1.063	761	71,6
45 bis 49 Jahre	1.070	741	69,3
50 bis 54 Jahre	1.047	693	66,2

Quelle: Roloff 1991: 25.

Allerdings zeigte sich bei Frauen im mittleren Lebensalter, die in einer Ehe/Partnerschaft lebten, eine günstigere Einkommenssituation im Vergleich der Haushaltsnettoeinkommen mit jüngeren und älteren Frauen. Lediglich ein Drittel von ihnen lebte mit einem Einkommen unterhalb des Gesamtdurchschnitts, während es in der Gruppe der Rentnerinnen 82 % waren. Ein Grund für die relativ günstige Situation der Frauen im mittleren Lebensalter lag auch in dem hohen Beschäftigungsgrad dieser Altersgruppe (BMFJ 1993: 271).

Bedingungen zur Vereinbarkeit von Berufstätigkeit und Familie

Das Leben der Frauen im mittleren Alter war in der DDR durch die Kombination von Erwerbstätigkeit und Mutterrolle geprägt. Eine Reihe von arbeitsrechtlichen und sozialpolitischen Maßnahmen, die im Laufe der Zeit eingeführt wurden, sollte den Frauen die Vereinbarung beider Lebensbereiche ermöglichen.

In den achtziger Jahren galt die 1967 in der DDR eingeführte reguläre Wochenarbeitszeit von 43 3/4 Stunden. Seit 1972 konnten vollbeschäftigte berufstätige Mütter mit mehr als drei Kindern unter 16 Jahren ohne Lohnminderung in einer 40-Stunden-Woche arbeiten. Mütter mit 2 Kindern in Dreischichtarbeit konnten ihre Arbeitszeit ebenso reduzieren, Frauen mit Zweischichtarbeit auf 42 Wochenstunden. Diese wöchentlichen Arbeitszeiten wurden in der Regel in der 5-Tage-Woche abgeleistet, was für die Frauen eine lange tägliche Arbeitszeit bedeutete und die Vereinbarung mit familiären Belangen erschwerte. Gleichzeitig wurde für die betroffenen Mütter der Mindesturlaub erhöht. Ab 1977 erhielten vollbeschäftigte Mütter mit einem schwerstgeschädigten Kind mindestens 21 Tage, bei Mehrschichtarbeit 24 Tage Urlaub.

Eine grundsätzliche Erschwernis für das individuelle Bemühen, die Berufsarbeit mit den familiären Anforderungen zu vereinbaren, war das starre Arbeitszeitregime. Flexible Arbeitszeitregelungen gab es für die Beschäftigten in der DDR nicht. Die Nachfrage nach Teilzeitregelungen war bei den Frauen größer als es gesellschaftspolitisch in der DDR erwünscht war, entsprechend gering war auch das Angebot von Teilzeitarbeitsplätzen in den Betrieben, Kombinaten und Genossenschaften. Teilzeitarbeit bedeutete in der DDR eine Arbeitszeit zwischen 20 bis 40 Wochenstunden. Zwischen 25 und 40 Stunden in der Woche waren ca. 60 % der Teilzeitarbeitenden beschäftigt (Miethe et al. 1990). Im Verlauf der siebziger und achtziger Jahre sank der Anteil der laut Arbeitsvertrag verkürzt arbeitenden Frauen an den weiblichen Arbeitern und Angestellten (1970: 31,8 %, 1985: 27,4 %, 1988: 26,9 %) (Staatliche Zentralverwaltung 1990: 66).

Die Teilzeitarbeit hatte für die unterschiedlichen Frauenkohorten in der DDR unterschiedliche Bedeutung. So vermutet Trappe (1995), daß für Frauen im mittleren Alter (Geburtsjahre 1930 bis 1940) Teilzeitarbeit eine größere Relevanz in ihrem bisherigen Berufsleben hatte als für jüngere Frauen. Ihre empirischen Untersuchungen zu den unterschiedlichen Arrangements der Arbeitszeiten der berufstätigen Frauen (Geburtsjahrgänge 1929 bis 1931 und 1939 bis 1941) ergaben, daß ca. 4 % der Frauen immer einer Teilzeitbeschäftigung nachgingen, ca. 62 % immer in Vollzeit tätig waren und ca. 33 % zwischen beiden Formen wechselten (ebd.: 152). Im Jahre 1989 gingen 27,1 % der erwerbstätigen Frauen einer Teilzeitbeschäftigung nach (Winkler 1990: 83). Bei den 41-56jährigen Frauen lag die Teilzeitrate mit 27,8 % etwas über dem Durchschnitt. In allen Altersgruppen arbeiteten Frauen mit höherer Qualifikation seltener in Teilzeitverhältnissen als die übrigen Frauen (BMFJ 1993: 298).

Im Bereich der beruflichen Weiterbildung gab es für Frauen im mittleren Lebensalter in der DDR eine Vielzahl von Förderungsmöglichkeiten. 1952 wurde auf Beschluß des Ministerrates der DDR festgelegt, daß die Betriebe neben den Betriebskollektivverträgen auch Frauenförderpläne aufzustellen hatten. 1963 wurde die Möglichkeit von Frauensonderstudien (häufig berufsbegleitend) eingeführt, um die Qualifikation der berufstätigen Frauen zu verbessern. 1978 wurde in der Prüfungsordnung für Facharbeiter festgelegt, daß Frauen ab dem 40. Lebensjahr und Männer ab dem 45. Lebensjahr bei entsprechender Berufspraxis die Facharbeiterqualifikation zugesprochen werden konnte. Eine ähnliche Regelung gab es für die Fachschulabschlüsse (z. B. für mittleres medizinisches Personal und für Ingenieure). Zielgruppe und Nutzerinnen dieser Maßnahmen waren vor allem die Frauen im mittleren Lebensalter.

Zur besseren Bewältigung der familiären Anforderungen wurde 1952 ein bezahlter Hausarbeitstag eingeführt. Er konnte von vollbeschäftigten Frauen mit eigenem Haushalt, die verheiratet waren oder ein Kind unter 18 Jahren bzw. eine pflegebedürftige Person in ihrem Haushalt betreuten, monatlich in Anspruch genommen werden. Dieselbe Regelung traf ab 1976 auch auf kinderlose Frauen über 40 Jahre, sowie auf alleinerziehende Väter und auf Männer mit einer pflegebedürftigen Ehefrau zu. Frauen, die in den achtziger Jahren im mittleren Lebensalter waren, profitierten nur zu einem geringen Teil von den im Verlauf der DDR gesetzlich geschaffenen Erleichterungen für Mütter mit einer ganztägigen Berufsarbeit (z. B. von der ganztägigen staatlichen Betreuung für Säuglinge und Kleinkinder in Kinderkrippen und Kindergärten). Die Versorgung mit Kinderkrippenplätzen (Kinderkrippen, Dauerheime, Saisonkrippen) lag 1965, also zu einem Zeitpunkt, wo diese Frauen Mütter von Kleinkindern waren, noch bei einem Betreuungsgrad von 187/je 1.000 1985 bei 727/je 1.000 und 1989 bei 802 je 1.000 für die Betreuung in Frage kommende Kinder (Statistisches Amt der DDR 1990: 84). Der Betreuungsgrad für Kindergartenplätze entwickelte sich von 528 im Jahr 1965 über 940 im Jahr 1985 bis zu 951 je 1.000 Kinder im Jahr 1989 (Statistisches Amt der DDR 1990: 85). Eine Studie zeigt den Einfluß dieser unterschiedlichen Bedingungen auf die Berufstätigkeit verschiedener Frauenkohorten in der DDR. Mütter des Jahrganges 1935 waren zu 45 %, Mütter des Jahrganges 1945 waren zu 13 %, und 1955 geborene Mütter waren nur noch zu 6 % nicht berufstätig, als ihre Kinder unter 3 Jahre alt (im Kinderkrippenalter) waren (Johne/Peemüller 1992: 47).

Gesetzliche Regelungen zur Familien- und Sozialpolitik in der DDR bekamen vor allem nach 1971 einen neuen Stellenwert. Die Zielgruppe waren Frauen im fertilen Alter, d. h. insbesondere jüngere Frauen. Der Arbeitsausfall, der durch diese sozialpolitischen Regelungen, wie bezahlte Freistellungen zur Pflege erkrankter Kinder, verlängerter bezahlter Schwangerschafts- und Wochenurlaub, bezahlte Freistellungen bis zum Erhalt eines Krippenplatzes etc., auftrat, mußte häufig, vor allem in Wirtschaftsbereichen mit einem hohen Frauenanteil, von den Frauen ohne betreuungsbedürftige Kinder, d. h. durch ältere Frauen, kompensiert werden. Eine allgemeine Arbeitszeitverkürzung für alle Frauen konnte durch die auf Mütter konzentrierte Sozialpolitik nicht realisiert werden. Obwohl zahlreiche Rahmenbedingungen wie z. B. die Sicherung der außerfamiliären Kinderbetreuung den Frauen in der DDR die Vereinbarung von Beruf und Familie erleichterten, blieb die Familienarbeit traditionell im wesentlichen auf die Frauen beschränkt, so daß Mehrfachbelastungen nicht ausblieben. Die familiären Anforderungen an die Frauen lagen in der Haushaltsführung (kaum ausgeprägter Dienstleistungsbereich, geringe technische Ausstattung des Haushaltes, Mangel an Konsumgütern etc.), in der Kinderbetreuung (keine realisierte Gleichstellung mit dem Partner) und in der Betreuung der älteren Generation. Überlastungen der Frauen traten nach Ergebnissen einer regionalen Studie (Kahnes/Kahnes 1992) bei der Pflege älterer Personen vor allem durch fehlende körperliche Ressourcen (Krafteinsatz bei konkreten Pflegetätigkeiten), durch fehlende zeitliche Ressourcen (Zeit für die eigene Familie fehlt), durch mangelnde gesellschaftliche Unterstützung und durch fehlende Dienstleistungen auf. Mehrjähriger Urlaubsverzicht war für die Familien, die Betreuungsaufgaben übernommen hatten, die Folge.

Bedingungen der gesundheitlichen Versorgung

Es war in der DDR verfassungsrechtlich (Artikel 35) festgeschrieben, daß alle medizinischen Leistungen der Bevölkerung unentgeltlich zur Verfügung standen. Es gab keine Zuzahlungsregelungen oder andere Formen der Beteiligung des Einzelnen an der medizinischen Versorgung (Vorsorge, Behandlung, Rehabilitation, Arzneimittel). Die Kosten wurden von der Sozialversicherung übernommen. Dafür zahlten die Beschäftigten 10 % des Bruttoeinkommens, maximal 60,00 Mark/Monat, vom beitragspflichtigen Bruttoeinkommen in die Sozialversicherung ein (Winter 1980: 129).

Neben den allgemeinen Bedingungen der gesundheitlichen Vorsorge und Versorgung existierten für berufstätige Frauen eine Reihe von spezifischen Arbeitsschutzbestimmungen, die auf die weiblichen physiologischen Besonderheiten Rücksicht nehmen sollten. Für Berufstätige, die fünf Jahre vor dem Eintritt in das Rentenalter standen (Frauen in der Regel ab 55 Jahre), wurde im Jahre 1978 eine arbeitsmedizinische Dispensairebetreuung im Arbeitsgesetzbuch festgeschrieben. In den Dispensairestellen erfolgte eine kontinuierliche Betreuung von physiologisch oder sozial definierten Gruppen oder von chronisch Kranken durch spezialisierte Fachärzte über einen längeren Zeitraum. Im Anschluß an ein spezielles Untersuchungsprogramm im Rahmen der arbeitsmedizinischen Tauglichkeits- und Überwachungsuntersuchungen (ATÜ siehe auch Kapitel 8.4) wurde eine gezielte und differenzierte Langzeitgruppenbetreuung von Berufstätigen mit gesundheitlichen Gefährdungen vorgenommen. Die Differenzierungen betrafen die Häufigkeiten der periodischen Untersuchungen (mindestens zweijährlich bis vierteljährlich und häufiger) und das Ausmaß der medizinischen und arbeitshygienischen Maßnahmen. Weiterhin wurden auch die Arbeitsplätze und Arbeitsbedingungen von älteren berufstätigen Frauen (in der Regel ab 55 Jahre) auf ihre Zumutbarkeit gesondert überprüft. Ihre Arbeitsplätze wurden häufiger mit mehr Raum für körperliche Bewegungsfreiheit ausgestattet als die von jüngeren Frauen. Ebenfalls wurde an die älteren berufstätigen Frauen bei arbeitsmedizinischem Bedarf Heimarbeit oder Teilzeitarbeit vergeben und das Pausenregime ihren Bedürfnissen angepaßt (Eitner/Eitner 1986). Aus arbeitsmedizinischer Sicht wurde bei Beschäftigten über 55 Jahre eher eine befristet eingeschränkte Tätigkeitsaufgabe als eine Umsetzung an einen anderen Arbeitsplatz empfohlen, um den beschäftigten Frauen das gewohnte Arbeitsmilieu zu erhalten (Enderlein et al. 1998: 256ff.). Eine häufig praktizierte rehabilitative Maßnahme war die Verordnung von Schonarbeit. Sie konnte sowohl prophylaktisch im Vorfeld drohender Erkrankungen oder Verschlimmerungen von Leiden als auch rehabilitativ nach längerer Arbeitsunfähigkeit in Anspruch genommen werden. Der Betrieb hatte durch Einschränkung der Arbeitsaufgaben, durch Veränderung der Arbeitsplatzbedingungen oder der Arbeitszeit eine Weiterbeschäftigung zu ermöglichen. Die Schonarbeit war mindestens mit dem Durchschnittslohn finanziell abgesichert und bis zu einer Dauer von 12 Wochen möglich. Diese Schutzmaßnahmen wirkten sich durch die fehlende Bedrohung von Arbeitslosigkeit nicht zu einem „Wettbewerbsnachteil" für ältere Frauen auf dem Arbeitsmarkt aus.

In der DDR stellte das Betriebsgesundheitswesen eine tragende Säule für die medizinische Basisbetreuung dar. Betriebsärztinnen konnten neben der arbeitsmedizinischen Betreuung auch allgemeinmedizinische oder spezialisierte Behandlungen (z. B. gynäkologische) durchführen. Für Frauen war die medizinische Versorgung am Arbeitsplatz u. a. auch aus Zeitgründen ein günstiges Angebot.

Chronisch Kranke wurden in der DDR im Rahmen der Dispensairebetreuung fachärztlich versorgt und sozialmedizinisch über den Umgang mit der Krankheit beraten und aufgeklärt. Des weiteren gab es für besonders disponierte Bevölkerungsgruppen gesetzliche Regelungen, die für diesen Personenkreis Reihenuntersuchungen und eine laufende Überprüfung ihrer Arbeitsbedingungen vorsahen (z. B. bei beruflichen Übergängen und im Rahmen der ATÜ für Frauen ab dem 55. Lebensjahr, für Frauen mit Nachtschichtarbeit und für Frauen mit drei und mehr Kindern im Alter bis zu 16 Jahren). Diese Frauengruppen waren auch ohne spezifische berufliche Expositionen oder Belastungen mit Gesundheitsrisiken in Vorsorgeuntersuchungen einbezogen.

8.5.2 Beschreibung der gesundheitlichen Lage

8.5.2.1 Lebenserwartung und Sterblichkeit

Die Lebenserwartung bei der Geburt betrug 1989 bei den Frauen 76 Jahre und bei den Männern 70 Jahre. Die Männer hatten während des gesamten Zeitraumes in der DDR eine niedrigere Lebenserwartung als die Frauen. Eine Betrachtung der ferneren

Lebenserwartung der Frauen zwischen dem 45. und 60. Lebensjahr zeigt in den achtziger Jahren in allen Altersgruppen eine Steigerung (Tabelle 8.5-5).

Tabelle 8.5-5: Fernere Lebenserwartung der Frauen (45-60 J.) in der DDR

Vollendetes Alter	1980	1985 in Jahren	1989
45	31,9	32,5	33,1
50	27,4	27,9	28,6
55	23,0	23,5	24,1
60	18,8	19,2	19,9

Quelle: StZV 1987: 380, 1989: 388, 1990: 428.

In den achtziger Jahren setzte sich in der DDR der rückläufige Trend der Sterbeziffern früherer Jahre fort. Er wurde auch bei den Frauen im mittleren Lebensalter wirksam (Tabelle 8.5-6).

Tabelle 8.5-6: Sterbeziffern der weiblichen Personen der DDR nach Altersgruppen 1980, 1985 und 1989

Altersgruppe	Gestorbene je 1.000 der Bevölkerung gleicher Altersgruppe		
	1980	1985	1989
45 bis unter 50	3,1	2,8	2,8
50 bis unter 55	5,1	4,7	4,3
55 bis unter 60	7,9	7,2	7,0

Quelle: IfMSt 1990: 62.

Die häufigsten sechs Todesursachen von Frauen zwischen 45 und 60 Jahren hatten im Jahr 1989 folgende Rangfolge: Bösartige Neubildungen (3009 Sterbefälle), Krankheiten des Kreislaufsystems (1885 Sterbefälle), Krankheiten des Verdauungssystems (559), Selbsttötungen und Selbstbeschädigungen (347 Sterbefälle), Unfälle (288 Sterbefälle) und Krankheiten der Atmungsorgane (261 Sterbefälle) (StZV 1990: 434f.). Für die DDR kann der Rückgang der Gesamtsterblichkeit vor allem auf den Rückgang der Sterblichkeit an den Krankheiten des Kreislaufs und des Atmungssystems zurückgeführt werden (IfMSt 1990: 44).

8.5.2.2 Stationäre Morbidität

Die stationäre Morbidität gibt Auskunft über die Verbreitung von Krankheiten in der Bevölkerung, die mit einem Krankenhausaufenthalt verbunden sind. Im allgemeinen handelt es sich dabei um schwere oder lebensbedrohende Krankheiten, die den Gesundheitszustand erheblich beeinträchtigen und von zahlreichen psychosozialen Folgen begleitet sind. In der DDR wurde die stationäre Morbidität flächendeckend über die Krankenblattdokumentation erfaßt, wodurch ein Bezug zur Wohnbevölkerung gegeben ist, der repräsentative Angaben über die Häufigkeit von Krankenhausfällen und ihre Verweildauer zuläßt. Im folgenden werden aus den neu aufbereiteten Daten des Robert-Koch-Institutes einige Diagnosen auf Grund ihrer Bedeutung als Todesursache oder wegen ihrer sozialmedizinischen Relevanz dargestellt (Neubildungen, Myokardinfarkt, Muskel-Skelett-Erkrankungen, Diabetes mellitus, gynäkologische Erkrankungen im Klimakterium).

Eine von der Diagnosenstellung unabhängige Betrachtung der stationären Morbidität zeigt, daß innerhalb des mittleren Lebensalters die häufigsten Krankenhausfälle bei Frauen zwischen 50-55 Jahren auftreten und daß die Verweildauer gegen Ende des mittleren Lebensalters ansteigt (Tabelle 8.5-7).

Tabelle 8.5-7: Krankenhausfälle je 100.000 Frauen und durchschnittliche Verweildauer in Tagen je Fall nach Alter in der DDR, 1989

Alter	Krankenhausfälle	Verweildauer
40 bis unter 45	14 098,2	16,7
45 bis unter 50	15 889,9	16,5
50 bis unter 55	17 030,2	16,3
55 bis unter 60	15 215,1	20,2

Quelle: Bergmann/Menzel 1995: 27.

Neubildungen

In der DDR existierte seit 1952 auf der Grundlage der Meldepflicht ein Krebsregister. Damit sind Aussagen zur Häufigkeit von Tumorerkrankungen in der Bevölkerung möglich. Im Jahre 1987 gehörten bei Frauen zu den häufigsten Krebserkrankungen die Neubildungen der Brustdrüse (Anteil 22,9 %), des Dickdarmes (Anteil 8,4 %) und des Gebärmutterhalses (Anteil 8,1 %). Bei einer zeitlichen Betrachtung der Trends beeindruckt besonders der Rückgang der Krebserkrankungen des Gebärmutterhalses (1963-1987 von 35,8 auf 22,5 je 100.000 Frauen). Der Rückgang der Neuerkrankungen betraf vor allem die 35-60jährigen Frauen. Hierzu existierte ein wirksames Screeningprogramm. Die Neubildungen gehören im mittleren Lebensalter zu den häufigsten Krankenhausbehandlungen (Tabelle 8.5-8). Ihre Letalität nimmt innerhalb des mittleren Lebensalters zu. Im Jahre 1989 verstarben 1,5 % der 40-45jährigen Frauen an Neubildungen und 5,1 % der 55-60jährigen Frauen (IfMSt 1990: 121).

Tabelle 8.5-8: Krankenhausfälle Neubildungen je 100.000 Frauen und durchschnittliche Verweildauer in Tagen je Fall nach Alter in der DDR, 1989

Alter	Krankenhausfälle	Verweildauer
40 bis unter 45	2 337,7	14,0
45 bis unter 50	2 978,6	14,1
50 bis unter 55	2 739,4	14,8
55 bis unter 60	2 635,5	16,2

Quelle: Bergmann/Menzel 1995: 77.

Myokardinfarkt

Das MONICA–Herzinfarkt-Register der DDR (1982-1984) gibt Auskunft über die Häufigkeit der Myokardinfarkte von Frauen. Frauen zwischen 25 und 64 Jahren erlitten in diesem Zeitraum 6 Herzinfarkte je 100.000 Einwohnerinnen. Im Altersverlauf ist ein

Anstieg der Myokardinfarkte zu beobachten. Bei den 35-44jährigen Frauen wurden 9 Myokardinfarkte, bei den 45-54jährigen Frauen wurden 64, und bei der nächsten Altersgruppe, den 55-64jährigen Frauen, wurden 202 Myokardinfarkte je 100.000 Frauen registriert (Heinemann 1988: 33).

Auch bei der stationären Morbidität wird im Jahre 1989 ein Anstieg im Altersgang sichtbar (Tabelle 8.5-9).

Tabelle 8.5-9: Krankenhausfälle akuter Myokardinfarkt je 100.000 Frauen und durchschnittliche Verweildauer in Tagen je Fall nach Alter in der DDR, 1989

Alter	Krankenhausfälle	Verweildauer
40 bis unter 45	18,8	21,4
45 bis unter 50	30,4	25,6
50 bis unter 55	71,4	22,8
55 bis unter 60	132,9	22,8

Quelle: Bergmann/Menzel 1995: 277.

Krankheiten des Muskel-Skelett-Systems und des Bindegewebes

Krankheiten des Muskel-Skelett-Systems und des Bindegewebes haben einen erheblichen Anteil an der stationären Morbidität. Die Behandlungsfälle konzentrieren sich bei den Frauen auf die Altersgruppe 45-60 Jahre. Innerhalb dieser Diagnoseklasse wurden vor allem Ostheoarthrosen und Weichteilrheumatismus stationär behandelt. Tabelle 8.5-10 zeigt die Krankenhausfälle an den Krankheiten des Muskel-Skelett-Systems 1989.

Tabelle 8.5-10: Krankenhausfälle mit den Diagnosen des Muskel-Skelett-Systems und des Bindegewebes je 100.000 Frauen und durchschnittliche Verweildauer in Tagen je Fall nach Alter in der DDR, 1989

Alter	Krankenhausfälle	Verweildauer
40 bis unter 45	825,1	20,2
45 bis unter 50	1 118,0	19,7
50 bis unter 55	1 302,2	21,1
55 bis unter 60	1 310,9	21,9

Quelle: Bergmann/Menzel 1995: 88.

Diabetes mellitus

Der Diabetes mellitus gehört als häufigste Stoffwechselerkrankung des Alters zu den Diagnosen, die seit 1958 in der DDR über Spezialbetreuungsstellen (Dispensaires) gut erfaßt wurden. Es liegen somit verläßliche Daten über die Neuerkrankungen (Inzidenzen) vor (Tabelle 8.5-11). Daraus wird ersichtlich, daß die Inzidenzen innerhalb des mittleren Lebensalters kontinuierlich ansteigen. Im Verlaufe der 80er Jahre lassen sich kaum wesentliche Morbiditätsveränderungen im mittleren Lebensalter feststellen.

Lediglich die Altersgruppe 40-45 Jahre hat eine Zunahme an Neuerkrankungen zu verzeichnen.

Tabelle 8.5-11: Neuerkrankungen an Diabetes bei Frauen (40-60 Jahre) je 100.000 der Bevölkerung in der DDR, 1984-1988

Alter	1984	1986	1988
40 bis unter 45	162,4	174,2	208,4
45 bis unter 50	325,6	313,2	307,9
50 bis unter 55	587,9	623,7	594,8
55 bis unter 60	863,0	820,6	819,5

Quelle: IfMSt 1985: 77, 1987: 109, 1989: 99.

Die Krankenhausfälle mit der Diagnose Diabetes mellitus nehmen im Verlauf des mittleren Lebensalters ebenfalls zu. Sie entsprechen der Inzidenzentwicklung im Altersverlauf auf einem niedrigeren Niveau (Tabelle 8.5-12).

Tabelle 8.5-12: Krankenhausfälle Diabetes mellitus je 100.000 Frauen und durchschnittliche Verweildauer in Tagen je Fall nach Alter in der DDR, 1989

Alter	Krankenhausfälle	Verweildauer
40 bis unter 45	121,1	18,8
45 bis unter 50	193,6	19,8
50 bis unter 55	341,2	20,2
55 bis unter 60	498,1	21,6

Quelle: Bergmann/Menzel 1995: 189.

Gynäkologische Erkrankungen im Klimakterium

Krankheiten der Menopause und Postmenopause erreichten ihren Häufigkeitsgipfel in der Gruppe der 50-54jährigen Frauen. Menstruationsstörungen und abnorme Blutungen kommen im Alter von 40 bis unter 50 Jahren sehr häufig vor. Beide Krankheitsgruppen weisen im Vergleich mit anderen Erkrankungen eine hohe stationäre Inanspruchnahme auf. Die stationären Aufenthalte sind aber kurz und liegen durchschnittlich unter einer Woche (Tabelle 8.5-13).

Tabelle 8.5-13: Krankenhausfälle Krankheiten der Menopause und Postmenopause sowie Menstruationsstörungen und abnorme Blutungen je 100.000 Frauen und durchschnittliche Verweildauer in Tagen je Fall nach Alter in der DDR, 1989

Alter	Krankheiten der Menopause und Postmenopause		Menstruationsstörungen und abnorme Blutungen	
	Krankenhausfälle	Verweildauer	Krankenhausfälle	Verweildauer
40 bis unter 45	129,9	5,0	1 291,2	5,2
45 bis unter 50	809,2	4,8	1 596,1	5,0
50 bis unter 55	1 901,3	4,9	1 089,4	4,8
55 bis unter 60	874,7	4,9	202,3	2,4

Quelle: Bergmann/Menzel 1995: 421/422.

8.5.2.3 Arbeitsbezogene Aspekte der Gesundheit

Der hohe Grad der Frauenerwerbstätigkeit in der DDR erlaubt, Aussagen zur Gesundheitslage über die arbeitsbezogenen Morbiditäten vorzunehmen. Nachfolgend wird beschrieben, wie sich die krankheitsbedingte Arbeitsunfähigkeit, die Arbeitsunfälle, die Verordnung von Heilkuren und die Invalidisierung (Frühverrentung) im mittleren Lebensalter bei Frauen darstellen. Arbeitsunfähigkeit im sozialversicherungsrechtlichen Sinn lag in der DDR vor, wenn Krankheit, Arbeitsunfall oder Berufskrankheit eine zeitlich begrenzte Beeinträchtigung des Arbeits- und Leistungsvermögen eines Werktätigen verursachten und der Versicherte nicht oder nur mit Gefahr, seinen Zustand zu verschlimmern, fähig war, seiner bisher ausgeübten Tätigkeit nachzugehen (Bräunlich et al. 1986: 112). Seit 1963 gab es eine jährliche Analyse der Arbeitsunfähigkeiten bei der Sozialversicherung der DDR. Damit konnten für 80-90 % der Berufstätigen Aussagen getroffen werden. Allerdings sind die mit der Arbeitsunfähigkeit (AU) verbundenen Aussagen zur Morbidität mit Vorsicht zu interpretieren, weil die soziale und wirtschaftliche Situation den Krankenstand beeinflußt. Die soziale Sicherheit, die in der DDR auch im Krankheitsfall gegeben war, hat zu einem relativ hohen Krankenstand geführt. Frauen hatten über den gesamten Zeitraum der DDR einen höheren Krankenstand als Männer. Der Krankenstand (Anteil der krankheitsbedingten Ausfallzeit an der zu leistenden Sollarbeitszeit) der weiblichen Angestellten und Arbeiter erreichte 1988 6,3 %, bei den Männern 5,8 % (IfMSt 1989: 290). Bei der Betrachtung der Krankschreibungen von Frauen spielen in der Literatur vor allem zwei Komponenten eine Rolle: Winter (1980: 121) unterstreicht die soziale Bedeutung der Mutterschaft, Bräunlich et al. (1986: 112) betonen, daß durch die annähernde Vollbeschäftigung auch Frauen mit relativ ungünstigem Gesundheitszustand berufstätig waren und entsprechend ihrer gesundheitlichen Situation häufiger arbeitsunfähig wurden. Im mittleren Lebensalter nehmen die AU-Fälle ab, und die AU-Dauer steigt bedingt durch den Beginn chronischer Krankheiten an.

Aufgeschlüsselt nach Diagnosegruppen, nehmen bei den Arbeitsunfähigkeitsfällen Krankheiten des Atmungssystems (akute Infekte in diesem Bereich) den ersten Rang ein. Es folgen Krankheiten des Verdauungssystems. Die Krankheiten des Muskel-Skelett-Systems und des Bindegewebes sowie die Krankheiten des Kreislaufsystems, die ebenfalls einen großen Teil der AU-Fälle bewirken, unterstreichen deren Bedeutung für die Gesundheit der Frauen im mittleren Alter. Ein Vergleich der AU-Fälle nach den Altersgruppen zeigt, daß mit steigendem Alter auch die Krankheiten des Kreislaufsystems für das Arbeitsunfähigkeitsgeschehen an Bedeutung gewinnen (Tabelle 8.5-14).

Im Verlauf der achtziger Jahre konnten in der DDR die meldepflichtigen Arbeitsunfälle bei Männern und Frauen drastisch reduziert werden (z. B. in der Altersgruppe der 45-50jährigen Berufstätigen von 30,0 Arbeitsunfällen je 1.000 Berufstätigen im Jahr 1979 auf 19,0 im Jahr 1989) (Miethe et al. 1990: 78). In allen Altersgruppen waren Frauen erheblich weniger von Arbeitsunfällen betroffen als Männer. Eine Hauptursache für den Unterschied dürfte in den verschieden Berufen, der Tätigkeit in verschiedenen Wirtschaftsbereichen und den unterschiedlichen Arbeitsbedingungen von Frauen und Männern liegen. Eine Analyse meldepflichtiger Arbeitsunfälle von Frauen im Altersgang zeigt eine steigende Tendenz bei den über 40jährigen Frauen. Die größte Häufigkeit ist bei den 55- bis unter 60jährigen Frauen mit 18,6 Arbeitsunfällen je 1.000 Berufstätige im Jahr 1989 zu verzeichnen (ebd.). Diese Arbeitsunfälle werden von Miethe (ebd.) im Zusammenhang mit der verhältnismäßig niedrigen Qualifikation und den schlechteren Arbeitsbedingungen (manuelle Tätigkeiten, körperlich schwere Arbeit) dieser Frauen erklärt.

Tabelle 8.5-14: AU-Fälle je 100 Arbeiterinnen und Angestellte nach ausgewählten Krankheitsklassen, nach Altersgruppen, Sozialversicherung beim Freien Deutschen Gewerkschaftsbund (DDR), 1980

Krankheitsklasse	40-49 Jahre	50-59 Jahre
Krankheiten des Atmungssystems	43,9	35,8
Krankheiten des Verdauungssystems	16,0	12,7
Krankheiten des Muskel-Skelett-Systems und des Bindegewebes	16,1	16,4
Krankheiten des Urogenitalsystems	9,0	6,3
Krankheiten des Kreislaufsystems	10,7	13,6
Neubildungen	1,8	1,3

Quelle: Bräunlich et al. 1986: 116.

Heilkuren, deren Kosten von der Sozialversicherung der DDR übernommen wurden, und bei deren Vergabe der Betrieb und die Gewerkschaft ein Mitspracherecht hatten, waren für Erwachsene mehrheitlich bei Herz-Kreislauf-Krankheiten und Krankheiten des Muskel-Skelett-Systems indiziert. Daraus resultierte auch die hohe Inanspruchnahme der Kuren im mittleren Lebensalter (BMFJ 1993: 306). Noch zu Beginn der achtziger Jahre wurde mehr Männern als Frauen im mittleren Lebensalter eine Heilkur verordnet. Der Versorgungsgrad mit Heilkuren (bezogen auf 10.000 der Bevölkerung gleichen Alters und Geschlechts) betrug im Jahr 1982 bei den 50- bis unter 55jährigen Männern 386 und bei den gleichaltrigen Frauen 260. Im Jahr 1989 war der Versorgungsgrad mit Heilkuren im mittleren Lebensalter zwischen den Geschlechtern ausgeglichen (353 Männer vs. 354 Frauen). Lediglich in der Altersgruppe der 55- bis unter 60jährigen zeigte sich noch ein höherer Versorgungsanteil bei den Männern (IfMSt 1990: 390). Es sind mehrere Gründe für das Aufholen der Frauen denkbar: Ärzte und Verantwortliche in den Betrieben und in der Gewerkschaft orientierten sich stärker auf die Gesundheit von Frauen. Weiterhin haben Frauen begonnen, verstärkt auf ihre eigene Gesundheit zu achten. Außerdem stieg der Anteil an weiblichen Berufstätigen im mittleren Lebensalter in den achtziger Jahren an.

Durch Krankheit, Unfall und andere Schädigungen kann das Leistungsvermögen eines Menschen gemindert sein. In der DDR galt die arbeitsgesetzliche Regelung, daß ab einer Minderung von zwei Dritteln des Leistungsvermögens oder des Verdienstes gegenüber eines Gesunden Invalidität (Erwerbsunfähigkeit) vorliegt. Zur Feststellung des Leistungsvermögens wurde ein ärztliches Gutachten erstellt. Die Invalidenrentner waren nicht zwangsläufig aus dem Berufsprozeß ausgegliedert, weil der Betrieb verpflichtet war, dem Betroffenen eine Teilbeschäftigung anzubieten, wenn dieser es wünschte.

In den achtziger Jahren sank die Invalidisierungsrate (Frühverrentung) von Frauen bis 1985, sie stieg bis zum Ende der achtziger Jahre wieder an (1980: 49, 1985: 44, 1989:

51 je 10.000 weibliche Arbeiter und Angestellte). Bei den Männern war ein Anstieg in den achtziger Jahren durchgängig zu verzeichnen (1980: 48, 1985: 75, 1989: 75 Neuzugänge je 10.000 männliche Arbeiter und Angestellte) (Miethe et al. 1990: 75).

Tabelle 8.5-15: Neuzugänge an Invalidenrentnern nach Altersgruppen in der DDR, 1989

Altersgruppe (Jahre)	Neuzugang je 10.000 Frauen	Neuzugang je 10.000 Männer
15 bis unter 25	10,9	16,5
25 bis unter 30	10,0	8,5
30 bis unter 35	13,1	12,6
35 bis unter 40	18,9	16,8
40 bis unter 45	29,9	22,8
45 bis unter 50	53,4	44,3
50 bis unter 55	99,7	82,2
55 bis unter 60	259,4	199,9
60 bis unter 65	-	532,5

Quelle: Miethe et al. 1990: 75.

Nach Bräunlich et al. (1988) führte lediglich die niedrigere Rentenaltersgrenze der Frauen (mit 60 Jahren) zu den höheren Invalidisierungsquoten der Männer. Tatsächlich zeigt eine weiterführende altersspezifische Betrachtung über das gesamte Erwerbsleben der Frauen hinweg, daß Frauen ab ihrem 30. bis zu ihrem 60. Lebensjahr häufiger als Männer invalidisiert wurden. Die Invalidisierungen konzentrierten sich auf die letzten Jahre vor Rentenbeginn. 10 Jahre vor Rentenbeginn ist eine starke Zunahme an Invalidisierungen zu verzeichnen (siehe Tabelle 8.5-15). Damit waren Invalidisierungen mehrheitlich ein Problem für die Frauen ab 50 Jahre. Die Gründe für den höheren Invalidisierungsgrad unter den Frauen lagen nicht (nur) in ihrem gegenüber den Männern schlechteren Gesundheitszustand, sondern auch in ihrem verhältnismäßig geringeren Qualifikationsgrad und dem entsprechend niedrigeren Lohnniveau (ebd.: 76). Dies erschwerte die Rehabilitation der Frauen, da arbeitsorganisatorische und arbeitshygienische Bedingungen für gering Qualifizierte ungünstiger waren als für die übrigen Beschäftigten.

Die Hauptdiagnosen für die Invalidisierungen waren 1989 Krankheiten des Kreislaufsystems, Krankheiten des Muskel-Skelett-Systems, psychische Krankheiten, bösartige Neubildungen, Krankheiten des Nervensystems und der Sinnesorgane sowie chronisch obstruktive Lungenkrankheiten (ebd.: 76).

8.5.2.4 Befundmorbiditäten

Die arbeitsmedizinischen Tauglichkeits- und Überwachungsuntersuchungen (ATÜ) bieten einen umfangreichen Datensatz, der zusätzliche Informationen über die gesundheitliche Situation von Frauen im mittleren Alter liefert (vgl. Kapitel 8.4). Bräunlich et al. (1988) werteten 580.000 zentral erfaßte Wiederholungsuntersuchungen von berufstätigen Frauen aus dem Jahr 1986 aus, die im Rahmen der ATÜ durchgeführt worden sind. In diese Untersuchungen waren berufstätige Frauen mit gesundheitsrelevanten Expositionen und Frauen in Berufen mit speziellen Anforderungen (Lehrerinnen, Erzieherinnen, Nachtarbeiterinnen, Frauen an Bildschirmarbeitsplätzen etc.) sowie alle berufstätigen Frauen ab dem 55. Lebensjahr einbezogen (ebd.: 1049).

Tabelle 8.5-16: Befundprävalenz der Frauen für ausgewählte Diagnosegruppen aus ATÜ[1] in der DDR, 1986

Diagnosegruppen	ICD	< 45 J.	≥ 45 J.
		Anteil in %	
Krankheiten des Kreislaufsystems	390-459	9,7	38,0
Hochdruckkrankheit	401-405	3,5	23,2
Ischämische Herzkrankheit	410-414	0,3	6,7
Krankheiten des Muskel-Skelett-Systems	710-739	10,0	30,4
der Wirbelsäule und des Rückens	721-724, 732.0, 737 738.4-738.5	8,1	21,7
der Gelenke	715, 717-718	0,6	4,7
Hörstörungen	388-389	0,8	2,3
Sehstörungen	367-369, 378	4,0	6,7
Krankheiten des Verdauungssystems	520-579	3,1	5,3
Krankheiten des Nervensystems	290-359	2,9	4,0
Krankheiten der Haut	680-709	2,0	1,8
Chronische obstruktive Lungenkrankheiten	491-496, 506-508	0,8	2,5
Diabetes mellitus	250	0,3	3,5
Krankheiten der Nieren und Harnwege	580-599	1,3	1,9
Verletzungsfolgen	800-959	0,3	0,5

1) Den Berechnungen liegen N = 163.584 Diagnosen zugrunde.

Quelle: Bräunlich et al. 1988: 1052.

Die dargestellten Befundprävalenzen demonstrieren in ihrer Altersaufteilung bis 45 Jahre und über 45 Jahre die Bedeutung des mittleren Lebensalters für die Zunahme des Krankheitsrisikos bei Frauen. Die obere Begrenzung der Berufstätigkeit lag in der DDR für Frauen in der Regel bei 60 Jahren (Alter des Rentenbeginns), so daß es berechtigt ist, daraus Schlußfolgerungen für das mittlere Lebensalter zu ziehen. Insbesondere zeigt sich bei Frauen über 45 Jahre ein starker Anstieg der Prävalenzen bei den Krankheiten des Kreislaufsystems und des Muskel-Skelett-Systems (Tabelle 8.5-16). Beide Krankheitsgruppen können das Leistungsvermögen und das Wohlbefinden der Frauen im Beruf und auch bei der Gestaltung des privaten und familiären Lebens beträchtlich einschränken. Hinzu kommt, daß die Erkrankungen des Muskel- und Skelettsystems mit körperlichen Schmerzen und mit Einschränkungen in der Mobilität verbunden sind.

Auch ärztliche Angaben zur ambulanten Behandlungshäufigkeit bestätigen, daß im Verlauf des mittleren Lebensalters (meist nach dem fünfzigsten Lebensjahr) besonders die Krankheiten des Muskel-Skelett-Systems und des Bindegewebes sowie Krankheiten des Kreislaufsystems zunehmen (Tabelle 8.5-17).

Tabelle 8.5-17: Ambulante Behandlungsfälle je 1.000 Frauen der jeweiligen Altersgruppe nach ICD-Hauptgruppe, Kreis Zittau, 1. 4. 1987-31. 3. 1988

Diagnosegruppe (IKK-9)	Altersgruppe				
	35-39	40-44	45-49	50-54	55-59
II. Neubildungen	58,2	90,4	97,9	81,3	70,3
III. Endokrine, Ernährungs- und Stoffwechselkrankheiten sowie Immunitätsstörungen	134,7	128,6	149,2	215,0	256,2
VII. Krankheiten des Kreislaufsystems	236,6	305,0	389,9	522,6	696,8
IX. Krankheiten des Verdauungssystems	150,9	151,0	179,8	182,2	181,9
X. Krankheiten des Urogenitalsystems	265,0	315,7	288,5	266,6	183,0
XIII. Krankheiten des Muskel-Skelett-Systems und des Bindegewebes	382,4	497,7	529,3	559,8	620,0

Quelle: IfMSt 1990: 296ff.

Eine gemeinsame Betrachtung von subjektiver (Selbsteinschätzung) und objektiver (Arzturteil) Gesundheit von Frauen im mittleren Lebensalter ist durch die reanalytische Bearbeitung der Studie „Untersuchungen zum Gesundheitszustand ausgewählter Bevölkerungsgruppen" in der Region Halle möglich (Franke 1998). Im Rahmen der arbeitsmedizinischen Tauglichkeits- und Überwachungsuntersuchungen wurden von 2.316 Werktätigen aus Industrie und Landwirtschaft, darunter 707 Frauen, Gesundheitsdaten erhoben.

Tabelle 8.5-18: Selbsteinschätzung des Gesundheitszustandes und Arzturteil von Frauen nach Altersgruppen in %

	Gesamt	45-49 Jahre	50-54 Jahre	55-59 Jahre
N =	232	70	90	72
Selbsteinschätzung des Gesundheitszustandes				
sehr gut	1,7	2,9	2,2	-
gut	42,8	47,1	37,9	44,4
eher gut als schlecht	29,7	31,4	33,3	23,6
eher schlecht als gut	22,0	15,7	24,4	25,0
schlecht	3,4	2,9	2,2	5,6
sehr schlecht	0,4	-	-	1,4
Insgesamt	100,0	100,0	100,0	100,0
Arzturteil				
sehr gut	1,7	4,3	-	1,4
gut	38,8	52,8	34,4	33,3
eher gut als schlecht	45,3	32,9	52,3	45,8
eher schlecht als gut	12,9	10,0	13,3	15,3
schlecht	0,4	-	-	2,8
sehr schlecht	-	-	-	1,4
Insgesamt	100,0	100,0	100,0	100,0

Quelle: Reanalyse „Zum Gesundheitszustand ausgewählter Bevölkerungsgruppen" in der Region Halle 1985-1988; Franke 1998: 7ff.

Im Mittelpunkt der Sekundäranalyse, die sich auf die 80er Jahre bezieht (1985-1989), stehen die Bewertungen des Gesundheitszustandes durch das Selbst- und das

Arzturteil, die Beschwerdeprävalenzen, gesundheitliche Risikofaktoren sowie die Lebenssituation und Lebenszufriedenheit im Zusammenhang mit den Gesundheitsurteilen. Die Verbindung von ärztlicher Untersuchung und medizinsoziologischer Befragung ermöglichte die Zusammenführung der Daten von subjektiv wahrgenommener und objektiv gemessener Gesundheit. Für das mittlere Alter wurden die Daten von 232 Frauen (45-59 Jahre) ausgewertet (Tabelle 8.5-18).

Die Selbsteinschätzung und das Arzturteil zeigen erwartungsgemäß eine Altersabhängigkeit. Jüngere Altersgruppen innerhalb dieser Lebensphase schätzten ihre Gesundheit positiver als ältere ein. Eine gute Selbsteinschätzung des Gesundheitszustandes wurde von den Frauen begründet mit: gutem Allgemeinbefinden/sich wohl fühlen (18,8 %), Schmerz- und Beschwerdelosigkeit (7,5 %), mit dem Gefühl, den täglichen Anforderungen gewachsen zu sein (4,8 %) und mit seltener Arbeitsunfähigkeit (3,5 %). Die Gründe für eine schlechtere Einschätzung der Gesundheit waren: häufige Schmerzen und Beschwerden (28,5 %) sowie chronische Erkrankungen und Behinderungen (8,3 %) (ebd.: 8).

Tabelle 8.5-19: Übereinstimmung und Abweichung bei Selbsteinschätzung und Arzturteil nach Altersgruppen in %

	Gesamt	45-49 Jahre	50-54 Jahre	55-59 Jahre
N =	232	70	90	72
Übereinstimmung	55,6	45,7	57,8	44,4
Selbsteinschätzung besser als Arzturteil	17,4	17,1	16,7	23,6
Selbsteinschätzung schlechter als Arzturteil	27,0	37,2	25,5	32,0
Insgesamt	100,0	100,0	100,0	100,0

Quelle: Reanalyse „Zum Gesundheitszustand ausgewählter Bevölkerungsgruppen" in der Region Halle 1985-1988; Franke 1998: 11.

Die Gegenüberstellung der Selbst- und der Arzturteile zeigt eine Übereinstimmung bei über 50 % der Urteile, 17 % der Frauen im mittleren Lebensalter schätzen ihre Gesundheit besser ein als der Arzt und 27 % gaben ein schlechteres Urteil über ihre Gesundheit ab, als es der Arzt tat (Tabelle 8.5-19). Diese Nichtübereinstimmung der Urteile kann damit begründet werden, daß beide Urteile unterschiedliche Dimensionen der Gesundheit erfassen. Das Arzturteil basiert auf klinischen Befunden und objektivierbaren Diagnosen. Das Selbsturteil reflektiert die über das Befinden wahrgenommene Gesundheit. In ihm widerspiegeln sich physisches, psychisches und soziales Wohlbefinden sowie Beschwerden und empfundene Leistungseinbußen. Befindlichkeitsstörungen sind dem Arzt partiell über die Anamnese zugänglich, jedoch fließen sie ins Arzturteil nur dann ein, wenn sie durch klinische Befunde belegt sind.

Im Rahmen der ärztlichen Anamnese konnten die Frauen auch ihre Beschwerden nennen. Unter folgenden Beschwerden litten die Frauen im mittleren Alter häufig: Schmerzen im Rücken (28,4 %), Kopfschmerzen (22,8 %), Kribbeln/Einschlafen in Händen und Füßen (17,7 %), Schwindelgefühl (16,8 %), Schmerzen in den Beinen (16,4 %), Schlafstörungen beim Ein- und Durchschlafen (15,1 %), Unruhe, Erregbarkeit, Nervosität (14,7 %), Beschwerden durch Krampfadern (14,2 %), und Speisenunverträglichkeit (13,8 %) (ebd.: 16). Damit zeigten sich sowohl Beschwerden, die auf psychogen bedingte Erschöpfungszustände hindeuten, als auch Beschwerden, die symptomatisch für Kreislauf- und Muskel-Skelett-Erkrankungen sind.

Die der Reanalyse zugrunde liegende Basisstudie ließ einen Vergleich mit den männlichen Werktätigen und mit jüngeren Altersgruppen der Frauen zu. Dieser erbrachte bei allen Beschwerden eine höhere Prävalenz und einen stärkeren Ausprägungsgrad bei den Frauen. Ein deutlicher Umschlag von den guten zu den schlechteren Gesundheitsurteilen (Arzt- und Selbsturteil) fand bei den Frauen der Altersgruppe 40-45 Jahre statt. Bei den Selbsturteilen verstärkt sich diese Tendenz noch einmal in der Gruppe Frauen ab 50 Jahre (Werner 1992: 143).

8.5.3 Gesundheitsbezogene Risiken und Ressourcen

Übergewicht und Hypertonie gelten als Risikofaktoren für eine Reihe von chronischen Erkrankungen (z. B. Diabetes mellitus und Herz-Kreislauf-Erkrankungen). Aus dem Datensatz der Arbeitsmedizinischen Vorsorgeuntersuchungen Ost (AMV-Ost 1986/1987) wurde nach dem Body-Mass-Index ein starkes Übergewicht (BMI >= 30) für 19 % der Frauen zwischen 40 und 49 Jahren und für 30 % der Frauen zwischen 50 und 59 Jahren festgestellt (Enderlein et al. 1998: 317), damit war das Übergewicht vor allem ein Risiko für die Frauen im mittleren Lebensalter. Frauen im mittleren Lebensalter waren nach diesen Studienergebnissen nicht nur häufiger übergewichtig als Frauen in den jüngeren Altersgruppen, sondern hatten auch einen höheren Blutdruck.

Die Daten aus Tabelle 8.5-20 stammen aus einem Risikofaktorenprofil einer repräsentativen Stichprobe der Stadt Zwickau (MONICA-Projekt DDR). Sie belegen ebenfalls einen deutlichen Blutdruckanstieg bei 50-59jährigen Frauen.

Tabelle 8.5-20: Blutdruckstatus von Frauen in der Region Zwickau nach Altersgruppen, 1982-1984

Blutdruck	40-49 Jahre		50-59 Jahre		< 60 Jahre	
	N	%	N	%	N	%
Normotoniker (<140 mm Hg)	39	50,6	24	42,1	14	18,4
Borderline-Hypertoniker (140-159 mm Hg)	33	42,9	19	33,3	27	35,5
Hypertoniker (>=160 mm Hg)	5	6,5	14	24,6	35	46,1

Quelle: Lenk et al. 1986: 28.

Die allgemein diskutierten Risikofaktoren Rauchen und Alkoholkonsum spielten in der DDR für die Frauen im mittleren Lebensalter nach verschiedenen Studien nur eine marginale Rolle (Lenk et al. 1986; Enderlein et al. 1998; Franke 1998). Nach den Daten des AMV-Ost (1983-1990) fielen über 80 % der Frauen im mittleren Lebensalter in die Kategorie „Nie-Raucherinnen", wobei auch schwache Raucherinnen (weniger als 5 Zigaretten täglich) in diese Kategorie aufgenommen wurden (Enderlein et al. 1998: 326ff.).

Die Medikamenteneinnahme ist ein Indikator für das gesundheitliche Befinden. Eine 1985 erstellte Stichprobenuntersuchung über die Quantität der ärztlich verordneten Medikamente erbrachte, daß Frauen bei einem Bevölkerungsanteil von 54,1 % fast zwei Drittel (65,4 %) der Medikamente verbrauchten. Es zeigte sich auch der zu erwartende Zusammenhang zwischen dem Alter und dem Medikamentenverbrauch. Frauen zwischen 41 und 50 Jahren bekamen bei einem Bevölkerungsanteil von 7,2 % 6,6 % aller Rezepte verordnet, in der nächsten Altersgruppe (51 bis 60 Jahre) lauteten die Vergleichszahlen 6 % und 9,5 % (BMFJ 1993: 317). Frauen im mittleren Lebensalter wurden häufiger Antirheumatika, Beruhigungsmittel, Chemotherapeutika und Antihypertensiva verordnet als jüngeren Frauen (ebd.: 305).

Über die körperlichen Aktivitäten in der Freizeit von Frauen im mittleren Lebensalter in der DDR geben die Ergebnisse des MONICA-Projektes Zwickau (Lenk et al. 1986: 122) Auskunft. Gartenarbeit hatte für die Frauen im mittleren Lebensalter die größte Bedeutung. Fast die Hälfte der befragten Frauen betätigte sich im Garten. Sportliche Aktivitäten und das Wandern hatten eine untergeordnete Bedeutung. Interessant, jedoch aus den unterschiedlichen Zeitfonds begründbar, sind die gegenüber jüngeren Frauen (30-39 Jahre) häufigeren Aktivitäten der Frauen im mittleren Lebensalter (Tabelle 8.5-11).

Blume/Noack (1989: 55) nennen in ihrer Studie als wichtigste Freizeitaktivitäten der befragten Frauen zwischen 45 und 59 Jahren: Gartenarbeit, Handarbeit und Beschäftigung mit der Familie. Von den Autorinnen wurde das Freizeitverhalten der Probandinnen näher charakterisiert. Fast alle befragten Frauen (mittleres Lebensalter) waren Mitglied einer gesellschaftlichen Organisation (wie Gewerkschaft oder Demokratischer Frauenbund), und die Hälfte von ihnen hat auch aktiv am Organisationsleben teilgenommen. Drei Viertel der befragten Frauen gaben an, daß sie in ihrer Freizeit gern mit anderen Menschen zusammen sind.

Tabelle 8.5-11: Körperliche Aktivitäten in der Freizeit von Frauen in der Region Zwickau nach Altersgruppen (in %), 1982-1984

Aktivität	30-39 Jahre		40-49 Jahre		50-59 Jahre	
	N	%	N	%	N	%
Sport	5	6,8	8	10,4	5	8,8
Wandern	6	8,2	6	7,8	4	7,0
Gartenarbeit	28	38,4	36	46,8	24	42,1
Sport, Wandern und Gartenarbeit	5	6,8	2	2,6	5	8,8
Keine Aktivitäten	29	39,7	25	32,5	19	33,3

Quelle: Lenk et al. 1986: 122.

Gesundheit ist in den Alltag eingebunden, und von dort gehen auch die unterstützenden Potentiale für Frauengesundheit aus. Nach der Studie: „Zum Gesundheitszustand ausgewählter Bevölkerungsgruppen" in der Region Halle (Franke 1998 ebd.: 24ff.) waren die befragten Frauen unabhängig von ihrem Alter mit ihrer Lebenssituation zu 93 % sehr zufrieden bzw. zufrieden und schätzten diese auch mit einem genau so großen Anteil als sehr gut bzw. gut ein. Die Lebenssituation der befragten Frauen war durch das Leben in einer Familie und durch Vollzeiterwerbstätigkeit geprägt. Die zwangsläufig auftretenden Belastungen im täglichen Leben spiegelten sich in den Befragungswerten nicht wider. Eine genauere Analyse der Situation der Frauen im mittleren Alter zeigte jedoch einen Zusammenhang zwischen der Selbsteinschätzung der Gesundheit und der Zufriedenheit mit der Lebenssituation. Frauen im mittleren Alter, die ihr gesundheitliches Befinden als eher schlecht einschätzten, bewerteten nur zu 68,3 % ihre Lebenssituation mit gut, und der Anteil der negativen Bewertungen betrug sogar 23,4 %. Auf die Bewertung der Lebenssituation hatte dagegen das Arzturteil keinen Einfluß. Hier wird deutlich, daß die subjektive Gesundheit sowohl als Basis für eine befriedigende Lebenssituation als auch als Resultat befriedigender Lebensumstände betrachtet werden kann.

Die Studie von Blume/Noack (1989: 52) bezieht die Berufstätigkeit und die Arbeitssituation in die Betrachtung subjektiven Wohlbefindens mit ein. Hier wurde von der überwiegenden Mehrheit der Frauen die Anerkennung ihrer Leistung durch Vorgesetzte und Kollegen, die Zufriedenheit mit der beruflichen Tätigkeit und das Wohlbefinden im Arbeitskollektiv als wichtig für das eigene Befinden angegeben. Die soziale Funktion der Berufstätigkeit für Frauen im mittleren Lebensalter äußerte sich auch in dem Wunsch, die Berufstätigkeit nach dem Erreichen des Rentenalters fortzusetzen. Problematisiert wurde für die Gruppe der 55-59jährigen Frauen der Wunsch nach mehr persönlichen Kontakten, der durch die häufig vollzogene Ablösung der Kinder entstand.

8.5.4 Gesundheit im Klimakterium

In das mittlere Lebensalter fällt bei der Frau die hormonelle Umstellungsphase, die auch als Klimakterium bezeichnet wird. In dieser Zeit kann es verstärkt zu psychosomatischen Beschwerden kommen. Typische Wechseljahressymptome sind Hitzewallungen und Schweißneigungen. Die Symptome werden von den Frauen unterschiedlich wahrgenommen und bewertet. Häufigkeit, Art, Ausprägung und Dauer der Beschwerden variieren in Abhängigkeit von dem soziokulturellen Umfeld und den individuellen psychosozialen Ressourcen der Frau. Zur Behandlung der Beschwerden hat sich allgemein die Hormontherapie durchgesetzt.

In der DDR wurde das Klimakterium kaum in der Öffentlichkeit thematisiert. Mit Ausnahme der Medizin war es auch kein Forschungsgegenstand für die Sozialwissenschaften. Demzufolge fehlen repräsentative epidemiologische und soziologische Studien, die über das Vorkommen, die Behandlung sowie die Einstellungen der Frauen zum Klimakterium Auskunft geben können. Es gibt aber eine Reihe von klinischen Einzelstudien und regionalen Untersuchungen, die aus der Sicht der Frauenheilkunde und des Betriebsgesundheitswesens das Klimakterium zum Forschungsgegenstand gewählt haben. Bei der Beurteilung dieser Studienergebnisse ist zu berücksichtigen, daß sie bei selektierten Untersuchungspopulationen (Patientinnen oder spezifischen Berufsgruppen) mit nichtstandardisierten Methoden und bei unterschiedlichen Altersgruppen erhoben worden sind. Ungeachtet dieser methodischen Einschränkungen vermitteln sie einen Einblick über die Verbreitung von Wechseljahresbeschwerden, über ihre Behandlung sowie über den Umgang der Frauen in der DDR mit dem Klimakterium. Einige dieser Studienergebnisse werden nachfolgend vorgestellt.

Über die Einstellung zum Klimakterium in der DDR gibt eine sozialmedizinische Publikation von Otto und Winter (1973: 1222) aus den 70er Jahren Auskunft. Die Autoren weisen darin auf existierende Zusammenhänge zwischen der sozialen Stellung der Frau, ihrer Umwelt und der Stärke von neurovegetativen und psychischen Beschwerden im Klimakterium hin und stellen in Frage, ob es überhaupt biologisch bedingte spezifische Menopausebeschwerden gibt. Sie sind der Meinung, daß die negativen Einstellungen zum Klimakterium vor allem aus der Unterdrückung der Frau in der Vergangenheit herrühren und deshalb im Laufe der weiteren Stabilisierung der sozialökonomischen Ordnung in der DDR an Wirkung verlieren werden. Sie selbst ermittelten bei über der Hälfte postmenopausaler Frauen aus Berliner Betrieben mittelstarke bis starke klimakterische Beschwerden (53 %). In einer sozialgynäkologischen Erhebung von Weissbach-Rieger und Franke (1987: 212) wurden von 60 % der älteren Frauen (nach dem 55. Lebensjahr) klimakterische Beschwerden angegeben. Interesse verdient bei dieser Studie das Ergebnis, daß von drei Viertel der Frauen nach der Menopause wieder eine Stabilisierung der Gesundheit erreicht wurde und ein Großteil der Frauen danach sogar eine Leistungssteigerung registrierte (62 %). In arbeitsmedizinischen Studien wurde der Einfluß des Klimakteriums bei Industriearbeiterinnen auf den Krankenstand untersucht (Gluchowiecki 1981: 37; Wächter/Wächter 1990: 156). In diesen Studien wurden von 70 bis 80 % der Frauen Beschwerden angegeben, die bei 18 bis 45 % der Frauen zur Arbeitsunfähigkeit führten. Gleiche Beschwerdeprävalenzen fand auch Baar (1991: 41). Von ihr wurden 45 % der Beschwerden als behandlungsbedürftig eingestuft.

In einigen Studien wurde auch der Anteil der Hormonanwenderinnen und der Anteil der Frauen mit einer Gebärmutterentfernung erhoben (Gluchowiecki 1981; Weissbach-Rieger 1987; Trog 1988; Wächter/Wächter 1990; Baar 1991). Zum Zeitpunkt der Untersuchung wurden 25 bis 37 % der Frauen wegen Wechseljahresbeschwerden mit Hormonen behandelt bzw. akzeptierten eine solche Therapie, 18 bis 26 % der Frauen war die Gebärmutter entfernt worden (Hysterektomie). Wie die Ergebnisse zu erkennen geben, wurde das Klimakterium am häufigsten mit ärztlicher Unterstützung bewältigt. Über 80 % der befragten Frauen hatte wegen Wechseljahresbeschwerden einen Arzt aufgesucht bzw. mit ihm ein aufklärendes Gespräch über die Wechseljahre geführt (Trog 1988: 85).

Im Rahmen der Untersuchungen wurden auch Zusammenhänge zwischen Wechseljahresbeschwerden, Belastungen und Ressourcen aufgedeckt. Bereits Otto und Winter (1973) fanden heraus, daß Frauen mit beruflicher Überbeanspruchung und Frauen mit erheblichen Sorgen in der Familie sowie Frauen, die nur aus finanziellen Gründen arbeiteten, häufiger über starke Beschwerden klagten als Frauen, für die das nicht zutraf. Wächter/Wächter (1990) ermittelten einen erhöhten Menopauseindex (häufigere und intensivere Beschwerden) bei Frauen mit beruflicher Überforderung, bei Frauen mit starker Belastung im Haushalt und bei Frauen mit fehlendem Verständnis des Partners. Ein niedriger Menopausenindex wurde hingegen bei Frauen mit einer positiven Einstellung zu den Wechseljahren, bei Frauen mit einer höheren beruflichen Qualifikation und bei Frauen mit einer kontinuierlichen Berufstätigkeit festgestellt. Nach Trog (1988) waren Frauen, die sich als kulturell-sportlich und gesundheitlich aktiv einschätzten, deutlich weniger durch die Wechseljahre verunsichert als Frauen, für die das nicht zutraf. Baar (1991) konnte Beziehungen der Beschwerden zu chronischen Erkrankungen, dem Zustand nach gynäkologischen Operationen und einem niedrigen Bildungsgrad nachweisen. Einen höheren Anteil von neurotischen Fehlhaltungen fanden Trog (1988) und Mai (1991) bei Frauen mit starken Wechseljahresbeschwerden.

Zu ihrer Einstellung gegenüber dem Klimakterium befragt, wurden von 61 % der Frauen die Wechseljahre als normales Geschehen betrachtet, 46 % konnten den Wechseljahren sogar etwas Positives abgewinnen und lediglich 9,7 % befürchteten Attraktivitätsverluste (Trog 1988: 85). Bei Weissbach-Rieger und Franke (1987: 212) klagten 40 % der Frauen über ein Nachlassen der sexuellen Wünsche und 35 % der Frauen befürchteten den Verlust der Attraktivität als Sexualpartnerin. Allerdings waren die Frauen in dieser Studie schon etwas älter (> 55 Jahre).

Von einem psychosomatischen Ansatz ließen sich Hamann (1982) und Mai (1991) bei ihren Untersuchungen leiten. In kontrollierten klinischen Studien wurde von ihnen die Wirksamkeit der Hormontherapie bei klimakterischen Beschwerden über die Dauer von einem Jahr überprüft. Zielgruppe waren Patientinnen, die über klimakterische Beschwerden klagten. Sie wurden mit verschiedenen Hormonpräparaten behandelt, die Kontrollgruppe erhielt ein Placebopräparat. Die antiklimakterische Wirkung wurde standardisiert überprüft. In allen Gruppen, einschließlich der Kontrollgruppe, trat nach Abschluß der Behandlung eine Besserung der klimakterischen Beschwerden unabhängig von der Art der Therapie ein. Die Autoren schlußfolgerten daraus, daß der Hormonverordnung in den Wechseljahren nicht die entscheidende Bedeutung bei der Behandlung von Beschwerden zukommt, sondern daß vielmehr der intensiveren psychosozialen Betreuung, für die im Rahmen der Studie mehr Zeit als in der üblichen Sprechstunde zur Verfügung stand, der Behandlungserfolg zuzuschreiben ist.

Die berichteten Ergebnisse aus den Einzelstudien belegen die Verbreitung von klimakterischen Beschwerden bei DDR-Frauen. Bei einem kleinen Teil erreichten diese Beschwerden Krankheitswert und beeinträchtigten die Arbeitsfähigkeit der Frauen. Die Behandlung und Bewältigung des Klimakteriums erfolgte in der DDR überwiegend innerhalb des medizinischen Versorgungssystems. Die Hormonbehandlung fand bei ca. 30 % der Frauen mit Beschwerden Anwendung. Bei einem Viertel der Frauen wurde eine Gebärmutterentfernung vorgenommen. Die Mehrheit der Frauen aus den Studien hatte eine positive Einstellung zum Klimakterium und betrachtet diese Phase als natürlichen Vorgang. In den Studien konnte sowohl der Einfluß des sozialen Umfeldes als auch die Wirkung von psychischen Persönlichkeitsmerkmalen auf das Vorkommen und die Verarbeitung von Wechseljahresbeschwerden nachgewiesen werden.

8.5.5 Zusammenfassung

Die weibliche Wohnbevölkerung mittleren Alters war in der DDR im Verlauf der 80er Jahre mehrheitlich verheiratet und voll in den Arbeitsprozeß integriert. Fast alle diese Frauen hatten wenigstens ein Kind geboren. Die Frauen verfügten über eine abgeschlossene, oftmals berufsbegleitend erworbene Qualifikation. Überwiegend in sogenannten „frauenspezifischen" Wirtschaftsbereichen mit niedrigem Lohnniveau tätig, erreichten ihre Löhne und Gehälter nur zwei Drittel des Lohnniveaus der männlichen Erwerbstätigen. Ihre Lebensläufe sind von der Doppelorientierung auf Familie und Beruf geprägt. Dafür waren die Realisierungsvoraussetzungen widersprüchlich. Die Rahmenbedingungen für die Vereinbarung beider Bereiche waren hinsichtlich der Kinderbetreuung gegeben, das Arbeitszeitregime betreffend, waren sie aber einengend. Teilzeitarbeit und flexible Arbeitszeiten blieben eingeschränkt. Die Vereinbarung von soziofamiliärer und beruflicher Beanspruchung realisierte sich somit auch über eine Mehrbelastung, weil den Frauen traditionell die Familienarbeit erhalten blieb und sie nur partiell von späteren Verbesserungen der sozialen Rahmenbedingungen profitierten.

Im Berufsleben erfuhren die Frauen eine Reihe von Fördermaßnahmen. Im medizinischen Versorgungssystem konnten sie eine gut ausgebaute arbeitsmedizinische und betriebsärztliche Basisbetreuung und bei chronischen Krankheiten eine Dispensairebetreuung in Anspruch nehmen. Bedeutsame Gesundheitsparameter wie die Lebenserwartung und die Sterblichkeit haben sich im Verlauf der 80er Jahre für Frauen im mittleren Lebensalter verbessert. Bei den Frauen gewinnen in dieser Lebensphase eine Reihe von chronischen Krankheiten wie Neubildungen, Krankheiten des Muskel-Skelett-Systems und des Kreislaufes sowie Diabetes mellitus zunehmend an Bedeutung. Sichtbar wird das sowohl an der stationären Morbidität als auch an arbeitsbezogenen Gesundheitsindikatoren der Frühverrentung und Arbeitsunfähigkeit sowie an Befundergebnissen aus Reihenuntersuchungen. In dieser Altersgruppe divergieren subjektive und objektive Gesundheitsurteile häufiger als in jüngeren Jahren.

Die psychosoziale und gesundheitliche Bewältigung der Wechseljahre vollzog sich weitgehend im medizinischen Versorgungssystem. Die Hormontherapie kam bei ca. 30 % der Frauen mit Beschwerden zur Anwendung. Beziehungen zwischen der Beschwerdehäufigkeit in den Wechseljahren und psychosozialen Belastungs- und Schutzfaktoren ließen sich nachweisen.

Zufriedenheit mit der persönlichen Lebenssituation war für die Frauen im mittleren Lebensalter eine wichtige Ressource, um den hohen Anforderungen der Doppelbelastung in Beruf und Familie gerecht zu werden.

8.6 Gesundheit der ostdeutschen Frauen im mittleren Lebensalter in den neunziger Jahren

Veränderungen für ostdeutsche Frauen in den 90er Jahren

Ostdeutsche Frauen, die sich in den 90er Jahren im mittleren Lebensalter befinden, haben fast ausschließlich unter den gesellschaftlichen Verhältnissen in der DDR gelebt. Nach dem Systemzusammenbruch erfuhren sie gravierende Veränderungen in nahezu allen Lebensbereichen (vgl. dazu Ausführungen im Kapitel 8.2.4). An dieser Stelle sollen speziell die beruflichen Veränderungen und der Wandel im medizinischen Versorgungssystem behandelt werden.

Besonders hart traf die Frauen im mittleren Alter die nach dem politischen Umbruch einsetzende Verdrängung aus dem Arbeitsprozeß. Sie wurden aus einer unbefristeten Berufstätigkeit heraus mit einer angestrebten Perspektive, bis zum Rentenalter berufstätig zu sein, plötzlich arbeitslos oder in den Vorruhestand geschickt. Um die massenhaft drohende Arbeitslosigkeit wenigstens etwas zu mildern, wurden eine Reihe von zeitlich befristeten Sonderregelungen geschaffen. Sie betrafen vor allem den Übergang von der Berufstätigkeit in einen vorgezogenen Ruhestand (Vorruhestands- und Altersübergangsregelungen). Diese Maßnahmen konnten von den Frauen, die sich in relativer Nähe zum Rentenalter (ab 55 Jahren) befanden, in Anspruch genommen werden (Einigungsvertrag 1990). Einerseits wurden dadurch Arbeitslosigkeit und Langzeitarbeitslosigkeit vermieden, und es wurde den Frauen eine gewisse finanzielle Sicherheit verschafft. Zum anderen aber geriet die Mehrheit der Frauen bei weiterbestehender hoher Bereitschaft zur Berufstätigkeit unfreiwillig und unvorbereitet in den vorzeitigen Ruhestand. Die finanzielle Absicherung bedeutete infolge der geringen Durchschnittsverdienste und der fehlenden Arbeitsjahre für viele Frauen eine Einkommenseinbuße mit finanziellen Auswirkungen auf das gesamte Rentenleben. Nach dem Auslaufen der Sonderregelungen mit dem Jahre 1993 und der späteren Heraufsetzung der Altersgrenze für den Rentenbezug verschärft sich die Situation für die Frauen dieser Altersgruppe erneut (BfA 1998). Bei Arbeitslosigkeit sind ihre Aussichten, wieder einen Arbeitsplatz zu erlangen, nahezu chancenlos. So verbleibt ihnen nur die Langzeitarbeitslosigkeit mit gelegentlicher Unterbrechung durch arbeitsmarktpolitische Maßnahmen (Winkler/Haupt 1998).

Verändert haben sich nach der Vereinigung auch die Strukturen der sozialen Sicherheit. Anstelle des einheitlichen Sozialversicherungssystems der DDR mit nur einem Leistungserbringer trat das in Kranken-, Arbeitslosen-, Unfall- und Rentenversicherung (später noch Pflegeversicherung) gegliederte System der Bundesrepublik. In der Krankenversicherung ist die freie Wahl der Krankenkassen mit unterschiedlichen Beitragshöhen neu. Allerdings sind nicht mehr alle medizinischen Leistungen für die Patienten kostenfrei. Im Laufe der letzten Jahre ist die Eigenbeteiligung an der Finanzierung von Leistungen im Krankheitsfall (z. B. Zuzahlung bei Medikamenten, Heil- und Hilfsmitteln, Zahnersatz, Krankentransport, Krankenhausaufenthalt und Kuren) gestiegen. Gegenüber der Vergangenheit haben sich die Ausrüstung an medizintechnischen Geräten in den Krankenhäusern und Arztpraxen sowie das Angebot an Medikamenten in Ostdeutschland bedeutend verbessert. Das führte zu schnelleren Diagnoseübermittlungen, verbesserten Therapien und zu mehr Rehabilitationsmöglichkeiten. In den medizinischen Versorgungsstrukturen wurde der Übergang von einem staatlich geleiteten Gesundheitssystem in ein System mit pluralistischen Angebotsstrukturen und marktwirtschaftlicher Orientierung vollzogen. An die Stelle der Polikliniken und Ambulanzen in der ambulanten Versorgung trat die Ärztin/der Arzt in der privaten Niederlassung. In der hausärztlichen Betreuung wurden dadurch die Arzt-Patienten-Beziehungen nicht so gravierend gestört, weil eine Reihe von Stammpatientinnen ihren Ärzten/Ärztinnen in die Niederlassung folgte. Bei vielen chronisch Kranken (z. B. Diabetes, Rheuma) trat dagegen durch den Wegfall der Dispensairestellen vorübergehend ein Verlust an spezialisierter Betreuung und vertrauensvoller Arztbindung ein.

Besonders stark vom Umbau im Gesundheitswesen waren die Arbeitsmedizin und das Betriebsgesundheitswesen betroffen. Kurative Aufgaben und eine kontinuierliche Betreuung von disponierten Werktätigen im Rahmen von Dispensaires können nicht mehr durchgeführt werden. Ebenfalls gibt es keine Verzahnung von betriebsärztlicher und allgemeinmedizinischer Versorgung mehr. Nach den Angaben des Gesundheitsberichtes für Deutschland werden nicht mehr als 50 % der Arbeitnehmer betriebsärztlich betreut (StBA 1998a: 386).

Die Angleichung des Gesundheitssystems der DDR an das der alten Bundesrepublik verlangte nicht nur eine Anpassung an neue Strukturen, sondern zugleich Verhaltensänderungen von seiten der Nutzerinnen: Medizinische Leistungen, bevorzugt in der Prävention, kommen vor allen denjenigen zugute, die es verstehen, diese Leistungen auch einzufordern. Die Inanspruchnahme von präventiven, kurativen und rehabilitativen Angeboten im Gesundheitswesen fordert somit mehr Eigenverantwortlichkeit und Selbstinitiative von den Frauen.

8.6.1 Demographische und sozioökonomische Situation

In den neunziger Jahren beträgt der Anteil der Frauen in den mittleren Altersgruppen (45-60 Jahre) annähernd 10 % an der Gesamtbevölkerung und ca. 19 % der weiblichen Bevölkerung in Deutschland. Das gilt sowohl für die alten als auch für die neuen Bundesländer. Das quantitative Verhältnis zwischen Männern und Frauen ist in diesen Altersgruppen inzwischen ausgeglichen (StBA 1997, schriftliche Mitteilung).

Ehe und Partnerschaft haben für Frauen im mittleren Lebensalter eine große Bedeutung. Die überwiegende Mehrheit (80 % der Frauen) ist im Jahr 1997 verheiratet. Ledig sind in diesem Alter 4 %, verwitwet 7 % und geschieden 10 %. Diese Angaben treffen für die neuen und für die alten Bundesländer zu. Ab dem 55. Lebensalter wird die Verwitwung zu einem kritischen Lebensereignis für immer mehr Frauen. In der Altersgruppe der 55-60jährigen Frauen sind in den alten und den neuen Bundesländern 1997 bereits 10 % verwitwet (StBA 1997, schriftliche Mitteilung).

Im Kapitel 2.2.2 (Formen des Zusammenlebens) wurden familiäre Lebensformen der Frauen aller Altersgruppen in den alten und den neuen Bundesländern dargestellt und interpretiert. An dieser Stelle soll noch einmal auf den früheren Beginn der nachelterlichen Phase in den neuen Bundesländern verwiesen werden, der durch das durchschnittlich niedrigere Gebäralter der Frauen in der DDR bedingt ist. Hier zeigt sich ein bedeutender Unterschied in den Lebensbedingungen der Frauen in Ost- und Westdeutschland. Im Alter zwischen 45 und 55 Jahren lebt in den neuen Bundesländern bereits annähernd die Hälfte der Frauen (49 %) in einer Ehe oder Partnerschaft ohne Kinder, während es in den alten Bundesländern nur ca. ein Drittel der Frauen (35 %) ist. Spiegelbildlich zeigt sich das Verhältnis der Frauen, die noch in einer Ehe oder Partnerschaft mit Kindern leben (vgl. Kapitel 2.2.2, Tabelle 2.2-2). Die nachelterliche Phase ist somit für einen Teil der Frauen im Osten sehr viel länger als im Westen. Bei der hohen Arbeitslosigkeit der ostdeutschen Frauen in diesem Alter besteht aber die Gefahr, daß diese gewonnene Zeit gar nicht für eine äquivalente berufliche Selbstentfaltung genutzt werden kann (Melbeck 1992).

Zur sozioökonomischen Lage gehören die schulische Bildung sowie die berufliche Aus- und Weiterbildung. Diese Abschlüsse sind für Frauen im mittleren Lebensalter in den neuen Bundesländern häufig das Ergebnis einer biographiebegleitenden Qualifizierung. Selten wurden die Qualifizierungen bereits im jungen Erwachsenenalter abgeschlossen. Mit der Systemtransformation kamen auf die Frauen in den neuen Bundesländern nochmals erhöhte berufliche Anforderungen in der Aus- und Weiterbildung durch Fortbildungs- und Umschulungsmaßnahmen und sogenannte Anpassungslehrgänge an Berufsabschlüsse in den alten Bundesländern zu.

Ostdeutsche Frauen im mittleren Lebensalter haben im Jahre 1998 zu jeweils 40 % die Hauptschule oder die 10. Klasse (mittlere Reife) abgeschlossen. Etwa jede 10. Frau in diesem Alter hat die Hochschulreife. In den neuen Bundesländern läßt eine Differenzierung nach Altersgruppen erkennen, daß die jüngeren Frauen eindeutig von der Bildungsoffensive in der DDR profitieren. Die auf schulische Bildung aufbauende berufliche Ausbildung setzt diese Entwicklung altersgruppenspezifisch fort, so daß die Frauen mehrheitlich ihre Lehrausbildung abgeschlossen haben (Frauen ohne schulischen Abschluß sind außerordentlich selten, so daß sie in den neuen Bundesländern im Mikrozensus 1998 gar nicht aufgeführt sind). Allerdings sind an der Spitze der Ausbildungsskala ebenfalls relativ wenige Frauen zu finden, lediglich 8 % von ihnen haben einen Hochschulabschluß (Tabelle 8.6-1).

Bei der vergleichenden Betrachtung der schulischen und beruflichen Abschlüsse von ost- und westdeutschen Frauen werden zwei Unterschiede deutlich: Ostdeutsche Frauen weisen eine stärkere altersgruppenspezifische Differenzierung in den schulischen und beruflichen Abschlüssen auf als westdeutsche Frauen. Des weiteren haben ostdeutsche Frauen mehrheitlich berufliche Abschlüsse, während ein hoher Anteil westdeutscher Frauen über keinen beruflichen Abschluß verfügt.

Wie die hohen Erwerbsquoten der Frauen im mittleren Lebensalter zeigen, sind fast alle Frauen in den direkten Arbeitsprozeß eingegliedert oder wollen erwerbstätig sein (Tabelle 8.6-2). Die Erwerbsquote wird mit zunehmendem Alter, vor allem im Jahre 1991 in den neuen Bundesländern, geringer. Hier wirken sich u. a. die Sonderregelung zur Entlastung des Arbeitsmarktes, wie der Übergang zum vorzeitigen Ruhestand, aus. Gegenläufig steigt die Erwerbslosenquote besonders in der Altersgruppe 55-60 Jahre wieder an (vgl. Kapitel 2.3.2.1).

Tabelle 8.6-1: Weibliche Bevölkerung nach Schul- und Qualifikationsabschluß in den alten und neuen Bundesländern nach Altersgruppen, 1998, (in %)

Altersgruppe	Neue Bundesländer			Alte Bundesländer		
	45-50	50-55	55-60	45-50	50-55	55-60
	in %					
Mit Angabe zum Schulabschluß (N)	531	399	596	2.204	1.822	2.260
Davon						
Haupt(volksschul)abschluß	12,6	38,1	68,5	58,2	61,5	67,9
Abschluß der Polytechnischen Oberschule in der DDR	67,4	39,1	13,3	1,6	1,3	1,2
Mittlere Reife oder gleichwertig	2,8	5,8	5,5	21,3	21,5	19,0
Fachhochschulreife	2,6	2,8	2,7	2,6	1,9	1,6
Hochschulreife	13,4	13,0	8,5	12,6	9,7	7,4
Ohne Schulabschluß	-	-	-	3,1	3,4	2,8
Ohne genaue Angaben zum Schulabschluß	-	-	-	0,7	0,7	0,7
Mit Angabe eines berufsbildenden bzw. Hochschulabschluß (N)	528	396	591	2.177	1.797	2.226
Davon						
Lehr- und Anlernausbildung[1]	61,2	60,1	62,1	60,7	60,9	56,6
Fachschulabschluß[2]	4,0	4,5	3,9	3,7	3,5	3,0
Fachschulabschluß in der DDR	14,4	16,2	13,2	0,3	-	-
Fachhochschulabschluß[3]	4,5	4,3	3,2	3,3	2,6	1,8
Hochschulabschluß[4]	9,8	7,1	6,4	8,3	6,1	4,3
Ohne beruflichen bzw. Hochschulabschluß	5,7	6,6	11,0	23,0	25,4	33,6
Ohne genaue Angaben zum Schulabschluß	-	-	-	0,6	0,7	0,6

[1] einschl. gleichw. Berufsfachschulabschluß sowie berufl. Praktikum, [2] einschl. Meister /Technikerausbildung, [3] einschl. Ingenieur- und Verwaltungsfachhochschulabschluß, [4] einschl. Lehrerausbildung

Quelle: StBA Mikrozensusdaten 1998, schriftliche Mitteilung, eigene Berechnungen.

In den neuen Bundesländern haben sich die Erwerbslosenquoten im Zeitverlauf (1991-1998) in den drei Altersgruppen verdoppelt. In dieser Gruppe sind nicht nur Leistungsempfängerinnen des Arbeitsamtes enthalten, sondern auch Frauen ohne Leistungsbezug und Frauen, die inzwischen Sozialhilfe empfangen. Die Erwerbslosigkeit verläuft bei den Frauen gleichen Alters in den alten Bundesländern tendenziell wie in Ostdeutschland, jedoch auf weit niedrigerem Niveau.

Für die Frauen im mittleren Lebensalter in Ostdeutschland haben sich durch und nach der Vereinigung Deutschlands die Erwartungen und Ansprüche an die berufliche Arbeit nicht vermindert, wie die Ergebnisse des Sozialwissenschaftlichen Forschungszentrums in Berlin-Brandenburg belegen. Vielmehr scheint die Erwerbstätigkeit nach 1990 noch wichtiger geworden zu sein (Winkler/Haupt 1998). Fast alle Frauen und Männer stimmen einer Berufstätigkeit von Frauen zu bzw. wollen diese Entscheidung den Frauen überlassen (92 %) (ebd.: 135). Die Anstrengungen, die Frauen besonders in diesem Alter unternehmen oder unternommen haben, um auf den Arbeitsmarkt zurückzukehren bzw. auf ihm zu verbleiben, zeigen die Ergebnisse der beruflichen Mobilität.

484 Bericht zur gesundheitlichen Lage von Frauen in Deutschland

Tabelle 8.6-2: Erwerbsquoten und Erwerbslosenquoten von Frauen nach Alter und Bundesgebiet 1991 und 1998 in %

Altersgruppe	Erwerbsquoten [1]		Erwerbslosenquoten [2]	
	Neue Bundesländer	Alte Bundesländer	Neue Bundesländer	Alte Bundesländer
Mikrozensus 1991				
45 bis unter 50	95,7	67,1	11,1	5,5
50 bis unter 55	91,4	58,6	13,0	5,8
55 bis unter 60	37,2	44,4	21,4	10,8
Mikrozensus 1998				
45 bis unter 50	92,8	74,6	20,7	7,7
50 bis unter 55	88,2	66,3	26,4	9,1
55 bis unter 60	74,7	51,1	42,4	14,6

[1] Anteil der Erwerbspersonen an der Bevölkerung nach Geschlecht und Alter,
[2] Anteil der Erwerbslosen an den Erwerbspersonen nach Alter und Geschlecht

Quelle: StBA, Mikrozensusdaten 1991 und 1998, schriftliche Mitteilung.

In der Altersgruppe zwischen 50 und 60 Jahre üben lediglich 36 % der erwerbstätigen Frauen 1998 noch die gleiche Tätigkeit aus wie 1990 (ebd.). Mit der beruflichen Mobilität, die keinesfalls immer freiwillig war, gingen auch Dequalifikationsprozesse einher. So arbeiten 25 % der 50-60jährigen erwerbstätigen Frauen 1998 unterhalb ihrer beruflichen Qualifikation (ebd.: 136). Das ist ein deutliches Zeichen für die Konzessionen, die Frauen bereit sind, auf sich zu nehmen, um in das Erwerbsleben integriert zu bleiben.

8.6.2 Beschreibung der gesundheitlichen Lage

Lebenserwartung und Sterblichkeit

Die positive Veränderung der gesundheitlichen Lage der ostdeutschen Frauen in den neunziger Jahren wird an der Zunahme der ferneren Lebenserwartung und an der Abnahme der Sterblichkeit sichtbar. Die um fast drei Jahre erhöhte Lebenserwartung im mittleren Lebensalter trägt zum Abbau der 1990 noch vorhandenen Differenzen zu den westdeutschen Frauen bei (Tabelle 8.6-3).

Tabelle 8.6-3: Fernere Lebenserwartung der Frauen in den alten und den neuen Bundesländern zwischen dem 45. und 60. Lebensjahr in Jahren

Altersgruppe	1990		1997	
	Neue Bundesländer	Alte Bundesländer	Neue Bundesländer	Alte Bundesländer
45 bis unter 50	33,2	35,7	36,0	36,8
50 bis unter 55	28,7	31,1	31,3	32,2
55 bis unter 60	24,2	26,5	26,8	27,7

Quelle: StBA 1999, schriftliche Mitteilung.

An der positiven Entwicklung der Gesamtsterblichkeit bei den ostdeutschen Frauen ist auch das mittlere Lebensalter beteiligt. Die im Jahre 1990 noch bestehenden Differenzen in der Sterblichkeit zwischen den neuen und alten Bundesländern haben sich im Jahre 1997 nahezu ausgeglichen. Innerhalb des mittleren Lebensalters steigt die Mortalität von Altersgruppe zu Altersgruppe an (Tabelle 8.6-4).

Tabelle 8.6-4: Altersspezifische Sterbeziffern der Frauen nach Bundesgebieten 1990 und 1997

| | Gestorbene je 1.000 Frauen der gleichen Altersgruppe | | | |
| | 1990 | | 1997 | |
Altersgruppe	Neue Bundesländer	Alte Bundesländer	Neue Bundesländer	Alte Bundesländer
45 bis unter 50	2,93	2,31	2,19	2,16
50 bis unter 55	4,34	3,27	3,22	3,33
55 bis unter 60	7,21	5,29	4,74	4,63

Quelle: StBA 1999, schriftliche Mitteilung.

Nachfolgend werden einige todesursachenspezifische Sterbeziffern in ihrem Zeitverlauf betrachtet, um festzustellen, inwieweit sie an der Senkung der Gesamtsterblichkeit beteiligt waren.

Tabelle 8.6-5: Sterbeziffern Neubildungen, Mammakarzinom und Zervixkarzinom bei Frauen je 100.000 Einwohner nach Bundesgebieten und Alter 1990 und 1997

| | 1990 | | 1997 | |
Altersgruppe	Neue Bundesländer	Alte Bundesländer	Neue Bundesländer	Alte Bundesländer
Neubildungen (gesamt)				
40 bis unter 45	55,7	70,3	59,8	61,8
45 bis unter 50	108,2	118,0	99,4	109,0
50 bis unter 55	173,2	171,6	160,5	175,1
55 bis unter 60	268,8	267,9	234,9	247,1
Mammakarzinom				
40 bis unter 45	8,2	12,7	7,4	10,2
45 bis unter 50	15,6	18,7	13,3	16,6
50 bis unter 55	22,2	27,4	20,7	27,0
55 bis unter 60	30,5	36,2	27,3	37,2
Zervixkarzinom				
40 bis unter 45	2,7	3,0	3,2	2,3
45 bis unter 50	3,8	3,0	4,4	2,8
50 bis unter 55	5,5	2,5	4,1	2,8
55 bis unter 60	8,2	3,9	3,9	2,8

Quelle: StBA 1999, schriftliche Mitteilung.

Auch in den 90er Jahren sind die Neubildungen, gefolgt von den Herz-Kreislauf-Krankheiten, die häufigsten Todesursachen im mittleren Lebensalter bei Frauen. Im Verlauf des betrachteten Zeitraumes von 1990 bis 1997 ist die Sterblichkeit an Neubildungen (Gesamt) in den neuen Bundesländern zurückgegangen. Eine weitere Differenzierung zeigt sowohl beim Brustkrebs, aber vor allem beim Zervixkarzinom, einen Rückgang der Sterblichkeit. Im Vergleich mit den Sterbeziffern der Frauen aus den alten Bundesländern fällt eine geringfügig höhere Sterblichkeit der Frauen im mittleren Lebensalter in den alten Bundesländern an Brustkrebs auf. Dagegen liegt die Mortalität beim Zervixkarzinom sowohl 1990 als auch 1997 in den neuen Bundesländern über der in den alten Bundesländern (Tabelle 8.6-5).

Die Herz-Kreislauf-Krankheiten lassen eine starke Zunahme der Sterblichkeit im Altersgang erkennen, was sich bereits bei den Frauen im mittleren Lebensalter abzeichnet. Für die Mehrzahl der Sterbefälle sind vor allem die ischämischen Herzkrankheiten relevant. Im historischen Vergleich läßt sich seit den 80er Jahren ein Trend zur Abnahme der Mortalität an den Herz-Kreislauf-Krankheiten beobachten (vgl. Kapitel 3.2.1). Im Zeitraum von 1990-1997 setzt sich dieser Trend in Ostdeutschland bei den ischämischen Herzkrankheiten im mittleren Lebensalter fort (Tabelle 8.6-6).

Tabelle 8.6-6: Sterbeziffern Krankheiten des Kreislaufsystems, ischämische Herzkrankheiten, akuter Myokardinfarkt und Krankheiten des zerebrovaskulären Systems bei Frauen je 100.000 Einwohner nach Bundesgebieten und Alter 1990 und 1997

Altersgruppe	1990		1997	
	Neue Bundesländer	Alte Bundesländer	Neue Bundesländer	Alte Bundesländer
Ischämische Herzkrankheiten				
45 bis unter 50	15,8	11,3	13,4	11,5
50 bis unter 55	27,3	20,8	24,,2	20,2
55 bis unter 60	67,9	51,4	49,0	36,9
Akuter Myokardinfarkt				
45 bis unter 50	7,6	9,1	10,6	9,6
50 bis unter 55	15,9	15,6	16,0	14,4
55 bis unter 60	32,1	37,7	32,4	25,6

Quelle: StBA 1999, schriftliche Mitteilung.

Ein Vergleich zwischen alten und neuen Bundesländern gibt zu erkennen, daß in den neuen Bundesländern dennoch mehr Frauen im mittleren Lebensalter an ischämischen Herzkrankheiten und am akuten Myokardinfarkt versterben als in den alten Bundesländern. Das gilt für beide Vergleichsjahre (1990 und 1997). Innerhalb des mittleren Alters nehmen die Todesfälle von Altersstufe zu Altersstufe zu.

Zu den nichtnatürlichen Todesursachen zählen die Selbstmorde und Unfälle. Eine ausführliche Darstellung zu den Suiziden und zu den Unfällen ist in den Kapitel 3.7 und 4.5 zu finden. An dieser Stelle werden nur die betreffenden Sterbeziffern im mittleren Lebensalter betrachtet. In diesem Alter versterben mehr Frauen an Selbstmorden als an Kraftfahrzeugunfällen. Beide Mortalitätsziffern sind im Zeitraum von 1990 bis 1997 in den neuen Bundesländern deutlich gesunken. Der Vergleich der beiden Bundesgebiete zeigt, daß 1990 die altersspezifischen Sterbeziffern in den neuen Bundesländern bei Kraftfahrzeugunfällen, bedingt durch das hohe Verkehrsaufkommen nach der Öffnung der Grenzen, doppelt so hoch wie in den alten Bundesländern waren. Eine ähnliche Relation zeigt sich auch bei den Selbstmorden. Trotz der abnehmenden Sterbeziffern bleibt auch im Jahre 1997 noch eine Differenz zwischen den alten und den neuen Bundesgebieten bestehen (Tabelle 8.6-7).

Tabelle 8.6-7: Sterbeziffern Selbstmord / Selbstbeschädigungen und Kraftfahrzeugunfälle im Verkehr bei Frauen je 100.000 Einwohner nach Bundesgebieten und Alter 1990 und 1997

Altersgruppe	1990		1997	
	Neue Bundesländer	Alte Bundesländer	Neue Bundesländer	Alte Bundesländer
Selbstmord / Selbstbeschädigungen				
45 bis unter 50	18,3	11,1	8,7	9,6
50 bis unter 55	19,0	11,7	12,9	10,5
55 bis unter 60	19,1	12,5	14,3	11,1
Kraftfahrzeugunfälle				
45 bis unter 50	8,4	4,3	4,5	3,1
50 bis unter 55	9,8	4,6	5,7	3,1
55 bis unter 60	8,3	4,9	5,9	3,4

Quelle: StBA 1999, schriftliche Mitteilung.

Stationäre Morbidität

Eine Analyse der stationären Behandlungsfälle und -dauer von Frauen im mittleren Lebensalter ist für den Zeitraum nach 1990 schwieriger als für die 80er Jahre in der DDR. Der Grund liegt in der veränderten gesetzlichen Lage. Eine flächendeckende Erfassung der stationären Morbidität, wie sie in der DDR erfolgte, wurde nach 1990 in den neuen Bundesländern nicht weitergeführt. Andere Routinedatenquellen stellen jeweils nur Kompromißlösungen dar, weil sie keinen direkten Bevölkerungsbezug erlauben und weil sie in der Regel nicht ausreichend genug nach Geschlecht, regionaler Herkunft, Diagnose und Alter differenziert vorliegen. Das gilt auch für die Krankheitsartenstatistik der AOK, deren Daten zwar eine Untergliederung nach neuen und alten Bundesländern zulassen, dafür aber nur in einer 10-Jahresaltersgruppierung vorliegen, so daß beim mittleren Lebensalter die Altersgruppen bis 65 Jahre erfaßt werden. Unter Beachtung dieser Einschränkung vermittelt die AOK-Krankheitsartenstatistik nur einen begrenzten Einblick in die stationäre Inanspruchnahme im mittleren Lebensalter (Tabelle 8.6-).

Die häufigsten stationären Behandlungsdiagnosen im mittleren Lebensalter sind bei Frauen die Neubildungen, die Krankheiten des Kreislaufsystems, der Harn- und Geschlechtsorgane und die Krankheiten des Skeletts, der Muskeln und des Bindegewebes. In der Gruppe der Neubildungen ist es vor allen Dingen der Brustkrebs, und innerhalb der Krankheiten der Harn- und Geschlechtsorgane sind es die Menstruations- und klimakterischen sowie postklimakterischen Störungen, die bei Frauen im mittleren Lebensalter zu Inanspruchnahmequoten führen. Bei Menstruations- und klimakterischen Störungen ist allerdings die Verweildauer nur kurz. Frauen mit psychiatrischen Erkrankungen bleiben durchschnittlich am längsten in stationärer Behandlung. Es folgen die Krankheiten des Skeletts, der Muskeln und des Bindegewebes mit einer ebenfalls noch beachtlich langen Verweildauer. Im Vergleich der alten und neuen Bundesländer fallen etwas mehr Krankheitsfälle bei den Diagnosen Neubildungen, Krankheiten der Harn- und Geschlechtsorgane sowie des Kreislaufsystems in den neuen Bundesländern im Jahre 1996 auf. Weiterführende Analysen werden im Kapitel 3 dieses Berichtes vorgenommen. Im einzelnen handelt es sich dabei um die Herz-Kreislauf-Krankheiten im

Kapitel 3.2, den Brustkrebs im Kapitel 3.3 und die gynäkologischen Erkrankungen im Kapitel 3.4.

Tabelle 8.6-8: Krankenhausfälle je 10.000 Frauen und Krankenhaustage je Fall der Mitglieder und ihrer Familienangehörigen nach Krankheits- und Altersgruppen sowie Bundesgebiet 1996

Altersgruppe	AOK-Ost		AOK-West	
	Fälle	Tage je Fall	Fälle	Tage je Fall
Neubildungen				
45 bis unter 55	372,4	8,6	346,4	8,2
55 bis unter 65	464,2	9,0	410,5	8,7
Krankheiten der Harn- und Geschlechtsorgane				
45 bis unter 55	323,5	6,9	230,3	7,3
55 bis unter 65	225,8	8,5	171,3	8,5
Krankheiten des Kreislaufsystems				
45 bis unter 55	258,7	11,3	235,9	10,0
55 bis unter 65	492,6	13,8	422,8	12,2
Krankheiten des Skelettes, der Muskeln und des Bindegewebes				
45 bis unter 55	228,2	14,5	223,2	13,5
55 bis unter 65	297,7	19,3	295,8	16,8
Psychiatrische Erkrankungen				
45 bis unter 55	143,1	29,7	122,8	29,9
55 bis unter 65	88,4	32,7	91,8	35,7

Quelle: AOK-Bundesverband 1996, Krankheitsartenstatistik: 60ff., 128ff.

8.6.3 Gesundheitsbezogene Risiken und Ressourcen

Mit den Ergebnissen des Nationalen Untersuchungssurveys Ost (NUS 1991/92) standen zum ersten Mal in den neuen Bundesländern bevölkerungsbezogene Daten zur Verfügung, die repräsentative Aussagen zu Gesundheitsrisiken, zum Gesundheitsverhalten und zur subjektiven Morbidität zulassen. Zu Beginn der 90er Jahre erhoben, präsentieren die Daten sowohl einen aus der Vergangenheit mitgebrachten Gesundheitszustand als auch eine durch die Ereignisse des politischen Umbruchs beeinflußte Wahrnehmung der Gesundheit und der Lebensbedingungen. In diesem Sinne sind die Ergebnisse des NUS gleichzeitig Bestandsaufnahme und Ausgangsbasis für weitere Untersuchungen. In diesem Abschnitt werden die Daten zu Gesundheitsrisiken, Gesundheitsverhalten und Selbsteinschätzung der Gesundheit und der Lebenszufriedenheit von Frauen im mittleren Lebensalter vergleichend zwischen den neuen und alten Bundesländern analysiert.

Bekannte Risikofaktoren insbesondere für die Herz-Kreislauf-Krankheiten sind Übergewicht und Bluthochdruck. Beide sind unter den Frauen im mittleren Lebensalter häufig und mit dem Alter zunehmend zu finden. Ein Vergleich dieser Risiken bei den Frauen in den alten und den neuen Bundesländern zeigt eine ungünstigere Lage der ostdeutschen Frauen. Nach den Angaben im NUS (Hoffmeister/Bellach 1995: 124) sind zu Beginn der 90er Jahre 32 % der 40-49jährigen ostdeutschen Frauen (21 % der altersgleichen westdeutschen Frauen) und 42 % der 50-59jährigen ostdeutschen Frauen (36 % der westdeutschen Frauen) stark übergewichtig (BMI ≥ 30). Ähnliches gilt auch für den Bluthochdruck. Sowohl nach den Selbstangaben als auch nach den Blutdruckmeßwerten haben mehr ostdeutsche als westdeutsche Frauen mittleren Alters einen erhöhten Blutdruck (≥ 160/95 mm/Hg). In der Altersgruppe der 40-49jährigen Frauen wurde bei 22 % der ostdeutschen Frauen, aber nur bei 13 % der westdeutschen Frauen ein hoher Blutdruck gemessen. In der nächsten Altersgruppe beträgt die Relation 32 % (Ost) vs. 26 % (West) (ebd.: 45). Ost-West-Unterschiede finden sich auch bei sportlichen Aktivitäten, einem Faktor, der eng mit dem Gewicht korreliert. Nach eigenen Angaben sind mehr ostdeutsche Frauen im Alter von 40 bis 49 Jahren sportlich inaktiv (54 %) als gleichaltrige westdeutsche Frauen (44 %), wobei insgesamt bei beiden Frauengruppen die sportlichen Aktivitäten mit dem Alter nachlassen (ebd.: 172).

Ein höherer Konsum von verordneten und nichtverordneten Arzneimitteln bei Frauen ist bekannt. Im Rahmen des NUS (1991/92) wurde der Arzneimittelverbrauch der Wohnbevölkerung im Bundesland Sachsen in den letzten sieben Tagen vor der Befragung ermittelt und mit den Ergebnissen aus Bremen verglichen. Unterschiede zu den Männern werden besonders im mittleren Lebensalter (40-49 Jahre) deutlich. Der Arzneimittelverbrauch ist in der Altersgruppe der 40-49jährigen Frauen nicht nur um 24 % höher als bei den Männern, sondern es werden auch von den Frauen mehrere Arten von Medikamenten eingenommen. Im Vergleich zu den Frauen aus Bremen sind bei den sächsischen Frauen höhere Anwendungsraten vorhanden. Im mittleren Lebensalter (40-49 Jahre) sind es in Sachsen 71 % und in Bremen 60 % der Frauen, die Medikamente eingenommen hatten. Frauen in Sachsen nehmen häufiger Betarezeptorenblocker und blutdrucksenkende Medikamente ein als Bremer Frauen. Auch Sexualhormone werden in Dresden häufiger konsumiert, darunter fallen auch Hormone zur Substitutionstherapie in der Menopause (Krappweis et al. 1996: 115ff.).

Eine bedeutende Ressource für die Gesundheit ist die Aufmerksamkeit, die eine Frau ihrer eigenen Gesundheit, ihrem körperlichen und geistigen Befinden entgegenbringt. Die Beachtung der Gesundheit steigt mit dem Alter an (vgl. Kapitel 4.1). Nach den Daten des NUS beachtet etwas mehr als ein Drittel der 40-49jährigen Frauen die eigene Gesundheit sehr stark oder stark (39 %). In der nachfolgenden Altersgruppe der 50-59jährigen findet die eigene Gesundheit bei fast der Hälfte der Frauen (45 %) eine starke Beachtung. Im Gesundheitsbewußtsein gab es keine nennenswerten Unterschiede zwischen ost- und westdeutschen Frauen (Hoffmeister/Bellach 1995: 205ff.).

Mit einer verstärkten Wahrnehmung von Gesundheit verändert sich auch ihre Einschätzung. Je älter die Frauen, desto negativer fällt die Beurteilung der eigenen Gesundheit aus. Dieses gilt auch für die mittleren Altersgruppen. In diese Einschätzungen fließen die Erfahrungen mit (chronischen) Erkrankungen ebenso ein wie die subjektiven Belastungen und die Zufriedenheit mit der Lebenssituation. Im Vergleich zwischen den Frauen in den alten und den neuen Bundesländern fallen die Selbstangaben der ostdeutschen Frauen im mittleren Lebensalter ungünstiger aus. Es geben annähernd doppelt so viele Frauen in den neuen Bundesländern einen schlechten Gesundheitszustand an wie Frauen in den alten Bundesländern. Diese Situation zeigt sich auch bei den positiven Einschätzungen der Gesundheit. Weniger ostdeutsche als westdeutsche Frauen beschreiben ihren Gesundheitszustand als gut bzw. sehr gut (Tabelle 8.6-9) (NUS 1990/91 West, 1991/92 Ost, StBA 1999, schriftliche Mitteilung).

Tabelle 8.6-9: Gesundheitszustand von Frauen im mittleren Lebensalter nach Bundesgebiet, in %

Altersgruppe	Sehr gut	Gut	Zufrieden-stellend	Weniger gut	schlecht
Neue Länder					
40-49 (N = 227)	4,8	35,2	44,1	12,8	3,1
50-59 (N = 256)	2,3	20,7	52,7	19,9	4,3
Alte Länder					
40-49 (N = 537)	6,7	40,2	38,0	13,6	1,5
50-59 (N = 606)	3,1	30,2	46,9	17,2	2,6

Quelle: Nationaler Untersuchungssurvey 1990/91 (West), 1991/92 (Ost), StBA 1999, schriftliche Mitteilung.

Die Arztkontakte, insbesondere zum Hausarzt und Allgemeinmediziner, nehmen mit dem Alter zu. Innerhalb der vorangegangenen vier Wochen suchten nach den Ergebnissen des NUS 17 % der 40-49jährigen Frauen und 28 % der 50-59jährigen Frauen in den neuen Bundesländern einen Allgemeinmediziner bzw. Hausarzt auf. In einer ähnlichen Frequenz wurden Primärfachärzte (Internisten und Gynäkologen) sowie Spezialfachärzte von den Frauen konsultiert. Dabei treten keine nennenswerten Unterschiede zwischen den ost- und westdeutschen Frauen auf (Hoffmeister/Bellach 1995: 179).

Die Gesundheit von Frauen und die allgemeine Lebenszufriedenheit stehen in einem engen Wechselverhältnis. Im vorliegenden Bericht wurde im Kapitel 4.1 auf das Gesundheitshandeln und auf Gesundheitskonzepte von Frauen eingegangen. Dabei wurden sowohl theoretische Ansätze als auch deren empirische Umsetzung diskutiert. Nachfolgend geht es um die Ausprägung der Lebenszufriedenheit bei Frauen im mittleren Lebensalter in den neuen und den alten Bundesländern.

Die Daten dazu wurden ebenfalls im Rahmen des Nationalen Untersuchungssurvey West (1990/1991) und Ost (1991/1992) erhoben. Mit Hilfe einer dreistufigen Skala (sehr zufrieden, mittelmäßig zufrieden und sehr unzufrieden) lassen sich folgende Aussagen treffen: Nur knapp die Hälfte der ostdeutschen Frauen (47 %) im Alter von 40-49 Jahren ist mit ihrem Leben sehr zufrieden. Das ist der niedrigste Anteil, der innerhalb der Datenanalyse unter allen Altersgruppen und in beiden Bundesgebieten auftritt. Bei den gleichaltrigen westdeutschen Frauen sind 63 % mit ihrem Leben sehr zufrieden. In der höheren Altersgruppen (50 - 59 Jahre) sind unter den Frauen der neuen Bundesländer etwas mehr als die Hälfte sehr zufrieden (52 %), Frauen der alten Bundesländer sind es zu mehr als zwei Drittel (68 %). Wird die Zufriedenheit in ausgewählten Lebensbereichen betrachtet, so werden die Unterschiede zwischen den ost- und den westdeutschen Frauen im mittleren Lebensalter noch deutlicher. So sind mit der Arbeitssituation 18 % der ostdeutschen Frauen im Alter zwischen 40 und 49 Jahre sehr unzufrieden, aber nur 4 % der westdeutschen Frauen. In der nächst höheren Altersgruppe (50-59 Jahre) sind 15 % der ostdeutschen und nur 4 % der westdeutschen Frauen mit der Arbeitssituation unzufrieden. Ähnlich hohe Unzufriedenheitsangaben werden bei der

Bewertung der finanziellen Lage von den ostdeutschen Frauen gemacht. Der Anteil der sehr unzufriedenen Frauen ist in den neuen Bundesländern fast dreimal so hoch wie in den alten Bundesländern (40-49 Jahre: 14 % vs. 5 %; 50-59 Jahre: 15 % vs. 6 %) (Hoffmeister/Bellach 1995: 198ff.). Es zeigen sich in den beschriebenen Bewertungen der Lebensbereiche gravierende Unterschiede zwischen den Frauen in den alten und den neuen Bundesländern. Eingeschränkte finanzielle Ressourcen sowie die Gefährdung der Berufstätigkeit werden bei einem Teil der ostdeutschen Frauen als psychosoziale Belastungssituationen wirksam. Da die Untersuchung zu Beginn der neunziger Jahre stattgefunden hat, dürfte hier besonders der unmittelbare Einfluß der Systemtransformation zum Tragen gekommen sein.

Transformationsbedingte Auswirkungen auf verschiedene Lebensbereiche

Die Systemtransformation wirkte sich nahezu auf alle Lebensbereiche der ostdeutschen Frauen verändernd aus, wenn auch auf unterschiedliche Gruppen mit unterschiedlicher Intensität. In einigen Lebensbereichen hat sie zu gravierenden Belastungen geführt, in anderen auch Ressourcen erschlossen. Es ist zu bemängeln, daß nur wenige Studien vorliegen, die speziell die psychosozialen und gesundheitlichen Auswirkungen des gesellschaftlichen Wandels bei Frauen im mittleren Lebensalter untersuchen. Die Mehrzahl der Untersuchungen ist regional begrenzt. Nachfolgend werden Ergebnisse aus solchen Untersuchungen vorgestellt, die auf der Basis einer Zufallsauswahl die Bedeutung des Lebensereignisses „Systemwandel" aus der Sicht der betroffenen Frauen reflektieren.

Im Rahmen des Forschungsprojektes „Lebenslagen, Risiken und Gesundheit von Frauen in der Bundesrepublik Deutschland" (Studienteil Ost) wurden im Jahr 1996 Frauen im mittleren Lebensalter (46 bis 60 Jahre) in einer städtischen Region (Magdeburg, N = 421) zu ihrer Lebenssituation, zum Gesundheitszustand, zum Gesundheitsverhalten und zu wendebedingten Veränderungen befragt (zur Beschreibung der Methodik siehe Lebenslagen, Risiken und Gesundheit von Frauen in der Bundesrepublik Deutschland – Schlußbericht 1997). Bezogen auf die Wiedervereinigung, wurden die Frauen gefragt, ob und wie sich Veränderungen in den Lebensbereichen Beruf, Familie, finanzielle Situation, soziale Kontakte, Wohnsituation und Freizeit bemerkbar gemacht haben. Die jeweilige Veränderung konnte mit den vorgegebenen Antworten: eher verbessert, eher verschlechtert oder gleichgeblieben eingeschätzt werden. Die Bewertungen der beruflichen Situation zeigen gravierende Veränderungen, die sich in den Arbeitsverhältnissen bei Frauen diesen Alters vollzogen haben. Bei nahezu der Hälfte der Frauen hat sich die berufliche Situation seit der Wende verschlechtert (46 %), verbessert hat sie sich nur bei 20 %. Es hat sich nicht nur der eigene Arbeitsstatus negativ entwickelt, sondern auch die berufliche Situation des Partners (53 %) und der Kinder (32 %). Eine Verbesserung hingegen ist nur bei 15 % der Partner und bei 24 % der Kinder eingetreten. Nach einer Studie von Bauer/Zemmrich (1994) verschlechterte sich das gesundheitliche Beschwerdenniveau der 55-60jährigen Frauen aus Ostdeutschland dann, wenn sie oder ihr Partner einen unsicheren Arbeitsplatz hatten oder arbeitslos waren. Eng mit sozialen Beziehungen verknüpfte Lebensbereiche sind seit der Wende weitgehend stabil geblieben. Das gilt besonders für die Ehe und Partnerschaft (83 %), für das Familienleben (79 %), für die

Beziehungen zu den Kindern (83 %), aber auch für die Kontakte zu den Freunden (80 %). Dagegen haben sich die Beziehungen zu den weiteren Verwandten bei 17 % und insbesondere die Kontakte zu den Arbeitskolleginnen und -kollegen bei 41 % der Frauen verschlechtert. Verbessert hat sich die finanzielle Situation seit der Wende bei fast der Hälfte der Frauen (49 %), für 29 % hat sie sich verschlechtert. Die Wohnungssituation hat sich für zwei Drittel der Frauen nicht verändert, verbessert hat sie sich bei 25 %. Der Bereich der Freizeit hat sich seit der Wende für 49 % positiv verändert.

Eine zusammenfassende Bewertung der Veränderungen des Lebens seit der Wende durch die Frauen ergab, daß sich für die überwiegende Mehrheit das Leben seit der Wiedervereinigung in verschiedener Richtung verändert hat. Mehr als ein Drittel der Frauen (38 %) schätzt ein, daß sich ihr Leben zum Positiven verändert hat. Mehr als ein Fünftel der befragten Frauen (22 %) sehen eine Verschlechterung ihrer Lebenssituation, und für fast ein Drittel (31 %) blieb das Leben stabil. Zu ähnlichen Ergebnissen kommt Mirow (1998:48ff.), der Frauen aus einer Zufallstichprobe in drei Altersgruppen (20-30, 40-50 und 60-70 Jahre) in einer großstädtischen Region zur Lebensweise und zum Gesundheitsverhalten befragte (N = 370). Auch in dieser Studie hat sich bei den Frauen der mittleren Altersgruppe (40-50 Jahre) die Arbeitssituation seit der Wende bei fast der Hälfte (46 %) verschlechtert, während die familiäre Situation (69 %) und die Beziehungen zu Freunden und Bekannten (72 %) bei der überwiegenden Mehrheit stabil geblieben sind. Die finanzielle Situation hat sich für 45 % der Frauen verbessert und bei 37 % der Frauen verschlechtert. Positive Veränderungen fallen im Bereich der Freizeit auf. 25 % der Frauen haben eine Verbesserung erlebt, und bei der Hälfte hat sich in diesem Bereich nichts verändert. In dieser Studie wurde auch nach wendebedingten Veränderungen im Gesundheitszustand gefragt mit dem Ergebnis, daß die Mehrheit der Frauen (59 %) keine Veränderungen des Gesundheitszustandes erfahren haben, aber 32 % eine Verschlechterung erlebten. Gegenüber der älteren (29 %) und der jüngeren Alters-gruppe (11 %) stellen die Frauen im mittleren Alter den höchsten Anteil mit einer negativen Bewertung des Gesundheitszustandes (32 %). Synchron zu den wendebedingten Veränderungen fielen die Angaben zur Zufriedenheit mit den einzelnen Lebensbereichen aus. Am wenigsten zufrieden waren die Frauen (40-50 Jahre) mit ihrer Arbeitssituation (36 %) (ebd.:41ff.).

In dieser Altersgruppe waren auch die meisten Frauen mit der derzeitigen finanziellen Situation unzufrieden (35 %). Die höchste Zufriedenheit bestand bei den Beziehungen zu Freunden und Bekannten (89 %) und mit der familiären Situation (85 %). Erstaunlich positiv wurde auch die ärztliche Betreuung eingeschätzt. 90 % der Frauen waren mit der ärztlichen Betreuung zufrieden. Zu einem ähnlich hohen Ergebnis kommen Winkler/ Haupt (1998: 172) bei 50-59Jährigen. In der Untersuchung von Mirow (1998:46) wurde auch deutlich, daß Frauen im mittleren Lebensalter nach wie vor die Doppelorientierung Beruf und Familie favorisierten. Die Mehrheit der Frauen (74 %) hielt Beruf und Familie für gleich wichtig. 24 % hielten die Familie für wichtiger als den Beruf und umgekehrt, den Beruf für wichtiger halten nur 5 %. Sowohl in der Magdeburger Studie als auch in der Studie von Mirow wurde zudem der subjektive Gesundheitszustand der Frauen erhoben. Die Ergebnisse sind erstaunlich konsistent. Der Gesundheitszustand wird in beiden Studien von über 40 % der Frauen mit eher gut angegeben und von 18 % mit eher schlecht, während 40 % ihn als zufriedenstellend beurteilen. Zusammenhänge zum aktuellen Arbeitsstatus konnten in der Magdeburger Studie nachgewiesen werden. Mehr erwerbstätige als arbeitslose Frauen schätzen ihren Gesundheitszustand als eher gut ein (49 % vs. 35 %). Vorruheständlerinnen (Altersgruppe 55-60 Jahre) schätzen ihren Gesundheitszustand weniger schlecht als erwerbstätige und arbeitslose Frauen ein. Das kann wohl damit erklärt werden, daß diese Frauen durch den Vorruhestand von dem Druck einer unsicheren beruflichen Situation bzw. vor Arbeitslosigkeit entlastet worden sind.

Daß bereits eine unsichere Arbeitssituation bzw. die drohende Arbeitslosigkeit ein Gesundheitsrisiko darstellt, hat Seeland (1998) in einer Untersuchung in Sachsen 1993/94 bei Frauen im Alter von 18-65 Jahren (N = 1018) nachgewiesen. Bei seiner Gruppenbildung in Berufstätige ohne Sorge um den Arbeitsplatz, in Berufstätige mit Sorge um den Arbeitsplatz, in Kurzzeit- und Langzeitarbeitslose hatten Beschäftigte in Sorge um den Arbeitsplatz einen schlechteren subjektiven Gesundheitszustand als Arbeitslose und Berufstätige ohne Sorge. Eine weitere Unterteilung der Arbeitslosen in kurz- und langzeitarbeitslose Frauen ergab bei den Langzeitarbeitslosen die ungünstigsten Werte. Sie gaben auch die meisten Beschwerden an, gefolgt von den Beschäftigten in Sorge um den Arbeitsplatz. Nach einem halben Jahr hatten die Beschwerden insbesondere bei den Langzeitarbeitslosen zugenommen. Die Ergebnisse zum subjektiven Gesundheitszustand konnten durch das Arzturteil bestätigt werden. In dieser Studie war nur noch jede zehnte Frau über 50 Jahre ohne Sorgen und Probleme um den Arbeitsplatz (Seeland 1998: 36). Als besonders gravierende Auswirkungen der Arbeitslosigkeit wurden von den Frauen in dieser Untersuchung finanzielle Schwierigkeiten und der schwindende Kontakt zu den Arbeitskolleginnen und -kollegen angegeben. Bemerkenswert war das Ergebnis, daß sich mehr jüngere als ältere Frauen offenbar mit der Arbeitslosigkeit abgefunden hatten. Ältere Frauen wollten noch häufiger versuchen, aus der Arbeitslosigkeit wieder herauszukommen. Als eine Ressource, auf die bei drohender Arbeitslosigkeit oder bestehender Arbeitslosigkeit zurückgegriffen wird, hat sich nach Seeland (1998: 42) die Familie bewährt. Sie hat sich auch in der Wende als stabilisierender Faktor erwiesen.

Bauer/Zemmrich (1994) befragten gezielt 55-60jährige zufällig ausgewählte Frauen in Ostberlin und Brandenburg (N = 361) zur gesundheitlichen Befindlichkeit und Lebenszufriedenheit. Nur noch ein Drittel (31 %) der befragten Frauen dieser Altersgruppe war berufstätig, aber keine dieser Frauen war mehr in einer regulären Vollbeschäftigung tätig. Mehr als die Hälfte der Frauen war im Vorruhestand (55 %), und 8 % waren arbeitslos (ebd.: 32ff.). Auch in dieser Stichprobenpopulation wurden von 44 % der Frauen negative gesundheitliche Auswirkungen des gesellschaftlichen Umbruchs benannt. Die negative Bewertung der gesundheitlichen Befindlichkeit und Lebenszufriedenheit war am höchsten bei den Arbeitslosen, gefolgt von den Vorruheständlern und berufstätigen Frauen. Insgesamt fühlten sich zwei Drittel der Frauen gesundheitlich beeinträchtigt. Auf die gesundheitliche Befindlichkeit hatte die berufliche Situation des Partners auch in dieser Studie einen wesentlichen Einfluß. Bei beruflichen Problemen des Partners stieg das Beschwerdenniveau, ebenso führten geringe Sozialkontakte und mangelnde Hilfe von Angehörigen oder Freunden zu einem schlechteren Befinden.

68 % der Vorruheständlerinnen hatten sich nicht rechtzeitig auf diese neue Lebensphase einstellen können.

Als bedeutendster Risikofaktor für die allgemeine Lebenszufriedenheit und das gesundheitliche Befinden der ostdeutschen Frauen im mittleren Lebensalter konnten in den verschiedenen regionalen Studien die Arbeitslosigkeit und/oder die unsichere Erwerbssituation festgestellt werden (Weßling 1993; Bauer/Zemmrich 1994; Harych/Harych 1997; Mirow 1998; Seeland 1998). Das trifft nicht nur auf die Arbeitslosigkeit der Frauen selbst zu, sondern auch auf Veränderungen der beruflichen Situation im familiären Nahraum (Partner und Kinder). Frauen müssen nicht nur ihre eigene Situation verarbeiten, sondern auch die berufliche Unsicherheit und Arbeitslosigkeit ihrer Partner und erwachsenen Kinder mit bewältigen. Erleichternd dürften die langjährigen Partnerschaften und die daraus resultierenden Unterstützungen wirken. In diesem Zusammenhang fällt auch der hohe Anteil von Frauen auf, für den weite Teile des Netzes (Freunde und Bekannte/ Nachbarn) stabil geblieben sind. Es ist naheliegend, diesbezüglich von psychosozialen Ressourcen auszugehen.

Gesundheit im Klimakterium

Von Schultz-Zehden (1997:47) wurden erstmalig auch Frauen aus Ostberlin in eine regionale Untersuchung zum Körpererleben im Klimakterium im Jahre 1992/93 einbezogen. Ein Ziel dieser Studie bestand darin, die Häufigkeit und Verteilung von Beschwerden im Klimakterium bei Frauen aus Berlin (45-55 Jahre, N = 230) mit einem standardisierten Verfahren (Menopause-Bewertungsskala nach Hauser et al. 1994) zu ermitteln. Neu an dieser Studie war, daß die Zielgruppe über Multiplikatoren aus der Bevölkerung rekrutiert wurde und nicht aus Patientinnen der gynäkologischen Sprechstunde bestand. Neben der Häufigkeit wurde erstmalig auch die Intensität von Beschwerden mit der o. g. Methode erfaßt. Im Ergebnis konnte festgestellt werden, daß die Symptome, die von den Frauen genannt wurden, von geringer Intensität waren und in die Stufe „leichte Beschwerden" eingeordnet werden konnten. Die Untersuchung wurde von der Autorin mit einem umfangreicheren Methodeninventar bundesweit mit einem Ost-West-Anteil von 30 % zu 70 % Frauen 1997 wiederholt (50-70 Jahre, N = 1038). Die Ergebnisse der ersten Untersuchung konnten in der neuen Erhebung hinsichtlich des Ausprägungsgrades der Beschwerden bestätigt werden (Schultz-Zehden 1998:42). Eine differenzierte Analyse nach Ost-West-Frauen wurde nicht vorgenommen, so daß diese Ergebnisse nur für die Frauen in Gesamtdeutschland interpretiert werden können. In der Studie wurden auch Daten zur Hormoneinnahme und zur Häufigkeit von Gebärmutteroperationen erhoben. Danach nahmen 43 % der Frauen (50-70 Jahre) zum Zeitpunkt der Erhebung Hormone ein bzw. hatten früher welche eingenommen (ebd.:77). Im Durchschnitt betrug die Anwendungsdauer bei diesen Frauen fünfeinhalb Jahre (ebd.:80). Es konnte ein Zusammenhang zwischen früheren Pillenanwenderinnen (zur Verhütung) und Hormonanwenderinnen nachgewiesen werden. Frauen, die Hormone einnahmen, hatten früher häufiger die Pille zur Empfängnisverhütung benutzt (ebd.: 83). Eine operative Entfernung der Gebärmutter gaben 24 % der Frauen an (durch Hysterektomie 15 % und Totaloperation 9 %). Bei den 50-60jährigen Frauen betrug dieser Anteil sogar 30 % (ebd.:38).

Im Rahmen des Forschungsprojektes „Lebenslagen, Risiken und Gesundheit von Frauen in der Bundesrepublik Deutschland" wurden 1996 in Bremen und Magdeburg von Frauen im mittleren Lebensalter u. a. auch Daten zum Klimakterium erhoben und im Ost-West-Vergleich ausgewertet (Hinze et al. 1999). Es bestand ein besonderes Interesse daran, das Vorkommen von Wechseljahresbeschwerden und die Einstellung der Frauen zum Klimakterium vor dem Hintergrund unterschiedlicher Lebensverläufe und des gesellschaftlichen Wandels in Ostdeutschland in den beiden Frauenpopulationen vergleichend zu untersuchen. Differente Ergebnisse wurden erwartet. Die Daten wurden in beiden Städten bevölkerungsbezogen mit einem standardisierten Methodeninventar erhoben (Menopause-Bewertungsskala nach Hauser et al. 1994). In den Vergleich waren in Magdeburg N = 421 Frauen und in Bremen N = 278 Frauen im Alter von 46-60 Jahren einbezogen.

Tabelle 8.6-10: Häufigkeit von Wechseljahresbeschwerden (unabhängig von der Beschwerdenstärke) bei Frauen im Alter von 46-60 Jahren - Vergleich Magdeburg mit Hansestadt Bremen 1996

Beschwerden	Magdeburg	Bremen
	in %	
N	407	264
Abnahme der Sexualität	65,1	61,4
Reizbarkeit [1]	57,0	69,7
Schlafstörungen [1]	56,3	68,6
Allg. Leistungsminderung [1]	54,5	67,0
Hitzewallungen [1]	48,9	62,9
Gelenk- und Muskelbeschwerden [1]	47,2	61,0
Depressive Verstimmungen [1]	45,5	62,9
Herzbeschwerden	39,6	43,2
Trockenheit der Scheide [1]	32,9	44,7
Harnwegsbeschwerden	30,5	36,4
Haarausfall	24,3	29,9
keine Beschwerden	9,0	7,9

1) $p \leq 0,001$

Quelle: Hinze et al. 1999: 64.

In der Tabelle 8.6-10 werden die Ergebnisse über die Häufigkeit der Wechseljahresbeschwerden dargestellt. Sie zeigen nach der Rangfolge ihres Auftretens ein nahezu gleiches Muster in beiden Stichproben, wobei die Bremer Frauen etwas häufiger Beschwerden angeben als die Magdeburger Frauen. Bei Betrachtung der Beschwerdenstärke werden bei allen Symptomen von beiden Gruppen nur Werte von geringer Stärke (leichter Schweregrad) erreicht. Damit haben sich die Erwartungen in Bezug auf ein ausgeprägteres Beschwerdeprofil im Klimakterium bei ostdeutschen Frauen nicht bestätigt.

Informationen zum Umgang mit den Wechseljahren wurden von den Frauen über Aussagen zum Arztkontakt und zur Medikamenteneinnahme (Einnahme jemals wegen Beschwerden) gewonnen. Die Ergebnisse weisen auf eine hohe Medikalisierung des Klimakteriums in beiden Regionen hin.

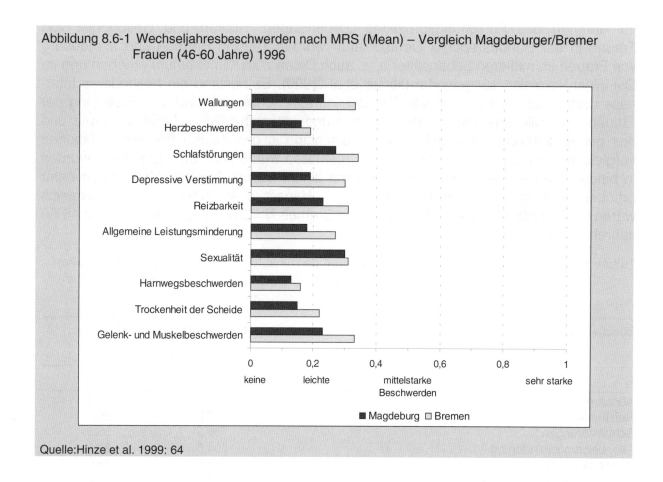

Abbildung 8.6-1 Wechseljahresbeschwerden nach MRS (Mean) – Vergleich Magdeburger/Bremer Frauen (46-60 Jahre) 1996

Quelle: Hinze et al. 1999: 64

Tabelle 8.6-11: Einnahme von Medikamenten wegen Beschwerden in den Wechseljahren [1] bei Frauen im Alter von 46-60 Jahre - Vergleich Magdeburg mit Hansestadt Bremen 1996

Antwortvorgaben (Mehrfachnennungen möglich)	Magdeburg	Bremen
	in %	
N	421	278
Hormone (Tabletten, Pflaster, Spritzen)	39,7	45,3
Schmerztabletten	7,1	5,0
Schlaftabletten	2,9	2,2
Beruhigungstabletten	5,5	5,8
Blutdrucksenkende Mittel	16,4	8,3
Vitamine	8,6	6,8
Calcium	10,7	6,8
Mittel für den Stuhlgang	3,8	4,7
Mittel gegen Magenbeschwerden	5,9	3,6

[1] Einnahme jemals wegen Beschwerden

Quelle: ebd.: 66.

Nahezu alle Frauen mit Beschwerden in den Wechseljahren haben verschiedene Ärzte aufgesucht und haben bei Beschwerden am häufigsten Hormone eingenommen (~ 40 %) (vgl. Tabelle 8.6-11).

Zur Einstellung über die Wechseljahre befragt, schätzt nahezu die Gesamtheit der Frauen beider Studien die Wechseljahre als eine zur Normalität im Leben einer Frau gehörende Phase ein, und die Hälfte der Frauen meint, daß es sich bei den Wechseljahren um eine vorübergehende Phase im Leben der Frau handelt (Tabelle 8.6-12).

Tabelle 8.6-12: „Wie denken Sie über die Wechseljahre?" - Vergleich Magdeburg mit Hansestadt Bremen (Frauen im Alter von 46-60 Jahren) 1996

Antwortvorgaben (Mehrfachnennungen möglich)	Magdeburg	Bremen
	in %	
N	412	278
Normale Phase im Leben einer Frau	90,0	90,3
Lebensabschnitt mit neuen Zielen [2]	18,9	27,7
Vorübergehende Phase mit körperlicher und seelischer Beeinträchtigung	49,5	52,2
Außer daß keine Schwangerschaft mehr möglich ist, keine Veränderung [3]	26,2	17,9
Frauen sind in den Wechseljahren gesellschaftlichen Vorurteilen ausgesetzt	4,9	5,7
In den Wechseljahren läßt die Attraktivität nach	9,0	8,6
In den Wechseljahren sind die Frauen nicht mehr so leistungsfähig	15,8	15,1

1) $p \leq 0{,}001$; 2) $p \leq 0{,}01$; 3) $p \leq 0{,}05$

Quelle: ebd.: 67.

Entgegen den Erwartungen gibt es auch eine große Übereinstimmung im Antwortverhalten zum Attraktivitätsverlust und zur gesellschaftlichen Abwertung der Frauen in den Wechseljahren. In beiden Gruppen werden diese Vorgaben nur von wenigen Frauen bejaht. Ein divergentes Antwortverhalten gibt es dagegen bei der Bewertung des Klimakteriums als einen Lebensabschnitt, der neue Ziele eröffnet. Die Frauen aus Bremen haben dazu offensichtlich häufiger eine akzeptierende Einstellung. Möglicherweise sehen ostdeutsche Frauen bedingt durch die gesellschaftlichen Veränderungen zur Zeit für sich weniger Perspektiven zur Gestaltung dieses Lebensabschnittes.

Als wesentliche Unterstützung bei der Bewältigung des Klimakteriums wird von beiden Frauengruppen gleich häufig die ärztliche Beratung favorisiert (Tabelle 8.6-13). Die Hormoneinnahme wird von ca. 30 % der Frauen in beiden Gruppen als antiklimakterisches Therapeutikum akzeptiert. Frauen aus Bremen nennen darüber hinaus als Copingstrategien für die Wechseljahre häufiger als Magdeburger Frauen Gespräche mit betroffenen Frauen, sportliche Betätigung und Entspannungstechniken. Frauen aus Magdeburg sehen häufiger in einem stärkeren familiären und beruflichen Engagement eine Möglichkeit, die Wechseljahre zu meistern.

Auswirkungen der gesellschaftlichen Veränderungen im Osten auf den Ausprägungsgrad von Wechseljahresbeschwerden waren bei Frauen, die seit der Wende negative Veränderungen in wichtigen Lebensbereichen erfahren haben, nachweisbar. Frauen mit einer unsicheren beruflichen Perspektive (unsichere Arbeitsverhältnisse oder

Arbeitslose) erreichen höhere Beschwerdenwerte als Frauen, die noch berufstätig oder sozial abgesichert sind. Die Einschätzung wichtiger Lebensbereiche wurde als ein weiterer Indikator für die erreichte Lebensqualität nach der Vereinigung einbezogen. Die Ergebnisse geben zu erkennen, daß diejenigen Frauen, die Veränderungen in wichtigen Lebensbereichen (Beruf, Familie) seit der Wende negativ bewerten, deutlich höhere Beschwerdenstärken aufweisen als Frauen, die darüber ein positives Urteil abgegeben haben.

Tabelle 8.6-13: „Was sollten Frauen Ihrer Meinung nach in den Wechseljahren tun?" - Vergleich Magdeburg mit Hansestadt Bremen (Frauen im Alter von 46-60 Jahren) 1996

Antwortvorgaben (Mehrfachnennungen möglich)	Magdeburg	Bremen
	in %	
N	416	278
Sich vom Frauenarzt beraten lassen	80,3	80,9
Sich einer Selbsthilfegruppe anschließen	1,2	2,5
Gespräch mit anderen Frauen in den Wechseljahren führen [2]	34,6	45,0
Sich stärker im Beruf engagieren	10,6	7,2
Sich stärker um die Familie kümmern [2]	15,1	8,3
Ein neues Aufgabenfeld (z. B. Ehrenamt) suchen	20,0	25,5
Sich sportlich betätigen [3]	40,4	49,6
Eine Technik zur Entspannung lernen [1]	17,1	37,4
Hormone einnehmen	32,7	28,8
Sich nicht so viele Gedanken um die Wechseljahre machen [2]	73,6	63,7
So weiter machen wie bisher	52,4	45,0
Gar nichts tun	3,1	2,9

1) $p \leq 0{,}001$; 2) $p \leq 0{,}01$; 3) $p \leq 0{,}05$

Quelle: ebd.: 67.

Die zusammenfassende Bewertung der Lebensveränderung seit der Vereinigung erbrachte folgendes Ergebnis: Frauen, die der Meinung sind, ihr Leben habe sich seit der Wende in der Gesamtheit verschlechtert, liegen mit ihren Beschwerdenstärken deutlich über den Werten der Frauen, die ein positives Urteil abgegeben haben. In der ostdeutschen Studie wurden auch Zusammenhänge zwischen klimakterischen Beschwerden und dem subjektiven Gesundheitszustand überprüft. Es konnte eine enge Kohärenz zwischen beiden Gesundheitsindikatoren festgestellt werden. Stärker ausgeprägte klimakterische Beschwerden waren mit einer weniger guten Einschätzung der subjektiven Gesundheit verbunden.

In die Bremer Studie waren Frauen im Alter von 30 bis 74 Jahre einbezogen. Von ihnen wurden mit dem gleichen Methodeninventar Daten erhoben. Damit bot sich eine gute Gelegenheit nachzuprüfen, ob die dem Klimakterium allgemein zugeschriebenen Beschwerden im Altersgang eine Spezifik erkennen lassen. Wie das Verteilungsmuster der Beschwerdenstärke zeigt (Tabelle 8.6-14), nimmt die Intensität der Symptome im mittleren Lebensalter (50 bis 59 Jahre) zu, um in den nachfolgenden Altersjahren wieder abzufallen.

Die vorgestellten regionalen Studienergebnisse lassen viele Gemeinsamkeiten im Beschwerdebild und in den Verhaltensmustern der ost- und westdeutschen Frauen in den Wechseljahren erkennen. Im Vergleich zu früheren Angaben aus der Literatur, die größtenteils aus der Patientenklientel stammen, fällt die geringe Intensität der Wechseljahresbeschwerden auf. Zugleich ist eine verhältnismäßig hohe Medikalisierung des Klimakteriums durch Arztkontakte und Hormonbehandlung, aber auch eine beachtliche Hormonakzeptanz bei beiden Frauengruppen festzustellen. Diese Ergebnisse stimmen mit neuen Entwicklungen und Trends in der Klimakteriumsforschung überein. Was die Hormonsubstitution angeht, so wurde bereits bei der Auswertung von Daten der Nationalen Untersuchungssurveys eine Zunahme der Hormonanwenderinnen (45-64 Jahre) vom ersten Survey (1984-1986) zum dritten Survey (1990-1991) von 3,8 % auf 15,9 % bei Frauen in den alten Bundesländern festgestellt (Maschewsky-Schneider 1997: 565). In der Altersgruppe 50-59 Jahre stieg die Hormoneinnahme sogar von 4,7 % auf 22 % (Einnahme zum Zeitpunkt der Befragung). Wie neuere Ergebnisse beweisen, ist der Anteil der Frauen, die Hormone einnehmen, in den letzten Jahren offensichtlich weiter gestiegen. In einer europäischen Studie wurde 1996 der Anteil von Frauen mit Hormontherapie in der Perimenopause ermittelt. Er reichte von 18 % in Spanien, 31 % in England, 33 % in Deutschland bis zu 55 % in Frankreich (Schneider 1997: 370).

Tabelle 8.6-14: Mittelwerte der Wechseljahresbeschwerden (MRS) nach Altersgruppen (Studie Bremen)

Beschwerden	Altersgruppen				
	30-39	40-49	50-59	60-69	70-74
N	187	160	187	127	57
Wallungen	0,06	0,20	0,38	0,22	0,12
Herzbeschwerden	0,07	0,12	0,22	0,17	0,14
Schlafstörungen	0,17	0,26	0,37	0,28	0,26
Depressive Verstimmungen	0,24	0,25	0,32	0,22	0,18
Reizbarkeit	0,27	0,27	0,33	0,25	0,17
Allgemeine Leistungsminderung	0,16	0,20	0,29	0,24	0,26
Sexualität	0,14	0,21	0,37	0,33	0,36
Harnwegsbeschwerden	0,06	0,08	0,19	0,20	0,13
Trockenheit der Scheide	0,04	0,08	0,26	0,27	0,11
Gelenk- und Muskelbeschwerden	0,07	0,19	0,37	0,37	0,32
Haarausfall	0,08	0,08	0,14	0,11	0,12

Quelle: ebd.: 68.

In der Wahrnehmung und Bewertung der Wechseljahre gibt es bei den Frauen aus Ost und West in den beiden Studien bemerkenswerte Übereinstimmungen. Sie bestehen in einer realitätsbezogenen Sicht auf die Wechseljahre, die von der Mehrheit der Frauen als ein natürlicher Vorgang mit passageren, körperlichen und seelischen Beeinträchtigungen beurteilt werden. Die Studienergebnisse zeigen am Beispiel der Frauen aus Magdeburg die Implikation der Wechseljahresbeschwerden in das soziale und allgemeine gesundheitliche Befinden. Es konnte auch der Nachweis erbracht werden, daß bestimmte körperliche und psychische Beschwerden im mittleren Alter in Verbindung mit dem Klimakterium eine stärkere Ausprägung erfahren, die sich offenbar im späteren Lebensalter wieder abschwächt.

8.6.4 Zusammenfassung

Die Analyse der amtlichen Gesundheitsdaten läßt bei der Lebenserwartung und Sterblichkeit für ostdeutsche Frauen im mittleren Lebensalter in den 90er Jahren eine weitere Verbesserung erkennen. Die fernere Lebenserwartung konnte im Zeitraum von 1990 bis 1997 erhöht und die allgemeine Sterblichkeit gesenkt werden. Damit haben sich wichtige Gesundheitsparameter ostdeutscher Frauen an die der westdeutschen Frauen weiter angenähert. Die Ursachen dafür sind sicher auf die allgemeine Verbesserung der Lebensbedingungen und des medizinischen Versorgungsstandards in Ostdeutschland zurückzuführen. Speziell konnten die unnatürlichen Todesursachen (Selbstmorde, Kraftfahrzeugunfälle) gesenkt werden. Dagegen bestehen bei den Herz-Kreislauf-Sterblichkeiten, trotz einer Senkung bei den ischämischen Herzkrankheiten, immer noch deutliche Differenzen zwischen den alten und neuen Bundesländern.

Bei anderen Parametern des Gesundheits- und Krankheitsgeschehens ist eine Vielzahl von Gemeinsamkeiten und Ähnlichkeiten in der Verteilung und den Strukturen bei Frauen aus den neuen und den alten Bundesländern zu beobachten (stationäre Morbidität, Gesundheitsverhalten, Beschwerdeprofil und Verhalten in den Wechseljahren). Diese Ergebnisse belegen, dass für Frauen allgemein das mittlere Lebensalter ein Schnittpunkt ist, wo sich einige Gesundheitsparameter verändern. So nimmt in diesem Zeitraum die Zufriedenheit mit der allgemeinen Gesundheit ab. Beschwerden, die auf gesundheitliche Beeinträchtigungen durch das Klimakterium hindeuten, nehmen zu. Risikofaktoren wie Blutdruck und Körpergewicht steigen an. Es kommt zu einer häufigeren Inanspruchnahme des Gesundheitswesens und zu einer Zunahme des Medikamentenkonsums.

Als ein bedeutender Risikofaktor für die allgemeine Lebenszufriedenheit und das Gesundheits- und Wohlbefinden hat sich für die ostdeutschen Frauen im mittleren Lebensalter die transformationsbedingte Ausgrenzung aus dem Erwerbsleben herausgestellt. Damit waren für sie nicht nur finanzielle Einbußen und die Aufgabe der ökonomischen Selbständigkeit verbunden, sondern es traten auch Status- und Werteverluste sowie Einbußen an sozialer Integration auf. Die empirischen Untersuchungsergebnisse weisen auf Beeinträchtigung des gesundheitlichen Befindens bei arbeitslosen Frauen und bei Frauen in unsicheren Arbeitsverhältnissen hin.

Den Einschränkungen in den materiellen und psychosozialen Ressourcen stehen aber auch mit der Vereinigung eingetretene Gewinne in wichtigen Lebensbereichen gegenüber. Dazu zählen die Verbesserung des Wohnkomforts, der Dienstleistungen, der erweiterten Freizeit- und Erholungsmöglichkeiten sowie Verbesserungen in der medizinischen Versorgung und Prävention. Die hohe Zufriedenheit der ostdeutschen Frauen mit der medizinischen Betreuung spricht dafür, dass die Umstellung des Gesundheitswesens bisher ohne größere Probleme gelungen ist.

Von jeder Frau in den neuen Bundesländern war im Zusammenhang mit dem gesellschaftlichen Wandel ein hohes Maß an Kompensation und Flexibilität zu einem Zeitpunkt erforderlich, an dem sich Gesundheit und Leistungsvermögen in einer physiologisch kritischen Phase, dem Klimakterium, befanden. Als wesentliche psychosoziale Ressource der Frauen hat sich offenbar in dieser Zeit die Stabilität in den interpersonellen familiären Beziehungen sowie des weiteren sozialen Netzes der Freunde und Bekannte erwiesen. Es ist naheliegend davon auszugehen, dass diese Unterstützungsleistungen als Puffer gegen kumulierende Belastungen in der Wendezeit gewirkt haben.

Schlußfolgerungen

Es besteht noch ein dringlicher Forschungsbedarf zur gesundheitlichen Situation der Frau im mittleren Lebensalter. Notwendig sind theoretische Arbeiten zur Definition und Bestimmung dieser Lebensphase, die sich nicht nur auf die medizinischen Determinanten vorrangig auf das Klimakterium beschränken, sondern das ganze Spektrum psychosozialer Einflußfaktoren auf das Gesundheits- und Krankheitsgeschehen der Frauen berücksichtigen. Dringend erforderlich sind sozialepidemiologische Studien, die den Zusammenhang zwischen allgemeiner Gesundheit, Klimakterium und Lebenssituation der Frauen im mittleren Alter untersuchen. Dabei ist besonderes Augenmerk auf den Zeitpunkt gesundheitlicher Umbrüche zu richten, und es sind die Hintergründe für das Divergieren von subjektivem Gesundheitsbefinden und objektiven Gesundheitsbefunden in diesem Lebensabschnitt aufzuspüren.

Aus der Sicht der Frauengesundheitsforschung ist der zunehmenden Medikalisierung dieser Lebensphase entgegenzuwirken, denn ein Großteil der Frauen bewältigt diesen Lebensabschnitt ohne größere psychische Probleme und bei guter Gesundheit. In wissenschaftlichen Studien ist die gesundheitliche Relevanz der Hormonsubstitution und ihre psychosozialen Begleiterscheinungen zu prüfen und eine Einschätzung ihres Nutzens im Vergleich zu alternativen Behandlungs- und Präventionsstrategien vorzunehmen.

Die Mehrheit der amtlich vorliegenden Gesundheitsdaten ist nicht auf das mittlere Lebensalter zugeschnitten. Die Gesundheitsberichterstattung ist deshalb aufgefordert, die Datenbasis zu diesem Lebensabschnitt zu verbessern. So sollten künftig in die Routineberichterstattung auch spezifische Gesundheitsindikatoren zur Hormonanwendung und zur Hysterektomiefrequenz aufgenommen werden.

Für diesen Lebensabschnitt sind Maßnahmen zur Gesundheitsförderung zu entwickeln, die sich nicht ausschließlich am medizinischen Defizitmodell des Klimakteriums orientieren, sondern sich auf die psychosozialen Gesundheitsbedürfnisse dieser Zielgruppe ausrichten und auch die Wertvorstellungen und Sichtweisen der betroffenen Frauen über diese Umstellungsphase einbeziehen. Die Gesundheitsförderung hat Gesundheitsressourcen und die gesundheitlichen Schutzfaktoren der Frauen im mittleren Lebensalter zu erkunden und zu mobilisieren. Die Stärkung der Selbstkompetenz, die Förderung der körperlichen Aktivitäten, die Verfügbarkeit über soziale Netze, eine harmonische Partnerschaft und eine befriedigende Berufstätigkeit sowie eine gesicherte soziale Lebensperspektive gelten als wichtige gesundheitsfördernde Potentiale für eine erfolgreiche Bewältigung von Krisen im Klimakterium.

Eine gesundheitspolitische Aufgabe ist es, sich dafür einzusetzen, dass sich diese Schutzfaktoren und Potentiale wirksam entfalten können und soziale Belastungen und gesundheitliche Risiken weitgehend abgebaut werden. Dazu sind die Möglichkeiten zum beruflichen Neu- und Wiedereinstieg für Frauen auszubauen, die finanzielle Sicherung im Alter zu garantieren und insbesondere für ostdeutsche Frauen, gemeindenahe Angebote für den Verlust von sozialen Netzwerken zu fördern.

Eine besondere Bedeutung kommt in dieser Lebensphase der ärztlichen Betreuung in der Sprechstunde zu. Die Ärztin/der Arzt sollten offen für Symptome und Auswirkungen des sozialen Umfeldes auf das gesundheitliche Befinden der Frau sein und insbesondere bei Arbeitslosigkeit bzw. drohender Entlassung dem Gespräch große Aufmerksamkeit beimessen und den Gesundheitszustand dieser Risikogruppe sorgfältig beobachten. Dabei sind die Selbsthilfepotentiale zu stärken und den Frauen Kontakte zu Beratungsstellen, Selbsthilfe- und Gesundheitsförderungsgruppen zu vermitteln.

9 Frauen in besonderen sozialen und gesundheitlichen Lebenslagen

In diesem Kapitel wird auf die Situation von Frauen eingegangen, die entweder in besonderen sozialen oder in besonderen gesundheitlichen Lebenslagen sind.

Exemplarisch für die ungenügende medizinische Versorgung benachteiligter Gruppen wird in Kapitel 9.1 - Frauen in besonderen sozialen Lebenslagen - über wohnungs- bzw. obdachlose Frauen und Prostituierte berichtet, die zwar durch ihre Lebenssituation einem erhöhten Krankheitsrisiko ausgesetzt sind, jedoch unzureichend medizinisch betreut werden. Die Distanz zum Versorgungssystem der wohnungslosen Frauen ist dadurch bedingt, daß vor die ärztliche Behandlung der Weg zum Sozialamt (um einen Behandlungsschein zu erhalten) und die Überwindung von Scham und Angst vor der Stigmatisierung in einer normalen Arztpraxis gestellt sind. Prostituierte, deren Tätigkeit laut höchstrichterlichem Urteil sittenwidrig ist, haben grundsätzlich keinen legalen Zugang weder zur gesetzlichen Kranken- und Sozialversicherung noch zu privaten Krankenkassen.

Ausgangspunkt der Darstellung in Kapitel 9.1 ist die medizinische Versorgung. Daran anschließend werden Daten zur Wohnungslosigkeit und zur Prostitution in Deutschland vorgestellt. Zur gesundheitlichen Situation von wohnungslosen Frauen und von Prostituierten werden Ergebnisse aus verschiedenen Untersuchungen präsentiert.

In Kapitel 9.2 - Frauen in besonderen gesundheitlichen Lebenslagen - stehen Frauen, die mit bestimmten Diagnosen, Einschränkungen, Behinderungen oder Krankheiten leben, im Vordergrund. Hier wird eine Perspektive gewählt, die eine Bestimmung der Bedarfe an angemessener Hilfe und Unterstützung, jeweils bezogen auf die spezifischen Besonderheiten der Lebenssituation, ermöglicht. Die Lebenssituation umfaßt dabei sowohl den gesundheitlichen wie auch den privaten und den beruflichen Bereich, sowohl die Ressourcen wie auch die Belastungen. Sie ist der Kontext, in dem Frauen den Alltag unter der Bedingung von Einschränkung und die Einschränkung unter der Bedingung ihres Alltags bewältigen.

Einschränkungen und (diagnostizierte) Krankheiten entstehen unter bestimmten Lebensbedingungen und beeinflussen ihrerseits die Lebensgeschichte. Diese Betrachtung führt von einer monokausalen Sicht weg und hin zu einem Blick auf Wechselwirkungen zwischen (schwierigen) Lebenslagen, Krankheiten und Einschränkungen mitsamt den sozialen Folgen wie Stigmatisierung, Ausgrenzung und Diskriminierung. Ein Teil der betrachteten Krankheiten resultiert aus benachteiligten Lebenslagen, umgekehrt führen die Krankheiten zu Benachteiligungen. Sie schränken die Veränderbarkeit von persönlichen Verhältnissen durch soziale Ausgrenzungen und negative Reaktionen im Umfeld ein. Der Einbezug sozialer Stigmatisierungsprozesse z. B. bei Behinderungen, Alkoholkrankheit, illegalem Drogenkonsum oder einer HIV-Infektion zeigt gleichzeitig, daß der Bedarf an Unterstützung nicht auf die Frage einer medizinischen Behandlung reduziert werden kann.

Auf diese Weise konkretisiert, ist der Kontext immer frauenspezifisch, denn das Leben und der Alltag sind in ihrer Dynamik nicht geschlechtsneutral. Der Kontext schließt Aspekte wie sexualisierte Gewalt gegen Frauen, Mutterschaft, Sexualität, aber auch soziodemographische Merkmale wie Ausbildung und Berufstätigkeit ein.

Diese Perspektive macht es möglich, drei Forderungen zur frauengerechten Gesundheitsberichterstattung aufzugreifen (Helfferich/v. Troschke 1994): Zum Ersten können Frauen als handelnde Subjekte betrachtet werden und erscheinen nicht nur als Objekte medizinischer Definition und Therapie. Thema wird, wie Frauen im Lebenslauf in besonderer Weise mit den körperlichen, psychischen und sozialen Aspekten von gesundheitlichen Ereignissen umgehen. So lassen sich ihre Lebensweisen und ihre Stärken einbeziehen. Bei einigen Thematiken läßt sich z. B. zeigen, wie die Entstehung von Symptomatiken (verstanden in einem weiten psychosomatischen Sinn) wie riskanter Alkoholkonsum im Zusammenhang mit der Bewältigung schwieriger Lebenslagen oder Gewalterfahrungen verstanden werden kann; bei anderen Themen kann ein solcher Zusammenhang nicht hergestellt werden. Umgekehrt gilt aber für alle angesprochenen Bereiche, daß Einschränkungen auf sozialer, körperlicher und psychischer Ebene bewältigt werden müssen. Hier bieten sich Anknüpfungspunkte für ressourcenorientierte frauenspezifische Angebote.

Zum zweiten kann die Bedeutung von gesundheitlichen Lagen differenziert werden nach Alter bzw. nach Phase im Lebenslauf, in dem oder der sie auftritt. Kindheit, Jugend, mittlere Lebensjahre und Alter sind Lebensphasen, in denen Gesundheit und Krankheit andere Bedingungen vorfinden und in denen sie sich unterschiedlich auswirken. Damit kann ein lebensphasenspezifischer Bedarf bestimmt werden.

Als Drittes bleibt bei aller Zentralität bestimmter Diagnosen, Einschränkungen oder Krankheiten Gesundheit der Bezugspunkt der jeweiligen Unterkapitel. Die Perspektive von Bewältigung und Entwicklung kann vermitteln, daß z. B. das Leben mit einer chronischen Krankheit nicht nur Problem und Kostenfaktor, sondern auch Leistung ist und immer die Möglichkeit besteht, Gesundheitspotentiale zu entwickeln.

Ausgewählt wurden die Bereiche des Lebens mit Behinderung, riskantem Alkoholkonsum und Alkoholabhängigkeit, Konsum und Abhängigkeit von illegalen Drogen, HIV-Infektion und AIDS sowie mit einer stationären Behandlung in der Psychiatrie. Behinderungen - sie schließen Einschränkungen aufgrund von chronischen Krankheiten ein - und Alkoholabhängigkeit sind aufgrund der häufigen Verbreitung interessant. Ausschlaggebendes Kriterium der Auswahl war aber zum einen, daß soziale Faktoren wie z. B. Diskriminierungen und negative Reaktionen des Umfeldes auf die Frauen das Leben mit der gesundheitlichen Einschränkung beeinflussen, zum anderen, daß sich in der Vorgeschichte, in dem Beginn, in dem Leben und Alltag mit der Einschränkung sowie in den Folgen besondere Ressourcen, Belastungen und Bewältigungsversuche für Frauen herausarbeiten lassen, die bei Überlegungen zur Gestaltung der Versorgung aufgegriffen werden können.

Aufgrund des gewählten speziellen Bezugspunktes bleibt das Thema der Prävention unberücksichtigt. Die Auswirkungen der gesundheitlichen Lagen auf Schwangerschaften und Kinder finden nur bei einigen Themen Erwähnung.

Die konzeptuellen Überlegungen für die Gestaltung des Kapitels 9.2 finden sich in dem Aufbau der einzelnen Unterkapitel wieder; durch die bereichsspezifischen Aspekte ergeben sich aber unterschiedliche Akzentsetzungen. Insgesamt bildet das Kapitel mit der Konkretisierung weiblicher Bedarfslagen den Übergang zu einer Diskussion frauenangemessener Versorgung in Kapitel 10.5.

Nach einleitenden Klärungen beginnen die Unterkapitel von 9.2 jeweils mit einer Darstellung der spezifischen Aspekte im Lebenslauf, das heißt z. B. mit der Bedeutung einer Behinderung oder einer HIV-Infektion in unterschiedlichen Lebensaltern oder mit der Verortung von Alkohol- und Drogenkarrieren im weiblichen Lebenslauf. Der darauf folgende Abschnitt rekonstruiert jeweils den weiblichen Lebenszusammenhang als Kontext der gesundheitlichen Betroffenheit mit den Aspekten der Lebensformen (einschließlich Kindern und Kinderwunsch), der beruflichen und finanziellen Situation, weiteren Gesundheitsaspekten (Komorbidität) und Dimensionen des privaten Lebens. Erfahrungen von Gewalt und Diskriminierung bilden als Querschnittsthema von hoher Relevanz für die Gesundheit von Frauen einen eigenen Abschnitt innerhalb jedes Unterkapitels. Daten zu sozialen Netzwerken, Bedarfen und Hilfeangeboten werden abschließend zusammengetragen. Insgesamt muß festgestellt werden, daß gerade für eine übergreifende Betrachtung von Krankheit im weiblichen Lebenslauf häufig Daten fehlen und Forschungsbedarf angemeldet werden muß.

9.1 Frauen in besonderen sozialen Lebenslagen

Frauen in besonderen sozialen Lagen werden nur unzureichend vom medizinischen Versorgungssystem - und in der Regel auch von wissenschaftlichen Erhebungen - erreicht; ihre oft gravierenden gesundheitlichen Beschwerden bleiben unerkannt. Dies wird beispielhaft für wohnungslose Frauen und für Prostituierte dargestellt.

9.1.1 Wohnungs-/obdachlose Frauen

Definition von Obdachlosigkeit, Wohnungslosigkeit und Wohnungsnot

Im Bundessozialhilfegesetz (BSHG § 2 VO zu § 72) sind Obdach- und Wohnungslose definiert als Personen ohne ausreichende Unterkunft, die in Obdachlosen- oder Behelfsunterkünften leben und die amtlich registriert sind. Der vom Deutschen Städtetag eingeführte Begriff des 'Wohnungsnotfalles' ist zur Erfassung von problematischen Wohnverhältnissen und wohnraumbezogenen Notlagen von Frauen geeigneter als die Definition im § 72 BGHS, da Frauen vor allem in verdeckter Wohnungslosigkeit leben. Im weitesten Sinn in Wohnungsnot sind alle Haushalte, „die über zu wenig Mittel und Hilfen verfügen, um ihre Wohnungsversorgung angemessen und auf Dauer sicherzustellen" (Schuler-Wallner/Wullkopf 1991: 4). Dazu gehören auch Menschen, die unmittelbar vom Verlust der eigenen Wohnung bedroht sind, die in unter baulichen und hygienischen Aspekten unzulänglichen Wohnungen leben, die ohne Mietvertrag aufgrund von Nutzungsverträgen in Wohnraum eingewiesen wurden, die selbstzahlend in Billigpensionen sind, die trotz eskalierender Konflikte mit Anderen in einer Wohnung zusammenleben müssen, die in Frauenhäusern wohnen und die mehr als 40 % ihres Einkommens für Wohnkosten aufbringen müssen (Rosenke 1996: 77).

Distanz zum medizinischen Versorgungssystem

Einen eingeschränkten Zugang zur medizinischen Versorgung haben insbesondere Frauen, die in Obdachlosenunterkünften oder auf der Straße leben, und zwar stärker als Frauen, die in anderen Formen von Wohnungsnot leben müssen. Es ist ein Teil des Problems, daß keine Daten zur Unterversorgung wohnungsloser Frauen durch das medizinische Versorgungssystem existieren. In einer Umfrage bei obdachlosen Frauen in München (Greifenhagen/Fichter 1998) waren trotz eines schlechten gesundheitlichen Status - 97 % äußerten körperliche Beschwerden, darunter auch schwere chronische Erkrankungen - nur 16 % der Befragten in ärztlicher Behandlung. Die Bundesarbeitsgemeinschaft Wohnungslosenhilfe - ein Zusammenschluß der in der Wohnungslosenhilfe tätigen Professionellen - stellt in ihrem Gesundheitspositionspapier 1995 (BAG Wohnungslosenhilfe 1995) fest, daß für wohnungs- und insbesondere obdachlose Frauen medizinische Untersuchungen und Behandlungen nur mit hohem persönlichen Aufwand realisierbar sind. Die Schwierigkeiten liegen auf unterschiedlichen Ebenen.

Wohnungslose Frauen beziehen überwiegend Sozialhilfe oder verfügen über keine reguläre finanzielle Absicherung. Wenn das Sozialamt nicht die Krankenversicherung übernimmt - was nur selten der Fall ist -, wird die Kostenübernahme für die medizinische Versorgung nach § 37 BSHG geregelt: Die Frau beantragt beim Sozialamt Krankenhilfe, das Sozialamt stellt einen entsprechenden für ein Quartal geltenden Behandlungsschein aus. Der Arzt oder die Ärztin rechnet daraufhin direkt mit dem Sozialamt ab. Der vorgeschaltete Schritt zum Sozialamt überfordert insbesondere die wohnungslosen Frauen, die somatisch oder psychisch erkrankt sind.

Eine weitere Barriere sind Scham und Angst vor Stigmatisierung in einer „normalen" Arztpraxis. Insbesondere suchen Frauen erst Zugang zu sanitären Einrichtungen (z. B. Duschen), bevor sie sich ärztlich untersuchen lassen (BAG Wohnungslosenhilfe 1995). Die bei benachteiligten Bevölkerungsgruppen generell hohe Distanz zum medizinischen Versorgungssystem ist hier noch höher. Wohnungslose Frauen mit Suchtproblemen gestehen sich zudem Abhängigkeitserkrankungen häufig nicht ein und offenbaren sie auch nicht. Sie befürchten von Kontakten mit dem Versorgungssystem Kontrollen.

Ein gesondertes Problem stellt die unzureichende Versorgung von Wohnungs- und Obdachlosen mit Substanzabhängigkeiten, psychischen Erkrankungen und insbesondere mit (nach dem ICD-10 möglichen) Doppeldiagnosen von psychischer Erkrankung und Substanzabhängigkeit dar (Wessel 1996a). Sie fallen aus dem Versorgungssystem auch im psychosozialen Bereich heraus. Einrichtungen der Suchttherapie sind mit den Problemen dieser Gruppe überfordert; psychiatrische Einrichtungen haben in der Regel keine spezifisch auf die Situation zugeschnittenen Konzepte und gelten als zu hochschwellig, was die Voraussetzungen für eine Behandlung und das therapeutische Selbstverständnis angeht (vgl. Institut für kommunale Psychiatrie 1996). Zudem gibt es Schwierigkeiten, institutionelle Zuständigkeiten abzugrenzen (vgl. Heuser 1996). Als Auffangeinrichtung fungiert in der Regel die niedrigschwellige Wohnungslosenhilfe. Dies gilt für Frauen und Männer, jedoch ist für Frauen der Zugang zu diesem Angebot eingeschränkt, denn die niedrigschwelligen Einrichtungen der Wohnungslosenhilfe sind auf Männer zugeschnitten, da Wohnungslosigkeit vor allem als Problem von Männern wahrgenommen wird.

Generell fehlen für Wohnungslose Räume für eine Regeneration, so daß Krankheiten häufig nicht auskuriert werden können und verschleppt und chronifiziert werden.

Eckdaten zur Wohnungslosigkeit von Frauen

Generell liegen nur Schätzungen zum Ausmaß weiblicher Wohnungslosigkeit und Wohnungsnot vor. Der Anteil der Frauen an den Wohnungslosen, die in Einrichtungen der Wohnungslosenhilfe betreut werden, ist in den letzten Jahren gestiegen und wird derzeit auf 30 % geschätzt.

Tabelle 9.1-1: Schätzungen der BAG Wohnungslosenhilfe zu Wohnungslosen 1997

Wohnungslose in ...	geschätzte Zahl in 1.000	Frauenanteil in % der geschätzten Zahl
Mehrpersonenhaushalten	392	39
Einpersonenhaushalten	199	21
Insgesamt	591	30

Quelle: BAG -Wohnungslosenhilfe 1997: 1.

In der Tabelle nicht enthalten sind wohnungslose Aussiedlerinnen und Aussiedler, deren Zahl von der BAG auf 269.000 geschätzt wird. Bei einer Bandbreite der

Schätzung von +/- 5 % kommt die BAG für 1997 zu einer Gesamtzahl von 817.000 bis 903.000 wohnungslosen Menschen.

Anhand der Daten des „Dokumentationssystems zur Wohnungslosigkeit Alleinstehender" (DWA-System) wird die Situation wohnungloser Frauen erhellt, allerdings werden hier nur diejenigen erfaßt, die sich an eine Einrichtung der Wohnungslosenhilfe wenden. Zu diesen Einrichtungen gehören vor allem Notunterkünfte, betreute Wohnformen und ambulante Fachberatungsstellen; Frauenhäuser werden nicht dazu gezählt. Es ist daher zu berücksichtigen, daß die Zahlen zur Wohnungslosigkeit durch den Filter des Hilfesystems gegangen sind. So ist z. B. die Wohnungsnot von Frauenhausbewohnerinnen ein Teil der Problematik, ohne daß sie hier in der Statistik auftaucht. Die Statistik der Wohnungslosenhilfe erfaßte im Jahr 1995 2.936 Frauen und 20.852 Männer (BAG Wohnungslosenhilfe 1996: 9). Die Zahl der Personen, die ohne jede Unterkunft auf der Straße leben, wird von der BAG auf 35.000 geschätzt. Davon sind 8-11 % Frauen (BAG Wohnungslosenhilfe 1997). Im Zeitverlauf von 1991 bis 1996 ist der prozentuale Anteil der im Sozialhilfesektor registrierten wohnungslosen Frauen kontinuierlich von 6,4 % auf 13,4 % gestiegen (ebd.). Laut DWA 1995 stammen 30 % der wohnungslosen Frauen im Hilfesystem aus den neuen Bundesländern mit seit 1994 steigender Tendenz (Rosenke 1996: 77).

Wohnungslose Frauen sind jünger als wohnungslose Männer, häufiger verheiratet und haben häufiger Kinder. Ein Drittel der 1995 registrierten wohnungslosen Frauen war jünger als 30 Jahre gegenüber einem Sechstel der Männer. Zwei Drittel (66,4 %) waren unter 40 Jahren alt (bei den Männern 46,1 %). Die Hälfte der Frauen war ledig, bei den Männern waren es zwei Drittel (50,3 % versus 65,3 %). Der Anteil der Verheirateten war mit 22,0 % (versus 7,4 %) bei den Frauen bedeutend höher und etwa ein gleicher Anteil - ca. ein Viertel - sowohl der Frauen als auch der Männern war geschieden. Unter den Verheirateten befinden sich Frauen in Familien nach Räumungsklagen, aber vor allem vom Partner getrennt lebende Frauen. 17,9 % der Frauen waren Alleinerziehende mit einem oder mehreren Kindern (0,9 % der Männer), 62,7 % waren alleinstehend ohne Kind (94,3 %), 14,6 % lebten in Paarbeziehungen ohne Kind (3,2 %) sowie 4,8 % in solchen mit Kind (1,5 % der Männer).

Frauen und Männer unterscheiden sich bezogen auf die Gründe, die zum Wohnungsverlust geführt haben. Die größte Gruppe der Frauen (46,9 %) verlor ihre letzte Wohnung, weil eine Änderung in der Familie/Beziehung eingetreten war (bei den Männern 29,8 %) (BAG Wohnungslosenhilfe 1996: 9ff.). Das belegt, daß häusliche Konflikte, gescheiterte Partnerschaften und häusliche Gewalterfahrung eine große Bedeutung als Ursache für die Wohnungslosigkeit von Frauen haben.

Wohnungslose Frauen stellen eine sehr heterogene Gruppe dar. Dies betrifft die Art, wie sie mit ihrer Wohnungslosigkeit umgehen ebenso wie die unterschiedlichen Gründe, die zum Wohnungsverlust geführt haben, aber auch die unterschiedlichen gesundheitlichen Problemlagen. Steinert unterscheidet zwischen Frauen, die die Phase der Wohnungslosigkeit gezielt, möglichst rasch und unter Nutzung des Hilfesystems überwinden, Frauen, die sich eine Rückkehr in eine bürgerliche Normalität nicht mehr selbst zutrauen und sich an den Hilfeeinrichtungen orientieren, und Frauen, die sich einem subkulturellen Straßenmilieu zuordnen (Steinert 1991).

Unter den wohnungslosen Frauen berichten vor allem diejenigen ohne jegliche Unterkunft über ein hohes Maß an belastenden Lebenserfahrungen, sei es, daß sie in den letzten 12 Monaten Opfer eines Verbrechens (z. B. Körperverletzung: 34 %) geworden waren, sei es, daß sie in ihrem Leben eine versuchte oder vollzogene Vergewaltigung erfahren hatten (63 %), den Tod eines Elternteils (34 %) oder die Alkoholabhängigkeit des Vaters (31 %) verarbeiten mußten (Greifenhagen/Fichter 1998).

Gesundheitliche Situation

Generell ist der Gesundheitszustand Wohnungsloser schlechter als der der allgemeinen Bevölkerung, und Wohnungslose weisen häufig mehrere Krankheiten gleichzeitig auf, wobei gesundheitliche Probleme auch schon vor dem Eintritt der Wohnungslosigkeit bestanden haben können.

Im somatischen Bereich werden bei wohnungslosen Frauen (und Männern) folgende Krankheiten häufiger beobachtet als in der Allgemeinbevölkerung: Verletzungen, hoher Blutdruck, Diabetes mellitus, Lebererkrankungen, Tuberkulose, periphere arterielle und venöse Durchblutungsstörungen und Unterschenkelgeschwüre, HIV-Infektionen und AIDS-Erkrankungen (Kebbel 1996: 66). In der bereits erwähnten Münchner Untersuchung, in der 33 obdachlose Frauen im Jahr 1989 intensiv und systematisch zu ihrem körperlichen und psychischen Gesundheitszustand befragt worden waren, berichteten die Frauen zu 97 % über körperliche Beschwerden, wobei die häufigsten Probleme Atemwegserkrankungen (53 %), Hauterkrankungen (44 %) und Verletzungen und Wunden (16 %) sowie schwere chronische Erkrankungen (15 %) waren (Greifenhagen/ Fichter 1998).

In den letzten Jahren wurden psychische Erkrankungen bei Wohnungslosen stärker beachtet. Bei diesen Arbeiten besteht eine Schwierigkeit in der methodischen Erfassung psychischer Erkrankungen. Auch dort, wo sich die Erhebungen auf Diagnosen stützen, müssen die verwendeten diagnostischen Kriterien und die Personen, die die Diagnose angaben, berücksichtigt werden. Mit im einzelnen sehr unterschiedlichen Ergebnissen, was das Ausmaß psychischer Krankheiten im weitesten Sinn betrifft (als Übersicht von Studien zu unterschiedlichen Teilgruppen von Wohnungslosen vgl. Rössler et al. 1994), stimmen die jüngeren kommunalen Studien aus Köln (Nouvertné 1996, Befragungen von Mitarbeitenden in Einrichtungen der Wohnungslosenhilfe) und München (Greifenhagen/Fichter 1998, Befragung von Obdachlosen) dahingehend überein, daß etwa zwei Drittel eine „Störung des Substanzkonsums" hatten bzw. abhängigkeitskrank waren. Die Prävalenz psychischer Krankheiten wird in der Erhebung in Einrichtungen der Kölner Wohnungslosenhilfe mit etwa einem knappen Viertel angegeben, bei der Befragung Münchner Obdachlosen lag bei über 90 % die Diagnose einer psychischen Krankheit vor, wobei die wichtigsten affektive Störungen, Angststörungen und schizophrene Störungen waren.

In der Münchener Studie (Greifenhagen/Fichter 1998) wird der hohe Anteil psychischer Erkrankungen insbesondere bei obdachlosen Frauen in Verbindung gebracht mit stark belastenden Lebensereignissen in der Biographie, die, wie etwa Erfahrungen sexualisierter Gewalt, teilweise frauenspezifisch sind. Die Ergebnisse müssen aber auch im Licht von Ausgrenzungsprozessen gesehen werden, zu denen unter anderem die unzureichenden Hilfsangebote, gerade für obdachlose Frauen, beitragen.

In der Kölner Untersuchung hatten 16 % der Wohnungslosen in Einrichtungen der Wohnungslosenhilfe in der Vergangenheit oder zum Untersuchungszeitpunkt Kontakte zu psychiatrischen Einrichtungen (Nouvertné 1996: 46). Bei einer Untersuchung an einer psychiatrischen Klinik in Bielefeld, bei der über den Zeitraum eines Jahres (1993/94) die aktuelle Wohnsituation der zur Akutbehandlung aufgenommenen Patientinnen und Patienten dokumentiert wurde, hatten 21,7 % der aufgenommenen Frauen keinen eigenen Mietvertrag. Bei diesen Frauen überwogen vor allem psychiatrische Erkrankungen, bei einer entsprechenden Gruppe von Männern Abhängigkeitserkrankungen (Wessel 1996b). Zu den in Kapitel 9.2.5 dargestellten Defiziten der stationären psychiatrischen Versorgung von Frauen und zu der männerorientierten Ausrichtung der Hilfen für Wohnungslose kommt hier das Fehlen einer Vernetzung zwischen Fachdiensten für psychisch Kranke, Hilfen für Wohnungslose und den Angeboten des allgemeinen Gesundheitswesens hinzu. Dies bedeutet nicht nur eine schnellere Psychiatrisierung von wohnungslosen Frauen, sondern auch nach einem stationären Aufenthalt eine größere Gefahr der Entlassung auf die Straße.

9.1.2 Prostituierte

Ausschluß von der Kranken- und Sozialversicherung

In der Bundesrepublik Deutschland ist Prostitution grundsätzlich nicht verboten, sie gilt jedoch laut höchstrichterlicher Rechtsprechung immer noch als „sittenwidrige Tätigkeit" und wird daher nicht als Beruf anerkannt. Demzufolge besteht keine Möglichkeit, der Prostitution in einem arbeitsrechtlich abgesicherten Beschäftigungsverhältnis nachzugehen. Als Prostituierte tätige Frauen haben grundsätzlich keinen legalen Zugang zur gesetzlichen Kranken- und Sozialversicherung. Es besteht lediglich die Möglichkeit, sich im Anschluß an eine vorherige Berufstätigkeit freiwillig weiterzuversichern. Auch private Krankenversicherungen akzeptieren den Abschluß einer Krankenversicherung unter der Tätigkeitsbezeichnung Prostituierte aufgrund der Nichtanerkennung als berufliche Tätigkeit nicht. Die Einnahmen von Prostituierten sind jedoch als „Einnahmen sonstiger Art" einkommenssteuerpflichtig.

Da Prostituierte unter wahrheitsgemäßer Angabe ihrer Tätigkeit keinen Zugang zu Krankenversicherungen haben, geben etliche eine falsche Berufsbezeichnung, wie beispielsweise Tänzerin oder Kellnerin, an oder gehen Scheinarbeitsverhältnisse ein bzw. nutzen, wenn sie verheiratet sind, als Hausfrau die Möglichkeit der Familienversicherung. Bei einer unter falschen Angaben abgeschlossenen Krankenversicherung kann die Versicherung sich jedoch weigern, anfallende Kosten zu übernehmen, wenn die Erkrankung im Zusammenhang mit der prostitutiven Tätigkeit steht. Darunter können auch die Kosten für Unfälle am oder auf dem Weg zum Arbeitsplatz fallen. Frauen, die der Prostitution nachgehen, sind also nicht nur aufgrund der bestehenden Doppelmoral und ihrer daraus resultierenden moralischen Verurteilung, sondern quasi von Staats wegen gezwungen, ihre Tätigkeit zu verheimlichen und ein Doppelleben zu führen, wenn sie sich krankenversichern und nicht völlig aus dem Netz der sozialen Sicherung herausfallen wollen. Insbesondere schlechter verdienende Prostituierte verfügen jedoch in der Regel über keine Absicherung für den Krankheitsfall. Eine schwere oder längere Erkrankung kann aber auch für besser verdienende Prostituierte einschneidende finanzielle Belastungen und einen sozialen Abstieg bis zur Inanspruchnahme von Sozialhilfe zur Folge haben.

Nur wenige Prostituierte verfügen über eine finanzielle Altersabsicherung. Langjährig in der Prostitution tätige Frauen sind daher zum großen Teil im Alter zur Bestreitung ihres Lebensunterhaltes auf Sozialhilfe angewiesen.

Eckdaten zur Prostitution

In Deutschland ist die soziale Situation von Prostituierten uneinheitlich. Die breite Auslegung von Bundesgesetzen im Gesundheits- und Sozialbereich, die Länderhoheit im Gesundheitswesen mit regional unterschiedlichen Aufgabendefinitionen, Zuständigkeiten und Arbeitsweisen sowie kommunal differierenden Verwaltungs- und Ausführungsvorschriften führen zu unterschiedlichen behördlichen Umgangsweisen mit den als Prostituierte tätigen Frauen und nicht zuletzt zu einem regional unterschiedlichen Zugang von Prostituierten zu medizinischen und sozialen Angeboten.

Wie viele Frauen in Deutschland der Prostitution nachgehen, kann nur grob geschätzt werden. Die Angaben in der wissenschaftlichen Literatur schwanken zwischen 50.000 und 200.000 Prostituierten. Einzelne Prostituiertenprojekte gehen von ca. 400.000 Prostituierten aus. Die Angaben beruhen in erster Linie auf Schätzungen und Hochrechnungen, die zudem von unterschiedlichen Grundannahmen ausgehen (Leopold et al. 1997).

Prostituierte sind keine homogene Gruppe. Sie gehen in sehr unterschiedlichen Settings ihrer Tätigkeit nach. Die Bandbreite reicht von der sogenannten Luxusprostituierten, die nur für sich selbst anschafft, über die Frau, die aus freier Entscheidung den Lebensunterhalt für sich und ihre Familie in der Prostitution verdient, bis zur in tiefer Abhängigkeit von ihrem Zuhälter verstrickten Prostituierten sowie armen und alten Frauen mit teilweise nur sehr geringen Einkünften aus der Prostitutionstätigkeit. Intravenös drogenabhängige Beschaffungsprostituierte und Ausländerinnen, die in Deutschland illegal der Prostitution nachgehen, unterliegen zusätzlichen Diskriminierungen und Stigmatisierungen. Neben Angebot und Nachfrage beeinflussen professionelle Verhaltensweisen in der Prostitution und unterschiedliche Rahmenbedingungen die soziale Situation von Prostituierten.

Die Verdienstmöglichkeiten sind regional unterschiedlich und die letztlich bei den Frauen verbleibende Summe ist darüber hinaus von verschiedenen Faktoren, wie z. B. der Höhe der jeweiligen Abgaben für Zimmer etc. abhängig. Auf dem Straßenstrich verdienen die Frauen pro Kunde zwar weniger, haben aber mitunter mehr Freier pro Tag und geringere Ausgaben als in Appartements und Bordellen. Da die Einnahmen in der Prostitution großen Schwankungen unterliegen, die festen Kosten aber gleichbleibend weiterlaufen, sind etliche Prostituierte mehr oder weniger stark verschuldet.

Gesundheitliche Situation

Prostitution wird häufig mit Geschlechtskrankheiten bzw. sexuell übertragbaren Erkrankungen (STDs), HIV/AIDS, Drogen- und Alkoholkonsum assoziiert. Diverse Studien belegen jedoch, daß sich professionell verhaltende Prostituierte in Deutschland weder überproportional von Geschlechtskrankheiten noch in einem höheren Maße von HIV betroffen sind als die heterosexuelle Allgemeinbevölkerung (u. a. Heinz-Trossen 1993; Leopold/Steffan 1994; Stücker et al. 1997). Dabei beinhalten professionelle Verhaltensweisen in der Prostitution u. a. Kenntnisse über Infektionsrisiken und deren Vermeidung durch konsequente Kodombenutzung bzw. das Anbieten risikoarmer Sexualpraktiken. Prostituierte unterliegen zwar aufgrund ihrer Tätigkeit einem höherem Risiko, sich mit STDs zu infizieren, das bedeutet jedoch nicht, daß Prostituierte als solche eine Risikogruppe sind und in erhöhtem Maße zur Verbreiterung von STDs beitragen.

Über die allgemeine gesundheitliche Situation der nicht von illegalen Drogen abhängigen Frauen, die der Prostitution zur Bestreitung ihres Lebensunterhalts und nicht zum Zweck der Drogenfinanzierung nachgehen, liegen bislang nur wenige empirische Daten vor. Im Rahmen einer bundesweiten Befragung von Prostituierten wurden 24 verschiedene Beschwerden abgefragt. Die Skala zur Beantwortung umfaßte vier Abstufungen: stark, mäßig, kaum, gar nicht. Im folgenden werden nur diejenigen Beschwerden aufgeführt, die in den Abstufungen stark und mäßig zu mindestens 50 % genannt wurden. 68 % von 250 Befragten gaben an, mäßig bis stark unter Müdigkeit zu leiden. 63 % litten unter einer inneren Gespanntheit, 62 % unter trüben Gedanken, 54 % unter Leibschmerzen, je 53 % unter Konzentrationsschwäche und Energielosigkeit, 52 % unter Kopfschmerzen und 50 % unter kalten Füßen (Leopold 1999). Obwohl es sich bei den genannten Beschwerden nicht um schwere körperliche Erkrankungen handelt, tragen sie erheblich zu einem allgemeinen Unwohlbefinden bei. So gaben denn auch 68,6 % der befragten Prostituierten an, daß Beunruhigung auf ihren Körper übergreift, und 65,7 % machten sich Sorgen um ihre Gesundheit (ebd.).

Vor dem Hintergrund des fehlenden legalen Zugangs zur Krankenversicherung und einem unmittelbaren Verdienstausfall im Krankheitsfall versuchen viele der Frauen, körperliche Beschwerden so lange wie möglich zu ignorieren und treiben so - auch durch äußere Umstände bedingt - Raubbau mit ihrer Gesundheit.

Institutionalisierte Gesundheitskontrolle von Prostituierten

Ein gesellschaftliches Interesse an der Gesundheit von Prostituierten ist im Kontext von sexuell übertragbaren Erkrankungen zu verzeichnen. Trotz gegenteiliger epidemiologischer Erkenntnisse gelten Prostituierte grundsätzlich als verdächtig, geschlechtskrank zu sein und Geschlechtskrankheiten weiter zu verbreiten. Sie unterliegen somit aufgrund des derzeit noch geltenden Gesetzes zur Bekämpfung von Geschlechtskrankheiten (GeschlKG) der Überwachung und Betreuung durch die Gesundheitsämter, die für die Verhütung und Bekämpfung übertragbarer Krankheiten, somit auch für die Kontrolle, Überwachung und Betreuung von Geschlechtskranken, zuständig sind. Sowohl das Gesetz zur Bekämpfung von Geschlechtskrankheiten als auch das Bundesseuchengesetz werden durch das seit einigen Jahren diskutierte Gesetz zur Verhütung und Bekämpfung von Infektionskrankheiten beim Menschen (Infektionsschutzgesetz) ersetzt.

Der genaue Termin der Verabschiedung des Infektionsschutzgesetzes steht noch nicht fest.

Das GeschlKG regelt die Einzelheiten und schreibt vor, daß an den Gesundheitsämtern Beratungsstellen für STDs einzurichten sind. Die inhaltliche Ausgestaltung obliegt aufgrund der Länderhoheit im Gesundheitswesen den einzelnen Gesundheitsämtern. Sowohl die personelle Ausstattung als auch die Angebotsstruktur der STD-Beratungsstellen unterscheiden sich daher bundesweit zum Teil erheblich. Die Hauptzielgruppe der Beratungsstellen sind Prostituierte, wobei im Umgang mit ihnen zwischen einem kontrollierenden und einem auf Freiwilligkeit basierenden Arbeitsansatz unterschieden werden kann (Leopold et al. 1997).

Der kontrollierende Ansatz geht davon aus, daß die Verhinderung der Übertragung von STDs nur durch eine intensive Kontrolle der Prostituierten zu erreichen ist. Demzufolge unterliegen in etlichen deutschen Städten Frauen, die der Prostitution nachgehen, einer regelmäßigen Untersuchungspflicht auf Geschlechtskrankheiten. Als solche sind nach dem GeschlKG definiert: Syphilis, Gonorrhoe, Weicher Schanker (Ulcus molle) und Venerische Lymphknotenentzündungen (Lymphogranuloma inguinale) (vgl. Kapitel 3.5). Die Untersuchungen sind dem Gesundheitsamt entweder durch ein ärztliches Attest nachzuweisen oder sie können - wenn eine entsprechende Angebotsstruktur besteht - in den STD-Beratungsstellen vorgenommen werden.

Überwiegend werden in den kontrollierend arbeitenden Beratungsstellen lediglich Untersuchungen auf die im Gesetz definierten Geschlechtskrankheiten durchgeführt. In einigen Gesundheitsämtern müssen die von Amts wegen verlangten Untersuchungen vom Klientel bezahlt werden. In der Regel wird von Prostituierten alle zwei Wochen ein Gonorrhoe-Abstrich und alle zwei Monate ein Syphilis-Test verlangt. Teilweise differieren die festgelegten Abstände zwischen den Untersuchungsterminen jedoch erheblich. So verlangen einige Gesundheitsämter beispielsweise jede Woche einen Gonorrhoe-Abstrich, andere wiederum nur jeden Monat (Heinz-Trossen 1993). Hat eine Frau ihren Termin überschritten, wird sie entweder schriftlich angemahnt oder persönlich aufgesucht und aufgefordert, ihrer Untersuchungspflicht nachzukommen. Es können auch polizeiliche Zwangsvorführungen und Zwangsuntersuchungen eingeleitet werden.

Teilweise werden an Prostituierte auch Gesundheitszeugnisse (die sogenannten Bockscheine) ausgegeben, die den Untersuchungstermin und vereinzelt auch das Untersuchungsergebnis beinhalten, und die auf Verlangen vorgezeigt werden müssen. Die Bescheinigungen werden in einigen Städten vor Ort von der Polizei und/oder dem Gesundheitsamt kontrolliert.

Der auf Freiwilligkeit basierende Ansatz geht davon aus, daß eine effektive Gesundheitsvorsorge nur durch die individuelle Stärkung des Gesundheitsbewußtseins zu erreichen ist. STD-Beratungsstellen mit diesem Arbeitsansatz verzichten daher auf verpflichtende Untersuchungen und bieten stattdessen auf freiwilliger Basis auch anonym wahrzunehmende medizinische Untersuchungen und teilweise auch soziale Beratung und Unterstützung durch in Beratungsstellen tätige Sozialarbeiterinnen und Sozialarbeiter an. Die medizinische Angebotspalette umfaßt häufig nicht nur die

Untersuchung auf die gesetzlich definierten Geschlechtskrankheiten, sondern bezieht auch andere STDs und teilweise Hepatitis mit ein. In einigen Beratungsstellen werden zusätzliche gynäkologische Untersuchungen angeboten. Um den Prostituierten die vorhandenen Angebote nahezubringen und sie zu motivieren, diese auch möglichst regelmäßig anzunehmen, ergänzen einige nach dem Freiwilligkeitsprinzip arbeitende Stellen ihre Arbeit durch Streetwork und Aufsuchen von Prostituierten an ihrem Arbeitsplatz. Einigen Beratungsstellen stehen stundenweise Sprachmittlerinnen und Sprachmittler zur Verfügung, um auch ausländischen Prostituierten den Zugang zu erleichtern.

Im Rahmen der Untersuchungen auf Geschlechtskrankheiten bieten die meisten Gesundheitsämter - auch die kontrollierend arbeitenden - zusätzlich einen freiwilligen HIV-Antikörpertest für Prostituierte an. In Bayern besteht dagegen für Prostituierte die Verpflichtung zur regelmäßigen Testung auf HIV-Antikörper.

Die weitaus meisten STD-Beratungsssstellen dürfen diagnostizierte Erkrankungen nicht behandeln. Die Behandlung erfolgt grundsätzlich durch niedergelassene Ärztinnen und Ärzte. Teilweise dürfen die in den STD-Beratungsstellen tätigen Medizinerinnen und Mediziner Privatrezepte ausstellen. In einigen wenigen Städten läßt das jeweilige Gesundheitsdienstgesetz eine (eingeschränkte) Behandlung von Erkrankungen durch in den Beratungsstellen tätige Ärztinnen und Ärzte zu. So können beispielsweise in Hamburg und Berlin unter bestimmten Voraussetzungen die im Gesetz genannten Geschlechtskrankheiten auch in den Beratungsstellen behandelt werden.

Unabhängig vom jeweiligen Arbeitsansatz erreichen die STD-Beratungsstellen mit ihren Maßnahmen und Angeboten nie alle in ihrem Zuständigkeitsgebiet arbeitenden Prostituierten (Leopold et al. 1997). Jedoch sind freiwillig wahrzunehmende und unterstützende Angebote in Verbindung mit aufsuchender sozialer Arbeit zur Erreichung von Prostituierten erheblich besser geeignet als stark reglementierende Maßnahmen. Insbesondere Frauen, bei denen aufgrund ihrer Lebenssituation und schlechten Arbeitsbedingungen in der Prostitution eher riskante Verhaltensweisen und somit eine stärkere Gesundheitsgefährdung vermutet werden müssen, werden durch Arbeitsansätze, die weniger mit Kontrolle und mehr mit vertrauenschaffenden Maßnahmen arbeiten und ihre Zielgruppe vor Ort aufsuchen, bedeutend besser erreicht. In STD-Beratungsstellen, in denen neben medizinischem Personal auch Sozialarbeiterinnen und Sozialarbeiter tätig sind, kann darüber hinaus auch ein umfassenderes Augenmerk auf die allgemeine (gesundheitliche) Situation des Klientels gelegt werden. So wurden beispielsweise in STD-Beratungsstellen mit Sozialarbeiterinnen und Sozialarbeitern bei 55,6 % und in Beratungsstellen ohne diese Professionellen bei 9,8 % der betreuten Prostituierten ein problematischer Umgang mit Drogen bzw. Rauschmitteln wahrgenommen (Heinz-Trossen 1993).

9.2 Frauen in besonderen gesundheitlichen Lebenslagen

9.2.1 Frauen mit Behinderung

9.2.1.1 Einleitung

Was unter Behinderung verstanden wird, ist nicht nur eine Frage wissenschaftlicher Definitionen, sondern dies hat Konsequenzen für die so bezeichneten Personen und die Gesellschaft oder Kultur, in der sie leben. Trotz unterschiedlicher Herangehensweisen und Deutungsmuster läßt sich in der wissenschaftlichen Diskussion eine disziplinenübergreifende Entwicklung des Verständnisses von Behinderung aufzeigen, das sich als eine Abkehr von einem rein medizinischen, defektorientierten Verständnis charakterisieren läßt und als eine Hinwendung zu einer Perspektive, die auch die Abhängigkeit von Gesellschaft und Umwelt thematisiert (Häußler et al. 1996).

Behinderung wird als das Ergebnis des Zusammenwirkens verschiedener Faktoren, nämlich der medizinisch diagnostizierbaren Beeinträchtigung mit gesellschaftlichsozialen und ökologischen Bedingungen, begriffen. Behinderung wird über soziale Zuschreibungsprozesse vermittelt, wenn als normal geltende gesellschaftliche Rollenerwartungen nicht erfüllt werden können. Von zentraler Bedeutung ist der international anerkannte dreistufig aufgebaute Behinderungsbegriff der Weltgesundheitsorganisation (WHO 1980), an dem sich auch die in Deutschland geltenden gesetzlichen Regelungen und Leistungen für Menschen mit Behinderung orientieren (BMAS 1998). Behinderung entsteht demzufolge im Zusammenspiel von einer medizinisch diagnostizierbaren Schädigung des Organismus (impairment), die Funktions- und Aktivitätseinschränkungen im Alltag nach sich ziehen kann (disability), und gesellschaftlichen Sichtweisen und Normen, die die Erfüllung einer dem Alter, dem Geschlecht, dem kulturellen und sozialen Status entsprechenden Rolle beschränken oder verhindern (handicap). Damit wird Behinderung als soziales Phänomen begrifflich faßbar, und es werden die sozialen und gesellschaftlichen Konsequenzen beschreibbar, die sich für ein Individuum aufgrund seiner besonderen Merkmale ergeben. Von einer solchen allgemeinen Begriffsbestimmung der Behinderung geht auch die begriffliche Abgrenzung in § 3 des deutschen Schwerbehindertengesetzes aus, dort wird jedoch zusätzlich auf eine bestimmte Schwere der Behinderung Bezug genommen. Nach diesem Gesetz wird der Grad der Behinderung (GdB) in Zehnerschritten von 10 bis 100 anhand gutachterlicher Kriterienkataloge festgelegt. Eine Behinderung liegt vor, wenn der Grad der Behinderung mindestens 20 beträgt. Bei einem Schwerbehinderten muß der Grad der Behinderung mindestens 50 betragen. Behinderte mit einem Grad der Behinderung zwischen 30 und 50 werden auf Antrag den Schwerbehinderten zeitlich begrenzt zum Ausgleich von Nachteilen im Arbeitsleben gleichgestellt.

Ein Verständnis von Behinderung als sozialer und gesellschaftlicher Konstruktion - gebunden an die Konstruktion von Normalität - ist kennzeichnend für die neuere sozialwissenschaftliche Diskussion (Münch 1997). Behinderungen werden als gesellschaftlich produzierte Hindernisse betrachtet, die sich in Architektur, Technik, Gesetzen, Institutionen usw. manifestieren und eine sozial übliche Teilhabe am Leben erschweren oder verhindern (Sander 1994). Eine solche Betrachtungsweise impliziert die grundsätzliche Veränderbarkeit der Behinderungen in einem bestimmten gesellschaftlich-historischen Kontext. Die Behinderung entsteht im Umgang und im Handeln mit anderen und stellt sich in diesen Interaktionen immer wieder neu dar (Waldschmidt 1990: 222). Behinderung kann somit begriffen werden als Umgang mit Verschiedenheit, der zur Benachteiligung einer Person führt (Klaes/Walthes, o. J.: 4). Auf der Seite der Behinderten sind nicht nur Einschränkungen, sondern auch Fähigkeiten und Kompetenzen zu beachten.

Unter Bezug auf ein solches Verständnis von Behinderung wird im folgenden die Geschlechtstypik sozialer und gesellschaftlicher Behinderungsprozesse thematisiert. Die Bedeutung, die der Dimension Geschlecht als gesellschaftliches Strukturmerkmal für die Lebenslagen von Frauen mit Behinderung zukommt, steht im Zentrum der folgenden Ausführungen. Schließlich sind es nicht zuletzt die sozialen Rollen Mann und Frau, die die Lebenssituation von Menschen mit Behinderung in unterschiedlicher Weise beeinflussen bzw. beschränken - und zwar zum Nachteil der Frauen. Aus der Perspektive behinderter Frauen wird in diesem Zusammenhang oft von der doppelten Diskriminierung - als Menschen mit Behinderung und als Frauen - gesprochen.

9.2.1.2 Datenlage

Daten über Menschen mit Behinderungen sind vorwiegend in der amtlichen Behindertenstatistik zu finden. Dort sind Frauen insgesamt unterrepräsentiert. Dies erklärt sich zum einen aus der Struktur des Schwerbehindertengesetzes, das sich an der Erwerbstätigkeit und damit am männlichen Lebensmodell orientiert. Die amtliche Statistik enthält nur Angaben über Personen, denen ein Grad von Behinderung von mindestens 50 v. H. zuerkannt wurde. Erfaßt wird nur die Zahl der Schwerbehinderten mit gültigem Ausweis, Art, Ursache und Grad der Behinderung sowie Alter, Geschlecht, Staatsangehörigkeit und Wohnort. Im Vordergrund der gesetzlichen Regelungen stehen Nachteilsausgleiche und Leistungen im Erwerbsleben. Hier liegt ein Grund, warum insbesondere Frauen, die nicht erwerbstätig sind, in der amtlichen Statistik unterrepräsentiert sind: Sie profitieren weniger von den Leistungen und haben daher ein geringeres Interesse, sich einen Schwerbehindertenausweis ausstellen zu lassen. Dies betrifft vor allem Hausfrauen und Frauen mit Kindern. Bestätigt wird dieser Zusammenhang beim Vergleich zwischen den alten und neuen Bundesländern. In den neuen Ländern sind in etwa gleich viele Frauen und Männer als schwerbehindert gemeldet, während in den alten Bundesländern der Männeranteil größer ist (StBA 1996b). Hier werden unterschiedliche Lebensmuster in Ost und West deutlich. In der DDR war das vorherrschende Lebensmodell auf die Vereinbarung von Beruf und Familie ausgerichtet. Entsprechend zeigen sich keine geschlechtsspezifischen Unterschiede hinsichtlich der berufsbezogenen Anerkennung als schwerbehinderter Mensch. Es wird weiter vermutet, daß Frauen in den alten Bundesländern verglichen mit Männern erst bei besonders schwerwiegenden Einschränkungen und Beeinträchtigungen einen Schwerbehindertenausweis beantragen und so erst spät das Recht auf amtliche Anerkennung in Anspruch nehmen (Niehaus 1995: 161). Diese Einschätzung wird durch die Auswertung einschlägiger sozialepidemiologischer Studien nahegelegt, wonach Frauen keineswegs seltener von gesundheitlichen Beeinträchtigungen betroffen sind als Männer (Niehaus 1989). Aussagen über familiäre und berufliche Lebenszusammenhänge sind auf der Basis dieser Daten nicht möglich.

Die Statistiken der Bundesanstalt für Arbeit geben Auskunft über die beruflichen Leistungen zur Rehabilitation für Männer und Frauen (BMAS 1998: 61). Die besonderen Probleme von Frauen im Rahmen der beruflichen Rehabilitation wurden bereits in den 80er Jahren in einer umfassenden Studie untersucht (BMAS 1988). Dabei wurde deutlich, daß sich die Rahmenbedingungen zur beruflichen Wiedereingliederung nicht an den Lebenszusammenhängen von Frauen orientieren. Bis heute sind Frauen in den Statistiken zur beruflichen Rehabilitation stark unterrepräsentiert. Die Daten sind damit nur für einen Teil der Frauen mit Behinderung aussagekräftig.

Hinweise auf Lebenszusammenhänge und Lebensmuster von Frauen mit Behinderung in Deutschland können auf der Basis von Sonderauswertungen des sozioökonomischen Panels gewonnen werden. Allerdings erlaubt die Qualität der Daten nur die Einschätzung von Trends, die einer genaueren Überprüfung bedürfen. Des weiteren ist zu bedenken, daß im Panel als Unterscheidungsmerkmal der Besitz eines Schwerbehindertenausweises gilt, so daß ebenso wie in der amtlichen Schwerbehindertenstatistik Frauen unterrepräsentiert sind. Die Panelanalysen geben Hinweise auf unterschiedliche Entwicklungen der Erwerbstätigkeit in den alten und neuen Bundesländern und eine Veränderung der privaten Lebensmuster von Frauen mit Behinderung (Häußler-Sczepan 1995).

Repräsentative empirische Untersuchungen zur Lebenslage behinderter Frauen in Deutschland gibt es nicht. Speziell mit der Situation von Frauen mit Behinderung befassen sich drei regional begrenzte Untersuchungen (Schildmann 1983; Niehaus 1993; Kies et al. 1994) und eine bundesweite Studie (Eiermann et al. 1999), bei der 987 Frauen mit Körper- und Sinnesbehinderung im Alter von 16 bis 60 Jahren befragt wurden. Dies ist die umfassendste und aktuellste Erhebung zu dieser Thematik in Deutschland. Auch in dieser Studie wurden nur Frauen erfaßt, die einen Schwerbehindertenausweis besitzen. Sie ist daher nicht repräsentativ für Frauen mit Behinderung in Deutschland. Es kann jedoch von einer sehr hohen Aussagekraft der Ergebnisse ausgegangen werden. Auch erlaubt die Anlage der Studie, die quantitative und qualitative Verfahren verschränkt, erstmals weibliche Lebenszusammenhänge und Biographien von Frauen mit Beinerungen sinnhaft in einer lebensgeschichtlichen Entwicklung zu interpretieren.

9.2.1.3 Behinderungsarten und Behinderung im Lebenslauf

Zum Jahresende 1995 waren 3 Mio. Frauen und 3,5 Mio. Männer als amtlich anerkannte Schwerbehinderte registriert (StBA 1996b). Die Zahl der Schwerbehinderten nimmt bei beiden Geschlechtern mit steigendem Alter stetig zu. 50,6 % der Schwerbehinderten sind älter als 65 Jahre und 24,8 % gehören zur Altersgruppe der 55- bis 65jährigen Personen. Insgesamt gibt es unter den als schwerbehindert gemeldeten Personen mehr Männer (53,2 %) als Frauen.

Von zentraler Bedeutung für die individuelle Lebensgeschichte ist die Art der Behinderung und das Alter bei Eintritt der Behinderung, wobei auch die Zugehörigkeit zu einer bestimmten Generation oder Alterskohorte einen prägenden Einfluß hat. Behinderungen und Krankheiten werden auf der Grundlage lebensgeschichtlicher Strategien im Alltag integriert. Bei schon in der Kindheit behinderten Frauen greifen Lebensbewältigung und Behinderungsbewältigung unmittelbar ineinander (Eiermann et al. 1999). Bestimmend ist weiterhin, ob eine Krankheit oder Behinderung sich progredient oder schubweise entwickelt oder plötzlich eintritt. Das Alter bei Eintritt der Behinderung und die Ursache bestimmen die Art der Verschränkung von Lebensbewältigung und Behinderung (ebd.).

Die häufigsten Behinderungsarten sind schwere körperliche Behinderungen. Mehr als zwei Drittel der schwerbehindert gemeldeten Frauen und Mädchen fallen in Kategorien der vorwiegend körperlichen Beeinträchtigungen. 10 % der weiblichen Schwerbehinderten sind sinnesbehindert. Der Anteil geistig-seelischer Behinderungen beträgt ebenfalls ca. 10 % der schwerbehindert gemeldeten Frauen und Mädchen. Der Anteil der Frauen mit der spezifisch weiblichen Behinderung des Verlustes einer oder beider Brüste - meist infolge einer Krebserkrankung - beträgt 5 %.

Tabelle 9.2-1: Frauen und Männer nach Art der schwersten Behinderung 1995

Art der schwersten Behinderung	Frauen in %	Männer in %
Wirbelsäule, Rumpf, Brustkorb	16,6	14,8
Herz-, Kreislauforgane	15,1	16,5
Extremitäten	15,7	18,5
Geistige Behinderung, Hirnorgane	10,4	11,1
Sehbehinderung	6,4	4,0
Hör-, Sprach-, Sprechbehinderung	3,6	4,1
Atemwege	3,1	5,7
Verdauungsorgane	3,5	4,8
Harn-, Geschlechtsorgane	4,4	3,4
Psychosen, Neurosen	2,9	2,3
Stoffwechsel, innere Sekretion	2,6	2,7
Querschnittslähmung	0,2	0,3
Sucht	0,1	0,3
Verlust einer oder beider Brüste	5,0	-
Sonstige	10,4	11,5

Quelle: StBA 1996b, FS 13, R 5.1: 22-25, modifiziert.

Als wichtigste Ursache der schwersten Behinderung weist die amtliche Statistik allgemeine Krankheiten (84,2 %) aus. Bei den schwerbehindert gemeldeten Frauen steht diese Behinderungsursache mit 89,3 % fast ausschließlich im Vordergrund, wogegen die Männer zum Teil noch aufgrund von Kriegsbeschädigungen behindert sind und häufiger einen Unfall als Ursache angeben (vgl. Tabelle 9.2-2). Daß Männer auch häufiger aufgrund von häuslichen Unfällen behindert sind als Frauen, erklärt sich aus der berufsbezogenen Orientierung der Schwerbehindertentatistik. Es ist davon auszugehen, daß sich Frauen, die nicht erwerbstätig sind, nach Unfällen im Haushalt nicht schwerbehindert melden, weil sie keine finanziellen Vorteile bzw. Leistungen in diesem Zusammenhang erhalten. Angeborene Behinderungen haben nur 4,6 % der schwerbehindert gemeldeten Personen. Auch Sinnesbehinderungen oder geistige Behinderungen sind keineswegs immer angeboren. Frauen und Männer unterscheiden sich in dieser Hinsicht nicht. Es ist daher davon auszugehen, daß nur wenige der erwachsenen Schwerbehinderten die Erfahrung von Behinderung und von Reaktionen des Umfeldes auf die Behinderung schon als Kind gemacht haben.

Die Schwerbehindertenstatistik gibt keine Auskunft darüber, zu welchem Zeitpunkt im Leben die Behinderung aufgetreten ist. Die bundesweite Befragung von Eiermann et al. (1999) kam zu dem Ergebnis, daß die Behinderung meist erst im mittleren Lebensalter auftrat. Wenn die Behinderung nicht angeboren war oder von Geburt an bestand, betrug das durchschnittliche Alter der Frauen bei Eintritt der Behinderung 36,6 Jahre.

Tabelle 9.2-2: Ursache der schwersten Behinderung nach Geschlecht 1995

Ursache der schwersten Behinderung	Frauen (in %)	Männer (in %)
Angeborene Behinderung	4,6	4,7
Arbeitsunfall, Berufskrankheit	0,4	2,3
Verkehrsunfall	0,4	0,9
Häuslicher Unfall	0,1	0,2
Häuslicher oder nicht näher bezeichneter Unfall	0,3	0,6
Anerkannte Kriegs-, Wehrdienst-, od. Zivildienstbeschädigung	0,3	6,7
Allgemeine Krankheit (einschl. Impfschaden)	89,3	79,8
Sonstige, mehrere oder ungenügend bezeichnete Ursachen	4,6	4,8

Quelle: StBA 1996b, FS 13, R 5.1: 40, modifiziert.

Die Lebenssituation von Frauen mit Behinderung umfaßt ein sehr breites Spektrum unterschiedlicher Anforderungen, Erfahrungen und Bewältigungsressourcen.

Der Anteil der Personen mit Behinderungen wächst mit zunehmendem Alter. Mädchen und Frauen mit Behinderungen machen 5 % der Gesamtbevölkerung aus. Im Erwachsenenalter sind ca. 10 % der Gesamtbevölkerung schwerbehindert gemeldete Menschen. Dieser Anteil steigt auf schätzungsweise 30 % bei den über 80jährigen Personen (BMAS 1998: 104f.).

Das zahlenmäßige Geschlechterverhältnis der schwerbehindert gemeldeten Personen wandelt sich ebenfalls mit zunehmendem Alter. In der Kindheit, Jugend und im Erwachsenenalter sind mehr Männer behindert und behindert gemeldet. In der Kindheit beträgt die zahlenmäßige Relation drei Jungen zu zwei Mädchen (vgl. Speck 1993; Mühl 1994; Häußler/Bormann 1997: 52). Erklärungen dieses Unterschieds beziehen sich auf die höhere körperliche und genetische Anfälligkeit des männlichen Geschlechts sowie auf geschlechtsspezifische Rollenanforderungen und -muster, wonach zum einen Mädchen anpassungsfähiger und zum anderen die männlichen Kinder und Jugendlichen höheren Leistungserwartungen ausgesetzt sind (Mühl 1994). Ab der Altersgruppe von 65 Jahren überwiegen die Frauen mit 56,3 % in der Schwerbehindertenstatistik, was vor allem auf die höhere Lebenserwartung von Frauen zurückzuführen ist.

Tabelle 9.2-3: Schwerbehinderte nach Alter und Geschlecht 1995

Alter: von...bis unter...Jahren	Frauen (in %)	Männer (in %)	Gesamt (in %)
- 15 Jahre	1,7	2,0	1,9
15 - 25 Jahre	1,8	2,1	1,9
25 - 45 Jahre	9,7	10,7	10,2
45 - 65 Jahre	30,5	39,6	35,4
≥ 65 Jahre	56,3	45,6	50,6

Quelle: StBA 1996b, FS 13, R 5.1: 11, modifiziert.

Kinder und Jugendliche sind generell in den Schwerbehindertenstatistiken stark unterepräsentiert, da in diesen Altersgruppen Schädigungen häufig noch nicht erkannt oder bestimmte Phänomene noch nicht als Behinderung eingestuft werden (Häußler/ Bormann 1997: 61) und eine Vielzahl von Beeinträchtigungen erst später in der Kindheit und Jugend auftritt. Überdies werden behinderte Kinder oft nicht in der allgemeinen Statistik erfaßt, da das Recht auf sozialstaatliche Leistungen bei Kindern nicht im selben Maße von der amtlichen Anerkennung als schwerbehindert abhängig ist wie bei Erwachsenen. Dies betrifft Mädchen und Jungen in gleicher Weise.

Die geschlechtsspezifische Erziehung behinderter Mädchen wird vom Ausmaß der Behinderung beeinflußt. Während Mädchen mit leichteren Körperbehinderungen eher zur Übernahme hausfraulicher Tätigkeiten erzogen werden, wird schwerer behinderten Mädchen vermittelt, daß sie keine richtige Frau werden können. Von letzteren werden eher intellektuelle Bestleistungen als Kompensation verlangt (Ewinkel/Hermes 1985). Eiermann et al. (1999) zeigen, wie sich im Zuge allgemeiner gesellschaftlicher Individualisierungsprozesse auch die geschlechtsspezifische Sozialisation von Mädchen mit Körper- und Sinnesbehinderung wandelt. Behinderung wird zunehmend weniger als Stigma vermittelt, und die Mädchen werden weniger sozial ausgeschlossen. Normalität wird ihnen weniger abgesprochen als früheren Generationen. Die Teilhabe an der Welt der Nichtbehinderten müssen Mädchen und Frauen jedoch durch individuelle Anpassungsleistungen erbringen, das heißt, sie müssen im Alltag unter zum Teil großen perönichen Anstrengungen ihr „Normal"-Sein unter Beweis stellen. Entsprechend stehen in der Jugend und im mittleren Lebensalter der Frauen mit Behinderung die für das jeweilige Alter allgemein üblichen biographischen Themen im Zentrum ihrer Lebensgestaltung: Ausbildung, Beruf, Partnerschaft, Sexualität und Mutterschaft - typische weibliche Lebensthemen und -muster, die allerdings unter der Bedingung einer Körper- oder Sinnesbehinderung als Einschränkung und/oder Stigma eine besondere Ausprägung erfahren und besonderer individueller Anpassungsleistungen und Anstrengungen bedürfen (ebd.).

Wenn die notwendige Herstellung von Normalität einer besonderen und kontinuierlichen Anstrengung bedarf, wird ein Verlust der individuellen Leistungsfähigkeit zum Problem. Gerade bei älteren Frauen mit Behinderung, die aus dem Erwerbsleben herausfallen, zusätzliche altersbedingte körperliche Einschränkungen haben und häufig sozial isoliert leben, kumulieren die Belastungen (ebd.). Obwohl mehr als die Hälfte aller schwerbehindert gemeldeten Frauen mit Behinderung 65 Jahre und älter ist, gibt es hierzu keine speziellen Untersuchungen. In stationären Einrichtungen der Behindertenhilfe in Deutschland sind nur 12 % der Bewohnerinnen und Bewohner älter als 65 Jahre, wobei der Anteil der Frauen und Männer ausgeglichen ist (Schneekloth/Müller 1997: 19). Dies erklärt sich zum einen aus der nationalsozialistischen Vernichtungspolitik behinderter Menschen, zum anderen leben viele ältere Frauen mit Behinderung in Alten- und Pflegeheimen. Schließlich sind 79 % der in Alteneinrichtungen lebenden Menschen weiblichen Geschlechts (ebd.).

9.2.1.4 Weiblicher Lebenszusammenhang als Kontext: Leben mit Behinderung

Lebensformen von Frauen mit Behinderung

Frauen mit Körper- und Sinnesbehinderungen, die selbständig in Privathaushalten leben, sind nach der Untersuchung von Eiermann et al. (1999) überwiegend verheiratet (63,8 %); sie leben in einer festen Partnerschaft (75,3 %), und sie haben eigene Kinder (70 %). Den aktuellen Daten des sozio-ökonomischen Panels (1995) zufolge ist der Unterschied in der Verteilung der Familienstandsformen zwischen Frauen mit und ohne Behinderung, wenn nicht nach Alter differenziert wird, gering, während frühere Untersuchungen durchgängig zu dem Ergebnis kamen, daß behinderte Frauen weniger häufig verheiratet sind als nichtbehinderte Frauen und als behinderte Männer (Schildmann 1983; Socialdata 1984; Niehaus 1989; Niehaus 1995). Das erhöhte Scheidungsrisiko und die geringeren Verheiratungsquoten wurden damit erklärt, daß die Frauen für das Nichterfüllen des weiblichen Schönheitsideals „bestraft" werden (Schildmann 1983: 53) und daß sich alleinstehende Frauen im erwerbsfähigen Alter häufiger als schwerbehindert anerkennen lassen und daher in der amtlichen Statistik häufiger vertreten sind (Niehaus 1989: 126). Ein Vergleich des Familienstands von Frauen mit Behinderung mit den Mikrozensus-Daten zur weiblichen Bevölkerung von 1993 (Engstler 1998) zeigt innerhalb der einzelnen Altersgruppen auch heute noch einen höheren Anteil der Ledigen unter den Frauen mit Behinderung verglichen mit altersgleichen Frauen der weiblichen Bevölkerung (Eiermann et al. 1999).

Zwischen Frauen ohne Behinderung und geistig behinderten Frauen, die in Einrichtungen leben, gibt es nach wie vor gravierende Unterschiede bezogen auf Lebensform und Familienstand. Geistig behinderte Frauen haben größere Schwierigkeiten, eine Erwachsenenidentität zu finden, als geistig behinderte Männer. Heirat und Kinder sind in der Vorstellung der Frauen die wesentlichsten Attribute für das Erwachsensein - ein Lebensmuster, das geistig behinderten Frauen in der Regel verwehrt ist (Bader 1987: 24). Frauen mit geistiger Behinderung fällt der Verzicht auf eine eigene Familie ungleich schwerer als den behinderten Männern, deren Vorstellungen vom Erwachsensein eher mit Autofahren, Ausgehen oder dem Besitz von technischen Geräten verbunden sind - Ziele, die auch im Heim realisierbar sind (ebd.). Der Verzicht auf Kinder und Familie wird von den geistig behinderten Frauen als Vorenthalten von Aspekten weiblicher Identität empfunden (Hoven 1985) und läßt sie mit als die am stärksten benachteiligte Gruppe von Frauen mit Behinderungen erscheinen, denen vitale Dimensionen des Daseins verwehrt sind (Aurien 1994; Zemp/Pircher 1996).

Berufliche und ökonomische Situation

Ausbildung und Beruf sind von zentraler Bedeutung für die gesellschaftliche Integration von Menschen mit Behinderung. Frauen mit Behinderung verfügen häufiger über einen allgemeinen Schulabschluß als Männer mit Behinderung, die eher eine Sonderschule besucht haben (Infratest 1992; Häußler et al. 1996). Allerdings ändert sich dieses Verhältnis beim beruflichen Abschluß: 75 % der Männer mit Behinderung im Vergleich zu 53 % der Frauen mit Behinderung haben eine abgeschlossene Berufsausbildung (Infratest 1992). Dieses allgemein für Frauen nachweisbare Muster der Benachteiligung von Frauen im Rahmen beruflicher Ausbildungswege trifft somit auch für Frauen mit Behinderung zu.

In der beruflichen Rehabilitation sind behinderte Frauen durchgängig unterrepräsentiert. Seit mehr als einem Jahrzehnt liegt der Anteil der Frauen an Maßnahmen, die auf die (Wieder-)Eingliederung in das Erwerbsleben zielen, bei ca. 30 %. Zwar hat sich die Zahl der Teilnehmerinnen an berufsfördernden Maßnahmen zur Rehabilitation in den Jahren von 1994 bis 1996 mehr als verdoppelt, doch ist der Frauenanteil bei insgesamt gestiegenen Fallzahlen nahezu gleichgeblieben (vgl. BMAS 1994: 51; BMAS 1998: 62).

Auch in Berufsbildungs- und Berufsförderungswerken sind Frauen und Mädchen nicht angemessen vertreten. In den Berufsbildungswerken, die der Erstausbildung dienen, beträgt der Frauenanteil ca. 34 %, und in den Berufsförderungswerken, die eine Zweitausbildung anbieten, sind Frauen nur noch mit einer Quote von 10-20 % vertreten (vgl. Hermes 1994: 29). Diese Quote hat sich seit 1984 kaum geändert (BMAS 1994: 49; BMAS 1998: 63).

Mit der mangelnden Schulbildung behinderter Frauen läßt sich die geringe Repräsentanz in Maßnahmen der beruflichen Bildung und Ausbildung nicht erklären. Ebenso wie bei nichtbehinderten Frauen wird die geschlechtsspezifische Rollenverteilung bei der Be-rufseinmündung manifest. Obwohl behinderte Frauen im Bereich der schulischen Ausbildung ebenso qualifiziert bzw. eher schneller und besser als behinderte Männer abschneiden (vgl. BMAS 1988: 113, 229, 259), werden sie im beruflichen Bereich eher ausgemustert. Behinderte Frauen arbeiten sehr viel häufiger als behinderte Männer nach dem Sonderschulabschluß direkt in einer Werkstatt für Behinderte, oder sie begeben sich gleich in den Bereich der unbezahlten Hausarbeit (Degener 1995: 3).

Frauen mit Behinderung verfügen seltener über eine abgeschlossene Berufsausbildung als die vergleichbare Gruppe von Männern. Diese Benachteiligung setzt sich im weiteren beruflichen Bereich fort. Auch an beruflichen Fortbildungsmaßnahmen nehmen fast ausschließlich Männer teil (vgl. BMAS 1988: 90, 104, 453). Frauen sind in Berufsförderungswerken unterrepräsentiert. Frauen, die an Rehabilitationsmaßnahmen teilnehmen, sind meist nicht älter als 35 Jahre und eher alleinstehend als behinderte Männer in Umschulungseinrichtungen (Hermes 1994: 57). Diese Besonderheit läßt sich auf zwei Bedingungen zurückführen: Zum einen sind Umschulungen in der Regel an eine vorherige Berufstätigkeit gebunden, so daß Hausfrauen meist nicht zum Kreis der Rehabilitantinnen zählen (Hermes 1994: 58). Zum anderen sind Berufsförderungswerke meist große zentralisierte Einrichtungen mit Internaten, in denen die zwei Jahre dauernde Umschulung wohnortfern durchgeführt wird. Dies setzt die regionale und familiäre Ungebundeneit des Einzelnen voraus, ist also ausschließlich an männlichen Lebensmustern orientiert und bedeutet für die meisten betroffenen Frauen, aber auch für Männer eine enorme Überforderung, wie die relativ hohe Gesamtabbrecherquote von 25 % verdeutlicht (Tews 1986: 14).

Behinderte Frauen mit Familie, die über eine abgeschlossene Berufsausbildung verfügen, sind im bestehenden System der Rehabilitationsmaßnahmen ebensowenig vorgesehen wie nicht erwerbstätige Hausfrauen, denen bereits der Anspruch auf eine Umschulung abgesprochen wird. Selbst bei hoher Motivation wird Frauen mit Familie oft eine Rehabilitationsmaßnahme verwehrt, weil sie keine geregelte Kinderbetreuung nachweisen können (BMAS 1988: 317ff.). Oftmals haben sogar Frauen, die noch keine eigene Familie haben, keine Chance auf Bewilligung, wenn sie im Beratungsgespräch entsprechende Absichten bekunden. Männer werden gleich gar nicht danach gefragt. So schließt sich spätestens im Rahmen der Rehabilitationsberatung der Kreis: Weil Frauen Familie haben oder haben könnten, wird ihnen keine adäquate Berufsausbildung bewilligt. Solten sie jedoch die Familienphase bereits hinter sich haben, so ist die Maßnahme nicht aussichtsreich, weil die Frauen zu alt sind (ebd.).

Eine weitere Erklärung für die geringe Teilnahme von behinderten Frauen an beruflichen Rehabilitationsmaßnahmen ist die schlechtere finanzielle Absicherung aufgrund der meist kurzen oder zerrissenen typisch weiblichen Erwerbsbiographie mit Familienphase (Degener 1995: 12). Der weibliche Lebenszusammenhang erweist sich somit auf allen Ebenen des beruflichen Rehabilitationssystems als ein Faktor der Benachteiligung. Im Rahmen der historisch und systematisch an männlichen Erwerbsbiographien orientierten beruflichen Rehabilitationsmaßnahmen sind Frauen nicht vorgesehen.

Aktuelle Daten zur Erwerbsbeteiligung behinderter Frauen können auf der Basis des Haushaltspanels der Europäischen Union gewonnen werden, das 1994 bei allen Mitgliedstaaten nach einheitlichen Kriterien erhoben wurde (BMAS 1998: 10f.). Danach hat die Bundesrepublik im europäischen Vergleich eine der höchsten Beschäftigungsquoten für Frauen und Männer mit Behinderung. Bei schwer beeinträchtigten Frauen zwischen 25 und 49 Jahren hat Deutschland mit 51,8 % sogar die höchste Quote im europäischen Vergleich.

Die folgende Tabelle 9.2-4 zeigt die Ergebnisse für Deutschland:

Tabelle 9.2-4: Beschäftigungsquoten von Behinderten nach Grad der Beeinträchtigung, Alter und Geschlecht 1994

Alter	Schwer beeinträchtigte		Etwas beeinträchtigte		Nicht beeinträchtigte	
	Frauen	Männer	Frauen	Männer	Frauen	Männer
			in %			
25 - 49 Jahre	51,8	66,5	63,9	89,0	74,1	93,2
50 - 64 Jahre	23,4	25,6	28,6	48,8	41,7	71,4

Quelle: Vierter Bericht der Bundesregierung über die Lage der Behinderten 1998: 10, Internationales Haushaltspanel, Erhebungsjahr 1994.

Die Beschäftigungsquoten behinderter Frauen und Männer spiegeln die allgemeine geschlechtspezifische Benachteiligung von Frauen auf dem Arbeitsmarkt wider. Nach wie vor sind behinderte Frauen häufiger erwerbslos als behinderte Männer und in sehr viel größerem Ausmaß als nicht beeinträchtigte Frauen. Allerdings reduzieren sich die Unterschiede zwischen Frauen und Männern mit der Stärke der Beeinträchtigung und dem Alter: Bei schwer beeinträchtigten Frauen und Männern zwischen 50 und 64 Jahren ist die Beschäftigungsquote mit ca. einem Viertel dieser Personen annähernd gleich gering. Das heißt, mit zunehmendem Alter und stärkerer Beeinträchtigung nivelliert sich die stärkere Diskriminierung der Frauen zu einer annähernd gleichen - immer stärker werdenen - Benachteiligung von Menschen mit Behinderung beiderlei Geschlechts. Alter und Schwere der Beeinträchtigung sind somit Faktoren, die die geschlechtsspezifische Benachteiligung überlagern und zurückdrängen.

Hinweise auf unterschiedliche Entwicklungen in den alten und neuen Bundesländern können auf der Basis von Sonderauswertungen des sozio-ökonomischen Panels (1995) gewonnen werden. Frauen ohne Behinderung gaben in Ost und West mit jeweils einem knappen Drittel annähernd gleich häufig an, nicht erwerbstätig zu sein. Frauen mit Behinderung unterscheiden sich jedoch darin, daß 77 % der Frauen in den neuen Bundesländern im Vergleich zu ca. 55 % von Frauen mit Behinderung in den alten Ländern nicht erwerbstätig sind. Männer mit Behinderung sind dagegen mit 43,6 % Nicht-Erwerbstätigen im Westen im Vergleich zu 32,7 % im Osten in den alten Ländern stärker benachteiligt. Daß Frauen mit Behinderung in den neuen Bundesländern die höchste Rate der Nicht-Erwerbstätigen aufweisen, hatten bereits Panelanalysen auf der Basis von Daten aus dem Jahre 1992 ergeben (Häußler-Sczepan 1995). Die damals ermittelte Quote von 74 % nicht erwerbstätigen Frauen mit Behinderung in den neuen Ländern im Vergleich zu 49 % in den alten Bundesländern hat sich nach den hier vorliegenden Ergebnissen erhöht. Der anhaltende Trend läßt sich daher als eine zunehmende Verdrängung von Frauen mit Behinderung aus dem Arbeitsmarkt kennzeichnen, der sich besonders krass im Osten bemerkbar macht. Dies bestätigt auch die Studie von Kies et al. (1994), nach der die Mehrzahl der befragten Frauen mit Behinderung in Ost-Berlin bis 1990 berufstätig war, zum Zeitpunkt des Interviews im Jahre 1994 dagegen nur noch 34 % (ebd.: 6).

Frauen mit Behinderungen verfügen über sehr viel weniger Geld als der Durchschnitt der Bevölkerung, und sie geraten häufiger in den Armutsbereich, zumal Behinderungen zusätzliche Kosten verursachen. Der Behindertenreport für die neuen Bundesländer kommt zu dem Ergebnis, daß Frauen mit Behinderung - ebenso wie Frauen allgemein - in höherem Maße Niedrigeinkommen beziehen (Winkler 1995: 65). Ein Vergleich der alten und neuen Bundesländer zeigt, daß das allgemeine monatliche Nettoeinkommen der Haushalte (berechnet als Äquivalenzeinkommen, d. h. gewichtet nach der Anzahl und dem Alter der im Haushalt lebenden Personen), in denen Frauen mit Behinderung leben, 1997 in den alten Bundesländern durchschnittlich 2.240 DM betrug und in den neuen Ländern 1.852 DM (Eiermann et al. 1999). Damit verfügen die Haushalte im Schnitt über weniger als halb so viel Geld wie der durchschnittliche Haushalt in Deutschland (vgl. Engstler 1998: 148f.). Das persönliche Nettoeinkommen von Frauen mit Behinderung lag 1997 bei ca. 1.785 DM im Westen und bei 1.570 DM im Osten der Republik (Eiermann et al. 1999).

Dimensionen des privaten Lebens

Bedenkt man, daß für Frauen mit Behinderung Kinder wichtig sind, erscheint der Umgang von Ärztinnen und Ärzten mit Schwangerschaft und Verhütung bei diesen Frauen problematisch. Auch wenn keine Vererbung der Behinderung oder Krankheit möglich ist, wird eher davon abgeraten, Kinder zu bekommen. Frauen mit Körper- und Sinnesbehinderungen, die selbständig in Privathaushalten leben, sind fast 10mal so häufig sterilisiert wie andere Frauen in Deutschland (Eiermann et al. 1999). Mehr als ein Drittel (35,9 %) dieser Frauen, die eine Verhütungsmethode anwenden, sind sterilisiert, knapp ein Drittel (31,6 %) benutzt die Pille, 15,2 % benutzen Kondome und 11,5 % verwenden eine Spirale. Damit unterscheiden sich Frauen mit Behinderung stark von anderen Frauen in Deutschland, die vor allem die Pille (65 %) verwenden und nur zu 4 % sterilisiert sind (vgl. Kapitel 6.2.3). Allerdings hatten die meisten Frauen, die sterilisiert waren, Kinder. Noch krasser ist das Verhältnis bei Frauen mit geistiger Behinderung, die in Heimen leben. Diese sind zu fast zwei Drittel (62,5 %) sterilisiert; 23,2 % nehmen die Pille (Zemp/Pircher 1996). Fast ein Drittel dieser Frauen wurde bereits in der Jugend (häufig auf Betreiben der Eltern) zwangssterilisiert, das heißt, der Eingriff wurde ohne Einwilligung und Kenntnis der Mädchen vorgenommen.

9.2.1.5 Gewalterfahrungen

Gewalterfahrungen behinderter Frauen, insbesondere die sexuelle Ausbeutung und/oder Vergewaltigung behinderter Mädchen und Frauen wurden im deutschsprachigen Raum bis Mitte der 90er Jahre nicht thematisiert (Degener 1993: 26). Amerikanische und britische Untersuchungen kamen zu dem Ergebnis, daß behinderte Frauen besonders häufig Opfer sexualisierter Gewalt werden (Kennedy 1989; Stimpson/Best 1991), bedingt u. a. durch die Abhängigkeit von Familienangehörigen oder Personal in Einrichtungen (Reif 1993: 60; Schatz 1994: 180). Auf dieses Tabuthema verweisen auch Selbstverteidigungskurse für behinderte Frauen sowie die Resonanz darauf (Gesierich 1992; Mayer 1993; Arnade 1993; Schopmans 1993).

Geistig behinderte Menschen sind in besonderer Weise gefährdet, da sie die schlechtesten Möglichkeiten haben, Sexualität zu leben und zu erleben (Walter 1991: 13; Senn

1993). Eltern und Betreuer strukturieren überwiegend den Tagesablauf, so daß überhaupt jedes mögliche Sexualverhalten abhängig ist von der Toleranz und moralischen Einstellung der betreuenden Personen. „Dadurch wird die Sexualität behinderter Menschen zu einer behinderten oder gar verhinderten, auf alle Fälle zu einer fremd definierten Sexualität" (ebd.: 14). Dies betrifft in besonderem Maße geistig behinderte Mädchen und Frauen, die noch stärker gefährdet sind, sexuell mißbraucht zu werden als Knaben und Männer (Strasser-Hui 1992: 5).

Die erste umfassende Studie zum Thema sexuelle Ausbeutung von Mädchen und Frauen mit Behinderung wurde 1995 in österreichischen Einrichtungen für Menschen mit Behinderung durchgeführt (Zemp/Pircher 1996). Insgesamt wurde eine Zufallsstichprobe von 130 in solchen Einrichtungen lebenden Frauen zwischen 17 und 69 Jahren befragt. Es handelte sich überwiegend um Frauen mit geistiger Behinderung (57,5 %); 23,5 % der Frauen waren körperbehindert, 12,5 % hatten mehrfache Behinderungen und 6,6 % waren lernbehindert (ebd.: 58). Frauen mit Sinnesbehinderung und selbständig in Privathaushalten lebende Frauen wurden in dieser Untersuchung nicht erfaßt. Mehr als jede zweite befragte Frau hatte einmal oder mehrmals in ihrem Leben sexualisierte Gewalt erfahren. Die sexuellen Übergriffe kamen vor allem aus dem direkten sozialen Umfeld. 75,4 % der fast ausschließlich männlichen Täter waren den befragten Frauen bekannt: angefangen vom Vater über den Pflege- oder Stiefvater, Heimbewohner bis hin zum „anderen –bekannt" (ebd.: 78).

Frauen mit Körper- und Sinnesbehinderungen, die selbständig in Privathaushalten leben, geben zu 10 % an, schon einmal gegen ihren Willen zum Geschlechtsverkehr oder einer anderen sexuellen Handlung gezwungen worden zu sein (Eiermann et al. 1999). Bei den Tätern handelte es sich überwiegend um eine Person aus dem nahen sozialen Umfeld (80,4 %), d. h. um Familienangehörige oder gute Bekannte. Nur bei einem Fünftel (19,6 %) der Frauen waren der oder die Täter fremde Personen. Weitere 10,6 % der befragten Frauen hatten verneint, jemals mit Gewalt und gegen ihren Willen zu Geschlechtsverkehr gezwungen worden zu sein, aber angegeben, daß sie schon einmal gezwungen wurden, sich nackt auszuziehen oder sexuellen Handlungen zuzuschauen, daß sie auf unangenehme Weise an den Geschlechtsteilen berührt wurden oder ihnen Geschlechtsteile vorgezeigt wurden. Diese Studie kann aber keine Angaben machen, wie häufig Frauen als Behinderte Gewalt erfahren haben, da unter Umständen die Gewalterfahrungen vor dem Eintritt der Behinderung lagen.

Die Prävalenzzahlen von sexueller Gewalterfahrung bei Frauen mit Körper- und Sinnesbehinderungen, die selbständig in Privathaushalten leben, liegen - auch in Anbetracht der Probleme der Vergleichbarkeit von Daten - in etwa in dem Bereich der Ergebnisse allgemeiner Umfragen, während Frauen mit geistigen Behinderungen und/oder solche, die in Einrichtungen leben, deutlich häufiger betroffen sind (vgl. Kapitel 5.3 mit Vergleichszahlen).

9.2.1.6 Soziale Netzwerke, Bedarfe und Hilfen

Soziale Netzwerke

Das soziale Netzwerk und die Unterstützungsressourcen von selbständig lebenden behinderten Frauen wurden von Niehaus (1993) untersucht. Sie kam zu dem Ergebnis, daß durchschnittlich fünf Bekannte und ca. vier Verwandte den sozialen Bezugskreis behinderter Frauen ausmachen (ebd.: 121). Dabei sind die Bekannten eher für die psychologische Alltagsunterstützung zuständig und die Verwandten eher für die behinderungsspezifische Unterstützung. Institutioneller und professioneller Unterstützung kam nur marginale Bedeutung zu. Dies bestätigen auch einschlägige Studien zum Hilfe- und Pflegebedarf und zur häuslichen Pflegesituation allgemein, wonach Pflege im Haushalt vorwiegend „Familienpflege" ist (vgl. Hedtke-Becker 1990: 16; Häußler et al. 1996: 305). Es sind vor allem weibliche Familienangehörige, die behinderte Frauen bei der persönlichen Versorgung, der Haushaltsführung und der Mobilität unterstützen (Niehaus 1993: 122; vgl. Infratest 1992: 46; Häußler et al. 1996: 307). Bei den pflegenden Männern handelt es sich meist um den Ehepartner (vgl. Hedtke-Becker 1990: 39). Unterschiede zeigen sich dahingehend, daß behinderte Frauen im Vergleich zu anderen auf Hilfe angewiesenen Personengruppen durchschnittlich mit der Unterstützung relativ weniger Verwandter rechnen können (Niehaus 1993: 122). Besonders benachteiligt sind alleinstehende und nicht erwerbstätige Frauen sowie Frauen mit einem schlechten Gesundheitszustand. Für diesen Personenkreis wurde ein noch dünneres Helferinnennetz ermittelt (ebd.). Es zeigte sich somit eine Kumulation von Problemlagen dahingehend, daß diejenigen, die am meisten Hilfe benötigen, über die geringsten Ressourcen verfügen.

Im Gegensatz zur Familienpflege wird die - immer noch relativ seltene - professionelle Assistenz in privaten Haushalten in der Regel von Männern geleistet. Oft gilt es auch in Institutionen als „normal", daß Frauen im Intimbereich von Männern versorgt werden (Stötzer 1994: 77). Entgegen der gängigen Vorstellung, daß Frauen aufgrund ihrer weiblichen Eigenschaften und Fähigkeiten besser zur Pflege geeignet seien, gilt im professionellen Bereich das kostengünstigere Modell der männlichen Zivildienstleistenden. Ausschlaggebend sind dabei die Kosten und nicht die Bedürfnisse der auf Assistenz angewiesenen Frauen. In einer bundesweiten Befragung von 987 erwachsenen Frauen mit Körper- und Sinnesbehinderungen waren fast alle Befragten (94 %) der Meinung, daß behinderte Frauen grundsätzlich die Freiheit haben sollten, zu wählen, ob sie von einem Mann oder einer Frau gepflegt werden wollen (Eiermann et al. 1999).

Das Modell der persönlichen Assistenz wird als das für eine selbstbestimmte Lebensführung beste propagiert. Behinderte Frauen wollen nicht mehr durch traditionelle Organisationen mit Pflege nach festgelegten und zeitlich eng befristeten Dienstplänen versorgt werden, sondern alle Entscheidungskompetenzen, Rechte und Pflichten, die mit der Organisation von persönlicher Assistenz zusammenhängen, möglichst selbst übernehmen (Radtke 1994: 50). Auf diese Weise kann eine selbstbestimmte Lebensführung mit individueller Gestaltungsfreiheit ermöglicht werden, die auch die Verwirklichung spontaner Entschlüsse und Aktivitäten einschließt.

Versorgung, Bedarfe und Hilfen

Der Studie von Eiermann et al. (1999) zufolge klagten 18,3 % der Frauen mit Körper- und Sinnesbehinderung über demütigende Erfahrungen im Rahmen allgemeiner medizinischer, pflegerischer oder technischer Untersuchungen, Behandlungen und Maßnahmen. In den Interviews wurde die Kritik seitens der Befragten formuliert, daß sie in ihrer Laienkompetenz als Expertinnen für ihren Körper und ihre Behinderung von ärztlichen Spezialistinnen und Spezialisten übergangen und ihre subjektive Wahr-nehmung und Äußerung von Beschwerden nicht ernst genommen wurden.

Was Frauen mit Behinderung brauchen, um ihr Leben aktiv und selbstbestimmt zu gestalten und den Alltag zu bewältigen, hängt von ihrem Alter, der Kohorten- und Schichtzugehörigkeit etc. und der Art der Behinderung ab (Eiermann et al. 1999). Bei Frauen mit Sinnesbehinderungen ist der Zugang zur Welt beeinträchtigt. Sie brauchen besondere Hilfen, um am gesellschaftlichen Leben teilzuhaben, um mit anderen kommunizieren zu können, um verstanden zu werden. Bei Frauen mit körperlichen Bewegungsbeeinträchtigungen ist die Barrierefreiheit der materiellen Umwelt wichtig, bei Frauen mit chronischen Erkrankungen wie z. B. Diabetes oder Nierenerkrankungen fehlt eine Aufklärung im sozialen Umfeld über die besonderen krankheitsspezifischen Bedürfnisse. Krankheitsbedingtes Verhalten wird oftmals in schuldhafter Form den kranken Frauen selbst zugeschrieben (ebd.). Die Situation von Frauen, die selbständig in Privathaushalten leben, erfordert andere Unterstützung als die von geistig und schwerst mehrfachbehinderten Frauen, die in Heimen leben (Wacker et al. 1998). Den Frauen mit nichtsichtbaren oder leichteren Behinderungen fällt es oft schwer, die Bedürfnisse nach notwendiger Sonderbehandlung zu formulieren und umzusetzen, wenn ihnen von der Umwelt entgegengebracht wird: „Du bist doch gar nicht behindert". Frauen mit sichtbaren Behinderungen sprechen dagegen von übertriebenen Reaktionen der Umwelt wie Anstarren, Wegschauen etc. (Eiermann et al. 1999).

In der Studie von Eiermann et al. (1999) wurden als Konsequenz aus der Befragung gesellschaftliche Bereiche benannt, in denen ein Veränderungsbedarf besteht. Eine hohe Bedeutung kommt angesichts der schwierigen finanziellen Situation und der schlechten Integration in den Arbeitsmarkt dem beruflichen Bereich zu. Eine doppelte Diskriminierung - als Frau und als Behinderte - gilt auch in dem gesamten Bereich psychosozialer und medizinischer Hilfen. Alle Beratungs- und Hilfeangebote für Frauen sind auch für Frauen mit Behinderungen zugänglich zu machen (Barrierefreiheit, Gebärdensprache etc.), insbesondere auch die Unterstützungsangebote für Überlebende sexualisierter Gewalt. Bei Beratungsarbeit ist ein Peer-counselling-Ansatz zu bevorzugen, das heißt, Frauen mit Behinderung beraten Frauen mit Behinderung. Isoliert lebende und ältere Frauen mit Behinderung brauchen gesonderte Angebote. Generell ist die besondere Lebenssituation - je nach Art und Schwere der Behinderung, je nach sozialen Aspekten wie Berufstätigkeit, Mutterschaft, Lebensalter etc. - zu berücksichtigen, und die Ressourcen und Kompetenzen der Frauen sind als Ausgangspunkt zu nehmen.

Die soziale und geschlechtsspezifische Dimension von Behinderung sollte ein fester Bestandteil der Ausbildung von Professionellen (Beraterinnen, Ärztinnen und Ärzten, medizinischem Personal, Lehrerinnen und Lehrern) sein und Wissen über die besondere

Situation und die Bewältigungsanforderungen von Frauen mit Behinderung vermitteln. Spezielle Curricula für Gynäkologinnen und Gynäkologen zu Verhütung, Sterilisation, humangenetischer Beratung, Schwangerschaft und Mutterschaft von Frauen mit Behinderungen sind erforderlich. Eine frauengerechte Versorgung sollte auch den Aspekt von Ausschluß und Benachteiligung, der an die Einschränkung geknüpft ist, einbeziehen.

9.2.1.7 Zusammenfassung

Die ca. 3 Mio. Frauen, die 1995 als amtlich anerkannte Schwerbehinderte registriert wurden, sind eine heterogene Gruppe: Etwa zwei Drittel haben vorwiegend körperliche Beeinträchtigungen, ca. 10 % sind sinnesbehindert und geistig-seelische Behinderungen machen ebenfalls einen Anteil von ca. 10 % aus. Wichtigste Ursache (bei 89,3 % der als schwerbehindert gemeldeten Frauen) sind Krankheiten; häufig treten Behinderungen erst im mittleren oder höheren Alter ein.

Die Ergebnisse der Studie von Eiermann et al. (1999) verdeutlichen die Unterschiedlichkeit der Lebenssituation von Frauen mit Körper- und Sinnesbehinderungen, die selbständig in Privathaushalten leben, mit der der Frauen mit geistiger Behinderung und der schwerst und schwerstmehrfach Behinderten, die in Einrichtungen leben.

Die Ergebnisse dieser ersten umfassenden Studie zeigen auch, daß die allgemeinen Veränderungen der weiblichen Sozialisation vor den Mädchen mit Körper- und Sinnesbehinderungen nicht halt gemacht haben: Sie haben Zugang zu Ausbildungsmöglichkeiten und erheben Ansprüche auf Teilhabe und Integration, verlangen aber von sich selbst, daß sie durch individuelle Anstrengung ihre eigene „Normalität" und Leistungsfähigkeit unter Beweis stellen. Aufgrund der besonderen Situation erfahren sie allerdings Nachteile im Ausbildungs- und Berufsbereich, die nicht durch individuelle Leistung kompensierbar sind. Im mittleren Lebensalter sind diese Frauen überwiegend verheiratet und haben eigene Kinder. Die Behinderung tritt bei vielen erst in der Familienphase ein. Der Anteil der Frauen mit einer Sterilisation ist zehnmal so hoch wie in der altersgleichen Bevölkerung; die Frauen lassen sich aber meist erst sterilisieren, wenn sie bereits Kinder haben.

Geistig behinderten und schwerst und schwerstmehrfach behinderten Frauen, die in Einrichtungen leben, werden Mutterschaft und Familie - für sie selbst sehr wichtige Dimensionen des Frauenlebens - verwehrt. Sie sind auch sehr viel häufiger als Frauen mit Körper- und Sinnesbehinderung von sexualisierter Gewalt betroffen. Ein Drittel dieser Frauen wurde in der Jugend, überwiegend auf Betreiben der Eltern, sterilisiert.

Frauen mit Behinderung allgemein haben seltener als Männer mit Behinderung eine abgeschlossene Berufsausbildung, sie sind häufiger erwerbslos und sind bei der beruflichen Rehabilitation unterrepräsentiert. Die Verdrängung von Frauen mit Behinderung aus dem Arbeitsmarkt läßt sich besonders deutlich in den neuen Bundesländern beobachten. Frauen mit Behinderung verfügen über weniger Geld als der Durchschnitt der Bevölkerung - eine Folge auch der schlechten beruflichen Situation.

Für Frauen mit Behinderung treffen die Benachteiligungen zu, die Frauen allgemein erleiden (z. B. im beruflichen Bereich), hinzu kommen aber weitere behinderungsspezifische Diskriminierungen und Nachteile. Auch im Versorgungsbereich gilt die „doppelte Diskriminierung": Frauen mit Behinderung sind teilweise von Angeboten für Frauen allgemein ausgeschlossen und sie müssen nicht nur die Besonderheit der Lebenssituation als Frau, sondern auch als Behinderte bewältigen.

9.2.2 Frauen mit riskantem Alkoholkonsum und alkoholkranke Frauen

9.2.2.1 Einleitung

Für den vorliegenden Bericht, in dem Alkoholkonsum und Alkoholabhängigkeit in getrennten Abschnitten dargestellt werden, ergibt sich das Problem der unscharfen Abgrenzung zwischen riskantem Alkoholkonsum und Alkoholabhängigkeit. Ein Bezug auf die subjektive Selbstdefinition als „alkoholabhängig" ist insofern wenig sinnvoll, als es für ein charakteristisches Merkmal von Abkoholabhängigkeit gehalten wird, daß die ärztliche Diagnostik und die Selbstdefinition auseinanderklaffen („fehlende Krankheitseinsicht"). Probleme, wie sie für alkoholkranke Frauen beschrieben werden, finden sich bereits bei riskantem Konsum, so daß unter der Perspektive der Lebenssituation von Frauen in gesundheitlich belasteten Lebenslagen von einem Kontinuum zwischen riskantem Konsum und Krankheit ausgegangen wird und Frauen, die riskant Alkohol konsumieren, in die Darstellung einbezogen werden.

Alkoholabhängigkeit wurde 1968 als Krankheit in die Reichsversicherungsordnung (RVO) aufgenommen. Die heute üblichen Abhängigkeitskriterien richten sich nach den Formulierungen des DSM-IV (Sass et al. 1996).

Die Diagnose Abhängigkeit setzt voraus, daß sich im letzten Jahr mindestens drei der folgenden Kriterien manifestieren:

- Toleranzentwicklung, definiert durch eines der folgenden Kriterien:

  a) Verlangen nach ausgeprägter Dosissteigerung, um einen Intoxikationszustand oder erwünschten Effekt herbeizuführen,

  b) deutlich verminderte Wirkung bei fortgesetzter Einnahme derselben Dosis

- Entzugssymptome, die sich durch eines der folgenden Kriterien äußern:

  a) charakteristisches Entzugssyndrom der jeweiligen Substanz,

  b) dieselbe (oder eine sehr ähnliche) Substanz wird eingenommen, um Entzugssymdrome zu vermeiden.

- Die Substanz wird häufig in größeren Mengen oder länger als beabsichtigt eingenommen.

- Anhaltender Wunsch oder erfolglose Versuche, den Substanzkonsum zu verringern oder zu kontrollieren.

- Viel Zeit für Aktivitäten, um die Substanz zu beschaffen, sie zu sich zu nehmen, oder sich von ihren Wirkungen zu erholen.

- Wichtige soziale, berufliche oder Freizeitaktivitäten werden aufgrund des Substanzmißbrauchs aufgegeben oder eingeschränkt.

- Fortgesetzter Substanzmißbrauch trotz Kenntnis eines anhaltenden oder wiederkehrenden körperlichen oder psychischen Problems, das wahrscheinlich durch den Substanzmißbrauch verursacht oder verstärkt wurde. (DSM-IV 1996).

Wir unterscheiden zwischen risikoarmen und starkem bzw. riskantem Alkoholkonsum (vgl. Bühringer et al. 1999: 182). Weitgehend besteht Übereinstimmung darüber, welche Konsummenge als risikoarm eingestuft wird. Bei Frauen geht man von 20 Gramm reinen Alkohol (das entspricht ca. 0,4 l Weißwein, vgl. StBA 1998a: 95). Bei Männern werden 30 Gramm (Bühringer et al. 2000b: 153, vgl. BMA 1995: 95) oder 40 Gramm reinen Alkohol angesetzt (vgl. Bühringer et al. 2000a: 131). Frauen im Alter zwischen 20 und 60 Jahren gehen ein verhältnismäßig geringes Risiko ein, wenn sie weniger als 20 Gramm reinen Alkohol pro Tag konsumieren. Hintergrund dieser unterschiedlichen Einstufung ist das im Durchschnitt niedrigere Körpergewicht, der geringere Gehalt von Wasser im Körper und der langsamere Abbau bzw. die größere Bioverfügbarkeit von Alkohol bei Frauen verglichen mit Männern.

Starker bzw. riskanter Konsum, d. h. Konsum von mehr als 20 Gramm Reinalkohol pro Tag (ohne eine weitere Unterscheidung in riskanten, gefährlichen Konsum und Hochkonsum), ist mit einem hohen Gesundheitsrisiko assoziiert. Starker bzw. riskanter Konsum wird meist gleichgesetzt mit Mißbrauch, der fließend übergehen kann in Abhängigkeit. Ein riskanter Konsumstil bedeutet aber nicht automatisch, daß es zu einer Substanzabhängigkeit kommt. Dauern solche Konsummuster jedoch lange an und gehen sie einher mit Verhaltensänderungen (siehe die oben dargestellten Definitionsmerkmale), dann steigt das Abhängigkeitsrisiko ganz erheblich an. Die Ergebnisse vor allem von qualitativen Studien geben Einblick in die Dynamik solcher Entwicklungen.

Die gesundheitlichen Risiken des Alkoholkonsums, die mit der Konsumhöhe zunehmen, verändern sich mit dem Alter. Sie sind besonders groß bei den jungen Frauen unter 20 Jahre und den älteren Frauen über 60 Jahre. Für beide Altersgruppen geht man von negativen Effekten schon bei einem täglichen Alkoholkonsum von weniger als 20 Gramm pro Tag aus. Das liegt daran, daß sich mit dem Alter der Metabolismus der psychotropen Substanzen allgemein verändert.

Die körperliche Reaktion auf Alkohol variiert mit dem menstruellen Zyklus. Die Effekte sind am stärksten ausgeprägt in der prämenstruellen Phase. Frauen reagieren insgesamt gesehen sowohl - bei durchschnittlicher Konstitution - physiologisch als auch subjektiv anders als Männer auf Alkohol.

Unilineare Modelle, wie sie zunächst von Jellinek (1960) für Alkoholismus konzipiert worden sind, werden den komplexen Erscheinungsformen der Alkoholkrankheit nicht gerecht. Vielmehr ist von multifaktoriellen Modellen auszugehen, wobei die Entwicklung der Krankheit zu jedem beliebigen Zeitpunkt unterbrochen werden kann. Die Modelle gehen von Abhängigkeitsepisoden oder -phasen aus, die bei entsprechender Behandlung ganz ausheilen können. Gelingt eine Heilung nicht, kann es zur Chronifizierung kommen. Für Frauenalkoholismus ist nicht die Chronifizierung auf hohem Niveau über eine (sehr) lange Zeit typisch, sondern eine Abfolge von Phasen mit unterschiedlicher Konsumintensität, darunter auch Phasen mit sehr niedrigem Alkoholkonsum bzw. Abstinenz.

Typisch sind Kombinationen mit dem Konsum von psychotropen Medikamenten, insbesondere mit Schmerzmitteln einerseits und Beruhigungs- und Schlafmitteln andererseits. Die Diagnostik erlaubt zudem Zusatzdiagnosen zur Diagnose Alkoholabhängigkeit. Sehr häufig sind Zusatzdiagnosen der Abhängigkeit von psychotropen Medikamenten oder von illegalen Drogen. Solche Kombinationen mit dem Konsum oder der Abhängigkeit von psychotropen Substanzen komplizieren das Krankheitsbild und erschweren die Entgiftung. Dazu kommen andere psychische Störungen, vor allem Ängste und Depressionen, als Zusatzdiagnosen. Man spricht in diesen Fällen von Komorbidität (vgl. Kapitel 9.2.2.4).

Die Diagnostik zum Mißbrauch und zur Abhängigkeit von psychotropen Substanzen orientiert sich grundsätzlich an der individuellen Pathologie. Gesellschaftliche Zusammenhänge werden nicht berücksichtigt. Es wird auch nicht kritisch diskutiert, inwieweit Diagnostik und Bewertung von Diagnosekriterien einer Verzerrung unterliegen in dem Sinne, daß bei Frauen eher psychische Störungen und bei Männern eher andere Formen abweichenden z. B. delinquenten Verhaltens als Ursache oder Kontext von Alkoholabhängigkeit angenommen werden.

9.2.2.2 Datenlage

Epidemiologische Studien erfassen den Substanzkonsum in Bevölkerungsstichproben. Der Nationale Gesundheitssurvey, die Studien des Instituts für Therapieforschung (IFT 1990, 1992, 1995) und die Bundeszentrale für gesundheitliche Aufklärung (BZgA 1992) erfassen unter anderem auch riskanten Alkoholkonsum.

Die repräsentativen Studien sind von ihrem Ansatz her besser geeignet, Substanzkonsum als Substanzmißbrauch und Substanzabhängigkeit zu erfassen. Das liegt an Problemen, die mit der Datenerfassung verbunden sind, wie z. B. unerwünschte Selektionseffekte (Gruppengröße, Gewichtung, geringe Teilnahmebereitschaft von Gefährdeten und Abhängigen an Umfragen oder Leugnung sozial unerwünschten Verhaltens wie hoher Alkoholkonsum), aber auch Schätzfehler von seiten der Befragten (in der Regel: Unterschätzung des Alkoholkonsums, Rundungen). In einem internationalen Vergleich wird diskutiert, inwieweit diese Effekte und damit auch Über- und Unterschätzungen bei Frauen und Männern unterschiedlich ausfallen (Bloomfield et al. 1999). Eine Zusammenstellung der wichtigsten Studien mitsamt Hinweisen auf Erhebungsprobleme findet sich in Bühringer et al. 2000b (Anhang V).

Als Datenbasis über Mißbrauch und Abhängigkeit von Alkohol sind Datensammlungen von Hilfeeinrichtungen sowie kleinere, regional begrenzte quantitative und qualitative Studien von Bedeutung. Die wichtigsten Datenpools sind in diesem Bereich:

- EBIS-Daten: Einrichtungsbezogenes Informationssystem zur Erfassung institutioneller und personenbezogener Daten aus dem ambulanten Bereich (Durchführung: IFT). An der Datensammlung beteiligen sich etwa die Hälfte aller ambulanten Einrichtungen der Alkohol- und Drogenhilfe. Bei den personenbezogenen Daten können Mehrfachnennungen vorkommen. Das System läßt eine Bereinigung der Daten nach Einzelfällen nicht zu (zitiert als EBIS 97).

- BADO-Daten: Monitoring-System der ambulanten Einrichtungen für Substanzabhängige in Hamburg (vgl. Schmid/Vogt 1998a, Schmidt et al. 1999). Das System erlaubt die Korrektur der Daten bei Mehrfachregistrierung (zitiert als BADO 97).

- SEDOS-Daten: Einrichtungsbezogenes Informationssystem zur Erfassung institutioneller und personenbezogener Daten aus dem stationären Bereich (Durchführung: IFT). An der Datensammlung beteiligen sich ca. 200 stationäre Einrichtungen für Substanzabhängige (zitiert als SEDOS 97).

Diese spezifischen Studien gehen von identifizierten Personengruppen aus. Die Daten dieser Studien konnten keiner Sekundäranalyse unterzogen werden. Soweit sie hier verwendet werden, handelt es sich um Daten aus den entsprechenden Untersuchungen, die an anderer Stelle veröffentlicht sind. In die EBIS- und BADO-Statistiken werden nur diejenigen Personen aufgenommen, die in eine Alkohol- oder Drogenberatungsstelle gehen. Mit gutem Grund ist davon auszugehen, daß die Klientinnen entweder selbst Probleme mit psychotropen Substanzen haben oder daß sie als Angehörige von Abhängigen Rat suchen. Die Statistiken geben, soweit sie konsequent nach dem Geschlecht ausgewertet sind (wie z. B. BADO), detailliert Auskunft über die Lebenslage alkohol- und drogenabhängiger Frauen. SEDOS berücksichtigt die Daten von substanzabhängigen Personen, die stationär behandelt worden sind. Es handelt sich also um eine besondere Stichprobe, denn nicht alle, die eine Beratungsstelle aufsuchen, nehmen stationäre Behandlung in Anspruch.

Um die Lebenssituation von Frauen mit riskantem Alkoholkonsum oder Alkoholabhängigkeit zu beschreiben, reichen die Angaben der Datenquellen nicht aus, da sie vor allem unter einem Risiko - und Versorgungsplanungsaspekt erhoben wurden. Zur Ergänzung kann auf kleine regionale quantitative und qualitative Studien zurückgegriffen werden, die aber eine eingeschränkte Aussagekraft haben (Franke et al. 1998; Küfner et al. 1986; Vogt 1994; Winkler 1997; Wrusch 1995).

9.2.2.3 Alkohol-Karrieren und Alkoholabhängigkeit im Lebenslauf

Mädchen trinken insgesamt im Jugendalter weniger und vorsichtiger als Jungen. Unter den Mädchen gibt es aber eine Teilgruppe, die im Jugendalter sehr riskante Trinkmuster hat. Allerdings lassen die Ergebnisse epidemiologischer Studien zum jugendlichen Verhalten keine Prognosen über die Entwicklung von Substanzmißbrauch oder Substanzabhängigkeit im Erwachsenenalter zu. Solche Entwicklungen entscheiden sich nicht allein über Trinkmuster, die stark von der jeweiligen Lebenssituation geprägt und daher plastisch sind. Langzeitstudien aus den USA machen deutlich, daß viele Jugendliche, die über eine gewisse Zeit hin psychotrope Substanzen mißbrauchen, z. B. mit dem Wechsel ihrer Bezugsgruppe auch ihre Konsummuster ändern.

Tabelle 9.2-5: Geschlechtsunterschiede in der Häufigkeit eines Alkoholrausches in den letzten 12 Monaten (12-16jährige, nur gelegentliche und regelmäßige Alkoholkonsumierende) 1993

	Zahl der Räusche im letzten Jahr		
	keine	ein- bis dreimal	mehr als dreimal
	in %		
Mädchen	57	38	4
Jungen	49	42	9

Quelle: Kolip 1997: 180.

Gravierender für die weitere Entwicklung sind andere Risiken als die Anzahl der in der Jugend erlebten Räusche. Dazu zählen Belastungen durch die Herkunftsfamilie, insbesondere Substanzabhängigkeit eines Elternteils oder eines nahen Verwandten im Haushalt. Diskutiert werden in diesem Zusammenhang sowohl genetische als auch sozialwissenschaftliche Erklärungsmodelle. Amerikanischen Studien zufolge sind Mädchen gegenüber den Einflüssen, die von den abhängigen Eltern ausgehen, resistenter als Jungen, aber vulnerabler als diese, wenn es um Vernachlässigung, Gewalterfahrungen und vor allem um sexuellen Mißbrauch geht (Windle/Searles 1990). Sexueller Mißbrauch hat eine große Bedeutung dafür, ob sich aus Alkoholkonsum eine Alkoholabhängigkeit entwickelt (siehe Kapitel 9.2.2.5).

Im Erwachsenenalter (18- bis 59 Jahre) sind es 8% der Frauen, die starke bzw. riskante Konsummuster (mehr als 20 Gramm Reinalkohol pro Tag) aufweisen (verglichen mit 21% der Männer bei einer Grenzen von 30 Gramm bzw. 13% bei einer Grenze von 40 Gramm Reinalkohol pro Tag; Kraus/Bauernfeind 1998: 39; vgl. auch Kapitel 9.2.2.4).

Wenn Frauen sich in eine stationäre Behandlung begeben, liegt eine manifeste Abhängigkeit vor. Die Daten, die im stationären Bereich erhoben wurden, erlauben daher Aussagen über die Zeitspanne bis zur Inanspruchnahme von Behandlung. Alkoholabhängige Frauen haben im Durchschnitt eine Krankheitskarriere von 10 Jahren. Genauere Untersuchungen zeigen jedoch, daß manche Frauen sehr lange Karrieren aufweisen (20 Jahre und mehr), andere kurze von 2-5 Jahren (SEDOS 97; vgl. Vogt 1994). Es gibt eine vergleichsweise kleine Gruppe von Frauen, die in jungen Jahren mit dem exzessiven Konsum beginnt, jedoch sehr lange nicht auffällt, weil sie z. B. mit Partnerinnen oder Partnern und Freundinnen oder Freunden umgeben sind, die allesamt viel trinken und von denen etliche selbst Alkoholprobleme haben. Gerade in solchen Gruppen dauert es lange, bis die sozialen oder gesundheitlichen Folgen des Alkoholabusus unübersehbar sind.

Die Mehrzahl der Frauen beginnt aber wesentlich später im Leben, insbesondere zwischen 30 und 40 Jahren, mit Alkoholexzessen, verliert relativ schnell die Kontrolle über ihren Konsum sowie über ihr Verhalten im angetrunkenen Zustand, und fällt vergleichsweise schnell auf. Interventionen setzen ein, die sie dazu veranlassen, Hilfe zu suchen. Das spricht dafür, daß viele dieser Frauen am Anfang ihrer Alkoholkarriere in ein vergleichsweise enges soziales Netzwerk eingebunden sind. Über die Qualität des Netzwerkes ist damit jedoch nichts gesagt.

Die Daten aus dem ambulanten Bereich geben ebenfalls Aufschluß über Alkoholabhängigkeit im Lebenslauf.

Tabelle 9.2-6: Frauen und Männer mit Alkoholproblemen, die eine ambulante Einrichtung aufsuchten, nach Alter, 1997

Altersgruppen	Frauen (in %)	Männer (in %)
bis 29 Jahre	7	5
30 bis 39 Jahre	27	32
40 bis 49 Jahre	35	37
50 bis 59 Jahre	24	21
≥ 60 Jahre	7	5

Quelle: BADO 97.

7% der Frauen, die ambulant Rat und Hilfe suchten, waren noch nicht 30 Jahre alt. Über die Vorgeschichte der Alkoholprobleme bei diesen Frauen ist wenig bekannt. Ebenso wenig ist bekannt darüber, wie lange Frauen brauchen, bis sie in Einrichtungen Hilfe suchen. Daten aus dem ambulanten Bereich (hier: BADO und EBIS) belegen, daß die meisten Frauen, die im Zusammenhang mit Alkoholproblemen spezialisierte Hilfeeinrichtungen aufsuchen, in die Altersgruppen von 30 bis 60 Jahren fallen. Der Gipfel liegt zwischen 40 und 45 Jahren. In der Mehrheit sind es gerade nicht die jungen Frauen, die Probleme mit Alkohol haben, sondern Frauen in der Lebensmitte. In Hamburg sind sie im Durchschnitt 41 Jahre alt, wenn sie Hilfe in den Beratungsstellen suchen.

9.2.2.4 Weiblicher Lebenszusammenhang als Kontext: Leben mit riskantem Alkoholkonsum und Alkoholabhängigkeit

Alkoholprobleme lassen sich kaum isoliert betrachten. Sie sind typischerweise verbunden mit Problemen in anderen Bereichen, etwa mit Streitereien in der Familie, mit dem Partner oder der Partnerin oder mit Freundinnen und Freunden, Schwierigkeiten am Arbeitsplatz, Ärger mit der Polizei (z. B. wegen Alkohol am Steuer). Bei vielen dieser Problemlagen ist nicht entscheidbar, ob sie Ursache oder Folge des Alkoholkonsums sind. Für die Betrachtung reicht es allerdings auch, sie als Merkmal der Lebenssituation von Frauen mit riskantem Alkoholkonsum oder Alkoholabhängigkeit aufzugreifen, als Belastungen, die bewältigt werden müssen, und die zugleich ein Fehlen von Ressourcen anzeigen.

Familienstand

Daten aus Befragungen von Bevölkerungsstichproben belegen, daß der Anteil der Frauen mit riskanten Konsummustern bei den Ledigen höher ist als bei den Verheirateten und den Geschiedenen.

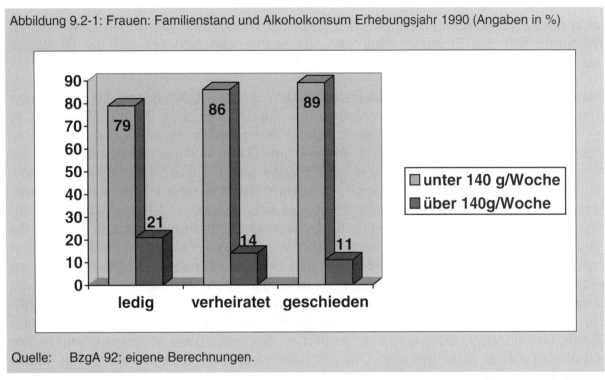

Abbildung 9.2-1: Frauen: Familienstand und Alkoholkonsum Erhebungsjahr 1990 (Angaben in %)

Quelle: BzgA 92; eigene Berechnungen.

Die Interpretation der Daten ist aufgrund der kleinen Fallzahlen schwierig. Genauere Angaben zum Familienstand sind möglich für diejenigen Frauen, die in ambulanten Einrichtungen Hilfe gesucht haben und die in den Informationssystemen von BADO und EBIS erfaßt wurden. Die Angaben in den beiden Informationssystemen unterscheiden sich allerdings voneinander.

Tabelle 9.2-7: Frauen und Männer mit Alkoholproblemen, die in ambulanten oder stationären Einrichtungen Hilfe suchten, nach Familienstand 1997

Datenquellen	ledig	verheiratet	geschieden	verwitwet
		Anteile in %		
Frauen				
BADO 97	30	30	34	6
EBIS 97	20	50	24	7
Männer				
BADO 97	38	35	25	2
EBIS 97	35	45	19	2

Quelle: BADO 97; EBIS 97.

In Großstädten wie Hamburg (BADO) waren in der Gruppe der Frauen mit Alkoholproblemen 30% verheiratet. Werden wie bei EBIS darüber hinaus Frauen in Kleinstädten und auf dem Land berücksichtigt, beträgt der Anteil der Verheirateten 50%. In den Populationen beider Erhebungen - bei einer Konzentration auf die Großstadt deutlicher, unter Einbezug des ländlichen Raums etwas abgeschwächt - sind damit deutlich weniger Frauen verheiratet als in altersgleichen Gruppen der weiblichen Bevölkerung zwischen 30 bis 59 Jahren, von denen zwischen 68% und 78% verheiratet sind (StBA 1998: 174; vgl. Kapitel 2.2.1). Auch der Anteil der verheirateten Männer liegt unter dem entsprechenden Durchschnittswert der männlichen deutschen Bevölkerung. Wiederum fällt das Ergebnis deutlicher aus, wenn man sich nur auf die Großstadt bezieht.

Der Anteil der Frauen, die nie geheiratet haben, und der Anteil derer, die geschieden sind, liegt höher als in der vergleichbaren Bevölkerung zwischen 30 und 59 Jahren, in der ca. 13% der Frauen ledig und ca. 9% geschieden sind (eigene Berechnungen nach: StBA 1998: 174; vgl. Kapitel 2.2.1). Anhand der Daten läßt sich nicht beurteilen, ob Alkoholprobleme Ursache dafür sind, daß Frauen und Männer seltener heiraten bzw. häufiger geschieden werden, oder ob umgekehrt das Leben als Alleinstehende bzw. eine Scheidung Ursache von Alkoholproblemen sind. Qualitative Studien weisen darauf hin, daß das Leben als Alleinstehende für familienorientierte Frauen oder für Frauen, die gegen ihren Wunsch geschieden werden, problematisch sein kann und die Belastungen zum Auslöser für riskanten Alkoholkonsum werden können. Umgekehrt gibt es Hinweise, daß Alkoholprobleme zu Trennungen von Partnern, Freunden und Ehemännern führen können, weil die jeweiligen Partner sich zurückziehen (Vogt 1994). Die Daten zum Familienstand zeigen insgesamt, daß Frauen mit Alkoholproblemen überdurchschnittlich häufig von der "weiblichen Normalbiographie" abweichen, zu der Heirat und Kinder dazu gehören. Das gilt besonders für diejenigen von ihnen, die in Großstädten leben.

Daten aus dem stationären Bereich mahnen zur Vorsicht, die Qualität der Partnerschaft oder das Alleinsein als einzige Erklärung für exzessiven Alkoholkonsum und die Krankheitskarriere anzusehen. Von den Frauen in stationärer Behandlung - eine Untergruppe der Frauen mit Alkoholproblemen - sind knapp die Hälfte, die in einer Partnerschaft leben, mit dieser zufrieden, ein Viertel findet sich zurecht und ein gutes Viertel ist unzufrieden bzw. verzweifelt. Von denen ohne Partner sind wiederum ein knappes Viertel mit der Situation zufrieden, knapp die Hälfte hat sich arrangiert und ein gutes Viertel leidet darunter (Winkler 1997).

Die Daten über Mutterschaft und Kinder im Haushalt zeigen einen Stadt-Land-Unterschied. Nach BADO haben 50% der alkoholabhängigen Frauen in Hamburg Kinder, nach EBIS 80%. Die Gründe, warum gerade in einer Großstadt Frauen mit Alkoholproblemen seltener Kinder haben als Frauen in der Gesamtbevölkerung, sind noch nicht erforscht. Die Hamburger Daten (BADO) geben Auskunft darüber, ob die Kinder zum Zeitpunkt der Erhebung im Haushalt der Mutter lebten. Das trifft auf gut 40% der Fälle zu. Unbekannt ist allerdings das Alter der Kinder, d. h. der Grund, warum die Kinder nicht mehr im Haushalt der Mutter leben, kann sehr unterschiedlich sein. Insgesamt konzentriert sich die Diskussion wesentlich auf die Auswirkungen der Alkoholprobleme der Mutter auf die Kinder. Umgekehrt wurde die Bedeutung von Kindern bzw. von der Trennung von Kindern (Sorgerechtsentzug oder Auszug der Kinder aus dem Haushalt) für die Krankheitsentwicklung bei Frauen bislang kaum untersucht. Ein exzessiver Alkoholkonsum kann, ebenso wie die Entwicklung psychosomatischer oder psychischer Symptome, unter bestimmten Bedingungen eine Antwort auf diese Belastungen sein.

Ausbildung, berufliche und finanzielle Situation

Ob Frauen riskant trinken oder nicht, hängt nicht von ihrer Schulbildung ab. Es besteht aber ein Zusammenhang zwischen dem Ausmaß und der Häufigkeit des Alkoholkonsums und der Art der Arbeit sowie dem Umfang der Erwerbsarbeit und dem eigenen Einkommen. Wie aus Abbildung 9.2-2 hervorgeht, liegt der Anteil der Hausfrauen mit riskantem Alkoholkonsum deutlich unter dem der Frauen, die halbtags erwerbstätig sind und weit unter dem der Vollerwerbstätigen.

Abbildung 9.2-2: Art der Arbeit und Alkoholkonsum bei Frauen Erhebungsjahr 1990 (Angaben in %),

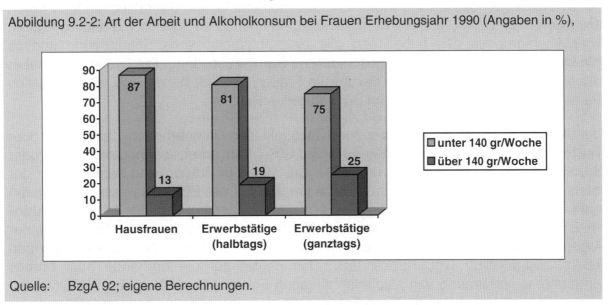

Quelle: BzgA 92; eigene Berechnungen.

Daten über das subjektive Belastungserleben sowie über die Einschätzung des eigenen Gesundheitszustandes bei erwerbstätigen Frauen (vgl. Kapitel 4.1) sprechen dagegen, den höheren Anteil an riskant konsumierenden Frauen auf zugrundeliegende höhere (Doppel-)Belastungen erwerbstätiger Frauen, die im Alkohol Entlastung und Entspannung suchen, zurückzuführen. Stichhaltiger ist eine Erklärung über die Einbindung in betriebliche Konsumgelegenheiten und -rituale.

Mit dem Anstieg des Einkommens der Frauen nimmt die Neigung zum riskanten Konsum zu, wie die folgende Tabelle zeigt.

Tabelle 9.2-8: Eigenes monatliches Einkommen und Alkoholkonsum bei Frauen Erhebungsjahr 1990

Einkommen	unter 140 gr/Woche (in %)	über 140 gr/Woche (in %)
bis unter 1000 DM	96	4
bis unter 2000 DM	84	16
bis unter 3000 DM	83	17
über 3000 DM	69	31

Quelle: BzgA 92; eigene Berechnungen.

Alles in allem ergibt sich ein komplexes Bild der Frauen mit riskanten Konsummustern. Frauen, die risikoarm konsumieren, sind eher verheiratet, arbeiten als Hausfrauen und verfügen über ein geringes eigenes monatliches Einkommen. Frauen, die riskant konsumieren, sind häufiger ledig, vollerwerbstätig und haben ein vergleichsweise hohes eigenes monatliches Einkommen. Belastungsprofile, die in Zusammenhang zu bringen sind mit dem Alkoholkonsum, lassen sich aus den Daten nicht ablesen. Der Übergang von einem riskanten Konsumstil zu Alkoholexzessen ist komplizierter, als oft unterstellt wird.

Die Daten der ambulanten Beratungsstellen bestätigen für diejenigen Frauen, die wegen Alkoholproblemen ambulante Hilfe gesucht haben, daß die Schul- und Berufsausbildung nur eine geringe Rolle in der Entwicklung der Probleme spielt. Die ratsuchenden Frauen absolvieren die Schule und die Berufsausbildung ebenso erfolgreich wie andere Frauen ihrer Altersgruppen. Sie haben fast alle eine abgeschlossene Schulbildung und zu zwischen 74% und 84% eine abgeschlossene Berufsausbildung. Die Daten geben aber keine Auskunft darüber, welche Berufe die Frauen gewählt haben und wie erfolgreich sie während der Ausbildung und im Berufsleben waren.

Der Anteil derjenigen Frauen, die zum Zeitpunkt der Datenerhebung eine Voll- oder Teilzeitarbeit haben, liegt zwischen 40% und 60%. Von Arbeitslosenunterstützung oder Sozialhilfe leben zwischen 35% und 40%. Ca. 10% der Frauen sind berentet (Bei der Interpretation der Daten ist zu berücksichtigen daß bei der EBIS-Erfassung Hausfrauen nicht als gesonderte Kategorie ausgewiesen sind). Insgesamt liegt der Anteil der aktuell im Erwerbsleben stehenden Frauen im Vergleich mit altersgleichen Frauen in der Allgemeinbevölkerung etwas niedriger und der Anteil derer, die von Transferleistungen leben, etwas höher (vgl. Kapitel 2.2). Das deutet auf die drohende oder bereits eingetretene Verarmung von alkoholabhängigen Frauen hin. In Hamburg (BADO) sind aber nur 1% der alkoholabhängigen Frauen, die ambulant Hilfe suchen, obdachlos.

Genauere Auskunft über die psychosozialen Problemlagen dieser Frauen in einem späteren Stadium der Alkoholproblematik geben quantitative und qualitative Studien aus dem stationären Bereich. Die Stichproben weichen in der Altersverteilung, in der aktuellen Lebenssituation mit und ohne Kinder und in der Schul- und Berufsbildung nicht von den oben beschriebenen Gruppen ab (vgl. SEDOS 97). Dennoch handelt es sich um eine besondere Gruppe, denn längst nicht alle Frauen, die Beratungsstellen aufsuchen, nehmen auch die Angebote des stationären Hilfebereichs in Anspruch.

Selbsteinschätzung

Detaillierte Untersuchungen aus dem Bereich der stationären Behandlungen belegen, daß alkoholabhängigen Frauen ein geringes Selbstwertgefühl haben. Je geringer das Selbstwertgefühl, um so eher fühlen sie sich sozial inkompetent. Die empfundene Inkompetenz beruht nicht darauf, daß sie sich selbst als abhängig erleben, im Gegenteil, sie beschreiben sich als eigenständig, als fordernd (Küfner et al. 1986; Winkler 1997). Wenig entwickelt sind vielmehr ihre Fähigkeiten, mit Konfliktsituationen umzugehen (vgl. Franke et al. 1998 zu internalen Ressourcen).

Gesundheitsprobleme, Mehrfachabhängigkeit und Mortalität

Je exzessiver und länger Alkohol konsumiert wird, um so größer sind die gesundheitlichen Folgeprobleme und um so eher werden Ärzte oder Ärztinnen wegen psychosozialer und körperlicher Störungen konsultiert. An erster Stelle stehen

Behandlungen durch den Hausarzt wegen unspezifischer gesundheitlicher Störungen. Im Rahmen dieser Behandlungen kann es durchaus zu iatrogen, d. h. durch die Behandlung selbst induzierter Mehrfachabhängigkeit von psychotropen Substanzen kommen, etwa bei der Verordnung von Beruhigungsmitteln zur Behandlung von Nervosität oder von Neurosen. Mit zunehmender Schwere der Alkoholabhängigkeit häufen sich Entgiftungen (in ca. 80% aller Fälle), stationäre Therapien (in ca. 30% - 40% aller Fälle) und ambulante Therapien (in ca. 10% aller Fälle; vgl. SEDOS 97).

Diagnosen für andere psychische Störungen (Komorbidität), insbesondere Angststörungen sowie Panikattacken und Depressionen, sind in Deutschland vergleichsweise selten, werden aber bei Frauen mindestens doppelt so häufig gestellt wie bei Männern. Das entspricht den Diagnoseraten in der Normalbevölkerung. Leider liegen keine differenzierten Studien vor, die zwischen vorübergehenden, substanzinduzierten Depressionen als Begleiterscheinung von Abstinenz und substanzunabhängigen Depressionen unterscheiden. Gerade letztere überdauern die Abhängigkeitskrankheit, entwickeln sich unabhängig von dieser und sind selbst Risikofaktoren für Alkoholismus (Schuckit 1994).

Alkoholabhängige Frauen fallen im Vergleich mit Männern häufiger als mehrfachabhängig auf und sie werden häufiger als diese zusätzlich als psychisch gestört diagnostiziert. 30% der alkoholabhängigen Frauen in stationärer Behandlung berichten über Suizidversuche; 15% haben einen Suizidversuch unternommen, 15% zwei und mehr (SEDOS 97). Allerdings unterliegt die Diagnosestellung selbst einem geschlechtsspezifischen Bias, da bestimmte bei Männern auffällige Verhaltensweisen, z. B. Gewalttätigkeit, in der Regel nicht als psychische Störung verstanden und entsprechend diagnostiziert werden. Die höhere Rate an diagnostizierter Komorbidität und Mehrfachabhängigkeit bei Frauen führt zu einem erhöhten Bedarf an intensiver Behandlung, dem die Versorgungspraxis nicht ausreichend Rechnung trägt.

Exzessiver Alkoholkonsum und Alkoholismus kovariiert nicht nur mit psychischen Störungen, sondern mit einer Reihe von körperlichen Schäden, wobei die wichtigsten Erkrankungen in diesem Zusammenhang Leberfunktionsstörungen sind. In der klinischen Praxis dominieren die Diagnosen "alkoholische Fettleber" (reversibel), nicht näher bezeichneter "alkoholischer Leberschaden" (Verlauf unbekannt) und die "alkoholische Leberzirrhose" (nicht reversibel). Hoher Alkoholkonsum und Alkoholismus werden auch in Zusammenhang gebracht mit Magen-Darm-Erkrankungen (Gastritis), Herz-Kreislauf-Erkrankungen sowie Krebserkrankungen verschiedener Art. Man geht heute davon aus, daß das Risiko dieser Erkrankungen mit dem Alkoholkonsum der Frauen und Männer ansteigt, wobei aber der kausale Zusammenhang noch nicht geklärt ist (Lelbach 1995; s. auch Kapitel 3.2.3)

Mortalität

Die Todesursachenstatistik weist eine kontinuierliche Zunahme der Zahl von Frauen aus, die an alkoholbedingten Krankheiten gestorben sind, von 3.841 auf 4.379 in der Zeit von 1991 bis 1997 aus. Dieser Anstieg um 14% liegt leicht über dem der Männer mit 13%. Die Geschlechterproportion der alkoholbedingten Todesursachen von 1:3 (Frauen : Männer) hat sich dadurch nicht verändert. Die wichtigsten Todesursachen, die alkoholbedingte Leberzirrhose und die Alkoholabhängigkeit, sind in der Bedeutung für die Mortalität der Frauen über die Jahre hinweg mit ca. 15% (alkoholbedingte Leberzirrhose) bzw. 7% (Alkoholabhängigkeit) konstant geblieben.

Tabelle 9.2-1: Alkoholbedingte Sterbefälle von Frauen und Männern, 1991-1997

Alkoholbedingte Sterbefälle	1991	1992	1993	1994	1995	1996	1997
Frauen	3.841	3.965	4.109	4.257	4.271	4.305	4.379
Männer	11.770	11.966	12.566	13.082	13.124	13.261	13.259
Davon nur Frauen:							
Leberzirrhose (%)	15	15	15	15	15	15	16
Abhängigkeit (%)	7	7	7	7	7	7	7

Quelle: StBA 1999 - mündliche Mitteilung.

9.2.2.5 Gewalterfahrungen

Gewalterfahrungen prägen das Leben von alkoholabhängigen Frauen. Gewalt kann die Entwicklung von Alkoholabhängigkeit sowohl auslösen als auch beschleunigen und verstärken.

Erhebungen bei Frauen, die wegen Alkoholabhängigkeit behandelt werden, zeigen ein hohes Maß an Gewalterfahrungen; umgekehrt wird bei Frauen, die wegen Gewalterfahrungen Hilfe suchen, ein hoher Anteil von Alkoholproblemen beobachtet. Zu den Gewalterfahrungen, die häufig berichtet werden, gehören Vernachlässigungen, Mißhandlungen und sexueller Mißbrauch in der Kindheit, in der Jugend und im Erwachsenenalter. Eine Umfrage in einer studentischen Population zeigte, daß in der Kindheit mißbrauchte Frauen (und Männer) signifikant häufiger einen regelmäßigen Alkoholkonsum angaben als diejenigen, die nicht mißbraucht worden waren (Bange 1992: 171). Pedersen/Skrondal (1996) konnten in einer Langzeitstudie Zusammenhänge aufzeigen zwischen dem Alter, in dem Mädchen sexuell mißbraucht worden sind, ihren Trinkmustern in der Jugendzeit, und den Problemen, die sie damit haben. Besonders betroffen sind die Mädchen, die als Kinder (bis 13 Jahre) sexuell mißbraucht wurden. Sie tendieren dazu, in der Jugendzeit überdurchschnittlich viel zu trinken und sie haben als junge Frauen (mit ca. 19 Jahren) die meisten alkoholbedingten Probleme. Der Alkoholkonsum ist dabei meist nur ein Aspekt eines Syndroms, das für die Verarbeitung traumatisierender Erfahrungen beschrieben wurde (s. Kapitel 5.4) und das unter anderem auch Autoaggressionen, Depressionen oder Depersonalisierungen umfassen kann. Unter diesen Bedingungen kann der exzessive Konsum als Problem der Grenzziehung und Kontrolle über das Verhalten, aber auch als Hilfe zur Verdrängung eine Funktion haben.

Besonders belastend ist es, wenn die Mädchen auf der Suche nach Hilfe an Freunde geraten, die sie wiederum sexuell ausbeuten. Die Verbindung von Sexualität und Alkohol, nicht selten in der Kombination mit Gewalt, ist durchaus typisch für Alkoholkarrieren von Mädchen und Frauen (Vogt 1994).

Neben den jungen Frauen, die nach Gewalterfahrungen in der Kindheit früh Alkoholprobleme bekommen, gibt es eine Gruppe von Frauen, die vergleichsweise spät im Leben mit Gewalt konfrontiert wird und die auch erst relativ spät im Leben - meist im Zusammenhang mit kritischen Lebensereignissen - Alkoholprobleme entwickeln. Personen aus ihrem engsten Umfeld, meist Ehemänner, Väter, Mütter und auch Kinder, reagieren auf die Alkoholexzesse gewalttätig, schlagen die Frauen und verletzen sie gelegentlich so stark, daß sie ärztliche Hilfe benötigen. Die Gewalterfahrungen selbst sind wiederum Anlaß für die Frauen, weiter zu trinken (Vogt 1994).

Frauen, die in Familien aufwachsen, in denen ein Elternteil oder beide Eltern oder andere nahe Verwandte selbst substanzabhängig waren oder sind, erfahren nicht nur die mit dem Substanzkonsum verbundenen Verhaltensänderungen der Abhängigen, sondern auch das aggressive Potential, das damit freigesetzt wird. Oft übernehmen Kinder ein solches Verhalten und sind als Erwachsene ähnlich destruktiv und gewalttätig wie ihre alkoholabhängigen Eltern/teile (Neupert-Eyrich 1996). Erwachsene alkoholabhängige Frauen können selbst in unterschiedlicher Weise gewalttätig sein. Ihre Aggressionen richten sich z. B. gegen die jeweiligen Partner. Allerdings kommt nur ein Teil der Frauen, die alkoholabhängig werden, aus einschlägig vorbelasteten Familien und Gewalterfahrungen mit traumatischen Folgen kommen auch in Familien vor, in denen die Eltern nicht selbst substanzabhängig sind.

9.2.2.6 Soziale Unterstützung, Hilfen und Behandlung

Über ihre Familienmitglieder hinaus haben alkoholabhängige Frauen wenig Freunde und Freundinnen, und über ihre beruflichen Beanspruchungen hinaus wenig eigenständige Hobbies oder Interessen (Vogt 1994; Wrusch 1995). Sie verfügen über wenig Außenkontakte, haben wenig Personen, an die sie sich in schwierigen Lebenslagen wenden können (externale Ressourcen). Alkohol oder andere psychotrope Substanzen haben kurzfristig positive Wirkungen, verschärfen aber langfristig die Problemlage mit immer weitergehenden Einschränkungen der internalen und externalen Ressourcen.

Je früher Frauen mit Alkoholproblemen Hilfe suchen, um so besser sind ihre Chancen, die Krankheit zu unterbrechen oder ganz zu überwinden. Wienberg (1994) schätzt, daß nur ein Viertel aller Personen mit einem problematischen Alkoholkonsum spezifische Hilfsangebote nachfragen. Drei Viertel kommen entweder wegen einer Reihe von Gesundheitsproblemen zu niedergelassenen Ärzten und Ärztinnen oder ihre Alkoholprobleme werden eher zufällig im Rahmen eines Klinikaufenthalts entdeckt (John et al. 1996). Voraussetzung für eine Behandlung in der Praxis von Niedergelassenen oder in einer Klinik ist die Diagnostizierung der Alkoholprobleme. Das Risiko, daß diese Probleme nicht diagnostiziert werden, ist bei Frauen höher als bei Männern, weil ihre Alkoholprobleme oft weniger manifest sind und weil Ärzte und Ärztinnen noch weniger darauf vorbereitet sind, diese bei ihnen zu diagnostizieren und entsprechend bei der weiteren Behandlung zu berücksichtigen. Werden die Probleme nicht richtig erkannt, kann es zu durch die Behandlung induzierten Doppelabhängigkeiten von Alkohol und psychotropen Medikamenten kommen.

Das spezifische Hilfsangebot läßt sich aufgliedern in den Selbsthilfebereich, den ambulanten und den stationären Bereich, die alle mehr oder weniger eng miteinander verzahnt sind. Anlauf- und Beratungsstellen für Frauen und Männer mit Alkohol- und Medikamentenproblemen einerseits und Drogenproblemen andererseits dominieren den ambulanten Bereich. Frauen wie Männer finden dort Überlebenshilfe, Krisenhilfe, auch ambulante Therapie sowie Hilfen bei der Vermittlung in eine stationäre Therapie. Zum stationären Bereich gehören die psychiatrischen Krankenhäuser mit ihren Abteilungen zur Entgiftung und für Suchtkranke, Fachkrankenhäuser zur Entwöhnungsbehandlung, therapeutische Wohngemeinschaften und verschiedene Nachsorgeeinrichtungen (ausführlich u.a. Hüllinghorst 1997; Schmid/Vogt 1998b; Vogt et al. 1998). Sowohl ambulante als auch stationäre Einrichtungen arbeiten überwiegend mit den regional aktiven Selbsthilfegruppen zusammen.

Im Spektrum der Angebote bevorzugen Frauen Selbsthilfegruppen und Selbsthilfevereine. Im deutschsprachigen Raum zieht die auf Alkoholprobleme spezialisierte Selbsthilfe mit ca. 40% weit mehr Frauen an als das in anderen Ländern üblich ist (z. B. in Finnland nur 20%). Ganz offensichtlich bietet sie den Frauen einen Rahmen, in dem diese ihre Alkoholprobleme bearbeiten und sehr oft auch bewältigen lernen.

Das Dokumentationssystem SEDOS (97) nennt eine Zahl von ca. 25.000 Personen, die 1996 in Fachkliniken behandelt wurden. Davon sind knapp 20% Frauen und mehr als 80% Männer.

Frauen mit eigenen Alkoholproblemen stellen ein Viertel der Klientel in den Anlauf- und Beratungsstellen. In Fachkliniken für Alkoholkranke liegt ihr Anteil allerdings nur bei 17% (SEDOS 97; Simon et al. 1997). Studien über typische Wanderungen von Klientinnen zwischen den Hilfeeinrichtungen fehlen, ebenso solche, die sich mit dem Hilfebedarf der Klientel und ihrer Zufriedenheit mit den Angeboten auseinandersetzen.

Die Erfolgsraten der Selbsthilfe und der professionellen Hilfe variieren stark je nach untersuchter Teilstichprobe. Die Daten von SEDOS 97 weisen einen Anteil von 75% der Frauen in therapeutischen Einrichtungen aus, die die Behandlung regulär beenden, 25% beenden sie unplanmäßig. Davon brechen ungefähr die Hälfte die Behandlung auf eigenen Wunsch ab und die andere Hälfte wird auf die eine oder andere Art "disziplinarisch entlassen". Meist geht der unplanmäßigen Beendigung der Behandlung ein Rückfall voraus. Rückfälle stellen kritische Ereignisse im Behandlungsverlauf dar, die von beiden Seiten, sowohl von den rückfälligen Frauen wie auch vom therapeutischen Team, nicht aufgefangen werden können. Pauschal und langfristig gesehen geht man davon aus, daß zwei Drittel der Behandelten (Frauen wie Männer) von dieser profitieren. Bei einem Drittel ändert sich wenig; die Lebenserwartung reduziert sich, je länger die Alkoholkarriere andauert (Küfner et al. 1986).

9.2.2.7 Zusammenfassung

Im Jugendalter trinken Mädchen insgesamt weniger und vorsichtiger als Jungen, wobei eine Teilgruppe durchaus riskante Konsummuster zeigt. Aus riskantem und exzessivem Konsum in der Jugend läßt sich aber keine definitive Prognose einer späteren Abhängigkeit vorhersagen. Bei den erwachsenen Frauen trinken 8% mehr als 20 Gramm Alkohol täglich und fallen damit in die Kategorie des riskanten Konsums. Der Übergang zu einer Abhängigkeit ist schwieriger als bei Männern zu bestimmen, da Frauen kontrollierter und weniger auffällig trinken und sich Phasen mit unterschiedlichen Konsumintensitäten, darunter auch Phasen mit geringem Konsum oder Abstinenz, abwechseln können.

Eine vergleichsweise kleine Gruppe beginnt in jungen Jahren, die Mehrzahl der abhängigen Frauen aber später, insbesondere im Alter zwischen 30 und 40 Jahren, mit Alkoholexzessen. Es ist nicht bekannt, wie lange es dauert, bis Frauen in Einrichtungen Hilfe suchen, d. h. ihren Konsum als problematisch einstufen. Daten aus den stationären Einrichtungen zeigen, daß Frauen teils nach sehr langer Alkoholkarriere teils nach zwei bis fünf Jahren bereits stationäre Behandlung nachsuchen.

Gewalterfahrungen - vor allem Mißhandlungen und Mißbrauchserfahrungen in der Kindheit - finden sich häufig in der Vorgeschichte von Alkoholabhängigkeit bei Frauen. Es wird diskutiert, inwieweit der exzessive Alkoholkonsum im Zusammenhang steht mit der Verarbeitung traumatisierender Gewalterfahrungen, mit einer Funktion der Verdrängung und verbunden mit Problemen der Grenzziehung und Kontrolle, mit Depressionen und Autoaggressionen. Frauen mit Gewalterfahrungen sind in besonderem Maß gefährdet für einen Übergang eines riskanten Konsums in eine Abhängigkeit. Für alkoholabhängige Frauen wiederholen sich oft die Gewalterfahrungen der Kindheit und Jugend, denn sie erleben häufig aktuell Gewalt, etwa durch „strafende" männliche Familienangehörige.

Die Lebenssituation von Frauen mit Alkoholproblemen ist durch eine Häufung von Schwierigkeiten auch in anderen Bereichen (z. B. am Arbeitsplatz, in sozialen Beziehungen) charakterisiert. Sie sind - vor allem in den Großstädten - seltener verheiratet und häufiger geschieden als Frauen im Durchschnitt der Bevölkerung. 50% bis 80% der Frauen, die wegen Alkoholproblemen ambulant Hilfe suchen, haben Kinder. Für die schwierige familiäre Situation wird ein Zusammenhang mit dem Alkoholkonsum in zwei Richtungen diskutiert: Alkoholprobleme belasten die familiären Beziehungen; belastete familiäre Beziehungen lassen Frauen zum Alkohol greifen. Außerhalb der Familie sind alkoholabhängige Frauen häufig sozial isoliert.

Frauen mit einem riskanten Alkoholkonsum verfügen über eine ähnliche Schul- und Berufsausbildung wie Frauen, die nicht riskant konsumieren, und sie sind häufiger voll erwerbstätig. Während Ergebnisse von Bevölkerungsbefragungen darauf hinweisen, daß riskante Konsumentinnen ein vergleichsweise hohes eigenes monatliches Einkommen haben, zeigen die Daten der ambulanten Beratungsstellen, daß Frauen, die wegen Alkoholproblemen Rat suchen, häufiger als altersgleiche Frauen der Allgemeinbevölkerung von Transferleistungen (v.a. von Sozialhilfe) leben. Die

Entwicklung von Alkoholproblemen kann einhergehen mit einer drohenden oder manifesten Verarmung.

Typisch für die Alkoholabhängigkeit von Frauen ist der parallele Konsum von psychotropen Medikamenten, insbesondere von Schmerz-, Beruhigungs- und Schlafmitteln, oder von illegalen Drogen (Mehrfachabhängigkeit). Bei Frauen wird häufiger als bei Männern - aber insgesamt gesehen vergleichsweise selten - eine Komorbidität diagnostiziert, insbesondere in Form von Angststörungen und Depressionen. 30% der alkoholabhängigen Frauen in stationärer Behandlung berichten über Suizidversuche. Als Folge eines hohen und dauerhaften Alkoholkonsums stellen sich zudem eine Reihe von körperlichen Schäden ein, vor allem Leberfunktionstörungen. Die alkoholbedingte Leberzirrhose ist die wichtigste Todesursache im Zusammenhang mit Alkoholabhängigkeit bei Frauen.

Für Frauen wie für Männer steht eine Vielzahl von Einrichtungen zur Verfügung, die von Frauen als unterschiedlich bedeutsam eingeschätzt werden. Beträgt der Frauenanteil bei auf Alkoholprobleme spezialisierten Selbsthilfegruppen 40%, machen Frauen nur 20% der Klientel in Fachkliniken aus.

Insgesamt bestehen gravierende Forschungslücken im Bereich der Ursachen, der Entwicklung und der Therapie von Alkoholabhängigkeit bei Frauen.

9.2.3 Frauen, die illegale Drogen konsumieren

9.2.3.1 Einleitung

Im Mittelpunkt des Kapitels stehen Frauen, die illegale Drogen konsumieren. Anders als beim Alkoholkonsum wird auf alle Formen des Konsums illegaler Drogen unabhängig von Intensität und Drogenart eingegangen und nicht zwischen Konsum und Abhängigkeit unterteilt, da der Konsum generell als gefährlich gilt. Innerhalb der Kategorie „illegale Drogen" ist aber zu differenzieren, gerade auch deshalb, weil die Lebenssituation von Konsumierenden je nach Konsumausprägung sehr unterschiedlich affiziert ist. Für die „Einstiegsphase" wird noch die Bandbreite der unterschiedlichen illegalen Drogen betrachtet; anschliessend wird die Situation von opiatabhängigen Frauen ausführlicher dargestellt.

Die Kategorie „illegale Drogen" umfaßt eine Reihe von Substanzen, die in Wirkungsweise, Abhängigkeitspotential und überwiegendem Konsumkontext sehr unterschiedlich sind. Es handelt sich dabei vor allem um:

- Haschisch und Marihuana

  Beides wird aus der Hanfpflanze gewonnen und wird vorwiegend geraucht (pur oder mit Tabak gemischt). Seltener werden die Präparate gegessen oder im Tee getrunken. Die Wirkung besteht meist in einer Intensivierung der Sinneswahrnehmung und variiert darüber hinaus, abhängig von der Grundstimmung der Konsumentin, von Wohlbefinden bis gesteigerter Angst.

- Halluzinogene

  In diese Gruppe fallen z. B. synthetische Produkte wie LSD oder pflanzliche Wirkstoffe wie Mescalin. Der Wirkstoff wird meist in Flüssigkeit gelöst auf Trägersubstanzen (z. B. Löschpapier, Zucker) geschluckt. Die Wirkung besteht - nach Substanz unterschiedlich - in einer Veränderung der Wahrnehmung und des Erlebens, Halluzinationen und einer intensivierten positiven oder negativen Stimmung (Euphorie oder Angstgefühle).

- Opiate (Heroin, Opium, Morphium)

  Diese Drogen werden aus Schlafmohn gewonnen. Heroin ist am verbreitesten und wird entweder in die Vene injiziert, inhaliert oder geschnupft. Die Wirkung ist beruhigend , angst- und schmerzmindernd und negative Empfindungen überdeckend, mit einem blitzartigen Hochgefühl (flash), gefolgt von „wohliger Dösigkeit" mit dem „(unrealistischen) Gefühl des Einklangs mit der Welt und des Verblassens aller Probleme" (DHS 1996: 19).

- Kokain/Crack

  Kokain wird aus dem Koka-Strauch gewonnen und wird geschnieft, injiziert oder geraucht. Kokain wirkt auf das zentrale Nervensystem erregend und enthemmend und erzeugt Überaktivität, Euphorie, Kontaktbedürfnis und Allmachtsgefühle. Nach dem „Hoch" folgt ein „Tief" mit Müdigkeit und Depression. Crack ist eine rauchbare Form des Kokains.

- Designerdrogen

    Designerdrogen werden synthetisch hergestellt und geschluckt, injiziert oder geschnieft (Kovar et al. 2000). Ecstasy zählt zum Beispiel zu den Designerdrogen. Je nach chemischer Zusammensetzung wirken die Drogen dämpfend bis euphorisierend oder halluzinogen. Ein besonderes Risiko liegt in der ungewissen Zusammensetzung des Stoffs; dadurch ist die Wirkung schwer vorab einzuschätzen.

Das Abhängigkeitspotential der illegalen Drogen ist sehr unterschiedlich. Bei Haschisch und Marihuana ist eine körperliche Abhängigkeit selten nachweisbar (DHS 1996: 18) und ein niedrig dosierter, kontrollierter Konsum ist auch über längere Zeit möglich. Mit der Konsummenge und der Konsumdauer steigen jedoch die gesundheitlichen Risiken, wobei sich negative Effekte vor allem im kognitiven Bereich bemerkbar machen (Kleiber/Kovar 1998). Bei Halluzinogenen, bei Kokain, Crack sowie bei den Designerdrogen beobachtet man Toleranzbildung sowie eine sich rasch entwickelnde psychische Abhängigkeit. Wiederum nehmen mit der Konsummenge und der Konsumdauer die gesundheitlichen Risiken je nach Substanz geradezu dramatisch zu. Das psychische und physische Abhängigkeitspotential und die Verschlechterung des körperlichen Gesundheitszustandes ist bei den Opiaten am stärksten. Vor diesem Hintergrund hat sich eine Einteilung in „weiche" (Marihuana/Haschisch) und „harte" Drogen (Opiate, Kokain) eingebürgert. Die „Härte" spielt auf die Toxizität und das Abhängigkeitspotential der Substanz an und steht in einem symbolischen Bezug zur Zumutung, die der Konsum für den Körper und die Person bedeutet, und zur „Abhärtung" als Voraussetzung, die Substanzen zu vertragen. Die Aufputschmittel, Halluzinogene und Designerdrogen sind hier allerdings schwer einzuordnen, da das Abhängigkeitspotential unterschiedlich und nicht in jedem Fall als sehr stark eingestuft wird, die Wirkung aber hochtoxisch sein kann. Im folgenden sind mit „harten" Drogen im wesentlichen Opiate gemeint und insbesondere Heroin als das verbreitetste Opiat. Typisch für Deutschland ist bei harten Drogen der intravenöse Konsum, der mit erheblichen gesundheitlichen Risiken verbunden ist. Auf die gesundheitlichen Probleme, die mit einem Opiatkonsum verbunden sind, auf Drogennot- und -todesfälle und die Mortalität wird später ausführlich eingegangen.

Da es in diesem Kapitel nicht die illegalen Drogen als solche, sondern die (soziale) Situation der Drogenkonsumentinnen im Mittelpunkt steht, richtet sich die Aufmerksamkeit auf die mit dem Konsum harter Drogen verbundenen Lebensweisen als soziale Folgen des Konsums, Sie sind gekennzeichnet durch Armut, Gewalterfahrungen und Gewalttätigkeiten, Autoaggression und ganz allgemein einem Mangel an Ressourcen (Noller 1989). Dies wird im folgenden für Frauen ausführlicher dargestellt.

Geht es um illegale Drogen, wird jeder Konsum als Mißbrauch und als riskant eingestuft. Das liegt sowohl an den Substanzen (s.o.) als auch an den Umständen, die durch das Betäubungsmittelgesetz (BtMG) mitdefiniert sind. Das Risikopotential der Substanzen selbst ist sehr unterschiedlich, die Wirkungsweise wird aber generell als gefährlich eingestuft, und zwar für beide Geschlechter gleichermaßen. Voraussetzung jedes Konsums von illegalen Drogen ist ein kriminelle Handlung: Man muß sich in den Besitz der Drogen bringen, um sie zu konsumieren, und der Besitz ist ein Straftatbestand (vgl. BtMG §29).

Für die Diagnose einer Abhängigkeit gelten die generellen Kriterien des DSM-IV (vgl. Kapitel 9.2.2.1). Darüber hinaus unterscheiden sich die Substanzen vor allem im Hinblick auf die Toleranzentwicklung sowie die Entzugssymptome, beides zentrale Bestimmungsstücke der physischen und psychischen Abhängigkeit. Abhängigkeitskarrieren, also die Entwicklung von gesundheitliche riskanten Konsumweisen in Kombination mit einem dazugehörenden Lebensstil, zeigen bei illegalen Drogen ähnliche Charakteristika wie bei riskantem Alkoholkonsum. Allerdings weisen die Einstiegs- und Verlaufsformen der Abhängigkeitskarrieren typische Muster auf, die man in dieser Ausprägung bei Alkoholabhängigkeit nicht findet; der Einstieg ist gewöhnlich abrupter und der Verlauf rasanter (vgl. Kapitel 9.2.3.3).

9.2.3.2 Datenlage

Für den Konsum illegaler Drogen gilt, ähnlich wie bei riskantem Alkoholkonsum, daß die repräsentativen Bevölkerungsbefragungen zwar dieses Konsumverhalten erheben, die Aussagekraft der Ergebnisse aber eingeschränkt ist, da Gefährdete und Abhängige sich solchen Befragungen entziehen bzw. nicht erreicht werden. Zudem ist davon auszugehen, daß ein illegales Verhalten selten offen berichtet wird. Repräsentative Erhebungen sind die Befragungen der Bundeszentrale für gesundheitliche Aufklärung (1990, 1995) und des Instituts für Therapieforschung (IFT 1990, 1992, 1994). Als Wiederholungsbefragungen können diese Erhebungen aber Trends abbilden. Alles in allem genommen kommt der Konsum illegaler Drogen vergleichsweise selten vor, und bei Frauen in den Bevölkerungsstichproben noch seltener als bei Männern. Die Informationssysteme EBIS, BADO und SEDOS enthalten Daten aus dem ambulanten bzw. stationären Bereich und können so Auskunft geben über Drogenkonsumentinnen und Drogenabhängige, die Kontakt mit Beratungsstellen und stationären Einrichtungen hatten. Das Bundeskriminalamt (BKA: Rauschgiftjahresberichte des BKA) erstellt eine auf der polizeilichen Kriminalstatistik aufbauende Sonderstatistik mit dem Schwerpunkt Drogendelikte. Erfaßt und detailliert beschrieben werden nur diejenigen drogenkonsumierenden und drogenabhängigen Frauen und Männer, die polizeiauffällig wurden.

Für die Lebenssituation von drogenabhängigen Frauen liegen mehrere regionale, quantitative und qualitative Studien vor (u.a. Dobler-Mikola 1992, 1996; Franke 1997; Franke et al. 1998; Hedrich 1989; Küfner et al. 1994; Lind-Krämer/Timper-Nittel 1992). Es handelt sich hierbei durchweg um Frauen, die selbst abhängig sind, seit Jahren mit dem Hilfesystem in Kontakt stehen bzw. in einschlägigen Einrichtungen betreut werden. Dazu kommen einige wenige Studien über Frauen, die aus der Drogenkarriere ausgestiegen sind (Zurhold 1993). Studien über drogenkonsumierende oder drogenabhängige Frauen, die unauffällig leben und in funktionierende Netzwerk eingebunden sind, liegen nicht vor. Forschungsdefizite existieren insbesondere bezogen auf spezifische Aspekte der Lebenslage (z. B. nicht-auffälliger Drogenkonsum, drogenabhängige Mütter) und in der Therapieforschung (Vogt 1998b).

Bis heute besteht ein erhebliches West-Ost-Gefälle, wenn es um illegale Drogen geht. In den neuen Bundesländern sind illegale Drogen, insbesondere Heroin und Kokain, weniger verbreitet als in den alten Bundesländern. In den letzten 10 Jahren haben sich aber auch dort kleine lokale Szenen herausgebildet (Kirschner 1996) mit einer entsprechenden Drogensubkultur. Da sich die Konsumtrends in beiden Teilen Deutschlands jedoch weiterhin deutlich voneinander unterscheiden (Kraus/Bauernfeind 1998), konzentrieren sich die folgenden Ausführungen auf Erfahrungen mit typischen westdeutschen Drogenkarrieren und Drogenszenen.

9.2.3.3 Illegale Drogen im Lebenslauf und Drogenkarrieren

Der erstmalige Konsum illegaler Drogen fällt meist in das Jugendalter. Die jugendtypischen Einstiegsmotive werden heute unter der Perspektive untersucht, welche „subjektive Funktion" der Erstkonsum illegaler Drogen – wie riskanten Verhaltens überhaupt – für Jugendlich haben kann, d. h. wie er sich in Bezug setzen läßt zu Mustern der Entwicklungsbewältigung. Allerdings ist hier danach zu differenzieren, ob es sich um die Motive für den Probierkonsum von Marihuanaprodukten, um einen Gelegenheitskonsum von „Party-Drogen" oder um einen Einstieg in Opiatkonsum handelt. Der erstmalige Konsum illegaler Drogen ist überwiegend der Konsum von Haschisch oder Marihuana. Für den Opiatkonsum müssen weitere Motive über Motive zum Marihuanakonsum hinzukommen, da viele Jugendliche, die weiche Drogen nehmen, den Opiatkonsum ablehnen.

Der erstmalige Konsum insbesondere weicher Drogen ist in diesem Sinn motiviert durch die Abgrenzung von Erwachsenen und Althergebrachtem bei gleichzeitigem Anspruch darauf, sich Erwachsenenprivilegien symbolisch anzueignen, Wünsche nach dem Anderen, dem Neuen, Unbekannten, auf Abenteuer im "Hier und Jetzt", nach Regelverstoß und der Schaffung von Gegenwelten. Junge Frauen nennen in Umfragen als wichtigste Gründe für den Konsum Neugier, Geselligkeit und den Wunsch, etwas Aufregendes zu erleben. Eine erhebliche Rolle beim Experimentieren mit illegalen Drogen spielt auch der Gruppendruck in Gruppen mit dominierenden Konsummustern (z. B. auch in der Rave- und Partyszene). Die Umstände des ersten Konsums von Opiaten unterscheiden sich bei jungen Männern und jungen Frauen: Junge Frauen lassen sich von ihrem Freund häufiger dazu überreden, illegale Drogen zu probieren. Vor allem der Einstieg in den Opiatkonsum steht in Verbindung mit massiven Problembelastungen, die bewältigt werden müssen.

Vergleichsweise wenige junge Frauen lassen sich überhaupt darauf ein, mit illegalen Drogen zu experimentieren. Die Lebenszeitprävalenz ist bei den 20- bis 29jährigen am höchsten. Ausprobiert wird an erster Stelle Cannabis und in der (westdeutschen) Disco-Szene Ecstasy, also in beiden Fällen eine weiche illegale Droge. In der subjektiven Einschätzung der Gefährlichkeit von Drogen nimmt Cannabis den letzten Platz ein. Junge Frauen und Männer halten diese Droge für weit weniger gefährlich als alle anderen psychotropen Substanzen einschließlich Alkohol (Tossmann/Heckmann 1997).

Tabelle 9.2.3-1: Lebenszeitprävalenz des Konsums illegaler Drogen bei Frauen (die Angaben beziehen sich nur auf Konsumentinnen der verschiedenen Drogen)

Konsumentinnen von	Altersgruppen				
	Bis 19 Jahre	20-29 Jahre	30-39 Jahre	40-49 Jahre	50-59 Jahre
			in %		
Haschisch/Marihuana	13	16	12	8	1
Aufputschmittel/ Halluzinogene	9	4	4	5	
Kokain/Crack	3	3	2	1	
Opiate		1	2	1	

Quelle: IFT 95; eigene Berechnungen

In den alten Bundesländern geben nur 10% der befragten Frauen (im Vergleich zu 16% der Männer) an, schon einmal Cannabis probiert zu haben. In den neuen Bundesländern liegen die Angaben der Frauen mit 4% und der Männer mit 5% näher beieinander. Gefragt nach dem Konsum in den letzten 12 Monaten schrumpft der Anteil der konsumierenden Frauen in den alten Bundesländern auf 3% (Männer: 6%) und in den neuen Bundesländern auf 2% (Männer: 3%), und bei der Frage nach dem Konsum in den letzten 30 Tagen sind es in den alten Bundesländern nur 2% (Männer: 4%) und in den neuen Bundesländern 1% (Männer: 3%) (Kraus/Bauernfeind 1998). Die Angaben über den Konsum von anderen illegalen Drogen als Cannabis liegen weit niedriger. Cannabis ist nicht die Einstiegsdroge, sondern eine Substanz, die überwiegend von einer vergleichsweise gut angepaßten und gesellschaftlich gut integrierten Gruppe von jungen Frauen und Männern über eine gewisse Lebensspanne hin konsumiert wird, und von dieser Gruppe auch die in einer späteren Lebensphase wieder aufgegeben wird. Für die meisten der Konsumentinnen endet eine Drogenkarriere bei einem Probierkonsum. Insbesondere bei massiven Problembelastungen können sich andere Karrieren entwickeln.

Nur ein sehr kleiner Teil der im Jugendalter illegale Drogen Konsumierenden geht über zu harten illegalen Drogen, insbesondere Männer. Insgesamt gesehen liegen die Angaben der Frauen (Lebenszeitprävalenz) über ihren Konsum von illegalen Drogen im Durchschnitt um 50% niedriger als die der Männer, wie das auch die Daten zum Cannabiskonsum in den alten Bundesländern ausweisen. Nach den Prävalenzangaben haben bezogen auf verschiedene Substanzgruppen mindestens doppelt so viele Männer wie Frauen im letzten Jahr und in den letzten 30 Tagen illegale Drogen genommen.

Zeitreihen über erstauffällige Konsumentinnen und Konsumenten illegaler Drogen insgesamt zeigen, daß der Anteil der Mädchen und Frauen kontinuierlich seit den 80er Jahren zurückgeht. Lag er 1980 noch bei 30%, so liegt er heute bei 15% (BKA 1997). Absolut steigen die Zahlen an. Das heißt, daß tatsächlich mehr Mädchen und junge Frauen mit illegalen Drogen experimentieren (und dabei polizeiauffällig werden), daß aber ihr Anteil an denjenigen, die überhaupt illegale Drogen nehmen, deutlich zurückgeht.

Die Begriffe "Drogenprobleme" und "Drogenkarriere" werden im folgenden verwendet, um die Entwicklung einer Abhängigkeit von harten illegalen Drogen, insbesondere von Opiaten und Opioiden, auch in Kombination mit anderen psychotropen Substanzen wie z. B. Kokain und verwandten Stoffen oder Benzodiazepinen, zu charakterisieren. Drogenabhängige sehen in ihrem eigenen Selbstverständnis den Einstieg in den (intravenösen) Heroinkonsum als Beginn ihrer Drogenkarriere. Im Durchschnitt sind Frauen bei diesem Einstieg 18 bis 20 Jahre alt (Männer: 19 bis 21 Jahre) (BADO 97; SEDOS 97;vgl. auch Dobler-Mikola 1996). Tatsächlich gibt es eine vergleichsweise große Gruppe von jungen Frauen, die schon mit 14 bis 16 Jahren (intravenös) Heroin konsumiert bzw. Mischungen von Heroin und Kokain (BADO 97, 98).

Tabelle 9.2.3-2: Alter bei Beginn der Drogenkarriere bei Frauen und Männern

	Altersgruppen				
	bis 14 Jahre	15-19 Jahre	20-24 Jahre	25-29 Jahre	über 30 Jahre
			in %		
Frauen					
BADO 97	12	44	27	10	8
SEDOS 97	6	47	28	13	6
Männer					
BADO 97	11	42	29	11	8
SEDOS 97	3	40	35	15	7

Quelle: BADO 97, illegale Drogen insgesamt; SEDOS 97, nur Heroin.

Im Durchschnitt dauert die Karriere neun Jahre. Im günstigsten Fall gelingt den Frauen dann der Ausstieg. Die meisten steigen jedoch um in Projekte mit ärztlich verordnetem Methadon (Substitutionsprojekte).

Welche Bedingungen spielen eine Rolle dafür, ob Mädchen und junge Frauen vom Probierkonsum übergehen zu einem (regelmäßigen) Konsum harter illegaler Drogen? Diejenigen, für die der Konsum der illegalen Drogen zur Gewohnheit wird oder die von den weichen Drogen zu den harten übergehen, berichten von psychischen und physischen Problemen. Riskant wird der Konsum vor allem für diejenigen, die durch die Herkunftsfamilie belastet sind, weil die Eltern selbst substanzabhängig sind oder waren, weil sie als Kinder abgelehnt, vernachlässigt und nicht vor sexueller Ausbeutung beschützt worden sind. Befragt man Frauen in Institutionen der Drogenhilfe, dann geben 30% bis 50% an, daß sie vor dem Beginn der Drogenkarriere als Kinder oder Jugendliche sexuell mißbraucht worden sind (Zusammenfassung bei Ernst et al. 1995; vgl. Hedrich 1989, Schmidt 2000). Die Risikokonstellationen sind also dieselben wie für Alkoholikerinnen, jedoch schätzt man das Ausmaß insbesondere der sexuellen Traumatisierung höher ein als bei diesen.

Nach Dobler-Mikola (1992) beschreiben sich Frauen in der Lebensphase, in der die in die Drogenkarriere einstiegen, als eher verloren oder traurig. Von der Zuwendung zur Drogenszene bzw. zu einem drogenabhängigen Partner versprechen sie sich Geborgenheit und Nähe in menschlichen Bindungen zur Kompensation von subjektiven Gefühlen der Verlassenheit und Verlorenheit, von Gewalterfahrungen und Traumatisierungen in der Herkunftsfamilie (dies gilt auch dann, wenn dieses Versprechen kaum eingelöst wird und in der Szene Zweckbeziehungen dominieren). Für die Aufrechterhaltung des Konsums ist die Bedeutung der Bindung an die Szene nicht zu unterschätzen. Sie bietet Zugehörigkeit zu einer umschriebenen Subkultur und eine Identität als Drogenabhängige (Vogt 1998a). Die Bindung an die Drogenszene zusammen mit der Abhängigkeit von illegalen Substanzen macht einen Ausstieg schwierig.

Der Endpunkt einer Drogenkarriere ist nicht unbedingt mit dem Beginn einer Therapie gleichzusetzen. Zum einen gibt es spontane Ausstiege ohne feste institutionelle Kontakte, deren Ausmaß aber unbekannt ist, da Daten überwiegend nur aus Hilfeeinrichtungen vorliegen. Zum anderen gibt es Rückfälle nach Therapien. Ähnlich wie beim Alkohol gibt es bei Frauen mehr als bei Männern diskontinuierliche Verläufe, bei denen Konsumintensität und Drogenpräferenz wechseln.

9.2.3.4 Weiblicher Lebenszusammenhang als Kontext: Leben mit Opiatkonsum

Die folgenden Daten stammen überwiegend aus den Informationssystemen der ambulanten und stationären Hilfen, das heißt, Aussagen können nur über diejenigen Frauen gemacht werden, die solche Hilfen schon einmal in Anspruch genommen haben. Dabei handelt es sich vor allem um Opiat- und insbesondere Heroinkonsumentinnen; Mehrfachabhängigkeiten sind häufig (vgl. Kapitel 9.2.3.6).

Lebensformen

Die überwiegende Mehrheit, nämlich ca. 70% der Drogenkonsumentinnen (80% der Drogenkonsumenten) in ambulanten Hilfeeinrichtungen - also deutlich mehr als in der Allgemeinbevölkerung - sind ledig (vgl. BADO 97; EBIS 97), knapp 20% der Frauen (10% der Männer) sind verheiratet und gut 10% der Frauen sind geschieden. Ein gutes Drittel der Frauen (60% der Männer) lebt zum Zeitpunkt der Erhebung allein und hat keine Partnerschaft.

Häufig sind die Partner der Frauen ebenfalls drogenabhängig. Unabhängig von Hintergründen und Qualität der Beziehung, wird oft eine starke emotionale Bindung an die Partner beobachtet, die auch Trennungen, z. B. wegen der Verbüßung einer Haftstrafe, überdauern (z. B. Hedrich 1989). Lind-Krämer/Timper-Nittel (1992) weisen auf die große Bedeutung der Partner (und deren Konsumverhalten) für einen gelungenen oder gescheiterten Ausstieg von Frauen aus der Drogenszene hin. Nur wenige Frauen unterhalten Freundschaften oder Partnerschaften mit Frauen.

Der Anteil der Frauen, die Kinder haben, liegt zwischen 28% (BADO 97) und 44% (EBIS 97). Der Kinderwunsch ist bei Aussteigerinnen und Frauen in Substitutionsprojekten am größten, bei Frauen in der Drogenszene am geringsten. Drogenabhängige Mütter haben eine gute Chance, ihr Kind/ihre Kinder bei sich zu behalten, wenn sie keine oder nur sehr sporadische Kontakte zur (offenen) Drogenszene und, falls nötig, engen Kontakt zu Einrichtungen der Suchtkrankenhilfe unterhalten. Zwischen 45% (Zenker/Greiser 1999) und 60% (Vogt 1997) der Kinder leben bei den Müttern (und Vätern). In drei Viertel aller Fälle handelt es sich um alleinerziehende Mütter (eventuell in festen Partnerschaften).

Ausbildung, berufliche und finanzielle Situation

Von den Opiat konsumierenden Frauen haben 11% keinen qualifizierten Schulabschluß und 49% einen Hauptschulabschluß (EBIS 97). Die Anteile niedriger Bildungsabschlüsse liegen damit deutlich höher als in der vergleichbaren Allgemeinbevölkerung (vgl. Kapitel 2.3.1). Zudem hat nur ein Drittel der Frauen eine an die Schule anschließende Ausbildung abgeschlossen. Fast zwei Drittel haben entweder noch keine Berufsausbildung begonnen oder diese abgebrochen. Wie qualitative Studien zeigen, besteht ein Zusammenhang zwischen der vergeblichen Suche nach einem Ausbildungsplatz bzw. einem Scheitern bei der Berufsausbildung und der Drogenaffinität, sei es, daß Enttäuschungen im beruflichen oder Ausbildungsbereich mit Drogenkonsum kompensiert werden, sei es, daß Konsum oder Abhängigkeit von Drogen als Barrieren wirken.

Angaben über den Anteil der drogenabhängigen Frauen, die erwerbstätig sind, streuen zwischen 15% (BADO 97; SEDOS 97) und 30% (EBIS 97). Ca. 20% bezeichnen sich als Hausfrau (Küfner et al. 1994), von denen ca. 10% von Familienangehörigen finanziell unterstützt werden. Der größte Teil der Frauen lebt von Transferleistungen, vor allem von Sozialhilfe und Arbeitslosenunterstützung. Zusätzlich zu diesen Geldquellen verdienen sich ca. 25% bis 80% der Frauen zumindest zeitweise Geld mit Sexarbeit (Gersch et al. 1988; Lind-Krämer/Timper-Nittel 1992; Vogt 1997); ein Teil davon als Prostituierte auf dem Straßenstrich (Leopold/Steffan 1996). Andere Drogenabhängige lehnen diese Art der Geldbeschaffung ab und beschaffen sich Geld für Drogen auf andere Weise z. B. über Diebstahl, Hehlerei oder Raub.

Wohnsituation

Die Wohnsituation drogenabhängiger Frauen ist sehr unterschiedlich. Der Anteil der Frauen, die eine eigene Wohnung oder ein eigenes Zimmer gemietet haben, oder die bei Angehörigen wohnen, liegt etwa bei 75% (SEDOS 97; BADO 97). 25% haben keine feste Wohnung. Sie leben entweder in Institutionen oder nutzen die Notunterkünfte (vgl. Kapitel 9.1.1).

Gesundheitsprobleme, Komorbidität und Mortalität

Drogenabhängige Frauen leiden in ganz unterschiedlichem Ausmaß unter zusätzlichen akuten und chronischen Erkrankungen. Die Belastungen mit akuten Erkrankungen ist vergleichsweise niedrig, wenn man von häufig auftretenden Abszessen absieht. Die Belastungen mit schweren chronischen Erkrankungen sind jedoch hoch. An erster Stelle steht die Infektion mit Hepatitis-C. In Gruppen von Frauen, die Methadon erhalten, liegt die Infektionsrate bei 60% (Arnold/Simmedinger 1998). Im Vergleich dazu liegen die Raten mit HIV-Infektionen mit (geschätzten) 14% aller drogenabhängigen Frauen niedrig (ebd.; Zenker/Greiser 1999). Bei drogenabhängigen Frauen, die Methadon erhalten, liegt sie bei ca. 24%. Diese Differenz ist eine Folge des Auswahlverfahrens, nach dem Frauen (und Männer) zur Methadon-Substitution zugelassen werden (vgl. NUB-Richtlinien). In der Befragung von Hedrich (1989) waren von den HIV-getesteten heroinabhängigen Frauen, die sich prostituierten, 48,3% HIV-infiziert, von denen, die sich nicht prostituierten 13,8%. Das Risiko erhöht sich, wenn Frauen in der Drogenszene einen niedrigen Status haben, weil sie dann als letzte das Spritzbesteck bekommen bzw. auf das Ausleihen eines Bestecks angewiesen sind (a.a.O.: 223). Zeitreihenvergleiche belegen, daß die Fallzahlen der HIV-Infektionen in den letzten zehn Jahren deutlich gesunken sind.

Zenker/Greiser (1999) stellen fest, daß die sehr schweren Erkrankungen in jüngeren und höheren Altersgruppen seltener auftreten: Bei den 20-29jährigen Frauen sind 10% aller Diagnosen als sehr schwer klassifiziert, bei den 30-49jährigen 17% und bei Frauen 50 Jahre 13%. Besondere gesundheitliche Gefährdungen und eine Häufung von schweren akuten und chronischen Erkrankungen stellt man bei obdachlosen Frauen fest, die eine besondere Risikogruppe darstellen.

Nach Vertheim et al. (1998) liegen die Komorbiditätsdiagnosen für Depressionen und Angststörungen bei den Frauen doppelt so hoch wie bei den Männern. Dissoziative Störungen und Eßstörungen, die beide Folge von sexuellem Mißbrauch in der Kindheit sein können, findet man fast nur bei Frauen. Die vorliegenden Studien (Krauß/Vertheim/ Degwitz 1999) unterscheiden nicht zwischen Depressionen und Ängsten, die als Folge der Entgiftung oder der Entwöhnung auftreten und die sich im Zuge der Behandlung abschwächen und oft ganz ausklingen, und entsprechenden Störungen, die andere Ursachen wie z. B. Gewalterfahrungen und Traumatisierungen haben.

Der Anteil der Frauen mit Suizidversuchen liegt bei 40%. 20% haben einen Suizidversuch unternommen, 20% mehrere (SEDOS 97). Diese Angaben sind mit Vorsicht zu behandeln, da es schwierig ist, Drogennotfälle von Suizidversuchen zu unterscheiden (siehe Kapitel 3.2.7).

Drogennot- und -todesfälle bei Opiatkonsumentinnen

Unter Drogennotfall versteht man einen klinisch relevanten, lebensbedrohlichen Zustand nach der Einnahme von illegalen Drogen wie Heroin oder Kokain, der eine entsprechende Behandlung erfordert. Der Anteil der Frauen an den Drogennotfällen streut zwischen 25% und 40% (Franke 1997; Heckmann et al. 1993). Eine insgesamt eher kleine Gruppe von Frauen mit sehr riskanten Konsum- und Lebensstilen produziert verhältnismäßig viele Drogennotfälle. Frauen, die als Drogennotfälle registriert werden, sind mit einem Altersdurchschnitt von 25 Jahren jünger als Männer in derselben Situation (Altersdurchschnitt 27 Jahre). Für Frauen wie für Männer steigt mit der Zahl der Drogennotfälle das Risiko des Drogentodes. Drogentodesfälle werden bei Frauen deutlich seltener registriert als bei Männern.

Tabelle 9.2.3-1: Drogentodesfälle seit 1975 Frauen und Männer

	1975	1980	1985	1990	1991	1992	1993	1994	1995	1996
Frauen absolut	33	121	89	264	329	332	298	264	254	238
relativ (%)	17	24	27	18	15	16	17	16	16	14
Männer	162	373	235	1.227	1.770	1.750	1.419	1.346	1.293	1.447

Quelle: BKA 97

Gemessen an dem geschätzten Anteil der Frauen an den Abhängigen von harten Drogen mit ca. 25% sterben sehr viel weniger Frauen als Männer an den unmittelbaren Folgen ihrer Abhängigkeit. Als Todesursache steht an erster Stelle die Überdosierung von Heroin allein oder in Kombination mit anderen Drogen. Der erhebliche Rückgang der Frauen an den Drogentoten wird auf den risikoärmeren Konsum und auf das heute zur Verfügung stehende breite Hilfsangebot zurückgeführt. Frauen nehmen die kombinierten Angebote der Medizin und der Sozialarbeit bevorzugt in Anspruch.

9.2.3.5 Gewalterfahrungen

Wie bei Alkoholkarrieren auch (vgl. Kapitel 9.2.2.5) spielen Gewalterfahrungen eine ursächliche und verstärkende Rolle in der Drogenkarriere; Drogenkonsumentinnen sind zudem Gewalterfahrungen in ihrem aktuellen Umfeld ausgesetzt.

Auf die Bedeutung von Mißhandlungen und sexueller Ausbeutung in der Lebensgeschichte von später opiatabhängigen Frauen (insbesondere von Frauen mit einem frühen Einstieg in den harten Konsum) wurde bereits hingewiesen. In der Drogenszene selbst werden Frauen vergleichsweise häufig Opfer von Gewalttaten, d. h. sie werden beraubt oder auch vergewaltigt. Als Prostituierte sind sie insofern gegenüber Freiern schutzloser als andere Prostituierte, als sie häufig eine Anzeige scheuen (vgl. Kapitel 5.3.1). Die Verzahnung von Gewalterfahrungen und Drogenkonsum verfestigt die Drogenkarriere, vermindert Ressourcen und erschwert einen Ausstieg,

9.2.3.6 Drogenstraftäterinnen

Drogenkonsumierende und drogenabhängige Frauen geraten in Deutschland seltener in das Fadenkreuz der Polizei und Justiz als drogenkonsumierende Männer. Drogenabhängige Frauen beteiligen sich an Beschaffungskriminalität. Sie stehen aber seltener vor Gericht als drogenabhängige Männer, und wenn, dann seltener als Männer wegen Eigentums- und Gewaltdelikten (Hedrich 1989: 210).

Der Anteil der Frauen an den wegen Rauschgiftkriminalität Verdächtigten betrug 1996 12% - mit abnehmender Tendenz im Vergleich zu 1990. Die Daten des BKA beziehen sich dabei auf alle Formen illegaler Drogen, also nicht nur auf Opiatkonsumentinnen.

Tabelle 9.2.3-1: Tatverdächtige seit 1990 Frauen und Männer

	1990	1991	1992	1993	1994	1995	1996
Frauen							
Absolut	12.219	13.316	13.514	12.874	13.232	14.804	17.451
in %	15	15	15	14	12	12	12
Männer	67.930	75.442	79.524	82.316	93.127	109.091	129.092

Quelle: BKA 97.

Da der Cannabiskonsum wesentlich verbreiteter ist als der Opiatkonsum, stehen an erster Stelle dieser Statistik Tatverdächtige, denen Delikte im Zusammenhang mit Cannabis zur Last gelegt werden. Erst an zweiter Stelle folgen diejenigen, die im Zusammenhang mit Heroin eine Straftat begangen haben. Dafür findet man in dieser Gruppe die meisten Wiederholungstäter(innen). Das häufigste Delikt ist bei ihnen der Besitz einer illegalen Droge, und ihr Risiko, wegen dieses Delikts in ein Strafverfahren verwickelt zu sein, ist am größten in der Altersgruppe zwischen 20 und 30 Jahren.

Rechnet man aus allen Tatverdächtigen diejenigen heraus, gegen die wegen der sogenannten Beschaffungskriminalität ein Verfahren läuft, dann steigt der Anteil der Frauen auf 25%. Frauen sind besonders aktiv, wenn es um den Diebstahl von Rezepten sowie um Rezeptfälschungen geht. Drogenabhängige Frauen unterscheiden sich in den Deliktarten nicht von anderen Frauen, denen kriminelle Delikte vorgeworfen werden.

Der Anteil der Frauen, die eine Haftstrafe verbüßen, liegt mit 17% etwas höher als ihr Anteil an den Tatverdächtigen. Allerdings geht es bei zwei Drittel von ihnen nur um ein geringfügiges Strafmaß von unter 6 Monaten. Lediglich 8% sitzen mindestens ein Jahr ein. Bei den Männern sind das immerhin fast 25% (Zenker/Greiser 1999).

Drogenabhängige Frauen werden seltener von der Polizei aufgegriffen, gegen sie werden weniger Strafverfahren eröffnet, sie werden seltener verurteilt und müssen noch seltener ihre Strafe im Gefängnis absitzen. Insgesamt ist die Kriminalitätsbelastung drogenabhängiger Frauen in Deutschland weit niedriger als diejenige der Männer. Dies erleichtert die Rehabilitation, wenn sie sich einmal entschlossen haben, aus dem Drogenmilieu auszusteigen.

9.2.3.7 Soziale Unterstützung, Hilfen und Behandlung

Soziale Unterstützung erfahren Drogenkonsumentinnen vor allem in der Drogenszene. Je dünner das soziale Netz der Konsumentinnen ist und je weniger Beziehungen sie zu Personen aufrechterhalten, die keine Suchtprobleme haben, um so mehr sind sie auf Beziehungen innerhalb ihrer Subkultur angewiesen. Diese werden gegenüber Außenstehenden oft als "Gemeinschaft der Drogenabhängigen", die Nähe und Geborgenheit vermittelt, idealisiert. Szenenbeschreibungen bestätigen aber nicht, daß tatsächlich tragfähige und dauerhafte Solidarbeziehungen in der Szene existieren. Die Bindung an die Subkultur erschwert den Ausstieg.

Für einen Ausstieg aus der Drogenszene stehen Hilfen in Form von Angeboten der ambulanten und stationären Beratung und Therapie zur Verfügung; die Angebote fassen in der Regel Hilfen für Frauen mit Alkoholproblemen und mit Drogenabhängigkeit zusammen (vgl. die ausführlichere Darstellung in Kapitel 9.2.2.6). Frauen gelingt es häufiger und besser als Männern, süchtige Episoden aus eigener Kraft zu überwinden (Happel et al. 1993). Frauen verfügen alles in allem genommen über dichtere und stabilere soziale Netzwerke als Männer, und das gilt auch für einen Teil derjenigen, die drogenabhängig werden. Entschließen sie sich dazu, das Netzwerk für sich zu nutzen, gelingt es ihnen, ihr Leben neu zu organisieren, ihm einen anderen Sinn zu geben und mit der Drogenkarriere zu brechen.

Mädchen und Frauen, die wegen ihrer eigenen Drogenprobleme in Beratungseinrichtungen betreut werden, machen einen Anteil von ca. 20% (EBIS 97) bis 25% (BADO 97) der Hilfesuchenden aus.

In stationären Einrichtungen wurden 1997 ca. 12.500 Personen behandelt; der Frauenanteil betrug - mit einer sinkenden Tendenz - 15% (SEDOS 97), d. h. 1997 waren ca. 1.700 bis 2.000 Frauen in einer stationären Therapie (Holz/Leune 1998). Frauen (und Männer), die in Beratungs- und Behandlungseinrichtungen betreut werden, sind im Durchschnitt knapp 30 Jahre alt (BADO 97: 29 Jahre; SEDOS 97: 28 Jahre). Die überwiegende Mehrzahl von Frauen in regulärer stationärer Therapie hat bereits Therapieerfahrung; sie ist an eine ambulante Hilfeeinrichtung angebunden, war in Einrichtungen zur Entgiftung und fast die Hälfte hat schon einmal eine stationäre Therapie begonnen (SEDOS 97).

Beratungsstellen werden auch von jungen Frauen (unter 21 Jahre alt) aufgesucht. Man findet sie jedoch nicht in den Behandlungseinrichtungen, da sie dort wegen ihres jungen Alters nicht aufgenommen werden. Abgesehen von jugendpsychiatrischen Kliniken stehen dieser Klientel alternative Einrichtungen der Jugendhilfe kaum zur Verfügung. Der Zugang zum breiten Angebot der stationären Drogenhilfe öffnet sich ihnen tatsächlich erst, wenn sie 21 Jahre alt sind. Bis zu diesem Alter spielt sich ihre Drogenkarriere vornehmlich auf der Straße ab.

Tabelle 9.2.3-1: Frauen und Männer mit Drogenproblemen in ambulanten Einrichtungen nach Alter

Altersgruppen	insg. %	davon in %				
		Bis 21 Jahre	22-29 Jahre	30-39 Jahre	40-49 Jahre	Über 50 Jahre
Frauen	100	14	38	41	6	1
Männer	100	5	37	46	11	1

Quelle: BADO 97.

Im Drogenbereich geht wie im Alkoholbereich der Anteil der Frauen an der Klientel der Anlauf- und Beratungsstellen zurück. Mit der Einführung und Legalisierung der Substitutionsprojekte hat sich das Hilfesuchverhalten der drogenabhängigen Frauen erheblich verändert. Der Anteil der Frauen, die ein Substitut für das illegale Heroin - meist Methadon - erhalten, variiert in den verschiedenen Studien zwischen 30% und 40% (Arnold et al. 1995; Lang/Zenker 1994; Zenker/Greiser 1999). Grob geschätzt sind das wenigstens 10.000 Frauen. Dazu kommen noch ca. 10.000 Frauen, die als Substitut Codein erhalten (Gerlach/Schneider 1994). Insgesamt ist also von ca. 20.000 Frauen auszugehen, die medikamentös mit einem Substitut behandelt werden. Von allen Hilfeangeboten nehmen Frauen demnach am ehesten die Substitution in Anspruch. Man findet sie im selben Umfang bei niedergelassenen Ärztinnen und Ärzten wie in Kliniken oder Fachambulanzen, in denen Ärztinnen und Ärzte ein Substitut verordnen. Frauen schätzen vor allem das Setting in Methadonambulanzen. In der Diskussion über frauenfreundliche Behandlungsangebote für opiatabhängige Frauen werden diese Ergebnisse bislang nicht angemessen berücksichtigt.

Ein besonderes Angebot im Vorfeld der stationären Therapie stellt das Modellprogramm "Therapie sofort" dar, das in Nordrhein-Westfalen erprobt worden ist (Spöhring et al. 1996). Es geht um Interventionsangebote, die die Zielgruppe der Drogengebraucherinnen und -gebraucher und Abhängigen möglichst frühzeitig in ihrer Karriere erreichen will. Frauen und Männer sprechen unterschiedlich auf dieses Angebot an. Der Anteil der Frauen, die am Modellprogramm teilnehmen, liegt mit 23% etwa so hoch wie ihr Anteil in den ambulanten Beratungsstellen. Attraktiv ist für sie besonders die Vermittlung in eine Einrichtung zur Entgiftung in möglichst kurzer Zeit. Zwei Drittel der Frauen, die dieses Angebot annehmen, beenden es regulär (im Vergleich zu 53% der Männer). Bei Weitervermittlungen in stationäre Therapien sind die Erfolgsraten eher dürftig. Nur 13% der Frauen schöpfen die Therapie voll aus (im Vergleich zu 32% der Männer). Das heißt, daß etwa nur eine von zehn Frauen, die im Rahmen dieses Projekts in stationäre Therapie vermittelt wurden, diese regulär beendet.

Wie sehen im Vergleich dazu die Erfolgsraten der regulären stationären Therapien aus? Nach SEDOS (97) liegt der Anteil der Frauen, die die Therapie planmäßig beenden bei 42% und damit deutlich höher als bei den Frauen des Programms „Therapie sofort". Das liegt vermutlich daran, daß Frauen, die reguläre stationäre Therapien nachsuchen, davor sehr häufig intensive ambulante Beratung in Anspruch genommen haben, in deren Verlauf sich bei ihnen die Motivation zur Abstinenz verstärkt hat. Das hilft ihnen die Therapie durchzustehen.

Knapp zwei Drittel der Frauen (und auch der Männer) (SEDOS 97) brechen die stationäre Therapie jedoch vorzeitig ab. Als wichtigste interpersonale Faktoren, die zu einem Therapieabbruch der Frauen führen, erweisen sich Belastungen durch die Trennung von Familie und Freunden sowie eine positive Besetzung und Zufriedenheit mit der Partnerschaft. Dazu kommen subjektive Einstellungen zur Therapie selbst und zum Stellenwert von Drogen und Rauscherlebnissen. Frauen, die keine starke Motivation in die Therapie mitbringen und für die Rauscherlebnisse sehr wichtig sind, brechen die Therapie vergleichsweise häufig ab (Küfner et al. 1994).

Auf die unbefriedigende Datenlage bezogen auf die vergleichende Evaluation der Erfolge in unterschiedlichen therapeutischen Settings (ambulant versus stationär, geschlechtertrennende versus gemischte Einrichtungen) wurde bereits hingewiesen (Vogt 1998b; vgl. Kapitel 9.2.3.2).

9.2.3.8 Zusammenfassung

Unter den Begriff illegale Drogen fallen in ihrer Wirkungsweise und Einnahmeform, ihrem Abhängigkeitspotential und üblichen Konsumkontext unterschiedliche Substanzen. Sie haben gemeinsam, daß der Besitz verboten ist und daher jeder Konsum, auch der Probierkonsum, als riskant und als Mißbrauch eingestuft wird, auch wenn nicht jeder Konsum zu Abhängigkeit führt.

Im Jugendalter hat der überwiegende Teil der Konsumerfahrungen einen Probier- und Experimentiercharakter, motiviert z. B. durch jugendspezifische Neugier oder Wünsche nach Abgrenzung durch Regelverstöße und nach einer Schaffung von Gegenwelten. Er wird später wieder aufgegeben. Am Probierkonsum sind Frauen und Männer in ähnlichem Ausmaß beteiligt. Am häufigsten wird Cannabis konsumiert, das von den Konsumierenden als am ungefährlichsten eingestuft wird. Die Lebenszeitprävalenz der Cannabiserfahrung beträgt bei Frauen 10%.

Weniger Frauen als Männer gehen vom Probierkonsum zur Einnahme härterer Drogen über. Zwar steigen die absoluten Zahlen der erstauffälligen Konsumentinnen illegaler Drogen, aber der relative Anteil der Frauen ging seit den 80er Jahren von 30% auf 15% zurück. Junge Frauen, die in der Kindheit mißhandelt oder mißbraucht wurden oder deren Eltern selbst substanzabhängig waren, haben ein besonders hohes Risiko für einen Übergang zu härteren illegalen Drogen. Eine besonders belastete Untergruppe der drogenabhängigen Frauen sind jene, die sehr jung mit der Einnahme von Opiaten (Heroin) beginnen und sich der offenen Drogenszene der Großstädte anschließen.

Frauen, die wegen Drogenproblemen in ambulanten Einrichtungen Hilfe suchen, sind häufiger als Frauen der Allgemeinbevölkerung ledig. Je nach Auskunftsquelle sind zwischen 28% (BADO) und 44% (EBIS) der Frauen Mütter. Häufig ist der Partner ebenfalls drogenabhängig. Diese Gruppe von Drogenkonsumentinnen hat im Vergleich zum Bevölkerungsdurchschnitt eine niedrigere Schulbildung und häufiger keine oder eine abgebrochene Berufsausbildung. Der größte Teil der Frauen lebt von Sozialhilfe oder Arbeitslosenunterstützung und nur zwischen 15% (BADO) und 30% (EBIS) sind erwerbstätig.

Mit der Drogenabhängigkeit sind Gesundheitsprobleme vor allem chronischer Art verbunden, wobei an erster Stelle die Hepatitis-C-Infektion steht. Komorbiditätsdiagnosen beziehen sich am häufigsten - doppelt so oft wie bei drogenabhängigen Männern - auf Depressionen, Angststörungen sowie auf Eßstörungen und dissoziative Störungen. 40% der drogenabhängigen Frauen haben einen oder mehrere Suizidversuche unternommen. Auch liegt ihr Anteil an den Drogennotfällen über ihrem Anteil an den Opiatkonsumierenden. Dennoch werden Drogentodesfälle bei Frauen deutlich seltener registriert als bei Männern.

Nicht nur die Vorgeschichte, sondern auch die aktuelle Situation von drogenabhängigen Frauen ist häufig von Gewalterfahrungen, insbesondere bei der Beschaffungsprostitution, geprägt. Drogenkonsumierende und drogenabhängige Frauen sind zwar ebenfalls in illegale Aktionen verstrickt, sie werden aber seltener als Männer aufgegriffen, weniger

Strafverfahren werden gegen sie eröffnet und seltener werden sie zu Gefängnisstrafen verurteilt.

Drogenabhängige Frauen verfügen über dichtere und stabilere Netzwerke als drogenabhängige Männer und überwinden eher als Männer süchtige Episoden aus eigener Kraft. Der Anteil an Frauen in Substitutionsprogrammen liegt bei 30% bis 40%, in Beratungsstellen bei 20% und in stationären Therapieeinrichtungen bei 15%. Geschlechterdifferenzierende und therapievergleichende Studien zu Erfolgsraten fehlen.

9.2.4 HIV-infizierte und AIDS-kranke Frauen

9.2.4.1 Einleitung

Seit Beginn der HIV/AIDS-Epidemie im Jahre 1981/82 sind Männer in größerem Ausmaß betroffen. Der Anteil der Frauen nimmt jedoch zu, und daher werden frauenspezifische Probleme, die bisher eine geringe Rolle spielten, relevant. Die Zunahme hat Auswirkungen auf die medizinische Versorgung der Patientinnen vor allem im Bereich der Schwangerenvorsorge und Geburtshilfe und der HIV-spezifischen Erkrankungen (Hamouda et al. 1997: 24).

HIV-Infektion und AIDS-Erkrankung unterscheiden sich von anderen chronischen Krankheiten durch einige Besonderheiten. Die von ihnen Betroffenen sind in der Regel jung, aber ihre weitere Lebenserwartung wird als niedrig angesetzt. Die Krankheit verläuft in Phasen: Bei einer festgestellten Infektion kann eine längere symptomfreie Phase folgen. Ergebnisse psychometrischer Untersuchungen weisen darauf hin, daß Frauen in den verschiedenen Krankheitsphasen qualitativ anders und teilweise quantitativ stärker als Männer leiden. Vor allem haben sie stärkere Gefühle der Einsamkeit (Jäger 1989: 1; Franke/Jäger 1989: 135 f). HIV-infizierte und AIDS-kranke Frauen unterliegen einer dreifachen Benachteiligung und Stigmatisierung: in der Gesellschaft, in der Wissenschaft und in der Versorgungspraxis. Sie sind in einer „Randposition einer Randgruppe" (Muthesius/Schaeffer 1996: 3).

9.2.4.2 Datenlage und epidemiologische Daten

In der Bundesrepublik wird seit 1982 beim Robert-Koch-Institut (RKI) ein zentrales Fallregister geführt, in dem die freiwilligen und anonymen Berichte der AIDS-Kranke behandelnden Ärztinnen und Ärzte zusammengeführt werden. Es wird geschätzt, daß über 85 % der bisher aufgetretenen AIDS-Fälle in dem Register enthalten sind (Hamouda et al. 1997: 35). Nach der im Oktober 1987 in Kraft getretenen „Verordnung über die Berichtspflicht für positive HIV-Bestätigungsteste (Laborberichtsverordnung)" haben die Labors positive HIV-Bestätigungsteste in Form anonymer Berichte an das RKI zu melden. Da sich HIV-positive Personen wiederholt anonym und/oder von mehreren Laboratorien testen lassen, sind in den Daten nicht erkennbare Mehrfachmeldungen enthalten. Diese epidemiologischen Datenpools werden ergänzt durch weitere Informationsquellen (z. B. ANOMO-Studie, Anonymes unverknüpftes Testen bei Neugeborenen – AUT; ebd.: 56ff.).

Zur psychosozialen Situation HIV-infizierter und AIDS-kranker Frauen liegen im Zusammenhang mit dem Bundesmodellprogramm „Frauen und AIDS", das von November 1988 bis Dezember 1993 an sechs Universitätsfrauenkliniken im wesentlichen mit medizinischen Fragestellungen durchgeführt wurde, mehrere Untersuchungen vor (Schäfer/Bellingkrodt o. J.). Dabei handelt es sich um die sozialwissenschaftliche Evaluation des Programmes und um im Rahmen des Programmes entwickelte Forschungsvorhaben (Leopold/Steffan 1994: 30).

In der multizentrischen Studie „Frauen und AIDS" wurden 676 HIV-infizierte Frauen erfaßt. Die Untersuchungsgruppe enthält ausschließlich Frauen, die wegen gynäkologischer Probleme oder wegen einer Schwangerschaft Ambulanzen der Frauenkliniken, also medizinische Versorgungszentren, aufgesucht haben. Der Anteil der durch heterosexuellen Verkehr Infizierten liegt bei 44,4%, die i.v. Drogenabhängigen machen 52,1% und die durch Blutprodukte Infizierten 3,5% der Gesamtgruppe aus (Leopold/Steffan 1994:47-48). Ergänzungen zu Sozialdaten dieser Studie ergeben sich aus einer 1993 bundesweit durchgeführten Erhebung, bei der über Beratungsstellen, Gesundheitsämter und medizinische Einrichtungen Fragebögen verteilt wurden, die von 134 HIV-infizierten Frauen schriftliche beantwortet wurden (Herrmann 1995). Bei dieser Studie beträgt der Anteil der über heterosexuelle Kontakte Infizierten 52,2%, der der i.v. Drogenabhängigen 39,6%.

Außerdem liegen mehrere kleinere Studien mit vor allem qualitativem und biographischem methodischen Ansatz zur Versorgung HIV-infizierter bzw. AIDS-kranker Frauen vor (z. B. Heide 1993; Muthesius/Schaeffer 1996; Deutsche AIDS-Hilfe 1995).

Die Beurteilung der Repräsentativität der empirisch erhobenen Daten ist schwierig, da zur Grundgesamtheit der HIV-infizierten und AIDS-kranken Frauen außer dem Alter keine soziodemographischen Angaben vorliegen. In den empirischen Erhebungen wurden Frauen aus einer selektierten Klientel (z. B. Frauen, die sich an klinische Ambulanzen wandten) befragt, verallgemeinernde Aussagen sind daher nur eingeschränkt möglich.

9.2.4.3 HIV-infizierte und AIDS-kranke Frauen

Ende 1998 lebten nach aktuellen Schätzungen des RKI in Deutschland 37.000 HIV-infizierte Menschen (Sozialpolitische Umschau vom 1. März 1999, Ausgabe 7, Nr. 84: 53). Die Zahl der jährlichen HIV Neuinfektionen wird auf 2.000 geschätzt (StBA 1998a: 265). Seit 1989 ist der Anteil der Frauen an den positiven Bestätigungstesten von 15,5 % auf 20,9 % (1996) gestiegen (Hamouda et al. 1997: 106). 1998 lag der Anteil von Frauen an den neu diagnostizierten HIV-Infektionen bei 22 % (Sozialpolitische Umschau vom 1. März 1999, Ausgabe 7, Nr. 84).

Das HI-Virus kann durch ungeschützten homo- und heterosexuellen Geschlechtsverkehr, durch Übertragung von erregerhaltigem Blut bzw. mit Blut hergestellten Arzneimitteln und mit Blut kontaminierten Spritzbestecke bei i. v. Drogenabhängigen und während der Schwangerschaft oder Entbindung einer infizierten Frau auf das Kind übertragen werden (StBA 1998a: 264). Kenntnisse über die Übertragungswege des HI-Virus bei den positiven HIV-Bestätigungstesten liegen nur sehr unzureichend vor, da bei 66,4 % der beim RKI eingegangenen Laborberichtsbogen entsprechende Angaben fehlen. Informationen zu den Übertragungswegen lassen sich jedoch den AIDS-Statistiken entnehmen. Der weitaus überwiegende Teil (75 %) der männlichen AIDS-Patienten sind bzw. waren homo- oder bisexuell, i. v. Drogenkonsum wird bei 10,9 % angegeben. Bei Berücksichtigung aller registrierten weiblichen AIDS-Fälle seit 1982 stellen die i. v. Drogenabhängigen die größte Infektionsgruppe dar.

Tabelle 9.2-1: Verteilung der AIDS-Fälle seit 1982 bei weiblichen und männlichen Erwachsenen (> 12 Jahre) nach Infektionsrisiko in Deutschland (31.12.96)

Infektionsrisiko	weiblich (in %)	männlich (in %)
Homo- oder bisexuelle Männer	-	75,0
i. v. Drogenabhängige	47,8	10,9
Hämophile/Transfusion/Transplan-tat[1]	8,4	4,6
Heterosexuelle Kontakte	29,6	2,8
Erkrankte aus Pattern-II- Ländern[2]	7,4	1,1
Keine Angabe/unbekannt.	6,8	5,5
Insgesamt	100,0	100,0

1) Empfängerinnen u. Empfänger von Bluttransfusionen und Blutprodukten sowie Empfängerinnen und Empfänger von Transplantaten.
2) Erkrankte aus Pattern-II-Ländern nach WHO (Länder, in denen HIV endemisch ist und überwiegend heterosexuell übertragen wird, z. B. Karibik, Zentral- und Westafrika).

Quelle: Hamouda et al.1997: 84 f.

Im Zeitraum von 1988 bis 1996 hat die Übertragung durch i. v. Drogenkonsum bei Frauen mit einem Rückgang von 59,6 % auf 30,3 % der Ansteckungen an Bedeutung verloren, während die Übertragung durch heterosexuelle Kontakte von 18,2 % auf 37,1 % gestiegen ist (Hamouda et al. 1997: 85). In absoluten Zahlen haben sich 1996 zum ersten Mal seit Beginn der Epidemie mehr Frauen über heterosexuelle Kontakte als über Drogenabhängigkeit neu infiziert (ebd.).

Von den im Zeitraum von 1982 bis zum Dezember 1996 gemeldeten 15.682 AIDS-Fällen betrafen 1.692 Frauen (10,8 %) und 13.990 (89,2 %) Männer (BMG 1997: 72; vgl. StBA 1998a: 265). Etwa 65 % der Erkrankten sind bereits verstorben. Die Zahl der Ende 1996 lebenden AIDS-Kranken wird auf 4.500 bis 5.000 geschätzt (ebd.). Die Zahl der neu Erkrankten und der an AIDS Verstorbenen hat 1998 mit jeweils etwa 800 den niedrigsten Stand seit 10 Jahren erreicht (Sozialpolitische Umschau vom 1. März 1999, Ausgabe 7, Nr. 84: 53). Während bei den Männern seit 1994 eine Abnahme der AIDS-Fälle zu verzeichnen ist, wird bei den Frauen eine steigende Tendenz auch der absoluten Zahlen sichtbar. Ihr Anteil an den Erkrankten hat sich von 1988 mit 8 % bis 1996 auf 16,6 % verdoppelt (Hamouda et al. 1997: 23). Dies wird vor allem auf den erhöhten Anteil von durch heterosexuelle Übertragung bedingten AIDS-Fällen, von denen etwa die Hälfte Frauen betreffen, zurückgeführt (ebd.).

Abbildung 9.2-3: Zahl der AIDS-Fälle bei Frauen und Männern, korrigiert für den Meldeverzug nach Jahr der Diagnose

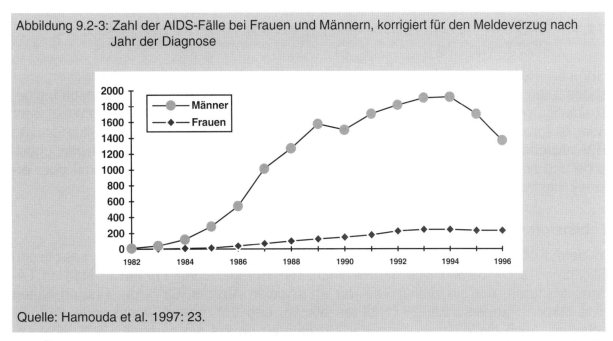

Quelle: Hamouda et al. 1997: 23.

Die Überlebenszeiten nach einer AIDS-Diagnose sind seit den 80er Jahren durch die Verbesserung der therapeutischen Möglichkeiten gestiegen. Sie betrugen bei den 1996 Verstorbenen durchschnittlich 20,1 Monate. Ein weiteres Ansteigen der Überlebenszeiten wird prognostiziert (StBA 1998a: 267).

9.2.4.4 HIV-Infektionen und AIDS-Erkrankungen im Lebenslauf

Schätzungen gehen von einer Zahl von 300 bis 500 HIV-infizierten Kindern unter 12 Jahren im Bundesgebiet aus. Jährlich werden 80 bis 100 Kinder von HIV-infizierten Müttern geboren (ebd.). Von Müttern auf Kinder übertragene AIDS-Fälle sind mit 1 % der Gesamtzahl der AIDS-Fälle selten und haben im Zeitverlauf nicht zugenommen (Hamouda et al. 1997: 22). Auch im Jugendalter sind die Infektions- und Erkrankungszahlen niedrig.

Die Altersstruktur der infizierten und erkrankten Erwachsenen differiert geschlechtsspezifisch. Bezogen auf die bis zum Dezember 1996 gemeldeten Befunde waren 73,5 % der HIV infizierten Frauen und 60,9 % der infizierten Männer zwischen 20 und 39 Jahren alt. 40 Jahre oder älter waren 9,8 % der Frauen und 24,1 % der Männer. Eine ähnliche relative Altersverteilung besteht bei den bis 1996 registrierten AIDS-Fällen. 74 % der erkrankten Frauen, jedoch nur 54,5 % der Männer waren zwischen 20 und 39 Jahren alt. 40 Jahre und älter waren 22,2 % der Frauen und 44,4 % der Männer (BMG 1997: 79). Das durchschnittliche Alter der Frauen bei Diagnosestellung war 1996 35,3 Jahre, das der Männer 39,4 Jahre (StBA 1998a: 266). Frauen erhalten somit den positiven HIV-Befund oder die AIDS-Diagnose in einem jüngeren Alter und damit in einem anderen Lebensabschnitt als Männer. Dies hat weitreichende Konsequenzen für ihre psychosoziale Situation.

9.2.4.5 Weiblicher Lebenszusammenhang als Kontext: Leben mit HIV-Infektion und AIDS-Erkrankung

HIV-infizierte und AIDS-kranke Frauen befinden sich in sehr unterschiedlichen psychosozialen Lebenssituationen, je nachdem, ob es sich um akut i. v. Drogenabhängige, ehemalige oder substituierte i. v. Drogenabhängige, Frauen ohne Drogenkontakte oder über Blutprodukte infizierte Frauen handelt. Besonders dramatisch ist die Situation von HIV-infizierten akut drogenabhängigen Frauen, bei denen chronische psychische, physische und soziale Probleme durch die Drogenabhängigkeit sich mit infektions- oder erkrankungsbedingten Belastungen verbinden.

Lebensformen und Kinderwunsch

In dem Kollektiv der multizentrischen Studie (zur Verzerrung durch die spezifische Stichprobe s. o.) befand sich die Mehrzahl der HIV-infizierten Frauen in stabilen Lebensstrukturen, nur ein kleiner Teil war im sozialen Abseits. 63 % der Frauen hatten eine stabile Partnerschaft, 28 % lebten alleine, und 9 % hatten wechselnde Partnerschaften. Auch die Wohnsituation war für die meisten Frauen geregelt: 76 % lebten in einer eigenen Wohnung mit oder ohne Partner, 2 % waren Mitglied einer Wohngemeinschaft, 4 % wohnten in einer Therapieeinrichtung. Nur 7 % waren obdachlos oder lebten in einem Obdachlosenheim (Schäfer/Bellingkrodt o. J.: 28 f). Bei den von Herrmann befragten Frauen ergibt sich ein anderes Bild, da die Daten differenziert nach ehemaligen i. v. Drogenabhängigen, Substituierten und Frauen ohne Drogenkontakte dargestellt werden. Ehemalige i. v. Drogenabhängige und Substituierte gaben mit 64,3 % bzw. 57,5 % in größerem Umfang bestehende Partnerschaften an als die Frauen ohne Drogenkontakte (44,1 %) (Herrmann 1995: 46). In allen drei Subgruppen war der Anteil der Alleinlebenden mit jeweils über 40 % höher als in der multizentrischen Studie.

Frauen erhalten die HIV- oder AIDS-Diagnose überwiegend in einem Alter, in dem sie sich entscheiden, ob sie ein Kind wollen. Angesichts der Infektion ist die Auseinandersetzung mit einem Kinderwunsch schwierig, sie impliziert Unsicherheiten über den Verlauf einer Schwangerschaft und Geburt und Ängste, das Kind anzustecken. Die Auseinandersetzung kann sich vor allem dann dramatisch gestalten, wenn Frauen - ohne zu einer Risikogruppe zu gehören - einen positiven HIV-Befund erst im Zusammenhang mit einer Schwangerschaft erfahren (Franke/Jäger 1989: 125). Bei HIV-infizierten Müttern bedroht die Krankheit nicht nur die eigene, sondern möglicherweise auch die Existenz der Kinder. Die Sorge um deren Zukunft und die Angst, Versorgungstätigkeiten nicht mehr leisten zu können, stellen zusätzliche Belastungen dar (Rosendahl 1993: 661).

Angesichts der Bedrohung eines frühen Todes kann der Wunsch nach einem Kind die Sehnsucht nach einer Form des Weiterlebens ausdrücken. Bei ehemaligen i. v. Drogenabhängigen kann ein Kind zum Hoffnungsträger auf einen neuen Lebensabschnitt und auf ein ganz normales Leben werden. Problematisch kann sich ein Kinderwunsch auch bei Frauen gestalten, die zwar selbst negativ sind, jedoch einen HIV-positiven Partner haben (HIV-Diskonkordanz). Siedentopf/Kentenich berichten, daß sich in der Kinderwunschsprechstunde des DRK-Klinikums Westend Berlin immer mehr HIV-diskonkordante Paare vorstellen (Siedentopf/Kentenich 1998).

Die Ambivalenz eines Kinderwunsches und die sich daraus ergebenden emotionalen Belastungen werden in den Ergebnissen der Untersuchung von Herrmann (1995: 49) deutlich. Explizit danach befragt, wünscht sich ein Drittel der 134 HIV-infizierten Frauen unabhängig vom Alter und der gegenwärtigen Lebenssituation ein Kind. Einige geben jedoch gleichzeitig an, im Falle einer Schwangerschaft einen Abbruch durchführen zu lassen, und einige der Frauen mit Kinderwunsch haben bereits einen Abbruch hinter sich. HIV-infizierte Frauen können nach den rechtlichen Bestimmungen aus medizinischen Gründen und ohne zeitliche Begrenzung einen Schwangerschaftsabbruch vornehmen lassen. Der Anteil der Frauen, die aufgrund der HIV-Infektion einen Schwangerschaftsabbruch durchführen ließen, lag in der Befragung von Herrmann bei 20 % und damit etwas über der Prävalenz der Abbrüche in der Berliner Perinatalerhebung (17,7 %) (Herrmann 1995: 49). In dem Kollektiv der multizentrischen Studie „Frauen und AIDS" gaben 36,7 % der erfaßten 676 infizierten Frauen bereits einen oder mehrere Schwangerschaftsabbrüche an (Schäfer/Bellingkrodt o. J.: 25).

Während Ende der 80er Jahre noch von einem Übertragungsrisiko von 40-50 % ausgegangen wurde (Leopold/Steffan 1994), wird die Mutter-Kind-Übertragungsrate heute, bedingt durch präventive Maßnahmen in der Schwangerschaft und während der Geburt, auf unter 5 % geschätzt (StBA 1998a: 267). Die Übertragungsraten differieren nach dem Stadium der Erkrankung: Symptomlose Mütter haben niedrigere Raten als solche in fortgeschrittenem Krankheitszustand (Rosendahl 1993: 662).

Es ist nicht bekannt, wieviele der HIV-infizierten und AIDS-kranken Frauen in Deutschland Mütter sind. Die Daten aus den vorliegenden Studien lassen jedoch nicht unerhebliche Anteile vermuten. Sowohl in der Stichprobe der multizentrischen Studie als auch in der Befragung von Herrmann haben 40 % der infizierten Frauen ein Kind oder Kinder (Schäfer/Bellingkrodt o. J.: 26; Herrmann 1995: 48), die jedoch nur teilweise von den Müttern selbst betreut werden können. Schäfer/Bellingkrodt berichten, daß bei 45,6 % der Mütter die Kinder meist im Zusammenhang mit einem Sorgerechtsentzug wegen Drogenabhängigkeit in Pflegefamilien oder bei Verwandten untergebracht sind (ebd.).

Ausbildung, berufliche und finanzielle Situation

Im Hinblick auf den Schulabschluß und die Berufsausbildung zeigen sich die Unterschiede in den Betroffenengruppen der multizentrischen Studie. Während von den über i. v. Drogenkonsum Infizierten zwei Drittel keinen oder einen Hauptschulabschluß hatten, betrug der entsprechende Anteil bei den durch heterosexuellen Geschlechtsverkehr Infizierten ein Drittel. Die heterosexuell Angesteckten hatten in bedeutend größerem Umfang einen Gymnasialabschluß als die i. v. Drogenabhängigen (Schäfer/Bellingkrodt o. J.: 31ff.), ein Ergebnis, das in der Untersuchung von Herrmann bestätigt wird (Herrmann 1995: 42). 54,7 % der in den Zentren betreuten Frauen hatten eine abgeschlossene Berufsausbildung, 39,2 % hatten keine Berufsausbildung, und 6,1 % befanden sich in beruflicher Ausbildung. Erwerbstätig waren 40,3 % der Frauen, nicht erwerbstätig 59,7 % (Schäfer/Bellingkrodt o. J.: 31 ff.; ohne Unterscheidungen nach Betroffenengruppen).

Von den Nicht-Erwerbstätigen bezogen 6,7 % Arbeitslosenhilfe, 34 % Sozialhilfe, 6,2 % gingen der Prostitution nach, der Rest bezog seinen Lebensunterhalt aus anderen Mitteln (ebd. 33). Die Zahlen zur regelmäßigen Erwerbstätigkeit liegen bei Herrmann (1995: 42) mit 35,9 % für die Gesamtpopulation niedriger, sie differieren jedoch stark nach den Transmissionsgruppen. Frauen ohne Drogenkontakte waren zu 48,3 % erwerbstätig; ehemalige i. v. Drogenabhängige zu 35,7 % und Substituierte zu 17,5 % (ebd.).

Mit finanziellen Problemen sind HIV-Infizierte und AIDS-Kranke in besonderem Maße konfrontiert. Da sie oft am Anfang ihres Berufslebens stehen, über keine finanziellen Ressourcen oder eigene Rentenansprüche verfügen, werden viele von ihnen mit Ausbruch der Krankheit zu Sozialhilfeempfängerinnen. Bei i. v. Drogenabhängigen kann sich die Situation durch bereits vorhandene Schulden und bestehende problematische materielle Verhältnisse verschärfen. 36,5 % des in der multizentrischen Studie erfaßten Kollektives sind Sozialhilfeempfängerinnen, in der Befragung von Herrmann liegt der Anteil mit einem Drittel ähnlich hoch. Nur 10 % der Frauen der letztgenannten Studie hatten monatliche Einkünfte von mehr als 2.500 DM, bei 60 % lagen diese unter 1.500 DM (Herrmann 1995: 42).

Dimensionen des privaten Lebens

Die bisherige Lebensplanung, biographische Entwürfe, Partnerschaften und vorhandene soziale Netze sind angesichts der Krankheit existentiell gefährdet. Darüber hinaus leiden viele der infizierten bzw. kranken Frauen unter dem vorhersehbaren Verlust der körperlichen Schönheit, der sexuellen Attraktivität und der jugendlichen Leistungsfähigkeit, über die Frauen in dieser Lebensphase eher als in späterem Alter ihre Identität definieren (Parsa/Lange 1993; Muthesius/Schaeffer 1996).

9.2.4.6 Diskriminierungserfahrung

Bei keiner anderen Erkrankung ist die Gefahr sozialer Ausgrenzung, Isolierung und gesellschaftlicher Diskriminierung so groß, denn HIV und AIDS werden assoziiert mit devianter Sexualität, Drogenabhängigkeit und frühem Tod. In der Öffentlichkeit wird noch immer unterschieden zwischen „schuldigen" und „unschuldigen" Opfern - eine Differenzierung, die Kranke zu verantwortlichen Täterinnen und Tätern macht (Heide 1993: 7). Scham- und Schuldgefühle der Frauen führen zu Rückzug und sozialer Isolation. Eine gesellschaftliche Schuldzuweisung wird vor allem bei ehemaligen und akuten i. v. Drogenabhängigen vorgenommen. Frauen aus dieser Gruppe unterliegen einer doppelten Diskriminierung, die zu schwierigen Entscheidungen bezogen auf Geheimhaltung oder Mitteilung an Dritte führt. Eine Mitteilung birgt das Risiko der Stigmatisierung und Ausgrenzung; soziale Unterstützung ist aber nur um den Preis der Mitteilung zu erhalten.

9.2.4.7 Soziale Netze und Hilfsangebote

Im Hinblick auf bestehende soziale Netze, die für jede Krankheitsbewältigung eine wichtige Ressource darstellen, unterscheiden sich die i. v. Drogenabhängigen einmal mehr von den über heterosexuelle Kontakte infizierten Frauen. Letztere haben eher stabile biographische Erfahrungen mit ihrem sozialen Umfeld, wohingegen erstere aufgrund ihrer Sucht und der Notwendigkeit der Drogenbeschaffung oft in instabilen Verhältnissen und meist auf Zweckgemeinschaften ausgerichteten Beziehungen leben (Muthesius/Schaeffer 1996: 4f; vgl. auch Kapitel 9.2.3).

In der multizentrischen Studie wurde eine Subgruppe von 192 Frauen mit einem gesonderten Fragebogen direkt zu ihrer psychosozialen Situation befragt. Die so gewonnenen Ergebnisse sind nach Ansicht der Autoren des Abschlußberichtes auf das Kollektiv, zu dem nur anamnestische Daten vorliegen, übertragbar (Schäfer/Bellingkrodt o. J.: 47).

Über die Hälfte der Befragten gibt gute bis sehr gute Kontakte zur Mutter und mehr als ein Drittel gute bis sehr gute Kontakte zum Vater an. Die HIV-Infektion ist am ehesten der Mutter (zu 47,4 %), jedoch auch dem Vater (32,3 %), Geschwistern und weiteren Personen bekannt. 80,2 % der Befragten konnten über ihre Ängste und Sorgen wegen der HIV-Infektion mit jemanden sprechen, und mehr als drei Viertel gaben an, gute Freunde und Freundinnen zu haben (ebd.: 40f). Auffallend ist der mit 49,5 % hohe Anteil der Befragten, die einen oder mehrere Heimaufenthalte hinter sich haben, was zusammen mit den bei 13,5 % der Väter und 6,3 % der Mütter angegebenen Suchterkrankungen auf instabile Verhältnisse in der Herkunftsfamilie schließen läßt (ebd.: 43, 45). In der Studie von Herrmann wurde ausschließlich nach psychosozialer Unterstützung durch Selbsthilfeorganisationen gefragt. Aufgrund des Zuganges zu der Population erstaunt es nicht, daß über 90 % der Befragten Angebote solcher Einrichtungen in Anspruch nehmen (Herrmann 1995: 79).

Bei der Versorgung und Betreuung HIV-infizierter und AIDS-kranker Frauen ist zu unterscheiden zwischen dem medizinischen und dem psychosozialen Bereich. Je nach Transmission brauchen die Betroffenen unterschiedliche Angebotsstrukturen. Im Rahmen des Bundesmodellprogrammes „Frauen und AIDS" wurden in 20 Modellprojekten bzw. Einrichtungen frauenspezifische Ansätze von Prävention, Versorgung, Beratung und Betreuung entwickelt und erprobt (Leopold/Steffan 1994: 28 ff.).

Die aus den Modellprojekten gewonnenen Erfahrungen zeigen, daß über die bisherigen medizinischen Versorgungsstrukturen HIV-infizierte und AIDS-kranke Frauen nur ungenügend erreicht werden. Erforderlich ist ein Zusammenwirken von medizinischer und psychosozialer Betreuung, das in den Modellprojekten durch die interdisziplinäre Kooperation von Medizinerinnen und Medizinern, Sozialarbeiterinnen und Psychologinnen realisiert wurde. Weitere Erfahrungen beziehen sich darauf, daß Angebots- und Kooperationsstrukturen wesentlich dafür verantwortlich sind, welche Zielgruppen erreicht werden. I. v. drogenabhängige HIV-infizierte Frauen stellen eine schwierige Patientinnengruppe dar, der nur dann geholfen werden kann, wenn die Abhängigkeitsproblematik in das Betreuungskonzept integriert wird. Der Integration eines interdisziplinären Versorgungsansatzes in den normalen Klinikbetrieb sind jedoch Grenzen gesetzt, daher sind auch andere Versorgungsstrukturen erforderlich, wie sie z. B. in der externen

Kooperation von Medizinerinnen mit psychosozialen Betreuungsstellen für Betroffene realisiert werden (Leopold/Steffan 1992).

Die 1983 gegründete und 1992 mit einem Frauenreferat ausgestattete Deutsche AIDS-Hilfe (D.A.H.) bietet vor allem in Großstädten Beratung und Betreuung an. Innerhalb der Selbsthilfegruppen der AIDS-Hilfe hat sich die Erkenntnis durchgesetzt, daß spezielle Angebote für Frauen erforderlich sind, da HIV-infizierte Frauen eher zu Rückzugsverhalten neigen und in den Gruppen der AIDS-Hilfe, die ursprünglich vor allem von homosexuellen Männern gegründet und in Anspruch genommen wurden, weniger offensiv auftreten. Die Berliner AIDS-Hilfe hat ein weites Spektrum von niedrigschwelligen Angeboten bis zu therapeutisch angeleiteten Gruppen für betroffene Frauen entwickelt (Parsa/Lange 1993).

Hilfsangebote bestehen auch von seiten des 1993 gegründeten Frauen-Netzwerkes - einer überregionalen Organisation, in der sich über 100 HIV-infizierte Frauen zusammengeschlossen haben. Unbürokratische und schnelle Unterstützung in finanziellen Notlagen erhalten Betroffene von der 1987 gegründeten Deutschen AIDS-Stiftung „Positiv leben" und von der „Nationalen AIDS-Stiftung".

In allen Gesundheitsämtern sind HIV- und AIDS-Beratungsstellen vorhanden, die meist (vor allem in kleineren Städten) keine spezifische psychosoziale Beratung anbieten können, aber an entsprechende Angebote verweisen. Die Hauptaufgabe der Gesundheitsämter ist die Durchführung des HIV-Antikörpertestes und die Beratung dabei.

9.2.4.8 Zusammenfassung

Die genaue Zahl HIV-infizierter und AIDS-kranker Menschen in Deutschland ist nicht bekannt. Anhand von Labordaten und von Angaben AIDS-Kranke behandelnder Ärztinnen und Ärzte lassen sich jedoch fundierte Schätzungen anstellen. Danach lebten Ende 1996 im Bundesgebiet zwischen 5.250 und 9.000 HIV-infizierte und zwischen 675 und 1.000 AIDS-kranke Frauen (die Zahlen sind berechnet anhand der Angaben des StBA 1998a: 265 f). Zwar sind von der Infektion und der Krankheit Männer in größerem Umfang als Frauen betroffen, seit 1989 ist jedoch eine Zunahme des Frauenanteils bei den HIV-Infizierten und AIDS-Kranken zu verzeichnen.

Zu Beginn der Epidemie Anfang der 80er Jahre wurde das HI-Virus vor allem durch intravenösen Drogenkonsum auf Frauen übertragen. Inzwischen hat die Bedeutung der heterosexuellen Transmission zugenommen. 1996 hatten sich zum ersten Mal in absoluten Zahlen mehr Frauen über heterosexuelle Kontakte als über i. v. Drogenkonsum neu infiziert.

HIV-Infektion und AIDS trifft Frauen in einem Alter, in dem sich viele überlegen, ob sie ein Kind bekommen wollen. Zwar wird das früher als sehr hoch angesehene Übertragungsrisiko von der Mutter auf das Kind inzwischen auf 5 % geschätzt, angesichts der krankheitsbedingten verkürzten Lebenserwartung ist, wie Studienergebnisse eindrücklich belegen, der Umgang mit Kinderwunsch und Schwangerschaft ein schwieriges ambivalentes Problem.

Die psychosoziale Situation HIV-infizierter und AIDS-kranker Frauen kann je nach dem Übertragungsweg der Infektion differieren. Über Blutprodukte oder über heterosexuellen Verkehr mit ihrem Partner infizierte Frauen verfügen meist über stabile biographische Erfahrungen in ihrem sozialen Umfeld, während akut i. v. drogenabhängig Erkrankte mit den aus der Sucht und den aus der Infektion sich ergebenden Problemen zu kämpfen haben. Dem entsprechend sind, wie Modellprojekte zeigen, unterschiedliche und verschieden strukturierte Hilfsangebote bereitzustellen, die einen interdisziplinären Ansatz von medizinischer Versorgung und psychosozialer Betreuung verfolgen.

Frauenspezifische Hilfsangebote wurden im Bundesgebiet entwickelt vom Frauenreferat der Deutschen AIDS-Hilfe und von dem 1993 gegründeten Frauen-Netzwerk, zu dem sich HIV-infizierte Frauen zusammengeschlossen haben.

9.2.5 Frauen in stationärer psychiatrischer Behandlung

9.2.5.1 Einleitung

Psychische und psychiatrische Erkrankungen sind ein schwer abgrenzbarer Bereich gesundheitlicher Belastungen. In diesem Kapitel stehen bei der Darstellung der Situation von psychisch und psychiatrisch erkrankten Frauen zwar - wie in den vorangegangenen Kapiteln bei anderen gesundheitlichen Lagen auch - die Lebenssituation und die Lebenserfahrungen der Frauen im Vordergrund, sie werden aber nicht als allgemeiner Kontext eines Lebens mit gesundheitlichen Belastungen aufgegriffen, sondern die spezielle und zentrale Frage lautet, wie dieser Lebenslauf und die Lebenserfahrungen im institutionellen Rahmen der Psychiatrie aufgegriffen werden und inwieweit bei der Behandlung auf geschlechtsspezifische Aspekte eingegangen wird. Die Erfahrungen, die Frauen in der stationären Unterbringung machen, stehen damit im Mittelpunkt dieses Kapitels.

Der Weg in eine stationäre psychiatrische Behandlung führt über die Diagnose einer psychischen Erkrankung und über die Feststellung der stationären Behandlungsbedürftigkeit. Auf beide Begriffe wird im folgenden kurz eingegangen.

Psychische Erkrankungen

Psychische Erkrankungen haben entweder vorwiegend psychische Symptome wie beispielsweise Ängste, Zwänge oder depressive Verstimmtheit, oder ihre Ursachen sind vorwiegend im seelischen Bereich zu suchen, auch wenn sie nur oder überwiegend körperliche Symptome haben. Nach der Internationalen WHO-Klassifikation ICD-10 zählen dazu bei Erwachsenen insbesondere organische bzw. symptomatische psychische Störungen, psychische Verhaltensstörungen durch psychotrope Substanzen, die Schizophrenien, die affektiven und die neurotischen Störungen, Verhaltensauffälligkeiten mit körperlichen Funktionsstörungen oder Faktoren, Persönlichkeitsstörungen und Intelligenzminderungen.

Das diagnostische Vokabular des ICD-10 ist umstritten, da es vorwiegend deskriptiv ist. Es hat jedoch den Vorteil, daß in ihm die diagnostischen Glossars verschiedener Länder zusammengeführt wurden und so die gesundheitlichen Verhältnisse international vergleichbar werden können. Diagnostische Unterscheidungen zwischen Frauen und Männern kommen nur dort vor, wo dies ganz und gar unvermeidbar ist, wie beispielsweise bei der Wochenbettpsychose. Ebenfalls umstritten ist der Krankheitsbegriff, insbesondere bei den Neurosen und Persönlichkeitsstörungen, da diese oft ebenso als Varianten des Gesunden angesehen werden können. Deshalb wird oft im psychiatrischen Sprachgebrauch von beispielsweise „behandlungsbedürftigen Neurosen" oder auch von „krankheitswertigen Persönlichkeitsstörungen" gesprochen.

Die moderne Psychiatrie, vor allem die Sozialpsychiatrie, hat eine Erweiterung der medizinisch-biologischen Sichtweise erfahren. In der psychiatrischen Fachliteratur besteht generell Übereinstimmung darüber, daß psychische Erkrankungen im Zusammenwirken biologischer, individualpsychologischer und gesellschaftlicher Faktoren entstehen. Die Frage ist, wie dies in der stationären Behandlung berücksichtigt wird.

Stationäre Unterbringung

Im stationären und ambulanten Bereich gibt es eine Vielzahl von Behandlungs- und Betreuungsangeboten:

- die psychiatrischen Kliniken, die meistens einen Pflichtversorgungsauftrag für eine bestimmte Region haben; ihnen sind manchmal Tageskliniken und Ambulanzen angegliedert,
- die psychosomatischen Kliniken, in denen im allgemeinen bestimmte Formen von Psychotherapie angeboten werden,
- die kassenärztliche Versorgung durch niedergelassene Allgemein- und Fachärztinnen und -ärzte, ärztliche und psychologische Psychotherapeutinnen und -therapeuten,
- die staatlichen Gesundheits- und Sozialämter mit dem Sozialpsychiatrischen Dienst,
- psychosoziale Kontakt- und Beratungsstellen, oft in Trägerschaft von psychiatrischen Hilfsvereinen, mit Betreutem Wohnen, Werkstätten für psychisch Kranke und Behinderte,
- einzelne Initiativen von Beratungsstellen für psychisch kranke Frauen,
- Frauengesundheitszentren,
- Selbsthilfegruppen.

Die stationäre Behandlungsbedürftigkeit in der Psychiatrie ist eng mit dem Krisenbegriff verbunden. Als stationär behandlungsbedürftig gilt eine Person, wenn sie sich in einer psychischen Krise befindet, die aus verschiedenen Gründen, z. B. Selbst- oder Fremdgefährdung, nicht mehr ambulant zu bewältigen ist. Das können Lebensänderungskrisen, traumatische Krisen und Krisen bei akuter Verstärkung von Symptomen bestehender psychischer Erkrankungen sein (nach Katschnig/Konieczna 1986). Die Anforderungen an eine stationäre Behandlung bestehen einerseits in einem Schutz vor selbst- oder fremddestruktiven Tendenzen und andererseits in einer umfassenden Krisenbewältigung.

Die psychiatrische Versorgung in Deutschland ist im wesentlichen geschlechtsindifferent. Wenn Geschlechtsunterschiede gesehen werden, dann werden sie meist durch die körperlichen Unterschiede erklärt. Im klassischen psychiatrischen Versorgungssystem gibt es nur vereinzelt spezielle Therapieangebote für Frauen, beispielsweise die Mutter-Kind-Behandlung auf allgemein-psychiatrischen Stationen (Hartmann 1997). Im ambulanten Bereich ist es in Ballungszentren eher möglich, frauenspezifische Angebote zu finden. Insgesamt sind sie aber so verstreut, daß es schwierig ist, sie systematisch darzustellen.

Betroffenheit von Frauen von psychischen Erkrankungen

Einem Bericht der WHO zu „Psychosocial and Mental Health Aspects of Women's Health" (WHO 1994) zufolge zeigen viele Untersuchungen international, daß Frauen häufiger psychisch krank werden und daß ihre Krankheitsanfälligkeit eng verbunden ist mit Familienstand, Arbeit und gesellschaftlicher Rolle. Frauen leiden häufiger unter Depressionen und Phobien, Männer häufiger unter antisozialer Persönlichkeit und Alkoholismus. Statistiken des Statistischen Bundesamts, die auf Krankenkassen-Daten von 1993 basieren, weisen ähnliche Verteilungen in Bezug auf Geschlechtsunterschied und Diagnosen auf, obschon hier das Zahlenmaterial der gesetzlichen Krankenkassen, meist sogar nur der Pflichtversicherten und damit eines eingeschränkten Personenkreises zugrunde gelegt wurde. Beispielsweise wurden Arbeitsunfähigkeitsfälle der Pflichtmitglieder der gesetzlichen Krankenkassen nach Diagnosen (hier: ICD-9) aufgeschlüsselt. Es fanden sich bei den Organischen Psychosen über doppelt so viele Männer als Frauen (Arbeitsunfähigkeitsfälle). Die Männer waren im Schnitt 34,25 Tage, die Frauen 29,10 Tage pro Fall krank. Bei den „Anderen Psychosen", in die offenbar ein Teil der Depressionen eingegliedert wurde, fanden sich deutlich höhere Zahlen für Arbeitsunfähigkeitsfälle bei Frauen (etwa 15 % mehr) als bei Männern, wobei die Frauen im Schnitt 45,87 Tage und die Männer 52,39 Tage je Fall krank waren. Schließlich traten bei den Neurosen und Persönlichkeitsstörungen deutlich mehr Arbeitsunfähigkeitsfälle bei den Frauen (etwa 40 % mehr) als bei den Männern auf. Hier waren die Frauen im Schnitt 31,11 Tage, die Männer 30,73 Tage je Fall krank.

9.2.5.2 Datenlage und Design der Untersuchung „Frauen in der stationären Psychiatrie"

Erst in geringem Umfang werden in der psychiatrischen Forschung Fragestellungen geschlechtsdifferent aufgegriffen, beispielsweise beim Verlauf der Schizophrenie (Maurer 1995). Die WHO hat sich mit psychosozialen und psychischen Aspekten der Gesundheit von Frauen befaßt (WHO 1994). In Wien ist eine kommunale „Life-Style-Study" als frauenspezifische Präventionsforschung durchgeführt worden (Wimmer-Puchinger/Schmidt 1993). Speziell zu der Fragestellung, welche Zusammenhänge bei der Entstehung, dem Verlauf und der Therapie psychischer Erkrankungen von Frauen bestehen, liegt keine deutsche epidemiologische Studie vor (Kühner 1998). Anders als im englischsprachigen Raum steht die Diskussion um die Frage der geschlechtsgemischten Stationen noch aus (Batcup 1997; Warden 1997).

Zur Frage der Berücksichtigung frauenspezifischer Probleme in der stationären Behandlung liegt bisher eine deutsche Studie vor (Enders-Dragässer/Sellach 1998). Der Abschnitt konzentriert sich auf die Ergebnisse dieser aktuellen Studie.

Angaben zur Studie „Frauen in der stationären Psychiatrie"

Die Studie wurde 1994 bis 1996 im Auftrag des Hamburger Senatsamtes für die Gleichstellung von einer interdisziplinären Forschungsgruppe erarbeitet, der zwei

Psychiaterinnen, eine Psychologin, eine Organisationsberaterin und zwei in der Frauenforschung tätige Soziologinnen angehörten. In der interdisziplinären Kooperation wurden die bislang getrennten Bereiche der allgemeinen Psychiatriekritik und der Psychiatriekritik aus der Frauenbewegung und Frauenforschung zusammengeführt und miteinander verknüpft. Ziel der Studie war, in der Kooperation mit einem psychiatrischen Krankenhaus exemplarisch die Notwendigkeit und die Realisierung frauenspezifischer Behandlungsweisen und Organisationsformen zu untersuchen. Mitarbeiterinnen und Mitarbeiter zweier großer Stationen eines großstädtischen psychiatrischen Krankenhauses in Norddeutschland gewährten Einblick in ihre Arbeit. Bei den Stationen handelte es sich um eine Frauenstation und eine Station mit Frauen und Männern.

Die Forschungsgruppe arbeitete mit einem breiten Spektrum an quantitativen und qualitativen Methoden (u. a. Fragebögen, Interviews, Dokumentenanalysen, Literaturrecherche, teilnehmende Beobachtung) sowohl klinikbezogen als auch klinikunabhängig. Daten wurden auch stations- und klinikübergreifend bei unterschiedlichen Zielgruppen erhoben (u. a. Patientinnen, Vertreterinnen unterschiedlicher Berufsgruppen und Hierarchieebenen). Themen bei der Befragung der Patientinnen waren u. a. die Bedeutung frauenspezifischer Faktoren für Krankheitserleben, Krankheitsbewältigung, Diagnosen, Therapieziele, Interaktionen und Behandlungsprozesse sowie Wünsche und Ärgernisse im Klinikalltag, Vorstellungen zu bedarfsgerechter Versorgung und zu Mitbestimmungs-, Kommunikations- und Konfliktlösungsstrukturen während des Klinikaufenthaltes und die Vorbereitung auf die Entlassung. Die Erfahrungen der Patientinnen unter Berücksichtigung der Alltagsbezüge der Beziehungen und sozialen Bindungen, der vorhandenen oder fehlenden Ressourcen von Patientinnen in Therapie und Pflege wurden einbezogen.

Auf der Organisationsebene wurden Tätigkeitsprofile der verschiedenen Berufsgruppen und Strukturdaten, wie z. B. Räumlichkeiten und Personalausstattung, sowie Daten zu den formellen und informellen Entscheidungs- und Kommunikationsstrukturen erhoben und Arbeitsabläufe analysiert. Die Auskünfte von Fachkräften, Expertinnen und Experten und psychiatrieerfahrene Frauen innerhalb und außerhalb der untersuchten Stationen bzw. der kooperierenden Klinik ermöglichten eine geschlechterbeachtende Rekonstruktion des Psychiatriealltags, die Formen der Wahrnehmung der Patientinnen und des Umgangs mit ihnen einschließt, und klärten den Stellenwert von physischen, psychischen und sexuellen Gewalterfahrungen der Patientinnen für Erkrankung, Therapie, Pflege, Alltagsorganisation und Nachsorge.

Ein weiterer Schritt war die Auswertung der psychiatriekritischen Diskussion in der Frauenforschung. Die mit jeweils unterschiedlichen Untersuchungs- und Erkenntnismethoden parallel entwickelten Analysen sowie die Lösungsansätze zur Versorgung von psychisch kranken Frauen in der stationären Psychiatrie wurden interdisziplinär zusammengeführt.

9.2.5.3 Berücksichtigung des weiblichen Lebenszusammenhangs als Kontext für stationäre psychiatrische Behandlung

Resultat der Untersuchung war ein interdisziplinärer Konsens dahingehend, daß in Krankheitslehre und Therapieprogrammen in der stationären Psychiatrie weitgehend

Geschlechtsrollenstereotype bei gleichzeitigen Vorstellungen von Geschlechterneutralität vorherrschend sind. Im Bemühen um „Geschlechtsneutralität" stellt sich die Psychiatrie als ein Handlungsfeld dar, in dem in widersprüchlicher Weise geschlechtsrollenorientiert und geschlechtsblind zugleich agiert wird. Dabei werden die Patientinnen abhängig von traditionellen Geschlechtsrollenvorstellungen wahrgenommen, was die geschlechtssensible Beachtung bzw. Bearbeitung von krankheitsverursachenden, krankheitsauslösenden und krankheitsunterhaltenden Lebenskonstellationen der Patientinnen behindert.

Die Patientinnen thematisieren geschlechtsspezifische Erfahrungen, und insbesondere Extremerfahrungen, Identitäts- und Existenzkrisen und damit Beziehungskrisen, den Verlust von Kindern oder Angehörigen, Gewalt, persönliche Abhängigkeiten durch wirtschaftliche Not, Wohnungsnot und soziale Isolation. Allerdings wurde für alle Arbeitsbereiche der Untersuchung dargestellt, daß Patientinnen wesentliche Informationen, die ihre Gewalterfahrungen, ihre Sexualität, ihre Körperlichkeit betreffen, Männern gegenüber zurückhalten. Auf dieses für das gesamte Handlungsfeld der stationären Psychiatrie relevante Mitteilungsverhalten von Patientinnen wird bisher kaum angemessen reagiert, so daß bezweifelt werden muß, ob sich Patientinnen während ihres Aufenthaltes in der stationären Psychiatrie überhaupt umfassend mitteilen können. Jedenfalls fühlen sich die Patientinnen in ihren geschlechtsspezifischen Erfahrungen nicht genügend akzeptiert und unterstützt. Sie äußern sich enttäuscht darüber, daß ihre Biographie und Vorgeschichte ebenso wie ihr Recht auf Intimsphäre zu wenig beachtet würden (Kühner 1998).

Obwohl im Krankenhausalltag die vielfach krankmachenden Lebenswirklichkeiten der Frauen durchaus gesehen werden, werden sie eher im individuellen psychosozialen Kontext eingeordnet und als persönliches Schicksal gedeutet. Sie werden kaum in Bezug gesetzt zu den Strukturproblemen der sozialen Existenz von Frauen. In Diagnose, Behandlung, Prognose und insbesondere in der Gestaltung des therapeutischen und versorgenden Milieus der Stationen werden die gesellschaftlichen Strukturprobleme für Frauen nicht systematisch berücksichtigt. Fachkräfte aller Berufsgruppen in der Psychiatrie nehmen Geschlechtsunterschiede zwar wahr, gehen aber therapeutisch darauf nur in geringem Umfang ein. Ihnen fehlt das fachliche Wissen, um über die individualbiographischen Informationen der Patientinnen hinaus einen handlungsleitenden Bezug zu den individuell nicht aufhebbaren strukturellen Problemlagen der sozialen Existenz von Frauen in ihrer Relevanz für Anamnese, Diagnose, Therapie und Nachsorge herstellen zu können.

Die Patientinnen werden zumeist als „Patienten" bezeichnet, aber von ihrem Frau-Sein her geschlechtsrollenspezifisch und unter Bezugnahme auf ihre „weibliche Sozialisation" beobachtet, beurteilt und behandelt. Im Stationsalltag wird von heterosexueller Normalität ausgegangen. Von den Patientinnen werden in der Regel die herkömmlichen heterosexuellen weiblichen Verhaltensmuster erwartet, oft zugleich aber auch kritisiert. Die Aufmerksamkeit gegenüber Patientinnen scheint vorrangig der Frage zu gelten, wie sie sich auf Männer beziehen, ob sie sich Männern gegenüber als beziehungsfähig oder beziehungsunfähig erweisen. Dennoch wird nicht weiter danach gefragt, inwieweit Beziehungsschwierigkeiten von Patientinnen Konsequenz krisenhafter Beziehungserfahrungen mit Männern oder der Wegnahme von Kindern sein könnten und wie derartige Erfahrungen in Behandlung und Nachsorge zu berücksichtigen sind. Wenn Patientinnen, angesichts von Wohnungsnot und unzureichenden Erwerbsmöglichkeiten, in einer Beziehung zu einem Mann die einzige ihnen zugängliche Form ihrer Existenzsicherung sehen, wird zwar kritisch gesehen, daß sie das erneut sozial und materiell abhängig macht, aber dies wird nicht als krankheitsrelevant aufgegriffen. Kaum berücksichtigt wird, daß sich Beziehungsschwierigkeiten von Patientinnen bei männerorientierten aggressiven Strukturen und Interaktionen auf geschlechtsgemischten Stationen weiter verfestigen können.

Die Orientierung auf Männer hat zur Folge, daß Beziehungen von Patientinnen zu Frauen kaum in den Blick geraten. Fast bedeutungslos scheint, inwieweit es im Leben der Patientinnen andere Frauen gibt, sei es aus der Familie, sei es aus dem sonstigen sozialen Nahfeld, mit denen die Patientinnen verbunden sind und die sie unterstützen und ihnen helfen. Auf das Potential dieser Beziehungen wird nicht systematisch zurückgegriffen. Es scheint, als ob nur die Männerbeziehungen der Patientinnen zählen, wie problematisch sie auch sein mögen. Hinzu kommt, daß Patientinnen solange als heterosexuell gelten, solange sie nicht selbst von sich sagen, daß sie nicht heterosexuell, sondern beispielsweise lesbisch sind. Die Situation und die Probleme lesbischer Patientinnen sind kaum Thema. Der für die Behandlung und Nachsorge so wesentliche Bereich der Beziehungen von Patientinnen zu Frauen, auch als stabilisierender Faktor in einem schwierigen sozialen Nahfeld, scheint weitgehend ignoriert und nicht geschätzt und unterstützt zu werden.

9.2.5.4 Berücksichtigung von Gewalterfahrungen

Die gesellschaftliche Tatsache männlicher Gewalt wird in der stationären Psychiatrie verharmlost und nicht systematisch in ihrer Bedeutung für Erkrankung, Diagnose, Behandlung und Prognose aufgegriffen. Das gilt vor allem für Extremerfahrungen und insbesondere für erlebte Gewalt. Dieses Versäumnis hängt damit zusammen, daß Gewalt in der Psychiatrie auch als Behandlungsmethode angewandt wird (z. B. in Form von Elektroschocks). Die zwangsweise stationäre Aufnahme ist verbunden mit einer juristisch erlaubten Zwangsbehandlung. Obwohl psychisch kranke Frauen weniger häufig aggressiv sind, wird insbesondere in der Aufnahmesituation, als Behandlungsmethode häufig Gewalt ausgeübt (z. B. Fixierung). Patientinnen werden auch nicht systematisch vor gewaltbereiten oder gewalttätigen Patienten geschützt. Dadurch kommt es nicht selten zu einer Wiederholungssituation gleich zu Beginn einer Behandlung, wodurch eine vertrauensvolle Behandlungsbeziehung nicht mehr möglich ist.

Durch die Initiative von Angehörigen- und Betroffenenvereinigungen ist es in den letzten Jahren vermehrt zu einer Auseinandersetzung mit diesem Thema gekommen. In der psychiatriekritischen Frauendebatte wird eine Gewährleistung von Schutz darin gesehen, daß Frauen in einer Frauenumgebung aufgenommen und frauenorientiert behandelt werden, so lange ihr Schutzbedürfnis gegeben ist.

9.2.5.5 Zusammenfassung

Die Ergebnisse aus einer aktuellen interdisziplinären Studie im Auftrag des Hamburger Senats liefern zahlreiche Anhaltspunkte dafür, daß psychische Krisen bei Frauen im Kontext geschlechtsspezifischer Bedingungen ihrer Lebensgeschichte entstehen oder sich zuspitzen, die jedoch bei der Behandlung in der stationären Psychiatrie bislang zu wenig berücksichtigt wurden.

Die Praxis ist gekennzeichnet von Geschlechtsrollenstereotypen bei gleichzeitigem Anspruch, geschlechtsneutral zu behandeln. Krankmachende Lebenswirklichkeiten von Frauen werden zwar gesehen, es wird aber nicht darauf eingegangen, und sie werden nicht in Bezug zu strukturellen Problemen der sozialen Existenz von Frauen gesetzt. Die Erwartungen an das Verhalten der Patientinnen bleiben den Geschlechtsrollenstereotypen verhaftet. Die gesellschaftliche Tatsache männlicher Gewalt wird nicht systematisch in ihrer Bedeutung aufgegriffen und die Frage des Schutzes von Frauen vor Gewalt nicht angemessen beantwortet.

10 Frauenzentrierte Ansätze in der Gesundheitsförderung und in der gesundheitlichen Versorgung

10.1 Zur Entwicklung der Diskussion um eine bessere Prävention und Versorgung für Frauen

Im Gesundheitswesen ist in den letzten Jahren zunehmend zu beobachten, daß Angebote bewußt darauf abgestellt wurden, die Bedürfnisse von Frauen aufzugreifen. Die Existenz dieser Ansätze zeigt die Wahrnehmung eines Bedarfs an; sie entwickeln sich aus der Einschätzung, daß Frauen eine andere oder spezifische Versorgung brauchen oder wollen. Dabei werden einerseits Impulse von der Frauengesundheitsbewegung aufgenommen, andererseits ist innerhalb verschiedener Berufsverbände und Fachrichtungen ein Prozeß der kritischen Bestandsaufnahme erfolgt, ob Frauen sich mit ihren Gesundheitsbedürfnissen angemessen einbringen können und ob sich durch neue Angebote und Konzepte bessere Möglichkeiten eröffnen als bisher. Bislang ist allerdings keine Übersicht dessen möglich, was in der Praxis diese andere, Frauen besser gerecht werdende Versorgung heißt. Nur schlaglichtartig werden zu bestimmten Gesundheitsbereichen konkrete Erfahrungen berichtet. Noch weniger ist darüber bekannt, wie diejenigen, die von solchen Verbesserungen den Nutzen haben sollen, darüber denken, nachdem ihnen eine für Frauen geschaffene Versorgung begegnet ist.

Ein Frauengesundheitsbericht würde wesentliche Dimensionen seiner Aufgabenstellung versäumen, würden die Erkenntnisse aus dieser engagierten Praxis nicht einfließen. Weil jedoch der Stand unseres Wissens bislang bruchstückhaft und unsystematisch ist, war eine eigene empirische Erhebung notwendig, um Anregungen für eine Verbesserung der Versorgungspraxis, aber auch für den weiteren Forschungsbedarf geben zu können. Die Erhebung ging den Fragen nach: In welchen Gesundheitsfeldern gibt es Praxisansätze mit dem Anspruch, den Bedürfnissen von Frauen besser als bisher gerecht zu werden, und auf welche Bedürfnislagen reagieren sie? Mit welchen Konzepten und Erfahrungen wird gearbeitet? Welche Bedürfnisse artikulieren Frauen an Versorgung, und nach welchen Kriterien bewerten Nutzerinnen frauenzentrierte Ansätze? In einer mehrstufigen Erhebung (Kurzfragebogen, Telefonbefragung, Expertinneninterviews, Gruppen-gespräche mit Nutzerinnen bzw. Patientinnen) wurde eine große Brandbreite von Aktivitäten erfaßt und in ausgewählten Fällen qualitativ untersucht.

Die Untersuchung erhebt keinen Anspruch auf Repräsentativität und auch nicht auf eine objektive Qualitätsprüfung; solche Forschungen werden erst möglich, wenn wir wissen, welche Meßlatte anzulegen ist. Insofern ist dies eine Pilotstudie, sie legt eine Sonde in einen außerordentlich dynamischen Prozeß hinein mit dem Ziel, zu verstehen, was sich dort tut. Sie war, nach der Gewinnung eines ersten Überblicks, darauf ausgerichtet, Fallbeispiele für eine frauenzentrierte Versorgung in sehr unterschiedlichen, aber wichtigen Bereichen zu gewinnen; zu erhellen, inwieweit es für das „Frauenfreundliche" in verschiedenen Problemfeldern gemeinsame Leitlinien oder Perspektiven gibt, und ein erstes Bild davon zu gewinnen, welche Maßstäbe Frauen anlegen, wenn sie die erfahrene Versorgung als mehr oder weniger gut und angemessen beurteilen.

10.1.1 Zur Begriffsklärung

Für die Untersuchung sollten breite Begriffe und offene Formulierungen zugrunde gelegt werden, die es vermeiden, bestimmte Ansätze und Sichtweisen vorab zu bevorzugen. Deshalb fiel die Entscheidung, „Gesundheitsförderung und gesundheitliche Versorgung" als umfassenden Oberbegriff zu nehmen. Dem Grundansatz dieses Berichts - der Orientierung am Lebenslauf und an den Ressourcen von Frauen (vgl. Kapitel 1) - entspricht es, daß sich der empirische Teil primär auf die Gesundheit und nicht allein auf die Krankheiten von Frauen bezieht und die gesundheitliche Versorgung in ihren Wechselbeziehungen zur Stärkung von Selbsthilfepotentialen betrachtet.

Dieser Perspektive folgend, wird der Begriff Gesundheitsförderung hier in einem weiten Sinne verwendet. Er umfaßt alles das, was verschiedene Fachkräfte und Multiplikatorinnen tun, um Frauen auf dem Weg zur Gesundheit unterstützend zu begleiten, und ist nicht auf ein an Risikoverhalten orientiertes Verständnis von Prävention (vgl. Kapitel 4.1) ausgerichtet. Damit wird die Wechselbeziehung zwischen gesundheitlicher Versorgung und Eigenkompetenzen unterstrichen. Die noch immer verbreitete Entgegenstellung von Gesundheitsverhalten (in der Eigenverantwortung der Bevölkerung) und Versorgung (in der Fachkompetenz der Medizin) wurde, wie deutlich werden wird (vgl. 10.1.2), in der Diskussion um spezifische Fragen der Frauengesundheit vom Beginn an in Frage gestellt: Es war als empirische Frage anzusehen, wie diese Trennung derzeit in der Praxis gesehen wird.

In der öffentlichen Diskussion um Gesundheitsförderung und -versorgung im Interesse von Frauen - in den Medien, auf Tagungen und in der Fachliteratur - kursiert eine Vielzahl von Begriffen. Die neuen Konzepte und Vorgehensweisen sollen z. B. frauenspezifisch, frauenfreundlich, frauengemäß, geschlechtsspezifisch, frauensolidarisch, frauenbewegt, frauengerecht, feministisch, geschlechtssensibel, frauenorientiert, emanzipatorisch oder bedürfnisgerecht sein.

Wir haben für die hier berichtete empirische Erhebung schließlich den Begriff frauenzentriert gewählt, weil es sich um Angebote handelt, die bewußt im Hinblick auf die in der Praxis erfahrenen oder angenommenen Bedürfnisse von Frauen entwickelt wurden. Dies schließt Konzepte nicht aus, die auf Männer angemessen und sensibel eingehen. Voraussetzung, so die Ausgangsannahme, ist ein Bewußtsein dafür, daß Frauen historisch und gesellschaftlich auf vielerlei Art spezifisch beeinträchtigt und an einer vollen Entfaltung ihrer Gesundheit gehindert worden sind.

Viele Ansätze, die gezielt auf Frauen eingehen wollen, sind im sogenannten „alternativen" Sektor angesiedelt. Entsprechende Informationen wurden in einer breiten Erhebung zusammen getragen und bei der Erstellung eines Überblicks berücksichtigt. Die besondere Aufmerksamkeit der Studie war jedoch vorrangig auf solche Angebote gerichtet, die im Bereich der regulären Versorgung und insbesondere der Kassenleistungen zu finden sind. Wenn im folgenden von der Erschließung von Alternativen gesprochen wird, so ist dies im Sinne der Wahlfreiheit zwischen verschiedenen Behandlungs- oder Selbsthilfemöglichkeiten, und ausdrücklich nicht im Gegensatz zur Regelversorgung gemeint. Ist es doch gerade das Besondere an der heutigen, von einer „neuen Fachlichkeit" getragenen Frauengesundheitsbewegung, daß sie die „Nischen" verläßt und Strukturverbesserungen anstrebt, um eine angemessene und hilfreiche Gesundheitsförderung allen Frauen zugänglich zu machen.

Schließlich konnte es nicht Aufgabe dieser sozialwissenschaftlich angelegten Untersuchung sein, Vorgaben für die „richtige" Versorgung von Frauen mit bestimmten Gesundheitsproblemen zu machen. Die Untersuchung war vielmehr darauf angelegt, Beispiele guter Praxis zu identifizieren und sodann qualitativ zu beschreiben, um schließlich explorativ zu erkunden, ob sie gemeinsame, transferfähige Merkmale aufweisen. Mit dem Begriff „gute Praxis" wird beim Stand der europäischen Diskussion angeknüpft, in der nicht mehr vorbildhafte Modelle gesucht werden, sondern vielmehr Praxisbeispiele verfügbar gemacht werden, die ausgearbeitet sind, Erfahrungen gesammelt haben und in ihrem jeweiligen Kontext gelungen arbeiten und die deshalb Anregungen bieten, „wie man es machen kann".

10.1.2 Frauengesundheitsbewegungen als Hintergrund einer neuen Versorgungsdiskussion

Die neuere Diskussion um eine den Bedürfnissen von Frauen gerecht werdende Gesundheitsversorgung nahm in Westdeutschland in der Frauengesundheitsbewegung der 70er Jahre ihren Anfang. Zentral waren damals Fragen der sexuellen und reproduktiven Selbstbestimmung, ausgelöst durch die Debatte um das strafrechtliche Verbot des Schwangerschaftsabbruches; bald kamen weitere Themen der reproduktiven Gesundheit hinzu. Die „Abtreibungsfrage" galt als Aspekt einer gesellschaftlichen „Körperpolitik" (Kickbusch 1981), die sich im Medizinsystem wie in einem Brennglas manifestierte. Kritik richtete sich auf die Definitionsmacht der medizinischen Experten, auf die Betrachtung der Frau als schwach, krank und leidend, auf die historische Enteignung von Frauenheilwissen durch die Medizin. Der zentrale Impetus dieser Diskussion zielte auf Selbsthilfe als gemeinsame Praxis von Frauen für Frauen. Ihre sichtbarste Praxisform bestand in der Gründung von Frauengesundheitszentren, deren Aufgabe in der Entwicklung eines ganzheitlichen Gesundheitskonzeptes und alternativer Heil- und Behandlungsmethoden, sowie im Protest gegen die Medikalisierung des weiblichen Körpers und die damit verbundenen ideologischen und strukturellen Bedingungen gesehen wurde. Mit diesen Orientierungen unterschied sich die Frauengesundheitsbewegung von anderen Konsumentenbewegungen im Gesundheitssystem (Schultz/Langenheder 1997; Kickbusch 1981).

Die Gesundheit von Frauen war in der DDR, ähnlich wie z. B. in Schweden, in einem Modell umfassender Daseinsfürsorge eingebunden, wozu sowohl die Rahmenbedingungen für Gesundheit, wie Wohnung, Arbeit, Einkommen, Familiensicherung, Erholung und Sport, Teilhabe an Kultur, als auch die gesundheitliche Vorsorge etwa durch Reihenuntersuchungen in Betrieben und Polikliniken sowie die Versorgung im Krankheitsfall und schließlich eine betriebs- und wohnungsnahe Versorgung von chronisch Kranken gehörten. Spezifische Bedürfnisse von Frauen wurden nur sehr begrenzt öffentlich diskutiert, und dies unter dem Aspekt ihrer Leistungsfähigkeit in der Arbeit und als Mutter. Der öffentliche Diskurs bot keinen Raum für Themen wie Gewalt gegen Frauen. Negative Versorgungserfahrungen wurden eher im Kontext der sich verschärfenden Mangelwirtschaft denn geschlechtsbezogen wahrgenommen. Nach der Wende entwickelte sich dann eine öffentliche Diskussion zu Geschlechterthemen, und eigenständige frauenfreundliche Initiativen konnten gegründet werden. Zugleich wurden aber vertraute und weithin positiv bewertete Strukturen der staatlichen Grundsicherung aufgelöst. Das Thema Frauengesundheit wird daher im Osten eher unter dem Aspekt der gesundheitlichen Belastung durch schwierige Lebensbedingungen und dem Fehlen gesellschaftlicher Unterstützung diskutiert.

Im Verbund mit den Arbeitsergebnissen einer vorwiegend sozialwissenschaftlichen Frauengesundheitsforschung konnte die westliche Frauengesundheitsbewegung im Laufe der 80er Jahre einen Bewußtseinsprozeß in Gang setzen, der nicht allein breitere Kreise der weiblichen Bevölkerung, sondern zunehmend auch Fachfrauen im ärztlichen und in anderen Gesundheitsberufen erfaßte. Als exemplarisch für die Verbindung kann die wechselseitige Stärkung in der Forderung nach einem weniger technologisch geprägten Umgang mit der Geburt gelten, die unter Frauenselbsthilfegruppen (etwa Stillgruppen und Hausgeburts-Initiativen), Berufsverbänden der Hebammen und historischer Frauenforschung stattfand, in deren Folge auch punktuell Sympathien in der Ärzteschaft und (im Zuge einer verstärkten Kundenorientierung) bei Klinikleitungen entstanden. Etwas anders gelagert, aber in der Grundlinie ähnlich war die Entwicklung im Bereich der Psychotherapie: Selbsterfahrungsgruppen und Fraueninitiativen mit politischem Anspruch bildeten das Umfeld für die Entstehung fachlich fundierter Ansätze feministischer Therapie, die ihrerseits von Ergebnissen der Frauenforschung zu geschlechtsspezifischer Sozialisation und von der kritischen Überprüfung und Revision einflußreicher älterer Theorien beflügelt wurden. Auch in den neuen Bundesländern bestehen Wechselwirkungen zwischen frauenpolitischen Aktivitäten, der Etablierung von Frauenforschung und der Suche nach neuen Ansätzen in der gesundheitlichen Versorgung, z. B. ein wachsendes Interesse an Selbsthilfe sowie an Psychosomatik. Dies wird einerseits als z. T. lange angestrebte Erweiterung der Versorgungsangebote verstanden, andererseits als Prozeß notwendiger Anpassung, bei dem es auch darum geht, wertvolle Elemente aus der Vergangenheit - z. B. den Lehrstuhl für psychosoziale Frauenheilkunde an der Charité in Berlin, das Netz von Dispensaires für chronisch Kranke, oder auch den hohen Anteil von Frauen im ärztlichen Beruf - zu erhalten oder gleichwertig zu ersetzen.

Die Frauengesundheitsdiskussion in der Bundesrepublik wurde an wichtigen Stellen von der englischsprachigen Literatur, aber auch von Kontakt zu neuen Praxisansätzen in den USA beeinflußt: Dort wurde die Inspiration zur Gründung von Frauengesundheitszentren in den 70er Jahren, dort wird heute etwa die Brustkrebsbewegung als mögliches Vorbild gefunden. Konzepte und Anregungen aus dem Ausland, die für die Bundesrepublik relevant sind, dürften jedoch eher in europäischen Ländern mit ähnlichen Versorgungsbedingungen zu finden sein. Die europäische Diskussion ist insgesamt eher technologiekritisch geprägt als die amerikanische und beruft sich stärker auf noch präsente oder fortbestehende nichtmedizinische Ressourcen der Gesundheitsförderung und Heilung.

Ein Blick auf die Frauengesundheitsbewegungen und deren wichtigsten Themen in den Niederlanden und Großbritannien läßt Ähnlichkeiten erkennen. Die anfängliche Ausrichtung war von transnationalem Ideenaustausch geprägt und kann in vier Grundgedanken gefaßt werden, die Lea den Broeder (EWHNET 1998) für die Frauengesundheitsbewegung in den Niederlanden formuliert, die aber ähnlich in der Bundesrepublik oder z. B. England vertreten wurden:

- der Kampf um (reproduktive) Selbstbestimmung und um Unabhängigkeit von Ärzten;

- das Prinzip der De-medikalisierung (das sich gegen eine routinemäßige ärztliche Überwachung der natürlichen Lebensphasen wie auch gegen häufige Verschreibung von Psychopharmaka an Frauen richtete);

- die Anerkennung der Bedeutung der sozialen Lebensbedingungen und fehlender Gleichberechtigung für die Gesundheit von Frauen, mit der Forderung, diese zu verändern; und

- den Aufbau von frauenspezifischen sozialen Diensten wie Frauenhäuser, Beratungsstellen und Frauengesundheitszentren.

Unter thematischen Gesichtspunkten hat es in allen Ländern lebhafte Diskussionen um reproduktive Gesundheit und um die Überwindung tradierter Vorstellungen der weiblichen Fortpflanzungsfähigkeit als Ursache für Schwäche, Minderwertigkeit oder gar Krankheit gegeben. Länderübergreifend war auch das Anliegen, in der Psychotherapie und Psychosomatik Stereotypen zu überwinden und frauengerechte Konzepte zu entwickeln. Grundsätze der Frauengesundheitsförderung sind die Einbeziehung gesellschaftlich wirkender und situativer Faktoren in die Behandlung, die Berücksichtigung geschlechtsbedingter Aspekte, insbesondere weiblicher oder männlicher Sozialisation und die Forderung, die Patientin mit Respekt zu behandeln und deren Fähigkeiten zur selbständigen Lebensbewältigung zu stärken (den Broeder, ebd.). Das zeitlich parallele Aufkommen von Selbsthilfebewegungen und gemeindenahen Versorgungsansätzen bildete einen fruchtbaren Boden für solche Konzepte der Frauengesundheitsförderung außerhalb und neben der medizinischen Regelversorgung. Schließlich ist auch in den Nachbarländern Schutz, Hilfe und Heilung bei Gewalt gegen Frauen ein zentrales und anhaltend bedeutsames Thema.

In den 90er Jahren hat länderübergreifend ein Trend zur Professionalisierung der Frauengesundheitsarbeit Fuß gefaßt. Eine professionelle Diskussion trägt durch Kritik und Veränderungsvorschläge zur Reform der gesundheitlichen Versorgung im Interesse von Frauen bei. Getragen wird sie von ausgewiesenen Vertreterinnen der Versorgungspraxis auf der Grundlage oft langjähriger klinischer bzw. beruflicher Erfahrung. Sie verfügen jedoch hierzulande nur selten über Ressourcen für Forschung oder extensive Publikationen; daher ist Fachliteratur im engeren Sinne, an der die Entwicklung der Versorgungsdiskussionen sich nachvollziehen ließe, eher spärlich vorhanden. Die kritischen Analysen, in Fachwissen und Erfahrung begründet, finden besonders in Dokumentationen von interdisziplinären Tagungen und in Sammelwerken ihren Publikationsort; anders als im englischsprachigen Raum gibt es kaum klinisch fundierte Spezialwerke zum geschlechtssensiblen Umgang mit Gesundheitsproblemen von Frauen. Die öffentlich debattierten Problemkreise sind zudem teilweise nicht mit den praktischen Arbeitsfeldern der Autorinnen identisch; oft richten sich kritische Stimmen auf Handlungsfelder, die außerhalb des eigenen unmittelbaren Einflußbereiches liegen. So ist z. B. in der Rehabilitation und in der Selbsthilfe ein reichhaltiger Erfahrungsschatz über die Bandbreite mittel- und langfristiger Nebenwirkungen gynäkologischer Operationen im psychischen, sozialen und auch somatischen Bereich entstanden. Daraus werden Schlußfolgerungen für eine bessere Beratung im Vorfeld gezogen, damit jede Frau ihre Entscheidung über die Wahl der Behandlungsstrategien informiert abwägen kann. Es gibt jedoch keine institutionellen Rückkopplungsschleifen im Gesundheitswesen, um die Erfahrungen der Rehabilitation - die ja Frauen erst nach ihrer Entscheidung für eine Operation machen können - in die Beratung vorher einfließen zu lassen.

Herausragende Themen von großen Tagungen in der zweiten Hälfte der 90er Jahre bezeugen eine breit getragene Forderung nach einer Betrachtung natürlicher Lebensphasen der Frau als gesund, ein starkes Interesse an Sensibilisierung für Gewalt gegen Frauen in allen Erscheinungsformen und die Suche nach einem Verständnis von Gesundheit und Heilung, dem eine positive Bewertung von Weiblichkeit zugrunde liegt. In der kritischen Fachliteratur spielt die Vereinnahmung des weiblichen Körpers für eine technologisch ausgerichtete „Apparate-Medizin" eine große Rolle.

Lebhaft debattiert werden z. B. der Umgang mit Schwangerschaft und Geburt, die Entwicklung der Reproduktionsmedizin, gynäkologische Operationen, Empfehlungen zur Mammographie und zur Hormonbehandlung, die Verschreibungspraxis bei psychoaktiven Medikamenten sowie ethische Fragen in der Psychotherapie und Psychiatrie. Charakteristisch insbesondere für die deutsche Diskussion ist ihre versorgungs- und medizinkritische Ausrichtung: Wird international oft eine Benachteiligung von Frauen durch vorenthaltene Leistungen beklagt, so hat die hiesige Kritik viel eher eine Über- und Fehlversorgung zum Thema.

Bei den aktuell diskutierten Themen zeigen sich im europäischen Vergleich, selbst mit Ländern, die ein ähnlich gut ausgebautes Versorgungssystem haben, andere Akzente. In Großbritannien und den Niederlanden hat die Frauengesundheitsarbeit in den 80er Jahren eine spürbare Integration in Bereichen der Regelversorgung und der nationalen Gesundheitspolitik erlangt. Heute wird dort sehr viel intensiver daran gearbeitet, frauenzentrierte Angebote in der gesundheitlichen Versorgung für unterschiedliche Zielgruppen auszudifferenzieren und insbesondere eine bessere Versorgung von besonders benachteiligten Gruppen von Frauen zu erreichen. In den Niederlanden richten sich diese Angebote speziell an Migrantinnen, Flüchtlingsfrauen, ältere Frauen, sozioökonomisch benachteiligte Frauen, Frauen mit HIV/AIDS (den Broeder, ebd.). In Schottland (hier im Rahmen des WHO-Programms „Gesunde Städte" die Stadt Glasgow) wird eine Weiterentwicklung von Frauengesundheitspolitik im Hinblick auf Armut von Frauen an erste Stelle gesetzt; die Schaffung von frauenzentrierten Angeboten für ethnische Minderheiten, behinderte Frauen und lesbische Frauen gelten als vorrangige Arbeitsgebiete (Scheffler, in: EWHNET 1998: ebd.). In England ist der Erhalt und die Weiterentwicklung der gemeindenahen „well women clinics" mit vorwiegend weiblichem Arztpersonal ein Thema. Auch sie versuchen verstärkt, zielgruppengerechte Versorgungsangebote zu entwickeln. So werden die spezifischen Bedürfnisse von jungen Frauen unter 16 Jahren und Frauen asiatischer Herkunft genannt (Hanmer, in: EWHNET 1998). Diese wachsende Aufmerksamkeit für die Unterschiede unter Frauen und für die angemessene Versorgung derjenigen Frauen, die eine besonders schlechte Möglichkeit der Artikulation und der Einbringung eigener Bedürfnisse haben, macht sich in der Bundesrepublik noch wenig bemerkbar.

Die aus der Perspektive von Frauen erhobene Kritik an der Schulmedizin überschneidet sich in vielem mit zeitlich parallel stattfindenden Diskussionen über eine grundsätzliche Neuorientierung oder zumindest eine andere Gewichtung der gesundheitlichen Versorgung (vgl. Uexküll/Adler 1992; Rosenbrock et al. 1994). Gefordert werden (auch ohne Bezug auf das Geschlecht) z. B. mehr gesellschaftliche Ressourcen für Prävention, eine stärkere Berücksichtigung der Psychosomatik, mehr Zurückhaltung bei invasiven und medikamentösen Behandlungen und die Integration alternativer Heilmethoden in die reguläre Versorgung. Kritisiert werden z. B. eine zu starke Bestimmung der Versorgung durch hochkomplexe und teuere Technologie (mit der Versuchung, sie mehr als nötig einzusetzen, damit sich Investitionen amortisieren) und durch eine am Gewinn orientierte pharmazeutische Industrie und ein Abrechnungswesen, das die Bereitschaft zum aufmerksamen Zuhören und zum Gespräch mit Patientinnen und Patienten ökonomisch „bestraft". Gefragt wird, wie bei all den wissenschaftlichen und technischen Möglichkeiten noch erreicht werden kann, daß die Menschen mit ihren Bedürfnissen, ihren Ressourcen und ihrem Recht auf Selbstbestimmung das Maß für die Gesundheit sind.

Diese breite Diskussion in der Gesellschaft wurde nicht unwesentlich, wenn auch oft nicht recht sichtbar, von der Frauengesundheitsbewegung angestoßen oder beeinflußt (vgl. Franke/Broda 1993; Maschewsky-Schneider et al. 1992). Bislang ist es jedoch kaum gelungen, die logisch zu diesem Komplex gehörende Forderung nach einer im umfassenden Sinne geschlechtersensiblen gesundheitlichen Versorgung in der öffentlichen Diskussion zu etablieren. Eine Kultur des einfühlsamen Umgangs mit Männlichkeit und mit männerspezifischen Gesundheitsbelastungen hat sich anscheinend in der Bundesrepublik kaum etabliert. So lange es unter Männern ungewöhnlich und peinlich ist, über Vulnerabilität, Ängste und Leiden zu sprechen, wird es kaum gelingen, auch über männerspezifische Gesundheitsbelastungen öffentlich zu diskutieren, und ein Mittel zur Behandlung vom Impotenz z. B. wird in den Medien als Stammtischwitz verhandelt.

So entsteht der paradoxe Effekt, daß wesentliche Orientierungsgrößen aus dem Bemühen um eine frauenzentrierte Versorgung zwar in der breiten Öffentlichkeit als diskussionswürdig empfunden werden, dennoch aber beide Diskussionen gegeneinander ausgespielt werden nach dem Motto: Das betrifft nicht nur Frauen, also hat es mit dem Geschlecht nichts zu tun. Die tragende Einsicht der Frauengesundheitsbewegung, daß gesundheitliche Ressourcen und Probleme sowie der spezifische Versorgungsbedarf von Menschen mit deren Lebenslage und insbesondere mit dem Geschlecht zusammenhängen, eine gute Versorgung daher dieses Wissen integrieren muß, gerät bei diesem Einwand ins Abseits, als hätten Männer kein Geschlecht.

10.2 Die empirische Erhebung

10.2.1 Zielsetzung und Methode

Ziele der empirischen Untersuchung waren es zu beleuchten, welche Leitideen und welche Praxiskonzepte gegenwärtig in der Bundesrepublik Deutschland für den Anspruch auf eine verbesserte gesundheitliche Versorgung von Frauen stehen, und ein erstes Bild zu gewinnen, mit welchen Sichtweisen und Maßstäben diejenigen Frauen ihre Erfahrungen mit Versorgung beurteilen, die ein bewußt frauenzentriertes Angebot kennengelernt und genutzt haben.

Forschungspraktisch stellte sich die Aufgabe, eine möglichst breite Palette frauenzentrierter Versorgungsansätze zu erfassen und darin Schwerpunkte zu identifizieren, um dann beispielhafte Angebote unterschiedlichen Typs qualitativ näher zu untersuchen. Durch Gewichtung im Zuge der Auswahl sollte gewährleistet sein, daß innovative Konzepte innerhalb der medizinischen Versorgung im Vordergrund stehen, während die frauenspezifische Arbeit von Vereinen und Selbsthilfeorganisationen ergänzend betrachtet wird.

Weder innovative Konzepte noch die Breite der Entwicklung sind umstandslos zugänglich. Neue Ansätze können als örtlich begrenzte Angebote entstehen, etwa in Form von Gemeinschaftspraxen, von einzelnen therapeutischen Praxen oder einzelnen therapeutisch-stationären Einrichtungen; deren Ideen und Konzepte müssen sich erst gegen „mainstream"-Vorstellungen behaupten, um breiter bekannt zu werden. Bestandsaufnahmen der Entwicklungshintergründe, Ziele, Organisationsformen und Angebote im Frauengesundheitsbereich für eine breitere Öffentlichkeit existieren zwar für ausgewählte Einrichtungstypen wie Frauengesundheitszentren (Schultz/Langenheder 1997) und Frauenberatungsstellen (Franke et. al. 1996), nicht aber für frauenzentrierte Ansätze im allgemeinen.

Mit Rücksicht auf die unübersichtliche Ausgangslage wurde eine Datenerhebung in mehreren Stufen vorgenommen. Die Stufen bauten aufeinander auf, so daß ein inhaltlicher Überblick über die Hauptergebnisse jeder Stufe erforderlich ist, um die Auswahl der Schwerpunkte und der Zielgruppen der jeweils nächsten Stufe nachzuvollziehen. Daher werden hier (unter 10.2.2. und 10.2.3) jeweils im Vorgriff die Ergebnisse der vorangegangenen Erhebungen zusammengefaßt; methodische und inhaltliche Ausführungen müssen sich dabei wechselseitig erhellen, wie dies von Glaser und Strauss (1967) mit dem Konzept der „theoretical sampling" zuerst beschrieben wurde (vgl. Strauss 1991).

Im ersten Schritt galt es, die Breite von Einrichtungen zu sichten, die nach eigenem Selbstverständnis eine Verbesserung der Versorgung von Frauen anstreben, und auf dieser Grundlage die Ansatzstellen für die weiteren Erhebungsschritte zu identifizieren. Die Recherche wurde mit einem breit gestreuten Kurzfragebogen durchgeführt, der sehr offen formuliert war und keine Definition vorgab. Zwischen Oktober 1996 und April 1997 wurden ca. 4.400 Kurzfragebögen an im Gesundheitsbereich tätige Institutionen, Vereine und Verbände verschickt, bei Fachtagungen ausgelegt sowie der Zeitschrift Frauenforschung beigelegt. Gefragt wurde nach „Praxisansätzen, die versuchen, dem

Bedarf von Frauen an gesundheitlicher Beratung und Versorgung besser gerecht zu werden" mit der Bitte, die Art der Einrichtungen und des Angebotes zu bezeichnen und Adressen oder weitere Kontaktpersonen zu nennen.

Unter den 288 Rückmeldungen waren 191 Personen, die selbst ein solches Angebot bereitstellen und 97 Multiplikatorinnen (z. B. Frauenbeauftragte, Hochschulangehörige, Autorinnen kritischer Literatur, Fachkräfte in Verbänden, Verwaltungen, Koordinationsstellen). Der Rücklauf ergab zahlreiche weitere Nennungen, aus denen (ggf. nach telefonischer Rückfrage) 317 weitere Angaben (von Anbietern weitere 106; von Multiplikatorinnen weitere 211) von Einrichtungen oder Personen gewonnen wurden; insgesamt wurden so 508 Anbieter von Gesundheitsförderung und gesundheitlicher Versorgung erfaßt.

Nicht alle angesprochenen Verbände waren bereit, den Kurzfragebogen ihrem Mitgliederrundbrief beizulegen. Durch Kontakte zu einzelnen Fachfrauen in Landesverbänden und zusätzliche Ansprache von Multiplikatorinnen auf Fachtagungen wurde versucht, dieses Problem abzumildern. Geringere Rückmeldungen aus Ostdeutschland sowie des ambulanten medizinischen Bereiches schienen zum Teil durch ungenügende Streuung verursacht zu sein. Deshalb erfolgten hier weitere Recherchen, um Expertinnen zu finden.

Tabelle 10.2-1: Übersicht über die Erhebung frauenzentrierter Ansätze in der Versorgung

Übersicht über die Erhebung	N
1. Kurzfragebogen:	
- Versand an wichtige Organisationen	4.400
- Rückmeldungen,	288
- diese wiederum haben weitere Einrichtungen, Personen genannt	317
- Rücklauf insgesamt	605
- davon: Anbieter	508
2. Gespräche mit Expertinnen:	
- Interviews bei der Erhebung von Praxisbeispielen	46
- sonstige Gespräche mit Expertinnen	32
Gesamt	78
3. Gruppengespräche mit Nutzerinnen	
Anzahl der Gruppengespräche	10
beteiligte Frauen	55

Dieses Material lag als Datenpool der zweiten Stufe der Erhebung zugrunde, die mit qualitativen Expertinnengesprächen beschreiben sollte, welche frauenzentrierten Ansätze in welchen Gesundheitsfeldern entstanden sind, wie diese Ansätze zu charakterisieren sind und auf welche eingeschätzten Bedürfnislagen von Frauen sie reagieren. Für die engere Auswahl mußte vielfach die sehr knappe Auskunft aus den Fragebögen durch (meist telefonische) Kurzinterviews ergänzt werden. Gefragt wurde, an wen sich das Angebot richtet (Zielgruppe), welche Ziele und konzeptionellen Überlegungen leitend sind und in welchem Sinne die Befragten ihr Angebot als frauenfreundlich oder den Bedürfnissen von Frauen gerecht werdend verstehen. In einigen Fällen wurden Fachkräfte befragt, die nicht selbst Versorgung leisten, aber in einem relevanten Bereich einen Überblick haben. Im Verlauf dieser Befragung - insgesamt 78 Expertinnen gaben uns zu diesen Fragen Auskunft - kristallisierte sich heraus, daß frauenzentrierte Praxisansätze schwerpunktmäßig zu bestimmten Gesundheitsproblemen und in bestimmten Versorgungsbereichen zu finden waren. Diese sollten möglichst in der ausführlichen Befragung abgebildet werden.

In diesem Stadium der Untersuchung wurden die Praxisansätze in den Bereichen Schwangerschaft/Geburt, Sucht und Hilfe nach sexualisierter Gewalt aus der weiteren Erhebung ausgeklammert, da die Versorgungsprobleme und die frauenzentrierten Ansätze in diesen Bereichen relativ gut erforscht sind und in den entsprechenden Kapiteln dieses Berichts auf der Basis vorhandener Expertisen problembezogen mitbehandelt werden sollten. Auf eine erneute Befragung der Frauengesundheitszentren wurde verzichtet, da das auftraggebende Ministerium zeitgleich eine Expertise erstellen ließ (Schultz/Langenheder 1997). Zur Eingrenzung wurde ferner entschieden, den sehr breiten Bereich der Gesundheitsbildung und der allgemeinen Frauenberatung nur stichprobenartig in telefonischen Kurzgesprächen zu beleuchten, da diese eher im Vorfeld des Systems gesundheitlicher Versorgung tätig sind.

Aus dem so erheblich verkleinerten Pool wurden 46 Expertinnen für eine ausführliche Befragung gewonnen. Sie sind in elf Einrichtungen, Projekten oder Praxen mit einem frauenzentrierten Versorgungskonzept tätig. Es wurden 16 separate Gespräche geführt, wobei zumeist eine bis drei Personen, in drei Fällen (Klinikstationen) ein Team von jeweils 7 bis 9 Personen, am Gespräch teilnahmen. Die Gespräche wurden auf Tonband aufgenommen und transkribiert, anschließend nach Mayring (1993) paraphrasiert und im Hinblick auf die geschilderte Inanspruchnahme, die Einschätzung der Bedürfnislagen der Klientel sowie auf den konzeptionellen Ansatz und dessen praktische Umsetzung ausgewertet. Auf dieser Basis wurde ferner eine zusammenfassende Darstellung jeder der Einrichtungen bzw. der Praxisansätze erstellt und der verantwortlichen Expertin zugesandt mit der Bitte, zu prüfen, ob ihr Praxisansatz angemessen wiedergegeben war und zuzustimmen, daß die Einrichtung ggf. im Bericht durch eine Ortsangabe kenntlich gemacht werden darf. Denn im Zuge der Auswertung war deutlich geworden, daß eine Beschreibung der Praxisansätze unter Bezug auf die dort konkret behandelten Gesundheitsprobleme kaum effektiv die Anonymität wahren kann, ohne inhaltsleer zu werden. Statt dessen wurde in einer verdichteten Fallgeschichte versucht, ein klares Bild der Konzeption und der Erfahrungsbilanz der jeweiligen Expertinnen zu zeichnen. Mit der Präsentation solcher „Beispiele guter Praxis" soll zugleich plastisch faßbar werden, wie mit Bezug auf jeweils spezifizierte Gesundheitsprobleme und Standorte im Gesundheitswesen eine frauenzentrierte Versorgung ausgestaltet werden kann.

Die dritte Stufe bildeten Gruppengespräche mit Klientinnen oder Patientinnen, um die Nutzerinnenperspektive zu erfassen. Die Vermittlung betroffener Frauen erwies sich als sensibler Bereich. Zu einigen Symptombereichen war es schwierig, Betroffene zu befragen, z. B. bei Frauen mit psychischen und psychosomatischen Problemen und Frauen mit Gewalterfahrungen. Wenn eine Vermittlung durch Einrichtungen möglich war, fand das Gespräch entweder dort (Kurklinik) oder in einem geeigneten neutralen Raum (bei nicht bzw. nicht mehr stationär behandelten Frauen) statt. Ergänzend wurden auch mehrere niedergelassene Ärztinnen mit frauenzentriertem Anspruch gebeten, ihren Patientinnen Informationsblätter mit der Bitte um ein Gespräch zu geben; bei Eingang genügender Zustimmungsformulare wurde telefonisch ein Termin für ein Gruppengespräch vereinbart. Es wurden zehn Gruppengespräche mit insgesamt 55 Nutzerinnen geführt.

Die methodische Entscheidung für Gruppengespräche entsprach dem Ziel, Kriterien zu erfassen, die Frauen an eine für sie angemessene Versorgung anlegen und die sie bei einem Vergleich verschiedenartiger Vorerfahrungen zum Ausdruck bringen. Bei dieser Methode interessieren nicht Einzelmeinungen, sondern kollektive Relevanzsysteme, die aus der Auseinandersetzung mit Gesundheitsproblemen und Strukturen der Versorgung gewonnen wurden. Methodologisch wurde angenommen, daß in einer Gruppendiskussion prinzipiell „informelle Gruppenmeinungen" vorgetragen werden (Bohnsack 1991), und zwar in einer arbeitsteiligen Form, indem Äußerungen ergänzt, bestätigt, berichtigt und im Gesprächsablauf aufeinander aufgebaut werden. Während Realgruppen, die sich durch direkte Bekanntschaft und eine gemeinsame Kommunikationsgeschichte auszeichnen, kollektive Dimensionen im Gespräch aktualisieren, zeichnen sich Fokusgruppen dadurch aus, daß sie im Hinblick auf ein bestimmtes Thema und Erfahrungsfeld zusammengesetzt werden; kollektive Deutungen entstehen in der Auseinandersetzung im Gespräch. Dabei geht es in einem ersten Schritt darum, sich darüber zu verständigen, was relevant ist, in einem zweiten darum, eine gemeinsame Interpretation und Wertung zu erreichen. Die hier durchgeführten Gespräche waren als Fokusgruppen angelegt.

Die Gruppengespräche waren ausdrücklich nicht darauf angelegt, die Einrichtungen oder deren Angebote zu evaluieren. Dagegen sprachen der begrenzte Umfang der Pilotstudie, das dadurch bedingte Fehlen von Kontrollgruppen sowie die Tatsache, daß die Nutzerinnen über die Expertinnen vermittelt wurden. Daß über den gleichen Ort Expertinnen und Nutzerinnen gewonnen wurden, hatte den vorrangigen Grund, daß hier strategisch günstige „Erschließungsorte" für den geschlechtsspezifischen Umgang mit Gesundheitsproblemen sowie für die Bedürfnisse von Frauen an eine frauengerechte Versorgung vermutet wurden. Auf der einen Seite gibt es Praktikerinnen, die sich durch ihre langjährige Arbeit differenzierte Kenntnisse angeeignet haben. Auf der anderen Seite gibt es Frauen, die als Nutzerinnen/Patientinnen diese Einrichtungen kennengelernt haben. Unabhängig davon, ob sich die „frauenzentrierte" Versorgung als bestmögliche Lösung für die konkrete Nutzerin erwiesen hat, bietet sie ihr prinzipiell die Chance eines Vergleichs und kritischen Rückblicks sowie die Möglichkeit, ihre Bedürfnisse zu artikulieren. Durch die Wahl dieses „Erschließungsortes" wurde die Möglichkeit zu einer breiteren Artikulation von Bedürfnissen und Wünschen, von positiven und negativen Erfahrungen gegeben.

10.2.2 Spektrum der erfaßten Praxisansätze

Die Kurzumfrage war als Suchstrategie nach Innovationen angelegt; der Rücklauf wurde ausgewertet, um einen Überblick zu gewinnen, welche Bereiche angesprochen wurden. Die Kategorien im Kurzfragebogen waren auf rasche Verständlichkeit im Praxisfeld ausgerichtet und boten die Möglichkeit, entweder den Ort im Versorgungssystem oder die Gesundheitsthematik zu kennzeichnen; ggf. erfolgten zur Klärung telefonische Nachfragen. Aus der Häufung der Rückmeldungen, aus Faltblättern und Broschüren, die mitgeschickt wurden und aus telefonischer Kontaktaufnahme ergibt sich ein Eindruck, wo und wie sich frauenzentrierte Ansätze zuordnen. Da die Breite der erfaßten Ansätze im weiteren nicht berücksichtigt werden kann, soll an dieser Stelle ein Überblick gegeben werden, wie sich das Forschungsfeld darstellt.

Tabelle 10.2-2: Übersicht über die Rückmeldungen der Fragebogenerhebung nach Versorgungsbereichen

Versorgungsbereich	N = 605
Beratung/Bildung	191
Gesundheitszentren	24
Selbsthilfegruppe/-organisation	47
Arzt-/Ärztinpraxis	23
Krankenhaus [1]	11
Kurklinik/-einrichtung	17
Rehabilitationseinrichtung	11
Psychotherapeutische Praxis/Einrichtung	47
Psychosomatische Klinik	9
Ambulante Pflege	3
Psychosoziale Dienste	13
Psychiatrische Klinik	7
Heilpraktikerin	22
Schwangerenbetreuung, Geburtshilfe [2]	16
Suchttherapie [2]	27
Gewalt [2]	27
Anderes [3]	13
Multiplikatorinnen	97

1) Hier sind die geburtshilflichen Abteilungen besonders stark vertreten.

2) Diese Bereiche wurden aufgrund der Arbeitsteilung im Gesamtprojekt nicht weiter bearbeitet und nur zum Teil aufgenommen.

3) Unter der Kategorie „Anderes" wurden beispielsweise Einrichtungen wie Wohngruppen, Massagepraxis u. a. aufgenommen.

Quelle: Kurzumfrage.

Die meisten Rückmeldungen waren dem Bereich Bildung/Beratung zuzuordnen. Hier handelt es sich sowohl von den Trägern und Organisationsformen her wie auch in der Art der Angebote um einen sehr heterogenen Bereich. Genannt wurden:

- Angebote von einzelnen Gesundheitsämtern, z. B. Kontaktstellen für Prostituierte
- Angebote zur Gesundheitsbildung von einzelnen Berufsorganisationen
- einzelne Volkshochschulen, Heimvolkshochschulen
- Familienbildungsstätten und Familienbildungswerke der Wohlfahrtsverbände
- selbstverwaltete Frauenbildungsstätten
- regionale Beratungsstellen Pro Familia
- Beratungsstellen der Wohlfahrtsverbände
- einzelne Beratungsstellen des Verbandes alleinerziehender Väter und Mütter
- Frauenberatungsstellen verschiedener Trägerschaft

- Beratungsstellen des Vereins Frauen helfen Frauen (mit den Frauenhäusern verbunden)
- örtliche Vereine zur Frauengesundheitsberatung mit oder ohne thematische Spezialisierung
- Frauengesundheitszentren
- freiberuflich tätige Referentinnen oder Gesundheitsberaterinnen.

Die vollständigen Rückmeldungen und viele Nennungen der Frauengesundheitszentren verweisen auf deren Kontinuität und Akzeptanz in der Gesundheitsförderung und -beratung. Sehr viele Rückmeldungen kamen auch von psychotherapeutischen Praxen. Auch hier ist eine Vielfalt des Angebotes von feministischen Therapieeinrichtungen über Einzelpraxen, die sich auf ausgewählte frauenspezifische Störungsbilder spezialisiert haben, bis hin zu familientherapeutischen Praxen zu finden.

Die Einrichtungen im Feld der Erwachsenenbildung und -beratung dienen im wesentlichen dazu, Wege ins Gesundheitssystem zu strukturieren, Frauen in ihren Kompetenzen zu bestärken und ihnen Wissen für eigenes Gesundheitshandeln zu vermitteln. Sie sprechen Frauen in zwei Rollen an: als Nutzerinnen von Gesundheitsinstitutionen und als Vermittlerin von Gesundheitshandeln (in der Familie und professionell). Viele von ihnen geben eine zurückhaltende Einstellung zur medizinischen Versorgung zu erkennen und sehen eine Aufgabe darin, Frauen über Möglichkeiten aufzuklären, Gesundheitsprobleme mit eigenen Ressourcen oder „sanften" Methoden zu bewältigen; andererseits ermutigen sie Frauen dazu, selbstbewußt als mündige Patientin mit medizinischer Versorgung umzugehen. Diese Entwicklung findet in der Vielfältigkeit bislang vorwiegend in Westdeutschland statt. In Ostdeutschland haben drei Frauengesundheitszentren ihre Arbeit aufgenommen.

Auf den ersten Blick könnte die vergleichsweise geringe Anzahl von Nennungen in der ambulanten und stationären medizinischen Versorgung darauf hindeuten, daß hier die Diskussion um frauengemäße Ansätze weniger ausgeprägt ist und größere Schwierigkeiten bestehen, Innovationen in die Praxis umzusetzen. In den Gesprächen haben viele Expertinnen diese Einschätzung geäußert, wobei sie oft eine kritische Bilanz der strukturellen Vorgaben der Gesundheitspolitik zogen. Einschränkend muß aber betont werden, daß die Verteilung des Fragebogens in starkem Maße über frauenpolitisch interessierte Stellen und Organisationen geschah, so daß dieses Übersicht nicht das gesamte Gesundheitswesen abbildet, sondern diejenigen Einrichtungen, die in einer frauenbezogenen Öffentlichkeit wahrgenommen werden.

10.2.3 Methodischer Zugang zur Identifizierung von „guter Praxis"

Anspruch der qualitativen Untersuchung war es, die konzeptionelle und praktische Ausarbeitung frauenzentrierter Versorgung beispielhaft zu beleuchten. Da die Erhebung auf Interviews begrenzt war (es konnte weder eine Datenerhebung in den Einrichtungen noch eine systematische Befragung der Patientinnen geleistet werden), war ein wesentliches Kriterium für die Aufnahme in die zweite Stufe der Erhebung, daß die Einrichtung oder Person ein spezifisches Konzept präsentieren konnte, das die Bedürfnisse von Frauen berücksichtigen soll, und (im telefonischen Kurzgespräch vorgeklärt) bereit sein würde, dieses konzeptionell und in den praktischen Konsequenzen zu erläutern. Ferner sollte es sich um eine Einrichtung oder Praxis handeln, die seit einigen Jahren mit dem Ansatz arbeitet und sich zu den damit gemachten Erfahrungen äußern kann. Das Geschlecht der Versorgungsanbieter war kein Kriterium, tatsächlich haben jedoch ausschließlich professionell tätige Frauen an der vertiefenden Untersuchung von elf exemplarischen Praxisansätzen teilgenommen. Die empirische Ausrichtung der Studie auf eine „frauenbewußte" Zielgruppe nimmt die Chance wahr, die in der Artikulation eines kritischen Anspruchs für die öffentliche Reflexion liegt.

Die Suche nach geeigneten Praxisbeispielen folgte dem Grundsatz der „theoretical sampling". Ein wesentlicher Gesichtspunkt war die Verteilung über unterschiedliche Bereiche des Gesundheitswesens. Die Streubreite der telefonischen und persönlichen Gespräche, aus denen die schließlich untersuchten Praxisansätze gewonnen wurden, war entsprechend groß.

Tabelle 10.2-3: Übersicht über die Befragung von Expertinnen und Experten (N = 78)

Versorgungsbereiche:	Anzahl der Expertinnen und Experten	Region	
		Ost	West
Bildung	4	1	3
Beratung	4		4
Frauengesundheitszentrum	5	2	3
Selbsthilfe	2		2
Ambulante Praxis/Therapieeinrichtungen	5		5
Niedergelassene Ärztinnen (einzelne Expertinnen und Gemeinschaftspraxis)	5	3	2
Kureinrichtungen (einzelne Expertinnen und Teams, z. B. Ärztinnen, Psychologinnen, Sozialpädagoginnen, Krankenschwestern)	17	7	10
Rehaeinrichtungen (einzelne Expertinnen und Teams, z. B. Ärztinnen, Psychologinnen, Physiotherapeutinnen, Pflegepersonal)	11	1	10
Psychosomatische Einrichtungen (einzelne Expertinnen und Teams)	13		13
Psychiatrische Einrichtungen	4		4
Gesundheitsexpertin Hochschule/ Ministerium	5	3	2
Heilpraktikerin	3		3
Expertinnen insgesamt	78	17	61

Neben der Vielfalt der Einrichtungsarten wurde als zweites die Ausrichtung auf unterschiedliche inhaltliche Schwerpunkte berücksichtigt. Hier kam es darauf an, Symptomaiken, Krankheiten und gesundheitlich belastende Situationen von Frauen einzubeziehen, für die ein besondere Bedarf an frauenzentrierter Versorgung gesehen wird - sei es, weil die Epidemiologie auf besondere Problemlagen von Frauen hindeutet oder weil in der öffentlichen Diskussion Versorgungslücken bzw. -defizite benannt werden. So stellte sich in dem Material der Kurzbefragung und in den telefonischen Gesprächen z. B. bald heraus, daß Eßstörungen häufig als Problem genannt wurden, für das Angebote nötig sind, die auf die Frauenspezifik eingehen. Weitere Problemfelder dieser Art waren: sexualisierte Gewalt, gynäkologische Beschwerden und Operationen, Krebs (insbesondere im gynäkologischen Bereich), das Erschöpfungssyndrom bei Müttern, Rückenprobleme, Inkontinenz, Wechseljahre und Osteoporose und psychische Erkrankungen (insbesondere Depressionen). Es ist gelungen, alle diese Felder in den Kreis der näher untersuchten Einrichtungen/Praxen zumindest ansatzweise einzubeziehen. Genannt als Bereiche eines frauenspezifischen Versorgungsbedarfs wurden ferner Herz-Kreislauf-Erkrankungen und die nachfolgende Rehabilitation; obwohl einige Einrichtungen kontaktiert wurden, kamen hierzu keine eingehenden Gespräche zustande.

Weitere Auswahlkriterien waren die Bereitschaft, uns ggf. mit mehreren Fachkräften in der Einrichtung sprechen zu lassen, und schließlich die Aussicht, über die einbezogene Einrichtung oder Praxis evtl. auch Nutzerinnen für die dritte Erhebungsstufe zu kontaktieren. Da frauenzentrierte Ansätze häufig Grundideen wie Ganzheitlichkeit, den Abbau von Hierarchien und interdisziplinäre Zusammenarbeit vertreten, war geplant, wo immer anwendbar Gespräche mit Angehörigen mehrerer Berufsgruppen zu führen, um die Praxis aus der Sicht verschiedener Rollen in der Versorgung zu erfassen. Aufgrund von Zeitzwängen, aber auch in Folge einer teilweise ausgeprägten Konzeption von Teamarbeit war dies oft nicht in Form getrennter Gespräche realisierbar.

Diese ausführlichen Expertinnengespräche fanden in elf Versorgungsangeboten unterschiedlichen Typs statt: drei Stationen in Rehabilitationskliniken, zwei Selbsthilfeorganisationen, zwei Müttergenesungskurheime, zwei niedergelassene ärztliche Praxen und zwei ambulante Psychotherapiezentren. Einbezogen waren die Berufsgruppen: Medizin (verschiedener Fachrichtungen), Psychologie/Psychotherapie, Krankenpflege, Physiotherapie, Soziotherapie, Leitung von Selbsthilfegruppen und weitere Berufe (in der Kurklinik z. B. im Bereich der Kinderpflege und der Küche). Sie waren teilweise in Kliniken (auf unterschiedlicher Verantwortungsebene) tätig, teils in niedergelassenen Praxen oder (insbesondere bei der Selbsthilfe) im Verein. Die Interviews, ergänzt um schriftliche Unterlagen, bildeten eine Materialbasis, um Fallbeispiele frauenzentrierter Versorgungspraxis zu beschreiben (vgl. 10.4).

Zu einer Beschreibung „guter Praxis" gehört es auch, die Sicht der Frauen einzubeziehen, die dort Behandlung oder andere Hilfe erhalten. Die Auswahl der Diskussionsgruppen stellt einen „Querschnitt" von unterschiedlichen Problemlagen dar, die zudem an unterschiedlichen Orten im Gesundheitswesen ihre verbindende Erfahrung hatten: in der Gesundheitsförderung, der ambulanten Versorgung, der stationären Versorgung und in Selbsthilfegruppen. Diese Verteilung sollte die Wahrscheinlichkeit erhöhen, daß sich über die jeweilige Problemkonstellation hinaus allgemeine transferfähige Kriterien herausarbeiten lassen. Die Gemeinsamkeit des jeweiligen Gesundheitsproblems war eine notwendige Bedingung, um das Gespräch über Versorgungskriterien konkret zu gestalten: Jede Teilnehmerin hatte nicht nur Erfahrungen mit einem spezifischen Angebot, das sie verband, sondern auch eine jeweils individuelle „Versorgungsgeschichte" in Form von Erfahrungen mit anderen Umgangsweisen mit ihrer Symptomatik oder ihrer Situation. Über diese Kontrasterfahrungen, die ja die Basis für die Bewußtwerdung von Maßstäben bilden, konnte am ehesten in der Gruppe gesprochen werden, wenn die Belastungssituation als im Kern gleich empfunden wurde. Die Perspektive der je nach Gruppe unterschiedlichen Orte im Versorgungssystem sollte ermöglichen, die im Gespräch herausgearbeiteten Erfahrungswerte vor dem Hintergrund der Wahl unterschiedlich präferierter Angebotstypen zu interpretieren, denn jedes Angebot im Gesundheitswesen ist für bestimmte Zielgruppen besser geeignet als für andere.

Die Auswahl von Nutzerinnen erfolgte mit Einverständnis und Unterstützung von Ärztinnen bzw. Therapeutinnen der jeweiligen Einrichtungen auf unterschiedlichen Wegen: Die Forscherinnen bekamen in der Institution die Möglichkeit eingeräumt, Patientinnen Thema und Ziele des Projekts darzustellen und so durch direkte Ansprache eine Gruppe zusammenzustellen; Ärztinnen, Therapeutinnen gaben Hinweise auf Ansprechpartnerinnen bereits existierender Gruppen, über deren Zugang dann alle Gruppenmitglieder eingeladen werden konnten; Einladungen mit Thema, Ziel und Kontext des Gruppengespräches wurden in der Ärztinnenpraxis ausgelegt, Teilnehmerinnen konnten sich selbst bei den Forscherinnen melden. Der thematische Fokus und die Art der vermittelnden Versorgungseinrichtung werden in der folgenden Tabelle aufgezeichnet; dabei wird deutlich, daß besonders sensible Problembereiche wie Gewalt oder psychische Krisen im Rahmen dieser Studie nicht als Fokus einer Gruppendiskussion genommen werden konnten, obwohl sie bei den frauenzentrierten Versorgungsansätzen eine wichtige Rolle spielen. Mit dieser Einschränkung ist es aber gelungen, die Themenfelder in den Gruppen abzubilden, die als Schwerpunkte der Versorgung in Form von Expertinnengesprächen beleuchtet worden sind.

Tabelle 10.2-4: Übersicht über durchgeführte Gruppengespräche (N = 10)

Problembereich	Versorgungstypus	Region
Erschöpfungssyndrom	Müttergenesungskur	Ost
Erschöpfungssyndrom	Müttergenesungskur	West
Eßstörungen	Therapieeinrichtung	West
Eßstörungen	Selbsthilfe	West
Wechseljahre	zeitlich begrenztes psychosoziales Angebot	West
Gyn.-OP (Hysterektomie)	Rehabilitation	West
Brustkrebs	Rehabilitation	West
Brustkrebs	Selbsthilfe	West
Gynäkologie	Ambulante medizinische Versorgung/Frauenärztinnenpraxis	West
Gynäkologie	Ambulante medizinische Versorgung/Frauenärztinnenpraxis	Ost

10.3 Problemlagen und Praxiskonzepte

Die Befragung von Expertinnen wurde entlang zweier Linien ausgewertet. Die Ordnung des Materials nach Problemlagen folgte dem Grundsatz, die Erfahrungen aus der Gesundheitsförderung und -versorgung zunächst mit Bezug auf die konkreten Belastungs- oder Krankheitslagen darzustellen, auf die sie antworten. Die Themenauswahl folgte dem Ertrag der Erhebung und war auf Bereiche konzentriert, in denen jeweils mehrere Expertinnen gefunden wurden, die ein Konzept frauenzentrierter Praxis darstellten und begründeten. Die Ordnung nach Praxiskonzepten bedeutete eine Ausrichtung auf die unterschiedlichen Angebote, die je nach ihrem Ort im Gesundheitswesen je unterschiedlich zur Gesundheit von betroffenen Frauen beitragen.

Es würde den Rahmen eines Frauengesundheitsberichts sprengen, die in der Erhebung erfaßte empirische Vielfalt hier auszubreiten oder auszuschöpfen. Zwei Auswertungsebenen liegen dem folgenden Text zugrunde. Einmal wurde das gesamte Material der Gespräche mit 78 Expertinnen und Experten gesichtet, um Aussagen über einen für Frauen hilfreichen Umgang mit einem der gewählten Themenschwerpunkte berücksichtigen zu können. Zum zweiten wurden die für die eingehende qualitative Erhebung gewählten elf Praxisansätze als „Beispiele guter Praxis" analysiert; in diese gebündelten Darstellungen, die nicht mehr auf individuelle Einschätzungen, sondern auf Praxismodelle abheben, fließt das Material aus Interviews mit insgesamt 46 Expertinnen ein. Zur besseren Anschaulichkeit werden einige dieser Praxisansätze eigens vorgestellt.

Die in der empirischen Erhebung befragten Expertinnen und Experten teilten bei ihren Äußerungen zu einer bedürfnisgerechten Gesundheitsversorgung einige allgemeine Grundannahmen (teils explizit, teils implizit), auf die im Abschnitt 10.5.1 eingegangen wird. Vorab sind zwei Hauptmerkmale zu nennen, die aus der Analyse des empirischen Materials gewonnen wurden und daher dem Aufbau der folgenden Darstellung zugrunde gelegt werden.

Durchgängig war die Einschätzung anzutreffen, daß eine angemessene Versorgung vom Verständnis für die Lebenssituation von Frauen getragen sein und darauf Bezug nehmen muß. Diese Bezugnahme reichte immer erheblich über die i. e. S. medizinischen Daten hinaus, wurde aber unterschiedlich weitreichend ausgeführt. Als zweites war festzustellen, daß die Interpretation der eigenen Tätigkeit als Praxisansatz, der „dem Bedarf von Frauen an gesundheitlicher Beratung und Versorgung besser gerecht zu werden" versucht, damit einhergeht, Potentiale von Bewältigung, Selbstheilung und bewußter Gestaltung des eigenen Wohlbefindens bei Frauen mobilisieren zu wollen. In den Gesprächen erscheinen Frauen nicht als Träger von besonderen Gefährdungen und Risiken und ebenso wenig als Personenkreis, deren „compliance" mit einer empfohlenen Behandlung verbessert werden muß. Vielmehr werden durchweg die Ressourcen betont, die Frauen hätten, die für sie geeignete Behandlung zu wählen, präventiv für die eigene Gesundheit zu sorgen oder schöpferisch Wege der Bewältigung zu finden, wenn sie darin gestärkt und unterstützt würden.

Damit wird deutlich, daß die Grundsätze dieses Berichts, die Ausrichtung am Lebenslauf, an der gesamten Lebenslage und an den Ressourcen von Frauen, auch das Selbstverständnis einer frauenzentrierten Praxis kennzeichnen. Sie gehören einem breiteren Diskurs an, der, wie zu sehen sein wird, auch in den Auffassungen der Frauen präsent ist, die hier (in einer für das Gesundheitswesen ungewohnter Sprache) als Nutzerinnen der Angebote erscheinen (vgl. 10.5.2).

Im folgenden werden examplarisch für ausgewählte Themenfelder die Sichtweise und die Arbeitsansätze frauenzentrierter Praxis aus unserer Erhebung dargestellt. Die Darstellungen in ihrer Binnengliederung folgen nicht den Strukturen und Organisationsformen des Gesundheitswesens, sondern der Struktur des Bedarfs von Frauen, auf den diese Praxis antworten will. Zunächst wird dargestellt, wie die Befragten die Situation von Frauen sehen, denen im jeweiligen Bereich gesundheitliche Probleme entstehen. Auf Fachliteratur wird nur insoweit Bezug genommen, als sie von den Expertinnen genannt wurde oder auf die versorgungspraktische Diskussion Einfuß gehabt hat. Es sind dies Deutungsmuster für Gesundheit und Krankheit bei Frauen im Lebenskontext, die die Expertinnen zur Begründung ihrer Praxis vorbringen. Sodann werden Strategien der angemessenen Versorgung vorgestellt; dabei stehen die Bedürfnisse von Frauen im Mittelpunkt, wie sie im empirischen Material beschrieben werden. Zur Bezeichnung von Stufen des Versorgungsbedarfs ist es in diesem Zusammenhang sinnvoll, Begriffe in einem weiten Sinne zu verwenden.

Von der Lebenssituation, den Ressourcen und Risiken von Frauen ausgehen bedeutet, zuerst danach zu fragen, was dafür getan werden kann, daß Gesundheit und nicht Krankheit entsteht, oder aber, daß Frauen Ressourcen für die Bewältigung oder Überwindung von Störungen und Beschwerden entdecken und Eingriffe von außen vermeiden können. Hier geht es oft um Gesundheitsbildung und um Beratung, damit z. B. Schwankungen des Leistungsvermögens oder Körperveränderungen über die Lebensspanne angenommen und in das Selbst integriert werden können und nicht Krankheitswert erhalten müssen. Es stehen aber auch sekundäre und tertiäre Prävention zur Diskussion, wenn es z. B. darum geht, einer nicht unbedingt erforderlichen Medikalisierung oder auch Chronifizierung vorzubeugen. Wir bezeichnen die Praxisansätze, die ihren Akzent hier setzen, mit dem Oberbegriff der Gesundheitsförderung.

Die zweite Stufe setzt ein, wenn Frauen Symptome oder Beschwerden erleiden, für die sie Abhilfe bei einer Beratung oder im Versorgungssystem suchen. Entscheidend ist hier die Diagnose, in deren Verlauf die Entscheidung fällt, was eine Frau „hat" und wer dafür zuständig ist. Diagnose wird jedoch nicht als eine einmalige fachliche Entscheidung, sondern implizit als ein sozialer Prozeß verstanden, weil dazu nicht allein eine medizinische, sondern auch eine soziale und biographische Anamnese gehören und zudem noch die Mitwirkung der Frau an der Interpretation ihres Befindens gewünscht ist. Selbst eindeutige Befunde müssen, wenn die Behandlung Erfolg haben soll, von der Person selbst in ihrer Bedeutung angenommen werden. Typisch für die angesprochenen Problemlagen ist es, daß eine Diagnose sich erst im Zuge einer Kommunikation ergibt, in der Befunde und Befinden sich wechselseitig ergänzen. Damit dies gelingt, muß die Expertin Aufmerksamkeit entwickeln und die betroffene Frau sich öffnen. So können z. B. chronische Schmerzen im Verlaufe des Aufsuchens von Einrichtungen und der Durchführung und Interpretation von Untersuchungen einen somatischen, einen psychischen, einen psychosozialen oder einen biographischen Grundcharakter annehmen mit jeweils unterschiedlichen Folgen dafür, an wen sich die betroffene Frau wenden kann und welcher Typus von Versorgung ihr nahegelegt wird.

Aus der Einschätzung, was eine Frau „hat", folgt die Entscheidung über eine Behandlung. Hier zeigen sich die frauenzentrierten Praxisansätze insoweit flexibel, als sie betonen, daß die konkrete Lebenssituation der Frau und ihre Bereitschaft, bei einer bestimmten Behandlung mitzuwirken, in die Wahl des Vorgehens einfließen. Die Expertinnen und Experten nennen oft eine Bandbreite von Möglichkeiten, die sie berücksichtigen, und beschreiben Aushandlungsprozesse mit der jeweiligen Frau darüber, was mit ihr geschehen soll oder was sie selbst tun kann. Insbesondere Entscheidungen zwischen medikamentöser Behandlung (z. B. Schmerzmittel), psychotherapeutischer Kurzintervention, Physiotherapie, Selbsthilfe oder „sanfte" Mittel wie Homoöpathie erscheinen in den Gesprächen als ernstzunehmende Wahlmöglichkeiten, unter denen Frauen sich entscheiden können.

Im Bereich der Rehabilitation treffen sich mehrere Stufen des Weges einer Frau durch das Gesundheitswesen. Teilweise ist, wie einige der Expertinnen beklagen, ihre Arbeit von den Folgen vorangegangener Behandlungen geprägt, in denen zu wenig auf die Lebensgeschichte und die Ressourcen der Frauen geachtet wurde. Die Anschlußheilbehandlung tritt erst ein, nachdem eine Diagnose und eine meist invasive Behandlung stattgefunden hat; mit einem frauenzentrierten Zugang kommt zuweilen die Frage auf, ob die Behandlung so nötig gewesen ist. Die Einschätzung, die Folgen vorschneller oder verkürzter Behandlungsentscheidungen der Vergangenheit auffangen zu müssen, begegnete uns aber auch im Bereich der Selbsthilfe und z. T. bei niedergelassenen Ärztinnen und Ärzten. Eine Kur setzt zwar vorhandene Krankheiten voraus, nimmt aber zugleich primäre Aufgaben der Gesundheitsförderung wahr und kann dazu führen, eine eher lebensweltbezogene Bewertung der Symptome und sodann andere Möglichkeiten der Behandlung zu erschließen. Rehabilitation und Selbsthilfe erscheinen in unserer Erhebung eng beieinander und ergänzen sich teilweise.

Schließlich sieht ein Teil der Expertinnen einen Aufgabenbereich, der den Blick über die einzelne betroffene Frau hinaus erweitert. Wer der Meinung ist, daß vorherrschende und übliche Wege der Gesundheitsförderung, Diagnose und Behandlung der Gesundheit von Frauen nicht ausreichend nützen oder ihr sogar schaden, mag Strategien der breiteren Information und öffentlichen Aufklärung zum jeweiligen Problemkreis entwickeln oder diese zumindest für dringend notwendig erachten. Für einen Frauengesundheitsbericht war es geboten, Ansätze, aber auch Anregungen in diesem Sinne aufzunehmen und hier wiederzugeben.

In der kritischen Literatur, die für eine stärkere Berücksichtigung der spezifischen Problemlagen und Möglichkeiten von Frauen plädiert, finden sich Anregungen, die an unterschiedlicher Stelle der Versorgungskette ansetzen. Darauf wird bei den ausgewählten Problemfeldern jeweils zu Beginn eingegangen. Aufgabe ist hier nicht, den Stand der Fachdiskussion zum jeweiligen Gesundheitsbereich vorzustellen, sondern nachzuzeichnen, aus welchen Erfahrungen und Auffassungen sich die Forderung nach einer spezifisch für Frauen gestalteten Gesundheitsförderung oder -versorgung herleitet. Die Analysen und Forderungen überschneiden sich in ihrer Grundrichtung, so daß die im folgenden näher dargestellten Themen für eine breitere Diskussion stehen können.

10.3.1 Folgen sexueller Gewalt

Zur kritischen Literatur

Eine breite Auseinandersetzung mit sozialen Weiblichkeitsnormen und Psychiatrie wurde in der Bundesrepublik durch das übersetze Buch von Phyllis Chesler „Frauen, das verrückte Geschlecht?" (1974) ausgelöst. Auswirkungen von Gewalt gegen Frauen auf deren Gesundheit wurden hier als Kritik an der Diagnose psychischer Störungen genannt. Eine zentrale These war, daß physische, psychische und sexuelle Gewalt, insbesondere wenn Frauen weder sich wehren noch sich schützen können, zu Verhaltensweisen führt, die nicht angemessen als Überlebensstrategien gewürdigt, sondern psychiatrisiert werden. Für Westdeutschland hat Burgard (1977) einen Zusammenhang von psychischer und physischer Mißhandlung von Frauen, Abschiebung in die Psychiatrie durch ihre Ehemänner sowie weiterer Diskriminierung durch Diagnosen und Medikalisierung zu belegen versucht. In den folgenden Jahren wiesen Erfahrungsberichte und wissenschaftliche Begleitforschungen aus verschiedenen Bereichen zusätzlich auf die erheblichen körperlichen und psychischen Folgen von sexualisierter Gewalt hin (vgl. Kapitel 5.4.1).

Inzwischen wird die Rolle von erfahrener Gewalt bei der Entstehung psychischer Erkrankungen breiter diskutiert. Auch in der Psychosomatik wird - angeregt durch amerikanische Untersuchungen - das Problem aufgegriffen, in welchem Spektrum von Krankheitsbildern und Störungen sich erlittene Traumatisierungen manifestieren können. Genannt werden hier insbesondere Zwangskrankheiten, Angststörungen, Depressionen, Eßstörungen, Persönlichkeitsstörungen, psychotische Zustände und Mischformen (Egle et al. 1997). Teegen et al. (1995) fanden bei ihrer Befragung, die überwiegend Ärztinnen und Ärzte sowie Psychologinnen und Psychologen in freier Praxis erfaßte, daß die Mehrheit über sexualisierte Gewalt sowie über die posttraumatische Belastungsstörung informiert war und auch Diagnosen und Therapien nicht selten waren. Allerdings sprach der geringe Rücklauf der Befragung dafür, daß es sich insgesamt um eine Minderheit handelt, die in der klinischen Praxis von Gewalterfahrungen Kenntnis erhält und die Folgen zu behandeln vermag.

In der kritischen Literatur der 90er Jahre wird dennoch die Auffassung vertreten, daß in der Psychiatrie weiterhin Therapiekonzepte vorherrschen, die die Dimension erlittener Gewalt ausklammern und wenig Sensibilität für die alltägliche Gewalt und Unterdrückung von Frauen aufbringen (vgl. Sohl 1995; Enders-Dragässer/Sellach 1998). Im Bereich der Psychotherapie wird verstärkt über den Umgang mit Macht und über (sexuelle) Grenzüberschreitungen durch männliche Therapeuten diskutiert (Vogt 1993). Kritisch betrachtet wurden die Klassifizierungen weiblicher Leidensformen als Charakter- oder Persönlichkeitsstörungen. Es wurde betont, daß sich hierin vielmehr mißlungene Bewältigungsversuche ausdrückten (Voss 1991). Insgesamt wird ein Bedarf an Sensibilisierung aller Bereiche der gesundheitlichen Versorgung für die oft verborgenen

Gewalterfahrungen gesehen, die den gesundheitlichen Problemlagen von Frauen zugrunde liegen können (vgl. Olbricht 1993; AKF 1997).

Therapeutische Konzepte, die auf die spezifischen Nachwirkungen von (möglicherweise länger zurückliegender) Gewalt gezielt eingehen, werden in der deutschen Literatur selten ausführlich dargestellt; die inzwischen umfangreichere US-Literatur zu diesem Praxisfeld wird (außer der Übersetzung von Herman 1994) nur begrenzt rezipiert. Von der Literaturlage her ist es schwer einzuschätzen, inwieweit die therapeutische Praxis in der Bundesrepublik vergleichbare oder eigenständige Ansätze entwickelt hat. Darauf sollte unsere empirische Erhebung etwas Licht werfen.

Versorgungsangebote mit Bezug auf Gewaltfolgen

Auf Gewalt und deren Folgen als Arbeitsgebiet wurde häufig in dem breiten Feld der Gesundheitsbildung und -beratung hingewiesen. Die Arbeit der spezialisierten Einrichtungen ist verhältnismäßig gut bekannt. Das Problemfeld wurde aber auch (in unterschiedlichem Ausmaß) von Expertinnen in der Therapie von Eßstörungen, von niedergelassenen Ärztinnen, von Ärztinnen in der gynäkologischen Rehabilitation und von den Mitarbeiterinnen eines Mütterkurhauses angesprochen. Im Bereich der Psychiatrie wurden ebenfalls Praxisansätze genannt. Sie sind eher auf der Ebene einzelner Stationen angesiedelt und unterscheiden sich in Klientel und Konzept darin, ob sie außer für Klientinnen aus der Region auch für überregionalen Bedarf offen sind und ob auch eine Behandlung auf eigenen Wunsch erfolgt. Im Rücklauf der schriftlichen Erhebung erhielten wir Informationen über zwei Stationen für Frauen mit selbstverletzendem Verhalten, eine Depressionsstation und zwei Stationen in der Regelversorgung für Frauen mit Doppelstörungen (Persönlichkeitsstörungen und Abhängigkeit/Sucht). Hier konnten jeweils nur einzelne Expertinnen telefonisch befragt werden. Ebenfalls genannt wurde ein Praxisansatz in der beruflichen Rehabilitation psychisch Kranker, eine Tagesklinik für psychisch Kranke mit einem Konzept für Mütter, ein Modellversuch der ambulanten Kompakttherapie für Mütter mit Eßstörungen, Persönlichkeitsstörungen, Somatisierungsstörungen und Depressionen, von denen einige einen Hintergrund von (sexuellen) Gewalterfahrungen haben.

Für die Fragestellung unserer Untersuchung, die vor allem Konzepte und Erfahrung in der Diagnose und Behandlung von Gewaltfolgen erfassen wollte, haben wir ausführlicher Expertinnen (in Teamgesprächen) aus dem Bereich der psychosomatischen Rehabilitation in Westdeutschland befragt (vgl. Kapitel 10.4.1 und 10.4.2).

Beratung und Gesundheitsförderung

Beratung und Gesundheitsförderung nehmen im Hinblick auf Gewaltauswirkungen vor allem eine sekundärpräventive Aufgabe wahr, bei der es einerseits darum geht, Frauen darin zu unterstützen, gewaltförmige Beziehungen zu verlassen bzw. sich vor der Fortsetzung von Gewalt zu schützen, andererseits darum, einer Chronifizierung der Folgewirkungen vorzubeugen und Frauen den Weg zu adäquaten Formen von Selbsthilfe oder Therapie zu öffnen. Während die spezifischen Einrichtungen das Problem sichtbar machen und Frauen erreichen, die schon bereit sind, darüber zu sprechen (vgl. Kapitel 5), beschreiben Fachkräfte an vielen Stellen im Gesundheitswesen es als eine schwierige, aber notwendige Aufgabe, es betroffenen Frauen überhaupt erst möglich zu machen, über Gewalterfahrungen zu sprechen. An eine Frauenberatungsstelle z. B. wenden sich Frauen mit Eheproblemen und Lebenskrisen; Gewalterfahrungen bleiben eher verdeckt im Hintergrund. Eine Beraterin schildert ihre Kooperation mit einer Hebamme, die Erfahrungen damit hat, traumatisierte Frauen während Schwangerschaft und Geburt angemessen zu unterstützen.

Mehrere Ärztinnen sprachen über die Sensibilität und das Fingerspitzengefühl, das sie benötigen, um einen eventuellen Gewalthintergrund aufzudecken, sofern die Frau dazu bereit ist. Sie bedauern auch, daß dieser Bereich in ihren Aus- und Fortbildungen zu wenig behandelt wurde. Paradoxerweise sehen sich Fachärztinnen, aufgrund ihrer Spezialisierung aufgesucht, sowie Ärztinnen in der Rehabilitation vor die Notwendigkeit gestellt, den eher unspezifischen Hintergrund von Gewalterfahrungen vorsichtig zu erschließen. So betont eine Internistin, daß traumatisierte Frauen (Menschen) besonders viel Verständnis und Sympathie brauchen. Es wird eine geduldige und abwartende Haltung benötigt, um einen Zugang zu finden. Als besonders wichtig wird es beschrieben, die Patientinnen in ihren Symptomen ernst zu nehmen, danach zu fragen, wie und in welcher Weise Symptome sich in Abhängigkeit von der Lebenssituation ändern, und zu verstehen und zu erspüren, was für die jeweilige Patientin in der Lebenssituation wichtig ist. Wesentlich ist, sich Zeit für Gespräche zu nehmen, was aus abrechnungstechnischen Gründen nicht immer leicht ist.

Schwierigkeit der Diagnose

Probleme der Diagnose stellen sich in allen Versorgungsbereichen, teils als mögliche Korrektur anderer diagnostischer Einschätzungen, die auf diese Möglichkeit nicht geachtet haben oder sie nicht erfassen konnten, teils aber auch als zusätzliche Dimension. So sprechen niedergelassene Frauenärztinnen die Möglichkeit an, daß chronische Unterbauchschmerzen ein Hinweis auf sexuelle Traumatisierung sein können. Für Expertinnen aus der gynäkologischen Rehabilitation gibt die Krankheitskarriere einen Hinweis: Ein Gewalthintergrund wird bei vielfach operierten Frauen vermutet, deren gynäkologische Operationskarriere sich verfestigt hat. Es ist aber nicht leicht, so wird wiederholt unterstrichen, solche Zusammenhänge abzuklären.

Gewalt gegen Frauen macht auf unterschiedliche Weise krank. Auch die zur Zeit in der Diskussion vorherrschende Verknüpfung von bestimmten Störungen und sexueller Gewalt i. e. S. wird problematisiert; Krankheiten wie Eßstörungen, Depressionen und Lebenskrisen können ein sexuelles Trauma, aber auch beständige emotionale Übergriffe in der Familie als Hintergrund haben. Expertinnen beklagen den Mangel an Wissen und Forschung darüber, wie unterschiedliche Formen von Gewalt, einmalige oder langfristige sexuelle Gewalt in bestimmten Phasen des Lebenslaufs mit spezifischen Störungen assoziiert sind.

Die Diagnose von Gewaltfolgen ist auch deshalb als sozialer Prozeß zu sehen, weil die Mitteilungsbereitschaft und -fähigkeit der betroffenen Frau unentbehrlich sind. Diese können erst gegeben sein, wenn sich die Frau von der Gewalt nicht akut bedroht fühlt und auch psychisch in der Lage ist, die mit der Erinnerung verbundene Angst auszuhalten. Die Vertrauensbeziehung zur Ärztin oder zu einer anderen Person ist notwendig, aber nicht ausreichend, um die Mitteilung zu ermöglichen. Die Konfrontation mit Vermutungen wird meist eher schaden als helfen.

Behandlung und Rehabilitation

Die meisten Expertinnen (unabhängig von ihrem Ort im Gesundheitswesen) neigen zu der Auffassung, daß die Behandlung von Folgen (sexueller) Gewalt eine psychosomatische Herangehensweise voraussetzt, weil Körpersymptome nicht isoliert vom Erfahrungshintergrund gesehen werden können. Viele Ärzte, so die Einschätzung einer Expertin, reagieren auf solche Krankheiten mit „korrigierenden Schemen"; sie selbst hingegen würde zunächst fragen, wo die Patientin „mitmachen kann", was die Rahmenbedingungen ihrer Lebenssituation sind, um sodann nach Alternativen zu suchen, die diesem speziellen Menschen gerecht werden.

Expertinnen aus dem Bereich der Psychiatrie sehen das Problem angemessener Versorgung v. a. darin, daß Zuweisungen innerhalb der Regelversorgung sehr unterschiedliche Versorgungsqualitäten erschließen können: Es sei, so eine Expertin, davon auszugehen, daß Frauen mit einer Doppeldiagnose von Abhängigkeits- bzw. Suchterkrankung und Persönlichkeitsstörung zu einem hohen Anteil (sexuelle) Gewalterfahrungen gemacht haben. Daher ist es ein Kriterium für frauenfreundliche Behandlung, daß solche Frauen auf der behandelnden Station die Möglichkeit einer Frauengruppe vorfinden und die Behandlung durch Medikamente möglichst minimiert wird. Bedarf wird im Bereich der Nachsorge gesehen, weil diese Frauen zumeist aus schwierigen sozialen Verhältnissen kommen und Hilfestellungen vor Ort fehlen. „Was man bräuchte, sind gut ausgebaute Netzwerke für das ‚Dazwischen' zwischen Landeskrankenhaus und Alltag."

In der gynäkologischen Rehabilitation ist es offenbar eher schwierig, mögliche sexuelle Gewalterfahrungen als Hintergrund anzusprechen, denn diese sind i. d. R. verdrängt worden; Frauen kommen mit anderen Indikationen. Weil die Dinge im Verborgenen liegen, Frauen zum Teil ihre Kräfte entwickelt haben und damit umgehen können, sehen es die Expertinnen als problematisch an, Dinge „aus ihnen herauszuzerren". Hier ist es eher der Behandlungsrahmen als ganzer, der auch für traumatisierte Frauen geeignet ist, weil Körpergrenzen gewahrt und ernst genommen und Schamgefühle im konkreten Umgang respektiert werden.

In den psychosomatischen Kliniken wurde besonders herausgehoben, daß Frauen mit Gewalterfahrungen oft langjährige Geschichten der Fehlversorgung durchlaufen haben. Es mangelt an Therapien, in denen Frauen wirklich gefördert werden; oft haben Frauen mehrere erfolglose Therapien hinter sich. Die Nachfrage nach frauenspezifischer Therapie ist sehr hoch. Bisherige Behandlungsansätze greifen nicht, so war mehrfach die Einschätzung, weil wesentliche Bedürfnisse traumatisierter Frauen ignoriert werden. In den allermeisten Kliniken sei kein Problembewußtsein dafür vorhanden, daß in den psychosomatischen Stationen vor allem Frauen sind und daß ein hoher Prozentsatz der Frauen wie auch der Männer in stationären Einrichtungen Gewalterfahrungen haben. Betont wird die Wichtigkeit, Frauen Respekt und Mitgefühl, aber nicht Mitleid entgegenzubringen, ihre Stärken zu unterstützen und ihnen einen Rahmen zu bieten, in dem sie lernen können.

Viele Frauen, die Gewalt durch Männer erlitten haben, sind nicht in der Lage, über ihre wirklichen Fragen zu sprechen, sobald sie an Männer denken, die ihnen Gewalt angetan haben. In unterschiedlichen Expertinnengesprächen wurde ein Grundkonsens deutlich, daß Patientinnen immer die Möglichkeit haben sollten, wenn sie dies wollen, ihre Erfahrungen und Probleme unter Frauen zu besprechen. Dafür gibt es verschiedene Formen, die je nach Station und Störungsbild realisiert werden können: die reine Frauenstation, auf der nur Frauen als therapeutisches Personal arbeiten, oder für jede Patientin die Option, mit einer Therapeutin bzw. einer Frauengruppe zu arbeiten, oder aber von vornherein die Arbeit in einer Frauengruppe. Gemischte Gruppen sind erfahrungsgemäß erst dann angebracht, wenn konzeptionell berücksichtigt wird, wie sich gesellschaftliche Gewalt in verschiedenen Formen beispielsweise als soziale Unterordnung, als Rückzug im Kommunikationsverhalten, als besondere Übertragung auswirken. Gemischte Gruppen sind deshalb eher nicht geeignet, auch weil schambesetzte Themen in gemischten Gruppen zu kurz kommen und weil sich die Folgen von Gewalterfahrungen bei Männern und Frauen sehr unterschiedlich manifestieren.

In der Einzeltherapie sollte es ebenfalls die Möglichkeit geben, eine Therapeutin zu wählen, denn es kommt immer wieder vor, daß Frauen eine Übertragung gegenüber Männern entwickelt haben, die mit ihrer Gewalterfahrung zu tun haben. Es hat keinen Sinn, so eine Expertin, immer mit diesen Übertragungen zu kämpfen, besser scheint, von vornherein andere Möglichkeiten zu geben. Allen Expertinnen ist bewußt, daß es auch unter Frauen problematische Beziehungen gibt; sie meinen aber, daß bis auf bestimmte Ausnahmen (etwa wenn Frauen Gewalt von ihren Müttern erfahren haben) durch die Wahl zur Therapeutin eine andere Ebene eingeführt ist.

Die Auswirkungen des Traumas, so wird ferner zur Konzeption der Behandlung hervorgehoben, beziehen sich auf alle Lebensbereiche, das gesamte körperliche und seelische Befinden. Daher ist eine umfassende Behandlung notwendig. Es ist wichtig, die vielen unterschiedlichen Symptome zusammen zu sehen und sie als Ausdruck von Überlebensstrategien zu betrachten. Dabei haben traumatisierte Frauen auch Stärken entwickelt, die ihnen nicht bewußt sind; denn sie fühlen sich eher ohnmächtig, gelähmt, beschmutzt, verzweifelt, sprechen ihre Verletzungen eher in Form von Abhängigkeiten an. Sie brauchen daher Räume, in denen sie sich selbst entdecken können.

Mehrere Expertinnen unterstreichen die Notwendigkeit, ganz generell sich dessen bewußt sein, daß in der stationären Behandlung ein sehr hoher Anteil der Patientinnen sexuelle Gewalterfahrungen hat. Dies hat Konsequenzen im Umgang mit Diagnosen und in der Gestaltung des institutionellen Rahmens, nicht allein für die Entwicklung spezieller Therapieangebote.

Ein Grundsatz bei den in der Erhebung angetroffenen Ansätzen - ob in der Psychiatrie, der Psychosomatik oder in Rehabilitationseinrichtungen - bestand ferner darin, Medikalisierung zu vermeiden (Reduzierung von Medikamenten bzw. darauf hinzuarbeiten, ohne auszukommen; Beratung über geeignete, auch pflanzliche Mittel). In den Bereich der Selbstverständlichkeit gehört es, Medikamente als Hilfsmittel zum Überleben zu bewerten, die soweit wie möglich reduziert werden.

Öffentlichkeit

Die Notwendigkeit von Aufklärung in der Öffentlichkeit, um eine größere Sensibilität nicht nur für die Verbreitung der Gewalt, sondern auch für deren verheerende Auswirkungen weit über die unmittelbar verletzende Situation hinaus, wird von vielen Expertinnen angesprochen. Einige stellen eine Verbindung zu ihrer praktischen Arbeit dadurch her, daß sie nach außen sichtbar machen, daß spezielle Therapien angeboten werden. Zugleich wird der Bedarf an spezifischen Ausbildungen hervorgehoben; so betonen mehrere Expertinnen, daß es meist lange dauert, bis Frauen in eine Behandlung kommen, in der die Auswirkungen von Gewalt adäquat eingeschätzt werden.

Schließlich betont eine Expertin aus Ostdeutschland, daß Gewalt gegen Frauen in der DDR kein öffentliches Thema war. Dies hat sich erst nach der Wende durch den Aufbau von Frauenhäusern und durch Vereine wie „Frauen helfen Frauen" verändert. Eine weitergehende Versorgung über die unmittelbare Krisenintervention hinaus sei zwar geplant, etwa mit Modellen von betreutem Wohnen, es fehlt aber die Grundlage geeigneter psychosomatischer Einrichtungen.

10.3.2 Eßstörungen

Zur Diskussion in der Literatur

Eine veränderte Wahrnehmung von Eßstörungen und die Suche nach neuen Behandlungsansätzen aus der Sicht von Frauen nahmen ihren Ausgang in der Bundesrepublik von der Erscheinung der deutschen Übersetzung des „Anti-Diät-Buches" von Susie Orbach 1979. Wie der Titel des Originals deutlich machte - „Fat is a feminist issue" - verschob sich mit dieser Schrift die Aufmerksamkeit von der extremen Magersucht, die als selten und gefährlich eine gewisse Faszination ausübte, zum alltäglichen Kampf von Frauen gegen - vemeintliches oder diagnostiziertes - Übergewicht und von der individualpsychologischen Wahrnehmung der Anorexie als früh oder familiär begründete Störung, bei der das Mädchen „ihre Weiblichkeit" ablehnt, zur Infragestellung der Weiblichkeitsnormen und -zumutungen der Gesellschaft. Der rasche Erfolg des Buches in den Medien und bei Volkshochschulen trug zu einem wachsenden Bewußtsein der Verbreitung und der vielfältigen Formen gestörten Eßverhaltens bei und bahnte den Weg zu einem integrierten Verständnis. Kritik an der Medizin richtet sich vor allem gegen Unwissenheit sowie dagegen, daß Ärztinnen und Ärzte die Schönheits- und Anpassungsnormen vielfach mit vertreten, die als Ursachen der Eßstörungen gesehen werden. Kritik richtete sich zudem gegen Therapiemaßnahmen, in denen Zwänge und Entwertung gegen Frauen sich wiederholen. Dem wurde der Selbsthilfegedanke entgegengesetzt, der darauf setzt, daß die Betroffenen Ziele und Wege zur Problemlösung selbst bestimmen können, allerdings mit der Unterstützung von Anderen in gleicher Lage. Selbsthilfe stand im Kontext des Anspruchs der neuen Frauenbewegung, sich gemeinsam vom „Weiblichkeitswahn" zu lösen.

Als die Berliner Selbsthilfe Kontakt- und Informationsstelle SEKIS im September 1983 eröffnet wurde, gab es eine starke und steigende Nachfrage zum Thema Eßstörungen (vgl. Mader/Ness 1987). Bald stellte sich heraus, daß Selbsthilfegruppen in diesem Bereich besonderen Schwierigkeiten ausgesetzt sind. Daher wurden Konzepte der fachlichen Begleitung entwickelt und schließlich ein eigenes Beratungsprojekt „Dick und

Dünn" gegründet. Zur gleichen Zeit entstanden an anderen Orten in der Bundesrepublik (in Anlehnung an Kliniken oder in Eigenregie) Angebote, die von dem Anti-Diät-Gedanken beeinflußt waren. Insoweit kann von einem Erfolg des feministischen Anstoßes gesprochen werden.

Frauenzentrierte Ansätze stellen vor allem die Konfliktinterpretation in den Mittelpunkt. Einen großen Einfluß haben weiterhin die Bücher von Orbach, deren Analysen nicht auf eine individuelle Pathologie ausgerichtet sind, die sich von einer „normalen" weiblichen Entwicklung abhebt, sondern die kulturelle Konflikthaltigkeit weiblicher Entwicklung betont. Die sozialen Rollen von Häuslichkeit und Fürsorge sind über „Essen" und Geben von Nahrung geprägt, gleichzeitig wird von Frauen Zurückhaltung in bezug auf eigene Bedürfnisse und „Hunger" nach Aneignung der Welt erwartet. Der Körper der Frau ist „mit einer immensen kulturellen Bedeutung befrachtet"; daher können Frauen kaum eine natürliche Beziehung zum Körper finden (Orbach 1978: 43). Frauen werden ermutigt, ihren Körper von außen und als Ware zu sehen, die auf- bzw. abgewertet, verglichen und verändert wird. Die kulturellen Bilder und der „Angriff" der Diät- und Schönheitsindustrie legen gleichsam vorgeprägte Lösungswege für Konfliktaustragungen am Körper nahe, während Körpersignale von Bedürfnis und Bedürftigkeit verdrängt werden. So entsteht Unsicherheit darüber, „wieviel Platz Frauen in der Welt einnehmen dürfen" (Orbach 1987: 15).

Orbach kritisiert, daß Dicksein gesellschaftlich entwertet und von der Medizin als Hinweis dafür angesehen wurde, daß Frauen sich nicht kontrollieren können. Die Doppeldeutigkeit von Anpassung und Auflehnung gegen die weibliche Rolle, die sich in Fettleibigkeit ausdrückt, entgeht dem medizinischen System. Im Buch „Hungerstreik" (1987) wendet sie sich gegen klischeehafte Vorstellungen über „das morbide Mittelschichtmädchen, das sich weigert, erwachsen zu werden" (ebd.: 20). Magersucht, die auch Episoden von Bulimie einschließt, ist charakterisiert durch einen höchst vitalen inneren Kampf, bei dem es um die Unterdrückung wesentlicher Bedürfnisse geht.

Eßstörungen sind als Ausdruck von Rebellion und „aktive Seinsform" von Selbstbestimmung und Überleben in einem zu sehen. Deshalb ist es notwendig, diese Muster zunächst zu akzeptieren und im therapeutischen Prozeß Wege zu suchen, wie eigene Gefühle wahrgenommen und akzeptiert werden können und wie ihnen sozial Ausdruck verliehen werden kann. Gerade für solche Klientinnen, die Anorexie als aktive Seinsform und ihren Hungerstreik als Form der Selbstbestimmung erleben, bietet sich nach Orbach die Selbsthilfe an. Wenn die Magersüchtige bei anderen Frauen Selbstbestrafungsrituale beobachtet, kann sie sich mit ihren eigenen Reaktionen besser auseinandersetzen und sich selbst eher annehmen.

Für den therapeutischen Zugang selbst ist es nach Orbach wichtig, daß sich die Therapeutin „ständig ihrer eigenen Kompromisse mit den gängigen Weiblichkeitsnormen bewußt bleibt" (ebd.: 175). Zentral ist ein Behandlungsvertrag, wobei die Therapeutin sich als Verbündete darstellt. Dazu gehört, der Patientin von Anfang an die Kontrolle über das eigene Essen zu belassen und zu respektieren, daß deren Vorstellungen über Essen Ausdruck von Initiative, Wünschen und Bedürfnissen sind, mögen sie auch verquer und selbstschädigend sein. Nach Orbach ist die Mindestvoraussetzung für eine ambulante Behandlung allerdings das Einverständnis, daß das Gewicht, das die

Patientin zu Beginn der Therapie mitbringt, nicht unterschritten wird. Ihre Leitlinien sind: keine Zwangsernährung, Thematisierung des Gewichts und ein Vertrag, ambulante Behandlung, Empfehlung für die Selbsthilfe.

Der große Einfluß der Publikationen von Orbach scheint zugleich den Bedarf an kritischer Auseinandersetzung mit der Versorgungspraxis in der Bundesrepublik bis auf einzelne Stimmen zu spezifischen Fragen (z. B. zu Zwangsernährung, Diebel-Braune 1993) abzudecken. Beiträge zum Thema sind im wesentlich darauf ausgerichtet, das eigene Vorgehen zu beschreiben. Für die empirische Erhebung stellte sich die Frage, wie das Spezifische am eigenen Praxisansatz verstanden und eingestuft wird, ob hier von einer Ergänzung der Regelversorgung durch Selbsthilfe je nach Bedarfslage der Klientel zu sprechen ist, oder ob Anstöße zur Veränderung der stationären und ambulanten Versorgung aus der frauenzentrierten Praxis hervorgehen.

Versorgungsangebote für Frauen mit Eßstörungen

Bemerkenswert war zunächst die Breite und Vielfalt der Praxisansätze, die in unserer Erhebung zu diesem Problemfeld erfaßt wurden. Es finden zahlreiche Aktivitäten in der Erwachsenenbildung und in der allgemeinen Beratung statt; es gibt spezifische Einrichtungen, die Einzel- und Gruppentherapie, Beratung und Selbsthilfe anbieten, niedergelassene Ärztinnen sprachen das Problem an, zwei psychosomatische Klinikstationen behandeln Betroffene mit frauenspezifischem Ansatz stationär und ambulant, und im Rehabilitationsbereich war festzustellen, daß Müttergenesungskurheime Konzepte für Gruppenarbeit zu Eßstörungen entwickelt haben.

Innovative Herangehensweisen haben sich seit Mitte der 80er Jahre im Rahmen eigens gegründeter Therapieeinrichtungen, Beratungsstellen in der Selbsthilfe und in psychosomatischen Kliniken entwickelt. Die Beratungs- und Therapielandschaft ist inzwischen vielfältig. Im Beratungsbereich sind sowohl Frauenprojekte als auch staatliche bzw. kirchliche Stellen und Wohlfahrtsverbände tätig, wie aus der ersten Stufe der empirischen Erhebung deutlich wurde. Neben Beratungsstellen nur für Eßstörungen bieten Frauenberatungsstellen, Beratungsstellen für Ehe-, Familien- und Lebensprobleme, Erziehungsberatungsstellen oder Drogenberatungsstellen Beratung und ambulante Behandlung von Eßstörungen an. Die Nachfrage nach Beratung und Behandlung von Anorexia nervosa, Bulimie nervosa, Adipositas und Mischformen hat sich in den letzten zehn Jahren in den Mitgliedseinrichtungen des Verbandes ambulanter Behandlungsstellen für Suchtkranke und Drogenabhängige (VABS) rapide erhöht; dabei handelt es sich vorwiegend um Frauen (Appel 1998). Auch die Gesundheitsbildung nimmt sich der Thematik an: Im Rahmen der Erwachsenenbildung für die Volkshochschule ist ein Modellprojekt entwickelt worden; die Thematik geht in die Fortbildung für Drogen- und Suchtberatungsstellen ein.

Zur Interpretation von Erscheinungsformen und Ursachen

Die meisten Expertinnen nehmen an, daß Eßstörungen objektiv stark zugenommen haben. Sie führen dies auf das Anwachsen des Körperkults und die enge Koppelung der Identität ans Äußere und den Körper zurück, aber auch auf den veränderten gesellschaftlichen Kontext für Frauen; es wird von „drastischen Veränderungen" gesprochen, von „Lebensmodellen, die gerade in den letzten drei Jahrzehnten widerprüchliche Anforderungen" stellen, deren „Zwänge" dazu führen, daß Frauen „vermehrt zu einer Konfliktlösung Eßstörung" neigen. Zwar werden positive Veränderungen durch bessere Ausbildung und eine größere Freiheit der Lebensgestaltung konstatiert, kritisch wird jedoch festgestellt, daß es „viele Veränderungen bei den Frauen, aber wenig Veränderungen bei den Männern gegeben hat". Die traditionelle weibliche Rolle greift nicht mehr; es ist eine Vielfalt von Lebensentwürfen für Frauen möglich geworden. Diese Vielfalt enthält aber ein hohes Maß an neuen Anforderungen, die zu verkraften sind und mit deren Konflikthaftigkeit die eßgestörten Frauen nicht zurechtkommen.

Einen besonderen Stellenwert bei der Herausbildung von Eßstörungen haben emotionale, körperliche und sexuelle Übergriffe. Grenzüberschreitungen, gegen die sich Mädchen oder Frauen nicht wehren können, können den Körpergrenzen eine hohe Bedeutung verleihen; durch den Kampf um Kontrolle des Essens ebenso wie durch Kontrollverlust werden solche erfahrene Verletzungen symbolisch bearbeitet. Unterschiedliche Einschätzungen sind in der Praxis zu finden, inwiefern Erfahrungen mit sexueller Gewalt in Kindheit und Jugend den regelmäßigen oder häufigen lebensgeschichtlichen Hintergrund von Eßstörungen bilden. Möglich ist auch, daß verschiedene Angebote in dieser Hinsicht jeweils eine unterschiedliche Klientel ansprechen. Bei emotionalen Übergriffen spielen auch Mütter eine bedeutsame Rolle. Generell wird aber hervorgehoben, daß Mißachtung der persönlichen Grenzen und Sanktionen gegen Versuche, eigene Grenzen geltend zu machen, nicht als individuelle Familiendynamik, sondern als allgemeines Merkmal der Sozialisation von Frauen zu sehen sind. So ist die generelle Forderung, die Therapie und die Gruppenarbeit spezifisch auf Frauen auszurichten, nicht allein epidemiologisch begründet, sondern auch aus den strukturellen Widersprüchen und ähnlich erfahrenen Übergriffen und Gewalterfahrungen.

Insbesondere die Expertinnen in spezialisierten Einrichtungen beschreiben, wie die Formen von Eßstörungen je nach Lebensalter und nach sozialer Schicht differieren und gehen auf unterschiedliche typische Entstehungsbedingungen ein. Die Eßstörung ist eine Form, über sich etwas mitzuteilen. Eine Expertin äußerte, daß es z. B. sein kann, „daß eine dicke Frau durch Essen ihr Bedürfnis zeigen will. Sie hat Gefühle. Die Magersüchtigen sagen, ich will gar nichts, ich habe keinen Appetit. So etwas Profanes, Niederes kommt bei mir nicht vor." Bulimische Frauen beschreibt diese Expertin als eher ängstlich und angepaßt, sie wollen alles richtig machen, normal und unauffällig sein und wollen vieles vereinbaren, was vielleicht gar nicht zu vereinbaren ist. „Frauen wollen gut sein in der Arbeit, sie wollen eine gute Mutter, eine gute Ehefrau sein, sie müssen vier bis fünf Personen in einer sein, sich ständig repräsentieren und müssen dann noch gestylt sein". Eine andere Expertin betont den Traditionsbruch in den weiblichen Generationenbeziehungen. Den Konflikt zwischen der Wirkung eines traditionellen Frauenbildes und den „sogenannten männlichen Eigenschaften: zu wollen, stark sein, sich durchsetzen" werde dadurch verschärft, daß ein „sehr hoher Leistungsdruck" hinzukommt. Auch zeigen sich Expertinnen beeindruckt, wie sehr gerade bei Bulimie „Krankheit und Gesundheit nebeneinander stehen", da diese Frauen im Beruf leistungsorientiert und erfolgreich sein können.

Gleichzeitig betonen die Expertinnen, daß es viele Mischformen gibt und zudem die Form der Eßstörung sich ändern kann; sie haben oft Übergänge erlebt, beispielsweise daß eine magersüchtige Frau Bulimie oder auch Übergewicht entwickelt. Es gebe, so formuliert eine Expertin, „keine Eßsuchtpersönlichkeit". Die Einschätzung, daß die zugrunde liegenden Konflikte bei den verschiedenen Eßstörungen sich ähneln, bedeutet für die befragten Expertinnen u. a., daß Gruppenarbeit nicht nach Typus der Eßstörungen aufgeteilt wird. Der therapeutische Ansatz ist für die verschiedenen Formen von Eßstörung insoweit grundsätzlich gleich.

Zwar ist zu erwarten, daß verschiedenartige Einrichtungen eine jeweils andere Klientel anziehen, doch hat eine Erhebung bei Einrichtungen der Suchtberatung sowie (im Vergleich) beim Frankfurter Zentrum für Eßstörungen ergeben, daß bei beiden Adipositas am häufigsten benannt wurde (Appel 1998: 67). Aus der Einschätzung der Ursachen folgt eine strikte Absage an Diätversuche und von außen auferlegte Expertenprogramme. Eßstörungen werden nicht als Ausdruck von Willenlosigkeit oder Unfähigkeit von Frauen gesehen, mit ihrem Körper oder ihren Problemen fertig zu werden.

Im Beratungsbereich und in der ambulanten Therapie wird beobachtet, daß sie zunehmend auch von Männern aufgesucht werden. Dies führen die Expertinnen auf Unsicherheiten der Identität und eine Überbewertung des Äußeren zurück: Auch männliche Identität wird vermehrt an den körperlichen Ausdruck gekoppelt.

Stellenwert spezialisierter Einrichtungen

Für viele Frauen mit Eßstörungen ist nach Ansicht der Expertinnen aus dem Beratungs- und ambulanten Bereich eine Anlaufstelle notwendig, die nach außen sichtbar für das Problem Eßstörungen zuständig ist. Frauen sollten von vornherein wissen, daß sie hier keine Schamgefühle haben müssen, daß jemand da ist, der sie akzeptiert, der weiß, wie es um sie steht, und der weiß, wie man damit umgeht. Am Anfang ist oft eine hohe Schamgrenze da, „hinter der sie sich verstecken möchten. Ich merke, wie entlastend es ist, wenn ich sage: 'Also ich arbeite schon lange mit bulimischen Frauen. Wie oft haben sie denn am Tag einen Freßanfall mit nachfolgendem Erbrechen?' Dann geht eine Entspannung durch die Frau. Sie kann es einfach sagen. Sie muß keinen Eiertanz drum machen." Dies stellt eine zentrale Dimension des Bedarfs dar. Niedrigschwellige Angebote sind aber auch deshalb bedeutsam, weil Frauen sich oft nur tastend dem Problem nähern und zunächst Aufklärung suchen: Woran stelle ich fest, ob ich eßgestört bin; ist das noch normal, was ich mache?

Der Erfahrung nach haben viele Frauen Diäterfahrungen schon als Kinder oder bereits Diätprogramme bei Ärzten und Diätgruppen probiert. Andere haben Therapieketten hinter sich und schon andere Behandlungsformen erfahren, die nicht zufriedenstellend waren. Das Spektrum reicht von Krankenhausbehandlungen, wenn es um Leben und Tod geht, psychosomatische Kliniken, Psychotherapien, Verhaltenstherapien, Gestalttherapien, den ganzen esoterischen Markt, über Diäten, Besuche bei Ernährungsexperten und Ernährungsberatung bei Krankenkassen. Es sind häufig ganz unterschiedliche Aspekte, die nicht zufriedenstellend waren: In den Therapien wurde beispielsweise etwas anders behandelt, und die Eßstörungen blieben unbeachtet. Fragen wurden nicht angesprochen, mit denen sich Frauen beschäftigen, z. B.: Wie kann ich mit Streß umgehen? Wie kann ich mit meiner Wut umgehen? Andere Frauen fühlten sich in der Therapie zwar nicht verstanden, haben die Therapie aber in der Annahme weitergeführt, daß es normal sei, sich in der Therapie unwohl zu fühlen.

Bei den speziellen Stellen wird beschrieben, daß Frauen jahrelang mit massiv eßgestörtem Verhalten und daraus resultierenden gesundheitlichen Folgeproblemen leben können, ohne daß ein Arzt oder eine Ärztin sie danach fragt. Zum Teil wurden sie mehrere Jahre psychotherapeutisch behandelt, ohne daß ihr Eßverhalten überhaupt angesprochen wird. Zudem - meint eine Expertin - würden Klientinnen sich häufig an die Therapeutin anpassen. So liegt der Mißerfolg auch daran, daß die Frauen sich zu Eßstörungen nicht bekennen, „als wäre dies etwas Furchtbares". Eine Einrichtung für Eßstörungen eröffnet Frauen einen Zugang zur Hilfe, weil sie von vornherein wissen, daß hier über Eßstörungen gesprochen werden kann.

Ansätze in der allgemeinen Gesundheitsförderung

Umstritten ist die Zuordnung ambulanter Angebote zu den gewachsenen Strukturen des Gesundheitssystems, insbesondere die Zuordnung zur Suchtbehandlung. Während die spezialisierten Stellen Eßstörungen als psychosomatische Krankheit mit Suchtcharakter verstehen, wird in der breiteren Beratungspraxis teilweise der Suchtaspekt in den Vordergrund gestellt. So bemerken die Autorinnen eines Rahmenkonzeptes der Prävention für Schleswig-Holstein, das sich an Mädchen im Alter zwischen 10 und 16 Jahren richtet, „daß zur Zeit eßgestörte Menschen überwiegend von Sucht-, Frauen- oder Erziehungsberatungsstellen betreut werden". Doch auch hier hätten Eßstörungen keinen gesicherten Platz (Bonetti et al. 1999; vgl. auch Appel 1998). Diese Autorinnen halten gängige Ansätze der Suchtprävention nicht für übertragbar, weil diese mit dem Suchtmittelverzicht arbeiten; es müsse vielmehr ein gesunder Umgang mit dem Essen gelernt werden. Ein geschlechtsspezifischer Ansatz, der sich ausschließlich an Mädchen wendet, sei nicht nur deswegen wichtig, weil es um eine Problematik vorrangig von Mädchen geht, sondern auch im Hinblick auf deren Erfahrung alltäglicher Gewalt. „Es soll den Mädchen in geschützten Räumen eine gewaltfreie, entspannte und offene Umgangsmöglichkeit mit dem Thema, Körper, Weiblichkeit, Schönheit und der Mädchen- und zukünftigen Frauenrolle anbieten. Erst hier haben sie die Möglichkeit, die Verachtung und Verletzung wahrzunehmen, denen die meisten von ihnen in Schule, Jugendzentrum und nicht zuletzt zu Hause ausgesetzt sind" (ebd.: 2).

Der Volkshochschulmodellkurs „Sich annehmen - abnehmen" richtet sich an Frauen, die mit ihrem Gewicht oder ihrer Figur unzufrieden sind. Grundlage des Konzeptes ist das Verständnis, daß Frauen umfassender in ihren Lebenssituationen und dann auch mit sich unzufrieden sind, und diese Unzufriedenheit erleben sie im körperlichen Bereich, in Schönheits- und Gewichtsproblemen und Problemen mit dem Essen. Im Kurs wird versucht, die Hintergründe für Unzufriedenheit aufzuspüren und damit so umzugehen, daß ein positives Selbstbewußtsein entsteht.

Probleme der Diagnose

Alle befragten Expertinnen betonen, daß nicht von einer klar abgegrenzten Eßstörung ausgegangen werden kann; gestörtes Eßverhalten ist situativ und variabel, und die zugrunde liegenden Lebensprobleme bei verschiedenen Formen sind ähnlich. Sie sehen das Problem der Diagnose voranging im Hinblick auf die verbreitete Verleugnung und Verheimlichung der Krankheit „Eßstörung", an der die betroffenen Frauen ebenso mitwirken wie diejenigen, die sie gesundheitlich versorgen.

Die Verwendung von Krankheitsbildern in diagnostischen Manuals wird ambivalent diskutiert. Es überwiegt bei den Expertinnen die Skepsis gegenüber Diagnosen, mit deren Festlegung und deren Wirkung die betroffenen Frauen auf eine bestimmte Identität reduziert würden. „Eine Frau ist keine Bulimikerin, sondern sie ist eine Frau, eine Person, die eine Störung hat", und es sei wichtig, genau dies zu vermitteln, daß das gestörte Eßverhalten ihr eigenes Verhalten ist, das in ihrem Leben einen Sinn hat. Die Zuordnung von Fettsucht zu den psychosomatisch/psychiatrischen Störungen könne für einen Teil der Frauen Entlastung und Anerkennung bedeuten, für einen anderen Teil aber auch den Zwang, sich als gestört, psychisch krank zu begreifen. Die diagnostische Zuordnung von Eßstörungen zu Persönlichkeitsstörungen kann auch eine Geschichte von Gewalterfahrungen überdecken.

Stellenwert der Selbsthilfe

Frauen mit Eßstörungen werden als Expertinnen ihrer eigenen Lebenssituation gesehen, die unterstützt werden, ihren eigenen Weg zu finden. Im Vordergrund steht die Frage, welchen Sinn die Eßstörung im Lebenszusammenhang hat. Generell wird betont, daß die Atmosphäre in der Gruppe besonders wichtig ist; ferner wird die Begegnung unterschiedlicher Arten von eßgestörtem Verhalten positiv bewertet. Wenn Frauen mit Anorexie und übergewichtige Frauen in der Gruppe zusammenarbeiten, entwickeln sich sowohl Einsichten in die Gemeinsamkeiten wie auch Toleranz gegenüber den anderen und sich selbst gegenüber.

Frauen kommen oft, weil sie die Eßstörung bekämpfen möchten. So lernen sie in den Gruppen zunächst einmal, die Eßstörung für sich anzunehmen und die Probleme, die dahinter liegen, zu sehen, zu fragen: Wie lebe ich als Frau, was macht mich zufrieden, was macht mich unzufrieden? Besonders im Rahmen der Selbsthilfe ist von Bedeutung, daß ihnen vermittelt wird, daß „sie selbst die Expertinnen sind" und nicht die Fachfrauen.

Beratung und Selbsterfahrung im Bereich Rehabilitation

Bei der Kurverschickung ist es unter dem Aspekt der Vorsorge naheliegend, Gewichtsprobleme anzusprechen. Beide in die Erhebung einbezogenen Müttergenesungskurheime hatten einen bewußt auf die Probleme von übergewichtigen Frauen ausgerichteten Ansatz entwickelt. In einem Haus werden Schwerpunktkuren explizit für diese Zielgruppe angeboten. Zwar gehören zur Spezialkur reduzierte Kost und sportliche Betätigung mit dem Ziel der Gewichtsreduktion; dennoch wird als problematisch angesehen, daß viele vom Arzt mit dem Auftrag in die Kur geschickt werden: „Sie müssen abnehmen". Das Gewicht sei i. d. R. ein Symptom für etwas anderes, das nicht mit Gewichtskontrolle zu behandeln ist. Über Hintergründe wird beim Hausarzt zumeist nicht gesprochen. Frauen werden, so der kritische Tenor der Expertinnen, durch die ärztliche Aufforderung in neuen Zwiespalt gestürzt, denn daß sie Übergewicht haben, wissen sie, daß sie abnehmen müßten, wissen sie auch. Die

Hintergründe für ihr Verhalten sind ihnen aber nicht zugänglich. So wird es als Aufgabe der Mütterschwerpunktkur gesehen, mit den Frauen im begrenzten Zeitrahmen zu erarbeiten, was für ein Zusammenhang zwischen ihrem Leben und ihrem Übergewicht besteht.

Das Konzept der Schwerpunktkur zielt darauf, den Frauen die Hintergründe ihrer Gewichtsprobleme auf verschiedenen Ebenen zu erschließen. Erfragt wird zum einen der „Selbstaspekt" im Sinne der persönliche Geschichte, etwa: Warum habe ich mir so viel Speck angefressen? Hat dies Tradition in der Familie? Ist dies nach der Entbindung gekommen? Suche ich Bestätigung in anderen Bereichen? Für manche Frauen führt es zu einer gewissen Entkrampfung, wenn sie erfahren, daß Übergewicht auch genetisch bedingt sein kann. Frauen sollen in den Gesprächsgruppen lernen, sich selbst anzunehmen und zu akzeptieren, daß das Gewicht im Moment nötig ist, denn es hat eine Funktion. Diese Funktion läßt sich nicht mit Diäten außer Kraft setzen, das sei „Selbstquälerei".

Eine zweite Ebene ist die familiäre Situation. Obwohl Frauen zu Hause die Ernährung in den Händen haben, ist alles auf die Familie abgestellt. Männer und Kinder können jedoch ganz andere Kostverwerter sein, die sich nicht einschränken müssen, während die Frau lernen muß, sich zu begrenzen. Dies kann nur gelingen, wenn die Frau in der Lage ist, sich selbst wichtig und ernst zu nehmen und sich nicht immer der Familie anzupassen. Daher wird den Frauen vermittelt, daß es zunächst nicht auf Gewichtskontrolle ankommt, daß sie aber in der Kur Raum haben, ihre Ernährung selbst zu steuern. Um diesen eigenen Raum auszufüllen, erfahren sie auch Grundsätze der Ernährung. Sie lernen, wie sie etwas zubereiten können, daß ihnen selbst schmeckt, ohne daß es zuviel ist. Sie können auch in den drei Wochen ihre Kost selbst zusammenstellen. Damit machen sie die Erfahrung „Jetzt tue ich was!" und können zugleich ausprobieren, wie sie sich selbst noch wohl fühlen, während die Familie nicht zu kurz kommt. Dies gilt als Vorbereitung darauf, ihre Kost zu Hause so weiterzuführen, wie es der Frau gemäß ist.

Die dritte Ebene ist gesellschaftlich und kulturell und wird damit begründet, daß Frauen ganz anders als Männer gezwungen sind, sich mit Problemen des Gewichts auseinanderzusetzen. Selbstwahrnehmung und Körperwahrnehmung werden zum Thema; dabei stehen die „inneren Räume" und „inneren Bilder", aber auch Vorstellungen von gesellschaftlichen „Idealbildern" und vom „Idealgewicht" im Mittelpunkt.

Ziele bei dieser Konzeption sind, daß Frauen lernen, wie sie mit sich selbst umgehen können, daß sie Probleme erkennen und einen Weg erarbeiten, wie sie damit zukünftig umgehen können. Dann kann es auch sein, daß Frauen zu dem Schluß kommen: „Im Moment kann ich noch nicht abnehmen. Es gibt noch viele Sachen, die ich erst klären muß".

Öffentlichkeit

Vor allem die spezialisierten Vereine und die Bildungseinrichtungen blicken auf viele Jahre öffentlicher Aufklärungsarbeit zurück, die inzwischen professionell etabliert ist.

Dazu gehören offene Informationsabende, Volkshochschulkurse, Seminare zur Fort- und Weiterbildung von Fachkräften, Informationsveranstaltungen in Schulen und in Jugendzentren und größere themenbezogene Veranstaltungen wie die frauenspezifische Fachtagung „Die unerträgliche Schwere weiblichen Seins" 1991 in Köln. Durch Kooperation mit der Öffentlichkeitsarbeit der Suchtkrankenhilfe (vgl. Appel 1998) und der AOK (Frankfurter Zentrum 1993/94) ist es gelungen, zumindest Grundgedanken des „Anti-Diät-Ansatzes" in der breiten Öffentlichkeit zu vermitteln. Eine Gründerin des Frankfurter Zentrums für Eßstörungen bilanziert diese Arbeit positiv, vor allem durch die Fort- und Weiterbildung von Fachkräften: „Meine Botschaft ist erfüllt".

Dies scheint vor allem für den Bedarf derjenigen Frauen zuzutreffen, denen mit ambulanter Beratung und Selbsthilfe geholfen ist. Weniger deutlich ist die Entwicklung zu erkennen, wenn Eßstörungen mit weiteren Problemlagen verbunden sind und deshalb, oder aufgrund der Schwere der Krankheit, eine stationäre Behandlung unabdingbar wird. Hier scheint die frauenzentrierte Sichtweise noch nicht in der Fachdiskussion Fuß gefaßt zu haben; gerade die Expertinnen in der Psychosomatik benennen kritisch die geringe Aufgeschlossenheit der stationären Einrichtungen für Fragen eines frauenspezifischen Bedarfs - dies nicht nur, aber auch bei Eßstörungen.

10.3.3 Gynäkologische Beschwerden und Erkrankungen

Zur kritischen Literatur

Das Thema des medizinischen Umgangs mit gynäkologischen Erkrankungen und Leiden erfuhr in der Frauengesundheitsbewegung eine besondere Zuspitzung bei der Frage der Praxis der Gebärmutterentfernung. Praxisberichten zur Folge (vgl. Ehret-Wagener et al. 1994) wurden Gebärmutterentfernungen in den 70er Jahren häufig bei sogenannten „weichen" Indikationen wie Myomen oder starken Blutungen von ärztlicher Seite mit dem Hinweis empfohlen und durchgeführt, „Schlimmerem" oder „Entartungen" vorzubeugen. Die Operation wurde auch zur Lösung der Verhütungsfrage oder bei Senkungen empfohlen. Wiederkehrende Unterbauchschmerzen ohne organischen Befund führten ebenfalls zu einer solchen Maßnahme. Hohe Vorgaben zur Zahl durchgeführter Hysterektomien als Voraussetzung der fachärztlichen Qualifikation (gültig bis 1993) trugen zweifellos dazu bei, daß Frauen die Operation nahegelegt wurde. Deutungsmuster wie „wenn die Familienplanung abgeschlossen ist, könne auf das Organ verzichtet werden" vermittelten den betroffenen Frauen, daß dieser Körperteil höchstens funktional, aber im übrigen als lästiges Übel zu betrachten sei. Psychische und körperliche Folgen einer Hysterektomie standen nicht zur Diskussion.

Für die 90er Jahre ist die Situation eher unübersichtlich. Bemängelt wird in der Literatur wie von den Expertinnen im Gespräch, daß noch immer keine Daten zur Häufigkeit von Hysterektomie und zu den Indikationen vorliegen. Gegen die nach wie vor häufige Indikationsstellung „Myome" für Gebärmutterentfernung wird kritisch argumentiert, daß eine Entartung von Myomen nur sehr selten ist (sie wird mit 0,1 % angegeben; Paluka 1996) und daß allein das Vorhandensein von Myomen oder deren Größenveränderung keinen Eingriff erzwänge. Auch verursachen Myome nicht immer Beschwerden. Sinnvoll sei es, die Größe von Zeit zu Zeit per Ultraschall zu kontrollieren, wobei Meßschwankungen im Zentimeterbereich als zyklusabhängige Veränderungen zu berücksichtigen sind. Auch wird darauf verwiesen, daß sich Myome in den Wechseljahren zurückbilden, wenn keine Hormonbehandlung erfolgt (Hummel 1994). Aus einer ganzheitlichen Sichtweise können sie als Ausdruck von Schlackstoffen, derer sich der Körper nicht mehr entledigen kann, und als Ausdruck fehlgeleiteter Energien verstanden werden, die durch Beziehungsstreß, Kinderwunsch, Trauer etc. im Wachstum gefördert werden können.

In der aktuellen Literatur gibt es Anzeichen, daß der Umgang mit Gebärmutterentfernungen hochgradig variabel ist. Eine Befragung von Berliner Chefärzten durch Mitarbeiterinnen des Berliner Frauengesundheitszentrums stellte eine große Bandbreite bei der Indikationsstellung fest. Die meisten Entfernungen erfolgen aufgrund von Myomen. Während für den einen das Vorhandenseins eines Myoms kein Grund für eine Operation darstellt, stellt sich für den anderen ab einer bestimmten Größe diese Frage zwangs-läufig, für einen weiteren nur, wenn Beschwerden bestehen und die Frau ausdrücklich wünscht, daß nicht gebärmuttererhaltend operiert wird (Sorg/Fränznieck 1998). Weil Diagnose und Indikationsstellung zur Hysterektomie ermessensabhängig sind und zudem durch sogenannte prophylaktische Maßnahmen - etwa daß bei einer Hysterektomie eine Eierstockentfernung gleich mitempfohlen wird - ausgedehnt werden, wird in der frauenzentrierten Diskussion dafür plädiert, auf jeden Fall eine weitere medizinische Meinung vor der Entscheidung zu einem Eingriff einzuholen. Dabei sei es wichtig, auf die jeweiligen Begründungen zu achten, die Notwendigkeit des Eingriffs in Relation zu den Risiken und Nachfolgewirkungen zu setzen und sich vor allem für eine Entscheidung ausreichend Zeit zu lassen. Falls es zur Operation kommt, ist eine gute Vorbereitung wichtig dafür, ob und in welchem Ausmaß psychische Probleme nach einer Hysterektomie auftreten (vgl. Paluka 1996).

Diskussionsimpulse zur Thematik Brustkrebs stammten zunächst aus der englischsprachigen Literatur und aus der amerikanischen Frauengesundheitsbewegung, die Brustkrebs als zentrales Frauengesundheitsproblem diskutierten. Ein Diskussionsschwerpunkt ist der Einsatz operativer und chemotherapeutischer Strategien. In einem Überblick über die Entwicklung der anglo-amerikanischen Diskussion heben Sue Wilkinson und Celia Kitzinger (1994) nicht nur physische Traumatisierung durch Brustoperationen und -amputation, sondern auch das damit verbundene Leid hervor. Vor allem die Erfahrung umfassender Verwundbarkeit, zusätzlich gefördert dadurch, daß der größte Teil der betroffenen Frauen auf wenig Unterstützung durch Freunde und die Familie bauen kann, sondern eher mit Angst und Ablehnung konfrontiert ist, zeichnet Brustkrebs aus. Die gängigen Behandlungs- und Versorgungsstrategien seien psychologisch wie praktisch vor allem auf die Bedeutung der Brust für männliches erotisches Interesse ausgerichtet. Durch ihren Bezug auf Idealnormen verstärken sie negative Selbstbilder von operierten Frauen. Im Mittelpunkt der medizinischen Diskussion stehe die Verbesserung der Operationstechnik beim Brustaufbau und im Einsatz von Mammaplastik. Die Unterstützung persönlicher Ressourcen von betroffenen Frauen, ihrer Angehörigen und der sie pflegenden Personen werde dagegen vernachlässigt. Für die Bundesrepublik hat Ingrid Olbricht (1989) herausgearbeitet, daß eine lediglich funktionelle Betrachtung der Brust als nahrungsspendendes Organ in der medizinischen Behandlung die Schwere der Verlusterfahrung herabsetzt. Chirurgische Maßnahmen des Brustaufbaus signalisieren einen Wunsch, etwas ungeschehen zu machen, helfen der Frau aber nicht, den Verlust zu verarbeiten.

In den 90er Jahren ist das Bemühen feststellbar, weniger radikal zu operieren, zudem ist die Behandlung sehr ausdifferenziert worden. Dennoch wird kritisiert, daß im Verhältnis zur Erkrankungswahrscheinlichkeit diese Frauenerkrankung zu wenig Aufmerksamkeit in der Versorgung erfährt und wenn, dann eher an „falschen" Stellen oder mit für Frauen problematischen Akzenten. In einer auf das individuelle Risiko gerichteten Sichtweise würden Deutungsmuster gefördert, die Mitschuld an der Erkrankung suggerieren, so etwa Persönlichkeitszüge oder gar eine „Krebspersönlichkeit" oder Lebensführung und Verhaltensweisen.

Kontrovers ist die Frage flächendeckender Untersuchungen zur Früherkennung. Wird auf der einen Seite eine Verbesserung der Qualität der Mammographie gefordert, um Frauen das Leid aus inkorrekten Befunden oder die späte Diagnose infolge unzulänglicher Voruntersuchungen zu ersparen, so warnen auf der anderen Seite kritische Stimmen vor den psychischen und möglicherweise auch physischen Wirkungen wiederholter radiologischer Untersuchungen ohne Tastbefund (Perl 2000). Wie die Ultraschalluntersuchung in der Schwangerschaft, stifte die Mammographie als Vorsorgeroutine ein gestörtes Verhältnis der Frau zum eigenen Körper (sie darf sich erst gesund fühlen, wenn der Arzt das Unsichtbare abgebildet und interpretiert hat) und nähre die Illusion, mit Hilfe der Technik Gewißheit über die Zukunft zu gewinnen. Barbara Duden (1997) beschreibt in historischer Perspektive die Entwicklung einer Pflicht zur Vorsorgeuntersuchung als „Verkrebsung" gesunder Frauen, die lernen würden, ihren Körper und insbesondere ihre Brust als Gefahrenherd zu empfinden. Für die ärztliche Beratung und Behandlung wird hervorgehoben, daß die Bereitschaft, mit Angst umzugehen, in gleichem Maße Beachtung finden sollte wie der Einsatz diagnostischer Maßnahmen. Zudem sollten psychologische Gespräche zur Abklärung und Einschätzung der eigenen Situation der betroffenen Frau angeboten werden (Paluka 1996).

Frauenzentrierte Zugänge in der Versorgung

Zwar ließe die Diskussion in der frauenzentrierten Bezugsliteratur einen empfundenen Bedarf an Beratungs- und Entscheidungshilfe für Frauen vor einem gynäkologischen Eingriff vermuten. In unserer Erhebung kamen ausdifferenzierte frauenspezifische Versorgungsangebote jedoch erst nach erfolgter Operation, im Bereich der Rehabilitation oder der Selbsthilfe, zum Zuge. Expertinnen in diesem Bereich äußern allerdings meist eine kritische Einschätzung sowohl der Qualität der vorherigen Informierung der betroffenen Frauen wie auch der medizinischen Notwendigkeit eines Teils der erfolgten Eingriffe. In der Gesundheitsförderung und der gesundheitlichen Versorgung scheint es noch kein explizites Angebot für die Situation der Frau zu geben, die sich für oder gegen einen gynäkologischen Eingriff entscheiden muß.

Expertinnen aus spezifischen Beratungseinrichtungen wie Frauengesundheitszentren oder Pro Familia berichteten, daß Frauen dort wegen einer ihnen vorgeschlagenen Operation Rat suchen, etwa wenn ihnen die Gebärmutterentfernung wegen eines Myoms nahegelegt worden ist. Auch dem Gruppengespräch mit Frauen, die zur Rehabilitation nach einer Hysterektomie in der Klinik gewesen sind, war zu entnehmen, daß in dieser Frage eine selbstbewußte Auseinandersetzung mit Ärzten nicht mehr außergewöhnlich ist. Allerdings wurde dies bezeichnenderweise als „Sich-durchsetzen" oder „Sich-wehren" gegen das Ansinnen „dann können wir die Gebärmutter gleich mit herausnehmen" beschrieben. Diese Frauen haben erst dem Eingriff zugestimmt, als eine medizinische Indikation ihnen dargelegt wurde. Über Beratungsgespräche bei einem Krebsverdacht wurde in der Befragung nicht berichtet. Lediglich eine niedergelassene Ärztin erläuterte ihren Arbeitsansatz am Beispiel von Tumorkrankheiten, die nach ihrer Einschätzung häufig mit psychosomatischen Störungen einhergehen und - in Verbindung mit Chemotherapie - auf dieser Ebene besprochen und behandelt werden müssen. Den bösartigen Tumor spricht auch sie nicht an.

Die rückblickenden Berichte betroffener Frauen in den Gruppengesprächen nach Brustkrebs sowie die Erfahrungsberichte der Expertinnen mit solchen Frauen können nur eingeschränkt als Beschreibung der Verläufe vor der Operation gewertet werden. Nicht selten wird Information und Aufklärung unter der Last der Angst vor einer Krebsdiagnose überhört oder mißverstanden. So kann aus der Tatsache, daß die Expertinnen auf große Unterschiede im Informationsstand und in der erfahrenen Beratung vor der Operation bei den betroffenen Frauen stoßen, nicht auf fehlende Bemühung um Aufklärung geschlossen werden. Eine Ärztin weist darauf hin: „Die Frauen machen sich im Augenblick der Operation über ein Organ, über das sie noch nie nachgedacht haben, keine Gedanken. Die Gedanken kommen dann hinterher." Aus den Berichten der Expertinnen und den Gruppengesprächen ist allerdings zu schließen, daß es den Kliniken nur unzureichend gelingt, Frauen über die Indikationsstellung, den Eingriff selbst und die Folgen wirksam zu informieren. Die Klinik als „setting", die dort vorherrschende medizinisch-technische Fachsprache und der empfundene Zeitdruck bilden offenbar einen sehr ungünstigen Rahmen für die Abwägung unter verschiedenen Möglichkeiten, zumal die Kliniken selbst - zur Abklärung der Diagnose aufgesucht - jeweils bevorzugte Verfahren haben, die auf Frauen als Sachzwang wirken. Im Endeffekt stellen die befragten Expertinnen fest, daß Frauen nur selten eine Entscheidung über den Eingriff in bewußter Kenntnis der Gründe dafür und der Risiken treffen. Ein gewichtiger Anteil der Arbeit mit Frauengruppen in der Rehabilitationsklinik wie in der Selbsthilfe besteht darin, das Wissen zu vermitteln, das für eine informierte Zustimmung eigentlich vorher notwendig gewesen wäre.

Bei vorsichtiger Bewertung des Materials dieser Erhebung erscheint die Einschätzung begründet, daß schon bei dem unbestimmten Verdacht, es könne möglicherweise ein Krebs vorliegen, sowohl die betroffene Frau wie auch ihre Ärztin oder ihr Arzt unter extrem hohen Handlungsdruck gerät, als sei höchste Eile geboten. Hierfür spricht nicht allein das Fehlen der sonst charakteristischen Themen der frauenzentrierten Praxis in diesem Bereich, wie z. B. die ruhige Aufklärung über Alternativen und die Stärkung der Eigenentscheidung der Frau; diese Aspekte tauchen allenfalls in bezug auf die Mammographie und die Selbstuntersuchung der Brust auf, wenn noch kein auffälliger Befund und keine Beschwerden vorgekommen sind.

Die Atmosphäre von Angst und Zeitdruck, die von der Möglichkeit insbesondere des Brustkrebses erzeugt wird, wurde in den Gruppengesprächen mit betroffenen Frauen sehr deutlich. Alle fünf Frauen hatten die Art des Eingriffs als nicht verhandelbaren Sachzwang wahrgenommen. Ihrer Erinnerung nach wurde ihnen gesagt, sie hätten angesichts des Befundes „keine andere Wahl" bzw. die Ärzte hätten „keine andere Möglichkeit". Ihnen wurde ein höchst bedrohliches Bild vermittelt („die Krebszellen stehen schon in den Startlöchern und wenn Invasion ..."). Ihnen wurde, so berichten sie es aus der Sicht als Patientin, eine sofortige Einwilligung zum vorgeschlagenen Eingriff abverlangt: „ich mußte mich innerhalb ein paar Minuten entscheiden", „ich mußte sofort ...".

Von einer Entscheidung zwischen Alternativen berichtet nur diejenige Frau, die das „Schnellschnittverfahren" erlebte: Hierbei wird die Diagnose anhand des histologischen Befundes gestellt, während die Frau unter Narkose ist, und bei Karzinom dann gleich operiert. Nicht über dieses Vorgehen, sondern über den eventuell anschließenden Brustaufbau sollte sie sich vorher entscheiden: „Also wenn man jetzt die Brust hätte amputieren müssen, dann hätte ich gleich sagen müssen, ob ich ein Implantat oder irgendwas aus dem Rücken möchte. Ich sage: ‚Da muß ich mich entscheiden. Habe ich denn einen Tag Bedenkzeit?' - ‚Ja.' Und dann habe ich das mit meinem Mann durchgesprochen. Und da habe ich gesagt: ‚Nein, ich möchte das nicht.' Und dann bin ich am nächsten Tag operiert worden."

Keine der Patientinnen in dieser Gruppe nennt einen Grund, warum sie über einen gravierenden Eingriff ohne Besinnungszeit entscheiden mußte; keine hatte die Chance, eine zweite Meinung zu hören. So ist es nicht verwunderlich, wenn eine Expertin berichtet, daß in den Selbsthilfegruppen „die Frauen sich gegenseitig angehört haben mit Staunen, was den einzelnen gesagt worden ist, was nicht, und wie operiert wurde ... Das ist der pure Zufall, wie die Frauen behandelt werden."

Rehabilitation und Selbsthilfe nach gynäkologischen Operationen

Angebote, die bewußt auf die spezifischen Bedürfnisse von Frauen eingehen, gibt es als Anschlußheilbehandlung nach dem Eingriff, wobei die körperliche Erholung noch eine große Rolle spielt. Es gibt sie ferner in der psychosomatischen Rehabilitation, bei der es auch um die Auseinandersetzung mit dem Verlust eines Organs und mit den körperlichen, seelischen und zwischenmenschlichen Auswirkungen des Verlustes gehen kann. In wachsendem Maße gibt es besonders zu Brustkrebs Selbsthilfegruppen, die im eigenständigen psychosozialen Bereich (etwa in Trägerschaft von Volkshochschulen oder Vereinen) veranstaltet werden oder aber mit ärztlicher Betreuung gestaltet werden, in Einrichtungen wie Pro Familia oder angegliedert an eine niedergelassene Praxis. Entsprechend unterschiedlich sind die Schwerpunkte der Arbeit.

In der Rehabilitationsklinik gibt es die Möglichkeit der einzelpsychologischen Betreuung neben der Gruppenarbeit. Die allermeisten Patientinnen sind auf länger andauernde Folgewirkungen der Operation nicht vorbereitet: Sie erleben Art und Ausmaß der Schmerzen, der Beeinträchtigung des alltäglichen Bewegungs- und Leistungsvermögens und der Peinlichkeiten, die spezifisch für Frauen unangenehm sein können, als verwirrende Überraschung. Die typisch geringe Vorbereitungszeit für solche Operationen führt dazu, daß viele Fragen zu Ablauf und Bedeutung der Erkrankung sich erst hinterher stellen. In der Nachaufklärung können sowohl die Dynamik der Krankheit wie auch die unterschiedlichen medizinischen Verfahren verstehbar gemacht werden. In kognitiver Hinsicht ist es beispielsweise für brustoperierte Frauen wichtig zu wissen, warum es sein kann, daß eine Frau mit Chemotherapie, eine andere mit Anti-Östrogenen und eine dritte mit Bestrahlung behandelt wird. Auf einer emotionalen

Ebene ist es wichtig, daß Frauen nicht eine Phantasie von dicken Geschwülsten und Gewalttätigkeit zurückbehalten, die bei der Begegnung mit der Sprache des Operateurs oft entstehen.

Bei allen erfaßten Angeboten wird eine Differenzierung der Gruppenarbeit nach dem betroffenen Organ vorgenommen. Maßgeblich ist hier zum einen die Einschätzung, daß das Mammakarzinom einen völlig anderen Charakter und eine andere Bedeutung im Leben von Frauen hat, als das Genitalkarzinom. Zum anderen wird festgestellt, daß alles, was mit dieser Krankheit verbunden ist, auf das betroffene Organ bezogen wird. Daher, so eine Expertin, kommen psychosoziale Angebote, die sich allgemein an Menschen mit Krebs richten, schnell an ihre Grenzen. Die unterschiedlichen Krebsarten bilden eine Barriere, an der die Kommunikation über intime Fragen unterbleibt. Der ganzheitliche Zugang spezifisch für Frauen wird von der Erkrankung bzw. dem Verlust des Organs her entfaltet. Es gilt, die seelische Situation, die Bedeutung der Behandlung für den Selbstwert, das Körperbild und das Erleben als Frau in ihren emotionalen und sozialen Beziehungen einzubeziehen.

Selbsthilfegruppen werden als Kursangebot eines Vereins bereitgestellt. Der Verein sammelt Spenden und Fördergelder, damit die Teilnahme an den Kursen für betroffene Frauen erschwinglich wird. Ziel des Kurses ist es, Frauen bei der Auseinandersetzung mit Brustkrebs im Alltag zu unterstützen, wobei die Betonung bei dem Gedanken „mit Brustkrebs leben" liegt. Der Kurs soll ermöglichen, daß Frauen Expertinnen ihrer Erkrankung und ihrer Körper und mündige Patientinnen werden. Die Gruppenarbeit knüpft an der persönlichen Lebenssituation der einzelnen Teilnehmerinnen an und beginnt damit, wie die Diagnose seinerzeit übermittelt wurde und wie sich dies für die Frauen ausgewirkt hat, denn nach Einschätzung der Kursleiterin verändert sich das menschliche Miteinander im Leben der Frauen vom Moment der Diagnosestellung an.

Ein gewichtiges Thema sind die Erfahrungen damit, über Brustkrebs zu reden; damit verbundene Ängste treten auch im vertrauten Umfeld der Familie auf und beeinflussen den Umgang und die Beziehungen sehr stark. Im nächsten Schritt wird erarbeitet, wie die operierten Frauen den Körper zeigen können, was mit Lebensveränderungen durch Krebs zusammenhängt. Körperliche Einschränkungen können zur Folge haben, daß Frauen ihren Beruf nicht mehr ausüben oder eine sehr gerne ausgeübte Sportart nicht mehr betreiben können; Schönheitsempfinden und Schamgefühle können es Frauen erschweren, den Körper zu zeigen, während andere sich trauen, nach Brustamputation in die Sauna zu gehen. In der Gruppenarbeit geht es auf der einen Seite darum, die Abwertung zu besprechen, mit der brustamputierte Frauen konfrontiert werden, und sich dem mit gewachsenem Selbstbewußtsein entgegenzustellen; andererseits aber Einschränkungen zu verkraften, ohne daß diese das ganze Leben beherrschen. In der Gruppe gelingt es, die negativen Bilder bewußt zu machen und ihnen den Stolz auf sich selbst entgegenzusetzen. „Es kommt darauf an, andere Horizonte zu finden und auch, wie man den Alltag auf praktische Weise verändern kann." In diesem Sinne bietet die angeleitete Selbsthilfegruppe eine psychosoziale Unterstützung, die die Besonderheit der Frau und die Erkrankung ihrer Brust stets mit berücksichtigt.

Information und Aufklärung

Einige der Expertinnen in diesem Bereich sind in spezifischen Vereinen engagiert, die speziell zu Brustkrebs oder aber zu Frauengesundheit aufklären wollen; einige niedergelassene Ärztinnen beziehen sich auf Informationsmaterial aus solchen Organisationen als wertvoll für ihre Arbeit. Herausragende Themen für die Aufklärung der Öffentlichkeit und zur Verbesserung der Versorgung waren:

- Aufklärung über den begrenzten Nutzen von Mammographie ohne ausreichende Indikation und den hohen Anteil an falsch negativen und falsch positiven Befunden, um der Verheißung von technisch herbeigeführter Gewißheit entgegenzuwirken und Frauen zu einer stärkeren Vertrautheit mit und Vertrauen in den eigenen Körper zu ermutigen;

- eine Veränderung der ärztlichen Ausbildung, um mehr Gewicht auf die seelische Seite der Medizin zu legen und mehr Wissen über Frauenkrankheiten und deren Verarbeitung zu vermitteln;

- die Forderung, gynäkologische Operationen in ihren Folgen für die Lebensqualität von Frauen ernster zu nehmen und mehr Zeit und intensivere Beratung als Vorbereitung und als Entscheidungsraum zur Verfügung zu stellen;

- eine Schwerpunktverlagerung der Forschung auf die Untersuchung der Ursachen insbesondere von Brustkrebs; dabei sollen verstärkt Umweltbelastungen, soziale Lebensbedingungen und Streß durch überhöhte und widersprüchliche Erwartungen an Frauen einbezogen werden. Es gelte, die gesellschaftlichen Bedingungen und nicht das individuelle Risiko oder gar eine Mitschuld an der Erkrankung in den Mittelpunkt zu rücken.

- Schließlich wird mit Sorge beschrieben, daß in den Medien Warnungen und Versprechungen verbreitet werden, die nicht eine aktive Gesundheitsförderung, sondern eher Angst und Schuldzuweisungen fördern. Es wird eine sachliche, ausgewogene Aufklärung gefordert, die dem entgegenwirkt.

10.4 Ausgewählte Beispiele frauenzentrierter Praxis

Im folgenden werden Beispiele frauenzentrierter Praxis auf der Grundlage unserer Erhebung vorgestellt. Es handelt sich um eine verdichtete Zusammenfassung der Gespräche im Hinblick auf die Begründung für eine auf Frauen ausgerichtete Konzeption, die Grundlinien des Konzeptes und die damit gemachten Erfahrungen. Zumeist wurden mehrere Expertinnen - in den Klinikbeispielen unter Einbeziehung verschiedener Berufe - befragt. Die Zusammenfassung wurde der jeweils hauptverantwortlichen Expertin zugeschickt, um evtl. Fehler oder Mißverständnisse zu korrigieren (vgl. Kapitel 10.2.1). Das Material für die Darstellung des sechsten Beispiels entstammt teilweise dem Gruppengespräch mit Nutzerinnen eines Gesprächskreises.

10.4.1 Praxisbeispiel: die psychosomatische Station einer Klinik in Bielefeld

Grundlage der Arbeit in dieser Station sind konzeptionelle Leitlinien für den Umgang mit Menschen mit Gewalterfahrungen sowie für den Umgang mit Frauen. Aus dem Unbehagen an der fehlenden Berücksichtigung von Gewalterfahrungen in der Psychosomatik und der Erfahrung, daß traumatisierte Patientinnen und Patienten mit herkömmlichen Therapiemethoden nicht erreicht werden, wurde Gewalt zum Thema, das bereits im Klinikprospekt als Behandlungsschwerpunkt genannt wird. Für den zweiten Schwerpunkt war ausschlaggebend, daß Frauen zwar häufiger als Männer psychotherapeutisch behandelt werden, es jedoch nur wenige Kliniken in Deutschland gibt, deren Behandlungen und Arbeitsweisen nach Bedürfnislagen von Frauen ausgerichtet werden. Nach wie vor sind Theorie- und Therapiemodelle der meisten Kliniken nach Einschätzung der Expertinnen für Männer konzipiert.

Als psychosomatische Einrichtung nimmt diese Klinik Menschen mit verschiedenen Diagnosen auf: Angststörungen, Depressionen, psychosomatischen Störungen, Eß- und Borderlinestörungen, manchmal auch mit Psychosen, mit Zwangskrankheiten. Personen mit Suchterkrankungen werden nicht aufgenommen. Die Aufnahme beruht auf einem ausführlichen Fragebogen und ggf. einem Vorgespräch, die Grundlage dafür sind, welche Art von Behandlung vorgeschlagen wird. Eine vertiefende stationäre Diagnostik mit gleichzeitiger Therapie vor einer Aufnahme ist angebracht, wenn die Vermutung einer dissoziativen Störung vorliegt. Es gibt 25 tagesklinische Plätze, die mit Patientinnen und Patienten aus der Region, und 25 vollstationäre, die auch mit solchen von weiter her belegt werden. Vor allem aus Kostengründen und aufgrund der Nachfrage sollten stationäre Therapieplätze denjenigen vorbehalten sein, bei denen eine ambulante Therapie wegen des Schweregrades der Störung nicht sinnvoll ist. Insofern konzentrieren sich in dieser Einrichtung Menschen mit schweren und schwersten Gewalterfahrungen. Die Wartezeit beträgt zwischen sieben und neun Monaten, der Aufenthalt in der Klinik dauert längstens vier Monate.

Grundlegend für das Behandlungskonzept mit traumatisierten Patientinnen und Patienten ist die stabilisierende und ressourcenorientierte Arbeitsweise. Es werden unterschiedliche Therapieformen angeboten: Einzel- und Gruppentherapie, Körpertherapie, Entspannungs- und Musiktherapie, Physiotherapie, Chi-Gong, Meditation, Aromatherapie. Damit werden die Selbstheilungskräfte angeregt und unterstützt, indem zum

Teil auf bereits bestehenden „coping"-Strategien der Patientinnen und Patienten aufgebaut, zum Teil alternative Erfahrungen ermöglicht werden.

Die Traumatherapie im engeren Sinne wird als Einzeltherapie durchgeführt und besteht grob aus drei Phasen: der Stabilisierungsphase, der Traumaexposition und der Traumasynthese. Die Expertinnen schätzen, daß etwa ein Drittel der Menschen, die traumatisiert wurden, diese Erfahrungen nicht verarbeiten können. Die Phase der Traumasynthese bzw. -integration stellt nur für einen kleinen Teil der Betroffenen ein erreichbares Ziel dar. Für die meisten ist die Stabilisierungsphase zentral, denn auch nicht bei allen kommt es zur Phase der Traumaexposition. In der Stabilisierungsphase lernt die Patientin oder der Patient, mit Hilfe verschiedener imaginativer Übungen die psychosomatischen Folgen traumatischer Erfahrungen zu kontrollieren und mentale Strategien der Bewältigung zu entwickeln und zu festigen. Diese imaginativen therapeutischen Verfahren sehen die Expertinnen als für die Traumatherapie förderlich und geeignet an, weil Folgen (sexueller) Traumatisierungen nicht in Erinnerungen beschrieben werden können, sondern nach Erkenntnissen der Traumaforschung als körperlich-seelische Zustände oder „flashbacks", die durch situative Reize „angetriggert" werden. Eine zentrale Übung ist daher die Imagination eines inneren „Tresors" oder „Safes". Sie dient dazu, Zustände der inneren Überflutung kontrollieren zu lernen, sie wegzupacken und zu verdrängen, um ihnen nicht ausgeliefert zu sein. Erst vor dem Hintergrund der sicheren Kontrolle wird der nächste therapeutische Schritt angegangen, aus Zuständen Erinnerungen werden zu lassen, was die eigentliche therapeutische Arbeit ausmacht.

Diese Behandlungskonzeption ist eine jüngere Entwicklung ab Ende der 80er Jahre. Die mit dem zuvor eingesetzten tiefenpsychologisch-analytischen Verfahren verbundenen Strategien, nachzufragen, traumatisches Material aufzudecken bzw. an die Oberfläche zu holen wie auch beziehungsorientiert zu arbeiten, haben zu großen Belastungen und Verwicklungen geführt. Daraus wurde der Schluß gezogen, daß es nicht sinnvoll ist, bei traumatisierten Menschen konfrontierende Verfahren einzusetzen und traumatische Erfahrungen zum Fokus in Gruppen zu machen. Aufdeckende und konfrontierende Verfahren bergen die Gefahr in sich, daß sich die Symptomatik verschlimmert (wenn Patientinnen mit traumatischem Material umgehen müssen, ohne diesen Umgang steuern zu können). Die rein beziehungsorientierte Arbeit andererseits birgt die Gefahr, in einer negativen Übertragungsdynamik zu verharren. Der Austausch über traumatische Erfahrungen in Gruppen führt zu schwierigen gruppendynamischen Situationen und die Therapeutinnen müssen die einzelnen Gruppenmitglieder schützen, wenn sie die erzählten Erlebnisse anderer nicht ertragen. In den Gruppen werden daher keine Gewalterfahrungen mehr besprochen. Zunehmend wird weiterhin in allen therapeutischen Angeboten mit einer Methodenauswahl gearbeitet, deren Schwerpunkte in ressourcenorientierten, imaginativen und kreativen Verfahren liegen.

Zum Konzept gehört eine spezifische Auffassung der Beziehung zwischen Therapeutin und Patient/Patientin als Arbeitsbeziehung zwischen zwei Erwachsenen, in der versucht wird, eine herzliche Arbeitsatmosphäre aufzubauen. Die Expertinnen halten die Aufarbeitung der Übertragungen traumatisierter Patienten/Patientinnen weder für sinnvoll noch für leistbar und sehen ihre Aufgabe deshalb nicht in erster Linie darin, Deutungen zu geben. Auf mögliche Übertragungen gehen die Therapeutinnen ein, indem sie diese ansprechen, aber nicht auf der Ebene der Übertragung weiterarbeiten, sondern Übertragungen zurückweisen.

In Kenntnis der Verbreitung von Gewalt gegen Frauen stellen die Expertinnen Bedürfnisse und Lebenslagen von Patientinnen ins Zentrum ihrer Arbeit nach dem Leitsatz: „die Frauen ernst nehmen". Das bedeutet zunächst, Frauen institutionell ernst zu nehmen: Frauen sollten das Recht haben, unter sich zu sein; insbesondere Frauen mit Gewalterfahrungen sollten Räume haben, in denen sie sich selbst entdecken können, ohne daß sich Männer einmischen. Institutionelle Rahmenbedingungen sollen dies gewährleisten. So ist vorgesehen, daß Patientinnen so weit wie möglich bzw. wenn gewünscht von weiblichem Personal behandelt werden können und Patienten von männlichem Personal, daß Männer und Frauen auf Station auch räumlich nichts miteinander zu tun haben müssen, wenn sie nicht wollen. Bei Begegnungen im Stationsalltag - z. B. beim Essen - wird lediglich gegenseitige Toleranz erwartet. Zum institutionellen Rahmen gehört auch, daß die leitenden Positionen von Frauen besetzt sind und daß die Geschlechterverteilung im Team in etwa der Geschlechterverteilung unter denen in Behandlung (ca. 70 % Frauen und 30 % Männer) entspricht.

Patientinnen haben die Wahl, ob sie in der Einzeltherapie von einer Therapeutin oder einem Therapeuten behandelt werden wollen, und sie haben die Wahl zur therapeutischen Frauengruppe. Ferner wird Wert darauf gelegt, daß Frauen mit Gewalterfahrungen ein sensibler Umgang mit körperlicher Nähe, Berührung und Respekt vor Körpergrenzen entgegengebracht wird. Deshalb werden nicht nur Körpertherapien und Körperübungen von Therapeutinnen angeboten, sondern auch Anwendungen (wie beispielsweise Aromatherapie) für Patientinnen von Pflegerinnen verabreicht. Ebenso werden Wünsche berücksichtigt hinsichtlich dessen, wer vom Pflegepersonal einen Verband wechseln oder wer eine Untersuchung vornehmen soll. Auch Massagen, die außerhalb des Krankenhauses durchgeführt werden müssen, werden von weiblichem Personal gegeben.

Die therapeutische Frauengruppe soll einen Raum für die Patientinnen bieten, um neue Erfahrungen im Zusammensein mit anderen Frauen zu machen und die eigenen Kräfte zu entwickeln. Wichtig hierfür ist eine wertungsfreie Atmosphäre, in der Patientinnen ihren Selbstausdruck entwickeln und ihr Selbstwertgefühl stärken können. Häufig sind es Themen wie: Grenzen wahrnehmen und setzen, Schutz, Umgang mit Wut, Ärger und Aggressionen, auch wie die Frauen in der Gruppe miteinander umgehen, wie sie sich unterstützen oder nicht. Die Expertinnen betonen, daß es ihnen wichtig ist, die Stärken der Frauen zu unterstützen. Eine solche Vorgehensweise ist für die betroffenen Frauen bisweilen gewöhnungsbedürftig.

10.4.2 Praxisbeispiel: Die Frauenabteilung einer psychosomatischen Klinik

Das therapeutische Angebot der Klinik in Bad Wildungen richtet sich u. a. an Frauen mit traumatischen Kindheitserfahrungen, an Frauen, die an Eßstörungen leiden, und an Frauen nach gynäkologischen Erkrankungen oder Operationen. Seit zwölf Jahren werden hier Frauen ausschließlich von Frauen behandelt - als Konsequenz aus der Beobachtung, daß Frauen, insbesondere wenn sie Gewalt erfahren haben, in geschlechtsgemischten Gruppen so mit Abgrenzungen gegenüber Männern beschäftigt sind, daß die Bearbeitung ihrer Probleme zu kurz kommt.

Nach Kostenzusage der Versicherungsträger werden Patientinnen auf der Grundlage ihres Motivationsschreibens ausgewählt. Ihnen wird ferner ein Vorgespräch in der Klinik angeboten, das klären hilft, ob das Behandlungsangebot für diese Frau angemessen ist. Viele Patientinnen wünschen sich ihrerseits diese Vorgespräche, um die Klinik vorher kennenzulernen. Vielfach bestehen Ängste, psychiatrische Verhältnisse vorzufinden, die durch die Besichtigung der Räume und das Kennenlernen der Expertinnen ausgeräumt werden. Auch können die Frauen einschätzen, was sie während ihres Klinikaufenthaltes erwartet.

Brieflich werden die Patientinnen noch vor dem Klinikaufenthalt gefragt, zu welchem der drei vorgenannten Schwerpunkte sie arbeiten wollen. Die Behandlung ist themenspezifisch ausgerichtet. Zu Beginn der Therapie wählen die Frauen Therapiemethoden aus, mit denen sie arbeiten wollen; sie werden dabei beraten, aber die Entscheidung bleibt letztlich bei der jeweiligen Frau. Die Frauen, die die Therapie in der Traumagruppe in Anspruch nehmen wollen, sind sich ihrer Traumatisierung größtenteils bewußt, oder die Traumatisierung wird den Frauen im Rahmen der Therapie deutlich. Die Expertinnen schätzen ferner den Anteil der traumatisierten Frauen bei den Frauen mit Eßstörungen auf 70 %. Auch dort werden daher sexuelle Gewalterfahrungen zum Thema, sie stehen aber nicht im Vordergrund.

Der therapeutischer Ansatz wird als „ressourcenorientiert" beschreiben, d. h. an den Fähigkeiten und Kompetenzen der Frauen ansetzend. Unter „frauengemäßer Therapie" verstehen die Expertinnen - in deutlicher Abgrenzung etwa von der analytischen Therapie -, Frauen mit ihren Kräften und Stärken, nicht als defizitäre Mangelwesen zu sehen und ihnen dadurch mit Respekt und Achtung beggegnen zu können.

Insgesamt wird das eigene Konzept als Gegenmodell zu herkömmlichen Ansätzen verstanden, bei denen der Mann als Norm, die Frau als Abweichung gilt. Auch der Umgang vieler Versorgungseinrichtungen mit der Sexualität von Frauen sei nach wie vor an männlichen Maßstäben der Normalität orientiert. Als Beispiel für eine Ausrichtung an männlichen Werten wird ein verhaltenstherapeutischer Umgang mit Ängsten genannt, der darauf zielt, Ängste wegzutrainieren; dies bezeichnen die Expertinnen als undifferenziert. Sie unterscheiden vielmehr bei Frauen zwischen lebenshemmenden und lebensnotwendigen Ängsten. Lebensnotwendig seien Ängste, die für Frauen einen Schutz gewährleisten wie z. B. davor, nachts auf die Straße zu gehen. Diese Ängste der Frauen können sinnvoll sein, das bloße Wegtrainieren gefährlich.

Die Konzeption legt Wert auf die Beteiligung und Mitbestimmung von Frauen an ihrem Heilungsprozeß; ihre Ressourcen und Vorstellungen sollen bestimmend in die Therapie einfließen. So bespricht die Therapeutin mit der Patientin zu Beginn den Therapieplan und die Therapieziele, und auch im Laufe der Behandlung wird zusammen überprüft, inwieweit die Behandlung beibehalten oder verändert werden sollte. Dabei hat die Therapeutin die Aufgabe, mit der Patientin Ziele zu vereinbaren, deren Umsetzung für den Zeitrahmen des Aufenthalts in der Klinik realistisch sind, und mit ihr zu planen, welche Behandlung nach dem Aufenthalt dort sinnvoll wäre. In dieser Klinik gibt es die

Möglichkeit der stationären Intervalltherapie, das heißt, daß Frauen in bestimmten Zeitabständen eine Therapie fortführen können.

Im Zentrum der Arbeit mit eßgestörten Frauen steht die Unterstützung des Selbstwertgefühls. Die Fähigkeiten und Ressourcen der Teilnehmerinnen werden erarbeitet, zusätzlich wird das vorherrschende Bild des weiblichen Körpers kritisch gesehen, der jung und attraktiv zu sein habe; gesellschaftlich werde der Wert einer Frau oft an der Nutzbarkeit ihres Körpers gemessen. Eßstörungen werden hier als Autonomieversuch und Protest verstanden. Der darin enthaltene Versuch, die eigenen Grenzen zu verändern, wird geachtet, jedoch als letztlich selbstschädigend in Frage gestellt.

In der Behandlung werden Bewegungs- und Körpertherapien eingesetzt, Gespräche und Ernährungsberatung angeboten. Die Kombination aus Selbsterfahrung, Verhaltens- und Körpertherapie sei wichtig. Durch die Auseinandersetzung in der Gruppe lernen Frauen voneinander und entwickeln Toleranz, auch sich selbst gegenüber. Die Klinik kann eine höhere Therapiedichte als im ambulanten Behandlungsbereich leisten; insbesondere werden psychotherapeutische Körperverfahren außerhalb der Klinik von den Krankenkassen oft nicht übernommen.

In der Traumatherapie arbeiten die Expertinnen mit einem stützenden, stabilisierenden und ressourcenorientierten Ansatz. Zu Beginn muß eine Beziehung zwischen Patientin und Therapeutin aufgebaut werden. Dies braucht Zeit. Traumatisierte Frauen kommen mit den verschiedensten, nicht selten unzutreffenden Diagnosen, die teilweise auch sehr kränkend sind. Daher führt die Klinik mit der Aufnahme der Patientin eine eigene Diagnostik durch, die Persönlichkeits- und Traumadiagnostik sowie Differentialdiagnose zu frühen Störungen umfaßt. Ferner werden Symptome organischer, psychischer und psychosomatischer Herkunft festgestellt. Auch muß geklärt werden, ob und in welchem Ausmaß Dissoziationen auftreten. Schließlich ist es notwendig, sich eine Vorstellung der Fähigkeiten und Ressourcen zu machen, die eine Frau mitbringt.

Während der Anfangsphase der Therapie werden Regeln für die Gespräche in der Gruppe aufgestellt und Strategien für den Umgang mit Erinnerungen an traumatisierende Erlebnisse erlernt. Information und Aufklärung sind in dieser Phase wichtig, ebenso die Arbeit am Selbstwertgefühl. Gefördert wird das Erlernen von imaginativen Verfahren sowie von Distanzierungstechniken und Entspannung. Ein sensibler Umgang miteinander in der Gruppe muß auch gewährleistet sein, ehe am erlebten Trauma gearbeitet wird. Würden zu Beginn - ohne das Erlernen stabilisierender und distanzierender Strategien - die traumatisierenden Erlebnisse besprochen, verstärkten sich eher die Ohnmachtsgefühle. Erst nach der Stabilisierungsphase kann die eigentliche Arbeit am Trauma beginnen. Medikamente werden nach Möglichkeit nur im Krisenfall gegeben, da sie den Hirnstoffwechsel und die Wahrnehmung verändern.

Die spezifische Behandlungsweise in der Gruppe mit den Frauen, die gynäkologische Operationen hinter sich haben oder an weiblichen Organen erkrankt sind, zeichnet sich durch eine Neubewertung und die Vermittlung eines anderen Verständnisses für weibliche Organe, Körper, Lebensphasen und Symptome aus. Dazu gehört die kritische Betrachtung dessen, wie weibliche Organe oder das Phänomen Klimakterium gesellschaftlich, aber auch vielfach in der Gynäkologie definiert werden und welche

Bedeutung ihnen beigemessen wird. Ferner stellt die Therapeutin andere mögliche Bedeutungen für Symptome zur Verfügung. Frauen in den Wechseljahren werden z. B. oft Depressionen nachgesagt, körperlichen Erlebnisse wie Hitzewallungen werden als Krankheit angesehen und mit Hormonen behandelt. Die Expertinnen dagegen betrachten die Hitze als Kraft, der Körper signalisiert Veränderungsfähigkeit. Sie deuten das Symptom so als Symbol für Wandlung. Die Wechseljahre bieten vielen Frauen eine Chance zum Neuanfang nach langen Jahren vorrangiger Beschäftigung mit der Familie. Betont wird auch, daß Hormone Medikamente sind, die nur in Anspruch genommen werden sollten, wenn Krankheiten vorliegen, und daß es bei Beschwerden Alternativen zur Hormonbehandlung gibt.

Der therapeutische Ansatz ist auch am Beispiel der Arbeit mit Frauen zu verdeutlichen, deren Brust operiert oder amputiert wurde. Die Bewältigung der Brustoperation setzt einerseits die Beschäftigung mit der Erkrankung, der Behandlung und den Behandlungsfolgen voraus, andererseits die Arbeit am Selbstwertgefühl der Frauen. Auch hier geht es um die Neubewertung der Brust als Organ, das für das Selbstverständnis von Frauen sehr wichtig ist. Es kann nur etwas betrauert werden, dessen Wert bewußt ist. Um amputierte Organe trauern zu können ist für die Krankheitsverarbeitung zentral.

Die Expertinnen in Bad Wildungen haben ein Konzept entwickelt, das sich an der sozialen Situation, der gesellschaftlichen Bewertung und den daraus resultierenden Lebensgefühlen von Frauen orientiert. Für die Mitarbeiterinnen in der Frauenabteilung wurden Standards entwickelt: Sie müssen Therapieziele, Therapiesetting und Arbeitsweise mit tragen und im Umgang mit Übertragung, Gegenübertragung und Sexualität übereinstimmen. Eine Auseinandersetzung mit der eigenen Rolle als Frau ist für die Arbeit hilfreich. Durch regelmäßige Teambesprechungen und Weiterbildung werden diese Standards gesichert.

10.4.3 Praxisbeispiel: Ein therapeutisches Zentrum für Eßstörungen

Das Zentrum in Frankfurt am Main wurde 1986 gegründet, als der „Anti-Diät-Ansatz" in der Bundesrepublik völlig neu war. Die Einrichtung bietet Beratung für Betroffene und Angehörige, Selbsthilfegruppen, Therapie, Informations-, Fortbildungs- und Präventionsveranstaltungen für verschiedene Zielgruppen an. Als innovativ versteht sie sowohl ihre Sichtweise auf Eßstörungen als auch ihre Behandlungsweise.

Eßstörungen werden als psychosomatische Erkrankung mit suchtartigem Charakter betrachtet. Anders als bei stoffgebundenen Suchtmitteln ist ein Entzug nicht möglich, Eßstörungen sind daher nicht mit Diät zu heilen, im Gegenteil: Diätprogramme können als Einstieg in eine spätere Eßstörung fungieren, auf Gewicht und Essen zentrierte Programme latente oder manifeste Eßstörungen verfestigen. Der hier praktizierte Ansatz zielt auf die Lebenskonflikte hinter einem zwanghaften Eßverhalten.

Um Beratung und Therapie suchen Frauen mit unterschiedlichen Formen von Eßstörungen nach. Die größte Gruppe stellen adipöse Frauen dar, am zweithäufigsten kommen bulimische Frauen ins Zentrum, deutlich seltener Anorektikerinnen. Die zugrundeliegenden (inneren) Konflikte ähneln sich, und Formen von Eßstörungen können sich ändern. Eßstörungen stellen Konfliktlösungsstrategien dar. Beispielsweise neigen adipöse Frauen dazu, Wut und Ärger in sich hineinzustopfen; sie benötigen ihre Fettpolster als Schutz. Bulimische Frauen seien eher ängstlich und angepaßt, sie spüren häufig nicht ihre Grenzen und überfordern sich mit hohen Leistungsansprüchen.

Die Schwierigkeit, Zugang zum Selbsterleben zu finden, wird nach Ansicht der Expertinnen durch familiäre Bedingungen gefördert, die durch Enge gekennzeichnet sind; der Tochter wurde kein eigener Wille zugestanden, gleichzeitig wurde sie mit hohen Ansprüchen konfrontiert. Die später eßgestörten Frauen erfahren seit ihrer Kindheit einen rücksichtslosen Umgang mit ihren Bedürfnissen und Gefühlen. Nach Erfahrung des Zentrums prägen „emotionale Übergriffe" in der Familie wesentlich stärker den Erfahrungshintergrund von Eßgestörten als sexuelle Gewalt. Die Expertinnen sschätzen, daß bei 20 % ihrer Klientinnen Gewalt in der Vorgeschichte eine Rolle spielte.

Im Mittelpunkt des therapeutischen Ansatzes steht, unabhängig von der Form der Eßstörung, die Orientierung an den Bedürfnissen der Klientinnen. Sie unterstützen Frauen dabei, eigene Gefühle zu erkennen, zu artikulieren und gegebenenfalls durchzusetzen. Dieser Prozeß der emotionalen Reifung erfordert Zeit. Er sollte in den Alltag der Klientinnen eingebunden sein. Daher erfolgt die Therapie vorwiegend ambulant, was einen vorübergehenden Klinikaufenthalt nicht ausschließt.

Die Kenntnis der Nöte und außerordentlich hohen Schamgefühle der betroffenen Frauen ist schon für das Erstgespräch eine wichtige Voraussetzung. Es ist eine große Entlastung für die Frauen zu merken, daß sie sich nicht verstellen oder um ihr Problem herum reden müssen. Grundlegend ist es dann, eine therapeutische Beziehung herzustellen, in der die Klientinnen Schutz und Geborgenheit erfahren, damit sie wagen, Bedürfisse auszusprechen. Der Fokus der therapeutischen Arbeit liegt darin, eine Veränderung der Lebensentwürfe einzuleiten und zu festigen.

Weil Eßstörungen als Signale verstanden werden, daß Frauen mit ihrem Lebensentwurf nicht zurechtzukommen, werden Lebensprobleme nicht allein individuell, sondern im gesellschaftlichen Kontext besprochen. Das Eßverhalten der Frau wird beleuchtet und dessen Bedeutung in Hinblick auf die Lebenssituationen, in denen es auftritt, erarbeitet. Dabei ist wichtig, daß die Klientinnen Verständnis für ihr Eßverhalten entwickeln und es nicht als isoliertes und fremdes Geschehen erfahren - sich gleichsam mit ihrer Eßstörung anfreunden - und daß sie es zunehmend im Zusammenhang von erfahrenen Konflikten sehen können.

Die Expertinnen verorten sich mit ihrem therapeutischen Konzept in der Tradition der humanistischen Psychologie. Das Symptom ist in dieser Betrachtung ein Teil des gesamten Lebenshintergrundes; sie reduzieren daher die Frauen nicht auf die Eßstörung und die Eßstörung nicht auf den Körper. Zentral ist die tiefenpsychologische Aufarbeitung psychischer und sozialer Konflikte. Die Methoden, die die Expertinnen dabei verwenden, kommen aus den Bereichen der Gestalttherapie, des Psychodramas und der Körpertherapien. Das Gemeinsame an diesen Methoden liegt in ihrer Nähe zur sinnlichen Erlebbarkeit und zur Förderung des Selbstausdrucks. Eßgestörte haben ihrer Einschätzung nach eine sehr schlechte Wahrnehmung von ihrem Körper. Deshalb legen die Therapeutinnen Wert auf die Integration von körpertherapeutischer Arbeit in ihr Konzept. Dabei betonen sie ein langsames Vorgehen, dessen Tempo durch die betreffende Frau und deren Verarbeitungswünsche angegeben wird.

Mit ihrem Ansatz grenzen sich die Expertinnen sowohl von psychoanalytischen als auch von verhaltenstherapeutischen Arbeitsweisen ab, mit denen Eßgestörte vorwiegend in der Bundesrepublik behandelt werden. Bei der psychoanalytischen Herangehensweise stehe die Ebene der Konflikterkundung und -analyse im Mittelpunkt, darüber würde die Arbeit am Symptom vernachlässigt. Diese Nichtthematisierung begünstige die Leugnung der Eßstörung bei den Frauen selbst und verfestige ihre erworbenen Strukturen. Gegenüber der verhaltenstherapeutisch ausgerichteten Behandlung, die auf einer Regulierung des Eßverhaltens beruht, wenden die Expertinnen ein, daß hierbei die Lebenskonflikte der betroffenen Frauen außer acht bleiben würden. Weil diese Verbindung nicht systematisch erarbeitet würde, käme es auch sehr selten zu einer langfristigen Gewichtsstabilität.

In der Gruppentherapie wird die gegenseitige Unterstützung der Frauen gefördert, was angesichts der häufigen Isolierung von eßgestörten Frauen als große Erleichterung erlebt wird. Die Gruppe bietet gleichermaßen Schutz und Konfrontation; dies kann manchmal für eine Klientin überfordernd sein. Ob die betroffenen Frauen an Einzel- oder Gruppentherapien teilnehmen, entscheiden Therapeutin und Klientin auf der Grundlage dessen, was in der akuten Situation als sinnvoll erachtet wird und was sich die Klientin wünscht. Es kann sich im Laufe der Zeit verändern; hier gibt es keine starren Festlegung, da jeweils andere Aspekte im Mittelpunkt stehen.

Wesentliche therapeutische Ziele sind die Umgestaltung der Lebensentwürfe, damit diese den Bedürfnissen der Frauen gerechter werden, die Akzeptanz des eigenen Körpers und die Entwicklung eines positiven Körperbildes. Ziele sind ferner Symptomreduktion bzw. Symptomverlust, Gewichtsstabilität und Wiedereintreten der Periode, wobei es meistens einer langwierigen therapeutischen Arbeit bedarf, bis sich Symptome grundlegend verbessern. Durch die Umgestaltung der Entwürfe reduzieren sich die Symptome, weil sich Frauen mehr an ihren Bedürfnissen orientieren und sich besser abgrenzen können; Symptome können sich aber verschieben oder in Lebenskrisen wieder auftreten. Dies wird nicht als „Rückfall" gewertet, sondern als Signal, das Augenmerk auf momentane Lebensbelastungen oder noch verborgene tieferliegende Konflikte zu richten. Ein vollständiger Symptomverlust tritt oft erst lange nach Therapieabschluß ein. Wichtig ist den Expertinnen langfristig, daß ein stabiles Gewicht erreicht wird, das gerade bei adipösen Frauen nicht im Bereich des Norm- oder Idealgewichts liegen muß.

Mit diesen Kriterien plädieren sie für einen flexibleren Begriff von „Heilung" und Gesundung, in dem nicht allein symptombezogene Kriterien zum Maßstab gemacht werden. Gesundung bedeutet dann vielmehr, daß Frauen ihr Leben und ihren Alltag selbst in die Hand nehmen und bestimmen sowie sich in der Lage sehen, Entscheidungen treffen zu können und in konflikthaften Situationen und Lebenslagen bestehen können.

Therapieunterbrechungen, die von Klientinnen gewünscht und von Therapeutinnen für sinnvoll betrachtet werden, stellen eine wichtige Möglichkeit dar (Intervalltherapie). Sie werden als Versuche gefördert, selbständig mit dem Problem zurecht zu kommen und zu einem späteren Zeitpunkt die Therapie wieder aufzunehmen.

Inzwischen sind andere Therapieangebote in der Region entstanden, die durch das Psychotherapeutengesetz in der Regelversorgung deutlich stärker hervortreten. Es wenden sich weiterhin Frauen an das Zentrum, auch wenn sie bereits andere Therapien gemacht haben. Es scheint, daß gerade das Ziel, die betroffenen Frauen zu entlasten, ein wesentliches Moment des Bedarfs ist, der den Klientinnen woanders nicht erfüllt wird.

Dem Anspruch, allen betroffenen Frauen unabhängig ihrer sozialen Schichtzugehörigkeit die Therapie zugänglich zu machen, kann das Zentrum aufgrund seiner finanziellen Situation nicht gerecht werden. Aufgrund des Psychotherapie-Gesetzes werden Ausbildungen und Qualifikationen der Expertinnen momentan nicht anerkannt. Als Folge können derzeit nur solche Frauen die Therapie in Anspruch nehmen, die sich eine Behandlung als Selbstzahlerinnen leisten können.

10.4.4 Praxisbeispiel: Beratungsstelle mit Selbsthilfegruppen in Hannover

Das Angebot der Beratungsstelle an Frauen mit Eßstörungen umfaßt Einzelberatung, Gruppenberatung, Selbsthilfegruppen, Langzeitgruppen und die Arbeit mit den Angehörigen eßgestörter Frauen. Die Einrichtung in Hannover ist ein Ableger eines Beratungszentrums in Berlin, das seit 1985 existiert. Dort stellte sich bald nach der Gründung heraus, daß die von Eßstörungen betroffenen Frauen in Selbsthilfegruppen sehr viel Verantwortung für andere übernahmen und deshalb die Unterstützung durch Fachkräfte benötigen.

Die Ursachen für Eßstörungen bei Frauen sehen die Expertinnen in den überhöhten und ambivalenten Anforderungen an Frauen in dieser Gesellschaft. Gerade junge Frauen aus traditionellen Elternhäusern, in denen die Mutter eine fürsorgliche Rolle einnimmt, seien diesen ambivalenten Anforderungen stark ausgesetzt: Einerseits sollen sie fürsorglich sein und ihre eigenen Interessen zurückstellen, andererseits sich in der Arbeitswelt durchsetzen können und Stärke beweisen. Dabei sollen sie jung, schlank und attraktiv sein. Bei älteren Frauen ist die Lage etwas anders: Sie sind häufig mit hohen Fürsorgeansprüchen ihrer Umwelt belastet, selbst in beruflich hoher Position sind sie für das Wohl ihrer Kollegen zuständig. Frauen mit Eßstörungen, so die Expertin, leben ständig in einem „Entweder-oder". Entweder sie sind erfolgreich und fühlen sich gut, oder sie sind nicht erfolgreich und fühlen sich wertlos, sie werten sich stark ab.

Vor diesem Hintergrund versteht die Beratungsstelle Eßstörungen als Konfliktlösungsstrategien. Mit ihnen verleihen Frauen ihren Gefühlen wie Trauer, Wut und Schmerz Ausdruck, wenden sie jedoch nach innen; es ist in diesem Sinne autoaggressives Verhalten. Das macht es ihnen möglich, ihre Lebenslagen (wie z. B. Arbeitsplatz oder Familiensituation) auszuhalten, ohne daran etwas ändern zu müssen. Manchmal haben Eßstörungen auch die Funktion, die Familie zusammenzuhalten.

Gewalterfahrungen können Eßstörungen verursachen, doch ist hier eine differenzierte Betrachtung angebracht; Grenzüberschreitungen können vielschichtig sein und müssen unterschieden werden. In der Erfahrung der Beratungsstelle haben bulimische und adipöse Frauen eher Gewalterfahrungen gemacht als magersüchtige. Bei letzteren spielen familiäre Einengungen sowie Konflikte bei der Ablösung eine zentrale Rolle.

Besondere Kennzeichen dieser Einrichtung sind das niedrigschwellige Beratungsangebot und ihr Programm zur Ausbildung von Moderatorinnen. Frauen wenden sich an die Beratungseinrichtung, um zu erfahren, ob sie eßgestört sind und woran sie dies erkennen können; andere wissen um ihre Eßstörung und suchen Information. Häufig werden Frauen von niedergelassenen Ärztinnen und Ärzten geschickt, mit dem Hinweis, daß sie mit ihrer Eßstörung dort am besten aufgehoben seien. Viele Frauen haben Diätkarrieren oder Behandlungen hinter sich, wie z. B. Krankenhausaufenthalte, psychosomatische Klinikbehandlungen, Verhaltenstherapie, Gestalttherapie, Ernährungsberatung. Bei fehlgeschlagenen Vorbehandlungen ist es besonders wichtig, daß sich die Klientin über die Rolle klar wird, die die Beraterin einnehmen soll.

Zentral für die Beratung ist die sorgfältige Erkundung zusammen mit der Frau, in welchem Bereich sie Unterstützung braucht und welches Angebot angemessen sein könnte. Ihre Expertise dient dazu, verschiedene Behandlungsmöglichkeiten und Sichtweisen darzulegen und sie mit den Zielen der Frau in Beziehung zu setzen. Der Ansatz der Einrichtung basiert darauf, daß die betroffene Frau selbst als Expertin ihrer eigenen Situation entscheidet, welches Behandlungsangebot für sie geeignet ist. Dabei ist das eigene Angebot eins unter möglichen. Ein einstündiges Beratungsgespräch soll den Frauen zunächst die Möglichkeit geben, herauszufinden, wie es weitergehen soll. Je nach Vorerfahrung der ratsuchenden Frau kann die Beraterin auch eine begrenzte Anzahl von Beratungen in einem von der Klientin selbstgewähltem Abstand anbieten.

Auch das Angebot der Selbsthilfegruppe ermöglicht den Betroffenen, sich zunächst zu orientieren. Selbsthilfegruppen werden in der Anfangsphase (drei Monate) von Moderatorinnen auf der Grundlage klientenzentrierter Gesprächsführung angeleitet. Die Moderatorin strukturiert die Gruppenarbeit und vermittelt Regeln für den Umgang miteinander; sie bringt auch Übungen und Rollenspiele als Handwerkszeug für die weitere Gruppenarbeit ein. Die Moderatorin hat die Aufgabe, einen Rahmen herzustellen, in dem sich jede Frau mit ihren Anliegen und Themen einbringen kann.

Die Erfahrungen mit dem Moderationsprogramm sind gut; viele Gruppen arbeiten lange Jahre ohne Anleitung weiter. Die Beratungsstelle stellt aber auch flexible Unterstützung bereit, z. B. wenn Gruppen nach den ersten drei Monaten weiterhin Anleitung benötigen oder sporadisch später durch eine Moderatorin unterstützt werden wollen. Der Verein in Hannover bildet die Moderatorinnen gemeinsam mit einer Kollegin aus Berlin über mehrere Wochen aus. Es folgt eine halbjährige Hospitationsphase in einer Gruppe, in der Sitzungen protokolliert werden. Danach übernehmen sie die Anleitung einer Gruppe und erhalten dabei regelmäßig Supervision.

Im Mittelpunkt der Beratung wie der Gruppenarbeit stehen Fragen wie: Welche Rolle spielt das Symptom Eßstörung im Leben der Frau? Warum tritt sie gerade jetzt auf? Im Beisein welcher Personen und in welchen Kontexten tritt das Symptom auf? Was ist in Phasen anders, in denen die Eßstörung nicht auftritt? Was geschieht in Ausnahmesituationen? Dem liegt das Verständnis zu Grunde, daß Eßstörungen immer kontextabhängig auftreten, niemand durchgängig als eßgestört zu betrachten ist und darauf festgelegt werden sollte. Es sei sehr wichtig, sehr genau hinzuschauen, wann und wie die Eßstörung auftritt. Anfangs stellen sich viele der Frauen vor, daß einfach nur die Eßstörung weg müsse, dann würde alles gut. In den Selbsthilfegruppen erkennen sie, daß ihre Eßstörungen einen Sinn haben und zu ihnen gehören.

Zum grundsätzlichen Verständnis von Heilung gehört, daß nur die Betroffenen sich selbst heilen und verändern können. Die Beratung kann die Heilungs- und Veränderungsprozesse der Frauen unterstützend begleiten. So stellt die Beraterin abschließend differenzierte Fragen wie: Woran würden Sie feststellen, daß die Beratungen nützlich für sie waren? Wie äußert sich Ihr stärkeres Selbstbewußtsein? Wer merkt das noch? Ihre Kinder? Ihr Mann? Woran? Die eigenen Ziele möglichst konkret und realistisch umzusetzen und diesen Prozeß der Umsetzung zu spüren und sichtbar zu machen - daran mißt die Beratungsstelle Erfolg.

Wenn Eßstörungen dem psychiatrischen Diagnosekatalog untergeordnet werden, werden zwar den betroffenen Frauen Behandlungen von den Krankenkassen finanziert, sie haben aber keine Möglichkeit, sich die Behandlungsform auszusuchen, sondern werden Ärzten und Psychiatern zugewiesen. Auch haben psychiatrische Diagnosen die Wirkung auf viele Frauen, sich als psychisch gestört zu betrachten und sich damit noch stärker abzuwerten. Die Frauen können ihre Eßstörung dann nicht als etwas Positives und von ihnen aktiv Produziertes annehmen. Die Annahme der Eßstörung ist für die Frauen aber von zentraler Bedeutung. Zum Teil werden allerdings psychiatrische Diagnosen von Frauen als Entlastung empfunden.

Die Arbeit in den Selbsthilfegruppen wird von den Kassen teilweise finanziert. Die AOK bezuschußt z. B. betroffene Frauen, die die Behandlung der Einrichtung in Anspruch nehmen, und einige andere Kassen entscheiden das im Einzelfall. In den Selbsthilfegruppen müssen die Frauen einen Eigenanteil zahlen.

10.4.5 Praxisbeispiel: Frauenstation einer Rehabilitationsklinik in Bad Salzuflen

In diese Klinik kommen Frauen nach Krebserkrankungen der Brust und des Unterleibs, nach kompliziert verlaufenen gynäkologischen Operationen, nach Erkrankungen wie Endometriose, mit Harninkontinenzproblematik, Verwachsungen und unklaren Unterbauchbeschwerden. Die Altersstreuung ist breit, zwischen 20–80 Jahren. Der stationäre Aufenthalt erfolgt auf Antrag unmittelbar nach Entlassung aus dem Krankenhaus als Anschlußheilbehandlung oder wird als allgemeines stationäres Heilverfahren nach Begutachtung durch den Medizinischen Dienst (MDK) bewilligt; Kostenträger sind die Rentenversicherungen (BVA, LVA), die Krankenkassen und gelegentlich Sozialämter.

Die Beweggründe für die Entwicklung des Konzepts der Station rühren aus Vorerfahrungen der leitenden Ärztin mit der Behandlung von Frauen im Medizinsystem. Basiserfahrungen waren insbesondere die Beobachtung in der Klinikpraxis, daß es Frauen nach gynäkologischen Operationen viel schlechter ging als dies aus der Situation der Akutklinik heraus zu erwarten gewesen wäre, und daß vielfach unnötige oder voreilige Operationen an weiblichen Organen veranlaßt wurden. Nachoperative Zustände und weitere Operations- und Krankheitskarrieren der Frauen sprachen dafür, daß vielen

Frauen Schaden zugefügt wurde. Die Ausbildung hat angehende Ärztinnen und Ärzte zudem nicht darauf vorbereitet, mit dieser Problemlage umzugehen.

Besondere Merkmale der Konzeption sind die Arbeit mit gemischt-gynäkologischen und onkologischen Krankheitsbildern mit einem ganzheitlichen Behandlungskonzept, die zentrale Bedeutung von Information und Aufklärung und die bewußte Gestaltung als professionelles Frauenteam mit spezifischen Formen der Kommunikation und Kooperation. Getragen wird das Konzept von der Leitidee der Wertschätzung von und Parteilichkeit für Frauen sowie von dem Anliegen, daß Frauen aktiv den Prozeß ihrer Gesundung in die Hand nehmen lernen.

Mit Information und Aufklärung möchten die Expertinnen erreichen, daß die Frauen Behandlungen verstehen und nachvollziehen können, und ihnen helfen, ihre Erkrankungen zu verarbeiten. Deswegen sollen diese sehr genau über die medizinischen, anatomischen und psychischen Prozesse infolge von Erkrankungen und Behandlungen aufgeklärt werden. So erfahren Frauen z. B., welche Beschwerden noch einem normalen Heilverlauf entsprechen; daß Heilphasen zumeist doch viel länger dauern als erwartet und daß gynäkologische Probleme nicht nur somatische Ursachen haben. Gründliche Information trägt zur Krankheitsbewältigung bei, hat aber auch eine präventive Bedeutung, z. B. um weitere Eingriffe zu vermeiden.

Erklärt wird unter Verwendung von Alltagssprache, wobei nicht nur Sachverhalte, sondern auch die emotionale Perspektive angesprochen werden. Die übliche Fachsprache der Medizin, so die Begründung, verstärke das Gefälle zwischen Ärztin und Patientin, könne verunsichern und verängstigen. Damit kommt zugleich ein Verständnis der Vielgestaltigkeit des Krankheitsgeschehens zum Ausdruck: Ein Ziel der Gespräche ist zu vermitteln, daß Krankheitszusammenhänge sich auf vielen verschiedenen Ebenen abspielen, damit Frauen ein Verständnis ihrer Erkrankung und ihrer Lebenssituation entwickeln können. Die verbreitete mechanistische Auffassung vom Körper wird hinterfragt; Patientinnen sollen sich nicht als Behandelte, sondern als handlungsfähig erleben.

Die Abteilung zeichnet sich dadurch aus, daß die Patientinnen von einem Frauenteam behandelt werden. Die Zusammenarbeit im Team und der Umgang mit den Patientinnen werden als netzwerkförmige Kommunikation verstanden, die unter Frauen leichter gelinge, während die Kommunikation unter Männern durch eine hierarchische Komponente geprägt sei. Daraus ergeben sich Leitlinien sowohl für die Zusammenarbeit verschiedener Berufsgruppen im Team wie auch für den Umgang mit Patientinnen. Es wird in allen Bereichen der Beratung und Behandlung auf die Sprach- und Kommunikationsgestaltung besonderen Wert gelegt, aber auch die Arbeit im Team folgt bewußt dem Modell netzwerkförmiger Kommunikation. Dadurch kommen nicht nur vielfältige Sichtweisen zum Tragen, die in einer partnerschaftlichen, kooperativen Weise miteinander verhandelt werden, diese Kommunikation sei vor allem durch Wertschätzung untereinander im Team und Wertschätzung von Weiblichkeit getragen. Die Expertinnen betonen, daß diese Wertschätzung den Patientinnen vorgelebt werde und ihnen als Modell diene. Durch Kooperation und wechselseitige Anregung im Team entstehe zudem eine emotionale Atmosphäre, die Wohlfühlen ermöglicht und vermittelt. Diese Atmosphäre, die die Expertinnen als eine Art gemeinsame Grundschwingung charakterisieren, stellt nach ihrer Ansicht eine wichtige Grundlage dar, damit Frauen ihre Heilkräfte entwickeln.

Ein Leitgedanke der Konzeption ist Parteilichkeit für Frauen. Daraus folgt, daß die ärztlichen Behandlungen sowie alle Einzel- und Gruppenangebote, insbesondere alle körpernahen Therapien, von weiblichen Professionellen durchgeführt bzw. angeleitet werden. Die Expertinnen betonen, daß Scham- und Körpergrenzen von Patientinnen ernst genommen und gewahrt bleiben müssen. Es soll aber auch ein Rahmen bestehen, der es erlaubt, über Grenzverletzungen zu sprechen. Hierfür muß im übertragenen Sinne, aber auch buchstäblich Raum geschaffen werden. So gibt es ausschließlich für Frauen vorgesehene Aufenthaltsräume in der Klinik.

Parteilichkeit wird auch am Körper und in der Sprache angestrebt. Praktisch heißt dies z. B., den Frauen ihren Körper am eigenen weiblichen Körper zu erklären, zu veranschaulichen, wie Körperlichkeit und Psyche betroffen sind - unter Bezug auf Gesten und Emotionen und mit einer Sprache, die Frauen fühlen und sprechen. Dazu gehört ferner, von sich aus solche Fragen zu stellen, die Patientinnen nicht zu stellen wagen. Die Expertinnen halten es nicht nur für wichtig, daß den Patientinnen ihr Körper gezeigt wird, sie halten dieses Vermögen, ohne Angst und Vorurteile dem eigenen Geschlecht gegenüber zu handeln, für eine zentrale Qualität professioneller frauenspezifischer Arbeit. Dazu müssen auf seiten der Professionellen Ängste überwunden werden, denn insbesondere eine ärztliche Ausbildung sozialisiert eher zur Distanz.

In diesem Sinne versuchen die Ärztinnen, die Dominanz ihrer Berufsrolle nicht herauszustreichen, und treten daher weniger bestimmend auf. Da sie sich als Beraterinnen und Unterstützerinnen der Heilungsprozesse der Patientin sehen, die möglichst selber Expertin des eigenen Körpers werden soll, ist ihr Selbstverständnis eher durch ein pädagogisch-praktisches Anliegen geprägt als durch Aufrechterhaltung ihrer beruflichen Autorität. Sie verwenden viel Mühe darauf, ein doppeltes Vertrauensverhältnis zu den Patientinnen aufzubauen: Auf der einen Seite soll Vertrauen als emotionale Offenheit unter Frauen angstmindernd wirken und ein ganzheitliches Verständnis von Gesundheit fördern, auf der anderen Seite ist Vertrauen zur fachlichen Kompetenz und Professionalität der Ärztin unabdingbar. Die beiden Seiten können manche Patientinnen zunächst schwer vereinbaren, zumal viele gewohnt sind, professionelle Autorität mit Distanziertheit und Männlichkeit zu verknüpfen. Auch die mehrdimensionale Betrachtung von Krankheiten, die eine aktive Mitarbeit der Patientin erfordert, steht im Spannungsverhältnis zur Erwartung, der Arzt müsse sein Wissen durch eindeutige Diagnose und klare Verhaltensanweisungen zeigen. So erfordert die Umsetzung eines Konzepts frauenfreundlicher Kommunikation einen besonderen Aufwand bei der Neudefinition von Berufsrollen sowie kontinuierliche Reflexion im Team.

Das Behandlungskonzept im engeren Sinne besteht aus drei Bausteinen: dem Aufnahmegespräch, den nach Krankheitsbildern differenzierten Informations- und Gesprächsgruppen und den spezifischen, integrierten Trainings- und Therapieprogrammen.

Die Ärztinnen führen ausgiebige Aufnahmegespräche, in denen sowohl die Krankheitssymptome, die Beschwerden, Schmerzen, bisherige Behandlungen als auch die komplexen Lebensumstände der Patientin ausführlich erörtert werden. Offene und eher ungerichtete Fragen sollen es den Patientinnen ermöglichen, ohne Scham und ausführlich von sich zu sprechen. Von der Ärztin werden auch schambesetzte Themen möglichst konkret angesprochen und in einer deutlichen Sprache erörtert, wobei der jeweiligen Patientin überlassen wird, wieweit sie sich einlassen möchte. Die Gespräche bilden die Grundlage für die Entwicklung des jeweiligen Therapieprogramms der Patientin. Dazu gehört eine Verständigung über die Therapieziele von Patientin und Therapeutin. Zentral sind die Anliegen und Ziele der Patientin, sowie die subjektive Einschätzung ihrer Lebenssituation und ihrer Krankheitssymptome. Auf dieser Basis werden Strategien besprochen, wie sich der jeweilige Lebensweg der Patientin mit der Krankheit entwickeln kann.

Nach unterschiedlichen Krankheitsbildern differenzierte Informations- und Gesprächsgruppen stellen den zweiten Baustein dar. So gibt es Gruppen für von Brustkrebs betroffene Frauen; für Frauen, die Hysterektomien hinter sich haben (differenziert wird zudem nach Krebs, nach Inkontinenz- und Schmerzproblemen, und nach gezielter Thematisierung von Harninkontinenz) oder für Patientinnen mit Endometriose. Zusätzlich werden die Informations- und Aufklärungsangebote nach verschiedenen Lebensphasen der Frauen aufgegliedert, etwa ob Frauen bereits Kinder haben oder aufgrund der Erkrankung kinderlos bleiben und sich damit abfinden müssen, daß ein eigener Kinderwunsch nicht realisiert werden kann. Außerdem gibt es vertiefende Gesprächsgruppen, die Frauen bei Interesse wählen können. Die ausdifferenzierte Gruppeneinteilung dient dazu, die konkreten Bedürfnislagen - in ihrer Verschränkung von Krankheitsbild und Lebensphase - der Patientinnen anzusprechen.

Die Patientinnen stellen viele Fragen zu ihren Krankheitsverläufen und den erfolgten Behandlungen; bei einem großen Teil der Krankheitsbilder stehen der Nachvollzug und das Verständnis von Operationen bzw. Operationsfolgen im Mittelpunkt. Durch die Gespräche in der offenen Atmosphäre der Gruppe läßt sich Isolation weitestgehend auflösen, die Patientinnen bauen Schamgefühle ab, weil sie erleben, daß andere Frauen ähnliche Beschwerden wie sie haben. Die Ärztinnen informieren die Frauen auch, wie sie Schädigungen durch die Operation bzw. Behandlungen durch eigenes Zutun verbessern und lindern können, und schlagen entsprechend konkrete Möglichkeiten vor.

Den dritten Baustein bilden für die unterschiedlichen Krankheitsbilder spezifisch entwickelte Trainingsprogramme, die physikalische und Physiotherapie, psychologische und soziale Therapie und Trainingselemente umfassen. Der erste Bereich umfaßt physikalische Elektrotherapie, Bewegungsbäder, Wassergymnastik, Trockengymnastik (Wirbelsäulengymnastik, Bauch- und Rückenmuskeltraining), Massage und Lymphdrainage und wird von Physiotherapeutinnen mit unterschiedlichen Ausbildungsschwerpunkten durchgeführt. Die Patientinnen können an Einzel- und Gruppengymnastik teilnehmen. Die Gruppen werden nach den unterschiedlichen Erkrankungen der Patientinnen eingeteilt. Die Gruppengröße beträgt maximal acht Frauen.

Der zweite Bereich, der im wesentlichen von den Psychologinnen vertreten wird, umfaßt Gesprächstherapie, Selbstsicherheits-, Entspannungs- und Schmerztraining. Einzel- und Gruppentherapie stehen zur Wahl; viele Patientinnen nehmen beide Angebote parallel wahr.

Den dritten Bereich bilden spezifische Trainingsprogramme, die jeweils ganzheitlich auf die Krankheitsbilder und den weiblichen Körper abgestimmt sind. So wurde beispielsweise für Probleme der Inkontinenz eine spezielle Beckenbodengymnastik entwickelt, die nicht nur den Beckenboden, sondern die gesamte Unterleibs- und Stützmuskulatur einbezieht und zugleich ein Entspannungsprogramm integriert. Gerade die Kombination von Spannen und Entspannen halten die Expertinnen für besonders wichtig. Sie fehle in herkömmlichen Trainingsprogrammen des Beckenbodens, da eher auf Anspannung trainiert wird; dadurch könnten sich unangenehme Spannungen im Gesamtorganismus aufbauen. Als besondere Aufgabe fällt den Physiotherapeutinnen zu, den Frauen diesen Zusammenhang während des Trainings zu verdeutlichen und deren Körperwahrnehmung zu sensibilisieren.

Aus der Sicht der separat befragten Mitarbeiterinnen der unterschiedlichen Berufe wird übereinstimmend die Bedeutung der gemeinsamen Teamsitzungen hervorgehoben. Zentraler Gesichtspunkt der Äußerungen der verschiedenen Seiten ist, daß im Team ein Gesamtbild der jeweiligen Patientin als Person erarbeitet wird. Dieser Arbeitsstil wird als Ausdruck des vernetzten Konzeptes verstanden. Die Qualität des Gedankenaustausches und der Kooperation wird von Mitarbeiterinnen, die in anderen Institutionen gearbeitet haben, als einmalig hervorgehoben.

Die Physiotherapeutinnen sehen ihre Aufgaben darin, die durch die Erkrankungen und Operationen verursachten Schmerzen zu lindern, Bewegungs- und Funktionseinschränkungen der Patientinnen zu verbessern, die Körperwahrnehmung der Frauen zu sensibilisieren. Um Lebenseinschränkungen zu überwinden, achten sie auf regelmäßige und intensive Behandlungen, die zwischen Einzel- und Gruppenbehandlung abwechseln. Sie möchten aber darüber hinaus das Körpergefühl der Frauen entwickeln, damit diese lernen, in sich hineinzugehen und ihren Körper zu fühlen. Ihren Beitrag zur Behandlung sehen sie nicht nur in den gezielten Übungen, sondern auch darin, daß sanfte körperliche Berührung beispielsweise bei Massage, Lymphdrainage oder Narbenbehandlung eine seelische Entlastung fördert und damit generell das körperliche Wohlbefinden der Frauen stärkt und ihre psychische Verfassung stabilisiert.

Mit zunehmender körperlicher Entspannung erzählen Patientinnen den Physiotherapeutinnen, was sie bewegt; sie sprechen etwa über Familienprobleme, Sexualität, Beschwerden, Schmerzen, aber auch über negative Behandlungserfahrungen an anderen Orten. Die Therapeutinnen verstehen sich dabei als aktive Zuhörerinnen. Sie betonen, daß die Körperarbeit diesen ungezwungenen, ungerichteten und freiwilligen Gesprächskontakt ermögliche; dieser stelle das Besondere an ihrem Beruf dar. Daher achten sie auf sehr kleine Gruppen sowie auf Konstanz der behandelnden Therapeutin. Viele Patientinnen seien auf einen unkomplizierten Kontakt und persönliche Ansprache angewiesen, entweder aufgrund ihrer Krankheit oder weil sie das erste Mal längere Zeit alleine von zu Haus weg seien und nicht von selbst sofort aktiv Kontakte mit Mitpatientinnen knüpfen können. Die Physiotherapeutinnen möchten diese „natürliche" Gesprächsführung, die sie mit „gesundem Menschenverstand" und mit „Einfühlung" charakterisieren, beibehalten.

Die Psychologinnen unterstützen den psychosomatischen Ansatz der Ärztinnen vor allem im Hinblick auf den Umgang der Patientinnen mit psychischen Belastungen und mit Schmerzen. In der psycho-onkologischen Gruppe geht es um Entlastung und die Erarbeitung von Selbstakzeptanz; ein konfliktzentriertes Vorgehen sei hier nicht angebracht. Beim Umgang mit Schmerz ist vorrangig die Vermittlung des psychosomatischen Ansatzes wichtig. Die Psychologinnen wollen einen Erfahrungsraum schaffen, in dem die Patientinnen Zusammenhänge zwischen frauenspezifischen Problemen und Belastungen und ihren Schmerzen erkennen können. Sie vermitteln den Frauen einerseits, daß Strategien im Umgang mit Schmerzen und Ängsten erlernt werden können und geben ihnen hierzu Möglichkeiten und Verfahren an die Hand, etwa Entspannungstraining wie z. B. progressive Muskelentspannung, Imaginations-, Schmerzfokus- und Genußübungen, andererseits versuchen sie möglichst konkret auf Problemlagen der jeweiligen Patientinnen einzugehen, um mit ihnen ein neues Verhältnis zu ihrer Lebenssituation zu gewinnen.

Die Krankenschwester sieht es als ihre wichtigste Aufgabe an, eine Atmosphäre des Vertrauens aufzubauen, in der die Patientinnen sich wohl fühlen. Die Krankenpflege ist die erste Ansprechpartnerin für die Patientinnen auf der Station. Dort sollen sie das Gefühl haben, immer kommen zu können und willkommen zu sein. Das Pflegepersonal erklärt den Patientinnen den Tagesablauf und unterstützt sie bei den Terminabsprachen. Wichtig sei, daß die Patientinnen merken, daß sie ihre eigenen Vorstellungen ihrer Krankenrolle formulieren und umsetzen können, ohne dabei Angst vor Mißbilligung haben zu müssen.

Stationsärztinnen betonen als ihre wesentliche Aufgabe neben der medizinischen Versorgung (Basisdiagnostik und spezifische Behandlungsindikationen) die Nachaufklärung der Patientinnen. Damit diese wirklich die Informationen bekommen, die für sie wichtig sind, nehmen sie sich Zeit, richten ihre Gesprächsführung schon in der Anamnese darauf ein und führen weitere Einzelgespräche, wenn erforderlich. Auch sie legen Wert auf Alltagssprache in der Kommunikation mit den Patientinnen und wählen Begriffe, die Patientinnen auch benutzen, um nicht von oben herab oder angstauslösend zu wirken.

Die Kooperation im Team als berufsübergreifendes Netzwerk bedeutet, daß allen Mitarbeiterinnen bewußt ist, daß sie einen wichtigen, wenn auch unterschiedlichen Part in einem institutionellen Behandlungszenario übernehmen, daß sie auf der Grundlage von (gegenseitiger) Wertschätzung gegenüber Frauen handeln und daß sie im Sinne des Konzepts zum Wohlbefinden und zur Stärkung der Patientin beitragen. Weiterbildung im Team wie in den einzelnen Berufsgruppen, Weiterentwicklung und Weitervermittlung konzeptueller Grundgedanken gehört ebenso zum kommunikativen Austausch wie die regelmäßige wöchentliche Teamsitzung, an der alle Professionen von der Pflege bis zur Stationsärztin teilnehmen.

Die Erfolgskriterien der Behandlung beschreiben die Vertreterinnen der einzelnen Professionen unterschiedlich. Die leitenden Ärztinnen bedauern, daß keine wissenschaftliche Untersuchung der Wirkung von Rehabilitationsprogrammen bei Frauen vorliegt. Die Stationsärztinnen sehen es als Erfolg an, wenn Beschwerden gelindert oder sogar verschwunden sind, wenn darüber hinaus auch eine persönliche Zufriedenheit feststellbar ist durch die Behandlung. Als weitere Kriterien nennen sie (auch wenn sie hierzu nicht immer konkrete Rückmeldungen bekommen), daß Frauen durch die Behandlung neue Möglichkeiten entdecken, daß sie ein anderes Verständnis von sich und ihrer Erkrankung entwickeln und etwas mitnehmen, was für sie zu Hause noch Bestand hat. Auch die Psychologinnen bemängeln, daß Studien zur Erfassung der Langzeitwirkung fehlen.

Nicht nur die ärztlichen Expertinnen, sondern das gesamte Team ordnet sich mit diesem speziellen Rehabilitationskonzept als in Deutschland einzigartig ein. Die Orientierung an weiblichen Lebenslagen, Parteilichkeit für Frauen sowie die Arbeit mit einer vernetzten Kommunikationsstruktur, damit die Patientinnen den Prozeß der Gesundung in die eigene Hand nehmen können, sehen sie für ihr Konzept als wesentlich an. Die Aufhebung der sonst üblicherweise getrennten Bereiche in Onkologie und Gynäkologie und die Arbeit in einem Frauenteam weist sie im Vergleich mit anderen Kliniken besonders aus.

10.4.6 Praxisbeispiel: Angeleitete Gruppe über Wechseljahre

Im Gesamtfeld der Gesundheitsbildung und -beratung stellte die Erhebung eine starke Nachfrage zum Thema „Wechseljahre" fest. Frauen sind offenbar vielfach unsicher in der Bewertung von Begleiterscheinungen der körperlichen Umstellung und können schlecht einschätzen, was als normal und vorübergehend, was als eventuell pathogen zu sehen ist. Zudem setzen sich sehr viele Frauen mit der Empfehlung auseinander, zur Vorbeugung oder Linderung von Beschwerden sowie zur Osteoporose-Prophylaxe von vornherein künstliche Hormone einzunehmen, wobei ihnen zugleich Schönheit und Vitalität als Nebeneffekt versprochen wird. Teils sind Frauen durch die Medien oder populäre Literatur auf die Hormonbehandlung aufmerksam geworden, teils hat der Hausarzt eine Homoneinnahme in den Wechseljahren generell empfohlen (bspw. schon bei den ersten Unregelmäßigkeiten der Periode) oder bedrohliche Bilder von körperlichen und geistigen Verfallserscheinungen bei Verzicht auf Hormoneinnahme an die Wand gemalt. Schließlich suchen Frauen Beratung auf, weil sie Hormone erprobt und wegen der Nebenwirkungen abgesetzt haben; einige Expertinnen (aus den alten Bundesländern) schildern dies als den häufigsten Fall überhaupt. Einige Expertinnen differenzieren weiter und haben den Eindruck, daß die Nachfrage zur Aufklärung über Hormone im Westen stärker als im Osten und bei in der Stadt lebenden Frauen häufiger als bei Frauen im ländlichen Raum ist.

Da es bei den Wechseljahren nicht um eine Erkrankung oder um Krankheitsfolgen, sondern um gesunde Veränderungen geht, und da die Verunsicherung weitgehend als Folge der seit kurzem verfügbar gewordenen medizinischen Interventionsmöglichkeiten ist, finden sich kaum „klassische" Selbsthilfegruppen auf diesem Gebiet. Die Angebote nehmen die Form von Kursen, Vortragsabenden, Beratungsgesprächen oder Gesprächskreisen an, bei denen zunächst fachkompetende Information im Mittelpunkt steht. Das hier erfaßte Praxisbeispiel wurde von der Ärztin in einer Beratungseinrichtung (Pro Familia) angeboten und per Zeitungsanzeige, in der Beratungsstelle sowie anläßlich öffentlicher Vortragsabende bekanntgegeben. Angeboten wurde ein Gesprächskreis im Umfang von zehn Abenden, von der Ärztin geleitet.

Entsprechend der allgemeinen Grundhaltung in der frauenzentrierten Gesundheitsförderung ist das Anliegen der Expertin auf die Unterstützung des Körperbewußtseins und der Stärken der Frauen ausgerichtet. Körperveränderungen in den Wechseljahren sollen als natürliches Geschehen verstanden werden. Vermittelt wird, daß die Phase der Umstellung, die mit Hitzewallungen, Angstgefühlen, Herzrasen und Schlaflosigkeit verbunden sein kann, eine Übergangsphase ist, die für die große Mehrheit von Frauen mit einfachen Hausmitteln und Übungen bewältigt wird. Nach Erfahrung der Expertin kommen zwar Frauen zum Gesprächskreis mit Fragen zu den körperlichen Veränderungen in den Wechseljahren, dieses Thema sei aber am ersten Abend schon praktisch erschöpft. Es sei vor allem „die Situation des Älterwerdens als Frau in dieser Gesellschaft, die die Frauen bedrückt".

Daher tritt die fachlich informierende Rolle bald in den Hintergrund und die Expertin ist vor allem als psychosoziale Gruppenleiterin gefordert: Sie fördert den Austausch der Frauen untereinander und die Überwindung von Negativbildern vom Älterwerden, aber auch von Gesellschaft und Umwelt, zugunsten des Erkennens neuer Lebens- und Gestaltungsmöglichkeiten. Die Expertin schlägt Themen für jeden Abend vor und achtet darauf, daß ausreichend, aber nicht einseitig auf die Probleme und Wünsche der einzelnen eingegangen wird. Themen für Gruppenabende waren z. B. die als Kind erlebte Beziehung zur eigenen Mutter, die Sexualität, Männer und Beziehungen, Zukunftsvisionen und Vorstellungen für den kommenden Lebensabschnitt, aber auch eine Maltherapiestunde. Die Themenvorschläge bilden kein feststehendes Programm; Angebote der Expertin können auch abgelehnt werden, wenn die Gruppe intensiv mit anderen Interessen oder Fragen beschäftigt ist. So wurde das Angebot eines Informationsvortrags zu Hormonen mitten im Verlauf der zehn Gruppenabende von dieser Gruppe ausgeschlagen, weil andere Themen ihnen wichtiger schienen; auch das Angebot einer praktischen Unterweisung in die Selbstuntersuchung der Brust wurde nicht gewünscht. Präferenzen und Gefühle der Gruppenteilnehmerinnen - einige halten sich „eher bedeckt" bei brisanten Themen wie Sexualität - werden respektiert.

Das Gruppengespräch mit drei Teilnehmerinnen dieses Gesprächskreises mache deutlich, daß schon bei der Entscheidung, sich für die Gruppe anzumelden, weniger die akute Verunsicherung im Hinblick auf körperliche Veränderungen und Hormonbehandlung ausschlaggebend war, als das Bedürfnis, einen Kreis von Gleichaltrigen zu finden, in dem die gesamte Situation der Wechseljahre Gesprächsthema sein kann. Im Freundeskreis wurde das Thema oft weggeschoben, mit dem Mann waren Gespräche nach Auffassung dieser Frauen von vornherein wenig sinnvoll, da nicht erwartet werden könne, daß er sich hineinversetzen kann. Bei dem Wunsch nach einem Gesprächskreis spielt aber auch eine allgemeine Umbruchstimmung eine Rolle, daß sich etwas ändern müsse. Andererseits wird über eine ansatzweise depressive Stimmung gesprochen, ein Gefühl, „ins Loch zu fallen" und durch das Älterwerden und die körperlichen Veränderungen sehr viel stärker erschüttert zu sein als erwartet. Die Auseinandersetzung mit dem medizinischen Fachwissen war für die Gruppe weniger zentral, z. T. schon vorher oder außerhalb geschehen. Einzelne Gruppenmitglieder hatten schon früher einen entsprechend aufklärenden Vortrag der Expertin gehört.

Wesentlich für den erfolgreichen Verlauf der Gruppe war die Balance zwischen Impulse gebender Leitung und eigenständigem Austausch unter den Gruppenmitgliedern mit der Chance, „von den Erfahrungen der anderen zu lernen, wie sie mit ihrem Leben besser zurechtkommen". Als positiv wird in der Gruppe beschrieben, daß die Ärztin sich „als Person mit eingebracht" hat, aber niemals im Sinne des Einbringens eigener Probleme; sie hat „ein klares Bild" von sich als Frau und als Person, und damit ein Vertrauensverhältnis geschaffen. Sie habe es auch verstanden, an den Schwachstellen und gedanklichen bzw. emotionalen „Verknotungen" Anstöße zum Nachdenken zu geben. Im Verlauf der Gruppenabende sei eine positive Stimmung gewachsen, „was man alles machen kann", und das Selbstbewußtsein wurde gestärkt: „Mittwochs bin ich da so hingegangen, und ich bin immer drei Kopf größer hier wieder rausmarschiert ... richtig aufgeplustert, einfach so ganz mit einem Glücksgefühl". Positiv hervorgehoben wird zudem eine ausgeglichene Kommunikation, bei der mal die eine, mal die andere sich stärker von der Gruppe „tragen lassen" konnte.

Die Atmosphäre von Nähe, Wertschätzung und wechselseitiger Unterstützung war Grundlage dafür, daß die Gruppe nach Ablauf der zehn Abende, die von der Expertin geleitet wurden, zu weiteren Treffen stark motiviert war. Eindeutig war allerdings der Wunsch, daß die Expertin die Gruppe weiterhin leitet. Der Übergang zu einer eigenständigen Selbsthilfegruppe, die ihre Themen, ihre Gesprächsleitung, Zeit und Ort ihres Treffens in eigener Regie bestimmt, fiel der Gruppe sehr schwer. Es sind nicht allein Übergangsprobleme und solche der Umgewöhnung, sondern auch Fragen der Motivation angesprochen. Nichts desto weniger hat die Gruppe die Übergangsprobleme bewältigt und trifft sich weiter.

Das Gruppengespräch weist auf die präventive Bedeutung solcher Angebote in mehreren Hinsichten hin. Obwohl die medizinische Information nicht zentral war, bedeutete die Gruppe eine Chance, offen mit anderen, ebenfalls mit dieser Lebenswende beschäftigten Frauen das Für und Wider medikamentöser Behandlung zu erwägen. Eine Teilnehmerin beschreibt, wie sie von einer euphorischen Einschätzung der Hormone aufgrund der Beschreibung in den Medien zu einer zurückhaltenderen Bewertung gelangt ist. Sie erkennt - wie eine Expertin in einer Klinik es formuliert -, daß Hormone Medikamente sind, die bei Erkrankung oder gegen ein nicht anders zu bekämpfendes Leiden ihren Nutzen haben, aber kein Allheilmittel oder Jungbrunnen sind. Präventiv wirkt die Gruppe aber auch gegen eine in dieser Lebenssituation vielfach auftretende Neigung zur Depressivität. Dabei stimmen die Einschätzungen mehrerer Expertinnen mit der Erfahrung der Gruppenmitglieder überein, daß nicht die körperliche Umstellung, sondern die psychosoziale Lebenslage meist für diese Neigung verantwortlich ist. Die Auseinandersetzung mit allem, was Frauen in dieser Umbruchphase bedrückt, kann Frauen vor psychischen Erkrankungen bewahren.

10.5 Erträge der empirischen Studie zu den Maßstäben für gute Praxis in der Gesundheitsförderung und Versorgung von Frauen

10.5.1 Kriterien und Erfahrungswerte der Nutzerinnen

Mit zehn Gruppengesprächen sollten Kriterien erfaßt werden, nach denen Frauen Angebote in der Gesundheitsförderung und in der gesundheitlichen Versorgung als für sie angemessen bewerten. Kriterien werden vor dem Hintergrund von Bedürfnissen und Wünschen sowie konkreten Erfahrungen aufgestellt und verdeutlicht. Mit der Methode der Focusgruppe (vgl. Kapitel 10.2.1) wurde ein offenes Forum geschaffen, in dem die Teilnehmerinnen - ausgehend von der Gemeinsamkeit, ein bestimmtes Angebot für eine konkrete Bedarfslage wahrgenommen zu haben - sich im Gespräch darüber verständigen konnten, was gute und schlechte Versorgungserfahrungen ausmachen. Als Impuls wurde zunächst gefragt, wie sie zu diesem Angebot gekommen sind. Weiterhin wurde zur Diskussion gestellt, inwieweit sie einen Zusammenhang zwischen ihrem Gesundheitsproblem und ihrer Situation als Frau sehen, und welche Bedürfnisse sie an die gesundheitliche Versorgung bzw. an deren Verbesserung richten.

Die Gruppen umfaßten meist vier bis fünf Frauen, in einer Bandbreite zwischen drei und zwölf Personen. Die Altersverteilung war, wie zu erwarten, je nach Problemlage unterschiedlich und insgesamt breit. In sehr vielen Fällen hatten die Teilnehmerinnen das spezifische Versorgungsangebot nicht deshalb gewählt, weil sie bestimmte Erwartungen an den Umgang mit Frauen hatten, sondern sie waren auf recht unterschiedlichen Wegen dorthin gekommen: Empfehlung von Bekannten, Wohnortnähe, Information vom Hörensagen, Empfehlung des Hausarztes, Zuweisung durch Versicherungsträger bis hin zur gezielten Suche, weil ihr Problem bis dahin nicht adäquat behandelt worden war.

Die Gespräche wurden in einem mehrstufigen Verfahren ausgewertet. Zunächst wurden mit Bezug auf die spezifische Problemlage die geäußerten Erwartungen an eine angemessene Hilfe oder Behandlung vor dem Hintergrund der geschilderten bisherigen Versorgungserfahrungen herausgearbeitet. Anschließend wurden im Vergleich von Passagen, in denen „gute" bzw. „schlechte" Versorgung zur Diskussion stand, Maßstäbe allgemeiner Art analysiert. Schließlich wurden die Gespräche im Hinblick auf das darin enthaltene Verständnis von Gesundheit und Gesundheitshandeln interpretiert. Die Fülle des empirischen Materials wurde in diesem Vorgehen schrittweise auf Elemente und Kriterien reduziert, die für unterschiedliche gesundheitliche Problemlagen und Versorgungssituationen übertragbar erscheinen. Eine ausführliche fallbezogene Darstellung der Gruppengespräche muß späteren Veröffentlichungen vorbehalten bleiben; Beispiele werden zur Illustration herangezogen.

Zunächst ergeben sich aus der Vielfalt der Problemlagen unterschiedliche Sichten auf Versorgung. So steht etwa für die Mütter kleiner Kinder das eigene Gesundheitshandeln im Kontext ihrer Einbindung in die Familie. Sie sind auf Entlastung, Flexibilität und Erreichbarkeit bei der Wahrnehmung von Versorgungsleistungen angewiesen. Frauen in anderen Lebenslagen betonen andere Kriterien von Angemessenheit. Auch die Bedarfslagen hinsichtlich Versorgungstypus sind unterschiedlich. Die Wege, die zur Selbsthilfegruppe führen, machen eine Spannbreite von Erfahrungen deutlich: Die Wechseljahresgruppe begreift den Austausch unter Frauen als von vornherein angemessener als eine ärztliche oder therapeutische Intervention. Hingegen wurde die Selbsthilfegruppe eßgestörter Frauen vor allem aus enttäuschter Behandlungserwartung wahrgenommen. Die Selbsthilfegruppe der krebsbetroffenen Frauen repräsentiert sowohl Ergänzung als auch Fortsetzung sowie Alternative zu regulärer Versorgung.

Jenseits der Bandbreite von unterschiedlichen Belastungsproblemen und darauf abgestimmten Kriterien von Angemessenheit zeichnen sich jedoch in der Gesamtschau auf die Gruppengespräche Übereinstimmungen im Gesundheitsverständnis und präferierten Handlungsstrategien ab, die auf Maßstäbe für eine aus Frauensicht angemessene Versorgung hinweisen.

1. Die Nutzerinnen teilen ein „ganzheitliches" Verständnis von Gesundheit. Sie sprechen davon, daß ihre gesamte Person und nicht nur ein Körperteil betroffen ist, daß ihre seelische, körperliche und soziale Situation im Zusammenhang betrachtet werden soll. Aus Eigenerfahrung und Selbstbeobachtung wird geschlossen, daß Streß, äußerer Druck und seelische Belastungen nicht nur die Infektanfälligkeit erhöhen, sondern auch eine Vielzahl unterschiedlicher Symptome wie Schmerzen, Kopfschmerzen, Migräne, Herzrasen, Schlafstörungen hervorrufen können. Erst die Wechselwirkung von sozialen, physischen und somatischen Bezügen im Leben der ganzen Person erlaubt es, konkrete gesundheitliche Beeinträchtigungen adäquat zu verstehen und zu behandeln. So beschreiben beispielsweise ostdeutsche Frauen, die eine Gemeinschaftspraxis mit psychosomatischem Ansatz aufsuchen, im Rückblick die Nichtbeachtung des Seelischen als gravierenden Mangel der erfahrenen Gesundheitsversorgung in der DDR; ihnen ist eine ärztliche Betreuung wichtig, die „nicht nur das Organ sieht". Die Teilnehmerinnen der Therapiegruppe der Eßgestörten sehen einen Zusammenhang zwischen erlebten Lebenskonflikten oder sie belastenden Situationen und ihrem gestörtem Eßverhalten. Mit der Krankheit suche der Körper, so ihre Deutung, gleichsam Entlastung, wo andere Menschen vielleicht trinken oder rauchen. Die Aufdeckung der zutreffenden Zusammenhänge zwischen Geist und Körper, zwischen Körperlichem und Psychischen stellt - wie aus Passagen gesteigerter Aufmerksamkeit und intensiver Gesprächsbeteiligung in allen Gesprächen ersichtlich wird - ein zentrales Anliegen bei der Inanspruchnahme des medizinischen Expertensystems dar. In diesem Sinne wünschen sie ein psychosomatisch aufgeklärtes Herangehen in allen Bereichen der gesundheitlichen Versorgung als Ausgangsbasis.

2. Belastungen in Arbeit, Beruf und Familie sowie durch Pflege und Versorgung von Angehörigen werden unter vielen Aspekten als gesellschaftlich bedingte Risiken für die Gesundheit erörtert. Dazu kommen jeweils lebensphasenspezifische Belastungen: So steht in der Wechseljahresgruppe das negative gesellschaftliche Bild der alternden Frau im Mittelpunkt. Die Mütter mit kleineren Kindern beschreiben nachteilige gesundheitliche Auswirkungen der permanenten Zurückstellung ihrer Bedürfnisse und ihrer Person und der täglich immer wieder neu zu leistenden Vereinbarung von Kindern, Familie, Arbeit und Partnerschaft. Die eßgestörten Frauen sehen sich spezifischen und höheren Anforderungen als Männer hinsichtlich ihres Körpers ausgesetzt; Ertrag der Gruppenarbeit für sie ist die Einsicht, daß sie anstelle

des Kampfes mit dem Essen und dem Körper einiges in ihrem Leben verändern müssen und wollen.

3. Die in diesen Gruppen zu Wort kommenden Frauen verorten sich in einem Kontinuum von „gesund" zu „krank". Sie beschreiben Gesundheitsprobleme als Irritationen, Orientierungsunsicherheit, Verlust von Selbst-sein bis hin zur körperlichen Schädigung und der Angst um Leib und Leben. Als gemeinsamer Nenner ist der Gedanke zu finden, daß das wahrgenommene Gesundheitsproblem das Selbstgefühl, die Identität als Frau in der Vielgestaltigkeit ihrer Lebensbezüge verunsichert. So formulieren Mütter, daß sie den ihnen gestellten Anforderungen nicht mehr nachkommen können, daß sie das Gefühl haben, nicht mehr sie selbst zu sein, weil sie ständig aus Handlungsabläufen herausgerissen werden. Die Teilnehmerinnen der Wechseljahresgruppe sehen Veränderungen der körperlichen Leistungsfähigkeit, Gesichts- und Gewichtsveränderungen im Kontext dessen, „nicht mehr die Person zu sein, die sie mal waren". Eßgestörte stellen dar, daß ihnen durch die Konzentration auf Essen, Nicht-essen-können bzw. wollen oder Erbrechen, das Gefühl abhanden gekommen ist, was es darüber hinaus für Frauen an wesentlichen Dingen im Leben gibt, oder daß sie - beschäftigt damit, sich immer neue Strategien zurechtzulegen, um ihr Problem nach außen zu verheimlichen - kaum eine Situation der Geselligkeit wahrnehmen können. Die krebsbetroffenen Frauen empfinden ganz besonders durch den Organverlust oder -bedrohung ihre Weiblichkeit in Frage gestellt oder zweifeln an ihrem Wert als Frau in Folge von Dauer und Schwere der Erkrankung.

4. In allen Gruppendiskussionen wird das Thema Gesundheit weniger als eine Frage von „krank sein" und „Krankheit behandeln" aufgefaßt, sondern vorrangig unter dem Aspekt, Wohlbefinden zu erhalten, zu verbessern oder wiederzuerlangen. Aktive Einflußnahme auf Wohlbefinden, Betonung von Selbsttätigkeit und eigener Entscheidungsfähigkeit werden als Leitgedanken des eigenen Gesundheitshandelns angesprochen. Besonders deutlich tritt dies bei den Selbsthilfegruppen und den therapeutischen Angeboten in den Vordergrund. Als besonders hilfreich wird ein Angebot angesehen, das auf individuelle Blockaden aufmerksam macht und die eigene Handlungsfähigkeit und Eigenaktivität freisetzt. Aber auch bei der Wahl der ambulanten Ärztinnenpraxis und den Gründen für einen weiteren Verbleib nennen die Frauen als für sie wichtig, daß die Mitarbeit der Patientin gefördert wird, daß sie an Entscheidungen beteiligt wird und ihr selbst Möglichkeiten an die Hand gegeben werden, als mündige Patientin zu handeln. In der Selbsthilfegruppe der Brustkrebsbetroffenen wird die umgekehrte Erfahrung geschildert, sich Entscheidungszwängen unterordnen zu müssen; und die psychischen und körperlichen Auswirkungen ihrer zuvor mangelnden Information und ihrer Passivität erleben diese Frauen nunmehr als negativ. Daher betonen sie ein zweigleisiges Vorgehen: neben der Betreuung durch die Medizin sich „selbst schlau" zu machen und „Seelenpflege" zu betreiben. Die Teilnehmerinnen der Wechseljahregruppe sehen sich nicht als krank an, wohl aber in ihren Lebenskräften beeinträchtigt; Selbsthilfe und professionelle Unterstützung verbinden sich zu einer präventiven Gesundheitsstrategie. Für die Eßgestörten erweist es sich als hilfreich, Zusammenhänge selbst herauszufinden, eigene Schwerpunkte zu setzen und Veränderungen im Alltag auszuprobieren.

5. Bei der Beschreibung von Erkrankungen oder Beschwerden gebrauchen die Teilnehmerinnen nur selten das Konzept einer isolierbaren Funktionsstörung, die behoben werden soll. Sie rücken vielmehr ein Gesamterleben der Beeinträchtigung in ihrem Lebens- und Vitalitätsgefühl in den Vordergrund. Angebote sind hilfreich, wenn sie in dem widerstreitenden Kräftefeld von Lebenskräften und deren Beeinträchtigung eingeordnet werden können. Es gilt, Verbündete zu finden, die Lebenskräfte stärken bzw. dieses Potential zu entwickeln helfen, durch „Anstöße" die Klientin dazu bringen, daß sie wieder aktiv gestaltend auf das eigene Leben Einfluß nehmen kann. Vertrauen zu haben und sich öffnen zu können sind in dieser Situation wesentliche Kriterien, nach denen Angebote bzw. Helferinnen und Helfer gewählt und für angemessen befunden werden. Im Sinne einer Förderung von Selbstheilungskräften soll die Lösung des Gesundheitsproblems nicht auf Expertinnen oder Experten delegiert werden. Diesen wird eher eine prozeßbezogen begrenzte Rolle zugedacht: Sie sollen Zuhören und Verstehen können, die richtigen Anstöße geben. An sie werden ähnliche Maßstäbe der Kommunikation angelegt wie untereinander in den Gruppen. Eine Figur professioneller Überlegenheit, die das „richtige" Wissen für sich in Anspruch nimmt und Handlungsanweisungen erteilt, scheint diesen Prozeß der Projektion und Entfaltung von Selbstheilungskräften nachhaltig zu stören. Kritik an der gesundheitlichen Versorgung in den Gruppengesprächen konzentriert sich auf Negativbilder von autoritärem Verhalten und einspurigen Behandlungsanweisungen. Hervorgehoben wird, daß Behandlungsmethoden, -mittel und -wege ebenso variabel wie individuell angepaßt sein sollten.

Gegenüber dem Gesundheitssystem als Ganzem und der ärztlich-therapeutischen Behandlung werden von diesem Verständnis aus die im folgenden ausgeführten Kriterien der Nutzerinnen zum Ausdruck gebracht.

Gesundheitsförderung als Priorität

An Beispielen von Lebenssituationen bringen die Nutzerinnen zum Ausdruck, daß Frauen einerseits zuviel an Belastungen aufgebürdet wird, sie andererseits aber auch dazu neigen, diese wahrzunehmen. Sie können sich weniger als Männer ihren alltäglichen Verpflichtungen entziehen und einfach krank sein. Die Wertschätzung ihrer Arbeit und Leistungen vermissen die Teilnehmerinnen in der Gesellschaft, beim Gesetzgeber und in der gesundheitlichen Versorgung. Frauengesundheit stellt sich aus ihrer Sicht nicht ausschließlich als ein Problem der gesundheitsbezogenen Angebote im engeren Sinne dar. Es mangelt an institutionellen Entlastungsstrategien im Vorfeld, etwa an Kindergartenplätzen, an nicht ausreichenden Regelungen von Krankheitstagen bei einer Erkrankung von Kindern, an familienfreundlichen Arbeitsplätzen.

In der gesundheitlichen Versorgung selbst wird aus Sicht der Gesprächsteilnehmerinnen viel zu wenig Wert auf Prävention und Gesundheitsförderung gelegt. Ausgehend von einem ganzheitlichen Gesundheitsverständnis und der Betonung eigener Aktivität wird eine Pluralität der Angebote für notwendig gehalten. Dabei wird besonders hervorgehoben, daß mit simplen und vergleichsweise kostengünstigen Methoden viel innere Ruhe und Gleichgewicht gefunden werden kann. Dem gegenüber sehen die Frauen die Prioritäten im Gesundheitswesen falsch gesetzt: Mit Verzicht auf Medikamente und Umschichtung der Ausgaben auf Prävention und Gesundheitsförderung wäre mehr getan. Es wird betont, daß der Präventionsgedanke eher Frauen entspricht, weil sie sich auch in der Familie mit Gesundheit präventiv befassen. Daß Angebote zur Gesundheitsförderung aus der Finanzierung gestrichen werden, wird als Zurücksetzung und Nichtbeachtung, ja als Ignoranz gegenüber Frauen gewertet. In einigen Gruppengesprächen führt die fehlende Priorität der Gesundheitsförderung und die mangelnde Akzeptanz nicht medikamentöser Behandlungen zu einer grundsätzlichen Kritik am Gesundheitswesen insgesamt: Als Konsumentinnen würden sie als Gegenleistung für ihre Beitragszahlung nicht das bekommen, was ihrer Gesundheit gut tut. In anderen Gruppengesprächen wird stärker das Problem der „Medikamentenfixierung" ärztlicher Behandlung diskutiert, verbunden mit einem Plädoyer für den Einsatz von Methoden wie Akupunktur, Massagen und anderen Verfahren, die Wohlbefinden unterstützen.

Die Figur des „Hausarztes" als Vertrauensperson und weitervermittelnden Helfer

„Vertrauen" haben können ist ein Kriterium, das in allen Gruppengesprächen eine positive Qualität von gesundheitlicher Versorgung auszeichnet. Teilweise wird dies mit dem Ideal des guten Hausarztes verknüpft, der sich Zeit nimmt, die persönliche Lebenssituation kennt und eine langjährige Begleitung sein kann. Diese Ärztin bzw. dieser Arzt soll Befindlichkeiten und Gesundheitsprobleme vor dem Hintergrund der Lebenssituation richtig einschätzen und angemessene Strategien vorschlagen können, Fachkompetenz mit dem Blick auf den ganzen Menschen vereinen. Der regelmäßige Kontakt verleiht diesen Eigenschaften ihren Stellenwert, damit Fehleinschätzungen und Fehlbehandlungen, von denen die Frauen in den Gruppen viele Beispiele geben, vermieden werden. Eher als ein Medikament hilft beispielsweise in vielen Situationen, daß „einer Mut macht". Auf der anderen Seite hat der Hausarzt „weichenstellenden" Funktion: Um das Gesundheitsproblem richtig einzuschätzen und auf andere Ressourcen - sei es in der Selbsthilfe, sei es zu spezialiserten Einrichtungen oder Fachkräften - zu verweisen, müssen psychische und somatische Aspekte integriert verstanden werden. Zudem kann, wie die krebserkrankten Frauen hervorheben, die Art der ärztlichen Unterstützung und Begleitung einen großen Unterschied für die Bewältigung und den Umgang mit der Krankheit machen.

Obwohl diese Funktionen und der Stellenwert von Hausärzten mit einer ganzheitlichen Herangehensweise in allen Gruppengesprächen unbestritten ist, zeigt sich hier eine große Kluft zwischen Wunsch und Wirklichkeit: In der Erfahrung der Frauen sind solche Hausärzte selten; es wird als Glücksfall beschrieben, einen solchen zu haben. Bisweilen kann die Funktion von Fachärzten übernommen werden, aber auch dies ist selten der Fall. Den Mangel schreiben die Gesprächsteilnehmerinnen einhellig vor allem der Finanzierungsstruktur des Gesundheitswesens zu, die diese Arbeit nicht honoriert. Begünstigt wird dieser Mangel nach Ansicht der Frauen durch eine Ausbildung, in der die Verbindung von Fachkompetenz und psychosozialer Sensibilität nicht vermittelt wird.

Ein Prüfstein guten ärztlichen Umgangs mit Frauen: Behandlungskultur

In bezug auf die ärztliche Praxis werden Kriterien erkennbar, die mit dem Begriff der „Behandlungskultur" zusammengefaßt werden können. Sie umfaßt Aspekte des Umgangs mit der Patientin in fachlicher wie in menschlicher Hinsicht. Die Behandlungskultur stellt auf der Ebene der ambulanten Versorgung ein Kriterium der Arztwahl dar, auch wenn dafür Nachteile wie Wartezeiten oder längere Suchprozesse in Kauf genommen werden mußten. Eine unzureichende Behandlungskultur stellt für andere wiederum einen Grund dar, den Arzt zu wechseln oder sich auf die Suche zu begeben.

Zu einer auf Vertrauen gegründeten Behandlungskultur gehört ganz wesentlich deren Atmosphäre. Es besteht eine hohe Einigkeit über alle Gruppengespräche hinweg darin, daß die gesundheitliche Versorgung gegenwärtig zu sehr von wirtschaftlichen Zwängen dominiert ist. Zur negativen Erfahrung bei der Inanspruchnahme ambulanter ärztlicher Versorgung gehört, daß alles „unter Zeitdruck" erfolgt, es „nur noch ruck zuck" geht, die Person „zu einer Nummer" wird, daß „man sich noch entschuldigen muß, wenn man da ist". Dem stehen Erfahrungen mit innovativen Angeboten als positive Kontrasterfahrung gegenüber. Der Umgang des Fachpersonals untereinander, deren Verhalten gegenüber der Patientin, der ärztliche Umgang, die Raumeinteilung und Gestaltung können eine Atmosphäre erzeugen, der wohltuend ist. Zentral ist nicht unbedingt der Zeitumfang, der eingesetzt wird, sondern daß jede Patientin beachtet wird, daß ihr das Gefühl gegeben wird, im Mittelpunkt zu stehen. Dabei wird nicht allein die Balance zwischen Zeit und Ökonomie im Sinne einer grundsätzlichen Zugewandtheit angesprochen. Auch die Räume werden einbezogen, z. B. deren liebevolle Ausstattung, aber auch die Einteilung und Raumnutzung. In einer Gesprächsgruppe ostdeutscher Frauen wird es z. B. als wichtige Veränderung gegenüber früher beschrieben, räumlich abgetrennt und damit vertraulich mit der Ärztin oder dem Arzt sprechen zu können. Bei stationärer Behandlung kann es das Kulturangebot sein, das deutlich macht, daß man nicht (nur) als Kranke wahrgenommen wird. Zur Atmosphäre gehört für Mütter eine Selbstverständlichkeit, mit der akzeptiert wird, daß sie Kinder haben und ggf. mitbringen, und ein Stil der Ruhe und Freundlichkeit, auf die Kinder einzugehen und die Mutter so weit zu entlasten, daß sie das für die eigene Gesundheit Notwendige in Ruhe tun kann.

Zentrales Element angemessener ärztlicher Behandlung ist das Gespräch, das Fachlichkeit, Zugewandtheit und Respekt repräsentiert, Mittel der Diagnose und Schritt zur Heilung in einem ist. So wird auf das Gespräch als Element von Fachlichkeit verwiesen; denn nur in einem ausführlichen Gespräch können Hintergründe erfaßt werden, die zu einer Einschätzung des Gesundheitsproblems und dessen möglichen Ursachen notwendig sind. Erwünscht ist die Wechselseitigkeit, eine dialogische Kommunikation. Denn es ist wichtig, daß von ärztlicher Seite die richtigen Fragen gestellt werden, auf der anderen Seite die eigenen Erklärungen über die Hintergründe der Gesundheitsstörung gehört und ihnen nachgegangen werden. Hierzu ist die fachliche Sicht notwendig und ebenfalls die gründliche Untersuchung.

Ein Gespräch in diesem Sinne signalisiert Respekt vor der Person. Voraussetzung und Ergebnis des Dialogs ist es, der Patientin auf einer Ebene von Gleichberechtigung, Achtung und Mündigkeit zu begegnen. Erst dann ist es möglich, offen über die eigene Befindlichkeit und „frei von der Seele weg" reden zu können, wie die in diesem Zusammenhang häufig verwendeten Formulierungen zum Ausdruck bringen. Es werden vielfach Situationen geschildert, in denen Frauen über ihre Probleme deswegen nicht mit dem Arzt sprachen oder meinten, bei Unsicherheiten über Befindlichkeiten oder Irritationen nicht sprechen zu können, weil Ärztin oder Arzt den Eindruck geweckt haben, einen genauen Ablaufplan im Kopf zu haben, bei dem Wünsche und Selbstverständnisse der Patientin keinen Platz zu haben schienen, oder weil sie in einer Sprache sprechen, die ihr Expertentum herausstreicht, so daß eigene Formulierungen der Patientin von vornherein fehl am Platz wirken und gleich unterlassen werden.

Die Nutzerinnen beschreiben unterschiedliche Funktionen des Gesprächs. Als besonders wichtig wird die Entlastungswirkung angesehen, die in sich schon zur Heilung beitragen kann, wenn z. B. eine gute Beratung oder eine seelische Unterstützung entscheidend hilft, gesund zu werden. Die dialogische Kommunikation ist aber auch eine Voraussetzung dafür, daß Nutzerinnen ihre Wünsche nach Selbständigkeit und eigener Entscheidungsmöglichkeit in die Behandlung einbringen können. In vielen Situationsschilderungen wird immer wieder der Wunsch nach Information und Wissen zum Ausdruck gebracht. Die Frauen möchten verstehen, was mit ihnen los ist und was gemacht wird; sie möchten in Entscheidungen einbezogen werden und in der Lage sein, unter verschiedenen Möglichkeiten die für sie beste Wahl treffen zu können. Das haben sie oft als schwierig bis unmöglich erlebt: „Man muß als Patientin schon selbst Medizinerin sein, um die Fragen zu stellen, die man wissen will", spricht eine Frau den Konsens in der Gruppe von Frauen nach gynäkologischen Operationen aus. Das Bild einer ärztlichen Behandlungsautorität, die ihr Fachwissen von oben herab und als allein gültig hinstellt, dient in allen Gruppendiskussionen als unzeitgemäßes Negativbild, das mit Entmündigung, Ohnmacht und Hilflosigkeit einhergeht. Einige Frauen betonen, daß eine eigene Entscheidung unabdingbar ist, weil es nie nur einen Behandlungsansatz gibt, sondern immer mehrere Wege. Allerdings wird in einigen Gruppengesprächen die Kehrseite angesprochen: Eine Verschiebung von gravierenden Entscheidungen allein auf die Patientin, obwohl diese die Folgen nicht gänzlich ermessen kann, wird besonders von den krebsbetroffenen und den ostdeutschen Frauen als Versuch eingeschätzt, sich aus der Verantwortung zu stehlen. Dies macht noch einmal die feine Balance zwischen Fachwissen und Anerkennung der Mündigkeit der Patientin deutlich.

Ein weiteres Kriterium guter Versorgungspraxis stellt die Offenheit für ein Spektrum von Behandlungsmethoden dar. Unter den Nutzerinnen wurde teilweise kontrovers über den Wert von Naturheilmitteln und Homöopathie diskutiert, doch generell wird ein sensibler Umgang mit unterschiedlichen möglichen Ressourcen und Heilungswegen eingefordert. Gewünscht wird eine Behandlung, die mit vielen Möglichkeiten flexibel und situationsangemessen operiert; genannt werden z. B. Akupunktur und andere östliche Heilverfahren, Erarbeitung von konkreten Verhaltensalternativen für die Lebenssituation, gezielte körperliche und psychische Übungen, Naturheilmittel und Medikamente. Allgemein wird eher auf einen zurückhaltenden Umgang mit Medikamenten Wert gelegt. Als Negativbild wird wiederholt der Arzt beschrieben, der nach kurzer Befragung ein Rezept ausstellt und damit die Sprechzeit beendet. Solche Ärzte können zwar „funktional" genutzt werden, „wenn man weiß, was man hat" - so die Teilnehmerinnen - ‚es fehlt allerdings das Vertrauen, daß sie wirklich Krankheiten erkennen.

Geschlecht und Verstehen

Bei den Gruppengesprächen formulierten Frauen ihre Belastungssituationen, ihre Gesundeitsstrategien, ihre gesundheitsbezogene Wertschätzung auch im Hinblick auf das andere Geschlecht als Vergleichsmaßstab. Eine gesundheitliche Störung betrifft zentral das Lebensgefühl als Frau. Obwohl das Geschlecht eine wichtige Wahrnehmungs- und

Selbsterfahrungskategorie ist und selbstverständlich einbezogen wird, folgt daraus nicht, daß gute Versorgung oder Behandlung ausschließlich von Frauen getragen sein kann oder sollte. Bei der Wahl des Versorgungsangebotes war zwar die Behandlung durch Frauen und unter Frauen eine sympathische Perspektive, aber lediglich für einen kleineren Teil der Frauen auch eine grundsätzliche Präferenz.

Überwiegend wird eine flexible Haltung bei der Frage des Geschlechts vertreten. Ein Mann als Arzt oder Therapeut sollte Qualitäten aufweisen, zu denen neben den genannten Kriterien guter Behandlung vor allem Einfühlung in weibliche Lebenssituationen und weibliche Konflikte sowie Wertschätzung und Respekt gegenüber Frauen gehören. Dies wird Männern im allgemeinen auch zugetraut, bei spezifischen Themen oder Problemlagen aber bezweifelt und teilweise verneint. Die Wichtigkeit, solche Themen unter Frauen zu besprechen, wird vor allem in den Selbsthilfegruppen und psychotherapeutischen Gesprächskreisen betont. Insgesamt scheint die Bevorzugung weiblichen Fachpersonals dort am ausgeprägtesten zu sein, wo die Problemlage selbst als frauenspezifisch oder in Lebenslagen von Frauen verwurzelt eingeschätzt wird. Dies gilt z. B. für die Therapie- und Selbsthilfegruppe zu Eßstörungen, in der es für wichtig erachtet wird, daß das Thema Weiblichkeit in der Therapie angesprochen wird. Während einige daraus den Schluß ziehen, daß die Therapeutin unbedingt eine Frau sein sollte, „weil es weniger Probleme gibt, über Sexualität, über den Körper, über Ausdruck und Körper zu reden, da eine Frau sich besser in den Körper einer Frau hinein versetzen kann", machen andere die Wahl, ob Therapeut oder Therapeutin, an den anstehenden Problemen im therapeutischen Prozeß fest; andere wiederum sehen die Thematik Weiblichkeit eher in der Art der therapeutischen Herangehensweise besser oder schlechter aufgehoben.

So zeigen denn auch Begründungen für die Wahl von Ärztinnen und Ärzten sowie Therapeutinnen bzw. Therapeuten, daß für einen Teil der Frauen die Behandlungskultur wichtiger als das Geschlecht ist. Sie nennen beispielsweise Verständnis, gründliche Untersuchung, dialogische Kommunikation, naturheilmittelorientierte oder homöopathische Herangehensweisen. Eine andere Teilgruppe sieht in dieser Behandlungskultur eine deutliche Affinität zum weiblichen Geschlecht; sie haben den Eindruck, daß es vorwiegend Frauen sind, die diese Innovation tragen und praktizieren, während sie hierarchisch-distanzierte Umgangsformen und eine Bevorzugung des funktionalen Zugriffs auf dem aktuellen Stand naturwissenschaftlicher Möglichkeiten mit Männlichkeit assoziieren.

Unabhängig von solchen Einschätzungen legt eine andere Teilgruppe Wert darauf, von Frauen behandelt zu werden. Dies ist für sie die angemessene Art, mit der Intimität von Leib-Seelischen-Problemen umzugehen: Ihnen fällt die notwendige Berührung und körperliche Intimität bei einer Frauenärztin leichter bzw. sollte nur einer Frau vorbehalten sein. Sie meinen, daß ein Mann sich nicht vorstellen kann, wie sich körperliche Veränderungen wie beispielsweise eine Schwangerschaft oder Wechseljahre anfühlen; oder sie würden Fragen der Sexualität beispielsweise nicht mit einem männlichen Therapeuten besprechen können oder wollen. Es werden eine Reihe von Argumenten ins Spiel gebracht, die Grenzen von Einfühlung, Verstehen und Kommunikation durch das andere Geschlecht ins Spiel bringen. Den Nutzerinnen ist es offenbar wichtig, daß dem Geschlecht in der Versorgung Beachtung geschenkt wird.

10.5.2 Leitgedanken einer frauenzentrierten Versorgung

Die Expertinnen entwickelten ihre Konzepte frauenzentrierter Versorgung jeweils mit Bezug auf spezifische Krankheiten oder Problemlagen und auf einen jeweils konkreten Ort im Gesundheitssystem. Bemerkenswert an diesen Gesprächen ist, daß allgemeine Äußerungen über die ärztliche Rolle, „den" Patienten oder „die" Patientin die Ausnahme waren; jedes längere Gespräch ging auf die Bedürfnisse, Schwierigkeiten und Stärken spezifischer Gruppen von Frauen in benennbaren Lebenslagen ein und begründete die Angemessenheit des gewählten Vorgehens oder des Ansatzes aus dieser Beschreibung heraus. Dies gilt nicht nur für die Praxiskonzepte, die beispielhaft in diesem Kapitel vorgestellt wurden. Auch wenn es um chronische Schmerzpatientinnen, um Mütter mit Erschöpfungssyndrom, um Bluthochdruckpatientinnen oder um Frauen mit Depressionen ging, gehörte zur Darstellung des Konzeptes von Beratung, Selbsthilfe oder Therapie eine Beschreibung der typischen Probleme dieser Frauen und der Zusammenhänge mit Biographie und Lebenssituation. Kein Gespräch folgte dem einfachen Modell „Symptom-Verdachtsabklärung-Behandlung".

Leitidee bei der Entwicklung von Angeboten frauenzentrierter Versorgung ist die Einschätzung, daß Gesundheit und Krankheit bei Frauen anders erfahren und bewältigt werden als bei Männern. So wird z. B. häufig angesprochen, inwiefern Frauen in anderen Lebenssituationen sind: einerseits eher abhängiger und weniger individualisiert als Männer, andererseits stärker auf andere Menschen bezogen, so daß die Qualität zwischenmenschlicher Beziehungen für ihr Befinden eher maßgeblich ist. Einige Expertinnen meinen, daß Frauen eine grundlegend andere Art zu denken, zu fühlen und zu kommunizieren haben, auf die eine gute Versorgung eingehen können muß. Andere richten ihre Aufmerksamkeit eher auf die objektiven Lebensverhältnisse - Verantwortung für Kinder, Unterbrechungen des Berufs, Konfrontation mit widersprüchlichen Anforderungen, Erfahrungen mit Diskriminierung, Geringschätzung und Gewalt. Institutionen und Praktiken, die Geschlechterdifferenzen nicht systematisch berücksichtigen, so wurde wiederholt versichert, schreiben unweigerlich, auch ohne es zu wollen, eine Tradition der Bewertung des Andersseins von Frauen als Defizit fort.

Den Vertreterinnen frauenzentrierter Versorgung ist bei aller Unterschiedlichkeit ihrer Tätigkeitsfelder eine „psychosoziobiologische" Sicht gemeinsam, die Symptome nicht isoliert betrachtet, sondern eine soziale und biographische Anamnese für wesentlich hält. Nicht allein z. B. bei Eßstörungen, sondern fast durchgängig sind die Expertinnen verschiedenster Berufsgruppen bemüht, das spezifische Leiden auf dem Hintergrund der Lebenskonflikte zu verstehen, in denen dieses einen Sinn oder eine Funktion haben mag. Sie haben zugleich den Anspruch, dies unvoreingenommen mit der Frau zusammen zu tun, denn diese soll „Expertin der eigenen Gesundheit oder Krankheit" werden. Dies ist ein wichtiger Aspekt der oft genannten Ganzheitlichkeit im Verständnis von Gesundheit und Krankheit. So bemerkt die Ärztin in einem Landeskrankenhaus, daß die große Mehrheit der Patientinnen mit depressiver Symptomatik in ihrem Alltag aktuelle Konflikte der Lebensführung oder der Lebensgeschichte haben, die sie nicht zu bewältigen wissen. „Wir schauen mit ihnen ihr Leben an, sie müssen uns nicht ihre Symptome anbieten." Ähnliche Aussagen finden sich in fast allen Gesprächen. Das ganzheitliche Gesundheitsverständnis, das den Körper im Kontext sozialer und psychischer Beziehungen, das Psychische wiederum in sozialen und körperlichen Bezügen sieht, ist nicht auf Frauen als Patientinnen begrenzt. Geschlechtsspezifisch wird diese Sicht durch eine kritische Reflexion auf die gesellschaftlichen Bedingungen der Lebenswege von Frauen, indem Beschwerden und Belastungen als Folge geschlechtstypischer Konflikte und Problemlagen verstanden werden. Eine differenzierte Kenntnis und Einschätzung der Lebenssituation von Frauen wird daher als Basis einer angemessenen Versorgung betrachtet. Dazu gehört für die Expertinnen in den neuen Bundesländern immer, daß sie abwägend auf die Schwierigkeiten der alltäglichen Lebensführung für Frauen vor und nach der Wende eingehen und die Folgen für die Gesundheit bedenken.

Sensibilität für die Bedingungen, aus denen Gesundheitsprobleme von Frauen erwachsen können, geht einher mit einer Haltung von Wertschätzung für Frauen und von Respekt für deren Entscheidungen. Bewußt Wertschätzung für Frauen zu vermitteln, beginnt für viele Praktikerinnen damit, selbst als Frau bejahend aufzutreten; typische Formulierungen sind z. B.: die Frauen ernst nehmen, mit Frauen Solidarität zeigen, mit Frauen parteilich sein, Empathie und Akzeptanz geben, nach den Stärken von Frauen schauen.

In den Expertinnengesprächen wird deutlich, wie vielfältig in Ausbildung, Beruf und im Alltag eine Geringschätzung für das Weibliche und für Frauen erfahren wurde. Oft schimmert die eigene Begegnung der Fachfrau mit herabsetzenden Äußerungen, Vorurteilen und geringschätzigen Einstellungen sowie mit frauendiskriminierenden Realitäten im Beruf wie in der Gesellschaft beim Interview durch; aber ebenso stark lassen sich Mitgefühl und Empörung über die Erfahrungen der Patientinnen bzw. der Nutzerinnen ihrer Angebote erkennen. Die Wertschätzung von Frauen ist nicht als bloß intellektuelle Kritik an frauenfeindlichen Traditionen zu verstehen, ebensowenig wie sie mit allgemeiner Menschenfreundlichkeit zu verwechseln wäre: Es handelt sich um eine gegenüber mächtigen kulturellen Vorgaben oppositionelle Haltung, die im täglichen Umgang erarbeitet und praktisch realisiert wird, z. B. in der Bereitschaft, sich Zeit zu nehmen, bei der Wahrung von Körper- und Schamgrenzen, bei der Wortwahl in Erklärungen oder in der Achtsamkeit, mit der Übergriffe vermieden werden. Konzeptionell gehört die bewußte Umbewertung von weiblichen Lebensphasen und Lebensleistungen sowie der für Frauen geltenden Normen (etwa Schönheitsnormen oder Normen für die gute Mutter, die nicht krank werden darf) vielfach - mehr oder weniger explizit - zum therapeutischen Prozeß bzw. zum Inhalt der Arbeit in der angeleiteten Selbsthilfe und der Gesundheitsbildung.

Grundlegend für frauenzentrierte Praxisansätze ist deren Ressourcenorientierung. Damit ist die Überzeugung verbunden, daß Frauen unerkannte Potentiale, Kräfte und Fähigkeiten haben, die sie für den Erhalt ihrer Gesundheit oder für die Bewältigung von Krankheit und Leid einsetzen und entfalten können. Solche Ressourcen, die körperlichen oder seelischen Ursprungs oder aber in den sozialen Beziehungsnetzen verborgen sein können, kommen erst zum Zuge, wenn Frauen aus einer oft selbstverständlichen Selbst- und Fremdabwertung heraustreten können und Stolz auf eigene Leistungen entwickeln, sich Genuß und Freude zubilligen. Dies zu fördern ist ein Anliegen der unterschiedlichsten Praxiskonzepte. Ressourcenorientierung bedeutet auch, daß Gesundheit im Alltag von Frauen verankert werden muß. Auf der Grundlage der

Wertschätzung des Frau-seins und der Frauen wird der weibliche Körper nicht als Risiko, sondern eher als Kräftezentrum gesehen. Das hat Konsequenzen für das Verhältnis zwischen Anbietern gesundheitlicher Versorgung und Klientin. Es wird die aktive Mitwirkung der Frau an der Einschätzung ihres Befindens, der Gründe dafür und der möglichen Handlungsstrategien angestrebt. Es sei, so eine Ärztin, wirklich wichtig, den Frauen zu sagen, daß es verschiedene Meinungen in der Medizin gibt und daß sie selbst ihren Platz darin suchen müssen.

Respekt für Frauen bedeutet auch zu erkennen, daß eine Beeinträchtigung der Gesundheit oft aus Erfahrungen resultiert, die gesellschaftlich mit Scham besetzt sind und verschwiegen werden. Erfahrungen wie sexuelle Gewalt, gestörtes Eßverhalten, Inkontinenz werden daher schon im Versorgungsangebot (z. B. Klinikprospekt, Thema der Selbsthilfe) ausgesprochen, um Frauen eine Mitteilung zu erleichtern; zudem wird ihnen grundsätzlich die Möglichkeit geboten, ausschließlich unter Frauen über solche Themen zu sprechen oder auch von Frauen behandelt zu werden. Unter anderem aus diesem Grunde gilt die Arbeit in Frauengruppen als eine sehr wichtige Arbeitsform. Daß die maßgebliche Autorität (z. B. Ärztin, Therapeutin) selbst eine Frau ist und dies auch einbringt, kann die Glaubwürdigkeit ihrer Umbewertung der Normen unterstützen, bringt jedoch auch Konflikte mit sich; Prozesse der reflexiven Selbstevaluation (etwa zum eigenen Frauenbild, zur Qualität der Teamarbeit, zur Vertrauensgewinnung bei Patientinnen mit eher konventionellen Erwartungen) erweisen sich als notwendig.

Die Ansätze frauenzentrierter Versorgung können als klientenzentriert und auf Kompetenzstärkung angelegt bezeichnet werden. Sie setzen Priorität bei der Gesundheitsförderung und der Prävention und sind meist von der Überzeugung getragen, daß eine Stärkung der Eigenkompetenz und des Selbstbewußtseins von Frauen gleichzeitig allgemeine Gesundheitsförderung und gezielte, problemspezifische Prävention bewirkt. Wesentlich ist ihnen, daß Frauen ihre eigenen Erwartungen und Bedürfnisse im Zuge einer kommunikativen Erörterung von Behandlungsstrategien formulieren und Entscheidungsmöglichkeiten wahrnehmen. Sie betonen z. B., daß Frauen ausführlich und in für sie verständlicher Sprache informiert werden, daß sie die Themen bestimmen, die Therapieziele erarbeiten sollen. Der Betonung des Gesprächs entspricht einem Bemühen um den Abbau von starren Hierarchien, ohne sachlich begründete Unterschiede (z. B. zwischen Ärztin und Patientin, aber auch innerhalb des Teams in einer Klinik) zu überdecken.

10.5.3 Fazit

Die empirische Untersuchung hat ergeben, daß es in der Bundesrepublik Deutschland in West und Ost eine beachtliche Vielfalt von professionell ausdifferenzierten Ansätzen frauenzentrierter Gesundheitsförderung und gesundheitlicher Versorgung gibt. Sie verbinden hohe Fachlichkeit und spezialisierte Kenntnisse über besonders Frauen betreffende Problemlagen mit sozialem Verantwortungsbewußtsein und dem Bemühen, solche tradierte Vorstellungen zu überwinden, die Frauen benachteiligen oder gering schätzen, und eigene Werte zu setzen.

Frauenzentrierte Angebote sind zwar je nach den Gesundheitsproblemen, auf die sie antworten, unterschiedlich ausgestaltet und an unterschiedlichen Stellen des Versorgungssystems angesiedelt. Dennoch ist deutlich geworden, daß sie von gemeinsamen Grundideen getragen sind, die es verdienen, in weiten Bereichen des Gesundheitswesens aufgenommen, anerkannt und integriert zu werden.

Die besondere Qualität dieser Ansätze entwickelt sich aus ihrem bewußten Bezug auf Frauen, in doppelter Hinsicht. Zum einen nehmen sie die weitreichende Bedeutung des Geschlechts für die körperliche, seelische und soziale Befindlichkeit, für die gesundheitlichen Risiken wie für die Ressourcen von Frauen zur Kenntnis, und sie beziehen ihr Wissen in die Diagnose sowie in ihre Unterstützungs- und Behandlungskonzepte ein. Zum anderen sind diese Praxisansätze von einer persönlichen und ethischen Grundhaltung der Wertschätzung für Frauen getragen, die meist in Auseinandersetzung mit der eigener Lebensgeschichte gewonnen wurde. Wertschätzung von Frauen als Grundhaltung der Versorgung im Denken, Reden und im Gefühl für angemessenen Umgang ist kein äußerlich aufgesetzter Anspruch, sondern wird, dies war in den Gesprächen erkennbar, in der Praxis erarbeitet und immer wieder selbstkritisch überdacht.

Dem entspricht auf der Seite der Nutzerinnen dieser Angebote ihre als sehr wichtig empfundene Erfahrung, Vertrauen haben und offen sprechen zu können, und sie beschreiben Grundzüge einer Behandlungskultur von Anerkennung und Rücksichtnahme, die sie sich generell bei der gesundheitlichen Versorgung wünschen. In einem solchen Rahmen können sie die Aufforderung, nach eigenen Resourcen und Stärken zu suchen, sich verdeckten Lebenskonflikten zu stellen und Entscheidungen als mündige Patientin selbst mitzugestalten, annehmen und für sich als Anstoß verstehen, Gesundheit aktiver und umfassender anzugehen.

Die Ansätze frauenzentrierter Versorgung sind auf Kompetenzstärkung angelegt; das offene Gespräch, in dem Hintergründe von Gesundheitsproblemen mitbedacht und Behandlungsstrategien erörtert werden, gilt beiden Teilen als wesentlicher Bestandteil guter Versorgung. Erfahrungen der Abwertung und Abhängigkeit als Frau beschreiben sowohl die Nutzerinnen wie auch die Expertinnen als wesentliche Beeinträchtigung der Gesundheit. Dies ist ein Grund für die Betonung einer Umbewertung von weiblichen Lebensphasen und Lebensleistungen sowie der für Frauen geltenden Normen.

Zwar waren die befragten Frauen keine repräsentative, wohl aber eine besonders interessierte und kritische Gruppe mit Vergleichserfahrungen. Es muß nachdenklich stimmen, daß sie einhellig die Einschätzung teilten, die Prioritäten im Gesundheitswesen seien derzeit falsch gesetzt, wirtschaftliche Interessen würden sich auf Kosten der Gesundheitsförderung durchsetzen. Häufig war auch von den Expertinnen zu hören, daß die Abrechnung oder Finanzierung Schwierigkeiten bereitet und manches Angebot daher denjenigen Frauen verschlossen bleibt, die es am meisten nötig hätten, weil sie die Kosten nicht selbst zahlen können. Hier stünde die Frage an, wie der Anspruch auf bestmögliche gesundheitliche Versorgung zu sichern ist.

Aus der Erhebung geht hervor, daß die Fragen der informierten Zustimmung und der Patientinnenrechte verstärkt Aufmerksamkeit erfordern. Rechte sind nur wirksam, wenn die Voraussetzungen gegeben sind, sie in Anspruch nehmen zu können. So müssen Information und Aufklärung unter Bedingungen angeboten werden, die es zulassen, daß sie wirklich verstanden und in Ruhe verarbeitet werden können, ohne unnötigen

Zeitdruck und einschließlich der Ermutigung, bei Zweifel eine weitere Meinung einzuholen. In Kenntnis der Verbreitung von sexualisierter Gewalt, aber auch von anderen Formen der Diskriminierung von Frauen sollte es als Recht der Patientin gelten, die Behandlung durch weibliche Fachkräfte - insbesondere bei körpernahen und psychotherapeutischen Behandlungen, die Intimitäts- und Schamgrenzen berühren können - oder die Gesprächsmöglichkeit in einer Frauengruppe zu wählen. Dieses Recht ist erst Wirklichkeit, wenn die Wahl keiner Begründung bedarf, weil die Möglichkeit der Therapeutin bzw. der Frauengruppe von vornherein als Angebot präsent ist.

Die Berücksichtigung geschlechtsspezifischer Erfahrungen, eine angemessene Informations- und Behandlungskultur und die Wahlfreiheit, über peinliche oder intime Fragen mit Fachkräften des eigenen Geschlechts zu sprechen bzw. von ihnen behandelt zu werden, sollten ebenso selbstverständlich für Männer gelten. Auch sie bedürfen einer für geschlechtsbedingte Risiken und Ressourcen sensiblen Gesundheitsförderung und gesundheitliche Versorgung. Geschlechtssensible Angebote entstehen dann, wenn die fachlich Verantwortlichen sich der Beeinträchtigung ihrer Lebenskräfte und persönlichen Entfaltung durch einschränkende Geschlechtervorgaben bewußt werden und eine andere Rangordnung der Werte für sich und im Umgang mit anderen suchen. Die in diesem Sinne kritische Hinterfragung gesellschaftlicher Erwartungen an das männliche Geschlecht hat jedoch in Medizin und Psychotherapie bislang keine Lobby.

In der Gesamtschau der untersuchten frauenzentrierten Ansätze und der rückblickende Bewertung verschiedener Versorgungserfahrungen durch Nutzerinnen kann zusammengefaßt werden, daß sich die Berücksichtigung geschlechtsspezifischer Aspekte für einen Vorrang der Prävention gegenüber der kurativen Behandlung, sowie der ganzheitlichen und Kräfte mobilisierenden Behandlung gegenüber dem Einsatz von Medikamenten, Geraten und invasiven Verfahren förderlich auswirkt. Von diesem Sektor können wichtige Anstöße zu einer vernünftigen, klug wirtschaftenden und humanen Weiterentwicklung des Gesundheitssystems erwartet werden.

Bibliographie

Aaltonen, A. S.; Tenovuo, J.; Lethonen, O.-P. (1988): Antibodies to the oral bacterium S. mutans and the development of caries in children in relation to maternal dental treatment during pregnancy. Arch Oral Biol (1), 33-39.

Abele, A.; Becker, P. (1991): Wohlbefinden. Theorie, Empirie, Diagnostik. Weinheim: Juventa.

Ackermann, E. (1959): Entwicklung weiblicher Lehrlinge. Berlin: Humboldt-Universität, Medizinische Dissertation.

Agenda „Frauen und Gesundheitswissenschaften" - Bilanz und Perspektiven für die Forschung. in: Helfferich, C., v. Troschke, J. (Hrsg.): Der Beitrag der Frauengesundheitsforschung zu den Gesundheitswissenschaften/ Public Health in Deutschland. Koordinierungsstelle Gesundheitswissenschaften/ Public Health, Freiburg.

Ahlqwist, M.; Bengtsson, D.; Grondahl, H. G. (et al.) (1991): Social factors and tooth loss in a 12-year follow-up study of women in Gothenburg, Sweden. Community Dent Oral Epidemiol 19 (3), 141-146.

Ahrendt, H.-J. (1985): Geschlechtliche Entwicklung, Sexualverhalten und Kontrazeption 15- bis 17jähriger weiblicher Jugendlicher. Magdeburg: Med. Akademie, Med. Habilitation.

Al-Hasani, S.; Diedrich, K.; Prietl, G. et al. (1995b): Männliche Fertilitätsstörungen - gynäkologisches Management. Gynäkologische Praxis 19, 67-80.

Al-Hasani, S.; Küpker; W., Felberbaum; R. et al. (1995a): Die intrazytoplasmatische Spermieninjektion unter Verwendung des Mini-swim-up-Verfahrens. Fertilität 11, 111-114.

Amos, A.; Bostock, Y.; Bostock, C. (1998): Women's Magazines - Tobacco in Europe. Department of Public Health Sciences, Edinburgh University.

ANBA - Amtliche Nachrichten der Bundesanstalt für Arbeit (1998): Arbeitsstatistik 1997. Nürnberg.

Anderson, G.; Cummings, S.; Freedman, L. S.; Furberg, C.; Henderson, M.; Johnson, S. R.; Kuller, L.; Manson, J.; Oberman, A.; Prentice, R. L.; Rossouw, J. E. (1998): Design of the Womens" Health Initiative Clinical Trial and Observational Study. Controlled Clinical Trials, 19:61-109.

Antonovsky, A. (1979): Health, stress and coping. San Francisco: Jossey-Bass.

Anyanian J. et al. (1991): Differences in the use of procedures between women and men hospitalized for coronary heart disease. New Engl J Med; 325, 221-224.

AOK-Bundesverband (Hg.) (1996): Krankheitsartenstatistik, Arbeitsunfähigkeits- und Krankenhausfälle. Bonn.

Appel, Ch. (1998): Eßstörungen. Projektstudie zur Qualifizierung und Optimierung ambulanter Behandlung und Nachsorge für eßgestörte Menschen mit und ohne Suchtkombination. Freiburg im Breisgau: Lambertus.

Appelt, H. (1981): Determinanten der Kontrazeption. In: Tews, U. (Hg.): Angewandte Medizinpsychologie. Frankfurt a. M.: Fachbuchhandlung für Psychologie.

Appelt, H.; Strauß, B.; Ulrich, D. (1991): Determinanten kontrazeptiven Verhaltens. In: Davies-Osterkamp (Hg.). Psychologie und Gynäkologie. Weinheim: VCH Verlagsgesellschaft, 57-64.

Arbeitsgemeinschaft Bevölkerungsbezogenes Krebsregister in Deutschland (1999): Krebs in Deutschland. Häufigkeiten und Trends. Gesamtprogramm zur Krebsbekämpfung. Saarbrücken.

Arbeitskreis Frauengesundheit in Medizin, Psychotherapie und Gesellschaft e. V. (AKF) (Hg.) (1999): Vom Umgang der Frauen mit Macht, Geld und Gesundheit. Dokumentation der 5. Jahrestagung des AKF. Bünde.

Arbeitskreis Frauengesundheit in Medizin, Psychotherapie und Gesellschaft e. V. (AKF) (Hg.) (1998): Von der "Krankheit" Frau zur Frauengesundheit. Ein anderes Verständnis von Gesundheit und Heilung. Dokumentation der 4. Jahrestagung des AKF. Bünde.

Arbeitskreis Frauengesundheit in Medizin, Psychotherapie und Gesellschaft e. V. (AKF) (Hg.) (1997): Wege aus Ohnmacht und Gewalt. Frauengesundheit zwischen Menschenrechten und Grenzverletzung. Dokumentation der 3. Jahrestagung des AKF. Bünde.

Arbeitskreis Frauengesundheit in Medizin, Psychotherapie und Gesellschaft e. V. (AKF) (Hg.) (1996): Wechselwirkungen, Wendezeiten. Pubertät/ Adoleszenz und Wechseljahre. Dokumentation der 2. Jahrestagung des AKF. Bünde.

Arbeitsmedizinische Tauglichkeits- und Überwachungsuntersuchungen - Rechtsvorschriften und Untersuchungsmethoden (1982): Berlin: Staatsverlag.

Aresin, L. (1991): Ehe- und Sexualberatungsstellen und Familienplanung in der DDR. In: Hohmann, J., S. (Hg.): Sexuologie in der DDR. Berlin: Dietz, 72-94.

Arnade, S. (1993): Die Entschlossenheit sich zu wehren! Von den verschiedenen Facetten der Gewalt im Leben behinderter Frauen. Nachrichten des Deutschen Vereins (NDV) (11), 400-403.

Arnetz, B. B.; Wassermann, J.; Petrini, B.; Brenner, S. O.; Levi, L.; Eneroth, P.; Salovaara, H.; Hjelm, R.; Salovaara, L.; Theorell, T.; Petterson, I. L. (1987): Immune function in unemployed women. Psychosomatic Medicine, 49 (1), 3-12.

Arnetz, B. B.; Brenner, S. 0.; Hjelm, R.; Levi, L.; Petterson, I. L.; Kallner, A.; Eneroth, P.; Kvetnansky, R; Vigas, M. (1988): Stress reactions in relation to threat of job loss and actual unemployment. Stress Research Reports. Stockholm.

Arnold, T.; Feldmeier-Thon, J.; Frietsch, R. et al. (1995): Wem hilft Methadon? Frankfurt a. M.: Institut für Sozialarbeit und Sozialpädagogik.

Arnold, T.; Simmedinger, R. (1998): Monitoring der Substitutionsbehandlung Drogenabhängiger in Hessen. 2. Zwischenbericht. ISS-Aktuell 36/1998. Frankfurt a. M.: Institut für Sozialarbeit und Sozialpädagogik.

Arzneitelegramm (1998): Arzneimittelinformationsdienst 2, 14, Berlin.

Assaf, A. R.; Carleton, R. A. (1996): Die Women's Health Initiative: Geschichte und Überblick. In: Maschewsky-Schneider, U. (Hg.): Frauen - das kranke Geschlecht? Mythos und Wirklichkeit. Leske + Budrich, Opladen, 51-64.

Assaf, R.A.; Carleton, R.A. (1996): Die Women's Health Initiative: Geschichte und Überblick. In: Maschewsky-Schneider, U. (Hg.): Frauen - das kranke Geschlecht? Mythos und Wirklichkeit. Leverkusen, Opladen: Leske + Budrich.

Augood, C.; Duckitt, K.; Templeton, A. A. (1998): Smoking and female infertility: a systematic review and meta-analysis. Hum Reprod 13 (6), 1532-1539.

Aurien, U. (1994): Gesellschaftliche Ursachen von Diskriminierungen gegen Frauen und Frauen mit Behinderungen. In: Hermes, G. (Hg.): Mit Recht verschieden sein. Forderungen behinderter Frauen an Gleichstellungsgesetze. Kassel: Bifos, 5-15.

Baar, A. (1991): Untersuchungen zur Inzidenz klimakterischer Symptome und zur Akzeptanz einer hormonellen Substitutionsbehandlung im Klimakterium. Med. Diss., Friedrich-Schiller-Universität, Jena.

Babitsch, B. (1998): Soziale Ungleichheit und Gesundheit - Eine geschlechtsspezifische Betrachtung. In: Arbeitskreis Frauen und Gesundheit (Hg.): Frauen und Gesundheit(en) in Wissenschaft, Praxis und Politik. Bern et al.: Verlag Hans Huber, 63-73.

Bäcker, G.; Stolz-Willig, B. (1993): Teilzeitarbeit - Probleme und Gestaltungschancen. WSI - Mitteilungen (9).

Bader, I. (1987): Geistig behinderte Frauen im Heim - Gedanken zur weiblichen Identitätsentwicklung. Zur Orientierung (4), 22-24.

Badura, B. (1990): Interaktionsstreß. Zum Problem der Gefühlsregulierung in der modernen Gesellschaft. Zeitschrift für Soziologie, 317-328.

BAG - Bundesarbeitsgemeinschaft Wohnungslosenhilfe e.V. (1995): Gesundheits-Positionspapier 1995. Fachausschuß Frauen der BAG Wohnungslosenhilfe: Gesundheit und Krankheit bei wohnungslosen Frauen. Versuch einer Beschreibung und Darstellung von Hilfeangeboten. Wohnungslos 2, 76ff.

BAG - Bundesarbeitsgemeinschaft Wohnungslosenhilfe e.V. (1996): Statistikbericht 1995. Bielefeld.

BAG - Bundesarbeitsgemeinschaft Wohnungslosenhilfe e.V. (1997): BAG-Informationen. Bielefeld (Oktober 1997).

Bals-Pratsch, M.; Nieschlag, E. (1996): Diagnostik und konventionelle Therapie der männlichen Infertilität. Der Gynäkologe 29, 445-452.

Bammann, K.; Babitsch, B.; Maschewsky-Schneider, U. (1997): Women and alcohol consumption in Germany. Postervortrag. International Epidemiological Association. European regional meeting. 3.-6.9.1997. Münster.

Bange, D. (1992): Die dunkle Seite der Kindheit. Sexueller Mißbrauch an Mädchen und Jungen. Ausmaß - Hintergründe - Folgen. Köln: Volksblatt Verlag.

Banoczy, J.; Orosz, M.; Gabris, K. (et al.) (1978): Untersuchungen über den Zusammenhang zwischen Schwangerschaft, Karies und Gingivitis. Zahn-, Mund- und Kieferheilkunde 66, 573-581.

Barbian, E.; Bayer, V.; Berg, G. (1996): Integration gesundheitsfördernder und medizinischer Maßnahmen in der Schwangerschaft. Veröffentlichungsreihe des Berliner Forschungsverbundes Public Health 96-1.

Barbian, E.; Berg, G. (1997): Die Technisierung der Zeugung. Die Entwicklung der In-vitro-Fertilisation in der Bundesrepublik Deutschland. Pfaffenweiler: Centaurus.

Barnett, W.; Freudenberg, N.; Wille, R. (1986): Psychische Verarbeitung der Abruptio. Teil 1. Methoden/Analysen bisheriger Studien. Sexualmedizin 15 (5), 228-233.

Barth W, Löwel; H.; Lewis; M.; Classen; E.; Herman B.; Quietzsch, D.; Greiser, E.; Keil, U.; Heinemann, L.; Voigt, G.; Brasche, S.; Böthig, S. (1996): Coronary Heart Disease Mortality, Morbidity, and Case Fatality in Five East and West German Cities 1985-1989. For the Acute myocardial Infarction Register Augsburg, Bremen, Chemnitz, Erfurt, and Zwickau. J Clin Epidemiol 1996, 49, 1277-1284.

Bartholomeyczik, E.; Rasper, B. (1979): Berufstätigkeit und Schwangerschaft. Der Gynäkologe 12, 151-156.

Bartholomeyczik, S. (1987): Arbeitsbedingungen und Gesundheitsstörungen bei Krankenschwestern. Ergebnisse einer Untersuchung. Deutsche Krankenpflegezeitschrift, 1, 2-9.

Bartholomeyczik, S. (1993): Arbeitssituation und Arbeitsbelastung beim Pflegepersonal im Krankenhaus. In: Badura, B.; Feuerstein, G.; Schott, T. (Hg.): System Krankenhaus. Arbeit, Technik und Patientenorientierung. Weinheim: Juventa, 83-99.

Bartsch, J. K. (1992): Zahn-, Mund- und Kiefer-Erkrankungen: Kompendium für den 2. klinischen Studienabschnitt. Stuttgart: Enke.

Baruch, G. K.; Barnett, R. (1986): Role Quality, Multiple Role Involvement and Psychological Well-Being in Midlife Women. Journal of Personality and Social Psychology, 51 (3), 578-585.

Batcup, D. (1997): The problems of researching mixed sex wards. Journal of Advanced Nursing 25, 1018-1024.

BAuA - Bundesanstalt für Arbeitsschutz und Arbeitsmedizin (Dezember 1998): Statistische Information für das Jahr 1997. BAuA-Gruppe G 3. Az.: 153 03.

Bauer, K.; Zemmrich, C. (1994): Gesundheitliche Befindlichkeit und Lebenszufriedenheit 55- bis 60jähriger Frauen aus den neuen Bundesländern vor dem Hintergrund ihrer jetzigen Lebenssituation. Med. Diss., Humboldt-Universität, Berlin.

Baumslag, N. (1992): Breast-feeding trends and influencing factors. International Child Health 3 (1) 39-46.

Beaglehole, R.; Bonita, R.; Kjellströn, T. (1997): Einführung in die Epidemiologie. Bern: Verlag Hans Huber.

Beck, L.; Maier, E.; Schmidt, E.; Rohde, J. (1978): Mütter- und Säuglingssterblichkeit: Neuere Untersuchungen und Ergebnisse. Schriftenreihe des Bundesministeriums für Jugend, Familie und Gesundheit, Band 67, Stuttgart: Kohlhammer.

Becker, H. (1986): Psychoonkologie. Krebserkrankungen aus psychosomatisch-psychoanalytischer Sicht unter besonderer Berücksichtigung des Mammakarzinoms. Berlin: Springer.
Becker, N. (1995): Neuere Entwicklungen in der Krebssterblichkeit bei Frauen in Deutschland. Forum DKG (12), 575-578.
Becker, N.; Wahrendorf, J. (1998): Krebsatlas der Bundesrepublik Deutschland. Berlin/Heidelberg: Springer Verlag.
Becker, P. (1991): Theoretische Grundlagen. In: Abele, A.; Becker, P. (Hg.): Wohlbefinden. Theorie, Empirie, Diagnostik. Weinheim: Juventa, 13-49.
Becker, W.; Meifort, B. (1997): Altenpflege – eine Arbeit wie jede andere? Ein Beruf fürs Leben? Dokumentation einer Längsschnittstudie zu Berufseinmündung und Berufsverbleib von Altenpflegekräften. Bonn: Bundesinstitut für Berufsbildung.
Becker-Schmidt, R.; Knapp, G.-A.; Schmidt, B. (1984): Eines ist zuwenig - beides ist zuviel. Erfahrungen von Arbeiterfrauen zwischen Familie und Fabrik. Bonn: Neue Gesellschaft.
Beck-Gernsheim, E. (1981): Das halbierte Leben. Männerwelt - Beruf, Frauenwelt- Familie. Frankfurt: S. Fischer.
Beck-Gernsheim, E. (1981): Der geschlechtsspezifische Arbeitsmarkt. Zur Ideologie und Realität von Frauenberufen. Frankfurt: Campus.
Beermann, B.; Metschkutat, B. (1995): Psychosoziale Faktoren am Arbeitsplatz unter Berücksichtigung von Streß und Belästigung. Schriftenreihe der Bundesanstalt für Arbeitsschutz, Sonderschrift 38, Wirtschaftsverlag NW, Bremerhaven.
Begenau, J.; Bodnar, I.; Rauchfuß, M. (1996): Soziopsychosomatisch orientierte Begleitung in der Schwangerschaft. Unveröffentlichter Forschungsbericht.
Begenau, J.; Helfferich, C. (1997): Kinder oder keine? - Zu Kontrazeption, Schwangerschaftsabbrüchen und Familienplanung in Ost- und Westdeutschland. In: Begenau, J.; Helfferich, C. (Hg.). Frauen in Ost und West: Zwei Kulturen, zwei Gesellschaften, zwei Gesundheiten? Schriftenreihe der Arbeitsgruppe „Frauen und Gesundheit" der DGMS, Bd. 1. Freiburg: jos fritz verlag, 32-59.
Begenau, J.; Rauchfuß, M. (1992): Partnerschaftskonflikte und psychosomatische-gynäkologische Erkrankungen. Daten und Fallbericht. Berlin: Medizinische Fakultät der Humboldt-Universität, Abteilung Psychosoziale Frauenheilkunde.
Beier, H. M. (1996): Assistierte Reproduktion. Zum Stand der Therapieverfahren in der BRD 1996. Aachen. Gutachten im Auftrag des Bundesministeriums für Gesundheit.
Belanger, C. F.; Hennekens, C. H.; Rosner, B.; Speizer, F. E. (1978): The nurses' health study. Am J Nurs 78, 1039-40.
Bellach, B. M. (Hg.) (1996): Die Gesundheit der Deutschen, Bd. 2. Daten des Nationalen Gesundheitssurveys zum Verbrauch oraler Kontrazeptiva (OC) in West- und Ostdeutschland. RKI-Heft 15/1996.
Benard, C.; Schlaffer, E.; Mühlbach, G. (et al.) (1991): Gewalt in der Familie. Teil I: Gewalt gegen Frauen. Wien: Bundesministerium für Umwelt, Jugend und Familie.
Bengel, J.; Belz-Merk, M. (1997): Subjektive Gesundheitsvorstellungen. In: Schwarzer, R. (Hg.): Gesundheitspsychologie. Ein Lehrbuch. Göttingen: Hogrefe, 23-41.
Berg, D.; Süß, J. (1994): Die erhöhte Mortalität in der Hausgeburtshilfe. Geburtsh. Frauenheilk. 54, 131-138.
Berg, G.; Barbian, E. (1997): Reproduktionsmedizin in Ost und West. In: Begenau, J; Helfferich, C. (Hg.): Frauen in Ost und West. Freiburg: jos fritz.Verlag, 80-88.
Berg, G.; Werth, I.; Barbian, E. (1998): Ein neues Versprechen der Reproduktionsmedizin - Hoffnung bei männlicher Unfruchtbarkeit? Psychomed. 10 (4), 204-208.
Bergman, B.; Brismar, B. (1991): Suicid attempts by battered wives. Acta Psychiatr Scand 83, 380-384.
Bergmann, E.; Menzel, R. (1995) (Hg.): Krankenhausbehandlung nach Krankheitsarten in der DDR 1989, Teil I u. II. Berlin.

Bergmann, R. I.; Bergmann, K. E. (1994): Stillen und die Gesundheit von Mutter und Kind. In: Tietze, K. W.; Trumann, B.; Sedemund, C. (Hg.): Stillen in Deutschland. Konstituierende Sitzung der Nationalen Stillkommission 1.9.-2.9.1994. Robert-Koch-Institut, RKI-Heft 8/1995, Berlin.

Bergmann, R.; Dudenhausen, J.; Bergmann, E. (1994): Wie werden Säuglinge in Deutschland ernährt? Monatsschr. Kinderheilkd. 142, 412-417.

Berkowitz, R. J.; Jones, P. (1985): Mouth-to-mouth transmission of the bacterium Streptococcus mutans between mother and child. Arch Oral Biol 30, 377-379.

Berkowitz, R. J.; Turner, J.; Green, P. (1981): Maternal salivary levels of streptococcus mutans. Arch Oral Biol 26, 147.

Bernoth, E.; Link, M.; Bernoth, B. et al. (1976): Moderne organisatorische und klinische Aspekte der Sterilität und Infertilität. Zbl. Gynäk. 98 (15), 899-903.

Bertz, J.; Schön, D. (1995): Erkrankungshäufigkeit, Sterblichkeit und zeitliche Trends für Krebskrankheiten. In: Bertz, J.; Schön, D.; Hoffmeister, H. (Hg.) (1995): Bevölkerungsbezogenes Krebsregister in der Bundesrepublik Deutschland. Schriftenreihe des Robert-Koch-Institutes, Band 3, München: MMV, 167-333.

Bettendorf, G. (1994): Assistierte Fertilisation - ist eine Grenze erreicht oder bereits überschritten? Frauenarzt 35 (19), 1147-1149.

BfA - Bundesversicherungsanstalt für Angestellte (Hg.) (1998): Anhebung der Altersgrenzen.

BfArM - Bundesinstitut für Arzneimittel und Medizinprodukte (1997): Restaurationsmaterialien in der Zahnheilkunde: Ein Konsenspapier des Bundesministeriums für Gesundheit, Bundesinstitut für Arzneimittel und Medizinprodukte, der Bundeszahnärztekammer, Kassenzahnärztlichen Bundesvereinigung, Deutschen Gesellschaft für Zahn-, Mund- und Kieferheilkunde und der Deutschen Gesellschaft für Zahnerhaltung vom 1. Juli 1997, 1-3.

Bien, W. (1996): Familie an der Schwelle zum neuen Jahrtausend. Wandel und Entwicklung familialer Lebensformen. Opladen: Leske+Budrich.

Birkhäuser, M. H. (1998): Die HRT, das Krebsrisiko und die Gesamtursachenmortalität. In: Birkhäuser, M.; Rozenbaum, H. (Hg.): IV. Europäischer Menopausen Kongress. Wien – Österreich. Paris: EXKA, 143-146.

Bischof, W. (1993): Sick Building Syndrome (SBS). Einführung in die Thematik. In: Bischof, W.; Dompke, M.; Schmid, W. (Hg.): Sick Building Syndrome. Karlsruhe: Müller.

Bischoff, C. (1992): Frauen in der Krankenpflege. Zur Entwicklung von Frauenrolle und Frauenberufstätigkeit im 19. und 20. Jahrhundert (2. überarb. und erw. Aufl.). Frankfurt: Campus.

BKA - Bundeskriminalamt: Rauschgiftjahresbericht 1996, Bundesrepublik Deutschland. Wiesbaden.

Blake, A. J.; Morgan; K.; Bendall, M. J. (1988): Falls by Elderly People at Home: Prevalences and Associated Factors. Age and Ageing 17, 365 -372.

Blanke, K.; Ehling, M.; Schwarz, N. (1996): Zeit im Blickfeld. Ergebnisse einer repräsentativen Zeitbudgeterhebung. Schriftenreihe des Bundesministeriums für Familie, Senioren, Frauen und Jugend, Bd. 121. Stuttgart: Kohlhammer.

Blessing, A.; Bauer, E.; Hilsenbeck, P. (1989): Therapie – von Frauen für Frauen. In: Psychologie heute: Frauen und Gesundheit, 119–129.

Blessing, M. (1997): Tabakwerbung in Frauenzeitschriften. Magisterarbeit im Postgraduiertenstudiengang Gesundheitswissenschaften/Public Health der Technischen Universität Berlin.

Bloomfield, K.; Ahlström, S.; Allamani, A.; Choquet, M.; Ciprinai, F.; Gmel, G.; Jacquat, B.J.; Knibbe, R.; Kubicka, L.; Lecomte, T.; Miller, P.; Plant, M.; Spak, F. (1999): Alcohol Consumption and Alcohol Problems among Women in European Countries. Berlin: Institut für Medizinische Informatik, Biostatistik und Epidemiologie.

Blume, S.; Noack, C. (1990): Zusammenhänge zwischen Gesundheitszustand und Lebensereignissen in Abhängigkeit von unterschiedlichen Altersphasen bei Frauen und Männern. Med. Diss., Akademie für ärztliche Fortbildung, Berlin.

BMA - Bundesministerium für Arbeit und Sozialordnung (1997): Arbeitssicherheit '97. Unfallverhütungbericht Arbeit. Bonn: Bonner Universitäts-Buchdruckerei.

BMA (British Medical Association) (1995): Alcohol Guidelines on sensible drinking. London: British Medical Association.

BMAS - Bundesministerium für Arbeit und Sozialordnung (Hg.) (1998): Vierter Bericht der Bundesregierung über die Lage der Behinderten und die Entwicklung der Rehabilitation. Bonn.

BMAS - Bundesministerium für Arbeit und Sozialordnung (Hg.) (1994): Dritter Bericht der Bundesregierung über die Lage der Behinderten und die Entwicklung der Rehabilitation. Bonn: Bundestagsdrucksache: 13/9514.

BMAS - Bundesministerium für Arbeit und Sozialordnung (Hg.) (1988): Frauen in der Beruflichen Rehabilitation. Eine empirische Untersuchung zur Partizipation von Frauen an beruflichen Rehabilitationsmaßnahmen. Institut Frau und Gesellschaft Hannover und Arbeitsgruppe Rehabilitation Berlin (West), Hannover und Berlin.

BMJFFG - Bundesministerium für Jugend, Familie, Frauen und Gesundheit (Hg.) 1987: Internationale Klassifikation der Krankheiten, Verletzungen und Todesursachen (ICD), 9. Revision. Band I, Teil B. Zusätzliche Systematiken und Klassifizierungsregeln. Köln: Kohlhammer.

BMFJ – Bundesministerium für Frauen und Jugend (Hg.) (1993): Frauen im mittleren Lebensalter. Lebenslagen der Geburtskohorten von 1935 bis 1950 in den alten und neuen Bundesländern. Schriftenreihe des Bundesministeriums für Frauen und Jugend, Bd.13. Stuttgart: Kohlhammer.

BMFJ - Bundesministerium für Frauen und Jugend (Hg.) (1992): Frauen in der Bundesrepublik Deutschland. Köln.

BMFS/StBA - Bundesministerium für Familie und Senioren und Statistisches Bundesamt (Hg.) (1994): Wo bleibt die Zeit? Die Zeitverwendung der Bevölkerung in Deutschland. Wiesbaden.

BMFSFJ - Bundesministerium für Familie, Senioren, Frauen und Jugend (Hg.) (1998): Frauen in der Bundesrepublik Deutschland. Bonn.

BMFSFJ - Bundesministerium für Familie, Senioren, Frauen und Jugend (Hg.) (1996): Gleichberechtigung von Frauen und Männern. Wirklichkeit und Einstellung in der Bevölkerung. Schriftenreihe des Bundesministeriums für Familie, Senioren, Frauen und Jugend, Bd. 117.3. Stuttgart: Kohlhammer.

BMFSFJ - Bundesministerium für Familie, Senioren, Frauen und Jugend (1995): Fünfter Familienbericht. Familien und Familienpolitik im geeinten Deutschland - Zukunft des Humanvermögens. Drucksache 12/7560. Deutscher Bundestag. Bonn.

BMFSFJ - Bundesministerium für Familie, Senioren, Frauen und Jugend (1997): (K)ein Kavaliersdelikt? Sexuelle Belästigung im Arbeitsleben, Bonn.

BMFSFJ - Bundesministerium für Familie, Senioren, Frauen und Jugend (Hg.) (1996): Hilfe- und Pflegebedürftige in privaten Haushalten. Endbericht.Band 111.2. Schriftenreihe des Bundesministeriums für Familie, Senioren, Frauen und Jugend, Stuttgart/Berlin/Köln: Kohlhammer Verlag.

BMFSFJ - Bundesministerium für Familien, Senioren, Frauen und Jugend (1998): Frauen in der Bundesrepublik Deutschland.

BMG - Bundesministerium für Gesundheit (1997): Daten des Gesundheitswesens, Schriftenreihe des Bundesministeriums für Gesundheit, Band 91, Baden-Baden: Nomos.

BMG - Bundesministerium für Gesundheit (1993): Daten des Gesundheitswesens. Schriftenreihe des Bundesministeriums für Gesundheit, Bd. 25. Baden-Baden: Nomos Verlagsgesellschaft.

Bohnsack, R. (1991): Rekonstruktive Sozialforschung: Einführung in Methodologie und Praxis qualitativer Forschung. Opladen: Leske+Budrich.

Bolm-Audorff, U. (1997): Wirbelsäulenerkrankungen aus der Sicht des Gewerbearztes. In: Hofmann, F.; Reschauer, G.; Stößel, U. (Hg.): Arbeitsmedizin im Gesundheitsdienst (Band 10). Freiburg: edition FFAS, 170-208.

Bolumar, F.; Olsen, J.; Rebagliato, M. et al. (1997): Caffeine intake and delayed conception: A European Multicenter Study on Infertility and Subfecundity. Am. J. Epidemiol. 145 (4), 324-334.

Bonduelle, M.; Legein, J.; Buysse, A et al. (1996): Prospective follow-up study of 423 children born after intracytoplasmic sperm injection. Hum Reprod 11 (7), 1558-1564.

Bonduelle, M.; Camus, A.; de Vos, A.; Staessen, C.; Tournaye, H.; Van Assche; E., Verheyen; G.; Devroy, P.; Libaers, I.; van Steirteghem, A. (1999): Seven Years of Intracytoplasmic sperm injection and follow-up of 1987 children. Hum Reprod 14 (Suppl 1), 243-264.

Bonetti, M.; Levsen, M.; Francke, A. (1999): Dünn – und dann? Ein Kurs rund um die Figur und Essen für Mädchen von 10–14 Jahren. Kiel: unveröff. Manuskript.

Bopp, A. (1997): Wechseljahre. Berlin: Stiftung Warentest.

Borchers, A.; Miera, St. (1993): Zwischen Enkelbetreuung und Altenpflege: Die mittlere Generation im Spiegel der Netzwerkforschung. Frankfurt a. M.: Campus.

Borchert, H, Collatz, J. (1994): Kann die medizinische Versorgung frauen- und familienorientiert sein? In: Zeitschrift für Frauenforschung 12 (4), 84–97.

Borchert, H.; Collatz, J. (1992): Empirische Analysen zu weiblichen Lebenssituationen und Gesundheit. In : Brüderl, L.; Paetzold, B. (Hg.): Frauenleben zwischen Beruf und Familie. Psychosoziale Konsequenzen für Persönlichkeit und Gesundheit, Weinheim/München: Juventa Verlag.

Borchert, H.; Collatz, J. (1994): Zu Belastungssituation und Bewältigungsstrategien von Frauen mit Kindern. Zeitschrift für Medizinische Psychologie, 3, 109-118.

Borchert, H.; Collatz, J. (1994): Zu Belastungssituation und Bewältigungsstrategien von Frauen mit Kindern. Zeitschrift für medizinische Psychologie 3.

Börgens, S. (1995): Psychosoziale Aspekte der Frühgeburt. Der Gynäkologe 28, 136-141.

Bormann, C.; Heinemann, L.; Hoeltz, J. (Hg.) (1991): Kardiovaskuläre Risiken in Deutschland-Ost und -West. Gesundheitsberichterstattung auf der Basis des 1. Nationalen Untersuchungs-Surveys und des Bevölkerungs-Surveys des DDR-MONICA-Projekts 1983 bis 1985. München: Infratest Gesundheitsforschung.

Borutta, A.; Künzel, W.; Micheelis, W. et al. (1991): Dringliche Mundgesundheitsprobleme der Bevölkerung im vereinten Deutschland. Zahlen – Fakten Perspektiven. IDZ - Sonderband, Köln.

Borysenko, Joan (1998): Das Buch der Weiblichkeit. München: Koesel.

Botschafter, P. (1995): Bildungswege in der Pflege. In: Dokumentation Berliner Pflegekongreß 8.-10. März 1995 im Universitätsklinikum Benjamin Franklin. Berlin: ÖTV, 59-62.

Böttcher, M.; Minkwitz, H. G.; Plunsch, R. (1987): Der Einfluß des Stillmanagments auf Stillfrequenz und Stilldauer. Kinderarzt. Prax. 55, 31-36.

Bradisch, P.; Feyerabend, E.; Winkler, U. (Hg.) (1989): Frauen gegen Gen- und Reproduktionstechniken. Beiträge zum 2. Bundesweiten Kongreß Frankfurt 28.–30.10.1988. München

Brähler, E.; Felder, H. (Hg.) (1992): Weiblichkeit, Männlichkeit und Gesundheit. Opladen: Westdeutscher Verlag.

Brähler, E.; Felder, H.; Strauß, B. (1998): Psychologie der Sterilität. Fertilität 13,

Bräunlich, A.; Hildebrandt, S.; Stark, H. et al. (1986): Arbeitsunfähigkeit bei Frauen. In: Kruschwitz, S.; Izmerov, N. F. (Hg.): Arbeitshygiene der berufstätigen Frau. Berlin: Volk und Gesundheit, 112-115.

Bräunlich, A; Heuchert, G.; Stark, H. (1988): Epidemiologie und Prophylaxe von arbeitsbedingten und chronischen Krankheiten werktätiger Frauen in der DDR. Z. ärztliche Fortbild. 82, 1049-1053.

Breckwoldt, M. (1994): Störungen der Fruchtbarkeit. In: Martius, G.; Breckwoldt, M.; Pfeiderer, A.: Lehrbuch der Gynäkologie und Geburtshilfe. Stuttgart: Georg Thieme Verlag, 373-387.

Breckwoldt, M. (1996): Geschlechtsspezifische Funktion in den einzelnen Lebensphasen der Frau. In: Martius, G.; Breckwoldt, M.; Pfleiderer, A. (Hg.): Lehrbuch der Gynäkologie und Geburtshilfe. Stuttgart: Georg Thieme, 338-371.

Brenner, H.; Stegmaier, C.; Ziegler, H. (1993): Projektion der Krebsneuerkrankungen bis zum Jahr 2002: ein Beitrag zur Bedarfsplanung im Gesundheitswesen aus dem Saarländischen Krebsregister. Gesundheitswesen 54 (1993), 648-652.

Brezinka V. (1995): Ungleichheiten bei Diagnostik und Behandlung von Frauen mit koronarer Herzkrankheit. Z. Kardiol., 84, 99-104.

Brezinka, V.; Padmos, I. (1994): Coronary heart disease risk factors in women. European Heart Journal 15, 1571-1584.

Briese, V. (1995): Aktuelle Aspekte der Frühgeburt. Zentralbl. f. Gyn. 117, 393-401.

Brigitte (1992): 15, 92.

Brinkmann, C. (1984): Die individuellen Folgen langfristiger Arbeitslosigkeit. Ergebnisse einer repräsentativen Längsschnittuntersuchung. Mitteilungen aus der Arbeitsmarkt - und Berufsforschung.17,4, 454- 473.

Brinkmann, C. (1991): Arbeitslosigkeit und stille Reserve von Frauen. In: Mayer, K.U.; Allmendinger, J.; Huinink, J. (Hg.): Vom Regen in die Traufe: Frauen zwischen Beruf und Familie. Frankfurt/New York: Campus, 233-262.

Bronisch, T. (1995): Der Suizid. Ursachen, Warnsignale, Prävention. München: Beck.

Bronisch, T.; Hecht, H. (1987): Comparison of depressed patient with and without suicid attemps in their past history. Acta Psychiatr Scand 76, 438-449.

Brown Doress, P.; Laskin Siegal, D. (1991): Unser Körper – Unser Leben, Über das Älterwerden. Reinbek bei Hamburg: Rowohlt.

Bruch, H. (1991): Eßstörungen: zur Psychologie und Therapie von Übergewicht und Magersucht. Frankfurt am Main: Fischer.

Bruckert, E. (1991): How frequent is unintentional childlessness in Germany? Andrologia 23, 245-250.

Brückner, M. (1998): Wege aus der Gewalt gegen Frauen und Mädchen. Frankfurt a.M.: Fachhochschul Verlag.

Brückner, M. (1996): Frauen und Mädchenprojekte. Von feministischen Gewißheiten zu neuen Suchbewegungen. Opladen: Leske + Budrich.

Brückner, M. (1983): Die Liebe der Frauen. Über Weiblichkeit und Mißhandlung. Frankfurt a.M.: Fischer Taschenbuchverlag.

Brüderl, L.; Paetzold, B. (1992): Frauenleben zwischen Beruf und Familie. Psychosoziale Konsequenzen für Persönlichkeit und Gesundheit. Weinheim/München: Juventa Verlag.

Budde, A. (1998): Die Rechtslage. Vom achtwöchigen Mutterschutz zum dreijährigen Erziehungsurlaub. In: Gesellschaft für Informationstechnologie und Pädagogik am IMBSE (Hg.): Beschäftigungsrisiko Erziehungsurlaub: Die Bedeutung des „Erziehungsurlaubs" für die Entwicklung der Frauenerwerbstätigkeit. Opladen: Westdeutscher Verlag, 23-37.

Buddeberg, C. (1987): Partnerbeziehung während der Gravidität. Der Gynäkologe 20, 94-98.

Buddeberg, C.; Buddeberg-Fischer, B. (1995): Psychosoziale Aspekte des Klimakteriums. Schweizerische Rundschau für Medizin. 84, 718-721.

Bühringer, G.; Bauernfeind, R.; Simon, R.; Kraus, L. (2000a): Entwicklung der Konsumhäufigkeit und –muster in der Bevölkerung. In: Uchtenhagen, A.;Zieglgänsberger, W. (Hg.): Suchtmedizin. München: Urban&Fischer, 129-135.

Bühringer, G.; Augustin, R.; Bergmann, E.; Bloomfield, K.; Funk, W.; Junge, B.; Kraus, L.; Merfert-Diete, Ch., Rumpf, H.-J.; Simon, R.; Töppich, J. (2000b): Alkoholkonsum und alkoholbezogene Störungen in Deutschland. Baden-Baden: Nomos, Schriftenreihe des Bundesministeriums für Gesundheit Bd. 128.

Bundesanzeiger (Hg.) (1999): Bekanntmachung einer Änderung der Mutterschafts-Richtlinien vom 23. Okt. 1998, Nr. 16.

Bundesärztekammer (1998): Richtlinien zur Durchführung der assistierten Reproduktion. Dt. Ärztebl49 (4), 2230-2235.

Burgard, R. (1977): Wie Frauen verrückt gemacht werden. Berlin: Frauenselbstverlag.

Burgard, R. (1985): Mißhandelte Frauen: Verstrickung und Befreiung. Eine Untersuchung zur Überwindung von Gewaltverhältnissen. Weinheim: Beltz.

Burgess, A. W.; Holmstrom, L. L. (1978): The victim of rape. Institutional reactions. New York: John Wiley & Sons.

Burgess, A. W.; Holmstrom, L. L. (1979): Adaptive strategies and recovery from rape. Am. Journal of Psychiatry 136, 1278-1282.

Bürkardt, M.; Oppen, M. (1984): Sind Frauen häufiger krank? Arbeitsunfähigkeitsrisiken erwerbstätiger Frauen., In: Schräder, W. F.; Thiele, W. (Hg.): Krankheit und Arbeitswelt - Möglichkeiten der Analyse mit Daten der gesetzlichen Krankenversicherung. BASiG Schriftenreihe Nr. 5, Berlin.

Burkart, G. (1994): Die Entscheidung zur Elternschaft. Eine empirische Kritik von Individualisierungs- und Rational-Choice-Theorien. Stuttgart: Enke.

Busse. H.; Menzel, R. (1987): Einflußgrößen auf das Geburtsgewicht. In: Laaser, U.; Sassen, G., Murza, G.; Szabo, P. (Hg.). Prävention und Gesundheitserziehung, 717-724.

Büssing, A.; Eisenhofer, J.; Glaser, J.; Natour, N.; Theis, U. (1995): Psychischer Streß und Burnout in der Krankenpflege. Untersuchungen zum Einfluß von Anforderungen, Hindernissen und Spielräumen (Bericht Nr. 21). München: Technische Universität.

Büssing, A.; Natour, N.; Glaser, J. (1997): Arbeitszeiten in der Krankenpflege im Spannungsfeld zwischen Flexibilität und Normalität. In: Büssing, A. (Hg.): Von der funktionalen zur ganzheitlichen Pflege. Reorganisation von Dienstleistungsprozessen im Krankenhaus. Göttingen: Verlag für Angewandte Psychologie, 193-222.

Bütow, B.; Diedrich, U. (1996): Abschlußbericht des wissenschaftlichen Begleitprojektes: Beratungs- und Informationsstelle „Wildwasser Chemnitz e.V.".

Butz, M. (1986): Die Belastung der Berufe durch Berufskrankheiten. Schriftenreihe des Hauptverbandes der Berufsgenossenschaften, Sankt Augustin.

BZgA - Bundeszentrale für gesundheitliche Aufklärung (Hg.) (1999a): Forum Sexualaufklärung und Familienplanung. Informationsdienst der Bundeszentrale für gesundheitliche Aufklärung 1 - 1999. Köln: BZgA.

BZgA - Bundeszentrale für gesundheitliche Aufklärung (Hg.) (1999b): Angewandte Verhütungsmethoden - Informationsblatt der BZgA-Erhebung „Aids im öffentlichen Bewußtsein 1998" durch forsa. Köln: BZgA.

BZgA - Bundeszentrale für gesundheitliche Aufklärung (Hg.) (1999c): frauenleben. Eine Studie zu Lebensläufen und Familienplanung im Auftrag der BZgA. Abschlußbericht zum Projekt 'Frauenleben'. Erscheint im Herbst 1999.

BZgA - Bundeszentrale für gesundheitliche Aufklärung (Hg.) (1998): Sexualität und Verhütung '98. Erste Ergebnisse der Repräsentativstudie 'Jugendsexualität '98. In: BZgA-Forum Sexualaufklärung 3-1998, 22-27.

BzgA - Bundeszentrale für gesundheitliche Aufklärung (Hg.) (1997): Die Drogenaffinität Jugendlicher in der Bundesrepublik Deutschland 1997. Köln.

BZgA - Bundeszentrale für gesundheitliche Aufklärung (Hg.) 1996): Sexualität und Kontrazeption aus der Sicht der Jugendlichen und ihrer Eltern. Eine Wiederholungsbefragung im Auftrag der BZgA - Kurzzusammenfassung der Endergebnisse. Köln: BZgA.

BZgA - Bundeszentrale für gesundheitliche Aufklärung (Hg.) (1995a): Familienplanung und Sexualpädagogik in den neuen Bundesländern. Forschung und Praxis der Sexualaufklärung, Band 2.

BZgA - Bundeszentrale für gesundheitliche Aufklärung (Hg.) (1995b): Die aktuelle Diskussion um Nebenwirkungen der Pille. Einstellungen und Reaktionen der Frauen zwischen 16 und 49. Eine Repräsentativbefragung im Auftrag der Bundeszentrale für gesundheitliche Aufklärung. Köln: BZgA.

BZgA - Bundeszentrale für gesundheitliche Aufklärung (1994a: Die Drogenaffinität Jugendlicher in der Bundesrepublik Deutschland. Wiederholungsbefragung 1993/1994. Köln.

BZgA - Bundeszentrale für gesundheitliche Aufklärung (Hg.) (1994b): AIDS im öffentlichen Bewußtsein der Bundesrepublik - Wiederholungsbefragung 1993. Köln: BZgA.

BZgA - Bundeszentrale für gesundheitliche Aufklärung (Hg.) (1992a): Aktionsgrundlage 1990. Ergebnisse einer Repräsentativbefragung der Bevölkerung ab 14 Jahren in der Bundesrepublik Deutschland einschl. Berlin (West). Teilband Alkohol. Köln: Eigenverlag.

BZgA – Bundeszentrale für gesundheitliche Aufklärung (Hg.) (1992b): Aktionsgrundlagen 1990. Ergebnisse einer Repräsentativbefragung der Bevölkerung ab 14 Jahren in der Bundesrepublik Deutschland einschließlich Berlin (West). Teilband Gesundheit. Köln.

BzgA - Bundeszentrale für gesundheitliche Aufklärung (Hg.) (1985): Frauen und Rauchen. Fallstudie Bundesrepublik Deutschland. Zusammenfassender Bericht. Köln.

BZgA - Bundeszentrale für gesundheitliche Aufklärung (Hg.) (1970): Die Situation der werdenden Mütter. Bericht über eine Repräsentativstudie in der Bundesrepublik Deutschland, durchgeführt im Auftrag des BMJFG von der Gesellschaft für Grundlagenforschung, München: Köln: BZgA.

Calderon, G.; Belil, I.; Aran, B. et al. (1995): Intracytoplasmic sperm injection versus conventional in-vitro fertilization: first results. Hum. Reprod. 10 (11), 2835-2839.

CARA e. V. (Hg.) (1992): Schwanger sein ein Risiko: Informationsbroschüre zu vorgeburtlichen Tests in der Schwangerschaft mit ihrer persönlichen und gesellschaftlichen Bedeutung.

Carlsson, J.; Grahnen, H.; Jonsson, G. (1979): Establishment of s. sanguis in the mouth of infants. Arch Oral Biol 15, 1143.

Carol, W. (1970): Zur Praxis der hormonalen Kontrazeption. Medicamentum 11, 226-231.

Cates, W.; Rolfs, R. T.; Aral, S.O. (1990): Sexually transmitted diseases, pelvic inflammatory disease, and infertility: an epidemiologic update. Epidemiologic Reviews 12, 199-220.

Chandley, A. C; Hargreave, T. B. (1996): Genetic anomaly and ICSI. Hum Reprod 11 (5), 930-932.

Chandra, A.; Stephen, E. H. (1998): Impaired fecundity in the United States: 1982-1995. Family Planning Perspectives 30 (1), 34-42.

Chang-Claude, J. (1997): Genetische Disposition bei Krebserkrankungen von Frauen. Forum DKG, 595-597.

Chang-Claude, J.; Becher, H.; Hamann, U.; Schroeder-Kurth, T. (1995): Risikoabschätzung für das familiäre Auftreten von Brustkrebs. Zentralblatt f. Gynäkologie 117, 423-434.

Chesler, P. (1974): Frauen, das verrückte Geschlecht? Reinbek bei Hamburg: Rowohlt.

Classen, C.; Yalom, I. D. (Hg.) (1995): Treating women molested in childhood. San Francisco: Jossey-Bass.

Classen, M.; Diehl, V.; Kochsiek, K. (1994): Innere Medizin. 3. neubearb. Aufl.; Kaltwasser, J. P., Eisenstoffwechselstörungen. 5 (9): 242-246; Pongratz, D., Gesichtsschmerzen und Gesichtsneuralgien. Wien: Urban und Schwarzenberg. 16(2), 937-939.

Clement, U. (1986): Sexualität im sozialen Wandel: eine empirische Vergleichsstudie an Studenten 1966 und 1981. Beiträge zur Sexualforschung, Bd. 61. Stuttgart: Enke.

Collaborative Group on Hormonal Factors in Breast Cancer (1996): Breast cancer and hormonal contraceptives: collaborative reanalysis of individual data on 53 297 women with breast cancer and 100 239 women without breast cancer from 54 epidemiological studies. Lancet 347, 1713-1727.

Collaborative Group on Hormonal Factors in Breast Cancer (1997): Breast cancer and hormonal replacement therapy: collaborative reanalysis of individual data on 52 705 women with breast cancer and 108 411 women without breast cancer from 54 epidemiological studies. Lancet 350, 1047-1059.

Collatz, J. (1983): Analysen zur „Mutterschaftsvorsorge": Prozesse der Versorgung und ihre Beeinflussung durch psychosoziale und biomedizinische Faktoren. Hannover: Humanbiol. Diss.

Collatz, J.; Borchert, H.; Brandt, A. (1993): Effektivität, Bedarf und Inanspruchnahme von medizinischen und psychosozialen Versorgungseinrichtungen für Frauen und Mütter mit Kindern. Stuttgart: Kohlhammer.

Collatz, J.; Borchert, H.; Brandt, A.; Titze, I. (1996): Effektivität und Inanspruchnahme von medizinischen und psychosozialen Versorgungseinrichtungen für Frauen und Mütter mit Kindern. Schriftenreihe des Bundesministeriums für Familie, Senioren, Frauen und Jugend, Band 126, Stuttgart/Berlin/Köln: Kohlhammer Verlag.

Collatz, J.; Hecker, H.; Oeter, K. et al. (1983): Perinatalstudie Niedersachsen und Bremen: Soziale Lage, medizinische Versorgung, Schwangerschaftsverlauf und perinatale Mortalität. In: Fortschritte der Sozialpädiatrie, Bd. 7. München: Urban & Schwarzenberg.

Cöster, A.; Haberkamp, M.; Allolio, B. (1994): Inzidenz von Schenkelhalsfrakturen in der Bundesrepublik Deutschland im internationalen Vergleich. Soziale Präventivmedizin 39, 287-292.

Cramm, C.; Blossfeld, H.-P.; Drobnic, S. (1998): Die Auswirkungen der Doppelbelastung durch Familie und Beruf auf das Krankheitsrisiko von Frauen. Zeitschrift für Soziologie, Jahrgang 27, Heft 5, Oktober 1998, Stuttgart: Enke Verlag.

Cumming, R. G.; Miller, J. P.; Kelsey, J. L. et al. (1991): Medications and Multiple Falls in Elderly People: The St Louis OASIS Study. Age and Ageing 20, 455-461.

Czerwinski, C. (1998): Gesund und gelassen durch die Wechseljahre. Wiesbaden: Gabler.

Dahl, S. (1993): Rape - a hazard to health. New York: Oxford University Press.

Daiminger, C. (1996): Burnout - ein besonderes Risiko für Frauen? In: GesundheitsAkademie Bremen, Landesinstitut für Schule und Weiterbildung, NRW (Hg.): Neue Provokation zur Gesundheit. Beiträge zu aktuellen Themen aus der Gesundheitsförderung und -bildung. Frankfurt: Mabuse-Verlag.

Dallinger und Partner (1985): Stillverhalten deutschen Mütter. Pre- und postnatale Determinanten des Stillverhaltens. Dallinger und Partner Ges. für Sozialforschung mbH, München.

Däßler, U.; Häberlein, U.; Hellferich, C. et al. (1994): Untersuchungen zur Infertilität und Subfekundität. Deutscher Beitrag zur EG-Studie. Schlußbericht.

Daten des Gesundheitswesens (1995): Ausgabe 1995, Band 51. Der Bundesminister für Gesundheit. Baden-Baden: Nomos-Verlag-Gesundheit.

Daten des Gesundheitswesens (1997): Ausgabe 1997, Band 91. Der Bundesminister für Gesundheit. Baden-Baden: Nomos-Verlag-Gesundheit.

Daudt, A.; Alberg, A. J.; Helzlsour, K. J. (1996): Epidemiology, prevention, and early detection of breast cancer. Current Opinion in Oncology 8; 455-461.

Davey, A. L.; Rogers, A. H. (1984): Multiple types of the bacterium streptococcus mutans in the human mouth and their intra-family transmission. Arch Oral Biol 29, 453.

David, M.; Krake von Schwarzenfeld; Kentenich, H. (1998): Geburtshausentbindung, eine sichere Alternative zur Klinikgeburt? Geburtsh. Frauenheilk. 58, 208-215.

Davies-Osterkamp, S. (1991a): Kinderwunsch, unerwünschte Schwangerschaft und Schwangerschaftsabbruch. In: Davies-Osterkamp, S. (Hg.): Psychologie und Gynäkologie. Weinheim: VCH Verlagsgesellschaft, 65-72.

Davies-Osterkamp, S. (1991b): Psychologie der Schwangerschaft. In: Davies-Osterkamp, S. (Hg.): Psychologie und Gynäkologie. Weinheim: VCH Verlagsgesellschaft, 91-100.

De Waal, Eiermann, Gauwerky et al. (1998): Diagnostik im Rahmen der Früherkennungsuntesuchung. Tumorzentrum München; 1. Okt. 1998.

Degener, T. (1993): Gerichte sind männlich! die randschau 8 (5), 25-27.

Degener, T. (1995): Behinderte Frauen in der beruflichen Rehabilitation. In: Hessisches Netzwerk behinderter Frauen und Hessisches Koordinationsbüro für behinderte Frauen (Hg.): Rechtsgutachten, Kassel.

DeGregio, M. W.; Maenpaa, J. U.; Wiebe, V. J. (1995): Tamoxifen for the prevention of breast cancer: no. Important Advances in Oncology, 175-185.

Delesen; P. (1997): Anorexia nervosa. Möglichkeiten und Probleme der Diagnostik, Ätiologie und Intervention. Pfaffenweiler: Centaurus.

Dellborg, M.; Swedberg, K. (1993): Acute myocardial infarction: Difference in the treatment between men and women. Quality Assurance in Health Care 5, 261-265.

Demmer, H.; Küpper, B. (1984): Belastungen an Arbeitsplätzen, die überwiegend mit Frauen besetzt werden. Fb 383, Bundesanstalt für Arbeitsschutz, Dortmund.

Demmer, H.; Küpper, B. (1984): Belastungen an Arbeitsplätzen, die überwiegend mit Frauen besetzt werden. Fb 383, Bundesanstalt für Arbeitsschutz, Dortmund.

Demmer, H.; Küpper, B. (1984): Belastungen bei Arbeitsplätzen, die überwiegend von Frauen besetzt werden. Schriftenreihe der Bundesanstalt für Arbeitsschutz (Forschungsbericht Nr. 383). Dortmund: Wirtschaftsverlag NW.

DESIS (1995): Deutsche Studie zu Infertilität und Subfekundität Abschlußbericht im Auftrag des Bundsministeriums für Forschung und Technologie. Rostock: Hamburg.

Deutsche Aids-Hilfe e.V. (Hg.) (1995): Frauen, HIV-Infektion und Aids. Zwei Befragungen zum Thema, Bd. XXI, Berlin.

Deutscher Bundestag (1993): Antwort der Bundesregierung auf die Kleine Anfrage der Abgeordneten H. Schmidbauer u.a.. Kombinationsschmerzmittel: Gefahren und ihre Folgen. 12. Wahlperiode. Drucksache 12/6529, Bonn 30.12.93.

Deutscher Bundestag (1997): Drucksache 13/ 6893. Antwort der Bundesregierung auf die Große Anfrage der Abgeordneten Antje-Marie Stehen, Anni Brandt-Elsweiler, Dr. Marliese Dobberthien, weiterer Abgeordneter und der Fraktion der SPD - Drucksache 13/ 5214-. Bonn: Thenèe Druck.

Deutscher Bundestag (Hg.) (o. J.): Drucksache 12/5897.

Deutscher Bundestag: Antwort der Bundesregierung auf die Große Anfrage der Abgeordneten Antje-Marie Stehen, Anni Brandt-Elsweier, Dr. Marliese Dobberthien, weiterer Abgeordneter und der Fraktion der SPD - Drucksache 13/5214 zur „Frauenspezifischen Gesundheitsversorgung", Drucksache 13/6893.

Deutsches Institut für Erwachsenenbildung (Hg.) (1996): Sich annehmen – abnehmen. Ein Kurskonzept der Volkshochschulen. Frankfurt: Pädagogische Arbeitsstelle des Deutschen Volkshochschul-Verbandes.

DHS - Deutsche Hauptstelle gegen die Suchtgefahren (1996): Ein Angebot an alle, die einem nahestehenden Menschen helfen wollen. Alkohol, Medikamente, illegale Drogen, Nikotin, süchtiges Verhalten? Hamm: DHS.

Deutsches IVF Register (DIR) Jahrbuch (1998): (Hg.) Deutsche Gesellschaft für Gynäkologie und Geburtshilfe.

Diebel-Braune, E. (1993): "und bist du nicht willig, so brauch ich Gewalt". Eine Form der Spaltung bei Anorexie und ihrer Behandlung. In: Seidler; G. H. (Hg.): Magersucht: öffentliches Geheimnis. Göttingen: Vandenhoeck & Ruprecht, 189–202.

Diedrich, U. (1996): Sexuelle Mißhandlung in der DDR: Verdrängung eines Themas und seine Folgen. In: Hentschel, G. (Hg.). Skandal und Alltag: Sexueller Mißbrauch und Gegenstrategien. Berlin: Orlanda Frauenverlag, 53-67.

Diedrich, U. (1998): Von Ost nach West? Wahrnehmungsformen und Gegenstrategien zu sexuellem Mißbrauch im Kontext der Systembrüche. In: Mädchenberatung Wildwasser Berlin-Mitte (Hg.). 5 Jahre Wildwasser: Westkonzept in Ostanwendung?. Dokumentation einer Fachtagung 1998 in Berlin.

Dietrich, H. (1993): Zur Situation und Entwicklung der Pflegeberufe in der Bundesrepublik Deutschland. Projektpapier aus dem IAB-Projekt 4-4 19V "Arbeitsmarkt für Pflegeberufe". Nürnberg: Institut für Arbeitsmarkt- und Berufsforschung.

Dietrich, H. (1994): Arbeitsmarkt für Pflegeberufe. Zur Situation und Entwicklung der Pflegeberufe in der Bundesrepublik Deutschland. Bonn: Bundesministerium für Arbeit und Sozialordnung.

Dilling, H.; Mombour, W.; Schmidt, M. H. (1993): ICD-10. Internationale Klassifikation psychischer Störungen. Kapitel V (F) Klinisch-diagnostische Leitlinien. Stuttgart.: Enke.

DIR - Deutsches IVF Register. Jahrbuch 1996. (Hg.) Deutsche Gesellschaft für Gynäkologie und Geburtshilfe.

DIR - Deutsches IVF Register. Jahrbuch 1997. (Hg.) Deutsche Gesellschaft für Gynäkologie und Geburtshilfe.

Dlugosch, G.; Schmidt, L. (1992): Gesundheitspsychologie. In: Bastine, R. (Hg.): Klinische Psychologie. Bd. 2. Stuttgart: Kohlhammer, 123-177.

Dobler-Mikola, A. (1992): Drogenabhängigkeit bei Frauen. Einige empirische Ergebnisse zu geschlechtsspezifischen Unterschieden bei Drogenabhängigen. In: Bendel, C.; Brianza, A.; Rottenmanner, I. (Hg.): Frauen sichten Süchte. Lausanne: ISPA.

Dobler-Mikola, A. (1996): Wie groß ist "der kleine Unterschied" in der Therapie? Geschlechtsspezifische Unterschiede beim Eintritt in eine therapeutische Gemeinschaft und ein Jahr nach dem Austritt. In: Vogt, I.; Winkler, K. (Hg.): Beratung süchtiger Frauen. Konzepte und Methoden. Freiburg: Lambertus.

Dölling, I.; Hahn, D.; Scholz, S. (1998): 'Gebärstreik im Osten? Wie Sterilisation in einer Pressekampagne diskutiert wurde und welche Motive ostdeutsche Frauen hatten, sich sterilisieren zu lassen. In: Potsdamer Studien zur Frauen- und Geschlechterforschung 1, 9-65.

Donahue, A. H. (1993): Women's Health: A National Plan for Action. Journal of Dental Education 57 (10), 738-741.

Dorbritz, J. (1993): Sozialer Systemwandel und die Folgen für die Familienbildung. Berliner Journal für Soziologie, 3/1993, 355-368.

Dorbritz, J. (1992): Nuptilität, Fertilität und familiale Lebensformen in der sozialen Transformation - Übergang zu einer neuen Bevölkerungsweise in Ostdeutschland? Zeitschrift für Bevölkerungswissenschaft 18, 67-196.

Dorbritz, J. (1990): Bevölkerung. In: Winkler, G. (Hg.): Sozialreport 90. Berlin: Wirtschaft, 10-46.

Dorbritz, J., Gärtner K. (1995): Die demographische Bedeutung des Familienstandes. Forschungsbericht. Schriftenreihe des Bundesministeriums für Familie, Senioren, Frauen und Jugend, Bd. 44. Stuttgart.:Kohlhammer.

Dorbritz, J.; Gärtner, K. (1995): Bericht 1995 über die demographische Lage in Deutschland. Zeitschrift für Bevölkerungswissenschaft 20 (4), 339-449.

Dorbritz, J.; Schwarz, K. (1996): Kinderlosigkeit in Deutschland - ein Massenphänomen? Analysen zu Erscheinungsform und Ursachen. Zeitschrift für Bevölkerungswissenschaft 21 (3), 231-261.

Dören, M. (1997): Hormonsubstitution im Klimakterium und Postmenopause. Anregungen zur individualisierten Therapie. Stuttgart: Thieme.

Döring, G. K. (1970): Über die Häufigkeit der verschiedenen Sterilitätsursachen bei der Frau und die Erfolgsaussichten bei ihrer Behandlung. Geburtsh. u. Frauenheilk. 30, 302-307.

Döring, G.; Baur, S.; Frank, P. et al. (1986): Ergebnisse einer repräsentativen Umfrage zum Familienplanungsverhalten in der BRD 1985. Geburtsh. u. Frauenheilk. 46, 892-897.

Dörpinghaus, E. (1991): Hausfrau (k)ein Beruf fürs Leben?. Zürich: Kreuz Verlag.

Dorst, B. (1994): Frauengemäße Psychotherapie. In: Zeitschrift für Frauenforschung 12 (4), 65–73.

Dose, R. (1989): Die Durchsetzung der chemisch-hormonellen Kontrazeption in der Bundesrepublik Deutschland. Veröffentlichungsreihe der Forschungsgruppe Gesundheitsrisiken und Präventionspolitik, Wissenschaftszentrum Berlin.

Doyal, L. (1995): What makes women sick: gender and the political economy of health. Basingstone: Macmillan.

Doyal, L. (Hg.) (1998): Woman and health services. An agenda for change.

Doyle, P. (1996): The outcome of multiple pregnancy. Hum. Reprod. 11, Suppl. 4, 110-117.

DSM-IV. Diagnostisches und statistisches Manual psychischer Störungen (1996): Göttingen: Hogrefe.

Ducki, A.; Greiner, B. (1992): Gesundheit als Entwicklung von Handlungsfähigkeit – Ein "arbeitpsychologischer Baustein" zu einem allgemeinen Gesundheitsmodell. Zeitschrift für Arbeits- und Organisationspsychologie 36 (11), 184-189.

Ducki, A.; Niedermeier, R.; Pleiss, C.; Lüders, E.; Leitner, K.; Greiner B. & Volpert, W. (1993): Büroalltag unter der Lupe - Schwachstellen von Arbeitsbedingungen erkennen und beheben. Ein Praxisleitfaden. Göttingen: Hogrefe.

Duda, S. (1990): Die unsichtbaren Arbeiterinnen. Frauen im Reinigungsberufen. Bielefeld: Kleine Verlag GmbH.

Duden, B. (1997): Der Frauenkörper als erlebte Wirklichkeit. In: Arbeitskreis Frauengesundheit in Medizin, Psychotherapie und Gesellschaft (Hg.): Von der "Krankheit" Frau zur Frauengesundheit. Ein anderes Verständnis von Gesundheit und Heilung. Dokumentation der 4. Jahrestagung des AKF. Bünde, 107–119.

Dudenhausen, J. W. (1994): Die Bedeutung sozialer Faktoren für die Frühgeburtlichkeit. Perinatal Medizin 6, 117-118.

Dupius, H.; Rieck, A. (1978): Menschengerechte Gestaltung von Arbeitsplätzen des Verkaufspersonals. Schriftenreihe Humanisierung des Arbeitslebens, (6), Bonn.

Durin, E. (1987): Die Inanspruchnahme und der Nutzen der Schwangerenvorsorge. Planung, Durchführung und Wendungen eines Forschungsprojektes zu den sozialen Bedingungen der Inanspruchnahme der Schwangerenvorsorge in der Bundesrepublik Deutschland. Soz. Ep. Hefte 1/1987. Berlin: Bundesgesundheitsamt.

Eaker, E. D.; Packard, B.; Thom, T. J. (1989): Epidemiology and risk factors for coronary heart disease in women. In: Douglas, P. (Hg.): Heart disease in women. Philadelphia: F.A. Company.

Ebert, E. (1990): Einkommen und Verbrauch. In: Winkler, G. (Hg.): Sozialreport 90. Berlin: Wirtschaft, 111-156.

EBIS (1997) - siehe Simon et al. (1997).

EBIS (1998): Jahresstatistik 1997 der ambulanten Beratungs- und Behandlungsstellen für Suchtkranke in der Bundesrepublik Deutschland. Institut für Therapieforschung (IFT), Freiburg.

Edelwich, J.; Brodsky, A. (1984): Ausgebrannt, Das Burn-out-Syndrom in den Sozialberufen. Salzburg: AVM-Verlag.

Egger, R.; Froeschl, E.; Lercher, L. (et al.) (1995): Gewalt gegen Frauen in der Familie. Wien: Verlag für Gesellschaftskritik.

Eggers, B.; Müller, V. (1991): Bewältigungshandeln berufstätiger Frauen. In: Schneider, U. (Hg.): Was macht Frauen krank? Ansätze zu einer frauenspezifischen Gesundheitsforschung. Frankfurt: Campus.

Egle, U. T.; Hoffmann, S. O.; Joraschky P. (Hg.) (1997): Sexueller Missbrauch, Misshandlung, Vernachlässigung. Erkennung und Behandlung psychischer und psychosomatischer Folgen früher Traumatisierungen. Stuttgart: Schattauer.

Egle, U. T.; Hoffmann, S. O.; Joraschky, P. (Hg.) (1997): Sexueller Missbrauch, Misshandlung, Vernachlässigung. Erkennung und Behandlung psychischer und psychosomatischer Folgen früher Traumatisierungen. Stuttgart: Schattauer.

Ehret-Wagener, B.; Stratenwerth, I.; Richter, K. (Hg.) (1994): Gebärmutter – das überflüssige Organ? Sinn und Unsinn von Unterleibsoperationen. Reinbek bei Hamburg: Rowohlt.

Eichler, S.; Schirrmacher, G. (1998): Friedenspraxis gegen Alltagsgewalt - Voraussetzung interinstitutioneller Zusammenarbeit zum Abbau von Gewalt im Geschlechterverhältnis. Osnabrück: unveröff. Projektbericht.

Eiermann, N.; Häussler, M.; Helfferich, C. (1999): Leben und Interessen vertreten – Frauen mit Behinderung. Lebenssituation, Bedarfslagen und Interessenvertretung von Frauen mit Körper- und Sinnesbehinderungen. Schriftenreihe des Bundesministeriums für Familie, Senioren, Frauen und Jugend. Stuttgart: Kohlhammer.

Einerhand, M. G. K.; Knol, G.; Prins, R.; Veerman, T. J. (1995): Sickness and invalidity arrangements. Facts and figures from six European countries. Den Haag: Ministerie van Sociale Zakken en Werkgelenheid.

Einigungsvertrag (1990): Presse- und Informationsamt der Bundesregierung (Hg.): Bonn. Nr. 104, 1102-1104.

Eisinger, B.; Stabenow, R. (1995): Das Gemeinsame Krebsregister der Länder Berlin, Brandenburg, Mecklenburg-Vorpommern, Sachsen-Anhalt und der Freistaaten Sachsen und Thüringen. In: Schön, D.; Bertz, J.; Hoffmeister, H. (Hg.). Bevölkerungsbezogene Krebsregister in der Bundesrepublik Deutschland. RKI-Schriften, Band 3, 24-28.

Eitner, S.; Eitner, A. (1986): Arbeitsmedizinische Betreuung der älteren werktätigen Frau. In: Kruschwitz, S.; Izmerov, N. F. (Hg): Arbeitshygiene der berufstätigen Frau. Berlin: Volk und Gesundheit, 281-290.

Elkeles, T. (1997): Arbeitsorganisation in der Krankenpflege. Zur Kritik der Funktionspflege. Frankfurt a.M.: Mabuse.

Elkeles, T.; Frank, M.; Korporal, J. (1989): Erwerbstätigkeit und Nichterwerbstätigkeit von Frauen und Schwangerschaftsergebnisse. Öffentl. Gesundheitswesen, 51, 269-277.

Elkeles, T.; Mielck, A. (1993): Soziale und gesundheitliche Ungleichheit. Theoretische Ansätze zur Erklärung von sozioökonomischen Unterschieden in Morbidität und Mortalität. Berlin: WZB-Papers.

Ellinger, S.; Karmaus, W.; Kaupen-Haas, H.; Schäfer, K.H.; Schienstock, G.; Sonn, E. (1985): Büroarbeit und Rheuma. Wie Frauen mit Gesundheitsrisiken umgehen. Schriftenreihe 'HdA', Band 59, Campus.

Ellinger-Weber, S. (1990): Medikamentenabhängige Frauen - Ein Randproblem der Suchtkrankenhilfe? In: Jungeblodt, K. (Hg.): Suchtkranke am Rande. Freiburg: Lambertus, 175-187.

Elsner, G. (1992): Risiko Nachtarbeit. Bonn: Dietz.

Eltern (Hg.) (1979): Kinder - das unbequeme Glück. Indikatoren für die Familienplanung aus der Sicht der Frau. Untersuchung im Auftrag der Zeitschrift Eltern. Eltern: Hamburg.

Enderlein, G.; Breckow, J.; Bräunlich, A. et al. (1998): Daten aus arbeitsmedizinischen Vorsorgeuntersuchungen zur Gesundheitslage von Erwerbstätigen in Deutschland-West und –Ost. Schriftenreihe der Bundesanstalt für Arbeitsschutz und Arbeitsmedizin, - Forschung - Fb 825. Dortmund / Berlin: Wirtschaftsverlag NW.

Enders-Dragässer, U.; Sellach, B. (1998): Frauen in der stationären Psychiatrie. Ein interdisziplinärer Bericht. Lage: Jacobs.

Engelbrech, G. (1999): Folgen der Beschäftigungskrise. Zur aktuellen Beschäftigungsentwicklung bei ost- und westdeutschen Männern und Frauen. ibv -

Informationen für die Beratungs- und Vermittlungsdienste der Bundesanstalt für Arbeit 13. Nürnberg.

Engelbrech, G.; Reinberg, A. (1997): Frauen und Männer in der Beschäftigungskrise der 90er Jahre. IAB Werkstattbericht 11. Nürnberg.

Engstler, H. (1998): Die Familie im Spiegel der amtlichen Statistik. Erstellt im Auftrag des Bundesministeriums für Familie, Senioren, Frauen und Jugend, Bonn.

Engstler, H. (Hg.) (1998): Die Familie im Spiegel der amtlichen Statistik. Lebensformen, Familienstrukturen, wirtschaftliche Situation der Familien und familiendemographische Entwicklung in Deutschland. Erstellt im Auftrag des Bundesministerium für Familie, Senioren, Frauen und Jugend, Bonn.

Enzman, D.; Kleiber, D. (1989): Helfer-Leiden. Streß und Burnout in psychosozialen Berufen. Heidelberg: Asanger.

Enzmann, D. (1996): Gestreßt, erschöpft oder ausgebrannt? Einflüsse von Arbeitssituation, Empathie und Coping auf den Burnoutprozeß. München: Profil.

Enzmann, D.; Kleiber, E. (1989): Helfer-Leiden. Streß und Burnout in psychosozialen Berufen. Heidelberg: Asanger.

Erler, M. (1993): Soziale Arbeit. Ein Lehr- und Arbeitsbuch zu Geschichte, Aufgaben und Theorie. Weinheim/München: Juventa.

Ernst, A.; Füller, I. (1988): Schlucken und Schweigen. Wie Arzneimittel Frauen zerstören können. Köln: Kiepenheuer & Witsch.

Ernst, M.-L; Rottermanner, I.; Spreyermann, C. (1995): Frauen-Sucht-Perspektiven. Grundlagen zur Entwicklung und Förderung frauenspezifischer Drogenarbeit. Bern: BAG.

Esser, A.; Maschewsky-Schneider, U. (1997): Akzeptanz und Umsetzungschancen für primäre Krebsprävention in der Bundesrepublik Deutschland. Sankt Augustin: Asgard Verlag.

Esser, A.; Maschewsky-Schneider, U. (1995): Verführt Tabakreklame Kinder und Jugendliche zum Rauchen? Jahrbuch Sucht '95, 52-61.

Eugster, A; Vingerhoets, A. J. J. M. (1999): Psychological aspects of in vitro fertilization: a review. Soc. Sci. Med. 48, 575-589.

Europäische Kommission (Hg.) (1997): Bericht der Kommission zur gesundheitlichen Situation der Frauen in der Europäischen Gemeinschaft. Brüssel.

Eurostat - Amt für amtliche Veröffentlichungen der europäischen Gemeinschaften (Hg.) (1997): Europa im Blick der Statistik 1986-1996.

Ewert, O. (1983): Entwicklungspsychologie des Jugendalters. Stuttgart: Kohlhammer.

Ewert, O. (1989): Körperliche und seelische Reifungsprozesse junger Menschen. In: Markefka, M.; Nave-Herz, R. (Hg.): Handbuch der Familien- und Jugendforschung, Bd. 2: Jugendforschung. Neuwied: Luchterhand, 293-320.

EWHNET (1998): http://www.ifg-frauenforschung.de/whnet/index.htm, Stand 05.12.1998.

Ewinkel, C.; Hermes, G. (Hg.) (1985): Geschlecht: Behindert – Besonderes Merkmal: Frau. Ein Buch von behinderten Frauen. München: AG SPAK.

Faltermaier, T. (1994): Gesundheitsbewußtsein und Gesundheitshandeln. Über den Umgang mit Gesundheit im Alltag. Weinheim: Beltz.

Faltermaier, T.; Kühnlein, I.; Burda-Viering, M. (1998): Gesundheit im Alltag. Laienkompetenz in Gesundheitshandeln und Gesundheitsförderung. Weinheim: Juventa.

Faltermaier, T.; Kühnlein, I.; Burda-Viering, M. (1998): Gesundheit im Alltag. Laienkompetenz in Gesundheitshandeln und Gesundheitsförderung. Weinheim: Juventa

Feiereis, H. (1996): Bulimia nervosa. In: Uexküll, T. v..; Adler, R. H. (Hg.): Psychosomatische Medizin. München: Urban & Schwarzenberg, 616–636.

Felberbaum, R.; Diedrich, K. (1994): Sterilität und Infertilität. In: Dudenhausen; J. W.; Schneider, H. P.G. (Hg.): Frauenheilkunde und Geburtshilfe. Berlin: de Gruyter, 527-543.

Feldmann, H (1992): Vergewaltigung und ihre psychischen Folgen. Stuttgart: Enke.

Ferber, L. v. (1994): Arzneimittel mit Abhängigkeitspotential. Nutzerprävalenz, Verordnungsmuster, Verordnungsverläufe, Abhängigkeit. In: Ferber, L. v. (Hg.): Häufigkeit und Verteilung von Erkrankungen und ihre ärztliche Behandlung. Epidemiologische Grundlagen eines Qualitätsmonitoring. Leipzig/Köln: ISAB, 336-381.

Feuerstein, G.; Kolleg, R. (1999): DNA-Chips: Konsequenzen der Automatisierung des Gentests. In: Deutsche Krebsgesellschaft (DKG) (Hg.). Gendiagnostik und Krebsrisiko. Forum, April 3/1999, 203-209.

Filipiak, B.; Schneider, A.; Döring, A.; Stieber, J.; Keil, U. (1997): MONICA Project Augsburg. Data book: Trends in cardiovascular risk factors from Survey 1984/85 to Survey 1993/95. GSF- Forschungszentrum für Umwelt und Gesundheit, Bericht 27/97 (ISSN 0721-1694).

Fischer, G. C.; Rohde, J. J.; Tewes, U. et al. (Hg.) (1995): Die Situation über 60 Jahre alter Frauen mit einem pflegebedürftigen Ehemann. Schlußbericht zum interdisziplinären Forschungsprojekt. Band 49. Schriftenreihe des Bundesministeriums für Familie, Senioren, Frauen und Jugend, Stuttgart/Berlin/Köln: Kohlhammer Verlag.

Fischer, G.; Riedesser, P. (1998): Lehrbuch der Psychotraumatologie. München: Ernst Reinhard.

Fitzgerald, L.F. (1991): Behandlung von Opfern sexualisierter Gewalt: ein integrativer Ansatz. Praxis der klin. Verhaltensmedizin und Rehabilitation 4 (14), 125-137.

Fokken, I. (1992): Die Bedeutung subjektiver Faktoren für die Lebenswerwartung. In: Kaiser, H. J. (Hg.): Der ältere Mensch, wie er denkt und handelt. Bern, Göttingen, Toronto, Sealtle, 195 - 209.

Fokken, I.; Lind, I. (1994): Vielfalt und Widersprüche weiblicher Lebensmuster. Frauen im Spiegel sozialwissenschaftlicher Forschung. Frankfurt/Main, New York: Campus Verlag.

Fooken, I.; Lind, I. (1994): Vielfalt und Widersprüche weiblicher Lebensmuster. Frauen im Spiegel sozialwissenschaftlicher Forschung. Frankfurt a. M.: Campus.

Forrest, J. D. (1993): Timing of Reproductive Life Stages. Obstetrics and Gynecology 82 (1), 105-110.

Forschungsverbund DHP (1998): Die Deutsche Herzkreislaufpräventionsstudie. Bern: Huber.

Forschungsverbund DHP (Hg.) (1998): Die Deutsche Herz-Kreislauf-Präventionsstudie. Design und Ergebnisse. Bern: Verlag Hans Huber.

Fournier, D. von (1995): Kosten-Nutzen-Analyse beim Mammographie-Screening. Forum DKG 12, 625-630.

Fournier, D. von; Anton, H.-W.; Junkermann, H. et al. (1993): Brustkrebs-Screening: Wissensstand und Einführung als Vorsorgeleistung. Speculum 11; 4, 11-19.

Frank, U.; Belz-Merk, M.; Bengel, J.; Strittmatter, R. (1998): Subjektive Gesundheitsvorstellungen gesunder Erwachsener. In: Flick, U. (Hg.): Wann fühlen wir uns gesund? Subjektive Vorstellungen von Gesundheit und Krankheit. Weinheim: Juventa, 57-69.

Franke, A. (1997): Zusammenhänge zwischen Drogennot- und Drogentodesfall. In: Landschaftsverband Westfalen-Lippe (Hg.): Praxisrelevante Suchtforschung. Münster: Eigenverlag.

Franke, A.; Broda, M. (1993): Psychosomatische Gesundheit. Versuch einer Abkehr vom Pathogenesekonzept. Tübingen: DGVT.

Franke, A.; Elsesser, K.; Sitzler, F.; Algermissen, G.; Kötter, S. (1998): Gesundheit und Abhängigkeit bei Frauen. Eine salutogenetische Verlaufsstudie. Cloppenburg: Runge.

Franke, A.; Giese, E.; Kleiber, D. (Hg.) (1989): Therapeutische Risiken für Frauen. Weinheim: Beltz.

Franke, A.; Nachbar, K.; Schulte, I. (1996): Raus aus der Sackgasse. Wie Frauenberatungsstellen in Nordrhein-Westfalen helfen. Ministerium für die Gleichstellung von Frau und Mann des Landes Nordrhein-Westfalen (Hg.). Düsseldorf: Allbro-Druck.

Franke, G. H.; Jäger, H. (1989): Spezifische psychosoziale Probleme HIV-positiver Frauen - Ergebnisse psychometrischer Messungen. In: Jäger, H. (Hg.): Frauen und Aids. Somatische und psychosoziale Aspekte. Berlin: Springer-Verlag, 125-140.

Franke, U. (1998): Reanalyse von Gesundheits- und Sozialdaten aus dem Forschungsprojekt: Werner, K.; Kausdorf, G. (Hg.) (1990): Untersuchungen zum Gesundheitszustand ausgewählter Bevölkerungsgruppen. Institut für Sozialmedizin, Martin-Luther-Universität Halle-Wittenberg. Halle (Saale).

Frankfurter Zentrum für Eßstörungen e. V. (Hg.) (1993/1994): Eßstörungen. Erscheinungsformen – Ursachen –Behandlungsmöglichkeiten. Niedernhausen/Ts.: Falken-Verlag.

Frankfurter Zentrum für Eßstörungen e. V. (Hg.) (1994): Selbstdarstellung und Evaluationsdaten (März 1986–Juni 1993). Zusammengestellt von Dr. B. Krebs. Frankfurt am Main: Frankfurter Zentrum für Eßstörungen.

Frasch, G. (1987): Die Frage der Hausgeburt/Klinikentbindung vor ihrem historischen und ihrem aktuellen Hintergrund. FU Berlin: Med. Dissertation.

Frauenspezifische Aspekte der Gesundheitsberichterstattung. Eine Beurteilung des Konzepts der Gesundheitsberichterstattung des Bundes unter frauenspezifischer Perspektive. Expertise im Auftrag des Bundesministeriums für Familie, Senioren, Frauen und Jugend. Bearbeitet von: Begenau, J., Helfferich, C., Hinze, L., Maschewksky-Schneider, U., u.a., September 1996.

Frauenspezifische Aspekte der Gesundheitsberichterstattung. Eine Beurteilung des Konzepts der Gesundheitsberichterstattung des Bundes unter frauenspezifischer Perspektive. Expertise im Auftrag des Bundesministeriums für Familie, Senioren, Frauen und Jugend. Bearbeitet von: Begenau, J., Helfferich, C., Hinze, L., Ma-schewksky-Schneider, U., u. a., September 1996

Frese, M. (1994): Arbeit und psychische Störungen. In: Höchstetter, K.; Gunkel, L.; Beck, R.; Szpilok (Hg.): Gesundheitsförderung im Betrieb. Neue Antworten auf neue Herausforderungen. Bobingen: Kessler, 27-46.

Freytag, G. (1994): Was ist Feministische Therapie? In: Zeitschrift für Frauenforschung 12 (4), 74–83.

Frick-Bruder, V. (1980): Der therapeutische Umgang mit psychosozialen und psychosomatischen Problemen der Frau im Klimakterium. In: Gynäkologie 13, 164–169.

Frick-Bruder, V.; Kentenich, H.; Scheele, H. (Hg.) (1995): Psychosomatische Gynäkologie und Geburtshilfe. Gießen: Psychosozial. Verlag.

Frischbier, H.-J.; W. Hoeffken, B.-P. Robra (1994): Mammographie in der Krebsfrüherkennung: Qualitätssicherung und Akzeptanz. Ergebnisse der deutschen Mammographie-Studie". Stuttgart: Ferdinand Enke.

Fritsche, U. (1993): Frau '90 - Berliner Studie zum reproduktiven Verhalten der Frauen und Paare und seinen sozialökonomischen und psychosozialen Determinanten. Senatsverwaltung für Frauen und Arbeit, Berlin.

Fritsche, U.; Knopf, H. (1989): Stand und Entwicklung der peripartalen Mortalität in der DDR. Zentralblatt für Gynäkologie 111, 1160-1168.

Fritsche, U.; Wolk, E. (1990): Zur Häufigkeit von Schwangerschaften und Geburten bei Jugendlichen und jungen Frauen in der ehemaligen DDR. Zeitschr. f. ärztl. Fortbild. 84, 1227-1233.

Fuzinski, A.; Hamburg, I.; Klein, M.; Nordhause-Janz, J.; Scharfenorth, K.; Weinkopf, C. (1997): Herausforderung Informationsgesellschaft - Auswirkungen neuer Informations- und Kommunikationstechnologien auf die Beschäftigungssituation von Frauen. Ministerium für die Gleichstellung von Frau und Mann des Landes Nordrhein-Westfalen (Hg.): Düsseldorf.

Fuzinski, A.; Hamburg, I.; Klein, M.; Nordhause-Janz, J.; Scharfenorth, K.; Weinkopf, C. (1997): Herausforderung Informationsgesellschaft - Auswirkungen neuer Informations- und Kommunikationstechnologien auf die Beschäftigungssituation von Frauen. Ministerium für die Gleichstellung von Frau und Mann des Landes Nordrhein-Westfalen (Hg.): Düsseldorf.

Gästrin, G. (2000): Gesundheitsförderung in Finnland – Die Frau im Zentrum. Clio 50, 13-14.
Gästrin, G. (1994): The Mamma Program for Breast Cancer Control. Habilitierung. Acta Universitatis Tamperensis. 355:129-134.
Garillon, C.; Chevalier, A.; Marshall, B.; Godard, C.; Colombani, H.; Callet, B.; Coing, F. (1997): Cancer incidence among active female workers at Electricite de Frace-Gaz de France. Bulletin Du Cancer 84 (11), 1025-1031.
Gavranidou, M. (1993): Wohlbefinden und Erwerbstätigkeit im Familienverlauf. In: Nauck, B. (Hg.): Lebensgestaltung von Frauen. Eine Regionalanalyse zur Integration von Familien- und Erwerbstätigkeit im Lebensverlauf, Weinheim/München: Juventa Verlag.
Gavranidou, M. (1993): Wohlbefinden und Erwerbstätigkeit im Familienverlauf. In: Nauck, B. (Hg.): Lebensgestaltung von Frauen: eine Regionalanalyse zur Integration von Familien- und Erwerbstätigkeit im Lebensverlauf. München: Juventa, 235-260.
Gavranidou, M.; Heinig, L. (1992): Weibliche Berufsverläufe und Wohlbefinden: Ergebnisse einer Längsschnittstudie. In: Brüderl, L.; Paetzold, B. (Hg.): Frauenleben zwischen Beruf und Familie. Psychosoziale Konsequenzen für Persönlichkeit und Gesundheit. Weinheim/München: Juventa Verlag.
Gawatz, R. (1993): Gesundheitskonzepte: Ihre Bedeutung im Zusammenhang von sozialer Lage und Gesundheit. In: Gawatz, R.; Novak, P. (Hg.): Soziale Konstruktionen von Gesundheit. Wissenschaftliche und alltagspraktische Konzepte. Ulm: Universitätsverlag, 155-168.
Gemeinsame Stellungnahme der Kassenärztlichen Bundesvereinigung und der Spitzenverbände der Krankenkassen (1999): Intrazytoplasmatische Spermieninjektion (ICSI) als Methode der künstlichen Befruchtung: Ausschluß von der Leistungspflicht der gesetzlichen Krankenkassen. Reproduktionsmedizin 15, 84-86.
Geraedts, M.; Berg, D.; Koester, H. et al. (1998): Qualitätssicherung in der operativen Gynäkologie. Schriftenreihe des Bundesministeriums für Gesundheit. Bd. 98, Baden-Baden: Nomos.
Gerhard, I.; Eckrich, W.; Runnebaum, B. (1993): Schadstoffe und Fertilitätsstörungen - Lösungsmittel, Pestizide. Geburtsh. u. Frauenheilk. 53, 147-160.
Gerhard, I.; Runnebaum, B. (1992a): Schadstoffe und Fertilitätsstörungen - Genußgifte. Geburtsh. u. Frauenheilk. 5, 509-515.
Gerhard, I.; Runnebaum, B. (1992b): Schadstoffe und Fertilitätsstörungen - Schwermetalle und Mineralstoffe. Geburtsh. u. Frauenheilk. 52, 383-396.
Gerlach, R.; Schneider, W. (1994): Methadon- und Codeinsubstitution. Berlin: VWB.
Gersch, C.; Heckmann, W.; Leopold, B. et al. (1988): Drogenabhängige Prostituierte und ihre Freier. Sozialpädagogisches Institut Berlin: Eigenverlag.
Gesetz zur Hilfe für Frauen bei Schwangerschaftsabbrüchen in besonderen Fällen.
Gesetz zur Vermeidung und Bewältigung von Schwangerschaftskonflikten. ScHKG.
Gesierich, K. (1992): Kleine Bewegung - große Wirkung. Selbstverteidigungsseminar für behinderte Frauen. Leben und Weg (1), 30-31.
GesundheitsAkademie; Landesinstitut für Schule und Weiterbildung NRW (Hg.) (1998): Die Gesundheit der Männer ist das Glück der Frauen? Chancen und Grenzen geschlechtsspezifischer Gesundheitsarbeit, Frankfurt am Main: Mabuse.
Gesundheitssurvey Ost/West – siehe Robert-Koch-Institut (1995).
Giesen, T.; Schäcke, G. (1998): Neue Berufskrankheiten-Verordnung - BKV Rechtsgrundlagen und Merkblätter zu den Berufskrankheiten der BKV. Schriftenreihe Zentralblatt für Arbeitsmedizin, Bd. 17, Heidelberg: Dr. Curt Haefner Verlag.
Gift, H. C. (1993): Guest Editorial: Needed: A Research Agenda for Women's Oral Health. Journal of Dental Research 72 (2), 552-553.
Gildemeister, R. (1993): Soziologie der Sozialarbeit. In: Korte, H.; Schäfer, B. (Hg.): Einführung in spezielle Soziologien. Opladen: Leske und Budrich, 57 - 75.

Glaeske, G. (1993): Medikamente zur Leistungssteigerung in der Schule? Daten zum Arzneimittelverbrauch bei Kindern und Jugendlichen. In: Deutsche Hauptstelle gegen die Suchtgefahren (Hg.): Jahrbuch Sucht 1994. Geesthacht: Neuland, 168-77.

Glaeske, G. (1994): Pillen für Schwache oder schwach durch Pillen? In: Zoike, E. (Hg.): Ergebnisse einer Fachkonferenz des BKK-BV mit Expertinnen aus Wissenschaft und Praxis, Essen: 27-38.

Glaeske, G. (1997): Psychotrope und andere Arzneimittel mit Mißbrauchs- und Abhängigkeitspotential. In: Deutsche Hauptstelle gegen die Suchtgefahren (Hg.): Jahrbuch Sucht 98. Geesthacht: Neuland, 43-66.

Glander, H.-J. (1996): Moderne Fertilisierungstechniken. Fortschr. Med. 114 (27), 333-336.

Glaser, B. G.; Strauss, A. L. (1967): The discovery of grounded theory. Chicago: Aldine

Glaser, J.; Büssing, A. (1997): Ganzheitliche Pflege und Arbeitsbelastungen. In: Büssing, A. (Hg.): Von der funktionalen zur ganzheitlichen Pflege. Reorganisation von Dienstleistungsprozessen im Krankenhaus. Göttingen: Verlag für Angewandte Psychologie, 301-320.

Glasgow Women's Health Group (Hg.) (1997): Action for women's health: making changes through organisations. Glasgow: Centre for Women's Health.

Glass, J.; Fujimoto, T. (1994): Housework, paid work, and depression among husbands and wives. J Health Soc Behav, Vol 35, June (2): 179-191.

Gluchowiecki, U. (1981): Der Einfluß gynäkologischer Erkrankungen im Klimakterium auf die gesellschaftliche und berufliche Leistungsfähigkeit bei Industriearbeiterinnen. Med. Diss., Medizinische Akademie, Dresden.

Godenzi, A. (1993): Gewalt im sozialen Nahraum. Basel: Helbing & Lichtenhahn.

Goebel, B. (1992): Wege aus der Überbelastung: begleitende psychosoziale und medizinische Hilfen für Frauen und Mütter in der Müttergenesung. Hameln: Niemeyer.

Goebel, P. (1984): Abbruch der ungewollten Schwangerschaft. Ein Konfliktlösungsversuch? Berlin: Springer Verlag.

Goepel, E.; Goepel, K.; Stock, K.-H. et al. (1991): Die Notwendigkeit der Zusammenarbeit zwischen Gynäkologe und Zahnarzt in der Schwangerschaft. Geburtsh. u. Frauenheilk. 51, 231-235.

Goepel, K. (1985): "Jede Schwangerschaft könnte die Mutter einen Zahn kosten". Eine Studie über die Zahngesundheitserziehung während der Schwangerschaft. Med. Diss. Hannover.

Goettle, G. (1996): Sie waren weiß, grün und rosa...: In: Staupe, G.; L. Vieth (Hg.): Die Pille. Von der Lust und von der Liebe. Berlin: Rowohlt, 181-192.

Gognalons-Nicolet, A.; Bardet Blochet, A.; Piletta-Zanin, S. et al. (1993): „Matureszenz" – die 40- bis 65jährigen. In: Weiss, W. (Hg.): Gesundheit in der Schweiz. Zürich: Seismo, 135-146.

Gognalons-Nicolet, M.; Blochet, A. B.; Fontaine, P. et al. (1997): Die Gesundheit von Frauen und Männern in der zweiten Lebenshälfte. Eidgenössisches Büro für die Gleichstellung von Frau und Mann, Bundesamt für Gesundheit (Hg.), Bern: Huber.

Goodwin, J; Cheeves, K.; Connell, V. (1988): Defining a syndrome of severe symptoms of survivors of severe incestuous abuse. Dissoc Progr Dissociat Dis (1), 11 -16.

Gordon, T.; Kannel, W. B. (1970): The Framingham, Massachusetts Study twenty years later. In: Kessler, I. I.; Levin, M. L. (Hg.): The Community as an Epidemiologic Laboratory. A Casebook of Community Studies. Baltimore: The Johns Hopkins Press,123-146.

Göretzlehner, G. (1990): Entwicklung der Kontrazeption mit Steroiden. Zeitschr. f. ärztl. Fortb., 84, 3-5.

Gøtzsche, P. C.; Olsen, O. (2000): Is screening for breast cancer with mammography justifiable? The Lancet 355, 1, 1 29-134.

Grandjean, E.; Hüntning, W. (1981): Sitzen Sie richtig? Sitzhaltung und Sitzgestaltung am Arbeitsplatz. Schriftenreihe des bayerischen Staatsministeriums für Arbeits- und Sozialordnung. München.

Grandjean, E.; Kretschmar, A. (1968): Arbeitsanalysen beim Verkaufspersonal eines Warenhauses. Zeitschrift für Präventivmedizin, H.13, 1-9.

Greenberg, G. (1997): The Truth about breast Cancer. Rachels Environment & Health Weekly.

Greenfeld, D.; Haseltine, F. (1986): Candidate selection and psychosocial considerations of in-vitro fertilization procedures. Clin. Obstet. Gynecol. 29 (1), 119-126.

Greifenhagen, A.; Fichter, M. (1998): Ver-rückt und obdachlos - psychische Erkrankungen bei wohnungslosen Frauen. Wohnungslos 3, 89-98.

Gritz, E. R. (1994): Biobehavioral Factors in Smoking and Smoking Cessation in Women. In: NIH, NHLBI: Women, Behavior, and Cardiovascular Disease, NIH Publication No. 94-3309, Washington DC, 53-67.

Grodstein, F.; Colditz, A.; Stampfer, M. J. (1996): Postmenopausal hormone use and tooth loss - A prospective-study. Journal of the American Dental Association 127 (3), 370-377.

Grushka, M. (1987): Clinical features of burning mouth syndrome. Oral Surg. Oral Med. Oral Pathol 63, 30-36.

Guberan, E.; Rougemont, A. (1974): Travail féminine et orthostatisme. Sozial- und Präventivmedizin, 279 - 283.

Günther, E. R.; Fritzsche, H. (1995): Zur Indikation der Mikroinsemination und donogenen Insemination. Eine Übersicht. Fertilität 11, 229-232.

Günther, R.; Kavemann, B.; Öhl, D. (1991): Modellprojekt Beratungsstelle und Zufluchtswohnung für sexuell mißbrauchte Mädchen von "Wildwasser" - Arbeitsgemeinschaft gegen sexuellen Mißbrauch an Mädchen e.V., Berlin. Schriftenreihe des Bundesministeriums für Familie und Jugend, Bd. 10. Stuttgart: Kohlhammer.

Gusy, B. (1995): Stressoren in der Arbeit, soziale Unterstützung und Burnout. Eine Kausalanalyse. München: Profil.

Gusy, B. (1995): Stressoren in der Arbeit, soziale Unterstützung und Burnout. Eine Kausalanalyse. München: Profil.

Gusy, B.; Kleiber, D. (1998): Burnout. In: Bamberg, E.; Ducki, A.; Metz, A.-M. (Hg.): Handbuch Betriebliche Gesundheitsförderung. Göttingen: Verlag für Angewandte Psychologie.

Guzick, D. S. (1999): Efficacy of superovulation and intrauterine insemination in the treatment of infertility. New Engl. J. Med. 340, 177-183.

Gysi, J.; Meyer, D. (1993): Leitbild: berufstätige Mutter - DDR-Frauen in Familie, Partnerschaft und Ehe. In: Helwig, G.; Nickel, H. M. (Hg.): Frauen in Deutschland 1945 - 1992. Bonn: Bundeszentrale für politische Bildung, Schriftenreihe Bd. 318, 139-165.

Haase, H. (1992): Die Preisgabe - Überlegungen zu Bedeutung der Menstruation in der Mutter-Tochter-Beziehung. In: Flaake, K.; King, V. (Hg.): Weibliche Adoleszenz - zur Sozialisation junger Frauen. Frankfurt a. M.: Campus, 166-185.

Hack, M.; Taylor, H. G.; Klein, N.; Eiben, R.; Schatschneider, C.; Mercuri-Minich, N. (1994): School-age outcomes in children with birth weights under 750 g. New England J. Med. 331 (12), 753-759.

Hagemann-White, C. (1992): Strategien gegen Gewalt im Geschlechterverhältnis. Bestandsanalyse und Perspektiven. Pfaffenweiler: Centaurus.

Hagemann-White, C.; Gardlo, S. (1997): Konflikte und Gewalt in der Familie. Ein Bericht über die erste Fachtagung des interdisziplinären Netzwerkes europäischer ForscherInnen zu Konflikt und Gewalt in der Familie. Loccum, 24.-27.8.97. Zeitschrift für Frauenforschung 15 (3), 73-96.

Hagemann-White, C.; Kavemann, B.; Kootz, J. (et al.) (1981); Hilfen für mißhandelte Frauen. Abschlußbericht der wissenschaftlichen Begleitung des Modellprojekts Frauenhaus Berlin. Schriftenreihe des Bundesministeriums für Jugend, Familie und Gesundheit, Bd. 124. Stuttgart: Kohlhammer.

Hagemann-White, C.; Kavemann, B.; Schirrmacher, G. (1998): Community response to gender violence: Model projects in Germany. Paper presented to the interdisciplinary European research network on conflict, gender and violence. Stockholm, 23.-26.8.1998. unveröff. Manuskript.

Hahn, D. (1996): Generatives Handeln und gesellschaftlicher Wandel: der 'Sterilisations-Skandal' in den ostdeutschen Bundesländern. Schweizer Zeitschrift für Soziologie 22, 347-383.

Hahn, D. (2000): Modernisierung und Biopolitik: Sterilisation und Schwangerschaftsabbruch in Deutschland nach 1945. Campus: Frankfurt/New York.

Halling, A.; Bengtsson, C. (1989): The number of oral contraceptives and menopausal status in relation to the number of remaining teeth and the periodontal bone height. A population study of women in Gothenburg, Sweden. Community Dental Health 6, 39-45.

Halpérin, D. S. (et al.) (1999): Violence et Santé: Un Programme Pilote au Sein des Hôpitaux Universitaires de Genève. Vortrag auf der europäischen Konferenz "Health and Human Rights", Strasbourg, 15-16. März 1999.

Hamann, M. (1982): Erprobung von Östrogenpräparaten in einer Spezialsprechstunde zur Behandlung des klimakterischen Syndroms. Med. Diss., Medizinische Akademie, Magdeburg.

Hammes, W. (1996): Ehescheidungen 1995. Wirtschaft und Statistik 12, 770 -776.

Hammes, W. (1997): Ehescheidungen 1996. Wirtschaft und Statistik 12, 826 -835.

Hamouda, O.; Nießing, W.; Voß, L. (1997): AIDS / HIV 1996 - Bericht zur epidemiologischen Situation in der Bundesrepublik Deutschland zum 31.12.1996, Berlin.

Hantsche, B.; Henze, K. H.; Piechotta, G. (1992): Psychosoziale Aspekte beider Frühgeburt eines Kindes - eine Bestandsaufnahme. Praxis Kinderpsychol. Kinderpsychiatr. 41, 129-139.

Happel, H.-V.; Fischer, R.; Wittfeld, I. (1993): Selbstorganisierter Ausstieg. Abschlussbericht. Frankfurt (unveröffentlicht).

Härtel, U.; Löwel, H. (1991): Familienstand und Überleben nach Herzinfarkt. Ergebnisse des Augsburger Herzinfarktregisters. Münch. med. Wschr. 133, 464-468.

Hartmann, H-P. (1997): Mutter-Kind-Behandlung in der Psychiatrie. Psychiatrische Praxis 24, 172-177.

Harvard report on cancer prevention (1996): Vol. 1: Causes of human cancer. Cancer Causes and Control 7 (1), 3-59.

Harych, H.; Harych, P. (1997): Der subjektive und objektive Gesundheitszustand von Arbeitslosen. Eine Studie in Sachsen. Institut für Arbeitsmarkt- und Berufsforschung der Bundesanstalt für Arbeit – Werkstattbericht Nr. 8, Nürnberg.

Hauser, G. A.; Huber, I. C.; Keller, P. et al. (1994): Evaluation der klimakterischen Beschwerden. (Menopause-Rating-Scale (MRS). Zentralbl. Gynäkol. 116, 16-23.

Hauser, R. (1995): Das empirische Bild der Armut in der Bundesrepublik Deutschland - ein Überblick. Aus Politik und Zeitgeschichte, B 31-32, 3-13.

Häussler, B. (1997): Lebenserwartungen ost- und westdeutscher Frauen und Männer. In: Begenau, J.; Helfferich, C. (Hg.): Frauen in Ost und West- Zwei Kulturen, zwei Gesellschaften, zwei Gesundheiten. Freiburg: jos fritz, 17-20.

Häussler, B.; Meyer, S.; Reschke, P.; Müller, P.; Staffeldt, T.; Schulze, E. (1995): Lebenserwartung erwerbstätiger Frauen. Forschungsprojekt im Auftrag des Bundesministeriums für Arbeit und Sozialordnung (BMA). Bonn: Forschungsbericht.

Häussler, M.; Bormann, B. (1997): Studie zur Lebenssituation von Familien mit behinderten Kindern in den neuen Bundesländern. Schriftenreihe des Bundesministeriums für Gesundheit, Bd. 87. Baden-Baden: Nomos.

Häussler, M.; Wacker, E.; Wetzler, R. (1996): Haushaltserhebung zur Lebenssituation von Menschen mit Behinderung. Schriftenreihe des Bundesministeriums für Gesundheit, Bd. 65. Baden-Baden: Nomos.

Häussler-Sczepan, M. (1995): Stand der Forschung zur Situation behinderter Frauen in der Bundesrepublik Deutschland. In: Bifos-Tagungsband "Behinderte – Frauen – Politik", Kassel, 13-17.

Healy, D. L.; Trounson, A. O.; Andersen, A. N. (1994): Female infertility: causes and treatment. Lancet 343, 1539-1544.

Hearn, J. (1998): The violences of men: how men talk about and how agencies respond to men`s violence to women. London: Sage.

Hebert, J. R.; Rosen, A. (1996): Nutritional, socioeconomic, and reproductive factors in relation fo female breast cancer mortality: findings from a cross-national study. Cancer Detection and Prevention, 20(3), S. 234-244.

Heckmann, W.; Püschel, K.; Schmoldt, A. et al. (1993): Drogennot- und -todesfälle. Baden-Baden: Nomos.

Hedlund, E., Eklund, I.-B. (1986): Emotionale Probleme der Beraterinnen bei der Konfrontation mit sexueller Gewalt. In: Heinrichs, J. (Hg.): Vergewaltigung - Die Täter und die Opfer. Braunschweig: Holtzmeyer, 62-64.

Hedrich, D. (1989): Drogenabhängige Frauen und Männer. In: Kindermann, W.; Sickinger, R.; Hedrich, D. et al. (Hg.): Drogenabhängig. Lebenswelten zwischen Szene, Justiz, Therapie und Drogenfreiheit. Freiburg: Lambertus.

Hedtke-Becker, A. (1990): Die Pflegenden pflegen. Freiburg: Lambertus.

Heide, U. (1993): Soziale Notlagen bei Menschen mit HIV und Aids. Wissenschaftszentrum Berlin für Sozialforschung, Oktober Berlin: P93-209.

Heiliger, A.; Hoffmann, S. (Hg.) (1998): Aktiv gegen Männergewalt. München: Verlag Frauenoffensive.

Heinemann, L. (Red.): Zentralinstitut für Herz-Kreislauf-Forschung in der DDR (Hg.) (1988): "Mini-DDR" – Datenbuch zu Stand und Trends ausgewählter chronischer Erkrankungen und assoziierter Einflußfaktoren aus Umwelt und Lebensweise, Berlin.

Heinemann, L. A. J.; Barth, W.; Garbe, E.; Willich, S. N.; Kunze, K. und die Forschungsgruppe MONICA Ostdeutschland (1998): Epidemiologische Daten zur Schlaganfallerkrankung. Nervenarzt 12, 1091-1099.

Heinz-Trossen, A. (1993): Prostitution und Gesundheitspolitik. Prostituiertenbetreuung als pädagogischer Auftrag des Gesetzgebers an die Gesundheitsämter. Europäische Hochschulschriften. Frankfurt a. M.: Verlag Peter Lang.

Heiskaanen, M; Piispa, M. (1998): Faith, hope, battering: A survey of men's violence against women in Finland. Helsinki: Statistics Finland.

Helfferich, C. (1993): Das unterschiedliche „Schweigen der Organe" bei Frauen und Männern - subjektive Gesundheitkonzepte und „objektive Gesundheitsdefinitionen". In: Franke, A.; Broda, M. (Hg.): Psychosomatische Gesundheit. Versuch und Abkehr vom Pathogenese-Konzept. Tübingen: dgvt-Verlag, 35-65.

Helfferich, C. (1994): Jugend, Körper und Geschlecht. Die Suche nach sexueller Identität. Opladen: Leske+Budrich.

Helfferich, C. (1994): Jugend, Körper und Geschlecht. Opladen: Leske + Budrich.

Helfferich, C., Schehr, K., Müller, G., Länderbericht für die WHO - Regional Office for Europe-Bundesrepublik Deutschland (Abschlußbericht) gefördert von der Fritz und Hildegard Berg-Stiftung im Stifterverband für die Deutsche Wissenschaft. Freiburg 1995.

Helfferich, C.; Dässler, U.; Karmaus, W. (1997): Verbreitung von und Umgang mit Schwangerschaftsabbrüchen. In: Bundeszentrale für gesundheitliche Aufklärung (Hg.): Kontrazeption, Konzeption, Kinder oder keine. Dokumentation einer Expertentagung. Forschung und Praxis der Sexualaufklärung und Familienplanung. Bd. 6. 2. Auflage. Köln, 148-160.

Helfferich, C.; Hendel-Kramer, A.; Bauer, S. (et al.) (1994): Bekanntheit der Anlaufstelle für vergewaltigte Frauen und sexuelle Viktimisierung in Freiburg. Eine Befragung Freiburger Bürgerinnen. Teilerhebung im Rahmen der Wissenschaftlichen Begleitung der Anlaufstelle für vergewaltigte Frauen an der Universitätsfrauenklinik Freiburg. Bonn: Bundesministerium für Familie, Senioren, Frauen und Jugend.

Helfferich, C.; Hendel-Kramer, A.; Tov, E. (et al.) (1997): Anlaufstelle für vergewaltigte Frauen. Abschlußbericht der wissenschaftlichen Begleitforschung. Schriftenreihe des Bundesministeriums für Familie, Senioren, Frauen und Jugend, Bd. 146. Stuttgart: Kohlhammer.

Helfferich, C.; Kandt, I. (1996): Wie kommen Frauen zu Kindern - die Rolle von Planung, Wünschen und Zufall im Lebenslauf. In: BZgA (Hg.): Kontrazeption, Konzeption, Kinder - oder keine. Dokumentation einer Expertentagung. Köln: BZgA. Fachheftreihe Forschung und Praxis der Sexualaufklärung und Familienplanung, Bd. 5, 7-14.

Helfferich, C.; Küppers-Chinnow, M. (1996): Verbreitung von und Umgang mit Fruchtbarkeitsstörungen. In: Bundeszentrale für gesundheitliche Aufklärung (Hg.): Kontrazeption, Konzeption, Kinder oder keine, 113-136.

Helmert U. (1994): Sozialschichtspezifische Unterschiede in der selbst wahrgenommenen Morbidität und bei ausgewählten gesundheitsbezogenen Indikatoren in West-Deutschland. In: Mielck A. (Hrsg): Krankheit und soziale Ungleichheit. Sozialepidemiologische Forschungen in Deutschland. Opladen: Leske + Budrich, 187-207.

Helmert U. (1997): Welchen Erklärungswert besitzen die traditionellen Sozialschichtindikatoren Einkommen, Bildung und berufliche Stellung für die gesundheitliche Ungleichheit – Ergebnisse aus Gesundheitssurveys in Deutschland. Vortag. Gemeinsame Tagung der Sektionen „Soziale Ungleichheit und Sozialstrukturanalyse" und „Medizinsoziologie" der DGS. Nürnberg.

Helmert, U.; Borgers, D. (1998): Rauchen und Beruf. Eine Analyse von 100.000 Befragten des Mikrozensus 1995. AAA-Arbeitsmedizin und Arbeitsschutz aktuell. Ein Loseblattwerk für die Praxis, Lieferung 43, 12/98, 47-56.

Helmert, U.; Borgers, D. (1998): Rauchen und Beruf. Eine Analyse von 100.000 Befragten des Mikrozensus 1995. Arbeitsmedizin und Arbeitsschutz aktuell, 43, 47-56.

Helmert, U.; Maschewsky-Schneider, U. (1998): Zur Prävalenz des Tabakrauchens bei Arbeitslosen und Armen. In: Henkel, D.; Vogt, I. (Hg.): Sucht und Armut. Alkohol, Tabak, Medikamente, illegale Drogen. Opladen: Leske+Budrich.

Helmert, U.; Maschewsky-Schneider, U.; Mielck, A.; Greiser, E. (1993): Soziale Ungleichheit bei Herzinfarkt und Schlaganfall in West-Deutschland. Soz. Präventivmed. 38, 123-132.

Henter, A. (1995): Heim- und Freizeitunfälle in Deutschland. Schriftenreihe der Bundesanstalt für Arbeitsschutz - Sonderschrift. Dortmund: Wirtschaftsverlag NW, 39.

Herbst, K. (1995): Repräsentativerhebung 1994 zum Konsum und Mißbrauch von illegalen Drogen, alkoholischen Getränken, Medikamenten und Tabakwaren. In: Deutsche Hauptstelle gegen die Suchtgefahren (Hg.) (1995): Jahrbuch Sucht '96. Geesthacht: Neuland, 203-222.

Herman, J. L. (1993): Die Narben der Gewalt. Traumatische Erfahrungen verstehen und überwinden. München: Kindler.

Hermann, S.; Hiestermann, A. (1995): Diskussionsbeiträge zur Gesundheits- und Sozialforschung. Zur gesundheitlichen und sozialen Lage von Frauen in Berlin. Eine erste geschlechtsspezifische empirische Diagnose. Diskussionspapier 26, Senatsverwaltung für Gesundheit Berlin.

Hermann, S.; Hiestermann, A. (1995): Zur gesundheitlichen und sozialen Lage von Frauen in Berlin. Senatsverwaltung für Gesundheit Berlin (Hg.).

Hermes, G. (Hg.) (1994): Mit Recht verschieden sein. Forderungen behinderter Frauen an Gleichstellungsgesetze. Kassel: Bifos.

Herrmann, H. M. (1985): Psychologische Überlegungen zum Wunsch nach Refertilisierung. Geburtsh. u. Frauenheilk. 45, 170-175.

Herrmann, U. (1995): Wünsche und Bedürfnisse von Frauen mit HIV und AIDS. Eine empirische Studie über die Versorgungssituation HIV-infizierter Frauen in der Bundesrepublik

Deutschland. In: Deutsche AIDS-Hilfe (Hg.): Frauen , HIV-Infektionen und AIDS. Zwei Befragungen zum Thema, AIDS-Forum D.A.H.,Band 21, Berlin.

Hersch, M.; Gottwalz, E. (1999): Lebensgeschichten drogenabhängiger Frauen. In: Krausz, P. (Hg.): Drogen in der Metropole. Freiburg: lambertus, 141-148.

Herschbach, P. (1991): Psychische Belastung von Ärzten und Krankenpflegekräften. Weinheim: VCH.

Herter-Bischoff, O. (1991): Ist der ASD weiblich? ISA (Hg.): Dokumentation zum Essener ASD-Kongreß, Münster: 62-78.

Hervé, C.; Moutel, G. (1995): Sex chromosomes abnormalities after intracytoplasmic sperm injection. Lancet 346, 1095-1096.

Heuchert, G.; Bräunlich, A.; Stark, H. (1987): Arbeitsmedizinische Aspekte des Betreuungsbedarfs älterer Werktätiger. Z. Alternsforschung 4 (42), 241-247.

Heuer, C.; Becker, N. (1999): Smoking prevalence and lung cancer mortality in Germany. Journal of Epidemiology and Biostatistics (4) 1, 45-52.

Heuser, K. (1996): Obdachlos und psychisch krank - Probleme innerhalb von Verwaltung und Recht. In: Institut für kommunale Psychiatrie (Hg.) (1996): Auf die Straße entlassen. Obdachlos und psychisch krank. Bonn: Psychiatrie-Verlag, 95-106.

Hibbard, J. H.; Pope, C. R. (1991): Effect of Domestic and Occupational Roles on Morbidity and Mortality. Soc Sci Med, Vol 32, No. 7, 805-811.

Hinze, L.; Tomaszewski, K.; Merfert, A. et al. (1999): Lebenslagen, Risiken und Gesundheit von Frauen in der Bundesrepublik Deutschland. In: Public-Health-Forschungsverbünde in der Deutschen Gesellschaft für Public Health e. V. (Hg.): Public Health Forschung in Deutschland. Bern: Huber, 62-69.

Hirsch, M. (1925): Die Gefährdung von Schwangerschaft, Geburt und Wochenbett durch die Erwerbsarbeit der Frau, mit besonderer Berücksichtigung der Textilindustrie. Zentralbl. Gynäk. 49, 1793-1796.

Hoffmann, D. (Hg.): Frauen in der Psychiatrie oder wie männlich ist die Psychiatrie? Bonn: Psychiatrie-Verlag.

Hoffmann, E.; Menning, S.; Speigner, W. (1990): Demographische Entwicklung. In: Winkler, G. (Hg.): Frauenreport 90. Berlin: Wirtschaft, 16-36.

Hoffmann, E.; Trappe, H. (1992): Leben mit Kindern in der DDR. Ergebnisse bevölkerungssoziologischer Forschung. Zeitschrift für Sozialisationsforschung und Erziehungssoziologie, 1. Beiheft, 42-54.

Hoffmann-Lange, U. (Hg.) (1995): Jugend und Demokratie in Deutschland. DJI-Jugendsurvey 1. Opladen: Leske+Budrich.

Hoffmeister, H.; Bellach, B.-M. (Hg.) (1995): Die Gesundheit der Deutschen. Ein Ost-West-Vergleich von Gesundheitsdaten. RKI – Heft 7/1995.

Hofmann, D.; Soergel, T. (1972): Untersuchungen über das Menarchen- und Menopausenalter. In: Geburtsh. u. Frauenheilk. 32 (1972), 969-977.

Höhn, C. (Hg.) (1998): Demographische Trends, Bevölkerungswissenschaft und Politikberatung - Aus der Arbeit des Bundesinstituts für Bevölkerungsfoschng (BiB), 1973 bis 1988. Opladen: Leske und Budrich.

Holz, A.; Leune, J. (1998): Zur Versorgung Suchtkranker in Deutschland. In: Deutsche Hauptstelle gegen die Suchtgefahren (Hg.): Jahrbuch Sucht 99. Geesthacht: Neuland.

Holzbecher, M.; Braszeit, A.; Müller, U. (et al.) (1991): Sexuelle Belästigung am Arbeitsplatz. Schriftenreihe des Bundesministeriums für Jugend, Familie, Frauen und Gesundheit, Bd. 260. Stuttgart: Kohlhammer.

Holzhauer, B. (1989): Schwangerschaft und Schwangerschaftsabbruch. Die Rolle des reformierten §218 StGB bei der Entscheidungsfindung betroffener Frauen. Kriminologische Forschungsberichte aus dem Max-Planck-Institut für ausländisches und internationales Strafrecht. Bd. 38. Freiburg.

Hölzle, C. (1990): Die psychische Bewältigung der In-vitro-Fertilisation. Münster: Lit Verlag.

Höpflinger, F. (1991): Neue Kinderlosigkeit - Demographische Trends und gesellschaftliche Spekulationen. Acta Demographica Heidelberg: Physica-Verlag, 81-100.

Hormone replacement therapy (1999): Clinical Synthesis Panel on HRT. Lancet 354, 152-155.

Hornig, D. (1994): Auswirkungen gesellschaftlicher Transformationsprozesse auf das reproduktive Verhalten Brandenburger Frauen unter besonderer Berücksichtigung der irreversiblen Schwangerschaftsverhütung: Studie im Auftrag des Ministeriums für Arbeit, Soziales, Gesundheit und Frauen des Landes Brandenburg.

Hoven, K. (1985): Behinderte Frauen = verhinderte Frauen? Gefühle einer Therapeutin geistig behinderter Frauen. In: Appel, C. (Hg.): Frauenforschung sichtbar machen. Dokumente zur Frauenwoche der Universität Frankfurt. Frankfurt a. M., 237-250.

Howie P. W.; Forsyth, Ogston S. A.; Clark, A.; Florey, Ch. (1990): Protective effect of breastfeeding against infection. Brit. Med. J. 300, 11-16.

Howie, P. W.; Forsyth, S. J.; Ogston, S. A.; Clark, A.; Florey, C. V. (1990): Protective effect of breast feeding against infection. Br. Med. J. 300(6716), 11-16.

Hübner, M.; Münch, K.; Reinecke, J. (1998): Sexual- und Verhütungsverhalten 16- bis 24jähriger Jugendlicher und junger Erwachsener. Eine repräsentative Wiederholungsbefragung im Auftrag der BZgA aus dem Jahr 1996. Schriftenreihe Forschung und Praxis der Sexualaufklärung und Familienplanung. Köln: BZgA.

Hüllinghorst, R. (1997): Zur Versorgung Suchtkranker in Deutschland. In: Deutsche Hauptstelle gegen die Suchtgefahren (Hg.): Jahrbuch Sucht 98. Geesthacht: Neuland.

Hummel, B. (Hg.) (1994): Myome. Eine Selbsthilfebroschüre für Frauen. Initiative Gesundheitswissen und Gesundheitsforschung für Frauen. München.

Hutzler, D. (1996): Überarbeitete Neuauflage des Mutterpasses 1996. Dt. Ärztebl. 93, C1401-C1407.

IAB-Kurzbericht Nr. 8 (1997): Erziehungsurlaub - und was dann? Die Situation von Frauen bei ihrer Rückkehr auf den Arbeitsmarkt - Ein Ost/West-Vergleich, 1-5.

ICD-10 (1993) - siehe: Dilling et al. (1993).

Idler, E. L.; Benyamini, Y. (1997): Self-rated Health and Mortality: A Review of Twenty-Seven Community Studies. Journal of Health and Social Behavior, 38 (March), 21-37.

IDZ – Institut der Deutschen Zahnärzte (Hg.) (1991): Mundgesundheitszustand und –verhalten in der Bundesrepublik Deutschland. Ergebnisse des nationalen IDZ-Survey 1989. Köln: Deutscher Ärzte.

IDZ – Institut der Deutschen Zahnärzte (Hg.) (1993): Mundgesundheitszustand und –verhalten in Ostdeutschland. Ergebnisse des IDZ-Ergänzungssurvey 1992. Köln: Deutscher Ärzte.

IDZ – Institut der Deutschen Zahnärzte (Hg.) (1999): Dritte Deutsche Mundgesundheitsstudie (DMS III). Köln: Deutscher Ärzte.

IfMSt – Institut für Medizinische Statistik und Datenverarbeitung (1985-1990): Das Gesundheitswesen der Deutschen Demokratischen Republik, Berlin.

IFT - Institut für Therapieforschung: Repräsentativerhebung zum Gebrauch psychoaktiver Substanzen bei Erwachsenen in Deutschland 1990, 1992, 1995. IFT-Berichte 1990, 1992, 1995. München (unveröffentlicht).

Igney, C. (1999): Sexualisierte Gewalt gegen Frauen und Mädchen in der DDR und den neuen Bundesländern. In: Selbsthilfe und Therapiezentrum (i.G.) „Dolgener See". Gewalt verrückt die Seele: Eine Untersuchung zu Hilfsangeboten im psychosozialen und medizinischen Bereich für sexuelle traumatisierte Frauen im Mecklenburg-Vorpommern. 16-25.

Imfeld, Th.; Lutz, F. (1995): Ist orale Prävention allgemeinmedizinisch relevant? Schweiz. Monatsschr. Zahnmed. 105 (3), 355-358.

Infratest Sozialforschung (1992): Hilfebedürftige Behinderte in privaten Haushalten. Sekundäranalyse, unveröffentlichter Berichtsband, München.

Ingermann, T. (1988): Die In-vitro-Fertilisation und der intratubare Gametentransfer in der BRD (1982-1987). Fertilität 4, 204-207.

Institut for Medical Informatics, Biostatistics & Epidemiology (1999): Alcohol consumption and alcohol problems among women in european countries. Project final report. Freie Universität Berlin.

Institut für kommunale Psychiatrie (Hg.) (1996): Auf die Straße entlassen. Obdachlos und psychisch krank. Bonn: Psychiatrie-Verlag.

Institut für Sozial- und Präventivmedizin der Universität Lausanne (1997): Jugendliche und ihre Sexualität. Situationen, Kommunikation und Entscheidungen im Liebes- und Sexualleben von Jugendlichen. Eine Befragung bei 16- bis 20-Jährigen in der Schweiz. Lausanne: Jugend und Gesundheit ISPMZ.

Institut für Sozialmedizin und Epidemiologie des Bundesgesundheitsamtes (1994): Die Gesundheit der Deutschen. Ein Ost-West-Vergleich. Soz.Ep.-Hefte 4/1994. Berlin.

INWAT-Europe (1998): Newsletter. xru48@dial.pipex.com

INWAT-International Network of Women Against Tobacco. A program of the American Cancer Society (1999): The NET. http://www. inwat.org

Jäger, H. (1989): Frauen und AIDS. Somatische und psychosoziale Aspekte. Berlin: Springer.

Jahn, I.; Maschewsky-Schneider, U.; Babitsch, B.; Bammann, K. (1998): Zur Bedeutung der Eingebundenheit von Frauen in Erwerbs-, Haus- und Familienarbeit für ihre Gesundheit. Ergebnisse aus einer Befragungsstudie in Bremen. In: Arbeitskreis Frauen und Gesundheit im Norddeutschen Forschungsverbund Public Health (Hrsg.): Frauen und Gesundheit(en) in Wissenschaften, Praxis und Politik. Bern: Verlag Hans Huber, 74-88.

Jellinek, E. M. (1960): The disease concept of alcoholism. New Haven: University Press.

Jöckel, K.-H.; Herzog, G.; Maschewsky-Schneider, U.; Witzko, K.-H. (1989): Einstellung der Bevölkerung zum Verbot der Tabakreklame - eine regionale Untersuchung in Nordrhein-Westfalen und Bremen. Abschlußbericht. Im Auftrag des Ministers für Arbeit, Gesundheit, und Soziales (MAGS) des Landes Nordrhein-Westfalen.

Joffe, M.; Li, Z. (1994): Male and Female Factors in Fertility. Am J Epidemiol 140 (10), 921-929.

John, U.; Hapke, U.; Rumpf, H.-J. et al. (1996): Prävalenz und Sekundärprävalenz von Alkoholmissbrauch und -abhängigkeit in der medizinischen Versorgung. Baden-Baden: Nomos.

Johne, R.; Peemüller, G. (1992): Weibliche Berufsverläufe in der ehemaligen DDR. Umbruch - Beiträge zur sozialen Transformation 3, 42-50.

Johne-Manthey, B.; Thurke, M. (1990): Bewältigungsstrategien bei Brustkrebs. Ergebnisse einer Längsschnittstudie. Heidelberg: Asanger.

Johnson, S. R. (1996): Risiken und Vorteile der hormonellen Substitutionstherapie. In: Maschewsky-Schneider, U. (Hg.): Frauen - das kranke Geschlecht? Mythos und Wirklichkeit. Leverkusen/Opladen: Leske + Budrich.

Jugendwerk der Deutschen Shell (Hg.) (1992): Jugend '92. Lebenslagen, Orientierungen und Entwicklungsperspektiven im vereinigten Deutschland, Bd. 4. Opladen: Leske + Budrich.

Jukes, A. E. (1999): Men who batter women. London: Routledge.

Junge, B. (1998): Rauchen und Lungenkrebs bei Frauen: Werden die Männer überholt? Bundesgesundheitsblatt (41) 11: 474-477.

Junge, B., Nagel, M. (1999): Das Rauchverhalten in Deutschland. In: Das Gesundheitswesen. 2 Sonderheft (61. Jahrgang) Dezember 1999: 55-222.

Jürgens, H. W. (1989): Bevölkerungsentwicklung. In: Schneider, H. P. G. (Hg.): Sexualmedizin - Infertilität - Familienplanung. München: Urban & Schwarzenberg, 99-121.

Jürgens, K.; Reinecke, K. (1997): Die '28,8-Stunden-Woche' bei Volkswagen: Ein neues Arbeitszeitmodell und seine Auswirkungen auf familiale Lebenszusammenhänge von Schichtarbeitern. In: Veröffentlichungen des Forschungsverbundes Interdisziplinäre Sozialstrukturfoschung (FIS) der Universitäten Hannover und Oldenburg, Band 1. Hannover: Offizin-Verlag.

Kahl, H.; Bergmann R. L.; Röseler, G. (1998): Teenage-Schwangerschaften. Bundesgesundheitsbl. 41 (11), 478-483.

Kahnes, K.; Kahnes, G. (1992): Die Rolle der Kinderfamilie bei der Betreuung älterer Bürger. Med. Diss. Karl–Marx–Universität, Leipzig.

Kanne, B. (1996): Einbindung in die Frauenberatung – Frauenberatungsstelle Düsseldorf. In: Helfferich, C.; Hendel-Kramer, A. (Hg.): Hilfen für vergewaltigte Frauen. Dokumentation der Tagung Januar 1995. Freiburg: Freiburger Institut für Gesundheitswissenschaft.

Kannel, W. B. (1987): New perspectives in CVD risk factors. Am Heart J 114, 213-219.

Kaplan, G. A.; Keil, Y. E. (1993): Socioeconomic factors and cardiovascular disease: A review of literature. AHA Medical/Scientific Statement - Special Report.

Kaplan, M. L.; Asnis, G. M.; Lipschitz, D. S.; Chorney, P. (1995): Suicidal behavior and abuse in psychiatric outpatients. Comprehensive Psychiatry 36 (3), 229 -235.

Karasek, R.A.; Theorell, T. (1990): Healthy Work. Stress, Productivity, and the Reconstruction of Working Life. Basic Books.

Karmaus, W.; Juul, S.; On behalf of the European Infertility and Subfecundity Group (1999): Infertility and subfecundity in population-based samples from Denmark, Germany, Italy, Poland and Spain. European Journal of Public Health 9, 229-235.

Karsa, L. von (1997): Einführung der Mammographie in das gesetzliche Früherkennungsprogramm - Stand der Vorbereitungen. Forum DKG (12). 631-636.

Katschnig, H., Konieczna, T. (1986): Notfallpsychiatrie und Krisenintervention. In: Kisker, K. P.; Lauter, H.; Meyer, J.-E., Müller, C.; Strömgren, E. (Hg.). Psychiatrie der Gegenwart, Bd. 2. Berlin: Springer.

Kaufmann, M.; Minckwitz, G. (1996): Das primäre Mamma-Karzinom - Vorschläge und aktuelle Aspekte zur adjuvanten systemischen Therapie. Deutsches Ärzteblatt 93, H. 12.

Kavemann, B.; Leopold, B.; Schirrmacher, G. (1999): Projekt WiBIG: wissenschaftliche Begleitung Interventionsprojekte gegen häusliche Gewalt. Zwischenbericht. Berlin, unveröff. Projektbericht.

KdEG - Kommission der Europäischen Gemeinschaften (1997): Bericht der Kommission an den Rat, das Europäische Parlament, den Wirtschafts- und Sozialausschuß und den Ausschuß der Regionen zur gesundheitlichen Situation der Frauen in der Europäischen Gemeinschaft. Brüssel.

Kebbel, J. (1996): Die Spirale von sozialer Not und psychischer Erkrankung. Repräsentative Ergebnisse einer empirischen Großstadt-Studie. In: Institut für kommunale Psychiatrie (Hg.): Auf die Straße entlassen. Obdachlos und psychisch krank. Bonn: Psychiatrie-Verlag, 63-76.

Keddi, B.; Seidenspinner, G. (1991): Arbeitsteilung und Partnerschaft. In: Bertram, H. (Hg.): Die Familie in Westdeutschland. Stabilität und Wandel familialer Lebensformen. Deutsches Jugend-Institut. Familien-Survey. Band 1. Opladen: Leske + Budrich, 159-192.

Keller, J.; Denz, D.; Rothe, K. (1968): Extreme Geburtenfälle (II). Das Deutsche Gesundheitsw., 23, 22-25.

Keller, P. J. (1995): Hormon- und Fertilitätsstörungen in der Gynäkologie. Berlin: Springer.

Kelly, L. (1988): Surviving sexual violence. Minneapolis: University of Minnesota.

Kelsey, J. L.; Bernstein, L. (1996): Epidemiology and prevention of breast cancer. Annual Review of Public Health (17), 47-67.

Kennedy, M. (1989):The abuse of deaf children. Child Abuse Review, Spring, 3.

Kerkhof, A. J. F. M., Schmidtke, A., Bille-Brahe, U. (Hg.) (1994): Attempted suicide in Europe. Leiden: DSWO Press.

Kersting, M.; Koester, H.; Wennemann, J. et al. (1987): Stillstudien 1981-1983 bei 1500 Müttern in Dortmund und Haltern. Monatsschr. Kinderheilkd., 135, 204-209.

Kersting, M.; Schöch, G. (1995): Stillen in der Geburtsklinik und Fortsetzung der Säuglingsernährung im ersten Lebensjahr. In: RKI (Hg.): Stillen in Deutschland. RKI-Hefte 8/1995. Berlin, 18-32.

Ketting, E.; van Praag, Ph. (1985): Schwangerschaftsabbruch: Gesetz und Praxis im internationalen Vergleich. Tübingen: DGVT.

Kickbusch, I. (Hg.) (1981): Die Frauengesundheitsbewegung – ein Forschungsgegenstand? In: Schneider, U. (Hg.): Was macht Frauen krank? Ansätze zu einer frauenspezifischen Gesundheitsforschung. Frankfurt am Main: Campus.

Kiefl, W.; Schmid, J. (1985): Empirische Studien zum generativen Verhalten. Erklärungsbefunde und theoretische Relevanz. Schriftenreihe des Bundesinstituts für Bevölkerungsforschung. Boppard a. Rhein: Boldt.

Kies, S.; Lass, R.; Pohl, U. et al. (1994): Berlin - eine Stadt für behinderte Frauen? Senatsverwaltung für Arbeit und Frauen, Berlin.

Kieselbach, T. (1988): Arbeitslosigkeit. In: Asanger, W.; Wenninger, G. (Hg.): Handwörterbuch Psychologie, München: Psychologie Verlags Union, 42-51.

Kirchengast, S. (1992): Der Einfluß sozioökonomischer Faktoren auf den Zeitpunkt der Menopause und den Verlauf des Klimakteriums. Z. Gerontol. 128-133.

Kirner, E.; Schulz, E. (1992): Das „Drei-Phasen-Modell" der Erwerbsbeteiligung von Frauen - Begründung, Norm und empirische Relevanz. In: Ott, N.; Wagner, G. (Hg.): Familie und Erwerbstätigkeit im Umbruch. Sonderheft des DIW, Nr. 148. Berlin: Duncker und Humbold, 17-55.

Kirner, E.; Schwarze, J. (1996): Zur Einkommenssituation und Einkommensverwendung von Familien mit jüngeren Kindern. Vierteljahrshefte zur Wirtschaftsforschung 65 (1), 190-206.

Kirschner, B. (1996): Jugend und illegale Drogen in Ostdeutschland - eine bevölkerungsrepräsentative Längsschnittstudie. München: Profil.

Kitzinger, J. (1995): Qualitative Research: Introducing focus groups. British Medical Journal (BMJ), Jul29, 311 (7000), 299–302

Klaes, R.; Walthes, R. (o.J.): Bewegungsorientierte Frühförderung und Familien - das Tübinger Konzept. Darstellung der Projektarbeit. Universität Tübingen, Institut für Sportwissenschaft, Tübingen (unveröffentlichtes Manuskript).

Klann, N.; K. Hahlweg (1996): Bestandsaufnahmen in der institutionellen Ehe-, Familien- und Lebensberatung. Stuttgart: Kohlhammer.

Klebanov, P. K.; Brooks-Gunn, J.; McCormick, M. C. (1994): Classroom behavior of very low birth weight elementary school children. Pediatrics 94 (5) 700-708.

Klein, R. (1990): IVF research: a question of feminist ethics. Reproductive and Genetic Engineering 3 (3), 243-251.

Kleine, W.; Sonnenberg, S.; Haas, J. (1990): Dermatologische Befunde in der betriebsärztlichen Praxis. Zeitschrift für Arbeitswissenschaft, 44 (16 NF), 3, 137- 144.

Kleine-Deppe, A.; David, M.; Farkic, M. (1996): Aufrechte Gebärposition - mehr Geburtswegverletzungen? Ergebnisse einer retrospektiven vergleichenden Untersuchung. Zentralbl. f. Gyn. 118 (1996), 448-452.

Klesse, R.; Sonntag, U.; Brinkmann; M.; Maschewsky-Schneider; U. (1992): Gesundheitshandeln von Frauen: Leben zwischen Selbst-Losigkeit und Selbst-Beweßtsein. Frankfurt/New York: Campus Verlag.

Kliemt, G. (1995): Arbeitsplätze mit Gefahrenstoffbelastung und hohem Frauenanteil. Schriftenreihe der Bundesanstalt für Arbeitsschutz: Forschung, Fb 713, Bremerhaven: Wirtschaftsverlag NW.

Kloppenburg-Frehse, B.; Koepp, P. (1993): Stillverhalten in Hamburg in Abhängigkeit von demographischen und sozioökonomischen Faktoren. Eine medizinsoziologische Studie an zwei geburtshilflichen Kliniken. Sozialpädiatrie 15 (11), 696-700.

Kluge, N. (1998): Sexualverhalten Jugendlicher heute. Weinheim: Juventa.

Knopf, H.; Braemer-Hauth, M.; Melchert, H. U.; Thefeld, W. (1995): Ergebnisse des Nationalen Untersuchungs-Surveys zum Laxantienverbrauch. Bundesgesundheitsblatt 38 (12).

Knopf, H.; Fritsche, U. (1990): Müttersterblichkeit in der DDR. In: Thiele, W. (Hg.). Das Gesundheitswesen der DDR: Aufbruch oder Einbruch? Denkanstöße für eine Umordnung des Gesundheitswesens in einem deutschen Staat. Schriftenreihe Forum Sozial- und Gesundheitspolitik. St. August, 217-221.

Knopf, M.; Lange, C. (1993): Verhütung, Schwangerschaft, Abtreibung. In: Schmidt, G. (Hg.): Jugendsexualität. Sozialer Wandel, Gruppenunterschiede, Konfliktfelder. Stuttgart: Enke, 145-153.

Knorre, P. (1984): Zu einigen psychischen Faktoren der ehelichen Sterilität und ihrer Bedeutung für die spätere Erfüllung des Kinderwunsches. Geburtsh. u. Frauenheilk. 44, 42-46.

Koch, J.; Kirchner; W. (1997): Bestimmung der Prävalenz genitaler HPV- und Chlamydiatrachomitis-Infektionen in einem repräsentativen Querschnitt der weiblichen Bevölkerung in Berlin. In: Infektionsemidemiologische Forschung II/97, 1-7.

Koffi-Blanchard, M. C.; Dubois-Arber, F.; Michaud, P.-A. (1994): Hat sich der Beginn der Sexualität bei Jugendlichen in der Zeit von AIDS verändert? Schweiz. Med. Wochenschr. 124, 1047-1055.

Köhle, K.; Simons, C.; Jung K. (1996): Anorexia nervosa. In: Uexküll, T. v.; Adler, R.H. (Hg.) (1996): Psychosomatische Medizin. München: Urban & Schwarzenberg, 599–615.

Kolip, P. (1997): Geschlecht und Gesundheit im Jugendalter. Die Konstruktion von Geschlechtlichkeit über somatische Kulturen. Opladen: Leske + Budrich.

Kolip, P. (1999): Frauenleben in Ärztehand. In: Kolip, P. (Hg.) Weiblichkeit ist keine Krankheit. Die Medikalisierung körperlicher Umbruchphasen im Leben von Frauen. Weinheim: Juventa, im Druck.

Költzsch Ruch, K. (1997): Was bringt die Familien- und Hausarbeit für den Beruf? In: Grundlagen der Weiterbildung, 2/1997.

Kommission der Europäischen Gemeinschaften (Hg.) (1997): Bericht der Kommission zur gesundheitlichen Situation der Frauen in der Europäischen Gemeinschaft. Brüssel.

Kommission der Europäischen Gemeinschaften (Hg.) (1997): Bericht der Kommission an den Rat, das europäische Parlament, den Wirtschafts- und Sozialausschuß und den Ausschuß der Regionen zur gesundheitlichen Situation der Frauen in der Europäischen Gemeinschaft. Brüssel.

Konsensuspapier zum Expertengespräch "Chlamydiendiagnostik" (1997): Der Mikrobiologe 7, 19-21.

Kopp, R.-P. (1993): Hintergründe und Motive zur Sterilisation. Unveröffentlichtes Manuskript.

Köpp, W.; Jacoby, G.E. (Hg.) (1996): Beschädigte Weiblichkeit. Eßstörungen, Sexualität und sexueller Mißbrauch. Heidelberg: Asanger.

Korporal, J.; Tietze, K. W.; Zink, A. (Hg.) (1985): Schwangerenvorsorge: Ausländische Schwangere - Vorsorge, Diagnosen und Therapie am Beispiel der Versicherten einer Ortskrankenkasse. Berlin: deGruyter.

Kracke, B. (1988): Pubertät und Problemverhalten bei Mädchen. Diplomarbeit. Berlin: TU.

Kracke, B.; Silbereisen, R.K. (1994): Körperliches Entwicklungstempo und psychosoziale Anpassung im Jugendalter. Ein Überblick zur neueren Forschung. Zeitschrift für Entwicklungspsychologie und Päd. Psychologie 24 (4), 293-330.

Kraft, U.; Mussmann, K.; Udris, I. (1990): Frauen im Verkauf. Qualifizierungschancen und -barrieren. Zeitschrift für Arbeits- und Organisationspsychologie, (1), 50-56.

Krankheitsartenstatistik (1995): Arbeitsunfähigkeits- und Krankenhausfälle nach Krankheitsarten, Alter und Dauer. AOK Bundesverband. Bonn.

Krappweis, J.; Schwarz, U.; Kirch, W. (1996): Der Arzneimittelgebrauch bei Frauen im Bundesland Sachsen auf der Grundlage von Survey-Daten. Gesundheitswesen 58, Sonderheft (2), 115-119.

Kraus, L.; Bauernfeind, R. (1997): Konsumtrends von illegalen Drogen und Alkohol in der Bevölkerung 1990-95. In: Deutsche Hauptstelle gegen die Suchtgefahren (Hg.) (1998): Jahrbuch Sucht '98. Geesthacht: Neuland, 103-122.

Kraus, L.; Bauernfeind, R. (1998): Repräsentativerhebung zum Gebrauch psychoaktiver Substanzen bei Erwachsenen in Deutschland 1997. Sucht 44, Sonderheft 1.

Krausz, M.; Vertheim, U.; Degkwitz, P. (1999): Komorbidität - Psychische Störungen und Symptome bei Opiatabhängigen. In: Krausz, M.; Raschke, P. (Hg.): Drogen in der Metropole. Freiburg: Lambertus, 165-176.

Kreher, S. (1992): Erwerbssituation von Frauen im mittleren Lebensalter in der ehemaligen DDR, ihre jetzigen Probleme und Perspektiven auf dem Arbeitsmarkt. Expertise im Auftrag des Bundesministeriums für Frauen und Jugend, Berlin.

Kreienberg, R.; Volm, T. (1999): Vorstellung des Projektes „Familiärer Brustkrebs". In: Deutsche Krebsgesellschaft (DKG) (Hg.). Gendiagnostik und Krebsrisiko. Forum April 3/1999, 201-202.

Kretschmann, U. (1993): Das Vergewaltigungstrauma: Krisenintervention und Therapie mit vergewaltigten Frauen. Münster: Westfälisches Dampfboot.

Kreuzer, A. (1978): Die Gießener Deliquenzbefragung. In: Triffterer, O. (Hg.): Festschrift für Walter Mallmann. Baden-Baden: Nomos, 129-150.

Krueger, R. (1988): Focus groups. A practical guide for applied research. Newbury Park: Sage Publications Inc.

Küfner, H.; Denis, A.; Roch, I. et al. (1994): Stationäre Krisenintervention bei Drogenabhängigen. Baden-Baden: Nomos.

Küfner, H.; Feuerlein, W.; Flohrschütz, T. (1986): Die stationäre Behandlung von Alkoholabhängigen: Merkmale von Patienten und Behandlungseinrichtungen, katamnestische Ergebnisse. Sucht 32, 1-86.

Kuhlmann, E. (1996): Subjektive Gesundheitskonzepte. Eine empirische Untersuchung mit Professorinnen und Professoren. Münster: Lit.

Kühner, H. (1998): Patientinnen in der stationären Psychiatrie. In: Enders-Dragässer, U.; Sellach, B.: Frauen in der stationären Psychiatrie. Ein interdisziplinärer Bericht. Lage: Jacobs.

Kunz, K. (1996): Editorial: from family planning to reproductive health. What does it mean? Entre Nous- The European Family Planning Magazine (32), 3-4.

Kunz, S.; V. Probst. (1975): Zur derzeitigen Indikationsstellung, Häufigkeit und Praxis der Tubensterilisation. Geburtsh. u. Frauenheilk. 35, 928-931.

Künzel, W. (1992): Geburtshilfe in Hessen: 10 Jahre Hessische Perinatalerhebung. Demeter Verlag.

Künzel, W. (1995): Epidemiologie der Frühgeburt. Der Gynäkologe 28, 130-135.

Künzel, W.; Borutta, A. (1994): Epidemiologische Methoden zur Bewertung des oralen Gesundheitszustandes und seiner Beeinflussung. In: Heinemann, L.; Sinnecker, H. (Hg.): Epidemiologische Arbeitsmethoden. Stuttgart: Gustav Fischer, 587-624.

Künzler, J. (1994): Familiale Arbeitsteilung. Die Beteiligung von Männern an der Hausarbeit. Institut Frau und Gesellschaft. Reihe Theorie und Praxis der Frauenforschung, Bielefeld: Kleine Verlag.

Küpker, W.; Fornara, P.; Al-Hasani, A.; Diedrich, K. (1996): Die intrazytoplasmatische Spermatozoeninjektion (ICSI) - Assistierte Fertilisierung bei schwerer männlicher Subfertilität. Gynäkologe 29: 453-463.

Küpker, W.; Al-Hasani, S.; Bauer, O.; Diedrich, K. (1994). Neue Techniken der assistierten Befruchtung. Fertilität 10: 216-220.

Kurinczuk, J.; Bower, C. (1997): Birth defects in infants after intracytoplasmic sperm injection: an alternative interpretation. BMJ 315, 1260-1265.

Kury, H. (1991): Victims of crime. Results of a representative telephone survey of 5.000 citizens of the former Federal Republic of Germany. In: Kaiser; G.; Kury, H.; Albrecht. H.-J. (Hg.): Victims and criminal justice. Victimological Research: Stocktaking and prospects. Kriminologische Forschungsberichte, Bd. 50. Freiburg, 265-304.

Kury, H.; Dörmann, U.; Richter, H. et al. (1992): Opfererfahrungen und Meinungen zur Inneren Sicherheit in Deutschland. Ein empirischer Vergleich von Viktimisierungen,

Anzeigeverhalten und Sicherheitseinschätzungen in Ost und West vor der Vereinigung. Wiesbaden: Forschungsreihe des Bundeskriminalamtes, Bd. 25.

Lack, N. (1988): Folgen der Reaktorkatastrophe in Tschernobyl für Schwangerschaften – Untersuchungen der Perinatologischen Arbeitsgemeinschaften in Niedersachsen. Niedersächsisches Ärzteblatt 61 (1) 15-19.

Läer, C. (1997): Analyse des Gebrauchs schwach wirksamer Analgetika in der Bundesrepublik (West) von 1984- 1991. Dissertation. Berlin: Humboldt-Universität.

Lahelma, E. (1989): Unemployment, re-employment and mental well-being. Scandinavian Journal of Social Medicine, (Suppl. 43),1-170.

Lahelma, E. (1990): Unemployment and mental well-being: Elaboration of the relationship. Paper prepared for the C.U.R.E. (Conference on the Unemployed in their Regional Environment), Ameland, Niederlande.

Landau; K. (1991): Psycho-physische Beanspruchung und Burnout. In: Landau, K. (Hg.): Arbeitsbedingungen im Krankenhaus und Heim. Bericht über ein Symposium. München: Bayrisches Staatsministerium für Arbeit, Familie und Sozialordnung, 1-41.

Landessozialbericht NRW (1998): Landessozialbericht Band 8: Arbeitslose, Langzeitarbeitslose und ihre Familie. Im Auftrag des Ministeriums für Arbeit, Gesundheit und Sozilaes des Landes Nordrhein-Westfalen. Bergheim: Druckpunkt Offset GmbH.

Lang, A. (1983): Sozialgynäkologische, psychologische und gesundheitliche Aspekte nach irreversibler Kontrazeption, untersucht am Patientengut der Universitätsfrauenklinik (Charité) Berlin. Berlin: Med. Dissertation.

Lang, P.; Brüggemann, M.; Licht, S.; Herman, B.; Greiser, E. (1999): Community intervention programme to promote non-smoking in pregnant women. In: Tudor-Smith, Ch. (Hg.): Working together for better health: Tackling tobacco. Cardiff: Health Promotion Wales.

Lang, P.; Zenker, C. (1994): Substitutionsbehandlung Drogenabhängiger mit Methadon. Sucht 40, 253-265.

Lange-Lentz, B. (1995): Zufriedenheit und Ernährungsweise des Säuglings. Freie Universität Berlin: Zahnmed. Dissertation.

Lapple, M.; Lukesch, H. (1988): Psychische und psychosoziale Faktoren sowie relevante therapeutische Maßnahmen bei Spontanaborten (SA) und rezidivierenden Spontanaborten (RSA) bzw. habituellen Aborten (HA). Zentralbl. f. Gynäkologie 110, 1185-1194.

Lauer, G.; Kronmüller, K.T.; Buchholz, C. (1994): Integrative stationäre Therapie von Eßstörungen. In: Psychologische Beiträge 36, 386–398.

Lauterbach, W. (1994): Berufsverläufe von Frauen: Erwerbstätigkeit, Unterbrechung und Wiedereintritt. Frankfurt a. M.: Campus Verlag.

Lebenslagen, Risiken und Gesundheit von Frauen in der Bundesrepublik Deutschland (1997): Schlußbericht der Projekte C6: Maschewsky-Schneider, U.; Babitsch, B.; Bammann, K.; Jahn, I.; Beck, R.; Schaal, W.; Urbschat, I. und C7: Hinze, L.; Tomaszewski, K.; Merfert, A. des Norddeutschen Forschungsverbundes Public Health. Berlin, Bremen, Magdeburg.

Leidenberger, F. (1995): Fruchtbarkeit und Infertilität In: Schirren, S.; Leidenberger, F.; Frick-Bruder, V. et al.: Unerfüllter Kinderwunsch. Köln: Deutscher Ärzte Verlag, 15-54.

Leist, R.; Schanzer, K.; Grigelat, A.; Jänicke, F.; Graeff, H. (1998): Subjektive Krankheitstheorie und Inanspruchnahme psychosozialer Unterstützung durch Patientinnen mit Brustkrebs. In: Geburts- und Frauenheilkunde 58, 27–32.

Leitner, K. (1993): Auswirkungen von Arbeitsbedingungen auf die psychosoziale Gesundheit. Zeitschrift für Arbeitswissenschaft 47 (19 NF), 2, 98-107.

Leitsmann, H.; Schürer, G.; Ebenroth, G. (1972b): Organisation und Dokumentation einer modernen Sterilitätssprechstunde. Zbl. Gynäk. 94, 985-989.

Leitsmann, H.; Kühndel. K.; Piskazeck, K. et al. (1972a): Behandlungsergebnisse der kinderlosen Ehepaare an der Universitäts-Frauenklink Leipzig. Zbl. Gynäk. 94 (31), 990-994.

Lelbach, W. K. (1995): Epidemiologie des Alkoholismus und alkoholassoziierte Organschäden. In: Seitz, H.; Lieber, C. S.; Simanowski, U. A. (Hg.): Handbuch Alkohol, Alkoholismus und alkoholbedingte Organschäden. Leipzig: Barth.

Lemmermöhle-Thüsing D.; Otto, K. A. (1990): Arbeit und Arbeitsverhältnisse im Beschäftigungsbereich 'Einzelhandel' DGB Kreis Düsseldorf/ HBV BV Düsseldorf/Neuss (Hg.): Witterschlick/Bonn: Verlag Marg. Wehle.

Lenk, C.; Lenk, M.; Weißflog, E. (1986): Das Verhalten des Risikofaktorenprofils einer 1%igen Stichprobe der Bevölkerung von Zwickau - Stadt. Med. Diss., Akademie für ärztliche Fortbildung, Berlin.

Lenz, H.-J. (1998): Wozu geschlechtsspezifische Ansätze? In: GesundheitsAkademie/ Landesinstitut für Schule und Weiterbildung, NRW (Hg.): Die Gesundheit der Männer ist das Glück der Frauen? Chancen und Grenzen geschlechtsspezifischer Gesundheitsarbeit. Frankfurt am Main: Mabuse-Verlag, 139–147

Leopold, B. (1999): Gesundheit und Körpergefühl bei Prostituierten. Auswertung quantitativer Daten des EVA-Projekts. Unveröffentlichtes Manuskript.

Leopold, B.; Steffan, E. (1992): Frauen und Aids: Erreichbarkeit und Akzeptanz medizinischer Versorgungs- und Betreuungsangebote. In: Aids-Krankenversorgung. Ergebnisse sozialwissenschaftlicher Aids-Forschung 8. Berlin: Edition Sigma, 84-97.

Leopold, B.; Steffan, E. (1994): Abschlußbericht der Wissenschaftlichen Begleitung zum Bundesmodellprogramm 'Frauen und AIDS', Sozialpädagogisches Institut Berlin.

Leopold, B.; Steffan, E. (1996): Drogen und Prostitution – ein vielschichtiges Thema. In: Vogt, I.; Winkler, K. (Hg.): Beratung süchtiger Frauen. Konzepte und Methoden. Freiburg: Lambertus.

Leopold, B.; Steffan, E. (1997): EVA-Projekt. Evaluierung unterstützender Maßnahmen beim Ausstieg aus der Prostitution. Zusammenfassung vorliegender Ergebnisse. Sozialpädagogisches Institut Berlin.

Leopold, B.; Steffan, E.; Paul, N. (1997): Dokumentation zur rechtlichen und sozialen Situation von Prostituierten in der Bundesrepublik Deutschland. Schriftenreihe des Bundesministeriums für Familie, Senioren, Frauen und Jugend, Bd. 143. Stuttgart: Kohlhammer.

Lerner, H.G. (1998): Das mißgedeutete Geschlecht. Falsche Bilder von Weiblichkeit in Psychoanalyse und Therapie. Zürich: Kleine Kreuz Verlag (gekürzte Fassung von "Women in Therapy" 1988. New York: Jason Aaronson Inc.).

Lieberman, B. A. (1998): Multiple Pregnancy. In: E. Hildt; D. Mieth (Ed.): In Vitro Fertilization in the 1990s. Aldershot-Ashgate: 173-175.

Limouzin-Lamotte, M.-A. (1998): Herausforderungen im Zusammenhang mit der Langzeittherapie von Frauen in der Postmenopause. In: Birkhäuser, M.; Rozenbaum, H. (Hg.): IV. Europäischer Menopausen Kongreß. Wien – Österreich. Paris: EXKA, 567-573.

Lind-Krämer, R.; Timper-Nittel, A. (1992): Drogenabhängige Frauen - Das Besondere ihrer Lebenslage. In: Sickinger, R.; Kindermann, W.; Kindermann, S. et al. (Hg.): Wege aus der Drogenabhängigkeit. Freiburg: Lambertus.

Lipton, J. A.; Ship, J. A.; Larach-Robinson, D. C. (1993): Estimated prevalence and distribution of reported orofacial pain in the United States. J Am Dent Assoc 124 (10), 115-121.

Löhr, H. (1991): Kinderwunsch und Kinderzahl. In: Bertram, H. (Hg.): Die Familie in Westdeutschland. Stabilität und Wandel familialer Lebensformen. Opladen: Leske u. Budrich.

Lohse, M. J.; Müller-Oerlinghausen, B. (1996a): Hypnotika und Sedativa. In: Schwabe, U.; Paffrath, D. (Hg.): Arzneiverordnungs-Report '96, Stuttgart: Fischer, 309-321.

Lohse, M. J.; Müller-Oerlinghausen, B. (1996b): Psychopharmaka. In: Schwabe, U.; Paffrath, D. (Hg.): Arzneiverordnungs-Report '96, Stuttgart: Fischer, 453-474.

Lötsch, I.; Falconere, I. (1990): Demographische Entwicklung. In: Winkler, G. (Hg.): Frauenreport 90. Berlin: Wirtschaft, 37-54.

Löwel, H.; Hörmann, A.; Engel, S. (1998): Frauen und Herzinfarkt: Besonderheiten im Vergleich zu Männern. Internist. prax. 38, 1-9.

Löwel, H.; Lewis, M.; Keil, U.; Hörmann, A.; Bolte, H.D.; Willich, S.; Gostomzyk, J. (1995): Zeitliche Trends von Herzinfarktmorbidität, -mortalität, 28-Tage-Letalität und medizinischer Versorgung. Ergebnisse des Augsburger Herzinfarktregisters von 1985 bis 1992. Z. Kardiol. 84, 596-605.

Löwel, H.; Stieber, J.; Koenig, W.; Thorand, B.; Hörmann, A.; Gostomzyk, J.; Keil, U. (1999): Das Diabetes-bedingte Herzinfarktrisiko in einer südeutschen Bevölkerung. Ergebnisse der MONICA-Augsburg Studien 1985-1995. Diab. Stoffw. 8, 11-21.

Love, S. (1997): Das Hormonbuch. Was Frauen wissen sollten. Frankfurt a. M.: Krüger Verlag.

Ludwig, M.; Diedrich, K. (1999): In-vitro-Fertilisation und Intracytoplasmatische Spermieninjektion. Dt. Ärztebl. 96, A 2892-2901, H 45.

Lübke, F. (1966): Diagnostik und Therapie der Fertilitätstörung der Frau. Zschr. F. ärztl. Fortbildg. 55, 721-728.

Lübke, F.; Lorenz, E.; Schmidt, M. et al. (1972): Sterilitätsforschung. Arbeitsbericht über Sprechstunden für kinderlose Ehepaare. Pressedienst der FU Berlin 6.

Lüders, E.; Resch M. (1995): Betriebliche Frauenförderung durch Arbeitsgestaltung. Zeitschrift für Arbeitswissenschaft 49 (21 NF), 4, S. 197-204

Lukesch, H. (1981): Schwangerschafts- und Geburtsängste: Verbreitung - Genese - Therapie. Stuttgart: Enke.

Lukesch, M. (1976): Ein Fragebogen zur Messung von Einstellungen zu Schwangerschaft, Sexualität und Geburt (S-S-G.). Göttingen: Hofgrefe.

Lundgren, E. (1995): Feminist theory and violent empiricism. Aldershot: Avebury.

Lürmann, K. (1979): Erfolge der Sterilitätsdiagnostik und -therapie in einem Kreiskrankenhaus. Zbl. Gynäk. 101, 92-99.

Luttmann, A.; Laurig, W. (1990): Belastung durch Herz-Kreislauf-Beanspruchung an Kassenarbeitsplätzen mit Scannern. Zeitschrift für Arbeitswissenschaft, 44 (16 NF), 30-36.

Maaßen, B. (1988): Der andere Weg zum eigenen Kind. Berlin-New York.

Mader, P., Ness, B. (Hg.) (1987) Bewältigung gestörten Eßverhaltens. Hamburg: Neuland-Verlags-Gesellschaft.

Maendle, C.; Opitz-Kreuter, S.; Wehling, A. (1995): Das Hebammenbuch. Schattauer Verlag: Stuttgart.

Magistratsabteilung 15 – Gesundheitswesen der Stadt Wien (1996): 1. Wiener Frauengesundheitsbericht. Wien.

Mahr, E. (1985): Menstruationserleben. Eine medizinpsychologische Untersuchung. In: Freie Universität Berlin (Hg.): Reihe Ergebnisse der Frauenforschung, Bd. 6, Weinheim: Beltz.

Mai, R. (1991): Erfahrungen in der Behandlung des klimakterischen Syndroms unter besonderer Berücksichtigung des psychosozialen Aspekts bei der Symptombildung. Med. Diss., Medizinische Akademie, Magdeburg.

Marchbanks, P. A.; Peterson, H. B.; Rubin et al. (1989): Research on infertility: Definition makes a difference. Am. J. Epidemiol. 130 (2): 259-267.

Marmot, M.; Kogevinas, M.; Elston, M. A. (1991): Socioeconomic status and disease. In: Badura, B.; Kickbusch, I. (Hg.): Health promotion research. Towards a new social epidemiology. WHO Regional Publication, No 37, Copenhagen.

Maschewsky-Schneider, U. (1997a): Frauen sind anders krank: Zur gesundheitlichen Lage der Frauen in Deutschland. Weinheim-München: Juventus.

Maschewsky-Schneider, U. (1997b): Frauen und Gesundheitswissenschaften - Bilanz und Perspektiven. Forum Deutsche Krebsgesellschaft, 8/1997, 565-570.

Maschewsky-Schneider, U. (1994): Frauen leben länger als Männer. Sind sie auch gesünder? Zeitschrift für Frauenforschung 12 (4), 28-38.

Maschewsky-Schneider, U.; Greiser, E.; Helmert, U. (1988): Sind Frauen gesünder als Männer? Sozial- und Präventivmedizin 33, 173-180.

Maschewsky-Schneider, U.; Sonntag, U.; Klesse, R.; Brinkmann, M. (1992): Frauengesundheitsförderung für Frauen = Frauengesundheit? In: Paulus, P. (Hg.): Prävention und Gesundheitsförderung. Perspektiven für die psychosoziale Praxis. Köln: GwG Verlag, 151–162.

Maslach, C.; Jackson, S.E. (1984): Burnout in Organizational Settings. In: Oskamp, S. (Hg.): Applied Social Psychology Annual. Vol. 5, 133-153, Beverly Hills, CA: Sage.

Matin, G. (1996): Reported family dynamics, sexual abuse, and suicidal behaviors in community adolescents. Arch Suicide Res, 183-195.

Mau, U. A.; Bäckert, I. T.; Kaiser, P. (1997). Chromosomal findings in 150 couples referred for genetic counselling prior to itrancatoplasmic sperm injection. Hum. Reprod. 12 (5), 930-937.

Maurer, K. (1995): Der geschlechtsspezifische Verlauf der Schizophrenie. Hamburg: Kovac-Verlag

Mayer, A. (1993): Sexuelle Ausbeutung behinderter Mädchen und Frauen. die randschau 8 (5), 29-30.

Maynard, C. M.; Althouse, R.; Cerqueira, M.; Olsufka, M.; Kennedy, J. W. (1991): Underutilization of thrombolytic therapy in eligible women with acute myocardial infarction. Am J Cardiol 68, 529-530.

Mayring, P. (1991): Die Erfassung subjektiven Wohlbefindens. In: Abele, A.; Becker, P. (Hg.): Wohlbefinden. Theorie, Empirie, Diagnostik. Weinheim: Juventa, 51-70.

Mayring, P. (1993): Einführung in die qualitative Sozialforschung. Eine Anleitung zu qualitativem Denken. Weinheim: Beltz.

Mehlan, H. (1972): Wunschkinder? Familienplanung, Antikonzeption und Abortbekämpfung in unserer Zeit. Berlin: Volk und Gesundheit.

Meier, C. (1993): Funktionieren und Widersprechen. Materialien zur Definition von Frauengesundheit. Forschungsberichte der Arbeitsgruppe Gesundheitsberatung. Institut für Sozial- und Präventivmedizin der Universität Bern.

Melbeck, Ch. (1992): Familien- und Haushaltsstruktur in Ost- und Westdeutschland. In: Mohler, Ph. P.; Bandilla, W. (Hg.): Blickpunkt Gesellschaft 2, Einstellungen und Verhalten der Bundesbürger in Ost und West. Opladen, 109-126.

Melchert, H. U.; Kemper, K. (1992): Verbrauchszahlen für Psychopharmaka in der Bundesrepublik Deutschland, Bundesgesundheitsblatt 35 (9).

Melchinger, H.; Schnabel, R.; Wyns, B. (1992): Verordnungspraxis von Medikamenten mit Abhängigkeitspotential. Schriftenreihe des Bundesministers für Gesundheit, Bd. 13. Baden-Baden: Nomos.

Mendling, W. (1994): Trichomonaden-, Chlamydien und Pilzinfektionen in der Schwangerschaft. In: Friese, K., Kachel, W. (Hg.) (1994): Infektionserkrankungen der Schwangeren und des Neugeborenen. Berlin, Heidelberg: Springer Verlag.

Merz, M. (1979): Unerwünschte Schwangerschaft und Schwangerschaftsabbruch in der Adoleszenz. Eine psychoanalytische Untersuchung. Bern: Verlag Hans Huber.

Methfessel B. (1988): ... entscheidend bleibt die Arbeitskraft der Frau. Zu den Grenzen der Rationalisierbarkeit und Technisierbarkeit der Hausarbeit. In: Tornipoth, G. (Hg): Arbeitsplatz Haushalt: zur Theorie und Ökologie der Hausarbeit. Berlin: Verlag Dietrich Reimer, 55-85.

Meyer, A. (1991): Psychologische Aspekte gynäkologischer Eingriffe: Sterilisierung. In: Davies-Osterkamp, S. (Hg.): Psychologie und Gynäkologie. Weinheim: VCH Verlagsgesellschaft, 115-126.

Meyer, D. (1994): Analyse des Arzneimittelverbrauchs in Bremen 1984 und 1988. Frankfurt: Lang.

Meyer, S; Schulze, E. (1992): Wendezeit-Familienzeit. Veränderungen der Situation von Frauen und Familien in den neuen Bundesländern. In: Institut Frau und Gesellschaft (Hg.): Zeitschrift für Frauenforschung, 10. Jahrgang, Heft 3/92, Bielefeld, Kleine Verlag.

MfG - Ministerium für Gesundheitswesen (1969): Instruktion über die irreversible Kontrazeption bei der Frau vom 21. April 1969. In: Verfügungen und Mitteilungen des Ministerium für Gesundheitswesen, Nr. 10, 1969, 45-46.

Michaelis, M.; Hofmann, F.; Stößel, U.; Kölmel, J. (1996): Die Rolle des Lendenwirbelsyndroms beim Ausstieg aus dem Pflegeberuf – zum Stellenwert des "healthy worker effects", Teil III. In: Hofmann, F.; Reschauer, G.; Stößel, U.; (Hg.): Arbeitsmedizin im Gesundheitsdienst (Band 9). Freiburg: edition FFAS, 236-244.

Michel, H.; Finke, R. (1995): Bevölkerungsentwicklung in den neuen Bundesländern seit der Vereinigung Deutschlands: Ursachen, Implikationen, Perspektiven. Abhandlungen des demographischen Symposiums des Institutes für Bevölkerungsforschung und Sozialpolitik. Berlin: H. 40, 37-56.

Mielck, A. (Hg.) (1994): Krankheit und soziale Ungleichheit. Sozialepidemiologische Forschungen in Deutschland. Opladen: Leske+Budrich.

Mielck, A.; Helmert, U. (1993): Krankheit und soziale Ungleichheit: Empirische Studien in West-Deutschland. In: Mielck, A. (Hg.): Krankheit und soziale Ungleichheit. Sozialepidemiologische Forschungen in Deutschland. Opladen: Leske+Budrich.

Miethe, H.; Radtke, H.; Sallmom, S.; Lötsch, I.; Ebert, E. (1990): Berufstätigkeit. In: Winkler, G. (Hg.): Frauenreport 90. Berlin: Wirtschaft, 55-100.

Ministerium für Arbeit, Soziales, Gesundheit und Frauen des Landes Brandenburg (1998): Brandenburger Daten zum Gesundheitswesen 1998. Beiträge zur Gesundheitsberichterstattung und Gesundheitsförderung Nr. 8, Landesamt für Datenverarbeitung und Statistik Brandenburg.

Ministerrat der DDR, Staatliche Zentralverwaltung für Statistik (1990): Die Frau in der Deutschen Demokratischen Republik. Statistische Kennziffernsammlung.

Mirow, L. (1998): Lebensweisen und Gesundheitsverhalten von Frauen in einer ostdeutschen Großstadt - 5 Jahre nach der Wiedervereinigung. Med. Diss. Universität, Rostock.

Mitnick, M. (1986): Inzestuös mißbrauchte Kinder: Symptome und Behandlungsmethoden. In: Back, L.; Leick, N.; Merrick, J. (et al.) (Hg.): Sexueller Mißbrauch von Kindern in Familien. Köln: Deutscher Ärzte-Verlag, 83-103.

Mogendorf, J. (1997): Gesundheitsstrukturgesetz versus ganzheitliche Pflege? In Büssing, A. (Hg.): Von der funktionalen zur ganzheitlichen Pflege. Reorganisation von Dienstleistungsprozessen im Krankenhaus. Göttingen: Verlag für Angewandte Psychologie, 91-110.

Mohr, G. (1993): Ausgezählt. Theoretische und empirische Beiträge zur Psychologie der Frauenerwerbslosigkeit. Weinheim: Deutscher Studien Verlag.

Mohr, G. (1997): Erwerbslosigkeit, Arbeitsplatzunsicherheit und psychische Befindlichkeit. Wirtschaftspsychologie, Bd.5. Frankfurt am Main: Lang.

Moldaschl, M. (1991): Frauenarbeit oder Facharbeit? Montagerationaliserung in der Elektroindustrie II. Frankfurt: Campus.

Möller, J.; Harten, R.; Brandt, (1992): Suchtmittelgebrauch bei Jugendlichen. Neuland: Geesthacht.

Morgan, D. (1997): Focus Groups as Qualitative Research. Thousand Oaks: Sage Publications Inc. CA.

Mouzon, J. de; Lancaster, P. (1997): World collaborative report on in vitro fertilization preliminary data for 1995. Journal of Assisted Reproduction and Genetics 14 (5) Suppl., 251-265.

Mühl, H. (1994): Einführung in die Geistigbehindertenpädagogik. Stuttgart: Kohlhammer.

Mühlhauser, I.; Höldke, B. (1999): Mammographie-Screening – Darstellung der wissenschaftlichen Evidenz-Grundlage zur Kommunikation mit der Frau. Arznei-Telegramm 10/99, 101-108.

Münch, J. (1997): Be-hindert – Schicksal, Fakt oder soziales Konstrukt? Neue Praxis 3, 236-243.

Munroe, J. M.; Ironside, G. C.; Smith, G. C. (1992): Successful parents of in-vitro fertilization(IVF): the social repercussions. J. Assit. Reprod. Genet. 9 (2), 170-176.

Münz, R.; Ulrich, R. (1994): Was wird aus den neuen Bundesländern? Demographische Prognosen für ausgewählte Regionen und für Ostdeutschland. Berlin: Humboldt-Universität Lehrstuhl für Bevölkerungswissenschaft.

Murphy, J.; Isaacs, B. (1982): The postfall syndrome. Gerontology 28, 265-270.

Muthesius, D.; Schaeffer, D. (1996): Krankheits- und Versorgungsverläufe aidserkrankter Frauen. Biographische und soziale Probleme der Bewältigung chronisch letaler Krankheit (P96-21). Berlin: Wissenschaftszentrum Berlin für Sozialforschung.

Naether, O. G. J.; Baukloh, V.; Fischer, R. (1995): Einfluß andrologischer Parameter auf den Ausgang der In-vitro-Fertilisation (IVF) - Verdoppelung der andrologischen Indikation innerhalb von 6 Jahren. Fertilität 11, 107-110.

National Heart, Lung, and Blood Institute (1990): Women's Health Issues. US Department of Health and Human Services, Public Health Services, National Institutes of Health.

Nave-Herz, R. (1988): Kinderlose Ehen. Eine empirische Studie über die Lebenssituation kinderloser Ehepaare und die Gründe für ihre Kinderlosigkeit. Weinheim: Juventa.

Nestmann, F.; Schmerl, C. (1991): Frauen - Das hilfreiche Geschlecht. Dienst am Nächsten oder soziales Expertentum? Hamburg: Rowohlt.

Netter, P. (1984): Determinanten des Kinderwunsches und ihre Auswirkungen auf das Kind. In: Tews, U. (Hg.): Angewandte Medizinpsychologie. Frankfurt a. M.: Fachbuchhandlung für Psychologie 382, 190.

Netzwerk gegen Selektion durch pränatale Diagnostik (Hg.): Sichtwechsel. Düsseldorf o. J.

Neubauer, E.; Dienel, C.; Lohkamp-Himmighofen, M. (1993): Zwölf Wege der Familienpolitik in der Europäischen Gemeinschaft: Eigenständige Systeme und verleichbare Qualitäten? Schriftenreihe des Bundesministerium für Familie und Senioren, Bd. 22.2. Stuttgart: Kohlhammer.

Neumann, H.-G.; Däßler, U; Karmaus, W. (1994): Die Bedeutung reproduktiver Verluste für die menschliche Fertilität. Gesundh.-Wes. 56, 399-404.

Neumann, U.; Hertz, M. (1998): Verdeckte Armut in Deutschland. Forschungsbericht im Auftrag der Friedrich-Ebert-Stiftung. Institut für Sozialberichterstattung und Lebenslagenforschung, Frankfurt a.M.

Neupert-Eyrich, E. (1996): Erwachsene Töchter von süchtigen Müttern - Die Dynamik einer doppelten Abwertung. In: Vogt, I.; Winkler, K. (Hg.): Beratung süchtiger Frauen: Konzepte und Methoden. Freiburg: Lambertus.

Ney, N. (1986): Ratgeber Sterilisation: Methoden, Erfahrungen, Adressen. Hamburg: Rasch und Röhring.

Nibel, H.; Gehm, T. (1990): Macht der Computer doch nicht krank? Zeitschrift für Arbeits- und Organisationspsychologie 1990, 34, (N.F.8), 4. 192-198.

Nickel, B.; Plies, K.; Schmidt, P. (1995): Einfluß neuer gesetzlicher Regelungen auf das Verhütungsverhalten Jugendlicher und junger Erwachsener. Eine repräsentative Studie im Auftrag der BZgA. Schriftenreihe der Bundeszentrale für gesundheitliche Aufklärung. Forschung und Praxis der Sexualaufklärung und Familienplanung Bd. 3. Köln: BZgA.

Niehaus, M. (1995): Aus Statistiken lernen: Ausgewählte Analysen der Schwerbehindertenstatistik, des Mikrozenzus und der Statistiken der Bundesanstalt für Arbeit. In: Fleßner, H. (Hg.): Aufbrüche – Anstöße, Frauenforschung in der Erziehungswissenschaft. Oldenburg: bis, 157-172.

Niehaus, M. (1993): Behinderung und sozialer Rückhalt. Zur sozialen Unterstützung behinderter Frauen. Frankfurt a.M.: Campus.

Niehaus, M. (1989): Behinderte Frauen als Zielgruppe der Schwerbehindertenpolitik. In: Salowski, D.; Reudenbach, I. M. (Hg.): Neue Zielgruppen in der Schwerbehindertenpolitik. Frankfurt a. M.: Campus, 124-136.

Niemeyer, F.; Voit, H. (1995): Lebensformen der Bevölkerung 1993. Wirtschaft und Statistik 6, 437-444.

Nini, M.; Bentheim, A.; Firle, M. et al. (1995): Abbau von Beziehungsgewalt als Konfliktlösungsmuster - Abschlußbericht - 1994. Opferhilfe Hamburg e.V. in Zusammenarbeit mit Männer gegen Männergewalt e.V. Schriftenreihe des Bundesministeriums für Familie, Senioren, Frauen und Jugend, Bd. 102. Stuttgart: Kohlhammer.

Noller, P. (1989): Junkie-Maschinen. Rebellion und Knechtschaft im Alltag von Heroinabhängigen. Wiesbaden: DUV.

Noltenius, H. (1987): Tumor-Handbuch. Pathologie und Klinik der menschlichen Tumoren. 4 Bde. München: Urban & Schwarzenberg.

Nolting, H. D.; Schlegelmilch, S.; Trumann, B. (1993): Schlaflagen, Schlafumgebung und Schlafverhalten von Säuglingen. Bundesgesundheitsamt Schriften, München: MedizinVerlag.

Noord-Zaadstra, B. M. van; Looman, C. W. N.; Alsbach, H. et al. (1991): Delaying childbearing effect of age on fecundity and outcome of pregnancy. BMJ 302, 1361-1365.

Norlen, P.; Östberg, H.; Björn, A. L. (1991): Relationship between general health, social factors and oral health in women at the age of retirement. Community Dent Oral Epidemiol 19 (5), 296-301.

Nouverté, U. (1996): Wohnungslosigkeit und psychische Erkrankungen. Repräsentative Ergebnisse einer empirischen Großstadt-Studie. In: Institut für Kommunale Psychiatrie (Hg.): Auf die Straße entlassen. Obdachlos und krank. Bonn: Psychiatrie-Verlag, 39-52.

Nübling, M.; Michaelis, M.; Hofmann, F.; Stößel, U. (1996): Prävalenz von Lendenwirbelsäulenerkrankungen in Pflege- und Büroberufen – Eine Querschnittstudie. In: Hofmann, F.; Reschauer, G.; Stößel, U.; (Hg.): Arbeitsmedizin im Gesundheitsdienst (Band 9). Freiburg: edition FFAS, 177-187.

Oberndorfer, R. (1993): Aufgabenteilung in Partnerschaften. In: Nauck, B. Lebensgestaltung von Frauen. Eine Regionalanalyse zur Integration von Familien- und Erwerbstätigkeit im Lebensverlauf. Weinheim/München: Juventa.

Ochel, A. (1989): Hausfrauenarbeit. Eine qualitative Studie über Alltagsbelastungen und Bewältigungsstrategien von Hausfrauen. München: Profil.

Oesterreich, R. (1999): Konzepte zu Arbeitsbedingungen und Gesundheit. Fünf Erklärungsmodelle im Vergleich. In: Oesterreich, R.; Volpert, W. (Hg.): Psychologie gesundheitsgerechter Arbeitsbedingungen. Konzepte, Ergebnisse und Werkzeuge der Arbeitsgestaltung. Bern: Huber, 116-175.

Oeter, K. (1980): Psychosoziale Entstehungsbedingungen unerwünschter Schwangerschaften. Schriftenreihe des Bundesministeriums für Jugend, Familie und Gesundheit. Bd. 76. Stuttgart.

Olbricht, I. (1997): Folgen sexueller Traumatisierung für seelische Entwicklung und das Körpergefühl von Frauen. In: AKF (Hg.): Wege aus Ohnmacht und Gewalt. Frauengesundheit zwischen Menschenrechten und Grenzverletzung. Dokumentation der 3. Jahrestagung des Arbeitskreises Frauengesundheit in Medizin, Psychotherapie und Gesellschaft e.V., 100-113.

Olbricht, I. (1993): Was Frauen krank macht. Der Einfluß der Seele auf die Gesundheit der Frauen. München: Kösel.

Olbricht, I. (1989): Die Brust. Organ und Symbol weiblicher Identität. Reinbek bei Hamburg: Rowohlt.

Olsen, J.; Basso, O.; Spinelli, A.; Küppers-Chinnow, M.; The European study group on infertility and subfecundity (1998): Correlates of care seeking for infertility treatment in Europe. European Journal of Public Health 8: 15-20.

Olsen, J.; Küppers-Chinnow, M.; Spinelli, A. (1996): Seeking medical help for subfecundity: a study based upon surveys in five European countries. Fertility and Sterility 66 (1): 95-100.

Orbach, S. (1987): Hungerstreik. Ursachen der Magersucht. Neue Wege zur Heilung. Düsseldorf: Econ.

Orbach, S. (1984): Anti-Diät Buch II. Eine praktische Anleitung zur Überwindung von Eßsucht. München: Frauenoffensive.
Orbach, S (1978): Anti-Diät Buch I. Über die Psychologie der Dickleibigkeit. Die Ursachen von Eßsucht. München: Frauenoffensive.
Oskarsson, A.; Schultz, A.; Skerfving, S. et al. (1996): Total and inorganic mercury in breast milk in relation to fish consumption and amalgam in lactating women. Arch Environ Health 51 (3), 234-241.
Otto, G.; Winter, K. (1973): Zu einigen sozialen Aspekten in der gesundheitlichen Betreuung von Mädchen und Frauen. Zschr. ärztl. Fortbild. 67. (23) 1219-1223.
Paluka, A. (1996): Anlässe für den Besuch bei der Frauenärztin. Planungsgruppe Klinik für ganzheitliche Frauenheilkunde (Hg.): Weise Wege. Alternative Gedanken und Informationen zur Gesundheit von Frauen. München: Ziele Druck.
Panke-Kochinke, B. (1998): Die Wechseljahre der Frau. Aktualität und Geschichte 1772–1996, Opladen: Leske+Budrich.
Papastefanou, C. (1992): Mütterliche Berufstätigkeit in der Übergangsphase zur „Nach-Elternschaft". In: Brüdel, L.; Paetzold, B. (Hg.): Frauenleben zwischen Beruf und Familie. Psychosoziale Konsequenzen für Persönlichkeit und Gesundheit. München: Juventa.
Parsa, E.; Lange, C. (1993): Das Ende der Normalität. In: frauen AIDS. Eine Broschüre von Frauen für Frauen zu HIV und Aids, Berlin.
Pattloch-Geißler, D. (1996): Das Alter bei der Erstgeburt - Neuere Ergebnisse zum Timing von Mutterschaft. TU-Berlin: Magisterarbeit.
Pedersen, W.; Skrondal, A. (1996): Alcohol and sexual victimization: A longitudinal study of norwegian girls. Addiction 91, 565-581.
Perinatologische Arbeitsgemeinschaft der Ärztekammer Berlin (1998); Kurzstatistik/Geburtshilfestatistik 1997:1, 6, 14.
Perinatologische Arbeitsgemeinschaft Niedersachsen (o. J.): NPExtra 1978-1993. 15 Jahre Qualitätssicherung in der Perinatologie und Neonatologie.
Perl, F. M. (2000): Mammographisches Screening. In: Beckermann, M. J./ Perl, F. M. (Hg.): Frauen-Heilkunde und Geburtshilfe. Ein Textbuch für gynäkologisch tätige Ärzte und Ärztinnen. Basel: Schwabe-Verlag (in Druck)
Petersen, E. E. (1988): Infektionen in der Gynäkologie und Geburtshilfe. Stuttgart, New York: Georg Thieme Verlag.
Petersen, E. E.; Clad, A. (1995): Genitale Chlamydieninfektionen. Deutsches Ärzteblatt 92 (5), 180-185.
Petersen, E.E.; Obermann, K.; Graf von der Schulenburg, J.-M. (1998): Gesundheitsfürsorge durch Chlamydienscreening. Geburtshilfe und Frauenheilkunde 58, 408-414.
Plöckinger, B.; Ulm, M. R.; Chalubinski, K.; Schaller, A. (1996): Wenn Kinder Kinder kriegen-Reproduktionsbiologische Probleme bei Mädchen zwischen 11 und 15 Jahren. Geburtsh. Frauenheilk. 56 (5), 248-251.
Pongartz, H. (1988): Mütter im „leeren Nest" – Wenn die Kinder aus dem Haus sind ... In: Deutsches Jugendinstitut (Hg.): Wie geht's der Familie? Ein Handbuch zur Situation der Familie heute. München: Koesel, 107-118.
Poser, M. (1991): Fesselnde Bindungen im Lebens- und Arbeitsalltag von Frauen. Pfaffenweiler: Centaurus-Verlagsgesellschaft.
Presse- und Informationsamt der Bundesregierung (Hg.) (1998): Informationen für Familien. Familienpolitik in 55 Stichworten. Reihe: Ratschläge und Hinweise. Bonn.
Presse- und Informationsamt der Bundesregierung (Hg.) (1998): Sozialpolitische Umschau , Ausgabe 13 (150), vom 6. April 1998, Bonn.
Presse- und Informationsamt der Bundesregierung (Hg.) (1999): Sozialpolitische Umschau , Ausgabe 4 (39), vom 8. Februar 1999, Bonn.
Prill, H.-J. (1968): Motivation und Einstellung der Frau zur Kontrazeption. In: Kepp, R.; Koester, H. (Hg.): Empfängnisverhütung aus Verantwortung. Stuttgart: Georg Thieme, 94-104.

Pro Familia-Bundesverband (Hg.) (1995): Vision 2000. Das Zukunftsprogramm der IPPF. Mitgliederversammlung des Pro Familia-Bundesverbandes am 29./30. April 1995 in Erfurt: Reproduktive und sexuelle Gesundheit in Ost und West. Neue Entwicklungen und Perspektiven für moderne Familienplanung. Frankfurt a. M.

Prognos AG; Dornier GmbH (1989): Angebot und Bedarf an Pflegepersonal bis zum Jahr 2010. Bonn: Bundesminister für Arbeit und Sozialordnung.

Pröll, U.; Streich, W. (1984): Arbeitszeit und Arbeitsbedingungen im Krankenhaus. Schriftenreihe der Bundesanstalt für Arbeitsschutz (Forschungsbericht Nr. 386). Dortmund: Wirtschaftsverlag NW.

Pudel, V. (1996): Adipositas. In: Uexküll, T. v.; Adler, R.H. (Hg.): Psychosomatische Medizin. München: Urban & Schwarzenberg, 581–598.

Rabe, T. (1990): Gynäkologie und Geburtshilfe: Lehrbuch. Weinheim: Ed. Medizin, VCH.

Rabe-Kleberg, U. (1993): Verantwortlichkeit und Macht. Ein Beitrag zum Verhältnis von Geschlecht und Beruf angesichts der Krise traditioneller Frauenberufe. Bielefeld: Kleine Verlag.

Rachor, C. (1996) Suizidversuch von Frauen - Modus der Bezogenheit. Zur Geschlechtsspezifität suizidalen Verhaltens. Psychosozial 19 (66), 99 -112.

Rachor, C. (1995): Selbstmordversuche von Frauen. Ursachen und soziale Bedeutung. Frankfurt: Campus.

Radtke, D. (1994): Selbstbestimmt leben für Frauen mit Behinderungen. In: Hermes, G. (Hg.): Mit Recht verschieden sein. Forderungen behinderter Frauen an Gleichstellungsgesetze. Kassel: Bifos, 50-51.

Rásky, E. (1998): Frauen- und Mädchengesundheitsbericht Graz und Steiermark. Institut für Sozialmedizin, Karl-Franzens-Universität Graz.

Ratzel, R. (1993): Die Sterilisation der Frau - Zulässigkeit, Sonderlagen, Aufklärung, Haftung. Der Frauenarzt 34, 46-54.

Raupp, M.; Eggers, C. (1993): Sexueller Mißbrauch von Kindern. Eine regionale Studie über Prävalenzen und Charakteristik. Monatsschrift Kinderheilkunde 141, 316-322.

Reck-Hog, U.; Leisz-Eckert, U. (1997): Bildungs- und Beratungsangebote für pflegende Angehörige: Bestandsaufnahme und Perspektiven unter besonderer Berücksichtigung der Bedürfnisse und Erwartungen von pflegenden Ehefrauen, Töchtern und Schwiegertöchtern, Projektskizze des vom Sozialministeriums Baden-Württemberg geförderten Forschungsvorhabens.

Redford, M. (1993): Beyond Pregnancy Gingivitis: Bringing a New Focus to Women's Oral Health. Journal of Dental Education 57 (10), 742-748.

Reichle, B. (1996): Der Traditionalisierungseffekt beim Übergang zur Elternschaft. In: Institut Frau und Gesellschaft (Hg.): Zeitschrift für Frauenforschung, 14. Jahrgang, Heft 4/96, Bielefeld: Kleine.

Reif, A. (1993): Die behinderte Frau in Arbeit und Gesellschaft. Behindertenrecht (3), 59-60.

Reißig, M. (1981): Zur körperlichen Entwicklung in der Pubeszens - Längsschnittuntersuchung an Leipziger Schülern vom 12.-16. Lebensjahr unter Berücksichtigung des Akzelerationsaspektes. Berlin, Akademie für Ärztliche. Fortbildung der DDR: Med. Habilitation.

Renggli, H. H.; Mühlemann, H. R.; Rateitschak, K. H. (1984): Parodontologie: Gesundes Parodont, Epidemiologie, Ätiologie, Diagnostik, Prophylaxe und Therapie parodontaler Erkrankungen. Stuttgart: Thieme.

Rennefeld, B. (1993): Institutionelle Hilfen für Opfer von sexuellem Mißbrauch: Ansätze und Arbeitsformen in den USA. Bielefeld: Böllert, KT-Verlag.

Rennert, H. (1966): Untersuchungen zur sexuellen Entwicklung der Jugend: Eine statistische Erhebung an Medizinstudenten in Halle. Zeitschr. f. ärztl. Fortbildung 60, 140-153.

Resch, M. (1998): Frauen, Arbeit und Gesundheit. In: AK Frauen und Gesundheit im Norddeutschen Forschungsverbund (Hg.): Frauen und Gesundheit(en) in Wissenschaft und Praxis. Bern: Verlag Hans Huber.

Resch, M. (1997): Konzepte zur Analyse und Bewertung der Arbeit im privaten Haushalt. Habilitationsschrift an der TU Berlin, FB 7, Berlin.

Resch, M. (1992): Arbeitsplatz Haushalt und Familie: ein handlungstheoretischer Untersuchungsansatz. Zeitschr. Arb.wiss. 1992/93.

Resch M.; Bamberg, E.; Mohr, G. (1994): Frauentypische Arbeitsbedingungen, ein blinder Fleck in der Arbeitspsychologie. In: Greif, S.; Bamberg, E. (Hg.): Die Arbeits- und Organisationspsychologie. Göttingen: Hogrefe, 113-118.

Resch, M.G.; Rummel, M. (1993): Entwicklungsförderliche Arbeitsbedignungen und weiblicher Lebenszusammenhang. In: Mohr, G. (Hg.): Ausgezählt. Theoretische und empirische Beiträge zur Psychologie der Frauenerwerbslosigkeit. Weinheim Deutscher Studien Verlag. 49-65.

Rhodus, L. N.; Johnson, D. K. (1990): The prevalence of oral manifestations of systemic lupus erythematosus. Quintessence International. 21, 461-465.

Richter, E. A. (2000): Jedes Bundesland hat sein eigenes Gesetz. Deutsches Ärzteblatt 97, 19, 986-989.

Richter-Appelt, H. (1994): Das Klimakterium – Ein Östrogenmangelzustand" oder ein „Normalzustand". In: Arbeitskreis für Vorsorgemedizin Tirol (Hg.): Die Gesundheit der Frau in der Lebensmitte. Dokumentation. 4. Tiroler Kongreß für Vorsorgemedizin. Innsbruck, 69-73.

Richter-Appelt, H. (1995): Sexuelle Traumatisierungen und körperliche Mißhandlung in der Kindheit. Geschlechtsspezifische Aspekte. In: Duering, S.; Hauch, M. (Hg.): Heterosexuelle Verhältnisse. Stuttgart: Ferdinand Enke, 56-88.

Richtlinien des Bundesausschusses der Ärzte und Krankenkassen über die ärztliche Betreuung während der Schwangerschaft und nach der Entbindung ("Mutterschaftsrichtlinien). Bundesanzeiger Nr. 60 a, 27. März 1986, Bundesanzeiger 136, 25. Juli 1998.

Rieder, K. (1999): Zwischen Lohnarbeit und Liebesdienst. Belastungen in der Krankenpflege. Weinheim: Juventa.

Rieder, K. (1998): Krankenpflege zwischen Liebesdienst und Lohnarbeit. Belastungen von Pflegekräften aus bedingungsbezogener diskursanalytischer und subjektorientierter Perspektive. Dissertation, Technische Universität Berlin, Fachbereich 7.

RKI - Robert-Koch-Institut (1995): Die Gesundheit der Deutschen. Ein Ost-West-Vergleich von Gesundheitsdaten. Berlin: Druckerei Hermann Schlesener.

RKI - Robert-Koch-Institut (1998): Krebs in Deutschland: Häufigkeiten und Trends,

Robert-Koch-Institut (RKI) (1995): Gesundheitssurvey Ost-West. Befragungs- und Untersuchungssurvey in den neuen und alten Bundesländern. Public Use File OW91 (1990-1992). Berlin.

Rocksloh-Papendieck, B. (1995): Verlust der kollektiven Bindung: Frauenalltag in der Wende. Pfaffenweiler: Centaurus.

Roloff, J. (1991): Zur Einkommenssituation von Frauen im mittleren Lebensalter in den neuen Bundesländern bzw. in der ehemaligen DDR. Expertise im Auftrag des Bundesministeriums für Frauen und Jugend, Berlin.

Roloff, J. (1997): Schwangerschaftsabbruch in Ost- und Westdeutschland. In: Materialien zur Bevölkerungswissenschaft, Sonderheft 27. Wiesbaden.

Röring, R. (1993): Die Formierung eines Frauenideals für die Wechseljahre. In: Jahrbuch für kritische Medizin (23), 36–53.

Rosenberger, P. (1973): Waschraum(-kauen)-Wärterin In: Aktuelle ärztliche Berufskunde, Sonderbeilage der Zeitschrift 'Arbeitsmedizin, Sozialmedizin, Präventivmedizin', 11, 118, Z.

Rosenbrock, R.; Kühn, H.; Köhler, B.M. (1994): Präventivpolitik. Gesellschaftliche Strategien der Gesundheitssicherung. Berlin: Edition Sigma.

Rosendahl, C. (1993): HIV-infizierte und AIDS-kranke Frauen. Besondere Probleme einer zunehmend betroffenen Gruppe. Zeitschrift für Allgemeinmedizin (69), 659-664.

Rosenke, W. (1996): Weibliche Wohnungsnot. Ausmaß - Ursachen - Hilfeangebote. Wohnungslos (3), 77-81.

Rossing, M. A.; Daling, J. R.; Weiss, N. S.; Moore, D. E.; Self, S. G. (1994): Ovarian tumors in a cohort of infertile women. New England Journal of Medicine 331 (12): 771-776.

Rothe, K. (1990): Formen hormoneller Kontrazeption. Zeitschr. f. ärztl. Fortb., 84, 13-19.

Rothe, K. (1972): Die Stellung der Ehe- und Sexualberatungsstellen in der medizinischen Betreuung unter Berücksichtigung der Schwerpunkte: Kontrazeption. Inf. d. wiss. Beirates 'die Frau. i. d. soz. Ges.', 1972/01, 30-34.

Rothe, K.; Fröhler, M.-L. (1966): Zur Arbeitsweise der Ehe- und Sexualberatung aus der Sicht des Gynäkologen. Zeitschr. f. ärztl. Fortb., 60, 1224-1226.

Rowland, A. S.; Baird, D. D.; Winberg, C. R. (1994): The effect of occupational exposure to mercury vapour on the fertility of female dental assistants. Occup Environ Med 51: 28-34.

Rudolph, H. (1998): „Geringfügige Beschäftigung" mit steigender Tendenz. Erhebungskonzepte, Ergebnisse und Interpretationsprobleme der verfügbaren Datenquellen. In: IAB Werkstattbericht (9), Nürnberg.

Rühl, R.; Rheker, R. (1993): Produkte für die Gebäudereinigung. In: Sicher ist sicher, Nr. 5, 256 - 262.

Runde, P.; Giese, R.; Kerschke-Risch, P.; Scholz, U.; Wiegel, D. (1996): Einstellungen und Verhalten zur Pflegeversicherung und zur häuslichen Pflege. Ergebnisse einer schriftlichen Befragung von Leistungsempfängern der Pflegeversicherung. Forschungsbericht im Auftrag des Bundesministeriums für Arbeit, Veröffentlichungsreihe der Universität Hamburg.

Runnebaum, B.; Rabe, T. (1994): Fortpflanzungsmedizin. Berlin: Springer.

Ruppmann, G. (1997): Gesellschaftlicher Wertewandel und irreversible Kontrazeption - psychosoziale Motivation der Frau zur Tubensterilisation. Halle-Wittenberg: Med. Dissertation.

Sabo, D; Gordon, D. F. (Hg.) (1995): Men's health and illness. Gender, power, and the body. Thousand Oaks: Sage.

Saigal, S.; Feeney, D.; Furlong, W.; Rosenbaum, P.; Burrows, E.; Torrance, G. (1994b): Comparison of the health-related quality of life of extremly low birth weight children and a reference group of children at age eight years. J. Pediatrics 125 (3), 418-425.

Saigal, S.; Rosenbaum, P.; Stoskopf, B.; Hoult, L.; Furlong, W.; Feeney, D.; Burrows, E.; Torrance, G. (1994a): Comprehensive assessment of the health status of extremly low birth weight children at eight years of age: Comparison with a reference group. J. Pediatrics 125 (3), 411-417.

Salorid, M. C. et al. (1978): Enqète sur certaines categorie de personel de magasins populaire (Supermarches). Cahiers de Medicine interprofessionelle, 33-46.

Sander, A. (1994): Behinderungsbegriffe und ihre Konsequenzen für die Integration. In: Eberwein, H. (Hg.): Behinderte und Nichtbehinderte lernen gemeinsam. Weinheim: Beltz.

Sass, H.; Wittchen, H.-U.; Zaudig, M. (1996): Diagnostisches und Statistisches Manual psychischer Störungen, DSM-IV. Göttingen: Hogrefe.

Schäfer, A. P. A.; Bellingkrodt,A. (o. J.): Multizentrische Studie 'Frauen und AIDS'. Abschlußbericht, Berlin.

Schairer, C.; Lubin, J.; Troisi, R. et al. (2000):

Schall, H., Schirrmacher, G. (1995): Gewalt gegen Frauen und Möglichkeiten staatlicher Interventionen. Stuttgart: Boorberg.

Schatz, A. (1994): Geschlecht: behindert - Besonderes Merkmal: Frau. Behinderte Frauen zwischen Fremd- und Selbstbestimmung. Behindertenpädagogik 33 (2), 179-181.

Scheffler, S. (1987): Frauenspezifische Krankheitsbilder am Beispiel der Eßstörungen. In: Rommelspacher, B. (Hg.): Weibliche Beziehungsmuster: Psychologie und Therapie von Frauen. Frankfurt am Main: Campus, 127–136.

Scheuermann, W.; Ladwig, K. H. (1998): Geschlechtsspezifische Unterschiede in Risiken und Versorgung der koronaren Herzkrankheit. Z. Kardiol. 87, 528-536.

Schiersmann, C. (1995): Bedingungen der Vereinbarkeit von Erwerbstätigkeit und Familienarbeit im europäischen Vergleich - unter besonderer Berücksichtigung von Elternurlaubsregelungen. Zeitschrift für Frauenforschung 13 (1/2), 94-114.

Schildmann, U. (1983): Lebensbedingungen behinderter Frauen. Aspekte ihrer gesellschaftlichen Unterdrückung. Gießen: focus-verlag.

Schindele, E. (1996): Pfusch an der Frau. Krankmachende Normen, überflüssige Operationen, lukrative Geschäfte. Frankfurt am Main: Fischer.

Schindele, E. (1995): Schwangerschaft. Zwischen guter Hoffnung und medizinischem Risiko. Hamburg: Rasch und Röhring.

Schindele, E. (1993): Pfusch an der Frau. Hamburg: Rasch und Röhrig Verlag

Schindele, E. (1992): Gläserne Gebär-Mütter. Vorgeburtliche Diagnostik - Fluch oder Segen. Frankfurt a. M: Fischer Taschenbuchverlag.

Schmid, M.; Simmedinger, R.; Vogt, I. (1999): Ambulante Suchthilfe in Hamburg. Statusbericht 1998. Frankfurt: ISS.

Schmid, M.; Vogt, I. (1998a): Ambulante Suchthilfe in Hamburg. Frankfurt a.M.: Institut für Sozialarbeit und Sozialpädagogik.

Schmid, M.; Vogt, I. (1998b): Die Entwicklung des Drogenhilfesystems in Deutschland, 1970-1995. Wiener Zeitschrift für Suchtforschung 21, 39-52.

Schmidt, G. (Hg.) (1993): Jugendsexualität. Sozialer Wandel, Gruppenunterschiede, Konfliktfelder. Stuttgart: Enke.

Schmidt, S. A. (2000): Prävalenz sexuellen Kindesmißbrauchs bei Opiatabhängigen. Berlin: VWB.

Schmidt, G.; Klusmann, D.; Matthiesen, S. (1998): Veränderungen des Sexualverhaltens von Studentinnen und Studenten 1966-1981-1996. In: Schmidt, G., Strauß, B. (Hg.): Sexualität und Spätmoderne. Über den kulturellen Wandel der Sexualität. Stuttgart: Enke, 118-136.

Schmidt, R. (1991): Was heißt Gesundheit?! Problematik des WHO-Gesundheitsbegriffes und des Konzeptes Gesundheitsförderung für Frauen. In: Wechselwirkung 62, 17–20.

Schmidt, R. (1992): Brustprothesen und chirurgischer Brustaufbau nach Brustamputation. In: CLIO 25, 12–15.

Schmid-Tannwald, I.; Kluge, N. (1998): Sexualität und Kontrazeption aus der Sicht der Jugendlichen und ihrer Eltern. Eine repräsentativen Studie im Auftrag der BZgA. Köln: BZgA. Schriftenreihe Forschung und Praxis der Sexualaufklärung und Familienplanung, Bd. 8. Köln: BZgA.

Schmid-Tannwald, I.; Urdze, A. (1983): Sexualität und Kontrazeption aus der Sicht der Jugendlichen und ihrer Eltern. Ergebnisse einer haushaltsrepräsentativen Erhebung in der Bundesrepublik Deutschland einschl. West-Berlin. Stuttgart u.a.: Kohlhammer, Schriftenreihe des BMJFG, Bd. 132.

Schmidtke, A.; Weinacker, B.; Fricke, S. (1998): Epidemiologie suizidalen Verhaltens. Münchener Medizinische Wochenschrift 140 (4), 30/38 -36/42.

Schmidtke, A.; Bille-Brahe, U.; DeLeo, D. et al. (1996a): Attempted suicide in Europe: rates, trends and sociodemographic characteristics of suicide attempters during the period 1989-1992. Results of the WHO/EURO Multicentre Study on Parasuicide. Acta Psychiatr Scand 93, 327 -338.

Schmidtke, A.; Weinacker, B.; Fricke, S. (1996b): Epidemiologie von Suizid und Suizidversuch. Nervenheilkunde (15), 496 -506.

Schmidtke, A.; Fricke, S.; Weinacker, B. (1994a): The Epidemiology of Attempted Suicid in the Würzburg area, Germany 1989-1992. In: Kerkhof, A.J.; Schmidtke, A.; Welz, R. (Hg.): Attempted Suicid in Europe. Leiden: DSWO Press, 159-174.

Schmidtke, A.; Weinacker, B. (1994b): Suizidalität in der Bundesrepublik und den einzelnen Bundesländern: Situationen und Trends. Suizidprophylaxe (21), 4 -16.

Schmidtke, A. (1991): Reliabilität und Validität von Suizid- und Suizidversuchsraten als Indikatoren "psychischer Gesundheit". Probleme der zuverlässigen Erfassung. Psycho. (17), 234 -247.

Schmidtke, A.; Häfner, H.; Möller H.-J. (1988): Frequencies and Trends in Attempted Suicide in the Federal Republic of Germany: A Methodological Study. In: Möller, H.-J.; Schmidtke, A.; Welz, R. (Hg): Current Issues of Suicidology. Berlin: Springer-Verlag, 14-32.

Schmidt-Matthiesen, H. (Hg.) (1992): Gynäkologie und Geburtshilfe. Kurzlehrbuch für Studium und Praxis unter Berücksichtigung des Lernzielkatalogs. Stuttgart: Schauttauer.

Schmidt-Waldherr, H. (1988): Rationalisierung der Hausarbeit in den 20er Jahren. In: Torniepotz, G. (Hg.): Arbeitsplatz Haushalt: Zur Theorie und Ökologie der Hausarbeit. Berlin: Reimer, 32-54.

Schnebel, A.; Domsch, M. (1989): Sexuelle Belästigung am Arbeitsplatz. Eine Bestandsaufnahme zur Problematik bezogen auf den Hamburger Öffentlichen Dienst F. G. H. Forschungsgruppe Hamburg. Staatliche Pressestelle Hamburg.

Schneekloth, U.; Müller, U. (1997): Hilfe- und Pflegebedürftige in Heimen: Endbericht zur Repräsentativerhebung im Forschungsprojekt "Möglichkeiten und Grenzen selbständiger Lebensführung in Einrichtungen". Stuttgart: Kohlhammer.

Schneekloth, U.; Potthoff, P.; Piekara, R. et al. (1996): Hilfe- und Pflegebedürftige in privaten Haushalten, Endbericht. Bericht zur Repräsentativerhebung im Forschungsprojekt „Möglichkeiten und Grenzen selbständiger Lebensführung". Schriftenreihe des Bundesministeriums für Familie, Senioren, Frauen und Jugend, Bd. 111.2. Stuttgart: Kohlhammer.

Schneewind, K. A.; Vaskovics, L. A.; Backmund, V. et al. (1994): Optionen der Lebensgestaltung junger Ehen und Kinderwunsch. Schriftenreihe des Bundesministeriums für Familie und Senioren, Bd. 9.1. Stuttgart: Kohlhammer.

Schneewind, K.A.; Vaskovics, L.A. et al. (1992): Optionen der Lebensgestaltung junger Ehen und Kinderwunsch. Schriftenreihe des Bundesministeriums für Familie und Senioren, Bd. 91. Stuttgart: Kohlhammer.

Schneider, H. P. G. (1997): Cross-National Study of Women's Use of Hormone Replacement Therapy (HRT) in Europe. Int J Fertil 42 (Suppl. 2) 365-375.

Schneider, H. P. G. (1998): Wie kann die Akzeptanz von Hormonersatztherapien (HRT) verbessert werden? In: Birkhäuser, M.; Rozenbaum, H. (Hg.): IV. Europäischer Menopausen Kongress. Wien – Österreich. Paris: EXKA, 113-121.

Schneider, H.-E. (1972): Aussagen und Ergebnisse nach Tubensterilisation. Geburtsh. u. Frauenheilk. 32, 290-297.

Schneider, U. (Hg.) (1981): Was macht Frauen krank? Ansätze zu einer frauenspezifischen Gesundheitsforschung. Frankfurt am Main: Campus.

Schön, D. et al. (1999): Entwicklung der Überlebensraten von Krebspatienten. Gesundheitsberichterstattung für Deutschland. Schwerpunkt. Robert-Koch-Institut, Berlin.

Schön, D. (1995): Regionale Unterschiede in der Krebsinzidenz und Erklärungsansätze: Zusammenhänge zwischen der Inzidenz für ausgewählte Krebskrankheiten in den Kreise der DDR und Einflußgrößen zu sozioökonomischen Faktoren, Lebenweise, medizinischer Versorgung und Umwelteinflüssen. RKI-Hefte 9/1995.

Schopmans, B. (1993): Selbstverteidigungskurse für behinderte Frauen. die randschau 8 (5), 31.

Schornstein, S. L. (1997): Domestic violence and health care. What every professional needs to know. Thousand Oaks: Sage.

Schott, J. (1977): Eine Studie zur Untersuchung der Veränderung der altersspezifischen Fruchtbarkeitsverteilung in der DDR von 1968 bis 1973. Zbl. Gynäk. 99: 859-865.

Schröttle, M. (1998): Politik und Gewalt im Geschlechterverhältnis: eine empirische Untersuchung über Ausmaß, Ursachen und Hintergründe von Gewalt gegen Frauen in ostdeutschen Paarbeziehungen vor und nach der deutsch-deutschen Vereinigung. Dissertation Giessen, erscheint 1999.

Schücking, B. (1994): Schwangerschaft – (k)eine Krankheit? In: Zeitschrift für Frauenforschung 12 (4), 56–64.
Schücking, B. (1995): Editorial: Die Medizin und die Frauen. In: Jahrbuch für kritische Medizin (24), 5–13.
Schuckit, M. A. (1994): Alcohol and depression: A clinical perspective. Acta Psychiatrica Scandinavica 337, 28-32.
Schuler-Wallner, G.; Wullkopf, U. (1991): Wohnungsnot und Obdachlosigkeit in der Bundesrepublik Deutschland. Bericht für die Expertengruppe "Wohnen" des Internationalen Verbandes für Wohnungswesen, Städtebau und Raumordnung (IVWSR), Darmstadt.
Schultz, D.; Langenheder, S. (1997): Die Entwicklung der Frauengesundheitszentren in der Bundesrepublik Deutschland und ihre Bedeutung für die Gesundheitsversorgung von Frauen. Bundesministerium für Familie, Senioren, Frauen und Jugend. Materialien zur Frauenpolitik 64. Berlin.
Schultz-Gambard, J.; Balz, H.-J.; Winter, G. (1987): Arbeitslosigkeit: Folgen und Einflußfaktoren. In: Schultz-Gambard, J. (Hg.): Angewandte Sozialpsychologie. Konzepte, Ergebnisse, Perspektiven. München: Psychologie Verlags Union, 198-214.
Schultz-Zehden, B. (1998): FrauenGesundheit in und nach den Wechseljahren. Die 1000Frauen-Studie. Gladenbach: Kempkes.
Schultz-Zehden, B. (1997): Körpererleben im Klimakterium. München: Profil.
Schulze, C.; Welters, L. (1998): Geschlechts- und altersspezifisches Gesundheitsverständnis. In: Flick, U. (Hg.): Wann fühlen wir uns gesund? Subjektive Vorstellungen von Gesundheit und Krankheit. Weinheim: Juventa, 88-104.
Schwabe, U. (1997): Überblick über die Arzneiverordnungen im Jahre 1996. In: Schwabe, U.; Paffrath, D. (1997): Arzneiverordnungs-Report '97, Stuttgart: Fischer, 1-20.
Schwabe, U.; Paffrath, D. (1996): Arzneiverordnungs-Report '96, Stuttgart: Fischer.
Schwaninger, U.; Thomas, C.; Nibel, H.; Menozzi, M.; Läubli, Th.; Krueger, H. (1991): Auswirkungen der Bildschirmarbeit auf Augen sowie Stütz- und Bewegungsapparat. Schriftenreihe der Bundesanstalt für Arbeitsschutz, Fb 601, Wirtschaftsverlag NW.
Schwarz, G. (1996): Von der Antibaby- zur Wunschkindpille und zurück: Kontrazeptiva in der DDR. In: Staupe, G.; Vieth, L. (Hg.): Die Pille: Von der Lust und von der Liebe. Berlin: Rowohlt.
Schweikert, K. (1994): Aspekte der Berufswahl in den neuen Bundesländern. In: Liesering, S.; Schober, K.; Tessaring, M. (Hg.). Die Zukunft der dualen Berufsausbildung. Beiträge zur Arbeitsmarkt- und Berufsforschung 186, 240.
Schwenzer, N. (1987): Kieferorthopädie - Parodontologie. Bearb. von Dausch-Neumann, D.; Flores de Jacoby, L.: Zahn-Mund-Kiefer-Heilkunde; Bd. 5. Stuttgart: Thieme.
Schwind, H.-D.; Baumann, J. et al. (Hg.) (1990): Ursachen, Prävention und Kontrolle von Gewalt: Analysen und Vorschläge der Unabhängigen Regierungskommission zur Verhinderung und Bekämpfung von Gewalt, Bd. II. Berlin: Duncker & Humblot.
Schwitzer, K.-P.; Winkler, G. (Hg.) (1993): Altenreport 1992: Zur sozialen Lage und Lebensweise älterer Menschen in den neuen Bundesländern. Berlin: Morgenbuch.
SEDOS (1997), siehe: Simon/Palazzetti (1997).
SEDOS (1997): Jahresstatistik 1996 der stationären Suchtkrankenhilfe in der Bundesrepublik Deutschland, Hamm.
Seeland, W. (1998): Frauen und ihre soziale und gesundheitliche Situation in Ostdeutschland unter den Bedingungen der neuen Arbeitslosigkeit. Med. Diss., Medizinische Fakultät Charité der Humboldt-Universität Berlin.
Segnan, N. (1997): Socioeconomic status and cancer screening. IARC Scientific Publications, (138), 369-376.
Selbmann, H. K.; Brack, M.; Elser, H.; Holzmann, K.; Johannigmann, J.; Riegel E. (Hg.) (1980): Münchner Pennatal-Studie 1975-1977. Wissenschaftliche Reihe des Zentralinstituts für die

Kassenärztliche Versorgung in der Bundesrepublik Deutschland, Bd. 17. Köln: Deutscher Ärzte-Verlag.

Senatsverwaltung für Gesundheit - Berlin (1995): Zur gesundheitlichen und sozialen Lage von Frauen in Berlin: Eine erste geschlechtsspezifische empirische Diagnose. Diskussionspapier 26, Berlin.

Senn, C. Y. (Hg.) (1993): Gegen jedes Recht. Sexueller Mißbrauch und geistige Behinderung. Berlin: Donna Vita.

Sherwin, B. B. (1998): Östrogen und Gedächtnis bei gesunden älteren Frauen und Frauen mit Alzheimer-Krankheit. In: Birkhäuser, M.; Rozenbaum, H. (Hg.): IV. Europäischer Menopausen Kongress. Wien – Österreich. Paris: EXKA, 423-431.

Shumaker, S. A.; Czajkowski, S. M. (1994): Social support and cardiovascular disease. New York, London: Plenum Press.

Shumaker, S.A.; Czajkowski, S.M. (1994): Social Support and Cardiovascular Disease. New York, London: Plenum Press.

Sichrovsky, P. (1984): Krankheit auf Rezept. Köln: Kiepenheuer & Witsch.

Siebzehnrübl, E. (1990): Aktueller Stand der IVF- und GIFT-Therapie in der Bundesrepublik Deutschland. Bericht des 3. bundesweiten Auswertungsseminars IVF/GIFT 1989 in Erlangen. Fertilität 6, 43-49.

Siedentopf, F.; Kentenich, H. (1998): Kinderwunschbehandlung bei HIV-positivem Partner. Frauenheilkunde Plus (5), 243-245.

Sievers, M. (1997): Die Fiktion der Endogenität. In: Arbeitskreis Frauengesundheit in Medizin, Psychotherapie und Gesellschaft (AKF) (Hg.): Von der "Krankheit" Frau zur Frauengesundheit. Dokumentation der 4. Jahrestagung in Bad Pyrmont. Bünde, 31–39.

Simon, R.; Palazzetti, M. (1997): Jahresstatistik 1996 der stationären Suchtkrankenhilfe in der Bundesrepublik Deutschland. SEDOS-Berichte Bd. 3, Hamm.

Simon, R.; Palazzetti, M.; Bühringer, G.; Schmidtobreick, B.; Helas, I.; Hüllinghorst, R. (1997): Jahresstatistik 1997 der ambulanten Beratungs- und Behandlungsstellen für Suchtkranke in der Bundesrepublik Deutschland. EBIS-Berichte Bd. 29, Freiburg.

Simon, R.; Tauscher, M.; Gessler, A. (1997): Suchtbericht Deutschland 1997. Hohengehren: Schneider.

Six, T. (1992): Epidemiologie des Sturzes und der Hüftfraktur. Praxis Schweizer Rundschau Medizin 81 (46), 1378 -1381.

Smith, D.; Taylor, R.; Coates, M. (1996): Socioeconomic differentials in cancer incidence and mortality in urban New South Wales, 1987-1991. Australian and New Zealand Journal of Public Health, 20(2), 129-137.

Socialdata Institut für empirische Sozialforschung (1984): Anzahl und Situation der Behinderten nach Zielgruppen, 1. Teilbericht (unveröffentlicht), München.

Sölva, M.; Baumann, U.; Lettner, K. (1995): Wohlbefinden. Definitionen, Operationalisierungen, empirische Befunde. Zeitschrift für Gesundheitspsychologie III (4), 292-309.

Sombrowsky, C. (1995): Zerbrochene Karrieren. Ostdeutsche Frauen und Männer zwischen Anpassung und Widerstand. Staatskanzlei des Landes Sachsen-Anhalt (Hg.). Magdeburg.

Sommer, B. (1998): Eheschließungen, Geburten und Sterbefälle 1996. Wirtschaft und Statistik 3, 232 -238.

Sonnentag, S. (1996): Arbeitsbedingungen und psychisches Befinden bei Frauen und Männern. Eine Metaanalyse. Zeitschrift für Arbeits- und Organisationspsychologie 40, (N.F.14) 3, 118 - 126.

Sonntag, U.; Gerdes, U. (Hg.) (1992): Frau und Gesundheit. Beiträge zur Sensibilisierung für eine frauenspezifische Gesundheitsförderung. Oldenburg: BIS.

Sorensen, G.; Verbrugge, L.M. (1987): Women, Work and Health. Annual Review of Public Health, 8, 235 - 251.

Sorg, B.; Fränznieck, M. (1998): Gebärmutterentfernung – (k)ein aktuelles Thema? In: Feministisches Frauengesundheitszentrum (Hg.): Clio 46, 26–28

Soyka, M. (Hg.) (1998): Drogen- und Medikamentenabhängigkeit. Stuttgart: Wissenschaftliche Verlagsgesellschaft.

Sozialwissenschaftliches Forschungszentrum Berlin-Brandenburg e. V. (1998): Sozialreport 50+. Berlin: Verlag am Turm GmbH.

Speck, O. (1993): Menschen mit geistiger Behinderung und ihre Erziehung. Ein heilpädagogisches Lehrbuch. Basel: E. Reinhardt.

Spöhring, W.; Dörner, J.; Ganser, B. et al. (1996): "Therapie sofort", Dortmund. Abschlussbericht. Landschaftsverband Westfalen-Lippe, Münster.

Sponholz, H. (1990): Zähne und Mundhöhle. In: Beller, F. K.; Kyank, H. (Hg.) Erkrankungen während der Schwangerschaft. Stuttgart: Thieme, 286-292.

Springer-Kremser, M. (1991): Das Klimakterium/Die Menopause. In: Springer-Kremser, M.; Ringler, M.; Eder, A. (Hg.): Patient Frau, Psychosomatik im weiblichen Lebenszyklus. New York: Springer, 81-89.

St. Clair Stephenson, P. (1991): The risks associated with ovulation induction. Iatrogenics 1: 7-16.

Stahr, I. (1991): Identitätsentwicklung von Frauen in Therapie und Beratung. In: Stahr, I.; Jungk, S.; Schulz, E. (Hg.): Frauen-Gesundheitsbildung: Grundlagen und Konzepte. Weinheim: Juventa, 117–127.

Stahr, I.; Barb-Priebe, I.; Schulz, E. (1995): Eßstörungen und die Suche nach Identität. Ursachen, Entwicklung und Behandlungmöglichkeit, München: Juventa.

Stahr, I.; Jungk, S.; Schulz, E. (Hg.) (1991): Frauen-Gesundheitsbildung: Grundlagen und Konzepte. Weinheim: Juventa.

Stampfer, M.J.; Colditz, G.A.; Graham, A. (1991): Estrogen replacement therapy and coronary heart disease. A quantitative assessment of the epidemiologic evidence. Prev Med 20, 47-83.

Stark, E.; Flitcraft, A. (1996): Women at Risk. Domestic Violence and Women's Health. Thousand Oaks/California: Sage Publications.

Stark, E.; Flitcraft, A. (1996): Women at risk: domestic violence and women's health. Thousand Oaks: Sage.

Starke, K. (1990): Partnerstudie III - Partnerschaft und Sexualität 1990. Zentralinstitut für Jugendforschung, Leipzig.

Statistisches Amt der DDR (1990): Bevölkerungsstatistische Übersichten: Eheschließungen 1989. Berlin.

Statistisches Amt der DDR (1990): Die Frau in der Deutschen Demokratischen Republik. Statistische Kennziffernsammlung.

Stauber, M. (1979): Psychosomatik der sterilen Ehe. Berlin: Grosse.

Stauber, M. (1996): Diagnose und Therapie der Unfruchtbarkeit. München: Heller.

StBA - Statistisches Bundesamt (1999): Todesursachen in Deutschland 1997. FS 12; R 4. Korrigierte Neuauflage der Ausgabe von 1998. Stuttgart: Metzler-Poeschel.

StBA - Statistisches Bundesamt (Hg.) (1999): www.statistik-bund.de/basis/d/hoch12.htm

StBA - Statistisches Bundesamt (1998a): Gesundheitsbericht für Deutschland. Gesundheitsberichterstattung für Deutschland. Statistisches Bundesamt, Stuttgart: Metzler Poeschel.

StBA - Statistisches Bundesamt (Hg.) (1998b): Im Blickpunkt: Frauen in Deutschland. Stuttgart: Metzler-Poeschel.

StBA - Statistisches Bundesamt (1998c): Im Blickpunkt: Leben und Arbeiten in Deutschland - 40 Jahre Mikrozensus. Stuttgart: Metzler-Poeschel.

StBA - Statistisches Bundesamt (1998d): -VIIIB - 179, Abgekürzte Sterbetafel 1994/96. Statistisches Bundesamt Wiesbaden.

StBA - Statistisches Bundesamt (1998e): Todesursachen in Deutschland 1997. FS 12; R 4. Stuttgart: Metzler-Poeschel.

StBA - Statistisches Bundesamt (1998f): Verkehrsunfälle 1997. FS 8; R 7. Stuttgart: Metzler-Poeschel.

StBA - Statistisches Bundesamt (1997a): Datenreport 1997. Zahlen und Fakten über die Bundesrepublik Deutschland. Schriftenreihe Band 340. Bundeszentrale für politische Bildung. Pößneck: Graphischer Großbetrieb Pößneck.

StBA - Statistisches Bundesamt (1997b): Statistisches Jahrbuch für die Bundesrepublik Deutschland. Stuttgart: Metzler Poeschel.

StBA - Statistisches Bundesamt (Hg.) (1997c): Gesundheitswesen Schwangerschaftsabbrüche 1996. FS 12, R 3. Stuttgart: Metzler-Poeschel.

StBA - Statistisches Bundesamt (Hg.) (1997d): Stand und Entwicklungen der Erwerbstätigkeit (Ergebnisse des Mikrozensus). FS 1, R 4.1.1. Stuttgart: Metzler-Poeschel.

StBA- Statistisches Bundesamt (1997e): Gesundheitswesen: Meldepflichtige Krankheiten. FS 12, R 2. Stuttgart: Metzler-Poeschel.

StBA – Statistisches Bundesamt (1996a): Krankenhausstatistik. FS 12 R. 6.2. Stuttgart: Metzler-Poeschel.

StBA - Statistisches Bundesamt (1996b): Sozialleistungen Schwerbehinderte. FS13, R5.1. Wiesbaden.

StBA - Statistisches Bundesamt (Hg.) (1996c): Gesundheitswesen Schwangerschaftsabbrüche 1995. FS 12, R 3. Stuttgart: Metzler-Poeschel.

StBA - Statistisches Bundesamt (Hg.) (1996d): Bautätigkeit und Wohnungen. 1% - Gebäude- und Wohnungsstichprobe 1993. FS 5, H 3: Haushalte - Wohnsituation, Mieten und Mietbelastung. Stuttgart: Metzler-Poeschel.

StBA - Statistisches Bundesamt (Hg.) (1996e): FS 1, R 1.

StBA - Statistisches Bundesamt (1995a): Bevölkerung und Erwerbstätigkeit, Fachserie 1, Reihe 4.1.2 Beruf, Ausbildung und Arbeitsbedingungen der Erwerbstätigen. Stuttgart: Metzler Poeschel.

StBA - Statistisches Bundesamt (1995b): Die Zeitverwendung der Bevölkerung. Methode und erste Ergebnisse der Zeitbudgeterhebung 1991/92. Tabellenband I, Wiesbaden: Statistisches Bundesamt.

StBA - Statistisches Bundesamt (Hg.) (1995c): Im Blickpunkt: Familien heute. Stuttgart: Metzler-Poeschel.

StBA - Statistisches Bundesamt (Hg.) (1993): Gesundheitswesen Schwangerschaftsabbrüche 1992. FS 12, R 3. Stuttgart: Metzler-Poeschel.

StBA - Statistisches Bundesamt (1975): Klassifizierung der Berufe. Systematische Verzeichnisse. Stuttgart: W. Kohlhammer.

StBA – Internet: http:\\www.statistik-bund.de\zeitreih\def\def1046.htm

Steinbach, I. (1996): Depressive Frauen und Männer in der Allgemeinarztpraxis. Frankfurt: Lang.

Steinberg, B. J. (1993): Women's health issues gain dentistry's notice. J-N-J-Dent Assoc. 64 (3), 31-33.

Steinert, G. (1991): Alleinstehende Frauen ohne Wohnung. Schriftenreihe des Bundesministeriums für Familie und Jugend, Bd. 5. Stuttgart: Kohlhammer.

Steingart, R. M.; Packer, M.; Hamm, P.; Coglianese, M. E.; Gersh, B.; Geltman, E. M.; Sollano, J.; Katz, S.; Moyé, L.; Basta, L. L.; McEwan, P.; Jacobson, K.; Brown, E. J.; Kukin, M. L.; Kantrowitz, N. E.; Pfeffer, M. A. (1991): For the survival and ventricular enlargement Investigators. N Engl J Med 325, 226-230.

Stein-Hilbers, M. (1995): Geschlechterverhältnisse und somatische Kulturen. In: Jahrbuch für kritische Medizin 24 - Frauen und Gesundheit. Hamburg: Argument-Verlag.

Stephen, E. H. (1996): Projections of impaired fecundity among women in the United States: 1995 to 2020. Fertility and Sterility 66 (2): 205-209.

Steppe, H. (1995): Berufsverständnis in der Pflege. In: Dokumentation Berliner Pflegekongreß 8.-10. März 1995 im Universitätsklinikum Benjamin Franklin. Berlin: ÖTV, 39-42.

Stern, K. (1996): Ende eines Traumberufs? Lebensqualität und Belastungen bei Ärztinnen und Ärzten. Münster: Waxmann.

Stimpson, L.; Best, M.C. (1991): Courage Above All. Sexual Assault Against Women With Disabilities, Disabled Womens Network. Toronto.

Stokes, G.; Cochrane, R. (1984): A study of the psychological effects of redundancy and unemployment. Journal of Occupational Psychology, 57, 309-322.

Stolzenberg, H. (1995): Gesundheitssurvey Ost-West. Befragungs- und Untersuchungssurvey in den neuen und alten Bundesländern. Public Use File OW91 (1990-1992). Dokumentation des Datensatzes. Manuskript des Robert Koch Instituts (RKI). Bundesinstitut für Infektionskrankheiten und nicht übertragbare Krankheiten. Berlin.

Stolzenberg, R. (1997): Zwischen Früherkennung, Kontrolle und Selbstbestimmung - Krebs als Thema der Frauengesundheitsbewegung. Forum DKG (12), 654-656.

Stolzenberg, R.(1998): Die Sehnsucht nach Ganzheit und Gleichheit. Einige Fragen und Antworten zur Standortbestimmung der Frauengesundheitsbewegung. In: Sozialwissenschaftliche Forschung und Praxis für Frauen e. V. (Hg.): Gesundheitsnormen und Heilversprechen. Beiträge zur feministischen Theorie und Praxis 49/50, 15–36.

Stößel, U. (1996): Belastungs- und Beanspruchungsschwerpunkte bei der Arbeit im Gesundheitswesen. In: Tagungsdokumentation Arbeitsschutz im Gesundheitswesen am 22. 2. 1996 in Essen. Düsseldorf: Ministerium für Arbeit, Gesundheit und Soziales des Landes Nordrhein-Westfalen.

Stötzer, B. (1994): Sexuelle Gewalt an Menschen mit Behinderungen. In: Hermes, G. (Hg.): Mit Recht verschieden sein. Forderungen behinderter Frauen an Gleichstellungsgesetze. Kassel: Bifos, 76-79.

Straif, K. (1985): Arbeitsbedingungen und Erkrankungsrisiken des Verkaufspersonals. Schriftenreihe der Bundesanstalt für Arbeitsschutz: Forschung, Fb 425, Bremerhaven: Wirtschaftsverlag NW.

Strasser-Hui, U. (1992): Das gestohlene Ich. Sexuelle Übergriffe bei Menschen mit geistiger Behinderung. Pro Infirmis (2), 3-9.

Strauss, A. (1991): Grundlagen qualitativer Sozialforschung. München: W. Fink.

Strauß, B. (1995): Das Klimakterium der Frau aus psychosomatischer Sicht. In: Huber, J. C.; Schindler, A. E. (Hg.): Die Frau im Klimakterium. Eine ganzheitliche Betrachtung. Stuttgart: Schattauer, 17-24.

Strauß, B.; Appelt, H. (1991): Psychologie der Menstruation. In: Davies-Osterkamp, S. (Hg.): Psychologie und Gynäkologie. Weinheim: VCH Verlagsgesellschaft, 37-47.

Strauß, B.; Appelt, H.; Daub, U. et al. (1990): Generationsunterschied im Menstruationserleben und in der Einstellung zur Menstruation. Psychother. med. Psychol. 40, 48-56.

Strümpel, B.; Prenzel, W.; Scholz, J.; Hoff, A. (1988): Teilzeitarbeitende Männer und Hausmänner: Motive und Konsequenzen einer eingeschränkten Erwerbstätigkeit von Männern. Beiträge zur Sozialökonomik der Arbeit, Bd. 16, Berlin (West).

Stücker, M.; Roghmann, U.; Hoffmann, K. et al. (1997): Gesundheitsbewußtsein und Risikoverhalten bei Prostituierten. Der Hautarzt 3, 166-170.

StZV – Staatliche Zentralverwaltung für Statistik (Hg.) (1982-1990): Statistische Jahrbücher der Deutschen Demokratischen Republik (1982-1990). Berlin: Staatsverlag.

Tanner, J. M. (1962):Wachstum und Reifung des Menschen. Stuttgart: Enke.

Taubert, H.-D.; Kuhl, H. (1995): Kontrazeption mit Hormonen. Ein Leitfaden für die Praxis. Stuttgart: Georg Thieme, 353-354.

Techniker Krankenkasse (1997): Tumorschmerzen. Eine Information für Patienten und Angehörige. 1. Auflage, Techniker Krankenkasse: Hamburg.

Teegen, F.; Grundmann, A.; Röhrs, A. (1995): Sich ändern lernen. Anleitung zur Selbsterfahrung und Verhaltensmodifikation. Reinbek bei Hamburg: Rowohlt.

Teichmann, A. T. (1987): Vorkommen und psychosoziale Bedingungen der vorzeitigen Wehentätigkeit. Gynäkologie 20, 14-19.

Teichmann, A. T. (1996): Empfängnisverhütung: Eine vergleichende Übersicht aller Methoden, Risiken und Indikationen. Stuttgart: Georg Thieme Verlag.

Teichmann, A. T.; Breull, A. (1989): Ein neues Konzept psychosomatischer Forschung am Beispiel vorzeitiger Wehentätigkeit. Zeitschr. f. psychosomatische Medizin 35, 256-276.

Tesarik, J. (1995): Sex chromosomes abnormalities after intracytoplasmic sperm injection. Lancet 346, 1096.

Teubner, U.; Becker, I.; Steinhage, R. (1983): Untersuchung: "Vergewaltigung als soziales Problem - Notruf und Beratung für vergewaltigte Frauen", Schriftenreihe des Bundesministeriums für Jugend, Familie und Gesundheit, Bd. 141. Stuttgart: Kohlhammer.

Tews, H. P. (1986): Abbrüche beruflicher Rehabilitationsmaßnahmen in Berufsförderungswerken: Ein Forschungsprojekt der Arbeitsgemeinschaft Deutscher Berufsförderungswerke. Hamburg: Hamburger Buchwerkstatt.

The Boston Women's Health Book Collective (1970): Our bodies, ourselves. New York: Simon and Schuster.

Thoms, L. (1988): Zum Stellenwert der intrauterinen Kontrazeption im Rahmen der Familienplanung: Eine Analyse über Nutzen und Risiko der Methode. Berlin: Med. Diss.

Thon, M.; Bach, H.-U. (1998): Die Schätzung von Potential-Erwerbsquoten, Stiller Reserve und Ewerbspersonenpotential für die alten Bundesländer 1970 - 1995. In: IAB Werkstattbericht (8), Nürnberg.

Thoß, E. (1996): Total Global und Uniform. sexuelle und reproduktive Gesundheit und Rechte. Pro Familia Magazin (2), 5-8.

Thrupp, L. A. (1991): Sterilization of workers from pesticide exposure: the causes and consequences of DBCP-induced damage in Costa Rica and beyond. International Journal of Health Services 21 (4), 731-757.

Tietze, K. W.; Lange-Lentz, B. (1995): Die Datenlage zum Stillverhalten. In: RKI (Hg.): Stillen in Deutschland, RKI-Hefte 8. Berlin, 33-37.

Tietze, K. W.; Schön, D.; Ziese, T. (1998a): Epidemiologie von Gesundheit und Krankheit. In Hurrelmann K.; Laaser, U. (Hg): Handbuch Gesundheitswissenschaften. Weinheim: Juventa, 307-328.

Tietze, K. W.; Trumann, B.; Schlaud, M.; Kleemann, W. J.; Poets, C. J. (1998b): Stillbereitschaft und öffentliche Diskussion. Evaluation von Gesundheitskampagnen zum Stillen zwischen 1991 und 1995. Gesundheitswesen 60, 154-158.

Tietze, K. W.; Trumann, B.; Sedemund, C. (1995): Stillen in Deutschland. Konstituierende Sitzung der Nationalen Stillkommission 1.9.-2.9. 1994. RKI-Heft 8, Berlin.

Tietze, K. W. (1992): Gesetzliche und soziale Grundlagen der Schwangerenvorsorge. Qualitätskontrolle. In: Künzel, W.; Wulf, K.-H. (Hg.): Die normale Schwangerschaft. Klinik der Frauenheilkunde und Geburtshilfe, Bd. 4, 87-104. München: Urban & Schwarzenberg.

Tietze K. W.; Zuschneid-Bertram, H. (1991): Mutterschutz am Arbeitsplatz und Arbeitsunfähigkeit während der Schwangerschaft. Gynäkologe 24, 271-274.

Tietze, K. W.; Menzel, R.; Busse, H. (1987): Erwerbstätigkeit und Schwangerschaft. Der Gynäkologe 20, 88-94.

Tietze, K. W. (1986a): Gesetzliche und soziale Grundlagen der Schwangerenvorsorge. In: Künzel, W.; Wulf, K.-H. (Hg.): Die normale Schwangerschaft. Klinik der Frauenheilkunde und Geburtshilfe, Bd. 4. München: Urban & Schwarzenberg.

Tietze, K. W. (1986b): Die Entstehung der Schwangerenvorsorge im Spiegel der Kongreßberichte der Deutschen Gesellschaft für Gynäkologie. In: Beck, L. (Hg.): Zur Geschichte der Gynäkologie und Geburtshilfe, 159-167. Berlin: Springer.

Tietze, K. W.; Bartholomeyczik, E.; Bartholomeyczik, S.; Jaedicke, P.; Jaensch, U.; Trull, H. (1982): Epidemiologische und sozialmedizinische Aspekte der Schwangerschaft. Eine Untersuchung zu den sozialen und regionalen Bedingungen von Schwangerenvorsorge. Bonn: Der Bundesminister für Arbeit und Sozialordnung. Gesundheitsforschung Bd. 70.

Tinneberg, H.; Neumann, H.; Küppers, H. G. et al. (1993): Untersuchungen zur Infertilität und Subfekundität. Deutscher Anteil der EG-Studie. Archives of Gynecol. Obstet. 254, 165-169.

Tischer, U.; Doering G. (1998): Arbeitsmarkt für Frauen - Aktuelle Entwicklungen und Tendenzen im Überblick. In: Information für die Beratungs- und Vermittlungsdienste der Bundesanstalt für Arbeit, Nürnberg: (8), 501 - 548.

Tossmann, H. P.; Heckmann, W. (1997): Drogenkonsum Jugendlicher in der Techno-Party-Szene. Köln: BzgA.

Trappe, H. (1995): Emanzipation oder Zwang: Frauen in der DDR zwischen Beruf, Familie und Sozialpolitik. Berlin. Akademie Verlag.

Trog, E.-U. (1988): Die biologische, soziale und psychische Situation der Frau im Klimakterium und das Zusammenwirken dieser drei Bereiche für die Entstehung und Verarbeitung starker klimakterischer Beschwerden. Med. Diss. Humboldt-Universität, Berlin.

Tunstall-Pedoe, H.; Kuulasmaa, K.; Mähönen, M.; Tolonen, H.; Ruokokoski, E.; Amouyel, P. (1999): For the WHO MONICA Project. How trends in survival and coronary event rates contribute to changing coronary heart disease mortality: ten-year results from 37 WHO MONICA Project populations. Lancet (in press).

Uexküll, T. v.; Adler, R. (Hg.) (1996): Psychosomatische Medizin. München: Urban und Schwarzenberg.

Uexküll, T. v.; Adler, R. (Hg.) (1992): Integrierte psychosomatische Medizin in Praxis und Klinik. Stuttgart: Schattauer.

Ulich, E. (1994): Arbeitspsychologie (3. Aufl.). Stuttgart: Schaeffer Poeschel.

UN - United Nations (Hg.) (1995): UN-Guidelines on Reproductive Health for the UN Resident Coordinator System, DRAFT 22 August 1995.

Universität Bremen/Bremer Institut für Präventionsforschung und Sozialmedizin (BIPS) (1999): EUROpean actions on smoking cessation in pregnancy (EURO-scip) - A needs assessment. (Projektplan)

v. Zerssen, D. (1976): Die Beschwerden – Liste – Manual. Weinheim: Beltz Test GmbH.

Van Houte, J.; Yanover, L.; Brecher, S. (1981): Relationship of level of the bacterium streptococcus mutans in saliva of children and their parents. Arch Oral Biol 26, 381.

VDR - Verband Deutscher Rentenversicherungsträger (1997): VDR Statistik Rentenzugang des Jahres 1996 einschließlich Rentenwegfall, Rentenänderung/Änderung des Teilrentenantrags. Frankfurt.

VDR (1997): Statistik Rentenzugang des Jahres 1996. Band 121. Verband deutscher Rentenversicherungsträger (VDR), Frankfurt: Universitätsdruckerei H. Stürtz AG.

VDR (1997): Statistik Rentenzugang des Jahres 1996. Band 121. Verband deutscher Rentenversicherungsträger (VDR), Frankfurt: Universitätsdruckerei H. Stürtz AG.

Ven, van der D.; Geisthövel; Michelmann et al. (1995): Stellungnahme der Dtsch. Gesellschaft für Gynäkologie und Geburtshilfe und der Arbeitsgemeinschaft für Gynäkologische Endokrinologie und Fortpflanzungsmedizin. Empfehlungen zur Durchführung der intrazytoplasmatischen Spermieninjektion (ICSI) als Zusatzmaßnahme bei IVF - ET - Therapie. Der Frauenarzt 36 (6), 618f.

Verband Deutscher Rentenversicherungsträger (VDR) (Hg.) (1991): Koordinationsstelle der Kommission zur Weiterentwicklung der medizinischen Rehabilitation in der gesetzlichen Rentenversicherung – Rehabilitationskonzepte. Abschlußberichte. Bd. III, Teilbd. 2: Krankheitsspezifische Konzepte. Frankfurt am Main : VDR.

Verbrugge, L. (1990): Pathways of health and death. In Apple, R.D. (Hg.): Women, health and medicine in America. New Brunswick: Rutgers University Press.

Verkleij, H. (1987): Veränderungen der Lebenssituation und des Gesundheitszustandes bei langfristig Arbeitslosen: Eine zweijährige Follow-up Studie. Vortrag auf dem 2.Bremer Symposium Arbeitslosigkeit - Psychologische Theorie und Praxis.

Vertheim, U.; Degkwitz, P.; Kühne, A. et al. (1998): Komorbidität von Opiatabhängigen und psychischen Störungen - Ergebnisse einer Verlaufsuntersuchung. Sucht 44, 232-246.

Viel, J. F.; Perarnau J. M.; Challier, B.; Faivre-Nappez, I. (1997): Alcoholic calories, red wine consumption and breast cancer among premenopausal women. European Journal of Epidemiology; 13(6), 639-643.

Vogt, I. (1998a): Frauen, illegale Drogen und Armut: Wiederholungszwänge im Elend. In: Henkel, D. (Hg): Sucht und Armut. Opladen: Leske/Budrich.

Vogt, I. (1998b): Gender and Drug Treatment Systems. In: Hunt, G.; Klingemann, H. (Hg.): Drug Treatment Systems in an International Perspective. London: Sage.

Vogt, I.; Leopold, B.; Tödte, M. et al. (1998): Frauen und Sucht. Gesundheitsministerium NRW. Ahaus: Hartmann.

Vogt, I. (1997): "Bella Donna" Die Frauenberatungsstelle im Ruhrgebiet. Ergebnisse der wissenschaftlichen Begleitforschung. Berlin: VWB.

Vogt, I. (1994): Alkoholikerinnen. Freiburg: Lambertus.

Vogt, I. (1993): Gewaltsame Erfahrungen. "Gewalt gegen Frauen" als Thema in der Suchtkrankenhilfe. Bielefeld: Kleine Verlag.

Vogt, I.; Bormann, M. (Hg.) (1992): Frauen-Körper: Lust und Last. Tübingen: DGTV.

Vogt, I.; Scheerer, S. (1989): Drogen und Drogenpolitik. In: Scheerer, S.; Vogt, I. (Hg.): Drogen und Drogenpolitik. Ein Handbuch. Frankfurt a.M.: Campus.

Vogt, I. (1985): Weibliche Leiden – Männliche Lösungen. Zur Medikalisierung von Frauenproblemen. In: Franke A.; Jost, I. (Hg.): Das gleiche ist nicht dasselbe: zur subkutanen Diskriminierung von Frauen. Tübingen: Deutsche Gesellschaft für Verhaltenstherapie, 32–47.

Vogt, I. (1984): Frauen als Objekte der Medizin: Das Frauensyndrom. In: Horn, K.; Beier, C.; Kraft-Krumm, D. (Hg.): Gesundheitsverhalten und Krankheitsgewinn: Zur Logik von Widerständen gegen gesundheitliche Aufklärung. Opladen: Westdeutscher Verlag.

Voigt, D.; Jawad-Estrak, H. (Hg.) (1991): Von Frau zu Frau. Feministische Ansätze in Theorie und Praxis psychotherapeutischer Schulen, Wien: Wiener Frauenverlag.

Vonwowern, N.; Klausen, B.; Kollerup, G. (1994): Osteoporosis - A risk factor in periodontal disease. Journal of Periodontology 65, 1134-1138.

Voss, H. (1991): Frauengerechte Diagnostik und Therapie. In: Hoffmann, D. (Hg.): Frauen in der Psychiatrie oder wie männlich ist die Psychiatrie? Bonn: Psychiatrie-Verlag, 205–207.

Wächter, M.; Wächter, J. (1990): Auswirkungen gynäkologischer Erkrankungen im Klimakterium auf die Leistungsfähigkeit von Industriearbeiterinnen. Med. Diss., Akademie für ärztliche Fortbildung, Berlin.

Wacker, E.; Wetzler, R.; Metzler, H. et al. (1998): Leben im Heim, Angebotsstrukturen und Chancen selbständiger Lebensführung in Wohneinrichtungen der Behindertenhilfe. Schriftenreihe des Bundesministeriums für Gesundheit, Bd. 102, Baden-Baden: Nomos.

Wagener, D. K.; Schatzkin, A. (1994): Temporal trends in the socioeconomic gradient for breast cancer mortality among US women. American Journal of Public Health 84 (6), 1003-1006.

Wagner, M. (1995) A global witch-hunt. The Lancet 346:1020-1022.

Waldschmidt, A. (1990): Zur Norm verpflichtet. Die Kritik der Krüppelinitiativen an der humangenetischen Beratung. In: Schindele, E. (Hg.): Gläserne Gebär-Mütter: Vorgeburtliche Diagnostik - Fluch oder Segen. Frankfurt a.M.: Fischer-Taschenbuchverlag, 219-238.

Walker, L. E. A. (1994): Abused women and survivor therapy: a practical guide for the psychotherapist. Washington, DC: American Psychological Association.

Walper, S. (1993): Berufsbiographie und Partnerschaft: Auswirkungen von Erwerbsunterbrechungen beim Übergang zur Elternschaft auf die Gestaltung der Partnerbeziehung. In: Nauck, B. (Hg.): Lebensgestaltung von Frauen. Eine Regionalanalyse zur Integration von Familien- und Erwerbstätigkeit im Lebensverlauf, Weinheim/München: Juventa.

Walter, J. (1991): Im Zweifel für das Opfer. Übergriffe auf die sexuelle Selbstbestimmung von Menschen mit einer geistigen Behinderung. Pro Infirmis (2), 10-17.

Walters, M.; Carter, B.; Papp, P. et al. (1991): Unsichtbare Schlingen. Die Bedeutung der Geschlechterrollen in der Familientherapie. Eine feministische Perspektive. Stuttgart: Klett.

Warden, J. (1997): Mixed sex wards to be phased out. British Medical Journal 814 (2), 327.

Wardrop, W.; Hailes, J.; Burger, H.; Reade, P. C. (1989): Oral discomfort at menopause. Oral Surg Oral Med Oral Pathol 67, 535-540.

Weaver, W. D.; White, H. D.; Wilcox, R. G. et al. (1996): Comparison of characteristics and outcomes among women and men with acute myocardial infarction treted with thrombolytic therapy. JAMA 275; 777-782.

Weber, I.; Abel, M.; Altenhofen, L. et al. (1990): Dringliche Gesundheitsprobleme der Bevölkerung in der Bundesrepublik Deutschland. Zahlen - Fakten - Perspektiven. Baden-Baden: Nomos Verlagsgesellschaft.

Weise, W.; Mühlnickel, D.; Weis, M. (1986): Häufigkeit und Schwangerschaftsraten der unterschiedlichen Sterilitätsfaktoren. Zbl. Gynäk. 108: 1379-1390.

Weiss, K. (1982): Die Vergewaltigung und ihre Opfer. Eine viktimologische Untersuchung zur gesellschaftlichen Bewertung und individuellen Betroffenheit. Stuttgart: Enke.

Weißbach-Rieger, A.; Donath, B. (1991): Psychosoziale Ursachen der Frühgeburtlichkeit. Zeitschr. f. Ärztliche Fortbildung, 85, 321-322.

Weissbach-Rieger, A.; Franke, J. (1987): Partnerbeziehung, Sexualität und Sexualverhalten bei älteren Frauen und Männern nach dem 55. Lebensjahr. Z. Altersforsch. 42 (4), 211-213.

Wendt, H. (1993): Familienbildung und Familienpolitik in der ehemaligen DDR. In: Bundesinstitut für Bevölkerungsforschung Wiesbaden (Hg.): Materialien zur Bevölkerungswissenschaft, Sonderheft 22.

Wenger, N. K. (1992): Exclusion of the elderly and women for coronary trials: is their quality of care compromised? JAMA 268, 1460-1461.

Wenger, N.K.; Speroff, L.; Packard, B. (1993): Cardiovascular health and disease in women. N Engl J Med 329, 247-256.

Wenisch, C.; Reisenberger, K.; Speiser, P. et al. (1993): Therapie von Infektionen in der Gynäkologie. Wien. Klein. Wochenschr. 105 (24), 689-696.

Werner, K. (1992): Zum objektiven und subjektiven Gesundheitszustand ausgewählter Gruppen der Bevölkerung im ehemaligen Bezirk Halle. Gesundh.-Wes. 54, 139-145.

Wessel, T. (1996a): Im „Bermuda-Dreieck" - Patienten zwischen Pychiatrie, Obdachlosenhilfe und Suchtkrankheit. In: Institut für kommunale Psychiatrie (Hg.): Auf die Straße entlassen. Obdachlos und psychisch krank. Bonn. Psychiatrie-Verlag, 77-94.

Wessel, T. (1996b): Die Wohnungsnot von Frauen in der psychiatrischen Versorgung. Wohnungslos 3, 81-83.

Weßling, A. (1993): Frauen und ihre Gesundheit im Prozeß der Arbeitslosigkeit. Magisterarbeit. Hannover: Ergänzungsstudiengang Public Health an der Medizinischen Hochschule.

Wetzels, P. (1997): Gewalterfahrung in der Kindheit - Sexueller Mißbrauch, körperliche Mißhandlung und deren langfristige Konsequenzen. Baden-Baden: Nomos.

Wetzels, P.; Greve, W.; Mecklenburg, E. et al. (1995): Kriminalität im Leben alter Menschen. Eine altersvergleichende Untersuchung von Opfererfahrungen, persönlichem Sicherheitsgefühl und Kriminalitätsfurcht. Ergebnis der KFN-Opferbefragung 1992. Schriftenreihe des Bundesministeriums für Familie, Senioren, Frauen und Jugend, Bd. 105. Stuttgart: Kohlhammer.

Wetzels, P.; Pfeiffer, C. (1995): Sexuelle Gewalt gegen Frauen im öffentlichen und im privaten Raum. Ergebnisse der KFN-Opferbefragung 1992. KFN-Forschungsbericht Nr. 37, Hannover.

WHI - Women's Health Initative (1999): http://www.nhlbi.nih.gov/nhlbi/why1/overback.html.

WHO - World Health Organization (Hg.) (1995): European conference on tropical medicine. Reproductive health: from rhetoric to reality. Statement by Dr. T. Türmen, Executive Director, Family and Reproductive Health. 23 October, Hamburg.

WHO - World Health Organization (Hg.) (1994): Women's Health Counts. Wiener Erklärung über die Investition in die Gesundheit von Frauen in den mittel- und osteuropäischen Ländern. Konferenz über die Gesundheit von Frauen in Mittel- und Osteuropa, 16.-18. Februar 1994, Wien.

WHO - World Health Organization/Regional Office for Europe (1994): Dokument „Principles of the rights of patients in Europe: A common Framework" anläßlich der European Consultation on the Rights of Patients in Amsterdam 1994. Health Law Section: University of Amsterdam.

WHO - World Health Organization (1980): International classification of impairments, disabilities and handicaps. Genf.

WHO - World Health Organization (Hg.) (1975): Education and Treatment in Human Sexuality: the Training of Health Professionals. A Report from a WHO meeting, Technical Report Series 572.

WHO (o.J:) Guidelines for Women's Health Profile. WHO Regional Office for Europe. Kopenhagen.

WHO MONICA Project (1994): (prepared by Tunstall-Pedoe, H.; Kuulasmaa, K.; Amouyel, P.; Arveiler, D.; Rajakangas, A.M.; Pajak, A). Myocardial infarction and coronary deaths in the World Health Organization MONICA Project. Registration procedures, event rates and case fatality in 38 populations from 21 countries in 4 continents. Circulation 90, 583-612.

WIdO (1998) – Wissenschaftliches Institut der AOK (1998): GKV-Arzneimittelindex: Jahresauswertung 1997. Arzneiverordnungen der gesetzlichen Krankenversicherung im Jahre 1997 nach Altersgruppen. Bonn.

WIdO (1993) - Wissenschaftliches Institut der AOK (1993): GKV-Arzneimittelindex: Jahresauswertung 1993. Arzneiverordnungen der gesetzlichen Krankenversicherung im Jahre 1993 nach Altersgruppen. Bonn.

Wiedemann, R.; Strowitzki, T.; Hepp, H. (1990): Aktueller Stand der IVF- und GIFT-Therapie in der BRD, IV. Treffen deutschsprachiger IVF-Gruppen. Fertilität 6: 227-230.

Wienberg, G. (1994): Die vergessene Mehrheit - Struktur und Dynamik der Versorgung Abhängigkeitskranker in der Bundesrepublik. In: Jagoda, B.; Kunze, H. (Hg.): Gemeindepsychiatrische Versorgung - Regionale Vernetzung medizinischer und psychosozialer Versorgungsstrukturen. Köln: Rheinland-Verlag, 18-37.

Wilkinson, S.; Kitzinger, C. (1994): Towards a feminist approach to breast cancer. In: Wilkinson, S.; Kitzinger, C. (Hg.) (1994): Women and Health. Feminist Perspectives. London: Taylor & Francis LTD., 124–140.

Wimmer-Puchinger, B.; Schmidt, M. (1993): Kommunale Life-Style-Study. Weiblicher Lebensalltag im 17., 18., 19. Wiener Gemeindebezirk. In: WHO-Projekt: „Wien Gesunde Stadt" (Hg.): „Frau & Gesundheit". Dokumentation 3, Wien.

Wimmer-Puchinger, B. (1992): Schwangerschaft als Krise. Berlin: Springer.

Windle, M.; Searles, J. S. (Hg.) (1990): Children of alcoholics. New York: Guilford.

Winkler, G.; Haupt, M. (Hg.) (1998): Sozialreport 50 + 1998, Daten und Fakten zur sozialen Lage von Bürgern ab dem 50. Lebensjahr in den neuen Bundesländern. Berlin: am Turm GmbH.

Winkler, G. (1995) Behindertenreport 1994. Daten und Fakten zur sozialen Lage von behinderten Bürgern in den neuen Bundesländern. Berlin: Gesellschaft für sozialwissenschaftliche Forschung und Publizistik.

Winkler, G. (1993): Die „künftigen Alten". In: Schwitzer, K.-P.; Winkler, G. (Hg.): Altenreport 1992. Berlin: Morgenbuchverlag, 175-184.

Winkler, G. (Hg.). (1990): Frauenreport '90. Berlin: Verlag Die Wirtschaft.

Winkler, K. (1997): Zur Behandlung alkoholabhängiger Frauen in Fachkliniken. Regensburg: Roeder.

Winter, K. (1980): Das Gesundheitswesen in der DDR. Berlin: Volk und Gesundheit.

Wolf, M. (1995): Die Bedeutung der maternalen Mundflora für die orale Gesundheit von Säuglingen und Kleinkindern, demonstriert an Streptococcus mutans. Die Hebamme 8, 36-39.

Wolf, M. (1996): Schwangerschafts- und Geburtsängste in der Zahnärztlichen Praxis - eine sozialpsychologische Untersuchung. Egelsbach: Deutsche Hochschulschriften.

Wolf, M. (1997): Zur Toxizität zahnärztlicher Amalgame in der Schwangerschaft - eine Übersicht. Die Hebamme 10, 84-89.

Wolf-Braun, B. (1992): Gesundheitsforschung. In: Geiling-Maul, B.; Macha, H.; Schutka-Rechtenstamm, H. et al. (Hg.): Frauenalltag weibliche? Lebenskultur in beiden Teilen Deutschlands. Köln: Band.

Wolff-Haibt, D. (1992): Das Klimakterium in der populärwissenschaftlichen Literatur unter Berücksichtigung der medizinischen und psychosozialen Faktoren. Med. Diss., Medizinische Fakultät der Eberhard-Karls-Universität, Tübingen.

Wolk, E. (1987): Zusammenhang zwischen sozialen Merkmalen der Mutter und der Rate der untergewichtigen Lebendgeborenen sowie der Säuglingssterblichkeit: DDR-Analyse. Berlin: Med. Diss.

Wolk, E.; Fritsche, U. (1990): Zur Entwicklung der perinatalen und Säuglingssterblichkeit in der DDR. In: Thiele, W. (Hg.). Das Gesundheitswesen der DDR: Aufbruch oder Einbruch? Denkanstöße für eine Umordnung des Gesundheitswesens in einem deutschen Staat. Schriftenreihe Forum Sozial- und Gesundheitspolitik. St. August, 222-225.

Women's Health Policy for Glasgow (1996): Phase 2. Creating equality in health for women.

World Health Organization (1992): Women and Tobacco. World Health Organization: Geneva.

World Health Organization Principal Investigators (1988): (prepared by Tunstall-Pedoe, H.). The World Health Organization MONICA Project (Monitoring of Trends and Determinants in Cardiovascular Disease). A major international collaboration. J Clin Epidemiol 34, 105-114.

Wörndl, B. (1999): Armut in Deutschland. Pro Familia Magazin (1), 2-7.

Wrusch, V. (1995): Frauenalkoholismus und Lebenslauf. Münster: Lit.

Wulf, K.-H.; Thieme, C. (1991): Schwangerenvorsorge und "fetal outcome". BPE-Nachrichten, Bayerische Landesärztekammer, Nov.

Yanagimachi, R. (1995): Is an animal model needed for intracytoplasmic sperm injection (ICSI) and other assisted reproduction technologies? Hum Reprod 10 (10), 2525f.

Zackler, J.; Andelman, S. L.; Bauer, F. (1969): The young adolescent as an obstetric risk. Am. J. obstet. Gynecol. 103 (3), 305-312.

Zahn, R. (1999): Die Erwerbstbeteiligung im Familienzusammenhang und ausgewählte Einflußfaktoren. Wirtschaft und Statistik 1, 28ff.

Zander, J.; Goetz, E. (1986): Hausgeburt und klinische Entbindung im Dritten Reich (Über eine Denkschrift der Deutschen Gesellschaft für Gynäkologie aus dem Jahre 1939). In: Beck, L. (Hg.): Zur Geschichte der Gynäkologie und Geburtshilfe, 143-157, Berlin: Springer.

Zander, J.; Holzmann, K.; Selbmann, H. K.(1989): Materialien aus der bayerischen Perinatalerhebung zur Problematik der Sectiofrequenz. Geburtsh. und Frauenhlk. 49 (4), 328-336.

Zapf, D. (1991): Streßbezogene Arbeitsanalyse bei der Arbeit mit unterschiedlichen Bürosoftwaresystemen. Zeitschrift für Arbeits- und Organisationspsychologie, 35, (N.F.9),1, 2f.

Zemp Stutz, E. (1996): Women's Health Profile Switzerland. Institute for Sozial and Preventive Medicine, University of Basel: Switzerland.

Zemp, A.; Pircher, E. (1996): Weil das alles weh tut mit Gewalt. Sexuelle Ausbeutung von Frauen und Mädchen mit Behinderung. Schriftenreihe der Frauenministerin, Bd. 10. Wien.

Zenker, C.; Greiser, E. (1999): Erprobungsvorhaben zur Prävalenzschätzung des regionalen illegalen Drogenmissbrauchs und seiner Folgen. Bremer Institut für Präventionsforschung und Sozialmedizin, Bremen: Eigenverlag.

Ziegler, H.; Stegmaier, C. (1995): Das Krebsregister Saarland. In: Schön, D.; J. Bertz, Hoffmeister, H. (Hg.). Bevölkerungsbezogene Krebsregister in der Bundesrepublik Deutschland. RKI-Schriften, Band 3, 19-24.

ZikV - Zentralinstitut für kassenärztliche Versorgung in der Bundesrepublik Deutschland (1993): Krankheitsfrüherkennung Krebs Männer und Frauen: Aufbereitung und Interpretation der Untersuchungsergebnisse aus den gesetzlichen Früherkennungsmaßnahmen 1989 und 1990. Köln: Deutscher Ärzte-Verlag.

Zmarzlik, J.; Zipperer, M.; Viethen H. R. (1994): Mutterschutzgesetz, Mutterschaftsleistungen,- Bundeserziehungsgeldgesetz, Kommentar; Köln: Heymanns.

Zoike, E. (1991): Woran erkranken Frauen? Widerspiegelungen in Arbeitsunfähigkeits- und Krankenhausdaten der Betrieblichen Krankenversicherung. In: Öffentliches Gesundheitswesen 53, 221-227.

Zöller B.(1999): Das Herz der Frau. Cardio News 2, 12-15.

Zurhold, H. (1993): Drogenkarrieren von Frauen im Spiegel ihrer Lebensgeschichte. Berlin: VWB.

Anlage

Kap.-Nr.	Kapitel	Autorinnen
1	Einleitung	
1.1	Einführung	Ulrike Maschewsky-Schneider
1.2	Zielsetzung und Leitlinien des Berichts	Ulrike Maschewsky-Schneider
1.3	Zusammenfassung und Schlußfolgerungen	Carol Hagemann-White Daphne Hahn Anneliese Hendel-Kramer Liselotte Hinze Ulrike Maschewsky-Schneider,
1.4	Zur Struktur und Methodik des Berichts	Ulrike Maschewsky-Schneider
2	Ausgewählte soziodemographische und sozioökonomische Indikatoren	Jutta Begenau, Antje Ducki, Cornelia Helfferich, Anneliese Hendel-Kramer, Vera Lasch
3	Gesundheitsstatus	
3.1	Lebenserwartung und Mortalität im Geschlechtervergleich	Daphne Hahn Ulrike Maschewsky-Schneider
3.2	Herz-Kreislauf-Krankheiten	Hannelore Löwel
3.3	Brustkrebs	Daphne Hahn
3.4	Gynäkologische Erkrankungen	Jutta Begenau
3.5	Sexuell übertragbare Krankheiten außer HIV	Anneliese Hendel-Kramer
3.6	Mundgesundheit	Liselotte Hinze Marguerite-Marie Ndouma
3.7	Suizid und Suizidversuch	Anneliese Hendel-Kramer
4	Gesundheitsbezogene Lebensweisen	
4.1	Gesundheitshandeln und Gesundheitskonzepte	Birgit Babitsch
4.2	Alkoholkonsum	Cornelia Helfferich
4.3	Rauchen	Ulrike Maschewsky-Schneider
4.4	Medikamente	Karin Krah
4.5	Riskantes Verkehrsverhalten, häusliche Unfälle und Stürze	Anneliese Hendel-Kramer
5	Gewalt im Geschlechterverhältnis	Carol Hagemann-White Cornelia Helfferich

6	Reproduktive Biographien und Reproduktive Gesundheit	Jutta Begenau Daphne Hahn Cornelia Helfferich
6.4	Fruchtbarkeitsstörungen	Giselind Berg
7	Arbeit und Gesundheit	
7.1	Spezifik weiblicher Arbeitsbelastungen und -ressourcen	Antje Ducki
7.2	Frauenerwerbsarbeit und Gesundheit	Antje Ducki
7.3	Belastungs- und Ressourcenkonstellationen in beispielhaften frauentypischen Berufsgruppen	Antje Ducki
7.4	Frauenarbeitslosigkeit und Gesundheit	Antje Ducki
7.5	Haus- und Familienarbeit	Daphne Hahn
8	Gesundheit im mittleren Lebensalter	Liselotte Hinze Kathleen Tomaczewski
9	Frauen in besonderen sozialen und gesundheitlichen Lebenslagen	
9.1	Frauen in besonderen sozialen Lebenslagen	Cornelia Helfferich Beate Leopold
9.2	Frauen in besonderen gesundheitlichen Lebenslagen	
9.2.1	Frauen mit Behinderung	Monika Häußler-Sczepan
9.2.2	Frauen mit riskantem Alkoholkonsum und alkoholkranke Frauen	Irmgard Vogt
9.2.3	Frauen, die illegale Drogen konsumieren	Irmgard Vogt Karin Krah
9.2.4	HIV infizierte und AIDS kranke Frauen	Anneliese Hendel-Kramer
9.2.5	Frauen in stationärer psychiatrischer Behandlung	Uta Enders-Dragässer Helga Kühner Brigitte Sellach
10.	Frauenzentrierte Ansätze in der Gesundheitsförderung und in der gesundheitlichen Versorgung	Carol Hagemann-White Brigitte Hantsche